JN320252

# カウンセリング心理学事典
Encyclopedia of Counseling Psychology

【監修】**國分康孝**
*Kokubu Yasutaka*

誠信書房

# まえがき

　本事典は，日本における最初のカウンセリング心理学事典である。それを企画した私の動機は二つある。

　ひとつは，カウンセリング心理学と臨床心理学の異同を提示したいからである。というのは，日本では臨床心理学専攻者でなければ正規のカウンセラーではない，というビリーフの人が多いからである。アメリカではそう考える人はいない。アメリカでは臨床心理学の大学院とは別に，カウンセリング心理学の大学院がある。日本では2008年現在，カウンセリング心理学の大学院は皆無である。これはひとえに，カウンセリング心理学と臨床心理学の識別が乏しいことに端を発していると考えられる。

　そこで本事典は，カウンセリング心理学ここに在り，と自己主張するために企画された。

　本事典企画の第二の動機は，カウンセリングとカウンセリング心理学の識別を提示したいことにある。カウンセリングは援助活動であり，カウンセリング心理学は援助活動についての研究活動である。すなわち，援助活動について次の四つの観点から研究し，援助活動の質を高めるのがカウンセリング心理学の任務である。

(1) 事実の発見（たとえば，インターベンションの効果測定，変容のプロセス，実態調査，仮説の検証など）

(2) 事実の説明（たとえば，因果関係の説明，事実の示唆することなど）

(3) 援助法の開発（たとえば，アセスメント，ストラテジー，介入，スキルなどの検討・開発など）

(4) 概念・理論化(たとえば,仮説の提唱,新しい解釈,リフレーミング,理論構成・理論検討など)

したがって本事典は,ことばや事柄の説明・解説にとどまらず,以上の四つの領域または任務に関心と理解をもっていただきたいとの願望から企画された。それゆえ,カウンセリング実践者が,「自分には研究者としての視野もあるか」「自分の実践は百年一日の如きマンネリズムに陥っていないか」「自分はクライエントの問題に,効率的,かつ効果的に応えているか」と自問自答する手がかりを本事典が果たしてくれることを願っている。

執筆者は,私の40年間の大学教授の人生で知遇を得た先輩,同輩,後輩,教え子の皆様にご協力をいただいた。出版は,30歳のときにホーナイ(Horney, K.)の『自己分析』(霜田静志との共訳)を出版していただいた誠信書房にご好意とご支持をいただくことになった。私のキャリア人生のまとめともいうべき『カウンセリング心理学事典』が,縁ある皆様のおかげで出版されることを心から感謝している。

監修者　國分　康孝

## 序論1——カウンセリング心理学の本質

　カウンセリングとは援助活動（helping activities）であり，カウンセリング心理学はその活動の科学的・思想的根拠を明らかにする研究活動である。カウンセリングの実践を支える研究および知識体系が，カウンセリング心理学である。

### 【カウンセリング心理学の使命】
　ところで，ここでいうカウンセリングとは，①リレーションの形成，②アセスメント，③ストラテジー，④インターベンションの四つの援助行動の総称である。その意味でのカウンセリングを研究するのが，カウンセリング心理学である。それは，具体的には次の四つの作業を意味している。

**事実の発見**——事実の発見には2種類ある。理論構成のために事実を発見する基礎研究（basic research）と，問題解決のために事実を発見する研究（operational research：応用研究）である。前者を主任務とする心理学がアカデミック心理学（academic psychology），その代表例が実験心理学である。一方，後者を主任務とする心理学がプロフェッショナル心理学（professional psychology），または応用心理学（applied psychology）。このプロフェッショナル心理学に分類されるのが，カウンセリング心理学，学校心理学，臨床心理学，リハビリテーション心理学，福祉心理学，産業心理学，キャリア心理学である。事実を発見するといっても，基礎心理学とプロフェッショナル心理学とでは，その研究法には若干の違いがある。

**事象の説明**——カウンセリング研究の第二の任務は，発見された事実あるいは諸事実の全体像（ゲシュタルト）の原因や示唆するものを読み取る，あるいは解釈・説明することである。すなわち，事例研究法や統計処理で発見された結果をどう読み取るかもリサーチの仕事である。数学が苦手だからリサーチができないと思ってはならない。

**行動変容の研究**——どうすれば行動変容が起こるかという働きかけの方法の研究，働きかけた結果の研究（効果測定），変容のプロセスの研究，変容の内容の研究，変容の条件の研究など多様である。

**概念・理論・モデルの構成**——以上のリサーチ全体を見渡し，吟味することにより，新しい概念（たとえば，ヘルピーの役割），新しい理論（たとえば，複数理論の統合をしたエリス理論），新しいモデル（たとえば，アイビイ〈Ivey, A. E.〉のマイクロ技法階層表）を提唱するのもリサーチである。

　以上を要約する。カウンセリング心理学は，カウンセリングの四つの構成要素（リレーション，アセスメント，ストラテジー，インターベンション）を対象に，四つの観点（事実の発見，事象の説明・解釈，行動変容，概念化または理論化）からリサーチを行う心理学である。

　ところが，カウンセリングは時代とともに分化してきた。当初は，ガイダンス，キャリア，メンタルヘルス，心理テストの4概念が合体したものをカウンセリングと称した（これを現在では，generic counseling という）。いまは，教育，産業，福祉，矯正，医療にそれぞれ分化しつつある。そこで，カウンセリング心理学には，分化したものの間にカウンセリングとしての共通項を発見し，それを吟味する任務が生じている。たとえば，抵抗というカウンセリングの一般概念が，構成的グループ・エンカウンター（SGE）ではどのような原因でどのような型態で表出しているか，それにどう対応するのが効果的か，または有意義かを事実をふまえて提言しなければならない。

そこで本事典では、Ⅰ～Ⅵ章で「カウンセリングの原点」(generic counseling) の課題を取り上げ、Ⅶ～Ⅺ章で「特定分野のカウンセリング」(specific counseling) の課題を取り上げることにした。

## 【カウンセリング心理学の特徴】

カウンセリング心理学には次のような特徴がある。

### (1) 予防・開発志向

カウンセリング心理学のリサーチのねらいは、治すにはどうすればよいかという研究ではなく、人間成長を促進するにはどうすればよいかという研究に特徴がある。すなわち、予防・開発が主軸である。ここでいう人間成長とは、発達課題を解決していくプロセスのことである。たとえば、いつまでもエディプス期に定着せず、仲間集団に参加できるようになるのが成長である。したがって、カウンセリング心理学は教育的色彩の強いのが特徴といえる。

たとえば、カウンセリング心理学では、精神分析理論が教育指導法になるように検討し、構成する（たとえば、ニイル〈Neill, A. S.〉）。ところが臨床心理学では、精神分析理論を心理療法として活用する。それゆえ「育てる精神分析」と「治す精神分析」との違いが生じる。同じことが「行動理論」「自己理論」についてもいえる。

### (2) 個体間志向

カウンセリング心理学は、個体内 (intra-personal) の問題（過去を引きずって苦労している人の問題、たとえばPTSD）よりは、個体間 (inter-personal) の問題（現況に由来する問題、たとえば進路選択）に関心がある。それゆえ、人間関係のあるところには、カウンセリング心理学の研究課題が秘められていると考えられる。すなわち、カウンセリング心理学はカバーする領域が広い。臨床心理学は病理的問題を対象とするから、研究対象がカウンセリング心理学よりも限定されていると思われる。

カバーする領域が広いとは，カウンセリング心理学だけでは守備できない場合が少なくないということである。学校なら，学校経営，学年経営，学級経営の知識プラスカウンセリング心理学，企業なら人事管理，組織論の知識プラスカウンセリング心理学が必要となる。すなわち，カウンセリング心理学は学際志向な学問分野であると思われる。

(3) グループ志向

カウンセリング心理学は，発達課題が主たる研究対象になる。発達課題はある年齢集団，ある領域集団に共通しているので，グループ対象に調査することが多い。たとえば，グループとグループを比較する（たとえば，朝食を摂っている子どもと朝食抜きの子どものグループとでは，学習効果に差があるかの研究），あるいはグループの変化を調査するなど（たとえば，あるグループが海外研修に行く前と帰国後とでは人種的偏見の度合いに変化があったか）がその例である。この例が示すように，グループ単位で資料を集めるので，分析の仕方に統計処理（グループの特性を数量的に説明する技法）が必要となることが圧倒的に多い。

実践に関しても個別面接だけでなく，サイコエジュケーション，キャリア・ガイダンス，SGE，グループワーク，サポートグループなどいわゆるグループが注目され始めている。これもまた，カウンセリング心理学がグループ志向性を帯びる理由である。

(4) カウンセリング心理学のユーザー

カウンセリング心理学は，カウンセリング・サイコロジスト専用の学問ではない。カウンセリング・サイコロジストでない人——医師，ナース，教師，ソーシャルワーカー，牧師，警官，刑務官，管理職，経営者など（人の人生に関与する人びと）——がこの学問のユーザーである。

プロフェッショナル・カウンセリング・サイコロジストは，カウンセリング心理学のメーカーである。しかし，このメーカーはユーザーとしての経験を不

可欠とする。実践しながら，不都合なところをリサーチをして修正していく——フロイト（Freud, S.）もロジャーズ（Rogers, C. R.）もエリス（Ellis, A.）もそうであった。

　そこで，本事典の執筆者は，それぞれの項目に関与する実践経験のあるメーカー（リサーチする人）に依頼した。

　この事典は読者（ユーザー）がメーカーとしての感覚と素養を高め，やがてはメーカーも兼ねるプロフェッショナルになるのに役に立つものにしたい。そういう願いを込めて本事典の冒頭の項を閉じたい。

國 分 康 孝

【文献】
國分康孝　1980　カウンセリングの理論　誠信書房
國分康孝　1993　カウンセリング・リサーチ入門——調査・研究の方法　誠信書房
國分康孝　1996　カウンセリングの原理　誠信書房
國分康孝　1998　カウンセリング心理学入門　PHP 研究所
國分康孝監修，瀧本孝雄責任編集　2001　現代カウンセリング事典　金子書房
國分康孝・國分久子総編集　2004　構成的グループエンカウンター事典　図書文化社

## 序論2——アメリカにおけるカウンセリング心理学の歴史

　日本にカウンセリング心理学（当初は相談心理学と呼ばれた）が紹介された歴史は古く（1957年），アメリカ心理学会においてカウンセリング心理学が正式名称として採用され，その地位を公に承認された1951年の直後である。しかし，残念ながら，現時点（2008年）でも，日本の心理学界においては独立した分野として，その地位を確立しているとはいえない。なぜなら専門領域として承認されるための重要な要件としての専門家教育プログラム，つまり，カウンセリング心理学者を育成する体系的な教育プログラムが開発されていないからである。しかしながら，カウンセリングおよびカウンセラーへの関心の高まりと同時に，それらの理論的背景をなすカウンセリング心理学の確立の意義も注目されている。

　世界のカウンセリング界をリードし，その発展に大きな影響を及ぼしてきたアメリカにおけるカウンセリング心理学も，正式名称として承認されて以来，半世紀の間，心理学の近接領域の研究成果と社会環境の影響を受けて，絶えずそのアイデンティティに苦悩しながら，独自の存在意義を公に認められて現在に至った。

　そこで，アメリカにおける心理学の一分野として独立しているカウンセリング心理学を理解するためには，その発達史を紐解くことが重要である。なぜなら，カウンセリング心理学という専門分野は，外的影響から守られた真空状況のなかで誕生し，発展したのではないからである。むしろ，アメリカ社会，そしてグローバルな規模での，社会的，文化的，経済的，さらに政治的な諸力の影響を受け続けて現在に至っているからである (Heppner, et al., 2000)。したがって，カウンセリング心理学の発達史はたびたび分析されてきた。なかでも歴史的標石といえる文献は，1980年代初めまでの歴史ではあるが，ホワイト

リー (Whiteley, J.) の Counseling Psychology: A Historic perspective (1984) である。彼は，1980年代初めまでを7期に分けて，その発達を紹介している。その後，ヘップナー (Heppner et al., 2000) は，1980～1998年までのカウンセリング心理学界の状況を分析し，この時期をカウンセリング心理学の成熟期と呼んでいる。

　ここでは，アメリカ心理学会で正式に承認された1951年を境にして，それ以前をカウンセリング心理学誕生前史，そしてカウンセリング心理学の誕生期 (1951～1960年)，1960年以降の確立・発展期の3期に大きく分けて，アメリカにおけるカウンセリング心理学の歴史を概観することとする。なお，概観するときの観点（フレーム）は，カウンセリング心理学史の代表としてアメリカで認知されている，ホワイトリー (1984) の論文に負うところが多い。

## 1　カウンセリング心理学前史（1908～1950年）

　アメリカにおけるカウンセリング心理学誕生の前史は，一般的に1908～1950年のほぼ50年間である (Whiteley, 1984)。そして，この期間にアメリカ社会に登場した三つの運動は，カウンセリング心理学のルーツといわれている（澤田，1984）。その三つの運動とは，発生順に，職業指導（ガイダンス）運動，続いて，心理測定運動，精神衛生運動である。日本においては，これらの三つの運動が，職業指導（進路指導）のルーツとしては紹介されている。しかし，アメリカのカウンセリング心理学は職業指導（キャリア・ガイダンス）の誕生によってもたらされたのである。

　カウンセリング前史を1908年とするのには理由がある。それは，職業指導の父と呼ばれているフランク・パーソンズ (Parsons, P.) がボストンの市民厚生館に職業相談所を開設し，若者のための職業カウンセリングを開始した年である。ちなみに，パーソンズは *Choosing a Vocation* (1909) を著し，そのなかで，賢明な職業選択の3段階のステップを提唱し，それを実践することをカウンセリングとし，実践者をカウンセラーと呼ぶと記している。ちなみに，パーソンズの活動と理念は，直ちにボストンの教育局に採用され，ハーバード

大学では教員のためのカウンセラー訓練コースを開設した。すなわち，学校から社会に移行する青少年を支援する教育活動として，学校教育に導入されることとなる。

パーソンズがこのような活動を開始した背景には，19世紀末から20世紀前半のアメリカ社会の経済的発展と，それに伴う社会環境の急激な変動と混乱という現実，そして民主主義の実現という社会的理想があった。このような社会的背景をカウンセリングのルーツとする立場もある。さらに，カウンセリング・ガイダンス活動は，心理測定運動と精神衛生運動の影響を受けて，徐々に専門的な教育活動として発達した。さらに1930年代に大きく発展した心理学の諸理論，特に非医学的カウンセリングの発展は，カウンセリング・ガイダンスを心理学として発展させるために不可欠の影響を与えた。これらの心理学諸理論の影響をカウンセリング心理学のルーツとすることができる。

なかでもカール・ロジャーズ（Rogers, C. R.）の貢献は特記すべきであろう。1942年に出版された著書 *Counseling and Psychotherapy* のなかで，非指示的カウンセリングと提唱し，従来の職業相談を指示的カウンセリングと呼んで区別した。ロジャーズの貢献は，単に新しいアプローチを開発しただけでなく，パーソナリティ理論や実証的研究に基づいたカウンセリング・アプローチを提唱したことにより，カウンセリングに心理学的支援としての意味づけを与えようとしたことにある。他方で，カウンセリングと心理治療を同一のものとするという彼独自の考えを提示したことにより，混乱を生じさせることも伴った。

これらのルーツは，現在に至るまで，カウンセリング心理学のアイデンティティの基盤となっている。

## 2　カウンセリング心理学の誕生期（1951～1960年）

1951年のアメリカ心理学会大会の，第17部会「Counseling & Guidance 部会」会議，通称ノースウェスタン会議において，「カウンセリング心理学」という分野名が正式に承認された。続く1953年には，第17部会は名称を「カウンセリング心理学部会」と改称した。

1952年度の部会長となったドナルド・スーパー（Supre, D.）は，1951年に『職業指導からカウンセリング心理学への移行』を著し，職業指導，および臨床心理学との相違を明らかにし，カウンセリング心理学の独自性を公けにした。この論文は現在に至るまで，カウンセリング心理学のアイデンティティが揺らぐたびに引用される，カウンセリング心理学の原点のような存在である。

　また，同じく1951年にロジャーズが著した Client-Centered Therapy も，カウンセリング心理学の誕生と発展に多大な貢献をした。ロジャーズが現象学的知見の影響を受けて，自分の理論を確立したことは，単に非指示的カウンセリングから「クライエント中心療法」（あるいはカウンセリング）へと自分のカウンセリングアプローチの名称を変更しただけではなく，カウンセリング心理学の概念化に影響を与えたことに意義がある。すなわち，カウンセラーが，若者の抱える進路問題の解決への注目から，個人の発達と行動という情緒的次元への重点のシフトがそれである（Woody, et al., 1989）。

　カウンセリングおよびカウンセラーの機能についてのロジャーズのこのような概念化は，上述のスーパーとまったく同じ主張である。両者の違いは，カウンセリングと心理治療を同意語と見なすかどうかである。ここにカウンセリングが，実践活動を基盤としていた時代は終わり，心理学を基盤とする専門分野へと移行したのである。

　ちなみに，アメリカ心理学会の17部会は，1946年にウィリアムソン（Williamson, E. G.）を初代部会長として，「Personnel & Guidance Psychologists 部会」という名称で発足し，1951年に「Counseling & Guidance 部会」と改称し，1953年にカウンセリング心理学部会となった。なお，2003年には他の部会と同様「Society of Counseling Psychology」と再度改称して，現在に至っている。

　誕生期において，もうひとつ歴史的に価値のある出来事は，17部会の1964年会議，通称グレイストン会議において，17部会の名称が正式に，「Counseling Psychology 部会」としてアメリカ心理学会から承認されたことである。こうして，やっと独立した心理学の一分野として出発した。それを受けて，ア

メリカ心理学会は直ちに，専門家養成に不可欠の条件であるカウンセラー養成，およびカウンセリング心理学者養成の大学院プログラムの開発実施に着手した。

ちなみに，第二次世界大戦後にアメリカ教育使節団として来日した心理学者のなかには，当時のアメリカ心理学会で，カウンセリング心理学の誕生に寄与した学者で，学校におけるガイダンス，学校カウンセリングのリーダーが多く含まれていた。

第17部会は，基本的に博士号取得の心理学者が中心となっているため，カウンセラーの実践のための専門職協会である「American Personnel & Guidance Association」が，1952年に新たに発足した。この協会はそれ以前にすでに活動していた四つのカウンセラー団体（National Vocational guidance Association；Student Personnel Association for Teacher Education；National Association of guidance & Counselor Trainer；American College Personnel Association）を統合したかたちで発足し，従来の団体は，新協会の中心的な部会を構成するかたちとなって，現在に至っている。

この協会はその後，1983年には，名称をAmerican Association of Counseling & Development，さらに1992年には会員の統合を図る意味もあってAmerican Counseling Associationと変更し，現在に至っている。両団体（学会17部会と専門職協会）とも，名称を変更するということは，カウンセリングを取り巻く環境の変化，理論や研究の成果などの影響を受けて，カウンセラーおよカウンセリング心理学者が，それぞれのアイデンティティを反映する必要が生まれたためである。

## 3 専門分野としての確立・発展期（1960年〜現在）

カウンセリング心理学として心理学の一領域として独立はしたものの，近接領域（たとえば臨床心理学）との相違点と共通性を明確化し，その独自性を社会に提示するための混迷の歴史は，1980年代後半まで続いた。なかには，ロジャーズの影響が多大であったことも影響して，カウンセリングを「対話を中心とした心理療法の一つ」と主張する人びともあった。

また1960年代以降は，心理学自体が全領域において理論の構築，研究手法の発展などを受けて非常に発展し，カウンセラーたちも臨床心理学で開発された方法に接し，実践する人も増加し，従来の進路相談等のカウンセリングよりも情緒的混乱をもつ人への援助により深い関心をもつ人が増えたことは確かである。しかし他方では，アメリカ社会の大きな変動期に応えて，心理学者自体も社会の多方面で活躍するようになった時代である。すなわちカウンセラーたちも，学校だけが働き場ではなく，リハビリテーション施設，病院，刑務所，軍隊等々と拡大してきた。このような社会環境は，カウンセリング心理学者，カウンセラーの社会的存在意義を深めたと同時に，専門分野としての存在意義について混乱も生み，独自性について，リーダーたちは理論やアプローチの違いを超えて真剣に議論せざるを得ない状況に直面させられ，それが1990年くらいまで続いた。まさに発展期であるとともにアイデンティティの動揺期でもある。

　この間，アメリカのカウンセリング心理学者たちは協働して，カウンセリング心理学の概念化とカウンセラーの独自性について混乱を直視し，その整理とさらなる発展に関して責任を果たし続けてきた。たとえば，1950年代末に行った調査をもとに *The Counselor in a Changing World* がギルバート・レン（Wrenn, G.）の本でまとめられ，カウンセラーのアイデンティティの明確化に努めた。

　また1962年には，ハーバード大学編纂の *Harvard Educational Review* が Guidance: An Examination という特集を組み，13名の当時の代表的理論家の論文を収録した。13名のなかには日本でも著名なカウンセリング心理学者（たとえば，ロジャーズやティードマン，レンなど）だけではなく，カウンセリング心理学の概念化に寄与した心理学者，たとえばオルポート（Allport, G. W.），ファン・カーン，クーリィ（Cooley, C. H.），ショーベンなども含まれている。この特集のなかでも，オルポートの論文は，カウンセリング心理学の独自性を理論的に明確化した，歴史的な論文といわれている。

　さらに，パターソン（Patterson, C. H.）は1966年に *Theories of Counsel-*

*ing & Psychotherapy* の初版を上梓した。この書も，カウンセリング心理学の発達史において歴史的なものである。後に改定が繰り返され，1996年に第5版が出版された。5版はフロイト（Freud, S.）からはじまって，マイケンバウム（Meichenbaum, D. H.）まで14名の理論家を取り上げ，すべての理論家について，その理論家の背景，理論の理念と概念，理論自体，治療の特徴，実践ケースの例，評価という六つの視点からまとめられている。これは大学院を対象にしたものであり，指導者となるものには代表的な理論の学習が不可欠であるという思いから，各理論の特徴とその成り立ち，実践内容と比較検討できることを目的として執筆されたそうである。ちなみに，カウンセラー教育プログラムが大学院で正式に発足して以来，アメリカ心理学会17部会が委員会を構成して，大学院プログラム，認定制度の検討が繰り返され，現在では，カウンセラーの実践家育成は修士課程で行い，カウンセリング心理学者およびカウンセラー教育者育成は博士課程プログラムで行うこととなっている。

　1960年代以降，カウンセリング心理学会は定義の見直しと倫理綱領の改定をたびたび行ってきた。1970年代末には，「専門職としてのアイデンティティ」と「専門職のなかでの役割」について再考する必要があるという提言が起こり，1980年の17部会の機関紙において，「20年後カウンセリング心理学はどうなっているか」をテーマに，代表的な学者がそれぞれの思いを発表する特集が組まれたほどである。臨床心理学のなかに取り込まれるのではないかとか，逆に臨床心理学を取り込むのではないかなど，臨床心理学の統合を望ましいと考える学者もあれば，カウンセリング心理学は原点に戻り，職業心理学として改称し，その存在意義を現代の要請に合わせたものにしたほうがよいのではないか，臨床心理学や，学校心理学などと統合して，ヒューマン・サービス心理学として再編成したほうがよいのではないか等々の意見が出ていた。

　このような議論は，結果的には，カウンセリング心理学者に，自分の専門のルーツ，誕生の歴史を振り返り，その独自性と現代的意義を考える機会を提供することとなり，特に学校心理学等との統合への批判は強かった。たとえば，トンプソン（Tompson, 1980）は，「カウンセリング心理学はもともとさまざ

まな年齢，さまざまな適応状態にいる人を対象にしており，ごく日常的な現実問題に対処することから始まったことや，現代の社会環境を見すえるとき，同様の役割はますます重要性を増す」ことを強調するとともに，テクニシャンではなく独自な貢献ができる専門家としてのカウンセラーが世間で求められるようにならなければ，カウンセリング心理学の将来はない，という危機感を吐露した。

　そして，1987年の会議，通称ジョージア会議は「カウンセリング心理学の独自性と将来」をテーマに掲げて開催された。そして，改めてカウンセリング心理学のルーツに戻り，カウンセリング心理学を支える伝統的な理念の再認識が行われ，「個人およびその行動を，社会文化的文脈のなかでとらえる」ことを理念として確認され，具体的な方針が勧告された。どの方針も重要ではあるが，勧告のなかで特に注目すべきことは，カウンセリング心理学の発展に必要な条件として，「カウンセラーとしてのコンピテンシーの育成」である。この項目が本となって，修士課程のカウンセラープログラムは一変し，体系化が図られ，実行に移されている。ジョージア会議の勧告によって混乱期を克服し，分裂あるいは多領域の統合ではなく，21世紀に向けてのカウンセリング心理学としての独立に，自信をもって新たな歴史を切り開くことができるようになっている。実は百年前のカウンセリングの誕生期と同様，20世紀末の長引く経済不況と国際環境の変動が，「カウンセリング心理学」の社会的存在意義の後押しをしているといわれている。

（渡辺　三枝子）

【文献】
Heppner, P. P. et al. 2000 The maturation of counseling psychology: Multifaceted perspectives, 1978-1998. S. D. Brown & R. W. Lent, eds. *Handbook of counseling psychology*, 3 rd ed. Wiley. pp. 3-49.
Mosher, R. L. et al. eds. 1962 *Guidance: An examination*. The Harvard Educational Review. (小林純一訳 1966　現代カウンセリング論　岩崎学術出版)
Patterson, C. H. & Watkins, Jr., C.E. 1996 *Theories of psychotherapy*, 5 th ed. Harper

Collins.

澤田慶輔　1984　カウンセリング　創価大学出版

Tompson, A. A.　1980　Counseling psychology in the year of 2000. *Counseling Psychologist*, 8(4), 21-22.

渡辺三枝子　2002　新版カウンセリング心理学　ナカニシヤ出版

Whiteley, J. 1984 Counseling psychology : A historic perspective. *Counseling Psychologist*, **12**, 3-95..

Woody, R. H., Hansen, J. C., & Rossberg, R. H. 1989 *Counseling psychology : Strategies & services*. Brooks/Cole.

Wrenn, C. G. 1962 *The counselor in a changing world*. APGA.（小橋純一訳　1965　変動する社会のカウンセラー———これからの学校カウンセラー　エンデルレ出版）

## 序論3——第二次世界大戦後の日本における
## カウンセリング心理学の歴史

　第二次世界大戦前には応用心理学，異常心理学は存在したが，「カウンセリング」という用語は見られないので，カウンセリング心理学は戦後に日本に紹介された，と考えられる。

　連合国軍総司令部は1946年1月までに，日本の教育に関する五つの指令を出したが，その五つめが「日本教育家ノ委員会ニ関スル件」であった。この提言に基づくアメリカ教育使節団は，1946年3月，1950年8月に二度来日し，提言を行った（「日本教育改造案」）。アメリカ教育使節団はさまざまな提言を行ったが，そのひとつが日本への学生相談やカウンセリングの紹介であった。

　1951年「アメリカのSPSやカウンセリングを日本の大学に紹介するための委員会」が設けられ，日本に6人の専門家が派遣された。委員長はミネソタ大学のウイリアムソン（Williamson, E. G.）博士であり，1952～1953年に京都大学，九州大学，東京大学を順次開催校にして，SPS（Student Personnel Services），厚生補導の研修を実施した。指導者はロイド（Lloyd, W. P.），ウルフ（Woolf, M. D.），バロウ（Borow, H.），ルーディシェリ（Ruedisili, C. H.），フェルステッド（Felsted, L. W.），クロップ（Klopf, G. J.）であった。これを契機に東京大学，山口大学，京都大学，東北大学などに次々に学生相談所が開設された。

　学生相談の領域の研究会は，まず1955年に「学生相談研究会」（石上太郎）としてスタートし，1960年に「日本学生相談研究会」（中村弘道）と名称変更した。その後，1987年に「日本学生相談学会」（中村弘道）となり，現在に至っている。

　日本に積極的にロジャーズ（Rogers, C. R.）のカウンセリングを紹介したのは，友田不二男と伊東博である。伊東は1949年，シカゴ大学で初めてロジャーズと出会った。伊東は日本からのガリオア（GARIOA）留学1期生であり，1949年に渡米しミズーリ大学大学院で「カウンセリングとガイダンス」を専攻し，修士号を得た。その後帰国し，カウンセリング関係の著作を発表した。1961年夏にロジャーズが来日し，法務省，日本産業訓練協会，茨城キリスト教短期大学，京都大学などでワー

クショップを行った。伊東はこの京都大学のセミナーに熱心に参加し，その後，友田不二男のカウンセリング・ワークショップの世話人となった。

友田不二男は，1951 年にロジャーズ著 Counseling and Psychotherapy（1942 年）を『臨床心理学』として，翻訳・発表した。茨城キリスト教短期大学学長のローガン（Rogan, J. F.）にロジャーズの本を借りて読み，感動したのがきっかけであった。友田は「ローガンさんと出会って，ロジャーズのいわゆる"出世作"とされている1942 年の本，『カウンセリングとサイコセラピィ』を読む機会に恵まれたのは，ちょうどこのようなときでしたが，この本を読むにつれて私はグングン引き込まれて（中略）よーし，10 年かけて完全にこれをマスターしてやろう。完全にマスターすればきっと，そこから自分自身のものが生まれるだろう」と考えた。

友田は，学生時代は東京文理科大学（現・筑波大学）教育相談部で活動しており，心理学やカウンセリングの知識を得やすい環境にあった。友田は茨城県児童相談所の遠藤勉と 1955 年に「第 1 回カウンセリング研究討論会」（別名「大甕ワークショップ」）を開始し，友田を会長として同年に「東京カウンセリング・センター」が設立された。伊東は 1955 年，横浜国立大学に「学生相談室」を開設した。1965 年より「横浜カウンセリング・センター」の運営を始め，1966 年に「日本カウンセリング協会」を創立し「カウンセリング・ワークショップ」を全国で行った。

ほかには，教育心理学者の正木正が，1948（昭和 23）年にアメリカから来日したIFEL 教育使節団（教育的指導者のための特殊講座）の講師であったジャーシールド（Jersild, A. J.）から，ロジャーズの原理を学んだという。正木は東北大学，京都大学で非指示的もしくはクライエント中心の見解を教育の分野に導入しようと試みた，とのことである。

東京大学の澤田慶輔は『相談心理学』（1957 年）のなかで「相談心理学に相当する英語は Consulting Psychology と Counseling Psychology が思い出される」とした。澤田によれば，1949 年度から文部省は中等教育研究集会で生徒指導部会を開催し，ティーチャー・カウンセラーを中学校，高等学校に設置しつつあった。

1953 年には，日本応用心理学会は生徒指導教諭の制度化について国会請願を行った。文部省は 1949 年に「中学校・高等学校の生徒指導」を出版し，そのころ，生徒指導（ガイダンス）活動が盛り上がった。『相談心理学』（1957 年）は，1955 年の厚生補導特別研究会（ロックフェラー財団の援助によってアメリカ人講師〈ロイドら〉を招いて行われた，カウンセリング特別研究会）の成果として刊行された。編集委

員は，澤田慶輔，田崎仁，三隅二不二，伊東博，杉渓一言であった．

　鈴木清『最新相談心理学』(1968年)によれば，1961年に日本応用心理学会のなかに「相談部会」が設立された．その後，1967年には「日本相談学会」となった．その当時は事務局は東京教育大学にあり，機関誌『相談学研究』を発刊していた．この学会がその後，1987年に「日本カウンセリング学会」と改称され，『カウンセリング研究』を現在でも刊行している．この学会の三代目理事長の國分康孝がニイル(Neill, A. S.)研究を志して師事したのが霜田静志であった．霜田は1950年『教育と精神分析』のなかで，クライン(Klein, M.)，アンナ・フロイト(Freud, A.)，ボードアン(Baudovin, C.)，ニイルなどを紹介し，教育相談における精神分析の活用を解説していた．霜田は戦前より母親を対象とした相談を井荻児童研究所で行っており，この領域の先駆者といえる．このようなさまざまな流れが合流し，近藤によれば「カウンセリング・ブーム」（学校カウンセリング第一次ピーク）が1960年代（昭和35〜44年）におとずれた．

安齊　順子

【文献】

安齋順子・鈴木朋子・中谷陽二　2006　第二次世界大戦後の日本臨床心理学の萌芽──鈴木清を中心に　心理学史・心理学論　7/8合併号，25-37.
藤本昌司ほか訳編　1995　戦後教育の原像　鳳書房
林昭仁　1998　学生相談に関する歴史と今後の課題　河合隼雄・藤原勝紀責任編集　学生相談と心理臨床　金子書房　22-31.
保坂亨・浅井直樹　1997　日本におけるクライエント中心療法　特別企画ロジャーズ　こころの科学，74，59-63.
伊東博　2000　ロジャーズからニュー・カウンセリングへ　氏原寛・村山正治編　ロジャーズ再考──カウンセリングの原点を探る　培風館　17-29.
近藤邦夫　1997　クライエント中心療法と教育臨床　特別企画ロジャーズ　こころの科学，74，64-68.
ロイド，W. P.，福原真知子訳　1999　カウンセリングへの道──高等教育における日米二国間のプロジェクトの報告　風間書房
宮城音弥・南博・霜田静志・佐藤正　1950　教育と精神分析　金子書房
村井実全訳解説　1979　アメリカ教育使節団報告書　講談社
大澤美枝子・久能徹・諸富祥彦・末武康弘・林幸子・清水幹夫・友田不二男　1994　「一日学習塾」──自主企画シンポジウム予行演習記（対談）　日本人間性心理学会第13回自主企画シンポジウム内容　カウンセリング研究，別冊2号
佐藤達哉・溝口元編著　1997　通史日本の心理学　北大路書房

## 執筆者一覧 (50音順)

会沢 信彦 (II-3, アドラー)
青木 佐奈枝 (XII-5)
明里 康弘 (XIII-6)
朝木 永 (IX-10)
朝日 朋子 (III-20, VII-14, カーカフ)
阿部 明美 (VI-5)
阿部 千春 (III-3, バンデューラ)
新井 邦二郎 (I-2)
荒堀 浩文 (VI-21, VII-13)
安齊 順子 (序-3, 大槻憲二, 古澤平作 丸井清泰)
飯田 順子 (IV-18, XII-8, エリクソン)
飯野 哲朗 (II-17, 森田正馬)
井川 恭子 (XI-5, XI-6)
井川 資英 (XI-5, XI-6)
池島 徳大 (VI-8)
池場 望 (VII-20)
石川 みち子 (XI-9)
石隈 利紀 (I-1, カウフマン)
石﨑 一記 (V-2, コールバーグ)
石田 祥代 (IX-11, IX-13)
石橋 義人 (IV-15)
市原 学 (サーストン, ターマン, ビネー)
市村 操一 (XII-2)
井手口 直子 (XI-8, XI-13)
伊藤 稔 (伊東博, 友田不二男)
稲垣 応顕 (V-8)
稲富 憲朗 (ジュラード)
犬塚 文雄 (VII-12)
井上 勝也 (I-7)
井上 清子 (XI-10)
井上 忠典 (XII-9)
猪谷 生美 (カルフ, ユング)

今田 里佳 (III-21)
今中 博章 (IX-17)
植草 伸之 (III-4)
上嶋 洋一 (IX-12, XIII-8, ジェンドリン)
宇佐見 敏夫 (XIII-11)
宇佐見 万喜 (IV-11)
牛田 洋一 (IV-12)
内田 恵理子 (V-12, ドライデン)
大石 幸二 (VI-19)
大泉 溥 (VII-23)
大河原 美以 (VI-17)
大澤 一郎 (IX-2)
大関 義勝 (XIII-14)
大塚 邦子 (XI-15)
大坪 治彦 (V-15)
大友 秀人 (VI-10, VII-6)
大矢 浩登 (XI-4)
岡田 尊司 (V-22)
岡田 弘 (I-16)
奥野 英子 (IX-9)
奥野 雅子 (VI-25)
押切 久遠 (X-15)
小野寺 正己 (IV-16)
海保 博之 (XII-15)
柿井 俊昭 (VI-12)
葛西 真記子 (XIII-3, コフート)
鹿嶋 真弓 (VII-4, XII-4, エリス)
梶原 茂 (VIII-4)
粕谷 貴志 (IV-22, VII-9)
片野 智治 (III-2, IV-19, IV-20, IV-21, VI-4, VII-3, XIII-7, シュッツ)
門田 美惠子 (III-5)
金和 史岐子 (ベイトソン)

執筆者一覧

釜野聖子 (XI-3)
釜野安昭 (XI-2)
上脇　貴 (VIII-3)
亀島　哲 (VIII-10, VIII-11)
加勇田修士 (II-16, VI-6)
苅間澤勇人 (IV-3)
川島光太郎 (XI-12)
河野善四郎 (VI-7)
川端久詩 (III-16, フランクル)
河村茂雄 (XII-13)
岸　俊彦 (VII-8)
岸田優代 (XIII-12, ウォルピ)
岸田幸弘 (III-6, スキナー)
北島茂樹 (V-3)
木塚泰弘 (IX-7)
紀　惠理子 (X-2)
木村　周 (I-8)
木村真人 (VI-20, IX-16)
桐村晋次 (VIII-7)
國吉重徳 (ドラッカー, マグレガー)
久保順也 (ド・シェイザー)
熊本エリザ (V-17)
栗原慎二 (II-1, II-2)
小池眞規子 (XI-14)
河野義章 (VII-7)
國分久子 (V-1, V-9, ウィリアムソン, サティ)
國分康孝 (序-1, III-1, V-21, XII-1, XIII-2, 澤田慶輔, 中島一憲, 中村弘道)
國分留志 (XIII-1)
越道理恵 (V-24, ランク)
小林厚子 (XII-10)
小林寿一 (X-3)
小林　強 (II-14, 霜田静志, ニイル)
小林章雄 (XI-1)
小林正幸 (V-23)
小松孝至 (XII-16)

衣川光正 (VIII-13)
木幡日出男 (テーラー)
近藤日出夫 (X-4)
今野能志 (VIII-6)
齊藤　優 (III-9, 吉本伊信)
坂江千寿子 (XI-7)
坂田由美子 (XI-17)
坂本洋子 (VI-2)
坂柳恒夫 (VII-5)
相良陽一郎 (IV-2, 土居健郎)
櫻井茂男 (IV-17)
笹竹英穂 (X-10)
佐藤勝男 (VI-16)
佐藤眞一 (IX-3)
澤田富雄 (V-5)
沢宮容子 (ベック)
潮谷恵美 (フロイト, A., モレノ)
品田笑子 (IV-10, ゲゼル)
柴田右一 (ウィニコット, クライン, フロム=ライヒマン)
嶋﨑政男 (小泉英二)
嶋田洋徳 (I-9)
清水幹夫 (VI-23, VI-24)
下村英雄 (VIII-9, VIII-17, VIII-18, ジェラット, バンデューラ, ボーディン, ホランド)
生島　浩 (X-11)
正野逸子 (XI-11)
新里里春 (VI-15)
新保祐元 (IX-8)
杉原一昭 (I-4)
杉山雅彦 (アイゼンク)
鈴木美智子 (IV-9)
鈴木由美 (VII-21, バーン)
住本克彦 (VIII-12, ロー)
瀬尾尚隆 (III-10)
曽山和彦 (III-8, クルンボルツ)

髙田 ゆり子 (XI-18)
髙橋 浩二 (III-17, ベッテルハイム, ワトソン)
髙橋 さゆ里 (VII-15)
髙橋 誠 (IV-5)
田上 不二夫 (XII-12)
竹越 進二 (X-8)
竹崎 登喜江 (アイビイ)
田島 充士 (ヴィゴツキー, ピアジェ, ボウルビィ)
田島 聡 (IV-8, パーソンズ)
田中 顕悟 (ベネディクト, ミード)
田上 明日香 (I-9)
鄭 仁豪 (IX-6)
月森 久江 (VI-18)
辻 隆造 (IV-4, X-7)
土屋 裕睦 (IV-6)
角田 亮 (X-9)
鶴田 一郎 (V-14)
出口 保行 (X-6)
德田 英次 (XII-17)
渡久地 政順 (V-7)
得丸 智子 (VII-11)
十島 雍蔵 (IX-4)
飛田 浩昭 (V-4)
冨田 久枝 (IV-1, IV-7, IV-23, IV-24, IV-26)
長井 進 (X-16)
長崎 良夫 (V-6, メイ)
中島 一憲 (I-14)
長須 正明 (VI-22, シャイン)
中野 武房 (VI-11)
中野 良顯 (ロヴァス)
中原 純 (IX-1)
中村 晃 (XIII-10)
仲村 将義 (V-11)
中村 道子 (VII-17)

中山 哲志 (I-11)
西原 尚之 (サリヴァン, 三隅二不二)
西村 昭徳 (VI-13)
楡木 満生 (V-16)
根田 真江 (III-7)
根津 克己 (VIII-5)
羽間 京子 (X-13)
橋本 登 (III-19, ムスターカス)
長谷川 啓三 (I-5)
羽鳥 健司 (VI-26, ラザラス, A., ラザラス, R.)
濱口 佳和 (XII-3)
濱野 昌彦 (III-13)
林 伸一 (I-13)
林 真一郎 (XII-6, コージブスキー, ハヤカワ)
原沢 康明 (VII-16)
原田 友毛子 (III-12, アクスライン)
半田 勝久 (IX-14)
伴野 直美 (III-14, パールズ)
東中須 恵子 (VI-1)
兵藤 啓子 (ウェクスラー, ギルフォード)
平田 ルリ子 (ケンプ, ハヴィガースト)
平宮 正志 (ロジャーズ)
廣瀬 晴生 (VIII-15)
福井 至 (V-13)
藤井 博 (VIII-1)
藤川 章 (VIII-8)
藤川 浩 (X-1)
藤村 一夫 (VI-14, VII-10)
船木 亨 (II-13)
別所 靖子 (XIII-4, パヴロフ)
細田 憲一 (IV-13)
堀内 ゆかり (XII-7)
益満 孝一 (I-15)
松井 賢二 (VII-22, スーパー)
松﨑 学 (III-15)

松 野 良 一（XI-19）
松 原 　 豊（IX-5）
丸 山 　 宏（II-15）
三 川 俊 樹（I-6）
三 木 とみ子（VII-18）
三 澤 文 紀（V-25）
水 上 和 夫（VII-19）
水 口 禮 治（VIII-16）
水 野 邦 夫（IV-14）
水 野 治 久（IX-15, XII-14）
三 谷 聖 也（ライヒ）
宮 本 美沙子（マズロー）
武 蔵 由 佳（VII-2）
村 井 文 江（XI-16）
村 瀬 　 旻（V-10）
森 　 憲 治（V-18）
森 田 明 子（ブラマー）
諸 富 祥 彦（II-6, II-8, フロム）
八重田 　 淳（I-10）

柳 沼 良 太（II-7, II-11）
谷 内 篤 博（VIII-2）
八 並 光 俊（I-3, VII-1, X-12）
山 口 豊 一（II-5, II-10）
山 下 みどり（VII-24）
山 田 順 子（XIII-9）
湯 川 進太郎（I-12, XII-11）
吉 澤 克 彦（V-20）
吉 澤 孝 子（V-19）
吉 田 里 日（X-5）
吉 田 隆 江（IV-25, VI-9, XIII-5）
吉 田 博 子（III-11）
米 山 成 二（フロイト, ホーナイ）
龍 島 秀 広（X-14）
若 山 　 隆（VII-23）
鷲 岳 　 覚（VI-3）
渡 辺 三枝子（序-2）
渡 辺 弥 生（III-18）
和 田 倫 明（II-4, II-9, II-12, II-18）


装丁　吉田憲二

**監修者**
國 分 康 孝（こくぶ　やすたか）
　　東京成徳大学副学長


**企画者**
國 分 久 子（こくぶ　ひさこ）
　　青森明の星短期大学客員教授
片 野 智 治（かたの　ちはる）
　　跡見学園女子大学文学部教授


**編集者**(50音順，【　】内は担当章)
石 隈 利 紀　（筑波大学大学院人間総合科学研究科教授）【第Ⅰ章】
石 﨑 一 記　（東京成徳大学応用心理学部教授）【第Ⅷ章・人物→第ⅩⅣ章-4・人物→第ⅩⅣ章-5】
大 友 秀 人　（青森明の星短期大学現代介護福祉学科教授）【第Ⅴ章・人物→第ⅩⅣ章-6・人物→第ⅩⅣ章-7・人物→第ⅩⅣ章-8】
岡 田　　弘　（東京聖栄大学健康栄養学部准教授）【人物→第ⅩⅣ章-1・人物→第ⅩⅣ章-2・人物→第ⅩⅣ章-3】
押 切 久 遠　（法務省保護局法務専門官）【第Ⅹ章】
加 勇 田 修 士　（東星学園小・中・高等学校長，幼稚園園長）【第Ⅶ章】
河 村 茂 雄　（早稲田大学教育・総合科学学術院教授）【第ⅩⅡ章】
坂 本 洋 子　（日本赤十字九州国際看護大学副学長）【第Ⅵ章】
髙 田 ゆり子　（筑波大学大学院人間総合科学研究科教授）【第ⅩⅠ章】
冨 田 久 枝　（鎌倉女子大学児童学部准教授）【第Ⅳ章】
中 山 哲 志　（東京成徳大学応用心理学部教授）【第Ⅸ章】
長 谷 川 啓 三　（東北大学大学院教育学研究科教授）【第Ⅲ章】
諸 富 祥 彦　（明治大学文学部教授）【第Ⅱ章】
吉 田 隆 江　（武南高等学校教育相談主事，スクールカウンセラー）【第ⅩⅢ章】

# 凡　例

1. 本事典の構成は，カウンセリング心理学の学問体系を13領域に分け，章として配置した。第Ⅰ章から第Ⅵ章までは「カウンセリングの原点」(generic counseling)，第Ⅶ章から第ⅩⅢ章までは「特定分野のカウンセリング」(specific counseling) の課題を取り上げ，第ⅩⅣ章はカウンセリング心理学の関連のある人物を取り上げた。各章ごとに関連項目（全255項目）を収録し，第ⅩⅣ章では91人を紹介した。また，巻末には索引（項目索引，欧文項目索引，人名索引）を配置した。
2. 本文中，書名を示すときは『　』を付け，外国文献は大文字のイタリック体にて表示した。年代の表示は原則として西暦年号を用いた。
3. 参照文献は必要に応じ，本文中に（　）にて執筆者名および発行年を表示し，各項目末に【文献】として紹介した。
4. 各項目の下には英文の見出しを入れた。また，英文人名はファミリー・ネームを先に示す方式をとり，各項目初出の人名には英文表記も（　）内に示した。
5. 第ⅩⅣ章の人名は，50音順に配列しており，人名の脇には英文表記および生没年を表示した。英文表記はファミリー・ネーム，ファースト・ネームの順に示した。
6. 索引は，項目索引および人名索引は50音順に，欧文項目索引はアルファベット順に配列した。なお，音引き（ー）は読まないものとした。また，太字のページ番号は，項目として掲載されているもの（見出し語）を示している。
7. 各項目末には執筆者名を記した。

## 目次

まえがき i
序論1──カウンセリング心理学の本質 iii
序論2──アメリカにおけるカウンセリング心理学の歴史 viii
序論3──第二次世界大戦後の日本におけるカウンセリング心理学の歴史 xvii
執筆者一覧 xx
監修・企画・編集者一覧 xxiv
凡例 xxv

## 第Ⅰ章　カウンセリング心理学と関連分野との比較 ……… 1

1 学校心理学との異同・関係 …………2
2 教育心理学との異同・関係 …………3
3 ガイダンスとの異同・関係 …………5
4 発達心理学との異同・関係 …………8
5 臨床心理学との異同・関係 …………9
6 キャリア心理学との異同・関係 ……11
7 老年心理学との異同・関係 …………13
8 産業心理学との異同・関係 …………15
9 組織心理学との異同・関係 …………16
10 リハビリテーション心理学との異同・関係 …………………………………18
11 福祉心理学との異同・関係 …………20
12 社会心理学との異同・関係 …………21
13 異文化間心理学との異同・関係 ……23
14 精神医学との異同・関係 ……………25
15 ソーシャルワークとの異同・関係…26
16 東洋思想との異同・関係 ……………28

## 第Ⅱ章　カウンセリング心理学の哲学・思想的背景 ……… 31

1 哲学の起源 ……………………………32
2 存在論 …………………………………33
3 認識論 …………………………………35
4 価値論 …………………………………37
5 観念論 …………………………………39
6 自然主義 ………………………………40
7 プラグマティズム ……………………42
8 実存主義 ………………………………44
9 論理実証主義 …………………………46
10 現象学 …………………………………47

| | | | | |
|---|---|---|---|---|
| 11 | 教育哲学 …………………49 | 15 | タオイズム …………………57 |
| 12 | 社会哲学 …………………51 | 16 | キリスト教思想 ……………59 |
| 13 | 科学哲学 …………………52 | 17 | 仏教思想 …………………61 |
| 14 | ポストモダン ………………54 | 18 | 儒教思想 …………………62 |

## 第Ⅲ章　リレーション　・・・・・・・・・・・・・・・・・・・・・・・・・・65

| | | | | |
|---|---|---|---|---|
| 1 | リレーション研究のフレーム……66 | 12 | きょうだい関係 ……………86 |
| 2 | 3種類のリレーション ………67 | 13 | 結婚カウンセリング ………87 |
| 3 | 友人関係 …………………69 | 14 | 家族文化 …………………89 |
| 4 | 教師の態度 ………………71 | 15 | 地域連携 …………………92 |
| 5 | 教師間のリレーション ………73 | 16 | 自己開示 …………………94 |
| 6 | 幼，小，中の連携 …………75 | 17 | コンフロンテーション（対決）……96 |
| 7 | 学級担任を失った子どもたち……77 | 18 | ソーシャルスキル …………98 |
| 8 | 保護者との関係づくり ……78 | 19 | アサーティブスキル ………100 |
| 9 | リレーション回復の内観 …80 | 20 | コミュニケーションスキル …102 |
| 10 | 援助職者の人間関係 ………82 | 21 | コーピングスキル …………104 |
| 11 | 親子関係 …………………84 | | |

## 第Ⅳ章　アセスメント　・・・・・・・・・・・・・・・・・・・・・・・・107

| | | | | |
|---|---|---|---|---|
| 1 | カウンセリング・アセスメントの特質と課題 ………………108 | 9 | 面接中期における諸問題のアセスメント …………………121 |
| 2 | グループ・モラールのアセスメント …………………………109 | 10 | 面接後期のアセスメント …123 |
| 3 | グループメンバーの満足度のアセスメント …………………112 | 11 | DSM-Ⅳ-TR の活用 ………125 |
| 4 | 被虐待のアセスメント ……113 | 12 | SCID-Ⅱ …………………127 |
| 5 | コンピテンシーのアセスメント …115 | 13 | UPI：学生精神的健康調査 ……129 |
| 6 | リーダーシップのアセスメント …117 | 14 | 自尊感情尺度 ……………131 |
| 7 | 援助行動のアセスメント …118 | 15 | SGE リーダー感情体験尺度 …132 |
| 8 | 面接初期のアセスメント …120 | 16 | 教師特有のビリーフ尺度 …135 |
| | | 17 | 学習意欲尺度 ……………136 |
| | | 18 | ライフスキル尺度 …………139 |

| | | | |
|---|---|---|---|
| 19 | 個人過程尺度 …………………141 | 24 | 職場におけるモチベーション尺度 ……………………………150 |
| 20 | グループ過程尺度 ……………142 | 25 | カード式職業興味探索 ………151 |
| 21 | 人間関係尺度 …………………144 | 26 | 親の養育態度尺度 ……………153 |
| 22 | Q-U 尺度 ………………………146 | | |
| 23 | ストレス尺度 …………………148 | | |

## 第Ⅴ章　ストラテジー ・・・・・・・・・・・・・・・・・・・・・・・・・・・・・・*157*

| | | | |
|---|---|---|---|
| 1 | ストラテジーの多様性 ………158 | | なとき ……………………………182 |
| 2 | グループ・アプローチの諸形態 …159 | 15 | 特性-因子理論のアプリケーション ………………………………184 |
| 3 | リーダーシップの研究 ………161 | | |
| 4 | 子どものリーダーシップの育成 …163 | 16 | システム理論のアプリケーション ………………………………186 |
| 5 | 組織の活用 ……………………165 | | |
| 6 | チームの活用 …………………167 | 17 | アドボカシー …………………187 |
| 7 | 自己理論のアプリケーション ……168 | 18 | 教育支援センター間のネットワーク …………………………189 |
| 8 | 行動理論のアプリケーション ……170 | | |
| 9 | 精神分析理論のアプリケーション ……………………………171 | 19 | SGE の効果のある子ども ………191 |
| | | 20 | 問題行動予防のプログラム ……193 |
| 10 | ゲシュタルト理論のアプリケーション ………………………………174 | 21 | 生き方のカウンセリング ……195 |
| | | 22 | ゲーム・ネット依存症へのストラテジー …………………197 |
| 11 | 交流分析のアプリケーション ……176 | | |
| 12 | 論理療法のアプリケーション ……178 | 23 | IT を活用したカウンセリング……199 |
| 13 | 認知療法のアプリケーション ……180 | 24 | ジェンダー・センシティブ ……201 |
| 14 | 実存主義的アプローチが必要 | 25 | 解決志向アプローチ（SFA）……202 |

## 第Ⅵ章　インターベンション ・・・・・・・・・・・・・・・・・・・・・*207*

| | | | |
|---|---|---|---|
| 1 | インフォームド・コンセント ……208 | 6 | 苦情処理（学校）………………217 |
| 2 | 危機介入 ………………………209 | 7 | 苦情処理（企業）………………219 |
| 3 | 抵抗への対応 …………………211 | 8 | メディエーション ……………220 |
| 4 | 逆転移の処理 …………………214 | 9 | サポート・グループ …………222 |
| 5 | 説得的コミュニケーション ……215 | 10 | シェアリング …………………224 |

| | | | |
|---|---|---|---|
| 11 | ピア・サポート ……………………226 | 19 | LD児（者） ………………………240 |
| 12 | マルチメディア・カウンセリング …………………………………227 | 20 | 援助要請行動 ……………………241 |
| | | 21 | 不本意入学 ………………………243 |
| 13 | グループ内葛藤 …………………229 | 22 | 若年無業者（ニート）への対応 …245 |
| 14 | 学級崩壊 …………………………230 | 23 | ドゥードリング・ワーク ………247 |
| 15 | 学級経営に生かす交流分析 ……232 | 24 | 多文化BEG ………………………249 |
| 16 | 学校管理 …………………………234 | 25 | 遺伝カウンセリング ……………251 |
| 17 | 家族支援 …………………………236 | 26 | 意味づけ …………………………253 |
| 18 | 軽度発達障害（児童・生徒）……238 | | |

## 第Ⅶ章　教育カウンセリング…………………………257

| | | | |
|---|---|---|---|
| 1 | スクールカウンセリング・プログラム・ナショナルスタンダード …258 | 14 | 特別支援教育の課題 ……………282 |
| | | 15 | 適応指導教室 ……………………283 |
| 2 | SGE研究の現況と展望 …………260 | 16 | 音楽を生かした教育カウンセリング …………………………………285 |
| 3 | ジェネリックSGEの課題 ………263 | | |
| 4 | スペシフィックSGEの課題 ……264 | 17 | 健康教育に活かすカウンセリング …………………………………287 |
| 5 | キャリア教育 ……………………266 | | |
| 6 | サイコエジュケーション ………267 | 18 | 健康相談活動 ……………………289 |
| 7 | 授業に生かすカウンセリング …269 | 19 | 教師のメンタルヘルス …………291 |
| 8 | 授業のスーパービジョン ………271 | 20 | 教育カウンセリングのマネジメント …………………………………293 |
| 9 | 学級経営に生かすQ-U尺度 ……273 | | |
| 10 | 学級づくり ………………………275 | 21 | ピア・ヘルパー …………………295 |
| 11 | SGEを生かした日本語教育 ……277 | 22 | 大学におけるキャリア教育 ……296 |
| 12 | 特別活動に生かすカウンセリング …………………………………279 | 23 | キャンパス適応困難と障害学生の問題 …………………………298 |
| 13 | 特別指導に生かすカウンセリング …………………………………280 | 24 | 不登校の予防 ……………………300 |

## 第Ⅷ章　産業カウンセリング…………………………305

| | | | |
|---|---|---|---|
| 1 | 組織開発 …………………………306 | 2 | 職場のモラール …………………307 |

| | | |
|---|---|---|
| 3 | 部下と上司の人間関係 | ……………309 |
| 4 | 職場の人間関係 | ………………311 |
| 5 | ストレスマネジメント | ……………313 |
| 6 | 人材育成プログラム | ………………316 |
| 7 | 人事考課開発 | ………………………317 |
| 8 | 教員の人事考課開発 | ………………319 |
| 9 | 若年層の離職 | ………………………321 |
| 10 | 中高年の転職 | ………………………322 |
| 11 | 休職・復職支援プログラム | ………324 |
| 12 | 女性のキャリア開発 | ………………326 |
| 13 | 中高年のキャリア開発 | ……………329 |
| 14 | キャリア・コンサルティング | ……332 |
| 15 | マネジメント・カウンセリング | …333 |
| 16 | 事故防止と安全管理 | ………………335 |
| 17 | 若者の職業意識 | ……………………337 |
| 18 | 産業カウンセリングと学校教育との連携 | ………………………………339 |

## 第IX章　福祉カウンセリング ……………… *341*

| | | |
|---|---|---|
| 1 | ひとり暮らしの高齢者 | ……………342 |
| 2 | 認知症高齢者 | ………………………343 |
| 3 | 高齢者への介護カウンセリング | …345 |
| 4 | 知的障害者への福祉カウンセリング | ……………………………………347 |
| 5 | 肢体不自由者への福祉カウンセリング | ……………………………………349 |
| 6 | 聴覚障害者への福祉カウンセリング | ……………………………………351 |
| 7 | 視覚障害者への福祉カウンセリング | ……………………………………353 |
| 8 | 精神障害者への福祉カウンセリング | ……………………………………355 |
| 9 | 社会生活力 | …………………………357 |
| 10 | ピア・ヘルプ | ………………………359 |
| 11 | 子育て支援 | …………………………360 |
| 12 | 障害受容 | ……………………………362 |
| 13 | 養護施設の子どもたち | ……………364 |
| 14 | 子どもの人権・権利 | ………………365 |
| 15 | 異文化で育つ子どもたち | …………367 |
| 16 | 援助者とバーンアウト | ……………369 |
| 17 | ボランティア活動とカウンセリング | ……………………………………370 |

## 第X章　非行カウンセリング ……………… *373*

| | | |
|---|---|---|
| 1 | 非行カウンセリング研究の課題 | …374 |
| 2 | 非行少年に対する心理テスト | ……375 |
| 3 | 非行少年のリスク・アセスメント | ……………………………………377 |
| 4 | 非行と発達障害 | ……………………379 |
| 5 | 非行と虐待 | …………………………381 |
| 6 | 非行少年の認知傾向 | ………………383 |
| 7 | 触法児童に対するカウンセリング | ……………………………………384 |
| 8 | 矯正カウンセリング | ………………386 |

9 更生保護カウンセリング ………388
10 非行少年に対するブリーフ・カウンセリング ……………………389
11 非行少年に対する家族療法 ……391
12 非行少年に対する生徒指導 ………393
13 非行少年に対する精神分析的カウンセリング ……………………394
14 非行少年に対するサポートチーム ……………………………………396
15 非行予防エクササイズ …………398
16 犯罪被害者に対するカウンセリング ……………………………………400

## 第XI章　医療カウンセリング・・・・・・・・・・・・・・・・*403*

1 チーム医療 ………………………404
2 クライエントの個別性の理解 ……405
3 医師のためのカウンセリングスキル ………………………………408
4 歯科医に必要なカウンセリングスキル ………………………………410
5 歯科医療へのカウンセリング心理学の導入 ………………………411
6 歯科医療で使えるカウンセリング理論とその応用 …………………413
7 看護師に必要なカウンセリングスキルの特質と課題 ………………415
8 薬剤師に必要なカウンセリングスキル ………………………………417
9 看護職者を対象としたキャリア・カウンセリング …………………419
10 疾病予防のカウンセリング ………420
11 在宅ケアにおけるカウンセリング ……………………………………422
12 セルフ・メディケーション ………424
13 副作用のカウンセリング …………426
14 ターミナルケア …………………428
15 尊厳死 ……………………………429
16 性同一性障害 ……………………431
17 PTSD ……………………………434
18 摂食障害 …………………………435
19 臓器移植 …………………………437

## 第XII章　カウンセリング・リサーチ・・・・・・・・・・・・・*441*

1 カウンセリング心理学研究の特質と課題 ………………………442
2 量的研究と質的研究 ……………443
3 横断的研究と縦断的研究 …………445
4 アクション・リサーチ ……………447
5 事例研究法 ………………………449
6 実態調査 …………………………451
7 フィールド・スタディ ……………452
8 実験的フィールド・スタディ ……454
9 実験研究 …………………………456
10 リサーチ・トピックの設定 ………458
11 測定具の条件 ……………………460

| 12 | リサーチ・デザイン ……………461
| 13 | 研究論文の評価 …………………464
| 14 | 先行研究のレビューの仕方 ………465
| 15 | 代表的な心理統計法 ……………467
| 16 | グラウンデッド・セオリー ……………468
| 17 | 単一事例被験者実験計画 …………470

## 第XIII章　カウンセリング心理学の教育 ・・・・・・・・・・・・・473

1. カウンセリング心理学の修士課程の教育 ……………………………474
2. カウンセリング・サイコロジストの教育 ……………………………475
3. カウンセリング心理学（博士課程）のコースワークとコンプリヘンシブ・エグザム ……………………477
4. 個別スーパービジョン ……………479
5. シェアリング方式グループ・スーパービジョン ……………………481
6. 教育分析 ……………………………482
7. 教育分析としての構成的グループ・エンカウンター ………………484
8. 援助職者の職業倫理 ……………486
9. 情報モラル ………………………487
10. プロフェッショナル・アイデンティティ ………………………490
11. 精神科医からみたカウンセリング教育 ………………………………491
12. 特別支援教育コーディネーターの教育 ………………………………493

## 第XIV章　人と業績 ・・・・・・・・・・・・・・・・・・・・・・・・・・497

1. 第一勢力に属するカウンセリング理論に関係のある人物 ……………498
   - アドラー ……………………………498
   - ウィニコット ………………………498
   - エリクソン …………………………498
   - 大槻憲二 ……………………………499
   - カルフ ………………………………499
   - クライン ……………………………500
   - 古澤平作 ……………………………500
   - コフート ……………………………500
   - サティ ………………………………501
   - サリヴァン …………………………501
   - 霜田静志 ……………………………501
   - 土居健郎 ……………………………502
   - ニイル ………………………………502
   - フロイト，アンナ …………………503
   - フロイト ……………………………503
   - フロム ………………………………504
   - フロム゠ライヒマン ………………504
   - ボウルビィ …………………………504
   - ホーナイ ……………………………505
   - 丸井清泰 ……………………………505
   - ユング ………………………………505
   - ライヒ ………………………………506

ランク………………………………506

2 第二勢力に属するカウンセリング
　理論に関係のある人物……………507
　アイゼンク……………………………507
　ウォルピ………………………………507
　クルンボルツ…………………………508
　スキナー………………………………508
　パヴロフ………………………………508
　バンデューラ…………………………509
　ラザラス，アーノルド………………509
　ラザラス，リチャード………………510
　ロヴァス………………………………510
　ワトソン………………………………510

3 第三勢力に属するカウンセリング
　理論に関係のある人物……………511
　アクスライン…………………………511
　伊東　博………………………………511
　エリス…………………………………512
　ジェンドリン…………………………512
　シュッツ………………………………512
　ジュラード……………………………513
　友田不二男……………………………513
　ドライデン……………………………514
　中島一憲………………………………514
　パールズ………………………………514
　バーン…………………………………515
　フランクル……………………………515
　ベッテルハイム………………………516
　マズロー………………………………516
　ムスターカス…………………………516
　メイ……………………………………517
　ロジャーズ……………………………517

4 キャリア理論に関係のある人物……518
　ジェラット……………………………518
　シャイン………………………………518
　スーパー………………………………519
　パーソンズ……………………………519
　バンデューラ…………………………519
　ボーディン……………………………520
　ホランド………………………………520
　ロー……………………………………521

5 特性-因子理論に関係のある人物
　…………………………………………521
　ウィリアムソン………………………521
　ウェクスラー…………………………521
　カウフマン……………………………522
　ギルフォード…………………………522
　サーストン……………………………523
　ターマン………………………………523
　ビネー…………………………………523

6 折衷主義に関係のある人物…………524
　アイビイ………………………………524
　カーカフ………………………………524
　澤田慶輔………………………………524
　中村弘道………………………………525
　ブラマー………………………………525

7 集団・組織・文化に関係のある人物
　…………………………………………526
　テーラー………………………………526
　ドラッカー……………………………526
　ベネディクト…………………………526
　マグレガー……………………………527
　三隅二不二……………………………527
　ミード…………………………………528

モレノ……………………………528
8　言語・発達・認知・その他に関係
　　のある人物………………………529
　　　ヴィゴツキー……………………529
　　　ゲゼル……………………………529
　　　ケンプ……………………………529
　　　小泉英二…………………………530
　　　コージブスキー…………………530
　　　コールバーグ……………………531

　　　ド・シェイザー…………………531
　　　ハヴィガースト…………………531
　　　ハヤカワ…………………………532
　　　ピアジェ…………………………532
　　　ベイトソン………………………532
　　　ベック……………………………533
　　　森田正馬…………………………533
　　　吉本伊信…………………………533

# 第Ⅰ章

# カウンセリング心理学と
# 関連分野との比較

## Counseling Psychology and Counseling Related Disciplines

　カウンセリング心理学，臨床心理学，リハビリテーション心理学，産業心理学など，問題解決志向の心理学をプロフェッショナル・サイコロジーという。これは理論構成志向のベーシック・サイコロジー（基礎心理学）の対照概念である。

　さて，プロフェッショナル・サイコロジーの枠のなかで，それぞれの心理学がそれぞれのアイデンティティを保ちつつ，連携・共存することが望ましい。私はそう推論するが，そのときに大切なことは，それぞれの心理学が相互の共通性と相異，あるいは相互の関係性を共通認識しておくことである。

　そこで本章は，カウンセリング心理学の本質，あるいはアイデンティティを明らかにするために，周辺の類似の知識体系や技法体系と比較する方法をとった。

　心理学と名のつくものは，すべてリサーチを不可欠な条件としている。そして，プロフェッショナル・サイコロジーの世界では，リサーチといえば，①事実の発見，②事実・事象の説明，③行動変容法の開発，④概念化・理論構成を共通特性としている。

　これらを踏まえて，それぞれの関連分野の心理学を比較するときのフレームとして，①リサーチ・トピック，②リサーチの方法，③行動変容の方法，④概念・理論が考えられる。これらのフレームによるカウンセリング心理学と他の心理学との比較が，本章のねらいである。

（國分 康孝）

## 1 学校心理学との異同・関係
school psychology and counseling psychology

　学校心理学は，一人ひとりの子どもへの心理教育的援助サービスの理論と実践の体系である。そして心理教育的援助サービスとは，「学校教育において一人ひとりの子どもが学習面，心理・社会面，進路面，健康面における課題への取り組みの過程で出会う問題状況の解決を援助し，子どもが成長することを促進する教育活動」である（石隈，1999）。心理教育的援助サービスは，教師，スクールカウンセラーらが，保護者と連携して行う。

　カウンセリング心理学における中核の活動は，カウンセリング（援助活動）である（國分，1998）。カウンセリングは，個人が遭遇する困難を克服して，その人なりの特徴をフルに生かして生きていけるようになるのを助ける，専門的援助過程であると定義されている（渡辺，2002）。学校心理学における心理教育的援助サービスは，子どもの自助資源を発見し促進しながら，子どもの問題解決と成長を援助する活動であり，カウンセリング心理学と共通するところは多い。

　しかしながら，相違点もある。学校心理学は，学校教育にかかわる問題に援助の焦点を当てる。一方，カウンセリング心理学は，乳幼児から高齢者までを対象として，結婚・家族，産業，学校などで幅広い問題を扱う。また，学校心理学は，心理学と学校教育の融合を目指す学問体系であるが，カウンセリング心理学は，心理学を核として哲学や社会学も含んだ幅広い科学を目指していると思う。

### 1．概念・理論・モデル

　学校心理学とカウンセリング心理学の異同について，①だれを援助するか，②何を援助するか，③だれが援助するか，の側面から論じる。

#### 1）だれを援助するか

　学校心理学の対象は，児童生徒だけでなく，教師，保護者などの援助者，および援助サービスのシステムも含まれる。つまり，子どもを援助する教師へのコンサルテーションを通した，子どもへの間接的援助が，学校心理学の重要な活動となる。一方，カウンセリング心理学では，クライエントへの「言語的および非言語的なコミュニケーションを通して，行動の変容（発達課題を解決して成長するの意）を試みる人間関係」と定義され（國分，1998），カウンセラーによるクライエントへの直接的援助が中核といえる。

　また学校心理学では，すべての子どもを対象とする活動から，特別な援助ニーズをもつ子どもを対象とする活動までが含まれる。一方，カウンセリング心理学では「健常な」子どもを対象とする。「健常な子ども」を対象とするとは，子どもの健常な面あるいは強いところに焦点を当てることであり，学校心理学が子どもの自助資源に焦点を当てることと一致する。一方，障害による特別な教育ニーズをもつ子どもへの特別支援教育（上野，2003）に力点をおいていることは，学校心理学の特徴である。学校心理学とカウンセリング心理学は，心理測定運動，精神保健運動の二つをルーツとして共有する。そして，学校心理学のもう一つのルーツが特別支援教育であり，カウンセリング心理学のもう一つのルーツが，職業カウンセリング・ガイダンス運動である（渡辺，1996）。

#### 2）何を援助するか

　学校心理学は，子どもが学校生活の問題の解決を援助し，子どもの成長を促進する，心理教育的援助サービスの理論と実践の体系である。そしてカウンセリング心理学は，前述のように，発達課題を解決して成長することの援助活動を支える。この点において，学校心理学とカウンセリング心理学はきわめて共通性が高い。

　ただし，学校心理学では，学習面，心理・社会面，進路面，健康面など，学習面を含めた「学校生活全体」が焦点となる。一方，カウンセリング心理学では，「個人の人生全体」を視野に入れながら，心理・社会面とキャリア面に焦点を当てる。

#### 3）だれが援助するか

　学校心理学では，学校の教師，スクールカウンセラーら，職業的ヘルパー（援助者）が，

保護者ら役割的ヘルパー，友人らのボランティア的ヘルパーと連携して，心理教育的援助サービスの充実を図る。つまり学校心理学では，チーム援助や援助サービスのコーディネーションが強調される（石隈・田村，2003）。一方，カウンセリング心理学では，連携は重視されるが，専門的ヘルパーであるカウンセラーとクライエントの関係が，核になっているように思える。

## 2．「行動変容」の方法

学校心理学では「環境のなかの子ども」に焦点を当てる。したがって行動変容の基盤として，子どもの学習様式（たとえば，聞くことで学習するスタイル）と教授様式，子どもの行動様式（たとえば，お昼休み一人でゆっくり過ごす）と環境の要請行動（たとえば，お昼休み全員でドッジボールをする）の適合の促進（近藤，1994）があると考えられている。また，子どもと場の折り合い（田上，1999）の促進が重要であり，子どもの行動変容をもたらす。そして，カウンセリング心理学においても，個人を育てる集団づくりに焦点を当てている。カウンセリングで多くの援助者が実践している國分康孝の，構成的グループ・エンカウンター（SGE）では，個人の気づきやスキルの向上を促進しながら，学級集団を育てる。また田上不二夫の対人関係ゲームは，対人関係と集団との関係を促進することで，子どもの成長を援助する。つまり，学校心理学もカウンセリング心理学も，個人と環境の適合に焦点を当てることでは一致している。

学校心理学の特徴といえるのは，「環境」そのものへの介入である。子どもの発達上，学校生活上の苦戦には，環境の問題が要因になることがある。たとえば，非行傾向のある生徒の行動により「安心感のもてない学校」が，生徒の行動の改善により「安心感のもてる学校」に変わることにより，学校の不登校数が減少した例がある。また，学校の教師集団の風土も，子どもの成長に大きな影響を与える。

一方，カウンセリング心理学の特徴は，行動変容を説明し，そのためのストラテジーを支えるカウンセリング理論をもつことである。たとえば，精神分析，行動理論，認知療法などである。

## 3．学校心理学とカウンセリング心理学の相互交流

学校心理学とカウンセリング心理学という重なりの大きい学問体系の異同について，なるべくシンプルに論じた。どちらも援助者の活動を，より効果的に，意味のあるものにするための枠組みである。学校心理学の枠組みでみえやすくなる活動（たとえば，チーム援助，特別支援教育）を，カウンセリング心理学に活かすことができる。カウンセリング心理学の枠組みでみえやすくなる活動（たとえば，子どもへの直接的援助，行動変容を支えるカウンセリング理論）が，学校心理学にとりきわめて有用であるのはいうまでもない。

（石隈 利紀）

〔文献〕

石隈利紀 1999 学校心理学――教師・スクールカウンセラー・保護者のチームによる心理教育的援助サービス 誠信書房

石隈利紀・田村節子 2003 石隈・田村式援助シートによるチーム援助入門――学校心理学・実践編 図書文化社

國分康孝 1998 カウンセリング心理学入門 PHP研究所

近藤邦夫 1994 教師と子どもの関係づくり――学校の臨床心理学 東京大学出版会

田上不二夫 1999 実践スクール・カウンセリング――学級担任ができる不登校児童・生徒への援助 金子書房

上野一彦 2003 LD（学習障害）とADHD（注意欠陥多動性障害） 講談社

渡辺三枝子 1996 カウンセリング心理学――変動する社会とカウンセラー ナカニシヤ出版

渡辺三枝子 2002 カウンセリング心理学――カウンセラーの専門性と責任性 ナカニシヤ出版

## 2　教育心理学との異同・関係
educational psychology and counseling psychology

本節の目的は，カウンセリング心理学の位置づけを明確化するために，教育心理学との

関係を明らかにすることである。言い換えれば，カウンセリング心理学を学ぶには，はたして教育心理学の知識が必要であるといえるかどうかに，答えを出すことである。むろん，ある学問の分野を学ぶのに関連する分野の知識が必要ないという議論は成立しないので，最終的に答えは「必要である」になるわけであるが，これからの吟味のなかで，教育心理学がどのような理由で必要なのかを示していきたい。

### 1．歴史からみた関係

まず，教育心理学の歴史をみてみよう。19世紀末に科学的心理学を切り開いたドイツのライプチッヒ大学のヴント（Wundt, W.）の下で学んだホール（Hall, G. S.）は，アメリカに戻り，教育課程や教授法の基礎として，質問紙法を利用した児童の科学的な研究を主導した。同じくヴントの下で学んだキャッテル（Cattell, J. M.）も，「mental test」の語を生み出し心理テストを切り開いた。フランスのビネー（Binet, A.）が精神年齢の基礎となる概念を生み出し，知能測定に科学的性格をもたらした。これらの素地のうえに教育心理学が本格的に誕生したといえるのは，20世紀に入ってからであり，アメリカのソーンダイク（Thorndike, E. L.）は1913年に *Educational Psychology* を著し，教育の問題に厳密な科学の方法を適用することを試みた。レディネスや実質的陶冶などの概念，学習の法則としての結合説の提唱などのほか，児童の知能の測定や教科の成績を測定する尺度を発展させた。ヴントに学んだジャッド（Judd, C. H.）は，読書，書字，算数などの教科の心理学を開始した。アメリカで *Journal of Educational Psychology* が発刊されたのは，1910年である。

他方，カウンセリングもアメリカで20世紀の初め，職業相談とガイダンス運動から誕生した。カッツ（Katz, M.）が「カウンセリングは心理学を友として成長した」と述べているように，職業相談やガイダンスに大きな影響を与えたのは，当時教育心理学のなかで発展していた心理測定である。知能検査，適性検査，興味検査，性格検査など各種心理テストが開発され，職業選択の科学的資料として利用されるようになった。その後，さらにスーパー（Super, D. E.）やレン（Wrenn, C. G.）などにより1952年カウンセリング心理学がアメリカ心理学会から心理学の分野として承認を受けた以降においては，臨床心理学とともに教育心理学の学習理論が，行動変容の方法論として大きな影響を与えたといえる。

### 2．概念・理論からみた関係

心理学の体系からみると，カウンセリング心理学も教育心理学も応用心理学に属する。共に実践に必要な知識や技術の組織化を目指す。それではカウンセリングと教育という実践には，どのような差異と共通性がみられるのだろうか。教育は社会の文化や産業を次世代につなぐ役割をもち，社会の発展・継承のために必要なものであり，その主な活動内容は，一定の知識や技能を教えることを通して社会に生きる人間としての成長を育むことである。他方，カウンセリングは社会に対する個人の適応を図る役割をもち，個人が与えられた社会のなかで幸福な人生を送るために役立つものであり，その主な活動内容は，現在直面しているもしくは将来直面すると思われる人生課題に対し，本人または周囲の諸資源を生かして克服するよう支援することである。教育実践には知識や技能を教えることが必須の要素となるが，カウンセリングには知識や技能の教育があってもよいが，別になくてもよい。したがって，教育心理学の主要な理論や概念は学習に関するもの，教授・学習に関するものであるのに対し，カウンセリング心理学の主要な理論や概念は個人の人格と適応に関するもの，認知や感情，行動や態度の変容に関するものである。あえてカウンセリングと教育に共通性を探すならば，学習や行動変容に関する理論や概念であり，たとえばスキナー（Skinner, B. F.）のオペラント条件づけ理論は，教育心理学ではプログラム学習の裏づけとなると同時に，カウンセリング心理学では行動的アプローチを支えるものとなっている。今後，カウンセリングにおいて心理教育の分野が今以上に重視されていけば，教育心理学において開発されてきた教授・学習の理論（「発見学習」や「プログラム学習」

など）や，概念（「発達の最近接領域」や「適性処遇交互作用〈attitude treatment interaction : ATI〉，教授方法の効果が学習者の特性と交互作用するとの考え方」など）が，カウンセリング心理学において重要になってくるかもしれない。

## 3．リサーチ・トピックからみた関係

　教育は学校教育，家庭教育，社会教育など，教育の行われる場所による分類のほか，乳幼児教育，中等教育，高等教育，成人教育など，対象者の年齢などの違いによる分類もみられる。しかし，それらの教育に共通しているリサーチ・トピックは，さまざまな特性と心理を有する対象者に，一定の知識や技能（ときには態度）を効果的にどのように教えればよいのかということと，その教育（対象者からみれば学習）の効果の評価である。具体的には，教育の対象者の特性や心理の研究，学習の動機づけの研究，異なる教育方法の効果の比較研究，教育評価の研究などが主要なものとなる。

　他方，カウンセリング心理学は，教育カウンセリング，産業カウンセリング，医療カウンセリングなどの実践場所による分類のほか，クライエント中心カウンセリング，行動的カウンセリング，精神分析的カウンセリング，折衷的カウンセリングなど，カウンセリングの方法による分類もみられる。カウンセリングは人間の適応への支援を目標としているゆえに，人間観も無視できない。それゆえ，異なる人間観から生まれてきた各種カウンセリングの方法の効果比較が，依然として主要なリサーチ・トピックであり，一般化していえば，カウンセリングの対象者と方法と効果の三者関係の研究が主要なものといえよう。

## 4．リサーチの方法からみた関係

　教育心理学もカウンセリング心理学も，心理学の方法，すなわち観察や調査，アクション・リサーチ法，仮説-検証型実験などを用いることは共通している。また，教育実践とカウンセリングは，一回限りの実践として芸術的な要素を所有しており，実験心理学の実験のように追実践が常に可能とは限らない。また，実践者と対象者の要因の研究上の統制は，教育もカウンセリングも困難といえよう。

カウンセリング心理学の場合，個人を対象としたカウンセリング実践が多く，そこでの研究結果をどの程度一般化できるのかという問題を抱える。クライエントの特性やカウンセリングの要点をもらさず記述し，過度の一般化をしないよう注意する必要がある。

## 5．行動変容の方法からみた関係

　教育における行動変容は，主として新しい知識や技能の学習や習慣の獲得であるが，カウンセリングにおける行動変容は，環境に適応できる人格の変容，それにつながる認知や感情，行動や態度の変容が主たるものとなる。また教育の効果は未来志向的であり，すぐに結果が出ない場合も許容されるが，カウンセリングの場合は，現在での人生課題の解決が求められることが多く，より現在志向的である。

　また，教育は，新しい知識や技能の獲得による行動変容を主たるとするのに対し，カウンセリングは，クライエントのすでに所有している成長資源の再構成など，特に新しい資源の獲得を必要としない行動変容の方法を主たるものとする。

## 6．結　論

　カウンセリング心理学は，教育心理学の心理テストや学習理論などを利用しており，その意味で教育心理学を学ぶことは，カウンセリング心理学に役立つものといえよう。また教授・学習に関する理論や概念は，今後の心理教育に貢献する要素である。他方，カウンセリング心理学の得意分野である感情や態度の変容方法論は，教育心理学に貢献するものといえよう。

〈新井　邦二郎〉

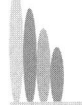

## 3　ガイダンスとの異同・関係
guidance and counseling psychology

### 1．ガイダンスとカウンセリング心理学

　ガイダンスは，発達段階のさまざまな局面における個人の自己理解や個性・長所の伸長，主体的な選択・決定や問題解決，集団や社会

への適応を促進し，社会的な自己実現を援助する開発的（教育的）・予防的な援助活動である。國分（1998）によれば，カウンセリング心理学は，問題を抱えた健常者もしくは自己変革や自己成長を望む健常者を主たる対象として，問題の解決・問題の予防・行動の発達を志向する学問である。

またカウンセリング心理学には，「予防・開発のための理論構成や事実の発見をめざす研究法としてのカウンセリング心理学（science）と，予防・開発のために何をどういう風にすればよいのかという実践法（問題解決法）としてのカウンセリング心理学（professional）がある」（國分，1998）。この点からいえば，ガイダンスは，健常者を対象とした予防・開発にウェイトをおく，カウンセリング心理学の中心的な実践法（practice）として位置づけることができる。

しかし，現在のカウンセリング心理学では，ガイダンスという用語は定着していない。また，隣接学問である臨床心理学や学校心理学でも，同様の状況である。この背景には，アメリカにおいてカウンセリング心理学が，1950年代以前に「カウンセリング＆ガイダンス」（Counseling and Guidance）と呼ばれていたように，カウンセリングとガイダンスは互換的に使用され，次第にカウンセリングが広く使われるようになったためだと推察される。

## 2．ガイダンスと育てるカウンセリング

ガイダンスへの高いニーズや実践の模索がなされているのは，教育の世界である。特に，生徒指導・キャリア教育・スクールカウンセリングである。学校現場では，飲酒・喫煙からいじめ・不登校・暴力行為・性の逸脱行為・薬物乱用，さらには自殺・殺人まで，多岐にわたる問題が山積している。

1995（平成7）年度から非常勤のスクールカウンセラーが，学校に導入された。スクールカウンセラーのほとんどが臨床心理士の資格をもち，心理療法を主とする「治す」カウンセリングの専門家である。治すカウンセリングでは，子どもたちが問題を起こした後に個別に対応をするという，リアクティブ（治療的・介入的）なアプローチがとられる。これでは対象が限定され，もぐら叩き方式（問題が起きたときどきでの対応）の対症療法的となり，問題が繰り返される可能性が非常に高い。

それよりは，すべての子どもたちを対象に，発達段階の低い時期から集団活動をとおして，自己理解や職業理解を深め，学校や家庭での多様な問題に主体的に取り組める知識，意欲，態度，スキルなどを，時間をかけて段階的に高めるトレーニングをするほうが，問題行動の予防効果は高い。換言すれば，どのようにすれば問題が予防できるのか，問題の早期解決のための対処方法にはどのようなものがあるのか，子どもたちが個性や社会性をより発達させる援助とはどのようなものか，というプロアクティブ（予防的・開発的）なアプローチによる「育てる」カウンセリングが重要である。育てるカウンセリングの実践法として注目されているのが，ガイダンス・カリキュラム（またはガイダンス・プログラム）である。

## 3．ガイダンス・カリキュラム

アメリカのスクールカウンセリングは，育てるカウンセリングである。アメリカスクールカウンセラー協会（American School Counselor Association：ASCA）は，1997年にスクールカウンセリング・プログラム国家基準（Cambell & Dahir, 1997）を策定した。その後2003年に，ASCAはスクールカウンセリングに関する国家モデルを公表した。スクールカウンセリング・プログラムは，「範囲において総合的であり，意図において予防的であり，性質において開発的（発達的）である」（ASCA, 2003）と明記されている。スクールカウンセリング・プログラムでは，子どもたちの学業的発達，キャリア的発達，個人的-社会的発達の三つの発達領域に関して，望ましい学習能力（ラーニング・コンピテンシィ）を設定し，幼稚園から小学校・中学校・高等学校の各学校段階・学年段階ごとに，計画的・系統的な発達援助を行う。その中核が，ガイダンス・カリキュラムである。

構造化された意図的な授業を通して，自己理解，スタディスキル，意思決定スキル，問

| 伝統的カウンセリング<br>(治すカウンセリング) | スクールカウンセリング<br>(育てるカウンセリング) |
| --- | --- |
| リアクティブ<br>治療的・介入的<br>個人へのカウンセリングの重視<br>一部もしくは特定の子どもが対象<br>カウンセラー個人のサービスが中心<br>成果や結果責任が曖昧で測定困難<br>カウンセラー主導型の実践 | プロアクティブ<br>開発的・予防的<br>集団へのガイダンスの重視<br>すべての子どもが対象<br>系統的で構造化されたプログラムの提供が中心<br>成果や結果責任は明確で測定可能<br>カウンセラーと学校スタッフによる協働型の実践 |

題解決スキル,対人コミュニケーションスキル,キャリア計画などの学習能力の育成を行う。つまり,明確な教育目標に基づいて構成されたガイダンス単元による系統的・計画的授業によって,子どもたちは,自己発見,他者理解,職業理解などの学校や社会で生きるための力を獲得する。

また,ある特定のトピックを扱う場合は,教師・保護者・子どもたちから要望を収集し,ニーズ・アセスメントを実施し,現状把握を行う。そのうえで,現状改善のための計画を作成し,実践し,効果測定などの評価を行う(バーンズ亀山,2004)。

以上の点から,伝統的なカウンセリングとスクールカウンセリングを比較とすると,上表のような違いが指摘される。

### 4. ガイダンス研究のトピック

日本では,ガイダンスやガイダンス・カリキュラムという用語は定着していないが,今後の学校教育を中心に,研究と実践の蓄積が期待される。ガイダンス・カリキュラムの開発研究では,アメリカのスクールカウンセリングにおけるガイダンス・カリキュラムの研究が有効である。たとえば,ASCAのスクールカウンセリング・プログラムだけでなく,テキサス州(Texas Education Agency, 2004)や,フロリダ州(Florida Department of Education, 2008)のガイダンス・プログラムなどは参考になる。日本におけるガイダンス・カリキュラムの先駆的な実践としては,さいたま市教育委員会(2005)の構成的グループ・エンカウンター(SGE)とソーシャルスキルを組み合わせたプログラムや,國分・清水(2006-2007)による社会性スキルの育成,横浜市教育委員会(2007)が行っている「子どもの社会的スキル横浜プログラム」がある。今後,ガイダンス・カリキュラムの開発研究と並んで教育効果の分析がなされる必要がある。また,キャリア・ガイダンス・カリキュラムの開発研究が望まれる(国立教育政策研究所生徒指導研究センター,2002)。

(八並 光俊)

〔文献〕

American School Counselor Association 2003 *The ASCA national model : A framework for school counseling programs.* The American School Counselor Association.(中野良顯訳 2004 スクール・カウンセリングの国家モデル――米国の能力開発型プログラムの枠組み 学文社)

バーンズ亀山静子 2004 アメリカのスクール・カウンセリングの「ガイダンス」における「児童生徒理解(アセスメント)」資料の収集と活用 高橋哲夫代表,森嶋昭伸・今泉紀嘉編「ガイダンスの機能の充実」によるこれからの生徒指導,特別活動 教育出版,196-201.

Cambell, C. A., & Dahir, C. A. 1997 *The national standards for school counseling programs.* The American School Counselor Association.(中野良顯訳 2000 スクールカウンセリング・スタンダード――アメリカのスクールカウンセリングプログラム国家基準 図書文化社)

Florida Department of Education 2008 http://www.fldoe.org/workforce/programs/cd—lesson.asp

國分康孝 1998 カウンセリング心理学入門 PHP研究所

國分康孝監修,清水井一編 2006-2007 社会性

を育てるスキル教育35時間――総合・特活・道徳で行う年間カリキュラムと指導案（全8巻）図書文化社
国立教育政策研究所生徒指導研究センター　2002　児童生徒の職業観・勤労観を育む教育の推進について（調査研究報告書）
さいたま市教育委員会　2005　人間関係プログラム
Texas Education Agency 2004 *A model comprehensive, developmental guidance and counseling program for Texas public schools, A guide for program development Pre-K-12th grade.*
http://www.tea.state.tx.us/guidance/ProgramModel.html
横浜市教育委員会　2007　子どもの社会的スキル横浜プログラム

## 4　発達心理学との異同・関係

developmental psychology and counseling psychology

　発達心理学は，受胎から死までの，動物（主として人間）の年齢による心身のさまざまな機能の発達的変容について研究する学問である。研究対象となる心身の機能は，身体・運動，感覚・知覚，学習・知能，人格・社会性など多様な側面を含む。従来は，急激な発達的変容がみられる誕生から青年期までが，発達心理学の主な研究対象年齢であった。しかし，その後の研究法の開発や新たな事実の発見によって，胎児期や成人期・高齢期の発達的変容も明らかになった。胎児と母親はお互いに強い心理的影響を与えていること，成人期には就職，結婚，子どもをもつこと，転職や退職などを経験し，それによって発達的変容を遂げること，また，青年期以降の心身の機能は衰退するだけではなく，高齢になってもなお発達し続ける面（知恵など）があること，死の受容には多様性があること，などが明らかになった。このように今では，誕生から死までの生涯発達が発達心理学の研究対象となり，生涯発達心理学という名称も一般的となっている。

　このように，発達心理学は基本的には個人の発達的変容を問題とするが，以下の四点でみるように，カウンセリング心理学と同様の志向性をもっている。発達心理学は，カウンセリング心理学とこれらの志向性を共有することによって，研究の実践性を高めることができると思われる。

### 1．発達心理学の予防・開発志向

　発達心理学では発達的変容を主たる研究対象とするが，そのなかでも変容の連鎖性と連続性を重視する。発達の各段階には，そのときどきに解決しなければならない課題（発達課題）があり，それがうまく解決したときには，それ以後の発達が適応的に推移する。しかし，それがうまく解決できないときは，後の発達に不適応状態が生ずることが多い。また，親から虐待を受けた子どもが，親になると子どもを虐待することがあるというように，子育てには世代間継承性がある。したがって，発達上の問題が起きたとき，その問題の解決にあたっては，今までの生育上の何が原因と考えられるかについても配慮する必要がある。このように，発達課題の未達成・未解決のために不適応状態になっている場合には，発達的に前の段階にさかのぼって問題点を明らかにし，問題の解決にあたる必要性が出てくる。さらに，そうならないようにするために，子育て支援や教育相談などを通して適切な子育て教育を行うことも，発達心理学の重要な課題となる。この点で，発達心理学は，カウンセリング心理学の予防・開発志向と相通じるところがある。

### 2．発達心理学における個人間関係性

　発達心理学では，基本的には個人の発達を問題にする。しかし，人間は，親・きょうだい・友人・教師・同僚などとの人間関係のなかで発達する面もあるので，個体間志向の学問であるともいえる。個人の発達過程にどれくらい他者がかかわるかは，年齢や機能や個人的な要因などによって異なる。ピアジェ（Piaget, J.）の発達理論で主張されているように，感覚運動的活動や認知・思考などの発達では，神経系の成熟や個人的な活動に強く依存しているが，ヴィゴツキー（Vygotsky,

L. S.) の「発達の最近接領域」理論のように，大人とのかかわり（教授・学習）を発達の必須条件とする考えもある。また，人格・社会性などは他者との関係が直接的に強く影響している。その面の発達では，胎児期・乳児期には母親との愛着関係が最も重要で，その関係の強さや質が以後の人間関係や社会性の発達の基礎となっているといわれている。

一般的にいって，幼少時ほど親やきょうだいなどの家族の影響が強く，年長になり学校などの教育機関に入ると，教師や友人などの影響を強く受けるようになる。就職，結婚などの体験では，伴侶や同僚や仕事上の人とのかかわりが最も重要になる。ところが最近は，母親の就業や少子化や家庭生活の個室化などによって家庭の教育力が弱まっていることや，先生や友人との関係も希薄になり，さらに近隣社会との連携（社会的教育力）が弱まり，不登校や引きこもりやうつ（鬱）などの，対人関係に起因すると思われる問題が多発している。このように，対人関係や社会性などの個人間の人間関係の発達も，発達心理学の固有の重要な研究対象である。

### 3．発達心理学におけるグループ志向性

発達心理学は基本的には個々人の成長・発達を問題にする。もちろん，一人ひとりがどのように発達するかは，その発達に影響する生物学的要因（神経系，身体発育，栄養状態など），個人的要因（気質，人格，意欲，価値観など），および社会的要因（家庭，学校，職場の人間関係や雰囲気など）によって異なる。しかし，それらの差異を超えて共通する側面を取り上げ，一般的な発達理論をつくることもできる。これも発達心理学の重要な目標である。その際，年齢，性，親子関係，知能・学力，社会性，アイデンティティ，就職，退職，生きがいなどについて，いくつかのグループに分けて研究することが多い。加齢に伴う心身の変化を明らかにするのは発達心理学の第一の課題であるが，同時に，性差の顕著な面の識別，親の養育態度のタイプ分けとその子どもの発達に及ぼす影響，学習や思考などの認知発達，人格や社会性の発達の諸側面なども重要な研究となる。それらの研究対象は，その目的に応じて，独立変数としても（性差がどのような発達的差異を生んでいるかなど），また従属（目的）変数としても（どのような発達の側面が性差をもたらすかなど）取り上げられる。このように，発達を個人ごとにとらえるだけでなく，グループごとにみることもあるので，この面からみると発達心理学はグループ志向の学問といえよう。

### 4．発達心理学における行政対応の問題

発達心理学のユーザーは，人間の発達に関心をもつ人たちである。つまり，父母・保育士・幼稚園教諭，小・中・高校教諭，介護士，看護師，各種カウンセラー，子育て支援者などである。社会生活の急激な変化，コンピュータや携帯電話の普及，価値観の多様化，高学歴社会などによって，子どもの発達上の問題が多発し，子育てがしにくい時代となっている。したがって，子どもの誕生前から，子どもへの接し方，世話（ケア）の仕方，しつけ方法などについて，親や保育士・幼稚園教諭，保健師などへ具体的な方策を提示することが社会的にも重要な課題となっている。また最近，急増しているといわれる発達障害児の親子や支援者に対しても，適切なアセスメントの方法や，子どもの状態に応じた具体的な支援方法を提案しなければならない。この際，子育ての情報伝達は具体的でなければならない。したがって，単なる情報や資料の提供だけでは不十分で，個別相談場面を設けたり，ロール・プレイングなどの実習を取り入れるなどの工夫が必要となる。子育てには世代間継承性があるので，父母の問題意識や相談意欲が希薄な場合には，それに対して行政的な対応をすることも緊急課題である。

〈杉原　一昭〉

## 5　臨床心理学との異同・関係

clinical psychology and counseling psychology

有効なカウンセリングのあり方を，心理学を含む多様な視点から検討し，提案してゆくこと，それをカウンセリング心理学の任務のひとつとする。ここでカウンセリングとは，

國分康孝が示すように，カウンセリング・ルーム内で遂行されるものだけをいうのではなく，教員が生徒と下校時に歩きながら行うそれや，生徒の両親と遂行するそれ，また学校関係者だけで行う生徒のためのカウンセリング的な連携や研修，組織の検討，さらに性犯罪や犯罪被害者へのカウンセリグ的対応など，地域や国レベルの政策上の関連事項も含めて，対象とするものを意味する。カウンセリング心理学は，心理主義に陥らない現実的な知の体系である。

## 1. カウンセリング心理学と臨床心理学の歴史的背景

カウンセリングそのものが，特殊ではあるが普遍的な人間関係のひとつでもあり，そのような人間関係を対象として，実践は当然ながら，その実践自体を研究対象のひとつとしてリサーチを積み上げていこうとするのが，カウンセリング心理学である。

以下にカウンセリング心理学と現今の臨床心理学の異同を検討して，今後のわが国のカウンセリング心理学のあるべき姿を得る一助としたい。

まず，臨床心理学が病院での心理臨床，つまり病者のための心理学（精神病理学〈psychopathology〉志向の意）として出発した面が強いのと対照的に，カウンセリング心理学は，健常者のさらなるメンタルヘルスの向上に資する心理学として出発したという歴史を確認しておきたい。カウンセリングのなかで大きな分野を占めてきた，職業選択にかかわるカウンセリング，つまりウィリアムソン（Williamson, E. G.）から始まる，健常者の職業適性にかかわるカウンセリングとして展開してきたものも，どちらかといえばカウンセリング心理学の範囲に含まれるものである。

## 2. 両者の異同——米国での現状

両者の理念上の異同ではなく，その実際的な差異は，先進国である米国の学校カウンセリングを取り上げることで一端がみえてくる。米国の学校にはカウンセラーとして，カウンセリング心理学を学んだ者も臨床心理学を学んだ者も，ともに学校カウンセリングに従事している。以下にはその異同について現状を検討し，「カウンセリング心理学」について今後あるべき姿の一部を描いてみたい。

カウンセリング心理学が最も進んでいる国は米国である。その大学院修士課程・カウンセリング心理学専攻は，2年で単位を満たすようにプログラムが設計されているところが多い。そしてここで学ぶ学生は，教師として数学や社会，国語といった，学科目を教えてきた社会人の教員が少なくない。彼らは教科教育を行ってきた経験から，その遂行のために心理学やカウンセリングを勉強する必要性を強く感じ，大学院へ入ってくる。カウンセリング心理学の専攻を終えると学校へ戻り，日本でいう「学校カウンセラー」になってゆく者も多い。

学校カウンセラー（school counselor）の仕事の内容は，日本の学校カウンセラーとは大きく異なる面をもつ。彼らは，心理学的なカウンセリングをするのはもちろん，日本でいう「担任」としての役割をもつ。つまり，生徒は，クラブ活動での問題，生徒間での問題，また先生とのトラブルといった問題も学校カウンセラーに相談するが，教科の単位不足や学校への出席率といったことも，学校カウンセラーとのやりとりを通して満たしてゆく。つまり，学校カウンセラーの仕事の中心には，まず教科教育の履修に絡むものがあるのである。そこに，部活動や他の学校行事を通じての学習事項がプログラムされている。そのプログラムの消化，習得が予定どおりに進まないときに，叱ったり甘やかしたりといった単純な管理的対処や説得ではうまく進められないという経験から，「カウンセリング心理学」の習得者が，それを遂行することになるといってよい。

日本の現時点での学校カウンセリングは，特に学校臨床心理士の活動は，教科教育には触れない。むしろ教科の先生の仕事とは積極的な違いを強調して，カウンセリングを遂行している。文字どおり心理的カウンセリングを中心の仕事としているが，この20年近くのわが国での学校臨床心理士の経験のなかで次第に確認されてきたことは，心理的カウンセリングを有効に遂行するためには，もっと学校を知る必要があるということである。

「学校を知る」とは，学校組織の構造や校務分掌，人事関係，クラス組織など，公的，組織的なことはもちろん，学校特有の対人ダイナミクス，文化，雰囲気といったものまで知り，教育上に活用できるようになることである。それぞれの家族・家庭が独自のものであるように，それぞれの学校も独自である。それはクラスにもいえる。そのようなダイナミクスをカウンセリングに生かせるようなカウンセラーが必要とされている。

現今の日本の臨床心理学志向の学校カウンセリングの遂行者の仕事は，米国の学校カウンセリング制度でいえば，「学校カウンセラー」というよりは，スクール・サイコロジストという職種に近い。筆者が知った米国の大都市の2千人規模の学校区分域には，上述した意味での14人の学校カウンセラーと，スクール・サイコロジスト，職業・就職にかかわるカウンセラーが各1人いる。14人の学校カウンセラーの多くは教師の資格をもち，教員経験の後に大学院でカウンセリング心理学を学んで学校へ戻る。つまり，彼らはとてもよく学校を知っている。

### 3．あるべきカウンセリング心理学への提言

日本におけるカウンセリング心理学の推進者は，國分康孝がその一人であるが，國分は，カウンセリング心理学の主軸は，性格論，問題発生機序論（etiology），援助論という3分野とし，カウンセリング心理学はこの3分野に関する知識体系と研究法（リサーチ）を意味し，援助の実践活動をカウンセリングと称するとしている。つまり，カウンセリングというのは実践志向で修士課程，カウンセリング心理学はリサーチ志向であり，博士課程にふさわしいとする。

筆者は上記に加え，現今の臨床心理学志向の心理的カウンセリングのみを，スクールカウンセリングや，来るべきカウンセリング心理学の中心とはせずに，「こころ」というものを超えて，地域の資源を活用し組み立てて支援をするソーシャルワーク的なカウンセリング活動と，そのための国と自治体の法政の学習をその中心に置くことを，同程度に重要なものとして扱うものであることを提案した

い。つまり心理主義に陥らないことである。「心理」という内面世界を超えた，学校や地域のリソースを活用できる実際的な技量をもった，また同時にそれに関連する基礎的なリサーチ・査定を積み上げていく力をももった者を育てる領域である。たとえば，いじめ自殺を改善するための，行政への提言や，政策への提言がそれである。

(長谷川 啓三)

## 6　キャリア心理学との異同・関係
career psychology and counseling psychology

キャリアとは，一言でいえば「人生」あるいは「生き方」のことである。キャリアには仕事や職業のほか，勉強や学習，趣味やレジャー，ボランティアなどの社会的活動，家庭や家族とのかかわりなどが含まれ，これらの役割と活動が生涯にわたって相互に関係しながら変化していく。したがって，キャリアとは「個人の生涯を通して変化する多様な役割の統合とその連鎖」のことであり，近年注目されているキャリア教育の実践やその推進に際しては，「個々人が生涯にわたって遂行する様々な立場や役割の連鎖及びその過程における自己と働くこととの関係付けや価値付けの累積」（文部科学省，2004）などと定義される。

### 1．職業心理学とキャリア心理学

キャリアに関する心理学的研究は，従来から職業心理学（vocational psychology/occupational psychology），最近ではキャリア心理学（career psychology）という名称で呼ばれており，心理学における独立した一領域として認知されている。職業心理学は職業指導（vocational guidance）をルーツとして生まれ，カウンセリング心理学とともに育ってきたといわれるが，職業心理学は職業行動および職業的発達に関する研究領域であり，職業選択，職業決定，職業適応，職業生活からの引退など，職業生活における個人の行動に焦点を当てて職業行動の解明を目指す

とともに，職業的発達の過程を明らかにし，その援助を行う実践的分野を支えてきた。なお，職業心理学は，個人と組織との相互作用を重視する産業・組織心理学（industrial/organizational psychology）や，従業員の人事管理や労務管理に関係する問題を扱う人事心理学（personnel psychology）とも密接な関連をもっているが，これらとは明確に区別される。

## 2．職業的発達理論からキャリア発達理論へ

　職業選択はある特定の時期だけに行われるものではなく，そこには生涯にわたる長期的で連続的な発達過程がみられる。そのため，職業的発達理論は職業選択における短期的な現象に注目するだけではなく，職業選択と職業適応を統合的にとらえ，職業行動を生涯にわたる発達過程として説明する。したがって，身体的発達や認知発達，社会性の発達などと同様に，個人の全人的な発達のひとつの側面として職業的発達という概念を中心にして，いくつかの発達段階とその発達段階に固有の発達課題を想定する。職業的発達理論の代表的な提唱者であるスーパー（Super, D. E.）は，職業的発達を自己概念の発達とその実現とみて，1957年に職業的発達に関する「12の命題」を示したことはよく知られているが，後には，職業的発達段階に対応させた職業的発達課題を明確にしたほか，職業的発達を測定・評価する職業的成熟という概念を提案している。さらに，スーパーは，キャリアを「個人の生涯発達における多様な役割の統合とその連鎖」として広くとらえたうえで，「ライフ・キャリアの虹」というキャリア発達モデルを提案し，成長・探索・確立・維持・下降の5段階に区分される発達段階を想定して，相互に影響しあう主要な役割への参加や関与の程度を検討した。一方，生涯にわたる発達過程は安定期と移行期（過渡期）を繰り返すという，1970年代後半から展開された成人発達論の影響を受けて，キャリア発達においても，その移行期（過渡期）に人生の節目になるような転機が訪れるという見方がなされる。

　このように，キャリア発達理論は，キャリアを職業を含めた広い意味でのキャリア（life-career）としてとらえ，生涯にわたるキャリア発達（life-career development）を強調しており，キャリア発達の援助のためのキャリア・ガイダンスや，キャリア・カウンセリング理論と方法の重要な基礎となっている。したがって，キャリア心理学はカウンセリング心理学とは独立して，キャリア選択，適応，意思決定，キャリアパスなど，キャリア行動全般を生涯発達の視点から研究する一分野を形成していることが，その特徴であるといえる。

## 3．カウンセリング心理学とキャリア心理学の異同

　アメリカ心理学会のカウンセリング心理学の定義を参考にすると，カウンセリングは個人が生涯にわたる発達的過程を通して効果的に機能するのを援助することを目的とし，その実践にあたっては，成長と適応という個人の積極的側面に特に強調点を置き，かつ発達的見地に立つものである。そして，カウンセリング心理学は体系的でリサーチに基づいたアプローチを適用して，人びとが自らのウェルビーイングを促進したり，その苦痛を軽減し，その危機を解決し，問題解決や意思決定ができる能力を増進するように援助する心理学の一領域であり，クライエントに直接的に働きかけるためのカウンセラーの援助方針，カウンセリングの構成の仕方や介入行動を支える理論的枠組みを提供する。

　一方，キャリア・カウンセリングも，成長と発達という積極的側面を強調し，個人の生涯にわたるキャリア発達を促進することを専門領域とするが，キャリア・カウンセリングは職業の選択，生涯にわたるキャリア（life-career）計画，意思決定，その他のキャリア開発に関する問題や葛藤について援助する，個別または集団による活動であり，個人が自らのキャリアを計画し，それを実現するのに必要な知識とスキルを習得し，さまざまな情報を活用して意思決定していけるように援助する。また，キャリア・ガイダンスは，個人が自らのキャリア形成にとって必要な知識やスキルを獲得できるように計画された，体系的なプログラムを指し，キャリア・カウンセ

リングは，そのプログラムにおける中核的な援助過程と位置づけられる。キャリア心理学は，このような援助を行う者に対して，キャリア行動やキャリア発達を適切にアセスメントし，その結果に基づいて援助の方針を検討したり，援助の効果を評価するための基礎を提供する，心理学の一領域であるということができる。

（三川　俊樹）

〔文献〕

- 文部科学省　2004　キャリア教育の推進に関する総合的調査研究協力者会議報告書──児童生徒一人一人の勤労観，職業観を育てるために
- 渡辺三枝子　2002　カウンセリング心理学──カウンセラーの専門性と責任性（新版）　ナカニシヤ出版
- 渡辺三枝子・ハー，E.L.　2001　キャリアカウンセリング入門──人と仕事の橋渡し　ナカニシヤ出版

## 7　老年心理学との異同・関係
geropsychology and counseling psychology

　子どもが成人から何かを引き算した存在ではなく，それ自体独特のまとまりをもった独自の存在であることは，発達心理学の常識であるが，高齢者に関してもまた同じことがいえる。高齢者は成人から何かを引き算，あるいは足し算した存在ではなく，また俗にいわれるように「子どもに還る」こともあり得ず，したがって子どもとも異なり，まさしくそれ自体独特のまとまりをもった独自の存在である。

### 1．連峰モデルと高齢者の多様性

　おそらく，かつて子どもにしても高齢者にしても，成人期から何かを量的に減算すれば理解できると誤ってとらえられていた背景には，発達（とりわけ生涯発達）が一種の「山型モデル」で考えられていたからであろう。すなわち，さまざまな機能が誕生から"上昇"しはじめ，やがて成熟の頂点に至りしばらく続き，その後，老いそして死に向かって"下降"するという考え方である。しかし，多くの生涯発達研究の成果は，そのモデルには限界があり十分なものではないことを示している。

　たとえば，老年期の認知機能に限ってみてもそれは明らかである。知能の発達測定に縦列法（sequential method）を考案導入したシャイエ（Schaie, 1990）が示したように，動作性知能はどの下位知能検査得点も老年期に至って低下を示すが，言語性知能はその低下の度合いはわずかであり，下位検査によっては成人期とほとんど同じである。またバルテスら（Baltes et al., 1980）のモデルによれば，神経系の成熟に依存することの多い流動性知能（fluid intelligence）は，加齢にしたがって直線的に下降を示すが，経験や学習に依存する結晶性知能（crystallized intelligence）は，70歳を過ぎてもさらに"上昇"していく。つまり機能によっては，老年期に至り下降するもの，あるいは成熟期のレベルが維持されるもの，さらには老年期において上昇あるいはピークを示すものもあり，決して一様に等しく低下するのではない。したがって，このように多様な発達過程を単一な山型モデルで描くことは，むしろ誤りであるとさえいえよう。もし，あえて山に例えてモデリングするなら，むしろ下降する峰，さらに続く峰，そして上昇してゆく峰が混在する「連峰モデル」とすべきであろう。

　以上は，高齢者の「個人内」の認知機能の発達を考えたときの特徴である。これに対して，「個人間」の比較をしたときはどうであろうか。

　老年期はさまざまな点において，認知機能の個人差がきわめて大きくなる時期である。知能が成人期段階からいわゆる"老ける（低下する）"者もいれば，高齢になっても"若々しい"者もいる。あるときから急速に老けだす者もいれば，加齢の速度がきわめて遅い者もいる。加えて，認知症を発症する者もいれば，発症しない者もいる。つまり，高齢者特有の知的な病気に罹る者もいれば，罹らない者もいる。かくして，ある暦年齢で高齢者個々人をみるとき，その認知機能発達の個人差は，あたかも幼児や児童がそうであるのと同様にきわめて大きいものとなる。加え

て老年期は，誕生した子どもが成人するまでよりもさらに長い期間続き，それは個人差をより拡げ，より複雑・多様なものにする。したがって，ここでもまた多様な個人差がみられ，一つの山のモデルは，到底適用しきれないのである。

## 2. 高齢者の多様性とカウンセリング心理学

いまみたように，高齢者の認知機能は，個人内でみても個人間でみてもきわめて多様であるが，しかしここで重要なことは，この高齢者の多様性は認知機能のみにとどまらない，ということであろう。

高齢者は，運動機能や情緒・感情的機能，社会的機能や自我統制機能などあらゆる側面において，個人内においても個人間においても多様である。身体的能力が，壮年どころか若者に近い者もいれば，老年期の早い段階から著しく低下する者もいる。涙もろくなる者もいれば，悲しみや苦しみなどのネガティヴな感情に長く耐える術を身につけた高齢者もいる。社会的な人間関係に圧倒されやすい人もいれば，逆に周囲から期待され信頼される「人間関係調整能力」を豊かに身につけた者もいる。人格的に幼稚で未熟な特徴を示すようになる者もいれば，円熟さを身につける者もいる。壮年期までにみられる個人差は，老年期に入りその差を大きく広げる。その意味において，多様性こそは老年期を特徴づけるひとつのキーワードとなる，といえるかもしれない。

ところで当然のことながら，このように多様性に富む老年期は，同時にまた固有の多様な問題を生む時期でもあるといえよう。そしてその結果，カウンセリングの適用とカウンセリング心理学による解明が，より大きく必要とされる時期であるともいえよう。実際，思いつくままに挙げても，たとえば古くて新しい嫁姑問題，孫とのかかわりや老夫婦のかかわりの問題，引退後の生活設計の問題，生きがいや趣味学習の問題，認知症や身体疾患への対処の問題，健康維持や反対にいわゆる寝たきり状態への対処の問題，詐欺対策や財産管理の問題，死の問題などなど，これらのどれ一つをとっても高齢者特有の問題であり，その範囲はきわめて多様性に富んでいる。そして老年期はまさにその多様性ゆえに，幅広くカウンセリング的かかわり，そしてカウンセリング心理学的解明が必要とされる時期なのである。

## 3. 老年期におけるカウンセリングとカウンセリング心理学の現状

以上のように，老年期はカウンセリングとの関連は深く，またカウンセリング心理学的アプローチを必要とする時期であるが，その現状はどうであろうか。

現在，高齢者に適用されている療法や技法がある。たとえば，回想法や（絵画療法や音楽療法などの）芸術療法，RO（リアリティ・オリエンテーション），動物療法（アニマル・アクティビティ）などである。しかし，これらは原則的に，認知症などの病者の二次的症状を軽減するために適用されるのが普通である。もちろん，健常者に適用される場合もあるが，しかしそれは，カウンセリングやカウンセリング心理学的意図の下で適用されることはまれであり，むしろレクリエーションの一環である場合がほとんどである。結果として一種の"カウンセリング効果"が得られるにしても，それは偶然の確率を超えるものではない。現状は以上のように，カウンセリングにしてもカウンセリング心理学的アプローチにしても，高齢者への適用はきわめて不十分な状態にある。

老年期は，上述のとおり特有で多様な問題の発生する時期である。したがって，おそらく他のどの世代よりもカウンセリングを必要とし，またカウンセリング心理学的アプローチが望まれる世代であるかもしれない。かぎうなら（他世代へのアプローチ法とは違った）高齢者のための独自の技法によるカウンセリングの適用が望まれよう。

(井上 勝也)

〔文献〕

Baltes, P. B., Reese, H. W., & Lipsitt, L. P. 1980 Life-span developmental psychology. *Annual Review of Psychology*, 31, 65-110.

Schaie, K. W. 1990 Intellectual development in adulthood. In J. E. Birren & K. W. Shaie (eds.), *Handbook of the psychology of aging*.

3rd ed. Academic Press.

## 8 産業心理学との異同・関係
industrial psychology and counseling psychology

カウンセリング心理学は，①人間行動に関する事実の発見，②人間行動の説明，③人間行動の修正，予防，開発に役立つ方法の研究と開発を行う，心理学の一分野である。それに対し産業心理学は，①産業活動における個人と組織の行動に関する事実の発見，②その説明，③その修正，予防，開発を対象とする，応用心理学の一分野である。すなわち，その研究，対象が，カウンセリング心理学は人間行動そのものであるのに対し，産業心理学は産業活動における個人と組織の行動である。

### 1．概念，対象，理論化
では，産業心理学が扱う産業活動とは何か。産業心理学は，歴史とともに体系化と新たな展開を経て今日に至っている。基本は，始祖といわれるミュンスターベルグ（Munsterberg, H.）の，人間，仕事，経済効果の三つの中心的な経済活動における，「最適な人」「最適な仕事」「最適な効率」が研究目的であった。その後，テーラー（Taylor, F. W.）の科学的管理法などの人事心理学（職業適性，作業と職業，採用面接，人事考課，教育・訓練など），さらにホーソン研究を契機とする産業社会心理学，組織内における人間関係論（動機づけ，コミュニケーション，リーダーシップ，集団，グループ・ダイナミックスなど），さらに人間工学，労働安全・衛生（能率，疲労，作業環境，労働災害，安全・衛生など），産業福祉，労使関係，消費者行動へとその範囲と重点を広げてきた。

1970年代以降，産業心理学はアメリカ心理学会をはじめわが国でも産業・組織心理学と改名し，「職務から組織へ」「人間と組織の相互作用の重視」へと組織要因を重視している。その結果，学際的性格を強め，関連分野も社会心理学，経営学，社会学を直接関連の，さらには人類学，人事・労務管理理論，労使関係論，経済学までも関連分野として拡大してきた。この点は，カウンセリング心理学が社会学，文化人類学，哲学，医学などいろいろな学問の知識体系を必要とするのと同じである。

### 2．行動変容の対象となる人間，対応の仕方
カウンセリング心理学の原理原則を活用した援助や対応が，人間に対するカウンセリングである。一方，産業心理学の原理原則を個人と組織に活用した援助や対応の代表が，企業における人事・労務管理の分野である。

同じ人間を対象とするが，援助や対応の視点や目的が異なる。たとえば，キャリア・カウンセリングと人事・労務管理としての評価面接とでは，前者はその個人のキャリア発達を支援するが，後者は従業員としてのその個人の能力を評価し，組織目標の達成に貢献するかどうかを評価する。その場合，人事・労務管理では個人を，①生産要素としての労働力（雇用管理），②労働関係にある従業員（労働条件管理），③感情や態度をもった人間（人間関係管理），④労働の売り手としての賃労働者（労使関係管理），の四つの側面からとらえ，その行動変容や対応の仕方を問題とする。1980年代以降はその重点を，⑤組織と生涯を通じて成長する人間（キャリア発達）の側面におく傾向を強めている。

対象となる人間について，カウンセリング心理学は，問題を抱えた健常者，および問題をもっていなくとも今よりも成長したいと思う健常者を対象とし，問題の解決，問題の予防，行動の発達の支援を志向する。一方，産業心理学が関与する企業の人事・労務管理などの産業活動においても，組織に適応し成長したいと思う健常者を対象とする。人事・労務管理の重要な側面である「従業員の健康管理」について，世界保健機関（WHO）は健康の概念を，「健康とは，身体的，精神的かつ社会的に完全に良好な状態にあることであり，ただ単に疾病または虚弱でないことをいうのではない」と規定し，「異常性や疾病をもつ人でさえも，産業の現場のさまざまな事態に効果的に対処し，自分の道を見いだしていくこと」を援助する。さらに1980年代に

入ると，国際的に治療から予防への転換，リスク・マネジメント，労働組織の開発などという，「新しい労働衛生観」に基づく労働衛生管理が行われるに至っている。

## 3．リサーチ・トピックとリサーチの方法

カウンセリング心理学は，理論構築よりも問題解決の役に立つリサーチを行う，プロフェッショナル心理学である。そのリサーチ・トピックは，①inter-personal（個体間志向）のトピック（たとえば，人間関係，キャリア，教授法など）が主で，かつ健常者に共通する，②発達課題という二つの枠に収まるのが標準である。

産業心理学も，産業活動における個人と組織の行動に関する問題解決を研究する応用心理学で，個人をとらえる枠組みはカウンセリング心理学と同じである。それに加え産業心理学は，産業活動の主な場である，組織や市場を問題とするという条件が加わる。そのためリサーチ・トピックは，①個人および集団における人間の可能性，②効率的かつ健康な組織，③心と行動の統合体としての作業，④文化的生活者としての消費者，などのリサーチが中心となる。

リサーチの方法は，①研究をデザインし，②仮説または問題の焦点を定め，③データを収集し，④分析し，⑤結果を解釈し，⑥結論を出すという流れは，「科学としての心理学」に共通することであり，カウンセリング心理学も産業心理学もまったく同じである。産業心理学でも母集団・サンプルのサイズ，測定，データの処理や記述などに，統計学とその手法を使った研究が主流である。しかし，産業心理学は，産業活動という現場における「個人と組織」との相互作用が，どのように個人や組織さらには産業社会に影響を及ぼすかという，広範囲かつ複雑なテーマを扱う。このため，単に統計的処理だけではなく事例研究，フィールド・スタディ，アクション・リサーチなどの多様な研究法を使用する。また，リサーチのレベルも「体験しながらリサーチをする」など，大雑把なものから精密なものまでいろいろあってよいと私は考える。カウンセリング心理学でも産業心理学でも，研究にあたって最も重要なことは，①現場の問題を発見し，その解決のために研究し，その結果を現場にフィードバックすること，②単に問題の発見や治療だけに狭く限定せず，広く個人と組織の発達に貢献することである，と私は日ごろ考えている。

〈木村　周〉

〔文献〕

Herr, E. L., & Cramer, S. H. 1992 *Career guidance and counseling through the life span : Systematic approaches*. 4th ed. Harper Collins.

産業・組織心理学会編　1994　産業・組織心理学研究の動向——産業組織心理学会10年の歩み　学文社

## 9　組織心理学との異同・関係
organizational psychology and counseling psychology

伝統的な産業心理学においては，ある意味「組織が働く個人を一方向的に管理すること」に主眼をおいて，研究が進められてきた。これに対して組織心理学は，産業心理学をルーツにもつが，いわゆるオープン・システムとしてとらえること，すなわち組織が個人に与える影響，逆に個人が組織に与える影響，あるいは個人と組織との相互依存関係などをダイナミックにとらえるところに特徴がある。

## 1．組織心理学の概念と理論

産業心理学においては，①個人の要因（職業への適性など），②組織の環境そのものの要因（効率化につながる作業条件など）や，③組織構成要因（集団の関係，風土など）について，個々の効果検証を主な研究テーマとしてきた。組織心理学においても，これらの個人の要因や組織の要因に関心があることに変わりはないが，組織心理学の特徴にもあるように，個人と組織が相互に影響しあう，相互作用のある関係として理解することを目指している。それらを達成するにあたり，人間の行動そのものを記述し，分析しようとする行動科学に基盤をおいて研究がすすめられてきた。また，個人と組織の関係は，

組織からの一方向的ではなく，あくまでも個人の尊厳を守りながら，双方にとって望ましい関係を実践していくことに目的がある。

## 2．リサーチ・トピック

最近になって，成果主義人事や企業で働く従業員の雇用形態の多様化など，働く個人と企業との関係が激しく変化してきた。それに伴い，さまざまな場面で従業員の公平な処遇に関する問題が生じることが指摘されている（渡辺，2006）。産業・組織心理学会の組織行動部会においても，重要な研究領域のひとつとして組織的公平性の研究が行われている。そのうち代表的な公平性として，給料や職位などの分配的公平性が伝統的に重要であるとされているが，現実には諸条件によってそれを達成することが困難であることも多いため，分配のプロセスに関する手続き的公平性や，情報を等しく提供するという情報的公平性も重要であるとされている。また，職位や年齢，性別に関係なく，互いの人格を尊重するような人間関係を相互作用的な公平性と呼び，円滑な組織運営には不可欠とされている。

渡辺（2006）は，組織的公平性に関する研究の方向性として，①これらの次元が組織的文脈のなかでどのように機能しているか，②文脈依存性がきわめて高い公平概念をいかに測定するか，③個人レベルのほかに集団レベルの公平性を，組織文脈のなかでいかにとらえることが可能か，④組織的公平に関する研究知見を，人的資源管理の実務にどのように適用できるか，という観点から研究を進めることが必要であると指摘している。さらに，このような組織的公平性などの組織・制度要因に加え，組織態度・行動要因や，身体的・心理的健康要因などの，いわゆるアウトカム変数を見据えた研究も，同時に必要であると考えられる。

## 3．カウンセリング心理学と組織心理学の共通点

共通点として挙げられることは，第一に，組織心理学が問題解決志向の心理学であるということである。すなわち，「問題の記述」「問題の分析と解釈」「問題解決に必要な介入の実行」というプロセスをたどるということであり，組織が直面する新たな問題の解決に際し，個人にとっても組織にとっても有効に機能する問題解決の方法を，探索し実行するという考え方である。

第二に，組織心理学の研究対象は，何らかの治療的介入が必要な，いわゆる臨床群を扱うというよりは，むしろ一般的な多くの人びとを対象にしているということである。すなわち，組織のなかで個人が適応状態を高めるための，予防的，開発的な側面が強いことが挙げられる。なお，組織における臨床的介入の問題も見過ごすことはできないが，近接の産業カウンセリング領域でそれらの問題が扱われている。

第三に，組織心理学は，個人内の特性的な問題や過去の経験に起因するような問題というよりは，個人と環境要因との関係性の問題に，関心があるということである。ここでいう環境要因とは，物理的環境に加え，人間関係などの心理的な環境も含めたものである。

第四に，組織心理学は，組織のなかで働く個人を育てるというだけではなく，組織全体を育てるという志向性を有している。この点は，単に組織のなかで個人の問題を解決するということではなく，組織が有効的に機能するように，組織そのものに対して援助を行うことを意味している。

## 4．カウンセリング心理学と組織心理学の相違点

相違点として挙げられることは，第一に，組織心理学は，組織という枠組みにおける問題に関心があるということである。カウンセリング心理学においては，人間関係が存在するところにはすべてかかわることができると考えるのに対して，組織心理学は，あくまで組織という特定の枠組みにおける，個人と組織とのダイナミックな関係性に関心があるということである。

第二に，組織心理学の成果のユーザーが，当該の組織の枠組みのなかで活動する個人に限定されるということである。カウンセリング心理学のユーザーは，人の人生に関与するさまざまな職業の人びとを対象としているのに対し，組織心理学においては，組織を管理運営する側の人びとがユーザーとなることが多い。この点は，産業心理学をルーツにもつ

組織心理学の特徴のひとつであると考えられる。

## 5．行動変容の方法とリサーチの方法

組織のなかで働く個人は，自分の職務を遂行することによって，給与や満足感などの広義の「報酬」を得る。すなわち，オペラント行動の観点から，組織という枠組みのなかで個人がどのような報酬によって動機づけられるのかを考えることが重要である。これらを踏まえ，個人が何によって動機づけられるのかといった「内容理論」や，どのように動機づけられるのかといった「過程理論」を応用して，個人の特徴に即した報酬を与えることがパフォーマンスの向上につながり，やがては組織の利益にもなりうると考えられる。

また，リサーチの方法としては，組織のなかで活動する個人に影響する要因が非常に多いことから，それらを同時に分析する多変量解析が多く用いられる。その一方で，組織の問題に気づくためには，妥当性と信頼性を兼ね備えた観察が不可欠であるとされている（金井，2002）。

（嶋田　洋徳・田上　明日香）

〔文献〕

金井壽宏　2002　シャイン教授の講演「組織心理学の発達とわたしの研究のキャリア」を聞いて　産業・組織心理学研究，15(3), 123-126.

渡辺直登　2006　組織における公平性をめぐって　産業・組織心理学研究，19(2), 51.

## 10　リハビリテーション心理学との異同・関係
### rehabilitation psychology and counselgin psychology

リハビリテーション心理学は，リハビリテーションの主対象である障害をもつ人（people with disabilities）の「障害に対するリアクション」や，「周囲の人の心理」などを追究する学問である。本人や家族による障害受容，グリーフ・カウンセリング，ストレス・コーピングなどに関する研究が多いが，学校・職場・地域社会における適応のあり方を，リハビリテーションのプロセスとして位置づけた研究もある。障害をもつ人に対する差別や偏見に関する研究のなかには，リハビリテーションにかかわる専門職のほうが一般社会の人より偏見が高かったというような，耳を疑いたくなる結果もある。リハビリテーション心理学の研究で，最も明らかにすべきは何か。それは，リハビリテーションそのものを問うことにもつながるだろう。われわれは皆，何らかのかたちで障害をもつことになるのだ。リハビリテーションと心理学の合体は，人間の心理と存在の本質を探る手がかりにもなりうる。

### 1．リハビリテーション・カウンセリング心理学

リハビリテーション・カウンセリング心理学は，リハビリテーションにカウンセリング心理学を応用した学術領域である。リハビリテーションでは，障害をもつ人の生活向上や社会復帰のために，医学，教育学，心理学，社会学，工学などを多角的に応用する。この包括的なリハビリテーションの全体像を把握したうえで，障害をもつ本人の興味・能力・環境に合わせた適切なリハビリテーションを，「カウンセリング・プロセス」の応用によって提供しようとする科学が，リハビリテーション・カウンセリング心理学である。

リハビリテーション・カウンセリング心理学は，次に述べる「リハビリテーション・カウンセリング」を実践するカウンセラーが，援助活動を行う際に，その質を高めるためにはどのようなカウンセリング技法を用いるべきか，という研究を主体とした学術領域である。

### 2．リハビリテーション・カウンセリング

リハビリテーション・カウンセリングとは，リハビリテーション心理学，あるいはリハビリテーション・カウンセリング心理学を用いて，障害をもつ人の生活，学習，就労，社会生活などの課題を，本人を中心としたリハビリテーション・チームワークにより，総合的かつ体系的に援助する実践のことである。リハビリテーション・カウンセリングでは，障害をもつ本人とのコミュニケーションを重視する。そのため，本人の特性に合わせた個別のリハビリテーション計画は，本人とリハ

ビリテーション・カウンセラーの協同作業によって策定され，実施され，評価され，フィードバックされることになる。カウンセリング・プロセスを応用したリハビリテーション・カウンセリングでは，研究設問と仮説をもちながら自らの実践によって常にそれを確かめてゆく，研究実践者（scientist-practitioner）としての姿勢が求められることになる。

## 3．リハビリテーション・カウンセラー

カウンセリング心理学をひとつの武器とし，障害をもつ人の包括的なリハビリテーションを実践するカウンセラーが，リハビリテーション・カウンセラーである。リハビリテーション・カウンセラーには，下表のような障害に関する専門知識とカウンセリング心理学の専門技術が要求される。

## 4．リハビリテーション・カウンセラー教育と認定

リハビリテーション・カウンセラーになるためには，全米リハビリテーション教育協議会の認定する大学院カリキュラムを修了し，公認リハビリテーション・カウンセラー（certified rehabilitation counselor：CRC）の試験に合格しなければならない。CRC認定機構は，1974年以来，3万5千人以上のCRCを認定してきた。現在，CRCのデータベースには1万6千人が登録されている（Commission on Rehabilitation Counselor Certification：CRCC）。

全米リハビリテーション教育協議会（National Council on Rehabilitation Education：NCRE）2005年の名簿によると，106の大学がリハビリテーション・カウンセラーになるためのコースを提供している。このコースにおける学士，修士，博士のプログラム数は，それぞれ44, 139, 40であり，大学教員数は755人である。これらの大学における主なコース名称として圧倒的に多いのが，リハビリテーション・カウンセリングである。

## 5．今後の課題

リハビリテーション・カウンセラーは，総合的なリハビリテーションサービスをコーディネートし，障害をもつ人の社会参加と適応をうながすプロフェッショナルである。今，リハビリテーション・カウンセリング心理学をマスターした人材育成が求められているが，わが国にはリハビリテーション・カウンセラーの養成に特化した大学院は皆無である。また，わが国で職業リハビリテーションサービスを提供する障害者職業カウンセラーは，アメリカのリハビリテーション・カウンセラーに近い職種のひとつであるが，その人材育成を正式に行っている大学もない。

したがってわが国の今後の課題は，リハビリテーション・カウンセラーの養成である。そのための方法論として，①日本の大学院がNCREの認可校となり，国際的に活躍できるCRCを養成する，②日本独自のリハビリテーション・カウンセリング心理学の大学院を創設し，リハビリテーション・カウンセラーを認定する，③障害者職業カウンセラーを養成する大学カリキュラムを創設する，などが考えられる。

〔八重田　淳〕

表　リハビリテーション・カウンセラーの専門技術

1. アセスメントと評価
2. 診断と介入計画
3. キャリア（職業）カウンセリング
4. 障害による医学・社会心理的影響を緩和する，個別・集団カウンセリング
5. ケースマネジメント，サービスの照会，サービス調整
6. プログラム評価と研究
7. 環境，就労，意識等のバリアフリー化への介入
8. 関係諸機関や法制度に対するコンサルテーション
9. 職業評価，職場開拓，職業紹介，雇用の援助，職場適応
10. リハビリテーションテクノロジー（支援技術）活用への助言

(Scope of Practice Statement, Commission on Rehabilitation Counselor Certification のサイト，www.crccertification.com より)

## 11 福祉心理学との異同・関係
psychology for human services and counseling psychology

　現代社会は少子・高齢化，核家族化が進み，また経済基調の変化が激しく，人びとは将来に対する不安を抱きながら暮らしているといっても過言ではない。さまざまな課題が複雑に絡みあう状況下で，私たちが心豊かに幸せに暮らしていくためには，福祉の充実が欠かせない。これまで，社会福祉や社会保障に関する施策や制度の整備が急がれ，充実されてきたが，それと同時に，福祉サービスを利用する個人の内面や心理を，よく理解した援助や支援のあり方が重要であることも確かめられてきた。このことに深くかかわるものとして認知されはじめ，今後幅広い分野での展開が望まれるのが，福祉カウンセリングである。福祉カウンセリングは福祉の場に必要とされるカウンセリングであり，基本的に高齢者や障害者，あるいは児童などを対象として想定される社会福祉の現場で行われるが，こうした特定の人のみを対象としているわけではない。むしろ，すべての人が健康で安寧な思いをもって心豊かに暮らすための支援方法のひとつであり，あらゆる人の「福祉」的状態である，より良く生きる（well-being）ことにつながるカウンセリングともいえる。また，福祉カウンセリングは，地域生活を送るうえでの困難や障壁を乗り越えるための心理面や内面への支援のみならず，ときにはそれを超えて環境面の調整にもかかわる支援方法でもある。

### 1．社会福祉とカウンセリングの統合

　福祉カウンセリングは，社会福祉学と応用心理学であるカウンセリングが統合されたものである。福祉カウンセリングの言葉からはすぐに，福祉現場で行われている援助技術や相談活動などが想起され，「福祉」と「カウンセリング」両者の関連性を考えさせられるが，同時にそれぞれの背景にある学問分野が追究してきた対象や方法などの相違にも気づかされる。すなわち，カウンセリングでは，カウンセラーはクライエントである個人の内面の変化をうながすことを重視するのに対し，社会福祉では，ワーカーは個別の問題を発生させる外在化された不整合や課題に対し，環境調整を図ろうとする。たとえば，個別援助技術である「ソーシャル・ケースワーク」は，個人が地域社会で生活するうえで抱える個別の問題に対して，その問題を派生させる生活上の困難や原因を見いだし，調整し，解決する一連の過程を指している。その際，生活課題に伴う個人の内面に関係した悩みや，心の問題への対処も行われるが，ワーカーは主として，問題に直接影響を及ぼしている生活環境や，社会制度を含む個人の外に存在する課題の解決に焦点を当てることになる。

　福祉カウンセリングは，こうした二つの異なるアプローチを統合させるものであり，複雑化する現代社会で生じるさまざまな課題の解決には，それぞれの特性を活かした両アプローチからの対処がますます必要になっている。このことは，私たち人間が社会的な環境要因によって大きな影響を受ける生き物であると同時に，個人の内面に広がる心の世界からもさまざまな力を受けながら生きる存在であることによる。

### 2．福祉カウンセリングに求められる視点

　対象者の違いやさまざまな援助の過程で行われる福祉カウンセリングの実際では，ワーカーとカウンセラー（心理職）が，それぞれの専門性を活かすうえで一緒になって対応することがある。また，一人のワーカーの対応のなかに，両面からのアプローチが行われることもある。いずれの場合でも福祉カウンセリングに関する専門性のもとに行われるが，以下に十分に配慮が求められる視点を四つ挙げる。

　エンパワメントを高める支援を――対象となる利用者は，身体的，心理的，社会的に力の弱い不利な立場に置かれがちな人びとである。そのため，「つながり」となるコミュニケーション面での配慮が，特に重要になる。カウンセリングの技法を活かし，対象者の思いや願い（ニーズ）を真摯に受け止める姿勢

が求められる。そのうえで，問題となる状況を利用者自身のもてる固有の力（ストレングス）で改善することをうながす，エンパワメントを高める支援が必要である。

　アドボカシーの視点──利用者の立場を代弁したり，権利を擁護したりする必要がないかを，注意深く見守る必要がある。ときには自己決定をうながし，エンパワメントにつながるような支援が求められる。

　予防・教育の推進──利用者の暮らしに目を向けることは，地域で共に生きる人びとがつくり出す生活環境としてのコミュニティのあり方に，関心を寄せることである。個人だけではなく，人間関係が希薄になりがちなコミュニティそのものが，ウェルビーイングの空間を創出していくように，予防・教育の視点からの取り組みも福祉カウンセリングのなかには含まれる。

　仲間による支え合い──仲間は地域生活を支えるオアシスである。福祉カウンセリングは，ピア・カウンセリングの形態をとって実現されることもある。利用者を支えるのは専門家だけではなく，仲間をはじめとした多様な資源が存在している。

## 3. 福祉カウンセリングと福祉心理学

　コミュニティケアの理念のもとに，高齢者や障害者のようにハンディキャップをもつ人びとが，地域で自立した生活を送ることが，今後の社会福祉の課題になっている。その際，個人の内面や心理に深くかかわるエンパワメントやアドボカシーなどの支援が重要になる。コミュニティ心理学やコミュニティ・カウンセリングでは，心理学者や心理専門職が伝統的なカウンセリングの枠を超えて，専門性を活かしながらも地域の問題やコミュニティで暮らすクライエントの生活課題に介入してきた。福祉専門職には，福祉カウンセリングにかかわる知識や技能の理解をより深めていくことが必要である。カウンセリングの知見や技法を活かした心理的アプローチを図り，また生活環境上に起こる諸問題の解決に介入していくためには，対象者理解につながる心理学や社会福祉学，医学などの知識や理解が必要になる。このことに応える学問としていま確立されつつあるのが，福祉心理学である。

福祉心理学は，人間理解につながる新しい価値を産み出し，福祉カウンセリングの拠りどころとなる知識の体系化を着実に行っている。

〈中山　哲志〉

〔文献〕
Lewis, J. A., Levis, M. D., Daniels, J. A., & D'Andrea, M. J. 2003 *Community counseling: Empowerment strategies for a diverse society.* 3 rd ed. Brooks/Cole.
小林重雄編著　2000　実践入門福祉カウンセリング──福祉実践に生かすカウンセリングの技法　川島書店
岡田明・宮本文雄・中山哲志編　2002　福祉心理学──援助を必要とする人のために　ブレーン出版
山本和郎　1986　コミュニティ心理学──地域臨床の理論と実践　東京大学出版会

## 12　社会心理学との異同・関係

social psychology and counseling psychology

　アメリカ心理学会による心理学辞典には，社会心理学とは「個人の思考・感情・行為が，実際にあるいは想像上あるいは象徴的に存在する他者によって，どのように影響されるのかについての学問」とある。人間は社会的動物だから，人間行動の大半は他者と何らかのかたちでかかわりをもっている。そうなると，社会心理学とは心理学そのものではないかと思えるぐらい，その守備範囲は広い。実際，社会心理学と称して扱われているリサーチ・トピックは，非常に多岐にわたる。

### 1. リサーチ・トピック

　いま手元にある社会心理学の教科書を紐解いてみると，トピックは，大まかに三つないし四つのブロックに分けられる。最初のブロックは「個人」レベルのもので，たとえば，対人認知，原因帰属，自己（自己概念，自己意識，自己呈示など），社会的態度，感情の影響などが扱われている。これらは，社会のなかに存在する個人がどういう認識に立って生きているのか，個人のなかでどういう処理

がなされているのかを探るものである。次のブロックは「対人」的なもので、たとえば、対人魅力（対人好悪），恋愛や友人などの対人関係，説得と態度変容，対人葛藤，攻撃と援助などである。個人レベルから一歩外に出て，ここでは，主に一対一の人間関係に焦点を当てて，その法則やメカニズムを明らかにしようと試みられている。さらに視点を広げると，次のブロックである「集団」の話になる。たとえば，社会的規範，同調・服従，社会的促進，集団での意思決定（極性化・集団思考など），リーダーシップ，集団間葛藤などが，そのトピックとなる。一対一の関係ではなく，一対多あるいは多対多の関係を扱っているものが多い。人間がたくさん集まるとどういうことが起こるかを解明しようとしている。最後に，これらは集団レベルに含めてもよいのかもしれないが，あえて分ければ，「集合」的現象というブロックをつくることができる。トピック的には，たとえば，流行現象，広告，マスコミの影響，メディア，文化などである。

最近では，ソーシャル・サポートだとかストレス・コーピング，抑うつやバーンアウトといった，メンタルヘルスやウェルビーイングに関連するトピックも盛んに取り扱われるようになってきた。また，文化心理学や進化心理学などの観点が導入され，リサーチ・トピックも広がりをみせている。このように，良くも悪くも，種々雑多なトピックを内包するのが社会心理学なのである。

## 2．リサーチ・メソッド

社会心理学に特徴的なリサーチ・メソッド，というものはない。トピックと同様，社会心理学ではあらゆるものを用いて研究がなされている。実験室実験や質問紙調査はもちろんのこと，観察（自然実験など），生理学的指標，フィールド調査やエスノメソドロジックな質的研究まで，心理学で用いられるほぼすべての手法・技法が見受けられる。トピックに制限がないのと同様，メソッドにも制限は一切ない。

ただし，主たる方法というものはある。社会心理学ではこれまで主に，「実験室実験」か「質問紙調査」によってさまざまなトピックが検討されてきた。多変量解析などのさまざまな統計学的手法を駆使して，トピックについて実証的に検討するのが，社会心理学の主流である。もう少し細かくいえば，かつては実験的手法が社会心理学の看板だったけれども（実験社会心理学），最近では質問紙を配って自己報告式に回答させる調査的手法が繁栄（横行？）している。これは，実験室実験に比べて質問紙調査のほうが，時間と労力と金銭のコストがかからないというのが大きな理由かもしれない。一方，社会心理学領域では，いわゆる「事例研究」はほとんど見かけない。おそらく，統計処理された集合データに慣れた社会心理学者にとって，個別のケースに関する報告は，取り扱い方にとまどうからだろう（多くの社会心理学者は，そうした事例研究を扱う訓練を受けていない）。

私見としては，できれば実験を行うべきである。願わくば，あるテーマについて検討しようと思ったら，調査と実験を併用するのがよい。科学の目的は，現象の「理解」「説明」「予測」「制御」をすることである。つまり，単に理解・説明するだけでなく，最終的には予測・制御することを求めている。（一度きりの）質問紙調査だけでは，変数の関係性についてしか明らかにすることができない（そのため，最近，因果関係を示唆するために，同一対象者に追跡的に複数回調査を行う「交差パネル調査」が流行りつつある）。これに対して実験は，独立変数を系統的に操作して変数間の因果関係まで検討することができる。もちろん，生態学的妥当性や実験者特性の問題など，実験には実験の短所・欠点はあるものの，それを上回る知見が得られるはずである。

また最近は，研究倫理の問題から，社会心理学の実験に対する風当たりが強い。なぜなら，社会心理学実験のひとつの特徴として，カバーストーリーなどのだまし（ディセプション）があるからである（倫理については別項を参照）。どの実験研究にもカバーストーリーがあるわけではないが，多くの場合，実験者特性の問題を考慮したり，偽薬（プラシーボ）効果を検討したりするためには，方法論上カバーストーリーは欠かせない。実際，

カバーストーリーのもとで実験参加者がどのように行動するのかを観察するのが，人間の本質を見極める意味で，実験社会心理学的に面白いのである。

### 3．カウンセリング心理学と社会心理学の関係

極論すれば，社会心理学はカウンセリング心理学である。國分康孝の定義では，「カウンセリングは援助活動であり，カウンセリング心理学はその活動の科学的・思想的根拠を明らかにする研究活動である。実践（カウンセリング）を支える研究および知識体系がカウンセリング心理学である」となっている。上述したように，社会心理学の扱うトピックの守備範囲は広い。最近では，メンタルヘルスやウェルビーイングなどのトピックが取り上げられ，精力的に研究されている。これらなどは，まさに実践的な援助活動を支える基礎研究であり，カウンセリング心理学の定義そのものである。なお，もう少し厳密に区別すれば，メンタルヘルスやウェルビーイングなどのトピックは従来，応用社会心理学と称されてきた。最近では，臨床社会心理学ともいわれている。つまり，応用社会心理学（臨床社会心理学）＝カウンセリング心理学，ということである。

ただし，これもまた私見だが，おそらく，学問あるいは研究者としての方向性（志向性・関心・目標）の違いが，カウンセリング心理学（者）と応用社会心理学（者）を分けるのではないだろうかと考えられる。カウンセリング心理学（者）は，あくまでカウンセリング（援助活動，成長の支え）を念頭に置いているし，より実践的な発想のもとに研究を行っているだろう。これに対して，応用社会心理学（者）は，その興味の矛先は人間の本質や心理的な法則・メカニズムの解明に向いているように思われる。両者は一見，区別がつかないぐらい，同じトピックについて同じメソッドでアプローチしているが，きっとこうした根本的な研究姿勢の微妙な違いが，お互いの立場を分けているのではないだろうか。

（湯川　進太郎）

## 13　異文化間心理学との異同・関係
cross-cultural psychology and counseling psychology

異文化間心理学のトピックとしては，異文化接触に伴うカルチャー・ショックの問題がある。カルチャー・ショックとは，「異文化との遭遇によって自らの文化的価値観に強いインパクトを受け，精神的・身体的に動揺をきたす現象」（野田，1995）をいう。

### 1．カルチャー・ショック

精神的・身体的動揺から，異文化のなかに馴染んで暮らしていくことに何らかの支障を感じる異文化不適応を生じることがあり，異文化体験に伴うカルチャー・ギャップやカルチャー・ショックを，マイナス要素にとらえる傾向がある。ただ，異文化との遭遇によって自らの認知を修正・拡大して，ステレオタイプの考え方や自文化中心主義の固定観念を打破する契機となる場合もある。ストレスにも善玉ストレスと悪玉ストレスがあるように，カルチャー・ショックにもプラス面とマイナス面がある。たとえば，日本式あるいは西洋式のトイレ方式に馴染んだ人が，中国式のドアのないトイレに遭遇した場合，かなりのカルチャー・ショックを受け，異文化ストレスを感じることがある。その場合も，マイナス面ばかりにとらわれていると異文化不適応状態になってしまう。異文化間心理学は，自文化と他文化のはざまで生じる精神的軋轢に着目し，その問題の原因究明，抑うつ反応，うつ病，不安障害，心因反応，統合失調症など，精神疾患が起こるメカニズムのほうに関心がある。それに対して，異文化間カウンセリングは，考え方を変えれば悩みは消えるREBT（論理療法）や，レフレーミング，SGE（構成的グループ・エンカウンター）で認知の修正・拡大を図ることにより，問題解決を目指す。SGEの応用については，佐々木（2000）が留学生援助に活用できるエクササイズを，加藤（2000）が異文化への偏見緩和に役立つエクササイズを，林（2004）

が異文化理解のためのエクササイズを示している。

## 2．不適応事例の研究

異文化間心理学と異文化間カウンセリングの共通点は，どちらも事例研究を重視している点にある。異文化という一色の文化があるわけではなく，さまざまな文化差のなかで受ける衝撃の内容・強さ・量などは，異文化体験者のレディネスによっても異なる。そのなかでも稲村（1980）は，精神医学の立場から海外での日本人の異文化不適応事例をまとめて，次のような適応の5段階論を唱えている。①移住期（見るもの，聞くものが面白く新鮮に感じる時期），②不満期（何に対しても誰に対しても不満を感じる時期），③諦観期（あきらめのつく時期），④適応期（無理なく異文化に適応している時期），⑤望郷期（本国へのノスタルジアが強まり，帰国したいと思う時期）。林（1990）は，カウンセリングと日本語教育の立場から，日本における外国人学習者の場合には，移住期を入国期，諦観期を静観期と言い換えて，ほぼ稲村の5段階論が当てはまるとしている。

國分（1991）は，渡米間もない日本の教授が英会話に不慣れなため，人なつっこく素直で一時的に子ども返りしている退行現象を指摘している。二宮（1998）は，ベトナム人技術研修生の，入国期日本語研修期間中にみられる退行現象について報告している。言葉が不十分で自分の抱える問題が説明できないような場合は，描画法，コラージュ，箱庭，星と波のテストなど，非言語で表現できる方法でアプローチすることが有効である。

## 3．異文化ストラテジー

今後の開発的なカウンセリングの立場からは，積極的に異文化ストラテジーを来談者あるいは異文化接触の予定者に示して，不適応や摩擦を軽減あるいは予防する方策をとるという能動的な取り組みが必要であろう。ストラテジーとは，もともと軍事用語で「戦略」のことで，言語習得の分野では「方略」と訳されているが，渡辺（1991）は異文化ストラテジーを，「異文化で多くの人たちが経験しているような困難で新しい問題に取り組むときの基本的な方針」と定義している。具体例として，異文化のなかで自分を見失いがちになり，アイデンティティ・クライシスを経験する場合には，自分ひとりがつらい目にあっているのではなく，自分だけが愚かなのではないのだと確認しあえるサポートネットワークをつくることを提案している。異文化間のカウンセラーとしては，自らも何らかの異文化を通しての気づきや苦悩を体験しておいたほうが，来談者や対象者とのリレーションをとることも容易になるであろうし，来談者と同様に異文化の壁を感じたという自己開示を通して，共感しあう関係を築くこともできると思われる。

異文化間カウンセリングは，不適応事例が発生してからその対処にあたるというだけでなく，事前にガイダンスやオリエンテーションを通して，不適応に陥らないように配慮すべきであろう。異文化間の諸問題に対処するためには，受容・共感・支持に徹するだけでなく，一歩踏み込んで積極的なアドバイスをためらわないように対処すべきであろう。

（林 伸一）

〔文献〕

林伸一　1990　外国人学習者の日本社会への適応パターンと日本語教育の課題　日本語教育，**70**，49-59．

林伸一　2004　構成的グループエンカウンターの応用，異文化理解　教育カウンセラー協会編　教育カウンセラー標準テキスト上級編　図書文化社　86-89．

稲村博　1980　日本人の海外不適応　日本放送出版協会

加藤真由美　2000　異文化への偏見緩和に役立つ構成的グループ・エンカウンター　國分康孝編　続構成的グループ・エンカウンター　誠信書房　323-330．

國分康孝　1991　自分を変える心理学――新しい人生の発見のために　PHP研究所

二宮喜代子　1998　入国期における退行現象について――ベトナム人技術研修生の日本語研修期間における事例をもとに　JALT日本語教育論集，**3**，40-51．

野田文隆　1995　異文化接触とメンタル・ヘルス　渡辺文夫編　異文化接触の心理学――その現状と理論　川島書店　169-181．

佐々木ひとみ　2000　留学生援助に活用できる構成的グループ・エンカウンター　國分康孝編　続構成的グループ・エンカウンター　誠信書房　320-322.

渡辺文夫ほか編集　1991　異文化へのストラテジー——国際化の時代と相互発展　川島書店

## 14　精神医学との異同・関係
psychiatry and counseling psychology

　精神医学とは，精神現象全般を研究対象とした医学の一分野である。精神医学に対応する臓器はいうまでもなく脳であり，思考・感情・意識などのさまざまな脳機能の産物やそれらの関連性について解明する研究活動である。ちなみに，精神医学に対応する実践活動は精神医療と総称される。

### 1．医学としての精神医学
　精神医学は医学の一分野であるために，内科学や外科学などの身体医学と同様に，診断学，治療学などの下位分類がなされている。しかしながら，精神現象は客観的な検査所見などによってとらえられないものが主体をなすため，「関与しながらの観察」という表現があるように，観察者の主観的な判断を伴いやすく，またそれが必要でもある。そこに他の身体医学とは異なり，症状の記述を研究し分類する症候学が，重要な位置を占めているわけである。精神医学は理論構成するための基礎医学ではなく，問題解決するための臨床医学の一分野であることは，他の身体医学と同じである。

### 2．精神医学の心理学的側面
　精神医学はそれ自体が応用科学であり，精神現象の基礎的研究を志向する脳科学とは異なる研究アプローチを行う。すなわち，正常な精神現象のメカニズムの解明ではなく，それを基盤とした異常な精神現象，「病めるこころ」の解明や「治す」方法論の展開を目的としている。したがって，解剖学，生理学，病理学，薬理学，さらには心理学や社会学，法学などの諸科学を近接領域とする幅広い体系を有する。こうした学問領域の知見を援用しなければ成り立たない，すぐれて学際的な研究活動といえよう。

　なかでも心理学との連携は不可欠であり，精神医学に密接な関係を有するのは臨床心理学である。どちらも「病めるこころ」を治すことを志向した研究活動であり，たとえば治療法の名称も，「精神療法」と「心理療法」に分けられているものの，実際の治療場面での相違はないと考えてよいだろう。しいていえば，精神科医が行うのが精神療法，臨床心理士が行うのが心理療法と区別される程度である。さらに，医学の一分野である精神医学は，既述のような諸科学を近接領域とするために，精神生理学，精神薬理学などの研究分野に下位分類され，治療法としても精神療法以外に向精神薬を用いた薬物療法，電気けいれん療法などの身体療法などが研究対象となる。したがって，一般的には臨床心理学は，精神医学に包含される学問体系であると考えてよいだろう。

### 3．治すことと育てること
　従来，医学は病人を治すという現実的要請に沿って発展してきた。たとえば，痛みを取り除くためにはどのような薬物を投与すればよいか，病巣臓器を切除するためにはどのような手術手技の開発が必要であるか，などを研究してきたわけである。

　しかしながら，医学の発展に伴い，現在では病気の治療そのものを目的とする医学モデルから，病気に罹らないあるいは悪化を防ぐように予防することを目的とした医学モデルに変遷してきている。たとえば，糖尿病や高脂血症などを総称する「成人病」という呼称は，「生活習慣病」と変更された。医療者の一方的な治療行為から，患者自身も生活習慣を改めながら病気の予防や治療に参加する，協同的な医療行為としてとらえられるようになったのである。そこには，人間性・個別性を重視した尊厳死や，インフォームド・コンセントなどの現代的な問題も関連している。人間のなかにある病気だけに焦点を当てるのではなく，病んだ人間を全体としてとらえるという全人的医療が，これからの医療のあり方といわれるゆえんである。

　このような医学モデルの変遷は，実際の医

療現場において，専門家が患者に対して診療情報を提供し，患者自身の理解と判断を援助するという教育的な行為を要請してきている。患者教育，教育的入院，○○教室という用語が今や日常的に用いられ，重要視されるのはこのためである。

なかでも精神医療においては，狭義の治療とは別に教育的色彩の強い心理教育が不可欠となりつつある。これは，精神を病む患者に対する生活上の問題解決能力を向上させるかかわりとしてだけでなく，治療効果を上げるために患者の支援を行う，健常な家族に対するかかわりとしてもきわめて重要である。例を挙げれば，最近増加したといわれる軽症うつ病に対しては，短期集中的な薬物療法よりも，生活上の困難な問題をどのように解決していくかという教育的・継続的な援助活動がむしろ重要になってくる。ストレスフルな出来事を原因として発病した反応性うつ病（適応障害）の場合には，ことさらそうである。なかには，向精神薬を一切用いないで，ストレスコーピングについて教育するといった，患者の人間成長を促進するようなかかわりが治療の中心となる症例もある。また，家族関係の病理が主体であるために，個別の患者に対する治療は有効性が乏しい症例も少なくない。そのような場合は，患者以外の家族に対する治療的関与，さらには心理教育が不可欠であったり，夫婦あるいは親子などの同時面接が治療効果をもつことが多いだろう。

以上のように，治すというよりも育てるという援助活動が実際の医療現場では日常的に実践されており，今後ますます重要視されてくるのは間違いない。

### 4．カウンセリング心理学との連携

したがって，精神医療に理論的根拠を提供する研究活動である精神医学も，治す行為について研究するだけでなく，育てる行為についても研究するより幅広い学問となってきた，あるいは，今後そのような志向性を強めなければ，現実的な医療実践に対して実効性をもたなくなってしまうとさえいえるだろう。

そうした考え方からすれば，従来，臨床心理学と密接な関係を保ってきた精神医学も，今後カウンセリング心理学との連携を図ることが重要な課題となることは間違いない。現在でも，一部の治療法に関する研究活動においてそうした連携がないわけではないが，精神医学が全体的視野・長期的視点から連携を図っていくという考え方が必要である。これからは，カウンセリング心理学と精神医学双方の研究者が，それぞれ独立して行った研究の知見を共有するだけでなく，同一対象やテーマについて共同研究するといった連携活動に発展していくことが望まれよう。

（中島　一憲）

〔文献〕

日本保健医療行動科学会監修　1999　保健医療行動科学事典　メヂカルフレンド社

## 15　ソーシャルワークとの異同・関係
social work and counseling psychology

ソーシャルワークとは社会福祉の実践体系である。つまり，日本国憲法第25条の生存権保障として展開される，社会福祉制度による専門的援助活動の総体を意味する。ソーシャルワークは社会福祉実践，専門社会事業などといわれるが，1987年の「社会福祉士及び介護福祉士法」制定によって，「社会福祉援助技術」と呼称される。本項では，現在でもよく使用されるソーシャルワークとする。その専門職にはソーシャルワーカーと呼ばれ，国家資格は名称独占である社会福祉士，精神保健福祉士がある。従来，ソーシャルワークは要保護者など福祉を必要とする特定の人に対して，生活保護などの金銭的給付，施設の入所や通所による利用，対人サービスなど社会資源を活用した措置（行政処分）によって，「健康で文化的な最低限度の生活」を保障するものであった。

ソーシャルワークの専門技術には，個別援助技術（ソーシャル・ケースワーク），集団援助技術（ソーシャル・グループワーク），地域援助技術（コミュニティワーク），社会福祉調査法，社会福祉運営管理，社会活動法，社会計画法がある。ソーシャルワークにとっ

てのカウンセリングは，ネットワーク，ケアマネジメント，スーパービジョン，コンサルテーションとともに，関連援助技術として位置づけられる。本項ではカウンセリング心理学から大きな影響を受けている，個別援助技術を中心に述べる。

## 1．リサーチ・トピック

カウンセリング心理学は個体間志向のトピックが主であり，健常者に共通する発達課題について，現在志向で取り組む特徴がある。それに対してソーシャルワークの援助対象は，第二次世界大戦後に成立した社会福祉六法（生活保護法，児童福祉法，身体障害者福祉法，知的障害者福祉法，老人福祉法，母子及び寡婦福祉法）に規定された，経済的な生活困難者，児童，障害者，高齢者，母子家庭など要保護者が中心であった。つまり，ソーシャルワークの対象者は，要保護対策という特殊な対象を救済するという選別主義であった。しかし，1995年の「精神保健及び精神障害者福祉に関する法律」により精神障害者が加わり，2000年の「介護保険」の制度により要介護の高齢者，さらには2005年の「障害者自立支援法」により，障害者の自立と社会参加というテーマが加わった。このように社会福祉の対象は，保護や救済から発生予防，普及という積極的意味に拡大してきている。この福祉の普遍化によって，福祉サービスの施策の範囲や対象拡大によって，施策と福祉サービス供給主体の多様化が生じている。現在では，居宅福祉サービス，介護保険，医療保険，年金保険，子育て支援施策など，すべての国民を対象として，市町村による地域福祉社会の構築を目標とする「社会福祉基礎構造改革」が進行している。

また，超高齢化社会の到来による社会福祉の対象拡大により，社会福祉が国民生活に浸透してきた。最低基準による生活保障という社会福祉（social welfare：ウェルフェア）から，社会のすべての個人が満足できるウェルビーイング（well-being）の状態を支援し，あるいは自己実現の保障をする社会福祉へと，大きな変革が生じている。

リサーチ・トピックとして，たとえば児童虐待の問題を取り上げよう。2006年4月から，乳児院，児童養護施設，情緒短期治療施設に，「心理療法担当職員の常勤か非常勤」が配置できるようになった。児童養護施設の被虐待児童に対して，カウンセリング心理学では被虐待児のトラウマについて問題を取り上げることになる。ソーシャルワークでは，日々の生活のケアをする保育士や家庭支援専門相談員（ファミリーソーシャルワーカー）が中心となって，保護者などの家族と連携しながら，家族の再構築を目指す。よって研究テーマは，被虐待児童の施設適応への支援，あるいは援助者との信頼関係の構築の過程，虐待家庭の再構築などが挙げられる。

また，2008（平成20）年4月より，文部科学省は全国141地域に子ども・家庭と学校を支援する新たな専門職として，社会福祉士や精神保健福祉士などを，スクールソーシャルワーカーとして配置した。スクールソーシャルワーカーは，教職員やスクールカウンセラーなどと協働して，不登校などの引きこもりの子どものいる家庭にも家庭訪問をするというアウトリーチによる方法，さらには地域の社会資源を活用して，子ども・家庭を支援するためのチームによる支援，関係者の会議を行うなど，積極的なかかわりにより問題解決を図るというものである。今後，スクールカウンセラー，あるいは教職員との協働のあり方が注目される。

## 2．リサーチの方法

リサーチの方法として社会福祉調査法があり，ソーシャルワーク・リサーチとして機能している。社会福祉実践や施策を展開する際の，計画立案のデータ収集として役立てる調査である。具体的な方法はカウンセリング心理学と同じく，アンケート調査，事例研究，フィールド・スタディ，アクション・リサーチなど，現場で資料を収集する形態である。その目的は，生活上の問題の実態や原因を明確化し，社会的ニーズの的確な把握と分析により，効果的な福祉サービスの提供を図るものである。近年は，単一事例被験者実験計画法，集団間比較実験計画法などによって，福祉サービスの効果測定や有効性を立証する技術が重要視されている。

## 3. 問題解決の方法

カウンセリング心理学は個体間志向による問題解決である。それに対して、ソーシャルワークの問題解決の焦点は、①個人の問題の原因はその人を取り巻く環境にあると考えて、パーソナリティ、行動、認知の修正をする、②問題は環境にもあるとの観点から、環境の変革を目指す、③問題は人と環境の相互作用から生じるという観点から、その関係の在り方に介入する、という三つに大別される。

## 4. 概念・理論

従来、ソーシャルワークを含む対人援助は、援助者が受け身で弱者である被援助者を援助するという保護的なものであった。しかし現在、被援助者は生活者として位置づけられ、ソーシャルワーカーは、生活者がニーズを抱え自ら自立して生活できるように側面的に支援するという関係が求められるようになった。この動向は当事者だけによるセルフヘルプ・グループ（自助集団）、あるいは当事者運動の活発化とも連動している。さらにこの傾向を強調するのは、1960年代の黒人の権利意識への目覚めから台頭してきた、エンパワメント（権限・権威の委譲）の概念である。この概念は、弱者がパワーそれ自体を自ら獲得して、主体的に自立を図るという概念である。さらに、生活者の長所や強さに焦点を当てて、これを活用した支援を行うストレングスの概念が注目されている。これらにより利用者主体、生活者の権利擁護の概念も強調されている。

（益満 孝一）

〔文献〕

日本社会福祉会編集　2004　新社会福祉援助の共通基盤（上）　中央法規出版

## 16　東洋思想との異同・関係
oriental philosophy and counselign psychology

近代の欧米社会のなかで育まれてきたカウンセリングと東洋思想は、対立概念なのか共存概念なのか。東洋思想がカウンセリングに示唆するものは何かをみていきたい。

### 1. 東洋思想と現象学

仏教では、仏陀が普遍の「悟り」に基づいた四諦八正道を説いた。それは、苦しみ（苦）の根源（集）を知り、そこから脱した境地（滅）に至る実践（道）を意味する。すなわち、苦集滅道の四諦を悟り、八正道を実践することである（中村、2007）。

道家では、この世に常なるものはなく（常無有）、渾沌の状態において一切万有を包有する宇宙の太初の姿（太一）を意識して、ひっそりと慎ましく生きること（濡弱謙下）を求める。それは、宇宙の大原則である「道」に則り、天性に従って、自然を尊び、無為にして外物におかされないこと（無為自然）を意味する（渡辺、1973）。

カウンセリングにおける現象学では、目で見える世界をどう受け取っているかという、受け取り方の世界、主観の世界、認知の世界、意味づけの世界こそ、本当のわれわれの世界であるという考え方である（國分、1990）。すなわち、受け取り方を変えれば世界は変わるということである。現象学の立場に立つカウンセリングには、来談者中心療法、実存主義的アプローチ、内観療法、ゲシュタルト療法、論理療法などが挙げられる。

仏教や道家では、現象は所詮千変万化するのであるから、自分が過去に非と判断したことも変化して、現在では是となることが多くある。こうして人の心はいっそう傷つきやすくなると考えている。特に道家では、人間には生得の心があり、相対ではない世界（彼我一如）、円の中心に立つ立場、万物が連なって平等の世界（万物斉一）をあるがままに受け入れ、大いなる肯定に身をゆだねること（因是）を求めている。

こうした東洋思想では、問題を抱えることを否定せず、問題を抱えている自分をありのままに受け止め、抱えながら生きていくことを目指している。これは、現象学の考えやプロセス志向の心理学と一致するところがある。ありのままを受容することが問題解決そのものに通じるという考えである。

しかし、東洋思想では、普遍の「悟り」や「道」を体感することから問題解決がなされ

る。問題解決は，人間関係のみによらず，自然との対話や調和や融合によっても可能と考えている。この点は，プラグマティズムに立つカウンセリング諸理論とは異なっているが，実存主義志向の理論（たとえば，ムスターカス〈Moustakas, C. E.〉）とは共通するものがある。

## 2. 東洋思想の存在論とプラグマティズム・論理実証主義

道家の中心人物の一人である老子は，その実在が証明されていないが，彼が生きていたとされる時代に存在が証明されている人物に関尹（かんいん）がいる。関尹は，「実在」を論じている。『荘子』「天下編」によると，「実在は一定した位置に存在せず，さまざまな現象のなかに自然にあらわれる。動くときは水のように，静かなときは鏡のように，応えるときは響きのようだ。ふわっとして亡（な）いようでもあり，しいんとして清んだ水のようでもある。同けこもうとすれば，和してくれるが，つかみとろうとすれば，失せてしまう。人に先きだったことはなく，常に人に従ってくる」と表現している。

この存在論は，カウンセリングのプラグマティズムによる，測定と数量化による事実の抽出になじまない。論理実証主義がいう，実証できるものこそが真の存在であるという存在論にもなじまない。

道家思想によれば，測定はその時の変化の途中のものであり，「道」の本質を体得していない以上，渾沌のなかでの数量化でしかなく，何の意味ももたない。私たちの存在それ自体は千変万化が原則であり，自己はさまざまな現象のなかに現れてくるだけである。常住なるもの無しであり，すべては渾沌へ帰着する。神秘主義・経験主義に立つ道家思想は，言語よりも体験を重視する。道家思想は，どちらかといえば観念論であり，ナチュラリズム（自然主義）である。

## 3. 禅僧・大愚良寛の生き方

禅宗の悟りは，何物にもとらわれのないことの体験的理解である。それは，「空」思想の体現でもある。道家では，自然に従って現象と調和することを是とする。無為自然にして無欲に徹し，嬰児のごとくになったとき，失われていた真実の根元，「道」に復帰し，道のすばらしさを味わうことができると主張する。

こうした生き方の典型が，曹洞宗の禅僧，大愚良寛である。彼は生涯，寺を持たず，子どもたちと遊び，無欲を通したという。良寛の無心は「遊びをせんや生まれけん。戯れせんや生まれけん。遊ぶ子どもの声聞けば，我が身さへこそゆるがれる」といった表現に表れてくる。良寛の生き方は，とらわれを捨てた禅の「悟り」そのものの体現であり，道家の濡弱謙下の生き方そのものである。こうした生き方は，万物と一つになって生きる生き方である。この生き方は，予防・開発的カウンセリングのモデル（すべての現象や事象を肯定からスタートさせるもの）であり，問題のとらえ方や対処の仕方の根底にあるものである。こうした生き方がなされたとき，問題は問題ではなくなり，ありのままの肯定となる。それは，一見大いなる遠回りにみえたり，現代にはそぐわない無用な生き方に思われるかもしれないが，無用なものこそ有用である（無用之用（むようのよう）：一見，役に立たないものが，かえって大いに役に立つこと）と荘子は説いている。

カウンセリングは，対話をとおしてクライエントが自己の抱えた問題を解決することを援助する営みであるが，大愚良寛の生き方は，自然に従って現象と調和し，問題を抱えること自体をも肯定していく。カウンセリングの問題解決と禅宗や道家のそれとは，目的地が違う。

問題を抱えることは千変万化の営みの必然であり，問題を抱えたという現象が，自分がそこに実在した証ともなる。問題を抱えた自分をそのまま肯定的に認め，問題を抱えた状態を静かに受け入れていくと，次の変化が生じて新たな自分が創られていくことになる。これは，ロジャーズ（Rogers, C. R.）の「自己一致」（あるがままの自分になりきる）や，森田療法の「あるがままの受け入れ」や，実存主義的アプローチの「体験重視」に通じるところがある。

カウンセリングのなかで，クライエントはしばしば，問題を抱えた自分を問題を抱えて

いない人と相対化し、自分がいかにダメ人間になっているかを嘆いたりする。また、問題を抱えた状態を結果ととらえ、その原因探しを必死で行おうとする。

仏教や道家では、現象の差別の姿にとらわれず、相対や因果律を超えて、それらすべてが一つであることを説く。生と死、悩みをもつこととないこと、だめな自分と優れた自分、肯定と否定、できることとできないことは、すべて一つの自分であり、万物は平等に変化し、自分だけではなく無差別に変化を繰り返していると考える。このことは、カウンセリング活動そのものを、現象との調和の営みとして肯定的に認めるとともに、「悟り」や「道」への体験活動そのものととらえることを示唆する。

つまり、カウンセリング活動は、クライエントとカウンセラーという相対を越えて、自然な姿として、ひたすら相手に語り、相手のことばに耳を傾け、共に歩み、共にわかろうとし、共に分かちあおうとする営みとなる。この体験そのものが「解脱」や「忘我無心」への方法であるように、カウンセリング行為そのものが、自己存在の証であり、自己への陶冶であり、あるがままの肯定であり、万物との一体であり、他者への寛容に通じる手だてとなる。

## 4. 今後の課題

東洋思想の観点からカウンセリングを眺めたとき、次の点に留意する必要がある。

第一は、一見、科学としての心理学に馴染まないように思えるが、絶対的存在への吟味である。仏教の「悟り」や道家の「道」を頭から否定するのではなく、プラグマティズムや論理実証主義の対極にある、体験でしか理解できない観念論や自然主義の世界が、カウンセリング心理学にどのように貢献するかを検討しておくことである。それは、現代の科学では説明しにくいスピリチュアルな世界が、カウンセリングに貢献しないとは言い切れない。

第二は、問題解決の方法がカウンセラーとの二者関係のみではなく、自然との調和や融合によってなされることの検討である。道家は万物斉一を主張する。仏教はすべての物に仏性があると主張する。カウンセリングにおける人間関係に、クライエントと自然や物との関係を入れることによって、問題解決がなされる可能性を検討することである。

(岡田 弘)

〔文献〕

國分康孝 1990 カウンセリングの理論 誠信書房

中村元 2007 ブッダ入門 春秋社

渡辺卓 1973 思想史 中国文化叢書3 大修館書店

# 第II章

# カウンセリング心理学の哲学・思想的背景

## Philosophical Background of Counseling Psychology

　カウンセリング心理学の主たる構成要素は，「リレーション，アセスメント，ストラテジー，インターベンションのそれぞれが有する理論とスキル」である。しかし，これらの理論とスキルは，それを支える哲学・思想を必要とする。それゆえ，カウンセリング心理学は，心理学だけでなく哲学・思想も含むワンセットの知識・技法の体系である。

　では，なぜカウンセリング心理学は哲学・思想を必要とするのか。理由は三つある。

　第一は，発達課題に対応するには，実証科学（たとえば，心理学）だけでは不十分なことがあるからである。たとえば，ナチスのコンセントレーション・キャンプで，「生きている意味がないから死にたい」と，ある男性が訴えた。実存主義者フランクル（Frankl, V. E.）は，次のように自分の人生哲学を開示した。「あなたは生きているだけで意味がある。なぜならば，あなたの存在は娘さんの"生きる力の源泉"になっているからである」と。これは哲学の表現である。科学の考察ではない。

　第二は，カウンセリング・リサーチをするのに，何が究極的存在か（存在論），分かるとは何か，知るとは何か（認識論）を定めなければ，研究方法が定まらない（たとえば，統計では真実を認識できないという思想がある）からである。

　第三に，カウンセリングの教授・指導をするとき，哲学・思想を定めなければ，カリキュラムも指導方法も定まらない。たとえば，プラグマティズムに立つがゆえに人生の役に立つカリキュラムをつくる，実存主義に立つがゆえに構成的グループ・エンカウンター（SGE）のような体験学習を主にしたカリキュラムを展開するのである。

　カウンセリング理論が多様性に富むように，カウンセリングに関与する哲学も複数である。今のところカウンセリング界では，プラグマティズム，実存主義，論理実証主義を基盤にしている人が多いが，それ以外にもカウンセリング心理学の支えになる哲学・思想があると思われる。

　カウンセリング心理学に折衷主義があるように，カウンセリングを支える哲学・思想も折衷主義の立場から学ぶことを勧めたい。本章の構成にあたり畏友村主典英に示唆を得た。

（國分　康孝）

## 1 哲学の起源
origin of philosophy

「私の人生哲学」という言葉の使い方がある。この場合の哲学とは，自分の理念，信念といった意味である。また，「ギリシャ哲学」とか「ドイツ哲学」，あるいは「アリストテレスの哲学」や「実存哲学」といった使い方もある。この場合の哲学とは，思想体系といった意味である。「哲学」という言葉は，このどちらかの意味で使われていることが多い。哲学とは，そのような理念や信念，あるいは思想体系なのだろうか。一方，ドイツ最大の哲学者といわれるカント（Kant, I.）の有名な言葉に，「諸君は私から哲学を学びはしないだろう。ただ哲学することは学ぶだろう」という言葉がある。壮大な哲学体系を構築したカントから哲学を学べないとはどういうことなのか。

### 1.「哲学」と「哲学すること」

その鍵はフィロソフィア（philosophia）という言葉にある。この言葉は哲学と訳されるが，そもそもは智慧（sophos）を愛する（philos）という意味で，愛智と訳すことができる。その際の「愛」とは，「渇望する」「希求する」ことを意味する。つまりカントは，哲学の本質は「理念や信念，あるいは思想体系」や「理念や信念，あるいは思想体系を知的に理解すること」ではなく，「愛智」そのものにあることを強調したといってよい。

例を挙げよう。歴史上最古の哲学者（愛智者）といわれるのは，古代ギリシャのタレス（Thales）である。彼は万物の根元（アルケー）とは何なのかを追求し，それは「水」であると結論したといわれる。タレス以外にもピュタゴラス（Pythagoras）やデモクリトス（Demokritos）など，多くの思想家がアルケーを追求した。彼らの思索は，三平方の定理の発見や原子論の構築などの成果を生み，近代の思想や科学の発展に大きく寄与した。しかし，ここで重要なのは「アルケーが何であるか」ということではなく，「アルケーとは何かという問い」を希求し，問いを生き抜くということ自体にある。それこそが哲学の本質ということである。

### 2. 哲学の誕生

このように，哲学は古代ギリシアにおいて自然哲学として誕生した。その最初の人物は先に述べたタレスといわれる。彼はピラミッドの高さを測定したり，日食を予言したというエピソードが残っているが，これは哲学の原点は，人間にとって不可解なもの，壮大なもの，混沌としたものである自然を知ろうとすることにあったことを示唆している。

哲学の対象が自然から人間の在り方へと方向転換したのは，哲学の祖といわれるソクラテス（Sokrates）である。プラトン（Plato）の『ソクラテスの弁明』によれば，彼は，「ソクラテスより知恵あるものはいない」というアポロンの神託を受けた。しかし彼は自らを知者とは思っていなかった。しかし，もし知者でないとすればアポロンの信託は誤りということになる。そこで彼は，信託の真意を確かめるために賢人と呼ばれる人びとをつぎつぎに訪ねた。その結果，ソクラテスは，賢人たちが実は何も知らないことに気づき，「彼は何も知らないのに，何かを知っていると信じており，これに反して私は，何も知りもしないが，知っているとも思っていない」と述べたとされる。すなわち，ソクラテスが優れていたのは「無知であることを知っている」という，この一点にあったということになる。

ソクラテスはその後，無知であることの自覚，すなわち"無知の知"に立脚して人間の在り方を追い求めることになる。彼にとっては「善く生きること」が究極の目的であり，実際，彼は「善く生きる」ことを実現するために，不当な裁判の結果を甘んじて受け自ら毒杯をあおぐ。ソクラテスは，哲学とは哲学することであり，哲学することとは哲学を生きることであるという，愛智者（philosophos：フィロソフォス）の生き方を体現している。

### 3. 哲学のその後

ソクラテスの哲学はその後，弟子のプラトンやアリストテレス（Aristoteles）へと引

き継がれ，発展していく。特にアリストテレスの哲学は，自然哲学から政治学，詩学，倫理学，霊魂論，形而上学など，多岐にわたるもので，いわばそれまでのギリシャ哲学全体を総括し，発展・体系化したものであり，ヨーロッパ哲学の基礎となった。

その後，さまざまな領域での論議の進展のなかで，個々の学問領域が形成されるようになり，徐々に哲学から分離・独立していくようになった。このようにして「すべて」を対象としていた従来の哲学は，徐々にその対象領域を限定されるようになっていった。残された狭い意味での哲学も，存在論（形而上学），認識論（論理学），価値論（倫理学），感性論（美学）などの領域に分かれて展開していくことになった。なお，ここまでヨーロッパ哲学を中心に解説をしてきたが，愛智の営みはヨーロッパに限定されるわけではない。インドや中国，そして日本においてもそれぞれ独自の哲学が発展している。

### 4．哲学とカウンセリング

今日，一般に「哲学」と呼ばれるものは，人類が培ってきたこれらの営みの成果である。この「哲学」にはそれぞれの世界観や人間観があり，それはカウンセリングにも強い影響を及ぼしている。たとえばパーソンセンタード・アプローチは，"今，ここ"に存在している自己という現実存在を基点とする「実存哲学」の強い影響を受けている。また，近年注目されているナラティブセラピーは，「ポストモダンの哲学」抜きには成立し得ない。

このように，今日の多くのカウンセリング理論は「哲学」の影響を受けている。したがって自分が用いるカウンセリング理論や技法と関係の深い「哲学」を学ぶことは，その理論や技法が拠って立つ基盤を理解することであり，確信をもってクライエントとかかわるために不可欠なことでもある。ただし，唯一絶対の理論や技法が存在しないように，どの「哲学」も絶対的な真理ではないことも，われわれは知っておくことが重要であろう。

ところで，一般的にカウンセリングは，人生の途上で生じるさまざまな問題を解決するプロセスと理解されるが，人生は問題の連続でもあり，そのすべてをカウンセリングで解決することはできない。とすれば，カウンセリングとは"対話"を通じて，クライエントが人生途上のさまざまな問題に自ら向き合い，対処できるような人間に成長することを支援するプロセスと理解できる。一方，哲学とは，「哲学」自体ではなく哲学することである。そして哲学することとは，世界・他者・自己，そして「哲学」自体との"対話"(dialog, dialogos)を通じて，真理・論理(logos：ロゴス)を見いだそうとする営みであり，そのロゴスを知ることで，自己の在り方や善く生きることを希求する営みである。ここに哲学とカウンセリングの類似性があるといえるだろう。

（栗原 愼二）

〔文献〕

岩田靖夫　2003　ヨーロッパ思想入門　岩波書店
新田義弘　1989　哲学の歴史――哲学は何を問題にしてきたか　講談社
ウィリッグ，C.　上淵寿・大家まゆみ・小松孝至訳　2003　心理学のための質的研究法入門――創造的な探求に向けて　培風館

## 2　存在論
ontology

「宇宙が存在するってどういうことなんだ」「私たちはなぜ存在しているのだろう」「そもそも『存在する』とはどういうことなのか」――こうした問いを，誰しもが一度は心に抱いたことがあるのではないだろうか。

### 1．哲学における存在論

存在論とは，語源的にはギリシャ語の存在あるいは存在するものを表すonの複数形ontaと，理法や法則，言葉といった意味を表すlogosからなる言葉で，文字通り「存在とは何か」という問題を扱う哲学の一領域であり，存在の意味や構造，様態などについて追求する哲学の基礎的な一分野ということができる。ちなみに，「人はどう生きていったらいいのだろう」といった問いは，生き方や行為に関する問いであり，行為論とか倫理学といった領域に属する問いである。また，

「知るとはどういうことか」「人間は何を知りうるか」といった問いに対応する領域は、認識論という。

## 2. 哲学史における存在論

### 1）パルメニデス

存在論は、古代ギリシャの時代から、常に哲学の中心的で根本的な問題であり続けたが、その長い存在論の歴史の、いわば最初に位置するのがパルメニデス（Parmenides）である。彼は、現実の世界がさまざまに移り変わり生成消滅を繰り返しているようにみえても、「存在」は時間を超えて不変不動であり、単一なものと考えた。というのも、もし「存在」が「存在」から生じたのであれば、はじめの「存在」は、もともとは「非存在」であったことになる。そして「非存在」から「存在」が生じたことになる。しかし、「存在」が「非存在」から生じるというのは矛盾である。したがって、「存在」は時を超えた常なる「存在」であり、不成不滅であると考えた。ただ、存在をこのようにとらえたとき、生々流転する現実の世界（現象世界）をどのように説明すればいいのかという問題が生じる。

### 2）アリストテレス

存在（on）の問題を主題として初めて取り上げたのは、古代ギリシャ最大の哲学者と呼ばれるアリストテレス（Aristoteles）である。彼は存在を扱う学問を、形而上学あるいは第一哲学と呼んだ。そのため、存在論は現在でも、形而上学あるいは第一哲学と呼ばれることがある。彼は現象世界に存在する個々の存在を、「形相」と「質料」という概念で説明した。たとえば、椅子はもともとは木材という素材（質料）であるが、それが椅子という形態（形相）をとることによって椅子になると考えた。つまり、椅子という個物は、質料と形相の合成物であるという考えである。個々の存在をこのようにとらえれば、存在のあり方は多義的になる。そこで彼は存在のあり方を、実体、量、性質、関係などの10のカテゴリーで説明しようとした。これが彼の存在論である。なお、「形相」と「質料」はともに実体に属するが、存在者をその存在者たらしめるものは形相ということになる。そこで、彼は形相こそが優れた実体であると考えた。

### 3）神の問題

存在を扱うとき、存在のなかで最も完全な存在をどう考えるかという問題は避けて通れない。たとえばアリストテレスは、質料をもたない純粋形相として最高の現実性を備えたものを、神と考えた。また、聖書の神は自らを「あってあるもの」と表現している。それは、神は、その存在を何者かに依拠することのない、"ある"としか表現のしようのないものという意味である。そして、神がそのような存在であれば、人間を含む万物はその存在の根拠を神に依拠することになる。

### 4）キルケゴールとニーチェ

この絶対的存在者である神と向かい合った哲学者が、キルケゴール（Kierkegaard, S. A.）でありニーチェ（Nietzsche, F. W.）であった。キルケゴールはそれまでの哲学史を、「いわゆる客観的真理の発見、哲学の全体系の考究と概観、そういう仕事が何の役に立つというのか」と切って捨て、「私にとって真理であるような真理を発見し、私がそれのために生き、そして死にたいと思うような理念を発見することが必要なのだ」と述べる。彼にとってその生き方は、神との関係においてのみ見いだされるものであった。神と人間との関係は、神と人間一般（人類）との関係としてではない、この私（単独者としての自己）と神との関係としてのみ探究されるべきと考えたのである。

これに対してニーチェは、「神は死んだ」と叫ぶ。神の死は当然、存在の根拠と意味の喪失を意味する。ただ、彼はこの神の死を出発点として人間の存在を考えていった。そして、自己の存在の意味の脱落したこの世界で、なおも自己を肯定して生きるあり方を追求した。

キルケゴールとニーチェはいわば両極のような存在であるが、人間存在の意味を存在論的観点から検討したという意味で、共通性の高い人物でもある。彼らの問題意識は、今日の私たちにも突きつけられているものといえるだろう。

### 5）ハイデガー

存在論の歴史に大きな足跡を残した人物として看過できないのが，ハイデガー（Heidegger, M.）である。彼の哲学は，存在するもの（存在者）と存在を厳格に区別する。ハイデガーは，あらゆる存在の根拠であり最高で究極の存在であるとされる神もまた，「存在」ではなく「存在者」であると考えた。そして，これまでの哲学は「存在」を語ってこなかったと批判した。人間には，日常性に埋没し，存在の語りかけを聞き分けず，存在を忘却するようなあり方ではなく，詩人のように存在の語りかける声に耳を傾け，その声に応えて生きることが求められており，それが人間存在の本来のあり方であると考えた。

### 3．存在論とカウンセリング

冒頭で述べたとおり，存在論とは「存在そのものを問う」哲学の一領域であるが，概観すると，存在するものが「本質的に何で在るのか」という問題と，「どのように存在するのか」という問題の，二つの問題があることがわかる。

ここで紹介したキルケゴール以降の哲学者たちは，今日のカウンセリングにきわめて大きな影響を与えている。たとえば，キルケゴールはロジャーズ（Rogers, C. R.）に，ハイデガーはフランクル〈Frankl, V. E.〉にかなり直接的な影響を，ニーチェはポストモダンを介してブリーフセラピーなどに，間接的ではあるが多大な影響を与えている。というのも，カウンセリングの中心課題である「どう生きるのか」という問いは，存在論の中心的課題である世界の存在，人間の存在の意味や構造と密接に関連しているからである。存在論は，「人間とは何であるのか」「人間はどう存在し，存在すべきなのか」という問いを真摯に見つめる学問領域であり，カウンセラーにとってもクライエントにとっても，その思索の過程から得るものは大きいだろう。

〔栗原　慎二〕

〔文献〕
ボス，M.　笠原嘉・三好郁男訳　1978　精神分析と現存在分析　みすず書房
スタウファー，E. R.　国谷誠朗・平松園枝訳　1990　無条件の愛とゆるし　誠信書房

## 3　認識論
epistemology

「知るとは何か」を究極の問いとする認識論は，存在論，価値論とともに西洋哲学における最重要課題である。

しかし，本項の目的は純粋哲学的な認識論について述べることではなく，あくまでもカウンセリングの実践や研究に活かすという観点から述べることである。

そこで本項では，代表的ないくつかのカウンセリング理論を取り上げ，その背後にあると思われる認識論を明らかにすることを試みる。そのために，本項では認識論の根本テーマである「知るとは何か」という問いをアレンジし，「その理論においては何を知ることが重要なのか」という問いを立てることとし，その問いに答えることで，各理論の背景にある認識論に迫ってみたい。

### 1．精神分析

フロイト（Freud, S.）による精神分析の最も基本的な前提は，「人間の心には無意識の領域が存在する」というものである。そして，無意識の意識化が精神的健康の方向性であると考える。したがって，精神分析においては，無意識の領域に存在するものについて知ることが重要となる。なお，これは狭義の精神分析だけではなく，ユング心理学も含めた広義の精神力動論的アプローチに共通する考え方であると思われる。

では，この背景にある哲学はどのようなものであろうか。おそらく，精神分析をそれ以前の西洋思想のなかに位置づけることは難しいように思われる。むしろ，ラカン（Lacan, J.）を通して精神分析は構造主義に大きな影響を与えている。そして，構造主義から影響を受けた中村雄二郎が提唱したのが「臨床の知」である。つまり，「臨床の知」という新しい認識論が誕生するきっかけのひとつとなったのが精神分析であると考えられる。

### 2．行動療法

行動主義を理論的背景とする行動療法では，

悩みや症状を内面の問題としてよりも不適応行動として理解しようとする。そして，学習理論に基づき，不適応行動はその誤学習か適応的行動の未学習の結果であると考える。したがって，行動療法においては，適応的な行動について知ることが重要となる。

その背景にある哲学は，「問題解決に役に立つ知識こそが真の知識である」と考え，観念よりも具体的な行動を重んじるプラグマティズムであろう。ところで，その行動が「役に立つ」かどうかは，証拠（エビデンス）によって明らかにされなければならない。したがって，近年カウンセリングにおいても強調される"evidence-based"の背景にある思想もプラグマティズムであり，その先駆けとなったのが行動療法であるといえよう。

### 3．来談者中心療法

ロジャーズ（Rogers, C. R.）の来談者中心療法，およびその理論的背景である自己理論においては，自己概念と経験の不一致こそが不適応の源泉であると考える。つまり，来談者中心療法が目指すのは，自己概念と経験の一致した人間である。したがって，来談者中心療法では，安全な心理的環境のなかで自身の自己概念と経験について知ることが求められる。

一方，「経験」のあり方に着目し，体験過程やフェルトセンスという独自の概念を発展させたのが，ジェンドリン（Gendlin, E. T.）によるフォーカシングである。

来談者中心療法の背景にある哲学は，実存主義であろう。来談者中心療法が目標とする「一致」は，実存主義が重視するところの「主体性」に相通ずるものがある。さらに，「パーソンセンタード・アプローチ」と呼ばれる晩年の実践では，エンカウンター・グループを中心に，より個人の主体性を強調するようになり，さらに実存主義の色彩が色濃くなったといえるだろう。

### 4．論理療法/認知療法

エリス（Ellis, A.）の論理療法，およびベック（Beck, A. T.）の認知療法は，近年隆盛をきわめている認知行動療法の一翼を担うアプローチである。両者の共通点は，「出来事そのものではなく，個人の認知（ものの見方や受け取り方）こそが悩みや症状の源泉である」という発想である。したがって，論理療法や認知療法では，そのような悩みや症状のもととなるイラショナル・ビリーフ（論理療法）や，認知の歪み（たとえば「否定的な自動思考」）（認知療法）について知ることが重要となる。

國分康孝は論理療法の学問的背景として，論理実証主義，一般意味論，実存主義，プラグマティズム，文化人類学の五つを挙げている（國分，1999）。特に，イラショナル・ビリーフや否定的な自動思考は文章として表現され，文章を修正することでラショナル・ビリーフや合理的な思考を見いだそうとすることから，論理実証主義や一般意味論の影響を色濃く受けていると考えられる。

### 5．家族療法/ブリーフセラピー/ナラティヴ・セラピー

認知行動療法と並んで近年大きな関心をもたれているアプローチに，家族療法とブリーフセラピーがある。家族療法とブリーフセラピーの大きな特徴は，個人の内面だけではなく，個人を取り巻くシステムに注目し，働きかける点にある。したがって，家族療法やブリーフセラピーでは，問題を引き起こしている，あるいは逆に問題解決に資する，個人，家族，あるいはコミュニティのシステムについて知ることが必要となる。

その背景にあるのは，言うまでもなくシステムズアプローチである。カウンセリングが個人のみならず，家族やコミュニティ（学級・学校，職場など）をも援助の対象とすることが多くなってきた昨今，システムズアプローチの重要性はますます大きくなっているといえる。

なお，家族療法やブリーフセラピーと類縁関係にあるナラティヴ・セラピーは，社会構成主義（現実はすべて社会のなかでつくりだされるとの考え）に基づいた心理療法として知られている。社会構成主義はシステムズアプローチとともに比較的新しい考え方だが，既存のカウンセリング諸理論にも影響を及ぼす可能性を秘めている。今後，大いに注目すべき認識論であるといえよう。

（会沢　信彦）

〔文献〕
國分康孝　1996　カウンセリングの原理　誠信書房
國分康孝　1999　論理療法の意義と特質　國分康孝編　論理療法の理論と実際　誠信書房　3-14.
中村雄二郎　1992　臨床の知とは何か　岩波書店
下山晴彦編　2003　よくわかる臨床心理学　ミネルヴァ書房

# 4　価値論
theory of value, axiology

　価値論とは、よい・わるいとはどういうことかを論じることである。哲学のなかでも、実践哲学、あるいは倫理学が取り扱う内容である。価値論は長い歴史をもち、たとえば「絶対的によいものごと、わるいものごとはあるのか、あるいはよい・わるいは状況に応じて変わるものなのか」といった議論がくりひろげられてきた。今日では「価値観の多様化」などといって、価値は時代や状況はもとより、人によってまったく違うものだ、と考えられることが多い。
　しかし、たとえば「殺すな」といった道徳的命令は、モーゼの十戒にも、仏教の五戒にも出てくるなど、時代や状況が異なっても共有される価値もある。「価値観の多様化」というわりには、流行やマスコミに一様に流されているだけで、「価値観の多様化」というひとつの価値観にしばられているようにみえることもある。

## 1．カウンセリングと価値論
　どのような立場をとるにせよ、ある人が何かをしたり考えたりするときに、その人が何らかの価値の基準に従って、ある考えや行動をとっていることは確かである。だからカウンセリングの場では、カウンセラーとクライエントのそれぞれに、それぞれの価値の基準があることを自覚することは重要である。
　たとえば、あるクライエントが同性愛の悩みをもっているとする。そのクライエントは、自分が同性愛者であることをひどく「わるいこと」であると考えている。しかし、カウンセラーは同性愛をさほど「わるいこと」だとは考えていないとする。この価値の基準のずれに気づかないと、そこには理解も共感も生まれないだろう。また、このようなカウンセラーは、クライエントの同性愛に対する罪障感を取り除こうとするかもしれない。しかし、もしカウンセラーがクライエント以上に同性愛を「わるいこと」だと考えていて、そのことに気づかないと、クライエントに対する無自覚の嫌悪感がカウンセリング・プロセスの妨げになるかもしれない。精神分析でいう転移・逆転移は、このような価値の基準の齟齬から生じているともいえる。

## 2．カウンセリング諸学派の価値観
　カウンセリングの諸理論にも、それぞれ思想的背景があり、独自の価値論に従っている。フロイト（Freud, S.）の理論は、無意識や性欲に着目した点で、それまでの理性中心の近代西洋思想に大きな衝撃を与えた。フロイトの理論は、人間は合理的な思考によってではなく、無意識の欲望や衝動のエネルギーに突き動かされているというものである。そして性や死といった、反理性を多く語る。つまり「性や死について語るのは悪いことではない」という価値観である。
　行動主義の心理学は、アメリカのプラグマティズムと切り離すことはできない。もともとアメリカの心理学の草分けであるジェイムズ（James, W.）は、プラグマティズムの哲学者でもある。プラグマティズムは実用主義や道具主義と訳されることもあるが、人間の理性に価値を置きながらも、理性に価値があるのは、それが実際の役に立つからである、という考え方である。「役に立つことがよいことである」という価値観である。
　人間性心理学や実存主義的アプローチは、実存主義哲学の影響を受けている。実存主義では、プラグマティズムとは逆に、「役に立つ立たないではない。自分にとって意味があることが価値のあることだ」と考える。

## 3．価値自由という考え方
　このように、カウンセリングにもさまざまな価値論がある。ではカウンセラーは、自分の価値観にマッチしたカウンセリングの理論をとればよいのであろうか。

この問題を考えるには、まず社会学者のウェーバー（Weber, M.）の「価値自由」（Wertfreiheit）という考え方が参考になるだろう。彼は、学問研究には「価値自由」、すなわちあらゆる価値判断から自由になることが必要だと説いた。社会科学の研究が、しばしば特定の価値観に、無自覚に方向づけられていることを批判したのである。もちろん、この考え方は、価値判断を含まない学問研究がそもそも可能か、などの議論を巻き起こした。しかし、ウェーバー自身「価値自由という価値」という言い方をしているし、そもそもこの言葉は、講演「職業としての学問」のなかで、第一次世界大戦後のドイツで、生きる指針、考える指針を渇望していた学生たちに、安易に特定の価値観にすがることの危険性を警告するなかで説かれたことを考えれば、私たちはそこに、教育やカウンセリングの場において、無自覚に特定の価値観に動かされていないかどうか、常に吟味する必要があるということを読み取ればよいであろう。

## 4. 文化人類学と価値論

文化人類学は、世界の諸民族・諸部族に、価値観の違いを見いだした。異文化が出会ったときには、自文化中心主義、自民族中心主義（エスノセントリズム）から、相手の文化を劣ったものと見なし、自分の文化を押しつけようとするが、文化人類学はそのような態度を退け、それぞれの文化には固有の価値体系があり、どちらが優れているということのできないものだと主張した。この考え方は価値相対主義ともいわれる。価値相対主義に対しても、価値自由と同じような批判があるが、異文化に接するときの基本的な姿勢としては当然のものであるといえるだろう。そして、カウンセラーがクライエントと向き合うときにも、それは育ちも考え方もまったく異なる人間同士の出会いであるから、文化人類学者がフィールドワークをするときと同じ心構えが必要といえるだろう。

ところで文化人類学者レヴィ=ストロース（Lévi-Strauss, C.）の『野生の思考』では、ブリコラージュ（器用仕事）が説かれている。職人の仕事とは、あらかじめ作られた設計図に従って、材料を買い揃え、工具を買い揃え、決まった手順で設計図どおりのものを組み立てていくことではない。だいたいのイメージをもとに、その辺りにある材料を寄せ集め、手持ちの道具を使い回して、まずは取りかかり、様子をみながら仕上げられていく。そこでは全体の関係のなかから自ずと好ましい形がつくりだされてくるのである。

このレヴィ=ストロースらの思想は構造主義と呼ばれる。構造主義は思想的には実存主義を批判する立場にある。実存主義はそれまでの「人間とは何か」というような普遍的・一般的価値に立つ立場を超えて、「我とは何か」「汝とは何か」というような一人ひとりの生々しい存在に価値を置いたのだが、構造主義は個々の存在ではなく相互の関係にこそ意味があるとみる。存在を主張する主体を離れて、主体間の関係に着目することで問題解決を試みるシステム論などは、構造主義的なアプローチといえるだろう。

## 5. カウンセラーと価値

医者が患者を診るときも、まずは思い込みを捨ててありのままの症状をとらえようとするであろう。カウンセラーに要求されるのも、同じ態度である。クリスチャンのカウンセラーもいれば、仏教徒のカウンセラーもいる。無宗教のカウンセラーもいるだろう。カウンセリング・プロセスのなかで、そうしたカウンセラーのバックグラウンドが現れることはあるだろう。しかし、最初に必要なことは、まずはクライエントの語りに耳を傾けることであり、善悪の判断を下すことではないであろう。この点は、非審判的態度を強調したロジャーズ（Rogers, C. R.）に限らず、ほとんどのカウンセラーにおいて共通する姿勢であろう。

（和田　倫明）

〔文献〕

大庭健　2006　善と悪――倫理学への招待　岩波書店

山下晋司・福島真人編　2005　現代人類学のプラクシス――科学技術時代をみる視座　有斐閣

## 5 観念論
idealism

観念論哲学（観念主義）は，プラトン(Plato)，カント(Kant, I.)，ヘーゲル(Hegel, G. W. F.)などに代表される，イデア（観念）を原理とする哲学上の立場である。一般的には心的，精神的なものが，世界において根源的なものになるという思想のことである。この立場を，存在論（この世界で究極的に存在するものは何か），認識論（われわれは何を知りうるか），価値論（われわれはどう生きるべきか，善悪とは何か）の三つの問いに答えるかたちで説明する。

### 1．観念論哲学と経験主義

観念論哲学の存在論からすると，この世界で究極的に存在するものは目に見えない永遠不滅の不変的（普遍的）なものであると考える。それは，「神」「イデー（理念）」「理性」「絶対精神」などである。つまり，五感で認識できない世界，実証できない世界である。観念主義の立場に対立するのは，実在論，経験主義の立場である。経験主義では，五感で認識できる世界こそ真の存在であると考える。つまり，観念主義の存在論では，人生の究極的な真の存在は永遠不変の固定化したものであると考える。経験主義ではこれとは反対に，人生に不変のものはないと考える。時代が変わり，文化が変われば究極的存在も変わる。究極的存在は絶えず変化する経験なのである。

さて，認識論からすると，観念主義の哲学は実際のデータや事実に基づいてわかるというものではない。直観的なわかり方である。たとえば，観念主義者は「人は悪いことはできないものだ。神様がいつも見ている」などと説明する。しかし，経験主義者は「神」などという実証できないものを使って説明しない。「人は悪いことをしない。悪いことをしたら警察に逮捕されることを知っている」などと現実に基づいた説明をする。

さて，価値論からすると，観念主義では，善悪の判断は時代や社会が変わってもそれを超えて不変的であるとする。たとえば，「嘘は言うべきでない」「離婚はすべきでない」と考える。しかし，経験主義では，時代や文化，科学の変化によって善悪の判断基準は変化するものであると考える。「考え方の自由，行為・選択の自由を前提とするカウンセリングは，観念論者のように固定観念にとらわれる紋切り型の筋論者になってはいない」（國分，1996）のである。

### 2．客観的観念論と主観的観念論

観念主義（観念論）は，客観的観念論と主観的観念論との二つに分けられる。

客観的観念論は，プラトンに代表される。彼は，事物の本質はイデー（理念）であるとし，このイデーこそが個人の意識を超えて永久に存在するもの，つまり究極的な真の存在であると考える。経験できる，つまり五感で認識できる事象事物はイデーの仮象であって，真の存在ではないとする。

主観的観念論は，外的世界の実在性を否定する。イギリスの哲学者バークリー(Berkeley, G.)の「esse est percipi」（存在とは知覚である）の説が，代表的な考えである。つまり，バークリーのいう「在るということは知覚されることであり，心は知覚の束である」という考えである。具体的にいうと，山や木，机や本などの物体は，色や形などの個人の主観的感覚や観念の集まりから成立すると考える。したがって，心的なものはもちろん，物的なものも主観的であり，観念的であるとする立場である。

ところで，18世紀を通じて前述の主観的観念論に対立するものは，外的世界が存在することを主張する実在論であった。18世紀末，カントによって従来の主観的観念論に対して形式的，先験的観念論が立てられたのである。これは必ずしも外的世界の存在を否定するものではない。つまり，物的事物の存在を認め，そしてわれわれの認識の仕方は主観的であるということを説いた。しかもその認識の仕方は先験的(a priori：ア・プリオリ)，超個人的であるとして，認識の普遍妥当性を基礎づけようとした。

### 3．観念論とユングの元型論

元型論は，スイスの心理学者ユング

(Jung, C. G.) によって提唱された理論である。ユングは、心の構造を三つに分ける。意識、個人的無意識、集合的無意識（普遍的無意識）である。集合的無意識は、個人的に経験され獲得されたものではなく、生得的なものであり、「元型」(archetype) によって構成されている。元型とは、内容にかかわるものではなく形式的な要素であり、ア・プリオリに与えられているイメージ形式の可能性である（ユング, 1982）。ユングは宗教・神話・伝説あるいは夢や精神病の幻覚、幻聴などの内容に、時代や文化を超えて共通するイメージが存在することから、心のなかに遺伝的に受け継がれる普遍的なものがあると主張した。すなわち元型の考え方は観念論的である。しかし、ユングはいう。「経験科学の徒としての私が確認しておくべきことは、観念（イデア）は実在であって単なる名称ではない」（ユング, 1982）。元型は観念的であるが、ユングにとってそれは実在なのである。

元型の主なものには、シャドウ、アニマ、アニムス、グレートマザー、オールドワイズマン、セルフなどがあり、ユング心理学の夢分析や絵画療法、箱庭療法などにおいて表現される元型的イメージが治癒と人格の変容を引き起こすと考えられている。

### 4. 観念論哲学とカウンセリング

「カウンセリング心理学は、経験主義の哲学に立っているので、観念論の哲学に基づいたカウンセリングは牧会カウンセリングだけだろう」（國分, 1996）。

心理学やカウンセリング理論は、今のところ経験主義（たとえば、プラグマティズムや実存主義）の哲学に支えられているものが多く、観念主義に支えられている心理学やカウンセリング理論は現在のところ少ない。

あえて、取り上げるとすれば、パストラルケア・カウンセリングが挙げられる。これは、観念論を前面に出したカウンセリングと考えられる。パストラルケアとは、パスター（羊飼い）が羊の世話をするように、悩んでいる人をケアすることに由来する。具体的には、魂のケア（スピリチュアルケア）や宗教的ケアが中心となり、「チャプレン」（キリスト教のカトリック派司祭などがそれにあたることが多い）と呼ばれる訓練を受けた人がその仕事にあたる。

（山口　豊一）

〔文献〕

國分康孝　1996　カウンセリングの原理　誠信書房

ユング, C.G.　林道義訳　1982　原型論――無意識の構造　紀伊國屋書店

## 6　自然主義
naturalism

人間は生まれたときは善きものであるが、人の手にわたるとさまざまな問題が生じてくる。したがって教育やカウンセリングは、人間における自然性の再構築を目指すべきだ、とする思想。その代表的な人物は、なんといってもジャン＝ジャック・ルソー（Rousseau, J-J.）であろう。

### 1. 意味と系譜

誕生9日目に母を亡くしたルソーは、10歳のとき、父親とも離れてボゼーの村で2年間暮らした。ここでの2年間の生活が「自然に帰れ」という彼の思想である自然（人類の自然な状態）の理論を築いていったといわれている。その基本的な考えは、「創造主の手から出るとき、事物は何でもよくできているのであるが、人間の手にわたると何でもだめになってしまう」「自然を観察しなさい。そして自然の示してくれる道に従いなさい」という『エミール』の一節によく示されている。このルソーの考えは、ペスタロッチ（Pestalozzi, J. H.）、フレーベル（Fröbel, F. W. A.）らに引きつがれ、教育思想の大きな流れを形づくっていく。

自然主義的な見地の教育実践への影響力は、根強いものがある。現代の日本でも、たとえば、幼児は遊びのなかで自然に学習し成長発達するものであるから、幼児教育は幼児の自然な遊びの生活を通して、その心身の調和的な発達を援助すべきだ、という幼児教育の基本的な考えにつながっている。そこでは、自然が子どもに与えている力をすべて発揮させ

ること，したがって教育者は，子どもの自然的欲求を見分け，余計な援助を加えることがないように，子どもの言葉や表情を注意深く観ることが重要だと考えられている。

現代のカウンセリング心理学のさまざまなアプローチのなかで，自然主義的な発想が濃厚な立場といえば，ロジャーズ（Rogers, C. R.）のパーソンセンタード・アプローチがその筆頭に挙げられるであろう。ロジャーズの著作には，ルソーの影響はほとんどみられないが，幼少期から農業に携わってきたことから，おのずと自然主義的な感性が育まれてきたものと考えられる。また，自然主義はその本質からして神秘主義に接近しやすく，その点においてトランスパーソナル心理学にも親和性が高い。

## 2．実現傾向

先に，ロジャーズの考えには，自然主義的な発想がきわめて濃厚であると述べたが，その中核的な概念となるのが，彼の「実現傾向」（actualizing tendency）という考えであろう。

ロジャーズによれば，花であれ木であれ，海草であれミミズであれ，猿であれ人間であれ，ありとあらゆる生命体は，自らの可能性を実現していくようにできている。「内的な刺激があろうとなかろうと，環境が好ましかろうと好ましくなかろうと，生命体の行動は自らを維持し強化し再生産する方向に向かっています。これが，私たちが〈いのち〉と呼んでいるプロセスの本質です」（Rogers, 1980）。平たくいえば，この世におけるすべての〈いのち〉あるものは，本来，自らに与えられた〈いのちの働き〉を発揮して，より良くより強く生きるよう定められている，というわけである。

ロジャーズがその晩年に，自らの人間観を語るときに，常に引き合いに出していたのが，彼が少年時代に見た，小さな窓しかない地下室の貯蔵庫に入れられていたジャガイモの例である。地下2メートルに置かれているそのジャガイモは，それでも窓からもれてくる薄日に届こうと60センチも90センチも延びていく。ここに彼は生命の本質をみたのである。

「〈いのち〉は，たとえそれが開花することがなくても諦めません。おそろしく歪んでしまった人生を生きているクライエントと面接しながら，州立病院に戻ってきた人たちと接しながら，私はよく，あのジャガイモの芽を思い出します。彼らはあまりにひどい状況を生きてきたために，その人生は異常で，歪められ，人間らしくないように思えます。けれどその基本的な志向性は信頼することができるのです。彼らの行動を理解する手がかりは，もちろん自分に可能なやり方に限られてはいますが，成長と生成に向かってもがいているということです……この潜在的な建設的傾向がパーソンセンタード・アプローチの基本なのです」（Rogers, 1980）。

このようにロジャーズは，人間とジャガイモとを共通のまなざしでとらえている。等しく〈いのちの働き＝実現傾向〉を分け与えられ，条件さえ整えば，自らの〈いのち〉をより良く生きる方向へ向かうよう定められた存在として両者をとらえているのである。

## 3．アウエアネス

ここで注意すべきは，ロジャーズは，ただ人間の自然本性を礼賛しているのではない。人間がその自然本性を存分に発揮するのは，人間に特有の能力である「アウエアネス」（意識性／自覚性）が不可欠だとしている点である。

「もし私たちが全動物界の特徴である五感とからだの内側での体験（sensory and visceral experience）に，ただ人間という動物のみが十分になしうる自由で歪みのないアウエアネスという贈り物を与えることができるならば，私たちはそこで，美しくて，建設的で，現実的な生命体となることができるという発見なのである。……人間に特有の属性である体験の自覚がきわめて十分に働いているとき，人間は信頼できるものとなり，行動は建設的なものとなるのである」（Rogers, 1961）。

## 4．宇宙の形成的傾向

自然主義には一般に，天然自然の生命そのものに神が宿っているとする神秘主義的傾向が伴いやすいが，ロジャーズの場合も例外ではない。ロジャーズは晩年に宇宙全体に「あ

る形成的傾向」(a formative tendency) が働いているという考えを，より根本的な仮説として提示するようになった。つまり，自らを維持し実現し強化する方向に向かっていくという傾向は，「生命システムの傾向であるばかりでなく，私たちの宇宙に存在する強力な形成的傾向の一部であり，それはあらゆるレヴェルで顕現している」(Rogers, 1980) と考えるようになったのである。宇宙には，あらゆるレヴェルにおいて，進化に向かう傾向が備わっている。したがって宇宙の一部である人間にも，当然，自らの可能性を可能な限り実現する傾向＝実現傾向が備わっている。そして，人類の今後の進化の鍵は，意識の発達ないしスピリチュアルな覚醒にかかっている。この覚醒の力を高めることで人類は，宇宙の進化の方向と調和しながら生きていくことができるのだ。晩年のロジャーズのこうした考えには，神秘主義ないしスピリチュアルな傾斜が顕著である。

　昨今のスピリチュアル・ブームは，現代人の癒しには，超越的な次元や神秘的な次元とのかかわりが不可欠なことを示唆している。また大自然や四季の変化に人間を超えた大いなるものの顕現を感じ取る傾向は日本人に顕著なものである。神秘的ないしスピリチュアルな観点の取り込みは，現代のカウンセリング心理学に不可欠であるといえるだろう。

〈諸富 祥彦〉

〔文献〕

諸富祥彦　1997　カール・ロジャーズ入門──自分が"自分"になるということ　コスモス・ライブラリー

Rogers, C.R.　1961　*On becoming a person : A therapist's view of psychotherapy*. Houghton Mifflin.（諸富祥彦・末武康弘・保坂亨訳　2005　ロジャーズが語る自己実現の道　ロジャーズ主要著作集3　岩崎学術出版社）

Rogers, C.R.　1980　*A way of being*. Houghton Mifflin.（畠瀬直子監訳　1984　人間尊重の心理学　創元社）

# 7　プラグマティズム
pragmatism

　プラグマティズムは，「実用主義」あるいは「実際主義」と訳されることもあるが，論者によって多義的であるため，現在では「プラグマティズム」と原語で呼ばれることが多い。プラグマティズムは，パース (Peirce, C. S.)，ジェイムズ (James, W.)，デューイ (Dewey, J.)，ミード (Mead, G. H.) らによって提唱され，アメリカを中心に世界中に普及した。昨今では，クワイン (Quine, W. V. O.)，パトナム (Putnam, H. W.)，ローティ (Rorty, R.) らが分析哲学や解釈学の見地をふまえて「ネオ・プラグマティズム」を提唱している。プラグマティズムは，形而上学や観念論につきまとう思弁性を取り除き，実際の問題を効果的に解決することを志向するため，カウンセリングの哲学的基盤のひとつとなっている。

## 1．定　義

　プラグマティズムとは，ある観念（考え）を行為に移した際に，その結果の有効性によってその観念の意味や真理性を判断しようとする哲学である。換言すると，観念の意味と真理性は，その観念を行為に移した際の結果の有効性から判断されると考えるのである。ここから敷衍して，価値命題でさえも，それを行為に移した際の結果の有効性から判断されると考える説もある。プラグマティズムにおいて，理論（原理）や技法とは，行動を導く観念（または規則）なのであり，それらは実践に移されて結果の有効性を検証される必要がある。こうした見地から，プラグマティズムでは，ある問題が生じた場合，個々の事実や事例に基づいて解決策（観念）を仮説として構想し，その解決策を実際に行うことでその効果を検証し，その結果を解決策の構想にフィードバックする。このようにプラグマティズムは，実際の問題解決に役立つ観念を真理として尊重することで，理論と実践との融合を目指すのである。ただし，同じくプラ

グマティストと呼ばれる哲学者でも，それぞれ独自な定義と解釈をもつことに留意する必要がある。

## 2．種　類

プラグマティズムの創始者であるパースは，もともと実験科学者であり，「信念を固める方法」としてプラグマティズムを提唱している。彼は哲学に科学的方法を導入し，観念を明晰に理解するために，その観念を行為に移した際の結果の有効性に注目した。このように観念とそれに基づく行為の結果を結びつけることで，パースは観念に合理的で公共的な要素を見いだしたのである。

このパースのプラグマティズムを経験主義の見地から改変し，哲学だけでなく心理学や宗教にも応用していったのが，ジェイムズである。彼は特にプラグマティズムの真理観に着目し，新しい観念は個々人の要求を満足させる程度に応じて，個々人の経験の諸部分と満足な関係を結べる限りで真理になると考えた。このようにジェイムズは，観念が個人的に情緒的な満足をもたらす有用性に焦点を当て，主観的で情緒的な問題解決にも役立てることで，プラグマティズムに実存主義的な意味合いを付与したのである。

このパースとジェイムズのプラグマティズムを改変して，教育理論や社会理論にも応用していったのが，デューイである。彼は自らのプラグマティズムを，「実験主義」あるいは「道具主義」と呼び替え，真理を「保証つきの言明可能性」として再定式化し，「為すことによって学ぶこと」（learning by doing）をモットーとすることで，進歩主義教育あるいは実験主義教育の理論を確立した。デューイは反省的思考の諸段階を教授の諸段階に適用して，問題解決学習を以下のように考案した。まず，子どもが興味・関心をもって活動を行えるようにし，次に，思考を刺激する問題が現れるようにし，第三に，解決に必要な情報を獲得できるようにし，第四に，解決策を思いつくように示唆を与え，それを適切な仕方で展開させ，最後に，解決策を実行してその妥当性を検証できるようにする。このように，デューイは子どもが問題解決を通して自らの経験を再構成するなかで成長を遂げると考えたのである。

## 3．プラグマティズムとカウンセリング

プラグマティズムの考え方は，カウンセリングの分野にも広く応用されてきている。たとえば，論理療法や認知療法では，プラグマティズムの見地から，人間の考え（認知パターン）が感情や行動に及ぼす影響に注目し，その考えから生じた結果の有効性を考慮することで修正をほどこし，感情や行動を改善しようとする。このように，人間が因習的で非論理的な考え（イラショナル・ビリーフ）に拘束された結果として感情や行為に支障をきたす心理構造を把握し，その考えを正常で論理的な考え（ラショナル・ビリーフ）に修正することで，複雑にからまった心理的問題を解決（解消）しようとするのである。

また，行動療法では，プラグマティズムの見地から，過去の誤った学習経験の結果によって獲得された考え（認知パターン）や習慣（行動パターン）を見いだし，それらの結果の有効性を考慮することで，新たに適正な行動パターンを漸進的に経験して適応的な習慣を形成しようとする。修正した考えを具体的な行動に漸進的に移して，その良好な結果（成功体験）を積み重ねることで，より効果的に問題を解決（解消）しようとするのである。

さらに，カウンセリングは，プラグマティズムの見地から，理論（原理）や技法を仮説として暫定的に扱い，それらを実際に行為に移すことで効果を検証することで，その正当性と意味をたえず吟味し直そうとする。こうしてカウンセリングは，結果の有効性から柔軟に改善や修正を加え，効率的かつ効果的な対処法（問題解決法）を探究することができるのである。

## 4．今後の課題

現在，哲学で注目されているネオ・プラグマティズムは，分析哲学や解釈学との関連において，言語行為の分析や認知パターンの組み換えにのみ着目し，学術的な意味体系で完結しているむきがある。しかし，カウンセリングにおけるプラグマティズムは，むしろ，経験主義や実存主義を取り入れて，人間の思考と感情と行動とに総合的に働きかけ，認知

パターンと行動パターンの両面から行動の変容をうながし、現実的な臨床問題の解決に役立てるべきであろう。

（柳沼　良太）

〔文献〕

デューイ，J.　金丸弘幸訳　民主主義と教育　玉川大学出版部

ジェイムズ，W.　枡田啓三郎訳　1957　プラグマティズム　岩波書店

上山春平責任編集　1980　パース・ジェイムズ・デューイ　中央公論社

柳沼良太　2002　プラグマティズムと教育──デューイからローティへ　八千代出版

柳沼良太　2006　問題解決型の道徳授業──プラグマティック・アプローチ　明治図書

## 8　実存主義
existentialism

実存とは、概念の網の目に収束されない生身の人間のあり方そのもののことである。私たちは、さまざまなアイデンティティをもっている。「私はカウンセラーである」「私は企業人である」「私は○○派の臨床家です」と。つまり概念（言葉）で自らの存在を規定している。そして、そうであるならばこのように振る舞わなくてはならない、とイメージを抱き、それに捕らわれている。しかし、その一方で、どれほど言葉を尽くして自らを規定しようと、生身の人間存在そのものは、そこからはみ出さざるを得ないものである。こうした生身の存在そのものが「実存」である。

### 1．実存主義とは

このことは、この言葉の成り立ちを考えてみるとわかる。ドイツ語で「実存する」とは"existieren"である。ex（外に）istieren（立つ）。これが実存である。サルトル（Sartre, J.-P.）は「実存は本質に先行する」といった。ここでいう「本質」とは、「人間は○○な存在である」という一般的な理解である。つまり、ここでサルトルは、人間は本質から外に出て行く、つまりはみ出ていかざるを得ない存在だ、といっているのである。

カウンセリング心理学にも、さまざまなパーソナリティ理論があり、それぞれの理論ではその独自の観点から人間の本質をとらえようとする。たとえば精神分析では、人間を「エス、自我、超自我」から構成された存在とみるし、行動主義では「刺激と反応」、自己理論では「自己概念と経験」、ユング心理学では「アニマ、アニムスなどの元型」、論理療法では「ラショナル・ビリーフやイラショナル・ビリーフ」から人間はできていると考える。しかし、実は、これらはどれとして、本当には実在しない。人間の心や行動のからくりを理解するために「こんなふうに考えてみよう」と頭のなかでつくりだされたものにすぎない。すなわち「理論的構成物」である。そしてある理論を学び、その理論を通して人間を理解しようとすると実際に人間がそのような構成物からつくられているように思えてくる。

しかし、生身の人間は、このような理論的構成物の集合にすぎないものではないから、そうした姿勢は、実は、理論への捕らわれのあまり、目の前の人間が見えなくなっているに等しい。またいくら数量的データを集積しても人間を理解することは、不可能である。要するに、理論や数量といった「抽象」によって、人間を説明しきる傲慢に警告を発し、人間をあくまでその「現実存在」のままにとらえようとするのが、実存主義の姿勢である。

### 2．実存主義の誕生

では、なぜこのような、「実存」という考えが出てきたのか。「実存」という考えを最初に提示したのは、19世紀のデンマークの哲学者、キルケゴール（Kierkegaard, S. A.）である。キルケゴールの時代、哲学はカント（Kant, I.）やヘーゲル（Hegel, G. W. F.）全盛の時代であった。それは一言でいえば、「理念」「理性」「体系」全盛の時代である。たとえば、近代理想主義哲学の王者カントは、「なすべきこと（当為）は、人間になすことができるはずだ」と考えた。まさに「理想主義」（Idealismus）の哲学である。キルケゴールはヘーゲルの「体系」の哲学に違和感を覚え、打倒ヘーゲルに燃えて、自分の説を打ち出した。その背景には、「私はそのために生

き，そのために死ぬことすら厭わない真実を手に入れたい」という青年時代の固い決断があった。

キルケゴールは，生きている間は，あまり日の目をみなかった。しかし，彼の死後，半世紀以上経った20世紀になり，二つの世界大戦を迎えるにつれて，突然脚光を浴びることになる。「なすべきことは，なしうるはずだ」という，人間の自己絶対化に潜む自己欺瞞が，戦争を迎えた暗い時代のなかで完全に正体をさらけ出したのである。すなわち，「いくら〜すべきだと思っても，なし得ない」人間の現実の姿が露呈されたのである。この人間の現実から目を背けず，それを真正面から見据えること。これが，実存主義者が共有する人間へのまなざしである。サルトルは，ヴェールを剝がされた存在そのものに直面したときに感じる不条理感を「吐き気」という言葉で表現している。実に，生々しい表現であるが，この「身体感覚」が実存の特徴である。

こうして，20世紀前半に思想界に「キルケゴール・ルネッサンス」が起こって以来，実存主義は，1970年代まで，哲学・思想の分野にとどまらず，人文科学，社会科学から芸術，政治の分野に至るまで多大な影響を与えていった。

## 3．実存主義の人間観

実存主義の人間観といっても，源流であるヨーロッパ流の実存主義と，アメリカに輸入された実存主義とではその人間観に大きな開きがある。前者は死，無，絶望，不安など，人間の内面深部に潜む暗黒面に着目しがちなのに対して，後者は，自由，可能性，創造性，出会いなど，人間のもつ肯定的な側面に目を向けがちである。しかし，特にカウンセリングに吸収された実存主義では，次のような人間観をふまえている。

### 1）自分の人生の主人公は自分である

人間は，本能や環境によって決定される存在ではなく，自らの意志と決断によって，自分自身を変えていくことができる存在である。「自分の人生の主人公は自分自身」なのである。ロゴセラピー（実存分析）の創始者フランクル（Frankl, V. E.）は，世界中の死刑囚に，「あなたは，死刑執行の直前になっても人生に対する態度を変えることができる。そしてその瞬間，あなたの人生全体は意味あるものに変わるのだ」と説いて，大きな心の支えを与えた。

### 2）内なる心の声が何をなすべきかを教えてくれる

その人にとって何が良いかを他の人が教えることはできない。何をなすべきかを最もよく知ることができるのは，その人自身である。人が，自分自身の内なる心の声に聴き従うことが，最善の行動を導くのである。この考えは，ロジャーズ（Rogers, C. R.）のパーソンセンタード・アプローチや，ジェンドリン（Gendlin, E. T.）のフォーカシングで特に重んじられている。

### 3）「からだの感覚」こそ最も確かな知恵である

からだの感覚は，不確かで無意味なものではなく，最も信頼に足る思考と行動の手がかりである。「思考」や「想像」は，私たちが自分でつくりあげることができるが，生の「からだの感覚」は，嘘をつかない。思考よりも身体感覚に人生の真実を捕まえる手がかりがあると考える。そのため，実存主義では身体感覚に重きを置く。ムスターカス（Moustakas, C. E.），パールズ（Perls, F. S.），ロジャーズ，ジェンドリンらが特にこの観点を重視している。

## 4．他の立場との比較

たとえば，目の前に子どもがいるとする。この子を理解するとはどのようなことか。論理実証主義では，その子に質問紙調査をしたり，毎日の生活を録画しその行動を分析するなどして数量的データを得ようとするであろう。観念論では，その子の夢や描いた絵，作った箱庭を見ながら，そこにどのような元型的イメージが現れているかをみてとるだろう。一方，実存主義では，まず数時間その子と一緒に過ごし，そこで生じてくる自分自身の実感（体感）を手がかりにしてその子を理解していこうとするだろう。ここに，知るとはどのようなことか（認識論）にかかわる，それぞれの立場の違いが出てくるのである。

（諸富 祥彦）

〔文献〕
キルケゴール, S. 1846 杉山好・小川圭治訳 1968-1970 キルケゴール著作集 7-9 哲学的断片への結びとしての非学問的あとがき 白水社
諸富祥彦 1997 フランクル心理学入門――どんな時も人生には意味がある コスモス・ライブラリー
ムスターカス, C. E. 1966 北見芳雄・國分康孝監訳 1980 思春期の実存的危機 岩崎学術出版社
サルトル, J.-P. 1946 伊吹武彦・海老坂武・石崎晴己訳 1996 実存主義とは何か 増補新装版 人文書院

## 9 論理実証主義
logical positivism

論理実証主義とは,直接的には,20世紀中盤にウィーン大学で形成された「ウィーン学団」という哲学者や数学者の学者グループ,およびウィトゲンシュタイン (Wittgenstein, L. J. J.) らの思想を指す。ウィーン学団は,論理的に,検証可能な事実に基づいて(実証)考えることを目指したが,論理的であることと検証可能であることを突きつめれば,神とか自由とか,これまで哲学が扱ってきた多くの問題が,「問題」ではなくなる。ウィトゲンシュタインは,このことを「語り得ぬものについては沈黙しなければならない」と述べている。

なお,論理実証主義という言葉自体は,論理経験主義やプラグマティズムまで含めた,広い意味で用いられることもある。カウンセリングの理論に関連して使われる場合は,後者の使われ方が多い。

### 1. 論理実証主義の特徴

クライエントが「いったい人生とは何だろうか」「生きる意味はどこにあるのか」「自分は罪にとらえられている」云々と悩んでいる。しかし,「人生」「生きる意味」「罪」といった一般化された概念は,一人ひとりが現実に生きているこの生から切り離されている。論理実証主義の考え方に立てば,カウンセラーは,クライエントを,このような一般化された概念へのとらわれから解き放とうとするのである。

一般化された概念にとらわれることから離れるというと,実存主義 (existentialism) が思い出される。実存主義は,「人間はいかにあるべきか」という本質 (essentia) にとらわれず,「私はかくある!」という実存 (existentia) を重んじる。このことが,実存主義のカウンセリングの出発点である。

しかし,実存主義は,今ここにあるありのままの自分自身を肯定し,何者にも侵されない自由をもたらす反面,そこには果てしない責任も伴ってくる。サルトル (Sartre, J.-P.) が,ある学生に,「自分はレジスタンスに加わって祖国解放のために戦いたいのだが,母の世話もしなければならない。どうしたらよいだろうか」と相談されたときに,「君は自由だ。選びなさい」と言ったという話がよく知られているが,ここでは自由な選択の責任をすべて負うことが求められている。実存主義では,自分自身の具体的な選択に直面することで,抽象的な自由ではなく,痛みや責任を伴う生々しい生き方をもたらすといえるだろう。

しかし,このような限界状況場面を想定せずに,自由を獲得するがゆえに責任を負う,といってしまうと,そのとたんに,自由も責任も一般化された言説となってしまう。私たちの言葉は,「校則違反で叱られた」「恋人を他人に取られてくやしい」「自分の非を認めたくなくてっていうそをついた」といったような,具体的な事実について語ることはできる。しかし,現実の人生,もっと平たくいえば日常生活から切り離された「自由」「感情」「罪」などの概念は,本来語ることはできない。これらはみな,本来の言葉の使い方を離れており,その誤った用法に基づいて問題化されているのである。したがって,当然,答えもないのである。論理実証主義は,これらを問題としてしまうこと自体が誤りであると考えるのである。

ウィトゲンシュタインは,世界を「言語ゲーム」(Sprachspiel) としてとらえる。私

たちは言葉を使うが，言葉というのはヒトが日常的なコミュニケーションのために使用しているものである。言葉の一つひとつには，実は意味はない。それが共有されたルールのもとで使われることによって，ゲームが成立し，コミュニケーションが成り立つ。だから，日常生活を成り立たせている生活基盤の一致が，言語ゲームつまりこの世界を成り立たせている。

そうすると，生きる意味とは何か，人間はいかに生きるべきか，というような問いは意味をもたない。自由とは何か，ではなく，自分はどんなことをしたいのか，それを妨げているものをどう取り除いたらよいのか，というように問うことが，本来の問いというべきである。そのような，問うべき問いに導くことによって，カウンセラーとクライエントは，間違った用法である抽象的な言葉を離れて，はじめて意味のある日常生活の言葉を語り合うことができる。これが論理実証主義に立つカウンセリングの哲学である。

### 2. 論理実証主義のカウンセリング

エリス（Ellis, A.）の論理療法（rational therapy, のち rational emotive behavior therapy: REBT）の基礎となる哲学のひとつは，この考え方である。エリスは，ストア派・実存主義・プラグマティズムなどさまざまな哲学から学んでいるが，論理性・実証性は彼のカウンセリングの最大の特徴である。エリスはイラショナル・ビリーフを，論理的・実証的に突きくずし，ラショナルなものに切り替えていくのだが，この rational であるというのは哲学史でいう合理主義（rationalism）ではなく，論理・実証に支えられているという意味で論理実証主義である。哲学史でいえば経験主義であり，それはまたプラグマティズムの起源でもある。

このように，論理実証主義は，論理療法をはじめとして，主に認知にかかわるカウンセリングに大きな影響を与え，またその理論と技法を導き出すのに大きく寄与してきたといえる。

（和田　倫明）

〔文献〕

藤本隆志　1998　ウィトゲンシュタイン　講談社

永井均　1995　ウィトゲンシュタイン入門　筑摩書房

## 10　現象学
phenomenology

現象学とは，ドイツの哲学者フッサール（Husserl, E.）が唱えた理論である。この立場は，「目で見える世界をどう受けとっているかという"受け取り方の世界""主観の世界""認知の世界""意味づけの世界"こそが本当のわれわれの世界である」（國分，1996）という考えである。われわれが目で見ている世界（客観的世界）が本当のわれわれの世界ではなく，目で見ている世界をどう受け取っているか，どう受け止めているかの世界（主観的世界）こそが真の存在である。そして，われわれの行動を規定しているのは，客観的世界ではなく，われわれの受け取り方にかかわる主観的世界である。

### 1．現象学とは

心理学の教材に使われる話で説明する（「旅人の話」）。

夜更けに旅人が宿を求めてきた。宿の主人は旅人に，「この夜更けにあなたはどこを通ってこられた」とたずねた。旅人は，「あの草原を通ってきた」と答えた。宿屋の主人は驚いて「いや，あれは草原ではなく湖ですよ。もし氷が薄かったら，あなたは今ごろ湖に落ちています」と言った。これを聞いた旅人はとても驚いて落馬した，という話である（國分，1980）。

さて，客観的世界は湖であるが，旅人がこれを草原だと受け取っていたため，平然と渡ってきた。宿の主人に湖と知らされ，旅人の「受け取り方の世界」が変わり驚いて落馬した。つまり，先述のように客観的世界がどうであれ，現象学的世界（受け取り方の世界）によってわれわれの行動が規定される。旅人の「認知の世界」が変わったために，旅人は驚いて落馬するといった行動をとったのである。

## 2. 現象学的還元

現象学の中心概念は現象学的還元である。フッサールは，われわれが自然のこととして無反省に認識している現象（phenomena）が多くあるとしている。たとえば，先述の「旅人の話」において，旅人が前方に広がるものを草原（実際は氷の湖）と認識した話は，旅人の今までの経験からの判断で当然のように（いわゆる無反省に），草原と認識したのである。フッサールは，このような無反省な態度で現象を認識すると，現象の本質（essences）を認識することができないとした。したがって，このような態度（フッサールはこれを「自然的態度」といっている）を修正し，いったん判断を停止すること（現象学的エポケー）で，この現象の無反省な自覚から逃れ，現象の本質を認識することが可能であると考えたのである。つまり，現象学的エポケーによって現象を本質に還元しようとする。これが現象学的還元の考え方である。

## 3. 現象学とカウンセリング

現象学は，哲学として考えられ発展してきたものだが，一方で社会科学一般や心理学の研究者に関心をもたれた。これは現象学が意識の内容や経験，個人の生活世界を扱っていることによると考えられる。

ロジャーズ（Rogers, C. R.）が提唱した来談者中心療法の基礎概念である自己理論は，現象学の立場である。現象学は，目で見える世界が本当の世界ではなく，われわれがその世界を受け取っている世界こそが本当の世界であるとする。そして，われわれの行動を規定するのは，どのように受け取っているのかという主観的世界である。つまり，受け取り方が行動の源泉となる。先述の「旅人の話」でいえば，旅人が草原だと認識したのでその上を渡ってきたのであって，氷の湖と認識すれば旅人は迂回したであろう。

来談者中心療法におけるカウンセリング場面では，クライエントが認知している自己イメージである「自己概念」をていねいに取り上げることで，主観的世界である「自己概念」と客観的世界である実際に起きている経験との一致を目指す。つまり，自己一致を目指すということになる。個人に経験される世界は，客観的で絶対的な実在の世界ではなく，各個人の主観によって決定されるものである。これは「現象学的世界」である。先述のように，個人の行動は外界からの刺激によってのみ引き起こされるのではなく，本人がそれをどう認知するかによって規定される。したがって，ロジャーズは，個人を苦しめている行動の外的な要因を分析するだけでは不十分であって，その個人の内的準拠枠（internal frame of reference）から理解する必要があり，そのプロセスを通してクライエントの自己洞察がうながされると考えたのである。つまり，ロジャーズ理論は，「事象そのものへ立ち帰り，現象をあるがままに記述する（受け止める）」ことを目指す現象学の考え方に立っている。

最近の現象学を基礎としたアプローチの具体的な例としては，グラウンデッド・セオリー・アプローチ（Glaser & Strauss, 1967）や，現象学的心理療法（Moustakas, 1988），解釈学的現象学的分析（Smith et al., 1999）などがある。そして，データの収集，概念の生成，「カテゴリー」の生成を目指すグラウンデッド・セオリー・アプローチについては，日本でも木下（1999；2003）によって積極的に取り入れられている。

質的研究において，さらにこの方法論が注目を集めると考えられる。

（山口　豊一）

〔文献〕

Glaser, B., & Strauss, A. 1967 *The discovery of grounded theory : Strategies for qualitative research*. Aldine. （後藤隆・大出春江・水野節夫訳　1996　データ対話型理論の発見――調査からいかに理論をうみだすか　新曜社）

木下康仁　1999　グラウンデッド・セオリー・アプローチ――質的研究の再生　弘文堂

木下康仁　2003　グラウンデッド・セオリー・アプローチの実践――質的研究への誘い　弘文堂

國分康孝　1980　カウンセリングの理論　誠信書房

國分康孝　1996　カウンセリングの原理　誠信書房

Moustakas, C. 1988 *Phenomenology, science*

*and psychotherapy*, Family Life Institute, University College of Cape Breton. (杉村省吾・杉村栄二訳 1997 現象学的心理療法 ミネルヴァ書房)

Smith, J., Jarman, M., & Osborn, M. 1999 Doing interpretative phenomenological analysis. In M. Murray & K. Chamberlain (eds.), *Qualitative health psychology : Theories and methods*. Sage.

## 11 教育哲学
philosophy of education

　カウンセリングとは，國分康孝の定義にあるように，「相手の行動の変容を試みる人間関係」であり，相手が発達課題を解決して成長することを支援する働きかけであるとすれば，まさに教育的な営みである。それゆえ，カウンセラーが教育の理論や技術を根拠づけている教育哲学について理解を深めることは，きわめて重要なことである。

**1．定 義**
　教育哲学とは，教育という事象（実践）について哲学的な考察をする学問領域である。主な教育哲学の力点の置き方としては，以下のものが挙げられる。①教育を貫く一般的な原理や法則性を探究するもの（教育的存在論）。②人間の認識や論理そのものを吟味し，教育や学習の原理に活用するもの（教育的認識論）。③自然的および社会的環境に対する人間の実践的な態度を問題とするもの（教育的価値論）。
　ただし，哲学の流派によって強調点が異なってくる。たとえば，論理実証主義は②の理性的で論理的な見地から教育をとらえ，実存主義は③の情緒的で実践的な見地から教育をとらえ，プラグマティズムはそれら両方を統合しようとする傾向がある。

**2．種 類**
　一般に教育哲学の研究では，過去の有名な教育思想や教育哲学について考察するものが多い。たとえば，ルソー（Rousseau, J.-J.），ペスタロッチ（Pestalozzi, J. H.），ヘルバルト（Herbart, J. F.），フレーベル（Fröbel, F. W. A.），デューイ（Dewey, J.）などの説を取り上げて吟味するのである。こうした古典的な教育理論のテクスト研究は，教育哲学というよりも教育思想史の意味合いが強くなる。この教育哲学は，その研究対象を取り上げること自体に意義を求める傾向が強いが，それにとどまらず，過去の思想や理論から今日の教育問題の解決への示唆や現代的意義を見いだそうとする試みが必要となるだろう。
　教育哲学の本務は，「1．定義」でも示したように，教育という事象を哲学的に分析し考察することである。この立場では，特定の哲学を教育研究の分野へ援用する研究が一般的になる。たとえば，自己形成や意味生成などについてすでに哲学体系として構築された理論を用いて，教育事象を意味づけ分析するのである。この種の研究は，本来は哲学体系として独自に成立しているものを実践的な教育研究へ援用するため，理念的な哲学を実践的な教育へ橋渡しする役割をもつが，既存の哲学研究に追随する向きもある。その一方で，教育に特有の事象や問題を哲学的方法によって分析し，そこから具体的な対応策（解決策）を構想しようとする研究もある。たとえば，教育の理念や目的，あるいは教育上の価値や規範を哲学的に探究し，具体的な教育目標や効果的な学習法を哲学的に提示するのである。
　次に，カウンセリングと関連の深い教育哲学の三つの潮流を特徴づけていきたい。

**1）論理実証主義**
　論理実証主義は，教育現象を科学的にとらえ，事実に基づき教育の言語（たとえば，自由，自律，教授など）を論理的に分析することによって，教育の論理的構造を明らかにする。この立場では，教育的価値に関しては，真とも偽ともいえない検証不可能なものであると考える。昨今では，分析哲学，言語哲学，意味論，語用論の見地から，教育実践について語る言葉（教育の言語）の意味分析や概念定義をする研究も盛んである。

**2）実存主義**
　実存主義は，人間とは自らの存在に深い関心をもつ不安定な存在であるととらえたうえ

で，自分のあり方を自分で決定する主体的かつ創造的な人間の形成を目指している。ボルノー（Bollnow, O. F.）は実存主義の立場から，人間の生の非連続性（たとえば，飛躍的な成長）を強調し，「危機」や「覚醒」あるいは「出会い」の現象に教育的意義を見いだしている。昨今では，現象学や解釈学の見地から，相互主観的な経験に着目し，そこから教育問題の本質に迫ろうとする研究もある。

### 3）プラグマティズム

プラグマティズムは，人間とは有機体として環境と相互作用しながら適応していく能動的な存在であるととらえ，経験の再構成による成長を重視したうえで，哲学を「教育の理論」として規定している。たとえば，デューイの教育哲学は，「教育上の観念や理論を教育実践のための規則」としてとらえ，その観念や理論を教育の場で実験的に行い，それらが導く行為の有効性を検証し評価することで，より効果的な教育や学習のあり方を探究するのである。

### 4）その他

このほかに注目すべき昨今の教育哲学として，教育理論に対するメタ理論を目指す研究がある。つまり，教育そのものを対象とするのではなく，教育理論を対象として考察し，「教育理論の理論」としてより高い次元の理論を形成しようとするのである。ここからさらに，教育の前提そのものを問い直そうとする研究もある。その代表的なポストモダニズムは，教育（特に近代教育）の前提や基盤（たとえば，教育とは，教師が子どもを自律的な主体として形成する営みであるとする見方）を批判的に検討し，教育の自明性をラディカルに問い直そうする。この種の教育哲学は，単に"教育"を疑うだけでなく，教育哲学の営みそれ自体を疑うことにもなり，絶えず教育哲学の自己反省をうながす契機ともなりうる。

## 3．意　義

教育哲学は，教育という事象（実践）を内省的または客観的に分析し，教育の究極的な理念や目的を考察することで，その営みを支える教育的価値を吟味するための思想的根拠を与えることができる。それゆえ，個々のカウンセラーが教育的活動において主体的な判断をしたり，教育問題の根本的な解決を構想したりするためには有意義である。カウンセラーは自らの依拠する教育哲学を定めて掘り下げるとともに，複数の教育哲学にふれることで視野を広める必要があるだろう。そのためには，一つの教育哲学にのみ依拠して他を排斥するよりも，折衷主義の立場から複数の教育哲学を修得し，ケース・バイ・ケースで活用するべきである。

たとえば，いじめ問題を考察する場合，論理実証主義の立場から，「いじめ」の概念を分析し，諸々の事例や発生件数を客観的な事実に基づいて調査し，その傾向や法則を導き出し，現象学の見地からいじめの構造や因果関係という教育現象を吟味し，実存主義の見地から当事者の内面的な心理状況や発達課題を把握し，プラグマティズムの立場から現実的かつ効果的な解決策や教育方針を構想して，多角的かつ総合的に対処すべきである。

## 4．今後の課題

今後も教育哲学は，教育と哲学を組み合わせるという特性を生かし，絶えず教育の原理原則に立ち返り，教育の意義を根本的に吟味し，より良い教育を目指して批判的かつ創造的に再構成されることが求められる。ただし，単に理念的な哲学と実践的な教育とを形式的に接合するだけでは論理的な整合性に欠け，効果的な活用もできなくなる。それゆえ，カウンセリングで活用する教育哲学は，常に理論を現実の教育事象に照合して，実際の教育事象を読み解くとともに，具体的な教育臨床問題の解決に寄与するという目的意識をもち続ける必要があるだろう。

（柳沼　良太）

〔文献〕

國分康孝　1980　カウンセリングの理論　誠信書房

土戸敏彦　1999　冒険する教育哲学――「子ども」と「大人」のあいだ　勁草書房

柳沼良太　2002　プラグマティズムと教育――デューイからローティへ　八千代出版

柳沼良太　2008　ローティの教育論――ネオ・プラグマティズムからの提言　八千代出版

## 12 社会哲学
social philosophy

社会哲学は，哲学の分野として明確に位置づけられているわけではない。社会のあり方についての哲学的考察が行われていれば，それを社会哲学と呼ぶことができる。それゆえ古代哲学でも，プラトン（Plato）の『国家』や，アリストテレス（Aristoteles）の『政治学』は社会哲学ということができるし，近代であればホッブズ（Hobbes, T.），ロック（Locke, J.），ルソー（Rousseau, J.-J.）などの社会契約説はその典型的なものである。さらに，歴史的にも実証的考察を加えようとしたヘーゲル（Hegel, G. W. F.）の哲学は，現実の社会改革に向かったマルクス（Marx, K. H.）らの社会主義を生み出したし，またジンメル（Simmel, G.）やウェーバー（Weber, M.）などの社会学の確立によって，社会のあり方に関する哲学的考察が展開されてきた。

### 1. 社会哲学の視点

社会哲学には，歴史的に経済や政治の成り立ちを考え，そこから望ましい社会のあり方を導き出すという特徴がある。したがって，「あるべき社会」の姿は，結果的にずいぶん異なったものになることがある。

社会契約説を例にとろう。ホッブズは人間は放っておけば（自然状態）万人の万人に対する闘争が繰り広げられるから，強権支配で押さえ込む必要があると考える。ロックは，そこまではいかないにしても，安定した状態を保つために，自分たちで代表を立てて権限を与えておく（議会制民主主義）のがよいのではないかと考える。ただしそれはあくまで信託であって，気に入らないときはそれを取り戻すという前提を置いた。しかしルソーに言わせれば，本来愛情や思いやりに満ちていた人間がおかしくなったのは，「ここが俺の土地だ！」と囲いを立てることを思いついた者のせいだと考えるので（彼に限らず，南洋諸島などの人びととの生活がヨーロッパに伝えられるにつれて，そこに理想を見いだそうとした西洋人は多かった），皆が直接にお互いにふれあいながら物事を決めていくような社会（直接民主制）でなければならないと考える。こうして，ホッブズは絶対王政を支持し，ロックはイギリスやアメリカの革命に，ルソーはフランス革命や社会主義の成立に影響を与えたわけである。

### 2. 社会哲学とカウンセリング

さて，カウンセリングに社会哲学は何の関係があるのだろうか。まず基本的に，カウンセラー自身はどのような社会哲学をもっているのだろうか。このようなことは普段あまり意識されていないかもしれない。しかし，どのような社会が望ましい社会であると考えるかについて，それまでの教育や，育ってきた環境にも影響されて，一人ひとりのカウンセラーが実はそれぞれの社会哲学をもっているといえるのである。そしてそれは，クライエントについても同じである。ここで，お互いの社会哲学はかみ合うのだろうか。普段自覚していない，という意味でいえば，カウンセラーもクライエントも一緒かもしれない。であるなら，カウンセラーはまず自分がイメージしている「望ましい社会」を自覚しておいたほうがよい。そして，もし必要があれば，クライエントのそれを探っていくことになる。

クライエントの悩みが，社会的な広がりをもつとき，社会哲学の視点がカウンセリングプロセスにも求められる。彼は自分が集団から疎外されているというかもしれない。そのとき，彼は集団がいかにあるべきかという社会哲学を語っている。つまり，集団は誰も疎外すべきではない，と。しかし，カウンセラーがまったく（あるいは，ある程度は）そのとおり，と共感するか，あるいは集団とは誰かを疎外するものである，とかみ合わないか，それによってカウンセリング・プロセスは影響を受けるかもしれない。

### 3. カウンセラーが社会を見る目

今日，心理学者や精神科医がしばしばマスメディアに登場し，社会現象や犯罪についてコメントをつけることも多い。カウンセラーも，自らの専門性に立って，さまざまな社会

事象について関心をもつべきであろう。かつてフロム（Fromm, E.）は，精神分析の手法を使って現代社会のあり方にメスを入れ，『自由からの逃走』を著した。その前書きで彼は，「私は，心理学者は必要な完全性を犠牲にしても，現代の危機を理解するうえに役立つようなことがらを，すぐさま提供しなければならないと考えるのである」と述べている。そこに学者として象牙の塔にこもるのではなく，社会にかかわっていこうとする姿勢が現れている。

フロムによれば，自由と個人主義が進むと，そこで充実した自己実現が果たせればよいが，それがうまくいかないと，自由を犠牲にして絆を求めて充実感を得ようとする。自由から逃走して権威主義，破壊，機械的画一性にのめりこみ，ファシズムが形成されていくという。フロムの見解が今日どこまで妥当であるかについては議論もあるが，学者であるよりは実践家であるはずのカウンセラーは，クライエントが生きる社会を見る目をもっておくことが望ましいであろう。

さらに，コミュニティ心理学やコミュニティ・カウンセリングも盛んになってきている。そこでは，カウンセラーは個人の心の問題にとどまることなく，教育・福祉・医療のさまざまな人的資源と連携しながら，コミュニティの環境改善を目指して，トータルな社会活動を起こそうとする。さまざまな職種の人びとが共同し，コミュニティにかかわるので，一人ひとりがどのようなコミュニティ像を描いているかという社会哲学を，事前に十分にすり合わせていないと，企画立案でも計画の進行でも齟齬をきたす。カウンセラーは積極的に，クライエントのためになるコミュニティ像を提言し，あるいは積極的に議論に参加するようでありたい。

〈和田　倫明〉

〔文献〕

山脇直司　2004　公共哲学とは何か　筑摩書房

## 13　科学哲学
philosophy of science

科学哲学とは，西欧近代哲学における認識論（epistemology）そのものでもあるが，一般には，科学思想が普及した20世紀になって，科学的真理とされるものの意義と，その探究のあり方を解明しようとした思潮のことである。

### 1．狭義の科学哲学

科学的知識をもとに世界観を再構築しようとしたマッハ（Mach, E.）や，言語の分析によってすべての事象が論じられるとした前期ウィトゲンシュタイン（Wittgenstein, L. J. J.）の影響のもとに，「論理実証主義」が生まれ，科学的命題がどのように検証されるかなど，さまざまに論じられてきた。他方，科学そのものの意義を論じる立場から，ポパー（Popper, K. R.）が，『探究の論理』（1934）において，科学は単に経験（実験）を積み重ねていけば絶対的な真理に到達するというようなものではなく，反証されることが許されるような論証（反証可能性）から成り立つと論じていた。それを受けてクーン（Kuhn, T. S.）が，『科学革命の構造』（1962）において，科学者の共同体において共有されている思考の枠組みとしての「パラダイム」が，科学のあり方を決定すると述べ，科学的真理を素朴に信じていた人びとに大きな衝撃を与えた。科学は今日なお，絶対的真理を発見する方法ではなく，その基礎づけ，擬科学から区別する基準を必要とする「人間の営み」にすぎない。

しかし今日ではそればかりでなく，次のような問題が議論されている。第一には，科学がすべてを必然性によって説明しようとするのに対し，人間の自由や尊厳についてどう考えるかという問題がある。第二には，「応用倫理」として論じられているが，原爆や生物化学兵器，環境破壊，脳死やクローン人間といった，科学から生じてきた社会的問題，および科学的研究の是非にかかわる問題がある。

最後に，情報技術の進展によって科学がもっぱらコンピュータ利用に傾斜しつつある状況や，産業的利益が科学と結びつき，政治経済的に科学が方向づけられつつある状況についても議論されなければならないであろう。

## 2. 科学の成立

さて，上記の狭い意味での「科学哲学」に対し，西欧近代哲学そのものをもって科学哲学と考えることもできる。というのも，近代哲学の基本的潮流は，一方では個人としての人間が社会のなかでどのようにあるべきかという倫理学的議論であったが，他方では科学的真理がどのようにして成立するかという認識論的議論でもあったからである。

科学（science）とは，もともと「知識」という意味のことばであった。中世には，アリストテレス哲学を導入したキリスト教神学としてのスコラ学の知識と，庶民の間での博物誌的知識，自然魔術的知識が普及していた。博物誌（現代では「自然史」）とは，自然や世界に関する雑多な見聞のことであり，魔術とは，病気を治療したり生活を便利にしたりする知識のことであった。すでに静電気を帯びた琥珀や磁力をもつ磁石のように，「隠れた力」（オカルト的なもの）をもつ物体が知られていたが，さらに「哲学者の石」を手に入れれば，自然のなかに秘められたスピリチュアル（精霊的）な性質を思いのままに操りうると信じられていた。そこに，星の運行を正確に知ることによって個人や社会の運命を知ろうとする「占星術」，鉛を金にするために多様な物体の分解結合を試した「錬金術」が含まれていた。こうした博物誌的，魔術的知識で人びとを魅了したのが，パラケルスス（Paracelso）など「魔術師」と呼ばれた人びとだった。

ウェーバー（Weber, M.）が西欧近代を「脱魔術化過程」と呼んでいるが，それはまさにこうした魔術師たちの知識からの脱却のことであった。17世紀のガリレイ（Galilei, G.），ベーコン（Bacon, F.），デカルト（Descartes, R.）らは「新学問」（新知識）を唱導し，当時は卑しい学問とされていた機械工たちの知識を中心に，数学をその基礎に据えるような学問を創設した。自然は魔術的なもののスピリチュアルなものではなく，単なる機械仕掛けであって，その「ルール」（自然法則）を発見し，それを応用した機械作りの「方法」さえ身につけさえすれば，この新学問は誰にでも可能である。こうして知識は「哲学者の石」を手に入れた特別な人にではなく，誰にも平等に便利で豊かな生活を与える学問の呼称となったのである。この新学問が一般に浸透し，すべてを粒子に分解してその相互関係を数式で表現し，それにのっとった実験器具を作って反復して同じ現象を出現させるといった方法が次第にメジャーな学問的探究の方法となり，対象の分野に応じて細分化されて「科学」と呼ばれる体系が出現する。その結果，科学が哲学と分離したのは，18世紀末になってからであった。

## 3. 科学批判としての哲学

科学と哲学の分離を決定づけた哲学者として，カント（Kant, I.）を挙げることができる。カントは科学者として出発するが，科学者として答えを出しうる領域とそうでない領域，たとえば「神は存在するか」「魂は不滅か」などといった領域とを区別しなければ，科学は独断に陥ってしまうと考えた。科学的知識として意味のある範囲を画定して科学の正統性を確保するとともに，哲学が専念すべき主題を明らかにすることができると考えたのである。彼はこうした区別の基準の設定を「批判」と呼んだので，彼の哲学は批判主義と呼ばれる。

さらに20世紀になると，ハイデガー（Heidegger, M.）やサルトル（Sartre, J.-P.）が，人間を科学によって解明されるような事物と混同してはならないと主張して，実存主義の思潮が生じた。物体は「本質」（なにものかとして以前からどこかにあったもの）が問題にされるが，人間については「本質」を探究すべきではない。むしろ，「今ここにあって，何かであろうとしている」という意味での「実存」として理解しなければならない，というのである。

## 4. カウンセリングと科学

カウンセリングは，意識的に人間が人間を遇するような実践である。人間を基本的にどのようなものとしてとらえるかによって，そ

の実践には大きな差が生じる。「科学的」という概念はそのうちのあるものを正当化するが，それが最もふさわしいかどうかは別問題である。人間についての科学は，自然（本性：nature）のなかにあるオカルト的なもの，スピリチュアルなものを，精神（spirit）の問題として述べるところにある。因果的数学的でない要素を自然のなかに感じる人に対し，呪術的，魔術的なものは主観的な錯覚や妄想に由来するとして，そのひと個人の精神病理的，ないし脳の機能の問題であると見なすのである。しかし，一人の人間のこころを，他のなにものにも参照せずに語ることはできないし，脳の機能に還元してしまうことも難しいであろう。

今日，こころのあり方を科学的規定から切り離そうとした批判主義や実存主義の思潮が忘れられ，もっと素朴に，近代以前のような，霊魂等の実体による説明を受け容れる人びとも多い。それは脳という物質的実体によってすべてを説明しようとするのと同様，危ういことである。スピリチュアルなものに関する表現のなかには，不合理ではあっても，近代において倫理的に否定されてきた生き方，人間たちとそれを取り巻く環境のもとにあって，そこから自分を切り離せないような生き方を曖昧に示していることがある。その生き方が善いか悪いかは別の問題であるのに，「科学的には真ではない」と述べるならば，そのことによってその人の生き方を道徳的に断罪してしまうかもしれない。何らの道徳的態度もたずに他者に接することは困難であるが，みてきたように科学が近代西欧に現れたひとつの思考の枠組みにすぎないのであるならば，科学的態度もまたひとつの道徳的態度といえる。カウンセリングの実践において，科学的知識によって人を「対象」としてだけとらえることを避けなければならないのは，人間を「もの」と同様にみるからというだけでなく，自らの道徳観を人に強制することを避ける姿勢が大切だからなのである。

（船木 亨）

〔文献〕

ヘンリー，J. 東慎一郎訳 2005 十七世紀科学革命 岩波書店

金森修 2000 社会構成主義の興隆と停滞 金森修 サイエンス・ウォーズ 東京大学出版会 205-287.

## 14 ポストモダン
### post modern

ポストモダンとは，「建築にはじまり芸術一般やファッション・思想の領域で，近代主義を超えようとする傾向」（『広辞苑』第4版）とされる。しかし，近代主義をどうとらえ，どう超えようとするのかによって，主張はさまざまである。したがって，一定の価値体系をもたない思潮・傾向ともいえる。

### 1. ポストモダンの定義

たとえば，モダニズムを「哲学・美術・文学で，伝統主義に対立して現代的文化生活を反映した主観主義的傾向の総称。未来派・表現派・ダダイズム・などを含む。現代主義。近代主義」（同前）とする解釈がある。さらに，近代主義とは「封建制に反対して近代的自我の確立など近代化を追求する立場」（同前）とすれば，近代的自我の確立から関係性重視への転換，近代化の象徴ともされる効率至上主義への反発をもって，ポストモダンを位置づけることができる。異なったプロセスから同じ結果が得られるなど，結果性などもその主張の特徴であろう。

また，ポストモダンという言葉が流行・定着した1980年代以降に限って，その思潮・傾向を定義する立場がある。ここでは，ポストモダン思潮のリード役を果たしたとされるポストモダン建築が，「機能主義のモダン建築に対して，より高度で複雑，時に逆説的でもある人間の行動要求を満たす空間設計」（長谷川，2005）とされる。より高度で複雑であるためなど，結果性を超える予測不可能性を主張するのも，この立場の特徴のひとつである。

### 2. 哲学におけるポストモダン

ポストモダンという言葉を初めて用いたのは，フランスの哲学者リオタール（Lyotard, J.-F.）といわれており，「一つの真理や輝か

しい理想のかわりに，多様化した価値観を認めるべきだと提言した」(『ポストモダンの条件』)とされる。そして，ソシュール(Saussure, F.)以降の構造主義哲学に，ポストモダンの名が与えられている。

そのなかでも，最も鮮明な旗印をあげたデリダ(Derrida, J.)は，レヴィ=ストロース(Lévi-Strauss, C.)，ラカン(Lacan, J.)，バルト(Barthes, R.)，フーコー(Foucault, M.)と受け継がれてきた構造主義そのものを超え，脱構築という主張をするに至った。これは「何が本源で，何が真理かという，一個の答えを求める発想自体を疑うこと」(夢プロジェクト，2006)である。一個の答えが求められないのならば，そこに残るのは関係性や相互性となり，一定の価値体系をもたない思潮・傾向とならざるを得ない。

### 3．カウンセリング・心理療法におけるポストモダン

1980年代以降の心理療法アプローチをまとめて，「ポストモダン・モデルと呼ぶことがある」(長谷川・若島，2002)。しかし，1980年代はブリーフセラピーの台頭期であり，その主張をポストモダンの源流とすることもある。その背景には「システム論」があり，1970年代後半にはハイゼンベルグ(Heizenburg, M.)が自伝を発表し，ベイトソン(Bateson, G.)の著作が再び脚光を浴びるなど，かつての「システム論」の推進者の復活をうながす時代の潮流もあったことは見逃せない。ポストモダンを「システム論」という側面からとらえ，ポストモダンの胎動期を探ることは重要であろう。

#### 1) 1920年代——ホーリズムなど

ハイゼンベルグは，「観察者の存在が実験の結果に影響を与える」として，「不確定性原理」を発表した。スマッツ(Smuts, J. C.)は「ホーリズム」を唱え，事象のありようを要素の集積にではなく，要素間の関係性＝システムに求め，「部分の総和は，その全体より大きい」とした。ホーリズムはミラー(Miller, J. P.)により，「ホリスティック教育」いう分野につながっていく。この時代には，「個我から関係性へ」というポストモダン思潮の胚芽がみられる。

#### 2) 1930年代——一般システム理論など

ベルタランフィ(von Bertalanffy, L.)が「一般システム理論」を発表して，システムと組織という概念を切り離した。キーワードは関係性であり，前者がダイナミックな働きそのものであるのに対して，後者は静止画像のような断面にすぎないことになる。さらにまた，システムの属性としてホメオスタシスを挙げて，「システムは内部に異常を生じたとき，元の状態に戻ろうとする」と主張した。しかし，一般システム理論は，閉鎖系システムにしか対応していないという批判もあった。ミラー(Miller, J. G.)はこの点を補い，「一般生物体システム理論」でシステムの階層性を唱えた。個人は，家族＜社会集団＜国家の底辺にあることになり，この発想から古典的「家族療法」が生まれてくることになる。

#### 3) 1940年代——サイバネティクスなど

情報工学の分野から「サイバネティクス」の研究が起きてきた。システムが自己の異常を発見して，修正する力を想定しているが，ベルタランフィの「ホメオスタシス」と同じであり，後に「第一次サイバネティクス」と呼ばれ，自己制御性と訳されたりしている。中心はウィーナー(Weiner, N.)らであったが，その成果は人類学のベイトソンなどにも大きな影響を与えた。

#### 4) 1950年代——ベイトソン・プロジェクトなど

アメリカは，第二次世界大戦後の帰還兵らの心理的病理に対して，退役軍人病院を舞台に治療・更生の活動を行ったが，その理論的な側面を支えたのは，ベイトソンを中心とするプロジェクトであった。その背景には当初ロックフェラー財団，2年目からメイシー財団の援助を受けて行われた，いわゆる「メイシー会議」があった。

この会議を通じて，ベイトソンは催眠療法家のミルトン・エリクソン(Erickson, M. H.)の心理療法を知り，チームのヘイリー(Haley, J.)とウィークランド(Weakland, J. H.)をエリクソンのもとに送った。その結果，「二重拘束(double bind)理論」など

が生まれている。

### 5) 1960年代——ブリーフセラピーなど

ベイトソン・プロジェクトから契約の10年を期に、ベイトソンが抜け、ジャクソン（Jackson, D. D.）を中心に、MRI（Mental Research Institute）と改称する。ニューヨークのアッカーマン（Ackerman, N.）と共同で『ファミリー・プロセス』という雑誌を刊行するなど、家族療法に携わった。その後、構成主義を標榜するワツラウィック（Watzlawick, P.）を加え、フィッシュ（Fisch, R.）を所長として、MRIのなかにブリーフセラピー・センターが開設され、ブリーフセラピーの幕開けとなった。問題そのものや原因よりも、「変化」という力学を重視するここでのアプローチは、MRIモデルと呼ばれる。

MRIを離脱したヘイリーは、戦略派モデルを提唱したが、「問題」に潜む解決力に着目し、それを利用しようとする点で、ベイトソンやエリクソンのアプローチの色合いを濃く残している。

### 6) 1970年代——第2次サイバネティクスなど

システム内部の（systemic）問題だけでなく、外部の（systematic）問題に対して、システムは自らが変化し、その異常分子を取り込み再び安定する機能を有していることが、マルヤマ（Maruyama, M.）の研究を通じて発表された。「第2次サイバネティクス」と呼ばれ、自己変容性とも訳される。また、第1次・第2次サイバネティクスを併せて「自己組織性」とまとめられることもある。

ブリーフセラピーでは新しい流派が胎動した時期である。心理療法全体でも時間の短縮化が図られた。名称の混乱を避けるために、従来の技法をスリムにしたものを「ブリーフサイコセラピー」と呼び、システム論を内蔵するものを「ブリーフセラピー」として区別するべきだとの見解もある。

### 7) 1980年代以降——第3次サイバネティクスなど

マトゥラーナ（Maturana, H. R.）とバレーラ（Varela, F. J.）により、「システムは自分の境界を自分自身で決める」オートポイエーシスの概念が提出された。第3次サイバネティクスとも称される。前のシステムのゆらぎが次のシステムを生んでいく連鎖をも意味するところから、自己創出性とも訳されている。この概念の影響下にある、以降の心理療法をポストモダン・モデルと限定することがある（前述）。

ブリーフセラピーでは、BFTC（Brief Family Therapy Center）のド・シェイザー（de Shazer, S.）とバーグ（Berg, I. K.）らが、すでに起こっている解決（しばしば「例外」として現れる）に焦点を当てる、SFA（solution focused approach）モデルを開発した。世界にブリーフセラピーが紹介された時期でもある。また、オーストラリアのホワイト（White, M.）やエプストン（Epston, D.）らは、「自らが描いているストーリーを修正して生きる」ナラティヴ・セラピーを開発している。

なお、1980年からミルトン・エリクソン財団がマスターセラピストを招聘し、「21世紀の心理療法」というイベントを行っている（Zeig, 1987）。特に1985年の第2回大会は、わが国でも人気のあったロジャーズ（Rogers, C. R.）やサティア（Satir, V.）が、その開催直後に亡くなったなどのこともあり、全講演記録が和訳され、出版されている。ポストモダンという名称が誕生した当時の心理療法の世界を語る、貴重な資料でもある。

まとめとして、ポストモダンという思潮を概括する。その胎動期には、近代主義の特徴である原因→結果という直線的因果論と効率性の重視を廃して、システム内外の関係性という視点を提示した。ポストモダンという名称が誕生した1980年代以降には、ある関係性が次の関係性を生んでいくプロセスへと、視野を拡大させた。こうして、まず家族療法やブリーフセラピーが生まれ、カウンセリングの従来の哲学的背景であるプラグマティズム、実存主義、論理実証主義とは異なる思潮に基づく理論が展開されつつある。それゆえ、これからのカウンセリング心理学徒の関心範囲の拡大を本項で提唱した。

（小林　強）

〔文献〕

長谷川啓三 2005 臨床の語用論とは？ 長谷川啓三編 行為の方向を決めるもの 現代のエスプリ, **454**, 12.

長谷川啓三・若島孔文編 2002 事例で学ぶ, 家族療法・短期療法・物語療法 金子書房

小林強 2003 生徒指導における『システム理論』の可能性 明星大学通信制大学院紀要 教育学研究, **3**, 25-34.

小林強 2004 教育相談に生かせる15の心理療法 ほんの森出版

夢プロジェクト編 2006 常識として知っておきたい世界の哲学者50人――彼らは何を考え, 私たちは何を残したのか？ 河出書房新社

Zeig, J. K. (ed.) 1987 *The evolution of psychology*. Brunner/Mazel.（成瀬悟策監訳 1989 21世紀の心理療法〈Ⅰ・Ⅱ〉 誠信書房）

## 15 タオイズム
taoism

タオイズムは,「タオ」すなわち「道」と,「イズム」すなわち「主義」という語が合成された道教を示す用語であり, 英語圏で主に使用されている。タオイズムと道教とでは同じ内容を意味するはずであるが, 日本においてやや異なったニュアンスを帯びる。すなわち, タオイズムといえば道教のなかの現代的な意義を強調し, また欧米の現代社会や評論・芸術の領域において受容された道教を指す際に多用され, さらにこれらを日本で受容しなおす際にもタオイズムをよく用いるようである。一方で道教という語は, 中国で道教が自己の宗教を道教と自称するようになって以来, 道教自体を指すものと見なしてよい。本項では, 現代において道教の考え方をいかに応用するかは読者に委ね, むしろ道教の伝統的な考え方の特徴を提示するにとどめたい。よって以下において, タオイズムではなく道教という語を用いたい。

### 1. 道教とは何か

道教とは中国の民族宗教であり, 道を究極的な救済の根拠とする宗教, すなわち道の教えである。道教は宗教的側面を強調した言い方であり, 思想的側面を強調すれば道家というべきで, 両者を区別するべきだという見解もある。しかし, 中国の過去の多くの文献に見える表記や, 両者の共通する面を重視する立場からは, 道教と道家を区別できないとする見解に説得力がある。

道教には, 老子『道徳経』と荘周『荘子』という古典があり, これらに述べられた考え方は, 後の時代の道教に対して非常に広汎で深い影響を及ぼしている。老子は戦国時代, 紀元前4世紀頃, 荘子はその後の紀元前3世紀頃の人といわれる。これらの著作は, 自己の立場をいわゆる道教として説くことがなかった。後漢末, 紀元後2世紀に老子を重視する宗教組織が活動したことがあったが, 南北朝時代, 紀元後5世紀になって新たな動きがあった。当時, 中国社会に浸透し教祖, 経典, 教団などを明確にもっていた仏教との競争のなかで, 迫られて老子および道という原理自体を神格化し, 道教経典を序列化して編集し, 組織制度を整備した結果, 自らの宗教を道教と呼称するようになり, いわゆる道教が成立した。道教の成立の経緯についてはこのような学説が現在では有力である。

中国において, 外来の起源ではなく内在的に発展してきた宗教としては, 儒教の宗教的側面を保留して考えれば, 道教は中国文明が達成した代表的な宗教であるといえる。国家祭祀や祖先祭祀の理論と形式を提供し, 官僚の学ぶべき必須の教養とも位置づけられ, 社会秩序を維持するための中枢的なイデオロギーとなった儒教, 社会と距離をとって出家し, 自己のみでなく衆生の解脱を目指すインド伝来の仏教, 狭い地域社会にのみ通用する特有の民間の神々の崇拝を核とし, シャーマニズム的な要素を濃厚にもつ民間信仰といった, 三種の思想的ないし宗教的な実践と比べると, 道教はこれらと異なっており, 独自の立場を有している。それは, 道教が以下に述べるような独自の考え方を強調することと関係する。なお中国文化の世界においては, 同時に儒教と道教の信奉者であり, かつ仏教に親しみ, 民間信仰の活動を後援することが自

然にできた。

## 2. 道教の世界観，人間観

　道教はどのような世界観，人間観をもっているのだろうか。以下，主に『老子』『荘子』により述べたい。

　まず道という概念は，言葉で表すことができない，言葉や現象を超えたものである。道は世界や事物の根源であり，具体的な事物を生成させ造化させているが，道それ自体は生成を超えて永遠不滅である。道は全体であり，どこにでもあり，いつでもあるが，一方で，たとえば部分に偏在することもできる。道は人や物の内部にあると限定的に言うことはできず，また外部にあると限定することもできない。

　道教の世界観によると，道は無為であり，かつ自然である。言い換えると，道は意図的打算的にふるまうことがなく，自ずからそのようにするだけである。究極的な真理は，それ自体が何らかの人為的かつ意図的な介入をまったく必要とせず，その真理があるがままに自動的に働いている状態が最も良い状態である。この無為自然の重視は，人の行為にも適用され，人は無理に作為的に行為してはならず，自ずからそうなることを理想とするものである。教えも言葉を要しない教えが理想である。たとえば，老子『道徳経』第四十三章に「不言の教え，無為の益」すなわち「ことばのない教え，行動のない行動」に価値があると述べる。

　また『荘子』内篇，大宗師篇，第六に，「子桑子，孟子反，子琴張の三人が，互いに友人になろうとして言った。『誰が友達と思わずに友達になり，行おうとせずに行えるか。誰が大空に登り，雲霧の中に遊び，無限の天を駆けめぐり，生死も忘れ去り，無限の境地に至ることができるか』と。三人は互いに見合ってほほえみ，心に少しも逆らうところがなかったので，よい友達になった」という話がみえる。道教のこうした無為，自然，忘却，超越等の価値の強調は，儒教が君臣父子夫婦兄弟の人倫関係の規範を具体的実践的に説くのとは異なっており，論者によっては，儒教は社会倫理を積極的意図的に学び習得する段階に適した内容であり，道教はそうした人為的規制に圧倒されずに自然な自由をゆったりと取り戻す段階に適した内容であって，二つの教えはその教えを聴かせるべき対象となる人の年齢や境遇，課題が異なっていると考えられる。一方的に儒教の立場に立てば，道教は消極的で不可知を重んじるという低い評価になるし，細かな管理や操作を伴う政治の領域にただ道教の教えのみを応用することに，大きな限界や危険があることも確かである。

　人がある術を習得する場合に，まず術を具体的に練習するが，本当の達人は術そのものを忘れてしまう境地にまで至るのだと荘子は主張する。道教の道士のなかには，自らが行う煩瑣な儀礼的所作や音楽や科白は，最も完全な道士ならばまったく必要としないものであって，直接に即時に天や地に働きかけて，反応や結果を無理なく引き出せるはずであるが，当面の自分は不完全なので，さまざまな儀礼的手段を苦労して使わざるを得ないという認識がある。このように，道教のひとつの特徴として，規範や術に熟達するにとどまらず，さらに意識せずに，それらを超越して忘却するような状態に至ることを理想とする点がある。こうした道教の立場は，規範や術そのものが批判されたり入れ替わっても基本的に揺らぐことがない。なぜならば新しい規範や術にいくら変わったとしても，それらにとらわれてはならないという立場は有効だからである。

　道教による現象の世界の説明では，物質的でもあり精神的でもある気のエネルギーが，いつでもそれぞれのしかるべきときに，個別的に分散したり凝集したりして，自然に森羅万象が生成変化するのであって，西洋の宇宙論にみられるような人格的な超越的な造物主を外部に存在させることを想定しない世界観を道教はもっている。時間論からいうと，キリスト教のように最後の審判を設けておらず，またインドのように長期のサイクルで世界が生成消滅するのを繰り返すともいわない。

　道教が強調する事物の変化論の要点は，すべての事物は循環的に存在するということである。すべての事物は転回し，終ることがなく，また始まるのである。窮まることがなく，窮まれば通じ，また始まる。たとえば，陰陽

の二元論でも，陰と陽が個別に二項対立的に並行して存在するのではなく，陰陽交泰といって，陰が窮まる頃には陽が萌え出し，陽が窮まる頃には陰が萌え出すという動態的な関係にある。これは民間でよくいわれる道教的な運命観に，「絶処逢生」すなわち「絶体絶命のなかでも必ず再生の契機に出会える」という考え方にも通じる。終わりのままでなく，次の始まりが来るという見方である。このように終わりが始まりと合体していること，そして終わりのなかに始まりの契機が埋め込まれていて，何よりも始まりを待つだけでなく，始まりに帰るようにすることが重要である。このことは道教において繰り返し強調されるモチーフである。

たとえば『老子』第十章に「一を抱いて，息をこらして柔らかくし，赤子のようにすることができるか」といい，一は始まりの全体性を意味し，赤子はまだ何の教化にも染まっていず，人の一生の始まりにあって，これからの人生の可能性をすべて持っている存在である。一の全体性や赤子のような可能性をあなたは持ち続けることができるかというのである。

秩序はあるにしても分断され部分化された不完全な状態から，始まりのときの未分化の全体性に立ち戻るというモチーフを，道教という宗教は儀礼や修行のなかで長期にわたり応用し考究してきた。たとえば村落の祭祀儀礼でも，道士は儀礼によって時間を原初に戻すことにより，弱っていた宇宙の諸力を回復させ，道の権威に訴えて村の安泰を祈り鬼を駆逐する。また死者儀礼では死者の霊魂に，生死は循環するものであり，死を恐れることなく，自己のなかの一性，すなわち自己のなかの道の全体性を悟って行くようにと説法する。また身体のなかにおいて象徴的に丹を煉る内丹という修行では，自己の心を火とし，腎を水とし，水と火を体内で練り上げて昇華変容させ，自己を根源的な道と一体化する目標を達成しようと努める。

このように，道教は始まりの混沌の状態のなかに，自由や生命の本源を見いだしていると見なすことができる。なお，道教に大きな影響を受けたカウンセリング・アプローチに，ミンデル（Mindell, A.）のプロセス指向心理学（process-oriented psychology）がある。

（丸山　宏）

〔文献〕

小川環樹訳注　1973　老子　中央公論社
福永光司　1978　荘子（内篇）　朝日新聞社
Robinet, I. 1997 *Taoism : Growth of a religion.* Stanford University Press

## 16　キリスト教思想
thoughts of christianity

キリスト教思想に基づくカウンセリングで登場する神（創造主）は，キリスト教徒だけではなく，すべての人類に愛，平等，平安，喜びを与える神である。教会による牧会カウンセリングとは，この信念に基づく活動を指し，キリストへの深い愛と知識と経験をもとにカウンセリングの訓練を受け，援助活動や癒しの実践をしている。日本では，20年の歴史をもつ，キリスト教カウンセリングセンター（カトリック菊名教会，日本基督教団東京池袋教会）がある。

### 1．キリスト教思想に基づくカウンセリング

人であり同時に神の子であるイエス・キリストは，すべての人間の罪を背負って十字架上で磔にされた。そして3日目に復活し，人類の救いへの道を切り開いた。神はすべての人間を愛しぬき，その象徴がイエス・キリストの十字架である。

キリスト教思想とは，神から命をいただいた恵み，自分自身が神に愛されているかけがえのない存在であることに感謝しながら，永遠の命を得るために誠実に生きようとする生活信条（信仰）である。その根拠になっているものが二つある。

一つは，旧約聖書（紀元前の神からのメッセージ），および新約聖書（神の子であるイエス・キリストの登場とその教え，その後の弟子たちの活動を伝えたもの）から学ぶ内容である。もう一つは，すべての人間の心に神

からの働きかけ（たとえば「良心の声」として）があり、その働きかけに自由意思で応えるということである。

人の生き方には二つしかない。人を大切にする生き方と、人を利用する生き方で、その中間はない。人を利用する生き方（利己的な生き方）から得るものは、空しさ（永遠の滅び）である。神（愛そのもの）の似姿としてつくられた人間は、人の幸せのために働くとき生き甲斐を感じるようにつくられており、その結果として自らの幸せ（永遠の生命）も得ることができる。祈りを通して神からのメッセージを感じ取ることが、信仰生活上の大切な務めである。

## 2．キリスト教思想に影響を受けたカウンセリング理論

ロジャーズ（Rogers, C. R.）やマズロー（Maslow, A. H.）など、心理学の第三勢力といわれる人たちは、ヒューマニスティック心理学とも呼ばれる性善説の立場をとっている。人間には、自然に心身を回復する力や問題を解決する能力、さらには道徳的な善を実現する能力が生得的に備わっていると考える。

ロジャーズは、厳格なクリスチャンの家庭に生まれ、神学校で学んだ経歴もある。その後、教条主義的なキリスト教の一派からは離れたが、ロジャーズの「来談者中心療法」の受容・共感の根底には限りない人間性への信頼があり、「人は、神（愛そのもの）の似姿としてつくられた」というキリスト教思想からの影響を読み取ることも不可能ではないように思われる。

フロム（Fromm, E.）は、「人間は皆幸せに生きたいが、幸せの重点をどこに置くかが問題だ。"誰よりも少しでも多く"が現代人の幸せの探し方だ」と説き、このような数量至上主義のような生き方を「have様式」と名づけた。一方、いかに多くではなく、「いかに今あるものの内容を味わうか。今の存在、現実のあり方」を大切にした生き方を「be様式」と名づけ、この生き方こそ人間の幸せに深くかかわり、長続きもするし大切である、と説いた。「より多く」や「ブランド志向」に執着し縛られている限り、欲求不満のストレスはたまる一方である。論理療法的に考えれば、「have様式」は、イラショナル・ビリーフ（非論理的，非現実的な思い込み）を抱え込みやすく、「be様式」は究極のラショナル・ビリーフ（現実的，論理的なビリーフ）に到達しやすい。「be様式」の延長上にキリスト教思想に通じる生き方を示唆している。

## 3．キリスト教や仏教など，宗教を活用したカウンセリングの課題

目を覆いたくなる事件が増え、1998年以来、1年間の自殺者の合計が3万人（2007年）を超える状態が続いている。このように命が粗末に扱われている世相のなかで、教会やミッション・スクール以外の、たとえば公立学校でクリスチャンがカウンセリングを実践する場合、特定の宗教を語ることはできないが、超自我教育の立場でカウンセリングを展開することはできる。超自我教育が足りないために、子どもたちの規範意識が育たない現状がある。超自我がないということは、自己を絶対化しているということである。頭を垂れる対象をもっていないということである。

人間を超える存在を認めないために、自分にとって都合のいい現実原則を勝手につくってしまうのである。その結果、①人を大切にする姿勢と素直さを失い、②自分の思いのみ正しいとし、③人の意見を聞かず、④他者を弾圧し、⑤他人を隣人愛の対象としてでなく、自分の野望の道具としてしまう。

自分以外の絶対者を認めないことで、必然的に①〜⑤のような自己中心的な人格がつくられ、さまざまな事件が多発する誘因となっているのである。

一方、公立学校では、どの子にも「畏敬の念」をもてるようにという道徳教育は熱心に展開されているが、宗教の視点が不足しているので超自我の意識を深められない現状がある。相対的に望ましい生き方の例をどんなにたくさん示しても、質的なレベルを上げるには限界がある。公立学校の現状の道徳教育における枠組みを広げることが、今後の課題であるように思われる。

たとえば、ドイツの公立学校では、特定の宗教に偏らないようにして、キリスト教・イスラム教・ユダヤ教など、代表的な宗教教育

を取り入れている。日本においては，現行の教育基本法のなかで宗教教育を尊重する条項はあるが，現状は不十分である。

日本においても，キリスト教の隣人愛，仏教の慈悲など大切な教えに関しては共通していることが多い。複数の代表的な宗教をカリキュラムに取り入れることによって，人間を超える超自我的存在を念頭に置きながら，人への思いやり（親切），命の大切さなどの教育に大きな効果を上げることができ，カウンセリングの理論・スキルの面でもさらに幅を広げる道が開かれるのである。

（加勇田 修士）

〔文献〕

國分康孝　1996　カウンセリングの原理　誠信書房

諸富祥彦　2004　生きがい発見の心理学　新潮社

## 17　仏教思想
buddhism

仏教思想は，カウンセリングで物事を理解したり説明したりするときの，考えの拠り所として活用されることがある。特に，人のあり方，生き方を主テーマとするカウンセリングの分野では，仏教思想を基盤として，その理論や方法論を構築しているものもある。ここでは，仏教思想の人生観，生命観，追求姿勢などにふれ，仏教思想のどのような要素をカウンセリングに生かしていくことができるのかについて述べよう。

### 1．苦しみのなかに生きる

まず，仏教的な人間観や人生観についてみてみよう。仏教では，生命や愛，幸せなど，この世のすべてのものはかかわりをもちながら変化し，同じ状態にとどまるものはないととらえている。ところが，人は，その変化を受け止めることができずに，こだわり，とらわれて，苦しみのなかに生きるのである。

さらに，人は生きるために豚や魚，野菜などを食べているが，それは他の生命を奪って生きていることになる。また，一見してプラスに思われるより良く生きようとする意欲であっても，成功や利益のために他を排除するという結果を伴うことがある。

仏教では，私たちが人として生きようとするそのこと自体に，罪を負う要因があるととらえている。そして，ひとたびこうした人生の姿に気づくならば，人は苦しみを抱えることになる。

以上のことから，仏教では，人として生きることは，苦しみのなかに生きることであると考えているのである。

### 2．仏の価値のなかに生きる

人は苦しみのなかに生きると言ったが，どうして私たちは苦しみの人生を歩まねばならないのだろう。たとえば，子どもを亡くした母親がいるとしよう。母親は，なぜそれが私の子どもでなければならないのかと，人生の不平等をなげくことだろう。

仏教では，この子が親よりも早くに死んでいく悲しみや耐え難い苦しみも，私たちの思いをはるかに超えた次元からそれを受け止めて生きる必要性があって，私たちに与えられていると考えている。人生は人の意思や能力だけで決定されるものではない。私たちの人生は，人知では計り知れない仏の意味や価値のなかに位置づけられていて，人生の本当の意味を理解するためには，与えられた現実を受け止めていくことが要求されるのである。

### 3．永遠の時間のなかに生きる

そうはいっても，この苦しみに耐えていくことで，人生の本当の意味を理解することができるのだろうか。

仏教では，仮にこの人生で人生の意味が理解できなくても，次の生でその真の意味に近づくことができる，ということがある。仏教の生命観では，死ねばすべてが無に帰すという発想ばかりではない。

生物的な生命は死によって終わるが，人としての「いのち」（魂）は死によって仏の世界に帰っていき，しばらくするとまたこの世に戻ってくる。「いのち」は生まれ変わり死に変わりしてつながっている。そして，「いのち」は，与えられた人生において一つずつ事実を確認し，永遠の時間のなかで徐々に真実に近づいていく，と考えられる。

## 4. 自分を見つめ，仏を感じて生きる

さて，人は人生において一つずつ事実を確認し徐々に真実に近づいていくと言ったが，一体どんな方法で人生の意味を理解していくというのだろう。

仏教には，人の内面に真実が秘められているが，真実は愛欲や野心などの執着する心におおわれていて，容易に垣間見ることができないと考える立場がある。

この立場では，定められた約束事にしたがって考えと行動を正しく保ち，物事のあり方をきちんと見つめれば，執着する心を制御できるとされている。そして，執着する心を制御できるようになると，人は内にある真実を見つめられるようになって，自分がこの世に存在する意味を了解していくというのである。

とはいっても，誰もが強い意思と行動力を備えもっているわけではない。自らのふがいなさに絶望する人は多い。仏教には，仏はすべての人と共にある，という考えがある。仏は，それぞれの「いのち」に手を差し伸べ，その課題が成し遂げられるように寄り添い，守り，導いていくというのである。

仏は，おろかな私が許され生かされている不思議に直面させ，仏と共にある人生の意味を感じ取らせ，謙虚な人生の姿を引き出していく。すると，仏の智慧と慈悲に抱かれた人生が実感されて，私たちは知らず知らず真実に近づいていくというのである。

仏教では，以上のような方法で，人生の意味を了解していくと考えている。

## 5. 仏教思想を生かしたカウンセリング

このように仏教では，果てしない時間のなかで自らを見つめ，また仏を感じながら，苦しみに満ちた人生の意味を理解していくのである。この仏教的な了解のプロセスを，ひとつのカウンセリング形態として展開しているものがある。

たとえば，森田療法は「目的本位」などの概念によって，考えと行動を正しく保ち，新たな生活を構築していくことを目指している。森田療法は，仏道修行を思わせる「実践的なカウンセリング」として成立している。

また，内観法では，「調べる」（思い出す）という方法によって，仏に守られ導かれている人生を実感し，自己本来の姿を発見していく。内観法は，浄土系の仏教思想の影響を受けた「思索的なカウンセリング」として成立している。

森田療法や内観法は，仏教思想を哲学的な基盤とし，独自の方法論を開発している。

カウンセリングは方法論をもった哲学と呼ばれることがあるが，仏教思想を基盤としたカウンセリングを展開するには，森田療法や内観法のように，その思想を具現化するための，独自の方法論の確立が必要なのだろう。

（飯野 哲朗）

〔文献〕
ひろさちや　2002　道元を読む　佼成出版
鈴木大拙著　佐藤平訳　1983　真宗入門　春秋社
梅原猛　2006　梅原猛の授業　仏になろう　朝日新聞社

## 18　儒教思想
confucianism

儒教とは，古代中国の孔子や孟子の思想である。孔子は，親子兄弟の間に生じる自然な情愛を人間関係に広げ（仁），互いに敬意をもって接すること（礼）を説いた。徳を備えた立派な人物（君子）が国を治めること（徳治国家）を理想と考えた。孔子は「我いまだ生を知らず，いずくんぞ死を知らんや」「怪力乱神を語らず」などと，死後の世界や自然や神について述べようとはしなかった。

儒教は仏教と同じころ日本に伝わってきた。奈良・平安のころは仏教が貴族階級に浸透した。それを下地に，鎌倉時代には日本独自の個性が強い浄土信仰や禅宗や日蓮宗が盛んになり，庶民や武士に広がった。仏教の無常観は，武士の生き方（武士道）や美意識（幽玄，わび・さびなど）にも強い影響を与えた。

しかし江戸時代になると武士の生き方も様変わりして，命がけで戦うよりは幕藩体制のなかで支配者として振る舞うことが多くなったので，新しい生き方の指針が求められることになった。ここで長い間，僧侶の教養程度

の扱いであった儒教に、スポットライトが当たったのである。

### 1. 江戸時代の儒教道徳

江戸時代にまず盛んになった儒教は、中国宋代の儒学者朱熹の朱子学だった。儒教の始まりである孔子や孟子とは、1500年以上を隔てた儒教である。朱子学では宇宙の成り立ちや世界の仕組みが語られる。宇宙は理（原理や法則）と気（気体である万物の材料）から成るといい（理気説）、人間の本性も理によっているから、感情を抑えて心を落ち着け（居敬）、天から与えられた共通の万物の原理を求める（窮理）ことが大切だと説く。

これを取り入れ、研究したのが林羅山だった。徳川家康に仕え、幕府の学問をリードした彼は、「上下定分の理」を説いた。宇宙に上下があるように、人間にも上に立つ者と下を支える者が決まっている。この考え方は、幕府の士農工商の身分制度を支えることになった。なお、在野では朱子学にあき足らず、人間の心にこそ理が備わっていると考え、知行合一の実践を重んじる陽明学や、孔子や孟子の思想に帰ろうとする日本オリジナルの古学なども生まれた。これら幕府の朱子学とは異なった立場のものも含めて、儒教は盛んに研究され、また庶民の寺子屋教育にも広がって、日本人の道徳意識の基盤としてしっかりと根づくことになった。なお古学は、同じ発想で、儒教ではなく日本古来の思想を重んじ万葉集や古事記に日本人の精神風土を見いだそうとする国学を生み出したが、この国学は尊皇攘夷思想にも大きな影響を与えた。

### 2. 明治維新後の儒教

明治維新は、日本人に皇室の伝統を再認させることとなったが、問題は新しい国家体制を築くうえでの精神的な基盤であった。皇室は日本古来の神々とのつながりをもつが、神道は特定の教義や規範をもつものではなく、仏教と結びつきながら（神仏習合）、民間信仰のなかに生きてきた。明治政府は国家神道の称揚に努めたが、それは祭祀中心のものであり、廃仏毀釈も結果的には仏教と神道を切り離すことはできなかった。一方、江戸時代を通じて儒教は広く民衆にも広まり、実践的な道徳規範の基礎を成していた。こうしたきさつから、明治国家が目指した国民道徳の象徴である教育勅語も、広く儒教道徳の影響をもつものとなった。こうして、維新を経ても、神道・仏教・儒教が日本人の精神生活を引き続き支え続けるなかで、道徳規範としての儒教の役割は引き継がれた。

### 3. 現代の日本と儒教

一方、西洋思想の影響という観点では、明治維新には福沢諭吉などによって洋学が取り入れられ、第二次世界大戦後はアメリカ流の民主主義や個人主義が取り入れられたが、いずれも日本流にアレンジされたといえるだろう。道徳的退廃を埋め合わせるために戦前の教育、たとえば教育勅語を復活させようという声も聞くが、それはもともと君臣をはじめとする身分の上下関係が前提にあるものなので、その前提がない以上、儒教道徳の復活によって日本人の道徳規範＝超自我を再構築しようとするのは、いささか無謀に思える。

しかしながら、長らく日本人の道徳規範を支えてきた儒教道徳は、戦後社会においても年功序列や終身雇用（このあたりはいわゆる規制緩和の流れによって、最近になって壊されたところだが、その弊害も言われ続けている）、身内意識や濃密な親子関係、教育への熱心さなどに、良かれ悪しかれ影響をもち続けてきたのである。そういう意味で、儒教道徳はいまだ息づいているのであり、カウンセリングの場でも親子関係や会社の人間関係などに、その影響を感じさせられる場面は少なくないであろう。

もうひとつ踏み込んで考えたいのは、たとえば「親を大切にする」というのは、儒教道徳独自のものではないということである。これは「モーセの十戒」にもある。ということは、ユダヤ教・キリスト教・イスラム教にも共通する、ほとんど普遍的な道徳のひとつであるといえるだろう（なお普遍的な道徳という場合、例外を認めないという意味ではないので注意。どのような社会でも共通してみられるということで、限界状況で例外が生じることは常にありうるし、そこに文化の違いが現れることも多い。だが、たとえば「自分の望むことを人にせよ」「人にしてほしくないことは自分もするな」といった命令は黄金律

〈golden rule〉と呼ばれ，文化の違いにかかわらず見いだされる道徳のひとつである）。

そうした普遍的な人間性に出会うとき，私たちにはそれらを考えるひとつの手がかりとして，儒教道徳があるといえるだろう。それは決して，儒教道徳のみを優れたものとして讃えることではなく，私たちにとって最も身近ないわば道具として用いることができるということである。

## 4. 儒教とカウンセリング

儒教道徳には，いわば日本人にとってのスーパー・エゴとして機能してきた伝統があるので，積極技法の参考になるし，読書療法にもそのまま応用できる。しかし，最も示唆するところが大きいのは，孔子自身が教育者でもあったことから想像できるように，カウンセラー自身のあり方についてである。

『論語』にこんな一節がある。ある弟子が，聞いたらすぐに実行すべきか，と問うたところ，孔子は「親兄弟の意見も聞くように」と答えた。ところが，別の弟子が同じことを問うと，「すぐにせよ」と答えた。この両方のやり取りを聞いていた，さらに別の弟子が，混乱して真意を問うと，孔子は，「おっちょこちょいな弟子には人の意見も聞けと言うし，引っ込み思案な弟子には思い切ってすぐやれというのだ」と答えた（先進篇）。

答えは一つ，とは限らない。ここには，多くの理論と技法に目配りをして研鑽を続け，クライエントをよく知って臨機応変にふさわしい応答をする，優れたカウンセラーの姿がみえてこないだろうか。

〈和田　倫明〉

〔文献〕

金谷治訳註　1999　論語（新訳）　岩波書店
下村湖人　1981　論語物語　講談社
山田史生　2006　寝床で読む『論語』——これが凡人の生きる道　筑摩書房

# 第III章

# リレーション

## Relation

　リレーションは，カウンセリング心理学にとって基本的な研究課題である。それは理論（たとえば，フロイト理論，ロジャーズ理論）を問わず，場（たとえば，学校，企業）を問わず，目的（たとえば，問題解決，予防，開発）を問わず，方法（たとえば，個別面接，グループ・アプローチ）を問わず，リレーションは行動変容の方法，あるいは条件として不可欠だからである。

　どういうわけで不可欠か。理由が三つある。①リレーションそのものが人を癒す（たとえば，ロジャーズ，アクスライン，サティ）。②リレーション（たとえば，感情転移，シェアリング）を通して洞察することにより，行動変容が起こる。③リレーションを道具にして（たとえば，コンフロンテーション）問題解決する。

　したがってカウンセリング心理学では，リレーションの生じる条件，リレーションの効果，リレーションの形成・深化（あるいは希薄化・崩壊）のプロセスを，固体間のリレーション，役割間のリレーション，グループ間のリレーション，組織と地域間のリレーションなどのそれぞれについて研究する必要がある。

　特に，これからのカウンセリング心理学は，パーソナル・リレーションだけでなく，ソーシャル・リレーションにも関心をもつことである。たとえば，結婚カウンセリングでは，夫婦間の葛藤をパーソナリティ間の問題（パーソナル・リレーション）としてではなく，役割期待の一致度（ソーシャル・リレーション）としてとらえることが少なくない。構成的グループ・エンカウンター（SGE）でメンバーに役割分担するのは，ソーシャル・リレーションが行動変容に有効な体験になるからである。本章のねらいは，リレーション研究への関心を高めることにある。

（國分　康孝）

## 1 リレーション研究のフレーム
frames of research of human relations

「カウンセリングとは言語的および非言語的コミュニケーションを通して，行動の変容（発達課題を解決して成長するの意）を試みる人間関係」という國分（1996）の定義からすると，リレーションはカウンセリングという援助活動の中心概念である。それゆえ，リレーション研究のフレームを考察することは，意義あることと思われる。

### 1．定義と種類

リレーションとは，個体間，集団内，個と集団間に，「思考・感情・行動・情報」の共有がなされている状態のことである。忘年会（行動の共有），新入社員のガイダンス（情報の共有），共感的会話（感情の共有），講義（思考の共有）がその例である。

しかし，好感の交流，すなわちラポールだけがリレーションではない。ラポールはリレーションの下位概念である。すなわち，陽性の感情を相互に共有しあっているリレーションのことである。相互に陰性の感情を共有しあう場合（たとえば，陰性の対抗感情転移）もリレーションという。この陰陽いずれのリレーションも，カウンセリング心理学の有意義な研究テーマである。

リレーションを育てる方法として，言語的コミュニケーションと非言語的コミュニケーションがある。伝統的カウンセリング理論（精神分析理論，自己理論）は，言語的コミュニケーションを主としたインターベンションであるが，ゲシュタルト療法の修正版または応用版ともいえる構成的グループ・エンカウンター（SGE）では，非言語的コミュニケーションの比重が大となる。どういう対象に，どういう目的のときに，バーバルとノンバーバルの比率をどう加減するかがリレーションに関するリサーチの課題になる。

たとえば，小学校1年生対象のSGEでは，大学生対象のSGEのときより，ノンバーバル・エクササイズを多くしたほうがメンバーの抵抗が少ないというのが経験上の仮説である。これを検証するリサーチが必要である。

リレーション形成には二つの方法があると前述したが，形成されたリレーションに2種類ある。つまり，パーソナル・リレーション（ひとりの人間としてのふれあい）と，ソーシャル・リレーション（役割と役割のつきあい）の二つである。リサーチのテーマとしては，この二つのリレーションの組み合わせの条件と，それぞれのリレーション形成のスキルが取り上げられる。たとえば，職業倫理はソーシャル・リレーションが，グループ・エンカウンターはパーソナル・リレーションが，それぞれ主軸になっている。それぞれが，個・集団・組織・地域の成長の役に立つための条件・方法が，リサーチの課題になる。たとえば，村瀬ら（1988）の調査によると，合宿研修期間中，役割分担を共有した仲間（ソーシャル・リレーション）のほうが，寝室を共にした仲間（パーソナル・リレーション）よりも親密度が高くなった。

### 2．意　義

リレーションそのものが人間成長を促進する。これが，カウンセリングにおけるリレーションの第一の意義である。たとえば，サティ（Suttie, I. D.）の『愛憎の起源』（1935）は，母子一体感に似た感情体験が自他の間にあるときは，精神疾患が予防できるという。したがって，SGEによってメンバー相互に身内意識を共有するから，生への意欲が高まると解釈できる。ロジャーズ（Rogers, C. R.）の過程尺度も，リレーション体験そのものが人格変容につながる証拠である。あるいは，片野（2007）の調査が示すように，グループの凝集性はメンバーの居場所感を増すので，個の成長を促進する。

カウンセリング心理学からみたリレーションの第二の意義は，ある目的達成のための有効な条件になることである。たとえば，精神分析的カウンセリングでは，クライエントのカウンセラーへの態度（リレーション）を素材にして，「あなたは母に対する遠慮を私に向けていますね」と解釈して，行動のパターンに気づかせる。つまり，リレーションは洞

察（目的）のための手段としての意義がある。それゆえ，どういう目的のために，どの程度のリレーションを，どのようにしてつくるかということが研究テーマになる。

　カウンセリング心理学にとって，リレーションの第三の意義は，リレーションそのものが問題解決に有用ということにある。相手の不当な対応に対して「服従から対決へ」とリレーションの質を変えることが，問題解決につながる。部下に対するP→CのリレーションをC→Pに変えてみたところ，部下の「やる気」が増したというのがそれである。以上を要約すると，リレーションをリサーチする場合，実存主義的アプローチは「癒し体験としてのリレーション」を取り上げるであろうが，プラグマティズムのフレームでは「目標達成の役に立つ方法としてのリレーション」を取り上げる公算が大である。

　しかし，どの理論でもリレーションを取り上げるとは限らない。たとえば論理実証主義志向のカウンセリングでは，リレーションづくりにあまりウエイトを置かない。つまり，リレーションが「人を癒す」とか「役に立つ」という前提をもたないからである。したがって，リレーション研究のフレームとして，研究者の哲学思想を自覚しておくことも大事である。

## 3．今後の課題

　今の時代（2008年）は詐欺，殺傷，虐待など，超自我の低い出来事が毎日のように報道されている。『良心を持たない人たち——25人に1人という恐怖』(Stout, 2005) という本がその例である。

　問題は「どうすれば超自我が育つか」である。仮説としては「他者を内在化すること」である。すなわち，父母・教師・友人・思想・役割などの他者を内在化（摂取または同一化）することである。ではどうすれば，このような他者を内在化できるか。それはリレーションを通してである。子どもは母とのリレーションを通して，母の言動を学習し，自分の言動のプリンシプルにする。それゆえ，リサーチ・トピックとしては，青年の超自我は何を摂取して育つか。友人を摂取するのが青年期の特徴であるという小林（2005）のリサーチがある。どういうリレーションが他者の内在化に有用か，そのようなリレーションをつくる方法はどういうものかなどが考えられる。

　以上の問題を解明する手がかりになるものとして，SGE，サイコエジュケーション，グループワークを挙げたい。

　　　　　　　　　　　　　　（國分　康孝）

〔文献〕

片野智治　2007　構成的グループエンカウンター研究　図書文化社

小林卓也　2005　青年の自己対象体験に関する心理学的研究（博士論文）

國分康孝　1996　カウンセリングの原理　誠信書房

村瀬旻・國分久子・西昭夫・菅沼憲治・國分康孝　1988　大学生の人間関係開発のプログラムとしての構成的グループ・エンカウンターにおける知り合いのひろがりについて　カウンセリング研究, 21(1), 14-28.

Stout, M. 2005 *The sociopath next door : The ruthless versus the rest of us.* Broadway Books.（木村博江訳　2006　良心をもたない人たち——25人に1人という恐怖　草思社）

Suttie, I. D. 1935 *The origin of love and hate.* Penguin Books.（國分康孝・國分久子・細井八重子・吉田博子訳　2000　愛憎の起源　黎明書房）

## 2　3種類のリレーション
Moustakas' model of relationship

「リレーションとは固体間，集団内，個と集団間に思考・感情・行動・情報の共有がなされている状態のことである」という國分康孝の定義からすると，リレーションは援助活動やマネジメントの中心概念である。それゆえ，リレーション研究はきわめて重要であり，リレーションの態様について考察することは意義あることと思われる。

## 1．定　義

　筆者は國分の定義をふまえ，リレーションを次のように定義する。「リレーションとは，

被援助者と援助者間の信頼と敬意に満ちた被受容感のある人間関係の体験過程をいう。すなわち、両者が自他理解と自己開示を通して、意味と感情交流のある人生の一コマを共に生きる過程」をいう。

この基本的な定義に基づきながら、リレーションの態様について述べると、ワンネス (one-ness：being in)、ウィネス (we-ness：being for)、アイネス (I-ness：being with) の3種類があると考えられる。これらを総称してカウンセリング・マインドという場合もある。これらは、実存主義的な児童心理臨床家、ムスターカス (Moustakas, C. E.) のリレーションシップに関する考察に依拠している。彼は、心理臨床プロセスにおけるクライエントの「固有性・独自性」(かけがえのなさ) を尊重し、クライエントとの内的世界の共有 (エンカウンター)、自己開示、自己主張、対決を重要視している。

1) ワンネス

ワンネスは次のようなリレーションの態様を意味している。すなわち、immersion (相手の世界にまず自分を投げ込み、相手の世界に浸りきる)、indwelling (相手の願望、興味、希望、恐怖、挫折感や自己像、自己概念、自己評価などを把握し、相手の全体像を理解する)、internal frame of reference (相手の内的準拠枠をつかむ) である。

対人行動レベルで具体的に示すと、たとえば、無条件の積極的・肯定的関心を「質問する」「問いかける」という行動で実現する。互いに「無視しない (無視されない)」「耳を傾ける (耳を傾けてくれる)」「話題をさえぎらない」「話題を変えない」「相手を注目している」「自分を押しつけない (自分を押しつけられない)」といった対人行動をとる。

これとは対象的に、急に話題を変えられたり話題を取られると、話し手は意気消沈したり、屈辱感や被無視感、自己否定、自己卑下を体験することになる。話し手が自己表現している最中に、相手が自分を押しつけてきたり、相手が逆に無関心であったりすると、話し手は自信を失っていく。聞き手が耳を傾けてくれないとき、話し手は自分を過小評価したり、弱小感を感じたりする。話し手が自己表現・自己開示することに戸惑ったり、適当な表現法を模索しているとき、そこに沈黙が生じる。そのようなときに聞き手が急がせたり、待てずに自分のほうから話の接ぎ穂を出したりすると、お互いがお互いを「連れ添う同士」(一体感) ではないという体験をする。

2) ウィネス

ウィネスは「自己の実現をうながすような相手の表現を支持したり、力づけたり励ましたりする」「相手のなかから自己決定力を引き出す」など、alliance (同盟) のことである。すなわち「連合している」「一枚噛んでいる」「他人事ではない」といったような、「相互扶助的」な対人態度がある。「偏見と先入観がない」「支配と服従がない」「報復がない (遺恨がない)」といった、水平関係に徹するという対人態度がそこにある。「意志を見下したり、無視されることがない」「自己決定への気概を支える」といったような、相手の自己の実現を尊重する。「調和 (とけこんでいる)」「外界とのつながりが感じられる」「大事にされている自分を感じる」といった、relatedness を形成する一貫した面倒見のよさと支持的な対人態度である。

対人行動レベルで具体的に示すと、「中立的な言動をしない (何の応答・反応もしないこと)」「受容する」「支持する」「励ます」「認める」「称賛する」「協力」「表現法を援助する」「身を挺してかかわっていく」というような行動になる。

3) アイネス

アイネスは、I-Thou relationship (「我と汝」の関係の意) を意味し、相互の固有性・独自性 (「かけがえのなさ」) を尊重する、畏敬の念をもち合うという態度から生じる。自己主張 (assertiveness) や対決 (confrontation)、「意味と深み」のある、あるがままの自己を開示しあう関係を志向している。自己主張を志向するとは、あり方としてお互いの自己主張を促進しあう態度のことである。

その具体的行動として、対決をためらわない。対決は互いを高め合う生産的論戦であり、互いの自己主張をうながす。それは、自己の実現を相互にうながすという意味である。自己の実現とは自他の識別があり、意志と意識

が目覚めていて、自己の思考と感情と行動に目覚めている、自己の存在価値を自覚していて、自分が自分の人生の責任者であるという「個」の自覚を有していることである。

## 2．意　義
リレーションは、カウンセリングやマネジメントのような、発達・成長志向の教育的・開発的援助活動の中心概念である。それゆえ、固体間、集団内、個と集団間のリレーション形成をする場合に、態様別のリレーション形成をすることは、効率的かつ効果的な援助活動を進めることができると思われる。すなわち、どのような状況に置かれた、どのような人（または集団）に、どのようなインターベンション（介入）をするかといった問題を検討するうえで、3種類のリレーションについて考察することは意義がある。

たとえば過剰適応の傾向のある個人（または集団）に対してはアイネスを、適応指導教室で不登校の児童生徒を援助するときには、ワンネスやウィネスのリレーション形成をするという意味である。

筆者は、「ふれあいと自他理解」を通して行動の変容を目的とする、構成的グループ・エンカウンター（SGE）において、態様別のリレーションを基軸にしたプログラムをつくり、実践したところ、アウトカムは異なっていた（片野、2007）。

すなわち、適応状態（個性化・社会化）を測定する伊藤（1993）の「個人志向性・社会志向性PN尺度」得点で比較したところ、ウィネス・プログラムではアイネス・プログラムに比べて適応を促進し、一方、アイネス・プログラムではウィネス・プログラムと比べて過剰適応を防ぎ、適度な適応を促進するという結果が得られた。以上を要約すると、態様別のリレーション形成と介入は不即不離の関係にあり、行動の変容に影響すると思われる。

## 3．今後の課題
態様別のリレーション形成をすることは、効率的かつ効果的な援助活動を進めることができると述べた。その理由はリレーションの質が異なれば、アウトカムは異なる。介入の場合においても同じことがいえる。

そこで、教師が学級経営をする場合のリーダーシップの発揮の仕方や介入法の検討をする場合、どのような状況下の、どのような学級集団に対して、どのようなリレーション形成をするのか、またどのような介入をするのか、これらをリサーチすることは意味があると思われる。

（片野　智治）

〔文献〕

伊藤美奈子　1993　個人志向性・社会志向性尺度の作成及び信頼性・妥当性の検討　心理学研究，**64**, 115-122.

片野智治　2007　構成的グループエンカウンター研究　図書文化

ムスターカス，C.　國分康孝・國分久子訳　1992　人間存在の心理療法　誠信書房

Moustakas, C.E. 1995 *Being-in, being-for, being-with*. Jason Aronson INC.

## 3　友人関係
peer relation

人は、仲間からのさまざまなフィードバックにより、自己への理解を深めることができる。ヨコの関係といえる友人関係は、自分づくりにとって不可欠なものといえる。

### 1．発達課題の問題
子どもでも成人でも、仲間との相互作用で社会性を養い、仲間から受容されることで自己肯定感・自尊感情は高まる。エリクソン（Erikson, E. H.）は青年期の発達課題を、自我同一性（ego-identity）の獲得期であるとした。ウォーターマン（Waterman, 1993）は、青年期において「重要な他者」が人生の選択の幅を広げ、自我同一性の探求の際の積極的関与により重要な意味づけを与えることを指摘している。

子どもから大人への移行期である青年期は、自我が多数の同一性のなかから、成人した自分によりふさわしいもの、自分のものとして肯定できるものを、改めて自覚し選択し直す時期である。その意味で、親密な友人関係をもつことは、青年期にとって重要なことであ

る。友人関係を通して，人は複眼的なものの見方・考え方ができるようになり，自己概念を形成するといえる。しかし一方，さまざまな試行錯誤を行ったり，自分自身の可能性を試すことが可能なこの青年期に，親との同一化で満足してしまったり，悩まず自分をつくっていこうとしたり，あるいは早く自分を確立したくないと考える青年もいる。

## 2．カウンセリング・トピック

友人関係については，自尊感情や自己受容，ストレス反応との関係，スキルの未熟さなどさまざまな視点から研究が行われている。松井（1990）は友人関係が社会化に影響を及ぼし，友人関係が青年期にとって重要な意味をもつと述べている。

### 1）自尊感情，自己受容と友人関係

星野（1998）は，自尊感情は，対人関係を理解する際の重要な鍵概念であると述べている。友人関係を規定する要因はさまざまなものがあると考えられるが，人は相手との比較で自尊感情を傷つけないようにしたり，相手の影響力によって自尊感情を高めようとしたりする。また，吉岡（2001）は，人から必要とされていると感じていることや，自分が存在していることに意味があると思える程度が高いほど，友人関係の満足感が高くなるとしている。また，自分は価値のある人間であるという自己像をもつことができるような，自己受容につながる体験を多く得られることが，満足感をもてる友人関係を築くうえで重要になってくると述べている。

### 2）ソーシャル・サポート

ソーシャル・サポートは，普段から自分を取り巻く重要な他者に愛され大切にされており，もし何か起こったとしても援助してもらえるという期待の強さのことである。用松（2004）は，ソーシャル・サポートを受けられるという期待感を強くもっている人は，普段から円滑な対人関係を構築できるとしている。このように，「人は自分を受け入れてくれるものだ」という対人的な安心感をもつこと，すなわち自分にとって重要な他者からの受容が，自己承認感や自己受容につながるといえる。

### 3）ストレス反応との関係から

古市・玉木（1994）は友人関係は重要であるが，ストレス源にもなると述べている。また，吉原・藤生（2005）は，高校生の友人関係のあり方が，学校ストレッサーとストレス反応に影響を与えることを明らかにした。友人関係がうまくいかない場合には，学校ストレスをもたらすことにつながるといえる。

### 4）SGE・SSTと友人関係

成長過程において，人とかかわる経験が希薄となっている現代社会では，構成的グループ・エンカウンター（SGE）を実施することで，自己の内面と向き合ったり，情緒的にコミットすることができ，人とふれあうことの喜びを体験できる。すなわち，学校現場において，子どもたちが自己開示と被受容感の体験を通して，相互に肯定的な人間関係を形成し，自己肯定感を高め，集団への帰属意識（心の居場所づくり）をもつことにもつながると考えられる。

また，松井（1990）は，社会的スキルの学習機能を青年期の友人関係の機能のひとつとして挙げている。しかし一方で，千石（1991）は，友人関係の希薄化の原因のひとつにソーシャルスキルの未熟さを挙げ，特に自己主張を控える傾向が友人関係を表面的なつきあいにとどめているとしている。自己の内面を開示することや，互いに傷つけたり傷ついたりすることを避け，形だけの円滑な関係を求める傾向がある（栗原，1989など）。また，他者との距離の取り方がわからずに内にこもってしまう場合もある。意図的にソーシャルスキル・トレーニング（SST）を行うことで，対人関係に必要な行動スキルを，具体的に習得させる教育プログラムが導入されるようになってきている。子どもたちの日常生活に般化できるように，ソーシャルスキルを高めるようなエクササイズを用い，意図的，計画的に実施していくことが大切である。

## 3．今後の課題

親密な友人関係は，青年期の自己概念の形成に大きく影響することがいわれている（岩永，1991など）。仮説としては，青年期は児童期的アイデンティティを壊し，エリクソンの心理社会的発達でいうところの，大人とし

ての「アイデンティティの基礎を形成すること」といえる。外界に対して自分から積極的に取り組んだり，自己の内面をていねいに見つめることができる人は，青年期に自分で自分らしさをつくりあげることができるといわれている。

リサーチ・トピックとしては，対人関係における発達の問題を解決する手がかりとして，開発的カウンセリングを取り入れた人間関係づくりに向けた心理教育プログラム（SST，SGE，アサーション・トレーニング）の開発を挙げたい。その際，ソーシャルスキル尺度，自尊感情尺度や自己受容尺度，Q-U（学級生活満足度尺度）などの尺度を用いて，実施したプログラムの効果測定を行う必要がある。Q-Uは学級集団と個の関係がどのようになっているかを知り，個・集団への指導・援助について検討する手立てのひとつになる。

〈右寄せ〉（阿部　千春）

〔文献〕

古市裕一・玉木弘之　1994　学校生活の楽しさとその規定要因　岡山大学教育学部研究集録，**96**，105-113．

星野命編集　1998　対人関係の心理学　日本評論社

岩永誠　1991　友人・異性との関係　今泉信人・南博文編　人生周期の中の青年心理学　北大路書房　140-152．

栗原彬　1989　やさしさの存在証明――若者と制度のインターフェイス　新曜社

松井豊　1990　友人関係の機能　"青年期における友人関係"　斎藤耕二・菊池章夫編著　社会化の心理学ハンドブック　川島書店　283-296．

千石保　1991　「まじめ」の崩壊――平成日本の若者たち　サイマル出版会

Waterman, A. S. 1993 Developemental perspectives on identity formation : From adolescence to adulthood. In J. E. Marcia, A. S. Waterman, D. R. Matterson, S. L. Archer, & J. L. Orlofsky (eds.), Ego identity : A handbook for psychosocial research. Springer-Verlag. pp. 42-68.

用松敏子　2004　自己表現行動と自己一致傾向の関連について――精神的健康度を指標として　福岡教育大学大学院教育学研究科修士論文

吉岡和子　2001　友人関係の理想と現実のズレ及び自己受容から捉えた友人関係の満足感　青年心理学研究，**13**，13-30．

吉原寛・藤生英行　2005　対人関係のあり方と学校ストレッサー，ストレス反応との関係　カウンセリング研究，**38**(2)，128-140．

## 4　教師の態度
teacher's attitude

教師の態度とは，子どもに対応するときの教師のふるまい，言動，姿勢を含めたものである。また，教師-子ども間における教師の態度は，教師自らが認知する態度ではなく，子どもの側から認知した態度と考えたい。なぜならば，教師自らが認知している態度と子どもが認知している態度にはずれがあり，教師自身が自己理解している態度とは必ずしも一致していないからである。

たとえば，教師が子どもに対して温かく接している態度ができていると自らが認知していても，受け手側の子どもが，その態度は形式的で温かさを感じないと受け止めていれば，温かく接している態度とはいえないのである。

### 1．リレーション形成における教師の態度

教師と子どもの間にリレーション形成する教師の態度について，國分（1995）はひとつの条件として自己開示（self disclosure）能力を高めることを指摘する。具体的には，①自分の生い立ちや現状を語る，②自分の感情を表出する，③価値観を表明する，の三つを挙げている。たとえば，上述の温かく接している態度について，教師は温かく接していると認知しているが，どうも子どもとの関係に違和感を感じる。そこで教師の側が，子どもたちに自らの違和感（あるがままの現状）を伝え，何が原因なのか語り合う姿勢を示す。子どもたちは，「先生の言い方は優しいが心からは言っていない」と伝える。教師は子どもたちの言葉を受け止め，「言い方は優しかったが，心が伴っていなかったかもし

れない」と伝える。つまり教師の本音と子どもの本音がぶつかりあう場面である。教師が現状の思いを伝えたことで，リレーション形成が促進されるのである。

## 2．教師の態度とその意義

教師は学級集団において中心的な位置に立ち，個人および学級全体のいずれに対しても大きな影響力をもつ。教師がどのような態度で子どもたちに対応するかによって，個人および学級集団の適応，学級雰囲気，学習意欲，スクール・モラール，そしてリレーション形成は違ってくる。河村（國分・河村，1996）は，学級の子どもは教師の態度や行動から，必ずその言葉にならないメッセージを受け取っていると指摘する。教師は子どもたちとのふれあいのなかで，児童生徒が何を感じ，何を考えているのか，的確に把握し受け止める。また，自らの態度を評価し反省することで，子どもたちとの関係を調整する。教師は児童生徒のおかげで内的に成長でき，児童生徒に教えられながら，自らの指導態度を確立する。教師の態度は，子どもたちの成長や発達に重要な役割を果たすのである。

## 3．その事柄の研究の状況

### 1）リーダーシップ理論

教師の態度に関連する研究として，教師のリーダーシップ理論がある。代表的な研究として，三隅（1966）らによるPM理論，森（1981）のHS理論，木原（1981）のAD理論がある。

三隅は，P機能（目標達成機能：performance function）とM機能（集団維持機能：maintenance function）を用いて教師の指導行動を類型化し，スクール・モラールとの関連で「PM型，pM型，Pm型，pm型」の順に効果があることを指摘した。また森は，H機能（人間担任機能：human being），S機能（教科担任機能：subject）の二つの機能から考えて，教師はいずれの機能の役割も果たさなければならず，人間形成と専門的教育内容の伝達指導の役割を果たさなければならないとした。

さらに木原は，教師のリーダーシップが，受容（acceptance）-非受容（non-acceptance）と，要求（demand）-無要求（non-demand）の二次元からなるAD理論を提唱した。AD理論では，AD型，Ad型の教師は生徒の自己概念，学習意欲に良い影響を与え，非行抑止としても機能するとした。

木原（1987）は，三隅のPM理論，木原のAD理論，森のHS理論の三つのリーダーシップ理論から，共通点を指摘する。それは，いずれの理論も個人を超えた集団に顔を向けていると同時に，集団成員にも顔を向けていると指摘する。つまり，P・S・Dが個人を超えた集団に顔を向ける機能であり，M・H・Aが集団成員に顔を向ける機能である。集団のリーダーである教師は，集団成員一人ひとりを受容し，専門的な知識と，ときには強く集団を引っ張る態度が必要である。

### 2）子どもの信頼する教師の態度

植草（植草・松元，1995；1996）は，子どもが信頼する教師の態度とはどのような態度なのかを明らかにした。はじめに信頼する教師をSD法でイメージ化し，その後イメージ化した信頼する教師の態度を明らかにした。その結果，信頼する教師の態度は以下の四つであった。①人間としての姿勢にかかわる態度（人間態度），②支持・理解・受容的な態度（受容態度），③学習に関する専門的な態度（学習態度），④温かい，親しみやすい態度（温かい態度）。そのなかで，子どもが認知する最も信頼する教師の態度は，「受容態度→温かい態度→人間態度」順に影響し，学習態度は教師への信頼には影響しない結果となった。また，学校不適応との関係では，学習態度を含めた四つの態度が影響している結果となった。

## 4．今後の課題

教師の態度のなかで，カウンセリング・マインドという言葉に代表されるように，子どもたちを受け入れる態度が重要とされてきた。しかし，教師の形式的な受容的態度は，結果的に子どもや学級を混乱させ，学級崩壊やいじめの発生原因になりかねない。教師の態度は教育的信念や哲学に裏打ちされ，自らの人生経験のなかで培った態度でなければならない。この事柄に視点をもつことが今後必要である。

（植草　伸之）

〔文献〕

木原孝雄　1981　教師のリーダーシップ類型と子ども　岡山大学教育学部研究集録，**60**，199-217.

木原孝雄　1987　教師のリーダーシップ研究とAD理論　学校教育研究，**2**，41-53.

國分康孝　1995　教師の生き方・考え方　金子書房

國分康孝・河村茂雄　1996　学級の育て方・生かし方　金子書房

三隅二不二　1966　新しいリーダーシップ——集団指導の行動科学　ダイヤモンド社

三隅二不二　1978　リーダーシップ行動の科学　有斐閣

三隅二不二・吉崎静夫・篠原しのぶ　1977　教師のリーダーシップ行動測定尺度の作成とその妥当性の研究　教育心理学研究，**25**，157-165.

森隆夫　1976　学校と社会　教育開発研究所

森隆夫　1981　ゼヒトモ教師論——「学校銭湯」にみる人間担任制　学習研究社

植草伸之・松元泰義　1995　生徒認知による信頼する教師の態度に関する研究(1)　日本教育心理学会第37回総会論文集，596.

植草伸之・松元泰義　1996　生徒認知による信頼する教師の態度に関する研究(2)　日本教育心理学会第38回総会論文集，293.

## 5　教師間のリレーション
inter-teachers relation

学校におけるリレーションは，教師間・対子ども・対保護者のリレーションが考えられるが，本項では，「教師間のリレーション」について，その定義・現状・創意工夫・今後の課題について述べる。

### 1．定　義

教師間のリレーションがあるとは，学校の教師集団のなかに相互の「思考・感情・行動・情報」の共有がなされている状態のことである（國分，1996）。親睦会行事（行動の共有），校内研究会（思考の共有），コーヒータイムでの楽しい語らい（感情の共有），新任者オリエンテーションや朝の職員打ち合わせ（情報の共有）などである。

また，教師間のリレーションがあるとは，「教師間に感情交流か役割関係の何れか，あるいは両方が存在する場合をいう」（國分，1996）。たとえば，共感的語らい（感情交流），校務分掌組織（役割関係）などである。この感情交流と役割関係の両方のバランスのとれた教師間のリレーションがある学校は，教育目標の具現化のために校長を中心に教職員が，互いに信じあい努力しながら協働しあう，成熟した教師集団といえる。

### 2．現状と意義

しかしながら，現実には教師間にバランスのとれたリレーションがとれている場合は少なく，人間関係に種々の問題を抱えている学校も多い。秦（1993）の調査では，「こうした問題が全くない学校は全体の1割にも満たなく，大多数の学校は校長・教頭と教員との間の対立や分裂，男性教師と女性教師との役割分担に対する問題や不平等感，ベテラン教師と若手教師との不和，出世を目指す教師と他の教師との対立・不和といった状況がある。そのうえ，子ども不在のイデオロギー的対立や教師の多忙・ゆとりがないという状況のなかで，時には教師が集団として機能しない」という現実を指摘している。

たとえ，教師間の考え方が異なっていても，問題のある子や配慮を必要とする子どもたちが多くても，保護者の苦情が多くても，どんなに多忙であっても，力いっぱい勤務できる学校がある。反対に，子どもたちの問題は少ないのに，教師間の冷たい雰囲気，陰口，孤立，不信感，差別，いじめなどがある職場では心が疲れ果て，教職員は学校不適応を起こし，異動や休職・退職の選択をせざるを得ない状況に陥ってしまう。このような，前者の「勤務したくなる学校」と後者の「辞めたくなる学校」の違いのキーワードは，「教師間のリレーションの如何」が大きいと考えられる。感情交流と役割関係の両方のバランスのとれたリレーションは，何よりも学校教育活動の成果を上げることになり，教員同士のメンタルヘルスの予防と解決に貢献し，子どもたちに対する人間関係のモデルとしても重要である。

## 3. 教師間のリレーションを築く創意と工夫

いままで，教師間の人間関係やどのように協力体制を築くかということも含め，教師間リレーションについての研究はあまり進んではいない。管理職のリーダーシップ能力や教職員構成・年齢差・教育観・人間性を考慮してリレーション形成を再考する必要がある。教師間のリレーションを築くために，いくつかのリサーチ・トピックスを挙げてみたい。

### 1）経営方針の明示

校長・教頭などの管理職は，子どもにも職員にも思いやりと優しい心をもちながら，経営方針を提示しリーダーシップを発揮することである。優しさにあふれ，深い思いやりをもって学校経営に当たろうとする管理職には，明るく開かれた仲間づくりをしながら学校の経営目標に結集し，共に学校づくりに参画しようという気風が教職員の間に育ってくるようになる。

### 2）役割関係と感情交流の共存

管理職を含め，教職員全体が校務分掌組織を活用し生かすこと。つまり，組織間の連絡を密にしながら，形式にとらわれず計画に添って実践・評価を積み上げ，まずは「成果が上がるように」と地道に努めることである。このとき，相反するようであるが，「いろいろな職種や役職や主任など，立場は違っても人間としてはみな平等であり，一人ひとりがかけがえのない大切な存在であること。職場はひとつのファミリーである」という空気が教職員のなかにまんべんなく漂うことにより，働くモチベーションも向上し，教師間のリレーションがさらに育つようになる。感情交流と役割関係は対照概念ではあるが，同時に存在できるものである。

### 3）自己開示的な情報交換

職員室のなかで，または学年会・職員会議後など定例的に子どもの様子についての情報交換や指導方法が，日常的に話題にできるようにすること。方法として自己開示を取り入れ，年齢や経験年数に関係なく実践や努力していることに対しては互いに評価しあうようにする。そのことによって，学級経営上の問題も早期に把握でき，解決にも文殊の知恵を出しあうチームワークでかかわることができる。その結果，指導方法を互いに共有し，学級経営上の具体的スキルを模倣・洞察し，教師の自己効力感も高まる。また，研修意欲も高まり，教職員間全体の底上げとしての資質向上にもつながっていくように思われる。職員のなかで日常的に意思疎通が図られるということは，互いの信頼関係が生まれ心の疲れがなく，明るく元気に仕事を進めていくことができる。このように，教員間のバランスの取れたリレーションは，教育活動を効果的に推進することができる。

## 4. 今後の課題

まず，①職場で使える構成的グループ・エンカウンター（SGE）プログラムの開発が挙げられる。教師の感情交流を進めるには，SGEの導入も考えられる。また，その成果の測定も今後の課題である。

次に，②教師の研修プログラムの開発である。教師の役割関係については教師の研修に組織心理学，リーダーシップ論（たとえば，國分〈1984〉など）を導入する必要がある。その研修プログラムをつくるのが今後の課題である。

最後は，③職場におけるメディエーションスキルの開発である。いじめを含む教師間のトラブルにどう対応するか。その方法についての研究はどうか（対応が悪いと，バーンアウト・辞職となる），どうするかの方法開発が，今後の課題である。

(門田　美惠子)

〔文献〕

秦政春　1993　人間関係（教職員の）　現代学校教育大事典　ぎょうせい　380.

國分康孝　1984　リーダーシップの心理学　講談社

國分康孝　1996　ポジティブ教師の自己管理術——教師のメンタルヘルス向上宣言　図書文化社

岡田弘　2001　エンカウンターで学校を創る——心を育てる学校ぐるみ実践例　図書文化社

佐藤勝男・水上和夫・石黒康夫　2003　困難を乗り越える学校　図書文化社

## 6 幼, 小, 中の連携
### collaboration among schools

　幼稚園・保育所，小学校，中学校の連携が重要な課題になるのには，二つの側面がある。一つは，教育課程等の子どもの学習面での連携支援。そしてもう一つは，不登校等の不適応や教育相談などでの子どもの発達面での連携支援である。いずれも小1プロブレムとか中1プロブレムなどといわれる，新入生の学習面や心理・発達面でのギャップが大きな問題になっている。すなわち，小学1年生が入学時点から着席行動等ができずに，学級集団が形成しづらいとか，中学入学時点ですでに，学力がついていかれずにドロップアウトしてしまうなど，学校種間のつながりに課題があるとされているものである。

　私がここで主に取り上げたい内容は，子どもの発達面での連携支援である。特に，中1プロブレムは中1ギャップともいわれ，なかでも不登校の子どもの数が，小学校6年生から中学1年生になると約3倍に増えてしまうという問題は，生徒指導・教育相談上の大きな課題である。

### 1．校種間の連携の意義

　国立教育政策研究所（2003）が，中学1年生で不登校になった生徒の小学校時代の様子を調査したところ，小学校高学年で長期欠席を経験していた児童が51.3％であった。そして，長期欠席経験児童は，中学1年の夏休み前には不登校状態（欠席日数30日超）になっているという。つまり，中学校の不登校問題を解決するには，中学校に進学してから対応していたのでは遅いのである。小学校時代の状態を情報として伝えるだけでなく，入学前から要支援児童の様子を把握して，受け入れ準備を進めていかなければならないのである。そして小学校時代の長期欠席経験にかかわらず，生徒一人ひとりの様子やクラスの人間関係の実態を，しっかりとつかんでいく必要がある。

　また，小学校では中学生になってから不登校にしないための，予防的な支援がますます必要になってくる。あるいは開発的な生徒指導の観点から，コミュニケーションの力や学級集団を育てることで，一人ひとりがクラスのなかで居場所，生きがい，存在感が感じられるように支援することも大切になってくる。卒業前に中学校の生活を体験するとか，教師同士が交流を深めて互いの様子をよく知り合うことも大切である。そして，要支援の児童にはどんな支援をしてきたのか，どんな手だてが有効なのかを，中学校へきちんと伝えていくことが必要である。

　しかし，小学校と中学校では教育内容や学校のシステムが大きく異なる。発達的には思春期特有の危機が始まる時期でもある。したがって，小学校でできた支援が中学校でできるとは限らないし（たとえば，学級担任制の小学校ではほぼ終日児童に接しているので，不適応や不安などの症状に対して担任が即座に対応できるが，中学校ではそうした支援は難しい），逆に小学校ではできなかった支援が中学校では可能になることもあるだろう（たとえば，中学校は教科担任制に加え，部活動などの活動もあり，たとえ担任とそりが合わなくても部活顧問や教科担任が，支援のキーパーソンになりうることが多い）。小学校，中学校それぞれが互いの特性をよく知ったうえで，リソースを有効に活用して支援体制を築いていく必要がある。子どもの発達は連続しており，長い人生の6年間なり3年間なりの支援を学校はしているのだという発想をもって，その前後のつながりをよく理解したうえで，連携した支援をしていかなければならないのである。これは小中学校間だけでなく，幼稚園・保育所と小学校，中学校と高等学校の関係でも同じことである。

### 2．連携支援の研究の状況

　学校種間の連携を考えるには，同じ学校のなかにおける教師同士の連携や，教師とスクールカウンセラー等の専門家との連携，外部の専門機関や家庭との連携など，チームで取り組む支援を広く考えることが必要である。それは，校内でのチーム支援がうまくできないのに，異校種間での連携支援ができるとはとうてい思えないからである。

子どもたちの学習や発達課題を克服するために，教師や専門家が協働して取り組む「連携支援」については，近年，急速に学校現場にもたらされた概念である。学習形態の多様化（少人数指導，TTなど）や，発達障害等の特別な援助ニーズをもつ子どもの支援まで，学級担任が一人ですべてを指導することが当たり前とされてきた時代から，教師同士が役割を分担して連携したり，教師とスクールカウンセラーなどの他職種が連携したりして支援する時代へと，学校は大きな変革の時期を迎えている。

先行研究をみても，学校内での教育相談では，子どもへの援助が必ずしもチームで行われてはいないことが明らかになっているが（久保田ら，2003），水野（2004）は学校心理学の文献研究を展望し，その内容を四つの視点で分類したところ，その1項目が「教師を含めた各種支援者同士の連携・チーム」であると述べている。他の3項目（①援助ニーズのアセスメント，②援助サービス，③予防的アプローチの一次的援助サービス）においても，教師が一人で対応できるものではなく，連携支援へのニーズは近年非常に高まりつつあるといえる。

しかし，連携支援についての研究の多くは，養護教諭がコーディネーター的な役割を果たした事例（山寺・髙橋，2004），コーディネーション委員会の実践を分析し，支援体制を構築した事例（家近・石隈，2003）などのケース研究と，病院と学校との連携の報告などが多い。また，小中学校に導入された特別支援教育コーディネーターに関する研究も，その多くが啓発記事であり，ようやく議論の土壌が耕されつつある現状である（海津，2005）。

こうした状況のなかで，淵上・西村（2003）は，教師の協働的効力感尺度を作成し，「支え合いの自覚」「学校改善への意欲」「積極的援助」「普段のコミュニケーション」「立場の違い克服」「管理職との協働」の6因子を抽出し，協働的効力感は職場の人間関係を通して形成される部分が大きいことを明らかにしている。これに関連して田村・石隈（2002）は，中学校教師を対象にした調査において，他の教師に援助を求めることを意味する「被援助志向性」と教師の自尊感情との関連を指摘している。また，これに先立って水野・石隈（1999）は，当時わが国においては未開拓の分野だった help-seeking preference, help-seeking behavior の研究を概観し，研究の内容を性差・年齢などのデモグラフィック要因，ソーシャル・サポートなどのネットワーク変数，個人の問題の深刻さ，そして自尊心・帰属スタイル・自己開示からなるパーソナル要因の4要因に分類した。これは，援助を利用するクライエントを研究対象にしたものであるが，子どもたちへの連携支援を促進する教師の要因を考えるうえでも，重要な指摘である。

筆者自身も学校内チーム支援の体制づくりを検討したところ，情報の共有，支援チーム会議の趣旨説明などは，教師間や教師と相談員との連携を促進するために最も重要な要素であることが示唆された（岸田，2002）。そして，こうした連携支援の実践の延長として，幼・保，小，中の連携の必要性が出てくるのである。中学校区単位で登校支援連絡会を立ち上げて，小中学校の教員が日常的に支援をしたり，小学校1年生が生活科の学習の一環として幼稚園や保育所を訪問して，来入児と交流するなど，身近なところで校種間の連携実践が始まっている。

### 3．今後の課題

このように，子どもへの連携支援を促進する大切な要素はみえてきたが，連携支援を促進する要因の実証的な研究は，まだまだ見当たらない。今後は連携を促進したり阻害したりする要因を明らかにして，連携を促進させるためのプログラムの開発などが求められるようになると思われる。

（岸田 幸弘）

〔文献〕

淵上克義・西村一生　2003　教師の協働的効力感の構造とその形成要因に関する研究　日本教育心理学会第45回総会発表論文集，39．

家近早苗・石隈利紀　2003　中学校における援助サービスのコーディネーション委員会に関する研究――A中学校の実践をとおして　教育心理学研究，**51**，230-238．

岸田幸弘　2002　学校内チーム支援の体制づくり——アクションリサーチの視点から　日本カウンセリング学会第35回大会発表論文集, 150.

国立教育政策研究所　2003　中1不登校生徒調査（中間報告）［平成14年12月実施分］——不登校の未然防止に取り組むために

久保田純・上村惠津子・永松裕希　2003　中学校における生徒指導・援助体制に関する研究　日本教育心理学会第45回総会発表論文集, 91.

水野治久　2004　学校心理学に関する研究の動向と課題——援助サービス実践への知見を中心として　教育心理学年報, **43**, 126-134.

水野治久・石隈利紀　1999　被援助志向性，被援助行動に関する研究の動向　教育心理学研究, **47**(4), 530-539.

田村修一・石隈利紀　2002　中学校教師の被援助志向性と自尊感情の関連　教育心理学研究, **50**, 291-300.

海津亜希子　2005　実践上の課題に対する研究の貢献性——特別支援教育コーディネーターに焦点をあてて　教育心理学年報, **44**, 119-125.

山寺智子・高橋知音　2004　養護教諭をコーディネーターとしたチーム援助——実践事例と先行研究からみた長所と課題　学校心理学研究, **4**(1), 3-13.

## 7　学級担任を失った子どもたち
teacher-less students

学校現場では，病気休職，教師の不祥事などの理由によって学級担任の交代が余儀なくされる事態が発生し，教師と子どもとのリレーションの悪化が深刻さを増している。このような状況を裏づけるものとして，文部科学省（2004年度）は，小中学校で病気休職している教師や離職した教師は2万人を超え，過去最高になっていると報告している。

学級担任を失った子どもたちとは，産休など予定されていた担任教師の交代ではなく，突然もしくは徐々に発生した何らかの理由によって年度途中に担任教師の交代が余儀なくされた学級の子どもたちのことである。ここでは，それまでの担任教師がいなくなったことによって，親密で受容的，共感的，援助的な人間関係を結ぶ存在自体がなくなり，教師とのリレーションを喪失してしまった子どもを意味している。

### 1．意　義

小石（1995）は，子どもと教師の人間関係は能力，知識，人格，情緒，価値観などさまざまな面における個々の子どもの発達に対して，教師が望ましい影響を与えるための関係であると指摘している。また，岸田（1987）は，教師の教育的な信念や，教授上の知識や技術は，実践的指導力の上部構造に相当するものであり，これを基底で支える下部構造として，子どもから教師への信頼や心情があると指摘している。

それゆえ，年度途中に学級担任の交代を余儀なくされた子どもたちは，発達に必要な望ましい影響を受けられない状況にあり，危機と考えられる。すなわち，河村（2003）のいうように，リレーションのない人間関係は，表面的であり役割的になる。そういう人間関係には，お互いの親密感，信頼感が生まれず，お互いの学びあい，育ちあいが成立しないと指摘している。子どもが教師とのリレーションを喪失してしまうのは，個々の人間形成においても重大な問題であると考えられる。

実際に筆者がかかわったケースがある。そこでは，学級担任を突然失ったために，泣き出したり，黙ったままふさぎ込んだりしてしまう子どもがいる一方で，教師に対する激しい怒りや憎しみの感情をむき出しにする子どももいて，学級全体が騒然として烏合の衆のような状況がみられた。子どもたちの感情には担任教師に対する強い不信感や，見捨てられたという怒り，これからどうなるのかという不安，もうどうにでもなれという諦めなどがあり，他の教師からの指導も意図的に拒否しているように思われた。また，一部ではあったが，自分では処理しきれないどうしようもない思いを，暴言やものを壊すなどの非建設的な行動や態度で表す子どもも現れ，そのたびに学級全体に動揺が起こった。授業をはじめとして係活動や清掃などの共同作業が困難になり，通常の教育活動ができない状況であった。

筆者には，それまで担任とともに培ってきたルールやマナーなどの望ましい習慣のすべてが，担任とともに一瞬にして消えてしまったように感じられた。そして，担任教師を中心につながっていたものが，担任がいなくなることで拠り所を失って一人ひとりがバラバラになり，子ども同士の関係も切れてしまったように思われた。

筆者が目の当たりにした子どもたちのこのような状況は，いわゆる危機介入（crisis intervention）を必要とする状況であり，河村（1999）が指摘している学級崩壊の状況と共通するものがある。教師が学級集団を単位として授業や活動を展開することが不可能になった状態，集団の秩序を喪失した状態であると考えられた。

すなわち，子どもが学級担任を失うということは教師と子どもとの人間関係を崩壊させるとともに子ども同士の人間関係をも崩壊させる，悲惨な学級崩壊であると考えられる。

## 2. 研究の現状

子どもと教師の人間関係に関する研究では，主に教師側の要因（パーソナリティ，認知様式，指導態度，強化や評価の仕方など）が，児童の側の変数（学業成績，動機づけ，自己概念，学校・学級への適応，教師に対する態度，子ども同士の人間関係など）に及ぼす影響について検討が行われている（小石，1995）。しかしながら，教師そのものの存在がなくなったときの子どもへの影響を直接検討した研究は少ないと思われる。

また，リレーションを喪失した子どもたちへの対応についての報告はなく，河村（1999）が参考になると考えられる。筆者は河村（1999）の再契約法を手がかりにして子どもとのリレーションの回復を試みた。対応の骨子は，①教師が子どもたちが苦しんでいる状況についての素直な感情を自己開示する，②子どもが思っていることを率直に話してもらう，③自分が新しい担任となって再スタートをきることを表明する，④子どもたちに教師に対する要望を聞く，⑤子どもに対して守ってほしい要望を一つ出す，⑥教師と子どもが互いに守る内容をルールとして確認する，であった。

## 3. 課題

教師と子どものリレーションを喪失させる事態への介入の仕方の開発研究は，喫緊の研究課題である。すなわち，学級担任を失ってしまった子どもたち一人ひとり，および学級全体に対する心のケアや組織的な対応のあり方について検討する必要がある。

（根田 真江）

〔文献〕

河村茂雄　1999　学級崩壊に学ぶ――崩壊のメカニズムを絶つ教師の知識と技術　誠信書房

河村茂雄　2003　人間関係づくりスタートブック　教開発研究所

岸田元美　1987　まえがき　教師と子どもの人間関係――教育実践の基礎　教開発研究所

小石寛文　1995　児童期の人間関係　培風館

# 8　保護者との関係づくり
collaboration of teachers and parents

最近，学校現場からは，「保護者との関係づくりが難しい」という声が多く聞かれる。本項では，先行研究から学校現場への提言を紹介するとともに，保護者との関係づくりの意義，求められる研究の方向性等について述べたい。

## 1. 関係づくりが難しい保護者の現状と方策

最近，学校や教師に対して自己中心的で無理難題を突きつける保護者を意味する，「モンスター・ペアレント」という言葉が聞かれるようになった。小野田（2006）は，このような保護者が増えてきた原因のひとつとして，「教師を馬鹿にしたり，言ったもん勝ちがまかり通ったりする風潮が強まっているのではないか」と述べている。そのうえで関係づくりの方策として，「親は先生の良いところを積極的にほめる。教師は親の厳しい言葉の裏にある辛さなど，本音をくみ取る」ことを提言している。また，諸富（2002）は，「すぐに逆ギレする親」など，教師にとって「困った親」を生む背景には，現在，在学中の児童生徒の親のほとんどが，「はっきり主張する

が傷つきやすい世代」「何不自由なく育ったため我慢ができない世代」に該当することが関係しているのではないかと述べている。そのうえで関係づくりの方策として，教師は「正論による説得ではなく親の話を聴く。親を尊重する。子どもをほめる」，親は「要求の前に教師との関係づくりに徹する」ことを提言している。

このように，関係づくりが難しい保護者の現状把握，関係改善に向けた方策の提言がなされるようになってきているが，学校現場における実践は緒についたばかりであり，効果的な方策を模索中である。文部科学省も2008（平成20）年度より，全国の教育委員会から具体策のアイデアを募り，事業費も支援するということが報道されており，国をあげての方策検討がいよいよスタートすることになる。

## 2. 関係づくりに関する研究の方向性

保護者との関係づくりに関し，前述の小野田（2006），諸富（2002）の提言のなかで類似・共通する部分を抽出すると，「いかにして相手の話を聴くか，相手の良いところをほめるか」ということになるだろう。この「相手の話を聴かず一方的に攻撃する」ということは，必ずしも保護者ではなく，教師の場合もある。このように，本来子どもを支える両輪であるはずの両者が負の相互作用の渦に巻き込まれてしまえば，子どもを育むための協力関係を構築することは難しくなる。それゆえ，教師は，先行研究に示された提言を日々の実践のなかで取り入れ，その効果を検証するとよい。具体的には，教育カウンセラーや学校心理士など，カウンセリング理論や技法を学んだ教師がコーディネーター役を務め，「話の聴き方」「いいところ探し」等に焦点を当てた研修会を企画・実施する。そして，保護者とのかかわり方の理論や技法を学んだ教師が，日々の実践を通し，その成果を蓄積していく。蓄積されたデータは，記述データであればKJ法を用いて分類・整理してもよいし，質問紙調査による数量データであれば統計処理を施してもよい。そのような，エビデンスに基づく研究によって示された保護者との関係づくりの具体方策は，保護者との関係に悩む教員にとって，解決へのヒントを示すことにもなるだろう。

保護者との関係づくりということでは，教師のメンタルヘルスも大いに影響を受ける部分である。近年，増加の一途をたどる教師の病気休職者数の現状を調査した中島（2006）は，「担任を替えてください」という保護者の一言が，教師のメンタルヘルス悪化を招くケースが多いということを指摘している。日々，子どもたちの前に立つ教師が心身ともに健康でなければ，子どもたちの健全な成長は望めないだろう。そのような観点からも，保護者との関係づくりに関する研究が，実際の教師の声を反映した実践研究のかたちで，今後検討・検証されることを期待したい。

## 3. 実践から得た「三つの言葉かけによる関係づくり」

小野田（2006），諸富（2002）の提言にある，「相手の話を聴く，相手の良いところをほめる」ということについて，筆者の実践を述べる。教育相談を通してかかわった保護者は，不登校傾向にある子どもへの指導の方法等，教師に対する多くの要望をもつとともに，親としての自分にも自信をなくしている状況にあった。そうした保護者との面談のなかで意識して取り入れた言葉かけは，次の三つである。

いいところ探し──相手の良いところ（リソース＝資源）に視点を当てて声をかける。たとえば，「お子さんのことを考え，何度も相談に通って来られたお母さんの頑張りは，なかなか真似のできないことだと思います」など。

リフレーミング──相手の見方，考え方に対する意味づけを変えて声をかける。たとえば，（保護者）「うちの子どもは皆と同じように学校に行けないダメな子どもです」→（教師）「心の傷が大きくなる前に，自ら気づいて休むことができるお子さんですよ」など。

勇気づけ──たとえ失敗しても非難を受けても，「私は大丈夫，居場所もある」と思えるような"勇気"を育む声をかける。「ありがとう」「助かった」「うれしい」は，勇気づけの代表的な言葉である。たとえば，「たくさんのことをお話しいただき，ありがとうご

ざいました。家庭でのお子さんの様子が具体的にイメージできるようになり、とても助かりりました」など。

本実践では、面談の当初、保護者から「私がいくら一生懸命頑張っても、子どもの状態はまったく良くならない。これ以上どうすればいいのか」という思いが切々と訴えられた。保護者はすぐにでも新たな助言が欲しい様子がうかがえたが、三つの言葉かけを取り入れながら、保護者の思いを受け止めたり、支えたりすることに努めた。相談開始から半年が経過したころ、保護者から一通の葉書が届いた。そこには、「先生はいろいろ言いたいことがあっただろうが、私の話を黙って聴いてくれた。それが一番うれしかった」と書かれてあった。筆者は面談のなかで、保護者が当初望んでいたような助言をしたわけではない。しかし、保護者の話をじっくり聴きながら、保護者や子どものことをほめたり、勇気づけたりすることで、保護者との関係づくりがうながされたのではないかと思う。

### 4．今後の課題——基本方策の構築

以上は、保護者との関係づくりの一例ではあるが、このようなかかわり方によって、教師と保護者の関係づくりが進む場合も多くあるだろう。教師や保護者が抱える問題の種類や数はさまざまであり、その状況に応じた関係づくりの方策を考えるのはいうまでもない。しかしながら、どのようなケースであっても、外してはならない「関係づくりの基本方策」というものはあるはずである。小野田(2006)、諸富（2002）の提言は、まさにその基本方策にあたるものであろうし、筆者の実践はその効果を示唆するものではないかと考える。今後、多くの実践研究により、関係づくりの基本方策が構築され、それをすべての教師が「技」（スキル）として身につけたとき、保護者の多くは「モンスター・ペアレント」から「サポーター・ペアレント」になっていくのだろう。保護者との関係づくりに関する研究は、今、学校・教師が大きな期待をもって待ち望んでいる分野である。

（曽山　和彦）

〔文献〕

諸富祥彦　2002　子どもよりも親が怖い——カウンセラーが聞いた教師の本音　青春出版社

中島一憲　2006　教師のメンタルヘルスＱ＆Ａ——あなたの学校は大丈夫ですか？　ぎょうせい

小野田正利　2006　悲鳴をあげる学校——親の"イチャモン"から"結びあい"へ　旬報社

読売新聞報道　2007　理不尽な親、疲弊する先生——学校の苦情対応外注　7/21付朝刊

## 9　リレーション回復の内観
Naikan for discovery of self and others

内観法は、吉本伊信によって考案された自己探求法で、森田療法と並ぶわが国独自の心理療法である。「内観」とは文字どおり「自分の心の内側を観察する」ということで、いわゆる"反省"や"内省"と同じような意味で使われている。自己洞察や自己成長をもたらす内観法が、カウンセリング心理学の諸活動に取り入れられることは、きわめて意義がある。クライエントのなかには、自分の思い込みやとらわれ、自己中心的で偏ったものの見方から不平不満を抱き、他者とのポジティブなリレーションを形成できないでいるケースが多いからである。

### 1．内観法とは

内観法の内容と方法はきわめてシンプルで、過去から現在までの自分自身に関する事実を、家族や身近な人びとを対象として、一定の期間に区切って年代順に回想するというものである。一般的には、母に対する自分を調べた後で、父、祖父母、兄弟姉妹、配偶者、友人、恩師、先輩、後輩、近隣の人など、周囲の人びとを対象として、年齢順に何度も繰り返していねいに思い出す（調べる）のである。

内観のテーマは定型的で、①「してもらったこと（お世話になったこと）」、②「して返したこと」、③「ご迷惑をかけたこと」の三つである。この内観三項目に従って回想することで、他者からの「被愛感」（恩愛感）と自分の「罪悪感」（自責感）を深めることができるように構造化されている。

内観法の形態には、内観研修所などの施設

に宿泊して一週間かけて行う「集中内観」と、日常生活のなかで毎日少しずつ自分を振り返る「分散内観」（日常内観）の二つがある。形態は違っても、外界の刺激をできるだけ遮断した環境に身を置き、雑念を払って過去の自分の物理的事実と心理的事実を徹底的に"調べる"という点では同じである。

なお、内観法では「迷惑をかけられたこと」については関知しない。他者の落ち度や問題を指摘したところで、真の自分の姿は見えてこないからである。自分を正当化したり自己弁護したりする姿勢は内観の妨げとなるだけで、「迷惑をかけたこと」について最も力点を置いて調べ、自分の罪を自覚することにこそ意味がある。

## 2. 内観によるリレーションの回復

内観法は自己治療的色彩が強く、内観の対象とした人物と自分との関係に劇的な変化をもたらすことがある。それは自分に関する事実を思い出すことによって、自分や他者、人生に対する認知（ゲシュタルト）が大きく変わるからである。その結果として、感情や行動が変化し、自己概念も修正されていくのである。

内観をすることで、幼少のころから現在まで経験してきた家族や周囲の人びとへの不信感、愛情をめぐるトラブルが、実は自己中心的なものの見方や考え方をしてきた結果であることに気づき、これまで自分が受けてきた他者からの愛情を再体験することになる。内観的思考としての「感謝する心」は建設的な行動への意欲につながり、他者とのリレーションにかかわる問題を解決する手立てとして期待できる。筆者自身の例としては、集中内観で録音したテープの一部を母親に実際に聴いてもらいながら感謝の念を伝えたことで、それまで硬直化していた自分と母親とのリレーションが一挙に深まるという体験があった。

内観三項目の「してもらったこと」については、最初のうちはなかなか写実的に回想することができないが、やがて次から次へと鮮明な場面となって思い出されるようになる。すると、他者から何かをしてもらっても当たり前、自分にサービスしてくれるのが当然と

いった傲慢な考え方が崩れ去り、自分がこれまでに受けてきた愛情を再認識する。人の恩を心から「ありがたい」と感じ、他者に感謝する気持ちと喜びの気持ちで胸が一杯になるのである。

次に「して返したこと」をよく考えてみると、実は相手のためではなく自分自身の利益のためであることが多い。たとえば、肩もみをしてあげたときに後でお駄賃をもらえるのを期待していたり、相手から自分がほめてもらいたいという思いからの行動であったりする。「ギブ・アンド・テイク」でいえば、ギブが少なくテイクばかりで、自分が多くの愛情や恵みを受けているのに、ほとんど何も恩返しをしていないことに気づかされる。

最後に「ご迷惑をかけたこと」では、これほどまでに愛されてきた自分であるにもかかわらず、自分さえよければといった、自己本位で身勝手な考えで周囲の人びとに迷惑をかけて生きてきた自分の姿に直面する。自分がいかに無力で罪深い人間であったかを自覚し、自責感や罪悪感が強化される。そんな自分でも人から大事にされ、支えられ生かされていることに戦慄さえ覚えるようになる。

内観を通して自分自身と向かい合っているうちに、いつの間にか目には大粒の涙があふれている。それまでの他者に対する認知が大きく変換し、心理的枠組みは再構成され、他者とのリレーションの回復を目指すようになるのである。

## 3. 内観法に関する研究と今後の課題

内観法の適用範囲は心身の健康状態や年齢層など幅広く、内観研修所以外にも医療機関や教育機関、矯正施設など各方面で広められてきた。その実践に根ざした内観（療）法に関する研究がこれまで数多くなされており、事例研究をはじめとして、Y-G性格検査や描画テストなど、各種の心理テストを用いた効果測定が行われてきた（三木、1983；伊藤ら、1987；真栄城ら、1993；川内、1995）。心理療法としての治療機序や他の療法との比較検討、内観者と面接者（指導者）との関係など、内観法の理論構築も進められている（川原、1998；川原ら、1999；真栄城、2005；長山・清水、2006）。技法面でも内観

原法（集中内観と分散内観）に加えて，記録内観，身体内観，行動内観といった内観変法が開発されてきている。

内観法は，あくまでも吉本伊信の提唱した内観原法こそが本来のスタイルであり，内観変法ばかりが一人歩きしてはならないということは，十分にふまえておく必要がある。指導者自身が集中内観を体験していることも必須であろう。しかし，教育現場などに内観原法をそのまま導入しようとすると，場所や時間，状況設定などの外枠的構造の問題が実施上の大きな制約となり，現実的ではない。内観への動機づけ，心理的抵抗の処理，個別の心理的ケアの限界など，さまざまな問題も生じる。そこで内観法のエッセンスを損なわないよう考慮されたサイコエジュケーションとしての内観が開発され，自己洞察の促進および他者とのリレーション回復の視点で活用されることを提言したい。たとえば，林（2005）は，構成的グループ・エンカウンター（SGE）の「簡便内観」を活用して，「反復質問法による内観インタビュー」を開発した。また飯野（2005）は，思考にアプローチするサイコエジュケーションとしての内観エクササイズを整理し，学校教育での活用を提唱している。

他の心理療法もそうであるように，問題解決に効果的に作用するケースもあれば，一つの技法だけでは解決できないケースもある。内観法にしても万能薬ではない。それゆえ他の療法や技法，たとえば論理療法やブリーフセラピー，ナラティブ・セラピーなどと効果的に組み合わせて適用する姿勢が望まれる。今後，内観者への動機づけの工夫や内観者の心理的変化に関する研究，内観効果の持続性や般化に関する研究など，実践的でかつ実証的な研究が期待されている。

（齊藤 優）

〔文献〕

林伸一 2005 内観インタビュー 飯野哲朗編著 思いやりを育てる内観エクササイズ――道徳・特活・教科・生徒指導での実践 図書文化社

飯野哲朗編著 2005 思いやりを育てる内観エクササイズ――道徳・特活・教科・生徒指導での実践 図書文化社

伊藤研一ほか 1987 内観療法の効果（その2）――SCTを中心にして 第10回日本内観学会大会論文集，55-58．

川原隆造編著 1998 内観療法の臨床――理論とその応用 新興医学出版社

川原隆造・東豊・三木善彦編著 1999 心理療法の本質――内観療法を考える 日本評論社

川内知子 1995 集中内観前後の家族描画の変化 第18回日本内観学会大会論文集，102-105．

真栄城輝明ほか 1993 個別内観療法の前後に施行された描画テストの検討 第16回日本内観学会大会論文集，65-67．

真栄城輝明 2005 心理療法としての内観――Naikan as a psychotherapy 朱鷺書房

三木善彦 1983 集中内観体験前後のY-G性格検査上の変化（第4報） 第6回日本内観学会大会論文集，43-44．

長山恵一・清水康弘 2006 内観法――実践の仕組みと理論 日本評論社

## 10 援助職者の人間関係
### human relation of helping professionals with helpees

援助職に携わる者は，自分の抱えている問題を投影して被援助者に対応することは，職業倫理としても避けるべきである。また，かつて國分が師である霜田静志に，「人の相談を受ける人間が自分のことくらい始末できないようなことでどうするか」（國分，1983, p.20）と諭されたように，さまざまな人と接する職業で，起こりうる諸問題に対することのできるスキルを身につけることは，結果的にコーピングにもつながる。本項では，構成的グループ・エンカウンター（SGE）を主軸として，訪問介護を職業とするグループの研修をもとにした研究から，援助職の人間関係について考察を加えることとする。

### 1．研究の現状

2006年12月8日現在，NACSIS Webcatで「介護・研修」のキーワードで検項を行うと，54件のヒットがあったが，本項に関連する文献はなかった。また，最近発行された小論として，「介護職へのストレスマネジメ

ント教育の効果とストレスモデル」(稲谷ら, 2006) があった。このなかでも, 介護職員へのストレス支援やストレスマネジメント教育実践の報告は少ないと述べている。

これらのことから, 研究の視点は, 専門職としての資質向上に関するもの (介護技術・技法など) や, ストレスに関するもので, ストレス支援・ストレスマネジメント教育実践は少ないと推定される。

また, 介護保険制度の導入で, 人的な増加に伴う質の向上を目指し, 厚生労働省は「介護労働者の雇用管理の改善等に関する法律」をもとに施策している。このことは, 労働環境の改善のみならず, 介護者自身の精神衛生に関する研究も重要になってくることを示唆している。

私見であるが, 介護職のストレスの多い状況で, ストレス状況になった後のストレッサーを軽減, あるいはコーピングにより解決することもあるが, それ以前に, 介護者本人の成育歴による問題への対処法を知ることによって, 過剰なストレス状況に陥ることを防げる。よって, コーピングのみならず, 自分の思考・感情・行動のゆがみを知ること, そしてそれを修正できるスキルを学ぶことが, 研修のあり方としては理にかなっていると考える。

## 2. 研究から示唆されること
### 1) 概要

筆者は, 2006 年「訪問介護職員に対する心理教育プログラム開発に関するパイロットスタディ——構成的グループ・エンカウンター (SGE) を主軸に」と題する論文を書いた (以下, 本論と略す)。そのなかから本項に関係する部分を論じていきたい。

本論は, 訪問介護を職業とするグループに, 心理学やカウンセリングに関する研修を SGE を主軸に実施し, そのプログラムの開発と有効性について検討することを目的とした。これは, ①職場の人間関係を高める, ②ストレスへの対処法, ③コミュニケーションのとり方を学習したいという 3 点を目標とし, 全 6 回を以下のテーマと内容で研修会を実施した。

- 第 1 回　SGE——SGE を知る。仲間・リーダーとのリレーションづくり
- 第 2 回　自己を知る——エゴグラム, 内観, 自分への手紙
- 第 3 回　ストレスマネジメント——ストレス概論, 対処法
- 第 4 回　アサーション・トレーニング——アサーションスキルの体験学習
- 第 5 回　カウンセリング概論——傾聴訓練
- 第 6 回　SGE——信頼体験を中心に

上記の研修プログラムを実施し, 実施前, 実施直後, 3 カ月後に質問紙, アンケートを実施し, 研修プログラムの有効性を検討した。

### 2) 本論から示唆されること

年齢・生育歴・歩んできた人生が違うので, 一人ひとり評価の変化が違うことを前提にしながらも, 個人に関する項目を検討すると以下のことが見いだされた。

(1) 〈自己理解〉〈居心地の良さ〉に関する因子の得点が上昇し, 〈自己拘束〉が減少した。
(2) 〈自己肯定感〉〈自然な自己表現〉〈他者理解〉の因子の得点の上昇が認められた。

また, 同時に実施したアンケートで, ある男性は, 「自己主張できる自分になりたい」という目標をもってこの研修に参加した。事後のアンケートでは, 今まで訪問していた被介護者との関係が改善されたという記述があった。

## 3. 今後の展望

これからの少子高齢化社会に向け, 介護職の労働条件の整備とともに, 職場や被介護者およびその家族との人間関係をどのようにしていくかが, 質の高い介護サービスを提供するうえで重要になってくる。そこには, 単に職場がストレスが多いのでそのコーピングを学習するという研修では, 追いつかなくなるのではないかと考える。プロを養成するためには, その職域での技法 (介護法など) と, 精神衛生をどう保つかが重要となる。特に人と接する職業は, さまざまな形で出会う人と接するためのハウツーも大切になる。この分野の研究が今後深まることは, 介護職の今後のあり方に大きく影響していくと思われる。

(瀬尾　尚隆)

〔文献〕
平山栄治 1998 エンカウンターグループと個人の心理的成長過程 風間書房
稲谷ふみ枝・村田伸・岡村尚昌 2006 介護職へのストレスマネジメント教育の効果とストレスモデル 現代のエスプリ, **469**, 167-179.
片野智治 2007 構成的グループエンカウンター研究 図書文化社
國分康孝 1983 教師の教師 瀝々社

## 11 親子関係
parent-child relationship

親子関係は，家族のなかで営まれる人間関係のひとつで，ひと組の夫婦・男女のもとに子どもが出生すること，あるいは養子縁組によって成立する関係である。子どもにとって親子関係は偶然的非選択的な関係であるが，きわめて重要な意味をもつ人間関係で，その運命的な関係のなかで喜びや悲しみを分かち合う親密な関係を結び，世界や他者，自分自身への信頼や希望を学ぶことになる。また，家族という共同社会（第一次的な福祉追求の集団）を構成し，経済生活を共にし，比較的長期の共同生活を営み，親の庇護と援助のもとに子どもは自律・自立を目指す。また，日常的なこまごまとした事柄や，互いの存在をかけた問題（発達課題や葛藤）の解決を通して，他の集団にないその親子特有の感情の交わり方や力関係を築いていくことになる。親子の共有や信頼が密であればあるほどその関係は強くなるが，粗である場合には葛藤的対立的な関係になりやすい。

### 1．親子関係の特徴
親子関係の特徴は，子どもに対する定位的な側面をもつことにある。定位（orientation）は，意図的，無意図的に行われる広義の教育（しつけ・感化・模倣）のことで，所属する社会文化の成員としての方向づけを与え，そこで生きるうえで必要な知識・技術・規範の内面化，社会化を図ることである。具体的には，食事・排泄・睡眠・清潔・危険の回避・感情のコントロール・コミュニケーション等について，親をモデルとして種々のスキルの獲得を目指す。さらに，人間としての基盤，人格の基盤，生活の基盤，大人になった後の"育てる者"としての基盤を形成するという，重大な影響を受けることになる。

親子関係のもうひとつの大きな特徴は，流動性と成熟性にある。人は日々成長変化するため，年齢の進行，心身の成長発達，発達段階の変化，社会や価値観の変化などと連動して親子関係も流動することになる。流動しつつも，その親子の独自性を保ちながら，親も子も成熟を目指して成長し続けることが求められるのである。

### 2．親子関係研究の動向
親子関係はさまざまな要因の影響を受ける。たとえば，親の生育歴・教育水準・経済水準，価値観，対人関係のとり方，子どもへの期待・関心などである。親子関係は子どもの人格形成や社会生活の基礎基盤を築く苗床であり，子どもの生涯に重大で複雑な影響を及ぼすため，親のどのような変数，家族のどのような変数がどう作用するのか，その因果関係の解明が進められている。

#### 1）母子関係の研究
母子関係については，これまで膨大な研究がなされてきた。胎児期ならびに出生後まもない時期の子どもの有能性（Stern, D. N.），出生直後より認められる母子の相互的コミュニケーション（Travarthan, C.），愛着形成とその型（Bowlby, J. M. & Schaffer, H. R.），基本的信頼感・アイデンティティ（Erikson, E. H.），共感的な母子関係（Kohut, H.），"育てる-育てられる"関係が継承される関係発達論（鯨岡，2002）など，膨大な研究がある。子どもの母親への依存と，与えられる世話や保護，子どもの独立（自律や自立）に対する親の信頼，これらのバランスの失調が子どもの社会的不適応の原因となりやすいことが明らかになっている。

#### 2）父子関係の研究
父子関係の研究は後発の分野である。エディプス・コンプレックス仮説（Freud, S.），モデリング理論（Bandura, A.）において，父親は男児にとっては性役割同一視の対象，女児にとっては異性像として，重要な役

割を果たすことが理解されてきた。しかし，性別役割意識が根強いわが国では，子どもの養育や教育は母親任せで，父親不在が長く続いてきた。不登校・家庭内暴力・非行などの事例家族では，共通して父親の存在が薄いことも問題になっていた。ようやく1980～90年代になって，日本の母親が育児不安や苦悩を表明できるようになり，父親の育児参加や育児支援，夫婦の会話の質，父子間の接触などについての家族心理学的な研究が進められた。その結果，父親の子育てへの関心や参加が増えることが，母親の育児不安やストレスを低減させ，子どもの社会性の発達が進むことが明らかになった（柏木，1993）。以来，父親役割，シングルファーザーについての研究が積み重ねられている。

### 3）日本の母親と育児不安

母子関係の国際比較（Coudill, W. & Plaths, D.）により，日本の母親には独特の母子一体的傾向，暗示的共感的なしつけの傾向があり，日本女性には母性が豊かに備わっていると見なされてきた。しかし1980年代前後より，子どもへの体罰・虐待・育児放棄が社会問題化し，日本の母親にとって子育てが必ずしも生きがいや喜びになっていないこと，負担感や不安を感じる傾向が強いことが明らかになった（東ら，1981）。また，男女共同参画社会の進行とともに，ジェンダー（性別役割），三歳児神話（子どもが三歳になるまでは母親が育児に専念すべき）が母親の育児不安やストレスを強めていること，専業主婦に育児不安や焦りが強いことが認められた。子育ての責務を母親に全面的に担わす日本社会の母性観を問い直す動き（大日向，2002）が強まり，親が喜びをもって子育てができるよう，社会的な子育て支援の必要性が提起されるようになって，現在に至っている。家庭外保育の役割，シングルマザーの子育て，子育て援助者（父親・祖父母・保育者・地域）などの研究が積み重ねられている。

## 3．子どもの価値，子育ての価値の変化

いま，親子関係の問い直しが迫られている。長く機能してきた日本的直系家族関係の弱体化と，少子化・高学歴化が進行し，子どもの価値，子どもを産む価値，子育ての価値が大きく揺らいでいる。子どもの虐待・育児放棄・愛着障碍が増え続け，親の収入格差がそのまま子どもに受け継がれ，社会的格差として固定する傾向も顕著である。親も子も強烈なストレスのもとで暮らしており，子どもは親を選べないという現実に直面させられていると言わざるを得ない。

さらに，現代の親は子どもの前に立ちはだかる壁（超自我）になることを避け，理解のある親，横並びの親子，友達親子を理想の親像としはじめている。父親は家族サービスを提供する親和的側面を，母親は家族関係を情緒的に演出する役割を担当するものの，子どもの発達課題の解決や人生の選択にあたって，子どもにとって良き将来のモデルや良き相談相手になり得ていない傾向にあると思われる。また，間接的・誘導的・暗示的なかかわりはするものの，何を選択すべきかは子どもの側にゆだねるかかわりが主流になっているなど，親の側のゆらぎや不安が強まっている。

社会の変動とともに親子関係が変わるとしても，親子関係が社会化の最前線であることに違いはない。日常生活の基本，コミュニケーションや感情のコントロールを含めて，親として子どもにどのような価値や規範を内面化するのか，社会化をどう行っていくのか，いずれも模索状態にある。親子の相互作用のあり方を含めて，"育てる者"としての発達，親としての生き方や役割，親になることの価値や意味，親教育が今後の検討課題である。

（吉田 博子）

〔文献〕

東洋・柏木惠子・Hess, R.D. 1981 母親の態度・行動と子どもの知的発達——日米比較研究 東京大学出版会

エリクソン, E.H. 仁科弥生訳 1977 幼児期と社会 1・2 みすず書房

柏木惠子編著 1993 父親の発達心理学——父性の現在とその周辺 川島書店

柏木惠子 2001 子どもという価値——少子化時代の女性の心理 中央公論新社

鯨岡峻 2002 「育てられる者」から「育てるもの」へ——関係発達の視点から 日本放送出版協会

大日向雅美　2002　母性愛神話とのたたかい　草土文化

## 12　きょうだい関係
### sibling relationship

「きょうだい関係」はさまざまな表現で定義されているが、代表的なものとして「夫婦関係・親子関係と並ぶ家族関係のひとつであり、家庭内の子ども同士の関係」が挙げられる。家族の人間関係のなかで、親子関係を「タテの関係」とし、同年配同士の友達関係を「ヨコの関係」とみると、きょうだい関係はこのヨコからタテへの中間的な関係で、「ナナメの人間関係」といわれている。このナナメの人間関係は、きょうだいの年齢差によって傾斜が異なる。年齢差が少ないと友達関係に近くなり、大きいと親子関係に近くなる。しかし、親子関係と異なるのは、あくまでも同じ世代としての対等な仲間関係であるため、けんかしたり、遊んだりしているときのきょうだいは、年齢の差を忘れて同じ次元で振る舞っている。この様子は、友達関係と類似しているが、同じ両親のもとで、生活の拠点を共にしているという点で友達関係とは異なった性質をもつ。きょうだいは、個人にとって、生涯にわたって最も長く継続する親族であり、NFRJ（日本家族社会学会での全国家族調査）では、親や子とならぶ中核的な親族と位置づけている。

また、きょうだいに関する研究のはじめは、ひとりっ子をめぐる問題であったため、きょうだいのいないひとりっ子についても、「きょうだい関係」として研究されている。

### 1．きょうだい関係とリレーション

リレーションについて、國分康孝は本章の冒頭において「個体間・集団内・個と集団内に、思考・感情・行動・情報の共有がなされている状態」と述べている。きょうだい関係は、まさしくリレーションを学ぶ場であると考えられる。きょうだいは一生のなかで最も重要な成長・発達期を共に過ごす。きょうだい関係には、①相互交渉の頻度が多い、②興味が類似している、③模倣的なやりとりが多い、④世話や愛着行動がある、⑤感情の抑制が少ない、などの特徴があるため、子どもの発達に大きな影響を与えると考えられる（白佐、2004）。

子どもは自分の周りにいる人の行動をモデルとして取り入れていく。このとき、モデルと自分との類似性が高いほど（年齢が近い・性別が同じ）モデリングは促進される。きょうだい関係はこれらの条件を満たすことが多いので、年長のきょうだいは年少の子どもにとって、身近で手ごろな行動のモデルとなりやすい。子どもは、自分の意図や欲求が他者に通じない場面を、きょうだいとの遊びや、きょうだい喧嘩などを通して、頻繁に経験する。また、親が他のきょうだいに対して賞賛や叱責する様子を観察することによって、自分の行動の適否を判断することができる。きょうだい関係は、問題を解決するために自己を抑制したり、正当性を示すために自己を主張したり、相手に配慮したりするなど、他者と適切にかかわるためのスキルを学習する機会を得やすい。

きょうだいは、親を奪いあう気持ちをもちやすく、長子は次子が誕生したときには、親の注目や愛情を得ようと退行現象を示す場合もある。きょうだい間における深層の敵対意識を、精神分析では「カイン・コンプレックス」といい、発達心理学ではシブリング・ライバルリー（同胞抗争）という。平易な表現では「きょうだい間競争」といい、「親の愛情・配慮・賞賛などをより多く得ようとして、きょうだいが相互に競争すること」と定義され、きょうだい喧嘩や、嫉妬、意地悪などのかたちをとることが多いとされている。きょうだい喧嘩は親の愛情の奪いあいから発生することが多いので、親が仲裁に入ると感情の対立を深めかねない。限度を超えた場合以外、親は口をはさまないほうがよいとされている。なお、親の偏愛や差別的なかかわりがあると、敵意が抑圧・蓄積され、ひがみ・妬み・過度の競争心などをもちやすいとされる。

以上のことなどから、きょうだい関係には、理解・同情・仲間意識・いとおしさ・誇らしさなど、愛情に関連する感情が存在すると同

時に，競争・対立・嫉妬・憎悪などの感情も存在する（白佐，2004）。

そのような感情を共有しあいながら，きょうだいは相互に世話をしたり，遊んだり，困難な事態が発生すると協力して立ち向かったりする。このようなさまざまな経験を通して，リレーションが形成されていくと考えられる。

### 2．きょうだい関係に関する研究

白佐俊憲の『きょうだい関係とその関連領域の文献集成Ⅰ～Ⅳ』には，20世紀の約100年間に日本国内で公表されたきょうだい関係に関する文献が3700余も紹介され，論述や研究の紹介も詳しくなされ，文献研究の効率化に大きく貢献している。きょうだい関係の研究は，日本においては歴史が浅く，また関連する要因の多さや間接的な影響を受けやすいことなど，研究方法において困難さがあり，今後の成果の蓄積が期待されているという状況にある。

山下（1937）の『一人子の心理と教育』が，日本での本格的なきょうだい研究の初めであり，この文献は1990年まで版を重ねている。ここでは，欧米の研究結果を多数紹介しつつ，次代の研究の方向づけを示唆する論理を展開している。

その後，1950年代に入って実証的な研究が行われるようになり，1960年代には依田らが本格的研究の流れを形成した。1960年代後半からは，研究内容が多方面にわたるようになった。これまでの研究では，きょうだい関係に影響を及ぼす要因として「出生順位」「きょうだい数」「性別構成」「年齢差」などが採用され，きょうだい間の人間関係に焦点を当てる研究や，ひとりっ子の環境状況や人格形成に焦点を当てる研究が多く行われてきた。しかし，先に述べたように影響要因が多岐にわたるため，それらの研究結果として矛盾を生じている場合もある。

### 3．これからのきょうだい関係の研究

日本では出生する子どもは減少し，少子化は進行し続けている。下にきょうだいが生まれたとしても，それまではひとりっ子であり，年齢差が大きければ接点も少なく，お互いにひとりっ子のように育つことも考えられる。そこで，ひとりっ子の研究は重要であり，たとえひとりっ子であっても，社会性を豊かに身につけさせるにはどのような手立てが有効であるか，あるいはグループの適応を支援する方法なども検証されていくことが望まれる。

障害児・病児のきょうだいの研究は，最近になって取り組まれることの多くなった分野である。各種の障害をもつ子どもや，慢性的な疾患で入院している子のきょうだいに視点を当てた研究である。この研究の水準を高めるためには，障害や疾患の用語の統一と適切な分類などが必要であると考える。

超高齢化社会に向かう日本にとって，成人・高齢者のきょうだいの研究も重要性を増している。高齢期になると，きょうだい関係は新たな側面をもち，お互いの生き方を学びあう存在になる場合もある。きょうだい間の情緒的サポートの研究や，ケアの提供などのサポート機能の研究など，アメリカでの研究の成果は今後の研究に貢献するものと考える。

（原田 友毛子）

〔文献〕

白佐俊憲　2004　きょうだい関係とその関連領域の文献集成Ⅱ　川島書店

山下俊郎　1937　一人子の心理と教育　子どもの研究と教育叢書9　刀江書院

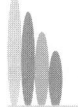

## 13　結婚カウンセリング
### marriage counseling

離婚の増加と少子化の問題は，日本にとって深刻な社会問題となっている。そのため，結婚カウンセリングは今後，その重要性をいっそう増してくると考えられる。ここでは，結婚カウンセリングを結婚前から離婚後まで見すえた長期的な視野でとらえ，それぞれの時期に合った適切な援助を行うものとして位置づける。

### 1．種　類

結婚カウンセリングは，それが結婚生活のどの時期に対応するかによって，いくつかの種類に分けられる。すなわち，結婚前の準備的なカウンセリング，結婚生活の維持発展のためのカウンセリング，結婚生活を解消する

際の離婚カウンセリング，さらに，離婚後の新たな家族関係を築くためのカウンセリングである。

### 1) 結婚前の準備的なカウンセリング

結婚前の準備的なカウンセリングは，日本以上に離婚率の増加が大きな社会問題となっているアメリカでは，その対策のひとつとして重要性が指摘されている。教会などでのカウンセリングが中心となっており，より良い結婚生活を築くために，カップルそれぞれの結婚に関する意識などをアセスメントしながら，結婚生活へのガイダンスを行う心理教育的な面を重視したカウンセリングである。

### 2) 結婚生活の維持発展のためのカウンセリング

結婚生活を維持するためのカウンセリングは，狭義の結婚カウンセリングともいえる。夫婦は，結婚生活のなかでさまざまな問題に直面する。夫婦の抱える問題は多様であり，それに対する援助技法も，個人カウンセリングから家族カウンセリングまでさまざまなものがある。

### 3) 離婚カウンセリング

結婚生活を解消する際のカウンセリングは，離婚カウンセリングである。離婚問題は人生における大きなストレスのひとつであり，離婚カウンセリングは，そのような人たちに適切な援助を行うことが目標である。日本における離婚には，大きく分けて，協議離婚，調停離婚，裁判離婚の3種類がある。調停離婚をする場合は，家庭裁判所の家事調停を利用することになり，そこではカウンセリングとは異なるが，家事調停委員会が夫婦双方に対して公平な立場から問題解決のための助言等を行う。離婚に際しては，財産分与や子どもの親権者などの具体的問題を解決する必要があるため，法的なアドバイスが不可欠であり，カウンセリング技法だけでの解決は難しい。

カウンセリング技法に焦点を絞るならば，妻あるいは夫に対して，個人カウンセリング的なアプローチが効果的であろう。家庭裁判所の調停では，心理的な動揺の激しい夫や妻に対して，調停と調停の期日間に，調停できちんとした話し合いができるように，カウンセリング技法を用いて面接をすることもある。

たとえば，ある共働きの若年夫婦の事例では，子育てと家事の分担のあり方が問題となり，妻は夫を追い出し，このままでは離婚しかないと調停の申立てがあった。調停のなかで，夫婦のコミュニケーションに問題があると思われたので，期日間に調査官が夫婦単独面接と夫婦合同面接を行って，コミュニケーションの調整に焦点を当てたカウンセリングを行った。その後もいくつかの行き違いはあったが，その都度コミュニケーションのあり方に焦点を合わせて調停を行い，最終的には同居してやり直すことになった。

### 4) 離婚後の新たな家族関係を築くためのカウンセリング

さらに近年，離婚後の新たな家族関係を援助するためのカウンセリングの必要性が，増してきている。離婚後，夫と妻は他人となるが，夫婦間に子どもがいる場合，親子関係は終生続くことになる。特に，未成年の子どもと非監護親（子どもと一緒に暮らしていない親）とがいかに交流していくのかという問題（これを「面接交渉」という）が，大きくクローズアップされてきている。このカウンセリングでは，離婚後の親子関係や，監護親と非監護親との関係を円滑にするための援助をしていくことになる。家庭裁判所でも，近年，面接交渉事件が増加してきている。そこでは，パンフレットやDVDなどを用いたり，ときには家庭裁判所内の児童室で実際に面接交渉を行い，そのなかで具体的に当事者に心理教育的な働きかけを行っている。

## 2. 意　義

冒頭に記したように，先進国と同様に日本でも，離婚と少子化が大きな社会問題となっている。そして，離婚と少子化は絡み合った問題でもある。離婚後の非監護親と子どもとの面接交渉が問題となっているのも，ひとつには少子化が影響している。現在，父親の育児参加は当然のこととなり，夫婦が協力して1人か2人の子どもを大切に育てている家庭が多い。しかし，いざ離婚となると，その子どもの養育を巡って，夫婦が激しい争いを繰り広げることも少なくないのである。

離婚紛争や離婚後の親子関係は，もう一方で，非行や児童虐待などとも密接に関係して

くる。結婚生活を安定した実り多いものとなるように援助することは、そこで養育される子どもにとってもきわめて重要な意味をもってくる。

このように、今後、結婚カウンセリングについてのニーズは、ますます高まってくると考えられる。

### 3．研究の現状

日本における結婚カウンセリングに関する研究や実践は、婚姻中の結婚カウンセリングと離婚カウンセリングが中心である。

結婚前の準備的なカウンセリングに関しては、アメリカではそのためのツールとして、結婚レディネス査定法（Premarital Personal and Relationship Evaluation：PREPARE）などいくつかの心理テストが開発され、実際に活用されている。結婚レディネス査定法については、日本でも標準化に向けて研究が行われている（草田，2006）。実践活動に関しては、かつては日本ではお見合いで結婚する夫婦も多く、それを仲介する仲人が、結婚準備のためのガイダンスの役割を果たしていた面がある。しかし、現在、恋愛結婚が大多数を占めており、また、社会情勢の変化もあるので、仲人にそのような機能を求めることは難しい。現状では、日本ではあまり手をつけられていない分野である。

結婚カウンセリングおよび離婚カウンセリングについては、これまで多くの研究や実践活動が行われている。研究のテーマとしては、ライフサイクル（新婚期、育児期、子どもの独立期などに分ける）、価値観、役割期待、コミュニケーション、家族力動などに関するものが多くみられる。また、ケース研究の手法により、一つのケースを掘り下げた研究も多い。実践活動に関しては、対象としては、個人、カップル、家族に分けられる。技法的には、近年は家族療法や認知行動療法をはじめとしてさまざまなものが活用されている。

離婚後の新たな家族関係に関するカウンセリングについては、アメリカでは多くの研究や実践が行われている。日本でもいくつかの研究はあるが、まだ緒に就いた段階である。

### 4．今後の課題

特に、結婚前の準備的カウンセリングと、離婚後の新たな家族関係を援助するカウンセリングについて、研究と実践を積み重ねることが今後の大きな課題である。リサーチ・トピックとしては、結婚前の準備的カウンセリングについては、互いの価値観や役割期待などの要因と、その後の結婚生活との関係などが考えられる。また、離婚後の新たな家族関係を援助するカウンセリングについては、離婚に伴うさまざまな要因がその後の家族関係に及ぼす影響を明らかにすること、有効な心理教育的アプローチを提言することなどが、今後の大きなテーマとなると思われる。

(濱野　昌彦)

〔文献〕

國分康孝　1987　結婚の心理　三笠書房

草田寿子　2006　結婚レディネス査定法（PREPARE）　氏原寛ほか編　2006　心理査定実践ハンドブック　創元社　773-778．

佐藤悦子　1999　夫婦療法——二者関係の心理と病理　金剛出版

棚瀬一代　2001　虐待と離婚の心的外傷　朱鷺書房

## 14　家族文化
family climate

家族療法家の中釜（2006）は、人の生が文脈から切り離せないことの実感を、「自己選択の幅は、かつて想像したほど広くはなく、文化に規定され、ジェンダーに規定されたところに私たちの生活がある。選び取ったと思っていた視点さえ、与えられた文脈の中で作り上げられたものに過ぎず、それにも関わらず、悪びれる必要もなければ虚無感に襲われる必要も全くない」と記述している。人は生まれる状況（家族を含む）を選んで生まれてくることはできない。しかし、日々の生活では、自分で選択して活動していると思い込んでいる。たとえば、朝食に何を食べたか、どのような味付けで食べたか、自分で選んだ気持ちでいる。家族との関係性も言わずもがなである。しかしながら、どれほどまでに自分自身で選択できているのであろう。朝食に

はなぜパン食を好むのか，なぜ塩味の目玉焼きを好むのであろうか。

伝統を重んじる家族であること，または放任ともみえるほどに自由を尊重する家族であることなど，生まれ育った家族の文化が自分の行動を規定し，枠をはめ，自分を縛りつけていないかを省みることは，自己を理解するうえで大きな意味をもつと考える。しかしながら，その規定は自分が課したものではなく，家族文化を含め，地域の文化，時代の要請等，自分の育った家族に存在していたものを受け取ったにすぎない。そのことで悪人探しをして他者（特に親）に責任を求めても，また，自虐的にとらえても，人の生において意味はない。このように考えたとき，家族文化に目を向けることは，人のありようを理解するに，重要な一つの視点となりうると考える。

## 1.「家族文化」とは

先行研究には，明確な定義を見つけることはできなかった。常識的な意味で用いられているといえよう。若島（2004）は家族心理学の視点から，家族文化を「当たり前すぎて意識できない」ぐらいのものとし，風呂かシャワーか，夕食の時間，学歴に関する関心などを例示している。植田（1979）は，幼児の社会化における研究のなかで，「家族文化とは，一つには文化体系の一部であるということ，もう一つにはより大きい文化遺産を伝達するということ，といった二側面からとらえられる。この文化遺産の伝達とは，すなわち，文化について，何を見，どのように見，どのように見たいか，という家族の見解の伝達にほかならない」としている。教育社会学の視点から，稲垣（2003）は「家族文化と社会化」と題して，家族が日常的行為や家族行事を通して多様な創意工夫を重ね，家族関係を創出，維持している現状を論述するとともに，子どもの社会化をめぐる状況に関する変化について考察している。しかし，このなかでは，家族文化を「家族の日常的行為や家族行事」と見なしていると読み取れる。また，須賀（1999）は，父母像を家族文化のひとつと見なし，「家族文化の継承としての父母像の変容」について大学生を対象に対語（たとえば，支配的-民主的）を提示し，母親像，父親像を調査研究している。子どもにとっての父母像は親の養育スタイルに規定されると考えられ，家族文化は養育スタイルも含むと考えたい。

そして，家族文化は，家族の変化に伴い変化するものでもある。

## 2. 家族文化の視点がもたらすもの

筆者は，家族文化の視点を中学生の家庭科の授業で活用した。そこでは，自分の日常的行為がどのようなことから決定づけられているか，自分の生活を見つめることからスタートした。たとえば，朝食はパン食か米飯か。毎日同じか日替わりか。調理者が決め家族が同じものを食べるのか，家族一人ひとりが決めるのか。この朝食に関するトピックひとつをとっても，家族による違いが大きくみえてきた。

生徒は「自分の"普通"が"普通"でなかった」と生活の様子の違いに驚き，新しい家族をつくることは，パートナーとの家族文化のぶつかり合いであることを理解していった。そのなかで，友達との違いを鏡に，自己理解を進めることができたり，当たり前すぎて意識しないままに身につけていること，それが当人の責任と言い切れないところで身についてしまっていることもあることに気づくことで，他者理解を進めるだけでなく，友達のちょっとした非常識に寛容にさえなった生徒もいた（たとえば，「毎朝うちの親は挨拶をしてくれるから私は挨拶が身についているが，挨拶しない親に育てられていたら挨拶できない子になっていたかもしれない。そんな人もいると思った」）。

また，話し合いのなかで，家族とのかかわりを自分が意味づけしていた見方とは逆の見方を友達にされ，新たな見方を手に入れたり，気づかなかった親の努力に気づくに至る場面もあった（たとえば，「口やかましい」としか感じられなかった行為を，「気にしてくれている」と感じられるようになる）。

次に，学習を自分の将来の家族イメージを描くことに進めたところ，自分と子どもとの関係について多くの生徒が記述できており（たとえば，「家族を大事にして暮らす。家族旅行をして，楽しい思い出をつくってあげた

い」「自分は絶対虐待しない。でも，悪いことは悪いとはっきり言い聞かせることができる親になりたい」），どのような親になりたいかをイメージするなかで，「養護性」の資質を育てている様子が感じられた。

また，考えた家族イメージを交流させたところ，家族との交流が乏しい生徒にもヒントとなり，イメージが膨らんでいった様子がみられた。このことは，ひどい虐待経験をもつ生徒に治療的意味までもつとは言い難いが，源家族の「負の遺産」（かかわりの薄さや虐待等）を弱める作用になるのではないかと感じられた。「負の遺産」の世代間伝達の予防にならないか，期待するところである。一方で，今育てられている（保護されている）ことや，現在の家族の紛れもない一員であるといった実感は，家族とのリレーションを感じる瞬間ともいえる。"今"に目を向けることから，現在の家族のありように目を向けることも大切にすべきであると考える。

### 3．今後の課題

観察されたこととはいえ，推察と期待ばかりを叙述した。「養護性」の育成に関しては金田ら（2003）の教育実践が報告されているが，「家族文化」の視点を取り入れたカウンセリング心理学に関する調査・研究は，ほとんどすすめられていない。

家族の関係性そのものが，人を癒やし，成長させる。そこに悪人捜しはいらない。親のありようを良い・悪いと評価するのではなく，その親に伝承された文化と見なすことで，家族の機能の向上，もしくは回復を可能とするかかわりを発信するための調査・研究を構築していくことが期待される。

たとえば，自己分化度（家族システム理論を唱えたボーエン〈Bowen, M.〉の鍵概念のひとつ）が低い人は，家族の機能のレベルが低下しがちである。自己分化とは，個人内において，情報システムと知性システムが，どの程度分化して機能しているか，それとも融合して機能していないかを表す概念である。自己分化度が低い場合，情緒システムに支配されやすく，ストレス状況や葛藤状態や不安に対して脆弱で，何らかの心身の症状や問題を呈する可能性が高いとされており，さらに，安定した二者関係を築くことが難しいともいわれている。また，人は基本的に自分自身と同程度の自己分化度の人を，パートナーに選択すると考えられているという。ならば，学生や生徒の自己分化度を向上させる対応や心理教育を行えば，将来つくられる家族の家族機能の向上が期待できるといえる。自己分化度の向上に視点を当てた心理教育プログラムの開発と，その効果研究が望まれる。ほかにも，子ども世代側からの働きかけによる，より望ましい家族の変容の可能性を探る研究，たとえば，子どもがネガティブな話題をリフレーミングすることで発言に加わったならば，家族コミュニケーションの硬直性にどのような変化がみられるか，などがある。

また，子どもが家族の悪循環にもたらす「小さな変化」の可能性（たとえば，「口やかましい」から「気にしてくれている」と感じられるようになった生徒が母親に，「心配してくれてありがとう」と言えたならば，母親の子どもにかける言葉や表情にはどのような変化がみられ，子どもの返答にもどのような変化があるか，など）にも，興味が尽きないところである。

（伴野 直美）

〔文献〕

平木典子・岸敬子・野末武義・安藤由紀子 1998 自己分化インベントリー（Differentiation of Self Inventory）開発の試み——多世代家族関係の理解のために 研究助成論文集, **34**, 144-151, 安田生命社会事業団

稲垣恭子 2003 家族文化と社会化 岩永雅也・稲垣恭子編著 教育社会学(新訂) 放送大学教育振興会 40-50.

金田利子編著 2003 育てられている時代に育てることを学ぶ 新読書社

中釜洋子 2006 関係性への心理援助——これからの〈家族療法〉 村瀬嘉代子監修・伊藤直文編 家族の変容とこころ ——ライフサイクルに沿った心理的援助 新曜社 133-157.

野末武義 2007a 家族療法の理論と実際(1)——多世代家族療法 横山知行・佐藤仁美編著 家族心理学特論 放送大学教育振興会 121-128.

野末武義 2007b 家族療法の理論と実際(2)——構造派家族療法と短期療法 横山知行・佐藤仁

美編著　家族心理学特論　放送大学教育振興会　129-136.
須賀恭子　1999　家族文化の継承としての父母像の変容　実践女子大学生活科学部紀要, **36**, 92-99.
植田ひとみ　1979　幼児の社会化における家族文化の役割　広島大学教育学部附属幼年教育研究施設幼児教育研究年報, **6**, 26-37.
若島孔文　2004　家族ってなに？家族っておもしろい！——家族心理学入門　品川区保健センターでの講演記録

## 15　地域連携
community support networking

鵜養（1999）によれば，カウンセリング業務のなかで，直接クライエントを対象とするか否かにかかわらず，周囲の関係者（機関），コミュニティとのかかわりで行う専門業務をコミュニティ・ワークといい，心理査定・面接，その成果を基盤に，クライエントの地域での生活にまで及ぼそうとする地域に根づいたカウンセラーの行う応用的業務を，特に教育・福祉では，連携・協力などという。類似業務を，医療・福祉ではリエゾンないしはネットワークという。

### 1．コミュニティ心理学における第一次・第二次・第三次予防 (Scileppi et al., 2000)

第一次予防は，「健康な人を健康なままに保つこと」がねらいである。アプローチとしては，リスク要因の減少と，心理的健康やウェルネスの増進がある。第一次予防プログラムの条件は，以下の4点が求められる。すなわち，①個人ではなく集団に提供され，②いかなる不適応の兆候もその標的集団に現れる前に適用され，③心理的適応を強化するように意図され，④経験的に効果があると実証される必要がある。なお，第一次予防には，社会システム的・公衆衛生的な方法（たとえば，行政による制度の変更を通しての変革など）と，教育的・臨床心理学的な方法（たとえば，構成的グループ・エンカウンター〈SGE〉やソーシャルスキル・トレーニング〈SST〉などを活用したもの）がある。

第二次予防は，「心理的障害を発展させる，ハイリスク状態にある個人を援助するため」に行われる。「問題を蕾のうちに摘み取る」作業であり，「第一次予防は発症率を減らすものであるが，第二次予防は，早期介入を通して有症率を減らすものである。学校を中心とした第二次予防プログラムとしては，コーエン (Cowen, E. L.) による早期精神保健プロジェクト (the Primary Mental Health Project : PMHP) が有名である。

第三次予防は，「長期の病気による大きな損傷の結果を緩和すること」が目的である。

### 2．コミュニティ・ワーカーとしての価値的・態度的意味

山本（2000）は次の4点を強調する。すなわち，①人間を全体としてとらえる，②共に生きよう。共に生きているのだ，③それぞれの人が，その人なりにいかに生きていけるか，決して切り捨てのない社会をどのように追求するのか，④自分たちの責任で生きよう。われわれ一人ひとりの主体的参加が大切である。

### 3．教育における地域連携を考えるにあたって

教育活動においては，第一次予防および第二次予防が重要であると考える。

1965年前後からの登校拒否（不登校），1975年代の校内暴力や対教師暴力，1985年前後からのいじめ問題，1995年前後からの学級崩壊など，学級・学校システムの歪みの問題としてとらえられる。そして，IP (identified patient) なる子どもが示す症状が，かたちを変えて持続していると考えられる。他方で，1980年代の教師の自殺問題，1990年代後半には，さらに教師のうつ病などの精神疾患による休職や退職の増加が指摘される。このことは，学校システムが子どもだけでなく，教師にとってもより良く生きることのできにくい学校システムが，さらに持続強化されてきていることを示すものと考えられる。つまり，従来のアプローチが，対症療法的アプローチにとどまっている可能性を

示唆する。換言すれば，システム変革を目指した第一次予防に関するアプローチの必要性を示唆している。

ところで，学校心理学（石隈，1999）では，三次的援助サービスとして「チーム援助」を強調している。具体的な連携/協働においては，情報の共有および目標の共有とともに，システム論，ソリューション・フォーカスト・アプローチないしはブリーフセラピー的な視点など，チームがより良く機能するための理論と技法が求められる。

しかし，これは，三次的援助サービスに位置づけられるように，治療を目的としており，第一次・第二次予防の視点が弱い。今後の，学級・学校システムおよび家族地域システムの変革へ向けては，第一次・第二次・第三次予防を総合し，全体として効果ならしめる必要がある。

子どもの所属する基本的集団は，学級と家族である。学校では，子どもが所属する学級集団システムをどのように変革するかが重要となる。軽度発達障害児を含む通常学級で，一人ひとりが所属感を味わうことのできる学級システムづくりへの挑戦が求められる。さらに，その学級と当該児童・生徒を支援する学校システムづくりも喫緊の課題である。さらに，保護者との協働を通して，家族・地域システム変革のセンターとして，学校の役割が求められている。

## 4. 日本における学校を中心とした地域連携活動例

井上（2006）は，地域における自殺率の高かった新潟県松之山町の中学校長として，松之山モデルから得られた知見を学校メンタルヘルスに適用し，地域で連携して生徒指導にかかわる問題と同時に教師自身のメンタルヘルス向上に向けた取り組みを，新松之山モデルとして紹介している。

中学校におけるいじめの現象をねらった活動（岡安・高山，2004），小学校の特定のクラス集団に対するうつ病予防プログラムの適用（倉掛・山崎，2006）など，ネガティヴな行動の出現率を低下させる活動が散見されるようになってきた。

心理的健康やウェルネスの増進といったポジティヴな側面に対する開発的アプローチもみられるようになってきた。たとえば，公立中学校でのSGE適用（河村・粕谷，2007）や，公立小学校での親学習プログラム（systematic training for effective parenting：STEP）を活用した，学級システム・学校システムおよび家族システムの変容に向けた介入（松﨑，2006；2007）などである。

井上（2006）も指摘するとおり，地域連携におけるコーディネーターの役割においては，システムの階層構造を理解する空間的広がりの視点と，それぞれのシステム内でさまざまな年齢の個々人が同時期を生きている時間的広がりとその共有といった視点が重要である。なお，福祉・医療現場における地域連携活動例としては，田中ら（2005）に詳しい。

（松﨑　学）

〔文献〕

井上惠　2006　学校メンタルヘルスの現状と課題——新松之山モデルを通して　発達，**27**，26-34.

石隈利紀　1999　学校心理学——教師・スクールカウンセラー・保護者のチームによる心理教育的援助サービス　誠信書房

亀口憲治編　2002　コラボレーション——協働する臨床の知を求めて　現代のエスプリ，**419**，5-19.

金沢吉展　2002　社会活動としての臨床心理学　下山晴彦・丹野義彦編　社会臨床心理学　講座臨床心理学6　東京大学出版会　25-42.

河村茂雄・粕谷貴志　2007　公立学校の挑戦——人間関係づくりで学力向上を実現する(中学校)　図書文化社

倉掛正弘・山崎勝之　2006　小学校クラス集団を対象とするうつ病予防教育プログラムにおける教育効果の検討　教育心理学研究，**54**，384-394.

松﨑学　2004　アドラー心理学　日本教育カウンセラー協会編　教育カウンセラー標準テキスト（中級編）　図書文化社　61-68.

松﨑学　2006　学級機能尺度の作成と3学期間の因子構造の変化　山形大学教職・教育実践研究，**1**，29-38.

松﨑学　2007　学級機能と子どもの学級適応に関する研究Ⅰ——学級機能各因子がQ-U因子に

及ぼす効果とSTEP受講の有無による違い　山形大学教職・教育実践研究，**2**，11-20．
岡安孝弘・高山巌　2004　中学校における啓発活動を中心としたいじめ防止プログラムの実践とその効果　カウンセリング研究，**37**，155-167．
Scileppi, J. A., Teed, E. L., & Torres, R. D. 2000 *Community psychology : A common sense approach to mental health.* Prentice Hall.（植村勝彦訳　2005　コミュニティ心理学　ミネルヴァ書房）
田中江里子・坂本真士・根市恵子　2005　地域における抑うつと自殺の予防実践と研究　坂本真士・丹野義彦・大野裕編　抑うつの臨床心理学　東京大学出版会　235-254．
植村勝彦・高畠克子・箕口雅博・原裕視・久田満編　2006　よくわかるコミュニティ心理学　ミネルヴァ書房
鵜飼美昭　1999　コミュニティ・ワーク　日本家族心理学会監修　家族心理学事典　金子書房　135．
山本和郎　2000　危機介入とコンサルテーション　ミネルヴァ書房
吉川悟編　1999　システム論からみた学校臨床　金剛出版

# 16　自己開示
self-disclosure

私の文献研究に誤りがなければ，「自己開示」という言葉がカウンセリング関係の文献で最初に登場したのは，1981年に刊行された國分康孝の著作『エンカウンター』の第8章のタイトルとしてである．そして現在（2008年）は，全国の教育委員会が構成的グループ・エンカウンター（SGE）を用いて，ふれあい（互いの自己開示）のある学級づくりを進める時代になった．それゆえ，自己開示はカウンセリング心理学にとって有意義なリサーチ・トピックである．

## 1．自己開示の定義と意義

自己開示とは，self-disclosureの訳である．この用語を初めて用いたジュラード（Jourard, 1971）は，「自己開示とは，他者が知覚しうるように自分自身をあらわにする行為」と定義した．そして，自己開示は，精神的健康を左右する鍵であることを強く主張している．組織や集団に従属して「自分不在」を感じるとき，人間関係に悩み「ホンネの交流」を望むとき，自己開示はますます重要性を帯びたテーマとなる．筆者は長年不登校対応の現場にあって，不登校生徒が保護者や教師，同年代の仲間と，どれだけ自己開示しあう関係をもち，深めることができるかが，その予後を左右することを臨床的知見として痛感している．

自己開示が主題の著作は，日本では現在2冊で多くはない．一つは榎本（1997）によるもので，わが国で最初のものである．それは，ジュラードに始まる古今東西の研究を概説し，自らの博士論文も含む．さらに，松嶋（2004）によるものがある．

ジュラードとラサコウ（Jourard & Lasakow, 1958）は，質問紙法による測定法として，意見や態度あるいは趣味や関心などの話題ごとに，父，母，同性や異性の友人に，どの程度自分の話をするかによって開示量を測る，JSDQ（Jourard Self-Disclosure Questionnaire）自己開示質問紙を開発．以降，ジュラードは多くの実証的研究を行った．榎本（1982a；1982b）は，日本文化のもとでの日本人の自己開示を意識して比較的深い自己開示に焦点を当てる，ESDQ（Emotional Self-Disclosure Questionnaire）自己開示質問紙を開発した．これらは主に身近な者に対し，個々のトピックについて日ごろどの程度話をしているか，被験者本人に振り返らせて自己開示傾向を測定する，自己報告法である．

自己開示に関する心理学的研究は，ジュラードに始まる．以下，榎本博明によれば，日常生活における自己開示の重要性に着目したジュラードは，「自己開示は精神的健康を左右する鍵である」を前提に，初期の諸研究において，自己開示をパーソナリティの領域で主に個人差の観点から検討した．1970年代は，自己開示と関係するパーソナリティ特性を焦点に，対人関係の形成や発展と関連づけた研究が多くなった．

社会心理学領域における自己開示研究は，

自己開示のもつ対人関係を規定する側面に焦点を当て，自己開示に影響する最大の要因は相手の自己開示であるとする点で諸研究は一致し，自己開示の相互性（返報性）が中心になる。第二に，初対面の人間関係を実験対象とした自己開示が，対人認知にどのような影響を与えるか。第三に，関係が形成され深まりつつある過程を自己開示と関連させて追及していく，親密化過程における自己開示の役割あるいは変容に関する研究がある。

## 2．自己開示研究の概観

### 1）自己開示の対人機能

自己開示の交換は，対人関係の発展や持続にどう機能するか。

アルトマンとテイラー（Altman & Taylor, 1973）の社会的浸透理論（social penetration theory）によれば，自己開示の交換が信頼関係を築いていく親密化過程で重要なのは，自己開示の相互性（返報性）である。「相手が表面的な自己開示しかしなければ，こちらも表面的にしか自己を開示しないが，相手が深い自己開示をすればこちらも深く自己を開示する。ここから自己開示の相互性の規範の存在が確信されるに至った。自己開示の相互性とは，相手のレベルに合わせて自分も自己開示しようとする傾向を表したものである」（榎本，1997）。

相互性の起因は，①信頼-好意仮説，②社会的交換仮説（返報性規範仮説），③モデリング仮説などがある。しかし「浅い領域の自己開示の交換から深い領域の自己開示の交換へと移行させる動因や，それぞれの局面における自己開示の役割については，まだ充分に研究されていないため，親密化の過程そのものが明確にされていない」（榎本，1997）。

### 2）自己開示の効果

榎本（1997）は自己開示の意義を，「①自己への洞察を深める。②胸の中に充満した情動を解放する。③孤独感をやわらげる。④自分をより深く理解してもらう。⑤不安を低減する」としている。國分（2004）は，構成的グループ・エンカウンター（SGE）のリーダーによる自己開示の効果を，自己開示された側は（教師に）「①親近感をもち，②先生を模倣して自分も開示的になる。さらに，③教師の自己開示から自分の人生のヒントを得るようになる。自己開示のできる教師が，人間的な教育者，魅力ある人物である。自己開示のできる人とは，あるがままの自分および自分の人生を許容している人（自己受容の人）である」と述べている。ここから示唆を得て，筆者のエンカウンター体験を通して述べると，①（自己開示した側は）防衛機制が減る。②自己理解が増す。自己開示された側は，③（心理的に）近づきやすくなる。④自己開示した者を模倣し，自分も自己開示しやすくなる。⑤他者の自己開示を聴いているだけでもヒントがもらえ，気づきが生まれる。

特に，内面性の高い自己開示を，ペネベイカー（Pennebaker, 1989）は告白（confession）と名づけ，外傷体験の告白は開示者の心身の健康度を向上させるが，告白の抑制は健康度が低下すると報告している。

片野（2007）は，深い自己開示を「自己露呈」とし，「エンカウンターは『あるがままの自己』の自己開示である。これがメンバー同士やメンバーとリーダー間のリレーションを形成する。リレーションが形成されていると，体験したエクササイズや他者の発言に触発されて，問題を抱えたあるがままの自己がいっそう語られるようになる。すなわち『やむにやまれぬ情念（思念）に駆られて』あるがままの自己が露呈されるようになる。話したり，語ったりすること自体が，抱えている問題の明確化や克服・解決につながる」と述べた。

「不登校」という用語を初めて用いた花輪（1990）は，「どうしたらよいのかという答えよりも，温かな関係に支えられて悩みや夢を話し合うということそのものが子どもにとってのちからになるのである」と述べている。

## 3．自己開示研究の今後の課題

榎本（1997）は，「アメリカに始まり，アメリカで広く展開されてきた自己開示研究は，言語的な自己開示という行動に焦点を絞ったものである。言語化の程度やその持つ意味が異なる日本の文化のもとで自己開示というとき，非言語的な面における自己開示の比重が

大きいであろうことが予想される」と述べている。

以心伝心を旨とする日本文化のもとでは，「親の背中を見て子は育つ」や「言わぬが花」など，「言葉よりも態度で示す」ことを大切にしてきた。しかし言葉を介して明確に伝えてもらうことがないと不安は増幅し，疑心暗鬼を招き，不信に陥る。

わが国では，いじめ・不登校・社会的ひきこもり・離婚・自殺が増えている。本人を中心とする周辺では，孤立化が拡大しやすく，自己開示を抑圧する。たとえば，不登校は年13万人を超え，ひきこもりは青年層を中心に100万人ともいわれている。これらは世界中でほぼ日本だけの現象であり，国力の大いなる低下につながる。日本文化に深く根ざした「以心伝心」を「対話」へと，言葉を介した自己開示の交換を促進することこそ，緊急の人生課題である。

こうした問題に対応するのは，心理療法ではなく，人間的成長を目的とする，カウンセリング心理学の使命のひとつである。國分康孝が提唱する「育てるカウンセリング」は，問題への対処法や，問題発生を予防する教育指導法として，自己開示に力点を置くSGEをその中心に位置づけている。国を挙げて学校教育を中心に，このSGEが今後ますます普及されることが必要である。

人間関係は，ただ同じ時間を共にすれば深まるものではない。意図的計画的に関係性を築き，自己開示を促進することこそ大切なのである。片野（2001）は，「不確実性と不安に屈伏して自分自身で在ることの自由を失ってしまった状態が自己疎外なのである。"courage to be"（在りたいように在れ！）」と述べる。それを筆者は，「エンカウンターの目的は自己開示である。スキルではない。かかわろうとする意欲や気概を育てるのだ」と解している。学校や家庭で，まず教師や親が子どもにとっての自己開示のモデリングとなることが，豊かな教育へのはじめの一歩となろう。

（川端 久詩）

〔文献〕

Altman, I., & Taylor, D. A. 1973 *Social penetration : The development of interpersonal relationships*. Holt, Rinehart and Winston.

榎本博明 1982a 青年期における自己開示性（1） 日本心理学会第46回大会発表論文集，299.

榎本博明 1982b 青年期における自己開示性（2） 日本教育心理学会第24回総会，474-475.

榎本博明 1997 自己開示の心理学的研究 北大路書房

花輪敏男 1990 児童生徒の不登校に関する学校の取り組み方や指導援助の進め方についての研究 不登校対応チャート 山形教育センター 37.

Jourard, S. M. 1971 *The transparent self*. rev. ed. Van Nostrand Reinholf.（岡堂哲雄訳 1974 透明なる自己 誠信書房）

Jourard, S. M., & Lasakow, P. 1958 Some factors in self-disclousure. *Journal of abnormal & Social Psychology*, 56, 91-98.

片野智治 2001 構成的グループ・エンカウンターと自己開示 國分康孝・片野智治 構成的グループ・エンカウンターの原理と進め方——リーダーのためのガイド 誠信書房

片野智治 2007 構成的グループエンカウンター研究——SGEが個人の成長に及ぼす影響 図書文化社

國分康孝 2004 教育カウンセリング概論 NPO日本教育カウンセラー協会編 教育カウンセラー標準テキスト（初級編） 図書文化社

松嶋るみ 2004 青年期における自己開示を規定する要因の検討 風間書房

Pennebaker, J. W. 1989 Confession, inhibition, and desease. *Advances in Experimental Social Psychology*, 22, 211-224.

## 17 コンフロンテーション（対決）
confrontation

心のなかの相容れがたい思いに正面から立ち向かうことにより，統合へと向かうプロセスに積極的・主体的にかかわっていこうとする意志と態度（楠本，1992）のこと。「対決」と和訳されることも多い。楠本によれば，対

決はどの心理療法であっても，程度の差はあるが共通した態度あるいは技法である，としている。また，対決は社会生活における対人関係などの自己の「外界」と，人生課題などの自己の「内界」の二つの次元で行われ，外界への対決と内界への対決は密接に関連しあい，相互に作用しあっている（楠本，1992）とも指摘した。対決の研究について多くの示唆を与える人物として，アイビイ（Ivey, A. E.）とムスターカス（Moustakas, C. E.）を挙げる。

## 1．技法としての対決

アイビイ（1985）は対決技法を，「クライエントの行動，思考，感情，意味における不一致，矛盾，葛藤を指摘すること」と定義し，かかわり技法，焦点の当て方技法，積極技法などのカウンセリング技法連続表の最上層に位置づけている。そして，不一致，矛盾，葛藤を，①二つの言語表現の不一致，②言うことと為すことの不一致，③言語表現と非言語表現との不一致，④二つの非言語行動の不一致，⑤言語表現と状況の不一致，⑥2人以上の人間の不一致の，6タイプに分類した（アイビイ，1985）。

アイビイは対決技法が多く用いられるものとして，ゲシュタルト療法，論理療法を挙げている。

対決技法では，クライエントの訴えのなかに矛盾や混乱，葛藤を発見し，それを明確に示し，これを解決して結論へ導いていく手順をとる。それが効果的に行われるための方法として，三つのステップが紹介された（福原ら，2004）。第一が「複雑なメッセージ・矛盾，不統合を通してコンフリクトを見つける」である。第二が「不統合の問題を指摘し，フィードバックなどを通じてその解決にとりかかる」である。

この第二の段階は，さらに以下の6ステップに分かれる。①クライエントを自己対決や問題解決に導く，反映的傾聴技法や要約。②質問，その他の技法を通じてコンフリクトと複雑なメッセージを引き出し，ノンバーバルに表す。③あまり強調しすぎずに，折々にいくつかの不統合の側面を要約する。④肯定的資質の探求は，クライエントの変化と成長をうながす。⑤他の積極技法を用いて，矛盾に対して意見を言う。⑥個人と多文化への気づかいをする。

第三に「クライエントの変化と成長へのカウンセラーの介入の有効性を評価する」（福原ら，2004）である。評価は，クライエントの応答と，「対決スケール」（Confrontation Impact Scale：CIS）によって行われる。これは，1986年にキューブラー=ロス（Kübler-Ross, E.）の変化の概念を修正し作成した，五つのレベルの対決スケールを面接場面に適用したもの（福原ら，2004）であるという。すなわち，①レベル1（否定），②レベル2（現実の部分的受容），③レベル3（受容と認知），④レベル4（新しい解決の一般化），⑤レベル5（新しい，より大きな，より包括的な構成），である。

## 2．実存的瞬間としての対決

ムスターカス（1980）は対決を，つらい問題や二人の間の葛藤に正直に対面すること，葛藤に正面きって挑戦すること，と定義した。ムスターカスいわく，「対決技法が用いられるのは，リレーションが行き詰ったり，おざなりになったり，子どもが同じ感情や同じ考えを何度も何度も繰り返すとき，ある固定概念にとらわれて人生問題に巻き込まれているときである」と。対決は「生産的論戦を交わすこと」（ムスターカス，1992）であり，新しい感情や体験を喚起したり，それまで隠されていた問題を明らかにしたりする働きを有する。また，対決は親密性とかかわりあいが深まる道程（ムスターカス，1980）であり，つまり本音と本音のふれあう道程であると述べている。

さらに，彼は実存的瞬間について言及する。意識性の発見と現在性に満ち，自分が何者であるかを悟り，突如として人生を理解し，その人の運命を変える瞬間であり，外見上は堅持してきたかのごとくにみえる価値観が崩壊し，価値や信念や決断の是非を意識する瞬間でもある。

また，自己を開く瞬間でもあり，新しい感情が明瞭になって出てきて，内なる自分を深く体感する。純粋な感情を味わうときこそ，内省と孤独の瞬間であり，特定個人に焦点を

合わせた瞬間でもある。このような実存的瞬間のうちのひとつに、自分とは何であるかをはっきりと具体的に意識したために、ビリーフあるいは実践の活動がきざし始めた瞬間をムスターカスは挙げており、この瞬間はすなわち対決そのものでもあると述べている。人は対決により揺さぶられ、混乱状態に陥れられる。そして、最後には自分自身への道をどうしても見つけざるを得なくなり、自己と対決して、はじめて言葉を超えた体験が開け、内なる生命の躍動が感じられるようになるとも説いている。

対決に際して、ある瞬間の感情のみにとらわれるのではなく、長い目でみた真実にも気づく必要性を説いている（ムスターカス，1984）。一瞬に正直な感情が根本的で、永続きするものであれば、追求してみる価値がある。それが相手との人間関係に現実的に最も役に立ち、新しい認識と成長のための触媒となる。そのような対決が重要であると。

### 3. 集団と個の対決

集団のなかでの対決についても、ムスターカスは言及している。ある人の自己探索が、今のところ直接、集団全体には関係がないとしても、集団全体がこの人とともに踏みとどまろうとすることがある（ムスターカス，1984）。進んで個人に注目し、集団のペースをその人に合わせ、集団自体の展開を特定の個人に一致するように進めていくことも、コンフロンテーションである。これは集団全体のやりとりを生かしながらも、「ひとりを待ち、ひとりのために耐え、時間を『無駄にする』ことに糸目をつけまいとするときに起こる葛藤は、個人対集団にある葛藤のなかで最も重要なもの」であるとムスターカスは述べている。

國分康孝が提唱する構成的グループ・エンカウンター（SGE）では、アイビイ、ムスターカス双方が述べる対決が随所でみられる。

### 4. 今後の課題

カウンセラーに求められる態度で両者に共通するのは支持的態度であり、人を人として尊重する態度である。クライエントに対決する際には、クライエントのトレランス、思考の柔軟性、現実感覚、抑制力など自我の成熟性、相手の権利を認めているか、カウンセラーが自己の感情のカタルシスに堕していないか、という点から自らを検討する必要がある。

一方、対決できないカウンセラーは失愛恐怖にとらわれている可能性がある。フロイト（Freud, S.）は、愛を失ってもかまわぬとの気概をもって医師会に対峙した。失愛恐怖は論理療法によりビリーフを修正して克服することが可能である。

（髙橋　浩二）

〔文献〕

福原眞知子・アイビイ，A.E.・アイビイ，M.B.　2004　マイクロカウンセリングの理論と実践　風間書房

アイビイ，A.E.　福原真知子・椙山喜代子・國分久子・楡木満生訳編　1985　マイクロカウンセリング——"学ぶ-使う-教える"技法の統合：その理論と実際　川島書店

楠本和彦　1992　対決，直面　氏原寛・亀口憲治・成田善弘・東山紘久・山中康裕編　心理臨床大事典　培風館　223-225.

ムスターカス，C.E.　北見芳雄・國分康孝監訳　1980　思春期の実存的危機　岩崎学術出版

ムスターカス，C.E.　片岡廉・東山紘久訳　1984　愛と孤独　創元社

ムスターカス，C.E.　國分康孝・國分久子訳　1992　人間存在の心理療法　誠信書房

無藤隆・森敏昭・遠藤由美・玉瀬耕治　2004　心理学　有斐閣

玉瀬耕治　1998　カウンセリング技法入門　教育出版

## 18　ソーシャルスキル
social skills

ソーシャルスキルとは、「人づきあい」のコツといった意味であり、円滑な対人関係を築き維持するために必要な知識、技能であり、学習できるものと考えられている。研究上の定義は、研究者によって、能力面を重視するものもあれば行動面を重視するものもあり、定義のニュアンスが異なるが（渡辺，1996），

包括すると「社会の中で他者と共生しながら，個人的あるいは社会的目標を可能にするための認知，行動，感情を調整する過程」と定義することができる。この言葉は，1970年代の論文でみられるようになるが，仲間関係において孤立した子どもたちが，仲間から受容されるためにどうすればよいかという関心の高まりから，研究が重ねられるようになった。

対人関係のトラブルは，子どもに限ることではなく，どの年代でも起こりうることであるが，幼児期後期における仲間関係のトラブルは，児童期以降における不適応と関連していることも指摘されており（Mize & Ladd, 1990），早期介入が望まれている。すなわち，幼児期後期において，すでにソーシャルスキルの獲得の差が指摘されており，ソーシャルスキルが学べない環境にある子どもたちに，積極的に教えていくべきだという考えが広まり始めたのである。

したがって，近年，ソーシャルスキルを教える心理教育プログラムとして，ソーシャルスキル・トレーニング（social skills training：SST）が，学校教育に積極的に導入し始められている。また，子どもに限らず，家庭教育，更生施設，病院などにおいても，対人関係の問題を予防・改善するために活用されている。

今後取り組むべき課題としては，①治療的なSSTだけではなく，生涯発達を基盤とした予防・開発的な教育としての体系的なカリキュラムづくり，②各発達時期や問題行動の改善に必要な，ターゲットスキル（目標とするソーシャルスキルの内容）の明確化とアセスメント，③SSTの般化・維持の方法の開発，④認知・行動だけでなく「怒り」「自尊心」といった感情へのアプローチ，⑤ソーシャルだけではなくモラルも含めた総合プログラム化，などが考えられる。

## 1．ソーシャルスキルの意義

かつては，仲間から受容されるための考え方，行動・感情の調整の仕方などは，親子関係，きょうだい，仲間関係，地域の人びととのかかわりのなかで学ぶことができた。しかし今日，家庭教育力の低下や，仲間と遊ぶ時間，空間が社会の変化によって奪われてしまい，仲間の相互作用が減少している。遊びの内容も変化し，仲間集団で遊びまわるようなギャングエイジはなくなり，ゲームやビデオのような受動的遊びが大半で，人間同士が深くかかわりながら学ぶべきものを獲得できなくなってしまっている。そのため，社会的不適応を予防し，健全な仲間づくりを目指して，意図的にソーシャルスキルを教えていく必要性が高まっている。

## 2．ソーシャルスキルの考え方

大人は子どもの問題行動を，「性格」のせいにしてしまうことが多い。「乱暴だから」「引っ込み思案だから」といった叱り方をする。しかし，性格のせいにされると，子どもは落ち込むか，どうせそう思われているならとつっぱることが少なくない。しかも，大人は問題を子どもの性格のせいにしてしまうことで，自分の責任を転嫁し，手を抜いたかかわり方をしがちである。ソーシャルスキルの基本的な考え方は，未学習であるからできないという考え方にある。たとえば，「やさしくしなさい」「がんばりなさい」「勉強しなさい」といくら叱ってもできない場合，この原因は，具体的にどのような行動をとればよいかがわからないからできない，といった見方をする。

タイプ別に対応法を考えると，以下の四つが考えられる。

**知識がないから，行動にうつせない場合**——わかるように教え，親がモデルを示す。たとえば，「弟に○○してあげるとやさしいお兄ちゃんだよ。見てごらん，こうやるんだよ」など。

**知識はあるが誤った学びをしているために行動できない場合**——何が誤っているかを教えて，適切な行動を再学習させる。たとえば，「手を強くひっぱるのは，やさしくないよ。○○してあげるとやさしいね」など。

**知識はあるが行動にうつせない場合**——知識はあっても，今までの成功経験が少なく，自信や意欲がないためにできない場合が多い，成功経験や正の強化を与えて自信を育てていく。たとえば，「ちょっとやってみてごらん。そうそうそれでいいんだよ。上手だね」など。

知識もあり行動にもうつせるが，状況をモニターすることができない場合――さまざまな状況を経験させ，状況の手がかりや解釈の仕方，行動など，細かい点まで教える対応が必要。たとえば，「うまく『入れて』って言えたね。でも，ほら見てごらん。今お友達同士なにかしゃべっているから，しゃべり終わるのを待って声をかけてみよう」など。

## 3. ソーシャルスキルの行動分析と技法

たとえば，上手に断るスキルは，①謝罪（悪いけど）+②理由（○○の理由があって）+③表明（できないんだ）+④代案（次回だったら）といった四つの行動から成り立つことがわかるが，抽象的な行動を対象年齢が理解できるような具体的な単位に分かつことが必要である（行動分析）。また，それに応じたノンバーバルな行動（表情，声，姿勢など）が求められる。大事なことは，その年代の仲間から受容されるために必要なソーシャルスキルにどのようなものがあるのか，その内容と行動分析，発達の仕方を明確にしていくことである。また，こうしたソーシャルスキルを効果的に教える技法には，言語的教示，モデリング，リハーサル，ロールプレイング，フィードバックなどがある。

**言語的教示**――ソーシャルスキルを用いる必要性や動機づけを言語的に与える。

**モデリング**――直接，ほめられたり叱られたりといった直接強化がなくても，モデルがほめられたり叱られたりしている様子を観察するだけで，学習することができる。このメカニズムを利用し，スキルに必要な行動を効果的に理解させる。

**リハーサル，ロールプレイング，コーチング**――意識的に行動するところから，日常生活において無意識にできるようにするまで，何度となくリハーサルする。実際にロール（役割）を変えて，どのような行動がどの視点から望ましいかといったことに，認知的に気づかせることが大切である。具体的な行動やノンバーバルな行動を含めて，レビューし応用できるようにコーチングする。

**ホームワーク**――実際の生活に般化および維持させていくためにも，ホームワークは不可欠である。家庭や周囲の人たちの協力も得て，トレーニングしたことが実際の生活で応用できるようにしていく。

（渡辺 弥生）

〔文献〕

相川充　2000　人づきあいの技術――社会的スキルの心理学　サイエンス社

菊池章夫編著　2007　社会的スキルを測る――KiSS-18 ハンドブック　川島書店

Mize, J., & Ladd, G. W. 1990 A cognitive-social learning approach to social skill training with low-status preschool children. Developmental Psychology, 26(3), 388-397.

佐藤正二・佐藤容子　2006　学校における SST 実践ガイド――子どもの対人スキル指導　金剛出版

渡辺弥生　1996　ソーシャルスキルトレーニング　日本文化科学社

渡辺弥生　2005　親子のためのソーシャルスキル　サイエンス社

# 19　アサーティブスキル
assertive skills

アサーティブスキルとは，目標達成に有効な反応の仕方（レスポンス）のことである。たとえば，「誘いを断る」（目標）ために相手に抵抗を起こさせないように反応（レスポンス）することである。

## 1. 定　義

カウンセリング心理学におけるアサーションの定義は 20 種類近くあるが，その共通要素は，「自分の権利の擁護および行使」「他者の権利の尊重」の二つである。この二つの目的達成のために，「自分の思考・感情・行動を自己表現」するのである。この自己表現のスキルを，アサーティブスキルという。なお，ここでいう権利とは，幸福になる権利である。

換言すれば，「自分も相手も大切にし，自分の考え，欲求，気持ちなどを率直に，その場にあった適切な方法で自己表現する」（園田ら，2002）スキルのことである。これとは対照的なスキルとして，非主張的，攻撃的な表現反応がある。それらを以下に比較したい。

|       | 非主張的な反応 | 攻撃的な反応 | アサーティブな反応 |
|-------|---------------|--------------|-------------------|
| N 氏  | ・愚痴を言うが店員に何も言わず平静を装う。ステーキはまずく感じる。<br>・要求し直さなかったこと，友人をこんな店に誘ったことに後悔する。<br>・萎縮してしまった自分を感じてみじめになる。 | ・店員を必要以上に大声で怒鳴る。注文したものを強く要求する。<br>・要求が通ったことと料理には満足する。<br>・怒鳴ったことで雰囲気が気まずくなり友人にきまりが悪く，夕食の雰囲気も台無しになる。 | ・注文と異なることと取り替えの要求を丁寧にしっかり伝える。<br>＊店員はミスを謝りレアのステーキを運んでくる。<br>・二人は夕食を満喫する。N氏は自分の行為に満足し，自信を高める。 |
| 店 員 | 自分のミスに気がつかない。 | 屈辱感，不愉快感が残る。 | 客が満足したことで，気分がいい。 |

(平木，1993, pp.16-17 を図表化)

たとえば，N氏は上京してきた友人と夕食を共にしたレストランで，ステーキをレアで注文した。しかし，運ばれたのはウエルダンに焼き上がっていた。このときのN氏の対応を，次の表にまとめた。

「自分も相手も大切にする」とは，N氏だけでなく店員も「気分がいい」ということであり，快体験の共有である。アサーションは「相手を自分の思うとおりに動かすための方便」，または「人間関係を思うがままに操縦するためのテクニック」と誤解を受けがちだが，そうではない（園田ら，2002）。

## 2．意 義

アサーティブスキルを相互に身につけることは，対人関係またはその集団内のネガティブなリレーションの予防と解消に有効である。「自分の言いたいことが言え，周りに聴いてもらえ，また周りの言うことも自分が聴けるという実感がもてるなら，その場を『居場所』と思える」（園田ら，2002）。ここでいう「居場所」とは，リレーションが形成されている状態である。リレーションとは，個体間，集団内，個と集団に「思考・感情・行動・情報」の共有がなされている状態と，國分康孝はいう。このような共有の状態であれば，集団の構成員は相互に「居場所」感を共有することができる。これが「アサーティブ・スキル」を身につける意義である。

アサーションは，1980年代初めにアメリカから導入され，はじめはキャリア・カウンセリングの分野で，やがてカウンセラー，医療・看護・社会福祉などの援護職に受け入れられた。そして学校の教育現場に導入されてきた。鈴木教夫はアニメ「ドラえもん」のキャラクターから，非主張的を「のび太」，攻撃的を「ジャイアン」，アサーティブを「しずかちゃん」になぞらえて，小学生に指導している（園田ら，2002）。またDESC法を「みかんていいな」の合い言葉を使い，スキル・トレーニングを実践している。み＝見える事実を言う，かん＝感情を伝える，て＝提案する，い＝相手がイエスのときの対応，いな＝相手が否（ノー）のときの対応である。DESC法とは，アサーションの実行に有効な表現方法で，アサーションしたい内容を四段階に分けて表現する。Dはdescribe（相手の言動や状況など，問題にしたいことを描写する），Eはexpress（自分の気持ちを表現する），explain（影響を説明する），empathize（相手の気持ちに共感する）を意味する。Sはspecify（相手に変えてほしいと望む言動，妥協案，解決案を提案する）で，C＝consider, choose（肯定的・否定的結果の予測をする）を指す。この四段階のそれぞれの単語の頭文字のアルファベット4文字を並べてDESC法と表記する。

また，さいたま市では「人間関係プログラム」にアサーション・トレーニングを位置づけて，小学校3年生から中学1年生を対象に実施している。社会的スキル尺度やQ-Uに

よるプレ・ポストの調査では効果が出ている（さいたま市人間関係プログラム実行委員会，2005）。

### 3．今後の課題

課題として二点を提示する。第一は，文化との関連である。日本には伝統的に「遠回しの表現」があり，現在でも根強い。アサーティブ・スキルを日本の文化にどう適応させるかは，大きな課題である。日本で実施してみてどんな問題があるか，それを提示しそれを乗り越える方法は，リサーチ・トピックになる。

第二は，スキルの定着についてである。学校ではクラスを対象として実施されるため，授業終了後の個々人のスキルの定着度合いが判別しにくい。そこで次の二つがリサーチ・トピックになる。一つはスキル・トレーニング後の目標スキルの定着についてである。スキル・トレーニングをしてみた結果，「方法上どんな問題があったか」である。二つめは，目標スキルの定着度および促進度の尺度である。ソーシャルスキル・トレーニング終了後一定期間をおいて，スキルの定着や促進についての効果測定ができる尺度の作成も，有意義なリサーチ・トピックである。

（橋本 登）

〔文献〕

相川充 2000 人づきあいの技術――社会的スキルの心理学 サイエンス社

平木典子 1993 アサーショントレーニング――さわやかな「自己表現」のために 日本・精神技術研究所

さいたま市「人間関係プログラム」実行委員会編集 2005 人間関係プログラム指導書

園田雅代・中釜洋子・沢崎俊之編著 2002 教師のためのアサーション 金子書房

## 20 コミュニケーションスキル
### communication skills

カウンセリング心理学にとって，コミュニケーションスキルは欠かせない重要なリサーチ・トピックである。たとえば，「人が聞いてくれる話の仕方」を解明する必要があるし，「非言語的コミュニケーションの研究」も，これからの重要な研究テーマである。私の経験では，構成的グループ・エンカウンター（SGE）の参加者の思考や感情の変容の要因には，言語によるコミュニケーションだけではなく，他のメンバーの立ち居振る舞いや，場の雰囲気（たとえば，全員が沈黙して熱心に聞いてくれた）などの，非言語的コミュニケーションにかかわるものが多いように思われる。

コミュニケーションスキルの具体的な内容や方法の検討，新たなスキルの開発等は，研究者にもカウンセラーにも重要なリサーチ・トピックである。ところで，コミュニケーションスキルは，カウンセリングスキルの上位概念である。

### 1．定 義

『広辞苑』（第六版）によれば，コミュニケーションとは「社会生活を営む人間の間に行われる知覚・感情・思考の伝達。言語・文字その他視覚・聴覚に訴える各種のものを媒介とする」とあり，コミュニケーションの一般的な意味として，「人間同士が情報や意思，感情などを伝え合うこと」と言い換えることができる。

これを，カウンセリング心理学のフレームで定義すると，「思考・感情・行動・情報の共有（シェアリング）」ということになる。SGEでは，感情のシェアリングが主になるコミュニケーションであり，サイコエジュケーションは思考（認知）のシェアリングが主になることが多い。

人間関係が存在するところにコミュニケーションは付随する。たとえば，親子関係，職場の上司と部下，同僚との関係，教師と児童生徒，保護者との関係などである。

円滑なコミュニケーションが成立すると，人間関係も豊かになる。多くの人は円滑なコミュニケーションを図るために，さまざまな試みをする。公式的なものとしては会議や面談，職場新聞や学級だよりのような広報活動がある。非公式的なものとしては，食事や飲酒，旅行やレクリエーションを共にするなどが挙げられる。

気の合う相手とは比較的コミュニケーションは図りやすいが、多様な人間関係のなかで、世代や価値観、感性の違う人とのコミュニケーションは、多くの人が難しさや苦手意識を感じるものである。それゆえ、コミュニケーションを円滑に図るためのスキルを向上させようとする。企業等における研修には、コミュニケーションスキルに関する内容が、積極的に取り入れられている傾向がある。

一般にコミュニケーションスキルといえば、傾聴・共感・質問・会話術などの「聞く・話す」行動について、心理学や言語学のフレームを用いて、理論を明らかにしながらハウ・トゥを解説するものが主である。プレゼンテーション（表現方法）、ディベート（議論の仕方）、ロジカルシンキング（論理的な思考）、アサーションスキル（うまく自己主張する技法）、アイメッセージ（自分の気持ちを伝える）などの有効性を紹介するものも多い。

## 2. 意 義

カウンセリングにおけるコミュニケーションの機能とは何か。國分（2001）は、「コミュニケーションとは、カウンセラーとクライエントあるいはグループメンバー同士が、①事実（情報）、②思考（ビリーフ、解釈、価値観、理解、認識）、③感情（支持、ユーモア、冗談）、④行動（デモンストレーション、指示）のいずれかをシェアリング（共有）することである」と説明する。

個別面接においては、たとえば、カウンセラーはクライエントの防衛機制を緩和するために、タイミングをみて適量の自己開示をしたり、応答技法（私はこう理解しました）等を用いて自己理解や状況判断をうながしたり、問題解決のためにビリーフの修正を提案したり、新しいスキルをデモンストレーションしてみせたりなどのコミュニケーションを進め、問題解決を図っている。

グループ・アプローチにおいては、たとえばリーダーには、簡にして要を得たコミュニケーションの能力が要請される。枝葉の多い話し方、抽象的な話し方、一人合点の話し方、あいまいな話し方からの脱却（要するに、結論から言うこと）が必要である。コミュニケーションが十分機能した人と人とのふれあいが進めば、グループメンバーのシェアリングが深まっていく。

## 3. 研究の状況

コミュニケーションスキルの基礎を研究するには、アイビイ（Ivey, 1985）によって提唱されたマイクロカウンセリングが示唆に富む。

諸種のカウンセリングやコミュニケーションから編み出された技法が、12の階層に組み立てられている。「かかわり行動」を基底とし、質問や観察などの「かかわり技法」「五段階の面接構造」を説明し、そのうえに、「対決」や「焦点の当て方」「意味の反映」「積極技法」「技法の統合」などを置く。

マイクロカウンセリングは、1960年代に開発されたカウンセリングの実践および訓練のためのカウンセリングスキルの体系であるが、コミュニケーションスキルを考えるうえで大いに参考になる。ロジャーズ（Rogers, C. R.）の「自己一致」「受容」「共感的理解」の3条件に象徴される受け身的に思われがちなカウンセリングの技法に対し、マイクロカウンセリングは「積極技法」を追加したのが特徴である。具体的には「自己開示」「フィードバック」「解釈」「情報提供」「対決」などが、それである。

一方、カーカフ（Carkhuff, 1992）が提唱したヘルピング技法は、「かかわり技法」「応答技法」「意識化技法」「手ほどき技法」の四段階から構成され、カウンセラーだけではなく、教師やマネージャー、看護師なども使えるようにヘルパー/ヘルピーの関係で、援助過程を繰り返しながら問題解決を図る技法である。ヘルピング技法は、初心者がカウンセリングを学ぶ際の教育訓練プログラムとしても活用でき、わが国には國分康孝によって紹介され、産業、教育分野を中心に積極的に活用されるようになってきている。

## 4. 今後の課題

これからのカウンセリングは、グループ・アプローチが主軸になってくると思われる。それゆえ、カウンセラーは、インストラクションと介入のときに、①どのようなメッセージをどのような表現法でコミュニケート

するか。すなわち，人の思考・感情・行動の変容を促進するパブリック・スピーチのスキルの研究は，特にサイコエジュケーションにとって有意義なリサーチ・トピックである。また，②グループが非言語的にコミュニケートしているメッセージ（たとえば，私語，沈黙，雑談）の理解に関する研究が必要になる。非言語の研究については，カウンセリング心理学はコミュニケーション分野の研究から学ぶ必要がある。

カウンセリング心理学は，教育，企業，福祉分野でのクライエントや地域のクレーム（たとえば，モンスター・ペアレント）に対応するコミュニケーションの内容（メッセージ）と方法が，今後の研究課題となる。

（朝日　朋子）

〔文献〕

カーカフ，R.　國分康孝監修・日本産業カウンセラー協会訳　1992　ヘルピングの心理学　講談社

アイビイ，A.E.　福原真智子・椙山喜代子・國分久子・楡木満生訳編　マイクロカウンセリング——"学ぶ-使う-教える"技法の統合：その理論と実際　1985　川島書店

國分康孝監修・瀧本孝雄編集責任　2001　現代カウンセリング事典　金子書房

## 21　コーピングスキル
### coping skills

コーピングスキルとは，ストレスに対応する技術のことをいう。コーピングは，外界から与えられるある刺激（ストレッサーと呼ぶ）によって喚起される，情動的反応や身体的変調（ストレスもしくはストレス反応と呼ぶ）を低減するための，あらゆる認知的・行動的努力である。ストレスと上手につきあうためには，コーピングスキルのレパートリーを増やし，適切な選択により実行できるようになることが重要である。

### 1．関連する研究

ストレスの特性を説明する代表的理論として，ラザラスとフォルクマン（Lazarus &

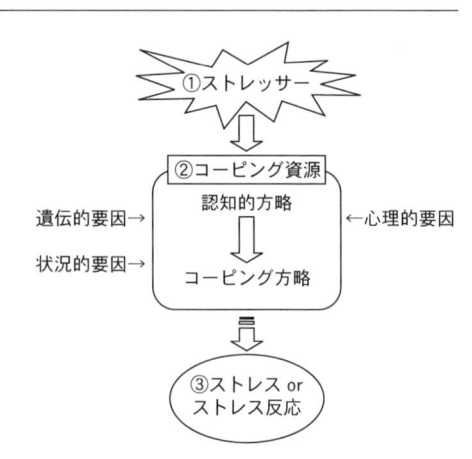

図　ストレスのトランスアクショナル・モデル
（津田ら，2005，p.16を参考に改変）

Folkman, 1984）によって提唱されたトランスアクショナル・モデルがある。このモデル（図参照）では，①のストレッサーが与えられたとき，②のコーピング資源がそれをどのように認知し，どのような行動によって対処しようとするかという点で不均衡を生じたときに，③のストレスまたはストレス反応が生じることを唱える。コーピング資源は，遺伝的要因や状況的要因，心理的要因に影響を受けていると仮定する。ストレスまたはストレス反応を，ストレッサーによって引き起こされる単なる反応として見なすのではなく，コーピング資源との相互作用の結果としてとらえる（嶋田・小野，2005）。

このモデルを検討するうえで参考になるのが，外傷後ストレス障害（posttraumatic stress disorder：PTSD）の脆弱性に関する実証的研究である。PTSDは事故や事件などの危機的な出来事が誘引となって生じる心理的障害であり，ストレス反応の極端な例である。しかしながら，同様の危機的な出来事を体験してもPTSDを生じる人とそうでない人がいることが知られており，どのような要因がPTSDを生じやすくするのかが，研究の論点になっている（Brock et al., 2001）。

白波瀬（2002）はPTSDのリスクファクターとして，①生物学的・遺伝的要因，②心理学的要因，③環境的要因，④認知お

よび対処的要因，を挙げている。生物学的・遺伝的要因に関しては，年齢や性別による脆弱性が認められること，および，血縁関係にある人のなかに罹患者がいる場合で発生率が高いことなどが示されている。心理学的要因については，自己効力感や自己コントロール感の高さが発症に対して予防的に作用するのに対し，学習性無力感の高さや精神疾患の罹患が発症に促進的にかかわっている。環境的要因では，家族の適応状態が好ましくないことや援助的な資源がないことがリスクを高めるとされ，認知および対処的要因については，その出来事をどのように理解して受け止め評価するかや，ストレスに対する対処レパートリーの広さが，PTSDの発症に影響を与えることが知られている。

## 2．分類/種類

コーピングを分類するうえで参考になるのは，ラザラスらが提唱するストレス・コーピングの2様式であり，情動焦点型コーピングと，問題焦点型コーピングに大別される。情動焦点型コーピングは，回避や静観，気晴らしなど，ストレス状況に置かれたときに生じるネガティブな情動そのものを軽減しようとするコーピングであるのに対し，問題焦点型コーピングは，問題の所在の明確化や情報収集，解決策の考案など，問題解決のために環境や自分自身を積極的に変化させようとするコーピングである。また大野（2002）は，どの部分に焦点を当ててコーピング行動を行うかによって，ストレッサー，認知的評価，ストレス反応（情動的興奮・身体的興奮）という3種類を挙げている。

ストレッサーに対するコーピングとしては，取り除く（自己主張する），回避・逃避する，ストレッサーを生み出さない（生活習慣の改善をする）などを提案している。認知的評価に対するコーピングには認知の仕方を変える（論理的思考をする・自滅的思考を除去する・自己評価を向上する）を，ストレス反応である情動的興奮に関しては感情を静める（リラクセーション・腹式呼吸・瞑想などを行う），身体的興奮に対しては身体的興奮を静める（リラクセーション・身体活動などをする）を提案している。

島井・嶋田（2001）は，ラザラスらの2様式と，関与-回避の軸，認知-行動の軸の組み合わせによって，コーピング方略の8分類を提案している。このように焦点や対象の違いを組み合わせて考えることによって，自分自身にとってより適切なコーピング行動は何かを検討することができ，柔軟な方略の選択が可能になるとしている。選択の柔軟性とは，ある状況下で用いたコーピングがうまく機能しなかった際に，効果的でなかったコーピングの使用をやめ，新たなコーピングを用いることができるかどうかを指す。人は，ストレス状況にさらされると，それを解消しようとコーピング行動に出る。しかし，そのようなコーピング行動が，必ずしもストレス反応を軽減するとは限らない。解消しようと努力しても，一向に問題が解決できず，ますますストレスフルな状況に陥ってしまう場合もある。このような場合，コーピング行動そのものがストレス反応を促進してしまいかねない。そこで，自分自身のコーピングの現状についてセルフモニタリングし，自分の採用しているコーピング方略と採用しづらい方略の特徴を知ったうえで，自分が採用しづらい方略の採用を考慮することも，効果的なコーピングの選択につながると考えられる。

## 3．今後の課題

コーピングスキルは，学習によって獲得されるものである。このことから，ストレスを軽減させるためのさまざまなコーピング訓練法が開発されている。ストレス・コーピング習得の訓練法を総称してストレス免疫訓練と呼び，代表的なものに，弛緩訓練法，自律訓練法，バイオフィードバックなどがある。これまで，コーピングスキルの訓練は，何らかのストレス反応が特定の症状や不適応として現れた場合の治療的な方法と見なされてきた。しかしながら，程度に差こそあれ不適応を起こしている人が珍しくない現代社会において，コーピングのレパートリーを増やし，適切な選択により実行できるようになるという予防的活用を目的とした，コーピング習得の訓練や教育が重要になるだろう。

〔今田　里佳〕

〔文献〕

Brock, S. E., Sandoval, J., & Lewis, S. 2001 *Preparing for crises in the schools : A manual for building school crisis response teams.* 2 nd ed. John Wiley & Sons.（今田里佳監訳・吉田由夏訳 2006 学校心理学による問題対応マニュアル 誠信書房）

Lazarus, R. S., & Folkman, S. 1984 *Stress, appraisal, and coping.* Springer.（本明寛・春木豊・織田正美監訳 1991 ストレスの心理学——認知的評価と対処の研究 実務教育出版）

大野太郎 2002 ストレスマネジメント教育とは ストレスマネジメント教育実践研究会 ストレスマネジメント・テキスト 東山書房 10-42.

嶋田洋徳・小野久美子 2005 現在までのストレス対処の概要 上里一郎監修・竹中晃二編 ストレスマネジメント——「これまで」と「これから」 ゆまに書房 40-53.

島井哲志・嶋田洋徳 2001 イライラのマネジメント 法研

白波瀬丈一郎 2002 ストレスに弱い子とはどんな子か 児童心理, **778**, 1-9.

津田彰・永富香織・津田茂子 2005 ストレス内容の推移と対処 上里一郎監修, 竹中晃二編 ストレスマネジメント——「これまで」と「これから」 ゆまに書房

# 第IV章

# アセスメント

## Assessment

　カウンセリングと名のつくものには，すべて二本の柱がある。一つはアセスメント（状況の読み取り），もう一つがインターベンション（目標達成のための対応または介入）である。アセスメントするにもインターベンションするにも不可欠の条件が，リレーションの有無である。インターベンションを始める前に必要なのは，取り組み方の大筋を立てること，すなわちストラテジー（戦略，対応策）である。そこでこうなる。カウンセリング心理学が，カウンセリングの何について研究するのかと問われた場合，最低四つの事柄が研究対象になると私は答えたい。すなわち，リレーション，アセスメント，ストラテジー，インターベンションの四つである。それゆえ，本事典の中核項目として，これら4項目を章立てにした。

　私がアメリカに留学していたころ（1960年代），教育心理学出身者は「テスト屋さん」，カウンセリング心理学出身者は「インターベンション屋さん」（治し屋さん）という，それまでの両者の対照的なイメージが壊れはじめていた。すなわち，カウンセリング心理学と教育心理学の相互乗り入れの時代になりつつあった。したがって，カウンセリング心理学でも，往時の教育心理学と同じように，アセスメントの比重が高まって今に至っている。

　アセスメントは医療領域でいう diagnosis（診断）と同じで，何がどうなっているのかを「診断する」という意味である。ロジャーズ理論にはアセスメントの発想はなかった（リレーションそのものがインターベンションである）が，折衷主義ではクライエントや状況に応じた柔軟な対応をするために，クライエントや状況に対するアセスメントは不可欠である。

　カウンセリングはアウトドアで行われることが多いので，心理テストだけでなく，即席的に観察して判断することが多い。そこで本章では，質問紙法以外のアセスメントについても，トピック（項目）を提示することに意を注いだ。なお，本章の構成については冨田久枝の資料に示唆されるものがあった。

（國分　康孝）

# 1 カウンセリング・アセスメントの特質と課題

nature and issues of assessment in counseling

アセスメントとは,一般に「査定,評価,判定,所見」を意味する言葉で,カウンセリングでは,「クライエントの心理面,社会面,教育面,身体面などがどのような状態にあるか把握すること」を意味する,専門用語である。

## 1. アセスメントの目的とその重要性

アセスメントは,教育の世界でいう評価(evaluation)という用語と,医学の世界における診断(diagnosis)と,ほぼ同義語としてとらえることができる。このアセスメントを行うには,その目的がある。あるクライエントを援助しようと考えるとき,そのクライエントはどのような環境で育ち,どのような問題を抱え,どのような解決方向があるのかといった援助方向性を見つけ,クライエントの問題解決をより有効な方法で援助するといった目的で行われる。このアセスメントには援助を行う前に行うものと,援助の途中や援助終結に向けて,その目的がどの程度達成されているか査定するものがある。

このように,アセスメントは,カウンセリングを行ううえで欠かせないクライエント理解の方法であり,クライエントをどのように援助しようかといった作戦(ストラテジー)を立てるためにも,欠かせないものなのである。医学の世界でいう「証拠に基づく医学」(evidence based medicine)という考え方と同様で,治療の効果を正確に予測し,得られた結果についても,その評価が具体的に客観的に可能となるためのアセスメントである。

## 2. アセスメントの対象

カウンセリングにおけるアセスメントの対象は,カウンセラーはもとよりクライエントを取り巻く環境すべてである。たとえば,カウンセリングの対象者が子どもの場合,①学業,②心理・社会面,③進路,④健康面,⑤問題行動などの個人的な側面と,子どもを取り巻く環境である,⑥学校,⑦家庭,⑧地域,と非常に幅広くアセスメントを行うことが求められるのである。

## 3. カウンセリングにおけるアセスメントの方法と特徴

アセスメントの方法は大別すると,「観察法」「面接法」「測定法(テスト法)」の三つが挙げられる。

### 1)観察法

これは,人間や動物の行動を,自然な状況や実験的な状況下で観察,記録,分析し,行動の質的および量的特徴や法則性を解明する方法(中澤ら,1997)である。

### 2)面接法

援助される者と援助する者(教育する者,される者)とが一定のルール(時間,場所,話題の範囲,人数など)と目的をもって実施され,直接的な情報収集やカウンセリングの方向性を探ることが主な目的となる。

### 3)測定法(テスト法)

これには,「質問紙法」「投影法」「作業検査法」の3種類がある。

**質問紙法**——測定しようとする側面について記述された質問に,「はい」「いいえ」などの選択肢から答えを選び,選択された答えを得点化して発達の姿や性格の特徴などを査定し,その傾向を明らかにし,カウンセリングに活用するものである。

**投影法**——あいまいな図や絵などをクライエントに見せ,それに答えた内容を分析し,深層心理をとらえようとするもので,ロールシャッハ・テスト,文章完成テストなどがある。投影法は心理療法では使用されることが多いが,内的な世界を扱い検査の妥当性にもやや問題があり,その判断も信頼度の保持が難しいため,カウンセリング(教育的な場面)では活用されないことが多い。

**作業検査法**——ある作業を行うことによりそれに現れる心理的な特性をとらえようとする検査で,内田クレペリン精神検査が代表的である。

カウンセリングにおけるアセスメントは,心理療法のそれとは識別される。カウンセリングはアメリカで,ガイダンスや教育活動として発展した。病気を治療するという立場

（心理療法）ではなく，健康な人の問題解決や成長を援助するという目的で行われる活動だからである。

## 4．カウンセリングにおけるアセスメントのプロセス

國分（1979）は，カウンセリングのプロセスをコーヒーカップ・モデルと呼び，プロセスを大きく三つのステージ（リレーションの形成，問題の把握，問題の解決）から示し，そのプロセスで使われるカウンセリングの基本技法を明らかにしている。

先にも述べたが，アセスメントは援助の方向性を探るためにも必要であり，カウンセリングのプロセスにおいて各ステージで必要に応じて，カウンセリングの効果を測定（アセスメント）し，援助の方向性を確認し，修正して進められることが望ましいと考える。

## 5．カウンセリングにおけるアセスメントとその課題

近年，学級崩壊，不登校，引きこもり，非行など，学校教育現場は危機的な状況下にある。これまでのカウンセリングは個人を扱うことが基本であったが，集団を対象にした援助も必要になってきている。そのためには，集団の状態や児童・生徒の人間関係を評価・査定する必要が生じてくる。河村（1998）は，学級集団の状況を測定する尺度を開発しており，新しいアセスメントの方向性を示したものと考える。

一方，子どもたちの「生きる力」の低下が危惧され，健康教育が注目されている。健康な生活を営むために必要なスキルを「ライフスキル」と呼ぶが，このスキルの獲得が求められて，ライフスキルやソーシャルスキルの実態をアセスメントする必要も生じている。

また，発達に問題をもつ子どもが普通学級に所属する「特別支援教育」がスタートし，発達にかかわる情報も子どもの支援には必要不可欠となってきた。さまざまな発達検査があるが，たとえば「自閉症」と診断された子どもをどのようなアセスメントで診断されてきたのかといった，アセスメントへの理解も求められる。これまでカウンセリングの範疇ではあまり取り扱われなかった分野でも，カウンセリングの知見を活かす必要性が生じてお

り，それにともないアセスメントもより幅の広いものが求められるのであろう。

（冨田 久枝）

〔文献〕

石隈利紀　1999　学校心理学——教師・スクールカウンセラー・保護者のチームによる心理教育的援助サービス　誠信書房

河村茂雄　1998　たのしい学校生活を送るためのアンケート「Q-U」実施・解釈ハンドブック（小学校編，中学校編）　図書文化社

菊池章夫・堀毛一也編　1994　社会的スキルの心理学——100のリストとその理論　川島書店

國分康孝　1979　カウンセリングの技法　誠信書房

中澤潤・大野木裕明・南博文編著　1997　心理学マニュアル観察法　北大路書房

## 2　グループ・モラールのアセスメント
### assessment of group morale

集団におけるモラル（group morale）は，日本語では「士気」と訳され，語源的には軍隊における兵士たちの戦意を意味する用語であったが，後にその他の領域にも転用されるようになった。たとえば職場集団の勤労意欲やスポーツチームの闘志などのように，ある組織・集団のメンバーが，組織目標・集団目標の達成に対して積極的な意義を認め，その目標達成に向けて一致協力している状態をモラールという（藤森，1994）。現在のところ，産業・組織心理学領域においては，原語発音のまま「グループ・モラール」，あるいは単に「モラール」と表記されることが多い。

なお類似した訳語として「志気」があるが，これは主に集団内での個人の態度を指すことが多いので適切ではない。さらにまぎらわしい用語として，モラル（moral）があり，これは現実社会における道徳，倫理，良識を意味するため，モラールとはまったく異なる概念である。

### 1．モラールの重要性

トルストイの『戦争と平和』には，軍隊の

戦闘力を左右する「ある未知のx」について，次のような記述がある。軍隊の戦闘力（$P$）は，兵員の数（$a$），武器や装備の良否（$b$），作戦の優劣（$c$）などだけによって決まるものではなく，「士気」と呼ばれる「捕捉しがたい力」（$x$）があり，しかもこの要素を前者の合計に乗じた結果が，軍隊の真の戦闘力となるという（$P=(a+b+c+\cdots)\times x$）。つまり，何よりも重要な媒介要因としてモラール（士気）をとらえているのである（尾高，1981）。

歴史的な例をもちだすまでもなく，実際にさまざまな職場を訪ねてみると，そこにはそれぞれ特有の雰囲気を感じ取ることができる。たとえば，この職場は何となく沈滞しているとか，生き生きしているというようなことである。職場を包むこのような空気こそモラールであり，モラールの高さがその職場集団の労働生産性の高さを左右すると考えられている（藤森，1994）。もちろん職場集団の生産性（$P$）に影響を与える要因としてはモラール以外にも，給与その他の待遇の改善（$a$），従業員に対する拘束や罰則の強化（$b$），作業環境の技術的・物理的改善（$c$）など，さまざまな要因が考えられる。しかし，それらの諸要因が生産性にどのように寄与するかは，媒介変数であるモラール（$x$）の高さ次第である。さまざまな刺激要因（$a, b, c, \cdots$）がどんなに高くても，モラール（$x$）が高くなければ，実際の生産性（$P$）には結びつかない。したがって組織・集団の生産性を考える場合，モラールは最も重要な要素と考えられるのである（尾高，1981）。

## 2．モラールについての研究

現在に至るまでの産業社会の発展において，「組織・集団の生産性を能率的に高めるにはどうしたらよいか」という問題は常に重要な関心事であった。

これに対する古典的アプローチとしては，いわゆるフォード・システムのコンベヤに代表されるテーラー・システム（Taylor, 1911）が挙げられる。これは，分業化によって生産工程を単純作業に分解し，生産体系の能率化を図ったものである。そして標準化された作業量（タスク）よりも高い能率を上げるものについては高賃金，逆に低い能率については低賃金という差別出来高給制をとった。これは学習心理学におけるS-R説を背景に，金銭的報酬と業績を直接結びつけ，高い賃率によって高能率を目指したものととらえることができる（村杉，1987）。これ以外にも，単純に労働環境を良くしたり罰則を強めたりすれば組織・集団の生産性は向上すると考える立場もあるが，これらはいずれも単純な効果の法則（law of effect）に基づいた古典的アプローチに含めることができる。

ところが，1924〜32年にシカゴのウェスタン・エレクトリック社ホーソン工場で実施された一連の調査研究（Hawthorne Research：ホーソン研究）（Roethlisberger & Dickson, 1939；Roethlisberger, 1941；進藤，1978）により，古典的アプローチに疑問が生じる。それによると，快適な労働環境と生産性の間に因果関係は認められず，モラールこそが重要な媒介変数として生産性に影響していることが見いだされたのである。つまり人間は刺激に対し単純に反応するのではなく，生体（organism）の内的要因に媒介されて反応することを意味しており，前述の古典的アプローチを単純なS-R説とするならば，このホーソン研究が示したのは新行動主義におけるS-O-R説に対応した考え方であるといえよう（吉田，1969；村杉，1987）。

## 3．研究の現状および今後の課題

ホーソン研究の発表により一躍注目されるに至ったモラール研究であるが，その後の組織・集団研究が，マズロー（Maslow, A. H.）の欲求階層説に基づいたモチベーション研究へと移行するにしたがい，現在ではあまり省みられなくなってきている。おそらく，媒介変数としてのモラールに以前ほどの意義が見いだせなくなってしまったのであろう。その理由のひとつには，研究が進み，モラールにかかわるさまざまな要因が明らかになればなるほど，本来の目的であった生産性向上とモラールの間の直接的な相関や因果関係が複雑になり，実証しにくくなっていることが挙げられる。また，モラール概念自体の操作的定義上の混乱も大きな問題といえる。モラールをどのように測定するのか，集団的モ

ラールと個人的モラールの関係,モラールとモチベーションの関係などの点において,研究者により著しい相違があり,今のところ意見の一致はみられそうにない。今後はこうした定義上の問題を整理し,モラールに関する新たな理論を構築していく必要があろう。その点で村杉(1987;1994)のモラール・モチベーション研究などは,心理学的研究ではないが,今後のモラール研究の方向性を示すものとして期待できる。

近年のモラール研究において比較的活発なのは,モラール・サーベイと呼ばれる分野で,これは組織・集団のモラールについて調査を行い,その問題点を明らかにするための手法を検討するものである。たとえば企業内で従業員が自己の職務や作業環境,管理監督者の監督行動,会社の経営方針などについてどのように感じているか,またどのような点に不満をもっているかなどについて組織的・客観的に測定しようとする場合など,応用面での活用が期待される分野である。

なお,実際のモラール・サーベイの手法としては,観察法,面接法,投影法,質問紙法のほか,欠勤や遅刻の回数などの統計資料により判断するものなどさまざまな方法が提案されており,適宜組み合わせて利用することができる(橋本,1963;正田,1966;1992;藤森,1994)。わが国において最も多くのデータが得られているのは,(社)日本労務研究会(NRK)が1955年に開発した,NRK式モラール・サーベイで,現在でも主に大企業を中心に毎年,数万人規模の調査が行われている。このほか,NRK式の短縮版である厚生労働省方式社内コミュニケーション診断(RCS)が知られており,これは主に中小企業を対象とする調査に利用されている。またこれ以外にも,大企業が社内用あるいは事業所用に独自に開発・実施している調査法も多数存在し,たとえばIBM社が日本を含め全世界で定期的に実施しているものなどがある。こうしたモラール・サーベイについての正確な統計はないが,多くの企業において相当数の従業員に対し実施されていると考えられる(松本,2001)。

しかし当然のことながら,実際の調査結果について公開されることはなく,一体誰がどのような理論に基づいた調査をどのような方法で実施し,調査結果がどのように利用されているのか,ほとんど明らかになっていない。したがって実際に企業などでこうしたモラール・サーベイを活用しようという場合には,前述のようにモラール概念自体が混乱していることを意識し,自らの選択した調査法がどのような理論的背景のもとに作成されたものなのかを十分理解したうえで,慎重に利用していくべきであろう。

(相良 陽一郎)

〔文献〕

藤森立男 1994 職場集団のダイナミックス 岡村一成編著 産業・組織心理学入門(第2版) 福村出版 76-87.

橋本仁司 1963 モラール調査 相良守次ほか編 経営管理の心理学 ダイヤモンド社 207-244.

松本真作 2001 組織,職場,仕事等の測定尺度に関する研究の現状 日本労働研究雑誌,**494**, 75-80.

村杉健 1987 作業組織の行動科学——モラール・モチベーション研究 税務経理協会

村杉健 1994 モラール・サーベイ——作業組織管理論 税務経理協会

尾高邦雄 1981 産業社会学講義——日本的経営の革新 岩波書店

Roethlisberger, F. J. 1941 *Management and morale.* Harvard University Press.* (野田一夫・川村欣也訳 1965 経営と勤労意欲〈改訂版〉 ダイヤモンド社)

Roethlisberger, F. J., & Dickson, W. J. 1939 *Management and the worker : An account of a research program conducted by the Western Electric Company, Hauthorne Works, Chicago.* Harvard University Press.*

進藤勝美 1978 ホーソン・リサーチと人間関係論 産業能率短期大学出版部**

正田亘 1966 モラールをめぐる諸問題 石毛長雄・武沢信一編 産業集団心理学 朝倉書店 245-283.

正田亘 1992 産業・組織心理学 恒星社厚生閣

Taylor, F. W. 1911 *The principles of scientific management.* Harper & Brothers. (上野陽一訳編 1969 科学的管理法〈新版〉 産業能

率短期大学出版部）**

吉田正昭　1969　産業心理学　培風館
　*　（吉田，1969による引用）
　**　（村杉，1987による引用）

## 3　グループメンバーの満足度のアセスメント
assessment of group member's satisfaction

　社会の発展にともなって人の欲求構造に変化が生じた。すなわち，社会が豊かになり，「生理的」および「安全と安定の欲求」が満たされて満足し，より高次の「自己実現の欲求」が増大していると考えられる（ゴーブル，1972）。この自己実現の傾向に動機づけられるためには，それよりも低い段階の欲求が満たされることが条件である。そして，それらの欲求の満たされた度合いを表す指標を「満足度」と呼ぶ。

### 1．グループメンバーの満足度
　メンバーがグループに寄せるニーズは多様であるから，一概に満足度を定義することはできない。ここでは人間関係の欲求に注目して，マズロー（Maslow, A. H.）の「欲求五段階説」（ゴーブル，1972）を取り上げて満足度を示す。①生理的欲求，②安全と安定の欲求，③所属と愛の欲求，④承認や自尊の欲求，⑤自己実現の欲求である。また，欲求の段階の移行（高まり）には順序があるとする。すなわち，現在の欲求が満たされて満足というわけではなく，新しいより高次の欲求がつぎつぎに生じ，それに基づいて行動が起こると考えるのである。メンバーのグループに対する満足度においても，欲求のどの段階までが満たされたかによって判断され，また，全メンバーの満足度を総合することで，グループ全体の満足度が判断されるととらえることができる。

### 2．グループメンバーの満足度を取り上げる意義
　グループがメンバーにとって単なる所属集団ではなく，準拠集団となっているとき，メンバーはグループの集団規範を取り入れて自分の行為の基準や価値の規範とする。また，カウンセリングでは，メンバーがグループに示す準拠性を活かして，グループを人間的な成長（行動の変容）に用いている。つまり，グループは個人の行動選択の判断を与えるのである。しかし，現代は準拠集団となるグループが形成されがたくなっており，意図的にグループづくりを進める必要がある。グループづくりでは，最初に現在のグループの実態把握，すなわちメンバーの満足度をアセスメントし，それに基づいて介入を行うことが必要である。そして，グループ内での活動をとおして，メンバーの欲求や動機が充足されることで，グループが準拠集団となるのである。具体的な例では，学級担任の学級経営，上司が課内の職務実績を向上させること，グループワークにおけるリーダーの介入，などである。したがって，今後ますますグループメンバーの満足度のアセスメントは重要になるものと思われる。

### 3．グループメンバーの満足度のアセスメント
　河村（1999）は，子どもたちが学級にどの程度満足しているかを，教師が評価するためのチェック・リスト「教師から見た子どもと学級への満足感」を示した。その項目を以下に挙げる。
　(1)　本音で自分らしく生き生きとしている子
　(2)　とてもいい子で素直な子
　(3)　とてもひょうきんな子
　(4)　得意なことで周りから一目置かれている子
　(5)　周りに気をつかう子
　(6)　少しのことで傷つきやすい子
　(7)　教師に反抗的な子
　(8)　自己中心的でわがままな子
　(9)　他の子どもとよくトラブルを起こす子
　(10)　すぐに不満や不平を言う子
　(11)　学力か運動能力がかなり低い子
　(12)　級友の話題についていけない子
　(13)　級友からからかわれることが多い子
　(14)　取り組みに意欲がみられずやる気のない子
　(15)　友だちが少なく孤立気味な子

これらの項目から，子どもたちを四つのタイプに分類して満足度を理解するものである。「満足度の四つのタイプ」とは，「学校生活に満足している子」「満たされない子」「不満がある子」「不適応傾向のある子」である。学校生活に満足している子は項目(1)と(4)の子どもであり，学級集団のなかでそれなりに居場所をもって生活している。満たされない子は(2)(3)(5)(11)(12)(14)の子どもであり，現在の学級の状態に少し満たされない気持ちをもっている。不満がある子は(6)(7)(8)(9)(10)の子どもであり，個々にさまざまな原因があり学級への不満を心にためている。不適応傾向のある子は(13)(15)の子どもであり，学級生活のなかで不安や緊張が高く，不適応感をもっている，とアセスメントする。

学級生活に満足している子が全体の70%を超えていれば学級全体の満足度は高く，互いに良い影響を与え合う建設的な集団である。不満がある子と不適応傾向のある子が全体の50%を超えると学級の雰囲気が乱れ，満たされない子も不満をもちはじめて，人間関係の乱れとともに学級全体が崩れはじめる。不満がある子と不適応傾向のある子が70%を超えると学級が大きく乱れ，集団としてのかたちをなさなくなってしまう。

教師が見誤りやすい子どもは，満たされない子と不満がある子である。より適切にアセスメントするには，観察法や面接法を合わせて行い総合的に検討することが必要である。

### 4．今後の課題
#### 1）満足度の定義にかかわる課題

ひとくちにグループメンバーの満足度といっても，学級，職場，仲間などさまざまな状況がある。どの状況にも共通にみられるものとして，人間関係の欲求に注目して満足度を示したが，メンバーがグループに寄せるニーズは多様であり，それに応じて満足度の意味が違ってくるものと思われる。今後は満足度の厳密な定義が必要となるであろう。特に，「職務満足度」にかかわる研究が進められており，満足度を検討するにあたって参考になるものと思われる。

#### 2）観察法にかかわる課題

観察法によってグループメンバーの満足度を的確にアセスメントするのは，以下の点に留意したい。その理由は，他のメンバーに対する好意や親近感，少し距離を取りたいといった感情などからインフォーマルな関係が築かれて，外部からは分かりにくい。また，グループは力動的に絶えず変化しており，同じ状態が長く続くことはほとんどない。したがって，変化の過程で即時的かつ継続的にアセスメントすることが求められる。今後，行動や発言を範疇化したカテゴリー・システムの開発や，評定尺度法の利用，観察者の観察能力の向上訓練の開発が求められる。

面接法や測定法を用いて情報を集めて総合し，より実態に近い理解を得ることが必要であり，その方法の検討が望まれる。

（苅間澤 勇人）

〔文献〕

ゴーブル，F. 小口忠彦監訳 1972 マズローの心理学 産業能率短期大学出版部

河村茂雄 1999 学級の実態を把握する 國分康孝監修，河村茂雄・品田笑子・朝日朋子・國分久子編集 エンカウンターで学級が変わる Part 3（小学校編） 図書文化社 28-35.

## 4　被虐待のアセスメント
assessment of abuse

児童虐待の相談件数が3万4千件（2005〈平成17〉年度全国児童相談所相談件数）を超え，1週間に1人の乳幼児が虐待により死亡している状況は，子どもの福祉にとってはもとより，その親や家族にとっても悲劇である。児童虐待の発生を未然に防止し，虐待が深刻になる前に第三者が介入するためにも，アセスメントが非常に大切である。

### 1．虐待の定義と分類

虐待行為とは，保護者（親権を行うもの，児童を現に監護するもの）や同居人がその監護する児童（18歳に満たないもの）に対して，発達を阻害するようなかかわり方をしていることを指している。つまり虐待とは，ab（隔たった）use（用い方）の英語が示すとおり，子どもの"間違った取り扱い方"すべて

にかかわることであり，次のように分類されている。

**身体的虐待（physical abuse）**——「児童の身体に外傷が生じ，または生じるおそれのある暴行を加えること」。殴る，蹴る，縛る，首を絞める，熱湯をかける，溺れさせる，異物を飲ませるなど。

**性的虐待（sexual abuse）**——「児童にわいせつな行為をすること，または児童をしてわいせつな行為をさせること」。子どもへの性交，性的行為の強要，ポルノグラフィーの被写体にするなど。

**ネグレクト（neglect）**——「児童の心身の正常な発達を妨げるような著しい減食，または長時間の放置，その他の保護者としての監護を著しく怠ること」。栄養不良，不潔，怠慢や無関心による病気の発生や医療を受けさせない，家に閉じ込める，安全への配慮を怠っているなど。

**心理的虐待（emotional abuse）**——「児童に著しい心理的外傷を与える言動を行うこと」。言葉による脅かし，無視や拒否的態度，著しく差別的な扱いをするなど。

このような行為は，本来子どもの欲求を満たすべき親が，子どもを手段として親の欲求を満たそうとしているといえるのである。

さらに，2004年の児童福祉法改正で，家庭内の夫婦間暴力は，児童に心理的外傷を与えるものとして虐待行為に追加された。

## 2．子ども・親・家庭へのアセスメント

アセスメントを多面的にするためには，子どもの状態，親（保護者）の状況，家庭環境などから判断することが必要である。

### 1）子どもへの視点

緊急性のある状態として，以下のものが挙げられる。

子どもが保護を求めている。不自然なケガ。低栄養を疑わせる症状（低体重・低身長，栄養失調，衰弱，脱水症状）。性的被害。不自然な長期の欠席（確認できない状況）。

虐待を疑わせるものとして，以下のものが挙げられる。

ケガを隠す行動（一貫しない説明，脱衣の拒否）。異常な食欲（際限なくおかわりする）。繰り返される事故。性的興味が強い（年齢不相応な性知識と性的行動）。保護者への拒否感（おそれ，おびえ，不安・警戒心を示す）。恒常的な不衛生。攻撃性が強い（いじめ，暴力，動物虐待）。過度の甘え行動（独占したがる，過度にスキンシップを求める）。嘘が多い。親の様子をうかがう態度（親の顔色を気にする）。

### 2）親（保護者）への視点

緊急性のある状態として，以下のものが挙げられる。

子どもの保護を求めている。生命に危険な行為（頭部・顔面打撃，首絞め，溺れさせる，シェーキング）。養育拒否の言動（「殺してしまいそう」「叩くのを止められない」）。医療放棄（診察・治療を受けさせない）。放置（乳幼児を家・車内に置いておく）。子どもの監禁・登校禁止。子どものケガの不自然な説明。

虐待を疑わせるものとして，以下のものが挙げられる。

偏った教育方針（体罰の正当化）。子どもへの過度の要求（理想の押しつけ）。育児への拒否的言動（「かわいくない」「憎い」）。きょうだいとの差別。

### 3）家庭環境への視点

緊急性のある状態として，以下のものが挙げられる。

ライフラインの寸断（電気・水道・ガスが止まっている）。家族が確認できない（生活状況がまったくわからない）。

虐待を疑わせるものとして，以下のものが挙げられる。

不衛生な生活環境。経済的な困窮。近隣からの孤立。頻繁な転居。関係機関に拒否的。

### 4）虐待を高めるリスク要因への視点

子どもの育てにくさ（未熟児，発達や発育の遅れ，慢性疾患）。複雑な家族構成（不安定な婚姻状況）。望まない出産（不本意で祝福されない出産，若すぎる妊娠・出産，計画性のない多子）。養育技術の不足（知識・養育・家事能力の不足）。

## 3．子どもへの心理的影響と行動へのアセスメント

虐待環境下での生活は，子どもの心や行動にさまざまな影響を与え，その結果，良好な

関係をもとうとする周囲の大人をも，ときとして混乱させるような行動や態度をみせるが，そのことがまさに被虐待をアセスメントする重要な資料となるので，よくみられる行動について述べる。

虐待的人間関係の再現――新しい環境や人間関係のなかで限界吟味（limit testing）を行い，どこまでいけば相手から虐待を受けるのかを確かめるような行動をすることがある。

愛着障害――誰に対しても親しげに振る舞うが，誰とも親密になれない人間関係を形成する傾向がある。

自己肯定感の低下――「悪い子」「価値のない子」としてさまざまな言動を受け続けることによって，自分に自信がもてず，見捨てられるのではないかと不安を抱くようになる。

### 4．今後の課題

今後の虐待への研究課題として，以下のものが挙げられる。

① 傷ついた心（トラウマ）のアセスメントと援助の研究。② 虐待した親やその家族関係へのアプローチと援助の研究。③ 親子分離後の再統合へのアセスメントとプログラムの開発。

（辻　隆造）

〔文献〕

西澤哲　1997　子どものトラウマ　講談社

川崎二三彦　2006　児童虐待――現場からの提言　岩波書店

子ども虐待防止ハンドブック　2006　神奈川県児童相談所

玉井邦夫　2001　「子どもの虐待」を考える　講談社

辻隆造　2001　幼児虐待・児童虐待　國分康孝監修，瀧本孝雄編集責任　2001　現代カウンセリング事典　金子書房　323.

## 5　コンピテンシーのアセスメント
assessment of competency

コンピテンシーは，通常「高業績者の行動特性」と定義されている。言い換えると「高い業績を達成した人が発揮した能力」といえる。そのポイントは，コンピテンシーとは発揮能力であり，潜在能力ではないということである。近年，特に産業界で，コンピテンシーは大変注目されている概念である。まず，コンピテンシーという言葉の生い立ちにふれよう。

### 1．コンピテンシーの意味

コンピテンシーという概念は，1950年代にハーバード大学の心理学者ホワイト（White, R. W.）が最初に考えた。彼は，赤ちゃんがお乳を飲むには母親の乳首を探し，自分の口を合わせお乳を吸うという一連の行動に着目し，コンピテンシーとは，この例のように「環境と効果的に相互作用する有機体の能力」であると定義した（藤井，2001）。

しかし，現在のコンピテンシーの概念は，1970年代にハーバード大学のマックレランド教授（MaClelland, D. C.）が提唱した。彼は米国の国務省から外交官の適性について，次のような相談を受けた。

「学歴，知能など高いレベルの秀才たちを適性検査でも調べて外交官にするが，業績に違いがあるのはなぜか」。そこで，彼のチームは面接や行動観察により，高業績者の次のような共通の行動特性を見つけた。① 異文化での対人関係が優秀，② 嫌な相手でも人間性を尊重，③ 人脈を把握し，構築が早い。彼はこれを高業績者に特有の行動特性と考え，この研究によりコンピテンシーの概念を構築した（太田，1999）。

### 2．コンピテンシーの種類と測定法

組織で活用されるコンピテンシーは，一般的に次の3種類がある。

① 基本コンピテンシー（人間として基本的にもつべき行動特性），② 共通コンピテンシー（組織として全員に共通する行動特性），③ 専門コンピテンシー（専門分野ごとに異なっている行動特性）。

コンピテンシーの測定には，マックレランドらによって開発されたBEI（behavioral event interview）というインタビュー技法が活用される。これは高業績者に自分の体験を語ってもらい，そこから業績達成に成功した要因や失敗した要因を引き出すのである。

BEIは具体的には，次の五つのステップ

で進められる（アンダーセン，2002）。
　①導入（インタビューの目的・進め方を話し，緊張を解く），②仕事を確認（主な仕事の内容や，達成した成果などを聞く），③体験を聞く（成功体験や失敗体験を，2時間程度で詳細に聞く），④補足の確認（不足情報を確認し，追加の質問を行う），⑤終了（協力に感謝し，今後の協力をお願いする）。
　このようなインタビューにより調査されたコンピテンシーは，まず分類される。スペンサー（Spencer, L.）らが編集したコンピテンシー研究の定番本 *Competence at Work* では，次の6大分類となる（太田，1999）。
　①業績と行動（業績達成の志向性や，質の高さや正確性など），②対人関係力（対人理解力や顧客志向性など，対人関係の力），③対人影響力（人や組織に対し，関係を構築する力や影響力），④管理力（指導育成力，チームワーク力，リーダーシップなど），⑤認知能力（分析的思考力，概念的思考力，専門性など），⑥個人成熟性（自己管理力，自信，柔軟性，組織貢献など）。
　これらの大分類を元に中分類，小分類と分けていく。もちろん，これらは組織により，またコンピテンシーの種類により多様である。こうして「コンピテンシー辞書」と呼ばれるコンピテンシーのリストが作成され，各項目の達成レベルを決定し，多様に用いられる。

### 3．コンピテンシー概念の活用

　教育分野へのコンピテンシーの活用では，アメリカのスクールカウンセラー協会が1997年に作成した，「スクールカウンセリング・プログラムの国家基準」の例がある。このなかに，子どもたちがこのカウンセリング・プログラムを体験した後に「獲得できる知識や態度，行動のコンピテンシー・リスト」が示されている（中野，2001）。また，ドイツのHIS（Hochshule-informations-system：大学情報システム）は，大学卒業者のコンピテンシーに関する継続研究を行い，大学卒業者がどんな知識や技能などをもって卒業し，就業に不足のコンピテンシーには何があるかなどを明らかにしている（小松ら，2005）。
　しかし，圧倒的に多いのは，産業界での活用事例である。アメリカの産業界では1990年代に入り，人事マネジメントの基本メニューにコンピテンシーが活用されている。そして日本でも現在，多くの企業に導入されている。
　組織の高業績者のコンピテンシーが解明されれば，多面的な展開ができる。コンピテンシーは，次のような分野に適応できる。どんな人物を採用すればよいか（人事採用），どんな職場に適すのか（配属・配転），望ましい業績を達成しているか（人事評価），能力に合った賃金は（賃金制度），どんな教育内容が必要か（能力開発），社内にどんな人材がいるか（人財マップ）など範囲は幅広い。
　このなかで，多くの企業が採用しているのは人事評価においてであるが，他の分野への活用も著しい。匿名のうえで全社員のコンピテンシー（人財マップ）を全社に公開し，適正な人事配置に役立てている企業もある。また，コンピテンシー面接（人事採用）は多企業で実施されているが，近年，国家公務員上級職の選抜にも採用された。

### 4．今後のコンピテンシー研究

　コンピテンシー研究は，このように産業界を中心に幅広く展開されているが，教育界でも早晩，重要な研究対象になり，広く採用から人財マップまで，多様なアセスメントに活用されると思われる。
　産業界では，ナレッジ・マネジメント（知識経営）への適用が始まった。各社員のコンピテンシーは，社員各自だけでなく組織全体にとっても大きな資産である。人財マップとして配属に活用するばかりでなく，組織運営全般に活用しようという動きである。さらに全社員のコンピテンシーは，組織の変革や再編にも活用できる。
　今後，コンピテンシーの研究は，多様な分野で，さまざまな活用が考えられる大変重要な課題と考える。

（髙橋　誠）

〔文献〕
アンダーセン，A．2002　コンピテンシーマネージメント　東洋経済新報社
藤井博　2001　コンピテンシー・マネジメント　國分康孝監修，瀧本孝雄責任編集　現代カウン

セリング事典　金子書房　302.
小松郁夫ほか　2005　大学教育における獲得能力と初期キャリア——ドイツの場合　国立教育研究所
中野良顕　2001　アメリカのスクール・カウンセリング・プログラムの国家基準　國分康孝監修，瀧本孝雄責任編集　現代カウンセリング事典　金子書房　147.
太田隆次　1999　アメリカを救った人事革命コンピテンシー　経営書院

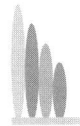

## 6　リーダーシップのアセスメント
assessment of leadership

　リーダーシップとは，「指導性」の訳語が充てられることもあるが，学術用語としては必ずしも明確な定義づけがなされているわけではない。特に，対象をフォーマルな集団に限定するか，あるいは非公式（インフォーマル）な集団までを含めるかによって，その定義づけが異なる。ここでは，ひとまず教育現場でのさまざまな集団を想定し，リーダーシップを「集団の目標を達成するようメンバーに影響を与える過程」としておく。学校現場では，学級運営における教師のリーダーシップ，クラス内での学級委員や班長となった生徒のリーダーシップなどが観察の対象になるであろう。ほかに学校組織に目を向けると，学校運営にあたる管理職（校長・教頭）のリーダーシップや，サイコエジュケーションを展開する際のスクールカウンセラーのリーダーシップなどについても，適切なアセスメントを行うことが必要である。そのことで，集団目標をより効果的に達成するための指針が見いだされると期待できる。

### 1．リーダーシップ理論
　リーダーシップのとらえ方には大きく分けて，特性アプローチ，行動アプローチ，状況アプローチ，の三つがある。特性アプローチは，主にリーダーのパーソナリティ特性に焦点を当て，望ましい資質や態度について明らかにしようとするものである。たとえば國分（1984）は，リーダーシップの頭文字"leadership"から，「容姿」（looks），「共感性」（empathy），「受容的態度」（acceptance），「自己主張」（directiveness），「激励」（encouragement），「責任感」（responsibility），「情緒安定性」（security），「全体の把握」（holism），「心意気」（identity），「権力・実行力」（power），といった10の資質を取り上げており，具体的なリーダー像をイメージする際に役立っている。

　ほかにも，特にスポーツや企業などにおいて，優れた指導性を発揮する監督や社長のパーソナリティ特性を解明する研究が数多くなされている。さらに，これらの特性の組み合わせから，リーダーシップ・スタイルの類型化を試みる研究もなされている。たとえば，レヴィン（Lewin, K.）の「専制的リーダー」「民主的リーダー」「放任的リーダー」の類型化は有名であり，この類型化に基づく多くの研究がなされてきた。

　一方，行動アプローチは，優れたリーダーの行動を明らかにしようとするものであり，たとえばPM理論では，課題達成機能（performance function：P機能）と人間関係維持機能（maintenance function：M機能）の二つが，リーダーシップ行動の重要な要素と考えられている。「規則・方法を定め従わせる」「目標を掲げ周知徹底する」「計画の立案をする」「指示・命令・指導をする」のような行動が得意な教師は，「P機能が高い」と評価される。他方，「皆の立場を理解し支持する」「児童・生徒を公平に扱う」「問題が生じたらまず皆の意見を聞く」「対立があれば仲裁する」のような行動が得意な教師は，「M機能が高い」と評価される。この理論の提唱者である三隅（1984）は，この二つの行動がいずれも高いPM型リーダーの下ではメンバーの生産性が高まることを確認し，PM機能の相乗効果と呼んだ。したがって，両機能をあわせもつことが，理想的なリーダーシップの条件と考えられる。

### 2．状況に応じたリーダーシップ
　上記の二つのアプローチが，主にリーダーのパーソナリティ特性や行動特徴といった個人要因に焦点を当てているのに対して，リーダーの個人要因だけでなく環境要因との相互

作用からとらえようとするアプローチがある。状況アプローチである。たとえば、ハーシーら（Hersey et al., 2000）の状況対応理論では、リーダーシップ行動を指示的行動と協労的行動に分け、これらの組み合わせがメンバーの成熟度とどのように関係するかを明らかにしている。その結果、メンバーが未熟な場合は「指示型」がよく、成熟度の向上にしたがって協労的行動を増やしながら「説得型」をとることが望ましいとされている。そして、メンバーの成熟度が中程度になると指示的行動を控えた「参加型」が効果を発揮し、成熟度が高くなれば指示的行動・協労的行動のいずれも減じた、「委任型」のリーダーシップを採用することが望ましいとされている。

学級運営に当てはめると、学級開きの際には、手取り足取り指示したり一緒に作業をしたりする必要があるが、クラスにまとまりができ学習意欲が高くなれば、次第に生徒の自主性に任せたほうがよいといったことになる。つまり、クラスの雰囲気、生徒の学習意欲や能力に応じて、教師が適切にリーダーシップ・スタイルを変えていくことが求められる。このアプローチでは、教師の特性や行動だけでなく、クラスや生徒の状況もあわせて観察することが必要になるが、より具体的な介入指針が見いだされる場合が多く、アセスメントにおいては有効なアプローチである。

## 3. 教師に求められるリーダーシップ

河村（2007）は小中学生を対象に、学級集団の特性といじめの発生率などを調査している。その結果、教師が教え子に友達感覚で接する「なれ合い型」学級のいじめ発生率は、ルールが定着して人間関係も親密な「満足型」学級よりも、大幅に高いことを明らかにした。教師の指導が厳しい「管理型」学級でもいじめの発生率が高く、教師のリーダーシップのあり方といじめの発生率とが、密接に関連していることが推測される。國分（1984）は、教師に求められるリーダーシップとして、①集団をまとめるスキル、②集団を動かすスキル、③一人ひとりを育てるスキル、の三つを掲げている。満足型の学級運営のために、教師はこれらのスキルをどの程度発揮できているのかについて、常に自己点検・評価を行わなければならない。

望ましいリーダーシップは、教師の個人要因だけでなく、生徒やクラスといった状況要因との関連によって規定される部分が大きい。また学級崩壊の予防やいじめの予防、学力の向上など、集団目標の違いによって求められるリーダーシップの内容が異なると予想される。それぞれの目標を達成するために、どのような状況下の、どのような集団に対して、教師のどのような行動やスキル（技法）が有効であるのかを解明する必要があろう。その際に、各理論で示された類型や機能の特徴を指標とすることで、リーダーシップを適切に評価・アセスメントすることが可能になると考えられる。

（土屋 裕睦）

〔文献〕

Hersey, P., Blanchard, K. H., & Johnson, D. E. 2000 *Management of organizational behavior : Utilizing human resources.* 7th ed. Prentice-Hall.（山本成二・山本あづさ訳 2000 行動科学の展開——人的資源の活用：入門から応用へ〈新版〉 生産性出版）

河村茂雄 2007 学校の課題——学力向上・学級の荒れ・いじめの徹底検証 図書文化社

國分康孝 1984 リーダーシップの心理学 講談社

三隅二不二 1984 リーダーシップ行動の科学（改訂版） 有斐閣

# 7 援助行動のアセスメント
assessment of helping skill

アセスメントは、本章冒頭の総論にもあるように、「クライエントの心理面、社会面、教育面、身体面などがどのような状態にあるか把握すること」を意味する専門用語で、主たる対象はクライエントである。しかし、カウンセリングという営みは、クライエントとカウンセラーの言語的・非言語的コミュニケーションを通して行われる人間関係（援助）であるという点からかんがみれば、クラ

イエントのみならず援助者についてもアセスメントが必要であるという観点が成立する。特に、子どもの発達や教育を支援する中心的な人物（カウンセラー、教師、保育者、保護者）は、「自分は支援される者にとって支援者として適切であるかどうか」を判断することは、クライエントにとってより良い支援をするうえでとても重要である。自分の力量をはるかに超えるケースを担当することは、クライエントの援助ができないばかりか、かえって悪化させてしまうことも考えられ、倫理上問題である。このような事態を招かないためにも、いつも自分の援助能力をアセスメントしておく必要がある。

## 1. 援助者の特徴をとらえる

援助者としての特徴を自分でとらえ把握することは、カウンセリングを行う者の義務であるといっても過言ではない。なぜならば、カウンセリングを受けにくるクライエントの人生そのものに大きく関与する関係だからである。教育分析と呼ばれるカウンセラーの教育訓練方法があるが、教育分析を誰もが受けることができるわけではない。したがって、援助者は、援助者としての自分自身の特徴を何らかの方法を用いて知っておくことが必要である。

石隈（1999）は援助者について、プロフィールからその援助者の特徴をとらえようとしている。主な内容は、これまでの援助サービスの対象とその経験、どのようなアセスメントの方法を使うか、カウンセリングの方法は個別か集団か、構成的グループ・エンカウンター（SGE）の経験の有無、趣味など、カウンセラーとしての資質から個人的な特徴まで総合的に援助者をとらえようとするものである。

また、援助者のビリーフ（考え方）からその特徴をとらえようとするアセスメントもある。これも石隈（1999）が紹介しているが、援助者がもちやすい、陥りやすいイラショナル・ビリーフを挙げてチェックするもので、援助者が陥りやすいクライエントへの誤解を防ごうとするものでもあろう。

## 2. 援助行動を観察する

冨田（1999）は、幼稚園教員を対象にその援助行動をビデオに録画し、援助スキルチェック・リストという行動目録を用いて自己評価させる方法を開発した。すなわち、ビデオ自己評価法を開発し、幼稚園教員をはじめとした保育者に、資質向上のための研修として実施している。この方法は言い換えれば、自己の援助行動をVTRで観察しアセスメント（自己評価・査定）する方法であるともいえる。

具体的な方法はまず、研修実施者が保育者の保育場面をVTRに録画する。そのVTRは保育者が自由に遊びを広げ、その遊びを援助している場面に限定して10分間撮影された。保育終了後、保育者は研修室で自己の保育場面のVTRを視聴し、視聴しながら援助内容（援助の具体的な行動を示した援助スキルチェック・リスト）がどの程度実現されていたか、いないかをチェック・リストでチェックし、自己の援助行動を評価するというものである。その後、チェックされた援助内容について研修実施者と面談を行い、良かった点、改善点などを話し合い、保育者が良かったと認めた援助について、研修実施者が同意するという社会的強化子を与えた。この研修の結果、自己の援助行動のVTRを用いて自己評価すると、援助の種類も量も増えるという結果を得ている。

この研修は、子どもを保育する保育者の専門性を高めるために開発されたものであるが、援助の実態をVTRを用いて自分でアセスメントすることにより、援助向上のための研修目標を立てることも可能である。また、撮影されたVTRを用いて保育者全員でカンファレンスを開き、お互いの援助の内容や質について検討するといった研修にも活用されている。また、このビデオ自己評価法を用いて、自己の援助について自己評価、自己観察した保育者は、子どもの発達に関しても観察力が増すという結果も得られている。

## 3. 援助行動のアセスメントの課題

援助者の能力やその資質についてアセスメントする必要性は近年注目されてはいるが、実際、援助する者が査定（アセスメント）されることには、抵抗を示す者も少なくない。カウンセリングや教育における専門性や技術

向上を考えたとき，援助者のアセスメントは当然必要なことではあるが，これまで援助する者が評価されるということが，特に教育現場では少なかったためかもしれない。カウンセラーの養成過程では，ビデオによる応答分析や逐語録による分析が一般的である。子どもを対象にした遊戯療法などでも，そのプレイの様子をVTRに録画して検討会を開いて，援助の方針や内容の検討を行っている。心理療法の分野では，援助者が自分を含め他者から観察され評価されることが専門性を高める方法として定着している。反面，教育現場におけるカウンセリングはスタートして日も浅いため，積極的に援助者のアセスメントを実施する方法がまだまだ広まっているとはいえないかもしれない。

今後は，「援助者が自身を」「援助者が援助者を」VTRなどを有効に活用しながらその援助の様子を観察し，査定し，援助の専門性と質を高めるために，アセスメントすることが求められるであろう。

〈冨田 久枝〉

〔文献〕

石隈利紀 1999 学校心理学——教師・スクールカウンセラー・保護者のチームによる心理教育的援助サービス 誠信書房

冨田久枝 1999 幼稚園教員の援助スキル変容に及ぼすビデオ自己評価法の効果 教育心理学研究, **47**, 97-106.

冨田久枝 2000a 幼稚園教員のビデオ自己評価研修とその効果 保育学研究, **38**, 49-56.

冨田久枝 2000b ビデオ自己評価法の効果——幼稚園教員による自由記述の検討 カウンセリング研究, **33**, 303-314.

## 8 面接初期のアセスメント
assessment at an early stage of counseling process

面接初期には何が大事か。アイビイ（Ivey, A. E.）やカーカフ（Carkhuff, R. R.）のカウンセリング・モデルによると，「かかわり行動」（attending behavior）である。すなわちリレーションづくりである。ところが簡便法では，リレーションよりも「問題把握」にウエイトを置く。その代表例は，エリス（Ellis, A.）の論理療法（REBT）である。

本項では，カウンセリング過程の初期の目標は「リレーションづくり」と「問題把握」であるとの前提で，論を展開したい。

### 1．面接初期のアセスメントの意義

すべてのカウンセリング活動（個別面接もグループ・アプローチも）は，①リレーションづくり，②問題の把握（アセスメント），③ストラテジー，④インターベンションの四段階を踏んで展開している。

この四段階の過程のなかでカウンセラーは，面接初期には，①リレーションづくりは順調に進んでいるかをアセスメントし，②取り組むべき問題の核心をつかんでいるかと自問自答しなければならない。なぜ自問自答する必要があるか。その理由は三つある。

第一の理由は，リレーション（相互に防衛機制が緩和している人間関係）がなければ情報収集はできない。情報収集ができなければ問題の核心をつかめない。第二の理由は，リレーションがなければカウンセラーの言動（介入）を受け入れたくない。それゆえ行動の変容は起こらない。第三の理由は，リレーションがあるだけでクライエントは孤独感・孤立感から脱却できる。これが心のやすらぎ（ストレス解消）になる。それゆえ，面接初期にリレーションが育ちつつあるかどうかのアセスメントは，カウンセリング・プロセスのなかで大事なステップである。

以上の所論はカウンセラーだけでなくスーパーバイザーにとってもいえることである。カウンセラーをスーパーバイズするとき，カウンセリングの導入部分（リレーションづくり，問題の把握）の問題点を指摘するときのフレームとして，本項の所論が有意義になると思われる。

リレーションづくりを特に強調したのは，ロジャーズ（Rogers, C. R.）であり，リレーションづくりよりも「問題の把握」（アセスメント）を強調したのは，論理療法のエリスであった。

リレーションとアセスメントは，その次の段階であるストラテジー（対策の大筋を計画

すること）を立てるのに不可欠である。それゆえ，「リレーションづくりの点検」と「問題の把握の適否の吟味」は，不可欠のアセスメント作業である。

## 2. 点検・吟味の方法

アセスメントに関する今後のリサーチ・トピックスは，①リレーションの有無とその度合いをどのように読み取るか，②その問題の把握は適切かどうかの判断は何を基準にするかである。前者を点検・吟味するフレームは，言語反応と非言語反応である。リレーションがあるかないかは，①言語的表現の何を観察・測定すればよいのか，②非言語的表現の何を観察・測定すればよいのかである。

クライエントやグループメンバーがにこやかであるからリレーションがあると読み取ることはできない。反動形成ということもある。裏面的交流ということもある。悪態をつくからといって嫌われているとは限らない。世の中には甘え方の下手な人間もいる。それゆえ，リレーションの有無とその度合いをアセスメントする勘所の発見は，リサーチするに値する。

何が取り組むべき問題かの把握は，ストラテジーを立てるのに不可欠な手順である。何が問題かは理論によって違う。精神分析理論なら，「定着」「葛藤」「不安」などの核概念をフレームにするであろう。論理療法では「イラショナル・ビリーフ」をフレームにし，実存主義的アプローチでは「意味の創造・発見」という枠組みで問題の把握を試みる。

それゆえ，取り組むべき問題の把握の仕方が適切かどうかは，そのアセスメントに従って立てたストラテジーに従ったインターベンションの効果（エビデンス）に基づいて，アセスメントすることになる。

## 3. 面接初期のアセスメントの課題

上述のアセスメントのほかに，特化した問題のアセスメントがある。これも研究に値するトピックである。すでに周知の問題が三つある。

第一は，ドクターショッピング（自分を支持してもらえるまでカウンセラーを頻繁に変えること）のクライエントのアセスメントと対応である。多くの場合，現在のカウンセラーへの抵抗を処理しないまま（自分の問題への対決を回避して），次のカウンセラーに乗り換えようとしていることが多い。ほかにも理由があるかもしれない。それゆえ，ドクターショッピングの事情をアセスメントし，クライエントのゲームに巻き込まれないようにする。これが，面接初期の特化した問題へのアセスメントの課題である。

第二の課題は，面接初期の抵抗をアセスメントすることである。人に勧められ「ものは試し」程度の低いモチベーションの場合，人のことばかり話して自分の内的世界を語らない場合，愛想はよいが馬耳東風で会話が深まらない場合がその例である。この種の抵抗をアセスメントして対応を工夫するのも，面接初期の課題である。

第三の課題は，自分のアセスメントのモデル（方式）をつくることである。面接初期のアセスメントに関心の薄い理論（ロジャーズ理論）と，関心の強い理論（精神分析理論，論理療法，交流分析，特性-因子理論，行動理論，ゲシュタルト療法）とがある。それゆえ，アセスメント→ストラテジー→インターベンションという手順でのカウンセリング過程をすすめるモデル（たとえば，カーカフ，アイビイ）を使うカウンセラーは，上述の諸理論を自分の使いやすいように統合して，自分なりに構築すること，これが課題になる。

（田島　聡）

〔文献〕

國分康孝　1979　カウンセリングの技法　誠信書房

## 9　面接中期における諸問題のアセスメント

assessment at a middle stage of counseling process

ここでは便宜上，長期にわたる不登校児の事例を取り上げて，面接過程を以下のように区分する。面接初期とは，援助期間が長期にわたる不登校児のアセスメントから介入計画（ストラテジー）を立てる時期，面接中期と

は，保健室ないし相談室へ登校できるころを呼ぶ。また，教室復帰ができるようになる時期を回復期，すなわち面接後期とする。

さて，面接中期のアセスメントの主眼点は以下の二つである。①面接初期の援助目標にどの程度近づいているかを評価（アセスメント）すること，②面接中期の問題解決のネックになっているのは何か，具体的にアセスメントし，その改善点は何かを発見することである。目標に対して思わしい接近がみられない場合には，初期面接の見立てを修正する。

## 1．面接初期の目標達成度のアセスメント

まず第一に，面接初期の問題のとらえ方とその援助目標は適切であったかをみる。すなわち，初期目標の達成度を評価する。たとえば，不機嫌な感情を行動で表す問題をもつ事例なら，援助目標は，自分の思いを言葉で伝えることができるようになったか，一般的に基本的生活習慣が樹立できたかなどが挙げられる。意思表現の程度や身辺生活の自立の程度は，課題解決の指標となる。または，新たな問題が出現していれば，その原因や要因を考え，援助方法を理論や実践に基づいて修正していく。

## 2．目標達成を妨げる諸問題のアセスメント

以下の三つの問題は，中期にしばしば生じるので，そのアセスメントをして対応を工夫しないと面接が進まない。すなわち抵抗，沈黙，感情転移である。

### 1）抵抗へのアセスメント

ここで挙げる事例は，夏休みは保健室登校したのに，9月の保健室登校に生じた抵抗の発見の仕方である。これができないと援助がうまくいかない。

まず，登校できていた夏休みの状態を振り返る。夏休み中は気が向いたときに登校した。登校後は，救急処置で来室中の気の許せる同級生，上級生や下級生とも談笑した。自分の好きな時間に昼食をとっていた。

次に，9月の状況を振り返る。9月からは学級復帰を目的にした保健室登校の約束をした。本人とともに決めたのは，登校は火曜午前10時まで，午前中は救急処置の手伝い，午後は自由課題。ところが，この約束事は2回目で時間がずれ込み，3回目からは昼ごろから午後の登校になった。約束を破っても詫びることなくケロッとし，来室中の子どもらとニコニコと談笑するので腹が立った。「保健室登校は学級復帰と自覚し登校してほしい。それはあなたのためで，私のためじゃないんだからね」という私の態度も，生徒にはみえみえであった。そのうえ，火曜日はあの子の登校日と思うと，朝から気が重くなっていた。そこで，「今日はあの子が来る火曜日だ。どんな変化がみられるか楽しみだ」との気持ちに切り替え，火曜日は仕事を入れず，入った仕事も早めに片づけた。「先生，変わったね。暇そうにしている」と，登校しはじめた。

### 2）沈黙の意味の理解

面接中に沈黙があると，援助者側は耐えられなくなるものである。沈黙は中期の中だるみ期に多く経験する。このアセスメントがうまくいかないと面接も進まず，変化の起こらない面接がダラダラと続いてしまう。筆者が中学校の養護教諭のころ，研修日が取れていた。当時，学校には行けないが家の近くの公園までなら行けるという事例の子どもに，管理者の了承を得て，その研修日の午後，公園で面接をしていた。この事例は，その援助のおり，沈黙の処理に失敗した事例である。

まず，沈黙処理を振り返る。面接の始まりは「こんにちは。先週から1週間，どういう生活でしたか？ 今日も終わりは2時半です。では，この1週間について話してください」であった。どの日の面接も，延々と過去の生活が繰り返し述べられた。その中盤から終わりにかかると，彼はきまって黙ってしまった。公園の水面を眺めた。彼の沈黙が話そうとして言葉を探しているのか，1週間を振り返り心の動きを整理しようとしているのか，はかりかねた。

次に，がまんできずにした質問を挙げる。「いつも面接の後半になると，あなたは黙ってしまうと思わない？ この面接は役に立たないばかりか，あなたにとっては返事もできないほど意味がないのだろうか」と，聞いた。

すると「そんな……ただ、これから話そうとしたときに、いつも終わってしまうんです」と言った。そこで、次からは1週間のまとめは変化があったことだけにして、自分が話したいことを先に話してもらう約束をした。カウンセリング構成に問題があった、試行錯誤時代の例である。

### 3）感情転移の読み取り

感情転移とは、相談者がかつて誰かに抱いていた感情をカウンセラーに向けることである。これは、保健室登校にこぎつけたカウンセリング中、飛び込んだ救急処置を優先させた養護教諭に腹を立て、処置コーナーのロッカーを激しく蹴り、飛び出した女子の例である。とっさのことで判断しかねていた矢先、再び不登校になり、担任と家庭訪問をした。

母親は「○○ちゃん、○先生と○先生が来てくださったわよ」と声をかけるやいなや、「上品ぶるんじゃねえよ」と泣きながら、寝室から居間へ本や鞄が投げ込まれた。冷静な母親と妹、担任はテーブルの前に固まっていた。居間にいた筆者はとっさに寝室に飛び込み、どうしたのと抱きしめると、しばらくして泣きやんだ。

その後、彼女は次のようなことを語ってくれた。このところ、妹の剣道試合が勝ち進んでいた。両親は差し入れを持参して、日曜ごとに試合会場をワゴン車で回っていた。姉の彼女には500円の弁当代を残して。帰宅すると母親は、異性の電話にうるさく厳しくとがめ立てて、先方へ確認などして私の顔をつぶしてくれた、と言った。

この母親と養護教諭がダブったのであろう。カウンセリング中に飛び込む救急処置への移行について、さまざまな問題が発生する。とりわけ、感情転移が起こる。ヘルスカウンセリングでは、カウンセリングの場が救急処置と隣り合わせ、同時進行で行われるので、こうした転移は留意することが大切である。担任でも同様の転移が起こる。

〈鈴木 美智子〉

〔文献〕

國分康孝 1979 カウンセリングの技法 誠信書房

國分康孝・國分久子監修 1998 保健室からの育てるカウンセリング 学級担任のための育てるカウンセリング全書7 図書文化社

## 10 面接後期のアセスメント
### counseling skill at a final stage of counseling process

面接後期は、初期に明確化された問題の解決および軽減が進み、クライエントの情緒は安定する。具体的には自己肯定・自己受容が進み、他者への非難が減少、考え方も柔軟になり、将来志向性が出てくる。つまり「来談者がカウンセラーの援助なしで独立独歩できそうな気配が見えてくる」時期である（國分、1979）。ここでは、面接終結に向けて準備や援助をするための正確なアセスメントが必要である。

### 1．クライエント中心カウンセリングのプロセス・スケール

ロジャーズ（Rogers, C. R.）は、速記やテープレコーダーを活用して自身の面接記録を分析し、パーソナリティが停滞、固着していた状態からその人らしく機能的な状態になるまでを、7ステージに整理した。また、パーソナリティ変容の状況や特質を表現するために、ストランド（より糸。複数はストランズ）という概念を創造した。

①感情と個人的意味、②体験過程の様式の変化、③不一致の度合い、④自己の伝達、⑤個人的構成概念、⑥問題に対する関係、⑦対人関係、の七つである。このストランドを横軸にし、前述の7ステージを縦軸に組み合わせたクライエントの評定尺度が、プロセス・スケールと呼ばれるものである。表は飯塚銀次が各ステージの日本の事例を集めて検証し、伊東（1966）による邦訳を実用化できるように編集した尺度のうち、5〜7ステージ、Ⅴ〜Ⅶのストランズについて抜粋したものである（飯塚、1973）。

面接記録の分析は手間暇のかかることではあるが、終結するにしろリファーするにしろ、発達途上のカウンセラーにとって、クライエントがどこにいてどの方向に変化をしようとしているのかを把握する目安となることは確

表 カウンセリングのプロセス・スケール（飯塚，1973，pp. 236-237 間の表より抜粋）

| ストランド | 過程段階 | | |
|---|---|---|---|
| | 5 | 6 | 7 |
| V<br>個人的構成<br>概念<br>PC | ●自己は柔軟性をまし，自己について新しい発見や疑問をもったりする。<br>●自分の中で自由な対話が起こり，内的交通が改善される。 | ●不一致の感情を体験し受容すると自己の受容を生き生き体験する。<br>●安定した照合体が解放されたときにしばしば不安を感ずる。 | ●自己即ち体験の発展は常に融通的・試験的に行われより深い体験に照合して再検討・再構成される。 |
| VI<br>問題に対する関係<br>PBR | ●問題に対する自己の原因を気にし，明確に責任があると感ずる。 | ●問題のある面を生き生き経験すると問題への生き方が関心となる。<br>●問題の話が少なくなり，自己のあり方，生き方が焦点となる。 | ●自己の新しい生き方，即ち体験過程が深まると計画や行動の新しいあり方が効果的になる。<br>●こうなると問題の後は特別の意味をもたない。 |
| VII<br>対人関係<br>REL | ●人間関係が感情水準で行われる。感情が通じ合い，気持ちを同じくすることができる。 | ●カウンセラーが現実の自己を受容することを信ずる。<br>●自己はカウンセラーとの関係で真の自己となることに努める。 | ●自己の直接的なありのままの体験に基づいて，誰とでも自由率直な関係を保とうとする。 |

かである。

飯塚（1973）は，3～5ステージの進行は遅く，6～7はスムーズであり，4～5ステージの面接が全面接の大部分を占め，6～は少ないとしている。一方，清水（2004）は，各ストランドがステージを大きく超えてバラバラに分布することはないとしている。このことから，面接の終結に向けてのタイミングは5ステージあたりから意識する必要がある。なお，清水は，第5ステージのイメージを「緊張感がなく安定していて，感じている体験を素直に述べ全体的に肯定的で積極的な様態」，第6ステージを「明るく積極的で生き生きしている」状態としている。

なお，飯塚のスケールを一部改変したものが清水（2004）に掲載されている。

## 2．クライエントの問題解決を促進するためのアセスメント

イーガン（Egan, 1986）は，クライエントの自己責任を重要視している。その援助モデルは以下の3ステージからなり，第1ステージは「クライエントの問題状況や新たな機会を探索し明確化する」，第2ステージは「問題状況を十分に理解し，実行できる目標を設ける」，第3ステージは「実行：目標達成のストラテジー（戦略）を考え，実行する」である。各ステージにはA～Cの3ステップが設定され，そのステップごとにカウンセリングを評価するためのチェックリストがある（Egan, 1986）。面接の後期と考えられる第3ステージのステップは，以下のとおりである。

(1) ステップIII-A：実行のためのストラテジーを見つけて査定する。
(2) ステップIII-B：クライエントが計画を立てるよう援助する。
(3) ステップIII-C：実行＝クライエントが計画を遂行できるように援助する。

また，ここでのカウンセラーの役目は，クライエントが横道にそれたり後戻りしたりせず問題解決できるように，ガイダンスや支援，促進などの援助をすることであるとしている。さらに，そのためにはクライエントが，①問題をはっきりと，しかも正確に見極めることに失敗している，②間違った問題と取り組んでいる，③盲点によって，道に迷っている，④実際に自分が何をしたいの

か，はっきりとした考えをもっていない，⑤非現実的な目標を立ててしまった，⑥自分が設定した目標と取り組んでいない，⑦選んだストラテジーが効果的でない，現実的な計画をまったくもっておらず一度にいろいろな方向に手を出している，などの状況に陥って苦戦していないか見極める必要があるとしている。つまり，これが後期のアセスメントの視点のひとつといえる。

## 3．質問紙によるアセスメントと今後の課題

クライエントの精神的な負担への配慮やカウンセラーとの人間関係を重要視する考え方から，カウンセリングで質問紙を活用する場面は限られている。

しかし，クライエントが「独立独歩」できる状態とは，自分の人生の計画を立て（plan），実行し（do），評価し（see），それをさらに計画につなげていくプロセスに自力で参加できることである。つまり，終結後は自分自身によるアセスメントが必要となる。したがって今後は，面接後期において，そのリハーサルができるような質問紙の開発が課題であろう。

（品田　笑子）

〔文献〕
- Egan, G. 1986　*The skilled helper: A systematic approach to effective helping.* 3 rd ed. Brooks/Cole Publishing.（鳴澤實・飯田栄訳　1998　カウンセリング・テキスト──熟練カウンセラーをめざす　創元社）
- 飯塚敏次　1973　人間探究と創造性の開発──カウンセリングにおける人格変化の理論と実際　高陵社書店
- 國分康孝　1979　カウンセリングの技法　誠信書房
- Rogers, C. R., & Roblen, R. A.　A scale of process in psychotherapy. Unpublished manual. University of Wisconsin.（伊東博編訳　1966　サイコセラピィの過程　岩崎学術出版社）
- 清水幹夫　2004　クライエント中心カウンセリングのプロセス　福島脩美ほか編　カウンセリングプロセスハンドブック　金子書房　255-274.

## 11　DSM-IV-TR の活用
### DSM-IV-TR to counseling

カウンセリング心理学は，精神疾患を研究・対応の主たる対象にはしない。しかし，精神疾患とそのために生じる生きづらさを理解することは，健常の概念を明瞭にする。また，健常といわれる心にも潜む痛みを感じ取り，そのカウンセリングに深みを増すことにつながるであろう。

DSM により，この領域を学びたい。

### 1．DSM とは

DSM とは，米国精神医学会が作成した「精神疾患の診断・統計マニュアル」（Diagnostic and Statistical Manual of Mental Disorders）の略である。1952 年に第 1 版が作成されてから今日まで改訂が続けられ，現在では第 4 版である DSM-IV-TR（2000 年）が使用されている。1992 年に出版された ICD-10（International Classification of Diseases：世界保健機関 WHO の国際疾病分類）との互換性も配慮されている。

さらに，IV-TR となってからも日本では，2002 年の日本精神神経学会で「精神分裂症」を「統合失調症」と名称変更されたことなどを受けて，新訂版を作成したり，その他，スティグマを生まないために「人格障害」を「パーソナリティ障害」と改めたりなどの訳語にも工夫がなされている。

DSM の特徴は，①DSM-III 以来の多軸診断と，②症状などの臨床像の記述に焦点を当てた操作的診断基準にある。①の多軸診断は，〔I 軸〕臨床疾患，臨床的関与の対象となることのある他の状態，〔II 軸〕パーソナリティ障害，精神遅滞，〔III 軸〕一般身体疾患，〔IV 軸〕心理社会的および環境的問題，〔V 軸〕機能の全体的評定，によって行われる。この導入により，総合的系統的にクライエント像がつかみやすくなり，思い込みや見落としが少なくなる利点が増えた。

また，②の操作的診断に準拠することで，専門家による診断やアセスメントのばらつき

が少なくなる利点も増えた。リファーやリエゾンを，共通の認識をもって行えることが多くなった。

以上のことから，ICDが国家機関による疫学調査などに使用されることに対し，DSMは学問研究や医療従事者間の情報交換に使用されるようになってきた。

## 2. カウンセリング心理学とDSM-IV-TR

DSMが便利で役に立つものであろうと考えつつも，その使用に二の足を踏む者が今のところまだ多い。しかし，医療従事者のみならず，健常者を対象とするカウンセリング心理学においても，DSMの使用が大切である理由は上記以外にも二つある。

一つには，人間は生きるうえで，他者とインターパーソナルな関係をもたないわけにはいかない存在であるということである。そこには，愛する大切な人とのパーソナル・リレーションや，役割としてのソーシャル・リレーションが生じる。

しかし昨今，かかわる相手が精神的な疾患や障害をもち，トラブルメーカーとしてかかわってくる例に少なからず遭遇する。モンスター・ペアレント，モンスター・ペイシェント，パワハラ上司，銃を持つ隣人などに，自我や生命を侵襲される事件が相次いでいる。

メディアでは事件を起こした犯人の病名が報道され，一人歩きをして，同じ病名を医者から告知されている人が，偏見に悩み苦しむ場合が多くある。また，医者からのいきなりの疾患名告知や，人格が定まってもいない10代の子どもに，学校教師が半端にパーソナリティ障害名を告知し，生徒親子を混乱に陥れるケースもある。自身が今どんな相手とかかわっているのか，相手の言葉や態度に本当に傷つく必要があるのか，精神疾患の知識を得ることで，守れるものがある。

二つめには，DSM-IV-TR第II軸の，パーソナリティ障害の記述からの学習である。そこには，人の悲しみのエッセンスが凝縮されている。記述されているその症状のありようは，決して健常者と隔絶されたものではない。

たとえば，乳児のような「見捨てられ不安」を抱え，0か100かの思考に陥り，怒りと不安に耐性が少なく，容易にアクティング・アウトしやすい境界性パーソナリティ障害（borderline personality disorder : BPD）の心性は，現実原則を守って生きることのできる健康な大人の心のなかにも，実は潜んでいる。嫌われる前に大切な人に自ら別れを告げてしまったり，悲しみを怒りで防衛してしまったりする切なさを，多かれ少なかれ味わわないで大人になった人はいないであろう。その切なさがつながって行く先に，彼らの痛み，苦しみ，生きにくさがある。第II軸には，現実へ適応するために健常者ならばある程度持ち運びがちの痛みを，防衛できずリアルタイムに味わわずにはいられない人びとの様子が，3群11項目にわたり，記述されている。

カウンセリングに従事する者が，"専門家"である前に"人"としての痛みにつながる自分の心を感じ，クライエントや問題をもつ者と自分との近さを感じるための，大切な学びが得られる項目だと思う。

## 3. 活用のために

DSMを最初に手に取るときは，持ち運びしやすい小型のハンドブックMINI-D（『精神疾患の分類と診断の手引き 新訂版』）の場合が多い。しかし，いざ，臨床に使い始めようとすると，その簡便さに不安が生じ，大判の厚い『精神疾患の診断・統計マニュアル』へ手を伸ばす。そして今度は，そのエビデンスに基づいたといわれる情報量の多さに圧倒されてしまう。2000年に高橋三郎らが行った調査によれば，50歳を超える世代の精神科医は若い世代より，さらにDSMになじみが浅いという。

使用にあたっては，気張らず，その診断基準をカウンセリングのガイドラインにすることをお勧めしたい。アセスメントや診断としての使用の前に，まずはクライエントの使う言葉，感じている世界を大切にしながら耳を傾けつつ，症状や現状を思い込まないために，DSMを参考にしてみる。クライエントの語るがままに共にたゆたいながら，ゆっくりと心のなかで五つの軸を添わせてみる。やがて

それは，クライエントの自己理解をより助ける指針となるだろう。また，インターベンションのヒントになる可能性もある。

IV軸の「心理社会的および環境的問題」，V軸の「機能の全体的評定尺度」は，インテーク面接時，面接中盤時，終結時等，折々に意識しチェックすると全体像が見渡しやすい。多軸診断評定記録様式のページを使用すると，わかりやすいと思う。

### 4．研究研修課題として

ややもすれば機械的な DSM-IV-TR の行間を埋めるものは，ケース研究である。自身のクライエントの言葉に耳を傾けつつ，以下の本に目を通していただきたい。

『DSM-IV-TR ケースブック』『DSM-IV-TR ケースブック（治療編）』『DSM-IV-TR ケーススタディ　鑑別診断のための臨床指針』。以上3冊は，診断基準を支える人間理解を深めていけることと思う。

また，『学校で役立つDSM-IV』は，米国の学校現場への応用が生き生きと書かれていて興味深い。これからの時代に向けて，アカウンタビリティを果たす気概をもつ専門家になれと，勇気づけてくれる。単なるレッテル張りではない心理アセスメントの深さに，学ぶ点は多い。

リサーチ・トピックは，以下のようなものも考えられる。①現在，日本の各カウンセリングの分野で，DSM-IV-TR や ICD-10 はどれくらい活用されているか。②成人を対象とし発達的特性への配慮が少ないと指摘のある DSM の，年少者への応用の仕方。③第Ⅱ軸アセスメントに役立つ，より自然で侵襲性の少ない心理テストの新たな作成。④5軸をアセスメントすることにより発達課題を意識化し，國分康孝の「カウンセリング諸理論の比較」（1980年）の治療目標の項目と比較検討し，人間成長に役立てる方法，などである。

DSM-IV-TR という共通の言語に，援助者一同が習熟することによって，クライエントが得る財産は大きい，と考える。

〔宇佐見　万喜〕

〔文献〕

Frances, A., & Ross, R.　2001　*DSM-IV-TR case studies : A clinical guide to differential diagnosis.* American Psychiatric Publishing.（高橋三郎・染矢俊幸・塩入俊樹訳　2004　DSM-IV-TR ケーススタディ――鑑別診断のための臨床指針　医学書院）

House, A. E.　2002　*DSM-IV diagnosis in the schools : Updated 2002.* Guilford Press.（上地安昭監訳，宮野素子訳　2003　学校で役立つ DSM-IV ―― DSM-IV-TR 対応最新版　誠信書房）

Spitzer, R. L. et al (eds.)　2002　*DSM-IV-TR casebook : A learning companion to the diagnostic and statistical manual of mental disorders.* 4th ed. American Psychiatric Perss.（高橋三郎・染矢俊幸訳　2003　DSM-IV-TR ケースブック　医学書院）

Spitzer, R. L. et al (eds.)　2004　*Treatment companion to the DSM-IV-TR casebook.* American Psychiatric Publishing.（高橋三郎・染矢俊幸・塩入俊樹訳　2006　DSM-IV-TR ケースブック――治療編　医学書院）

## 12　SCID-II
Structured Clinical Interview for DSM-IV Axis II

SCID-II，「DSM-IV――Ⅱ軸診断のための構造化面接」(structured clinical interview for DSM-IV axis II personality disorders) とは，DSM-IV のⅡ軸にある10のパーソナリティ障害と特定不能のパーソナリティ障害に，付加的なカテゴリーとして加えられた抑うつ性パーソナリティ障害，受動攻撃性パーソナリティ障害の，全13の人格障害を評価するための構造化面接である。

### 1．SCID-II の歴史的変遷

SCID-II の変遷は，DSM の変遷とともにある。現在，刊行されている SCID-II は，ファースト（First, M. B.）らにより，それまで SCID の一部としてあったものを，1997年に SCID-II として独立させ出版されたものである。日本語版 SCID-II も，1997年の最終版を高橋三郎らによって2002年に邦訳出版されている。

そもそもSCID-IIは，それ自体独立したパーソナリティ障害モジュールとして開発されたのではなく，1984年の「DSM-IIIのための構造化面接」，いわゆるSCIDの一部として含まれていた項目である。その翌年には，パーソナリティ障害モジュールだけを別に再編成されたSCID-IIとなり，1986年にはDSM-III-R用に改訂された。現在のSCID-IIにも採用されている，パーソナリティ質問票というスクリーニングのアイテムも，そのとき以来採用されている。1990年の改訂版においても，それはまだSCIDの一部としてのパーソナリティ障害用モジュールであった。日本語版「DSM-III-R II軸診断のための構造化面接」（SCID-II for DSM-III-R）も刊行されたが，積極的には利用されなかったようである。

## 2. SCID-IIの構成
### 1) 構 成

SCID-IIは，構造化面接の中心となる面接質問項目，記録と判定のためのサマリースコアシート，そしてスクリーニングのためのパーソナリティ質問票の，三つの部分から構成されている。

面接における質問項目は，特定不能のパーソナリティ障害のカテゴリーを除く12のパーソナリティ障害を評価していくため，それぞれのカテゴリーに7～15項目の質問項目がある。それらは，クライエントとの関係性を考慮して，DSMにおけるクラスターCのパーソナリティ障害，付加的障害，クラスターA，クラスターBの順となっている。各質問項目に対しての評価は，不明「？」，ないまたは当てはまらない「1」，閾値以下「2」，閾値あるいは当てはまる「3」の4段階となっている。

サマリースコアシートは，各カテゴリーの質問項目において，「3」閾値以上と評定された項目数を記録していくことによって，パーソナリティ障害の存在の有無あるいは型が明らかになっていくように設定されている。

自己評定によるパーソナリティ質問票は，面接時間の短縮のため，診断すべきパーソナリティ障害カテゴリーの絞り込みに用いることができる。そのため，面接における質問項目と対応した119の質問項目からなっている。また，評定を「はい」「いいえ」の二択にすることにより，面接による診断基準よりかなり低い閾値となっており，疑陽性が高い確率で出現するように意図されている。SCID-IIが構造化面接を目的としており，パーソナリティ質問票はその補助的・補完的手段であり，単独のスクリーニング検査として利用されることが本意でないことを示している。

### 2) 実 施

実施は全項目について質問していく方法と，時間的効率を求めてスクリーニングのためのパーソナリティ質問票を利用する方法とがある。後者の場合は，パーソナリティ質問票の質問項目に「はい」と記入された項目についてのみ質問していく。

まず，質問に際して，面接者は質問項目を何度も読み返し，質問の意味・意図を十分に理解しておく必要がある。そうすることによって，実施手引きにある定型的な質問を，クライエントによりフィットするかたちで言い換えていくことが可能になる。また，パーソナリティ障害は文化的許容度の差異が顕著であるため，クライエントの家族構成，生活圏，生活水準などを含めた文化的背景も考慮して，その反応内容を評価していく必要がある。欧米のような多民族国家では，なおさら民族的背景，宗教的背景によってその評価基準も変えていく必要もあると考えられる。

面接の対象は基本的にクライエントである。しかしながら，パーソナリティ障害の評価を必要とするクライエントから真に有効な情報を得られないことを，私たちはしばしば経験する。パーソナリティ障害であるがゆえに自らの病理を過小評価している場合や，クライエントの面接に対する防衛的態度が強い場合などである。このような状況が少しでも推察されるならば，家族，友人などクライエントとの関係が近い人物を，情報のリソースとして積極的に求めることが必要である。

## 3. SCID-IIの利用と意義

わが国では，医学的診断名を選択するのは医師の仕事である。そこで臨床診断ツールとしてのSCID-II利用は，精神科医，心療内科医などの医師が中心になってくる。しかし，

わが国の臨床診断において必ずしもSCID-IIが使用されているわけではない。その理由として，アメリカのように医療保険の請求にDSMあるいはICDの診断名が必要ではないこと，医学教育のなかでの位置，外来診療での時間的制約の問題などが考えられる。

一方，疾病研究などで鑑別診断を目的とする需要は増えつつある。たとえば，摂食障害に関する研究をすすめる際，パーソナリティ障害の症状として摂食障害を除く目的でSCID-IIによる鑑別診断を行い，その研究の信頼性を高める場合などである。医学系webサイト検索でも，海外における利用も同様の傾向を示唆しており，現在パーソナリティ障害研究に関する診断信頼性の基準のひとつになっている。

カウンセラーをはじめとする，メンタルケアに従事するコ・メディカルにおけるSCID-II利用の可能性はどうであろうか。SCID-IIは診断のための構造化面接であるが，その質問項目はパーソナリティ障害の具体的な臨床像をよく反映しており，コ・メディカルによるパーソナリティ障害理解の大きな手がかりになりうる。また，「2) 実施」の項で述べたような，クライエントにフィットする表現でよりていねいに面接することにより，クライエントが問題を明らかにし，問題と積極的に向き合うことを援助していく面接としての利用も期待でき，今後の活用の可能性を示している。

### 4．今後の課題

先にも述べたように，パーソナリティ障害を研究対象とする場合，その国際的信頼性を高めるためには，今後SCID-IIの使用は必要になってくるであろう。またSCID-II自体の研究は，その信頼性と妥当性に関するものが使用手引きにも24編記されている。それらの多くは，英語圏でのテスト-再テストによる信頼性の検討や，他の評価基準との一致率の検討による妥当性の検討である。そのなかに，オランダ語版の信頼性の調査などがあるように，日本語版の信頼性の検討，日本の文化的背景とし質問項目の妥当性の検討など，今後の課題は多くある。SCID-IIは，利用も研究対象としてもわが国ではまだ十分ではなく，さらなる研究によって多くの可能性が見いだされるのではないだろうか。

（牛田　洋一）

〔文献〕

First, M. B., Gibbon, M., Spitzer, R., Williams, J. B. W., & Benjamin, L. S.　1997　*Structured clinical interview for DSM-IV axis II personality disorders : SCID-II*. American Psychiatric Publishing.（髙橋三郎監訳，大曽根彰訳　2002　SCID-II――DSM-IV II軸人格障害のための構造化面接　医学書院）

First, G.C., Gibbon, M., Spitzer, R., Williams, J. B.W., & Benjamin, L.S.　Welcome to the SCID Web Page !!!　http://www.scid4.org/

## 13　UPI：学生精神的健康調査
University Personality Inventory

UPIは，「ときどき感じたり経験したことのある項目に○を，ない項目に×をつける」という2件法の検査である。したがって，得点が高くなるほど問題傾向も強くなる。UPIは，短時間で実施可能であること，著作権の問題を気にせずに利用できるためにコストがかからないこと，などの長所をもっている（松原，2002）。一方，信頼性や妥当性の検証が不十分であること，問題の深刻さを評価するための基準が明確に示されていないこと，2件法であるため回答者の示す症状の程度がわからないこと，といった限界がある（高橋・小林，2004）。

### 1．UPI作成の目的と構成

UPIは，問題のある学生の早期発見・早期治療を目指して，全国大学保健管理協会の学生相談カウンセラーと精神科医が中心になり，MMPI（Minnesota Multiphasic Personality Inventory）をもとに日本の大学生用にアレンジして，1966年に作成したものである。何度かの改訂を経てA5版が最終版となっている。わが国の大学でスクリーニングのために実施されている質問紙式テストとしては，現在，最も多く採用されている

(平山・渡辺, 1999)。実施所要時間は10分程度で, 著作権はない。全部で60の項目から構成され, 精神的身体的症状を示す56項目の不健康尺度と, 健康を示す4項目 (5, 20, 35, 50) の検証尺度からなる。

## 2. UPI利用の際の一般的判定の方法

基準は明確に示されていないが, 検証尺度を除いた粗点合計点の極端な多寡を目安に, 要留意者や面接対象者を選ぶ方法がよく用いられている。極端に少ないとは0か1で, 極端に多いほうは20～40の間で, 通常30<または35<を要留意者として面接対象にすることが多い。重要項目に重みづけをして, 修正点や加重平均を求める試みがなされた時期もあったが, 今は行われていない (平山・渡辺, 1999)。

特定項目をチェックする方法も用いられている。項目25 → 項目56 → 項目49 → 項目8の順に注目するほか, 項目10, 項目16, 項目55などが重視されている。このうち, 項目25は自殺念慮の既往で最も問題視されるが, 真実味のない例がしばしばある。しかし, なかには本物もいるので, 要注意である。項目49は意識喪失の既往からてんかんの疑いが, 項目8は家庭ないしは過去が不幸であったと肯定し, 何らかの葛藤の存在を示唆する。項目10は人に会いたくなく, 抑うつまたは自閉を思わせる。項目56は自分の匂いを気にし, 項目55は陰口を気にする統合失調症を疑える項目である (平山・渡辺, 1999)。

検証尺度の4項目は, 他の項目とは逆の内容であるため, UPIの合計得点から外されることが多い。しかし, 検証尺度得点の有無に注目することで, 援助の対象を効率よく絞り込むことが可能になる。不健康尺度得点が同じであっても, 検証尺度得点のなかった群のほうが問題がより深刻である可能性がある (丹波ら, 2001)。

## 3. UPIを用いたこれまでの研究

UPIは多くの大学で長年用いられてきたために, 他の質問紙テストにはないデータの蓄積がある。それをもとに, 各項目の出現率の年次推移による学生の動向, 大学間・学部別・学科別比較, 留学生・日本人学生の比較, 短大・専門学校生の特徴, 医学生の特徴, 行動の様態としての退学・留年者の特性, 不登校学生・摂食障害の特性, 病態把握として神経症・うつ症状・自殺企図・統合失調症の手がかり追及, 他のテストとの関連追求, 面接所見との関連の検討などがなされてきた (平山・渡辺, 1999)。

## 4. UPIの今後の展望

2件法は回答時間が少なくてすみ, 多数の項目を実施するのに適しているが, 評定が大まかになってしまう。2件法の代表的な心理検査であるMMPI (566項目) やCMI (男性211項目, 女性213項目) と比べてもUPIは項目数が少なく, 2件法を用いる積極的な理由はない。そこでUPIが抱える, 信頼性や妥当性の検証が不十分, 2件法であるため回答者が示す症状の程度がわからない, といった短所を改善するために, 回答方法を「まったくそうではない」「時々そうである」「しばしばそうである」「いつもそうである」の4件法とし, 信頼性・妥当性, 従来のUPIとの対応を検討した。その結果, 内的整合性, 再検査信頼性ともに十分な値が得られ, 妥当性も一部検証された。4件法にすることで, 検査に真剣に取り組まない回答者を減らす効果もあることも示された。しかし, 4件法のほうが結果の集計に関しては時間がかかる。対象者数が多く手作業で集計する場合には作業量が多くなってしまうが, 正確さ, 研究への応用可能性については4件法のほうが優れているといえる (高橋・小林, 2004)。

＊四段階UPIをご希望の方は, tomonet@gipnc.shinshu-u.ac.jp にお問い合わせください。

(細田 憲一)

〔文献〕

平山皓・渡辺久雄 1999 メンタルヘルス *Campus Health*, **35**, 43-48.

松原達哉 2002 心理テスト法入門――基礎知識と技法習得のために(第4版) 日本文化科学社

高橋知音・小林正信 2004 4段階評定による新UPIの開発――信頼性, 妥当性の検討と下位尺度の構成 *Campus Health*, **41**(2), 69-74.

丹羽美穂子・中村恵子・古澤洋子ほか 2001 入学時UPIとその後4年間の休退学・留年状況 *Campus Health*, **37**(1), 358.

## 14 自尊感情尺度
self-esteem scale

自尊感情とは，自分自身を肯定的に評価する気持ちのことである。自尊感情はいわゆる「プライドの高さ」とは少し異なる。プライドが高い人のなかには，他人からの評価に過敏であったり，高慢で自己中心的であったりする人がいるが，自尊感情の高い人は自身の良い面も悪い面も受け入れ，「こんな自分でよい」と評価することができる"I am OK"な人である。ゆえに，自尊感情の高い人は自分自身を大切に思っているが，世間からの称賛を得ようと躍起になったり，自己顕示的であったりすることはないものである。

逆に自尊感情が低い人は，「自分はダメな人間だ」などと自己を過小評価してしまい，その結果として，自己の価値を見いだせなかったり，自己嫌悪に陥ったりしやすい。自分の性格のことでくよくよと悩んだり，他人に対して過度に劣等感を抱いたりする人は，自尊感情が低い状態にあるといえるであろう。

自尊感情は自己概念との間に密接な関係がある。通常，自己概念が狭い人ほど自尊感情は低く，逆に自己概念が豊かな人ほど自尊感情は高い。よって，自尊感情の高さは，カウンセリングなどの場面において，クライエントの心理的成長を知るための重要な手がかりとなり，自尊感情のアセスメントは大きな意味をもつといえる。

### 1. 自尊感情の測定

自尊感情は，カウンセリング心理学をはじめ，臨床心理学や発達心理学，社会心理学などの領域でも研究が行われてきた。そして，そのアセスメントのために自尊感情尺度が開発されており，社会的・対人的場面における人の行動や態度に自尊感情がどのように関連するかについて，多くの実証的な研究が行われてきた。たとえば自尊感情は，孤独感や抑うつ感といった社会的な不適応の指標とは負の相関をもち，人生の満足度などの適応的指標とは正の相関をもつことや，自尊感情の低い者は失敗を自分の能力に帰属させる傾向があること，自尊感情の高い者は他者を好意的・肯定的に評価する傾向があることなどが明らかにされている（伊藤，1994）。

自尊感情尺度は，これまでにさまざまなものが開発されている。たとえば，ジャニスとフィールド（Janis & Field, 1959）は，自尊感情を社会への適応という観点からとらえた尺度を作成している。またクーパースミス（Coopersmith, 1967）は，自尊感情は諸条件によってその高さが異なると考え，全般的な自己評価だけでなく，学校や家族などの領域における自己評価の項目を含む尺度を作成している。さらにチラー（Ziller, 1973）は，自尊感情は自己を取り巻く重要な他者との比較によってなされるとし，投影法的な測定法を開発している（遠藤ら，1992）。

わが国において最もよく用いられている尺度は，ローゼンバーグ（Rosenberg, 1965）のものであろう。ローゼンバーグは自尊感情を，自分が「これでよい」（good enough）と感じることであるとし，10項目からなる尺度を作成した。各質問項目は特定の場面や領域を設定せず，全般的な自尊感情をたずねる内容になっている。また，尺度の信頼性や妥当性についてもおおむね高い評価を得ているといえよう。

この尺度にはいくつかの日本語版が発表されているが，ここでは山本ら（1982）のものを紹介する（清水，2001）。

(1) 少なくとも人並みには，価値のある人間である。
(2) 色々な良い素質をもっている。
(3) 敗北者だと思うことがよくある*。
(4) 物事を人並みには，うまくやれる。
(5) 自分には，自慢できるところがあまりない*。
(6) 自分に対して肯定的である。
(7) だいたいにおいて，自分に満足している。
(8) もっと自分自身を尊敬できるようになりたい*。
(9) 自分は全くだめな人間だと思うことがある*。
(10) 何かにつけて，自分は役に立たない人

間だと思う＊。
　（＊は逆転項目を表す）
　この尺度の最大の長所は，少ない項目数で全般的な自尊感情が測定できるという手ごろさにある。項目数が多い尺度は回答に時間がかかり，回答者への負担も大きいので，特にカウンセリングなどの場面で使用するには不向きな場合が多いかもしれない。しかし，この尺度なら比較的容易に使用することができよう。また，自尊感情の内容を詳細に検討する必要がある場合はともかく，大まかに自尊感情の程度を知りたいのであれば，この尺度は十分そのニーズに堪えうるであろう。しかし，手ごろであることは逆に安易な使用につながりかねず，どのような観点から自尊感情を研究するかによって，適切な尺度を選択する必要があることはいうまでもない。

## 2．自尊感情尺度の活用

　自尊感情尺度を用いた研究では，自尊感情を独立変数として扱う場合（たとえば，調査対象の自尊感情尺度得点の平均値を基準に，自尊感情高群と低群に分け，両群の違いを比較する）と，従属変数として扱う場合（たとえば，不登校経験群と未経験群に自尊感情尺度を実施して，得点の群間差を調べる）とが考えられるが，自尊感情が人の行動や認知にどのように影響するかを調べたい場合には前者のアプローチ，逆に自尊感情が何に影響されるかを調べたい場合には後者のアプローチ，がそれぞれ適しているといえよう。
　カウンセリングなどの効果を調べる場合，自尊感情尺度を用いて事前・事後の自尊感情の変化を比較する方法が考えられる。しかし，筆者はかつて同様の方法で調査を行ったことがあるが（約3カ月の間隔を置いて測定），調査対象の「自分は良い方向に変化したと思う」といった自己報告と自尊感情尺度得点の変化との間に，統計的に有意な関係性を見いだすことはできなかった。もちろん，カウンセリングなどの回数や深さにもよると考えられるが，自尊感情は容易に変化するものではないので，長期的な変化ならともかく，短期間の微妙な変化を尺度のみで測定するのは難しいのではないかと思われる。しかし，短期間の間隔でも得点が大幅に変化する者もおり（筆者の調査では3カ月で20点も変化したケースがあった），その場合，日常生活でどのような変化が生じたかを検討していくことで，新たな問題を発見するヒントが得られるかもしれない。

（水野　邦夫）

〔文献〕

Coopersmith, S. 1967 *The antecedents of self-esteem*. W. H. Freeman.

遠藤辰雄・井上祥治・蘭千壽編　1992　セルフ・エスティームの心理学——自己評価の探求　ナカニシヤ出版

伊藤忠弘　1994　自尊心概念及び自尊心尺度の再検討　東京大学教育学部紀要，**34**，207-215．

Janis, I. L., & Field, P. B. 1959 Sex differences and personality factors related to persuasibility. In I. L. Janis et al., (eds.), *Personality and persuasibility*. Yale University Press.

Rosenberg, M. 1965 *Society and the adolescent self-image*. Princeton University Press.

清水裕　2001　自尊感情尺度　山本眞理子編　人間の内面を探る「自己・個人内過程」　心理測定尺度集Ⅰ　サイエンス社　29-31．

山本真理子・松井豊・山成由紀子　1982　認知された自己の諸側面の構造　教育心理学研究，**30**，64-68．

Ziller, R. C. 1973 *The social self*. Pergamon Press.

# 15　SGEリーダー感情体験尺度
SGE Leader's Personal Feeling Scale

　逆転移とは精神分析（Freud, 1910）の概念であり，心理療法においてクライエントの言動に刺激されたカウンセラーが，自分の私的感情を出したり，感情的に巻き込まれた状態になることを指す（遠藤，1997）。また，逆転移はカウンセラーの幼児期の人間関係に由来しているとも考えられ，カウンセラーが自分の幼児期の感情をクライエントに置き換えているような状況であるとも理解すること

ができる (Moore, 1988)。

逆転移はフロイト (Freud, S.) 以降, さまざまな立場から検討されてきた。初期においてフロイトは, 逆転移を治療者の無意識層に生じる治療上の抵抗とし, 克服すべき課題であるとした。しかし, その後, 対象関係論の立場から逆転移は積極的にとらえられるようになり, 患者の無意識を探求する道具であるとされるようになった (Heimann, 1950)。そして, 投影性同一視概念との関連から, 逆転移は患者の内的世界を理解するための情報として重要視されるようになり, 今日ではその積極的意義は流派を超えて共有されている (遠藤・福島, 1996)。

心理療法やカウンセリングにおける逆転移の概念は, 構成的グループ・エンカウンター (SGE) にも示唆を与えるものであり, SGEリーダーにおいても類似の感情体験があるものと考えた。

## 1. SGEリーダーにおける感情体験

SGEはリーダーが用意したエクササイズを刺激剤として, 心とこころの「ふれあい」と,「自他発見」の促進を目的とするグループ体験である。

私は十数年前, 生徒指導的なアプローチに行き詰まりを覚え, 新しい学級運営法を模索していた。そして, 國分 (1992) の書いた『構成的グループ・エンカウンター』を探し当て, これこそが自分の求めていたものだと確信し, 実践を重ねた。本を片手に私は見よう見まねで自分の学級でエンカウンターを実施した。予想以上に効果は上がり, 学級は親和的になり, 私も生徒も充実感や満足感を味わった。しかし, その後, 学級の構成メンバー, エクササイズの内容, 実施する時期や時間帯の違いなどによって, 必ずしも良い思いだけを味わうことはなくなった。すなわち, 私はエンカウンターのエクササイズ中やその前・後の過程において,「今日のエンカウンターは楽しかった」「エンカウンターは自分の生きがいだ」などのプラスの感情や,「あの生徒はエンカウンターがつまらないと言っていた。けしからん」「今日のエンカウンターは最低だった」などのマイナスの感情を経験した。今, 振り返ってみると, これらの感情は, SGEをやりさえすれば学級は良くなると錯覚していたとき, SGEの本質が分からず, 参加者を無視した独り善がりのSGEをしていたときに起こっていたような気がする。そのとき, 私は参加者の言動や態度, あるいは自分の思い込みに巻き込まれた状態にあった。これがSGEにおけるリーダーの「巻き込まれ感情体験」である。

この「巻き込まれ感情体験」は, 心理療法における「逆転移」と同義である。つまり, 心理療法は1対1の治療場面であるが, SGEはグループ・カウンセリングである。しかしながら, 心理療法の治療者とSGEのリーダーに生起する感情は, その質・量において差があると推測される。そのため, SGEの参加者との心理的な交流を通して, SGEリーダーに生起したポジティブ, およびネガティブな巻き込まれ感情を, 心理療法における逆転移と区別し,「感情体験」と呼ぶことにした。この感情体験が原動力となってリーダーのメンバーに対するエンカウンターに展開され, リーダーの自己理解の素材にもなる。これが本尺度作成の理由であった。

## 2. SGEリーダーの感情体験尺度の開発

私たちは誰しも, これまでの生活体験を通して, 人間関係の癖や心理的傾向を体得している。そのため, カウンセラーであろうとSGEリーダーであろうと, ともするといつの間にか同じような出来事に対して同じような感情反応を起こしかねない。心理療法では逆転移の積極的意義が認識され, 治療者自身の逆転移の傾向を分析することがクライエントを理解することにつながるといわれているが, 同じように, SGEのリーダーが, 自分の感情反応の傾向を把握することは, 参加者や参加者の抵抗を理解し, より良いSGEが展開されることにつながることと思われる。これが本尺度作成の前提である。

本研究では, SGEリーダーの感情体験を測定するために質問紙法による30項目からなる尺度を作成した。50人 (男24人, 女26人) のSGEリーダーのデータに対して因子分析を行ったところ,「はりあい・充実」(陽性の感情体験15項目) と「不安・葛藤」(陰

**表 SGE リーダー感情体験尺度**

先生のこれまでの SGE のリーダーとしての取り組みを振り返って，次の質問に対して自分の気持ちに最も近いと思われる番号に○をつけてください。1～5 の数字には次のような意味が含まれています。

5＝とてもよくそう思う，とてもよく当てはまる，とてもよくある
4＝よくそう思う，よく当てはまる，よくある
3＝少しそう思う，少し当てはまる，ときどきある
2＝あまりそう思わない，あまり当てはまらない，あまりない
1＝全くそう思わない，全く当てはまらない，全くない

P　1．充実した気分になった。
P　2．達成感を持つことができた。
P　3．熱心に取り組むことができた。
P　4．はりあいを感じた。
N　5．自分の力の足りなさを感じた。
N　6．リーダーは難しいと思った。
P　7．自分の成長を感じた。
P　8．順調に進めることができたと思った。
P　9．得意な気分になった。
P　10．自信があった。
N　11．不安だった。
N　12．葛藤を覚えた。
N　13．緊張した。
P　14．自分をオープンにすることができた。
P　15．集中して取り組むことができた。
P　16．参加者から好感をもたれているように感じた。
P　17．参加者は協力的だと思った。
N　18．自分がどのように思われているのか気になった。
N　19．特定の参加者とのかかわりを避けたいと思った。
P　20．楽しかった。
P　21．もっと続けていたいと思った。
P　22．次の機会が待ち遠しくなった。

注　P：陽性感情体験因子，N：陰性感情体験因子

性の感情体験 7 項目）の二つの因子が抽出された。内容妥当性（質問内容が適切であるか，質問紙全体が意図するものを測っているか）については，3人のSGE研究者の検討を経て，信頼性（内的整合性：項目全体が，同一の心理学的特性に対する測定を実現しているか）についても充分な値が確認された（はりあい・充実：$\alpha=.91$，不安・葛藤：$\alpha=.79$）。さらに，二つの因子の相関は有意のレベルにあるとはいえないことも確認された。また，陰性の感情体験は経験の浅いリーダーに起こりやすく，陽性の感情体験は，経験の豊かなリーダーやカウンセラー資格をもつリーダーに起こりやすいという傾向が見いだされた。

### 3．今後の課題

今後の課題が五つある。①感情体験を活用できるリーダーと，それに巻き込まれてしまうリーダーの差に関する研究，②ポジティブな感情体験傾向のリーダーと，ネガティブな感情体験傾向のリーダーの差に関する研究，③メンバーの抵抗に対するSGEリーダーの対応法に関する研究，④感情体

験を起こしやすいリーダーのパーソナリティに関する研究、そして、本尺度外のテーマではあるが第5の課題として、⑤メンバーの抵抗の活用法に関する研究が挙げられる。

最後に「SGE リーダー感情体験尺度」の内容を掲載する（前頁表）。

（石橋　義人）

〔文献〕

遠藤裕乃　1997　心理療法における治療者の陰性感情の克服と活用に関する研究　心理臨床学研究, **15**, 428-436.

遠藤裕乃・福島章　1996　逆転移の研究――概念の歴史とその治療的意義　上智大学心理学年報, **20**, 47-52.

Freud, S.　1910　精神分析の今後の可能性（小此木敬吾訳　1983　フロイト著作集 9　人文書院）

Heimann, P.　1950　On counter-transference. *International Journal of Psycho-Analysis*, **31**, 81-84.

片野智治　1997　のれない子どもたちへの目　國分久子・片野智治編集　エンカウンターで学級が変わる part 2（中学校編）　図書文化社　20-21.

片野智治　2003　構成的グループ・エンカウンター　駿河台出版社

國分久子　1997　コメントのしかた　國分久子・片野智治編集　エンカウンターで学級が変わる part 2（中学校編）　図書文化社　24-25.

國分康孝　1982　カウンセリングと精神分析　誠信書房

國分康孝　1992　構成的グループ・エンカウンター（正・続）　誠信書房

Moore, B.E.　1988　*Psychoanalytic terms and concepts*. The American Psychoanalytic Association & Yale University Press.（福島章訳　1995　精神分析事典――アメリカ精神分析学会　新曜社）

## 16　教師特有のビリーフ尺度
teacher's common beliefs scale

ビリーフとは、人が感情をもったり行動を起こしたりするときにもつ思考（価値観や事実認識から構成された文章記述）である。ビリーフには、論理的または実証性のあるラショナル・ビリーフと、非論理的または非実証的なイラショナル・ビリーフがある。イラショナル・ビリーフの代表例は、絶対的で教義的な「ねばならない型」の思考であり、強迫的な行動・感情に結びつくと考えられる (Ellis, 1973)。

本尺度はビリーフのなかでも、小学校教師が教育実践のなかでとる傾向・態度・指導行動の背景にある強迫的な「ねばならない型」の思考、つまりイラショナル・ビリーフの高さがどの程度みられるかを測定する尺度である。

### 1．測定する意義

本尺度を開発した河村・國分（1996）によると、教師特有のビリーフが高くなると、学級の雰囲気が低下し、児童のスクール・モラールも低下することが指摘されている。特に「児童管理・生活指導」に関して、「統制傾向」「学級経営の規則主義傾向」「集団主義傾向」のビリーフが大きな影響を与えていることも指摘されている。

それゆえ、本尺度により教師のビリーフを測定することによって、児童の不適応感の状況をある程度把握することができる。また、教師が児童とのマッチングが悪いと感じた場合の、自己理解ツールとしても用いることが可能と考えられる。

### 2．尺度の概要

本尺度は小学校教諭を対象に作成された。しかし、中学校・高等学校の教師にも活用できるものと考えられる。

尺度の項目の領域は久冨（1988；1994）の研究から、「教師の児童に対する権威性」や「児童に求める努力信仰」「学校・学級運営の規則・慣例主義」といった 16 領域、および河村・國分（1996）の予備調査から、「教師の役割・集団主義」や「教師の公共的使命感」といった 6 領域の、あわせて 22 領域が選定された。1領域につき、自分（教師自身）・他人（児童）・状況（教育を取り巻く環境）の三つの観点を用い、質問項目が作成された。ただし、「公共的使命感」の領域では、

その性格上，自分（教師自身）のみの五つの質問項目が用意された。よって，22領域で68の質問項目が構成された。この質問項目について，現職教員8人により内容妥当性の検討を行い，文章表現を決定している。具体的には，上に例示した五つの領域において次のような質問項目となっている。

(1) 教師の児童に対する権威性（教師は担任した学級の児童の，学習・生活を含めたすべてを把握する必要がある）。
(2) 児童に求める努力信仰（学習成績の不振な児童には，努力不足の児童が多い）。
(3) 学校・学級運営の規則・慣例主義（児童が学校・学級のきまりを守る努力をすることは，社会性の育成につながる）。
(4) 教師の役割・集団主義（学級経営は学級集団全体の向上が基本である）。
(5) 教師の公共的使命感（教職は，社会的に価値ある仕事である）。

なお，本尺度の信頼性および妥当性も確認されている。信頼性に関しては，再検査法により信頼係数0.81の値を得ている。さらに，内的整合性を確かめるためにIT相関係数を求め，項目分析を行い，0.4未満の四つの尺度項目を集計から除外し，最終的に64項目による尺度得点の平均点をイラショナル・ビリーフ得点としている。次に妥当性に関しては，50人の教師による，質問項目の内容と学校現場での実態との妥当性の5段階評価で，4.0を越す平均値を得ることで妥当性を示している。

本尺度の特徴は，論理療法のフレームにたち，教師という職業における特殊なイラショナル・ビリーフを測定していることである。河村・國分（1996）が指摘するように，教師には経験性から生まれる共通のイラショナル・ビリーフがある。よって，そのビリーフが児童にどのように影響しているのかを明らかにする必要がある。

3. 今後の課題等

教師特有のイラショナル・ビリーフが強いと，児童が不適応感をもちやすくなることを河村・國分（1996）は指摘した。よってこのことは，教師が自戒すべき点ともいえる。一方，現在の教師の置かれている状況は，児童が不適応を起こしたり学級崩壊のような状況になったりすると，訴訟問題にもなる場合がある厳しい現況である。このような状況であるからこそ，本尺度を教師自身が自分のビリーフに関するアセスメントに用いる実践を展開することが，学校現場レベルでの課題と考えられるのではないだろうか。

また，実践研究レベルでの課題としては，22領域ある教師特有のビリーフのなかで，どの領域のビリーフが強いと，児童がどんな不適応に陥りやすいのか，といった研究が行われることが考えられる。さらには，小野寺・河村（2003）が行ったような，教師特有のビリーフをもっている教師に対する介入手法の検討なども挙げられる。

最後に理論研究レベルとしては，本尺度が小学校以外の校種においても有用に用いることが可能であるかの追試研究を行うことが挙げられる。さらには，学校種の違いによって，教師特有のビリーフの変化について検討することも考えられる。

（小野寺 正己）

〔文献〕

Ellis, A. 1973 Humanistic psychotherapy the rational-emotive approach In R. M. Jurjevich (ed.), *Direct psychoterapie : 28 American originals*. University of Miami Press.

久冨善之編著 1988 教員文化の社会学的研究 多賀出版

久冨善之 1994 教師と教師文化 稲垣忠彦・久冨義之編 日本教師文化 東京大学出版会 3-20.

河村茂雄・國分康孝 1996 小学校における教師特有のビリーフについての調査研究 カウンセリング研究, **29**, 44-54.

小野寺正己・河村茂雄 2003 「K-13法」による学級づくりコンサルテーション カウンセリング研究, **36**, 91-101.

# 17 学習意欲尺度
Academic Motivation Scale

学習意欲は，自ら学ぶ意欲と他者から強制

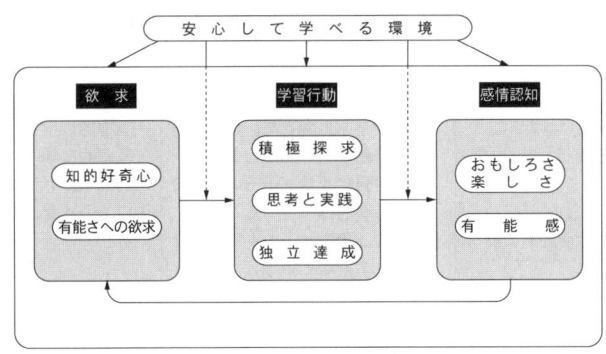

図　自ら学ぶ意欲の発現プロセス

されて仕方なく学ぶ意欲（外発的な学ぶ意欲）に分けられる（桜井，2006）。ここでは，前者の自ら学ぶ意欲を測定する尺度を紹介する。

## 1．学習意欲のとらえ方

自ら学ぶ意欲は上図のようなモデル（枠組み）でとらえられる（桜井ら，2006）。このモデルは，「欲求 → 学習行動 → 感情認知」といったプロセスで自ら学ぶ意欲の発現をとらえ，さらにそれに影響する要因として，「安心して学べる環境」を挙げている。

「欲求」とは自ら学ぶ意欲の源になるもので，自ら学ぼうとする気持ちである。心理学的には，「知的好奇心」と「有能さへの欲求」がこの欲求を構成している。

「学習行動」とは自ら学ぼうとする気持ちによって外に現れる行動である。これには「積極探求」「思考と実践」「独立達成」という三つの行動が含まれる。

「感情認知」とは学習がなされた後に感じる感情や認知のことであり，これには「おもしろさと楽しさ」と「有能感」が含まれる。

## 2．尺度の内容と特徴

大学生を対象に，上記のモデルに従って作成された「大学生用自ら学ぶ意欲測定尺度」（桜井ら，2006）の要素（下位尺度）と項目例を紹介する。項目例については次頁の表を参照してほしい。なおこの尺度は，自ら学ぶ意欲を測定するわが国で初めての尺度であり，「欲求 → 学習行動 → 感情認知」といった，自ら学ぶ意欲の発現プロセスを測定できる点に大きな特徴がある。

「欲求」の一つめの要素である「知的好奇心」とは，①珍しいことや未知のことに興味関心をもち，それらに関する詳しい情報を収集しようとする欲求（拡散的好奇心）と，②興味関心をもったことについて徹底的に探求しようとする欲求（特殊的好奇心）のことである。欲求のもう一つの要素である「有能さへの欲求」は，より有能になりたいという欲求である。

「学習行動」には三つの要素があるが，一つめの「積極探求」とは，積極的に情報を収集したり，難しい問題に挑戦したり，自ら計画を立てて学んだりする学習行動のことである。学習行動の二つめの要素は「思考と実践」であり，これは物事を自分なりに考えたり，考えたことを現実場面に応用したりする学習行動である。学習の三つめの要素は「独立達成」であり，これはできるだけ自分一人の力で課題を解決しようとする学習行動のことである。

「感情認知」の一つめの要素は「おもしろさと楽しさ」であり，これは文字どおり，学習するおもしろさとか楽しさのことである。感情認知のもう一つの要素は「有能感」で，これは学習の結果，自分が有能であると感じることや認識することである。

なお質問紙では，以上のような項目に対して「よく当てはまる」「当てはまる」「どちらとも言えない」「当てはまらない」「まったく当てはまらない」の5段階で回答を求め，順

表　大学生用自ら学ぶ意欲測定尺度の項目例

| (1) 欲求レベル | (2) 学習行動レベル | (3) 感情認知レベル |
|---|---|---|
| ◆知的好奇心<br>・多様な興味を満足させたい。<br>・おもしろいと思うことなら，何でも学びたい。<br>(以上，拡散的好奇心)<br>・興味のあることは徹底的に調べたい。<br>・よくわからないことは納得のいくまで調べたい。<br>(以上，特殊的好奇心) | ◆積極探求<br>・就職や進学に向けて，自ら計画を立て勉強に励んでいる。<br>・自分で目標を決め，その達成のためにがんばっている。<br>・自分の知識やスキルを向上させてくれるものに挑戦している。<br>・専門の雑誌や書物はよく読んでいる。 | ◆おもしろさと楽しさ<br>・基本的に学ぶことは楽しい。<br>・基本的に学ぶことはおもしろい。<br>・失敗しても学ぶことは楽しい。<br>・いろいろなことを学ぶことはおもしろい。 |
| ◆有能さへの欲求<br>・周囲の人から頼られるような賢い人間になりたい。<br>・他人の役に立つような立派な人間になりたい。<br>・もっと賢くなりたい。<br>・自分がもっている才能を十分に開花させたい。 | ◆思考と実践<br>・学んだことを身の周りの出来事と関連づけて考える。<br>・学んだことを生活のなかで繰り返し思い出して考える。<br>・学んだことを実生活のなかで試してみる。<br>・得られた知識が正しいかどうかいろいろなケースに当てはめる。 | ◆有能感<br>・専門が同じ学生のなかでは優秀なほうである。<br>・専門分野の知識量は友達よりも多い。<br>・知的に優れている。<br>・自分には誇れる専門分野がある。 |
|  | ◆独立達成<br>・難しい問題でも自分の力で解こうと努力している。<br>・自分の力で課題を成し遂げたいので，多少の時間がかかっても気にしない。<br>・一人で解決できることは，できるだけ一人でしている。<br>・授業中わからないことがあっても，自分でじっくり考えてからでないと先生には質問しない。 |  |

に5，4，3，2，1点と得点化される。各要素（下位尺度）の得点から，自ら学ぶ意欲の発現プロセスの様子を把握することができる。そして各要素の得点の違いから，どういった面の環境に調整が必要かも判断できる。本尺度には安心して学べる環境を測定する項目が用意されておらず，これを追加することが今後の重要な課題である。

（櫻井　茂男）

〔文献〕

桜井茂男　2006　学習意欲研究から「仕事意欲」を考える　ビジネス・インサイト，**55**，6-17．

桜井茂男・下山晃司・黒田祐二・及川千都子・大内晶子・新川貴紀・植村みゆき　2006　自ら学ぶ意欲の測定と発現プロセスの検討に関する研究　21世紀COEプログラム「こころを解明する感性科学の推進」2004年度研究報告書，119-121．

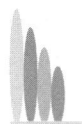

## 18 ライフスキル尺度
life-skills scale

ライフスキル尺度が測定するものは，生活に役立つ（機能的であるということ），学習可能な行動である。こうした行動を測定する尺度には，生活全般を扱う総合尺度と，特定の領域を詳細に扱う専門尺度がある。

### 1. 定義と種類

総合尺度の代表にライフスキル尺度がある。ライフスキルとは，「日常生活で生じるさまざまな問題や要求に対して，建設的かつ効果的に対処するために必要な能力」（WHO, 1994）とされる。この定義にしたがって，ライフスキルの研究者は，生活のさまざまな場面に求められるライフスキルを幅広く収集・分類し，中核をなすスキルを明らかにした。WHO（1994）のモデルでは，「意思決定・問題解決」「創造的思考・批判的思考」「効果的コミュニケーション・対人関係スキル」「自己意識・共感性」「情動への対処・ストレスへの対処」の5セット10スキルが，ライフスキルの中核とされている。欧米では，ライフスキルを測定する尺度が複数作成されている。

一方，専門尺度の代表に社会的スキル尺度がある。社会的スキルの定義は多様であり，統一の見解は得られていないとされている。定義に応じてその測定方法もさまざまである。仲間に受け入れられる子どもは社会的スキルが高いとする定義では，ソシオメトリー法が用いられる。行動論に基づく定義では，特定の行動を決め，その行動が生起する頻度やその行動への随伴刺激が観察・測定される。社会的妥当性の定義では，集団のなかで機能的に役立つ行動は特定可能とされ，社会的スキルの理論や先行研究の知見をもとに中核となるスキルを明らかにし，それを測定する尺度を作成するという手法がとられる。この定義に従って，欧米・日本において多数の社会的スキル尺度が作成されている。

その他の専門尺度として，スタディスキル尺度，意思決定スキル尺度，ストレスコーピング尺度などがある。

### 2. 意 義

カウンセリングの大きな役割のひとつに，育てるカウンセリングがある。特にスクールカウンセリングでは，その役割は大きい。そこで生じるのが，何を育てたらよいのかという問いである。一人のカウンセラーが重視している価値観や技能を教えるのは，内容が偏りかねない。そこで，いろいろな場面で一般的に機能する行動を明らかにするライフスキル研究や社会的スキル研究が参考になる。これらは，育てるカウンセリングの「What」（何を教えるか）のひとつの答えを提供する。

また，ライフスキルやソーシャルスキルの欠如は，うつ，不安，社会的引っ込み思案，学業成績，学校ストレスと関連することが指摘されており，治療的カウンセリングの焦点にもなる。問題を引き起こしている行動が特定できれば，学習理論（動機づけ，モデリング，リハーサル，強化）に基づき教育が可能になる。「引っ込み思案な子」「攻撃的な子」と性格として固定的にとらえるよりも，「友達に話しかけることができない」「興奮すると気持ちを抑えることができず暴力がみられる」と行動でとらえることは，介入に結びつきやすい。こうした点で，行動を測定する尺度は実用性が高い。

### 3. 研究の現状

ライフスキル尺度に関する研究は二つに分けられる。一つは尺度開発の研究で，多くの総合尺度と専門尺度が国内外で開発されている。欧米のライフスキル尺度の枠組みを参考に開発されたものに，学校生活スキル尺度がある（飯田・石隈，2002）。学校生活スキルは，「学校生活を送るうえで出会うことが予測される，発達しつつある個人として出会う課題である発達課題と，学校というコミュニティのなかで生活する者として出会う教育課題に対処する際に役立つスキル」と定義され，その尺度は学校心理学の枠組み（学習面，進路面，心理・社会面，健康面）に沿ってスキルを総合的に測定するものである。子どもが学校生活で苦戦している領域を明らかにし，子どもとともに行動目標を立て，練習・実践

表　学校生活スキルの種類（飯田，2004をもとに作成）

| スキルの種類（スキルの説明） | 具体的なスキル項目 |
|---|---|
| 自己学習スキル<br>（自分で行う学習に関するスキル） | ・勉強をするために家で机にむかうことができる<br>・自分に合っていると思える勉強法がある |
| 進路決定スキル<br>（進路決定に必要な意思決定スキルや問題解決スキル） | ・将来役に立ちそうな，のばすべき自分の才能がなんであるか考える<br>・どのような仕事につきたいか決めたなら，それにつくためにはどうしたら良いのか調べる |
| 集団活動スキル<br>（人とかかわるスキルのなかで特に集団活動の際必要となるスキル） | ・集団で行動するとき，自分の番がくるまで待つことができる<br>・相手の立場にたって考えてみることができる |
| コミュニケーションスキル<br>（人とかかわるスキルのなかで特に同年代の友人や異性とのコミュニケーションに関するスキル） | ・友達に自分の考えを打ち明けたいとき，どう表現するのかわかる<br>・友達が気持ちを打ち明けたとき，何と言ってあげてよいのかわかる |
| 健康維持スキル<br>（健康維持にかかわる自己統制に関するスキル） | ・からだの調子がおかしいとき，自分の状態を言葉で伝えることができる<br>・疲れを感じたとき，しっかり休むことができる |

を行い，行動変容を検討するという，各段階に利用可能な尺度である。学校生活スキル尺度の内容を上記の表に示す。

　二つめはスキル尺度を活用した研究であり，スキルとその他の心理学的変数（自尊感情，自己効力感，ストレス，孤独感など）の関連を検討する研究（飯田・石隈，2006）と，ソーシャルスキル・トレーニングや学校生活スキル・トレーニングの効果を検討する研究がある（金山ら，2004参照）。

### 4．今後の課題

　ライフスキル関連の尺度開発や利用について，今後の課題を3点述べる。第一に，研究で含められたスキルが子どもの生活する場に合っているか（social validity：社会的妥当性）という点である。たとえば，現代の子どもにとって「インターネットで必要な情報を探索できる」「さまざまな働き方のなかで，自分の価値観や適正に合ったものを選択できる」といった行動は，重要なライフスキルであろう。ライフスキル尺度は子どもが生活する時代や地域，子どもが所属する集団の基準を反映すべきであり，開発者は社会の動向に合わせ尺度の改訂を継続的に行う必要がある。

　第二に，スキルのレベルという視点である。スキルにはいくつかのレベルがある。たとえば，「質問する」という行為にも，「相手の状況を把握する」「適切な質問を考える」「相手の反応を待つ」といったサブスキルがある。また，「質問する」「話しかける」「声かけをする」などは，行動は異なるが他者に働きかける行動という点で関連が強い。どのレベルでスキルをとらえるのがよいのか，特に重要度の高いスキルはどれなのか（機軸となる行動），行動の階層性や重要性が反映された尺度づくりが今後の課題である。

　第三に，スキルの欠如とスキル実行の失敗を区別するという点である。たとえば，ある子どもがスキルをうまく実行できないとき，スキルをもっていないのか，スキルはもっていてもそれを適切なレベル（適切な場面，適切な頻度）で実行できないのか，またスキルはもっていても感情（怒りや不安など）のコントロールがうまくいかないために実行できないのか，スキルの実行がうまくいかない理由は複数ある。このような点を考慮して，子どもの問題に応じたサポートを行う必要がある。こうした方向でのさらなる研究の発展が望まれる。

（飯田　順子）

〔文献〕

飯田順子 2004 援助サービスとしての授業 石隈利紀・玉瀬耕治・緒方明子・永松祐希希編 学校心理士による心理教育的援助サービス 北大路書房 191-208.

飯田順子・石隈利紀 2002 中学生の学校生活スキルに関する研究――学校生活スキル尺度(中学生版)の開発 教育心理学研究, 50, 225-236.

飯田順子・石隈利紀 2006 中学生の学校生活スキルと学校ストレスとの関連 カウンセリング研究, 39, 132-142.

金山元春・佐藤正二・前田健一 2004 学級単位の集団社会的スキル訓練――現状と課題 カウンセリング研究, 37, 270-279.

WHO 川畑徹朗監訳 1994 ライフスキル教育 大修館書店

## 19 個人過程尺度
process scale of personal experiencing

ジェネリックSGE研究の第一の課題は,SGE体験過程を解明するのに適した研究法の開発研究である(「第Ⅶ章の3,ジェネリックSGEの課題」を参照)。ここでは数量的研究法を取り上げ,体験過程の一側面であるSGE個人過程を測定する尺度について述べる。

### 1. 定 義

構成的グループ・エンカウンター (structured group encounter : SGE)の個人過程について,筆者は次のように定義する。「個人過程とは,主としてグループ過程やエクササイズ,シェアリングが触媒となって,参加メンバー個々の自己への意識や,固有の人生経験・体験,見方・考え方・価値観に関連したあるがままの自己に気づき,気づいたあるがままの自己の把握と評価,その表出といった一連の自己に関する現象学的過程」。換言すれば「自分自身があるがままの自己になっていく過程」といえる。たとえば「こういう話をする私を,他者はどうみるだろうか(他者にどうみられるだろうか)」「他者の話を聞いていて,共感できない私はどんな私なのだろうか。私はどこかおかしいのだろうか」「そんなふうに率直に言えない私は,どんな人なのだろうか」「Aさんから私の良い点を言ってもらったけど,素直に喜べないで内心白けている私は,どんな自分なのだろうか」「Bさんの言い方に不快感を強く感じていたにもかかわらず,それを率直に表明しなかった私は,Bさんに不快感をもたれたくないという気持ちをもっているのだろうか。こんな私は嘘っぽい自分だ。こんなんでは,ふれあうことなんてできるわけがない。次のときはきちんと言おう」。

筆者は「構成的エンカウンター・グループ参加者の体験的事実の検討」「構成的エンカウンター・グループ参加者の体験的事実の検討:その2」,および実践的知見から「SGE個人過程尺度」を作成した(片野,2007)。これは4因子16項目構成である。

1) 〔因子1 自己露呈〕
自己露呈は自己開示の下位概念。心的外傷ないしそれに類するほどの深い内容を開示する場合の開示者の心理的過程に着目して命名された。

① 相手に対する自分の気持ちを話したくなる。② 家族の悩みごとでも話したくなる。③ ふだんなら言わないようなことでも話したくなる。④ これまでの人生で得意な気分になったことやみじめだった体験などを話してもいい。

2) 〔因子2 自己歪曲〕
自己歪曲は,失愛恐怖からあるがままの自己を歪曲してしまう意味。

⑤ 人に良く思われたいという気持ちから自分を曲げてしまう。⑥ 相手に嫌われたくないので引っ込み思案になっている。⑦ 相手に対してふるまいが不自然になる。⑧ 気持ちが萎縮してしまう。

3) 〔因子3 自己否定〕
自己否定は,⑨ 相手をうらやましいと感じる。⑩ 相手と自分を比べてしまい自己嫌悪を感じる。⑪ 相手と比べ自分には「良いところ」はないと卑下してしまう,という意味である。

4）〔因子4　自己主張〕
　自己主張は，⑫相手と異なる気持ちでも伝えることができる。⑬自分の言いたいことを主張できる。⑭人に左右されることなく自分のことは自分で決めている。⑮自分の意見や考えをはっきり主張できる。⑯自然な話し方ができる，といった項目からなっている。
　社会心理学の視点からいえば，SGE個人過程は自己過程研究のカテゴリのなかでとらえることができる。社会心理学でいう自己過程（self-process）は4段階の位相をなしている。第1位相は自己の姿への「注目」（自己意識や自己フォーカス），第2位相は「把握」（自己概念，自己帰属，セルフ・スキーマ），第3位相は「評価」（自己評価，自己感情），第4位相は「表出」（自己呈示，自己開示），の4段階である。
　一方，ベーシック・エンカウンター・グループの「EG個人過程尺度」は，平山（1998）によって作成されている。7因子30項目から構成されている。
　7因子は，「自然な自己表現」「自己理解」「出会い欲求」「自由への戸惑い」「他者理解」「自己拘束」「グループ創造可能感」である。

## 2．意　義
　SGEのアクション・リサーチから，参加メンバーの行動変容については次のようなことがいえる。
　①あるがままの自己の自己開示が，相互のリレーションを形成する。②リレーションを基盤にして，自己を開示し語ること自体が，問題解決や行動変容に影響する。③自己主張体験。④シェアリングによる自己や外界に対する認知の修正・拡大が，参加メンバーの行動変容につながると考えられる。
　以上のことから，SGE個人過程尺度の研究は，SGEグループ過程尺度と同じように，SGEによって参加メンバー個々人のなかにどのような変化が生じたがゆえに，どのような効果が生じたのかといった，SGE効果研究の要であるといえる。
　また，個々人の変化をアセスメントできる。ここに第二の意義がある。さらにSGE個人過程尺度を用いて体験過程をアセスメントすることによって，SGEの構成（たとえば，プログラム）の仕方を適切にすることが可能になる。これが第三の意義である。

## 3．今後の課題
　本項で示したSGE個人過程尺度は，ジェネリックSGEにおいて用いられるものである。ジェネリックは発達・成長（自己陶冶）志向のエンカウンターである。一方，SGEにはスペシフィックなものがある。これは，特化した目標（問題解決）に向けてSGEの原理と技法が活用される場合である。たとえば，学校教育における人間関係づくり，キャリアガイダンス（キャリア教育），種々の授業にSGEが活用される場合である。それゆえにスペシフィックSGEにおいて，学齢と目標に応じた個人過程尺度が作成されることが，今後の課題のひとつといえる。

（片野　智治）

〔文献〕
平山栄治　1998　エンカウンター・グループと個人の心理的成長過程　風間書房
片野智治　2007　構成的グループエンカウンター研究——SGEが個人の成長におよぼす影響　図書文化社

# 20　グループ過程尺度
process scale of group experiencing

　集中的グループ体験（intensive group experience）である「エンカウンター」の体験過程は，グループの変容および参加メンバー個々人の行動変容の過程といえる。グループ状況でのホンネとホンネの交流がグループの成長や個々人の行動変容にどのように影響を及ぼすのか，すなわちグループ過程解明の研究法の開発研究は重要である。これまで体験過程に関する研究は，もっぱら事例研究法によってきた。ここでは数量的研究法を取り上げ，SGEグループ過程を測定する尺度について述べる。

## 1．定　義
　まず，ベーシック・エンカウンター・グループのグループ過程について述べる。ロ

ジャーズ（Rogers, 1973）は「エンカウンター・グループのプロセス」を発展的に把握し，7段階の発展を設定している。以下に簡潔に記す。

第1段階――話す内容は主として外面的な事柄についてである。ここでは感情・個人的意味は認識されていない。密接な関係は危険だと解釈されている。

第2段階――メンバー個人は自分の主観的経験から遠く離れている。自分自身を客体として矛盾した話をすることもある。

第3段階――今ここにはない感情および個人的意味を多く述べる。つまり過去との関連でこれらが話される。

第4段階――今ここでの感情と個人的意味が自由に叙述される。しかし激しい感情は今あるものとしては話されない。

第5段階――多くの感情が生起した瞬間に自由に表明される。自分のなかにある問題に対してはっきりした責任を感じる。

第6段階――生々しく，劇的で，解放的な体験をする。自己を客体として意識することはそんなに多くはない。メンバーは自分の感情により近づき，感情が生じた時にすぐにその感情を表明し始める。個人の堅い構成概念（たとえば，固定観念，先入観）というものが自分のなかで起こり，動くものであると認識する。

第7段階――終結段階。

野島（1977）は次のような7段階を設定している。段階Ⅰ〈当惑・模索〉，段階Ⅱ〈グループの目的・同一性の模索〉，段階Ⅲ〈否定的感情の表明〉，段階Ⅳ〈相互信頼の発展〉，段階Ⅴ〈親密感の確立〉，段階Ⅵ〈深い相互関係と自己直面〉。これに終結段階が加わる。

要約すれば，「グループ過程はこのような体験の言語的ないし非言語的コミュニケーションを通してのインターラクション」といえる。

ベーシック・エンカウンター・グループの唯一のグループ過程尺度として，松浦・清水グループ認知尺度（1999）が挙げられる。これはSD法尺度であり，「居心地のよさ」「グループの成長」「親密度」の3下位尺度から構成されている。

次に，構成的グループ・エンカウンター（structured group encounter：SGE）のグループ過程について記述する。これまでの実践的知見から述べれば，SGEのグループ過程では，メンバー相互が個人的に意味のある自己の一面について表明する。その一面について探求したことを発言する。すなわち個人的な気づき，または探求したことを発言する。また過去の出来事に伴う感情，および今ここでの感情を表現する。否定的な瞬時の対人感情も吐露する。同時に他のメンバーが「かかわり発言」（involving self-disclosure）をする。たとえば「ユーモア（ペンネーム）が今私に向けて『もっと気を強く持たなきゃだめだ』と，本気で言ってくれて，私はとてもうれしかった。私，弱気になってた」「そうだよ。気を強くもってさ，負けないでほしい。シーソーゲームだよ。大丈夫」。

グループ過程では，メンバー相互の他者の発言に対する理解的態度や共感的理解，受容・被受容体験や共感・被共感体験が重要となる。

筆者は構成的グループ・エンカウンターのグループ過程を，以下のように定義する。「SGEグループ過程はエクササイズやシェアリングを介して行う，あるがままの自己同士の，言語的または非言語的な今ここでのインターラクションの過程」をいう。

SGEのグループ過程で重要な体験は，メンバー同士の「ふれあい」である。「ふれあい」とは，ロジャーズのいう「あるがままの自己」（actual self）同士の交流という意味である。あるがままの自己は「体感」（organic experience）のことである。これを「ホンネ」（authentic）（「本心」）と表す場合もある。

SGEグループ過程尺度は，現在のところ以下に示すものが唯一である。尺度項目の策定は，片野・吉田「大学生の構成的エンカウンター・グループにおける人間関係プロセスに関する一研究」（片野，2007），片野・吉田・中山「『ふれあいセミナー』のグループ・プロセスに関する研究――その1。セミナーの雰囲気とメンバーの感情の変化」（片

野, 2007)，およびこれまでのSGEの実践的知見をもとに行われた。

「SGEグループ過程尺度」(片野, 2007) は，1因子構成の11項目からなっている。具体的な項目を以下に示す。

「話しやすかったか」「自分のことについてすんなり話せたか」「言いたいことが言えたか」「自分の本心（ホンネ）を話したか」「居心地はよかったか」「受けいれてもらったという感じがしたか」「自分のことを聞いてもらったという感じがしたか」「気持ちはスッキリしているか」「リラックスしていたか」「エクササイズにすんなり取り組めたか」「対話（言語および非言語で）がはずんだか」。

## 2. 意 義

エンカウンターの体験過程は，行動変容の過程である。それゆえ，グループ過程のアセスメントは行動変容をアセスメントすることにつながる。すなわちグループ過程は，「意味と深みのある人生の一コマを共に生きる」というリレーション形成と深まりの過程といえる。グループ過程と個人過程の関係を明らかにすることは，行動変容それ自体の研究に寄与するといえる。

SGEは，多くのエクササイズ（心理教育的課題）を用いる。エクササイズは自己開示を誘発する触媒であり，開示の環境設定を図る。またリーダーの自己開示のデモンストレーションによって，メンバー個々人の開示の深浅を示す。これらはメンバーの抵抗や心的外傷を予防する。SGEグループ過程の変化をアセスメントすることで，メンバーの抵抗や心的外傷を予防しながら，エクササイズの選択と配置を柔軟に行うことを可能にする。

## 3. 今後の課題

エンカウンターは発達・成長志向のグループ・アプローチである。グループ過程ではグループのもつ機能が自ずと作用する。たとえばSGEの場合でいえば，受容・被受容体験および共感・被共感体験の機会に恵まれている，愛情欲求・承認欲求の充足の機会が多い，社会的比較の機会が多い，つまり思考・感情・行動の模倣の対象が存在し，かつ自己盲点の気づき・発見の機会に恵まれている，フラストレーション・トレランスが学習できる（役割遂行とルールがあるから）。以上のような，多面的にグループ過程をアセスメントできる尺度を開発することが今後の課題といえる。

（片野 智治）

〔文献〕

片野智治 2007 構成的グループエンカウンター研究——SGEが個人の成長におよぼす影響 図書文化社

松浦光和・清水幹夫 1999 Basic Encounter Groupの個人プロセス調査用尺度作成 カウンセリング研究, **32**, 182-193.

野島一彦 1977 エンカウンター・グループ・プロセスの発展段階 村山正治編 エンカウンター・グループ 福村出版 42-57.

ロジャーズ，C.R. 畠瀬稔・畠瀬直子訳 1973 エンカウンター・グループ——人間信頼の原点を求めて ダイヤモンド社

# 21 人間関係尺度
## Interpersonal Skill Scale

構成的グループ・エンカウンター（SGE）は，國分康孝・國分久子らによって1970年代後半から提唱・実践され始めた。それは，大学生の人間関係開発が目的であった（究極的には人間成長を目的としている）。本実践に伴い，國分らは人間関係開発のプログラム研究を行った。プログラム評価を行うとともに，プログラム効果，すなわち人間関係能力を測定して，その結果を分析・考察した。ここでは，國分らによって作成された「人間関係尺度」について述べる。

## 1. 定 義

國分ら（1987）は，日本カウンセリング学会の口頭発表「大学生の人間関係開発のプログラムに関する研究」の「その24〜28」において，高学習者（high-learner）と低学習者（low-learner）との比較研究を行った。具体的には，プログラム評価の比較，プログラム効果の比較，PFスタディの比較，知り合いのひろがりの比較，自己イメージの比較である。「人間関係尺度」は，「大学生の人間

関係開発のプログラム研究」のために，國分らが作成した「人間関係能力」(interpersonal skill) を測定する尺度のことである。

本尺度を用いて，前述の高学習者と低学習者の群分けが行われた。高学習者のイメージは「よく泣きよく笑ったもの」であり，低学習者のイメージは「いつも平静であったもの」である。本人間関係尺度の尺度項目は，SGE において用いられるエクササイズ（主として対人行動を伴った心理教育的な課題）の「ねらい」を，基盤にして策定された。換言すれば，エンカウンターの体験学習目標が，本尺度の 6 項目ということになる。以下に具体的な説明を加えたい。

「他人の目をよく見て話しかけていた/人の目が見られず伏目がちであった」（自己主張）――「目は口ほどに物を言う」「目に物言わす」「愛でる」「目に角を立てる」のように，目は非言語的表現の象徴といえよう。このように考えると，本項目は「自己主張」項目としてふさわしい（たとえば，自己を打ち出すエクササイズのときに，伏目がちでは気概が相手に伝わらない。行動療法でいう主張反応）。

「状況にあった言動をしていた/不適切な言動が多かった」（自己理解）――エンカウンターでは，「自己理解」は主要な学習目標のひとつである。本項目は自己盲点への気づきを意図したものである（たとえば，4 人 1 組で 5 分のシェアリングをする場合，あるメンバーが時間を独り占めするかのように長々と話している）。

「自信のある堂々とした態度が多かった/おどおどして不安げであった」（自己受容）――自己受容は自己肯定感を主成分とする心性である。それゆえに，自己嫌悪感の強い人は「おどおどして不安げである」（たとえば，学歴は高卒だが，車のセールスをさせたら，私は大卒の 2 倍程度は売っていると，堂々としている）。

「人の話に関心をもって聞いていた/人の話にほとんどあいづちを打たなかった」（他者理解）――他者を理解しようという人の態度や行動（反応）の特徴は，他者に対して無条件の積極的関心を示すという反応や理解の態度である（人の話を一笑に付さず，あいづちを打ったり，うなずいたりして，聞き耳を立てている）といえよう。

「表情が明るく，ジェスチャーをよく使った表現をしていた/暗く，硬い表情であった」（感受性）――感受性は他者の言語的ないし非言語的表現に対して敏感であるという心性である。また言語的表現と非言語的表現が一致している（たとえば，愉快な話をしているときに，暗く，硬い表情をしているのは不一致）ことが望ましい。

「対人的距離が狭く人と接していた/人と距離を置いて話していた」（信頼性）――「物理的距離は心理的距離」という。これは親しくなればなるほどに，両者が接近するという意味である。親しくなると，相互の内的世界を共有する程度が増してくるので，そこに相互信頼が生じる（たとえば，打ち明け話をしているときには，両者の物理的距離は近い）。

回答方法は 5 件法である。「大いにできている」「ややできている」「できているかどうか不明」「あまりできていない」「まったくできていない」の 5 段階評価である。

この人間関係尺度の構成妥当性 (construct validity) は有しているといえる。信頼性 (reliability) は分散分析法で 0.79 である。

## 2．意　義

國分らは大学生男女の 3 泊 4 日の集中的グループ体験を実施した。本尺度は高学習者と低学習者との比較研究に用いられた。本研究において，次のように考察をしている。これらは，SGE の実践者にとっては，常に念頭に置くべきものと考える。

① 高学習者はエクササイズごとに感情の動きが明瞭なので，自他ともに SGE で大きな影響を受けたかのごとき印象をもちがちである。一方，低学習者は状況に対処して内にこもることが少なくないようにみえるので，SGE に不向きではないかと自他ともに思い込みがちである。しかし実際はそうではない。構成法はネアカ，ネクラに無関係にインパクトを与えるらしいといえる。

② 高学習者と低学習者という概念は，自己評価であっても他者評価であっても，十分

に配慮して使うことが望ましい。

③ 高学習者たちは十分に過去の自分を捨てきっていない。落ち込んだり，元気づいたり，泣いたり，笑ったりして苦闘してはいるが，なかなか自分を捨てきれないでいる。それゆえ高学習者の自己統合および意識性の拡大はSGEの解散後，時間の経過が必要と思われる。

以上を要約すると，この人間関係尺度は，SGEの体験学習目標に沿って作成された，唯一の尺度である。また，SGEの人間関係能力をアセスメントする場合に有効である。さらに本尺度が，高学習者と低学習者との比較研究に用いられたところにも意義がある。

## 3．今後の課題

國分・人間関係尺度は，参加メンバーの人間関係能力を測定する。それゆえに，人間関係づくりを目標にしたスペシフィックSGE効果の測定具として活用することができる。発達段階や学齢に応じたものに文章表現を修正して用いることが可能である。これが今後の課題といえる。

本尺度は6項目のきわめてシンプルなものであるので，この構造を生かしつつ，項目数を増やした新尺度を作成すると，活用範囲が広がると思われる。

（片野　智治）

〔文献〕
　國分康孝・西昭夫・村瀬孝雄・菅沼憲治・國分久子　1987　大学生の人間関係開発のプログラムに関する研究（その24）——high learnerとlow learnerとのプログラム効果の比較　日本相談学会第20回大会発表論文集，40-49．
　國分康孝・菅沼憲治　1979　大学生の人間開発のプログラムとその効果に関するパイロット・スタディ　相談学研究，**12**，74-84．
　村瀬孝雄・國分久子・西昭夫・菅沼憲治・國分康孝　1987　大学生の人間関係開発のプログラムとしての構成的グループ・エンカウンターにおける知り合いのひろがりについて　カウンセリング研究，**21**，14-28．

# 22　Q-U 尺度
Questionnaire Utilities Scale

楽しい学校生活を送るためのアンケートQ-U（Questionnaire Utilities）は，子どもたちの学校生活での満足度と意欲を測定する質問紙尺度である。小学校1〜3年用，小学校4〜6年用，中学校用，高校用の4種類があり，標準化を経て市販されている。この尺度は，いじめ被害，学級不適応児童生徒発見，援助ニーズの把握のために教師の日常観察の限界を補うことを意図して開発された。開発者の河村茂雄は，教師を対象とした尺度に対する要望調査の結果に基づき，児童生徒に心理的抵抗を与えないだけでなく，①教師が専門的な予備知識を必要とせず，②短時間に実施でき，③日々の教育実践に活用しやすいことを尺度開発のねらいとして挙げている。

## 1．Q-U 尺度の内容

Q-Uは次の二つの尺度から構成されている。①「いごこちのよいクラスにするためのアンケート」（学級満足度尺度），②「やる気のあるクラスをつくるためのアンケート」（学校生活意欲尺度）である。

### 1）いごこちのよいクラスにするためのアンケート（学級満足度尺度）

承認と被侵害の二つの下位尺度から構成される（それぞれ小学校用6項目4件法，中学校用・高校用10項目5件法）。

承認は，「あなたは運動や勉強，係活動や委員会活動，しゅみなどでクラスの人から認められる（すごいなと思われる）ことがありますか」「あなたが失敗したときに，クラスの人がはげましてくれることがありますか」など，学級内で自分の行動や存在が認められているかどうかについての認知を測っている。また，被侵害は，「あなたはクラスの人にいやなことを言われたり，からかわれたりして，つらい思いをすることがありますか」「あなたはクラスの人に暴力をふるわれるなどして，つらい思いをすることがありますか」など，

学級での不適応感やいじめ・冷やかしなどについての認知を測っている。

学級満足度尺度では、この二つの下位尺度から得られる得点平均（標準化された全国平均）を基準に、児童生徒を以下の四つのカテゴリーに分けて、それぞれの状態を推測する。それぞれ次のような状態像が指摘されている。

**学級生活満足群**（承認得点が高く，被侵害得点が低い）——学級内でいじめや悪ふざけなどの侵害行為を受けておらず，かつ学級内で自分の価値が認められており，スクール・モラールの高い児童生徒と考えられる。

**非承認群**（承認得点が低く，被侵害得点が低い）——いじめや悪ふざけの被害は受けていないが，学級内で承認されておらず存在感が薄い児童生徒である可能性が考えられ，スクール・モラールも低い児童生徒と考えられる。

**侵害行為認知群**（承認得点が高く，被侵害得点が高い）——学級内で承認されているものの，いじめや悪ふざけを受けているか，級友との間でトラブルを抱えている可能性が高い児童生徒像と考えられる。

**学級生活不満足群**（承認得点が低く，被侵害得点が高い）——いじめや悪ふざけの被害を受けているか不安傾向が高いと考えられ，学級内で級友から承認されておらず，スクール・モラールが低く，学校不適応の状態にある児童生徒の可能性が推測される。

2）やる気のあるクラスをつくるためのアンケート（学校生活意欲尺度）

小学校用は三つの下位尺度（友達関係，学習意欲，学級の雰囲気），中学校用・高校用は五つの下位尺度（友人との関係，学習意欲，教師との関係，学級との関係，進路意識）から構成されている（それぞれ小学校用3項目4件法，中学校用・高校用4項目5件法）。友達関係（友人との関係）は「学級内には，いろいろな活動やおしゃべりにさそってくれる友人がいる」など，友人関係に関するモラールを測定している。学習意欲は「学校の勉強には自分から進んで取り組んでいる」など，学習に関するモラールを測定している。学級の雰囲気（学級との関係）は「自分のクラスは仲の良いクラスだと思う」など，学級での活動についてのモラールを測定している。教師との関係は「学校内に自分の悩みを相談できる先生がいる」など，教師との関係に関するモラールを測定している。進路意識は「なりたい職業や興味をもっている職業がある」など，進路についてのモラールを測定している。これらの下位尺度は，標準化作業を経た得点平均を中心とした1標準偏差の範囲を基準にして，援助ニーズを把握する方法が提唱されている。

Q-U尺度では，学級満足度尺度と学校生活意欲尺度の二つの結果を資料として合わせることで，児童生徒の個別の状態を知ることができ，心理教育的な援助に役立てることができる。

## 2. Q-Uの信頼性と妥当性

Q-Uは，いじめ被害・学級不適応発見，援助ニーズ把握の尺度として開発された。妥当性は，聞き取りによる臨床像との一致，既存のスクール・モラール尺度，自尊感情尺度，ソーシャルスキル尺度などとの関連によって確認されている。また，信頼性は，信頼性係数（Chronbach $\alpha$），再検査法によって確認されている。さらに，全国規模の調査によって標準化が行われ，それぞれの下位尺度の平均が児童生徒理解の基準として示されている。

## 3. Q-Uの活用

開発された当初は，個別の児童生徒理解，援助ニーズの把握が目的であった。しかし，その後の研究で，学級満足度尺度の学級全員分の結果と学級集団の状態との関連が明らかになり，学級集団の状態を把握することが可能となっている。

現在，市販されているQ-U尺度は，全国の小・中・高等学校，教育委員会で採用され，活用されている。尺度使用の主な目的としては，①いじめ，不登校問題の早期発見と対応，②学級集団の育成，学級崩壊の予防，③予防開発的援助のための事前アセスメント，④教育実践の効果測定である。

このQ-U尺度は，これまでにたくさんの事例の研究と学校現場での実践の積み重ねを通して，児童生徒および学級集団のアセスメントについて多くの資料を提供するものとして発展してきた。現在，このQ-U尺度は，ア

セスメントに用いられるだけでなく，職員間の共通理解や連携，教育実践の検討のためのツールとして活用されはじめている．今後，さらに学校現場でこの尺度を使った教育実践と研究が積み重ねられることによって，アセスメントのツールとしてだけでなく，教師が教育実践をとらえるひとつの共通のフレームとして機能する尺度となりうる可能性をもっており，研究の発展が期待される．

(粕谷 貴志)

〔文献〕

河村茂雄 1999a 生徒の援助ニーズを把握するための尺度の開発 (1)——学校生活満足度尺度（中学生用）の作成 カウンセリング研究, **32**, 274-282．

河村茂雄 1999b 生徒の援助ニーズを把握するための尺度の開発 (2)——スクール・モラール尺度（中学生用）の作成 カウンセリング研究, **32**, 283-291．

河村茂雄 1999c 生徒の援助ニーズを把握するための尺度の活用（高校生用）岩手大学教育学部研究年報, **59**, 101-108．

河村茂雄・田上不二夫 1997 いじめ被害・学級不適応児童発見尺度の作成 カウンセリング研究, **30**, 112-120．

## 23 ストレス尺度
### stress scale

今日，ストレスという言葉が病理の原因として盛んに使用されるようになり，その状態や予防の意味を込めて，「ストレスがたまる」「ストレスになる」「ストレスを発散する」など日常会話にも頻繁に登場し，その使い方はさまざまであるが，人の健康を害する要因，本体といったとらえ方が主流である．

ストレスという用語を心理学事典で調べると，「日常生活において過剰な刺激により引き起こされる心身のひずみをいう」とある．

### 1．ストレスという概念

セリエ (Selye, 1936) はストレス学説を提唱した．それによると，ストレスとは外から加えられた生体への刺激により，生体側にひずみの状態が生じ，それに適応しようとする反応が起こる．この反応はホルモン系の不均衡の表れで，脳下垂体と副腎などの内分泌腺は，過剰のホルモンを分泌して適応しようとするといわれている．そして，この過剰な刺激が続くとホルモンが枯渇し，生体の防衛機能が壊されストレス反応として現れてくる．このストレス反応は警告期，抵抗期，疲憊期に分けられている．

第一段階の警告期は，生体がストレッサーに直面したときに示す初期反応で，体温の低下，急性胃腸炎などが起こる．一方，体温・血圧が上昇する場合もある．第二段階の抵抗期は，生体がストレッサーに抵抗し，一時安定した状態になる．第三段階の疲憊期は，抵抗していた力が減退し，体温や血圧の上昇または低下などが起こる．ストレス反応は，疲憊期に移行するほど反応は長く有害であり，身体の抵抗力が低下し，心臓病，高血圧症，潰瘍などの身体異常を引き起こすこともある．これらの身体異常を心身症と呼んでいる．

### 2．ストレッサー

ストレス反応を引き起こす直接的な原因になる刺激を，ストレッサーと呼んでいる．このストレッサーは，人間を取り巻く環境に起因するもので，①物理的ストレッサー（温度，光，音など），②化学的ストレッサー（タバコ，炭酸ガス，臭気など），③生物学的ストレッサー（細菌，ウイルスなど），④心理学的ストレッサー（不安，怒り，喜び，悲しみなど），⑤社会的ストレッサー（職場，家庭，ライフサイクルなど）の，大きく五つのカテゴリーから整理されている．しかし，セリエはこのストレスについて，「ストレスは人生のスパイスである」と言い，最適な刺激（ストレッサー）は人間が生きるために必要なものであり，すべてが害になるというとらえ方をせず，「オプティマル（最適）ストレス」という考えを提唱している．

### 3．ストレスマネジメント

ストレス研究の発展に伴い，ストレスに対処する方法として，ストレスマネジメントという考え方が研究されている．この取り組みは 1980 年代から盛んに行われてきたが，坂野ら (1995) によれば，これらの研究は

1982年から10年間に，800以上報告されているということである。

嶋田（1998）は，ストレス反応影響を及ぼすものとして，出来事への評価（認知的評価），対処の仕方（コーピング），考え方の特徴，周囲のサポートといった，反応を引き起こす要因を挙げ，ストレス反応発生までのプロセスと要因との関係を明らかにし，援助の方法を探ろうとしている。これらの研究成果を得て，ストレスマネジメントにおいても，環境，考え方，コーピング，ストレス反応といった4要素，各プロセスでの介入方法が検討されている。

## 4. ストレス測定とストレスマネジメント

このストレスマネジメントでは，その効果を測定するために，ストレス反応を測定する「心理的ストレス反応測定尺度」，コーピングを測定する「TAC-24」および，自尊感情尺度など3尺度が用いられている。本項では，ストレス反応を測定する尺度と，コーピングを測定する尺度について紹介する。

心理ストレス反応測定尺度（Stress Response Scale-18）は鈴木ら（1997）が作成した尺度で，高校生，大学生，成人約3千人を対象にデータ収集され，妥当性，信頼性が検討された尺度である。この尺度は，健常群，臨床群，ストレス高群，ストレス低群の識別，比較検討が可能で，生理的な反応との対応関係についても検証されているというものである。この尺度は，①普段の生活のなかで経験する心理的変化や，心理的ストレス過程で引き起こされる心理的ストレス反応の測定が可能，②高校生，大学生，一般人，臨床的問題を抱えた人のいずれにも適用が可能で，対象を越えた得点の比較も可能，③項目数が少なく，測定対象者への負担が少ないことから，尺度を繰り返し用いることが可能，④心理学研究における実践的状況に用いたり，臨床治療場面における心理的症状の変化や治療効果の確認に用いることが可能，といった四つの特徴を有している。加えて，この尺度は，「抑うつ・不安」「不機嫌・怒り」「無気力」の三つの下位尺度からその傾向を測定し，それらの傾向の程度を知ることもできる。

## 5. ストレス測定の課題と可能性

ストレスに関して，この10年間でかなりの数の研究が行われてきている。これまでの研究の流れは，ストレスの実態やその過程を研究するものが多かった。そして，その研究と並行してもっぱら，事例による検討が長きにわたり積み重ねられてきている。しかし，事例検討は，クライエントの小さな変化や，ストレスを克服していくきめ細かなプロセスから多くの知見を提供するが，その治療効果が誰にでも適応できるといった一般性は明らかにできない点があった。そのような背景から，最近注目されているのがエビデンス・ベイストという発想である。この発想は，治療効果をより客観的に判定することを指向するものである。また，ストレスはマネジメントするものといった発想も最近では一般的になってきており，どのような対象にどのようなマネジメントが必要であり，より有効かといった検証も盛んに行われ，ストレスを操作するといった教育的な傾向もみられるようになった。また，メンタルヘルスや心理社会的介入として，集団へのアプローチ（集団介入）を取り入れたプログラムも多く開発されるようになった。これらの新しい取り組みの検証に，期待が寄せられる。

（冨田 久枝）

〔文献〕

宮城まり子 1995 心理学（産能大学教科書）産能大学

小林利宣編 1990 教育・臨床心理学中辞典 北大路書房

坂野雄二監修，嶋田洋徳・鈴木伸一編著 2004 学校，職場，地域におけるストレスマネジメント実践マニュアル 北大路書房

坂野雄二・大島典子・富家直明・嶋田洋徳・秋山香澄・松本聡子 1995 最近のストレスマネジメントの研究動向 早稲田大学人間科学研究，8 (1), 121-142.

Selye, H. 1936 A syndorome produced by diverse noxious agents. Nature, 138, 32.

嶋田洋徳 1998 小中学生の心理的ストレスと学校不適応に関する研究 風間書店

鈴木伸一・嶋田洋徳・三浦正江・片柳弘司・石埜野力也・坂野雄二 1997 新しい心理的ストレ

ス反応尺度（CRS-18）の開発と信頼性・妥当性の検討　行動医学研究, 4, 22-29.

## 24　職場におけるモチベーション尺度
motivation scale of status quo

モチベーションがあるとかないとかといった表現で，その人の「やる気」の状態を表現して，仕事や学習の評価を一般的に行うことがある。このモチベーションという言葉は，心理学で扱われているある目標に向かって行動をつき動かすものとしての動機（motive）と，その行動を動かす要因である動因（drive），その働きを動機づけ（motivation）という概念を，一般的な行動の理解として用いられているものである。このモチベーションには，①行動を始発させる働き，②始発した行動を維持する働き，③その行動を一定方向に導き終結させる働き，の三つの役割をもつといわれている。そしてこのモチベーションは，欲求→動機（動因）→手続き的行動→目標（誘因）→完了的行動，といった一連の流れをもっている。

職場におけるやる気と称される「動機づけ」については，アメリカを中心に「行動科学」分野で多くの研究がある。その理由は，資本主義社会の企業において効率よく収益を上げることが重要な課題であり，より収益に結びつく行動をどのように教育，開発するのかといった，人材育成と関与し発展していったからである。

### 1．マネジメントにおける動機づけアプローチ

企業といった組織では，それぞれのメンバーが協働してその目的達成にあたる。その協働システムを考えるとき，その働きのきっかけになる動機づけが問題とされることが多い。その理由は，効果的な相互作用による課題達成のために欠かせない原動力となるからである。

以上の理由から，企業を中心として動機づけの開発が展開され，一般的にマネジメントで取り組まれている動機づけ開発アプローチが二つある。その一つが，直接アプローチと呼ばれる人間の変容を指向するものである。これは，行動の原動力となる動機の育成を試みようとするもので，内発的動機づけと呼ばれている。もう一つは，環境にアプローチし動機づけようとする，間接的・外発的アプローチと呼ばれる。ハーツバーグ（Herzberg, F.）はこの動機づけに注目して，動機づけの要因，モチベーターという概念を用いて，その開発に寄与した。モチベーションの根底にある要因を明らかにすることは，モチベーションをどのように開発するかといった方向性を明らかにしたともいえよう。

### 2．MSQ（Motivation of Status Quo）尺度とやる気

MSQという尺度は，モチベーションをモチベーターといういくつかのファクターから，その開発の方向性をとらえようとするものである。

このMSQは先にも述べたが，間接的なアプローチ（外発的な動機づけ）としての職場環境への認知，そして個人がどのような仕事への志向をもっているかといった，個々のさまざまな要素からの検討，直接的なアプローチ（内発的動機づけ）の両面から，そのアプローチの方向性を探ろうとするのが特徴である。

MAQは，仕事へのモチベーションを，複数の設問（質問紙）への回答からいくつかのカテゴリーを設定し，総合的にモチベーションの状態を数値化して測定する尺度で，この数値が高いほど，仕事に対して積極的に取り組んでいると判断できるものである。MSQでは，11の特徴的なモチベーターを設定し，各モチベーターの得点を総合的にグラフ（モチベーターチャート）に記載し，各モチベーター得点同士の関連，その人のモチベーション全体の特徴をとらえようとしている。

モチベーターとして設定されている要因は，「適業」「プライベート」「自己表現」「環境適応」「環境整備」「人間関係」「業務遂行」「期待・評価」「職務管理」などの11である。

「適業」は，仕事自体が好きか，自分にとって合っているかといった，個人の仕事への価値観からみた仕事への適正を測定しよう

とするもの。「プライベート」は,家族や親しい人の理解や仕事と余暇のバランスといった,仕事以外への生活へのとらえ方を測定する。「自己表現」は,仕事における自分の考え,発想,個性などの表現をどのようにとらえ仕事に向いているかといった側面を測定する。「環境適応」は,仕事や状況変化に自己を適応させ,困難や障害を乗り越えようとする適応性を測定する。「人間関係」は,職場での人間関係の円滑さや仕事における協調性や,交流状況を測定する。「業務遂行」は,職場において業務を遂行することを重視したり,仕事における自分の課題や目標をやり遂げる傾向を測定する。「期待・評価」は,仕事での上司や周りから期待される役割や評価について測定する。「職務管理」は,職務内容の理解度,仕事を進めるうえでの主導権のとらえ方について測定する。

　これらの11ファクターを,満足-不満足,関心-無関心の4象限から得点の関係を測り,その人個人が,どのモチベーターに関心や満足を,あるいは無関心や不満足を得ているかといった姿を,4領域「潜在的満足領域」「顕在的満足領域」「無関心領域」「不満足領域」で表そうとしている。その結果,11のモチベーターが主にどの領域に属するかでモチベーションの方向性が明らかになり,その人が求めているモチベーター,または不満に思っているモチベーターをマネジメントに活用しようとするものである。このMSQは,日本における大企業で実際にそのマネジメント,企業診断に使用されている。

## 3. 職場のモチベーション尺度の課題

　動機づけは,企業のみならず学校教育でも注目される概念である。桜井(1987)はやる気のない生徒の指導において,SEMモデル(self evaluation motivation model)という動機づけの理論を用いて内発的な動機づけの重要性を示唆している。これは,デシ(Deci, 1975)による認知的評価理論をもとに桜井茂男が提唱した,人間の動機づけ全般を扱いうる自己評価的動機づけモデルである。具体的には,外的な報酬が学習課題にどのような心理状態と結びつき関連していくのかといった学習プロセスから,有能感,無能感,自己決定感などの心理特性から検討したものである。これまでは,モチベーションを内発的か,外発的かといった二極から検討されてきたが,その両極を踏まえ,どのような人間成長のプロセスにおいて,動機づけがどのような役割を果たすのか,そしてプロセスのなかでどのような心理特性が関与し,どのように成長していくのかといった,総合的な視点からの検討が今後は期待されるであろう。

（冨田　久枝）

〔文献〕

Deci, E. L.　1975　*Intrinsic motivation.* Plenum Press.（安藤延男・石田梅男訳　1980　内発的動機づけ——実験社会心理学的アプローチ　誠信書房）

Herzberg. F.　1966　*Work and the nature of man.* World Pub. Co.（北野利信訳　1968　仕事と人間性——動機づけ-衛生理論の新展開　東洋経済新報社）

JTBモチベーションズ研究・開発チーム　1998　やる気を科学する——意欲を引き出す「MSQ法」の理論と実際　河出書房新社

宮城まり子　1995　心理学（産能大学教科書）産能大学

森田一寿　2005　行動科学（産能大学教科書）産能大学

桜井茂男　1987　自己評価動機づけ(SEM)モデルに基づく「やる気」のない生徒の指導　カウンセリング研究, **20**, 38-43.

## 25　カード式職業興味探索
career exploratory inventory

　人は人生の大半を"仕事をしながら"生きる。どのような職業に就くかは,人生の重要な選択のひとつであるといえる。それをどのように行うのがよいか例を挙げると,アメリカを中心とした諸外国では幅広く知られているキャリアガイダンス手法に,「職業カードソート技法」というものがある(下村ら,2005)。トランプ状のカードを用いて行う方法で,現在,労働政策研究・研修機構が研究中である。しかし,これらはまだ一般的には

なっていない。また、この技法が日本に紹介されてからまだ日は浅い。それゆえ、ここでは1987年ごろから片野智治が独自に開発した「カード式職業興味探索」を、そのモデルとして取り上げたい。このモデルは現在、NPO法人日本教育カウンセラー協会キャリアガイダンスワークショップのツールとしても、その活用に意味が見いだされている方法である。

## 1. 定　義

カード式職業興味探索とは、「職業が記されたカードを、興味の有無・好き嫌いによって分類することによって、自己理解をうながすキャリアガイダンス・ツール」である。

武南高等学校の元教育相談部のスタッフ7人によって職業群の選択がなされ、初期のものが完成した。さらに、『職業ハンドブック・245職業総合ガイド』（1986年、雇用情報センター）の、12のクラスターから、高校生が馴染んでいると思われる職業を中心に、各クラスターから10の職業を選択し改訂し、現在のかたちにしている。そのリーダーは片野智治であった。

## 2. 意　義

いままで進路指導は、「検査」により自分の興味・関心を探索するのが主流であった。しかし、これらの検査結果は、興味の度合いを示すものであり、一般的な結果という見方が生徒などの間には生まれてしまい、自己の問題として考えることがしにくいようにみえる。また、自己のキャリアを考えるのは、多くの生徒にとっては重たい問題であるので先延ばしにしがちである。この問題には、キャリアガイダンスの促進と、その方法の開発が待たれるところである。しかし、その方法は確立されているとはいえない。

本カード式職業興味検索は、「職業を通した自己理解・個性理解」「自己理解を通した職業理解」の促進を目指したツールであり、各人が作業をすることによって自己の職業興味を探索でき、他者の興味や価値観も自然に理解することができるところに、このツールの特徴と意義がある。

## 3. 方　法

第一ステップは、カードの分類である。あらかじめセットされた120の職業が書かれたカードと作業用の台紙を配布する。カードに書かれた職業を見ながら、①やってみたいもの（P）、②あまり気が進まないもの（N）、③職務内容のわからないもの（無印）、の三つに分類する。このときはグループで作業するとよい。わからない仕事内容は仲間に聞く、つまり仲間と会話しながらイメージを膨らませていくのである。

第二ステップは、分類されたカードのグループごとにキャッチフレーズをつけることである。「Pに分類されたカードを全部並べ、自由にグループ分けしてください。何を基準・観点にしてグループ分けするかは、あなたの自由です。グループ分けしたら、そのグループにキャッチフレーズをつけてください」と教示される。同じ職業を選んでいても、分類のグルーピングは違ってくるし、キャッチフレーズも違うものになる。ここに、その生徒の職業認知が表現されてくる。たとえば「あこがれの職業」「創造性必要」「資格がほしい」などである。

第三ステップは、「○○自分」というテーマをつけることである。「最後に、分類されたカードの各グループのキャッチフレーズを統合して、「○○自分」というテーマをつけてください」と教示される。たとえば、「夢を追っている自分」「人とかかわっていたい自分」「人の役に立ちたい自分」などである。このように、自分の感性に合わせて台紙に貼って自由に表現していくのが、このツールの特徴である。

最後に出来上がった作品をもとに、グループメンバーとシェアリングする。人によって、選択基準・分類方法・テーマのつけ方がさまざまであることがわかってくる。また、職業をとおして、どんな自分を実現しようとしているかが、体験的にみえてくるのである。

## 4. 今後の課題

カード式職業興味探索の研究は、片野（1992）が日本進路指導学会（現キャリア教育学会）において、「KJ法をつかった職業興味探索法の検討」を発表しているものだけである。そのなかでキャッチフレーズを分類

し，職業や労働を表現したカテゴリと，職業とのかかわりで「自己」を表現したものとに分けている。その65人の生徒がつけたキャッチフレーズは350個に及び，テーマは44であった。

下村（2005）は，「職業カードソート技法とキャリアガイダンス――カード式職業情報ツールの開発」として，Web上にその研究を発表した。この方法は「自己理解と職業理解を同時に深めることができる一定の効果があること」「グループワーク形態での実施に一定の効果があること」を報告している。これは，片野のツールとその方法において共通の部分を有しているので心強い。

カード式職業興味探索の効果研究が必要なのはいうまでもない。まず，①本ツールは，個人のキャリア選択にどのような効果があるか。②職業理解と個性理解はどのような関連があるのか。③個人のキャリア形成のどのような面を促進しているといえるのか。④現在，中学生・高校生・専門学校生・大学生・社会人と多方面でこのカード分類法は使われている。その年代によって，どのような効果の差があるか。各年代によって，主たる強調点はどこにするのが望ましいのか。体験者の声を拾い，その効果を分析するところから発展させる必要があるだろう。⑤キャッチフレーズを見ることによって，どのようなキャリア・カウンセリングが必要になるかを予測できないか。そのための視点を提供できる研究が望まれる。

〔吉田　隆江〕

〔文献〕

片野智治　1992　KJ法をつかった職業興味探索法の検討　日本進路指導学会第14回大会発表論文集, 48-49.

國分康孝監修，篠塚信・片野智治編著　1999　実践サイコエジュケーション――心を育てる進路指導の実際　図書文化社

下村英雄ほか　2005　職業カードソート技法とキャリアガイダンス――カード式職業情報ツールの開発　労働政策研究・研修機構

## 26　親の養育態度尺度
parent-child relationships scale

近年になり，虐待による乳幼児の死亡，または児童相談所による虐待への介入といったニュースが後を絶たない。児童養護施設における入所児童も大半が被虐待児で，年々その数が増え，児童養護施設の定員がオーバーしている施設も少なくない。このような子どもを取り巻く最も重要な親子関係が揺らぎ，子どもの生活および発達に深刻なかげりを落としている。

親子関係については心理学，教育学，社会学，文化人類学など多くの分野において研究が行われている。それは，人が生まれ，人として育つためには，親子のあり方がいかに重要かを示していることにほかならない。柏木ら（1978）は，親子関係の心理的な営みとその重要性をその著書『親子関係の心理』で，子どもの成長にとって親子関係とは何か，子どもの発達と人格形成に及ぼす親子関係とはどのようなものなのかを紹介している。親子関係は，人間の成長の基盤でもあり，その研究はかなり古くから行われてきている。そして，親の養育のあり方を問う研究も数多く行われてきている。そこで，ここではこれまで行われてきた，親の養育態度に関する評価（アセスメント）についていくつかの研究を紹介して，親の養育，教育のあり方を検討する方向性を示唆できればと考える。

### 1．サイモンズの養育態度

従来，子どもに対する親の養育態度は，愛情（受容-拒否）と統制（干渉-放任）の2次元から検討，研究されてきていることが多かった。その代表的な研究者がサイモンズ（Symonds, P. M.）である。サイモンズ（1939）は，上記の2次元を用いて養育態度を，「無視型」「独裁型」「甘やかし型」「溺愛型」の4タイプに分け，その養育の姿を明らかにしようとした。

「無視型」は，子どもの行動や考えに無関心で，思いやりがないと子どもから思われて

いるタイプである。「独裁型」は，子どもの気持ちを無視して自分の考えを押しつけるタイプで，「甘やかし型」は，子どもの気持ちを尊重しすぎて子どものわがままを黙認しているタイプである。「溺愛型」は甘やかし型に似ているが，甘やかすあまり口を出す傾向が強いタイプである。

この尺度は60年以上前に作成されたものであるが，現代の養育態度についてもこのような枠組みからとらえることも可能なほど，基本的な養育の姿をとらえているといえるであろう。

## 2．これまでの日本における養育態度にかかわる研究

サイモンズ（1939）の養育態度の研究が発表され，日本でも親子関係をはじめ養育態度に関する研究が行われてきている。小嶋（1969；1970a；1970b）は，親の行動を因子分析で分類し，さらに親子関係を理解するための方法などについて言及している。永田ら（1984）は，養育態度に関与するストレスを，社会環境や家庭環境などから要因を分析している。

鈴木ら（1985）は，子どものパーソナリティ発達に影響を及ぼす養育態度・家庭環境・社会的ストレスを測定する尺度開発を行っている。鈴木ら（1985）はこの研究のなかで，サイモンズ（1939）の研究で示された次元を活用し，親が子どもに対してどのような養育態度をもっているかを測定する「養育態度尺度」を開発している。この尺度は，従来の「愛情」に相当するものとして「受容的・子ども中心的かかわり」，「統制」に相当するものとして「統制的かかわり」，そして従来の研究に含まれない「責任回避的かかわり」の三つの下位尺度で構成されている。

この尺度の項目数は，各下位尺度に10項目，総項目数は30項目，「たしかにそうだ」から「まったくそうでない」の5件法の質問紙である。そして，三つの下位尺度得点を各々に採点し，どの養育態度傾向が強いかを判断する尺度である。

## 3．最近の研究の動向

サイモンズや鈴木らの研究は親の養育態度そのものを扱った研究であるが，最近の研究の動向としては，養育態度が子どもの発達や社会的なスキルなどにどのような影響を及ぼしているかといった研究や，不登校や登校拒否との関係から研究が行われるようになっている。

谷井（1996）は，登校拒否の子どもをもつ親を対象にその親の役割行動を分析し，その特徴を明らかにしようと試みている。また，戸ヶ崎・坂野（1997）は，小学生の学校適応に関する「社会的スキル」の獲得と母親の養育態度との関連を明らかにしている。また，田上（1997）は，母親の心理的な特徴「楽観性」という視点から，幼児の対人行動に及ぼす影響を検討している。

一方，核家族化により親子のコミュニケーションのあり方が問われ，コミュニケーションの不足またはゆがみにより，子どもの発達に影響を及ぼしているのではという懸念がある。大河原（2004）は，親子のコミュニケーションの不全と子どもの感情発達との関係を検討しているが，これは養育態度といった親側の要因だけではなく，親子をひとつの人間関係としてとらえ，「コミュニケーション」を相互的な関係性からその問題点を明らかにしようとした点で，これまでの養育態度のとらえ方と変化してきていることがうかがえる。

また，黒澤・田上（2005）は，母親の虐待的育児態度という新しい概念を用いて，その養育態度に影響する要因を明らかにしようと試みている。現代の課題である虐待問題にメスを入れる，新しい方向性をもつ研究であろう。

## 4．今後の課題

親の養育態度に関する研究は古くから行われてきたが，子どもの発達の様相を明らかにするためにその養育のあり方が注目されたという視点から，現代は不登校や虐待といった発達に何らかの支障をきたす状況と養育のあり方が問われる時代となったことが，紹介した研究の動向から汲み取れる。また，父親のあり方や夫婦関係といった大人側の心理的な関係が，養育態度に影響を及ぼしている場合も少なくない。一方で，ひとり親家庭も増えて親子の様相が刻々と変化している。このような変化を踏まえて，親子関係，養育態度を

とらえていく必要があろう。

(冨田 久枝)

〔文献〕

柏木惠子・松田煇・宮本美紗子・久世敏雄・三輪弘道 1978 親子関係の心理 有斐閣

小嶋秀夫 1969 親の行動の質問紙の項目水準におけるバッテリー間因子分析 金沢大学教育学部紀要, **18**, 55-70.

小嶋秀夫 1970 a 親子関係の理解 (1) 児童心理, **24**, 1644-1661.

小嶋秀夫 1970 b 親子関係の理解 (2) 児童心理, **24**, 1812-1829.

黒澤礼子・田上不二夫 2005 母親の虐待的育児態度に影響する要因の検討 カウンセリング研究, **38**, 89-97.

永田忠夫・松田煇・鈴木眞雄・植村勝彦 1984 養育態度に関与するデモグラフィー・家族環境・社会ストレス要因の分析 愛知県立看護短期大学雑誌, **16**, 45-56.

大河原美以 2004 親子のコミュニケーション不全が子どもの感情の発達に与える影響——「よい子がきれる」現象に関する試論 カウンセリング研究, **37**, 180-190.

鈴木眞雄・松田煇・永田忠夫・植村勝彦 1985 子どものパーソナリティ発達に影響を及ぼす養育態度・家庭環境・社会的ストレスに関する測定尺度構成 愛知教育大学研究報告, **34**, 139-152.

Symonds, P. M. 1939 *The psychology of parent-child relationships.* Appleton-Century Crofts.

田上不二夫 1997 母親の対人的楽観性の修正が幼児の対人行動の改善に及ぼす効果 平成7年〜8年度科学研究費補助金, 基盤研究C研究成果報告書

谷井淳一 1996 登校拒否の子どもをもつ親の親役割行動の特徴 教育心理学研究, **29**, 60-67.

戸ヶ崎泰子・坂野雄二 1997 母親の養育態度が小学生の社会的スキルと学校適応に及ぼす影響 教育心理学研究, **45**, 173-182.

# 第 V 章

# ストラテジー

## Strategy

　ロジャーズ理論が日本で風靡していたころ（1953年前後〜1970年頃）は，ストラテジーという概念は登場していなかった。もし，誰かがそれを提唱したら，「それは人を操作するカウンセリングだ！」と袋叩きにされたかもしれない。

　しかし，その後，風潮が変わった。人格変容（personality change）を目指すカウンセリングから問題解決（problem solving）を目指すカウンセリングへと，関心がシフトしてきた。たとえていえば，じわりじわりと時間をかける漢方薬より，アスピリンのような即効性の高い方法を求めるようになった。

　そうなってくると，支援活動を起こす前に，「効率的で効果的な方法・手順とはどういうものか」と策を講じる必要が生じてくる。この戦略的なプラン・メーキングをストラテジーという。

　この分野の今後の課題は，どういう場合にどういう理論・方法がより効果的で，かつ効率的かという一般原理を開発することだと思われる。すなわち，理論・方法のアプリケーション（使い方・応用の仕方）を研究する必要がある。

　協調的なグループにするには，ウイネス志向の構成的グループ・エンカウンター（SGE）エクササイズが有効だとか，スクールカウンセリング事業には，教職体験のあるカウンセラーのほうが有効だといった事実がリサーチされると，ストラテジーを講じる根拠になる。こんな思いを執筆者に伝えてご協力をいただいた。

（國分　康孝）

# 1 ストラテジーの多様性
diversity of strategy

ストラテジーとは，状況（たとえば，学級崩壊，夫婦不和）にどう対応するかの計画を立てることである。治療志向の用語（treatment plan）に相当するカウンセリング用語である。

## 1．ストラテジーの意味と意義

対策を計画するとは，次の三つを設定することである。すなわち，①目標を立てる，②目標達成に有効な方法を選ぶ，③その方法が奏功する条件を設定する，ことである。

さて，ストラテジーはなぜ研究に値するトピックなのか。ストラテジーが適切でなければ，カウンセリングスキル（インターベンション）に習熟していても，問題解決ははかどらないからである。

たとえば，個別面接を継続すべきクライエントにグループ・エンカウンターに参加する計画を立てても，心的外傷を与えるだけである。それゆえ，アイビイ（Ivey, A. E.）のモットー"Which treatment to which individuals (groups) under what conditions"は，カウンセリングの実践家にとっては憲法ともいうべきプリンシプルである。すなわち，「どのような人に（どのようなグループに），どのような時に，どのようなインターベンションをするか」が，カウンセリング実践の原理である。

この原理を実践するときの問題は，「どのような人に」「どのような時に」「どのような方法で」と，立案するときの手がかりになるフレーム（枠組み）をもつことである。このフレームを開発・発見するのが，カウンセリング心理学の仕事のひとつである。今のところ，次のような四つのフレームが考えられる。

## 2．パーソナリティかスキルの問題か

「友人をつくりたいが，友人がいない」と訴える学生に対するストラテジーを立てる場合，引っ込み思案や失愛恐怖（パーソナリティ）が原因なら構成的グループ・エンカウンター（SGE）への参加を立案するが，人づきあいの要領（ソーシャルスキル）が貧困であるなら，ソーシャルスキル・トレーニングのワークショップへの参加を勧める。

授業が下手で保護者から苦情の申し立てを受けた教師のなかには，ノートがとりにくい板書をするとか，特定の子どもに指名が偏向していることがある。すなわち，その教師の学習指導のスキルの未熟さに由来するなら，ストラテジーとしてはスーパービジョンを考えるが，パーソナリティ（たとえば，幼児的で気が利かない）の問題なら，教育分析的な学習（たとえば，個別面接，宿泊性のSGEへの参加）を提言することになる。

## 3．自我の成熟度

自我（Ego）が成熟しているとは，①フラストレーション耐性がある，②柔軟性がある，③現実判断能力がある，④セルフコントロールができる，という意味である。こういうパーソナリティの持ち主には，論理療法やグループワークなど，現実原則志向の対応が適していると思われる。しかし，自我が未成熟または一時的に退行状態にある人に対しては，快楽原則志向，許容的，非審判的対応が適しているように思われる。たとえば，小学校低学年へのSGEは，遊びの色彩の強いものにする。大学生なら，自己開示や自己主張のプログラムを組み入れる。

小柳晴生は，グループ・エンカウンターに参加して学習効果のある人は，自我の成熟度の高い人であるということを実証した。それゆえ，ストラテジーを考えるときの第二のフレームとして，自我の成熟度を挙げておきたい。

## 4．重症か軽症か

このフレームはアイビイの提唱するものである。重症とは「目標も方法もわからない」という意味で，新入社員がその代表例である。新入社員には能動的にかかわり，助言，指示などの「積極技法」を用いるというストラテジーをアイビイは提唱した。

一方，軽症とは「目標と方法は知っているが，不安のある人」（たとえばベテラン社員）である。軽症の人には「あなたならできますよ」「誰でも緊張するものよ」と，かかわり

技法レベルの対応だけでよいという。
　この図式が教育・医療・福祉などの領域にも適用できるかというリサーチをするのも,価値がある。すなわち,いつでも,どこでも,誰に対しても,受容と共感で対応するだけで十分かを検証することである。

### 5．個体内か個体間か

　ここでいう個体内とは「過去の未解決の問題を抱えている」ことである。たとえば,どのような職場に移ってもすぐ喧嘩をして辞める場合(たとえば,酒ぐせが悪い)は,過去の未解決の感情を引きずっている(intra-personal)わけで,周りの人間に問題があるわけではない。

　その逆に,本人にさしたる性格上の問題(intra-personal)はなくとも,人としっくりいかない(たとえば,夫婦不和,上司との不和,労使の対立)ことがある。これが,ここでいう個体間(inter-personal)問題という意味である。私の仮説は,個体間の問題はグループ・アプローチやソーシャルワーク的対応が有用であり,個体内の問題は洞察かリレーションを核とする個別対応が有用のように思われる。ここでも再び,実践から得た知見だけではなく,実証的研究を必要とする。

### 6．今後の課題

　ストラテジーを考えるときのフレームを四つ仮説した。すなわち,①パーソナリティかスキルか,②自我の成熟度はどうか,③重症か軽症か,④個体内問題か個体間問題か,を提示した。

　しかし,このフレームは将来,修正・追加されるべきものである。フレームを発見・創造・開発するには,現存する主たる理論や方法を広く知っておく必要がある。そうでなければ誰に対しても,どのグループに対しても,百年一日のごとき対応しかできない。

　たとえば,私たちは当初(1970〜80年代),SGEのアクション・リサーチ(実践しながら考え,考えながら実践するリサーチ)をしているうちに,体験コース(ジェネリックSGE),リーダー養成コース,日帰りコース,教育分析としてのSGE,スペシフィックSGE(たとえば,キャリア教育のためのSGE,学級づくりのSGE)など,五つのタイプに分類した。すなわち,ねらい,メンバーのレディネス,モチベーション,時間,場所などに応じて,どのタイプのSGEを適用するかのストラテジーができるようになってきた。

　そこで,ストラテジーのリサーチとして,現存する多様な理論と方法を概観して,これをグルーピング(概念化)することである。著名な分類法として,第一勢力(精神分析志向),第二勢力(行動理論志向),第三勢力(実存主義志向),第四勢力(トランスパーソナル志向),というのがある。

　すなわち,どういう場合に,どのグループのアプローチをとるかという示唆を与える分類である。このように理論,方法,問題の分類法を研究することによって,手当たり次第の,その場限りの,出たとこ勝負の対応を予防することができる。

(國分 久子)

〔文献〕

アイビイ,A.E. 福原真知子・國分久子・楡木満生訳編　1985　マイクロカウンセリング——"学ぶ-使う-教える"技法の統合：その理論と実際　川島書店

福井康之・小柳晴生　1980　エンカウンターグループ経験の効果の測定について　相談学研究,**13**(1), 1-8.

## 2　グループ・アプローチの諸形態
diversity of group approach

　集団には,もとよりお互いの相互作用が人びとの行動に影響を及ぼし,それが個々の成長をうながす性質がある。この性質を利用して,より望ましい支援を行っていくカウンセリング・心理療法を,グループ・アプローチという。カウンセリングにおいて,個人を対象としたカウンセリングとグループ・アプローチとは,車の両輪のような関係といえる。

### 1．グループ・アプローチとは何か

　集団(group)とは一般に,人びとの集まり(集合)のなかで,次のような条件を満たすものをいう。つまり,①お互いにコミュ

ニケーション，相互作用が成立していること，②共通の目標や価値観をもつこと，③役割の分担や勢力関係があること，④集団の内部と外部とが明確に区別されることである。

グループ・アプローチとは，集団がもつこういった性質を活用したカウンセリングのことをいう。つまり，「自己成長をめざす，あるいは問題・悩みをもつ複数のクライエントに対し，一人または複数のグループ担当者が，言語的コミュニケーション，活動，人間関係，集団内相互作用などを通して心理的に援助していく営み」（野島，1999）といえる。

## 2．グループ・アプローチの種類

グループのもつ性質を活用した心理的な援助は，モレノ（Moreno, J. L.）が創案したサイコドラマ（心理劇）や禁酒同盟，レヴィン（Lewin, K.）らのTグループなど，古くから行われていた。一般的にグループ・アプローチには，グループ・サイコセラピー（集団精神療法：患者個々の「治療的変化を目的として行われるフォーマルな集団活動」），心理劇，グループ・カウンセリング，グループワーク，集団指導，集中的グループ体験（たとえば，エンカウンター）などが含まれる。また，近年，ソーシャルスキル・トレーニング（SST），対人関係ゲーム（田上，2003），プロジェクト・アドベンチャー，ネイチャーゲーム（Cornell, 1978）など，新しい試みも盛んに行われるようになってきている。

### 1）サイコドラマ（心理劇）

サイコドラマとは，ドラマ的方法によって，人間存在の真実および環境場面の現実を探求する科学である，とモレノは考えていた。「今，ここで」の現象を重視した。これは，後のTグループにも影響を及ぼしている。

### 2）Tグループ

レヴィンが提唱したもので，トレーニング・グループの略称である。健康な成人を対象とした，対人感受性や対人関係を学ぶための体験学習である。一般的には，10人程度のグループに，トレーナー，コ・トレーナーと呼ばれる2人のグループリーダーと，場合によっては数人のオブザーバーによって行われる，1週間程度の宿泊研修の形態をとる。特徴としては，「自己と対峙するために自己を防衛しているものを取り除くよう厳しく要求されることと，『今，ここで』に真摯に向かい合おうとするため，激しい情緒的な経験があることである」（安福，1992）。

### 3）ベーシック・エンカウンター・グループ

エンカウンター・グループという言葉は，人間性回復運動全体のことや，広く集中的グループ体験全般を指す場合もあるが，狭義にはロジャーズ（Rogers, C. R.）の理論と実践に基づくグループを指す。その場合，特にベーシック・エンカウンター・グループという。真実の自分になれる場，変化の激しい時代に生きる再学習の場，心理治療の代役として新しい人に出会える場，という役割がある（村山，1992）。通常，10〜12人の参加者と1,2人のファシリテーターにより，3時間程度のセッションを1日3セッション，数泊程度の合宿形式によって行われる。

### 4）構成的グループ・エンカウンター（SGE）

國分康孝により創案されたグループ・アプローチである。それぞれねらいをもったエクササイズを，目的や対象に応じて組み立て，リーダーがルールを示し，時間管理をしながら進めていく。さらに，エクササイズを通して起こった心の変化を，参加者はお互いに分かち合う（シェアリング）ことで，認知の拡大と修正を得る。その結果，他者とのリレーションを体験し，自己や人間関係についての理解を深めていく。他の手法に比べ，短期間にリレーションを深められること，メンバーの状態に応じてプログラムを調整できること，定型化されたプログラムによって熟達者でなくても展開できること，エクササイズ，グループサイズ，グループメンバー，時間，ルールといった枠を与えられることで，安心して"自由"にふるまえるといったメリットがある。

## 3．分類と適用のための観点

これらグループ・アプローチの諸形態は相互に重なり合う部分もあり，明確な分類は困難であるが，それぞれの違いはいくつかの観点で可能である。それぞれの方法は，対象者とねらい，背景となる理論，行動変容の原理，

かかわる専門家の役割,参加者相互のかかわりの内容と程度などで特徴づけられる。

対象について,集団精神療法の場合には,精神疾患患者を対象としたセラピストによる治療であるのに対して,エンカウンターの場合には,健康な人を対象とした人格的成長を目的としている。このように,その対象が健康な人を対象としたものであるかどうかが大きな違いである。さらに,同じ対象でもねらいが異なる場合がある。たとえば,集団指導やグループワークの場合には,同じ健康な人を対象としているが,そのねらいは人格的成長よりも,スキルや能力の向上に重きが置かれる点で異なる。

変容の原理は,それぞれの方法がもつ背景となる理論に基づいて説明されるが,大まかにいえば,エンカウンターやネイチャーゲームが,集団のなかでの相互作用や自然とのやり取りによって得られる「気づき」が,個人の成長をうながすと考えるのに対して,対人関係ゲームは,他者とのかかわりの成功体験が不安を低減し,対人行動を強化すると考える。

変容の原理に伴い,専門家のかかわり方や役割によっても特徴づけられる。たとえば,ベーシック・エンカウンター・グループにおいては,カウンセラーは必要最低限のかかわりにとどまるために,ファシリテーター(うながす人)と呼ばれるのに対して,SGEでは一定の枠を与え,その枠内で課題(エクササイズ)を用意し,それを展開させる役割を取るために,リーダー(導く人)と呼ばれるなどがそれである。

### 4. 今後の課題

第一にファシリテーター,リーダー,トレーナーと呼ばれる指導者自身の発達成長の過程,養成の方法と効果についての研究が求められる。第二に,効果の研究について,単なるpre-postデザインによる質問紙調査を超えた,エビデンスに基づく研究が求められる。近年,質的研究の急速な進歩がみられ,従来の研究方法の見直しが行われているが,グループ体験のなかで何が起こっているのかに直接接近する姿勢が必要である。

(石﨑 一記)

〔文献〕

Cornell, J. 1978/1998 *Sharing nature with children*. Dawn publications(吉田正人ほか訳 1986/2000 ネイチャーゲーム1 柏書房)

國分康孝・國分久子・片野智治編著 2006 構成的グループ・エンカウンターと教育分析――structured group encounter 誠信書房

村山正治 1992 エンカウンター・グループ 氏家寛ほか共編 心理臨床大事典 培風館 294.

野島一彦編集 1999 グループ・アプローチ 現代のエスプリ, 385.

田上不二夫編著 2003 対人関係ゲームによる仲間づくり――学級担任にできるカウンセリング 金子書房

安福純子 1992 トレーニング・グループ(Tグループ) 氏家寛ほか共編 心理臨床大事典 培風館 301.

## 3 リーダーシップの研究
theory and research on leadership

自助グループやグループ・アプローチが活発になっている。カウンセリング活動の限界を補おうとするとき,クライエントを包む組織・コミュニティへのアプローチが欠かせないことに気づく人も増えている。集団機能を活用したり,組織・コミュニティを変革しようとする場合,有効と思われるストラテジーのひとつは,キーパーソンの役割自覚と行動・能力の改善,つまりはリーダーシップの発揮である。しかし,クライエントという個人を仕事の対象としてきたカウンセラーには不得意な領域でもある。

### 1. リーダーシップと「集団全体への目線」

ストッジル(Stogdill, R. M.)によれば,リーダーシップとは「集団目標の達成に向けてなされる集団の諸活動に影響を与える過程」だという。リーダーは,目標達成に向けて有益と思われる諸活動に目配りし,必要な処置(方針や指針の提示,情報収集,メンバーの配置,指示や指導・教育,計画づくり,周知徹底,調整,フォローとケア,コミュニケーションや規範の改善など)とその準備を,

的確に、ときに果敢に行っていかなければならない。

かつてレヴィン（Lewin, K.）は、「集団はメンバーの総和以上のものである」と述べたが、こうした理解と認識は、リーダーシップを発揮しようとする者には大切である。4番打者ばかりをそろえた野球チームの攻撃力は必ずしも強くないし、個人として優れた判断力や倫理意識をもっている人が組織のなかでやすやすと不正に加担してしまうことなどをわれわれは数多く知っている。メンバーは相互に影響し合っており、ネガティブな方向にもポジティブな方向にも、メンバーの総和を超えた諸力が働くのが集団・組織なのである。

集団を動かすには、「集団全体への目線」とでもいうべき次のような「集団概念」（group concept）を理解し、実践したい。

集団目標──集団・組織の設立や存在の意義・目的を具体化したもの。これらのメンバーへの明示や周知徹底が大事である。

集団凝集性──メンバーが、その集団に魅力を感じ、自発的に当該集団にとどまろうとする諸力の総体。魅力ある活動づくりや魅力ある関係づくりが大事である。

集団規範──メンバーによって共有される行動の標準、ないし判断の枠組み。不適切な規範の排除と望ましい規範の創出を図るとき、ミーティングなどの活用が大事である。

集団構造──メンバー間の権限やコミュニケーションなどの関係構造。集中型と分散型といった分類などがあるが、集団の特徴に応じた構造化の工夫が大事である。

## 2．効果的なリーダーシップをめぐって

ここで、効果的なリーダーシップに関する先行研究についてみておこう。

### 1）特性研究

効果的なリーダーシップを「リーダー特性」（知能、身体特性、弁舌力、責任感など）に求めようとした一群の研究。初期の研究であり、必ずしも一貫性のある知見は得られなかった。

### 2）行動研究

集団を効果的にしているリーダーは、どんな行動をするかを探究しようとした、一群の研究。ブレーク（Blake, R. R.）とムートン

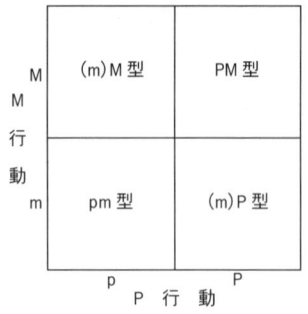

図　リーダーシップの四つの類型

（Mouton, J. S.）のマネジリアル・グリッド理論や、三隅二不二のPM理論がその代表である。PM理論について簡単に紹介しよう。

三隅らは、リーダー行動を丹念に記述し、その分析を行った結果、「目標達成行動」（P行動）と「集団維持行動」（M行動）の二つの因子を見いだし、それらを尺度化した。メンバー（部下）によるリーダー評定を実施し、図のような四つの類型間を比較したところ、PM型リーダーの下で、最高の集団の業績（課題遂行度）と最良のチームワークやメンタルヘルスが得られた。効果的なリーダーというのは、目標達成（目標・課題・計画づくりやそれらの周知・指導・教示など）と、集団維持（人間関係への配慮や心理的ケアなど）の二つの志向性を強くあわせもっている、ということが示された。

### 3）行動と状況の適合性に関しての研究

コンティンジェンシー（状況即応）・アプローチと呼ばれる一群の研究。リーダー行動の効果性は状況によって異なることを共通に仮定している。

ハーシーとブランチャード（Hersey & Blanchard, 1977）は、メンバーの能力・意欲面で成熟度が低い集団状況下では、「教示的指導スタイル」が高い成果をあげるが、これと対照的に成熟度が高い状況下では、「委任的指導スタイル」が高い成果をあげるとした。ヴルームとイェットン（Vroom & Yetton, 1973）は、組織上で意思決定（問題解決）が求められる場面における「メンバーの参加水準」の選択をリーダー行動の重要な側面とみて、その参加水準（典型的には5タ

イブ）が，必要な知識・情報の集団内分布，決定事項遂行上でメンバー受容が必要とされる度合いなどの「課題-状況特性」（8属性）によって影響されることを見いだした。筆者は，自身の好みの参加水準よりも，課題や状況が求める参加水準に重きを置いた選択をなすリーダーの下で，集団は効果的になることを示した。

### 3．今後の課題と示唆

集団や組織の状況はいろいろであり，かつ絶えず変化する。不適切な集団規範がはびこり硬直的になっている状況で，リーダーはいかに変革を働きかけるか。相互の結びつきが弱い集団状況（ボランティア集団やネットワーク集団）で，リーダーはどういったことを考慮し行動するか（たとえば，情報の共有）。状況適合的なリーダーシップの視点は，実践面からも研究面からも一段の進展が期待される。

リーダーシップは対人的な影響の過程であるので，次のような視点で実践に臨んだり，研究することも役に立つであろう。

①「対人影響の諸源泉」（各種の社会的パワー，合意，参加，対人スキルなど）を区別し，使い分ける工夫は，柔軟なリーダーシップの発揮につながる。

②リーダーは決して万能ではない。集団の目標達成に向けて望ましい方向で大きな影響を与えることのできるメンバーがいるとすれば，「リーダーシップの分有」を積極的に図ることは，集団に活力を生む。

〈北島 茂樹〉

〔文献〕

Hersey, P., & Blanchard, K. H. 1977 *Manegement of organizational behavior*: *Utilizing human resources*. 7 th ed. Prentice-Hall.（山本成二・山本あづさ訳 2000 行動科学の展開――人的資源の活用：入門から応用へ 生産性出版）

北島茂樹 1996 組織的意思決定における管理者の部下参加水準選択に及ぼす課題――状況要因の影響 産業・組織心理学研究, **19**(2), 125-140.

三隅二不二 1984 リーダーシップ行動の科学（改訂版） 有斐閣

Stogdill, R. M. 1974 *Handbook of leadership*: *A survey of theory and research*. Free Press.

Vroom, V. H., & Yetton, P. W. 1973 *Leadership and decision-making*. University of Pittsburg Press.

## 4 子どものリーダーシップの育成

leadership development of children

児童のコミュニケーション能力の育成は，誰もが必要であると認めている。そのコミュニケーション能力のなかでも，とりわけリーダーシップを訓練する機会を与えれば，付随するコミュニケーション能力も高まり学習活動がスムーズに進み，活動に意欲的になると考えられる。

### 1．リーダーシップの定義

リーダーシップの定義は広範囲にわたる。本章前項の「3．リーダーシップの研究」を参照されたい。参考までに米海軍はリーダーシップをどうとらえているか，海軍士官養成のための記述から紹介する。人間の思考，計画，行為を指揮するのがリーダーシップであるという。また，リーダーシップは，フォロアーシップと一体となるものであり，管理の過程を大切にし，偉人の研究をし，人格陶冶・道徳涵養を怠らないということを説いている。「服従は信頼の証である，尊敬を得なければ忠実な協力はない」と締めくくっている。

ここで考えたいのが，フォロアーシップということである。ティード（Tead, O.）は，著書『リーダーシップ』のなかで，強烈な個性やユニークな資質のリーダーは必要ない，ノーマルな個人としての反応が必要であるという。人びとが望ましいと思うに至った目標達成の事柄に向かって，互いに協力するような気持ちにさせることが必要だともいう。

リーダーシップには，一つのベスト・プラクティスがあるわけではない。その場その場に合ったリーダーシップのスタイルを各人が編み出すことが必要である。これを「リー

ダーシップの状況適応理論」という。また，リーダーシップは発達的な現象であり，明日のリーダーシップは今日の結果より良いと考える。どのような優れたリーダーも，最初は素人だったと考えるのが発達論なのである。さらにリーダーシップ開発論では，日常経験が大切であり，良質の経験の積み重ねがリーダーシップを身につけることになるという。

組織のなかにはさまざまなリーダーが必要とされ，どのような場面でリーダーになるかは各人の得意技，経験で決まることから，分散型リーダーシップ・モデル（distributed leadership model）と呼ばれ，以下の四つのモデルを提示している。

① リーダーは個性的である。ゆえに，自分なりのリーダーシップを発揮すればよい。② リーダーシップは発達的に形成される。ゆえに，明日より良いリーダーになればよい。③ リーダーは戦略家より翻訳家。ゆえに，おおまかな枠はすでに決まっている。④ 自分の好きな場面で，得意な場面でリーダーになることができる。ゆえに，誰でもリーダーになれる可能性がある。

このような考え方，特に④を児童のリーダーシップの育成に当てはめ，開発論でいう良質の経験を小学生に数多くさせることで，リーダーシップを育成することになる。

## 2. リーダーシップ育成の方法

良質な経験を多くさせることで有効なのは，構成的グループ・エンカウンター（SGE）のエクササイズ，特に仲間づくりのプログラムが挙げられる。良質な経験が児童のリーダーシップを育成させるには，リーダーシップがどのようなものなのか，多くの児童に体験をさせるのがよい。

特に，SGEに代表される「ふれあい体験と自他発見」のエクササイズと他のグループ活動の比較を，小学生が体験する活動から説明すると，グループワークは共通のプロジェクトとして作業するものであることが理解できる。また，学芸会や運動会などは，現実性が高いものであることもわかる。グループラーニングは読書会や輪読会などの自主的な活動であり，知的な要素が多い。レクリエーションはその場にいる皆が楽しみ，感情が高まることが主である。スキル・トレーニングは，自己主張訓練やソーシャルスキル・トレーニングなど，ハウツーを教えるものである。以上のグループに関する活動とSGEの大きな違いは，自己開示を中心に据え，認知・行動・感情の行動変容が起きることを目的としているかどうかである。そのためにシェアリングという振り返りをすることによって，その目的に沿うことになる。

シェアリングでリーダーの役割をした児童に対して，メンバーのなかから肯定感につながる発言があれば，「良質な経験」としては申し分のないものになる。

特に児童が，自分たちの遊びの延長線上にある「リレーションづくり」のエクササイズは，参加する児童も楽しく過ごせるし，指導者がどのようにするのかモデルを見せながらすることができる。たとえば，「あいさつゲーム」「何でもバスケット」「四つの窓」「ゴリオリゲーム」「カムオン」「質問ジャンケン」「目かくしジョギング」「してあげたこと，してもらったこと」「サイコロトーキング」「他己紹介」「自分がしたいことベスト10」などは，インストラクションが平易であり，安全面があり，児童でも集団のコントロールが問題なくできる内容である。

## 3. リーダーシップ育成の手続きと測定

時間・内容・グループサイズ・ルールなどの枠をもつSGEプログラムを，メンバーとして体験させることで，リーダーを務めるときの不安や緊張を取り除くことができ，プログラムのイメージが容易に想像できる。

河村（1996）は実践効果として，SGEのエクササイズは，通常の学校生活では交友関係を築きにくい児童たちにそのきっかけを与えるのに効果があったと述べている。そのエクササイズでメンバーとしての経験をさせることによって，児童のリーダーシップの効果を測定する。

統制群においては，SGEのリーダーを教師（指導者）が担当する。実験群としてSGEのリーダーを児童が担当する。そのときには，児童の集合からあいさつ，解散までの全部を任せるのではなく，教師が枠をつくって「良質な経験」としての集団をコント

ロールする喜びを与えることを目的とする。
## 4．今後の課題・留意点
　留意点としては，児童のインストラクションをきちんと言語化しておくことが求められる。また，適切な助言を指導者が与えることはいうまでもない。測定の回数としては，統制群の回数と同様であるが，多くの児童がリーダーを経験するように設定する。実験群のシェアリング（振り返り）には，必ずリーダーをした児童に対して肯定的な評価を与えるようにする。

　測定は質問紙法で実施し，「リーダーの指示が聞けた」「指示で不安にならなかった」「指示で皆が動いてくれた」などを問い，必要に応じて「どんなところでリーダーが頼もしく思ったか」など，一部記述式にする。内容妥当性については，リーダーシップの育成という目標達成度の測定項目として公平にその範囲を網羅しているか，項目そのものの表現法は妥当かを検討することであり，SGEの効果の測定ではない。

　理論妥当性については，測定項目としてリーダーとして集団を動かしたこと，集団からフィードバックによる自己感情の変化，良質な経験の自己受容・自己理解への寄与，自己肯定感・自尊感情の変化について網羅する必要がある。

　フォローシップについても，指示を受けた児童の対人関係がどのように変容したか，その変容はリーダーの指示の仕方や服従の度合いと関係があるか，どのような思いで指示を聞いたか，といった観点から測定する必要がある。

〔文献〕
　　河村茂雄　1996　年間を通じた実践例　國分康孝監修　エンカウンターで学級が変わる（小学校編）　図書文化社　166-178．
　　國分康孝　1993　カウンセリング・リサーチ入門——調査・研究の方法　誠信書房
　　國分康孝監修　1997　エンカウンターで学級が変わるPart 2（小学校編）　図書文化社
　　國分康孝監修　2000　エンカウンターで総合が変わる——総合的な学習のアイディア集　図書文化社

（飛田　浩昭）

　　ティード，O.　土田哲訳　1970　リーダーシップ　創元社

## 5　組織の活用
organizational application in counseling

　カウンセラーを志して勉学中の人と，すでにカウンセリングにたずさわっている人の双方に，ぜひ意識してほしい事柄がある。それは，カウンセラーの「ステークホルダー」（利害関係先）は誰なのかということである。カウンセラーの仕事を「カウンセリングルームの中でクライエントの話を聴くこと」ととらえ，「聴く能力を高めること」だけがカウンセラーが注力すべき努力目標である，と認識しているとすれば，そのカウンセラーの活動の成果には自ずと限界がある。そうではなく，カウンセラーにはクライエントの他にも，企業の人事部，産業医，現場管理者，労働組合，クライエントの上司・同僚・家族・友人など数多くの関係者がいる，と認識することが必要なのである。カウンセラー，特に産業界で活動する産業カウンセラーは，活動の舞台である産業界の事情や企業の組織に強い関心をもち，たえず知識と見聞を広げ，人間関係を築いて協働することが求められている。

### 1．産業カウンセリングが目指すもの
　そもそも産業カウンセリングが取り組む問題には，「個人のレベル」では，クライエントの悩みごとの解消などパーソナルな問題解決と，キャリア形成など自立的人間への成長の支援があり，「組織レベル」では，職場の人間関係など諸問題の解決，メンタルヘルスの推進，ソーシャルスキルの向上などがある。したがって，カウンセリングのあり方を，カウンセリングルームでのインドアの「個人的活動」に限定することなく，アウトドアで多様な関係先に「働きかけ」「巻き込み」「共同して」進める「社会的活動」を，並行して行うことが不可欠になる。産業カウンセラーは通常，総務人事部門の一部に位置づけられているので，この組織を活用することができる。そのためには，専門性を活かして，メンタル

ヘルスに関する知識・情報を日ごろからこまめに提供することが望ましい。カウンセリングの理解者とカウンセラーの味方を組織のなかにつくることが，成功の第一歩である。

## 2．環境の調整が重要な役割

組織では，職場の人間関係や成果主義の人事制度がストレスの原因になっている一方で，クライエントは職場内で孤立しているケースが多い。そこで，メンター制度（上司とは別の助言者・相談員を設置する制度）の導入提案など，「環境の調整」がカウンセラーの社会的活動の対象となるのである。その意味では，カウンセラーと隣接する領域にいるケースワーカーの活動が参考になる。ケースワーカーは，社会的適応につまづいた個人・家族に対して自立・更生・復帰をうながす支援を行うが，その際に社会的資源を積極的に活用している。すなわち，ソーシャル・サポートの活用である。これは，カーン（Kahn, R.）らが提唱した「社会的コンボイ」（護送船団）の概念を実現する考え方で，豊かで安定したサポーターの存在が人生の危機に耐性があるとするモデルである。クライエントの家族・友人・上司・同僚などから，さまざまなサポートを得ながらカウンセリングを進めることが，効果を高めることになる。

## 3．組織を熟知した産業カウンセラー

この「環境の調整」を行うためには，対象となる「組織に関する理解・認識」を深めることが求められる。その意味でも，「出前カウンセリング」のように，日ごろから気軽にラインの管理者と話し合いを行って，組織の実情に関する理解を深め，個人的に親しい関係を構築し，人的パイプをつくっておくことが有効なのである。また，メンタルヘルスに関する統計や官公庁の対応方針などの情報や，他社の成功事例を報告することも大事な活動である。今後，組織の管理職経験者が教育を受けて，プロの産業カウンセラーに転身することになれば，組織に不案内なカウンセラーでは生き残れない可能性がある。

## 4．高い専門性と関係者のコラボレーション

「カウンセリングの技能」と「組織の熟知」は，車の両輪である。相手や状況に応じて多様な技法を使いこなし積極的に環境に働きかける，「行動力のあるカウンセラー」の出現が期待されている。同時に，企業内カウンセラー，EAPカウンセラー，産業医，企業の人事スタッフ，現場管理者（上司）などが，悩み事や相談の内容に応じて，適切に役割分担しながらコラボレーション（協働）することが求められている。カウンセラーが単独ですべてを解決しなければならないとの考えは，誤りである。臨床レベルの場合は産業医と連携し，キャリア・カウンセリングでは人事スタッフや職場の上司と連携する必要が出てくる。産業カウンセラーが守秘義務という言葉にとらわれて，上司や関係先とのコミュニケーションをもたない態度には問題がある。

## 5．メンタルヘルス研修の開催

クライエントの上司と話し合い，時には上司自身のカウンセリングを行うことも有効である。強いストレスを生む要因が組織内にあると判断されたら，経営者や人事部局に報告や改善策の提言を行うことも重要な役割である。来訪したクライエントへの対応にとどまらず，予防とアフターケアに向けた活動も必要である。具体的には，メンタルヘルス教育を実施することが啓発活動になり，ストレスマネジメント・セミナー開催でストレス耐性の強化が期待できる。リラクセーションの技法はわかりやすく実用性が高い。職場の上司・同僚の協力による早期発見・早期治療の実現や，治療のための休職や回復後の職場復帰なども重要である。また，キャリア・カウンセリングや，上司と部下の育成面接を行う企業が増えているが，面接のやり方を専門家の視点で指導するニーズに応えることができる。リスナー研修を実施すると，相手の話を真剣に聴く社員が増えて，コミュニケーションの良い組織風土を形成するうえでも役に立てる。このような活動は絵空事ではなく，20年以上も前から着実に実施して大きな成果を収めている模範例がある。

## 6．今後の研究課題

うつや自殺が激増しているのは，個人がストレス耐性を欠いているためでもあるが，ストレスが高い職場環境にも大いなる原因がある。2003年に最高裁判所が，企業の過労自

殺訴訟で「過度の心理的負担などで健康を損なわないよう使用者が注意する義務がある」と判断した。これを受けて厚生労働省は，「事業場における労働者の心の健康づくりのための指針」（メンタルヘルスケア指針）を策定し，精神的な悩みを自己管理する「セルフケア」に加え，周囲が兆候をとらえ組織で予防する「ラインケア」を盛り込んだ。このように公的なインフラの整備も進みつつある。今後は，組織を熟知し活用できる「プロフェッショナルなカウンセラー」の登場が期待されている。

(澤田 富雄)

〔文献〕
齊藤勇編 1987 社会的勢力と集団組織の心理 対人社会心理学重要研究集 1 誠信書房
田尾雅夫 1991 組織の心理学 有斐閣

## 6 チームの活用
significance of team work in counseling

カウンセラーは，カウンセリングの能力とともに，コーディネーターとしての能力を発揮していかないと，組織のなかでは十分に機能していかない。集団のなかでの個人の問題解決には，カウンセラーがカウンセリング・マインドをもって，周囲の人との連絡を密にし，チームでかかわらなければならない場合がほとんどであるからである。そういう実践をしないで，カウンセラーが相談室でクライエントの話を聞くことばかりに専心していては，真の問題解決にはなかなか至らない。今は，カウンセラー自身が周りに働きかけるスタンスが望まれている。

### 1．カウンセリングにおけるチームの必要性

カウンセリング場面は，相談室やカウンセリングルームでの個別面談が，一般的には想定される。しかしながら，クライエントが相談室を訪れ個別面談が実施されるのは，実際の相談のなかでは限定的である。したがって，クライエントの問題解決に対する支援は，多くの場合は相談室の外で行われていると考えたほうがよい。そこで，カウンセラーは，相談室での個別面談のみを行うという考えをもっと拡大して，クライエントにとって有効な支援は何かと考える行動をする必要がある。

実際のところ，相談室の外でカウンセラーは，クライエントに対しての支援となる人的資源，物的資源を有効につなぎ合わせ，調整していく役割が要求されている。これは，一般的には，コーディネーターとしての能力と呼ばれている。カウンセラーが一人で問題を抱えていろいろやって既存の資源や関係を壊すことは，クライエントの問題解決をより複雑にしてしまう。それより，クライエントの周りの人的資源に働きかけ，カウンセラーはチームでクライエントを支援していく方法が，実際には有効である。それゆえ，このような発想が今後，カウンセラーにはますます要求されてくると思われる。

### 2．チーム活用に関する研究

わが国のチームワークに関する研究トピックスと研究のフレームは，國分（1985）らが提示している。学齢期の構成的グループ・エンカウンター（SGE）参加者を対象に，その意識・行動変容を扱ったものが多い。近年，石隈（1999）が，グループをチームとしてとらえた研究を新しい視点で行うようになってきた。これらの背景として，学校へのスクールカウンセラーの大量派遣によるカウンセリングに対する認知の高まりと，組織的なかかわりの必要性が挙げられる。カウンセラーとクライエントとの関係性の研究から，クライエントを取り巻く環境へチーム・アプローチという発想の有効性について，考えるようになってきている。

スクールカウンセリングの分野での先駆的研究としては，石隈・小野瀬（2000）が，「スクールカウンセラー・教師・保護者からなる児童生徒の援助チームの実践モデルの研究」を平成9〜11年度に行った。その研究は，援助チームの理論の検討，スクールカウンセラーの活用と援助チームのコーディネーションに関する調査，援助チームの実践の3点について構成されている。

中学校・高等学校を分析対象とし，援助チームの現状と援助チームに関する促進要

因・妨害要因について検討し，次のような結果を導き出している。

① 学級担任によれば，9割以上の中学校，4分の3の高校で援助チームが実践されている。② 中学校では学年主任と生徒指導主事が，高校では生徒指導部長と教育相談担当の長が，スクールカウンセラーや養護教諭らと連携して，援助チームのコーディネーションを行っている。③ 援助チームの活動は，チーム援助志向性（チーム援助に対する期待と不安），学校内のコミュニケーションの影響を受ける。

## 3．今後の課題

この研究によれば，次のように学校種別の課題が提示された。

中学校においては，教師・スクールカウンセラー・保護者からなる「コア援助チーム」が，チーム援助活動の核となる可能性が示唆された。援助チームの形態としては，コア援助チームのほかに，拡大援助チーム型，複合拡大型などがある。高校においては，援助チームのコーディネーター（たとえば，教育相談担当の長）が教務主任や学習指導部長と協力して，進級システムに介入する可能性が示唆された。

研究結果によると学校現場では，チーム支援というかたちが定着しつつあることを示している。しかしながら，現在のところ，現状の実態把握にとどまっている。どのような問題に対してはこれらのどのような支援チームが有効であり，誰のもとで，どのようなリーダーシップでチーム支援を進めるかなどについて，詳細を明らかにしていく必要がある。

また，現時点では，教職員間の人間関係が支援チームに大きな影響を及ぼしていることは明らかになったが，どのようにして教職員間の人間関係を構築していけばよいかなどの研究は，今後の課題である。

したがって，これからはチームの有効性を立証していくための研究トピックスは，多岐にわたっていると考えられる。まずは，チーム支援を構成する個々の役割に関する責任と権限の検討を進め，有効なモデルづくりを進めていくことが急務であると考えられる。

（長崎　良夫）

〔文献〕

石隈利紀　1999　学校心理学——教師・スクールカウンセラー・保護者のチームによる心理教育援助サービス　誠信書房

石隈利紀・小野瀬雅人　2000　スクールカウンセラー・教師・保護者からなる児童生徒の援助チームの実践モデルの研究　平成9年度～11年度文部科学省科学研究費補助金

片野智治　1994　構成的エンカウンター・グループ参加者の体験的事実の検討　カウンセリング研究，**27**，27-36.

國分康孝　1985　チームワークの心理学　講談社

# 7　自己理論のアプリケーション
application of self-theory

自己理論は，ロジャーズ（Rogers, C. R.）によって創始・発展された，来談者中心療法のパーソナリティ理論である。来談者中心療法の基盤をなすのは，ロジャーズの「人間観」「パーソナリティ論」「治療論」である。来談者中心療法の用語，すなわち，受容，共感，自己一致，純粋性，内的照合枠などの意味は一目瞭然のようにみえるが，ロジャーズが意図した意味を十分に理解するには何年もの臨床経験が必要である。用語および来談者中心療法の研鑽は生涯の課題である。カウンセラーは日々，成長あるのみである。

佐治（1996）は，「ロジャーズの考え方の中心的なセラピーやパーソナリティ論が十分理解されぬままに，人間性の性善説に代表されるような，暖かい雰囲気とか，心地よい穏やかさといった望ましいと日本人が考える漠然とした空気が，これも日本人的な対人関係の親和性をよしとする風土と結びついて，何とはなしに親しみやすい考え方としてうけとられた感じがあった。ロジャーズの数度の来日や，アメリカ留学で彼と接した数少ない人たちだけが，彼の唱える臨床の科学性・論理性・合理性を学んだに過ぎず，この点でも，日本化された"アイマイな理論"が，広まったといえるだろう。ロジャーズ全集の翻訳・刊行も，どれだけその内実を理解して読まれ

たかははなはだ疑わしいと筆者は考える」と述べている。来談者中心カウンセリングの実践者や、これから研究あるいは実践しようと考えている人たちは、このことを十分心に留めておかなければならない。

ロジャーズの自己理論を理解するには、5年以上の臨床経験が必要だといわれる。筆者は、30年余り来談者中心カウンセリングを実践してきたが、いまだに十分理解し得たという自信はない。現在、カウンセリングを学んでいる大学生、院生、あるいは実践家を念頭に置いて、自己理論の要点の記述を試みたい。

## 1．自己理論のパーソナリティ理論

自己理論は、二つのパーソナリティ理論を基盤としている。その一つは、「人間は自己を成長させ、自己実現へと向かう力を内在している存在である」という自己実現論である。人間は自己の可能性の実現に向け、自律と成長と成熟に向けて、自らを発展させていこうとする前向きの傾向が、本来備わっているという理論である。もう一つは、「個人は、自分を中心とする知覚の世界のなかに生きており、個人の行動は外界からの刺激によって直接に決定されるというよりも、その個人による受け取り方に規定されている」とする現象学である。パーソナリティ論は、カウンセリングにおいて、最も重要な意味をもつものである。行動カウンセリングと精神分析的カウンセリングが、問題行動の解決に焦点を当てるのに対し、来談者中心カウンセリングは、パーソナリティの変容に焦点を当てる。

## 2．自己理論におけるリレーション

諸富（1997）は、「ロジャーズのアプローチの特徴を一言で言えば、それは、人と人との関係そのものが癒す」と述べている。渡辺（2002）は、「カウンセリングにおいてカウンセラーとクライエントとの人間関係の質が重要な要素である、という点に関しての理論家の相違は、ロジャーズおよび彼の立場にたつ人々がこれを『カウンセリングの必要にして十分な条件』とするのに対して、その他の多くの理論家たちは、人間関係（あるいは、カウンセラーとクライエントとの相互関係）の確立は不可欠の条件であるがこれだけで十分とは考えない。つまり、カウンセラーとクライエントとの間の関係の質はあくまでも基盤であって、その上に援助手段や技法が必要であるとする。要するに、カウンセラーとクライエントの間の関係はカウンセリングの中核であり、人間相互の関係が確立せずしてカウンセリングも成立せず、目標に向かって発展もしない」と述べている。國分（1979）がカウンセリングの基本的プロセスをモデル化したコーヒーカップ・モデルでは、カウンセリング・プロセスを初期（リレーションの形成）、中期（問題の把握）、後期（問題の解決）の三つの段階に構造化している。しかし、自己理論では、國分の中期、後期に相当するプロセスはなく、カウンセラーとクライエントの人間関係そのものだけで十分だとしている。自己理論には、診断、分析、解釈、指示、助言、問題の解決などの用語はない。そのために、多くのロジェリアンが自らのカウンセリングに行きづまりや戸惑いや有効性に疑問を感じ、他の理論・技法へ移行するものと考えられる。

## 3．治療的人格変化の必要にして十分な条件

ロジャーズのアプローチは六つの基本仮説で成り立っている。諸富（1997）によると、①二人の人が心理的に接触している、②一方の人（クライエント）は、不一致の状態、すなわち傷つきやすい不安な状態にいる、③もう一方の人（セラピスト）は、この関係のなかで一致している（あるいは統合されている）、④セラピストは、自分が無条件の肯定的配慮をクライエントに対してもっていることを経験している、⑤セラピストは自分が無条件の内的照合枠を共感的に理解していることを経験しており、また、クライエントに自分の経験を伝えようとしている、⑥クライエントには、セラピストが共感的理解と無条件の肯定的配慮を経験していることが、必要最小限には伝わっている、の六つである。自己理論では、この六つの条件以外の条件は必要がなく、この条件がある期間、存続し続けるならば、それで十分であり、望ましい人格の変容が起こるとする理論である。

## 4.「純粋ロジャーズ派」か「折衷派」か

ロジャーズの最大の貢献は,「来談者中心」という概念を創始したことと,「カウンセラーとクライエントとの人間関係」の重視,および「カウンセラーの態度条件」を創始・発展させたことであろう。ただ,「人間関係」や「態度条件」だけで,すべてのクライエントを援助・治療することは不可能である。それゆえに,来談者中心療法を基盤としながら,行動療法や精神分析療法を取り入れた「折衷派」のロジェリアンと,折衷主義に反対する「純粋ロジャーズ派」が存在するのである。ロジェリアンは,遅かれ早かれ自らのアイデンティティの選択が迫られる。

## 5. 自己理論の研究課題

今後の研究課題としては,「自己理論と他理論との統合」「自己理論の有効性の測定あるいは評価法」「ストランズ」「ジェンドリンの体験過程療法」「ベーシック・エンカウンター」などがある。

(渡久地 政順)

〔文献〕

國分康孝 1979 カウンセリングの技法 誠信書房

諸富祥彦 1997 カール・ロジャーズ入門――自分が"自分"になるということ コスモス・ライブラリー

佐治守夫 1996 カウンセラーの「こころ」 みすず書房

渡辺三枝子 2002 カウンセリング心理学――カウンセラーの専門性と責任性(新版) ナカニシヤ出版

## 8 行動理論のアプリケーション
application of behavior theory

今日では実際のカウンセリング場面において,行動理論の考え方による行動カウンセリング(behavioral counseling)が広く実践されている。ちなみに,行動カウンセリングの用語が初めて公式に用いられたのは,1964年のアメリカ心理学会年次大会での,クルンボルツ(Krumboltz, J.D.)による研究発表においてである。それ以前にも,行動療法の名称のもと,学習理論に基づくセラピーの実践が報告されていた。しかし,それらは主に精神疾患や知的障害を有するクライエントに対する治療の実践であった。それに対し,前述のクルンボルツによる発表は,進路選択に迷う生徒や引っ込み思案な生徒など,精神的かつ知的には健常な子どもたちを対象とした研究であったことが特徴的である。

## 1. 行動カウンセリングの基本的な考え

行動理論とは,外に現れた行動を分析対象とすることで,目に見えない人間の内面を明らかにしていこうとする考え方である。その背景には,現代心理学の創始者といわれるヴント(Wundt, W.)が人の意識を探る手法として用いた「実験的内観法」に対する,ワトソン(Watson, J.B.)のデータの客観性についての批判がある。

これ以降,行動理論を支持する研究者たちは,古典的条件づけ理論,オペラント条件づけ理論,観察学習理論など,学習心理学の諸理論を基本原理としたS-R(刺激-反応)の連合による学習の成立を重視し,その理論を打ち立てていった。

行動理論に関連し内山・山口(1999)は,それが「学習理論に基づいて人間の行動を変容する方法のシステム,あるいはプログラム」のことであると述べている。行動主義では,「行動」はすべて学習の結果であるとされる。そして,問題行動は適切な行動の学習不足,あるいは不適切な行動の学習結果と考えられる。したがって,カウンセリング場面では,不適切に学習された行動の除去や,新たに適切な行動の学習による行動変容が目的とされる。

一方,行動カウンセリングは,心理療法のように過去や無意識を掘り下げることをしない。あくまでもその人の,①困っている問題,②新しい問題に対して,行動レベルで対処する。その際,たとえばもつれた毛糸をほぐすのと同様に,ほぐしやすいところ(変わりやすいところ)を見定めアプローチしていく。これは,その問題がクライエントにとって主要な事柄でなくても,わずかでも問題の状況を生じさせることにより,モチ

## 2. 行動カウンセリングの基本原則と特徴

行動理論の基本原則は，以下の九つ，すなわち，①経験的心理学に基づいている，②問題を重視する，③問題を引き起こしやすい素質，誘発する状況，持続させる状況を区別する，④目標を重視する，⑤行動を重視する，⑥変容をうながす行動の機能的活用の場を，治療的環境だけに限らない，⑦透明性がある（クライエントに情報を与える），⑧クライエントの自助を支援する，⑨常に進歩を目指す，である。

これらは，田上（1999）が述べる行動カウンセリングの三つの特徴につながると思われる。すなわち，行動カウンセリングでは，①人と周囲の環境とのかかわり方を重視する。人がどのように考えているかだけでなく，どのように行動し，周囲はそれに対しどのように応えて（反応して）いるかを問題として取り上げる。これは，クライエントが環境との折り合いをつける方法を具体的に考えていくということである。②人は経験により，かなりの程度まで変わりうると考える。したがって，過去にはこだわらず，これから先どのように行動していくかに焦点を当てる。その際，抽象的な議論やアドバイスを意味のないものとしてとらえ，とりあえずのゴール地点を設定して，そこに至るための過程を行動レベルでスモールステップ化して考えていく。③問題解決を目指す。たとえば，人前で自分の考えを言い出せない人には，アサーション・トレーニングにより伝え方の訓練をしていくなど，「話し合う行動」を身につけるようにうながすことで問題の解決を図る。そのクライエントにとっては，対人関係が円滑にいけばよいのであり，その人の性格そのものを変える必要はないと考える。これは，行動理論によるカウンセリングが，ロジャーズ（Rogers, C. R.）の述べるパーソナリティ変容を求めないことを意味している。また，それらをうながしていく手法としては，系統的脱感作法，シェーピング法，逆制止法，モデリング法，主張訓練法（アサーション・トレーニング）などが一般に知られている。

## 3. 今後の課題

行動理論の基本であるS-R理論について，その刺激と反応の間に認知が介在するとの指摘はよく知られている。これは，人は動物と異なり，同じ刺激を与えても反応がバラエティであることを意味している。すなわち，ある刺激をそのクライエントがどのように受け止めるかで，引き起こされる行動は異なるということである。この考えを発展させた方法が，認知行動療法である。これは，人の行動を変容させるために，認知（物事のとらえ方）の変容をうながせばよいとする考え方に基づいている。エリス（Ellis, A.）の論理療法も，その意味では認知と行動（および感情）との折衷主義による方法である。今後，行動主義と認知を主とする何らかの考え方を組み合わせた新たな方法を構想していくことが，行動カウンセリングの幅を広げていくことにつながると考えられる。

〔稲垣 応顕〕

〔文献〕

Ellis, A., & Harper, R. A. 1975 *A new guide to rational living*. Melvin Powers, Wilshire Book Co.（國分康孝・伊藤順康訳 1981 論理療法――自己説得のサイコセラピー 川島書店）

田上不二夫 1999 実践スクール・カウンセリング――学級担任ができる不登校児童・生徒への援助 金子書房

内山喜久雄・山口正二編著 1999 実践生徒指導・教育相談 ナカニシヤ出版

## 9 精神分析理論のアプリケーション

application of psychoanalytic theory

精神分析理論はサイコセラピーの理論として誕生したが，今では発達課題を解くカウンセリング理論としても用いられるようになった。しかし，カウンセラーは精神分析医ではない。これを認識しておかないと，「精神分析の仕荒し」（無計画に解釈を与えて混乱を

与えること）になる恐れがある。

サイコセラピーとしての精神分析は，自由連想，夢分析，投影法，箱庭療法など，深層心理を解明する方法を用いるが，カウンセリングとしての精神分析（いわゆる精神分析的カウンセリング）は，夢分析や投影法検査は用いない。すなわち，病理的心理のアセスメントとインターベンションに役立てる精神分析と，発達課題の解決と人間成長を援助するためのアセスメントとインターベンションに役立てる精神分析との違いがある。

これは，人格変容（personality change）を目指す精神分析療法と，問題解決（problem solving）を目指す精神分析的カウンセリングの違いである。

カウンセリング理論として精神分析を用いるときは，精神分析理論でアセスメントした後は，精神分析以外のカウンセリング理論を用いてインターベンションすることが多い。なぜかというと，カウンセリングは心理療法より意識レベルに近い層での作業であるから（心理療法よりも現実原則志向ゆえ），洞察にのみ頼らず，助言・課題・訓練など教育的に能動的に働きかけることが多いからである。

たとえば，「心理的離乳が未完」とアセスメントした場合，それを子どもの母親に告げるだけでなく，シェーピングを用いた強化法で登校させる，また指しゃぶりの代償としてしゃぶり甲斐のあるもの（たとえば，ストローを使わせる，野菜スティック，するめ，こんぶなどを与える）で対応をする。また男性の教師が怖いのは，父親への感情を転移していると解釈するだけでなく，男性の教師や年長の男性へのソーシャルスキルを訓練する。精神分析療法のように，ひたすら精神分析理論だけを支えにする方法もあるが，カウンセリング心理学は，精神分析理論を応用して用いる柔軟性がある。それは，以下の五つに例示できる。

## 1．簡便法として

カウンセリングに精神分析理論を応用する場合とは，短時間にアセスメントし，対策を講じる場合である。すなわち，精神分析理論は，行動理論や論理療法理論とともに，ブリーフ・カウンセリングの理論として有用である。育児，結婚，人間関係，学業，キャリア，健康に関する相談に応ずる場合は，精神分析理論の特色「診断的理解」がアセスメントの役に立つ。

これとは対照的に，ロジャーズ理論は，眼前にいるクライエントとのリレーションを生かす理論であり，その場にいない人物の，すなわち面接しているクライエント以外の人物については，何の推論（解釈）もできない理論である。すなわち，ロジャーズ理論は，その場にいない人物についての指導・助言には不向きな理論である。ロジャーズ（Rogers, C. R.）の「共感的理解」だけでは理解（アセスメント）できない部分を理解し，対策を講じる（ストラテジー）には，精神分析理論は有用である。

## 2．グループ・アセスメントとして

カウンセリング理論としての精神分析理論の第二の有用性は，グループのアセスメントにある。凝集性の弱い，モラールの低いグループをみて，「超自我対象がいないからである」と読みとるのがその例である。現在のカウンセリング理論は，個別面接理論ともいうべきものが主流である。

グループをアセスメントする理論として，三隅二不二のPM理論や，河村茂雄のQ-U尺度も有用である。しかし，精神分析理論はグループを観察して読みとるのに有用である。

たとえば，学級担任や各種グループのリーダーが，グループをアセスメントするのに役立つ精神分析的コンセプトとして，下記を挙げることができる。

(1) 性格形成論（たとえば，口唇期定着のためリーダーにベタベタする）
(2) 防衛機制論（たとえば，メンバー間に会話がない，理屈が多い）
(3) 性格構造論（たとえば，超自我の欠落に起因するグループ崩壊，モラール低下）

ただし，アセスメント（解釈）するだけではグループは変容しない。対応策は精神分析以外の理論（たとえば，構成的グループ・エンカウンター（SGE），実存主義，行動療法）の活用を勧めたい。

## 3. カウンセリング実践者の自己肯定感維持のために

精神分析理論の第三の使い方は，カウンセリング実践者の自己防衛用である。たとえば，クライエントのなかには，カウンセラーに自分の問題を投影して，カウンセラーに心的外傷を与える傾向がある。これに気づかないとカウンセラーは自己肯定感を失うことがある。

たとえば，「あなたのようなインテリ女性は大嫌い」とか，「あなたは私の頑固な父そっくりだから，何も話したくない」と告げられたとする。カウンセラーのなかには「申し訳ない。私以外のカウンセラーを紹介しましょうか」と引き下がる人がいる。クライエントのなかには，自分の問題に立ち向かうのを避けたいために，他者に問題があるかの如く人を責め，人に謝らせることによって自分を守ろうとする人がいる。

これに気づくには，精神分析理論になじんでおく必要がある。上述の「投影」の例だけではない。感情転移，置き換え，知性化，反動形成などの機制に気づかないと，それを真に受け，巻き込まれ，失意に追い込まれる危険性がある。

## 4. マネジメントへの活用

精神分析理論をカウンセリング分野で応用する第四の場面は，マネジメントである。典型例はニイル（Neill, A. S.）のサマーヒル学園である。ニイルは子どもの自我を育てるために，快楽原則と現実原則の二つの原理を，子どもに受け入れられる方法で学校運営に応用した。たとえば，子どもも教師も1人1票で学校運営の方法を討議し，決定した。精神分析理論では，教育とは現実原則の学習の場と考える。すなわち自我の育成である。しかし自我の育成には，自我をコントロールする超自我の育成が必要である。ニイルは，権威主義を排し自由と自律を軸にする超自我を，集団の規範とした。

同じように産業分野でも福祉分野でも，組織やグループを管理育成するには，その原理を精神分析理論に求めることができる。たとえば，SGEでは，グループのマネジメントに，現実原則の提示（役割遂行，時間厳守，守秘義務）と快楽原則の持続（自己開示，被受容感）を両立させるようにしている。ただし，精神分析風の解釈は禁止している。相互の知性化を危惧してのことである。解釈ではなく自己開示を勧めている。

マネジメントに応用できる精神分析の概念として，現実原則と快楽原則を提唱したが，もう一つ提唱したい概念が超自我である。グループや組織に，メンバーが共有できる超自我（親イメージ）があったほうが凝集性が高まる。超自我対象の存在するグループには集団の凝集性が育ちやすいので，これがメンバーの社会化を促進すると思われる。

ただし，親不在または親が病弱の場合は，子どもは依存と畏敬の対象がないので不安である。そこで，この不安を克服するため，きょうだいが結束することがある。リーダーレスグループ（サポート・グループ，セルフヘルプ・グループ）がそれである。しかし，これとても，メンバーが共通の思想を超自我にしていると考えられる。

## 5. カウンセリング実践者の自己分析

最後に，精神分析理論の適用分野として，カウンセラーの自己分析を挙げたい。精神分析的自己分析には，系統的自己分析（自由連想を文章化し，それをある程度まとめてから，自分で分析する方法）と，随時的自己分析（いやなことがあったときに，なぜいやな感じがするのかを考える方法）がある。いずれの方法でもよい。カウンセラーが自己分析をすることによって，クライエント理解も深まるからである。それゆえ自己分析の方法として，精神分析理論を活用することは意味がある。論理療法も自己分析に向いているが，イラショナル・ビリーフの由来を考えるときには，精神分析が役に立つ。

構成的グループ・エンカウンター（SGE）も自己分析になる。ただし，この場合でも精神分析になじみのあるメンバーのほうが自己洞察が早いように思われる。

（國分 久子）

〔文献〕

國分康孝 1982 カウンセリングと精神分析 誠信書房

國分康孝・國分久子・片野智治 2006 構成的グループ・エンカウンターと教育分析 誠信書房

# 10 ゲシュタルト理論の
## アプリケーション
### application of gestalt theory

　ゲシュタルト理論は，基礎心理学としてのゲシュタルト心理学の理論である。ゲシュタルトとは，「部分と部分あるいは要素と要素をひとつの意味ある全体像にまとめあげたもの」（國分，1980）という意味である。パールズ（Perls, F. S.）はこの理論に示唆を受け，また実存主義哲学や東洋思想などの影響のもとに，フロイト（Freud, S.）の精神分析を超克すべく（感情を伴った洞察を目指して），ゲシュタルト療法を創始し発展させた。

　ゲシュタルト療法の目標は，「地」を「図」に，「図」を「地」にすること，すなわちゲシュタルトの再構成である。パールズは，「心理的に健康な人間」は，「環境による支えではなく，自分自身による支えによって生きる人間」であるとする。自我（ego）は成熟しているが，「私・自分」（self）を打ち出すことができない意志の弱い人，それを一時的に失っている人にこの療法は有効である。

## 1．ゲシュタルト療法の成立

　パールズによるゲシュタルト療法には，三つの主張がある。

　**フロイト理論の超克**——1936年，43歳のパールズはフロイトと初めて対面したが，それは屈辱的なものであった。その後，パールズは"まったく別人"のようになったという。

　「以前に抑圧した精神分析への疑いや疑念のすべてが，彼を圧倒するような明晰さをもって意識の表面にでてきた。めざめの時であった。彼は，昔の信念をかなぐり捨て，過去へと彼を導いていた拘束からの突然の自由を経験した。自分以外のいかなる支えも必要とすまいと，彼は決意した。……こうして，彼は，ゲシュタルト療法の本質を特徴づける『自分の存在に対するすべての責任を私自身が負わなければならない』という悟りを得たのである」（Schults, 1977, 邦訳）。

　**人生とはゲシュタルト構成のプロセス**——個人が「個」として存在するためには，さまざまな状況に応じて心理的なゲシュタルト（現象学的世界）をつくっていくことが必要となる。個人の心理的成長のプロセスは，そうしたゲシュタルトの創造と再構造化の連続である。そして，そのゲシュタルトの豊かさは，全体的存在としての多面性（行動，思考，感情，身体）がいかに含まれるかで決まる。すなわち，感情・身体を含むゲシュタルトは，思考（ことば）のみのゲシュタルトよりも豊かであり，「いま・ここ」に生きる人間に近づく。

　**実存主義哲学**——人間は，自分の行動，思考，感情，身体への気づきに基づいて，それらを選択することができる。それゆえに個人は自分の内的・外的行動，自らの人生に責任がある。

## 2．ゲシュタルト療法の原則

　ナランホ（Naranjo, 1970）は，ゲシュタルト療法の九つの原則を挙げている。それらは，ゲシュタルト療法が目指す理想的人間像を示している。

　①現在に生きること。過去や未来について懸念するのではなく，今，現在のみを心にかけること。②「ここ」に生きること。現在目の前にあるものとだけ対処し，今ここにはないものと対応しようとはしないこと。③想像することをやめること。現実を体験すること。④不必要な思考をやめること。今ここで必要とされていないことを頭のなかでゴタゴタと考えるのではなく，実際にあるものを味わい，自分の目で見ること。⑤操作したり，説明したり，正当化したり，審判をしたりする代わりに，ストレートに表現，表出すること。⑥不快なことや苦痛に対しても，快感の場合と同じように身をゆだね，それを経験すること。自分の気づきを余すところなく受け容れること。⑦自分以外の者から与えられる「～べきだ」「～でなければならぬ」という指図や指示を受け入れぬこと。いかなる者をも権威や力あるものとあがめてはならない。⑧自分自身の行動，感情，思考に，完全に責任をもつこと。⑨自分自身であることをそのまま受け入れ，よしとすること（深沢，1979）。

## 3. ゲシュタルト療法の応用

具体的な技法は、上記の原則に従っているものであれば、個人や家族、グループのカウンセリングの多様なかたちが可能となる。

カウンセリングにおいて有効な技法として、以下の三つが挙げられよう。

**気づきの連続**——これはゲシュタルト療法の基本の基本である。「私は今……に気づいている」と、その瞬間、瞬間に気づくことを述べていく（Stevens, 1971, 邦訳）。「いま・ここ」に生きている自分が「実際に経験していること」への気づきを増し、「空想していること」とはっきり区別することを学ぶ。この変法として、クライエントに「いま何を感じているか／考えているか／行動しているか」を日常で問い続けることを宿題とする。それにより自分が感じ・考え・行動していることへの気づきを増し、それらを自分が選択していること（責任があること）を知る。

**問題とする出来事を、過去としてではなく「現在形」で語る**——そうすることで問題は思考だけでなく、行動、感情、身体を含むものとなる。問題は、過去や未来においてではなく、現在においてのみ変えうるのである。この技法は、交流分析とゲシュタルト療法とを結びつけたグールディング夫妻（Goulding & Goulding, 1979）の事例が参考になる。なお、そのひとつの方法である、エンプティチェア・テクニック（空の椅子に対象を座らせて対話する）については、百武（2004）が参考になる。

**國分（1980）の14の技法**——ホットシート、役割交換法、未完の行為、ドリームワーク、句の繰り返し、ことばにジェスチャーを合わせる、発言内容と正反対のことを言う、できないことをする、質問を叙述に変える、ジェスチャーに言葉を合わせる、身体言語を誇張する、トップ・ドッグとアンダー・ドッグ、事実を語ったあとに必ずその事実について自分はどう思ったかを語る、ボディワーク。なお、これらの技法は構成的グループ・エンカウンター（SGE）のエクササイズのなかに組み込まれて、「感情を伴った洞察」（気づき）を得る技法となる（國分・國分, 2004）。

さらに、ゲシュタルト療法家として訓練を受けたうえで、ゲシュタルト療法の枠組みで行うカウンセリングについては、クラークソン（Clarkson, 1989）が参考となる。同じくグループの場合は、レヴィスキーとパールズ（Levitsky & Perls, 1970）が示した、「ゲシュタルト療法のルール（治療技法の枠組み）とゲーム（技法、エクササイズにあたる）」が参考になる。それらについて、新里（1990 a；1990 b）による解説がある。

## 4. 応用上の留意点

**カウンセラーの能動性**——ゲシュタルト療法でのカウンセラーは能動的である。他の理論にもまして、技法を用いるカウンセラー自身のゲシュタルト療法の体験、技法の習熟、クライエントや場に対する気づきの豊かさなどが問われる。したがって、カウンセラーとしてそれらを高めることが必要となる。

**クライエントのレディネス**——ゲシュタルト療法の進め方は、多くのクライエントがもつ「カウンセリングとは対話のこと」というイメージとズレがあるので、クライエントに積極的にカウンセリングに加わってもらうためには、技法を導入する際にレディネスづくりに工夫を要する。

**自立とふれあい**——ゲシュタルト療法の生き方は「他者に冷たい」との批判がある（たとえば、パールズの「ゲシュタルトの祈り」に対して）。しかし、お互いに本当に自律・自立した後にのみ、「真に共に生きること」があると理解しておきたい。

（村瀬旻）

〔文献〕

Clarkson, P. 1989 *Gestalt counselling in action*. Sage. (日保田裕子訳 1999 ゲシュタルト・カウンセリング 川島書店)

深沢道子 1979 ゲシュタルト療法 石川中・末松弘行編集 心身医学——基礎と臨床 朝倉書店 417-424.

Goulding, M. M., & Goulding, R. L. 1979 *Changing lives through redecision therapy*. Brunner/Mazel. (深沢道子訳 1980 自己実現への再決断——TA・ゲシュタルト療法入門 星和書店)

國分康孝 1980 カウンセリングの理論 誠信書房

國分康孝・國分久子編著　2004　自分と向き合う！　究極のエンカウンター――國分康孝リーダーによる2泊3日の合宿体験　図書文化社
Levitsky, A., & Perls, F. S.　1970　The roles and games of gestalt therapy. In J. Fagan & I. L. Shepherd (eds.), *Gestalt therapy now*: *Theory, techniques, applications*. Science and Behavior Books.
百武正嗣　2004　エンプティチェアテクニック入門――空椅子の技法　川島書店
Naranjo, C.　1970　Present-centerdness : Technique, prescription, and ideal. In J. Fagan & I. L. Shepherd (eds.), *Gestalt therapy now*: *Theory, techniques, applications*. Science and Behavior Books.
Schults, D.　1977　*Growth psychology*: *Models of the healthy personality*. Van Nostrand. (上田吉一監訳　1982　健康な人格　川島書店)
新里里春　1990a　ゲシュタルト療法のゲーム　國分康孝編　カウンセリング辞典　誠信書房　152.
新里里春　1990b　ゲシュタルト療法のルール　國分康孝編　カウンセリング辞典　誠信書房　152-153.
Stevens, J. O.　1971　*Awareness*: *Exploring, experimenting, experiencing*. Real People Press. (岡野嘉宏・多田徹佑・リード恵津訳　1982　気づき――ゲシュタルト・セラピーの実習指導書　社会産業教育研究所出版部)

## 11　交流分析のアプリケーション
application of transactional analysis

交流分析は，カナダから米国に移住した精神科医バーン（Berne, B.）が，1957年ごろから提唱し始めたTransactional Analysis（TA）の日本語訳である。意味は「反応しあっている人と人との交流（やりとり）を分析すること」である。その哲学は，人は誰でもかけがえのない貴重な存在であり，誰でも考える能力をもち，自分の人生を決めたり変えたりできるというものである。

TAでは，非言語の観察のみで，その人のパーソナリティと対応のポイントがつかめる。それゆえ個別の時間がとれない集団対応でも役に立つ。また，図式化できるので自己理解や教育指導に使いやすい。治療やカウンセリングにとどまらず，教育・福祉・企業などに幅広く活用されるゆえんである。

### 1．主要理論の概説
TAの各主要理論として，「ストローク理論」「時間の構造化」「基本的構え」の三つの欲求理論と，「自我構造分析」「交流分析」「ゲーム分析」「脚本分析」の四つのパーソナリティ理論がある。國分（1980）は，交流分析は精神分析の口語版といわれるが「交流分析は専門用語がやたらに多い。その用語は，俗語であるから平易にみえるけれども，説明を受けなければ理解しにくい」と指摘している。そこで，ストローク理論を軸にわかりやすい概説を試みる。

ストロークとは，相手の存在・価値・行動を認める言語的，非言語的なさまざまな刺激（反応）のことである。人は「ストロークを得るために行動する」というのが，「ストローク理論」である。

ストロークを得るための過ごし方が「時間の構造化」である。自閉，儀式，社交，仕事（勉強），心理ゲーム，親交（ふれあい）の六つの時間の使い方をする。

ストロークの授受をとおして，人生早期に，「自他肯定」「自己肯定・他者否定」「自己否定・他者肯定」「自他否定」の4タイプの「基本的構え」ができる。その構えを証明するために対人関係をもつというのが，「基本的構えの欲求理論」である。

人の心は，「親の自我状態」「大人の自我状態」「子どもの自我状態」に分類される。それぞれの成り立ちを分析するのが「自我構造分析」である。自我構造分析は，「親の自我状態」の働きを「批判的親」「養育的親」に分類，「大人の自我状態」はそのまま一つ，「子どもの自我状態」の機能は「自由な子ども」と「順応的な子ども」に分類している。人はストロークの授受のために自我状態を使用する。デュセイ（Dusay, J. M.）は，この五つの自我状態の使用頻度を心的エネルギー

の量としてグラフで示し、その形でパーソナリティがつかめるエゴグラムを開発した。

五つのうちのどの自我状態間でストロークのやりとりしているかを分析するのが、交流（パターン）分析である。やりとりが続く相補交流、中断する交差交流、表と裏の両方でやりとりする裏面交流の三つのパターンがある。

双方がマイナスのストロークで終わり、これを繰り返す人間関係を「ゲーム」と名づけ、どんな時に何をきっかけに起きるか、途中でどうなるか、などを分析しやめ方を示したのが「ゲーム分析」である。

「人生脚本」は、ストロークの授受で形成された「基本的構え」を元につくられた、自分の人生の筋書きである。問題解決のために、自分がもっている筋書きに気づき、書き直すのが「人生脚本分析」である。

## 2. 理論の応用

ストローク——人はプラスのストロークを求める。それが得られないとマイナスのストロークを求める。条件付きのストロークだけを与えられると、自分自身の価値を値引いてしまう。そこで"罪を憎んで人を憎まず"。犯罪や問題行動に際しては、彼の存在や価値を認めるプラスのストロークを与えることが有効になる。

時間の構造化——円グラフのパイを作り、増やしたい時間とそのための行動を書き出してバランスを図るエクササイズやカウンセリング技法が使える。

基本的構え——これに気づく構成的グループ・エンカウンター（SGE）のエクササイズや、「TAOK」などの質問紙が開発されている。

自我状態——これについては、適性科学研究センターの「PCエゴグラム」などのエゴグラムが、心理療法やカウンセリングのアセスメント、および自己理解や成長のために活用されている。

交流（パターン）分析——これで行動を観察すれば、適切なコミュニケーションにする方法がわかる。

ゲーム分析——これは家庭や学校、医療や産業の各領域での関係修復の方策を示す。いじめも、心理ゲームとして分析することで効果的な対応策が示せる。

脚本分析——「三つ子の魂百まで」というが、自分の脚本に気づけば、書き換えることができる。脚本に気づくための質問項目も考案され、カウンセリングで活用されている。脚本書き換えのための短期集中的心理療法が、再決断療法である。

教育や産業領域では、個々のメンバーの状況把握と自己理解や成長のためのツールとして、エゴグラム質問紙がよく活用されている。

行動観察だけでメンバーのエゴグラムがわかるようになるので、集団を扱う場合に有用である。現在のエゴグラムと、なりたいエゴグラム、そのための行動計画を実行させる自我成長プログラムは、集団対象にも実施できる。「占い感覚」で利用し、彼氏や彼女とのつき合い方を相談する生徒もいる。かかわる双方のエゴグラムを重ねた「オーバーラップ・エゴグラム」は、親子・教師と生徒・上司と部下・夫婦など双方の自己理解や効果的な対応策を学ぶツールにもなる。保護者から「よく当たる。あの先生は霊能者に違いない」と言われることもある。自分のストローク授受に気づく「ストローク・プラン」を組み合わせると、より効果がある。

## 3. 学会の動向

エゴグラム質問紙の日本語版は、九州大学医学部心療内科（1974年、杉田峰康・新里里春）で初めて開発使用されたが、その研究は今や世界のトップレベルにある。虚構尺度が加わった「ECL」、絵に対する反応を選ぶ「P-EG」、基本的構えを合わせて測定し、標準化された「TAOK」（成人用、小学校低学年用、高学年用、中学・高校用）、統計的検討を加えた東大式の「TEG」、×印をつけた質問項目を○印になるように行動を変えることでライフスタイルを変えられる「自己成長エゴグラム」などがある。各自我状態のプラス面マイナス面を調べるエゴグラムも研究されている。

近年「透過性」が注目されている。これは、状況に応じて各自我状態を使いこなす能力である。1996年にはエゴグラムと透過性を計

る「PCエゴグラム」（桂・新里・水野）が開発された。ライフスタイルの変容も容易に指導できるので，課題への柔軟な対応能力を求める企業や組織で注目され，人事院でも採用されている。

ジョインズとスチュアート（Joine & Stewarts, 2001）は，人格適応論で，安全で効果的な治療アプローチを示した。これは，他人や物事へのかかわり方，ストレス下でとる行動，ゲーム，基本的構え，人生脚本のプロセスなどを，TAの各主要理論を組み合わせて六つの適応パターンに分けたものである。それは「熱狂的過剰反応者」「責任感ある仕事中毒者」「才気ある懐疑者」「創造的夢想家」「おどけた反応者」「魅力的操作者」と名付けられ，各タイプの診断とアプローチの研究は，TAの理論の統合的理解に役立ち，教育領域などへの応用も期待できる。

TAによる心の教育やキャリア教育のカリキュラム開発も，研究が始まっている。課題は，わかりやすい説明とエクササイズの組み合わせである。

（仲村 将義）

〔文献〕

Joines, V., & Stewart, I. 2001 *Personality adaptationes*: *A new guide to human understanding in psychotherapy and counselling*. Lifespace Publishing.（白井幸子・繁田千恵監訳 2007 交流分析による人格適応論――人間理解のための実践的ガイドブック 誠信書房）

國分康孝 1980 カウンセリングの理論 誠信書房

新里里春 1992 交流分析療法――エゴグラムを中心に：交流分析入門 チーム医療

Stewart, I., & Joines, V. 1987 *TA today*: *A new introduction to transactional analysis*. Lifespace Publishing.（深沢道子監訳 1991 TA today――最新・交流分析入門 実務教育出版）

杉田峰康 1988 教育カウンセリングと交流分析 チーム医療

## 12　論理療法のアプリケーション

application of rational emotive behavior therapy

論理療法（rational emotive behavior therapy：REBT）は，米国の心理学者エリス（Ellis, A.）が創始した心理療法で，感情と思考の接点を，ビリーフという概念で表現しているのが特徴である。論理療法を日本に紹介した國分康孝は，「考え方次第で悩みは消える」とシンプルに表現して，論理療法的カウンセリングのプロセスは，人生哲学の検討であるとしている。

カウンセリングが目指すものは認知および行動の変容であるが，認知はどのようにして変わるのか，その行程を論理療法ほど明解に説明する理論を，筆者はほかに知らない。実際，他の理論を得意とするカウンセラーが，ビリーフという概念をそのアプローチに用いる例は少なくない。したがって，論理療法はカウンセリングの practitioner 必須の理論といえよう。

### 1．論理療法の基礎理論――ＡＢＣ理論

A（activating event：出来事――何が起きたか？）→「上司に怒られた」

C（consequence：結果――その結果どのような感情がわいたか，あるいはどのような行動をとったか？）→「落ち込んだ」「仕事をする気にならない」

B（beliefs：ビリーフ――その感情〈行動〉をもたらした考えは？）→「あんなに厳しく怒る上司は私を嫌っている」「上司に怒られる私は能力がない」

D（dispute：論駁――イラショナル・ビリーフに反論してラショナルな言い方に変える）→「厳しく怒ったのは私の失敗に対してであり，それが私を嫌っている証拠にはならない」「失敗をしたのは事実だが，だからといって能力がないことにはならない」

実は，こころのなかでBという語りかけをしているので，Cという感情や行動が起きる。Aの結果として，いやな気分になるか，

なんとかしようと前向きになるかを決定するのはB（ビリーフ）である。ビリーフとは人生哲学，すなわち世の中に関する評価や解釈，その人を支える信念，価値観などであり，具体的には，いやな感情が起きるときに頭のなかで自分自身に語りかけているせりふのことである。ビリーフには，ラショナル・ビリーフ（健康的・論理的な）と，イラショナル・ビリーフ（不健康・非論理的な）があり，以下の問いの答えが一つでも「ノー」なら，イラショナル・ビリーフである。

(1) 論理的か（他人に説明したら納得してもらえるか）
(2) 現実的か（根拠を示すことができるか）
(3) そう考えるとハッピーか

上記の例題のB「あんなに厳しく怒る上司は私を嫌っている」を点検すると，「厳しく怒る＝嫌っている」は論理的ではない。「上司が厳しく怒るのは私のことが嫌いだからだ」と同僚に話したら納得してもらえるだろうか。おそらく「それは考えすぎじゃないか」とか，「論理の飛躍があるよ」と指摘されることだろう。「上司に怒られる私は能力がない」はどうであろうか。上司はあなたの失敗行為を怒っているのであって，あなたの能力を話題にしているのではない。怒られたことが無能である証拠にはならないのである。理屈の通らない独断的な思い込みを自分自身に対してささやき続けるので，いやな感情が生まれる。つまり，自分の感情は自分がつくりだしているわけである。自分がつくった感情なら，自分で変えることができるはずであり，その作業がD（論駁）である。いやな気分から抜け出せないときには，自分のせりふのなかのイラショナル・ビリーフを探し出し，非論理性を論駁してラショナルな言い方に変える。言い換えた途端，ふっと気持ちが楽になることを実感するはずである。

## 2．論理療法の対象

論理療法は個人カウンセリングだけでなく，グループ・カウンセリングや構成的グループ・エンカウンター（SGE）にも適用できる。むしろ集団療法に適した技法といってもよい。その理由は二つある。自分自身の根拠のない思い込みに気づくためには，多様な価値観にふれることが必須である。自分にとっては何の疑いもない言葉に対して，他者から「なぜそんなことが言えるのか」と素朴に問われることが，独善的な思い込みから解放されるきっかけになる。グループメンバーの発言によって気づくことは，カウンセラーの発言によって気づくよりも，強烈な体験となる場合が多い。2番目の理由は，論駁には大量のコミュニケーションが必要である。集団の利点を生かして，さまざまな角度から論駁を展開することが可能であると同時に，同じメンバー同士という気安さから，自由な発言の応酬が期待できる。活発なやりとりを通して気づきをえる，また，グループ演習を通してABCD理論を習得するという，まことに効率的な方法が実践できる。

論理療法は子どもから大人まで，年代を問わずに使うことができる。実際，医療，福祉，教育，産業など，カウンセリングが機能するすべての分野で用いられている。このように守備範囲は広いが，論理療法を使う際に注意すべきポイントがいくつかある。

医療現場では対象者が精神消耗状態にあることも多い。ある程度の心理的エネルギーが確認できる状態でなければ，論理療法の適用は患者の負担を増すだけである。

教育現場では，対象者の言語能力を確認してから使うべきである。年少者の場合にはイラストを取り入れるなどの工夫が必要である。アメリカでは幼少時から論理的思考を教える必要性が強調されており，子ども向けのツールや絵本がそろっている。

産業分野に論理療法はなじむといわれる。なぜなら，働く人たちは論理的思考の効果を容易に理解するからである。

また，キャリア・カウンセリングを支える理論としても論理療法を推挙したい。キャリア・カウンセリングのプロセスで，最も重要とされる意思決定に効果をもたらす。視点の転換や価値観の変容には，論理療法が有効であることを実感している。

## 3．論理療法が効く条件とは

どのような場面で用いるにしても，そこに信頼関係がなければ論理療法は機能しない。

信頼する相手に論駁されるから，耳を傾ける気になるのである。論理療法を使おうとするカウンセラーは，傾聴技法を駆使して，終始温かい雰囲気のなかで面接を進め，クライエントとの間にゆるぎない信頼関係を構築しなければならない。グループワークで用いる場合は，十分なアイス・ブレイキングとリーダーの適切な介入で，安全な場をつくることが求められる。

## 4．論理療法の今後の課題

独善的な思い込みだと気づいても，それまで何十年ものあいだ慣れ親しんできた考え方を変えることは，そう簡単ではない。論理療法に出会った人びとの多くが，「頭では理解するものの気持ちがついてこない」という消化不良状態に陥り，ときにはその効果に疑問を抱く。新しい運転法を身につけるには練習が必要であり，焦らずあきらめず日々自分で自分を論駁することを続けることである。やがて，「こんなことが起きると以前なら何日も気持ちを引きずったはずなのに，案外気持ちの切り替えが早いのはなぜだろう」というときが訪れる。

論理療法はセルフヘルプと呼ばれ，自分で使えるカウンセリング技法とされるが，自助技法に馴染みのない日本人にとって，使いこなすのはそう簡単ではない。一度学んでも途中で投げ出してしまうことが少なからずある。今後，自分で使いこなすための工夫が開発されるなら，日本の論理療法は飛躍的に発展するであろう。

日本における論理療法を考えるときに，まず頭に浮かぶのは言葉の違いである。英語ではさまざまな感情表現の単語を，ラショナルとイラショナルに識別する一覧表が作成されている。たとえば，何かに脅威を感じている状況でクライエントがanxietyを使えば，感情的惑乱がありイラショナルな状態であるが，concernを使えばラショナルな状態であると判断するわけである。この一覧表の日本語版を望む声もあるが，言語的および文化的な違いが大きな壁となり，単に翻訳するだけではまったく機能しないことは，一目瞭然である。

世界的にみても優れた理論である論理療法が，よりいっそう日本で発展するためには，日本のカウンセラーたちが工夫を重ねることが求められる。その意味では，今後の発展にさまざまな可能性を秘めた理論であるといえよう。

(内田 恵理子)

〔文献〕

Dryden, W., & DiGiuseppe, R. 1990 *A primer on rational-emotive therapy*. Research Press.

國分康孝 1991 自己発見の心理学 講談社新書

# 13 認知療法のアプリケーション

application of cognitive therapy

認知療法は，アメリカ精神医学会や厚生労働省の治療ガイドラインなどで，明らかな治療効果のある心理療法として，多くの障害に対して推奨されている心理療法である。また，メンタルヘルス不調の予防や，メンタルヘルスの維持向上にも利用可能な心理療法であり，さらに，産業カウンセリングや学生相談など，幅広いカウンセリング場面に利用可能な心理療法である。

## 1．認知療法とは

認知療法という場合，ベック（Beck, A. T.）が開発した，各種障害に対する認知療法を意味するのが一般的である。しかし，ドライデンとレントゥル（Dryden & Rentoul, 1991）のように，ベックの認知療法，エリス（Ellis, A.）の論理療法，マイケンバウム（Meichenbaum, D. H.）のストレス免疫訓練という，主要3理論から発展してきた心理療法を総称して，認知療法と呼ぶ立場もある。この主要3理論から発展してきた心理療法は，旧来の行動療法の技法に，認知的技法を付加した心理療法であり，むしろ認知行動療法として総称するほうが一般的である。

ベックは，うつ病の認知療法から始まり，不安障害の認知療法，人格障害の認知療法など，各種障害ごとの認知療法を発展させた。しかし，それらの認知療法の基盤となる認知行動モデルは，共通の構造をもっている。そ

れは，以下のようなものであり，大きく分けて「A. 先行刺激」「B. 認知」「C. 感情・行動・生理」という3要素を考えるのは，論理療法と同じである。ただし，違いがBの認知の部分にある。つまり，論理療法では認知がビリーフの1要素であったものを，認知療法ではスキーマ，推論の誤り，自動思考というように3要素に分けて，より詳細にしている点である。

A. 先行刺激　B. 認知　C. 感情・行動・生理
　　　　　　　　スキーマ
　ストレッサー　→↓←　推論の誤り
　　　　　　　　自動思考　→　症状

ここでいうスキーマとは，論理療法でいう中核的なイラショナル・ビリーフとほぼ類似したものである。しかし，スキーマには言語反応としてのイラショナル・ビリーフのみではなく，イメージや過去記憶も含まれるというように，少し広い概念となっている。このスキーマは，外的刺激の評価基準と考えられる。この評価基準に，外的刺激の情報処理の誤りである推論の誤りが影響し，特定の症状を発現させる自動思考が生じるとされているのである。推論の誤りには，良い出来事を無視してしまう選択的抽象化や，根拠もないのに悲観的な結論を出してしまう恣意的推論，そして，一つの出来事に基づいて妥当性のない一般化を行ってしまう過度の一般化などがあるとされている。この推論の誤りが影響して，誤った評価結果である自動思考が生じる。そして，自動思考が自動的に何度も頭のなかに浮かぶために特定の症状が発現するというのが，認知療法および認知行動療法の基本的なモデルである。

## 2. 認知療法および認知行動療法の展開

抗うつ薬以上に効果的な心理療法はないといわれた時代に，うつ病の認知療法は抗うつ薬と同等以上の効果を示し飛躍的に発展していった。また，1990年代からの実証に基づく（エビデンスト・ベイスト）臨床心理学の流れのなかでも，各種精神障害に対する認知療法および認知行動療法は，最もエビデンスのある心理療法として認められている。

このように，高い効果が実証できる背景には，認知療法および認知行動療法が各種障害ごとの認知行動モデルを開発してきたという特徴がある。また，その認知行動モデルに基づき，各種障害ごとに最も効果的な行動的技法と認知的技法のパッケージ化をしてきたという点がある。行動的技法には，活動記録表によるセルフ・モニタリングや，段階的課題設定，リラクセーション，社会的スキル訓練，エクスポージャー（暴露法）など，従来の行動療法の技法すべてが含まれる。また，認知的技法は認知再構成法として総称されるが，5カラム法などの非機能的思考記録表を用いる方法や，マイケンバウムの自己教示訓練などが含まれる。

ところで，認知療法および認知行動療法における認知的技法の特徴は，認知内容を客観的に測定できる質問紙が多数開発されているという点である。たとえば，抑うつや不安を引き起こす青年期・成人期の自動思考を測定するDACS（福井・坂野，2004）や，児童期の自動思考を測定するATIC（佐藤・嶋田，2006），および児童期の自己陳述を測定するCSSS（石川・坂野，2005）などをはじめ，多数の質問紙が開発されている。

また，質問紙の開発と同時に，それを用いた各種障害ごとの実証可能な，より精度の高い認知行動モデルが構築されてきている。そのため，より治療効果の高い治療パッケージが続々と開発されている。さらに，近年ではPETやNIRS（近赤外線分光法）などを用いた，脳機能への認知療法や認知行動療法の効果研究も進み，治療機序が明らかにされてきている。

## 3. 認知行動カウンセリングの発展

以上のように，認知療法や認知行動療法は心理療法の分野で飛躍的な発展をとげてきたが，カウンセリングへの応用も発展してきている（内山・上田，2004）。特に，児童期・思春期の抑うつ，不安，怒り，攻撃行動，不登校，いじめられ体験など（松田，2004；渡辺，2003など）へのカウンセリング，および予防のための集団心理教育などが発展してきている。また，青年期・成人期におけるEAP（employee assistance program）やストレスマネジメント，およびヘルスプロモー

ションなどにも応用されている（坂野ら，2004）。さらに，糖尿病などの慢性疾患の患者へのカウンセリングにも応用されてきている（坂野・前田，2002）。

つまり，それぞれ固有の問題領域ごとの認知的問題が明らかにされ，どういった介入が最適か明らかにされつつある。しかし，これらの分野はいまだ発展途上にあり，研究すべき課題は多い。

ところでわが国で，認知行動カウンセリング研究の発展が望まれる分野もある。たとえば，教師のうつ病や，看護師のバーンアウト，および離職率の高さなどが問題となっているが，固有の認知行動モデルに定説はない。また，引きこもりやニートの問題も大きいが，最適な認知行動カウンセリングや予防方法は明らかになっていない。

今後は，認知行動療法の発展と同様に，認知行動カウンセリングにおいても，問題分野ごとの認知行動モデルと最適なカウンセリング技法のパッケージ化が進むことが期待される。

（福井 至）

〔文献〕

Dryden, W., & Rentoul, R. (eds.) 1991 *Adult clinical problems: A cognitive-behavioral approach*. Routledge.（丹野義彦監訳 1996 認知臨床心理学入門——認知行動アプローチの実践的理解のために 東京大学出版会）

福井至・坂野雄二 2004 DACS こころネット

石川信一・坂野雄二 2005 児童における自己陳述と不安症状との関連 行動療法研究，31，45-57.

松田英子 2004 環境との関わりで認知を修正し，子どもの対処可能性を広げる 児童心理，3，156-167.

坂野雄二監修，嶋田洋徳・鈴木伸一編著 2004 学校，職場，地域におけるストレスマネジメント実践マニュアル 北大路書房

坂野雄二・前田基成編著 2002 セルフ・エフィカシーの臨床心理学 北大路書房

佐藤寛・嶋田洋徳 2006 児童のネガティブな自動思考とポジティブな自動思考が抑うつ症状と不安症状に及ぼす影響 行動療法研究，32，1-13.

内山喜久雄・上田雅夫編 2004 「ケーススタディ」認知行動カウンセリング 現代のエスプリ別冊

渡辺元嗣 2003 いじめられ体験に認知療法的にかかわる 月刊学校教育相談，12，16-19.

## 14 実存主義的アプローチが必要なとき
application of existentialism

若いころ対人恐怖の傾向があった私は，あるカウンセリング研修会で，そのことを講師の國分康孝先生に質問した。先生の答えは「震えても，どもってもいい。君の言いたいことが言えればいいんだ」というものだった。しばらくその言葉に従って生活していくと，数ヵ月後，対人恐怖は弱まっていった。これが，実存主義的アプローチが効果を発揮した例である。

このような例を挙げるまでもなく，本人に意識されるか否かを問わず，また人により程度や質の差こそあれ，この時代を生きる私たちの心は傷ついている。しかも，それらの心の傷が操作的に治療され，抱えている問題が表面上解決できた（たとえば，症状の除去）としても，なお自分の存在の虚しさ，生きる意味が感じられないなど，いわゆる「生きがいの喪失」を訴える人も少なくない。そういう人びとに対して既存のカウンセリングは，どこまで応えることができていただろうか。そういう反省から，実存主義的アプローチは生まれた。

### 1．言葉の意味

実存（existence）の語源は「〜から外に出で立つ」であり，人間が，その闇の世界（たとえば，対人恐怖に縛られている状態）から，真の存在として光の世界（たとえば，対人恐怖があろうとなかろうと，自分として生きる）に脱出した状態を指す。この実存概念を中核にすえ，カウンセリングの実践＝研究を行っていくのが，実存主義的アプローチである。

しかし，実存主義的アプローチには特定の学派や技法はなく，行動主義や精神分析など

の還元論（たとえば，「君の今の状態が起きているのは，恐怖が対人的に条件づけられたのが唯一の原因だ」）や，決定論（たとえば，「無意識的抑圧という原因があるから，必然的結果として君の対人恐怖が起こっているのだ」）に反対する立場の総称で，したがってアプローチ（実践＝研究への接近方法）という言葉が使われている。

　実存主義的アプローチは，前述したように特定の理論や技法があるわけではないが，カウンセリングの原点に戻り，クライエントとカウンセラーの「人間的ふれあい」にこそ，真の治癒への力動が生まれると考え，そのなかでのクライエント・カウンセラー双方の「自己への覚醒」（self-awareness：自分という存在に目覚めて，どう生きるかを自覚すること）を重視する。

## 2．研究の現状

　実存主義的アプローチについての国内外の研究成果は膨大なものであるが，わが国におけるひとつの到達点を示すものとして，伊藤（1997；1998；2002）の「事例研究」を挙げたい。とりわけ伊藤（2002）では，宗教者でいえば，イエス・キリストの迫害者であったサウロが，神の使徒パウロに変わる契機となった「ダマスコの回心」のように，古い自己を解体し新しい自己を創造すること，すなわちスピリチュアル・コンヴァージョンを中心に考察されており，実存的転換の問題を扱った数少ない論文として特筆できる。

　これらの伊藤の研究では，クライエントとカウンセラーのかかわりについて詳述されているが，特に，そのカウンセリング・プロセスのなかで，クライエントがいかに，自分という存在に気づき（self-discovery：自己発見），それを受け容れ（self-acceptance：自己受容），自分としてどう生きるかを選択し（self-determination：自己決定），その生き方に自分自身のあり方・生きる意味を見いだし（生きがい喪失からの脱却），自分の人生を創造的に善く生きていくプロセス（self-realization：自己実現）を歩むようになったかが，生き生きと描かれている。

　そして，そのプロセスにおいて，カウンセラーは同行者として，正にクライエントと共にあり，共に考え，共に感じ，そして共に歩んでいるのである。

## 3．今後の課題

　実存主義的アプローチでは，たくさんの事例や被験者を集め，それを抽象化・一般化して理論を構築するのではなく，個別のクライエントと深くかかわり，そのクライエントとのかかわりをさらに深く考察していくことによって，人間存在の本質に迫るような「個から普遍へのアプローチ」が採られる。また，そのかかわりのプロセスにおいては，クライエントのみならずカウンセラー側にも，自己変革，自己変容が起きる。したがって，自分のあり方・クライエントとのかかわり方をカウンセラー自身がカウンセリング・プロセスにあって，常に内省していく必要がある。これらのことより，実存主義的アプローチの研究方法の中心は，実践と理論構築が一体となった「事例研究」が中核となるといえる。

　ここで注意を要するのは，このような実践＝研究を進める場合，カウンセラー側の「ひとりの人間としての生き方」も問題とされるということである。それは，カウンセリング場面でクライエントに対していかに受容的・共感的であっても，日常生活においてカウンセラーが自身および他者に対して非受容的・非共感的であれば，実存主義的アプローチの視点からいえば，そのカウンセリング自体も「偽り」になってしまうからである。

　最後に，國分（1980）でも紹介されており，上述した「理論と実践およびカウンセラーの生き方が一体となっている実存主義的アプローチ」の好著として，小林（1979）を挙げておきたい。

（鶴田　一郎）

〔文献〕

伊藤隆二　1997　子どもの「嗜虐性」の払拭の可能性，ある「いじめ」事例からの考察　東洋大学児童相談研究（東洋大学児童相談室），**16**，1-24．

伊藤隆二　1998　子どもの「嗜虐性」の払拭の機序，ある「小動物虐待」事例からの考察　東洋大学児童相談研究（東洋大学児童相談室），**17**，1-15．

伊藤隆二　2002　スピリチュアル・コンヴァー

ジョンの研究、ある家庭内暴力少年の「祈り」体験を中心に 東洋大学発達臨床研究紀要（東洋大学発達臨床研究所），2, 31-45.
小林純一 1979 カウンセリング序説——人間学的・実存的アプローチの一試み 金子書房
國分康孝 1980 実存主義的アプローチ 國分康孝 カウンセリングの理論 誠信書房 176-207.

## 15 特性-因子理論のアプリケーション
application of trait-factor theory

特性-因子理論（trait-factor theory）は、1900年代の初頭に、職業指導運動の創始者とされるパーソンズ（Persons, F.）が、人間と職業を効果的にマッチング（結合）させるという職業指導のあり方を提唱したことに、その端緒があるといわれている。したがって、キャリア発達に関する内容理論のひとつであるが、カウンセリングという用語自体のルーツのひとつが、その20世紀初めの職業指導にあることも含め、心理的臨床援助にかかわる種々の領域において、この特性-因子理論は現在も重要な位置を占めている。

このように、キャリア・ガイダンスの基本モデルであった特性-因子理論は、「適材適所」の観点で、種々の職業が備えまた求める種々の特性と、求職者の種々の能力・適性との適合性を重視した。したがって、特性-因子理論はその後、人間の能力・特性・適性をどのようにとらえるかという観点での知見が重視されることになる。

### 1. 類型論と特性論
人の性格や行動特徴をどのようにとらえるかという方法論には、相異なるいくつかの立場がある。まず人の性格をいくつかのタイプに分けてみていこうとする類型論があり、クレッチマー（Kretschmer, E.）の体型論はその代表である。一方、特性-因子理論はその人の性格をいくつかの基本的な特性（因子）の各々の強さ弱さによって示すものであり、既製服のサイズをS・M・Lではなく、ウェストや首周り、身丈など複数の尺度で表現しようとするものと同様である。

### 2. 特性と因子
特性と因子を区別せずに特性＝因子として取り扱う場合もあり、常に特性と因子の区別を厳密にしておくということではないが、多くの場合、特性よりも因子を上位の概念としている。たとえば、個別知能検査のK-ABCの各課題は、14種類の下位検査のいずれかに分類されるが、その14種類の下位検査の結果は、あらかじめ実施された因子分析によって、三つの因子（「継次処理能力」「同時処理能力」「習得した知識や技能」）で説明される。すなわち、K-ABCでは14の特性と三つの因子ということになる。

このように、特性-因子理論には、個々の項目が「同一グループに属する」ことを統計的に推定する因子分析という手法がその背景にある。

### 3. カウンセリングにおける特性-因子理論の活用
カウンセリング活動において、アセスメントの重要性はますます高まっている。対象のクライエントや治療対象者の状態に対して的確な見立てを行うことは、具体的な心理臨床的援助の方向性を決定するだけでなく、そのカウンセリング自体の効果の大きさも左右することになる。したがって、カウンセリングにおいて正確なアセスメントを行うことは、きわめて大切なことである。

カウンセリングにおけるアセスメントには、① 具体的な心理臨床的援助に入る前に行う、診断的評価の機能を果たすもの、② 心理臨床的援助の有効性を随時チェックする、形成的評価の機能を果たすもの、③ たとえば心理テストを実施することでかかわりのきっかけとしたりする、カウンセリング活動に内在化しているもの、④ 他者に通知・具申する機能を果たすもの、などがある。

① の診断的機能のためには、インテーク段階から多くの標準化された心理テストが利用される。質問紙法の心理テストの多くは特性因子論であるが、この診断的機能のための心理テストとしては、そのなかでも特にスクリーニングの機能をもつテストが利用される

ことが少なくない。スクリーニングとは「ふるい」の意味であり、ある特定の疾患や症状の早期発見に役立てようとするものである。その特定の疾患や症状が、まさに特定の特性・因子で定義されるものであれば、その疾患や症状を決定する特性・因子で構成された心理テストでチェックしようというものである。「ふるい」の機能としては、その可能性が少しでもあればアラームを鳴らすことが要求されるため、その心理テストの結果がその疾患の可能性を示唆しているからといって、それがそのままその疾患であることを意味しているのではない。

②の形成的評価の場合や、③のカウンセリング内在の場合には、必ずしも標準化された心理テストが多く用いられることはないが、④の通知・具申機能のためには、標準化された心理テストが果たす役割は大きい。さらにその場合、類型論的な表現より特性-因子理論に基づいた心理テストによる診断のほうが、はるかに多くの情報を含みうることは明らかである。

このように、カウンセリング活動において特性-因子理論がどう活用されるかは、第一に的確な「見立て」のために心理テストをどう利用するか、第二に通知・具申するために心理テストをどう利用するかに大きく集約される。したがって、それぞれの心理テストがどういう特性・因子を測定できるのかを、あらかじめ理解しておく必要がある。むしろ、どういう側面での情報を得たいかという目的に沿って、最も適した心理テストを的確に選択することが求められるのである。

## 4．心理学の研究における特性-因子理論の活用

研究という視点から考えると、実際に特性-因子理論は頻繁に利用されているが、それは理論というよりはむしろ研究の方法論、特にデータ収集の方法にかかわるものであることが多い。

たとえば、すでに標準化された特定の心理テストを利用している研究は盛んに行われている。この場合、Y-G性格検査のように市販の心理テストを利用する場合と、先行研究で開発され標準化された心理尺度を利用する場合がある。最近では、後者のような場合のために各種の心理尺度集も市販されている。いずれにしても、利用する場合は著作権に配慮して利用しなければならない。特にその心理テストが市販のものであれば、人数分購入して実施することになり、複製して使用することはできないことは当然である。

さらに、市販の心理テストであれ既存の心理尺度であれ、各設問の文言を部分的にせよ変更して使用することはできない。それぞれの特性・因子は、その文言でデータを得て因子分析にかけられており、部分的にせよ表現の変更は因子分析が同一結果になるという保証がないからである。

同様の理由で、設問を無作為に一部省略して少なくしたり、研究者の判断で設問を増やすこともできない。研究上どうしてもそうしたことが避けられない場合は、改めて因子分析を実施し、新たな因子構造を確認する必要がある。このことは、市販心理テストや既存の心理尺度の実施可能年齢にもかかわることである。既存の心理尺度を先行研究が保証していない適用年齢に実施する場合は、改めて因子分析を行うことになるが、市販テストでは標準化手続き自体が明確に示されていない場合もあって、それもできないことが多い。

一方、特性-因子理論の基本的な考え方に立ち戻ると、市販の心理テストや先行研究が標準化した心理尺度を全問すべて用いずに、特定の特性・因子にかかわる設問だけを利用する場合も研究としては成立する。すなわち、特性・因子が互いに独立したものであるとすると、各特性・因子ごとの利用ができるというわけである。たとえば、Y-G性格検査は12尺度 各10問の 計120問あるが、研究の目的のために、「社会的適応」因子に属するO, Co, Agの3尺度計30問を実施し、その標準点を利用するといったものである。

## 5．特性-因子理論に基づく新たな心理尺度を作る

前述のように、質問紙法の心理テストのような特性-因子理論に基づく各種の心理尺度は、因子分析という統計手法で作成される。一方、SPSSをはじめとして、因子分析を簡便に行うことができるパソコン用ソフトウェ

アが市販されていて，研究者は比較的簡単に何らかの複数の特性の強弱を数値的に表すことのできる心理尺度を，自ら作成することができる。こうした場合は，尺度の信頼性を検証するクロンバックの $\alpha$ 係数等を明示することが望ましい。

（大坪 治彦）

## 16 システム理論のアプリケーション
application of system's theory

家族カウンセリングをすすめる際に，家族を一つのシステムとして機能していると考えると，理解しやすく，対応策も見いだしやすくなる。そこでほとんどの家族カウンセラーは，家族を一つのシステムとしてとらえ，介入をすすめている。

### 1. 定 義
システムとは，「メンバー（構成要素）が集まり，それらが互いに影響力を及ぼしあう関係ができている集合体（一つのユニット）」のことである。それゆえ，家族だけがシステムではなく，世の中のありとあらゆる組織（たとえば学校，会社など）も，実はシステムであるということもできる。では，なぜ家族が治療単位として有効に用いられるかというと，人間がこのなかで育ち，ここで人格形成を行ってきたからである。人は家族のなかで育ち，社会に巣立っていく。家族をひとつのシステムと考えるとどのような問題も解決しやすくなるので，この考えが用いられるようになった。

### 2. 意義——このシステム理論を取り上げる意味
すべてシステムには，階層性ということが考えられる。つまり，家族は，さらに小さい下位システムに分けることもできるし，上位のもっと大きなシステムを考えることができる。どのように大きくしようと小さくしようと，その組織形態の基本形は変わらないという特徴をもっている。これを異質同型性（isomorphism）という。家族を例にして考えると，必要に応じて一家を父母連合と子ども連合に分けることもできるし，いま問題となっている家族に，その上の祖父母の家族を入れて○○家の家族を考えていくこともできる。この拡大や縮小は，そのときの都合でどうにでもできる特徴がある。これは家族を考えるときに大変便利である。これを用いると，親世代にやっていたことを若夫婦世代が知らずに真似ていることがよく理解される。

第二の意義は，家族内で相互に影響を与えあっていて，ある問題が生じ，しかもそれがある時間つづいているということは，その問題を継続させている仕組みができあがっているということになる。これを円環的因果律（circular causality）と呼んでいる。たとえば，不登校の問題を考えても，「子どもが学校に行かなくなる」「父親が力ずくで連れて行こうとする」「子どもが激しく抵抗する」「母親が今日だけは行かなくてもいいからと言ってなだめる」「子どもがさらに行かなくなる」という循環で理解することができる。これを何度もやっているうちに，家族全体が悪循環に陥っていくのである。これは不登校という問題を解決しようとして，学校に行かせようという方向（ネガティブ・フィードバック）を用いているために，問題を長引かせているのである。このようなときには，ポジティブ・フィードバック（今までの対応とは逆に問題を拡大する方向へ働きかける）を使うことをすすめる。つまり，父親ならば「なに，学校に行きたくない。まあ，それもそうだな。行ってもどうせ俺ぐらいにしかなれないからな。まあ，行かないのも手だな」とやるのである。いつもは学校に行くように注意されているから，あわてるのは子どものほうである。

第三の意義は，家族のなかで機能不全が起きているのは，システムがお互いに影響を及ぼしあっている関係のどこかが滞っているからである。つまり，家族内にコミュニケーション障害が起きているためである。こう考えると家族問題はわかりやすくなる。たとえば，子どもが夕食時に「今日は食べたくない」と言う場合がある。夕食前に何かを食べているか，おかずが気に入らないのか，もしくは親に反抗しているのかである。コミュニ

ケーション障害をそのままにしておくのはよくないことである。通常の家庭ならば，「どうしたの，何かあったの」と聞いて，子どもの気持ちを確かめ，家のなかに情報のへだたりをなくすことを行うはずである。このようにして，とにかく情報が円滑に流れるようにすることが家庭円満の秘訣なのである。

### 3．学校現場や産業界への応用

この家族システムの原理は，学校現場や産業現場に応用が可能である。たとえば，学校現場で，いじめはなぜ起きるのかを考えてみる。何人かの子どもがお互いに協定して別な子どもに情報を与えないところからなどで，いじめが発生してくる。いわば，コミュニケーションの障害をつくりだすことで，いじめが成立している。したがって，いじめ問題の解決には，コミュニケーションをよくすることが解決策になる。だから，クラスのなかでの話し合いを通して，意志疎通を回復することで解決を図ることができよう。これが無理なら拡大して保護者に協力を求めたり，他の教員にサポートを求めたりして，情報の流れを円滑にすることである。

また，このシステム理論は産業現場にも応用できる。いくら注意しても遅刻してくる社員がいる。この社員にとって注意してももう効き目がないことがわかった場合に，注意というネガティブ・フィードバックの代わりに，次のようなポジティブ・フィードバックを用いるとよい。「やあ，君が遅刻してくれるおかげで仕事が滞っている言い訳ができていいよ。みんな君には感謝しているよ」とやるのである。その社員は次の日からあわてて遅刻しないでくるようになるはずである。

### 4．今後の課題

家族問題に対してシステム論が，他の学校現場や産業界にどのように用いるかについて述べてみたが，この方面の応用はまだ，あまり手がけられていない分野でもある。この方面を組織的に開発していくと効果的で，カウンセリング介入法が開発されてくるであろう。

1950年代には，カウンセラーがクライエントを指示したり解釈したりしてコントロールすることはよくないことだという考えに支配され，クライエントを操作的に動かすことを躊躇した感があった。1960年以降に発達したこのシステム論では，そのような束縛から離れて，自由自在な発想法で多くの技法が開発されてきた。これを家族以外の他のカウンセリング分野で用いてみたら，きっと効果のあるカウンセリングが展開されるに違いない。この方面に関心のある方は，さらに研究していただければ幸いである。

（楡木 満生）

〔文献〕

ヘイリー，H. 高石昇訳 1986 戦略的心理療法――ミルトン・エリクソン心理療法のエッセンス 黎明書房

亀口健治 1997 現代家族への臨床的接近――家族療法に新しい地平をひらく ミネルヴァ書房

ミニューチン，M. 山根常男監訳 1984 家族と家族療法 誠信書房

吉川悟 1993 家族療法――システムズアプローチ〈ものの見方〉 ミネルヴァ書房

## 17 アドボカシー
advocacy in school counseling

アメリカのスクールカウンセリングで，アドボカシーという言葉がカウンセラーの役割を定義するうえで使われるようになったのは，社会経済的に恵まれない生徒たちの学業成績と自己達成の問題が表面化されてからである。そのときから，カウンセラーの役割が見直された。スクールカウンセラーは，生徒全員が平等に扱われ，一人ひとりが自ら最高レベルの学業成績を達成できるように積極的に支援し，アドボケート（擁護者）としてシステム改善に臨むことになった。アメリカの文献や研究に，スクールカウンセラーは，アドボケートでなくてはならないということがはっきり述べてあるが，実際カウンセラーがさまざまな場面でどのようにアドボケートするかについてのプロセス，また，アドボケートとしてとらなくてはならない行動についての研究は少ない。

## 1. アドボカシーの意味とアドボケートの意義

　スクールカウンセラーが，学校の必要としているサポートをフルに提供するためには，カウンセラーがアドボケートでなくてはならない。擁護の形態はさまざまであるが，現代の学校のニーズを考え効率よく役割を果たすには，伝統的な個人／グループ・カウンセリングだけではニーズに応えることができない。スクールカウンセラーは，問題のある生徒だけをカウンセリングし支援する存在であってはならない。スクールカウンセラーは，教師，管理者，保護者や地域社会とコラボレートし，リーダーシップをとり，システム改善環境づくりに臨まなくてはならない。そこで，以下にアドボカシーの構成概念三つを説明し，問題提起をしたい。

### 1）コラボレーション

　スクールカウンセラーは，アドボカシーの意義と特質を理解しなければ，プロフェショナルとはいえない時代になりつつある。カウンセラーは，生徒の幸福になる権利の擁護を第一に考慮し，学校，家庭，地域社会と協力，連携しながら，人材やサポート機関などの資源を活用する役割がある。すなわち，スクールカウンセラーは，アドボカシーのために優れたコミュニケーションスキルを身につけているとともに，傾聴，共感する能力ももっている。専門の知識やスキルを使い，他者と共同し，協力関係を築く。管理者との間で意見の対立があっても，スクールカウンセラーは，他者の考え方も尊重しポジティブな関係を保つことができなくてはいけない。

### 2）リーダーシップ

　スクールカウンセラーの役割が変わりつつある。すなわち，生徒一人ひとりのニーズに対応するという役割から，リーダーシップをとり学校地域に変化を及ぼす仲介者，あるいはアドボケートに変わってきている。問題が起きたときに補うのではなく，学校全生徒一人ひとりの健全な成長を随時促進できるような環境づくりのリーダーでなくてはならない。アメリカでは，学校によってはスクールカウンセラー，スクールサイコロジスト，サポートティーチャー，看護師，作業療法士，言語療法士，ソーシャルワーカー，校長などによるサポート・グループが結成されている。スクールカウンセラーはこのグループをリードし，メンバーの専門知識を活かし，協力しながらグループとしてさまざまなニーズに対応している。

### 3）システム改善

　スクールカウンセラーは，アドボケートとして学校というシステム全体に働きかけ，ポジティブな影響を及ぼす改善を行わなくてはならない。ガイダンス・プログラムの実施もその一例である。問題が起きてからカウンセラーが対応するのではなく，生徒たちに必要な能力やスキルを事前に明確にし，ガイダンス・カリキュラムを開発し導入しなくてはならない。たとえば，いじめが起きてからカウンセリングを行うのではなく，いじめを許さない・起こさないために，自他理解や自他尊重に役立つ態度・知識・対人関係スキルを含むプログラム（学業，進路，性格，人間関係，健康の発達促進）を実施しなくてはいけない。また，ある学級で生徒と教師との間に問題が生じた場合，生徒のカウンセリングだけを行うのではなく，教師に学級運営についてコンサルテーションをし，教師と生徒がより良い関係を築けるような環境づくりにも力を入れなくてはいけない。

## 2．今後のスクールカウンセラーの課題

　これからのスクールカウンセラーに必要とされているスキルとアプローチは，ある問題にフォーカスをしたカウンセリング手法，また，何か問題が起きてから反応し解決に取りかかるという伝統的方法ではない。また，カウンセラーは学校内で受け身の立場であるのではなく，アドボケートとして学校というシステムを動かしていく存在であってほしい。問題解決志向や認知行動的アプローチを用いたカウンセリングで，生徒の長所をどう活かし，最大限の成長を促進することができるか考えなくてはならない。また，管理者，教師，保護者と連携し，学校が全生徒にとってより良い学習環境であるように，生徒の学業的，キャリア的，個人的-社会的ニーズを把握し，さまざまな運動，構想や方策を通して支援していかなくてはならない。

スクールカウンセラーは,「スクールカウンセリングのトレーニングを受けた教育者」(ASCA, 2003)であるべきであり,「セラピストではない」ことを忘れてはならない。教育者であるスクールカウンセラーとして,教師と同レベルの学級経営能力やカリキュラム作成などの知識をもち,カウンセラーとしての力を発揮してもらいたい。

### 3．今後の研究課題

日本に比べて,アメリカのスクールカウンセリングの歴史は長い。現在,日本が経験している問題はアメリカでも起きているし,すでにアメリカが数年前に経験した問題でもある。日本とアメリカの文化や環境は異なるが,アメリカから学べるものはたくさんある。とりわけ,スクールカウンセラー養成・トレーニング,インターンシップの導入などである。

最近,学校でのいじめ,学級崩壊,アンガーマネジメントなどの問題や,子どもたちの事件が,頻繁に報道されている。このようななかで,スクールカウンセラーの役割が日々注目されている。カウンセラーが学校で,アドボケートとしてどのような活動をしているのか。また,アドボケートとしてやっていくためには,どのような制度が必要であるのか。教育者としてのカウンセラー養成,アドボケートとして活躍できるカウンセラー養成に必要なトレーニングは何かなど,これからの研究課題はさまざまである。

(熊本 エリザ)

〔文献〕

Akos, P., & Galassi, J. P. 2004 Training school counselors as developmental advocates. *Counselor Education & Supervision*, **43**, 192-206.

American School Counselor Association 2003 *The ASCA national model*: *A framework for school counseling programs*. Author.

Bemak, F., & Chung, R. 2005 Advocacy as a critical role for urban school counselors: Working toward equity and social justice. *Professional School Counseling*, 8 Issue 3, 196-202.

Galassi, J. P., & Akos, P. 2004 Developmental advocacy: Twenty-First Century school counseling. *Journal of Counseling & Development*, **82** Issue 2, 146-157.

Trusty, J., & Brown, D. 2005 Advocacy competencies for professional school counselors. *Professional School Counseling*, 8 Issue 3, 259-265.

## 18　教育支援センター間のネットワーク
organizational network as counseling strategy

教育支援センター間のネットワークとは,職業的基盤が脆弱な領域(新しい領域)にあって,どのように職員を熟達化させていくかのストラテジーについての提言である。

### 1．教育支援センター間のネットワークの意義

教育支援センター(適応指導教室)とは,教育委員会等が学校以外の場所に設置している,不登校児童生徒の支援を行う施設である。1990(平成2)年度で全国で84教室であったものが,2005(平成17)年度では1,161教室まで増加している。これらは,職業的基盤が脆弱ななかにあって,あり方を模索しながら発展している領域といえる。

このような職業的基盤の脆弱な領域においては,その職業領域が「どのような目的で」「誰が」「誰に」「何を行うのか」ということを定義したうえで,その領域における熟達の過程を明確にしていくことが必要である。これらを明確にすることにより,効率的な訓練過程(ストラテジー)が提起できる。

熟達化については,認知心理学分野において多くの研究がされており,一般的にこれら熟達化の前提には,すでにその領域における文化が確立されており熟達者のモデルが存在していることが挙げられる。しかしながら,新しい領域には,これら安定した文化やモデルが存在していないことが多い。

教育支援センターにおける熟達化を検討する意義は,狭義の意味では教育支援センターそのものについて検討することであるが,広義では,新しい領域においてどのようにすれ

ば関係者が熟達していくのかについての提言となると思われる。

## 2. 教育支援センター職員の熟達化の研究

教育支援センター職員の熟達化については，教育支援センターの定義が明確でない以上，熟達化についてもさまざまな定義が出されることとなる。ここでは，筆者が行った調査方法と結果を提示することにより，「新しい領域における熟達化を研究する」ストラテジーの提起と，「教育支援センター職員の熟達化をどうすすめるか」という狭義のストラテジーの提起を重ねて記述したい。

### 1) 熟達者をどう定義するか

教育支援センターなどの新しい領域においては，目的がさまざまであり，定義が不明確となる。たとえば，学校復帰を目的にしているものであれば，児童生徒を早く学校に復帰させた者が熟達者となるであろうが，違う視点からみれば熟達者とは呼ばないであろう。したがって，調査対象（定義）と目的を明確にし，熟達化について理論的構築を行うことが必要になろう。

### 2) 調査法

教育支援センターに関する調査研究は，さまざまな教育支援センターを調査し，「どのようなタイプのものが多いか」「職員の意識調査」などが多い。これらは全体像を知るために重要である。しかし，調査者が求める（定義する）教育支援センターを構築するためには，どのような熟達者が求められ，そのためにどのような訓練を実施すればよいのかについては，明確になりづらい側面がある。

それらを明確にするためには，対象，定義を限定し，調査を実施することである。母集団が小さい本項のような新しい領域においては，調査者の立場を明確にして，質的研究法などを用いることが必要であると思われる。

### 3) 教育支援センター職員の熟達化について

ここでは，筆者が調査した職員の熟達化について例示したい。

現職の教員が派遣され，教育支援センター間でのネットワークが構築されている地域を対象地域とし，そこで中核となっている職員を熟達者と仮定義し，質的調査法により出た結論に対し批判的検討を行うことにより，理論化を目指した。

この結果から職員は，①当初は学校復帰を早急にさせようとして失敗し「揺れ」が生じること，②「揺れ」による動揺を，強力な支援者によりいったん棚上げが図られること（近隣領域〈カウンセラーなど〉によるスーパーバイズ），③棚上げがされることで余裕ができ，仲間のモデルから取り入れが起こること（仲間によるモデリング），④支援した児童生徒が成人し，自らの支援を振り返ることができる（フィードバックによる強化），などの過程が明らかになった。

これらのことから，教育支援センター職員の熟達化（モデルのいない新しい領域における熟達化）のためには，①心的余裕を確保するためのスーパーバイザー（近隣領域におけるモデル）の確保，②仲間の確保（横の関係でのモデルの確保），③自らの支援結果のフィードバック（この場合は，支援した子どもの長期的成長の観察）が，必要であると考えられた。

## 3. まとめと今後の課題

今後，教育支援センター（新しい領域）における熟達化の研究を行うについての留意点が二つある。

一つは，調査者の視点である。領域の定義そのものが不明確になりがちである。調査者が，どのような領域内で，どのような熟達について調査を行いたいのか。そして，それは何のために調査をしたいのか，という視点を明確にすることである。幅広く現状の把握に視点をとられると（囲碁の熟達者が，将棋の熟達者でないように），「熟達」ととらえたものが，そうでないことが生じてくるのである。

二つには，批判的検討の視点を有することである。新しい領域である以上，調査者の視点を明確にせざるを得ない。しかしながら，固執しすぎると独善に陥る。近隣領域における熟達の調査研究を把握しておくことと，その視点から常に批判的検討を行うことである。

(森 憲治)

〔文献〕

波多野誼余夫編 1996 学習と発達 認知心理学 5 東京大学出版会

波多野誼余夫・高橋恵子　1997　文化心理学入門　岩波書店
木下康仁　2003　グラウンデッド・セオリー・アプローチの実践――質的研究への誘い　弘文堂
大浦容子　2000　創造的技能領域における熟達化の認知心理学的研究　風間書院
新保幸洋　2000　カウンセラーの熟達化及び成長・発達モデルの構築に関する研究動向　大正大学臨床心理学専攻紀要, **3**, 8-23.
Strauss, A., & Corbin, J.　1990　*Basics of qualitative research: Grounded theory procedures and techniques*. Sage Publications.（南裕子監訳　1999　質的研究の基礎――グラウンデッド・セオリーの技法と手順　医学書院）
Willig, C.　2001　*Introducing qualitative research in psychology: Adventures in theory and method*. Open University Press.（上淵寿・大家まゆみ・小松孝至　2003　心理学のための質的研究法入門――創造的な探求に向けて　培風館）

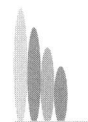

# 19　SGEの効果のある子ども

children with high applicability of SGE

SGEとは，構成的グループ・エンカウンターの略語で，「集中的なグループ体験」のことである。「ふれあい」と「自他発見」を通して，参加者の「行動変容」を目標としている（片野, 2003）。

学級で継続的・計画的にSGEを行った場合の効果として，鹿島（2004）は，「学級のなかにおける人間関係の広がりと深まり」「一人ひとりの行動，思考，感情の変容」の二つを挙げている。SGEを実施するにあたっては，その効果を適正にみとり，次回に生かしていく必要がある。また粕谷（2004）が指摘するように，「効果として何を測定するか」が大切である。なぜなら，何の効果を測定するのかはっきりすれば，どんなことを意識してそのSGEを実施するのかが明確になり，エクササイズの選定や進め方のヒントになるからである。

## 1．研究されている先行文献

SGEにおける効果研究は，大学生を対象とする研究から始まり，高校生，中学生，小学生，留学生，教職員，保護者へと対象を広げている。

主要な効果研究として，國分ら（1987）は，SGEのプログラムが人間関係づくりに有効であることを明らかにしている。片野（1994）は，SGE体験後の自由記述調査で，参加者には，「行動変容の気づき」「自己開示行動」「自己の問題への気づき」「他者理解への広がり・深まり」があったことを報告している。

小学生を対象とした研究としては，真仁田・村久保（1989）は，学級の凝集性の高まり，孤立児，周辺児の減少の効果を報告している。加藤（2000）は，小学校に適用したSGE研究を概観し，その効果として，「学級集団の凝集性や肯定的雰囲気，自己肯定感，肯定的な他者理解，対人関係の改善，共感性の育成，いじめ同調傾向の抑制」を挙げている。

中学生を対象とした研究としては，川崎（1994）は，自己肯定感を高める目的で実施するSGEが，進路意識を高める効果があったことを報告している。縫部ら（2003）は，SGE，キャリア・ガイダンス，スキル・トレーニングを導入した学級経営が，学習動機と学力形成に有効であることを報告している。

## 2．効果検討の必要性

SGEは，学校現場において急速に普及し，定着しつつある。今や教育課程に組み込まれるまでになり，普及し始めのころに比べると，教員同士がその効果について確認しあったり，展開の仕方を模索しあうといった場面は少なくなった。教員が問題性を感じなくなっているということは，ほとんど全員が楽しかったというような同調している反応，つまりネガティブなことを言えないような雰囲気になっている可能性もある。また，武蔵・河村（2003）は，SGEにおける効果研究の数がBGEに比べると少なく，「領域の整理ができていない」ことを指摘し，「体験により個人にもたらされる変化をとらえた研究が蓄積される」必要性を強調している。その意味で効

果について，特に個人差に目を向け検討していく必要があると思われる。つまり，どのような傾向の生徒にどのような変化が現れるのかをみていくということである。

そこで，吉澤（2004）が短期SGEプログラムを中学校1年生に対して実施し，自己概念の観点から検討を行った。プログラム実施前後における個人の変動をみていくと，学級のなかで肯定的な方向に変化した割合は20.7％，否定的な方向に変化した割合は24.1％であった。実施前後で肯定的な方向に変化した生徒「上昇群」と，否定的な方向に変化した「下降群」について，振り返り用紙とあわせて検討したところ，「上昇群」の生徒は友達から「無邪気な」「人なつっこい」「陽気な」と思われており，孤立する可能性や問題行動が心配される生徒，あるいは，比較的おとなしい生徒が多かった。それに対して，「下降群」の生徒は，友達から「頭の良さそうな」「真面目な」「何でもできそうな」と思われており，学級のリーダー的立場の生徒が多かった。

日常の生活場面を考えてみると，「上昇群」の生徒たちは，人に迷惑をかけたり，自分の意志をはっきりと伝えられないなどで非難されたり，場合によっては，教員から指導されることのある生徒たちである。彼らはどちらかというと，他からのネガティブな働きかけのなかで過ごすことが多い。それに対して，「下降群」の生徒たちは，学級のリーダー的な立場であり，賞賛やポジティブな働きかけのなかで過ごしていることが多いといえる。つまり，SGEを実施することによって，ネガティブな働きかけのなかで過ごすことの多い人は，自分のポジティブな面に気づき，ポジティブななかで過ごすことの多い人は，自分のネガティブな面に気づきやすいと思われる。

SGEの対象は，「今よりもっと自己表現的になりたい，今よりもっと対人関係のもち方がうまくなりたいという，いわば自己啓発，自己改造，能力開発という積極的な動機」（國分，1981）をもつ人である。したがって，「上昇群」の生徒のほうが，「下降群」の生徒よりSGEの対象としてより適しており，よ

り有効に働いたと思われる。

## 3．今後の課題

プログラム実施後，振り返り用紙からも，感情の変容や思考の拡大・修正と思われる記述をみとることができた。しかし，行動の変容となると，プログラム実施数カ月後の調査や，学級担任による観察などが必要だと思われるが，どのような調査計画，調査形態がより有効か検討する必要がある。また，子どものソーシャルスキルの稚拙化が叫ばれる現在，國分（1981）が指摘している「学習の転移」，つまりSGEの経験を「日常生活にどう展開していくか」は，SGEそのものの問題点であるとともに，時代を経て，そこに子どもの変化が加わり，なおいっそう難しくなっている。その意味で，学習の転移が起こりやすい工夫を考えていく必要がある。

（吉澤　孝子）

〔文献〕

鹿島真弓　2004　予期した効果が得られなかったとき　國分康孝・國分久子総編集　構成的グループエンカウンター事典　図書文化社　190.

粕谷貴志　2004　効果の測定方法　國分康孝・國分久子総編集　構成的グループエンカウンター事典　図書文化社　200.

片野智治　1994　構成的エンカウンター・グループ参加者の体験の事実の検討　カウンセリング研究，27，27-36.

片野智治　2003　構成的グループ・エンカウンター　駿河台出版社

加藤治代　2000　日本における構成的グループ研究の現状と課題――小学生対象研究を中心として　國分康孝編　続構成的グループ・エンカウンター　誠信書房　91-104.

川崎知己　1994　構成的グループ・エンカウンターが中学生の進路意識に及ぼす効果　カウンセリング研究，27，132-144.

國分康孝　1981　エンカウンター　誠信書房

國分康孝・西昭夫・村瀬旻・菅沼憲治・國分久子　1987　大学生の人間関係のプログラムに関する男女の比較研究　相談学研究，19(2)，71-83.

真仁田昭・村久保雅孝　1989　小学校高学年における構成的エンカウンター・グループへの取り組み――開発的教育相談に関する連携と実践　教育相談研究，27，29-37.

武蔵由佳・河村茂雄　2003　日本におけるエンカウンター・グループ研究とその課題――Basic Encounter Group 研究と Structured Group Encounter 研究の比較から　カウンセリング研究, **36**(3), 88-98.

縫部義憲・菅野信夫・今川卓爾・荒谷美津子・作田武夫・松尾砂織・二畑芳信　2003　中学校における学級経営の改善に関する研究（2）――構成的グループ・エンカウンターを導入した学級経営が学級の生徒の学力に与える効果の研究　学部・附属学校共同研究紀要, **31**, 25-33.

吉澤孝子　2004　中学校における構成的グループ・エンカウンターの効果の検討　新潟大学大学院教育学研究科修士論文

## 20　問題行動予防のプログラム

program for prevention of problem behavior

文部科学省から，2007（平成19）年2月5日，「問題行動を起こす児童生徒に対する指導」と題する通知が出された。この通知は，問題行動への対処や，懲戒と体罰の境界を具体例で明示していることから大きな反響を呼び，賛否両論がマスコミでも大いに取り上げられた。同通知では，問題行動について，「まず第一に未然防止と早期発見・早期対応の取り組みが重要です」とし，予防の重要性を明確に述べている。

生徒指導は，あらためて述べるまでもなく自己指導能力の育成を目指すものであり，それを「自己存在感」をもたせること，「共感的人間関係」を築くこと，「自己決定の場」を設定すること，などによってなし得ようとする営みである。この営みは，問題行動を予防することにほかならない。

### 1．児童生徒の問題行動の状況

問題行動の予防についての取り組みや研究の視点について述べる前に，昨今の問題行動の状況について押さえておきたい。

2007（平成19）年3月に示された「生徒指導上の諸問題の現状と文部科学省の施策について」において，児童生徒の暴力行為の発生状況が報告されている。それをみると，2005（平成17）年対教師暴力，生徒間暴力，器物損壊などの暴力行為の発生数は，小学校約2千件，中学校約2万6千件である。そのなかで，生徒間暴力（小学校約1千件，中学校約1万3千件）が暴力行為の半数程度を占めている。

また，警察庁の『警察白書　平成19年版』によると，警察が取り扱った校内暴力事件は2006（平成18）年の1年で，小中学校で約1千件ある。さらに，同年で19歳までの不良行為少年（補導した人数）は，約142万人。様態は，深夜徘徊が過半数（約72万人）を占め，喫煙を合わせると，約90％となる。刑法犯の少年を年齢別でみると，中学生の年齢である14歳で2万人超，15歳を含めると約4万5千人である。殺人，強盗，放火，強姦といった凶悪犯も，この二つの年齢だけで200人を超えているのが実態である。

このようにみてくると，先の通知に示された「対教師あるいは生徒間の暴力行為や施設・設備の毀損・破壊行為等は依然として多数にのぼり」が，緊急の課題であるとわかる。また，学校外での問題行動も顕在化しており，「家庭，特に保護者，地域社会や地方自治体・議会をはじめ，その他関係機関の理解と協力を得て，地域ぐるみで取り組めるような体制」づくりが急務であるといえる。

### 2．問題行動予防プログラム

少年を取り巻く社会の状況や学校の状態を調査し，明確な方向性を示した二つの冊子を紹介する。これからの研究や実証は，この二つを踏まえて行うとよい。

一つは，『生徒指導体制の在り方についての調査研究報告書』（国立教育政策研究所生徒指導研究センター, 2006）である。これはまさに，問題行動対策重点プログラムを受けてのものである。「社会で認められないことは，学校でも認められない」「毅然とした粘り強い指導こそ，子どもたちの社会的自立を育む」という理念のもと，生徒指導体制のあり方を問い直している。

もう一つは，『児童生徒の規範意識を育むための教師用指導資料』（文部科学省・警察庁, 2006）である。これは，非行防止教室の

取り組みを中心に，指導事例や指導案が掲載されている。
　この二つの冊子をもとに研究および実践する視点としては，①具体的な問題行動の減少がどのような取り組みによって成果を上げたのかを検証する，②「自己指導能力」が，たとえば非行防止教室を行うなかでどう育成されたかを詳細に検証するなどがある。
　また学級の荒れの型を分析し，具体的な手だてを数多く提示している河村茂雄のQ-Uを用いた一連の研究や分析は，学校現場にもなじみやすい。たとえば，河村（2007）では，学級の荒れや問題行動に対する対応が詳説されているが，研究の視座としてきわめて有効なものが多い。
　河村は，学級をQ-Uの結果によって「満足型・なれあい型・管理型」に分けている。それぞれの特徴は，このネーミングに端的に表れているが，それぞれのタイプで，たとえば，規範意識の得点の差異が示されていたり，いじめ被害にあう子どもを教師が発見できる割合が示されたりしている。データをどのように扱うか，それをもとにどのような分析を行っているかは，研究するうえで多いに参考になる。また，同書は，ルールやリレーションの確立といったことを，それぞれの学級の状態別に対応や提言としてまとめている。これらは，問題行動の予防という観点としても勘所である。

## 3．援助法の開発

　問題行動を治す生徒指導を成功させるため，また育てるカウンセリングの考え方を生かすために，飯野（2003）は，教師の役割としてヘルパー，トレーナー，パートナーの三つの役割が必要だとしている。これは「生活を援助し，訓練を行い，励ましながら」教育する姿をいう。飯野は，育てるカウンセリングのフレームで生徒指導をとらえ，構成的グループ・エンカウンター（SGE）やソーシャルスキル・トレーニングを用いた具体的な援助法を示している。
　なお，國分・大友（2001）は，育てるカウンセリングを治すカウンセリング対照概念とし，「神経症を治す心理療法ではなく，人生の途上で誰もが遭遇する問題（友人関係，進路選択）を自力で乗り越えていく能力を養う」ものととらえている。
　また，喫煙や飲酒などの問題行動を回避させることや，支援の仕方がプログラム化されているものに，WHO（1997）がある。特別活動や総合的な学習の時間に組み込んで，発達段階に応じて実施できるテキストとしては，JKYB研究会（2006）（代表，川畑徹朗）がある。これは，WHOで開発されたプログラムを，日本の教育現場に適合する学習内容と方法が示されている。
　今後，ライフスキルの導入を考える学校は，先行研究をベースにしながらも，自校化し，①セルフ・エスティームの向上，②社会性の発達，③問題行動抑止，などの効果の検証に取り組む必要がある。

## 4．今後の課題

　近年の非行型は，「普通の子」が「いきなり起こす」ということがいわれる。つまり，全員を対象とした問題行動予防プログラムが必要だということである。全員を指導するには，学級担任が学級で行うことが求められているともいえる。
　國分（1998）と藤川ら（2003）が，それに答えている。特に，押切（2001）が構成的グループ・エンカウンター（SGE）の原理を用いて，リレーションや自己発見を促進しながら行う「非行予防エクササイズ」として，「犯罪さがし」が具体的に示されている。これにより，どのようなことが犯罪となり，どのような罰が科せられるのかが明確になり，非行抑止になる。押切（2001）は，このようなエクササイズをまとめた。非行予防に取り組む教師にとって，なすべき内容と方法の獲得だけでなく，知識面の充実が期待できる書となっている。
　今後の研究の視点としては，たとえば，学級の仲間づくりと自己肯定感との関係を明らかにしたり，学級のタイプによる構成的グループ・エンカウンターの効果の違いなどを検討したりすることなどが挙げられる。

（吉澤　克彦）

〔文献〕
藤川章・押切久遠・鹿嶋真弓編集　2003　非行・反社会的な問題行動　図書文化社

飯野哲朗　2003　「なおす」生徒指導「育てる」生徒指導——カウンセリングによる生徒指導の再生　図書文化社
JKYB研究会編　2006　JKYBライフスキル教育プログラム——「実践につながる心の能力」（中学生用レベル2）　東山書房
河村茂雄　2000　学級崩壊予防・回復マニュアル——全体計画から1時間の進め方まで　図書文化社
河村茂雄　2007　学校の課題——学力向上・学級の荒れ・いじめを徹底検証　図書文化社
警察庁　2006　警察白書（平成18年版）
國分康孝編　1998　問題行動と育てるカウンセリング　図書文化社
國分康孝・大友秀人　2001　授業に生かすカウンセリング——エンカウンターを用いた心の教育　誠信書房
国立教育政策研究所生徒指導研究センター　2006　生徒指導体制の在り方についての調査研究（報告書）
文部科学省　2007　問題行動を起こす児童生徒に対する指導（通知）
文部科学省初等中等教育局児童生徒課　2007　生徒指導上の諸問題の現状と文部科学省の施策について
文部科学省・警察庁　2006　児童生徒の規範意識を育むための教師用指導資料
押切久遠　2001　クラスでできる非行予防エクササイズ——子どもたちの後悔しない人生のために　図書文化社
WHO編集，川畑徹朗ほか監訳　1997　WHOライフスキル教育プログラム　大修館書店

## 21　生き方のカウンセリング
counseling as the way of being

　フロイト（Freud, S.）の時代は，感情の抑圧ゆえに神経症が生じると考えられていた。それゆえ，抑圧からの解放が面接の主たる目標であった。しかし今は違う。現代文化は抑圧から解放された自由がある時代である。すなわち，選択の自由に恵まれた時代である。
　職業でも配偶者でも，思想でも，学校でも，転職でも，離婚でも，本人の決断で選べる時代である。ということは，自分の人生のプリンシプルをもたなければ，選ぶに選べないという悩みが生じるということである。
　すなわち，現代人の問題は選択の自由を行使するために，自分の生き方を定めなければならないということである。"Being is choosing."（人生とは選択の連続である）とは，そのことである。

### 1．カウンセリング理論と人生のプリンシプル
　さて，生き方の模索をするときに，カウンセリング諸理論はどのように役に立つか，私は次のように考えている。
　1）実存主義的アプローチ
　このアプローチでは，自己開示，対決技法，リフレーミングを用いて自分の人生の意味を発見または創造させようとする。すなわち，カウンセラーが自分の人生観を開示すれば，それが刺激になったクライエントは自己探索し，自己開示する。このやりとりを繰り返しているうちに，徐々にクライエントは自分の人生哲学を意識化するようになる。
　クライエントの考え方にカウンセラーが納得できないときは，それに疑義を投げかけ，揺さぶりをかけ，クライエントが自分の実態に対面し，自分の生き方を再検討せずにはおれない状況をつくる。これが対決である。
　クライエントが自分のある状況（たとえば，倒産，傷病，死別）をどう受け止めてよいかわからないときには，カウンセラーがその意味を提示するのがリフレーミングである。フランクル（Frankl, V. E.）が「生きている意味がないから死にたい」という仲間に，「君は生きているだけで，"私には父がいる"というお嬢さんの生きる力の源泉になっている」と教えたのがその例である。

　2）論理療法
　これも，人生のプリンシプルを立てるのに有効な示唆を与えてくれる。すべての人に愛されねばならぬ，失敗すべきではない，人の心を傷つけるべきではない，人は私の欲するとおりに行動すべきである，私は人より優れていなければならない，人のできることは自分もできなければならないといった「ねばな

らない思考」からの脱却は，自分はどんな人生を歩みたいのかを定める自由と気概を与えてくれる。数あるカウンセリング理論のなかで，論理療法と実存主義アプローチは，最も人生哲学の濃厚な理論である。
### 3）内観法
これも人生観を定めるのに有効である。自分はひとりで生きているわけではない。他との関係（縁）のなかで生きているという自覚は，人生との和解，人生への感謝という基本姿勢を培ってくれる。非社会的行動は外界（人生）を避け，反社会的行動は人生に敵対するというプリンシプルに立っている。「非社会的」も「反社会的」も，人生と和解していないところが共通している。このネガティブな共通項をポジティブなプリンシプルに変えるのが，内観法である。
### 4）自己理論
ロジャーズ（Rogers, C. R.）のこの理論も，生き方を示唆する理論である。すなわち「うれしいときは笑える人間，悲しいときには泣ける人間」（自己一致）が，生き方のプリンシプルである。あるがままの自分になりきって生きよというのである。ただし，自由も放縦も「あるがまま」にみえるので，両者の識別が難しい。
### 5）交流分析
これが提唱する生き方のプリンシプルは，柔軟性である。状況に応じて PAC を出し入れする，状況に応じた相補的交流，交差的交流，裏面的交流を選ぶ，状況に応じて六つの時間の使い方を選ぶ，というのがそれである。すなわち，「随処に主となる」が，交流分析の人生指針である。
### 6）行動理論
これは周知のごとく，対症療法である。すなわち，不和，不登校，人見知り，夜尿，社交下手，チックなどの問題がない人生，平穏な人生を良しとする生き方をプリンシプルとしている。生きる意味とは何かといったような思索を求める理論ではない。しかし，このような考え方で幸福な人生を築いている人が少なくない。
### 7）特性-因子理論
この理論では，自分の特性（能力，興味，価値観など）にフィットした環境を選ぶのが，幸福の王道であると考える。自己理解と環境（外界）理解が，人生選択のプリンシプルである。
### 8）ゲシュタルト療法
この療法では，「感情を伴った洞察」を得るために各種のエクササイズを体験させる。その基調をなすのは体験的認識である。すなわち，冷暖を自知せよと提唱する。理屈ばかり言うな，知性化するな，もの自体に触れて感情体験をせよというのである。
### 9）構成的グループ・エンカウンター
前述のゲシュタルト療法の流れを汲むものがこれである。SGE は，グループ・プレッシャーを恐れず（人の目を恐れず），自分のありたいようなあり方をする勇気をもって生きよという。このプリンシプルを "courage to be."（存在への勇気）という。したがって SGE は，求道者の集いであるといえる。日常生活でこのプリンシプルを，どのような時に，どのように発揮したら，どのような結果が得られるか（エビデンス）が，今後の期待されるリサーチ・トピックである。
### 10）精神分析理論
最後になったが，カウンセリング諸理論の"老舗"ともいえるこの理論は，何を人生の指針としているか。それは，「現実原則に従いつつ，快楽原則を満たす生き方」である。自由と規律のバランスのとれた人生をイメージしている。「欲するところに従って，則を越えず」というところであろうか。この考えを体得する方法としては，SGE をはじめとするグループ・アプローチを勧めたい。
## 2．今後の課題
今のところカウンセリング心理学の哲学は，上述したように経験主義の哲学が主流になっている。観念論哲学はあまり注目を浴びてこなかった。しかし，これは無視できない哲学（生き方）である。難民救済のボランティア活動をする人びとは，「人間として幸福になる権利の擁護」という観念に献身している。また，明治維新の志士は，「国家」や「悠久の大義」という観念に人生を捧げた。このように，抽象的なエターナルな観念の存在を信じる生き方もある。しかし，神秘主義，権威

主義，排他主義，絶対主義には警戒しなければならない。経験主義（相対主義）を超えた思想を過剰学習した結果，個人的にも社会的にも不幸，差別，弾圧，対立が生じることが少なくない。これを予防するためにも，カウンセリング心理学徒は，観念論になじむことを勧めたい。

今後の課題として，もう一つ挙げたいことがある。それは，カウンセリング理論を支える哲学を，カウンセリング心理学分野の研究者は意識化することである。すなわち，プラグマティズム，実存主義，論理実証主義，そして自然主義とカウンセリング理論との関係を，意識化することである。ある患者が「精神分析を受けたら悩みは消えるでしょうか」とフロイトにたずねた。フロイトは答えた。「小さな悩みは消えるでしょうが，人間としての悩みはますます深まるでしょう」と。これを受けて私はこう言いたい。それゆえ実証科学としての心理学を超える哲学を学ぶ必要がある，と。

(國分 康孝)

〔文献〕
國分康孝 1991 カウンセラーのための6章——カウンセリング・マインドの展開 誠信書房

## 22 ゲーム・ネット依存症へのストラテジー

strategy for people with game and internet addict

ゲーム依存症は，いまや児童青年のみならず，未就学期の幼児から中高年にまで広がっている。6割を超す子どもが，小学校に上がる前にゲームで遊び始め，中学の段階で，約2割の子どもにゲーム依存の傾向がみられる。ネット依存も急速な拡大を示し，青年人口の約3割がネット依存症だといわれる韓国なみに近づきつつある。しかし，ゲーム・ネット依存症に関する一般の認識はまだ浅く，さまざまな問題を引き起こし，学校だけでなく，医療機関でも相談や援助を求められる機会が急増している。ゲーム・ネット依存に適切な援助を行うためには，まず，依存症というものの

メカニズムや性質，児童青年期のメディア依存に固有の特性や危険性などについて知悉する必要がある。

### 1. ゲーム・ネット依存症の基礎知識

ゲーム・ネット依存の症状としては，次のようなものがみられる。

①決めていた時間を守れない，②過剰使用による睡眠，生活リズムの乱れ，③家族や友人との関係よりも優先，④怠学，怠業，⑤イライラなどの禁断症状，⑥していることを隠したり偽る，⑦止めさせようとすると強い抵抗，⑧身体的随伴症状（眼精疲労，視力低下，頭痛，肩こり，腰痛，肥満）。

利用時間が比較的短くても，依存を生じている場合がある。そうしたケースでは，何かのきっかけで歯止めが取れると，いっきょに耽溺状態に陥る。

依存症の神経科学的基盤は，脳内の報酬系の短絡的充足であり，ゲームにおいては，ドーパミンの過剰な放出が線状体において生じることが確認されている。その程度は，覚醒剤の静脈注射によって引き起こされるレベルにほぼ匹敵する。すべての依存性をもった物質や行為と同様，利用の初期やコントロールされた利用においては，一時的な気分の高揚などのリフレッシュメント効果が期待できる。しかし，使用が長期に及び，さらに耽溺的利用に陥ると，マイナスの影響が目立ってくる。依存症状に加えて，中長期的な使用による慢性的な影響が多面的に認められる。関連が報告されている主なものとして，以下のものが挙げられる。

①アパシー（無気力・無関心）やうつ状態
②注意欠陥（不注意）や衝動性
③成績低下，学習時間の減少，中途退学
④対人関係の消極的変化，回避的傾向
⑤社会的スキル低下，アイコンタクト減少
⑥攻撃的行動，認知，感情の増加
⑦暴力の肯定視，小動物虐待，反抗的態度
⑧自己中心的傾向，共感性の低下
⑨希薄な現実感，状況判断力の低下
⑩悲観的で否定的な自己・他者像，世界観

このように，認知，行動，人格にまで影響を及ぼしうる。オンラインゲームや携帯用ゲーム機はさらに強い依存性があり，依存症

状や行動，認知への影響も深刻になりやすい．
　ゲーム・ネット依存に陥りやすい危険因子としては以下のものが挙げられる．
　①男子（ゲーム），②早く（未就学期）から始めた子（ゲーム），③多動で落ち着きのない子（以下ゲーム，ネット），④集団適応の苦手な子，⑤偏食のある子，⑥幼いころの愛情不足，⑦いじめ，孤立，⑧過保護な養育．
　ADHD（注意欠陥/多動性障害）の子では，依存を生じやすく，ことに暴力的なゲームの影響を強く受けると，executive function（実行機能）の低下や破壊的行動障害のリスクが高まる．また，社会性の発達に問題を抱えている子も，依存やマイナスの影響を生じやすい．一方，本人を取り巻く環境の問題も大きく，支え環境に問題があるところに，何らかのつまずきが加わって，深刻な耽溺に陥るケースが多い．

## 2．ゲーム・ネット依存症の治療

　比較的重症なケースへの対応を中心に述べたい．それらの多くは不登校や引きこもりを伴っている．その場合，鍵となるストラテジーとしては，①安心できる居場所の保証，②主体性の回復，③変化へのチャレンジ，の三つに集約できる．さらに具体的な流れとしては，以下のような段階からなる．各段階でポイントとなる万策について述べる．

### 1）受容と関係づくり

　困っている問題，本人の関心のある問題から入り，必ずしもゲーム・ネット依存の問題から入らない．依存が進んでいるケースでは無理に奪うのは逆効果で，そこにしか居場所がないと感じている子どもでは，よけい過激な行動を誘発する危険がある．挫折，居場所のなさが必ず背景にあり，苦しさを受け止めることが出発点である．

### 2）保護者，関係機関に対する働きかけ

　ゲーム・ネット依存に陥っているケースでは，保護者が支配的で，期待を押しつけ，本人の気持ちに無関心であるというケースが多く，本人の主体性が侵害されている状況を伴いやすい．本人に主体性を戻し，本人の気持ちを汲む方向に働きかけるだけで，状況は大幅に変わる．本人の信頼と能動的な回復意欲を引き出すことにつながる．いじめや孤立，本人の特性の無理解などがある場合，教師などに働きかける必要がある．発達障害などの合併が疑われる場合は，医療機関につなぎ連携をとる．

### 3）問題点を整理し分析する

　本人が困っていることを中心に話を聞くなかで，問題の背景を掘り下げていく．自己分析力の低い人では，これまで話したことを要約する手助けをし，できれば本人の言葉で問題を抽出していく．同時に，「どうしたい？」「どうなりたい？」という本人自身の気持ちに問いかける言葉で，主体的な解決の視点をもたせる．抜けている点や向かい合おうとしない問題については指摘し，本人の気持ちや考えを問う．

### 4）新たな認識と自覚をうながす

　問題がある程度整理されたところで，ゲームやネットにシェルターを求めざるを得ない状況があるにしても，そこから戻れなくなっていないかと問いかける．自分の力で止められないとしたら，それは「依存症」になっていることを告げる．症状についてチェックする作業をし，依存症について説明する．「病名」を与えて自覚をうながすとともに，そのリスクを理解させることで，離脱へのモチベーションを生み出す．また，本人がつまずいている現実の問題に対しても，違う受け止め方や対処の方法がないか問いかけ，本人の気持ちや考えを話してもらう．

### 5）変化へのチャレンジ

　心の底では，本人も今の状況を変えたいという思いをもっている．依存から脱出して，もっと生産的な生活をしたいと望んでいる．ただ，正面から止めろと言われると，反発し，受け入れられない．しかし，ここまでプロセスを踏んで自覚が生まれはじめると，コントロールを取り戻して，今の生活から脱したいという気持ちが高まってくる．そこで，課題を与えていく．夜○○時以降はやらないようにしてみないかとか，一週間止めてみないかといった提案を行う．課題はあくまで本人が十分達成できそうなところから始める．その場合，一時的にイライラしたりするかもしれないことや，そのときの対処法について話し

合っておく。なお軽症の子では，1回のセッションでここまで進むことも可能である。

ただ，この段階で，依存症自体をターゲットにする必要がなくなることもある。主体性が取り戻されるにつれて，しばしば起きることは，新しいチャレンジをしたいと自分から言い出すことである。バイトをやる，今の学校を辞めて新しいことを始めてみる，資格の勉強をしてみる，旅行に行く，デイケアや作業所に通うといったことを言い出すのである。本当に本人が望んでいることであれば，それは，大きな好転のきっかけとなる。

### 6）回復プロセスの支持と失敗のフォロー

生活全般の状況を聞き，課題や新たなチャレンジの状況についても報告してもらう。課題が達成されているかどうかにばかり目を奪われないことが大事である。その子の安心と主体性をあくまで大切にする。達成できたときは評価を与えるが，達成できなくても，責めることなく正直に話してくれたことを評価し，どういう点が難しいかについて話を深める。本人が気づいていない他の面での変化にも目を向ける。小さな良い変化を大事に扱うことがポイントである。

### 7）自立と終結

現実生活が忙しくなり，そこで自信を回復していくと，自ずと利用に歯止めがかかりやすくなる。しかし，まだ最初のうちは，些細なことでつまづいたり，自信をなくしやすく，ぶり返しも起きやすい。根気よいフォローが大切である。発達やパーソナリティ面の問題を抱えていることも多く，その部分の苦しさや困難を受け止め，対処のスキルや考え方のヒントを与えて，乗り越えやすくする。

低年齢の子ども，軽症例では，脱出が比較的容易であるが，経過が長い青年のケースや，発達障害などのために社会適応力が乏しいケースでは，長いかかわりが必要になる。重度のゲーム・ネット依存の治療は，結局，不登校や引きこもり，家庭内暴力の治療でもあり，何らかの不適応の治療でもある。症状化している問題だけを扱うことではすまないのである。

（岡田 尊司）

〔文献〕
Bruner, O., & Bruner, K. D. 2006 *Playstation nation*: *Protect your children from vdeo game addiction*. Center Street.
岡田尊司 2005 脳内汚染 文藝春秋
岡田尊司 2007 脳内汚染からの脱出 文藝春秋
魚住絹代 2006 いまどき中学生白書 講談社
Young, K. 2001 *Caught in net*. John Wiley & Sons.

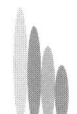

## 23 ITを活用したカウンセリング
IT based counseling

これまでは，カウンセリングは，相談室に通える相手に対する，対面での相談が主流であった。とはいえ，従来から，在宅や遠距離にいるクライエントに対しては，電話や郵便やファクシミリなどの旧来の通信手段も補助的に活用されてきた。21世紀に入り，これらの旧来の通信手段に加えて，電子メールなどに代表される新しい通信手段が急速に広まった。これに伴い，クライエントを支援する場合にも，新しいITを含むさまざまな通信手段をうまく活用することで，より豊かな支援が期待できるようになってきている。

### 1．意 味

IT（information technology）とは，コンピュータやデータ通信に関する技術を総称的に表す言葉である。狭い意味では，近年盛んになったインターネットやイントラネットなどの電子ネットワークを用いて，電子情報をやり取りする技術を指す。近年では，デジタルカメラやデジタルビデオ，IP電話などの発展に伴い，文字情報だけでなく，図表や画像，動画や音声情報も電子情報のなかでやり取りできるようになってきている。これらの電子情報の交換を行う技術を総称して，ITというのである。

そもそも通信手段は，物理的にも心理的にも遠い者同士を結びつけるために用いられるものである。新しいITが登場したことで，相談室から離れているクライエントとカウンセラーとを結びつける手段が，より豊かに

なったといえるであろう。

現在，ITとして積極的に活用されているものとしては，電子メールがある。相互の意見交換のようなかたちで，グループ・カウンセリングや自助グループに似た機能を果たすメーリングリスト形式のものや，電子掲示板形式のものなど，文章のやり取りをメインとするものが盛んに行われている。さらに，動画や音声などの双方向送信が年々容易になってきたことから，テレビ電話に近いかたちで，カウンセラーとクライエントとを双方向で結ぶことも技術的には可能になっている。

ITのカウンセリングへの活用としては，多くの形態は対面でのカウンセリングの補助手段であるが，ITのみを使用したカウンセリングも行われる場合も増えてきている。特に産業カウンセリング領域で，ITを活用したカウンセリングやコンサルテーションの進展は著しいものがある。

## 2．意　義

直接対面で会うことを苦手とするクライエント，たとえば，引きこもりや不登校，あるいはニートなど，クライエントが在宅でいる場合，また，遠隔地で近隣に専門家がいない場合や，身体的なハンディを背負っている場合，さらには，時間的に昼間に相談をすることができない場合など，これまで，カウンセリングを受ける機会のなかったクライエントにカウンセリングの機会が提供できる。海外では，たとえばIT先進国の韓国では，国立教育研究所に相当する公的機関が電子メール相談に取り組んでいたり，「いのちの電話」の電子メール版も数カ国で開設されるなどの先進的な取り組みがみられている。

わが国でも，たとえば小林ら（2001）は，かつて「あつまれ！　不登校の広場」というホームページを開設し，不登校問題に特化した相談室を併設した。その結果，「保護者に父親の利用が多い」ことや，不登校児の場合には「思春期の女子の利用頻度が高く」，通常の教育相談場面とは異なる対象者からのアクセスが多いことを報告している。本ホームページに限らず，電子メールを用いた場合，物理的，時間的，身体的，心理的なハンディを負っている対象者に，相談の機会を提供する特色があり，これは電子メールという新しいツールの利便性に負うところが大きい。このように，ITを活用したカウンセリングは，クライエントの対象を大きく拡大できる点でも，発展の可能性を秘めている。

## 3．研究の現状

これまでの研究では，対面の場合とは異なり，ITのそれぞれの手段によって特有の特徴があることが研究され，明らかになりつつある。文字だけの情報でやり取りをする電子メールなどでは，情報量が少ないところを想像で補うために，通常の場合よりも，転移，逆転移関係が生じやすいこと，コンサルテーションとして活用する場合には，的確なアドバイスがなされれば，一度のメールの交換だけでも相当の効果が得られる事例があること，さらに，カウンセラーとして特定の技術と相当の技量が必要なことなどが，明らかになってきている。

また，国立教育政策研究所生徒指導研究センター（2006）は，電子メールを教育相談に活用する場合の配慮点として，①使用するメールアドレスは職場のアドレスを用いる，②電子メールでの込み入った相談は避ける，③携帯メールは使用しない，などを挙げている。これらも，最新の研究成果を踏まえたうえで，ITの活用にはかなりの危険性があり，そのことに十分な配慮が必要なことをガイドラインで示しており，時代の最先端の研究として期待されているといえるだろう。

## 4．今後の課題

ITの進展はめざましい。ここ数年に限ってもブログやソーシャル・ネットワーキング・サービス（SNS）など，独特の方式も開発され，需要の伸びはすさまじいものがある。学校でのインターネットの普及率は100％であり，若い世代ほどIT活用への抵抗感は少ない。

以上のように，ITの発展に伴って，今後も新たな技術がさらに開発されていくであろう。たとえば，テレビ電話のような手法の場合，対面の面接との比較研究もすでに教育工学関連のジャーナルにはみられるようになってきている。たとえば，視線の合わなさなどの問題があることや，遠方にいながらも同時

性をもつという特異な状況を認識することから，カウンセラーが対面で行う相談とは異なる印象をクライエントに与えることも示されている。

ITの発展に伴って，そのメディアに特有のカウンセリングの技術と，必要な技量の特定と開発，さらには，その相談方法に潜む危険性などに関して，今後も研究が数多くなされる必要のある領域であろう。

〈小林　正幸〉

〔文献〕

小林正幸（代表）・新藤茂・和田正人・野呂文行・仲田洋子　2001　不登校児童生徒および教育関係者支援のための電子メール相談の開発と効果に関する研究　平成10・12年度科学研究助成金基盤研究　課題番号基礎研究（B）（2）研究成果報告書

国立教育政策研究所生徒指導研究センター　2006　不登校支援のためのIT活用ガイド——ITを活用した不登校対策についての調査研究

## 24　ジェンダー・センシティブ
gender-sensitive

「男」「女」の関係にまつわる問題は，日常的に身近な出来事であり，認識されるか否かにかかわらず，心理臨床場面に持ち込まれる問題に内包されていることが多い（平木，2005）。したがって，クライエントとのカウンセリング場面においても，私たちは社会的な「男」「女」であるジェンダーに常に注意を向ける必要がある。

### 1. ジェンダー・センシティブの意味と対象

ジェンダー・センシティブ（以下，GS）は，主にアメリカの夫婦・家族療法の流れのなかで提唱されてきた比較的新しい概念（中村，2005）であり，ジェンダーに対して敏感（sensitive）であることを指す。GSアプローチでは，社会的に構築された性としてのジェンダーに注意を払いながら，クライエントとかかわることになる。

ここで，注意を払うべきものを「ジェンダー・バイアス」（ジェンダーに関する偏見）とするか，「ジェンダー」とするかによって，GSの立場はさらに分類される（尾崎，2006）。GSアプローチにおいて私たちが注意を払うべきは後者である。その理由として，以下の2点が挙げられる（尾崎，2006）。①ジェンダーの存在や働きそのものを論じる対象とすることにより，既存の諸領域における見解を分析し再吟味するという目的を，より明確にすることができる点，②GSな態度によって明らかにされるジェンダーの存在や働きには，ポジティブなものも含まれるという点である。

### 2. GSアプローチとフェミニスト・セラピー／カウンセリング

ジェンダーに着目したアプローチとしては，フェミニスト・セラピー／カウンセリングと呼ばれるアプローチもある。GSアプローチとフェミニスト・セラピー／カウンセリングは，ジェンダーへの着目という点では同じではあるが，支援対象とその目標が異なる。

まず，GSアプローチが支援対象とする性別を問わないのに対し，フェミニスト・セラピー／カウンセリングは主に女性の支援に特化されている（田村，1995）。次に，GSアプローチの目標は「あくまでも個人のもつ問題への支援」（田村，1995）であるのに対し，フェミニスト・セラピー／カウンセリングでは，ジェンダーが女性に与えるネガティブな側面に着目し，これを除去すべく社会を変革していくことも目標となる。

もちろん，社会変革を求める運動はそれ自体，意義や価値をもつ。しかしその一方で，ジェンダーという概念が「社会治療」（高畠，2004）の枠組みのなかだけで論じられると，ジェンダー概念のもつより大きな有効性が失われてしまう（Martin, 1985）。社会治療という文脈のなかでは，ジェンダーのネガティブな側面に焦点が当てられるからである。

GSアプローチにおいては，ネガティブな側面にとどまらないジェンダーの機能を考慮しながら，目の前のクライエントの問題を扱うことを重視する。たとえば，田村（1995）の場合，男性が「力」を求めることに着目し，虐待加害者へのアプローチの際，これに焦点

を当て，攻撃性・暴力以外の方法による「力」の獲得を模索するという支援の方向性を提案している。

## 3．GSアプローチのための研究

GSアプローチを考えるとき，まずジェンダーそのものがどのように機能しているのかを明らかにする必要がある。これまでのジェンダーに関する研究は，その流れを1970年代以前の第1期（性差中心），1960年代後半から1970年代にかけての第2期（性役割中心），1980年代の第3期（文化中心），1990年代以降の第4期（ジェンダー中心）に分類できる（鈴木・柏木，2006）。

ジェンダーに関心が向けられはじめた当初，その理解はあくまでも性差や性役割という，狭い範囲で模索された。1980年代になってようやく，従来の人間一般への理解に対し，GSという視点を組み入れる重要性が認識され始めたのである。

その端緒を開いた研究のひとつが，ギリガン（Gilligan, C.）の研究である。従来の発達理論に当てはまらないという理由で，未熟な存在だと認識されてきた女性の異なる発達の様相を明らかにすることによって，ギリガンはコールバーグ（Kohlberg, L.）の道徳発達に関する研究に異議を唱えた。この研究は，伝統的なモデルでは見落とされてきたジェンダーの視点を取り入れることで，従来のモデルがより現実に適応する，有効性の高いものとなるという主張につながっていく（Martin, 1985）。

その一方で，ジェンダーに注目していく際には十分な注意が必要である。ジェンダーへの着目は，ジェンダーの機能を誇張してとらえる危険性を常にはらんでいる。ただやみくもにジェンダーという言葉を研究の俎上にのせるのではなく，データの収集の段階から，ジェンダーに注意を払いながら研究を進めていかねばならない（Moerman & Mens-Verhulst, 2004）。

〈越道 理恵〉

〔文献〕

Gilligan, C. 1982 *In a different voice: Psychological Theory and woman's development*. Harvard University Press.（岩男寿美子監訳，並木美智子・生田久美子訳 1986 もうひとつの声——男女の道徳観のちがいと女性のアイデンティティ 川島書店）

Hare-Mustin, R. T. 1987 The problem of gender in family therapy theory. *Family Process*, 26(1), 15-27.

平木典子 2005 ジェンダー・センシティブな夫婦・家族療法 精神療法，31(2)，35-40．

柏木惠子・高橋惠子編著 1995 発達心理学とフェミニズム ミネルヴァ書房

Martin, J. R. 1985 *Reclaiming a conversation: The ideal of the educated woman*. Yale University Press.（坂本辰朗・坂上道子共訳 1987 女性にとって教育とはなんであったか——教育思想家たちの会話 東洋館出版社）

Moerman, C. J., & Mens-Verhulst, J. van. 2004 Gender-sensitive epidemiological research: Suggestions for a gender-sensitive approach towards problem definition, data collection and analysis in epidemiological research. *Psychology, Health & Medicine*, 9(1), 41-52.

中村伸一 2005 特集によせて——わが国におけるGender-Sensitive Psychotherapyの可能性 精神療法，31(2)，139-141．

尾崎博美 2006 J. R. Martinのジェンダー・センシティヴ教育——教育における「ジェンダー」概念の分析を中心に 東北大学21世紀COEプログラム「男女共同参画社会の法と政策—ジェンダー法・政策研究センター」研究年報，3，251-264．

鈴木淳子・柏木惠子 2006 ジェンダーの心理学——心と行動への新しい視座 培風館

髙畠克子 2004 女性が癒すフェミニスト・セラピー 誠信書房

田村毅 1995 ジェンダー・センシティブな虐待加害者男性グループ 精神療法，31(2)，151-156．

## 25 解決志向アプローチ（SFA）
solution focused approach

SFAは，クライエントのもつ肯定的側面

(たとえば解決に役立つクライエントの特徴や，すでに起こっている良い状態など）を最大限に引き出す面接方法のひとつである。このSFAは，日本カウンセリング学会の会員意識調査（日本カウンセリング学会研究委員会，2003）で，「今後学びたいカウンセリングの理論・技法」の第1位に選ばれるなど，特に注目されている方法のひとつである。

## 1．SFAの定義

SFAは，ド・シェイザー（de Shazer, S.）や，バーグ（Berg, I. K.）らの，BFTC（Brief Family Therapy Center）グループによって提唱された，ブリーフセラピーの一種である（de Shazer, 1985；1994；de Shazer et al., 1986）。BFTCでは，ミルトン・エリクソン（Erickson, M. H.）の影響を受けながら，MRI（Mental Research Institute）のブリーフセラピーを手本に実践を重ねた。その後，「解決構築」を重視するようになり，クライエントの望む解決を明確化し，クライエントが生活のなかで起こしている変化を見逃すことなく活用するための面接技法を開発するに至った。

## 2．方法上の特徴

### 1）SFAの基本方針——問題解決ではなく解決構築

ド・シェイザーらは初期の実践のなかで，問題が明確にならなくても，クライエントが「今すでに起こっている好ましいこと，あるいはこれから望むこと」に注目すれば，問題が解決してクライエントが満足することを見いだした。たとえば，何年治療に通っても関係改善しなかった夫婦が，BFTCを初めて訪れた際，問題に注目するのではなく，日常生活で起きていることで「今後も引き続き起きてほしいこと」に注目するように求めたところ，関係が改善した事例が挙げられている（de Shazer, 1985）。このように，SFAでは「問題解決」をする（問題を査定したうえでその解決を援助する）のではなく，「解決構築」（問題にかかわらず，望ましいことや理想の実現を援助する）を目指す。

### 2）例外——問題が起きなかったとき，問題が比較的小さかったとき

「例外」とは，問題が起きなかったり比較的小さかったときのような，解決に直結するエピソードのことである（de Jong & Berg, 1998）。たとえば，子育てで悩む親の場合，子どもとうまく接することができたときや，親自身が悩まずにすんだときが「例外」である。ド・シェイザーらは，変化は可能であるばかりか，変化は常に発生していると考え，「問題を含む」とされるクライエントの生活でも，「問題でない時間＝例外」が発生していると考えた。そこでSFAでは，その例外を発見して拡大することが重要とされている。

### 3）将来の解決状態の明確化——奇跡が起きて，今の問題が全部なくなったあと

もし例外が見つからない場合，クライエントにとっての解決がどのようなものかを明確にするよう，カウンセラーは援助できる。このとき，「寝ている間に奇跡が起きて問題がすべて解決してしまったら，どんな違いから解決したことに気づきますか」といったミラクル・クエスチョン（miracle question）のような質問技法が使われる。それにクライエントが答えるなかで，「今とは違う解決」が具体的にどのような状態であるかを，クライエント自身で明らかとすることができる。その後は，「その解決に近かった日はいつか」をたずねて例外を探し出したり，面接修了時に「解決が起きた後のように振る舞い，どんな違いが起こるかを観察すること」を課題にすることで，解決を実現する行動をうながしたりすることができる。

### 4）ある程度定式化された面接手順や技法

SFAでは，ある程度定式化された面接手順がある（de Jong & Berg, 1998）。おおまかに，初回面接では，①問題を聞く，②目標を設定する，③例外を探す，④クライエントにコメントや課題を提示する，といった順で面接が進む。2回目以後の面接では，クライエントの解決に焦点を当て，クライエントをエンパワーメントしながら解決を増幅する。SFAに慣れたカウンセラーであれば，必ずしも手順どおりに面接を進めるわけではないが，面接の基本として有益な手順である。

また，SFAでは特徴的な質問技法が使わ

れる。上記のミラクル・クエスチョンのほか
に，「現状は何点ですか」「少しだけ良くなっ
て1点上がったら，今とどう違っているで
しょうか」などとたずねて，クライエントの
現状認識や変化の程度を明らかにするスケー
リング・クエスチョン（scaling question），
「困難な状況で，どうやって何とかやってこ
れたのですか」とクライエントにたずねる
コーピング・クエスチョン（coping ques-
tion）などがある。さらに，SFAでは面接
の最後に，特徴的な課題を提案することもあ
る。たとえば観察課題（observation task）
では，クライエントに「次回面接までに，少
しでも良かったときのことを観察してきて
ください」と伝え，日常生活の例外をクライ
エントに観察してもらい，次回面接で報告し
てもらう。また，プリテンド課題（pretend
task）では，面接で具体的になった解決の状
態がまるで実現したかのように振る舞っても
らい，そのときとそれまでの違いを次回面接
で語ってもらう。たとえば，閉じこもりがち
なPTSDのクライエントが，解決を「大好
きな服を着て，友人と出かけ，お気に入りの
喫茶店でお茶を飲んで……」と述べたのであ
れば，そのなかでできることを実行してもら
い，実行した結果，どのような違いが生じた
かを次回面接で語ってもらう。以上のような
技法のレパートリーを提供するところが，
SFAの魅力のひとつである。

### 5）セラピストとクライエント関係の分類

SFAでは，カウンセラーとクライエント
が目標やクライエントの解決に果たす役割を
共有できたかどうかによって，両者の関係を
カスタマー関係（カウンセラーとクライエン
トが解決状態を共有でき，かつクライエント
が解決のために何かしようとしている関係），
コンプレイナント関係（カウンセラーとクラ
イエントが解決状態を共有できるが，クライ
エントが解決のために何かできるとは思って
いない関係），ビジター関係（カウンセラー
とクライエントが問題や解決を共有していな
い関係）の三つに分類し，それに応じて面接
の進め方や課題を調整する（Berg & Miller,
1992）。注目すべきはカウンセラー-クライエ
ントの「関係」に着目している点である。つ
まり「解決する気がない！」と発言していた
クライエントと出会ったとき，カウンセラー
が関係の取り方や面接の進め方を工夫するこ
とで，解決構築に積極的なカウンセラー-ク
ライエント「関係」へと変化することがあり
うることを示している。このようにカウンセ
ラー-クライエントの関係を考えることは，
面接を進めるうえで非常に有益である。

### 3．現　状

SFAは全世界に広まり，さまざまな場面
で応用されている（Berg & Dolan, 2001）。
日本に限っても，多様な領域で応用されてい
る。カウンセリングではなく薬剤師による服
薬指導として（奥野，2004），スーパーバイ
ズの方法として（三島，2003），学校教育関
係者の研修の方法として（中村，2005），看
護の方法として（長谷川，1999），報道を利
用した社会に対するSFAとして（河北新報
社報道部，1998）など，数多くの応用がある。

また，SFA自体，多様な進化をみせてい
る。従来どおりのSFAはもちろん，哲学的
な方向性を強める動き（de Shazer, 1994），
社会構成主義的で個人の「好み」に焦点を当
てる動き（Walter & Peller, 2000），SFAを
出発点としながらカウンセリング諸学派の統
一を目指す動き（Miller et al., 1997）などが，その一例である。

### 4．今後の課題

第一に，解決の「姿勢」と「技法」の両立
という課題がある。SFAの初学者は，独特
の質問技法，面接手順ばかりに目がいき，ク
ライエントの能力を信じつつ寄り添って解決
構築を目指す姿勢を忘れがちである。逆に，
クライエントに対する「姿勢」を重視するあ
まり「技術」を軽視するようでは，SFAの
持ち味を発揮できない。SFAに限ったこと
ではないが，「姿勢」と「技術」をともに重
視し，SFAを実践する姿勢を問い，解決の
ために有益な技術の研究を進めていくことが，
SFAの更なる発展に不可欠である。

第二に，「人びとの相互作用」という視点
の復活という課題がある。相互作用に注目す
る家族療法やMRIアプローチに影響を受け
て出発したSFAであるが，近年，"個人内"

の解決だけが重視される傾向がある（長谷川，2004）。クライエントと周囲の人びととの，あるいはカウンセラーとクライエントとの相互作用は，解決構築のうえで無視できない。加えて，相互作用を重視するMRIアプローチとの相性のよさも指摘されている（長谷川，2004）。したがって，SFAが相互作用的視点をどのように取り戻すかが，今後のテーマとなる。

第三に，他のカウンセリング学派とのコラボレーションは，刺激的な課題である。各学派のなかには，たとえ明言していなくともクライエントの能力を活かす姿勢や技法がすでにある。したがって，SFAの姿勢や技法は多くの学派と相性がよいと考えられる。すでに，論理療法との併用例（安藤，2003）や，交流分析の再決断療法との統合例（中島，2002）が報告されている。他の学派とのコラボレーションにより，カウンセリング全体の発展が期待される。

（三澤 文紀）

〔文献〕

安藤満代 2003 不安神経症を呈した女性のビリーフの変化過程——論理療法と解決志向アプローチの技法を適用して カウンセリング研究，36(1)，68-80.

Berg, I. K., & Dolan, Y. 2001 Tales of solutions: A collection of hope-inspiring stories. W. W. Norton. (長谷川啓三監訳 2003 解決の物語——希望がふくらむ臨床事例集 金剛出版)

Berg, I. K., & Miller, S. D. 1992 Working with the problem drinker: A solution-focused approach. W. W. Norton. (斎藤学監訳 1995 飲酒問題とその解決——ソリューション・フォーカスト・アプローチ 金剛出版)

de Jong, P., & Berg, I. K. 1998 Interviewing for solutions. Brooks/Cole. (玉真慎子・住谷祐子監訳 1998 解決のための面接技法——ソリューション・フォーカスト・アプローチの手引き 金剛出版)

de Shazer, S. 1985 Keys to solution in brief therapy. W. W. Norton. (小野直弘訳 1994 短期療法解決の鍵 誠信書房)

de Shazer, S. 1994 Words were originally magic. W. W. Norton. (長谷川啓三監訳 2000 解決志向の言語学——言葉はもともと魔法だった 法政大学出版局)

de Shazer, S., Berg, I. S., Lipchik, E., Nunnally, E., Molner, A., Gingerich, W., & Weiner-Davis, M. 1986 Brief therapy: Focused solution deveropment. Family Process, 25, 207-221. (長谷川啓三訳 1987 短期療法——解決の構成主義 日本家族心理学会編 親教育と家族心理学 家族心理学年報5 金子書房 259-285.)

長谷川啓三 1999 解決志向の看護管理 医学書院

長谷川啓三 2004 ソリューション・フォーカスト・アプローチ 伊藤良子編 臨床心理面説技法1 臨床心理学全書8 誠信書房 201-249.

河北新報社報道部編 1998 教育Solution Bank (河北新報に毎週火曜日連載継続中)

Miller, S. D., Duncan, B. L., & Hubble, M. A. 1997 Escape from Babel: Toward a unifying language for psychotherapy practice. W. W. Norton. (曽我昌祺監訳 2000 心理療法・その基礎なるもの——混迷から抜け出すための有効要因 金剛出版)

三島徳雄 2003 解決志向アプローチにおけるスーパービジョン 広島大学大学院心理臨床教育研究センター紀要，2，14-17.

中島央 2002 ソリューションフォーカスト・アプローチ・モデルへの再決断療法の統合——事例を通しての考察 ブリーフサイコセラピー研究，11，59-67.

中村健 2005 事例発表 解決志向アプローチを生かしたチーム援助の実際 月刊学校教育相談，19(2)，130-135.

日本カウンセリング学会研究委員会 2003 日本カウンセリング学会会員意識調査報告書 カウンセリング研究，36，473-500.

奥野雅子 2004 薬局で役立つ臨床心理学（2）——解決志向のコミュニケーション Pharma Next, 8, 48-51.

Walter, J. L., & Peller, J. E. 2000 Recreating brief therapy: Preferences and possibilities. W. W. Norton. (遠山宜哉・花屋道子・菅原靖子訳 2005 ブリーフセラピーの再創造——願いを語る個人コンサルテーション 金剛出版)

# 第VI章

# インターベンション

## Intervention

　インターベンションは介入と訳されているので，危機介入（クライシス・インターベンション）のことを指すと思っている人が多いかもしれないが，そうではない。目標達成の役に立つ援助側の反応を，インターベンションという。たとえば，初顔合わせのとき，空気を和ませるために「自己紹介をしましょうか」と提案した人は，提案というインターベンションをしたわけである。

　そう考えると，カウンセリングそのものが，「行動変容」（目標）を目指した介入そのものであるといえる。したがって，受容，繰り返し，支持，質問などは，インターベンションの具体的スキルである。しかし，このインターベンションスキル（主要なものだけでも50くらいある）の一つひとつを，本章では項目にしなかった。スキル中心に項目を立てず，状況中心に項目を立てた。すなわち，どういう状況にどういうインターベンションが有効かの観点から執筆を依頼した。ところで，カウンセリング心理学が特に研究対象とするに値する状況とはどういうものか。これについては，集中講義で訪問するたびに交わした大友秀人との会話に示唆されるものがあった。

（國分　康孝）

# 1 インフォームド・コンセント
informed consent

インフォームド・コンセントは，1957年にアメリカの医療過誤裁判の判決文に初めて使われた法律の用語である。この判決文には，患者の治療における医師が果たすべき責任を記述している。その後，患者の権利と医療従事者の義務について，アメリカの医療と司法のなかで熟成され，1969年に「インフォームド・コンセントの法理集」が完成した。種々の経過をたどり，1970年代に一般市民に普及していった。医療全般の倫理的原則を理解するために，インフォームド・コンセントの誕生やその歴史的背景について研究することは意義がある。

## 1．定義と医療情報の提供

インフォームド・コンセントとは，「説明と同意」「説明・納得・同意」「至知同意」と訳され，患者-医療者関係のあり方を象徴する言葉として浸透してきた。インフォームドとは，患者が診療にかかわる医師をはじめとする医療者によって，治療や検査などの医療情報の説明を受けることである。

一時間以上も待合室で待たされたN氏は，遠慮深げに医師に眠れないことを訴えた。医師は，「睡眠剤の軽いのを処方しましょう」とカルテから目を離さず患者に言葉をかけ，ペンを走らせた。N氏の不安は内服するたびに強くなり，不眠は解消されなかった。一方，W氏を診察した医師は，患者の話を真剣に聴き，患者の話したいことを十分に受け止めた後，「今はぐっすり眠ることが大切だと思います。そのために軽い精神安定剤を内服する方法もあります。3日間飲んで様子をみてみましょうか」と内服薬の必要性や方法，副作用やその対処について，ていねいに説明した。患者の反応を確認しながら十分な説明を行ったのである。

コンセントはラテン語"on"と"sentire"の合成語であり，同意・承諾と訳される。インフォームド・コンセントの目的は，十分な説明を受けた患者の自主的判断に基づいた医療への参加である。上記の事例W氏は，医師の説明を受けて理解した結果，自ら薬の内服を選んだ。医師の説明は，患者の聞きたいポイントを押さえた説明であったといえる。治療の成果は，N氏とW氏とではどちらが上がるだろうか。

インフォームド・コンセントの実践においては，患者の権利と医療者の義務を軸にしていることから，患者-医療者とのリレーションは不可欠である。しかし，何を，誰に，どのように，どのくらい説明するのか，同意を得る手続きとしての方法をどのようにすれば，患者の権利と医療従事者の義務が果たされるのかなど，インフォームド・コンセントが定着するには解決しなければならないさまざまな問題がある。

たとえば，患者には説明を求める権利と事実を知る権利が，医療者は説明を求められる義務と説明する義務があるが，患者の精神状態や症状などによって患者の状態を悪化する可能性が考えられる場面もあり，その場において解決に躊躇することがある。こうした場面においては，患者の代理意思決定者との話し合いがもたれるのであるが，患者の権利は選択権へ，医療者の義務は，複数の情報を提供し患者の選択権を拡大していくことにつながっていることを忘れてはいけない。今後，注目していきたい課題である。

## 2．意　義

わが国においては，日本古来の社会的・文化的背景から，臨床現場において権威ある立場にある医療者が，他方を一方的に保護・指導するというパターナリズム（父権主義）が根づき，専門家の裁量にすべて任せて受け身になるという，「お任せ医療」が行われてきた経緯がある。インフォームド・コンセントはこうした一方通行的な治療関係を払拭し，患者に治療に参加してもらう患者参加型の医療を目指していこうとするプロセスを重んじた考え方であり，このことがまさにインフォームド・コンセントの意義である。

患者は十分な情報提供と同時にわかりやすい説明を受け納得したすえに，自分の意思にもとづいて，医療行為を受けるのか拒否する

のか自己決定できる。こうしたプロセスを踏むことで,自分の生命について関心をもつ一方,自分のからだについての責任をもつ心構えができるようになり,医療者の説明を当事者として客観視しつつ治療に参加できるようになる。

また,医療者は患者からのコンセンサスを得るために,バイアス(先入観)をかけていた部分を明らかにし,患者との治療関係を真摯にとらえ行動するようになってきたことは注目するに値する。たとえば,患者へ病名を伝えるとか,治療の経過とそれに伴う苦痛や予測される身体的・精神的な変化などの説明は,患者個人の自己決定権の発生によって実施されるようになってきた。

### 3. 今後の課題

医療現場においてインフォームド・コンセントは,人権擁護(アドボカシー)など人びとの権利意識が主張されるなか,医療従事者の医療情報の提供,患者の理解と判断,患者の自己決定などが強調されてきた。しかし,さまざまな問題も山積している。患者との治療関係をつくりあげる方法の工夫,個別性を重視した実践について,また,患者の同意能力など社会的背景,提供する情報の工夫などを今後探求していかなければならない。米国のアッペルバウム(Appelbaum, P. S.)などが考えているイベント・モデル(説明に対する同意を得る手続きとして文書を残す)の実践方法もあるので,いま行われている方法と折衷でインフォームド・コンセントをとらえていく考えもある。

いずれにしても,インフォームド・コンセントの中心は患者であることを前提に,第一にインフォームド・コンセントの歴史が日本の医療を受ける者と医療を提供する者に及ぼしているメリット・デメリットを洗い出す作業が必要である。そのために,これまでに社会的問題となった医療訴訟問題の法理を中心とする概要や,医療者が使っている倫理規定マニュアルなどが役立つと思われる。

(東中須 恵子)

〔文献〕

熊倉伸宏 1996 臨床人間学=インフォームドコンセントと精神障害 新興医学出版社

宮本恒彦 2003 実践インフォームドコンセント——患者にとってよりよい医療提供のために 永井書店

## 2 危機介入
### crisis intervention

近年マスコミの報道からも,危機状況がいたるところ,身近にも発生する可能性が決して稀ではないことを人びとは認識するようになった。自然災害,テロや紛争の人道的危機,交通災害,暴力,虐待,殺人,人生のなかで誰もが遭遇する発達危機や死別・喪失の悲嘆,学校や職場における人間関係の悪化もまた,人を危機状況に陥れる。危機に遭遇した場合,自力で超えられる対処法を獲得することも必要であるが,乗り越えられない人びとに対しては,専門・非専門を問わず最も近くにいる人びとが援助者になりうる。危機と危機状況の心理やその過程を正しく理解し,適切な介入についての原理とスキルを会得しておくことは,重要なことである。

### 1. 危機と危機状態について

危機とは,人が人生の問題や出来事に直面して引き起こされる急性の反応であり,いままでの自分の経験や知っている解決法では,とても乗り越えられないような状態に陥ることである。不安が強くどうしてよいかわからない,パニックに近い心理状態になる。危機という言葉は,危険と機会を組み合わせた合成語であり,その出来事に直面して挫折するか,またはそれを転機として自己の成長・開発を図り好転するかの重大な分岐点として,決定と判断を迫らせる時点という意味を含んでいる。危機には,さまざまなストレスフルな体験によって引き起こされる状況的危機と,人の成長発達に伴って引き起こされる課題としての発達的危機がある。

危機状態とは,危機に遭遇し通常の自己防衛の方法や問題解決の方略が崩壊し,対処不能の状況に陥っている状態であり,特徴として,①心理的なバランスが崩れる,何が起こっているのか,どう行動したらよいか判断

ができない，②通常の対処機制がうまく機能しない，③不安，苦悩，機能不全，障害などさまざまな症状が起こる，などが挙げられる。感情・情緒的反応として，強い不安，混乱，落ち込み，泣きわめく，怒り，無力感，強い不適応感など。身体的愁訴として，強い疲労感，消耗感，不眠，ときに痙攣，皮膚や内臓の潰瘍。行動面では，仕事や学習が手につかない，過ちが多くなる，人に対して攻撃的，不和，葛藤の増大などが挙げられる。また危機状態には，衝撃的な出来事に引き続いて起こるショック性の危機状態と，ある問題が解決されないことで次第に状況が悪化し，心の傷が深まっていく消耗性の危機状態とがある。

## 2. 危機介入，クライシス・カウンセリングの概念と必要性

今日，危機介入は多くの分野で必要とされており，地域精神保健，精神医療，学校保健，産業保健，社会福祉，急性期医療，災害医療，ターミナルケアなどで実践・活用されている。

危機介入とは，心理的・身体的に脅威を受け，通常の判断力や行動力を失い身動きの取れなくなっている人に，できるだけ平静さを取り戻し，問題解決に立ち向かえるように援助することをいう。行動変容や目標達成のための介入は，カウンセリングそのものであるといえる。クライシス・カウンセリングには，治すカウンセリングと育てるカウンセリングとがあり，前者は緊急事態に対する応急的対処，またはPTSDの心のケアなど，治療的な機能をもつカウンセリングである。後者は予防開発的教育的なカウンセリングであり，発達的危機の乗り越え方，危機に陥らぬよう予防的対処であるストレス・コーピングやマネジメントの方法，危機回避に直結する環境改善の方略などを扱う。

危機介入に特徴的なことは，①即時性（事が起きたら即初期介入，心理的救急処置を行う），②近接性（近くにいる人が緊急事態が生じた場所の近くで介入を行う），③介入目標は症状の安定・軽減と悪化の予防であり，完全な治癒を目指すことではない，④介入に使われる技法は比較的単純で具体的であり，複雑な精神療法ではない，⑤介入期間は短期間であり，定型的には1～3回くらいである。

カウンセリングの技法としては，以下のような特徴がある。

①個人の安全と気持ちの落ち着き，生活の安定化を図ることが優先される。

②危機状態のために心的外傷に焦点を絞り，集中的な積極的取り組みや指示的対応である場合も多い。

③危機状態の人は自身の狭い観点と感情のみで物事をとらえがちなので，より広く合理的見方ができるような援助が必要となり，リフレーミングや再焦点化のスキルが有効である。

④危機状態に陥っていても自力で対処できそうな人に対しては，基本的には「かかわり技法」が有効であり，相手の内面の感情にできるだけ近づき共感し，思いを受容・理解するように努める。

⑤危機状態は複雑で複合的な問題を含んでいることが多く，短期の応急的対処にとどまらず中長期的な対応策が求められるので，個人の援助では限界がある。地域社会の資源の活用，他機関との連携や協同の行動計画を立てる能力が必要である。

⑥危機介入はその場に居合わせている誰でもが援助者になれるし，心理ケアの専門家でなくても，さまざまな援助行動によってサポートできることがある。

⑦事件や事故後に援助者同士が集会をもち，危機状態の状況やそのときに受けた心理的反応などを相互に表明しあう，ディブリーフィングが有効である。何が起こったのかを明らかにし，受けた心理的外傷や反応を共に分かちあうことで，その反応は正常であると安心できる。

## 3. 危機理論と研究の動向

危機理論の基礎となる理論は，フロイト（Freud, S.）の精神分析学，ハルトマン（Hartmann, H.），エリクソン（Erikson, E. H.）らの自我心理学，ラド（Rado, S.）の適応精神力学，マズロー（Maslow, A. H.）の人間性心理学，ラザラス（Lazarus, A. A.）のストレス・コーピング理論，セリエ（Selye, C.）のストレス理論，キャノン

(Cannon, W. B.) の恒常性理論，さまざまなシステム理論，学習理論などが挙げられる。

危機に対する考え方が系統化され，方法論的体制が整備されてきたのは，1940年代から60年代にかけてである。リンデマン (Lindemann, E.) は，1942年にボストンで発生したナイトクラブでの火災で死亡した493人の家族らの反応についてまとめ，急性の悲嘆過程を理論化した。カプラン (Caplan, G.) は危機理論の創始者といわれ，1961年に危機と危機状態を定義している。1963年にブルーム (Bloom, B. S.) が，1974年にウォルカップ (Walkup, L. L.) が，1985年にクス (Kus, R. J.) が，危機についての定義を述べている。

危機の過程を模式的に表現し，危機の構造を明らかにしたのが危機モデルであるが，実際の臨地場面で最も使われているのがフィンク (Fink, S. L.) の危機モデルである。要約すると危機のプロセスには，衝撃，防御的退行，承認，適応，の四つの段階がある。危機モデルは他にも多くあり，よく知られているキューブラー=ロス (Kübler-Ross, E.) は死を受容していく患者の心理的過程について，アギュララ (Aguilera, D. C.) は，心理的均衡の保持要因と回復過程を中心にモデル化した。危機モデルは，対象の心理状態に適合する介入のあり方を探り，その効果を分析する際の枠組みとして役立つ。

### 4．危機介入に関する課題と問題点

ここでは取り上げなかったが，危機介入の組織体制，対象が個人と集団の場合のアプローチの方法，たとえばオーガニゼーショナル・カウンセリング（組織機能促進のための心理的介入）の考え方の導入などが，今後の課題となると思われる。

危機の大きさには幅があり，危機が起こる背景は多様であり，受ける個人の要因やサポート体制も多様であるため，どのような時期にどのような危機介入が適切であるのかの判断は難しい。あるケースの成功が次のケースに適合するとは限らない。どの程度，対象の今ここでの心理に真摯に耳を傾け，対象が切望している介入は何かをアセスメントできるかが決め手となる。そして，個人の立ち入ったところまで介入する場合の，倫理的規範が課題となることが考えられる。

（坂本 洋子）

〔文献〕

カリフォルニア開発的カウンセリング協会編　國分康孝・國分久子・坂本洋子監訳　2002　クライシス・カウンセリングハンドブック　誠信書房

布施豊正　1992　心の危機と民族文化療法　中央公論社

國分留志　2003　危機状態とは　國分康孝・國分久子監修　学級クライシス　図書文化社　198-200．

Kennedy, E. 1990 *Crisis counseling: An essential guide for nonprofessional counselors*. The Continuum Publishing Company.

坂本洋子　2003　クライシス・カウンセリング　危機介入　國分康孝・國分久子監修　学級クライシス　図書文化社　201-206．

坂本洋子　2004　クライシス・カウンセリング　教育カウンセラー標準テキスト（上級編）　図書文化社　182-191．

## 3　抵抗への対応
treatment for resistance

個人面接場面や集団対応場面において，目標とする改善が容易に進まないことや，クライエントがこれまでの合意に反して突発的な行動を起こすことは，カウンセラーが初心者のうちはしばしばみられる。これは，抵抗によるものも多く，精神分析では「抵抗の分析」は主要な技法のひとつであった。今日，こうした抵抗についての扱い方は多岐にわたり，抵抗の利点という視点も見いだされている。カウンセリング心理学を実践していく際に避けることのできない抵抗という現象について，さらに知見を深め，対応のスキルを研究していくことは重要な視点のひとつである。

### 1．抵抗の定義と種類

抵抗とは，精神分析療法の見地に立つと，「精神分析療法の期間において，無意識への到達を妨げるような，被分析者自身のすべて

の言動」(Laplanche & Pontalis, 1976) であり，「抵抗の分析」は精神分析学の主要概念のひとつである。

カウンセリング心理学の現場では，もっと幅広い意味で「抵抗」という用語を使用している場合が多い。すなわち「カウンセラーとクライエントの関係のなかで共有されている，課題や問題への対応法や方向性に反するような言動や行動を，クライエントがとる」という意味合いである。ここでは，フロイト(Freud, S.)の示した五つの分類(抑圧抵抗，転移抵抗，疾病利得抵抗，超自我抵抗，エス抵抗)を参考にしながら，カウンセリング心理学の枠組みに沿ったかたちで述べる。また，前田(1985)によれば，一般的にはクライエントとの関係に応じて，(初期)抑圧抵抗，転移抵抗。(中期)疾病利得抵抗，エス抵抗。(後期)エス抵抗，超自我抵抗のように起こるとしている。フロイト以降，抵抗はさらに細分化されているが，ここでは上記の五つについて述べていく。

## 2. 抵抗の形態と対応

### 1）抑圧抵抗（自我抵抗）と対応

抑圧抵抗とは，クライエントが問題と直面することによる苦痛をコントロールする意味合いをもつ。クライエントが表面上示している症状や状態は，一見すると不合理なものが多いが，クライエント自身にとっては自我機能による適応の一形態であることが多い。すなわち，面接過程が進んでいくにつれ，本来の問題に伴う感情などを直視していくことが求められるため，抵抗が生じてくる。具体的には，なかなか話が進まなかったり沈黙したり，遅刻やキャンセルというかたちで現れてくる。集団場面では，消極的な参加態度などが挙げられる。

こうした抵抗は，必ずしもクライエント側の原因からのみ生じるわけではない。カウンセラー側の不適切な言動や技法の使用などからも生じることがある。対応としては，そうした抵抗がどういった要因から生じているのかを把握することが必要である（アセスメント）。集団に参加しないというひとつの現象をとっても，羞恥心，スキル不足，カウンセラーへの不信など，さまざまである。そう したクライエントの反応を頭ごなしに非難したりすることなく，ある程度受容したうえで，クライエント自身が自らの抵抗に気づくことができることが重要である。また，クライエントの様子から抵抗を感じた際には，見守りながらも素通りしないことが大切である。構成的グループ・エンカウンター(SGE)におけるインタラクションでは，抵抗を避ける方法として，①一文を短く話す，②具体的に話す，③視覚に訴える，④対話調の語り口調，などの工夫(河村，2004)を示している。また片野(2000)は，SGEにおける抵抗を「構成への抵抗」「変化への抵抗」「取り組みへの抵抗」の3種に分類し，心的外傷の予防と抵抗を生かすという観点から，サイコエジュケーションの重要性を述べている。抵抗を生かすという観点は，今後の抵抗研究のひとつの方向性となるだろう。

### 2）転移抵抗と対応

陽性転移，陰性転移によって表面化する行動は，かなりの差がある。たとえばスクールカウンセリングでは，生徒がカウンセラーに対して恋愛感情を抱くことがある。すると，それまでの自傷行為や粗暴行為などの問題が改善されたかのようになることがある。これを「転移性治癒」ともいうが，陽性転移における抵抗のひとつである。カウンセラーがこの抵抗に気づかず「問題は改善された」と面接を終結した場合，再度問題がぶり返すばかりかカウンセラーとクライエントの関係性も不安定なものとなる。また，面接内ではクライエントとカウンセラーの関係性をテーマとした話題が多くなり，問題の解決に向けた作業から遠ざけられてしまう。「カウンセリングの過程では極端なプラスやマイナスの感情をもつことがある」と最初にガイダンスをしておくことは，必要な対応であろう。

### 3）疾病利得抵抗と対応

疾病利得とは，たとえば友達とのトラブルから「学校に行きたくない」と考えていたらお腹をこわし，学校を休むことになったとする。これは，病気になることで友人から距離を置くことができ，自身が防衛されるため，「一次的な疾病利得」ということができる。さらに利得がある場合がある。たとえば，普

段は自分のことを気にしない母親が関心を向けたとか，先生が気にしてくれるようになった，などである。こうした場合，介入の初期段階では改善をみせるのに，「これ以上良くなると周囲が関心を寄せなくなる」というあたりでぶり返すということがある。このことを，「疾病利得抵抗」とか「二次的利得抵抗」という。近年，学校での問題で散見される。家庭環境，友人関係などにおいて基本的な関係ができておらず，疾病による利得が増えているとも考えられる。予防開発的なかかわりとしてのSGEが日常的に必要なゆえんとも考えられる。

基本的な対応として，「その症状をもつことでどのような利得があるか」について検討すると同時に，適切な医療機関への受診を勧め，器質的な異常がないことを確認する必要がある。その結果，心理的な要因であると判断された場合，そのカウンセラーが拠って立つ理論によって抵抗への対応をとることとなる。論理療法ではビリーフを査定して論駁を試みるであろうし，短期療法では状況を詳しく観察させて，例外検索や症状処方の戦略をとることが考えられる。

4）超自我抵抗と対応

たとえば，親の夫婦仲が悪いことを子どもが自分のせいだと考え，非行という形態をとってわざと自分が叱られるような状況をつくりだす，いわゆる自己処罰をしている場合などが挙げられる。つまり自分を苦しめることによって，無意識の罪障感を償っているのである。カウンセラーが単に「叱る」などの対応をとった場合，それがますます本人の抵抗を助長することがあるのは，この超自我抵抗が起因していると考えられる。対応としては，規範を示しながらも「理解しようとする」姿勢を要する。

5）エス抵抗と対応

エス抵抗は，自我の機能による抵抗に対して，「自我を超えた，より根本的な何かの力による抵抗」（馬場，1999）である。これはフロイトのいう「生の本能」と「死の本能」の後者による。何度も何度も改善と悪化を繰り返す状態，もしくは行き詰まりの状態ということになる。こうした状態は個人内の過程のみに限らず，集団においても考えられる。

こうした抵抗に対する対応は，二通りの考え方があろう。第一は，カウンセラー自身が教育分析を受けることである。第二は，他のカウンセラーや関係機関へのリファーである。カウンセラーはクライエントの福祉を最優先にしなければならない。自分の実力に見合わないケースであれば丁寧に説明を行い，より有能なカウンセラーを紹介するべきであろう。

もう一つの考え方は，スーパービジョンやケースカンファレンスを受けることである。カウンセラーは常に自身の学びや研鑽を必要とする。先に述べたように，抵抗はどんな援助技法を用いていても生じてくる。抵抗への対応を誤るということはケースの中断や悪化，さらにカウンセラーがクライエントに心理的な傷を与えてしまう場合もある。スーパービジョンやカンファレンスを通して自身の対応を見直すとともに，感受性や介入の能力を身につけていく必要がある。

### 3．今後の課題

抵抗は，古くはカウンセラーとクライエントの間にはできるだけ生じないほうがよいとされてきた。しかし，さまざまな技法や理論が展開され，家族療法的視点では抵抗の積極的利用もうながされている。近年の動きをみると，個人への介入からシステムへの介入へという動きが収束しはじめ，それらの統合というテーマがみられる。そうした技法や理論の進歩に伴って抵抗の形態も変化していくことが考えられ，今後の研究の方向性のひとつとして考えられる。また，携帯電話やインターネットの普及やカウンセリング心理学の現場の拡大によって，カウンセラーとクライエントの関係自体にこれまでにない要素が入り込んできている。基本的な抵抗の概念を理解しつつ，そうした時代に応じた抵抗への対応についての研究も充実させていく必要があろう。

(鷲岳 覚)

〔文献〕

馬場禮子　1999　精神分析的心理療法の実践
　　──クライエントに出会う前に　岩崎学術出版社

片野智治　2000　構成的グループエンカウンターの実際問題　國分康孝編　続構成的グループ・

エンカウンター　誠信書房　41-46．
河村茂雄　2004　インタラクション　國分康孝・國分久子総編集　構成的グループエンカウンター事典　図書文化社
Laplanche, J., & Pontalis, J.-B. 1976 *Vocabulaire de la psychanalyse.* 5 e ed. Presses universitaires de France.（村上仁監訳　1977　精神分析用語辞典　みすず書房）
前田重治　1985　図説臨床精神分析学（正）　誠信書房

## 4　逆転移の処理
### treatment of counter transference

　目標達成の役に立つ援助者側の行動・反応を，インターベンション（介入）という。特に，カウンセリング心理学が研究対象とするに値する介入状況のひとつが，対抗感情転移である。この状況はグループ・アプローチにしても，1対1のカウンセリングにしても，援助者は特に留意せねばならないといえる。なぜならば，この状況をどのように解決するか，その処理，対応の仕方が，援助効果に影響するからである。

### 1．定　義
　精神分析の創始者フロイト（Freud, S.）は，対抗感情転移（counter transference：逆転移）という用語を初めて用いた。これは，クライエントがカウンセラーに対して起こす転移現象の逆で，カウンセラーがクライエントに対して起こす転移現象をいう。

### 2．対抗感情転移の概念
　クライエントがカウンセラーに対して起こす感情転移とは何か。それは，ある特定の人に向けるべき感情を，類似の人に向けることをいう。たとえば，父を憎む人が父と年格好の似た人を嫌う。母親べったりの子どもが養護教諭に甘えるなど。すなわち，感情の般化である。前者の例を陰性の感情転移といい，後者の例を陽性の感情転移という。
　この感情転移を，逆にカウンセラーがクライエントに向けることを逆転移（対抗感情転移）という。感情転移に陰性と陽性があるように，逆転移にも，陽性と陰性がある。
　精神分析療法では，セラピストはクライエントの対人関係問題や心理的葛藤を分析していく過程で，セラピストはこの逆転移にしばしば取り込まれる。すなわち，セラピストが未解決な葛藤やコンプレックスを抱えている場合，これらを刺激するようなクライエントの反応に遭遇すると，セラピストはこれに取り込まれて不適切な反応をして，面接効果を損なうことになり，心的外傷を与えかねない。フロイトはこれを強く戒め，精神分析者の中立性の原則を強調した。
　フロイトの後継者たちは，神経症よりも自我の病理が深い統合失調症や境界例といった重症のクライエントにも，心理療法を試みた。その過程で，フロイトが指摘したセラピストの個人的問題やコンプレックスだけでは説明のつかないような逆転移があることが明らかにされた。そのひとつが，投影同一化（projective identification）によって引き起こされる逆転移である。
　投影同一化とは，自分のなかで起こってきた感情や思考を，他の誰かのせいしてしまうことである。たとえば，「失敗をして，自分はひどく怒られるのではないか」という恐怖感（強迫観念）におびえる人は，実際，周囲の他人が怖く見えるのである。結局，その人を怒らせないようにあれこれ気を遣い，その人の機嫌をとることで自分のなかの恐怖感を除去する（恐怖感の投影）。このような陰性の感情をクライエントがセラピストに向けてきたとき，セラピストがこれに巻き込まれてしまうと，面接はとどこおり，面接効果が損なわれてしまう。これを投影同一化による逆転移という。
　次に，融和型逆転移（concordant counter transference）を挙げる。これはいま目の前にいるクライエントが体験している感情（たとえば，寂寥感，慚愧の念）を，そっくりそのまま，カウンセラーがあたかも自分の心の内側から起こってくるような感覚として味わったとする。すなわち，クライエントの感情を自分自身の感情のように体験している場合，しかもカウンセラーが過去に類似の体験をしているために起きた感情ではないと自覚して

いる場合，これは逆転移であっても融和型逆転移という。

第三に挙げるものは，補足型逆転移(complementary counter transference)である。これは，カウンセラーの逆転移が，クライエントの気持ちの一部分を代弁している場合の逆転移である。例を示そう。このクライエントは，失愛恐怖から脱却したいと来談した女子高校生である。面接を継続して受けている。カウンセラーが，とある提案をした。「次回の面接では，あなたが頼りにしているお兄さんについてお話ししたいのですが，どうでしょうか」と。当日，約束の時間になっても来室しなかった。そのうち電話で「今日の面接を延期してください。昨日から体調が悪く，行こう行こうという気持ちは強いのですが，どうも身体がいうこときかないんです」と述べた。カウンセラーはそれを聞いて二つの推論をした。カウンセラーのクライエント（自分）に対する好意を失う心配と，兄について話すことへの躊躇（抵抗）が，「身体がいうことをきかないのです」という表現をさせていると。彼女にとって無理な来室は心理的葛藤を助長することになり，かつ抵抗を増幅させることになる。同時に，カウンセラーをして休ませてあげたいという気持ちにさせている。カウンセラーはそれを自覚しながら，「では体調が良くなってあなたが来室できるようになるときまで，お休みしましょう」と反応した。

融和型逆転移と補足型逆転移についてふれた。カウンセラーがこれらに気づいたうえで反応すれば，面接を効果的にする。

最後に間接型逆転移(indirect counter transference)についてふれる。これは，第三者の言動にカウンセラーが巻き込まれてしまうという逆転移である。カウンセリングに対して偏見と誤解のある環境のなかで，相談活動をして孤軍奮闘しているカウンセラーは，周囲の言動に揺さぶられて，成績を上げようとか，効果を上げて承認されたいという欲求を知らず知らずのうちにもちがちである。

### 3．リサーチの今後の課題

逆転移の陽性と陰性，融和型，補足型，間接型の逆転移について述べた。逆転移に関するリサーチの今後の課題として，以下のものを挙げたい。①融和型逆転移と補足型逆転移を自覚したうえで，これを面接場面やグループ・アプローチ場面で効果促進につなげるためには，カウンセラーまたはリーダーはどのように反応・応答したらよいか。②陰性の逆転移を自覚しながら，これを面接場面やグループ・アプローチ場面で効果促進につなげるためには，カウンセラーまたはリーダーはどのような反応・応答したらよいか。

以上のようなアクション・リサーチが今後の課題と考えられる。

（片野　智治）

〔文献〕

遠藤裕乃　1997　心理療法における治療者の陰性感情の克服と活用に関する研究　心理臨床学研究，**15**(4)，428-436.

遠藤裕乃　1998　心理療法における治療者の陰性感情と言語的応答の構造に関する研究　心理臨床学研究，**16**(4)，313-321.

遠藤裕乃　2000　逆転移の活用と治療者の自己開示──神経症・境界例・分裂病治療の比較検討を通して　心理臨床学研究，**18**(5)，487-498.

Singer, E. 1970 *Key concepts in psychotherapy*. 2nd ed. Basic Books.（鑪幹八郎・一丸藤太郎訳編　1976　心理療法の鍵概念　誠信書房）

## 5　説得的コミュニケーション
persuasive communication

カウンセリングの基本は，傾聴，受容，共感である。しかし，たとえば，家出少年を家に戻すなどの危機介入場面では，とにかく家に戻るようにと説得することが必要になる。あるいは，教師が生徒に，勉強するように，早寝早起きするようになど，より良い行動変容を直接的に訴える場面でも，説得が行われているといえる。したがって，説得はカウンセリングにおける重要な介入法の一つである。

### 1．説得とは

説得というと，言葉巧みに相手を説き伏せ思いどおりにさせることだという誤解もある

が、そうではない。本来、説得とは、送り手が、主に言語コミュニケーションを用いて非強制的なコンテキストのなかで、納得させながら受け手の態度や行動を意図する方向に変容させようとする、社会的影響行為あるいは社会的影響過程である。つまり説得とは、相手の自由意志を尊重しつつ、納得させて相手を動かそうという語りかけである。したがって、説得には受け手を納得させるための論拠が含まれており、説得のために行うコミュニケーションを、説得的コミュニケーションという。

受け手の行動変容を目指す点で説得と類似した社会的影響行為には、命令・指示、要請、承諾獲得、自己呈示、暗示などがある。これらと説得との違いは、①受け手の行動変容だけでなく態度変容も重視すること、②非強制的であること、③論拠によって受け手を納得させようと試みること、④その伝達内容が真実であること、の4点である。たとえば、教師が生徒に「勉強しなさい」という場合は、命令・指示である。勉強すべき根拠を明示し、かつ勉強しないという行動を選択する自由を保証しつつ、勉強するように生徒に語りかけることを説得という。しかし、以上の行為の明確な区分は困難であり、たとえば、教師は非強制的なつもりであっても生徒側は強制的と受け取るなど、送り手と受け手ではとらえ方が異なることも十分にありうる。

ところで、説得においては誰しもその効果を期待するものであるが、説得の効果検討には構成要因を知る必要がある。説得の構成要因には、①誰が（送り手）、②何を（メッセージ）、③どのような回路で（チャンネル）、④誰に（受け手）行い、⑤その影響はどうであったか（効果）、という五つの基本要因がある。このうち①〜④が説得の効果を規定する要因であり、説得の効果研究では操作要因となる。

## 2．その意義

人間の社会生活を説得という観点からみると、国と国の国家レベルから親子関係などの個人レベルまで、あらゆる場面で説得的コミュニケーションが多用されているといえる。なぜなら、説得は、強制や暴力によらず人を動かす手段として効果的だからである。たとえば、カウンセリングにおいては、説得はクライエントの行動変容を援助する介入法のひとつである。また教育現場においては、説得は、いわゆる「先生のお話」としてあらゆる場面で多用されている。主に言葉によって強制によらず生徒を納得させながら、より良き行動変容を目指す点で、「先生のお話」はまさに説得である。教師への調査から、教師は説得の効果向上のためにさまざまな工夫をするものの、その効果については不安感があり、生徒への説得には困難を感じ、有効な説得技術を切望していることが明らかにされている。教育現場だけではない。次々と出版される説得関連の書籍をみても、現代はさまざまな分野で有効な説得技術の開発が求められているといえよう。

以上から、少々旧態然としたイメージのある説得的コミュニケーションではあるが、研究する意義と必要性は明らかである。

## 3．研究の動向

説得研究は、1947年にアメリカのエール大学におけるホヴランド(Hovland, C. I.)を中心としたエール・コミュニケーション研究計画に端を発する。ホヴランドのほか30人に及ぶ研究者が、説得的コミュニケーションによる態度変容と行動変容の過程を、主に刺激-反応の学習理論に基づいて仮説を立て、統制的実験法によって検証した。送り手の信憑性、身近な話題におけるクライマックス効果、身近でない話題における反クライマックス効果、受け手の積極的参加など、多くの有効な説得要因が見いだされた。1950〜60年代は説得研究の隆盛期である。日本では、1960年代に原岡一馬が、統制的実験を重ねさまざまな知見を見いだしている。受け手の積極的参加を検証するために、小児マヒの子どもをもつ母親のグループに対し行った実験は、説得研究におけるアクション・リサーチの先駆けといえる。その後、深田博己が原岡の研究を受け継ぎ、日本における説得研究の第一人者となっている。1970年代に説得研究は急激に衰退するが、1980年代には情報処理モデルの出現により、新たな研究の動向が開けた。しかし、現在は残念ながら説得研

究はそれほど盛んではなく，今後に期待される。なお，学校教育現場でのアクション・リサーチによる知見には，実践に役立つ効果的な説得要因が複数見いだされている。

## 4．今後の課題

前述のように，説得的コミュニケーションの社会的役割からして，その有効性のさらなる検討は課題の第一である。ビジネス，教育，カウンセリングなどいかなるフィールドにおいても，実験室実験ではない真に実践的な検討が必要であろう。それにはアクション・リサーチが適している。特に種々雑多な要因の混在する教育現場においては，ある説得要因がいずれの現場でも有効であるとは言い難い。そこで，有効と思われる説得要因を，さまざまな場において実践しながら検証していくことが必要であろう。

また，情報処理モデルによる説得的コミュニケーションの成立過程の解明も望まれる。解明により新たな説得要因の発見の可能性も高まる。最後に，送り手から受け手へという一方向的な説得だけでなく，説得によって予想される受け手から送り手へのフィードバックや，受け手間でのコミュニケーションを含めた広い意味での説得的コミュニケーションの研究も，今後の課題である。

〔阿部 明美〕

〔文献〕

阿部明美 2004 中学生に対する効果的な説得要因の検討 宇都宮大学大学院教育学研究科修士論文

深田博己 1998 インターパーソナル・コミュニケーション――対人コミュニケーションの心理学 北大路書房

深田博己 2002 説得心理学ハンドブック――説得コミュニケーション研究の最前線 北大路書房

原岡一馬 1970 態度変容の社会心理学 金子書房

Hovland, C. I., Janis, I. L., & Kelly, H. H. 1953 *Communication and persuasion: Psychological studies of opinion change.* Yale University Press.

内野康人之・青木健史 2005 教育学部生における学習動機と自我同一性との関連 宇都宮大学教育学部教育実践総合センター紀要, 28, 319-334.

## 6　苦情処理（学校）
### claim solution in school

学校では，子どもの問題行動にからんで保護者から苦情が寄せられることが多く，対応を迫られる場面が日常的に起こる。その場面では，苦情処理に追われるというマイナスイメージだけでなく，子どもの成長へつなげるチャンスであり，保護者との信頼関係を築く絶好の機会でもある，という側面を大切にしたい。

### 1．苦情処理の対応の基本

保護者が訴える「苦情」には二つの側面がある。①「困ったこと」として早く今のつらい状況から抜け出したい。②この問題に真正面から取り組み，乗り越えることを通して子どもに大きな自信がわき，成長へのステップになることが期待できる。当然，親としては①の面を強調して，「何とかしてください」と訴えてくるケースが多い。苦情処理の基本としては，①の面に偏らず，②の面にも焦点を当てることによって，子どもの自立と成長のためには，学校と家庭との連携がきわめて重要であることを強調することが大切である。まず親との間に信頼関係をつくることから始め，問題の所在を明らかにし，問題への対処の仕方を共に検討していく流れをつくる。

### 2．親との信頼関係づくり

親は問題のなかに巻き込まれていて，不安でたまらない状態にある場合が多い。ひたすら聴くことで，その気持ちを受け止め共有していくと，ホッとする表情が出てくる。かかわり技法のなかでも「オープン・クエスチョン」（開かれた質問）を中心に使って，思いっきり話をさせたほうが効果的である。相談者としては，共感しつつ問題に巻き込まれない姿勢と，問題対処への道筋をもっているような雰囲気を出しながら，安心感を与える対応を心がける。すべてを話し終えるころに

落ち着きが出てきて、こちらの話を聞く余裕ももてるようになり、コンサルテーションに入る条件が整う。

### 3．作戦会議（コンサルテーション）

親は子育ての専門家として、教師は学校教育の専門家として、お互いに対等の立場で話し合う作戦会議（コンサルテーション）という意識が大切である。親の訴えに耳を傾け、家庭での状況を把握する。学校での現状を理解してもらう。その他、各種検査や面接を通して得た情報を総合的に判断して、現在地を確認する（アセスメント）。そして、援助方針、援助方法（ストラテジー）について話し合うのである。

ここでは「子どもにエネルギーを与える（エンパワメント）かかわり方」について取り上げる。親に多くみられる傾向として、「親の責任として何とかしてあげなければならない」という強い責任感がある。そして、日常生活のなかの細部に至るまで指導しなければならないという使命感にあふれている。しかし、どういうかかわり方がベストであるという確信はなく、やらないよりはましだから、あるいは口を出さずにはいられない、などの心境を話してくれる。「どういうかかわり方がベストであるか」が話題になったときには、マズロー（Maslow, A. H.）の欲求階層説（①生理的欲求、②安全の欲求、③所属と愛の欲求、④承認の欲求、⑤自己実現の欲求）、を紹介すると効果的である。

マズローの欲求階層説によると、①の欲求が満たされなければ②の欲求は芽生えない。また、②の欲求が満たされると③の欲求が芽生える。このようにして①から④までの欠乏欲求が満たされてはじめて、⑤成長欲求（自己実現）の道を歩み始めるというのである。特に②③については、幼少時からのつけを今支払っていると思わせるようなケースが多い。つまり、親に十分手をかけてもらえなかったという思いがまだ残っており、それが解消されるまでは思うように動けないのである。そのことを言葉でうまく伝えるコミュニケーションスキルをもっていないために、さまざまなアクティングアウト（問題行動）を起こす。行動の善悪だけでなく、その背景に目を向ける余裕が出てくるようになると、問題解決の可能性がみえてくるのである。

では、考え方は理解できても、環境調整の方法や具体的な対応の仕方についてはどうしたらいいかという質問が必ず出てくるので、以下の3項目について依頼したほうがよい。

①子どもの人生は子どもが主人公であることを徹底する。何事も先回りしない。子どもより先に口をきかない。質問・命令口調はやめる。横道にそれた余計な会話はしない。

②能動的に聞く。話してきたら真剣に聞く。他の仕事をしながらではなく子どものほうを向いて。評価はしない。そのままフィードバックするだけにとどめる。

③試行錯誤を認める。失敗や試行錯誤を通して子どもは自立していく。悩むことを支持する。子どもとともに揺れ動くように心がける。

### 4．対応のポイント

#### 1）リレーションづくり

親や教師に対して子どもが望んでいるのは、「自分のために何かしてほしい」ことよりも、「自分のことをわかってほしい」ことのほうが圧倒的に多いのである。それは、どんな行動も認めてほしいということではない。間違った行動は否定しても、本人を否定しないことである。

#### 2）父性原理と母性原理の統合

基本的な考え、ルールなどの枠組みはしっかりもっていたほうが子どもも安心する。要は、大人の自己満足の道具として押しつけられていると受け止められているような対応になっていないか、子どもの問題解決能力を信じて任されていると受け止められるような対応ができているかの違いである。われわれ大人は、子どもの幸福のためという大義名分のもとに、強引な指導を繰り返してしまうことが多い。まず母性原理で子どもの本音を受け止め、リレーションが深まってからアイメッセージで父性原理を発揮できるようにしたいものである。これらのことを親と確認し、具体的な手立て（上記三つの依頼項目①～③）をおみやげに作戦会議を終える。

〔加勇田 修士〕

〔文献〕
加勇田修士 2003 保護者との対応の原理 岡田弘・加勇田修士・佐藤節子編集 保護者との対応 図書文化社 12.

## 7 苦情処理（企業）
claim solution in enterprise

企業にとって，取引先やお客様との間で苦情をゼロにすることは不可能である。苦情を文句としてとらえるのではなく，お客様のありがたい指摘として真摯にとらえ，それが発せられた経緯と背景を徹底的に研究し，サービスの改善，ひいては経営に反映する企業は，最終的にお客様の信頼を得，豊富な実体験，お客様目線というサービスの本質を得て，ますます企業発展につながる。逆に苦情を，「聞きたくない話」「嫌なもの」ととらえ，無視したり，軽視したり，臭いものにフタをするかたちで落着させようとしたり，企業責任を問われる謝罪会見などでも真摯な態度がみられないため，社会から批判を浴び，信用，信頼を失墜させ，経営が破綻する企業も多々ある。CR（customer relationship：お客様コミュニケーション）上も，苦情処理をきちんと研究することは大変意義がある。

### 1．定義と種類
苦情処理とは，相手の投げかけに対する「回答」としてとらえられ，転じて「説得」の手法と誤解されがちであるが，実は相手が「納得」をするためにどのような「通訳」をするのかという手法である。苦情・クレーム対応アドバイザーの関根眞一は，著書のなかで，苦情学とは「苦情処理から相手の再信頼を得るまでをお客様の心理面を中心に考え計画的に解決するためのプロセス」（関根，2006）を指すと定義している。

苦情の種類として一番多いのは，接客の態度，営業時の説明内容から生じる誤解によるトラブル。次に多いのが「商品・サービス」そのものの苦情である。これらの共通点は，お客様の当初の期待あるいは理解が，実際の商品・サービスの享受後のそれと一定の差があり，この"差"に対して発せられる苦情である。つまり，「情報とその扱い方」に対する苦情であるといえる。その他には「環境」から発生する苦情，「実害」による苦情がある。最近発生している，車，電気ヒーター，湯沸かし器の問題は，人間の尊い命まで落とすし，食品やレストランに関しては大事故につながることも予測される。

### 2．苦情処理の原理
#### 1）基本的な対応マニュアル
対応の心構え──苦情に対応するのは誰でも嫌なことだが，お客様が生身の人間である以上いつでもどこでも起きる可能性があるものだと考えたほうが，自然で対応も楽になるといえる。先に述べた「情報とその扱い方」に対する"理解"に一定の"差"があるのは，ごく自然なことであるともいえる。苦情を「否定」であったり「あってはいけないもの」ととらえると，隠そうとする方向になり，迅速で適切な対応が取れなくなってしまう。

対応のポイント──相手の目線・立場で考え，誠意をもった対応をする。特に相手の理解との差に着目し，この差を"納得"をもって軌道修正するためにどうしたらよいかを対応の基本とする。

相手の申し出を正確に聞く──発生の事実を知る（時系列，5W1H），相手の理解と要求を把握する，相手を知る（住所，氏名，年齢，連絡先，評判など）。

適切な判定をし迅速な対応をする──いかに適切に苦情をとらえ，迅速な対応ができるか否かが解決の成否に結びつく。この際，相手がなかば支離滅裂に，かつ感情的に苦情をぶつけること自体を目的としている場合がある。理解や期待値の相異，誤解などによる苦情は懇切丁寧な態度での論理的な説明（適切な情報）によって解決されることが多いが，相手が感情的になって文句を言っているだけであったり，地位ある者の謝罪もしくは見舞金など金銭等だけが目的である場合も少なくない。こうした感情的・非論理的苦情は，"適切な情報"による対応が，逆に相手の怒りを増幅し逆効果となる場合が多い。前述にある「相手の理解と要求」を把握する際に，文書でもらうなど形に残る形式で苦情をいっ

たん受け，後日，第三者的な立場の者が書面と口頭の両方で対処するなどの対応の体制で，一定の理解を得る方法が有効といえる。

**対応のタブー**——感情的になる。言い訳，弁明，反論をする。たらい回し。相手の発言を否定したり，相手の責任にする。安易な妥協・先送りによる解決策をとる。

**対応するときの留意点**——組織を代表して答えていることを常に念頭に置く。公平，公正であること，迅速，秘密厳守。時には毅然とした態度も必要（プロのクレーマー，詐欺師，たとえこちらに非があっても法外な要求をしてくる相手に対しては特に重要）。

### 2）各企業の対応事例

**かつてはお客様相談室が全盛**——1968年5月30日「消費者保護基本法」が施行され，その一環として各企業に設立された。

**お客様相談室から新しい展開へ**——花王の「新エコーシステム」，ジャスコの「お客様の経営参加」，キリンビールの「苦情対応アンケート」など。「新エコーシステム」とは，コンピューターと電話を連携させる技術（compute telephony integration：CTI）をもとに，お客様の「声＝情」に「応える＝報いる」ためのシステム。クレームこそが商品開発の宝，との観点より結実したシステムである。

### 3．今後の課題

現在は商品そのものに対する苦情よりも，お客様の対応に付随する苦情が多くなってきているのが現状である。したがってQ&Aで対応できる問題は少なく，相手の要求を正しくとらえての理解喚起と解決の伝え方が，大きなポイントになってきている。そのためのソーシャルスキル，コーピングスキル，コミュニケーションスキルの教育が，重要な課題となっている。現在，苦情処理のための著書も多く出版されており，苦情処理のための研修なども一部ではされているが，実践としての苦情処理には，その企業環境における担当者の実体験に基づいたスキル開発が重要となる。

第二の課題は，苦情が起きない企業環境，苦情を起こさない人づくり，もし発生したとしても最小限にとどめることのできる人づくりである。苦情そのものへの対応のスキルも重要であるが，苦情からCRを考えた際の適切な情報の発し方，お客様目線の実態を認識し次の企業活動に生かそうとする風土，組織，チームワークが求められる。それゆえ，これらの対応を妨げる「イラショナル・ビリーフの解明」が今後の課題である。そのためにも，各企業の各セクションにカウンセリング・マインドあふれるマネージャーが必要である。また，社外の企業の実態，組織のわかるマネジメント・カウンセラーが必要である。再発防止のためには，情報の共有化と企業の組織，制度，システム，評価制度，報告制度の見直しという，全社あげての取り組みが必要である。

第三の課題は，苦情を回避する心理と組織のメカニズムの解明である。苦情処理への抵抗の研究である。苦情処理は今，カウンセリング心理学の研究領域の拡大を示唆している。

〈河野　善四郎〉

〔文献〕

関根眞一　2006　「苦情学」——クレームは顧客からの大切なプレゼント　恒文社

## 8　メディエーション
mediation

メディエーション（調停）とは，何らかの問題で対立関係にある当事者間に，第三者（メディエーター：調停者）が入って，話し合いで解決できるように援助する方法をいう。メディエーターは，双方が言い分を十分に話せるよう援助的態度をもつ中立者で，自ら審判を下さない。あくまでも当事者が解決の提案をし，合意形成に導く。うまくいかなかった場合にも，何度でも話し合うことができるオプションの機会が準備されていることを伝える。解決した後も，隣人として良好な関係をつくることが目指される。

### 1．対人関係上のトラブルを解決する方法

対人関係上のトラブルを解決する方法は，大きく三つある。一つは暴力で解決する方法。

二つめは，法律によって解決する方法。三つめの方法が，話し合いによって解決していく方法である。第三の話し合いの方法としては，メディエーション以外に，ネゴシエーション(negotiation：交渉)，アービトレーション(arbitration：裁定)がある。これらの用語の異同については，後ほど述べる。

それぞれの特徴を述べると，暴力による解決方法は，合法的な方法ではなく勝者と敗者を生み，恨みがしこりとなって残る場合が少なくない。国家間の戦争などが代表的なものである。法律による解決方法は，話し合いによる解決が決裂したあとで用いられることが多い。話し合いによる解決が決裂し，当事者間の関係が険悪となったあとで，裁判所など第三者機関に持ち込んで解決を図ろうとする。この方法はかなりの時間と資金が必要で，勝者と敗者を明確にしようとするものの，場合によっては感情的なしこりを残しかねない。話し合いによる解決方法では，当事者双方が言い分を言い合う場をつくって，合意点を見いだしていこうとする。合意形成の手続きが比較的容易な順から，ネゴシエーション，メディエーション，アービトレーションに分けられる。

## 2. ネゴシエーションとアービトレーション

ネゴシエーションとは，もめている当事者が直接，当事者間で話し合いで解決を図ろうとするものである。この方法の利点は，形式張らずに自発的に話し合いを進めていくところに特徴がある。しかし，話し合いのプロセスのなかに第三者的な存在(調停者や裁定者)がいないために，いわゆる押しの強い当事者に押し切られる危険性がある。

アービトレーションは，メディエーションとは異なり，第三者に裁定を依頼して解決する方法である。メディエーションよりも法的強制力をもつ。裁定は，弁護士に依頼されることが多く，当事者が決定には従うように命令できる力が与えられる。裁定で決まったことは法的強制力が発生する。和解(conciliation)という用語があるが，もめている当事者間で折り合いをつけて合意することを意味し，交渉の理想とされる。最終の結果を示す概念としてもよく使用される。

## 3. 教育分野でのピア・メディエーション

現在，教育の分野で「ピア・メディエーション」が注目されている。アメリカでは，すでに1980年代初頭から，ビジネスモデルを応用して教育モデルへとシフトする動きがみられ，多くのメディエーション・プログラムが開発されて学校現場に導入されている。

ピア・メディエーターは，対立問題への解決を援助する第三者としての訓練を受け，当該学校(区)に所属する同輩(ピア)の相談相手になって，解決への手助けを行う。いわゆる，生徒による生徒のための調停である。原理はメディエーションと同じである。注目すべき点は，学校を構成している生徒たちが，自分たちで問題解決を図ろうとエンパワーしていくところにある。これが，教育的に大いに期待できるところである。また，「困ったときに友人に相談することが多い」という発達上の自明の事実を，援助資源として有効に活用していることも特徴として挙げられる。ピア・サポート(本章後述参照)活動の一環として行われることが多い。

現在，わが国では対人関係が著しく希薄化し，いじめによる自殺などが再燃してきているが，そのような現状をみるとき子どもたち自身が平和的に問題解決に取り組むことができるように，メディエーションスキルなどの学習を積極的に導入していくことは必要であろう。何よりも思いやりのある学校風土への改善に役立つ。

生徒たちが他人のために役に立っているという実感は，彼らの自尊感情を高め，学力の向上にもつながる。特定の子どもだけではなく，学級全体の子どもたちに対してメディエーションスキルやコミュニケーションスキルを導入し，トレーニングしていくことは有効である。

## 4. これからメディエーションを研究する人のために

わが国におけるメディエーション研究の日は浅い。教育界においては特にである。その理由のひとつに，わが国のもめ事(対立問題)に対する考え方が非常にネガティブであり，

「対立（コンフリクト）が起こるのは自然なことである」という風土が育っていないことが挙げられる。日本の教育現場には，いまだに「自分の受け持つ学級で問題が起こることは，悪である」というビリーフが強く支配している。そのため，仮に教師がメディエーターとなってメディエーションを導入しても，問題の決着（いわゆるシロ・クロをつけること）はすでに教師が握っており，かたちはメディエーション的であっても，教師が裁定を下すというスタイルに陥りやすい。むしろ，アービトレーションに近い。そこには，偉い人がそうでない人を裁くというパターナリズム（家父長的態度）の考え方が潜んでいるといってよい。子どもの側からみると，自分の言い分を十分に聞いてもらえず，子ども同士の対立問題が，子ども対教師という対立問題にすり替わることも少なくない。

今日いじめによる自殺報道などにみられるように，学校長や教育委員会に対する風当たりが強くなり，すでに学校教育現場ではパターナリズムに限界が起こってきている。従来にない第三の道を探る必要があろう。それには，子ども自身が問題解決の担い手となっていくように彼らをエンパワーしていくこと，つまりメディエーション能力を高めていくことが必要であろう。メディエーションには，深い人間尊重の精神が流れているといえる。

(池島 德大)

〔文献〕
- Brown, D. 2003 *Creative conflict resolution*: *A training manual*. The Continuous Learning Curve CANADA.
- Carr, R 1980 *Peer counselling starter kit*: *A peer training program manual*. Peer Resouces Victoria British Columbia Canada.
- Cohen, R. 1995 *Student resolving conflict*. Good Year Books.
- Cole, T. 1999 *Kids helping kids*. Peer Resources, Canada.（バーンズ亀山静子・矢部文訳 2002 ピア・サポート実践マニュアル 川島書店）
- 池島德大・吉村ふくよ・倉持祐二 2007 ピア・メディエーション（仲間による調停）プログラムの実践的導入に関する研究 奈良教育大学教育実践総合センター研究紀要, **16**.
- Kreidler, W. J. 1990 *Creative conflict resolution*. Good Year Books.
- 水野修次郎 2004 争いごと解決学練習帳——新しいトラブル防止教育 ブレーン出版

## 9 サポート・グループ
support group

サポート・グループは，セルフヘルプ・グループの一形態である。たとえば，断酒会（全日本断酒連盟）において，酒害の体験談を話し聴く活動が続けられている。また，医療の分野でも，子宮・卵巣がんの患者同士が体験を語りあうことによって，不安を希望に変えることを助けあうグループがある。教育カウンセリングの分野でも，「教師を支える会」（諸富祥彦）の現場の教師のサポート・グループがある。自分の抱える問題を互いに相談しあったり，問題解決の方法を模索しあうことを目的としたグループである。ここでは，日本教育カウンセラー協会が現在研究開発中の「教師のためのサポート・グループ」を，一つの予防・開発的なサポート・グループのモデルとして取り上げ，今後の研究課題として提示したい。

### 1. 定 義

ここでいうサポート・グループは，構成的グループ・エンカウンター（SGE）の四大技法（インストラクション・エクササイズ・介入・シェアリング）のなかで，シェアリングに特化したセルフヘルプ方式のグループ・カウンセリングである。國分久子の提唱に示唆を得て，片野智治・吉田隆江らのSGE研究会がアクション・リサーチを重ねて，今日に至っている。

サポート・グループの定義は，「メンバーが相互の自己開示を通して，自己の思考（ビリーフ），感情，行動（スキル）を拡大・修正するための契約されたグループ体験」である。

サポートとは，メンバーが相互に自己開示の安心感と被受容感をもてるようなレスポン

スをすることである。その結果，イラショナル・ビリーフがラショナル・ビリーフに修正されたり，ものの言い方（スキル）を模倣したり，不安感・自己弱小感・罪障感が軽減されるなどの効果がみられる。ただし，これは現在のところ実践的知見が主であって，実証研究は目下，緒についたばかりである。

### 2．意　義

なぜ，サポート・グループは研究に値するのか。それは援助職者のバーンアウトを予防する効果があると思われるからである。周知のように現在（2008年）の日本の教師は，生徒の問題，保護者の要望，教師の評価査定の導入などのストレッサーに対応しきれず，その結果，過剰なストレスに心身を消耗している。

しかし，ストレスフルな状況にあっても心身の疾病に陥らない教師もいる。それは，①対処行動（たとえば，子どもの反抗への対処の仕方，多動の子どもの指導法），②ラショナル・ビリーフ（たとえば，すべての保護者に尊敬されるに越したことはない），③職場のヒューマンネットワーク（たとえば，愚痴を聞いてくれる人がいる）という条件如何にかかっている。

それゆえ，これら3条件を仲間同士で満たすための自主ゼミ（サポート・グループ）が，教師のキャリア開発に有効なのではないかとの仮説をもって，実践されはじめたのである。すなわち，教師のメンタルヘルス保持と教育指導のスキルアップのために，サポート・グループは有意義ではないかということである。

### 3．方　法

サポート・グループは，メンバーが5人以上いれば構成が可能である。通常は15人程度で実施されることが多い。伝統的なグループ・カウンセリングと異なり，カウンセラーではなく，リーダーが全体をコーディネートする。コーディネートの内容は三つある。導入のインストラクション，必要に応じた介入，最後のしめくくり（今日のセッションで感じたこと，気づいたことのシェアリング）を促進するのが，リーダーの主たる仕事である。スーパーバイザーがいる場合には，最後にスーパーバイズしてもらう。

参加者はまず，「ペンネーム」をつける。秘密保持のためであり，自由に語りやすくするためでもある。グループの始まりは握手（リチュアル）。触れあうことで，雰囲気は和む。「職場で感じていることで仲間に聴いてほしいこと，あるいは今日の仲間から助言が欲しいこと，などについて自由に話してください」とインストラクションがある。参加者は日常の枠を外して，語りたいことを自由に話せるように促進する（介入）のがリーダーの役目である。たとえば，保護者への対応に悩む人には，実際にロールプレイでその人の語り方を再現する。グループメンバーはそのロールプレイを見て，感じたことをフィードバックする。ここが「シェアリング方式」である。リーダー自身も自己開示をしながらサポートするところに，このグループの特徴がある。

### 4．今後の課題

SGEのサポートグループに関する研究としては，「教師サポートグループ・シェアリング方式とその発展的援助」（片野，2000）の大会発表がある。そこでは，①カタルシス効果，②癒し効果，③自己盲点への気づき，④自己肯定感の高揚，⑤自己開示抵抗感の低減が示唆されている。また，「教師のメンタルヘルスに及ぼすサポートグループ参加の効果」（曽山・本間，2006）がある。しかし，継続的なサポート・グループの効果研究はこれからである。参加者の体験を素材にした質的および数量的な研究が必要であろう。また，サポート・グループと伝統的グループ・カウンセリング，ベーシックエンカウンター・グループ，SGEそれぞれとの理論的・方法的比較をする必要がある。それによって，サポート・グループのリーダー養成の方法が明確になるからである。また，ファシリテーターとリーダーとカウンセラーとの役割の異同を明らかにすると，サポート・グループの世話人（リーダー）の守備範囲（責任と権限）がはっきりする。これは，職業倫理を明示するのに必要である。サポート・グループをオープン制にするのかクローズド制にするか，その効果の差の研究も今後の課題

になる。グループメンバーにSGE体験者が参加しているほうが有効か，参加者の校種は複数と単数とどちらが有効か，これも研究テーマになる。さらにリーダーはSGE体験者と非体験者とでは効果に差があるか，これも解明したい課題である。

（吉田　隆江）

〔文献〕

片野智治　2000　教師サポートグループ・シェアリング方式とその発展的援助　日本教育カウンセラー協会第1回研究発表大会　124-125.

片野智治　2007　構成的グループエンカウンター研究　図書文化社

教師のサポートグループプロジェクト　2001　教師のサポートグループ――シェアリング方式とその発展的援助　日本教育カウンセラー協会

水野治久・谷口弘一・福岡欣治・古宮昇編　2007　カウンセリングとソーシャルサポート――つながり支えあう心理学　ナカニシヤ出版

曽山和彦・本間恵美子　2006　教師のメンタルヘルスに及ぼすサポートグループ参加の効果――自尊感情，バーンアウトの視点から　秋田大学教育実践研究紀要，**28**，111-118.

# 10　シェアリング
sharing

構成的グループ・エンカウンター（SGE）のシェアリングには，2種類ある。エクササイズに取り組んだ直後に行うショート・シェアリングと，参加者全員による全体シェアリング（community group sharing）である。シェアリングとは，メンバー相互が感じたこと気づいたことを自己開示し共有する，言語的および非言語的コミュニケーションである。感じたこと気づいたこととは，今ここでの感情と認知（受け取り方，見方，考え方）のことである。

## 1．意　義

たとえば，トラスト・ウォークのシェアリング場面で，リーダーから「このエクササイズを体験してみて，感じたこと，気づいたことを話し合ってください」と指示があり，シェアリングが始まると「目をつむると耳のほうに注意がいくものですね」と言い，一方が「手の温かさが感じられました」と言う。同じエクササイズを体験しても，受け取り方が違うことをシェアリングを通して知ることができる。それが他者を理解するのに役立つ。そして，他者との相違から自分がどんな感じ方をするのかが明らかになる。つまり，ぼんやりとした自己概念を明確化し，自己理解が促進されるのである。このような自己理解と他者理解を通して，自分への気づき（自己発見）が深まるのである。これがシェアリングの大きな意義である。

## 2．リーダーの役割

では，参加者の自己理解や他者理解が促進するためのリーダーの立ち居振る舞いとは，どのようなものか。

リーダーは，参加者の様子を観察しながら，シェアリングがスムーズにいくようにする。ときには，参加者の邪魔にならないように巡回して歩き，参加者の話に耳を傾ける。いい気づきが話し合われている場合は，全体で発言してもらう際に生かしていくとよい。このリーダーの動きは，「カメラ機能」「スピーカー機能」ともいえる。つまり，カメラ機能とは，発言内容によっては動揺したり変化するメンバーの反応を素早く読み取り，発言内容を確認し補足する必要がある。聞き手側の笑顔やうなずきなどは，発言者を肯定する非言語サインとして「……しているわけですね」と，その良い反応を言葉で表現し素早く伝えるようにする。スピーカー機能としては，発言者が小さな声で聞き取れないときには，「楽しかった」とはっきり繰り返したり，曖昧な発言のときには，「○○ということですね」と発言の意図を確認し明確化する。また，少数意見や否定的意見では発言の背景を汲み，「○○が言いたかったのですね。よく言えましたね」と，肯定的にリフレーミングする。リーダーは，視覚・聴覚を活用し，安心して率直な感情交流ができる雰囲気を保障する必要がある。

次に，具体例として，ペアや数人でシェアリングを行い，その後全体で行うときにためらうような雰囲気がある場合，林（1999）は

次のような投げかけを提案している。「2人だけ，数人でのシェアリングでとどめておくのはもったいないといった気づきがあったら，みんなに紹介してください」とか，「ペアの相手の気づきをみんなに紹介してください」と，直接の自己開示よりも開示内容の伝達に重きを置くのである。それでも出ないときには，リーダーがシェアリング中に観察してチェックしておいたメンバーに，「このグループは，すごくいい気づきをしていたみたいですよ。どうですか，発言してみませんか」とうながしてみる。気をつけたいのは，全体で発言させるのが目的ではなく，全体で認知の修正拡大をする風土をつくっていくことにある。

また，時間がないときには，「今のエクササイズで新たな気づきが生じた人，手を挙げてください」と挙手させたり，「シェアリングの時間がありません。それでは，お互いに感謝の気持ちを込めて，ありがとうございましたと言ってください」という方法もある。

### 3．研究の現状

SGE は，1970年代後半に國分康孝・國分久子が提唱し，1993年時点で学会の口頭発表49本，論文3本を残しているが，このなかではシェアリングについては触れられていない。著書としては，『エンカウンター——心とこころのふれあい』(1981) が初出となる。SGE のシェアリングに触れている文献を調べてみると，1996年から刊行され始めた『エンカウンターで学級が変わる』シリーズのなかで，シェアリングの仕方や極意などがトピックになった（河村，1996；藤川，1996；品田，1999；林，1999；吉田，1999；國分，1999；國分，2000）。その後，片野智治（國分・片野，2001）が全体シェアリングの仕方・意義・変容についてまとめている。2004年には『構成的グループエンカウンター事典』が出版された。そのなかで別所 (2004) は，児童のシェアリング能力が向上するためには，気持ちを語るモデルを得させることと，何でも語れる学級の雰囲気づくりの2点が重要であると述べている。

論文としては，正保・中嶋 (2004) が，シェアリングの効果的な実施により，気づきがより拡大し，意味づけがより強化されるという仮説の検証を試みたものがある。その結果，各セッション終了時と最終セッション終了時には，シェアリングの効果は認められなかった。しかし，シェアリングの効果は時間を経て現れ，一定期間後に自分の問題点についての気づきを拡大し意味づけを強化する効果があることが示唆されると報告している。

### 4．今後の課題

まず，シェアリングの効果に関しての検証が今後の課題である。シェアリングの効果に関しては正保・中嶋 (2004) の研究がある。これはシェアリングの効果研究の今後のきっかけになると考えられる。全体シェアリングに言及したものも必要であろう。

次に，全体シェアリングをベースにシェアリングの応用編として現在行われている，サポート・グループやシェアリング方式スーパービジョンについての実践と研究である。今後，サポートやシェアリング方式の新たな方法・技法の研究開発が進むことを期待したい。

(大友 秀人)

〔文献〕

別所靖子 2004 児童のシェアリング能力について 國分康孝・國分久子総編集 構成的グループエンカウンター事典 図書文化社 618-619.

藤川章 1996 シェアリングの仕方 國分康孝監修 エンカウンターで学級が変わる（中学校編） 図書文化社 82-84.

林伸一 1999 シェアリングのしかた 國分康孝監修 エンカウンターで学級が変わる ショートエクササイズ集 図書文化社 20-22.

河村茂雄 1996 シェアリングの仕方 國分康孝監修 エンカウンターで学級が変わる（小学校編） 図書文化社 90-91.

國分久子 1999 シェアリングの極意 國分康孝監修 エンカウンターで学級が変わる（高等学校編） 図書文化社 200-201.

國分久子 2000 シェアリングとは何か 國分康孝監修 エンカウンターで総合が変わる 図書文化社

國分康孝・片野智治 2001 構成的グループ・エンカウンターの原理と進め方——リーダーのためのガイド 誠信書房

大友秀人　2004　シェアリングの進め方　國分康孝・國分久子総編集　構成的グループエンカウンター事典　図書文化社　144-151.

正保春彦・中嶋建治　2004　構成的グループエンカウンターにおけるシェアリングの効果　茨城大学教育学部紀要, **54**, 347-360.

品田笑子　1999　シェアリングの仕方　國分康孝監修　エンカウンターで学級が変わる part 3（小学校編）　図書文化社　46-51.

吉田隆江　1999　シェアリング　國分康孝監修　エンカウンターで学級が変わる（高等学校編）　図書文化社　23-25.

## 11　ピア・サポート
peer support

　ピア（peer）とは仲間・同僚，サポート（support）は支える・支援することを意味する。「ピアの概念を最大広義でとらえれば，同時代人として生きているすべての人になる。その意味では全地球人が共生するための支援活動は，すべてピア・サポートプログラムだ」（Cole, 1987）ということになる。実際，ピア・サポートという名の下で，福祉関係，医療関係，各種慈善団体などが多くの活動をしている。

　ここでは，児童生徒の通う学校でのピア・サポートについて述べる。ピア・サポートとは，「学校教育活動の一環として，教師の指導・援助の下に，子どもたちが互いに思いやり，助け合い，支え合う人間関係を育むために行う学習活動であり，そのことがやがては思いやりのある学校風土の醸成につながることを目的とする」（日本ピア・サポート学会, 2005）と定義している。

### 1. 歴　史
　ピア・サポートはカナダが発祥の地である。1970年代に，カナダのスクールカウンセラーが子どもたちの意識調査をした「子どもたちは，自分の不安や悩み事をスクールカウンセラーよりも友達に相談することが多い」（80%）との結果から，仲間からの相談を受けた子どもがより適切な相談相手，援助者になれることを願ってトレーニングを始めたことが，現在につながっている。そこでは，子どもたちのもつ積極的な力を信頼し活用した予防的・開発的側面を重視し，① 自助を基本とする（self helping），② 生徒が互いに助け，支え合えるような指導・援助を行う（peer helping），ことを目標にプログラムを作成し，普及・発展に取り組んだ。

　その調査の中心にもなったコール（Cole, T.）は，手引書 *Kids Helping Kids* を著し，各国で翻訳され活用されている。コールは同僚のブラウン（Brown, D.）と Continuous Learning Curve を設立し，現在もカナダ，ヨーロッパ，東南アジア，日本はじめ，世界各地でピア・サポートの指導と普及に奔走している。

　日本では1998年に，横浜教職員組合がコールを招聘し初の研修会を行っている。そこでの参加者が中心になって，「横浜ピア・サポート研究会」が組織された。2003年には，日本ピア・サポート研究会（現・日本ピア・サポート学会）が，コールとブラウンを招聘して鬼怒川で研修会をもった。そこに参加した日本教育カウンセラー協会（現・NPO日本教育カウンセラー協会）会員が，後に専門学校生，大学生を中心としたピア・ヘルパー資格認定制度を発足させている。

　現在は，以上の三つの団体がそれぞれ，研究会，学会を組織し，年次総会・研究会発表大会，研修会（ワークショップ），研究紀要発行など積極的に行い，日本での普及・発展に努めている。

### 2. プログラムの内容とピア・サポートの特徴
　それぞれの団体で独自の活動を続けているが，日本ピア・サポート学会の活動を中心に述べる。児童生徒を指導するプログラムには，以下のことが盛られている。
(1) ピア・サポート概論（定義，目的，歴史，今日的課題など）
(2) 動機づけ，自己理解，他者理解（なにげないささやかな援助，描画やエゴグラムなどを通しての自己理解，他者理解など）
(3) コミュニケーション・トレーニング

(感受性，共感性，双方向性などのコミュニケーションスキル訓練など)
(4) 傾聴訓練（非言語的コミュニケーション，積極的な聞き方，適切な自己表現など）
(5) 問題解決技法（問題解決の五つのステップ，AL'Sの原則に基づいた対立解消法，怒りの表現と解消など）
(6) 危機への対応とスーパービジョン（守秘義務，限界とリファー，スーパービジョンとは何かなど）
(7) サポート活動の実際（サポート活動の事例，プランニング，実践上の留意点，サポーターの誓いなど）
(8) 評価，研究（導入の目的達成度の評価，まとめなど）

昨今の社会状況の変化，それに伴う子どもたちの変化，特に，子どもたちの礼儀作法，思いやり感覚，社会性，コミュニケーション能力の欠如などが問題とされ，ソーシャルスキル・トレーニング，アサーション・トレーニング，ライフスキル・トレーニング，グループ・エンカウンターなどが広く行われている。

ピア・サポートでは，独自のものと，他で用いられているトレーニング演習・体験を活用し，社会性，特にコミュニケーションスキル・トレーニングを基本として，先に挙げた内容の訓練を行っている。他のトレーニング団体と比較してピア・サポート学会の最大の特徴は，トレーニング成果を生かした実践活動まで導くことにある。

実践例には，小学校での縦割り班のリーダーとして，保健委員会の委員として，生徒会役員によるワイド相談，20分休憩時・昼休みの校内巡回で対立場面解決，一人遊びの仲間の相手，朝の玄関での挨拶，転校生の世話などがある。これらの活動を通して支援を受けた仲間が，その活動に興味を示し，さらに広がる効果がみられている。

## 3．今後の課題

それぞれの学校での取り組みがみられるようになったが，ピア・サポートの特徴であるトレーニングの成果を生かした実践まで進めている例は，まだまだ少ない。これは，生徒の力を信頼し任せることへの不安が，教師の側に強いことによる。子どもは教師が信頼し責任ある仕事を任せると，ものすごい力を発揮しその役を果たす事実は知られているところである。今後のピア・サポートの普及・発展には，そのような教師，学校の姿勢にかかっているといっても過言ではない。

〈中野　武房〉

〔文献〕

Cole, T. 1987 *Kids helping kids*. Peer resources, Canada.（バーンズ亀山静子・矢部文訳　2002　ピア・サポート実践マニュアル　川島書店）

中野武房・日野宜千・森川澄男編著　2002　学校でのピア・サポートのすべて——理論・実践例・運営・トレーニング　ほんの森出版）

日本ピア・サポート学会編　2005　日本ピア・サポート学会研紀要, 3.

# 12　マルチメディア・カウンセリング
multi-media counseling

マルチメディア・カウンセリングとは，音声，文字，対話者映像などの複数のメディアを用いて行う，ネットワーク上でのカウンセリングおよびその支援活動である。マルチメディア・カウンセリングは，カウンセラーとクライエントの1対1の遠隔対話だけではなく，カウンセラーへの遠隔スーパービジョン，カウンセラー同士の打ち合せ，多地点を結んでのグループ・カウンセリングなど，多様なサービスを展開できる。さらに，インターネットを活用することにより，世界規模でのカウンセリング活動を実現する手段ともなる。

## 1．マルチメディア・カウンセリングの意義

従来の電話カウンセリングと異なり，対話者映像の表示により，ノンバーバル・コミュニケーションが可能となり，臨場感の向上した新しい遠隔カウンセリングを提供できる。パソコンのモニター画面には，クライエントやカウンセラーの表情とともに，両者が共同注視できる図やテキスト画像の表示も容易と

なる。従来の対話中心のカウンセリングに対して、図やテキスト画像を用いた視覚情報提供による新しいカウンセリング技法も創出できる。

## 2. 歴史，状況

マルチメディア・カウンセリングの実用化に向けては，光ファイバー通信（fiber to the home：FTTH）による高速インターネット，高速コンピュータの普及，音声・画像圧縮，ソフトウェア開発など，情報通信技術の革新が背景にある。マルチメディア・カウンセリングの技術的原流となるテレビ電話の試作開発は，1970年代より実施されたが，1980年代においても対話者映像を行うための通信料金が高価であったので，テレビ電話そのものは一般には普及しなかった。そのため，マルチメディア・カウンセリングの研究も，日本および諸外国においても本格的に実施されなかった。

そのようななかで，1997年に筆者は，マルチメディア・カウンセリングの基礎的研究を実施している（柿井，1997）。テレビ電話での対話は，モニター画面を通しての視線一致が実現しないと違和感が生じることが判明している。たとえば，モニター画面内の対話者の目を見て話しかけても，カメラがモニター画面の外側上部に設置してあると，うつむき加減の表情が相手に伝わってしまう。すなわち，お互いの目線が合わない不自然な対話形態となる。これに対して，筆者は，モニター画面を通しての視線一致の解決方法として，頭頂部カメラ方式を提案している。頭頂部カメラ方式とは，モニター画面内の人物像の頭頂部にカメラを重ね合わせることにより，視線一致を簡便に実現する方法である。この方式によるマルチメディア・カウンセリングの可能性を報告している。

その後21世紀になり，日本では，光ファイバー通信による高速インターネットの普及が世界に先駆けて進んでいる。2007年には，加入者数一千万人を越える見込みである。さらに2009年には，動画像伝送できる高速無線（WiMAX）の本格運用も計画されている。2010年代は，日本および世界でのマルチメディア・カウンセリングが実現できる高速通信のインフラが整備され，本格実用化の時代になると予測される。

## 3. 課 題

マルチメディア・カウンセリングの実用化に向けての研究課題は多い。遠隔地間で有効なカウンセリングを実現するためには，マルチメディア・カウンセリングに何が必要なのか，どのようなカウンセリングが有効なのか，情報通信技術を用いたまったく新しいカウンセリング技法の開発的研究，実証的研究が，強く求められている。

### 1）マルチメディア・カウンセリングの実験の準備

マルチメディア・カウンセリングの実験を進めるには，まず，遠隔地間でのパソコンを用いたテレビ電話によるマルチメディア・コミュニケーション環境を構築する必要がある。そのためには，高速インターネットに加入することが必要である。パソコンは，画像処理対応の高速性能品が好ましい。それに，Webカメラとヘッドセットを用意する。対話用のソフトは，ネットワークからダウンロードできる。まず，体験してみることが重要である。

### 2）マルチメディア・カウンセリングの研究のすすめ方

研究課題としては，より基本的なマルチメディア・コミュニケーションとしての知覚心理学からのアプローチと，応用心理学としてのカウンセリング技法の開発や実証評価に着目したアプローチが考えられる。研究テーマとしては，自然な対話感の形成に向けてのディスプレイを通しての視線認知は，どう実現されているのか。さらには，文字や図の共同注視できる特徴を生かして，クライエント，カウンセラーの創造的思考の場は，どのようにすれば形成されやすいのかなど，マルチメディア・コミュニケーションの特質に着目した研究評価が重要である。そして，この情報通信技術をどうカウンセリングに生かすのかといった視点で，カウンセリングの新しいデザインをつくりあげていく必要がある。マルチメディア・カウンセリングと対面カウンセリングの比較ではなく，マルチメディア・カウンセリングの特徴を生かした新しいカウン

セリング技法の開発，その実証活用のフロンティアが求められている。

### 3）マルチメディア・カウンセリングの実用化

まず，セキュリティ管理が重要である。使用するソフトウェアおよび運用面でも，セキュリティ管理が充実している必要がある。実用化においては，カウンセラー同士の相互の打ち合せ，スーパービジョンなどから導入していくのが，マネジメントがやりやすい。カウンセラー遠隔支援ツールとしての活用が望まれる。マルチメディア・カウンセリングの実践においては，キャリア・カウンセリングなどの開発的，予防的カウンセリングが有望と考えられる。そして，静止画，動画像を統合活用した，新しいカウンセリングの実用化が望まれる。

(柿井　俊昭)

〔文献〕

柿井俊昭　1997　双方向型 TV を用いたマルチメディア・カウンセリングの基礎的研究　心理学研究, **168**(1), 9-16.

## 13　グループ内葛藤
intra-group conflict

カウンセリング心理学の実践において，一人ひとりのクライエントを個別に扱うばかりでなく，組織や小集団を一つのケースとしてとらえることが必要になる場面がある。

たとえば，教育・学校領域では，学年，学級，部活動，委員会活動などのフォーマルな関係から，友人同士で構成されるインフォーマルな関係に至るまで，さまざまなグループに直接的であれ間接的であれ，カウンセリング心理学の専門家による何らかの介入が求められることがある。

### 1．集団を理解する視点の必要性

たとえば次のような問題状況がある。「クラス内で何人かの生徒が中心になり，特定の生徒にいじめを行っている。周りの生徒はいじめに気づいているが，自分がいじめの標的になることを恐れて何もできないでいる」「部活動のなかで，練習内容や練習方針をめぐって部員同士の対立が起こった。部長を務めていた生徒が精神的に追い込まれ，部を辞めたいと言い出した。部内の混乱はさらに深刻な状況になった」。このような問題状況に適切に介入するには，対象となる集団内の力動性や，問題状況を産み出している集団の特徴を理解することが必要になる。

グループ（チーム）の特徴を理解するうえで役に立つ指標のひとつに，グループ内葛藤を挙げることができる。グループ内葛藤とは，グループのメンバー間に生じる考え方や意見の食い違い，あるいは，人間関係的な不調和や感情的な混乱のことである。欧米では，組織心理学の小集団研究を中心として，さまざまなグループ（チーム）を対象とした研究が行われており，グループ内で生じる葛藤や対処について有益な知見が提示されている。

### 2．研究の現状

#### 1）グループ内葛藤の種類と性質

葛藤とは，「メンバー間で生じる相反する期待や融合し難い願望についての認識」と定義されている。特に，一つのグループのメンバー間で生じる葛藤は，グループ内葛藤と定義されてきた。これまでの研究は，研究室のプロジェクト・グループ，ビジネススクールの実習グループ，産業組織のワークグループ，経営者によるトップマネジメント・チームなど，さまざまなグループを対象として行われ，リレーションシップ・コンフリクト（relationship conflict：RC）とタスク・コンフリクト（task conflict：TC）の二つの種類が存在することが確認されてきた。

RC は，気持ちが張りつめたりぶつかり合ったりするような，感情的な要素を含めた対人的な不調和である。グループのメンバーに嫌いな人がいるといったような個人的な問題や，困惑，フラストレーション，苛立ちといった感情的な問題が含まれる。一方，TC は，チーム（グループ）の職務に関する考え方や意見の違いについての認識である。アイデアについての葛藤や，課題に対する考え方の違いに関連している。TC は，活発な議論や個人の興奮とともに生じることが考えられるが，定義上は，一般的にRCのような対人

的にネガティブな激しい感情を伴うものではないと考えられている。また，最近の研究では，プロセス・コンフリクト（process conflict：PC）と名づけられた，第三の独自なタイプの葛藤があることが明かにされている。これは，課題や任務の遂行をどのように進めていくかに関連する議論に対しての認識と定義される。さらに，PCは，役割分担（誰が何をするか）や資源の利用についての問題と関連している。

多くの研究においてRCは，グループのモラールやメンバーの帰属意識，グループ活動の満足感を低下させることが示されている。これに対してTCとPCには，グループにおける議論の質を改善しより良い意思決定をもたらすという，ポジティブな側面があることが指摘されている。

### 2）グループ内葛藤にどう対処するか

従来は葛藤をネガティブなものとしてとらえ，葛藤を低減するための介入方法が検討されてきた（conflict resolution）。しかし現在では，葛藤がもつポジティブな側面が注目されるようになり，グループや個人の成長につながるように，葛藤マネジメント（conflict management）を行うという視点が重視されている。葛藤マネジメントは，①葛藤状況（葛藤レベルと対処スタイル）に対するアセスメント，②介入計画の作成，③有効な対処方略の選定と組織的学習の実践，によって構成される。

葛藤マネジメントの目的は，組織やグループに機能不全をもたらすような葛藤（RC）を最小化し，葛藤がもつ建設的な機能の側面（TCやPC）を助長することで，集団の学習機能や成果を高めることである。また，グループワークや心理教育など，葛藤への対処方略を組織的に学習するための具体的な方法を計画することも含まれている。一般的に，グループ内の学習や成果を高めるための葛藤マネジメントには，自己と他者の双方の利益を考慮しながら率直な意見交換によって解決を目指す，「統合的対処方略」を用いることが必要になると考えられている。

### 3．今後の研究課題

以上に述べてきたとおり，グループ内葛藤およびその対処スタイルは，グループ（チーム）の機能向上に向けた重要な視点を示唆しているといえよう。グループ内葛藤研究の今後の課題としては，二つの点が挙げられる。一つは，さまざまな種類のグループに対して，グループ内葛藤に関する理論の応用可能性を検証することである。それによって，「いかなるグループのいかなる葛藤状況には，いかなるマネジメントが有効であるか」が明らかになってくると考えられる。二つめは，これまでの基礎理論をもとに，グループ内葛藤への対処のための具体的な介入プログラムを構築していくことである。

〈西村　昭徳〉

〔文献〕

Jehn, K., & Mannix, E. 2001 The dynamic nature of conflict : A longitudinal study of intragroup conflict and group performance. *Academy of Management Journal*, **44**(2), 238-251.

西村昭徳　2005　児童・生徒への対応をめぐる教職員の葛藤と対処方略──葛藤状況及び教職員に対する認知的評価の視点から　学校メンタルヘルス, 8, 57-67.

Rahim, M. 2002 Toward a theory of managing organizational conflict. *The international Journal of Conflict Management*, **13**(3), 206-235.

## 14　学級崩壊
classroom collapse

「学級崩壊」という言葉は，1990年代にマスコミなどで取り上げられるようになった。明確な定義はないが，国立教育研究所の学級経営研究会が，いわゆる「学級崩壊」を「学級がうまく機能しない状況」という呼び方で，「子どもたちが教室内で勝手な行動をして教師の指導に従わず，授業が成立しないなど，集団教育という学校の機能が成立しない学級の状態が一定期間継続し，学級担任による通常の手法では問題解決ができない状態に立ち至っている場合」（学校経営研究会，1999）

を指すのが一般的であろう。

## 1. 学級崩壊を取り上げる意義

河村ら（2004）によれば，学級崩壊は平均で10校に1校の割合で起きているという。もはやめずらしい現象ではなく，どこにでも起こりうる状況であるといえる。

学級崩壊に陥ると，子どもたちは学級への所属感，学級生活に対する意欲が低下し，強いストレスと不安感に包まれ，そのストレスや不安感によって，いじめなどの攻撃行動や「教室に入れない」「学校に行けない」などの引きこもり現象を起こしてしまうこともある。

学校教育に求められている対人関係能力や社会性の育成には，望ましい集団体験が必要である。しかし，現在の子どもにとって身近で日常的な所属集団である学級が崩壊していたのでは，本来の学校教育活動がなされない状態になってしまう。学級崩壊をさせないこと，学級崩壊から立て直すことが，学校現場での重要課題であるといえる。

## 2. 学級崩壊の研究の現状

学級経営研究会は，1999年に「学級経営の充実に関する調査研究」の中間まとめを発表した。この調査研究では，いわゆる「学級崩壊」102学級の事例を内容分析し，10のケースに類型化した。それは，主として学年の特徴に依存するもの，教師や学校あるいは子どもの側に主たる要因がみられるもの，教師・子ども・家庭などとの関係に問題があるものなどに類別されている。

その結果，いわゆる「学級崩壊」の要因として，学級担任の指導力不足の問題や学校の対応の問題，子どもの生活や人間関係の変化，および家庭・地域社会の教育力の低下などが考えられるとしている。またこれらは，ある一つの「原因」によって「結果」が生まれるかのような単純な対応関係ではなく，複合的な要因が積み重なって起こるとしている。

さらに今後の取り組みのポイントとして，①早期の実態把握と早期対応，②子どもの実態をふまえた魅力ある学級づくり，③チームティーチングなどの協力的な指導体制の確立と校内組織の活用，④保護者などとの緊密な連携と一体的な取り組み，⑤教育委員会や関係機関との積極的な連携を挙げている。

学級の状態を実証的なデータで明らかにし，具体的な対応を示唆する研究も行われている。

河村は「いじめ被害・学級不適応児童発見尺度」，いわゆる「学級満足度尺度」を作成した。この尺度はQ-Uのなかの一つの尺度であり，学級生活に対する個々の満足度を測ることができる。この調査法の結果，学級内の70%以上の子どもたちが学級生活に不満をもっていると，学級崩壊の状態の可能性が高い。

河村ら（2004）によれば，学級崩壊は突然現出するわけではなく，集団として段階的に悪化していく代表的な二つのパターンがあるとしている。一つは「反抗型の学級崩壊」といわれるもので，子どもへの学級集団への同一化をうながす対外的な影響力がとても強い学級であり，管理重視で指導面に偏る教師に一部の子どもが反発し，それが広がっていくものである。もう一つは「なれあい型の学級崩壊」といわれるもので，「反抗型」とは逆に教師は教師役割の権力を前面に出さず，友達のように子どもたちと二者関係を形成していこうという傾向がある。現在の状況としては，「反抗型」の学級崩壊が影を潜める一方で，「なれあい型」の学級崩壊が都市部の小中学校を中心に急増しているとしている。

「学級満足度尺度」から学級状態を分析し，学級崩壊の学級に介入したケースも報告されている。

藤村・河村（2003）は小学校6年生の崩壊学級に，河村ら（2004）の作成したプログラムを基本とする対応をし，学級の立て直しを行うことを目的とした報告をしている。具体的には，学級満足度尺度をもとに学級状態の分析を行い，対応方針を大きく二つ設定した。一つは「心的外傷への対応」，もう一つは「学習する権利の保障」である。そのために学級を分割し，グループサイズを小さくして，個別指導の機会を増やすことにした。

対応は，①校内少人数学級推進委員会の設置，②保護者の理解を得る段階，③子どもたちとの再契約，④少人数指導の段階と，大きく4段階で全校職員の協力のもとに行われた。このケースにより，河村が開発した崩

壊末期の学級に対するプログラムの有効性が確かめられている。

### 3．今後の研究課題

学級崩壊の状況に陥ると，その立て直しには大きな労力と時間を費やすことになるにもかかわらず，望ましい学級集団に再生することは非常に困難であるといわれている。それでも，学級崩壊から望ましい学級に立て直した事例を分析，考察し，そこから見いだされた知見を教育財産として残すことは，大きな意義があると考える。

なによりも大切なのは早期発見，早期対応である。学級崩壊になってから対応していくというよりも，学級崩壊にさせないように，予防・開発的な学級経営をするための実態把握や学級の状態に合った対応が求められる。

（藤村　一夫）

〔文献〕

藤村一夫・河村茂雄　2003　小学校における崩壊学級への危機介入　カウンセリング研究, **36**, 342-349.

学校経営研究会　1999　学校経営をめぐる問題の現状とその対応　中間報告

河村茂雄　1999　学級崩壊に学ぶ――崩壊のメカニズムを絶つ教師の知識と技術　誠信書房

河村茂雄ほか編集　2004　Q-Uによる学級経営スーパーバイズ・ガイド　図書文化社

## 15　学級経営に生かす交流分析

applications of transactional analysis to class setting

交流分析（以下 TA，〈Berne, 1961〉）はすでに前章で解説されているが，本項では主に，学級経営に活用する際の視点と，その視点をバックアップするパーソナリティ理論を提示する。学級経営は，教師のリーダーシップ理論と児童生徒のパーソナリティの成長論からなる。

### 1．学級経営とTA理論（新里, 2000）

TAには，①個人の成長と変化にウエイトを置くパーソナリティ理論および，②体系化された心理療法，という二つの意味がある。TAは交流・対人関係の理論・技法であり，そのベースには組織・システム論がある。組織論の立場でTA理論を再構成すると，下記のとおりになる。

**自我状態**――相手のある自我状態を批判・統制する，または保護・育成する「親の自我状態」（parent ego state：P）と，相手と情報のやりとりをする「大人の自我状態」（adult ego state：A），そして相手と感情の交流で楽しんだり，相手と協調する「子どもの自我状態」（child ego state：C）からなる。Pは，統制・批判的機能のCP（controling /critical parent）と，保護・育成的NP（nurturing parent）の二つの自我状態からなる。Aは情報収集・提供・判断機能一つからなる。Cは，自己解放機能のFC（free child）と，同調・協調機能のAC（adapted child）からなる。学級経営では，児童生徒がこれらの自我状態が適切に行使できるソーシャルスキル・トレーニングが課題となる。

**交流分析**――対人関係の分析。自我状態を適切に行使する対人関係を，相補交流（平衡交流）という。対人関係で相手の長話の話の腰を折る交流は，交叉（差）交流という。相手と策略的にかかわる交流を，裏面交流という。学級経営では，相補交流と交叉（差）交流を適切にできる児童生徒に育てることである。

**ストローク**――対人関係に基本であるふれあいの技法で，教師はふれあいの多い学級経営を要求されている。

**基本的構え**――幼児期に形成された，対人関係における自己肯定（否定），または相手を肯定（否定）的にとらえる無意識の構え。学級経営では，否定的な自尊感情を肯定的な構えへ，そして級友を否定的にとらえる立場を肯定的な構えに変容することが要求される。

**時間の構造**――時間の構造は，児童生徒の基本的生活習慣と関係がある。時間の種類は，自閉，儀式，雑談，活動，ゲーム，および親交がある。学級経営において，学習が成立する時間構造すなわち活動と，休み時間（雑談〈気晴らし〉）の時間を適切に配分することは，今日的教育課題といえる。

**不適応行動（ゲーム）**――神経症的問題，いじめ，校内暴力は対人関係の問題である。

学級経営では，いじめなどのゲームのない，または解決する対人関係のスキルが必要である。

**人生脚本**——親子間で作文した人生物語を，教師は学級経営のなかで，児童生徒のキャリア教育を含む新たな人生物語の作文を支援する。

## 2．学級経営のリーダーシップ論
### （交流分析論）
#### 1）組織および交流分析の心理構造論

家族構造における親と同様に，担任は親の役割を担っている。児童生徒に健全な学級構造を形成し，学習と心の教育ができる担任には，リーダーシップがあるといえる。すなわち，それは自我状態理論のP，A，Cが適切に機能しているという意味である。

#### 2）組織の構造と機能論

親の機能は子どもの養育にある。その養育の基本は，子どもを保護することおよび子どもの社会化である。社会化の基本は教育にある。これを担任に置き換えると，担任が学級を安心・安全にし，学習を保証する機能である。担任（教師）は学習を育む専門家であると同時に，児童生徒の心の教育も任務としている。

#### 3）教師のリーダーシップ機能

教師のリーダーシップ機能を自我状態の機能で示すと，以下のとおりになる。

**メンバーへのケアリング機能（NPの機能）**——自・他保護・養育。

**組織の経営・管理機能（CPの機能）**——自・他コントロール機能。

**感情・意見誘発機能**

Aの機能——質問による意見誘発・意見交換に基づいて判断を下す機能。学習場面はまさにこの機能が発揮する場といえる。もう一つの感情誘発機能は，リーダーのFCの機能でもって，児童生徒に何でも話せる・言える雰囲気のなかで感情を表明し，心の解（開）放をさせ気づきをもたらす働きをさせる。

**意味づけ機能**——TAでは，A的説明が事象・物事に対する意味づけ機能をしている。教師が教材の指導をする際には，Aによってなされている。もう一つの意味づけ機能である，部下やメンバーの人となりについての「意味づけ」は，説明がいる。TAには「自己」に関する理論が欠落しているかのようにみえるが，「基本的構え」の理論で示される「私」は，OKまたはOKでない構え理論には，「私」が取り上げられている。部下やメンバーに対して「あなたはOK」と意味づけする行為は，リーダーの意味づけ機能である。

## 3．TA理論に基づくSGEを用いた学級経営
### 1）学級集団の成長過程（沖縄県立高校教諭又吉文夫氏からの私信による）

上記リーダシップの機能を十分に発揮する担任は，学級集団の成長を促進し，最初の1学期間に成熟した学級に育て上げることができる。学級の成長過程を箇条書き的に示すと，下記のとおりとなる。

第1段階——生徒相互の関係が不安定，相手を探り合っている。

第2段階——まとまりの強いインフォーマル・グループの誕生。

第3段階——HR全体がまとまらなければという雰囲気がHR内に生まれてくる。

第4段階——各グループにリーダーが登場する。リーダーとそれを支えるフォロワーとの関係が明確になる。

第5段階——HR集団への帰属意識が高まる。HR集団の自負心が強くなる。

学級経営の基本は，児童生徒の生きる力の育成である。これを念頭に担任は，何もしないと学級崩壊に至る学級を，上記の第1段階から第5段階までを1学期中に，①安心して学習できる，②高い凝集性の学級，③児童生徒一人ひとりに高い自尊感情（自分はOK，相手もOK）に育てる。

## 4．TA理論によるSGE（國分・國分，2004）

**4，5月の学級経営**——安心感形成のエクササイズ（児童生徒間の安心機能の形成）。

アイスブレーキングなどのゲーム各種，ストロークのエクササイズ，自尊感情の育成（I'm OK-You're OK エクササイズ），NPの成長技法。

**6月以降**——A対Aの交流エクササイズ：生きる力の学習目標との関係。

教科の学習において，自分で課題を見つけ（A），自ら学び（A），主体的に判断し（A），行動し（A），より良く問題を解決する（A）資質や能力の育成。自らを律し（CP）つつ，他人と共に協調し（AC），他人を思いやる心（NP），感動する心（FC）など，豊かな人間性（生きる力）（文部科学省のサイトより）。

健康なパーソナリティは，これらの自我状態を時間，場所，状況，相手によって適切に実行可能である。これをバーン（Berne, E.）は自我状態の透過性といい，透過性の良いパーソナリティは健康なパーソナリティといえる（新里，2007；桂ら，1997）。

SGEのエクササイズ集には，①国際理解教育，②人権教育，③環境教育など多数あるが，教科教育はすべて上記生きる力の教育として活用可能である。方法は，児童生徒が学び合うA対Aの交流を重視した教科教育法である。この方法は，対人関係のスキル・トレーニングやアサーション・トレーニングとしても活用可能である。

以上から，TAは教科教育を通して人間関係が学べる指針を示している。

（新里 里春）

〔文献〕
Berne, E. 1961 *Transactional analysis in psychotherapy: A systematic individual social psychiatry*. Ballantine Books.
桂戴作・新里里春・水野正憲 1997 PCエゴグラム 適性科学研究センター
國分康孝・國分久子総編集 2004 構成的グループエンカウンター事典 図書文化社
新里里春 2000 カウンセリング――交流分析を中心に チーム医療
新里里春 2007 TAの理論と実践 日本交流分析協会第30回大会特別講演

# 16　学校管理
school management

学校は，「自分は今以上に成長したい」という児童生徒の願いをかなえるところであり，「わが子を今以上に成長させてほしい」という親の負託に応えなければならないところである。

学校管理のねらいは，このような子どもの願いや親の負託に応えるべく，教育効果を高めることである。学校管理者は，学校経営における包括的支配権を与えられ，校務執行の最終責任を課せられている校長である。校長は，児童生徒に対する教育の営みが速やかに行われるよう管理を行う。

児童生徒に対する教育の営みが速やかに行われる要素は，三つである。一つは，施設設備，教材教具を整備する物的要素である。二つは教職員一人ひとりの資質，能力を最大限に生かす人的要素である。三つは教育の方針，内容を明らかにする教育課程を整えることである。この三つのうち一つでも欠陥があれば，教育効果を高めるための障害となる。

## 1．物的管理と管理の方法

施設設備，教材教具の保全管理は，教育の場を整え教育活動を支える目的で行われる。

その保全管理の方法は，校長によって直接利用する教師に委任される。委任された教師は良好な保全管理を行い，効率的な利用を図らねばならない。同時に，児童生徒の生命と安全を守るために，学校管理下における事故防止にも意を注がねばならない。しかし，事故発生を恐れるあまり保全管理に気をとられすぎると，委任した管理者によって「触らせない」「使わせない」という保全管理を招くことになる。したがって，校長は，日常の教育活動における施設設備の良好な保全と効率的利用の両方が，ともに最大限に行われるような物的管理の方法を研究しなければならない。

## 2．人的管理と管理の方法

児童生徒の教育において，直接その任に携わるのは教師である。それゆえ，人的管理は教師一人ひとりの資質・能力を最大限に発揮させるよう行わなければならない。

人的管理の方法は，教師の適性・能力などを把握し，適材を適所に配置して調和のとれた校務運営が行われるよう，校務分掌の仕組みを整えることによって行う。この場合において，教師から出される要望の主たるものは二つである。一つは仕事の量および負担の均

等化。もう一つは個々人の希望どおりの配置である。

教師の不平不満を恐れ，不平不満から身を守ることに気を使いすぎると，教師のためであって児童生徒のための分掌組織の仕組みとはならない。不平不満を起こさせない校務運営を行うためには，教師の職務能力を的確に把握して，本人および周りの教師が納得する配置を行わなければならない。そのためには，教師一人ひとりの教育活動の日常観察を必要とする。教育活動計画書および実施報告書をもとにした面接などを行い，単に計画書や報告書に押印する管理はしない。それゆえ，校長は，校長による日ごろの教育活動観察や呼び出し面接を喜んで受け入れる教師とのリレーションづくりを，工夫研究する必要がある。あるいは，「この仕事はしたくないが，やらねばならないので我慢してやろう」というような，したくない気持ちをせざるを得ない気持ちに移行させる。理想的には，教師のしたくない仕事が楽しいと思えるように移行させるかかわり方を工夫研究する必要がある。

## 3．教育課程の管理と管理の方法

教育課程は，学習指導要領および教育委員会の定める基準に基づいて校長が編成し，教育委員会の承認を受ける。教育課程は教育の方針や内容を明らかにしたものであり，児童生徒の教育において中心をなすものである。したがって，校長は教育課程の編成にあたって，直接その任に携わる教員個々の意見を十分に聞き，これを尊重することも必要である。教育課程の管理は，教育の重要性，公共性から，学校管理の中心をなすものである。最近，受験生に有利な条件を与えたつもりの教育課程管理を行った校長は，受験直前の受験生に不利な条件を与えることとなり，世間を騒がせてしまった。この未履修問題は，教育の重要性，特に公共性を亡失した，不適切な教育課程管理の一例である。

教育課程管理の方法は，各教師から教科書の採択，学習指導実施計画と実施報告，学習指導の成果としての評価・評定などの報告を受けて行われる。校長は，教師の報告が年度当初に示した学校経営目標に照らして，意に添わないものであれば当該教師を指導する。校長は提示した教育方針を貫くことによって，適切な教育課程の管理が可能となる。教師の意に反しても行う校長の指導によって，校長と教師の人間関係は悪化することもある。それゆえ，校長は日ごろから悪化を恐れない心のあり方，または悪化させないふれあい，つきあい，悪化の修復方法を研究する必要がある。

## 4．危機管理と管理の方法

学校における危機管理は，突発的な事故や災害などから子どもを守るために行われる。場合によっては部下職員も守らなければならない。いざというときの用意，準備を常に心がけること，これが危機管理である。

その管理の方法は，①情報収集，②状況理解，③判断，④措置（対応・対策）を，日常的にあるいは緊急時に速やかに実行することである。

危機管理で最も重要なことは，多くの情報が速やかに収集できることである。情報量が多いほど危機状況の理解は深まる。理解が深まれば，判断そして措置も，適切に速やかに行われる。したがって，校長は日ごろの学校経営において，多くの情報が短時間のうちに集まる命令一元化の体制を整えておかねばならない。

情報収集は部下職員あるいは自らも行うが，「理解」「判断」「措置」は校長の権限と責任において行わなければならない。その責任の重さから不安葛藤を生じる緊急時に備えて，校長は二つのことを心がけねばならない。一つは，職を辞しても事故発生の責任を取る潔さをもつこと。もう一つは，日ごろから事故発生とその措置をあれこれとシミュレーションして，緊急時に指揮命令している自分をイメージしておくことである。

校長は事故発生の危機的状況において，上部機関へ簡にして要を得た第一報を入れなければならない。これは上部機関の指示を受けるためである。さらに，第二報を入れて措置の妥当性を仰ぎ，事故報告書の提出をもって最終報告とする。同時に校長は必要に応じて保護者やマスコミに情報公開し，説明責任を果たさなければならない。請求によって提供する情報は，事実に即した正確なものでなけ

ればならない。事実の誤謬，隠蔽があれば新たな危機的状況を招いて学校を混乱させてしまう。

先に危機管理において最も重要なことは，情報収集であると述べた。校長は日ごろの校務執行において，「この際，あえて最終責任を校長に負わせよう」などの憎悪の気持ちを部下職員に抱かせていれば，措置上の必要な情報は得られない。それゆえ，校長は憎悪の気持ちを起こさせない部下職員とのふれあい，つきあいを，工夫研究しなければならない。

## 5．今後の研究課題

これまで述べてきたように，学校管理はヘッド（判断力）とハート（感性）の両方を必要とする。しかしながら，両方を兼ね備えている管理職は体験上まれな存在であるかもしれない。校長の博学な知識を優先するか，人柄の良さを優先するか，いずれかのタイプであった。私の実践的知見では，リーダーの人柄（パーソナリティ）にほれ込ませる校長は，教育事業を円滑に遂行していた。学校管理のねらいを達成するには，博学（頭）優先または人柄（心）優先のどちらか一方を優先するとすれば，どちらのタイプが効を奏するのであろうか，実証的研究が待たれるところである。

都道府県教育委員会は，数年前から民間人校長を採用している。そのねらいは，企業の経営手腕を公立学校に導入して，教育の活性化を図ることにあるという。公立学校の職場では，校長の期待どおりに組織が動かせないのが実情である。勤務の対価が公費で平等に支払われる学校は，企業のように給料を上げたり，特別ボーナスを支給して教師の意欲を駆り立てる方法はとれない。それゆえ，管理職と教師とのリレーションが，組織を動かす唯一の原動力となる。このような実情から，民間人校長の学校経営を調査研究することは，最も興味のあるところである。

(佐藤 勝男)

〔文献〕

佐藤勝男・水上和夫・石黒康夫編集 2003 困難を乗り越える学校 図書文化社

高石邦男 1966 学校経営の法律常識 明治図書

國分康孝・國分久子監修 2005 教師のためのコミュニケーション事典 図書文化社

# 17 家族支援
family support

家族のなかに何らかの病気や問題が生じたときには，その病気や問題を抱えている本人と，一緒に暮らしている周りの家族を支援することが必要になる。たとえば，子どもが重い病気や障害を抱えたとき，子どもが不登校になったとき，夫や妻が重病を抱えたときやうつ病やアルコール依存などの精神的な病を抱えたとき，祖父母の介護が必要になったとき，認知症の兆候が見受けられるときなど。このように「家族支援」とは，症状や問題を抱えた本人の周りにいる家族（＝家族内援助者）を支援する，インターベンションである。

また，家族は子育てをめぐって支援が必要になることが多い。親の子育て不安や子どもへの拒否感から子育て困難に陥っている場合には，子育て支援としての家族支援が求められることになる。

家族支援の実践および研究を行うにあたって重要なことは，「問題のある家族だから」支援を行うという認識ではなく，「家族が困っているから」支援が必要という認識から出発することである。

## 1．なぜ家族支援が必要なのか

家族という親密かつ固定的な人間関係をもつ集団は，システムとしてとらえることができる。システム論的家族療法においては，問題を抱えた人をIP（identified patient：患者と見なされた人）と称して，「問題」を維持する家族システム（関係性）そのものに注目する。家族のなかに起こる「問題」が継続している場合には，問題を抱えている本人（IP）とその問題を解決しようとする家族との相互作用のなかに，「問題」を維持しているシステムが存在する。「問題」を解決しようとしてかかわるそのかかわりが，不本意にも問題を維持・増幅させてしまうという構図である。

典型的な例を挙げてみよう。子どもが腹痛

を訴えて登校できなくなる。子どもの意識は学校に行かなければと思っているが，身体が抵抗を示している。そのような状態が何日も続いてくると，親はこのまま不登校になってしまうのではないかという，とてつもなく大きな不安に襲われる。その不安感から，子どもをなんとか登校させようとして，叱咤激励したり，あるいは腫れ物にさわるようになったりする。親自身の不安感を払拭したいがためのかかわりは，いかなるかかわりであっても子どもを追いつめてしまうことになる。自分が学校に行けないことによって親が苦しんでいる様子を見る子どもは，親に対して罪悪感をもち，自分を責め，ますます元気の出ない状態に陥ってしまい，状況は悪化する。

　家族は愛しあっているからこそ，その思いの強さが裏目に出てしまうものである。その結果，悪循環が生じて問題が増幅されてしまう。虐待的な関係に陥っている親子の場合でも，愛情の深さが裏目に出てしまい，悪循環になっている場合がほとんどである。愛するがゆえに生じる苦悩，それが家族の問題の本質ともいえる。それゆえに家族の愛しあう思いが，まっすぐに伝わりあうようになれば，家族は自ずと回復していく力を発揮することができる。

　家族支援の目的は，家族の愛情が裏目に出てしまい，そのかかわりが問題増幅に貢献してしまっている場合に，家族のかかわりが問題解決のためのリソース（援助資源）として機能するように，軌道修正のお手伝いをすることであるといえる。

### 2. 家族支援に関するこれまでの研究の動向

　家族療法は，その初期においては構造主義という哲学的背景をもち，「家族病理を明らかにして家族を治療する」というスタンスをもっていた。しかしながらその後，ポスト構造主義の時代に入ると，社会構成主義に基づく家族支援の考え方が主流となってきた。言語が現実を構成するという社会構成主義の考えに基づいて，治療者と家族がどのような対話をするのかということが，治療システムと「問題」を構成すると考えられるようになっていった。「家族病理をもった家族システムを客観的にみている治療者」というポジションから，「家族とその問題について対話している治療者との治療システム」そのものに，目が向けられるようになっていったのである。端的に言うならば，家族療法は，「家族を治療する」から「家族が治療する」という認識論的進化を遂げてきたのである。

　このような経緯を経て，家族支援の場においても，エンパワメント（家族がもともともっている力を強化すること）や，リジリエンス（困難を跳ね返す弾力ある回復力）が強調されるようになってきた。家族の病理ではなく，肯定的な力にその焦点を当てていくスタンスは，人間成長の促進に重点を置くカウンセリング心理学の立場にもなじむものである。

　家族支援というインターベンションの方法に関する研究としては，このような立場からの事例研究・実践研究が行われてきているが，家族の問題についての調査研究を行う場合には，ジレンマに陥ることも多い。統計的手法を用いた家族研究は，調査研究の方法論そのものが因果関係を前提とした構造主義的認識論を背景にもつがゆえに，愛と苦悩という相反する性質を内包しながら常に循環している家族の問題を扱う際には，研究と実践との間の矛盾を抱えることになるからである。家族研究のデザインにおいては，常に円環的な事象の一部を切り取って直線的に見立てているという前提を，意識しておくことが重要であろう。

### 3. 今後の課題

　実際の日常的な援助現場の現実においては，「家族が悪い」「親が問題だ」という直線的な因果関係に基づく原因論から，家族に否定的なまなざしが向けられ，そのために悪循環に陥っている事例がきわめて多い。したがって，援助者が「家族に原因がある」と見なすことによって，どのように問題が増幅していくのか，そのようなことがなぜ生じるのかという視点から，教師と子どもと保護者の援助システム，看護師と患者と家族の援助システムなどに関する実践的な質的研究を重ねることは，日常的な援助の現場での変化に直結する研究として価値があるだろう。

〔大河原　美以〕

〔文献〕

ホフマン, L. 亀口憲治訳 1986 システムと進化──家族療法の基礎理論 朝日出版社
日本家族研究・家族療法学会 2003 家族療法ブックガイド105冊──日本家族研究・家族療法学会20周年記念出版 金剛出版

# 18 軽度発達障害（児童・生徒）
mild developmental disorders (in childhood / adolescence)

「軽度発達障害」とは，医学領域，心理領域や教育領域など，どの領域においても正式に定められている用語ではない。全般的に知能に遅れがないにもかかわらず，認知や行動，さらには精神面も含めさまざまな問題を示し，教育，療育，心理，医学の各領域において配慮と対応を必要としている子どもたちを総称して，わが国において使用されるようになった用語である。軽度発達障害に含まれる状態を以下に示す。軽度発達障害に含まれる発達障害の分類は，精神医学における疾病分類とは必ずしも一致していない（宮本，2005）。

(1) 高機能広汎性発達障害（高機能PDD）
① 高機能自閉症，② アスペルガー症候群（アスペルガー障害）
(2) 発達の部分的障害（特異的発達障害）
① 学習障害（LD），② 発達性言語障害，③ 発達性協調運動障害
(3) 注意欠陥/多動性障害（AD/HD）

## 1．軽度発達障害とは

2004（平成16）年12月10日に公布された，「発達障害者支援法」第2条（定義）の第1項では，発達障害とは以下のように示されている。「自閉症，アスペルガー症候群その他の広汎性発達障害，学習障害，注意欠陥多動性障害その他これに類する脳機能の障害であってその症状が通常低年齢において発現するものとして政令で定めるものをいう」。
また，2005（平成17）年4月1日に公布・施行された，「発達障害者支援法施行令」第1条（発達障害の定義）では，以下のように示されている。「脳機能の障害であってその症状が通常低年齢において発現するもののうち，言語の障害，協調運動の障害その他厚生労働省令で定める障害とする」。

## 2．軽度発達障害の診断と特徴

### 1）広汎性発達障害（pervasive developmental disorder）

広汎性発達障害とは，自閉症をはじめ，自閉症に類似した特性をもつ障害（高機能自閉症，アスペルガー症候群など）の総称である。診断するうえでの自閉症の定義は，「社会性の障害」「コミュニケーションの障害」「想像力の障害とそれに基づくこだわりの行動」の三つの症状が，3歳までに明らかになるとされている。特徴としては，「見たり，聞いたり，感じたり」した情報を理解・処理する部分に問題があるといわれている。そのため，人とかかわったり，人の気持ちを感じたり理解することが難しく，自分の気持ちを伝えることも苦手である。

### 2）注意欠陥/多動性障害（attention-deficit/hyperactivity disorder）

注意欠陥/多動性障害とは，年齢に不相応な著しい多動性，注意散漫，衝動性の三つの症状がある。これらの症状が，7歳未満からみられ6カ月以上継続して認められる場合に診断される。特徴としては，状況と無関係に常に多動であったり，極端なくらいじっとしていられなくて動き回る，ひとつのことに注意を集中させることが困難で，人の言うことが聞けない，外からの刺激ですぐ気がそれてしまう，などの注意散漫がある。予測したり，考えなしで直ちに行動に移してしまい，順番が待てなかったり，すぐ質問したりするなどの衝動性がある。

### 3）学習障害（learning disorder）

LDは，医学的診断と教育的定義とは微妙にとらえ方が違う。医学的な診断では，「読字障害」「書字表出障害」「算数障害」「特定不能の学習障害」である。日本では，文部科学省が「学習障害児に対する指導について（報告）」で次のように定義している。
「学習障害とは，基本的には全般的な知的発達に遅れはないが，聞く，話す，読む，書

く，計算する，推論する能力のうち，特定なものの習得と使用に著しい困難を示す様々な状態を示すものである。学習障害は，その原因として中枢神経に何らかの機能障害があると推定されるが，視覚障害，聴覚障害，知的障害，情緒障害などの障害や環境的な要因が直接の原因となるものではない」。

### 4）発達性協調運動障害（developmental coordination disorder）

発達性協調運動障害とは，運動での不器用さが著しく認められるもので，生まれつきの脳の問題で細かな運動（微細運動）から大きな運動（粗大運動）において，不器用さがある。発達性協調運動障害は単独で起きることは少なく，ADHD，PDD，LDなどと合併することが多い。

### 5）軽度の知的障害（mild mental retardaition）

知的障害は，過去に精神遅滞と呼ばれていた。軽度の知的障害とは，IQ値が50～75程度のものを指す。診断は，知的能力面と社会的な生活面の両方で生活のしにくさをもち，社会適応スキルの遅れを伴う場合に診断される。

## 3．特別支援教育

2002（平成14）年に文部科学省が実施した，「通常の学級に在籍する特別な教育的支援を必要とする児童生徒に関する全国実態調査」の結果によると，知的発達に遅れはないものの，学習面や行動面で著しい困難を示す児童生徒の割合は，6.3％であることが明らかになった。この数字は，40人学級でいえば1クラスに2,3人，30人学級でいえば1クラスに2人程度の割合で，通常の学級に特別な支援を必要としている児童生徒が在籍していることを示している。

2003（平成15）年には，文部科学省より「今後の特別支援教育の在り方について」の最終報告が示された。この最終報告のなかで「特別支援教育」は次のように定義されている。

「特別支援教育とは，これまでの特殊教育の対象の障害だけでなく，その対象でなかったLD（学習障害），AD/HD（注意欠陥/多動性障害），高機能自閉症も含めて障害のある児童生徒に対してその一人ひとりの教育ニーズを把握し，当該児童生徒の持てる力を高め，生活や学習上の困難を改善又は克服するために適切な教育や指導を通じて必要な支援を行うものである」。

このように「特別支援教育」とは，児童生徒一人ひとりの教育的ニーズを把握して，適切な教育的支援を行うことである。

軽度発達障害の理解と支援とは，今までも行われていた教育的観点からの，「児童生徒に合わせた課題や指示の仕方をすること，何度も繰り返して基礎学力の定着を図ること，スモールステップで教えていくこと」などの個別のかかわりや支援がある。このような教育的支援に併せて，神経心理学的観点からの情報処理の特徴や聴覚的な弱さ，視覚認知の弱さ，実行機能の働きなどの理解を総合したアプローチが必要なのである。

## 4．今後の課題

軽度発達障害がある児童生徒への特別支援教育は，今までも行われていたインクルーシブな教育に深みと幅を加えて行っていく日々の教育活動である。教育が，どの子どもたちのニーズにも応えられるものになるためには，教師が「子どもと向き合う時間の確保」を社会全体で確認していくことが急務である。

（月森 久江）

〔文献〕

宮本信也　2005　軽度発達障害の子どもたち　下司昌一編集代表　現場で役立つ特別支援教育ハンドブック　日本文化科学社　17-35．

文部科学省　2004　小・中学校におけるLD（学習障害），ADHD（注意欠陥/多動性障害），高機能自閉症の児童生徒への教育支援体制の整備のためのガイドライン（試案）

中根晃編　2001　ADHD臨床ハンドブック　金剛出版

田中康雄監修　2004　わかって欲しい！気になる子　学習研究社

月森久江編　2006　教室でできる特別支援教育のアイディア（中学校編）　図書文化社

上野一彦・二上哲志・北脇三知也・牟田悦子・緒方明子編　1996　LDとは　症状・原因・診断　理解のために　学習研究社

# 19 LD児(者)
persons with learning disability

　LD（学習障害）では，学童期の学業不適応が，思春期・青年期の自尊感情の阻害や自己イメージの低下を引き起こすことがある。そのため，LD児(者)の支援を行う際には，心理社会的要因の影響を考慮に入れながら，各々の認知特性に合った学業的アイデンティティを支えるようなカウンセリングの活動が必要とされる。

## 1．LDの定義
### 1) LD（学習障害）をめぐるわが国の取り組みの端緒

　旧文部省は，1990年6月に通級学級（傍点は，筆者）に関する調査研究協力者会議を設け，研究指定校の協力を得ながらその充実方策に関する検討を行った。このなかで，①「各教科等の指導の大半は通常の学級で受けつつ，心身の障害の状態などに応じた特別の指導を特殊学級で受けるという形態」すなわち通級とともに，②「学習障害児の問題」についての検討が行われた。そして，審議のまとめは，1992年3月に「通級による指導に関する充実方策について」という最終報告（文部省，1992）に示された。

　学習障害が重要な教育上の課題として取り上げられたのは，先述した調査研究協力者会議における検討が，わが国では初めてのことであった。学習障害とは，learning disabilities (LD) の訳語であることが示され，1980年代以降，医学的に発達障害のひとつとして考えられるに至る経緯がまとめられた。また，米国における障害者教育法上の定義，すなわち「(これら障害は）聴く，考える，話す，読む，書く，綴る，または計算する能力の不完全」とする理解が，現在のわが国の学習障害の定義（文部科学省，1999）の基盤となっている。その後，2000～2001年に「学習障害児に対する指導方法等に関する実践研究」が全国17の都道府県で行われ，2002年の「学習障害児への学習支援事業」を経て，「特別支援教育推進体制モデル事業」「学校教育法等の一部改正」というかたちで，全国すべての市区町村でLDに関する教育的支援の取り組みが本格化した。

### 2) 特別支援教育体制の整備

　LD児(者)の問題を含め，発達障害のある人の教育的支援については，特別支援教育体制整備の取り組みのなかで論じられる。すなわち，「(特別支援教育とは）従来の特殊教育の対象の障害だけではなく，LD・ADHD・高機能自閉症を含めて障害のある児童生徒の自立や社会参加に向けて，その一人一人の教育的ニーズを把握して，そのもてる力を高め，生活や学習上の困難を改善又は克服するために，適切な教育や指導を通じて必要な支援を行うものである」（文部科学省，2003）とされる。このような教育的支援は，全国すべての市区町村において，全校（園）体制を確立することにより実現することができる（たとえば，大石〈2006〉）。そのため，LDのある人について，その人の学習面のつまずきに気づき，そのような特性に応じた教育的支援を，どの自治体に生まれ育とうとも実行することができなければならない。したがって，個人に対する介入とともに，その個人が生活する環境への介入を欠くことができない。

## 2．LDの認知特性に応じた学習支援
### 1) 学ぶことの支援

　LDのある人の学習面のつまずきに焦点を合わせ，学習支援を試みた実証研究をみると，①標準化された知能検査や学業検査による認知特性や学業達成度の把握，②学業課題の解決に必要とされる学習行動（課題従事と学業成績）の遂行レベルのアセスメント，③提示する刺激（教材や教示）の工夫，④反応のさせ方の工夫，⑤結果のフィードバック方法の検討，⑥課題従事や学業成績の向上に関連する行動や環境への働きかけ，などが支援の方法として取り上げられている。前記の④～⑥については，特に検討の余地が残されている。たとえば，④に関して，ディビスとオニール（Davis & O'Neill, 2004）は，課題従事を促進するために，挙手をさせて口頭発表を求めるのではなく，発問への反応カードを準備して，これに書字によ

り答案を記入させる方法を試みた。そして，後者のように反応モダリティをアレンジすると，学業成績も向上することを示唆している。また，⑤に関して，ベネットとキャバノー(Bennett & Cavanaugh, 1998)は，反応の結果に誤りを含む場合に，そのフィードバックや修正を後にまとめて行うのではなく，その都度即座に行う方法を適用した。そして，正確かつ迅速な課題従事をうながすことができることを突き止めている。上記の⑥に関する検討を含め，引き続き実証研究の成果を蓄積していく必要がある。

### 2）学び続けることの支援

フィヒテンら（Fichten et al., 1989）は，障害のある大学生が高等教育機関において学び続けるための支援の手引きのなかで，LDのある学生と教授者に対する勧告を行っている。わが国では，系統立てられた学生支援の国家規模の取り組みは今のところ存在しないので，このような手引きは大いに参考にできる。わが国で類似の取り組みが行われる場合，特に参考にすべき点は，①LDのある学生がすべきこと（事前相談，コーディネーターとの調整，授業に関する依頼事項の明確化など），②教授者がすべきこと（学生の理解，教授法のアレンジメント，個別プログラムの提供など），および③大学がすべきこと（障害学生支援センターの設立，装置・リソースの準備，研修会やセミナーの開催など）の視座であろう。けれども，わが国ではエビデンスを蓄積していないので，これらの取り組みがLDのある学生が学び続けることの支援に結びつき，利益をもたらすのか否かを精査することは，今後の研究に委ねられるであろう。

### 3．巡回相談員や専門家チームを活用した状況の改善

LDのある人が，その学習面のつまずきに伴うニーズに気づかれてから，具体的・継続的な支援が整えられるまでに大きなタイムラグが生じてしまうことがある。そのために，就学（修学）支援や移行支援がうまくいかずに，結果として二次的な障害が現れることが懸念される。

一方，巡回相談員や専門家チームの活用など，これまで公式には存在していなかった教育関連サービスを提供することができる人材が確保され，主として保育や教育場面のバックアップを行っている。今後，このような社会的な支援の仕組みを，就学（修学）支援や移行支援にも向けることにより，いっそうの状況改善（多面的・重層的な支援体制の構築）に結びつけていけるのではないかと予想される。

（大石 幸二）

〔文献〕

Bennett, K., & Cavanaugh, R. A. 1998 Effects of immediate self-correction, delayed self-correction, and no correction on the acquisition and maintenance of multiplication facts by a fourth-grade student with learning disabilities. *Journal of Applied Behavior Analysis*, **31**, 303-306.

Davis, L. L., & O'Neill, R. E. 2004 Use of response cards with a group of students with learning disabilities including those for whom English is a second language. *Journal of Applied Behavior Analysis*, **37**, 219-222.

Fichten, C. S., Goodrick, G., Amsel, R., & Libman, E. 1989 *Teaching college students with disabilities: A guide for professors*. Dawson College.（冨安芳和監訳 1989 障害のある大学生の手引き 慶應義塾大学出版会）

文部科学省 1999 学習障害児に対する指導について

文部科学省 2003 今後の特別支援教育の在り方について

文部省 1992 通級による指導に関する充実方策について

大石幸二 2006 特別支援教育における学校長のリーダーシップと応用行動分析学の貢献 特殊教育学研究, **44**, 67-73.

## 20 援助要請行動
### help-seeking behavior

心理的な問題を抱えた人がカウンセリングを受けるという行動に至るまでには，いくつ

かの段階が存在する。自分が問題を抱えていることに気づく段階，専門的な援助が必要だと判断する段階，そして実際にカウンセリングを利用する段階である（Fisher et al., 1983）。個人が問題を抱え，カウンセリングを必要であると判断しても，必ずしも実際の利用行動に結びつくとは限らない。問題を抱えているのに他者に必要な援助を求めない，あるいは求めようと思っても実際に行動に移せない理由や要因があるのであれば，それを明らかにし，利用しやすいカウンセリング・サービスを提供することが求められる。なぜなら，より効果的なカウンセリング技法を開発しても，それを利用してもらえなければ意味がないからである。したがって，カウンセリング心理学において，提供する援助技法の開発とともに，援助を受ける側の立場に立ち，利用者がカウンセリングをどのようにとらえ，どのように利用するのか，あるいは利用しないのか，その過程を明らかにすることが求められる。このような，人が専門的な援助サービスをどのようにとらえ，利用するのかについては，援助要請行動という概念で研究が進められている。援助要請行動は，「問題や悩みを抱えた個人が他者に援助を求める行動」と定義される。

## 1．研究の意義

カウンセリング心理学における援助要請行動研究の意義は，大きく二つ挙げられる。

### 1）利用しやすい援助サービスの提供

専門的な心理的援助サービスを利用したいと思いながらも，実際に利用できない場合，そこには援助要請行動を抑制あるいは妨害する要因が働いていると考えられる。そのような要因を明らかにし，利用を抑制する要因がサービスを提供する側にあるのであれば，改善していくことで利用者の立場に立ったより利用しやすい援助サービスの提供につながる。

### 2）援助を求めないことによる不利益の低減

問題を抱えた際に，専門的な心理的援助を含め周囲に援助を求めない傾向が強い場合，さらなる問題や症状の悪化につながる恐れがある。その問題がより深刻で専門的な援助が必要とされるものであれば，なおさらである。したがって，専門的な心理的援助や他者に援助を求めようとしない人の特徴を明らかにすることは，予防および早期介入の面からも重要である。

## 2．研究の動向

水野・石隈（1999）は援助要請行動および被援助志向性に関する研究をレビューし，援助要請に影響を及ぼす要因を，①デモグラフィック要因（性別，年齢など），②ネットワーク変数（ソーシャル・サポート，事前の被援助体験），③パーソナリティ変数（自尊心，自己開示など），④個人の問題の深刻さ・症状，に分類している。

これまでに多くの関連要因が指摘されており，デモグラフィック変数やパーソナリティ変数などの被援助者の要因からは，援助を求めることに積極的，あるいは回避的な人の特徴を明らかにすることにつながる。一方で，援助要請行動を促進することを目的とした場合には，促進要因として操作可能で，働きかけにより変容しやすい要因を明らかにすることが期待される。

たとえば，木村（2006）は周囲からの利用の勧めに着目し，大学生を対象に学生相談に対する被援助志向性（もし自分で解決できない問題を抱えた場合に援助を求めるかどうか）について，質問紙調査を実施している。その結果，周囲から学生相談室の利用を勧められた場合は，勧められない場合よりも被援助志向性が高いこと，特に学生相談の利用経験のある友人や学生相談室のカウンセラーといった学生相談に関連の深い人から勧められた場合に，被援助志向性が高かったと報告している。そして，周囲の人が大学生の抱える問題についての理解を深め，適切に専門的な相談機関の利用を勧めることができるよう，学生を取り巻く周囲の人びとに対する心理教育的なアプローチの必要性を指摘している。

## 3．援助要請行動研究の課題

最後に援助要請行動研究の今後の課題について述べる。

### 1）援助要請における認知的側面と行動面の関連の検討

他者に援助を求めることに対して肯定的に

認識しており，問題を抱えたら援助を求めようと考えている場合には，実際の援助要請行動につながりやすいと予想されるが，被援助志向性などの認知的な側面と実際の援助要請行動との関連についてはまだ十分には検討されておらず，今後の課題といえる。

### 2）特定の問題領域における援助要請行動の特徴の検討

抱える問題によっても，その援助要請行動の特徴や関連する要因は異なると考えられるので，特定の問題領域に焦点を当てた研究が必要である。特に，わが国の現在の社会的な問題を踏まえた研究が望まれる。たとえば，いじめ被害者（Newman & Murray, 2005）や，自殺念慮を抱えた人（Deane & Todd, 1996）の援助要請などは，緊急に取り組むべき問題であろう。

### 3）介入研究の必要性

これまでに，援助要請行動に影響を及ぼす変数が数多く検討されてきたが，では実際にどのような介入や働きかけをすれば援助要請行動に結びつくのかについては，まだ十分な研究がなされていない。今後は，これまでの研究で蓄積された知見を活かし，どのような介入が効果的なのかという実践的な段階へ研究を進める必要がある。わが国においてもわずかながらそのような実践的な研究の取り組みがなされはじめており，今後の更なる研究に期待したい。

（木村 真人）

〔文献〕

Deane, F. P., & Todd, D. 1996 Attitudes and intentions to seek professional psychological help for personal problems or suicidal thinking. *Journal of College Student Psychotherapy*, **10**, 45-59.

Fisher, E. H., Winer, D., & Abramowitz, S. I. 1983 Seeking professional help for psychological problems. In J. D. Fisher, A. Nadler & B. M. DePaulo, (eds.), *New directions in helping Vol.3. Applied perspectives on help-seeking and -receiving*. Academic Press. pp. 163-185.

木村真人 2006 学生相談利用の勧めが被援助志向性に及ぼす影響――自尊感情，援助不安，学内支援者の観点から *CAMPUS HEALTH*, **43**(2), 113-118.

水野治久・石隈利紀 1999 被援助志向性，被援助行動に関する研究の動向 教育心理学研究, **47**, 530-539.

Newman, R. S., & Murray, B. J. 2005 How students and teachers view the seriousness of peer harassment : When is it appropriate to seek help? *Journal of Educational Psychology*, **97**, 347-365.

## 21　不本意入学
involantary attendance

ほとんどの生徒・学生は，潜在的に不本意入学であるといわれる。たしかに，行きたかった学校と通っている学校とは異なっている。

不本意入学とは，自分の積極的意志に基づかず，不満を抱きながら中・高等学校や大学に進学・入学・就学することをいう。アメリカの教育学者のトロウ（Trow, M.）が命名した。高等教育の大衆化に伴って出現してきた，積極的な目的や希望もないままに進学する学生を指して用いた言葉である。学歴が上がるにつれて増えているのが現状である。

問題なのは，就学してからもその学校に馴染めず，不満をもって学校生活を送っている生徒・学生である。これらの学生はなぜ問題かといえば，自尊感情も低く「生き生きと生きていない」ということであり，主体性をもち得ていないことである。学校生活に適応していないのである。当然，学校にもなじめず，学業にも打ち込めず，充実した友人関係もなく，悶々とした学校生活を送っていることである。

### 1．学校生活の現状

不本意入学生の学校生活は，次のように分かれる。

(1) 何らかの満足を見つけて学校に適応する（適応型）
(2) 不平不満を抱えながら学校生活を続ける（不平不満型）

(3) 休学または退学する（不登校・転学含むドロップアウト型）

ここで問題となっており，また大きな社会問題となっているのは，フリーターやニートにもつながる恐れのある，不平不満型とドロップアウト型である。

毎年，高校の中途退学生は10万人を超えている。その理由は，「進路変更」と「学校生活・学業への不適応」で，全体の8割を占める。退学を決意した時期は，入学して1,2カ月と答える生徒・学生が多い。このことは，1年次の退学生徒が約5割を超えていることからも明らかである。退学理由の背景には，もともとその学校に進学する明確な希望や意志のないまま，親や先生，友達に誘われるままに入学している問題がみえる。結局，進路選択における的確な自己理解やキャリア意識の欠如がみられるのである。不本意入学を防ぐためには，それぞれの学校現場で生徒に合った「生き方・在り方」の指導が求められている。

## 2．進路指導の実際

「進路指導は生徒一人ひとりが自分の将来の生き方への関心を深め，自分の能力・適性等の発見と開発に努め，進路の世界への知見を広くかつ深いものとし，やがて自分の将来の展望を持ち，進路の選択・計画をし，卒業後の生活により良く適応し，社会的・職業的自己実現を達成していくことに必要な，生徒の自己指導力の伸長を目指す，教師の計画的，組織的，継続的な指導・援助の過程」（文部省，1982）と言い換えることもできる。このような進路指導が行われていれば，不本意入学はほとんどいなくなるのではないだろうか。

不本意入学をもたらす要因としては，「偏差値での入学」「選択の制約（家庭事情も含む）」「価値観の偏り（世間の風評など）」「自己吟味の不足」「時間的制約」などが挙げられており，その要因が複雑にからまりあっている。

不本意入学した生徒は，「行きたかった学校ではない」「学校生活が面白くない」「校風が合わない」など不満は高い。大部分の生徒は，中学から高校への段階で不本意入学を経験する。ときには小学生段階で中学への進学で不合格となり，それを引きずったまま高校へ進学してくる生徒もいる。最近，キャリア・ガイダンスの重要性が問われているが，現実は中学は高校へ，高校は大学への進学指導がその中心になっていることは否めない。それも，偏差値による進学指導にならざるを得ない状況がある。どの学校を選ぶかは，今後どのように生きるかということにもつながっており，十分に納得できる選択ができるような指導が問われる。何のために学ぶのか，自分の将来の職業や進路についてじっくり考え，自分の人生をどうデザインしていくかを考えさせ，納得できる進学をさせたいものである。

## 3．不本意入学をしてきた生徒への指導

そこで学校側としては，入学生の早期適応のための方策として，入学時や進級時のオリエンテーションの充実を図るなど現実適応への努力をし，より魅力と特色のある学校づくりに取り組んでいる。いじめ・不登校・問題行動などの背景にも，この不本意入学が影響しているのである。

入学した学校で何らかのことに親和感や適応感をもった生徒は，不本意入学から脱却できる。それは対人関係（友達，先生），現実適応（部活動や趣味など），未来志向（将来の希望や人生への再チャレンジなど），物理的空間（建物，環境，評判など）である。人は何らかの適応に向かって生きる存在であり，より良く生きる手段を見つけるものである。しかし，適応要因を見つけだすことができなかった生徒は，不平不満を抱いたまま，不登校や中途退学をせざるを得なくなる。

## 4．今後の課題

現実にはどのような対策がとられているのであろうか。

その対策を要約すると，中学校・高等学校・大学で以下の三点にわたっている。
(1) 進路指導の充実（キャリア・ガイダンスの見直し）
(2) 受け入れ態勢の充実（オリエンテーションの吟味）
(3) 就学サービスの充実（キャリア・デザインの高揚）

現実の自己認識を欠き目的もないまま進学

する生徒たちに，自己概念の現実的な吟味をもとに進路指導を行うことは，必要不可欠なことである。どのように生きるか，何のために学ぶのか，将来の職業や進路についてじっくり考え，自分の人生を切り開く力を身につけさせることこそ，本来の教育である。

今後の研究課題としては，以下の3点が挙げられる。

① 不本意入学の実態と適応要因の調査。② 進路指導に対する学校の現実対応（集団指導・個人指導）を明らかにする。③ 生徒の進路に対する姿勢（過去・現在・将来）の調査。

これらの調査を通して不本意入学を減らし，また不本意入学生の現実適応を図ることが必要である。

〔荒堀 浩文〕

〔文献〕

国立教育政策研究所生徒指導研究センター 2003 生徒指導上の諸問題の推移とこれからの生徒指導——データに見る生徒指導の課題と展望 ぎょうせい

文部省 1982 中・高等学校進路指導の手引——高等学校ホームルーム担任編

清水一彦ほか編著 2004 最新教育データブック——教育の全体像が見えてくる（10版） 時事通信出版局

## 22 若年無業者（いわゆるNEET：ニート）への対応
issues of the youth not in work

若年無業者（日本におけるNEET）とは，「学校に行かず働いてもいない」35歳未満の人たちである。求職活動をしていないから"失業者"でもない。彼らとかかわるときには，まず「なぜ？」という問題意識が必要だろう。そして，個人的・環境的要因など，現状に至る理由の追及よりは，今どのような資源があり，これからどのような資源につなげば「社会的排除に至らないか」を共に考え，行動レベルで明確に示すことが求められている。

## 1．若年無業者（いわゆるNEET）とは

NEET（not in education, employment or training）とは，もともとはイギリス労働党のブレア政権が，社会参加困難者（被社会的排除者）の一部として雇用・労働政策の対象とした，「16〜18歳の教育機関に所属せず，雇用されておらず，職業訓練に参加していない者」を指す。日本では，2004年に初めてこの分類カテゴリー（日本版NEET）が使われた。

注意すべきは，厚生労働省と内閣府で定義が異なっている点である。厚生労働省は『労働経済白書』（2005年以降）において，「若年無業者」を表す定義を，「非労働力人口のうち年齢15〜34歳，通学・家事もしていない者」としている。一方，内閣府は『青少年の就労に関する研究調査報告書』（2005）において，「高校や大学などの学校及び予備校・専修学校などに通学しておらず，配偶者のいない独身者であり，ふだん収入を伴う仕事をしていない15歳以上34歳以下の個人である」の定義を採用している。内閣府の定義には「家事手伝いの者」が含まれ，厚生労働省の定義には含まれない。その差は20万人あまりであり，データの読み取りおよび研究調査では，この点をきちんと押さえなくてはならない。

## 2．若年無業者（日本版NEET）問題の本質

イギリスではNEETは社会参加困難者であり，それは明らかに社会的な差別・格差につながる。日本でも若年無業者に端的に表れている教育，雇用，職業訓練の機会にアクセスできない若者の問題は，社会経済階層と文化の問題をその背後に抱えている。個人の努力では乗り越えることがきわめて困難な「社会経済階層と文化」の規定力を見逃すと，無業状態にある人たちの問題を"個人のこころ"の問題に矮小化する危険がある。

若年無業者問題の中心概念は，社会的排除（social exclusion）である。1970年代半ば以降，西ヨーロッパでは技術革新と経済構造改革に起因する雇用環境の悪化，社会福祉の後退などの問題が顕在化した。そのなかで新たな貧困（new poverty）が発生し，生活を

維持できなくなった人たちは社会のなかで，排除された人びと（excluded）として社会問題化した。

EUおよびEU諸国では，社会的排除は従来の貧困を超えた社会的不平等の問題として，特に1990年代以降，最も重要な政策課題となっている。その本質は，1993年の『ヨーロッパ社会政策グリーンペーパー』に明確に示されている（中村，2004）。その要点を以下に示す。

① 社会的排除は社会の構造的問題である。
② 問題は単に社会の上層と下層の不均等にあるのではなく，社会のなかにいるべき場所のある者（those who have a place in society）と社会から除け者にされてしまった者（those who are excluded）との間にある。
③ 社会的排除は，単に所得が不十分だということだけでも，職業生活への参加ということだけでもなく，住宅や教育，医療，サービスへのアクセスといった分野で顕著である。
④ 社会的排除は単なる不平等ではなく，分断された社会という危機を示唆している。
⑤ 排除された者の怨恨は暴力や麻薬，ひいては人種差別主義や政治的過激派の温床となる。

## 3. 若年無業者（日本版NEET）はどれくらいいるのか

総務省の「労働力調査」によれば，2003年に若年無業者に分類されるのは男性41万人，女性22万人，合計63万人であり，同年齢人口に占める割合は約1.9％である。特に学卒直後の18,19歳と22,23歳が多く，2000年の国勢調査における年齢別人口に占める割合も，それぞれ男性4.1％，3.0％，女性2.5％，2.4％であり，相対的に学歴が低い者に多い。

背景には，バブル経済崩壊後の長引く不況に伴う，若年者の労働市場・雇用状況の悪化がある。たとえば新規高卒求人は，1992年の167万人から2003年には22万人まで7分の1以下に激減（2006年は約29万人）している（大卒はほぼ回復）。こうした状況下で，18〜24歳の相対的に低い学歴の若年者をどのように社会に取り込むかが，緊急かつ重大な政策課題となっているのである。

## 4. 若年無業者はどんな人たちなのか

若年無業者は内閣府の調査では，非求職型（就業を希望するものの具体的な活動はしていない者）と，非希望型（就業自体を希望していない者）に分類されている。非求職型が「就業に向けた活動を行わない理由」で最も多いのは，「病気や怪我の療養のため」（約25％）である。また，世帯収入でみると非求職型の32％，非希望型の38％は，年収300万円にも満たない低所得者層である。

小杉（2004）は質的調査から若年無業者を4類型化した。その4類型とは，①ヤンキー型（反社会的で享楽的。「今が楽しければいい」というタイプ），②ひきこもり型（社会との関係を築けず，こもってしまうタイプ），③立ちすくみ型（就職を前に考え込んでしまい，行き詰まってしまうタイプ），④つまずき型（いったんは就職したものの早々に辞め，自信を喪失したタイプ）である。内閣府（2005）は労働経済学の視点から無業に至る要因を，①年齢のミスマッチ（経済状況・産業構造の問題），②スキルのミスマッチ（技術・技能・能力開発の問題），③こころのミスマッチ（希望するものがない，何をしたいのかわからない），としている。

## 5. 若年無業者問題へのアプローチ

若年無業者問題には多様なアプローチがありうるが，"環境のなかの個人" という視点を忘れてはならない。たとえば，教育と移行の面からは，「中等教育で中退した者や卒業の見込みが立たなかった者では基本的なレベルでの就労準備ができていないという問題があること，地方の高卒者では就労準備ができている者でも求人が決定的に少ないため就職できないでいる」（小杉，2004）と説明される。家庭的背景からは，「低学歴層の親の職業は，非正規の不安定雇用，あるいは自営業など雑多の職業である。このような家庭では一家総働きが一般的となっている。低学歴層の親は，子どもの学業・就職に対して無関心で，放任に近い状態がある。これらの家庭は，子どもを職業へといざなうという点で，子どもの社会化機能を果たしているとはいえない」（宮本，2004）と説明される。マスコミや一部の経済人には，「勤労観・職業観が希

薄でだらしない若者が無業者である」という決めつけが見受けられるが、研究テーマとしてこの問題に取り組もうとする者は、そのような言説に惑わされてはならない。何よりも現実を見つめ、既存のデータから問題を絞り込み、自分の専門領域に引きつけて詳細な量的・質的調査を行って、そのうえでストーリーを展開する必要がある。そして単に事実を記述することにとどまらず、その研究からどんなインプリケーションを得て、具体的な政策にどう結びつけるかまでを視野に入れて研究を深めたい。

(長須 正明)

〔文献〕
岩田正美・西澤晃彦編著 2004 貧困と社会的排除——福祉社会を蝕むもの ミネルヴァ書房
小杉礼子編 2004 移行の危機にある若者の実像——無業・フリーターの若者へのインタビュー調査(中間報告) 労働政策研究・研修機構
宮本みち子 2004 家族・親族状況からみた移行 小杉礼子編 移行の危機にある若者の実像——無業・フリーターの若者へのインタビュー調査(中間報告) 労働政策研究・研修機構 153-171.
長須正明 2006 高校新卒者の就職状況 日本労働研究雑誌, **557**, 31-40.
内閣府編 2005 青少年の就労に冠する研究調査報告書
中村健吾 2004 社会的排除に抗するEUの戦略と加盟国における福祉国家の『構造改革』 大阪市立大学大学院経済学研究科インターネット講座2004年度第8回テキスト

〔web上の資料〕
http://www8.cao.go.jp/youth/kenkyu/shurou/shurou.html
http://www.socialexclusion.gov.uk/download-doc.asp?id=31

## 23 ドゥードリング・ワーク
doodling work

ラビリンス(labyrinth:迷路瞑想法)、読経、座禅、写経、アメリカインディアンの砂絵、箱庭、コラージュなど、何かに取り組みながら内面の世界とかかわりをもつことに心理臨床的意味が認められているが、十分な研究はまだなされていない。ドゥードリングは、受動的に内面に起こりくる体験に自然にかかわる手段なので、この分野の研究に一石を投じる可能性を秘めている。

### 1. ドゥードリング・ワークとは

ドゥードリング・ワークとは、参加者各自が、思い思いに描いた基本図形の上を、音楽を聴きながら何度も何度もクレヨンでなぞっていくワークのことである。筆者が1996年に、シュタイナー教育の研究者であり実践者であった河津雄介氏のワークショップに参加したおりに、不思議な基本図形の上を参加者が自由にクレヨンで色を重ねていくワークにヒントを得て、その年のベーシック・エンカウンター・グループ(BEG)のインタレストの時間帯に、音楽を聴きながらワークをしたのが最初である。

BEGとは、ロジャーズ(Rogers, C. R.)が創始発展させた集中的グループ体験で、3泊4日程度の宿泊を伴うグループ・エンカウンターである。BEGでは、2泊目の午後あたりに自由時間を設けて、参加者が自由に好きなように過ごすフリータイムを設けることが多い。そのフリータイムでは、スタッフや参加者が、散策や卓球、マッサージ、サイクリングなどの活動を提案し、それぞれ自由に活動に参加して楽しむので、インタレスト(intarest)とか滋養(nurturing)タイムと呼ばれるが、その一つとして「ドゥードリング・ワーク」を行った。当時は、音楽を聴きながらリラックスをする絵画ワークとして実施したが、ワーク後のBEG参加者の相互交流と、ワークに参加したメンバーのグループ内での肯定的な変化が顕著だったので、以来、このワークに「ドゥードリング・ワーク」と名づけ、今日に至っている。

### 2. ドゥードリング・ワークの実施準備

「ドゥードリング・ワーク」を実施するためには、次のような準備が必要である。

**静かな空間**——音楽を聴きながら各自の描いた基本線の上を何度もなぞっていくので、人数に応じた静かな空間とテーブル、椅子を

用意する。

**画用紙**——健常域の人びとを対象とする場合は、A3判の用紙を使用しているが、不適応状況にある人びとを対象とする場合は、B4判かA4判程度が無難である。

**クレヨン**——各自1箱を用意する。

**セロハンテープ**——画用紙が動かないようにテーブルに固定する。

**音楽**——経験的に、静かで、穏やかで、ゆったりとした曲がワークに取り組みやすい。人の声や言葉はワークに影響しやすいので、使用しないほうが無難。1曲3分程度のものを、9か10曲用意する。

## 3．「ドゥードリング・ワーク」のプロセス

### 1）画用紙の固定
セロハンテープで、画用紙をテーブルに固定する。

### 2）クレヨンの選択と基本図形の作図
参加者に開始時の気分に最も合った色のクレヨンを1本選び、まずそのクレヨンで、画用紙の上になめらかでゆったりとした基本線を描いてもらう。音楽を聴きながら基本線の上をなぞり続けるので、最初と最後をつないでエンドレスにすることが肝要である。

### 3）音楽を聴きながら単調に基本線をなぞる
音楽を聴きながら、最初に選んだ色で、基本線の上を何度も何度もなぞる。他のことをしたくなったり、基本線から外れて色塗りをしたくなっても、ひたすら単調に繰り返すように指示する。音楽の変わり目に、もし色を変えたいのなら変えても可、変えなくても可である。基本線の上をさほど考えることなく自然にクレヨンが滑り始めると、いろいろな感情や感覚、思い出、気になっていること、問題や課題などが浮かんでくるので、6, 7曲の音楽を単調に流しながら、クレヨンで基本線をたどる。

### 4）創造タイム
基本線をたどる作業を続けていてもよいが、最後に2曲ほど音楽を聞きながら、基本線をたどる作業から離れて、出来上がったなぞり描きをもとに、自由に空間を色塗りしたり、線を加えたりする。

### 5）振り返り
振り返りは、ワークの最も大事な時間である。國分康孝によって創始発展された構成的グループ・エンカウンター（SGE）にヒントを得て、ドゥードリング作業を終えたら、必ず振り返りをすることにしている。6, 7人の参加者の場合は、グループ全員で振り返りをするが、人数が多い場合や時間に制限がある場合は、2, 3人ずつの小グループに分けて交代で絵を見ながら振り返りを行う。一人の振り返りをしているときには、その他のメンバーの作品は、裏返しにしておくことが肝要である。だいたい次のような点について、各自振り返りを行う。①ワークを始めるときの気分と選んだ色、②基本線をたどったプロセスと気に入っている部分（曲線）、③基本線をたどっていたときに浮かんできた感情や体験過程、事柄など、④出来上がった作品から受ける感じ、⑤ワークを終えたときの感じ。

個人の振り返りが終わったら、相手（またはメンバーが複数の場合は、他のメンバー）から、作品から感じられる印象のフィードバックを得てから、次のメンバーに振り返りをゆだねる。ワーク全体でおよそ90分かかる。

## 4．今後の研究課題

ドゥードリング・ワークは、BEGのフリータイムのインタレストとしてかなりの効果を感じているが、単独でも内面の活性化にかなりの効果が期待できることから、これまでにイギリス・ノルウィッチのイーストアングリア大学（The Spritual Demension in Therapy and Experiential Exprolation：SDTEE, 2004；The Process Model Colloquium, 2007）と、ドイツのポツダム（PCE, 2006）で開かれた、PCA（person-centerd approach）関係の国際会議でドゥードリング・ワークショップを開き、カウンセリングの方法のひとつとしても大きな関心をもたれ始めている。日本では、千葉県教育委員会の教員研修で実施されている。

ドゥードリング・ワークは、まだ試行の段階であるが、心理臨床や作業療法として未開拓な分野だけに、心理や福祉系の学部生の卒業論文や修士論文として是非取り上げてほし

いと考えている。研究を深めてほしいのは次の分野である。

　**理論的基礎的研究として**——①ドゥードリング中の意識の変成状態。②ドゥードリングに取り組みやすい音楽（メロディー，テンポ，強弱，音質，音域など）。③箱庭やコラージュに準ずる分析心理学的研究。④クレヨンの色，基本線，できた作品などの評価分類的研究。⑤ジェンドリン（Gendlin, E. T.）の体験課程理論やプロセスモデルからの考察。⑥自律訓練法の受動的注意集中との比較考察，ラビリンスやアメリカンインディアンの砂絵との比較考察。⑦内観や森田療法，禅，ヨガなどの内面への注意の向け方との比較研究など。

　**実践プロセスの研究**——①ワークの進め方。②音楽の呈示の順序や長さ。③インストラクションの仕方。④振り返りセッションのもち方など。

　**効果研究**——①ワークの事前・事後の比較研究（量的・質的）。②効果群と非効果群の比較。③年齢による効果研究など。

　**適用研究**——①教育（保育園，幼稚園，小学校，中学校，高等学校など）。②心理臨床（ユング派の心理療法として）。③医療・看護。④福祉（作業療法として）。⑤司法・矯正あるいは，⑥高次脳機能障害，認知症，神経症，発達障害などの症状別適用など。

（清水　幹夫）

〔文献〕
- Brazier, D., & Brazer, C.　2001　*Zen therapy*. Robinson Publishing.（大澤美枝子・木田満里代訳　2004　禅セラピー——仏教から心理療法への道　コスモス・ライブラリー）
- Moor, J., & Purton, C.　2006　*Experiencial and theoritical perspectives*. PCCS Book.
- 小野京子　2005　表現アートセラピー入門——絵画・粘土・ドラマ・ダンスなどを通して　誠信書房
- Rogers, N.　1993　*The creative connection*: *Expressive arts as healing*. Science & Behavior Books.（小野京子・坂田裕子訳　2000　表現アートセラピー——創造性に開かれるプロセス　誠信書房）
- 杉浦京子　1994　コラージュ療法——基礎的研究と実際　川島書店

## 24　多文化 BEG
malti-cultural basic encounter group

　クライエント中心療法（client-centered therapy）を創始発展させたロジャーズ（Rogers, C. R.）が，個人カウンセリングの研究から得られた研究成果や，彼の基本的人間観（自己理論）に基づいて，1964 年以降に発展させた集中的グループ体験（intensive group experience）を，ベーシック・エンカウンター・グループ（basic encounter group）と呼んでいる。BEG は，参加者のそれぞれが育った環境や世界観が違うので，多かれ少なかれ多文化の要素をもっているといえる。国籍，人種，言語，宗教，文化，習慣などが大きく異なる人びとが集まって行われる BEG を，特に「多文化 BEG」と呼んでいる。

　「多文化 BEG」の意義は，人種，言語，宗教，文化，社会，習慣などが大きく異なるメンバー間の相互交流と相互理解，ならびにメンバー各自が自分らしく生きていくための基本的な自己理解や自己の再認識，再発見にある。国際交流が進むなかで，言語的不自由さを越えて価値観の大きく異なる人びととの BEG を研究することの意義は，きわめて大きい。

### 1. 多文化 BEG の歴史的変遷

　多文化 BEG の萌芽は，1967 年の夏にカリフォルニア大学サンディエゴキャンパスで，「大学牧師とベイシック・エンカウンター」（Campus Ministry and Basic Encounter）名の下に行われたワークショップにさかのぼる。その後，開催地の地名を取って「ラホイヤ・プログラム」と名称を変えて，ファシリテーターの訓練と養成を目指すようになり，南米やカナダ，ヨーロッパ，南アフリカ，日本，韓国などの参加者が次第に増えていった。ラホイヤ・プログラムは，当初から多文化 BEG を意図して開催されたわけではないが，

結果的に多文化BEGの起源になっているといえる。その後の多文化BEGには，大きく三つの流れがある。

### 1）人間研究所のピース・プロジェクトとしての「多文化BEG」

1968年にロジャーズは25人の仲間と，カリフォルニア州サンディエゴに「人間研究所」(Center for Studies of the Person：CSP) を設立した。ピース・プロジェクトは，CSPのプロジェクトの一つで，国家間の紛争や宗教的対立，あるいは政治的イデオロギーや人種的反目，異文化間の緊張緩和，社会的葛藤の解決，戦争の減少などのためにBEGが活用された。北アイルランド（1972年），スペインのエスコリアル（1978年），オーストラリアのルスト（1986年），ハンガリーのセゲド（1986年），南アフリカ（1986年）などの実践が知られている。ロジャーズは，それらの活動に「多文化BEG」の語は用いてはいないが，どれも多文化性の高いBEGといえる。

### 2）国際学会の前後に行われるBEG

クライエント中心療法の基本的な考え方を，広く人間の生活全体に適用し，実践と研究をしていこうとする考え方を，パーソンセンタード・アプローチ（person-centered approach：PCA）と呼ぶ。このPCAにかかわる国際組織がいくつかある。IFPCA (International Forum on the Person-Centered Approach)，ICCEP (International Conference on Client-Centered and Experiential Psychology)，ADPCA (Association for the Development of the Person-Centered Approach) などである。これらが主催する国際会議の前後に，PCAの実践者や研究者の交流のためのBEGが盛んに行われている。2001年3月には，岡山県赤磐でIFPCAの第8回フォーラムが開かれ，BEGが組まれた。これらのどのBEGも，多文化性がきわめて高い。

### 3）コミュニティの相互理解のための「多文化BEG」

外国籍の長期滞在者にとって，日本人との相互理解がきわめて難しいといわれている。日本に滞在している留学生やビジネスマン，企業研修生，日系移民の特別就労者などの長期滞在者が増えているわりには，コミュニティにおける相互理解のための積極的な取り組みは少ない。こういった状況のなかで，一部の大学の留学生センターで多文化BEGが取り入れられはじめているほか，1996年以降，奈良県明日香村で畠瀬稔を中心として民間の多文化BEGの試みが継続されている。

## 2．多文化BEGの研究の意義

多文化BEGの実践と研究の流れのなかで，今後の研究意義が大きいのは，上記3）に述べた，コミュニティの相互理解のための多文化BEGであろう。ヨーロッパや北米，南米で行われるBEGは，地理的に人種，言語，宗教，文化，社会，習慣などの多文化性が普通なので，とりたてて「多文化BEG」の研究がなされてはこなかった。日本の社会のなかで行われる多文化BEGの実践と研究は，文化的特異性が比較的はっきりしているだけに，コミュニティにおける多国籍の人びとに対する相互理解のアプローチとしての研究意義は，きわめて高い。

今のところ，2006年7月にドイツ・ポツダムで開かれたWAPCEPC (The World Association for Person-Centered and Experiential Psychotherapy and Counseling) の国際会議PCE 2006で報告された，畠瀬稔らの研究が，多文化BEG研究の唯一のものなので，その概要に触れておきたい。

## 3．多文化BEGの運営上の意義と問題

畠瀬らは，1996年以来，奈良飛鳥香村で行われてきた日本における多文化BEGの試みの分析から，多文化BEG運営上の次のような意義と問題を指摘している。

**オリエンテーション**──参加者が生活上主体的な行動がとれるように，初めての参加者や日本語のわからない参加者のために，ていねいに英語と日本語でワークショップのスケジュールや付近の案内，食事や入浴時間などのオリエンテーションをすることの意義と問題。

**参加人数とグループ数**──参加者の多文化性を考慮して，基本的に30人程度の参加者全員による大グループでセッションを行い，途中いくつかの小グループの場を設けること

の意義と問題。
　ファシリテーターの数——多文化で生じるさまざまな予期せぬ出来事に，参加者全員で取り組むことができるように，通常の BEG よりファシリテーターの人数を多くすることの意義と問題。
　ファシリテーター・ミーティング——ワークショップの前日にファシリテーターが集まって，参加者の迎え入れや受付，施設や宿泊場所の案内，会場の設営などのミーティングをすることの意義と問題。1 日の終わりにミーティングをすることの意義と問題。ワークショップ終了後にファシリテーター・ミーティングをすることの意義と問題。
　セッション外コミュニケーション——食事，入浴，散策，夜の自主的懇親会，3 日目の午後の滋養（nourising）タイムに行われる参加者相互のコミュニケーションの意義と問題。
　言葉と通訳の問題——基本的な使用言語は日本語だが，日本語の話せない参加者のために特別な通訳を置かずに，参加者全員で言葉の問題を乗り越えることの意義と問題など。
　　　　　　　　　　　　　　　（清水　幹夫）

〔文献〕
畠瀬稔　1990　エンカウンター・グループと心理的成長　創元社
松本剛・畠瀬直子・野島一彦編　2005　エンカウンター・グループと国際交流　ナカニシヤ出版
村山正治　1993　エンカウンターグループとコミュニティ——パーソンセンタードアプローチの展開　ナカニシヤ出版
野島一彦編　1999　グループ・アプローチ　現代のエスプリ，**385**.
Rogers, C. R.　1970　*Carl Rogers on encounter group*. Harper & Row.（畠瀬稔・畠瀬直子訳　1982　エンカウンター・グループ——人間信頼の原点を求めて　創元社）

## 25　遺伝カウンセリング
### genetic counseling

　遺伝とは，ある特性や可能性が親から子に受け継がれることであるが，病気になるリスクも伝達されることになる。そのなかに遺伝病と呼ばれるものがあり，それを治療する遺伝医学が発展してきた。遺伝子診断や生殖医療などの最先端の医療を受けられる一方で，生命倫理や心の問題を解決するためのカウンセリングが必要になり，遺伝カウンセリングという分野が登場した。

### 1．定　義

　アメリカ人類遺伝学会は，「遺伝カウンセリングとは，ある家系の遺伝疾患の発症や発症のリスクに関連した人間の問題を扱う，コミュニケーションの過程である。適切な訓練を受けた者が，個人やその家族に援助を行う」（Ad Hoc Committee on Genetic Counseling, 1975）と定義している。その援助過程には，以下の五つが含まれる。①診断，疾患の進行過程，実施可能な治療法などの医学的事実を理解する。②遺伝と疾患の関係，特定の血縁者に疾患が再発するリスクを正しく認識する。③疾患の再発リスクに対応するためのいくつかの選択肢を理解する。④リスクと，その家族の考え方や価値基準を考慮したうえで，適切と思われる方策を選択できるようにし，その決断に沿って実行する。⑤疾患遺伝子をもつ家族が発症した場合，または再発リスクがある場合，実行可能で最良の調整を行う。

　この定義は，四半世紀にわたって多くの専門家に支持されてきた。遺伝カウンセリングは一方的な医学的情報の伝達ではなく，双方向のコミュニケーション・プロセスであり，最終的にはクライエント自身の意思決定が重要であると記載されている（福嶋，2003）。また，最終決定に至るまで，生命倫理を尊重することを前提とした心理的援助を提供する必要がある。

　遺伝カウンセリングは，出生前（妊娠中の胎児あるいはこれからの妊娠のリスクについて），小児期（先天異常などの小児期発症の疾患に罹っている患者の診断と情報提供について），成人期（成人期発症の遺伝病に罹っている親をもつ子どもあるいは血縁者が，将来発症する可能性について）の三つの状況や時期がある（福嶋，2003）。

## 2. 意義

　遺伝カウンセリングの目的は，クライエントやその家族の求めに応じ，彼らの幸福を第一に考えて行うものである（中込・中堀，1984）。治療者側の専門的見解を理解させ，治療法や予防法を指導するためのものではない。遺伝カウンセリングは，治療指針に対するインフォームド・コンセント（説明をしたうえでの同意）を含むが，より広い意味で，患者や家族の意思決定を援助する意義がある。
　まず，遺伝子診断の結果についての情報は，本人や家族の生活に重大な影響をもつ。たとえば，健康保険や就職などの問題がある。そして，当事者も治療者側も，その情報が意味することと，その限界の両方を知っていることが必要である。つまり，ある遺伝子情報を最終的にどのように判断するかは，遺伝医学者たちの間でもすべての意見が一致するとは限らないからである。したがって，クライエントが遺伝子診断の結果をどう受け止め行動選択をしていくか，その援助をしていく相談部門として，カウンセリングの存在価値がある。ウィリアム（William, 1997）は，遺伝情報を伝達することに付随するサービスの質が良いか悪いかが，分子医学が人類の利益となるかどうかを左右する最重要な問題であると述べている。
　遺伝カウンセリングが他のカウンセリングと違う特徴は，生命倫理を取り扱うことが多いことである。倫理とは，人間の行為を善悪の基準で評価し，ルールの背景になる考え方ではあるが（千代，2000），生命倫理は，人類や民族の優秀な特性を遺伝させ，質を高めていこうとする「優生学」の立場と異なり，すべての生命を尊重していくことが基本である。しかし，倫理とはひとつの価値観に相当し，立場やとらえ方が違うと変化するものである。遺伝カウンセリングでは，クライエントのさまざまな価値観がどのような経緯で生じたか，その感情にも焦点を当てることになる。生命倫理の軸を大切にしながら，意思決定については，そこからの大幅な逸脱を防ぐ役割がある。
　遺伝カウンセリングは，実施するタイミングも重要である。遺伝病の診断結果後にカウンセリングを行うのは手遅れであり，ネガティブと思って受けた検査結果がポジティブだったときのストレスはきわめて大きい（上田，2000）。検査前から，検査の意義，危険性，診断確率，結果の対処などをカウンセリングする必要がある。また，遺伝カウンセリングが扱う問題は，クライエント本人だけではなく家族にもかかわるので，家族メンバーをクライエントとして考慮することで，問題解決が促進される。

## 3. 遺伝カウンセリングの現状

　日本の現状では，日本人類遺伝学会が遺伝専門医を認定し，遺伝医療・遺伝カウンセリングを実行させる試みを行っている。医師を対象として遺伝カウンセラーを養成し，遺伝カウンセリングにおける面接の理論と技術（千代，2000）が提示され，各疾患別マニュアル（福嶋，2003）が作成されている。また，近年のがん遺伝子の発見により，家系内にがんが異常集積している家族性腫瘍に関心が示されるようになったため，家族性腫瘍遺伝カウンセリングの理論と手法も提案されている（宇都宮，2000）。これらのカウンセリングは，受容的態度や共感的理解を示し，非指示的対応をすることを強調してはいるが，あくまでもどんな医学的知識を伝えていくかに重点がおかれている。しかし，実際のところ遺伝専門医によるカウンセリングは少なく，ほとんどの場合は，産婦人科や小児科の主治医がカウンセリングを実施しているのが現状である（青野，2000）。
　一方，アメリカでは遺伝カウンセラーという専門の資格を与えている。日本にはこの資格はまだ存在しない。アメリカでは，遺伝カウンセラーの養成を目的とした大学の修士課程を設けている。カウンセリングには保険点数がつき，医師以外の遺伝カウンセラーが遺伝専門医と協力しながら相談にあたるというシステムがある。

## 4. 今後の研究課題

　今後は，遺伝情報がもたらす心理社会的影響を考慮し，クライエントの心理を取り扱う専門的な援助に焦点を当てる必要がある。「なぜこの遺伝病が自分に現れたのか」という遺伝病を抱える自己の存在や，遺伝病を子

孫に継承させる葛藤など，人間存在のあり方に真摯に向き合っていかなければならない。クライエントの心の言葉を聴き，主体的に遺伝病とともに生きていくという自己決定を援助するという，カウンセラーの役割がある。医師とカウンセラーの専門性の相違を活用し，カウンセラー独自のスタンスを確立することが望まれる。医師はエビデンスに基づいた治療（evidence-based medicine）を行い，カウンセラーは患者が語る物語に介入（narrative-based medicine）することができる。遺伝病を抱える家族のコミュニケーションに着目し，家族療法による援助で家族機能を支えることも有効であるだろう。ほかにも，看護師や薬剤師などを含めた複数の専門職のチーム活動や，倫理学，法学，社会学などの専門家が学際的に連携すること，さらに文化的背景も考慮に入れることが，質の高い遺伝医療に貢献し，クライエントを最大限に援助することになるだろう。

〈奥野 雅子〉

〔文献〕

Ad Hoc Committee on Genetic Counseling 1975 Genetic Counseling. *American Journal of Human Genetics*, **27**, 240-242.

青野由利 2000 遺伝子問題とはなにか——ヒトゲノム計画から人間を問い直す 新曜社

福嶋義光 2003 総論 新川詔夫監修・福嶋義光編集 遺伝カウンセリングマニュアル（改訂第2版） 南江堂 1-50．

中込弥男・中堀豊 1984 遺伝相談 小児科MOOK，**32**，12-17，

千代豪昭 2000 遺伝カウンセリング——面接の理論と技術 医学書院

上田國寛 2000 遺伝病の診断と生命倫理 香川靖雄・笹月健彦編集 遺伝と疾患 岩波講座現代医学の基礎 9 岩波書店 177-199．

宇都宮讓二監修 2000 家族性腫瘍遺伝カウンセリング——理論と実際 金原出版

William R.C. 1997 *The new healers: The promise and problems of molecular medicine in the twenty-first century.* Oxford University Press.（岡田益吉訳 1999 遺伝子医療の時代——21世紀人の期待と不安 共立出版）

## 26 意味づけ
meaning

意味づけは，心理学，教育学，社会学など，さまざまな人文科学分野で広く使われている。また，意味づけは日常的な言葉としても用いられるため，事例研究のなかには，言葉を定義することなく使っているものもある。

### 1．現在までの流れ

諸説あるが，意味づけを治療法として初めて用いたのは，ロゴセラピー（Logotherapie）を提唱したフランクル（Flankl, V. E.）である（Baumeister & Vohs, 2002）。それ以来，意味づけという言葉は主に事例研究で用いられてきた。なお意味づけは，強制収容所での体験，不治の病に罹患すること，親しい人を亡くすことなど，即座の統制ができないきわめてストレスフル，あるいはトラウマティックな出来事に対して行われるものとされている。

意味づけが初めて実証的に検証されたのは，1983年にテイラー（Taylor, S. E.）が提唱した，認知的適応理論（cognitive adaptation theory）を用いたいくつかの研究であろう。彼女によると，人がきわめてストレスフルな出来事にさらされて不適応な状態に陥ったとき，その出来事の，①意味を探すこと，②出来事に対する統制感の再獲得，③出来事によって低下した自尊心の再構築が，互いに関連しあって人は適応に向かうという。そして，この認知的適応理論をもとに，テイラーとブラウン（Brown, J. D.）は1988年にポジティブ・イリュージョン（positive illusion）を提唱した。

ポジティブ・イリュージョンは，①自分自身をポジティブにとらえる，②自分の将来を楽観的に考える，③外界に対する自己の統制力を高く判断する，の3領域で構成されている。たとえ，きわめてストレスフルな経験をしたとしても，この三つのポジティブ・イリュージョンが人の精神的な適応度を高めると結論づけている。

ポジティブ・イリュージョンが，きわめてストレスフルな状況下での適応に限定した理論ではないのに対して，テデスキーとカルホーン (Tedeschi & Calhoun, 1996) は，困難な状況下での適応に限定して，意味づけを理論化した。彼らは，人はトラウマティックな経験をしたとしても不適応的問題を発展させることなく，むしろ多くの人はその苦難のなかから自己の成長や利益となるものを発見していることを見いだした。彼らはこの現象を，ポストトラウマティック・グロースと命名し，現象を測定するための尺度，Posttraumatic Growth Inventory を作成した。この尺度は，① relating to others, ② new possibilities, ③ personal strength, ④ spiritual change, ⑤ appreciation of life の五つの下位因子から構成されている。米国では，すでに標準化されているこの尺度を用いた実証的研究が数多く行われており，ポストトラウマティック・グロースがさまざまな心身の健康度を増加させることが実証的に示されている。ポストトラウマティック・グロースは，意味づけを表す代表的な概念のひとつであるといえる。

一方，デイビスら (Davis et al., 1998) は，ホスピスで家族の介護をしている人を対象として調査を行い，意味づけには2種類存在することを実証した。一つは，人が困難な体験をした後に獲得する「利益」である。たとえばテデスキーとカルホーンのポストトラウマティック・グロースは，「利益」にあたると考えられる。もう一つは，困難な出来事が自分にとってどんな意味があるのかを同定するために行われる「意味の付与」である。たとえば，フランクルが強制収容所での体験を通して述べた「苦しむことは何かを成し遂げること」は，「意味の付与」にあたると考えられる。

以上のような実証的研究を概観し，フォルクマンとモスコヴィッツ (Folkman & Moskowitz, 2000) は，意味づけを認知的なストレス・コーピングの一種として位置づけた。具体的には，きわめて強いストレッサーに対して行われる認知的再評価であるとしており，おおむね支持されている。

## 2. 今後の課題

これまでのところ，「利益」に関する研究が数多く行われており，benefit-finding (Tennen & Affleck, 1999)，positive reinterpretation (Scheier et al., 1986)，finding meaning (McIntosh et al., 1993)，positive meaning (Folkman et al,, 1996；Park & Folkman, 1997) など，さまざまな概念が提出され，それぞれで詳細な検討が行われている。そして「利益」を獲得することで，心身の健康度が増加することが実証されている。たとえば，マクアダムス (McAdams, 1996) は，人は「利益」を獲得することで，個人的なイデオロギーが強固になることを実証的に示した。また，ペネベイカーとビール (Pennebaker & Beall, 1986) は，「利益」の獲得が医療機関への受診頻度の減少させることを実証的に示している。しかし，「利益」に関して，少なくとも五つ以上の概念が提案されており，統一した見解が得られてない。ということは，逆にいえば「利益」の分野ではまだ検証されるべき現象，プロセスなどが多く残されていることを示唆している。実際，「利益」の得点が単純に高いことが必ずしも精神的な健康度を保障するものではないという，がん患者を対象とした研究 (Lechner et al., 2006) も存在し，研究され尽くしたとはとても言い難いのが現状である。

さらに「意味の付与」に関しては，実証的な検討はまだほとんど行われていない。現段階で，困難な出来事について「繰り返し吟味」することが，「意味の付与」や「利益」を促進することが提唱されている (Janoff-Bulman, 2006)。しかし，実証的な検討は，筆者の知る限りほとんど行われていない。また，困難な状況下で，「意味の付与」をすることと，「利益」を獲得することと，「繰り返し吟味」することがどのような関係にあるのか，また，この三つを促進する要因は何か，意味づけを構成している要因はこの三つだけなのか，などについてもほとんど検討されていない。さらに，戦争，死別，不治の病や慢性的な病気に罹患すること，いじめ，虐待を受けること，レイプの被害にあうことなど，

きわめてストレスフルな状況の種類ごとの意味づけは,同様のプロセスで行われるのか,あるいは異なっているのか,異なっているならどこがどのように異なっているのかについても十分に検証されているとはいえない。

以上のように,海外においても困難な出来事に対する意味づけは十分に解明されているとはいえないが,わが国においては,残念ながら実証的な研究はまったくといってよいほど行われていない。わが国で実証的な研究を行うためには,まず意味づけを操作的に定義することから始めなければならないであろう。

(羽鳥 健司)

〔文献〕

Affleck, G., & Tennen, H. 1996 Constructing benefits from adversity: Adaptational significance and dispositional underpinnings. *Journal of Personality*, **64**, 899-922.

Baumeister, R. F., & Vohs, K. D. 2002 The pursuit of meaningfulness in life. In C. R. Snyder & L. J. Shane (eds.), *Handbook of positive psychology*. Oxford University Press. pp.687-699.

Calhoun, L. G., & Tedeschi, R. G. 2006 *The handbook of posttraumatic growth: Research and practice*. Lawrence Erlbaum Associations.

Davis, C. G., Nolen-Hoeksema, S., & Larson, J. 1998 Making sense of loss and benefiting from the experience: Two construals of meaning. *Journal of Personality and Social Psychology*, **75**, 561-574.

Folkman, S., Chesney, M., Collette, L., Boccellari, A., & Cooke, M. 1996 Postbereavement depressive mood and its prebereavement predictors in HIV+ and HIV− gay men. *Journal of Personality and Social Psychology*, **70**, 336-348.

Folkman, S. & Moskowitz, J. T. 2000 Positive affect and the other side of coping. *American Psychologist*, **55**, 647-654.

Janoff-Bulman, R. 2006 Schema-change perspectives on posttraumatic growth. In L. G. Calhoun & R. G. Tedeschi (eds.), *Handbook of posttraumatic growth*. Lawrence Erlbaum Associates. pp.81-99.

Lechner, S. C., Carver, C. S., Antoni, M. H., Weaver, K. E., & Phillips, K. M. 2006 Curvilinear associations between benefit finding and psychosocial adjustment to breast cancer. *Journal of Consulting and Clinical Psychology*, **74**, 828-840.

McAdams, D. P. 1996 Personality, modernity, and the storied self: A contemporary framework for studying prsons. *Psychological Inquiry*, **7**, 295-321.

McIntosh, D. N., Silver, R. C., & Wortman, C. B. 1993 Religion's role in adjustment to a negative life event: Coping with the loss of a child. *Journal of Personality and Social Psychology*, **65**, 812-821.

Park, C. L., & Folkman, S. 1997 Meaning in the context of stress and coping. *Review of General Psychology*, **2**, 115-144.

Pennebaker, J. W., & Beall, S. K. 1986 Confrontin a traumatic event: Toward an understanding of inhibition and disease. *Journal of Abnormal Psychology*, **95**, 274-281.

Scheier, M. F., Weintraub, J. K., & Caver, C. S. 1986 Coping with stress: Divergent strategies of optimists and pessimists. *Journal of Personality and Social Psychology*, **51**, 1257-1264.

島井哲志 2006 ポジティブ心理学——21世紀の心理学の可能性 ナカニシヤ出版

Taylor, S. E., & Brown, J. D. 1988 Illusion and well-being: A social psychological perspective on mental health. *Psychological Bulletin*, **103**, 193-210.

Tedeschi, R. G., & Calhoun, L. G. 1996 The posttraumatic growth inventory: Measuring the positive legacy of trauma. *Journal of Traumatic Stress*, **9**, 455-471.

Tennen, H., & Affleck, G. 1999 Finding benefits in adversity. In C. R. Snyder (ed.), *Coping: The psychology of what works*. Oxford Univesity Press. pp. 279-304.

# 第VII章

# 教育カウンセリング

## Educational Counseling

　カウンセリング心理学の観点から研究する場合に，四つの局面があると前述した。すなわち，リレーション (relation)，アセスメント (assessment)，ストラテジー (strategy)，インターベンション (intervention) である。

　さて，この場合のカウンセリングとは，カウンセリング一般 (generic counseling) のことである。このカウンセリング一般のうえに，特定分野（たとえば，学校，産業）の特定課題（たとえば，キャリア教育，ストレスマネジメントなど）に限定したカウンセリング (specific counseling) がある。

　本事典では，カウンセリング心理学の研究対象として，generic counseling のほかに specific counseling も取り上げている。本章を含む五つの章がそれである。それぞれの特定分野でカウンセリング心理学はどういう事柄を課題にするか，それを例示したい。まず，教育カウンセリング。これは本来アメリカのスクールカウンセリングと同趣旨のものである。すなわち，予防・開発を主たる目的とするプログラム志向のカウンセリングである。いわゆる，ガイダンス・カウンセリングのことであり，心理療法家や心理臨床家ではなく，教育者が行うカウンセリングである。そこが，日本における現行のスクールカウンセリングとの違いである。教育に役立つカウンセリングの原理・方法・技法を研究・開発するのが，教育カウンセリング心理学の使命である。本章については，教育カウンセリング学会事務局長を務めるカウンセリング・サイコロジスト，片野智治に示唆を得て企画した。執筆者は，リサーチになじみのある教育カウンセラー (practitioner-scientist) である。

（國分　康孝）

## 1 スクールカウンセリング・プログラム・ナショナルスタンダード
national standards for school counseling programs

　全米スクールカウンセラー協会（American School Counselor Association：ASCA）が策定した，スクールカウンセリング・プログラムに関する国家的な基準である。すなわち，1997年にASCAは，『スクールカウンセリング・スタンダード——アメリカのスクールカウンセリングプログラム国家基準』（Cambell & Dahir，1997：以下「ナショナルスタンダード」と略記）を出版し，スクールカウンセリング・プログラムの目標や内容を提示した。その後，2003年に『スクール・カウンセリングの国家モデル——米国の能力開発型プログラムの枠組み』（ASCA, 2003：以下「国家モデル」と略記）が出版され，スクールカウンセリング・プログラムの枠組みが示された。

### 1．スクールカウンセリング・プログラムの目的

　ASCAが提唱するスクールカウンセリング・プログラムの目的は，すべての子どもたちの学習（または学習過程）を進歩させ，向上させることである。スクールカウンセラーは，就学前から第12学年（高校3年）までのすべての子どもたちを対象に，スクールカウンセリング・プログラムを提供することによって，「学業的発達」「キャリア的発達」「個人的-社会的発達」を促進し，学校での成功と学校から社会へのスムーズな移行を援助する。具体的には，「スクールカウンセリング・プログラムは，さまざまな方策を使って，すべての子どもたちの学業を高め，キャリア意識を育て，雇用への準備を整え，自己意識を高め，対人的コミュニケーションスキルを伸ばし，人生で勝利するスキルを身につけさせるのである」（Cambell & Dahir, 1997／邦訳）。また，スクールカウンセリング・プログラムの成分には，カウンセリング，コンサルテーション，コラボレーション，コーディネーション，ケース・マネジメント，ガイダンス・カリキュラム，プログラム評価などが含まれている。
　アメリカのスクールカウンセリング・プログラムの特徴は，日本の現行の，スクールカウンセラーによる臨床心理学的な治療・介入型（リアクティブ）の援助サービスではなく，開発・予防型（プロアクティブ）の心理教育的な援助サービスであるということである（高原，2006）。

### 2．ナショナルスタンダードの構成と内容

　ナショナルスタンダードは，子どもたちの「学業的発達」「キャリア的発達」「個人的-社会的発達」の，各発達領域のスタンダード（基準）を示している。発達領域ごとに，スタンダードA・B・Cから構成され，さらに各スタンダードには1～3項目程度のスクールカウンセリング・プログラムによって育成される，知識・態度・技能面の能力（コンピテンシィ）が示されている。具体的なスタンダードの内容は，次頁の表のとおりである。

### 3．ナショナルスタンダードの意義

　ナショナルスタンダードの意義を，日本のスクールカウンセリングへの問いかけというかたちで考えてみよう。「スクールカウンセリングとは何か」，あるいは「スクールカウンセラーは何をする人なのか」。これは，スクールカウンセリングの目的や，スクールカウンセラーの業務内容に関する基本的な問いである。日本のスクールカウンセラーのほとんどは，臨床心理士資格を有する非常勤の専門職である。個々のスクールカウンセラーによって，スクールカウンセリングのとらえ方や業務内容については，大きく異なっている。日本のスクールカウンセリングは，スクールカウンセラー個人に依存している傾向が強いため，地域差・学校差が非常に大きい（教育相談等に関する調査研究協力者会議，2007）。
　それに対して，2003年の国家モデルでは，ナショナルスタンダードの内容を踏まえてスクールカウンセラーの職務を，①ガイダンス・カリキュラム，②子どもの個別の計画づくり，③即応的サービス，④システム・

| | |
|---|---|
| **I 学業的発達** | |
| スタンダードA | 子どもたちは役に立つ学習，すなわち学校学習に限らず生涯学習にも役立つ態度と，知識と，技能を身につける。 |
| | 子どもたちの能力<br>(1) 学業的自己概念をよくする<br>(2) 学習を改善するスキルを身につける<br>(3) 学校で成功する |
| スタンダードB | 子どもたちは大学進学をはじめとする幅広い有力な選択肢から，好きな道を選べるだけの学力を身につけて高校を卒業する。 |
| | 子どもたちの能力<br>(1) 学習を改善する<br>(2) 目標実現を計画する |
| スタンダードC | 子どもたちは，学ぶことと働くこと，学ぶことと家庭や地域で生活することとの関係を知る。 |
| | 子どもたちの能力<br>(1) 学校を生活経験に関係づける |
| **II キャリア的発達** | |
| スタンダードA | 子どもたちは，労働界を自己理解と結びつけて調べるスキルと，情報に基づいてキャリアを決めるスキルを身につける。 |
| | 子どもたちの能力<br>(1) キャリア意識を育てる<br>(2) 雇用準備能力を開発する |
| スタンダードB | 子どもたちは，将来のキャリアにおける成功と満足を実現するため，いろいろな方策を駆使する。 |
| | 子どもたちの能力<br>(1) キャリア情報を獲得する<br>(2) キャリア目標を識別する |
| スタンダードC | 子どもたちは，自分の特徴と，教育および訓練と，労働界との間の関係を理解する。 |
| | 子どもたちの能力<br>(1) キャリア目標を実現するための知識を身につける<br>(2) キャリア目標を実現するためのスキルを応用する |
| **III 個人的-社会的発達** | |
| スタンダードA | 子どもたちは，自分と他人を理解し尊重するために役立つ態度と，知識と，対人的スキルを身につける。 |
| | 子どもたちの能力<br>(1) 自己知識を身につける<br>(2) 対人関係のスキルを身につける |
| スタンダードB | 子どもたちは，目的を実現するために決断し，目標を立て，必要な行動を起こす。 |
| | 子どもたちの能力<br>(1) 自己知識の応用 |
| スタンダードC | 子どもたちは，安全と生存のためのスキルを理解する。<br>子どもたちの能力<br>(1) 個人的安全のスキルを獲得する |

(Cambell & Dahir, 1997/邦訳, pp. 45-56. より著者作成)

サポート，と明記している。ナショナルスタンダードと国家モデルによって，スクールカウンセラーは，成果の評価（プログラムによって子どもたちがどのように変わったか）が可能な系統的・計画的・組織的なスクールカウンセリング・プログラムを提供する。日本のスクールカウンセラーが自己のアイデンティティや職務を明確にし，結果責任（アカウンタビリティ）をもつ教育現場の専門職として位置づくには，日本版のナショナルスタンダードが今後必要となるであろう。

(八並 光俊)

〔文献〕

American School Counselor Association 2003 The ASCA national model: A framework for school counseling programs. The American School Counselor Association（中野良顯訳 2004 スクール・カウンセリングの国家モデル──米国の能力開発型プログラムの枠組み 学文社）

Cambell, C. A., & Dahir, C. A. 1997 The national standards for school counseling programs. The American School Counselor Association.（中野良顯訳 2000 スクールカウンセリング・スタンダード──アメリカのスクールカウンセリングプログラム国家基準 図書文化社）

教育相談等に関する調査研究協力者会議 2007 児童生徒の教育相談の充実について──生き生きとした子どもを育てる相談体制づくり（報告）

清水井一編 2006-2007 社会性を育てるスキル教育35時間──総合・特活・道徳で行う年間カリキュラムと指導案（全8巻） 図書文化社

高原晋一 2006 1人の子どものニーズに応えるシステム──アメリカのスクールカウンセリング ほんの森出版

## 2　SGE 研究の現況と展望
trends of SGE research

SGE（structured group encounter：構成的グループ・エンカウンター）研究は現在，①大学生以上の成人を対象にした基礎的な実践と研究，②教育現場などにおいて，対象となる集団の発達援助を意図して援助者が特定の目的を設定し，SGE の手法を取り入れる応用的な実践と研究，の両方が発展してきている。

このように SGE の実践対象や目的が拡大してきている一方で，その効果や体験内容などを明らかにする実証的な研究がなされてきているが，まだまだ少ないのが現状である。ここでは SGE 研究の動向を概観し，研究の課題と今後の方向性を展望する。

SGE 研究は，① 効果研究，② 過程研究，③ メンバーの要因研究，④ グループ実践上の諸問題，⑤ 特定集団に対する研究，⑥ その他，の枠組みでとらえられる。以下に文献を紹介しながら SGE 研究の課題を抽出する。

### 1．効果研究

SGE 体験を通して個人にはどのような効果があるのか，についての研究である。この点に関連した論文は，以下の4本が挙げられる。

① SGE 体験により，抑うつ性，劣等感，神経質が改善され，精神的健康が促進される（國分・菅沼，1979）。② SGE の中間日から，同室者関係，同じ役割（レク係，食事係など）を通して知り合いが広がる（國分ら，1987；村瀬ら，1988）。③ 参加者には「行動変容の気づき」「自己開示行動」「自己の問題への気づき」「他者理解の広がり・深まり」がもたらされる（片野，1994）。④「エネルギー感」「成熟度」が高まる（鈴木ら，2002）。

以上の研究より，SGE 体験には個人の精神的健康の回復，対人関係の広がりをうながす効果があることが明らかになっている。今後さらに，SGE 体験により個人にもたらされる変化をとらえた研究が蓄積されることで，最大限の効果として引き出される内容を整理することが可能になると考えられる。

### 2．体験過程研究

SGE においてグループやメンバーはどのような体験をしているのか，についての研究である。過程研究についての論文は一つある。片野・吉田（1989）は，相互理解や相互信

頼の体験を後半から終盤にかけて体験し，信頼感の増大が起こることを指摘している。過程研究においては，相互信頼の増大が起こる過程，SGEのグループ過程や個人過程の流れの把握，それらの相互作用の検証がさらに詳細に必要であると考えられる。その最初の試みが，片野（2007）の研究である。

### 3．メンバーの要因研究

効果研究，過程研究で見いだされた肯定的な結果は，全体的な傾向を示したもので，必ずしもすべてのメンバーにもたらされるとは限らない。そこで，どのようなタイプがSGEを通して成長するのかを検討している論文を二つ取り上げる。

まず，SGEの高成長者と低成長者の比較から，高成長者は「参加意欲」「目的」「心理的抵抗」「自己理解・自己受容」「人間関係の深化・拡大」「ファシリテーター認知」「エクササイズ」「セッションへの魅力」「インパクト」の点で，一貫して肯定的に認知している（野島，1985）。

高成長者は，SGEの前半は親和的で相互啓発の人間関係を体験し，終盤では人間的成長における相互依存や心理的に自由な人間関係を体験する。一方，低成長群は，親和的ではあるが高成長者ほどには相互理解や相互啓発が進まず，相互信頼関係を志向しながらも十分ではない（片野・吉田，1989）。

メンバー要因研究からは，対人関係における積極性があり，他者とのかかわりへの肯定的な認知の高い人，自我の安定的な人で，心理的成長が高いことが明らかにされている。高成長者と低成長者を分ける心理的成長度の評価は，臨床家の経験や尺度評定，本人の満足度により判定されているが今後さらに，「心理的成長」の内容の明確化を図り，より具体的に検討されることが望まれる。

### 4．グループ実践上の諸問題に関する研究

SGEのリーダーについての研究は，野島（1989）が，SGEとBEG（basic encounter group）を比較し，ファシリテーションの配慮の仕方やかかわり方の特徴の違いを述べている。SGEの大きな特徴は，エクササイズを内容とするプログラムをもとに，リーダーがエクササイズを選定し，プログラムの順序を決定し，展開することにある。よって，リーダーによるエクササイズの選定やプログラムの流れそのものが，効果研究，体験過程研究を規定するものになりうると考えられる。したがって，SGEにおいては，リーダーや研究者の意図性，つまり，リーダーや研究者自身がもつSGEの目的や展開の仮説を明確にし，さらにその仮説を実際のプログラムに折り込み，実証的に検討することが必要であろう。

### 5．特定集団に対する研究

教育現場などで活用されている応用的なSGE研究は多くみられる。小学生に対するSGE（赤沢，1997；河村，2001；金，2003），中学生に対するSGE（川崎，1994；小野寺・河村，2005），高校生に対するSGE（片野，1994），専門学生，大学生に対するSGE（山本，1990，1995；高田・坂田，1997；清水・児玉，2001；森，2002；武蔵・河村，2004，2006a，2006b；松岡・土屋，2005）などである。学校教育のなかで活用する際には，児童・生徒・学生の対人関係能力の促進や不適応予防，成長促進などの心理教育的援助になりうることが指摘されている。

### 6．その他の研究

その他の領域では，SGEにおける抵抗の研究（片野・國分，1999）がある。抵抗には，「変化への抵抗」「構成への抵抗」「取り組みへの抵抗」の3種類があり，変化への抵抗は自我抵抗，構成への抵抗は超自我抵抗，取り組みへの抵抗はエス抵抗であることを提起している。

### 7．SGE研究のまとめ

現在のSGE実施対象の広範化，エクササイズ開発に伴う活用の多様化は，SGE実施の普及，グループ・アプローチの教育効果を広く知らしめたと思われる。反面，SGEの実施の急速な普及が十分な効果の実証性に基づいているかというと，筆者らが調査した限りでは，これから実証的なデータの蓄積が相当必要であると言わざるを得ない。実践報告の数は多いものの，その実践の効果の検討が少ない，実践者の恣意性が強い，というものが大部分である。よって，グループの目的，

規模や時間，メンバーなど，参加するメンバーのSGE体験がより有効になるための，「構成」に関する研究の蓄積が急務であると考えられる。

(武蔵 由佳)

〔文献〕

赤沢恵子 1997 開発的カウンセリングによる学級づくりの実践研究 カウンセリング研究，30，130-141．

片野智治 1994 構成的エンカウンター・グループ参加者の体験的事実の検討 カウンセリング研究，27，27-36．

片野智治 2007 構成的グループエンカウンター研究 図書文化社

片野智治・國分康孝 1999 構成的グループエンカウンターにおける抵抗の検討──抵抗の種類と属性との関係 カウンセリング研究，32，14-23．

片野智治・吉田隆江 1989 大学生の構成的グループ・エンカウンターにおける人間関係プロセスに関する一研究 カウンセリング研究，21，150-160．

河村茂雄 2001 構成的グループ・エンカウンターを導入した学級経営が学級の児童のスクール・モラールに与える効果の研究 カウンセリング研究，34，153-159．

川崎知己 1994 構成的グループ・エンカウンが中学生の進路意識に及ぼす効果 カウンセリング研究，27，132-144．

金奎卓 2003 韓国の小学校における短期集中型構成的グループ・エンカウンター──グループ構成，プロセス，効果について 人間性心理学研究，21(2)，176-186．

國分康孝・西昭夫・村瀬旻・菅沼憲治・國分久子 1987 大学生の人間関係開発のプログラムに関する男女の比較研究 相談学研究，19(2)，71-83．

國分康孝・菅沼憲治 1979 大学生の人間関係開発のプログラムとその効果に関するパイロット・スタディ 相談学研究，12，74-84．

松岡有孝・土屋裕睦 2005 大学体育授業を通じてかかわった新入生の事例──構成的グループ・エンカウンターを実践して カウンセリング研究，38，329-335．

森美保子 2002 自己開示抵抗感のある学生に対する想定書簡法の効果──構成的グループ・エンカウンターと比較して カウンセリング研究，35，20-29．

村瀬旻・國分久子・西昭夫・菅沼憲治・國分康孝 1988 大学生の人間関係開発のプログラムとしての構成的グループ・エンカウンターにおける知り合いのひろがりについて カウンセリング研究，21，14-28．

武蔵由佳・河村茂雄 2004 構成的グループ・エンカウンターのプログラム展開に関する一考察 カウンセリング研究，37，115-123．

武蔵由佳・河村茂雄 2006a 構成的グループ・エンカウンターの構成について──メンバー構成を中心として カウンセリング研究，39，91-98．

武蔵由佳・河村茂雄 2006b 構成的グループ・エンカウンターに参加した大学生の感想の分類──親和動機の視点から 教育カウンセリング研究，1，28-35．

野島一彦 1985 構成的エンカウンター・グループにおける High Learner と Low Learner の事例研究 人間性心理学研究，3，58-70．

野島一彦 1989 構成的エンカウンター・グループと非構成的エンカウンター・グループにおけるファシリテーター体験の比較 心理臨床学研究，6，40-49．

小野寺正己・河村茂雄 2005 ショートエクササイズによる継続的な構成的グループ・エンカウンターが学級適応に与える影響 カウンセリング研究，38，33-43．

清水安夫・児玉隆治 2001 エンカウンター・グループを応用した授業形態による大学生のメンタルヘルス促進の効果 学校メンタルヘルス，4，65-71．

鈴木慶子・鍋田恭孝・塩崎尚美 2002 バウムテストからみた構成的エンカウンター・グループの効果 グループワーク前後のバウムテストの分析を通して 心理臨床学研究，20(4)，384-393．

高田ゆり子・坂田由美子 1997 保健婦学生の自己概念に構成的グループ・エンカウンターが及ぼす効果の研究 カウンセリング研究，30，1-10．

山本銀次 1990 作業課題の集団活性化および成員のセルフ・エスティームに与える効果 カウ

ンセリング研究, **23**, 39-48.
山本銀次 1995 構成的グループ・エンカウンターの追跡調査に見る効果と課題 カウンセリング研究, **28**, 1-20.

## 3 ジェネリックSGEの課題
future of generic SGE

構成的グループ・エンカウンター (structured group encounter : SGE) には,エンカウンター一般 (generic encounter) と,特定分野 (たとえば,学校,産業) の特定課題 (たとえば,キャリア教育,人間関係づくりなど) に限定したエンカウンター (specific encounter) がある。SGEは,「ふれあいと自他発見」を目的とするグループ体験志向の教育指導法である。これは,教員やカウンセラーの教育分析の機能もあるので,カウンセリング心理学の研究対象として取り上げるに値する。

### 1. 定義
SGEは「ホンネとホンネの交流（感情交流）」を通して,「ふれあいと自他理解」を目的とした集中的グループ体験であり,予防・開発的カウンセリングの一形態である。発達・成長を志向している。ホンネとは,「あるがままの自己」のことであり,ふれあいは,あるがままの自己同士の交流をいう。

SGEは非構成法 (basic encounter group : BEG) と異なり,「エクササイズ」を自己開示の誘発剤としている。ロジャーズ (Rogers, C. R.) の提唱したBEGは,「計画された演習」（エクササイズ）を用いないので,言葉の行き詰まりや対人的葛藤で,ファシリテーターやメンバーのエネルギーを数時間にわたり消耗させてしまう傾向がある。それゆえ,これを改善して新たなエンカウンターとして,シュッツ (Schutz, W.) は「オープン・エンカウンター」(open-encounter) を提唱し,エスリン研究所で実践した。國分康孝の提唱・実践しているSGEの源流はこれにある。

SGEには,ジェネリックSGEとスペシフィックSGEがあり,前者は人間成長（自己陶冶）を究極の目的としたものであり,後者は特化した目的（たとえば,学級の人間関係づくり,キャリア教育）をもつSGEのことである。

ジェネリックSGEは,集中的グループ体験である。それゆえ,ジェネリックSGEの原理や方法,効果を研究するには,SGE体験という体験過程に迫る必要がある。体験過程に迫るとは,SGEグループ過程とSGE個人過程を明らかにするという意味である。

以上をふまえたうえで,SGE研究の先行研究を分類してみると,「プログラムと行動変容の研究」「SGE体験の研究：体験的事実と抵抗」「人間関係プロセスに関する研究 (SGEグループ過程・SGE個人過程)」「SGEのリーダーシップに関する研究」となる。

### 2. 今後の課題
ジェネリックSGE研究の第一の課題は,SGE体験過程を解明するに適した研究法の開発研究である。これまでの先行研究では,数量的研究と事例研究法が主として用いられてきた。前者の例は,体験過程を測定する尺度を用いる方法 (SGEグループ過程尺度・SGE個人過程尺度)。後者の例は,BEG分野の事例研究法である。

そこで今後の研究法開発の参考として,SGE体験過程 (SGEグループ過程・SGE個人過程) の現在の研究上の定義を述べておきたい。SGEグループ過程とは,エクササイズやシェアリングを介して,メンバー相互のなかに生じ,意識化されたあるがままの自己の,今ここでのインタラクションのことをいう。ここではメンバー相互の受容・被受容や,共感・被共感が促進される。すなわち「ふれあい」が深まる。一方,SGE個人過程とは,あるがままの自己に気づき,気づいたあるがままの自己の把握と評価,その表出といった,一連の自己に関する現象学的な過程といえる。

ジェネリックSGE研究の第二の課題は,グループの成長に関する研究である。ベーシックの場合は,グループの発展段階を事例研究法によって明らかにするとともに,個人過程と並行して尺度を用いて解明している。

SGE の場合は，ベーシックとは異なった構造上の特徴（たとえば，グループサイズ，小グループによるエクササイズへの取り組み，エクササイズによる自己開示の構成，全体シェアリング〈community group sharing〉）があるので，「ふれあいの機能」という観点から接近するのが有効と思われる。

ふれあいの機能には，次のようなものがある。① 愛情欲求・承認欲求の充足。② 多様な社会的比較（たとえば，思考・感情・行動の模倣の対象が存在し，かつ自己盲点への気づき・発見の機会）。③ フラストレーション・トレランスが育つ（たとえば，役割遂行や，ペアリングしない，中傷するような発言をしない）。

第三の課題は，SGE の観点から「人間成長」の操作的定義を明らかにすることである。これは SGE 個人過程と重なる部分がある。筆者は以下のような人間成長像を考えている。

ふれあうことができる。あるがままの自己を開示し，他者との内的世界の共有を志向するという意味である。ふれあいとは，自己を外に向けて打ち出す，自己疎外からの脱却，失愛恐怖からの脱却を意味している。行動レベルでいうと，自己開示，自己主張，対決などが考えられる。

ゲシュタルト療法でいう「図」と「地」の転換や，「意味ある全体像」の構成を柔軟にできる。思考（認知）レベルで述べると，自分の先入観，固定観念，ビリーフの自己検討などが考えられる。

創造的な在り方・生き方（creativeness）を求める。特にフランクル（Frankl, V. E.）のいう意味の創造に重きを置く。同時にこの創造は，プラグマティックであるよりは実存主義的であることが望ましい。

(片野 智治)

〔文献〕

片野智治　2007　構成的グループエンカウンター研究――SGE が個人の成長に及ぼす影響　図書文化社

國分康孝　1981　エンカウンター　誠信書房

國分康孝・片野智治　2001　構成的グループ・エンカウンターの原理と進め方――リーダーのためのガイド　誠信書房

國分康孝・國分久子・片野智治　2006　構成的グループ・エンカウンターと教育分析　誠信書房

## 4 スペシフィック SGE の課題

future of specific SGE

スペシフィック SGE は，現在，教育現場の具体的問題（進路，友人関係，非行など）への対応策として浸透してきている。スペシフィック SGE の研究は，現場に役立つプラグマティックなアプローチに意義があると。

### 1．定義と種類

SGE は，予防的・開発的カウンセリングにおける人間関係開発の方法であり，「ふれあい」（リレーション）と「自他発見」を介して「自己成長」をうながすための，教育カウンセリングの代表的な方法である。SGE は教育現場に浸透していく過程のなかで，2 種類に分類された。ジェネリック SGE（教育分析的効果のあるもの）と，スペシフィック SGE（教育現場などで目的に応じて活用されているもの）である。

当初，人間関係開発プログラムに関する研究の多くは，グループサイズ，リーダーシップ，モデリング，プロセス，およびプログラム評定に関する研究であった。その後，教育現場での SGE の普及に伴い，テーマも小学校や中学校の学級集団を対象にした研究が盛んになり，さらに不登校生徒や適応指導教室，道徳や進路指導といった，限定された場面における研究へと深化していった。現在，プログラム研究はもちろん，SGE 体験による自尊感情，自己肯定感，自己存在感，充実感などの変化について，研究が進められている。

### 2．意義

SGE 体験は人間関係づくりを促進する。これが，教育カウンセリングにおけるスペシフィック SGE の第一の意義である。人間が成長していくうえで，種々の発達課題を達成するには，人間関係がきわめて重要である。ゆえに，人間関係開発の方法である SGE を研究することは，意義あることと考える。たとえば，SGE の変数のひとつとして自己

開示がある。そこで,「リーダーの自己開示がメンバーの自己開示を促進する」とか,「シェアリングでの自己開示はメンバーの凝集性を高める」といった研究がなされてきた。

教育カウンセリングにおけるスペシフィックSGEの第二の意義は,他者の思いや考えを知ることで,自分の思考や行動の修正・拡大につながることにある。たとえば,生徒や学生にとって,進路は主要な関心事である。同輩の進路探索に関する思いや考えを知ることは,自分の進路探索に発展的な影響を与えると考えられる。

教育カウンセリングにおけるスペシフィックSGEの第三の意義は,SGEのアクション・リサーチがリーダーを磨いてくれることにある。たとえば,教育現場でスペシフィックSGEを実施すれば,ふれあいと自己成長がうながせるかといえば,必ずしもそうではない。リーダーとして実施する集団や個のアセスメントができていないと,抵抗ばかりが強くなり,結果として心の傷だけが残ってしまうかもしれない。そこで,河村茂雄はQ-Uを用いて学級をタイプ別に分類し,「どのタイプの学級にはどのようなエクササイズが効果的であるか」について研究を行った(河村,2001)。縦型集団にはリレーションづくりを,横型集団にはルールが身につくようなエクササイズが,学級集団づくりには効果的であるとの結果が示されている。現場の実践者だからこそできるリサーチとしては,アクション・リサーチが適している。アクション・リサーチの手続きとしては,計画・実践・評価・修正・適用の繰り返しである。片野(國分・片野,2001)もまた,SGEのリーダーは実践者であるとともに,リサーチャーであることが望ましいと考えている。

### 3. 今後の課題

アイビイ(Ivey, A. E.)に示唆を得て,"which excercise for which purpose to which individual (group) under what conditions"(「どのような状況,あるいはどのような人のどのような目的には,どのような方法が最適なのか」)(國分,2000)を追求することが,スペシフィックSGEの課題である。

「どのような状況」とは,個人やその個人が所属する集団に対するアセスメントである。つまり,スペシフィックSGEを実施する際,個人やその集団がどのような状況かを見立てる必要がある。現在,集団のアセスメントには,教師による観察法とエゴグラム,Q-U各種の進路探索・成熟尺度が用いられている。「どのような人」とは,個人の特性,集団のなかでの個人の位置づけや人とのつながりなどである。「どのような目的」とは,個人の発達課題や集団としての発達課題(集団の成熟過程)などである。「どのような方法」とは,スペシフィックSGEのエクササイズ・シェアリング・介入などである。

さらに,プラグマティズムを折衷主義の主要な思想として取り入れたSGEは,「効率的かつ効果的」プログラムを常に求めてきた。求めてきたからには,実施したSGEが「効率的かつ効果的」だったか否かについて検証する必要がある。つまり,ねらいを達成するためのプログラムを作成し,そのプログラムに従ってスペシフィックSGEを実施する。実施後,そのねらいが達成されたかどうかについて検証するということである。

また,プログラム構成の核心がリーダーの柔軟性にあるので,スペシフィックSGEにおけるリーダーシップについて研究することも重要である。もちろん,先人の試みやリサーチに対する追試的な調査や研究も,きわめて意味のあることである。

以上の点から今後の研究課題として,集団のアセスメント方法の開発,ねらいや発達課題に応じたプログラム開発,効果測定のための尺度作成,スペシフィックSGEのリーダーシップの検討などが考えられる。また,SGEの基本となる技法(インストラクション,エクササイズ,シェアリング,介入など)の個や集団に対する影響,自己開示と自己肯定感との関係,その他,発達課題を達成し自己成長をうながすうえで影響を与えるであろう要因の解明,などが考えられる。

(鹿嶋 真弓)

〔文献〕

片野智治 1992 充実感を高める構成的グループ・エンカウンター 國分康孝編 構成的グループ・エンカウンター 誠信書房 178-192.

片野智治　2004　ジェネリックとスペシフィック　國分康孝・國分久子総編集　構成的グループエンカウンター事典　図書文化　30-34.

片野智治・堀洋道　1992　構成的グループ・エンカウンターと自己記述の変化　教育相談研究，**30**，30-42.

片野智治・堀洋道　1994　構成的グループ・エンカウンターと自己認知の変化――エクササイズ・リーダーの介入行動との関連　教育相談研究，**32**，29-43.

河村茂雄　2001　グループ体験によるタイプ別学級編成プログラム（中学校編）　図書文化社

國分康孝　2000　エンカウンターとは何か――教師が学校で生かすために　図書文化社

國分康孝・片野智治　2001　構成的グループ・エンカウンターの原理と進め方――リーダーのためのガイド　誠信書房

# 5　キャリア教育
## career education

キャリア教育の分野でリサーチ（調査研究）を進めていくためには，まずキャリア教育とはどのような教育か，その意義を理解しておくことが必要である。

近年，フリーターやニートの問題をはじめ，新規学卒就職者の早期離職（職場不適応）や職業人としての基本的資質やマナー，働く意欲の低下などの問題がクローズアップされている。こうした状況のなかで，キャリア教育を「小・中・高」一貫して推進していくことが求められている。キャリア教育とは，児童生徒のキャリア発達を支援することによって，児童生徒が自己の生き方を考え，主体的に進路を選択・決定し，生涯にわたって自己をより良く生かしていくことのできる能力・態度などを育成する教育である。

## 1．キャリア成熟の測定をめぐる問題

キャリア教育の推進によって，児童生徒は変わったのか。すなわち，キャリア教育の効果を測定評価することが重要になってくる。キャリア教育は，児童生徒のキャリア発達（career development）の促進を目標にしている。このキャリア発達の程度・水準を測定評価する概念として，キャリア（進路）成熟（career maturity）がある。

### 1）キャリア概念のとらえ方

最近のキャリア概念は，個人の動態的過程の強調だけでなく，視野範囲（内容）においても，「職業」から「人生・生き方」という視点に拡大され，より包括的になっている。一方，キャリア概念の多義性に着目すれば，キャリア内容の具体化も必要となる。したがって，進化したキャリア概念に呼応した，キャリア成熟の構成概念とその測定法が要請される。

### 2）レディネスの構成要素

キャリア成熟とは，「キャリアの選択・意思決定やその後の適応へのレディネス」であるとするならば，そのレディネスの指標や構成要素を明確化することが必要である。キャリア成熟の構成概念やパラメータ，その測定尺度の内容については研究者によって特色や違いがみられ，キャリア成熟の測定領域についてのコンセンサスは今なお十分とはいえない状況にある。

### 3）成熟の過程

キャリア成熟は，児童生徒のキャリア発達の状態（程度・水準）を示すだけではなく，成熟していく過程も含まれる。したがって，児童生徒のキャリア成熟過程とは，キャリアのどの面がどのように形成されていくのかを検証していくことが必要になる。

図は，キャリア成熟のインプット・アウトプット・システムを示したものである。インプット要因には，キャリア教育の四つの活動領域が示されている。自己およびキャリアに関する情報は，キャリア成熟過程へ投入される刺激要因として位置づけられる。重要なことは，単に自己やキャリアに関する情報を集積していくことではなく，獲得した情報をどのように活用しようとしているかである。また，キャリア成熟過程を通して発生する，キャリア（生き方・進路）への不安や悩み，葛藤，それに伴うキャリア・ストレスなど，「キャリアに関する情緒的問題」に留意することも重要である。

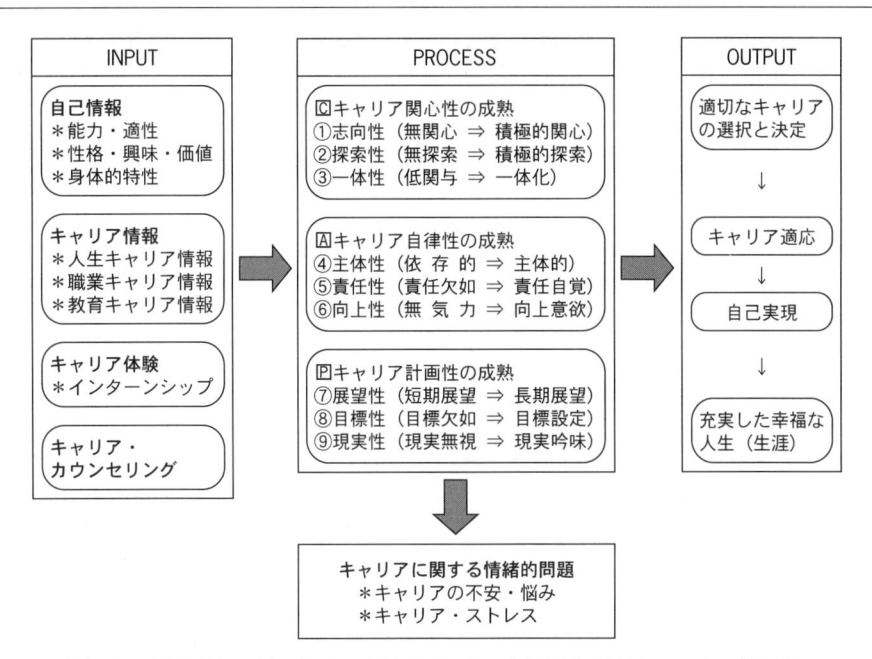

```
┌─────────────────┐   ┌──────────────────────────┐   ┌─────────────┐
│     INPUT       │   │        PROCESS           │   │   OUTPUT    │
│ 自己情報         │   │ Ⓐキャリア関心性の成熟      │   │ 適切なキャリア│
│ *能力・適性      │   │ ①志向性（無関心 ⇒ 積極的関心）│  │ の選択と決定 │
│ *性格・興味・価値 │──▶│ ②探索性（無探索 ⇒ 積極的探索）│─▶│      ↓      │
│ *身体的特性      │   │ ③一体性（低関与 ⇒ 一体化）  │   │ キャリア適応 │
│ キャリア情報     │   │ Ⓑキャリア自律性の成熟      │   │      ↓      │
│ *人生キャリア情報 │   │ ④主体性（依存的 ⇒ 主体的）  │   │ 自己実現    │
│ *職業キャリア情報 │   │ ⑤責任性（責任欠如 ⇒ 責任自覚）│  │      ↓      │
│ *教育キャリア情報 │   │ ⑥向上性（無気力 ⇒ 向上意欲）│   │ 充実した幸福な│
│ キャリア体験     │   │ Ⓒキャリア計画性の成熟      │   │ 人生（生涯） │
│ *インターンシップ │   │ ⑦展望性（短期展望 ⇒ 長期展望）│  │             │
│ キャリア・       │   │ ⑧目標性（目標欠如 ⇒ 目標設定）│  │             │
│ カウンセリング    │   │ ⑨現実性（現実無視 ⇒ 現実吟味）│  │             │
└─────────────────┘   └──────────────────────────┘   └─────────────┘
                              │
                              ▼
                    ┌──────────────────────┐
                    │ キャリアに関する情緒的問題│
                    │ *キャリアの不安・悩み   │
                    │ *キャリア・ストレス    │
                    └──────────────────────┘
```

図　キャリア成熟のインプット・アウトプット・システム（坂柳，1991を一部修正）

## 2．今後の課題

　児童生徒のキャリア成熟過程は，現実には個人的変数と状況的変数が複雑にからみあい影響していると予想される。そのため，キャリア成熟と個々の要因との関係を検討するだけでなく，複数の要因を同時に採用して，その影響力を総合的かつ相対的に検討していくような，キャリア成熟への相対的規定力の分析が要請される。また，縦断的研究法を積極的に導入していくことも必要になってくる。

　キャリア教育プログラムの開発や，キャリア・カウンセリングの効果的実践，キャリア教育の効果測定のために，児童生徒のキャリア成熟の実態把握は不可欠であり，今後さまざまなリサーチを進めていくことが必要である。キャリア成熟の測度を確定し，キャリア成熟の様相や程度，また，キャリア成熟の規定要因を解明していくことは，これからのキャリア教育の理論と実践にとって，重要な研究課題である。

（坂柳　恒夫）

〔文献〕

坂柳恒夫　1991　進路成熟の測定と研究課題　愛知教育大学教科教育センター研究報告，**15**，269-280．

坂柳恒夫・池場望　2004　キャリア発達（演習）日本教育カウンセラー協会編　教育カウンセラー標準テキスト（中級編）　図書文化社　126-138．

# 6　サイコエジュケーション
psychoeducation

　私は高等学校の教員時代，現職派遣制度によって大学院でカウンセリングを学んでから，学級経営や授業に対する姿勢や中身が大きく変わった。それには，心理的なものの見方や考え方を意識して実践するようになったことが大きく影響している。今思えば，これが私のサイコエジュケーションに関心をもったきっかけかもしれない。

# 6 サイコエジュケーション

今，教育現場では，いじめ，不登校，学級崩壊などが問題となっている。文部科学省が「心の教育」の指導を奨励してから久しい。問題が起きる前に，日常的な人間関係づくりを筆頭に，思考（認知），感情，行動を育てる教育活動，すなわちサイコエジュケーションを取り入れる必要がある。サイコエジュケーションは問題発生予防に役に立つ，教育カウンセリングの方法のひとつである。

## 1．定 義

サイコエジュケーションとは，思考・行動・感情の教育を通して，健常者の発達課題の達成や解決をうながすことを目的にした，生徒指導志向の教育である。直訳すれば「心理教育」となるが，「心理学教育」などと混同させないために原語のまま使われている。つまりサイコエジュケーションとは，伝統的な心理療法的カウンセリングの方法とは対照的に，①集団に対して，②心理学的な考え方や行動の仕方を，③能動的に，④教える，予防・教育的カウンセリングである（國分，1998）。

## 2．意 義

集団が病んでいることが，学校現場の問題を深刻にしている。とりわけ学級における機能低下は深刻である。集団は気づきや洞察，試行錯誤，模倣の機会を豊富にもっているので，集団が病んでいるとこれらの学びの機会を失うことになる。また，子どもたちは遠慮や気がねをし，緊張や防衛をして当たり障りのない受け答えをしている。ふれあうことで人はやさしくなれる。ふれあうことで，お互い何を思い，何を考えているかを相互確認できるので，自分というものが定まってくる。自分が定まることで，自分と他者の相違に関する洞察が進む。つまり，集団の機能回復，本音の交流ができる人間関係の回復，自己理解・他者理解の促進，これらに応えうるものがサイコエジュケーションである（國分，1999）。

## 3．カウンセリング心理学の一般教養版

片野（1999）はサイコエジュケーションを，育てるカウンセリング心理学の一般教養版だと指摘している。

「学校教育のメインは教科指導である。これは生徒の知的側面の能力の発達を促す。サイコエジュケーションは心理的側面の能力を伸ばす。心理とは，認知，感情，行動をいう。サイコエジュケーションの主たる内容は，よい人間関係の体験（グループ・エンカウンターの体験），よい関係づくりに関するノウハウの学習（例＝傾聴スキル，自己主張），ビリーフの自己検討，ライフスタイル学習といったものである。ベースにあるものはカウンセリング心理学とその技法である。いわば，カウンセリング心理学の一般教養版である」。

## 4．目的と内容

サイコエジュケーションは，以下のような三つの目的に分けられる（片野・吉田，2004）。

思考の教育——複数の価値観に触れさせて，思考を練ることである。思考が練られていないと単純な感情が誘発され，短絡的な行動に走りがちになる。代表的なエクササイズは，創造的発想法，対話法，対決法などがある。

行動の教育——行動の仕方や身の処し方を学習させることである。TPOに応じた行動の仕方や身の処し方ができると，社会生活が豊かになる。代表的なエクササイズは，怒りの昇華，ソーシャルスキル，アサーションスキルなどがある。

感情の教育——感情体験の幅を広げることである。感情体験の幅が広がると，他者に対して思いやりやいたわりの感情が生じやすくなる。代表的なエクササイズは，課題法，現実場面脱感作法，人生にエールをなどである。

## 5．実践と研究の現状

渡辺（1997）によると，サイコエジュケーションは，1973年に米国のコロラド州で開催された「応用心理学者の役割について」の会議で，アイビイ（Ivey, A. E.）らがカウンセラーの役割として，初期的予防（プライマリーケア）および人間の発達中心のモデルを紹介したことに始まった。アイビイらは，カウンセラーのもっている「援助の技能や行動様式」を個人や家族，集団，地域社会などへ広く教えていくことによって，予防的役割を果たしていくことを強調するようになった。日本では，國分康孝が日本カウンセリング学会の理事長就任の1996年に，学会のニュー

ズレターで，これからのカウンセリングにとって必要なことを五つ挙げた。その一つがサイコエジュケーションである。それ以来，1998年に『学級担任のための育てるカウンセリング全書』第2巻にサイコエジュケーションが，1999年に心を育てる進路指導の実際として，『実践サイコエジュケーション』が出版された。講座としては，NPO日本教育カウンセラー協会の養成講座に，2000年から取り入れられ，ここ10年ほど実践されてきている。ソーシャルスキルやアサーションなどによる，サイコエジュケーションとしてのエクササイズの研究はある。しかし，サイコエジュケーションとしてのエクササイズの開発は，現段階ではあまり見当たらない。

## 6．今後の課題

上記の現状をふまえ，これまでの実践の有効性についての実証的研究が，第一の課題である。河村によると，いじめの防止に関しては，加害者-被害者の二者関係に注目しただけでの解決策は不十分である。いじめは，集団を育てることで発生を抑えられることが明らかになった（河村，2006）。グループ対象の育てるカウンセリングであるサイコエジュケーションが，いじめ防止の打開策のひとつとして活用され，研究していく必要がある。第二には，まだ日本では歴史が浅いので，サイコエジュケーションの実践の質と適用範囲の拡大である。たとえば，サイコエジュケーションは最近，矯正教育分野でも用いられている。認知行動療法を取り入れた性犯罪防止プログラムがそれである（藤本，2005）。それぞれの分野に適用できるプログラムの開発が，今後の課題である。

（大友　秀人）

〔文献〕
藤本哲也　2005　危険な性犯罪者の再犯防止プログラム　刑成，**116**(10)，32-41．
片野智治　1999　サイコエジュケーションとは何か　國分康孝監修　実践サイコエジュケーション——心を育てる進路学習の実際　図書文化社　9-12．
片野智治・吉田隆江　2004　サイコエジュケーション　教育ウンセラー標準テキスト（中級編）　図書文化社　93-101．
河村茂雄　2006　いじめの発生要件と防止の手だてに関する提言　NPO日本教育カウンセラー協会
國分康孝編集　1998　サイコエジュケーション——「心の教育」その方法　学級担任のための育てるカウンセリング全書2　図書文化社
國分康孝監修，篠塚信・片野智治編　1999　実践サイコエジュケーション——心を育てる進路学習の実際　図書文化社
渡辺美枝子編　1997　学校に生かすカウンセリング——学びの関係調整とその援護　ナカニシヤ出版

# 7　授業に生かすカウンセリング
teaching based on counseling mind

相談室のなかで行われる伝統的な心理療法としてのカウンセリングの訓練を受けた人は，「授業」と「カウンセリング」の結びつきに合点がいかないであろう。しかし，子どもたちが学校で過ごす時間の多くが授業である。教師の話がまったく理解できないで，じっと我慢して一日を過ごすならば，ストレスの極限に達するであろう。逆に，授業に積極的に関与し，伝えられる情報が理解できたとき，子どもの自尊感情は高まる。つまり，授業を通して生徒の問題行動を予防したり，治療したりする，まさに「授業療法」とでも呼べる機能が，授業には内在している。そこで，学校の内外で児童・生徒の適応問題にかかわるカウンセラーは，授業の改善のための視点をもっていたい。

## 1．カウンセリングを生かした授業改善の視点

カウンセリングを生かした授業のための視点は，教室にいる子どもの立場から，①変化のある授業であるか，②楽しい授業であるか，③わかる授業であるか，の三つに絞ることができる。

### 1）変化のある授業

テレビ局では，構成作家が番組の土台づくりをする。50分のバラエティー番組を作る

とき，テレビの画面に映る絵柄をいかに変化させるかに気を配る。延々と同じ画面が続けば，視聴者は飽きてしまう。授業をデザインする教師も，この構成作家の番組づくりと同じ作業が求められる。

パソコンに取り込んだ授業VTRから，一定の時間間隔で静止画像を連続して作成するソフトがある。これがないときは，VTRを再生しながら，一時静止させてデジタルカメラで画面を写す。たとえば1分ごとであれば，小学校なら45枚の写真を並べることになる。どれだけ，絵柄の違ったものがあるか調べてみたい。

変化のある授業のためのキーワードは，授業ストラテジー（teaching strategies）である。ストラテジーは軍隊用語であり，戦略と訳すが，心理学では方略という訳し方をする。

授業の方法として，講義，小集団討議，発見学習，CAIを利用した個別学習，インターネットの利用などがある。個々の方法にはそれぞれ短所・長所がある。そこで，45分のどこでどの方法をとるかを決める仕事がある。これが，授業ストラテジーの決定である。近年，認知心理学のパラダイムで情報処理の過程が研究されてきた。そこで，情報に気づく，情報を受け止める，情報を保持する，情報を再生する，情報を加工するなどといった流れをもとにした授業ストラテジーの研究が期待される。

授業ストラテジーの決定は，教師の立場からすれば，①短時間に，②経済的に，という効率化の視点からなされる。しかし，子どもの立場からは，授業にどれだけ変化があるかということになる。

２）楽しい授業

授業のために教室に向かう教師に，職員室の鏡の前でニコリと微笑む練習をすることを勧めている。テレビのなかのタレントさんたちに比べると，授業中の教師の顔はいかにも仏頂面であることが多い。

授業スキル（teaching skills）は，教師と子どもたちが円滑にコミュニケーションするための技術である。コミュニケーションが円滑にいくと，子どもたちは授業が楽しかったと感じられる。授業スキルは，言語的スキルと非言語的スキルに分けられる。

言語的授業スキルのなかには，導入の工夫，発問の投げかけ方，説明の明確さ，板書や必要な図表の提示，相互作用などが含まれる。

カウンセリングの視点から，特に，相互作用がどのようになされているかに注目したい。それは，「対話のある授業」ということばに言い換えることができる。教師と子どもの相互作用の研究用具としてよく知られているのが，フランダース（Flanders, A.）のFIAC（Flanders' Interaction Analysis Categories）であり，これを改良した研究用具も開発されている。これを使うと，教師が直接的に影響する授業か間接的に影響する授業かを知ることができる。

近年では，さらに，教師と生徒がどのような協同（協働）活動を行っているかが注目されている。これは，社会構成主義の影響もある。そのための，プロトコルのコーディング・システムも開発されるようになった。

教室のなかの非言語的コミュニケーションのチャネルは，河野（1995）に整理されている。表情，姿勢，ジェスチャーだけでなく，服装や装飾品，机の配置，教室のどこに教師が立つか，子どもとの距離などが授業の楽しさに影響する。教師の訓育行動も，言葉でなされる場合と非言語的チャネルを通して行うのでは，印象が変わる。個々のチャネルのコーディング・システムの開発が期待される。

３）わかる授業

教師と子どもが楽しくコミュニケーションを交わしていたが，授業の後で評価テストを行うと，大切な事項が身についていないことがある。授業では，子どもたちがわかることが保障されねばならない。わかる授業のためのキーワードは，授業タクティクスである。

タクティクス（tactics）も軍隊用語であり，戦術と訳される。これは，個々の兵器をどれだけ巧みに使いこなすかという技術である。これを授業に当てはめれば，わからないこと，誤って理解していたこと，うまくできないことを改善するために必要な認知的活動を決定することである。医学の研究では，薬

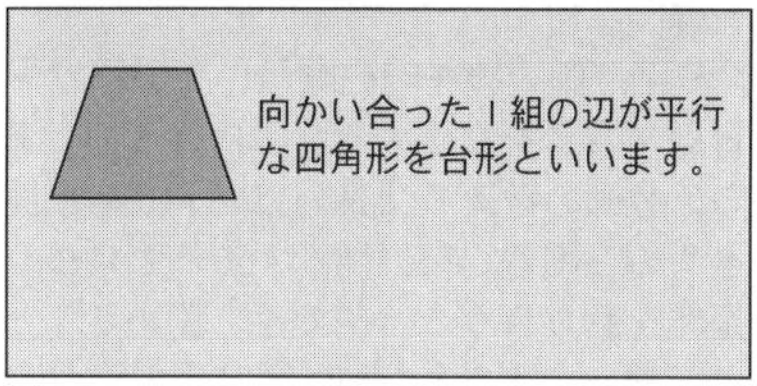

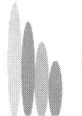

# 8 授業のスーパービジョン
supervision for teaching skills

ここでは，授業者とスーパーバイザーの間に，コミュニケーションはすでに成立しているものとする。つまり，コーヒーカップ・モデルの第二段以降のスーパービジョンである。また，筆者は，対話のある授業と応個教育を良しとするので，その観点でスーパービジョンを行う。

## 1. 教師と学習者は対話をしているか

学習者の理解に無関心で説話する授業は，どんなに教師が教材提示に工夫しても役に立たない。授業の良し悪しは，学習者が理解したかどうかにより決められる。したがって，学習者の理解の程度，感情，疑問を確かめるための質問が適切であるかどうか，さらに，学習者の応答に対して，教師のフィードバックが適切であるかどうか検討する。さらに，討論が進むと，「教師 対 個々の学習者」だけでなく，「学習者 対 学習者」「教師：学習者 対 学習者」の複雑な相互になってくる。こうしたコミュニケーションのなかで，学習者は教材を深めたり，学習者の間で連帯を育てたり，共感を育てている。このように，対話のある授業は，単に教科を教えるだけでなく，相手を想う心，援助する仕方，共感することを学習するのである。このような点から，学習者の発言を育てる教師の発言の出場と出方について検討する。

## 2. 教師の出場・出方は適切か

### 1）教師は出すぎていないか

教師が出すぎる原因は，情報提示に追われるからである。教科書を全部終わらせなければならないと考えているからである。この考えはイラショナル・ビリーフである。教職に就いて初めの6年間は教科書中心でもよいが，6年を過ぎるまでに学習者に応じて教科書の内容を取捨選択したり，濃淡をつけられる能力を身につけておく必要がある。さて，日本では明治時代より，教師中心の一斉授業が中心である。したがって，教師は，教師中心の

---

図a：向かい合った1組の辺が平行な四角形を台形といいます。

図b：このような図形を台形（ダイケイ）と呼びます。

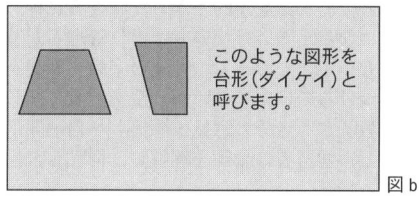

の効果を研究することにあたる。有効な授業タクティクスの開発は，授業研究の最も基礎になる。

たとえば，小学校5年生の算数の授業で台形について指導するとき，教科書に図aを載せたとする。教師が図aを黒板に示して，ことばで説明を加えることもある。どちらの場合であっても，ことばによる台形の定義に正事例が一つ加わっている。子どもは定義の記憶が求められる。また，図aで示された事例は，台形の典型事例であることに注目したい。一方，図bでは二つの正事例と「台形」という用語が提示されているが，ことばによる定義はない。また，二つの正事例の一方は，典型ではないことに注目したい。「このような図形を台形（ダイケイ）と呼びます」の代わりに，「二つの図形はどこが似ていますか」という問いにすることもできる。このように，教科書や教師の説明・発問を子どもの認知的活動に基づいて分析することにより，学習の成立に有効なタクティクスを見つけだすことができる。

（河野 義章）

〔文献〕
河野義章 1995 文章題解答中の非言語的行動の読みとりと表出に関する研究 風間書房

一斉授業から脱却するために，頭の切り替えと努力が必要である。そのために，まず授業を批判する前に，①単元計画を検討する。教材提示中心なら，学習者が活動する計画に改革する。②次に，本時の学習指導案を検討する。授業は一般に数個のトピックで構成されている。したがって，教師は，一つのトピック（教材・問題）の説明・提示の後，学習者に「思ったこと」「感じたこと」「わからないこと」などの発言をうながす。

### 2）対話・連帯をつなげる出場・出方は適切か

学習者のバトンをいちいち教師がつなげないと対話が成立しない場合は，学級づくりが不十分である。進行の発言をしてもよいこと，相互の発言に質問をしてもよいことを教える。学習者の発言に対して他の子が発言したら，他の人の発言に対して意見を発言したことを誉めることが大切である。疑問が出た場合は，教師がすぐに答えず皆に返したほうがよい。1人の疑問は，他の人も疑問のことが多いからである。

### 3）対話を深める出場・出方をしているか

授業者が学習者の発言の意味を吟味しているか，特に内容の深いものを取り上げているか。授業は進行が早いので，学習者の重要な発言を見過ごすことがある。賛成，同意といっても，その内容が微妙に異なる場合が多い。それぞれ異なった意見を板書して明示する必要がある。また，堂々巡りしている場合がある。この場合は，教師がストップをかけて，立ち止まらせる。学習者から疑問や異なった意見が出ない場合は，教師が異なった意見を提示する。間違った意見を提案することもよい。それにより，学習者の理解を「揺さぶる」ためである。学習者はそれを正そうとして，さまざまな角度から説明しようとするからである。

たとえば，小川未明の『野ばら』では，小説の終わりに"野ばら"が枯れる場面がある。老人の軍人と青年の軍人の友情が切れたので"野ばら"が枯れた，と解釈する以上に出ない場合，教師は「野ばらはやがて枯れたと書いてあるのだから，自然に枯れたのではない

か」と疑問を出す。

### 4）教師が価値観を自己開示しているか

教育は学習者を良くするために行うのであるから，教師の考える「良い方向」を自己開示できないと困る。自己開示することにより，その是非を話し合うことができ，深めることができるからである。「教師は自分の意見を言うと，それは主観的だから，学習者に押しつけになるからいけない」と言う管理者が昔も今もいる。もちろん，特定の宗教・教義を押しつけるのはいけないが，授業内容に関して，教師が「自分の意見・感情」を自己開示すると，学習者は教師を理解し，信頼し，信用する。

たとえば，ある中学校の美術で校章を創る授業をしていた。先生は，クラスの前で一人ひとりの作品を皆に見せながら，「ここの色は見やすくてよい。だが，全体の形が平凡だな，もっとあなたの気持ちの特徴が出るとよいな」。教師の批評は聞いていて，嫌みがない。ストレートに先生の好みがわかる。学習者は黙って評価されるより信頼する。

## 3．教師は良い教材を選んでいるか

授業がつまらない場合は，教材が学習者に適していないのではないかと吟味してみる必要がある。良い教材とは，その教科にとって価値があることは大切であるが，同時に，学習する学習者にとって難しすぎず易しからずがよい。背を伸ばしてようやく届くくらいがよい。良い教材を選ぶのは教師の裁量である。その才能を磨くのは教師の努力である。広く視野を広げておく必要がある。

たとえば，仮説実験授業には，学習者の重さの概念を揺さぶる教材とそれを使った記録が載っている。

## 4．応個学習のすすめ

教育法の改善に「応個学習」を提案する。従来の日本の授業研究は，一斉授業が多い。しかし，少子化により，個人の人権を尊重する思想が定着してきた。それにより，日本人の教育の目標も「国から個人へ」シフトできたからである。応個学習は，普通の異質集団で編成する。学習者の生活の基盤は，学級である。その特徴は，学習者が自分の学力・興味に応じた個々の学習コースを作成して，自

主的に学習することである。テーマにより個別，または友達と協同して学習する。教師は，学習者が自主的に学習できるシステムと教材などの環境をそろえる。この学習法はすでにモンテッソーリ法として，フィンランドやデンマークなどでも一般に実施されている。

(岸 俊彦)

## 9 学級経営に生かすQ-U尺度
class management based on Q-U Scale

Q-U(楽しい学校生活を送るためのアンケート)(河村，1999)は，以下の二つのアンケート尺度から構成されている。
(1) いごこちの良いクラスにするためのアンケート——学級満足度尺度
(2) やる気のあるクラスをつくるためのアンケート——学校生活意欲尺度

学級満足度尺度から得られるのは，承認得点と被侵害得点の組み合わせによってカテゴリー化される4群(学級生活満足群，非承認群，侵害行為認知群，学級生活不満足群)である(図参照)。また，学校生活意欲尺度から得られるのは，友達関係(友人との関係)，学習意欲，学級の雰囲気(学級との関係)，教師との関係(中学校，高校のみ)，進路意識(中学校，高校のみ)のモラール(士気)である。

### 1．学級経営で役立つ活用法

Q-Uの二つの下位尺度の結果から，①児童生徒個人の学級生活満足度の把握，②学級集団の状態の把握，③学級集団と個人との関係の把握をすることができる(河村ら，2004)。

#### 1) 児童生徒個人の学級生活満足度の把握

まず学級満足度尺度による4群から，学級集団への適応の様子を予測する。そして，学校生活意欲尺度から得られる各領域の結果のうち，落ち込みがある領域に注目する。この二つの尺度結果の組み合わせから，子どもの適応状態と援助ニーズを推測することができる。たとえば，学級生活不満足群にカテゴリー化され，高い援助ニーズがあると判断された児童において，友達関係に落ち込みがあれば，友達関係に問題を抱えている可能性が推測できるという具合である。

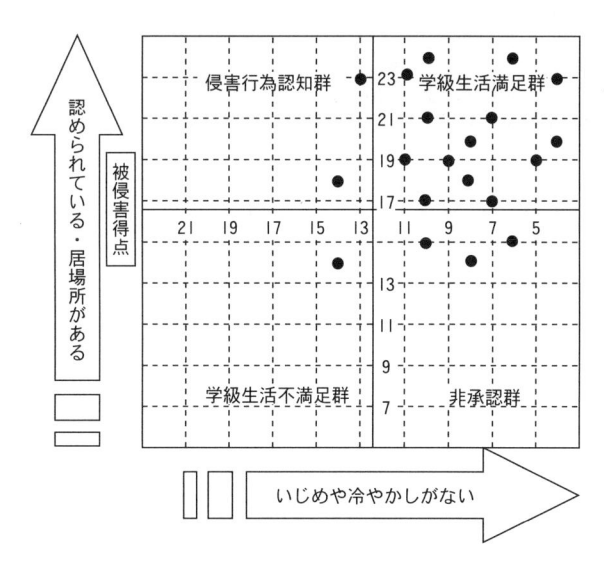

図 学級満足度尺度結果のまとめ

尺度結果から推測される児童生徒の状態と，教師の日常の観察や声がけから得られる状態像とを合わせて考えると，より深い理解が可能になり，指導や援助に役立てることができる。

### 2）学級集団の状態の把握

学級満足度尺度によるプロット図の学級全員分の散らばりの様子から，学級集団の状態を推測することができる。これまでの研究で，学級全員分のプロットの散らばりの様子と学級集団の実態との分析から，大きく分けて，以下の五つの典型的な状態像が明らかになっている（河村，2001）。

(1) 右上に集まった分布は，親和的な学級集団
(2) 縦に伸びた分布は，リレーションが低い
(3) 横に伸びた分布は，ルールが低い
(4) 斜めに伸びた分布は，ルールとリレーションがともに低い
(5) 左下に集まった分布は，崩壊状態

また，これらの学級の状態像がどのように変化するかも明らかになっている。たとえば，縦に伸びた分布と横に伸びた分布は，学級が崩れていくとき，斜めに伸びた分布の状態を経過しながら，左下に集まった分布（学級崩壊状態）に推移することがわかっている。さらに，これらの学級集団の状態は，集団のルールとリレーションの視点から理解が可能であり，学級の承認得点の状態が良好でない場合は，承認を得られるリレーションが低下していると理解され，被侵害得点の状態が良好でない場合は，侵害行為を排除するようなルールが低下していると理解できる。したがって，プロットの散らばりの様子から，学級集団の状態の把握と変化の予測ができると同時に，ルールとリレーションの視点から理解することによって，対応の方針を立てることができる。

### 3）学級集団と個人との関係の把握

学級集団において，個々の児童生徒は学級集団との関係性のなかに存在している。つまり，学級集団の状態によって個人の適応状態は左右され，援助ニーズも異なってくる。たとえば，承認得点が高く学級生活満足群にカテゴリー化された学級のリーダーと，承認得点が低い非承認群や学級生活不満足群にカテゴリー化されているリーダーとでは，学級集団との関係は大きく異なる。前者は，リーダーとして学級集団から承認を感じる関係性のなかにいるが，後者はそうではないと理解できる。つまり，Q-Uの結果と学級の児童生徒の情報，日常観察や声がけの情報とを合わせて考えると，学級集団と個人との関係性の理解が可能になり，より的確に児童生徒の状態と学級集団の状態がみえてくる。

## 2．Q-Uを使った事例研究法

Q-Uを担任教師が，児童生徒理解や学級集団の把握などのために個人で使用する方法もあるが，教師集団のなかで結果を共有し，理解のためのディスカッションを行う方法（K-13法）が提案されている（河村，2006）。この方法は，以下の五つの段階を13のステップで行う方法である。

①Q-Uの結果と事例提供者が報告する学級のインシデント（出来事・状況）を共有する。②①をもとに参加者全員が質問しながら全体像を把握する。③参加者から出された現状についての意見をKJ法で整理し，アセスメントの統一見解をもつ。④アセスメントに基づいて，1,2カ月で実施可能な対応策を参加者全員で検討する。⑤事例提供者がこれから取り組む対応や決意を発表し，参加者の励ましをもらう。

この方法を行うことにより，さらに深い理解と効果的な対応の方針が見いだされ，学級状況やスクール・モラールが向上すること，教師の認知の変容がうながされること，教師の精神的支えが得られること，などが明らかになっている（小野寺・河村，2003）。

Q-Uは，児童生徒や学級集団の状態をデータで視覚化するツールであり，日常観察の情報と合わせることによって学級経営に役立つたくさんの資料を得ることができる。また，結果を教師集団で共有し，教育実践をお互いに検討するための共通のフレームとすることができれば，共通理解と連携を生み出す核となるツールになる可能性をもっている。多くの学校現場で有効に活用してもらいたい。

しかし，このようなアセスメント尺度は，

自分の実践や力量を評価されるのではないかという懸念と切り離せない側面をもっている。そのため、お互いに結果を開示し率直に話し合うことに抵抗が生まれやすい。Q-Uを児童生徒の実態把握だけでなく、指導の難しさを教師同士が共感的に理解しあいながら、協力できる体制をつくりだすツールにするための活用方法を検討していくことが課題である。

まだまだ児童生徒の実態についての共通理解を抜きにして、どう対応すればよいかだけが議論されることも多い。Q-Uを使ってそれぞれの実態に対応する教育実践が積み重ねられ、児童生徒の実態に即した実践のアイディアが、多くの先生方に共有されるようになることを願っている。

（粕谷 貴志）

〔文献〕

河村茂雄 1999 楽しい学校生活を送るためのアンケート 小学校用・中学校用・高校用 図書文化社

河村茂雄 2001 グループ体験によるタイプ別！学級育成プログラム——ソーシャルスキルとエンカウンターの統合 図書文化社

河村茂雄 2006 Q-U入門 図書文化社

河村茂雄・藤村一夫・粕谷貴志・武蔵由佳・NPO日本教育カウンセラー協会 2004 Q-Uによる学級経営スーパーバイズ・ガイド（小学校編） 図書文化社

小野寺正己・河村茂雄 2003 「K-13法」による学級づくりコンサルテーション カウンセリング研究, 36, 91-101.

# 10 学級づくり
creating classroom climate

学級づくりは、学級担任の職務の中核をなすものであり、教師と子どもが、学習指導、生徒指導、自己の確立の援助という、三つの意図された交流が行われるものである（河村, 1999）。一般に「学級経営」と同意義として使われ、学校経営の基本方針の下に、学級を単位として展開されるさまざまな教育指導の成果をあげるため必要な諸条件の整備を行い、運営することといわれている。

## 1．学級づくりを取り上げる意義

学級生活においては、子ども同士の望ましい相互作用を通して、存在感や満足感、学習意欲などが高まるような集団、いわゆる教育力の高い集団に発達していくことが理想的である。河村（2004）によれば、このような学級をつくるためには、学級のルールとふれあいのある人間関係（リレーション）の確立が条件だとしている。

ところが、子どもたちは集団のなかでかかわりあうことが苦手になっており、ルールとリレーションのバランスは崩れやすく、担任の本務である学級づくりがとても難しくなっているのが現状である。なおかつ、学校教育現場では、いじめ問題をはじめ、不登校や学級崩壊、学力問題など、学級生活にかかわる諸問題が大きな課題となっている。このような厳しい状況でも、子どもたちに対人関係を学ばせ社会性を身につけさせる場は、皮肉にも学校現場にゆだねられている。集団のなかでこそ対人関係は学習され、集団の教育力が自己の確立を大きくうながすといわれるが、子どもたちにとって身近な集団は、主に学級であるからである。

したがって、学級という枠のなかで望ましい集団体験をさせることが求められており、学級づくりは大切な役割をもっているのである。

## 2．学級づくりの研究の現状

学級づくりにおいては、確かな児童生徒理解と状態に合った対応が求められる。

### 1）児童生徒理解の重要性とその方法

藤村・河村（2001）は、教師の児童理解の実態と問題点を把握するために、個々の児童が認知する学級生活に対する満足度と、それをとらえる担任教師の認知を比較検討した。河村の作成した学級生活満足度尺度を元に担任教師に個々の児童の状態について推測させ、児童の実態と比較する方法である。その結果、教職経験や現任校在籍年数、持ち上がりなどによってずれの傾向がみられた。またずれの小さい教師の学級において、学級生活に適応している児童が多いことを示唆した。すなわち、児童生徒理解が学級づくりに大きな影響

を及ぼすということである。

児童生徒理解の具体的方法として「K-13法」が挙げられる。小野寺・河村（2003a）は、児童生徒理解や学級状態の理解のために、河村が考案した「K-13法」による学級づくり事例研究会を行い、この方法が学級状況の理解を深め、それによって学級の状態が改善されることを報告している。児童生徒理解をふまえた事例研究の方法は、学校現場では必要性が高く、今後も研究が深められるものであろう。

### 2）学級づくりにおける指導実践

対人関係をうまくもてない児童生徒が多くなったことから、学級単位での対人関係能力育成のプログラムが展開されるようになってきている（小野寺・河村, 2003b）。

この場合に大切なのは、児童生徒の確かなアセスメントと、日常の教育活動への般化を意識しながらのプログラム作成などである。SGE（構成的グループ・エンカウンター）やSST（ソーシャルスキル・トレーニング）の実践例はさまざまな文献で紹介されている。しかし、子どもを取り巻く環境は多様であるため、実態に即した実践が必要となってくる。また、対人関係が生じるあらゆる場面で自己理解を深め、状況にあったソーシャルスキルが発揮できるように支援する。そのためのアセスメントとプログラムが必要である。

小野寺ら（2004）は、小学生が学級生活で活用しているソーシャルスキルと学級適応との関係を調査した。ソーシャルスキルは、友人の気分を害さないように配慮をしたり、既存の関係を維持したりするという「配慮のスキル」と、自ら新たな人間関係を形成したり、深めたりするなどの「かかわりのスキル」がある。そして、二つのスキル・バランスの違いによって、ターゲットとするソーシャルスキルを変える必要があるとしている。

スキルには段階があり、そのスキルを構成する要素としてのスキルがある。たとえば、「あいさつをする」というスキルにしても、表情や声の大きさ、トーン、姿勢など下位スキルが存在する。学級の子どもたちにとって、必要なスキル内容を見極め、ねらいを絞ったトレーニングが大切になる。

## 3．今後の課題

学級づくりは、その範囲は広く、長い時間をかけて営まれ、その仕事量は膨大である。教育課程における教科をはじめとする各領域、朝の会、給食時間、休み時間などの指導場面があり、指導事項も多岐にわたる。よって、その研究課題・分野も多く存在するが、そのなかでも現在の教育課題に直結する重要課題として、二つを挙げる。

### 1）特別支援教育

近年、特別支援の必要な子どもたちを積極的に受け入れ、学級経営をしていくことが求められている。保護者や地域・社会の学校教育への要求や期待が多様化し、それに応える教師が日々奮闘しているなかで、さらに特別支援教育を推進していくことは、教師への負担はさらに大きくなっていくことが必至である。このような状況では、学級経営を学級担任だけがすべてを担っていくことには無理が生じてくる。学校組織として、特別支援教育をどう推進していくのかを検討していくことが課題である。

### 2）保護者対応

カウンセリングの知見を生かした保護者への対応も、今後の課題として挙げられる。教員の不祥事をはじめとする学校現場での多くの問題がマスコミによって大きく取り上げられ、保護者からの学校に対する批判や意識が厳しいものになっている。このような状況でいかに保護者に理解を求め、共に協力しながら学級づくりを推進していくかは、現場のニーズが高いと考えられる。学校と保護者のギャップの実態を明らかにし、それを協同というかたちで効果的な学級づくりをするためにはどんなことが大切なのかを検討していくことは、学校現場にとって喫緊の課題と考えられる。

〈藤村 一夫〉

〔文献〕

藤村一夫・河村茂雄 2001 学級生活に対する児童認知とそれを推測する担任教師の認知とのずれについての調査研究 カウンセリング研究, 34, 284-290.

河村茂雄 1999 学級崩壊に学ぶ——崩壊のメカニズムを絶つ教師の知識と技術 誠信書房

河村茂雄 2004 Q-Uによる学級経営スーパーバイズ・ガイド 図書文化社
小野寺正己・河村茂雄 2003a 「K-13法」による学級づくりコンサルテーション カウンセリング研究, 36, 91-101.
小野寺正己・河村茂雄 2003b 学校における対人関係能力育成プログラム研究の動向 カウンセリング研究, 36, 272-281.
小野寺正己・河村茂雄・武蔵由佳・藤村一夫 2004 小学生の学級適応への援助の検討 カウンセリング研究, 37, 1-7.

## 11 SGEを生かした日本語教育
application of SGE in teaching of 2nd language

1990年代後半以降,日本語を母語としない学習者を対象とする日本語教育に,エンカウンターが盛んに導入されるようになった。その背景には,日本語教育の目的の問い直しがある。これは,外国語教育における教育目的の問い直しと軌を一にしている。

### 1. 日本語教育へのSGE導入の背景

移動手段の飛躍的進歩により,母語を異にする人びとの接触機会が増え,外国語教育における言語教育観は大きく変化した。語彙や文法に重点をおく言語知識習得中心の言語教育観に代わり,現実場面での意思疎通に重点を置く言語運用力育成中心の言語教育観が主流となった。また,言語運用力の育成は,単なる言語知識の使用訓練によって達成されるものではなく,言語の文化的側面を学ぶことが重要であるとの認識も広がった。近年では,言語教育と異文化間教育は,互いに関連づけてとらえられている。

異文化間教育の教育目的の問い直しも進んでいる。文化を国や民族といった集団の特徴であると静的にとらえ,「異なり」を強調し止揚を目指す考え方に代わって,文化を個人のなかで複合的に連関するものととらえ,個人の絶えざる自己再構築に伴って,文化もまた絶えず再構築されるという,動的な文化観が提起されている(倉地,1992)。言語コミュニケーションと,個人の再構築は分かちがたく結びついているといえる。

この視点に立つと,言語教育の目的は,個人が,他者と出会い,他者とかかわり,自己を再構築する過程の促進,すなわち,「自己理解」「他者理解」「他者との関係構築」の促進であるといえる。ここに,日本語教育にエンカウンターを導入する妥当性が生じる。

### 2. これまでの導入例

#### 1) SGE(構成的グループ・エンカウンター)

日本語教育の分野で,現在,最も多く導入されているエンカウンターは,SGEである。SGEは,学校教育のなかで発展した経緯もあり,日本語教育の現場に応用しやすい。教師がリーダーとなって実施することが比較的容易で,一般的な日本語教育の教室,時間割で実施可能なエクササイズが豊富である(たとえば,『月刊日本語』誌の1994年4月号から1995年9月号に,日本語教育向けエクササイズが連載された)。他の目的をもつ活動の一部に組み込むことを意図し,短時間で簡便に行えるショートエクササイズの開発も進んでいる。

日本語教育にSGEを導入した実例を紹介する。石田(1999)は,大学の留学生の日本語の授業に,SGEの「私の四面鏡」のエクササイズを応用した。ブレイン・ストーミングで「人の性格を表す言葉」を導入したり,提示文型を使用して説明を求めたり理由をたずねたりする会話練習を行うなどの工夫を加えた。その結果,多くの学習者に「自己肯定感」が生まれ,他者の意見を受容する態度や,「なりたい自分」になろうとする目的意識の明確化が進行したという。

家根橋・二宮(1997)は,ボランティア日本語教室で,学習者のペアワークの基盤となるクラス内の援助的人間関係づくりにSGEを導入した。会話練習にSGEのエクササイズを応用し,「自分の本当のこと(真実)」を話す問題を多くするなどの工夫を加え,シェアリングの時間を多くとった。日本語レベルの差が大きいクラスであったが,下位レベルの学習者に日本語能力の向上がみられ,両グループ共に比較的高い満足感を与えるクラス

運営ができたという。

梶原（2003）は，相互交流の促進を目的とする留学生と日本人大学生の混成クラスの授業シラバスに，SGEを応用した。エンカンターの六つの目標，「自己覚知」「自己主張」「他者受容＝傾聴訓練」「信頼感」「役割遂行」（國分，1981）が体験できるようシラバスを組み，12回の授業を行った。その結果，さまざまな価値観（個性，多文化）を容認する雰囲気が形成され，より深い交流の糸口ができたという。

二宮（2000）は，留学生対象の大学の日本語の授業で，ショートエクササイズ「いいこと探し」を行った。SGEのシナリオプレイに即して日本語の文型を提示し，ペアで会話を行い，各自ワークシートに記入した後，全体でシェアリングを行った。多くの学習者に，自分に対する肯定的気づきが生まれたと報告している。

林・石田（1996）は，ボランティア日本語教師養成プログラムにSGEを導入した。地域の外国人の，言葉が通じない相手とのコミュニケーション状況を疑似体験することをねらいとし，トラスト・ウォークのエクササイズを実施した。その結果，外国人日本語学習者の不安をおもんぱかり，人間同士の信頼関係の重要性に気づくなどの反応がみられた。

**2）非構成的エンカウンター・グループ**

非構成的な（ロジャーズ〈Rogers, C. R.〉の提唱した）ベーシック・エンカウンター・グループ（BEG）を応用したものとして，1996年から，奈良県の明日香村で行われている多文化間ワークショップ（国際ベイシック・エンカウンター・グループ）が知られている。ロジャーズが晩年に行った国際紛争解決を目指すグループの流れを汲むもので，3泊4日の日程で，全員参加の自由な話し合いのセッションを中心に，参加者の希望を取り入れながらスケジュールが組まれる。これまでの実施では，最終セッションで，自分自身への新たな気づき，内面の広がりと信頼，人生への希望や勇気の表明などの発言がみられるようになるという。言葉がうまく通じないもどかしさを乗り越える共同作業に意義がある反面，自由で率直な相互交流が可能にな るような工夫の必要性も認識されている（清水，1999）。

**3）その他**

得丸（2000）は，独自の方法で日本語作文の授業にエンカウンターを導入している。留学生と日本人大学生が作文を書き，クラス単位で交換し，匿名で個別に感想文を書き合う活動で，率直な自己表現，傾聴的読解，親密感の体験を目指している。この活動の結果，留学生と日本人大学生双方に，「心理的出会いと自己変容」「自己を表現し，確認する」「相互に受け入れ，理解する」「書くことへの意欲」「書くことへの自信」の心理過程が進行したと報告している。

## 3．今後の課題

今後も，エンカウンターは日本語教育に応用されていくと予想される。エンカウンターの導入によって，日本語教育の効果が高まったことをどのように示すかが問題となるであろう。これは，日本語教育の目的をどのようにとらえるかと表裏一体の問題でもある。リレーションづくりに特化するのか，語彙や文型の導入や定着と結びつけるのか，人間的成長に教育目標の主眼を置くのかによって，応用の仕方も，効果検証の方法も異なるであろう。教育目的，効果検証の両面で，事実に基づいたさらなる議論とリサーチ・デザインが必要である。

〔得丸 智子〕

〔文献〕

林伸一・石田孝子 1996 山口県におけるボランティア日本語教師養成プログラム――構成的グループ・エンカウンターの応用 中国四国教育学会教育学研究紀要第2部, **42**, 459-46.

石田孝子 1999 構成的グループ・エンカウンターと日本語教育 広島大学留学生教育, **4**, 37-45.

梶原綾乃 2003 留学生と日本人学生との交流促進を目的としたコミュニケーション教育の実践 日本語教育, **117**, 93-102.

國分康孝 1981 エンカウンター――心とこころのふれあい 誠信書房

倉地暁美 1992 対話からの異文化理解 勁草書房

二宮喜代子 2000 日本語教育に活かす構成的グ

ループ・エンカウンターの試み──ショートエクササイズ「いいこと探し」　日本語教育, **106**, 37-46.
清水幹夫　1999　国際ベイシック・エンカウンター・グループ　現代のエスプリ, **385**, 165-177.
得丸智子　2000　留学生と日本人学生の作文交換活動における心理過程　日本語教育, **106**, 47-55.
家根橋伸子・二宮喜代子　1997　レベル差の大きいボランティアクラスにおける相互学習の試み　日本語教育, **95**, 109-120.

## 12　特別活動に生かすカウンセリング
application of counseling to extraclass activities

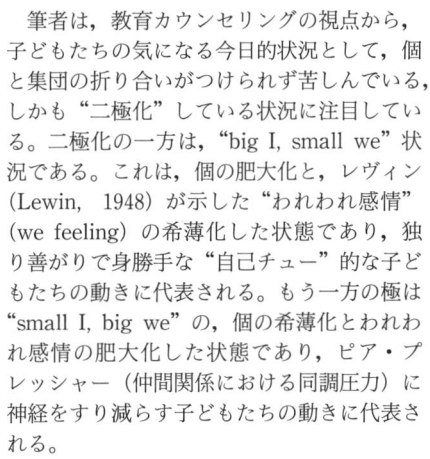

　筆者は，教育カウンセリングの視点から，子どもたちの気になる今日的状況として，個と集団の折り合いがつけられず苦しんでいる，しかも"二極化"している状況に注目している。二極化の一方は，"big I, small we"状況である。これは，個の肥大化と，レヴィン(Lewin, 1948)が示した"われわれ感情"(we feeling)の希薄化した状態であり，独り善がりで身勝手な"自己チュー"的な子どもたちの動きに代表される。もう一方の極は"small I, big we"の，個の希薄化とわれわれ感情の肥大化した状態であり，ピア・プレッシャー(仲間関係における同調圧力)に神経をすり減らす子どもたちの動きに代表される。

### 1．特別活動の今日的意義
　子どもたちの気になる今日的状況の背景としては，さまざまな要因が考えられるが，とりわけ，「グループそのものにかかわりグループそのものを創る」体験の不足が，大きな影響を及ぼしているように思われる。こうした体験は，これまでは家庭教育や地域の教育のなかで充足されてきたものであるが，家庭や地域の教育力が衰弱化していくなか，残念ながら多くを期待できない現状にある。この不足体験を子どもたちが充足する場として，特別活動の今日的意義はきわめて大きなものがある。すなわち，特別活動は子どもたちの学校(学級)生活のなかで，「グループそのものにかかわりグループそのものを創る」体験の場と機会の宝庫といえるであろう。

### 2．特別活動研究の動向
　特別活動は，今日，学習指導要領において各教科・道徳・総合とともに，教育課程の一領域として位置づけられており，その内容は，①学級(ホームルーム)活動，②児童会・生徒会活動，③クラブ活動，④学校行事，の四つの内容から構成されている。また，「望ましい集団活動を通して，自主的，実践的な態度を育てる」ことが，小・中・高校共通の目標原理として掲げられている。
　特別活動領域では，これまでに，上記の四つの内容をフィールドとして，子どもたちの望ましい集団活動を育成するさまざまな実践研究が行われてきている。先行研究を整理すると，グループ・カウンセリング系とグループワーク系の実践研究に大別できる。
　まず，グループ・カウンセリング系であるが，これは「グループそのものにかかわる」体験を通して，特に子どもたちが個(自分自身)に対して折り合いをつける機会を提供する有効な手立てであり，リレーションづくりを通して自他発見を目指す構成的グループ・エンカウンター(SGE)はその代表といえる。一方，グループワーク系は，「グループそのものを創る」体験を通して，特に彼らが集団に対して折り合いをつける機会を提供する有効な手立てであり，自分たちのグループならではの価値や基準や文化の創造を目指す，学校グループワーク・トレーニング(SGWT)はその代表といえる。
　なお，グループ・カウンセリング系の実践研究においては，三隅(1984)のPM理論のM機能(グループの凝集性や形成・維持機能，人間関係調整機能)に力点を置いた効果の量的・質的な検討が行われている。一方，グループワーク系の実践研究においては，P機能(グループの生産性や課題遂行機能，合意形成機能)に力点を置いた効果の検討が行われてきている。

### 3．今後の課題
　グループ・カウンセリングとグループワー

クは，望ましい集団活動の育成にとって有効な手立てであり，教師主導のガイダンス的アプローチといえるであろう。ただ，もう一つの特別活動の小・中・高共通の目標原理である，「自主的，実践的な態度の育成」に迫るには，これだけでは限界であり，子どもたち主導の自治活動的アプローチへの"橋渡し"がどうしても必要となってくる。

ガイダンス的アプローチから自治活動的アプローチへの橋渡しを指向するものとして，筆者は，大学生を対象とした山本（2001）や中学生を対象とした石井（2006）の，参画型グループ・エンカウンター（参画型GE）の実践研究に注目している。参画型GEの具体的なイメージとしては，「何でもクラブ」の実践が挙げられる。子どもたちが小集団に分かれ，楽しみながら，みんなで集団遊びを創って，みんなで実際にやってみて，そしてみんなで検討する。すなわち，plan-do-see を子どもたち自らが推進していく，協創体験（collaborative experience）活動である。

ただ，出来合いの，しかもTVゲームに代表されるバーチャルな一人遊びに傾きがちな今の子どもたちに，いきなり白紙で plan-do-see をゆだねても，残念ながら動けないのが現実であろう。そこで，参画型GEでは，まず既存のSGEエクササイズのなかから，集団遊び的な要素の強いエクササイズを教師がリーダーとなって各種実施し，そのうえで，それらを参考に集団遊びの共同開発という課題を子どもたちに提示していく。共同開発のねらい・ルール・手続きの三つの明確化を行ったうえで，子どもたちに徐々にゆだねていく（橋渡ししていく）ことになるが，plan-do-see の各段階で，情報提供や案内・説明などのガイダンス機能の充実が，教師に求められていることはいうまでもない。

今後の課題としては，参画型GEをいかに特別活動のなかに組み入れていったらよいかのカリキュラム開発研究が必要となる。具体的には，既存のエクササイズの演習から始まって，共同開発→試行・検討に至るプロセスの遂行に必要な時間の捻出が挙げられる。もう一つ，集団遊びの共同開発から始まって，発達段階や集団の成熟度などを考慮しつつ，徐々に学校あるいは学級生活上の切実な課題の解決・改善に向けた取り組みへと移行していくために必要なカリキュラム方略，特に基軸となるスコープ（領域ないし範囲）とシークエンス（系列ないし配列）の策定が挙げられる。

（犬塚 文雄）

〔文献〕

石井ちかり 2006 中学校における参画型グループ・エンカウンターが生徒に及ぼす効果——リーダーシップ行動を中心に 横浜国立大学大学院教育学研究科修士論文

Lewin, K. 1948 *Resolving social conflicts: Selected papers on group dynamics*. Harper.（末永俊郎訳 1954 社会的葛藤の解決——グループ・ダイナミック論文集 東京創元社）

三隅二不二 1984 リーダーシップ行動の科学（改訂版） 有斐閣

山本銀次 2001 エンカウンターによる"心の教育"——ふれあいのエクササイズを創る 東海大学出版会

## 13 特別指導に生かすカウンセリング

remedial counseling for risk students

「非行は天候と同じようなもので，誰でもそれについて語りはするが，それをどうすることもできない」と言ったのは，カナー（Kanner, L.）である。

しかし，児童生徒の健全育成に日々かかわっている教師にとっては，語るだけで"どうすることもできない"と手をこまねいているわけにはいかない。現在，学校では，いじめ，不登校問題だけではなく，暴力，窃盗（万引き），恐喝，教師への暴言や指導不服従などの問題行動が，生徒指導の大きな課題として挙げることができる。それらの問題行動について，教師はどのような方策をもってかかわっているのだろうか，学校における問題行動生徒への対応について述べてみよう。なお，学校現場では，「非行」ではなく「問題行動」と呼び，その指導を「特別指導」と呼

んでいる。この特別指導のあり方が、将来の犯罪の抑止要因となっているので、その指導のあり方が問われる。

## 1. 生徒の実態

　筆者は過去に、県内の高等学校（全日制普通科）3校の協力を得て、卒業時の生徒を対象に、自己報告による問題行動などの調査を実施した。内容は「高校3年間における特別指導（謹慎）対象行動の有無」である。結果、実に男子生徒の71%、女子生徒の38%の生徒が、何らかの特別指導対象行動（喫煙、飲酒、万引き、自転車の無断借用、暴力、暴言、カンニングなど）を行ったという実態が明らかになった。これらのことから、問題行動はもはや特殊とか特別な生徒が行う行動ではなく、日常行動のなかで誰でもが行いうる行動の一部となっている現実がある。すなわち、中・高校生の多くは、一種の不良性を帯びることが彼らの成長への現実適応の一断面と思われるほどに、非行・不良行為への許容・容認度を高め、所与の規範に対しても絶対的な受け止め方が弱まってきている。青少年の規範意識が希薄になったというのも、うなずける一面である。

## 2. 懲戒について

　ほとんどの学校で問題行動が発覚した場合、学校長から何らかの特別な指導がその生徒に与えられる。いわゆる「懲戒」である。学校教育法第11条には「校長及び教員は、教育上必要があると認めるときは、文部科学大臣の定めるところにより、学生、生徒及び児童に懲戒を加えることができる。ただし、体罰を加えることはできない」と規定している。

　いうまでもなく、学校における児童生徒の懲戒は、教育的作用として行われるものである。したがって、懲戒を加えるにあたっては児童生徒の心身の発達に応ずるなど、教育上必要な配慮をしなければならない（学校教育法施行規則第13条第1項）。一般に懲戒権の発動は、懲戒権者の自由裁量に任されていると解されるが、十分に教育的価値を考慮して行うことは論を待たない。

## 3. 特別指導について

　学校現場では、日々生徒の問題行動に真正面から取り組んでいるものの、これといった特効薬もなく、生徒個々の規範意識と教師個々の労力によって、何とか表面を保っているというのが実情ではなかろうか。もちろん、学校教育の根幹には指導的・予防的要素は多分にあるのだが。問題行動を顕在化させた生徒には、何らかの指導が特別に行われる。その多くは謹慎という処置であろう。その形態として、「懲戒」としての処分ではなく、その多くは指導の一環としての「特別指導」のかたちをとっている。したがって、指導要録に記載することなく指導されているのが実態としてある。懲戒ではなく、あくまでも特別指導であるという配慮の表れであり、罰的要素より指導援助的要素に力点が置かれているのである。

　その内容の多くは「謹慎処分」である。「謹慎」の形態には登校謹慎と家庭謹慎があるが、家庭での謹慎は家庭力の低下から謹慎の体をなさないことが多く、最近は学校謹慎が多くなってきている。

　教師は、「問題行動」はあくまでも成長過程での一事象であり、適応への過程であるととらえ、「どの生徒も、今よりは少しでもより良く生きようとしている存在である」という認識のもと、特別指導の機会を最大限活用して、個人やグループの成長を図るかかわりを模索している。

　特別指導で罰的要素が強ければ、かたちだけの指導になり、非行や問題行動への指導が、非行や問題行動からの立ち直りをはばむ砦になることが多分にあるので、その指導内容が問われる。

　彼らの現象面から内面に迫る指導法、また問題行動だけを問題にするのではなく、問題をもつ個人、すなわち問題をもつ生徒自らが人間として、自分の成長にかかわっていくなかでの指導法が求められている。それは、生徒自らが内なる自己との対話を深め、自己のあるべきイメージ（自己概念）を明確にし、自己の成長を図る方法が求められる。では、どのような具体的な方法があるのだろうか。

　実際に彼らにかかわって得たことは、内観作文やロールレタリング法などを通じて自己を語ることが、筆者の研究からその後の生活態度に効果があったことである。それは、

「見る自己」と「見られる自己」の意識を盛んにし，自己のアイデンティティを探索することである。単なる「自覚」をうながすという反省ではない。自覚というと，自分が周囲の状況を察し，自分の置かれている立場やあるべき姿を認識するという主体が強調されるが，アイデンティティとなると，内界も外界も「私」に働きかけ，自然が「私」に問いかけ，過去や未来が「私」に問いかけるといった実感のある対話が生まれるからであろう。

### 4．今後の課題

特別指導の体験を通して発見した仮説は，問題行動のある生徒は，自己中心的・被害者意識・劣等感・行動化傾向が，問題行動の少ない生徒に比べて高いのではないかということである。彼らの指導に際して，彼らの思考・行動・情緒面にどのようにかかわることが，また教師のどのような態度が彼らの行動変容により効果的なのか，それを明らかにするのが今後の課題である。その研究方法のひとつとして，彼らへの追跡調査も待たれる。

（荒堀 浩文）

〔文献〕

荒堀浩文 1986 内観法を生かした生徒指導 内観研修所

## 14 特別支援教育の課題
education for children with special needs

21世紀に入りわが国の障害児教育は，「特別支援教育」として展開されることになった。特別支援教育の対象には，通常の学級に在籍している学習障害（LD）や注意欠陥/多動性障害（ADHD），高機能自閉症などの児童生徒も含まれることから，障害児教育の専門家だけでなく，すべての教師が特別支援教育の考え方や内容を理解し，それぞれの立場で適切な対応を行っていくことが必要である。LD等の児童生徒が在籍している学級の学習指導や学級経営についても，特別支援教育の視点から充実させていくことが求められている。「教室で行う特別支援教育」を充実させるには，カウンセリング心理学（教育カウンセリングなど）の理論と方法が役立つことが多く，今後の研究が深まることが期待される。

### 1．定義と概要

わが国の障害児教育は，従来「特殊教育」と呼ばれ，障害種別ごとに，盲・聾・養護学校や特殊学級において，専門的な教育を実施することを主としてきた。

近年，児童生徒の障害の重度・重複化や多様化と合わせて，より軽度の障害のある児童生徒の対応や，早期からの教育的対応に関する要望の高まり，ノーマライゼーション（障害のある人もない人も，互いに尊重し支え合いながら地域のなかで共に生きるという考え方）の進展により，今世紀に入り，従来の「特殊教育」のあり方についての見直しや検討が進められてきた。その結果，特別支援教育は，次のように定義された。

「特別支援教育とは，従来の特殊教育の対象の障害だけでなく，LD，ADHD，高機能自閉症を含めて障害のある児童生徒の自立や社会参加に向けて，その一人一人の教育的ニーズを把握して，その持てる力を高め，生活や学習上の困難を改善又は克服するために，適切な教育や指導を通じて必要な支援を行うものである」（「今後の特別支援教育の在り方について（最終報告）」平成15年3月，特別支援教育の在り方に関する調査研究協力者会議）。

また，2005〈平成17〉年4月には発達障害者支援法が施行され，LD，ADHD等の障害が法令上，初めて定義づけられた。

このような流れを受けて，学校教育法等の一部が改正され，2007〈平成19〉年4月から，障害のある児童生徒に対する教育を，「特別支援教育」として展開することになった。学校教育法改正の主な内容は，以下の3点である。①盲学校，聾学校，養護学校を，障害種別を越えた特別支援学校に一本化する。②特別支援学校は，小中学校等に在籍する障害のある児童生徒の教育について助言援助に努める（センター機能の明確化）。③小中学校等においては，学習障害（LD）などを含む障害のある児童生徒等に対して適切な教育を行う。

3点めについては，文部科学省が2006〈平

成16〉年1月に発行した「小・中学校における LD（学習障害），ADHD（注意欠陥/多動性障害），高機能自閉症の児童生徒への教育支援体制の整備のためのガイドライン（試案）」により，LD等の児童生徒に対する校内支援体制の構築とその内容が示されている。具体的には，①校内委員会を設置し実態把握や対応を協議する，②校長は教員のなかから特別支援教育コーディネーターを指名し，校内調整や外部関係機関との連絡・調整にあたる，③個別の教育支援計画や個別の指導計画を作成し，計画的に具体的な支援を展開するといった内容である。

## 2．研究の現状

文部科学省の方針に基づき，2006年度末までに，全国のほとんどの小中学校において，特別支援教育コーディネーターが指名されている。調整能力の発揮できるコーディネーターとして資質を向上するために，各自治体などにおいてコーディネーターの連絡会や研修会などが行われているところである。

学校心理士（学校心理士認定運営機構認定）や教育カウンセラー（日本教育カウンセラー協会認定）などの有資格者が，コーディネーターに指名される場合もあり，カウンセリング心理学を生かした職務内容について明らかにし，課題を整理することが望まれる。

また，小中学校等を訪問し校内委員会への助言等を行う「巡回相談」が，全国で活用されてきている。各自治体が，臨床発達心理士（臨床発達心理士認定運営機構認定），特別支援教育士スーパーバイザー（日本LD学会認定）などの有資格者等を委嘱する例がある。巡回相談員は，担任の悩みを聞いたり，ときには児童生徒や保護者と面談したりしている。カウンセリング心理学の知識や技能を生かした実践研究や，事例検討が行われはじめている。

一方，LD等の児童生徒の在籍する学級担任は，発達障害に関する基礎的な知識とともに，一人ひとりの児童生徒の特性に応じた教育的対応をしていくことが望まれる。具体的には，児童生徒本人の長所や良さを見つけ，それを伸ばすことを通して，苦手な側面を克服できるようにすることや，パニックを起こしたときの適切な対応などである。叱るのではなく「本当はどうしたかったのか」を聞き出して，今後どうすればいいのかをわかりやすく教えていくことである。

さらに，予防的対応として，ソーシャルスキル・トレーニング（SST）などの手法を取り入れ，LD等の児童生徒はもとより学級全体の社会性を育成することや，構成的グループ・エンカウンター（SGE）などを行うことにより，それぞれの個性を認めあう風土を培うことなども有効である。学級担任として具体的な支援をどのように進めていくか，実践研究の深まりが期待される。

## 3．今後の課題

わが国の特別支援教育は始まったばかりであり，一人ひとりの教員がその趣旨を理解し役割を果たすことが，これからの大きな課題である。小中学校を支援する専門家を育成し，関係機関との連携を円滑に行えるように，行政も含め制度の充実に努める必要がある。

わが国が特別支援教育の導入にあたりモデルとしたイギリスにおいては，コーディネーターはほぼ専任化されており，質の高い支援を展開している。わが国においても，特別支援教育の制度が熟し，いずれコーディネーターの専任化などに発展していくことが望まれる。

また，本人や保護者が，ともに障害を受容する過程や，周囲の児童生徒が発達障害について理解を深めていくための教育的な対応については，まだまだ研究の余地があり，今後，成功事例の分析などを通して，望ましい対応について明らかにしていく必要がある。

（朝日　朋子）

## 15　適応指導教室
### adjustment guidance class

適応指導教室とは，不登校児童生徒のための公的な支援機関である。文部科学省（2001）は，「不登校児童生徒等に対する指導を行うために，教育委員会が教育センター等，学校以外の場所や学校の余裕教室において，

学校生活への復帰を支援するため，児童生徒の在籍校と連携をとりつつ，個別カウンセリング，集団での指導，教科指導等を組織的，計画的に行う組織として設置したものをいう。なお，教育相談室のように単に相談を行うだけの施設は含まない」と定義している。

## 1．適応指導教室とは

文部科学省が1990年に適応指導教室設置の推進を施策した当時は84カ所であったが，2008年現在では一千カ所を越える設置数となり，全国の不登校の子どもたちの居場所となっている。高校生対象にしている例もあるが，そのほとんどが小中学生を対象とした教室である。

指導員（教職や心理職）の見守りや支援のもとで，異年齢の子どもたちが，教科学習やトランプなどのゲーム，会話や運動，体験活動（料理，宿泊体験など）を行い，他者との交流を図る。また個別にカウンセリングを受けながら自己受容や問題解決を図っている。付き添われるのではなく，寄り添われる温かさのなかで自分を見つめ，心のエネルギーを高めることができる。それが適応指導教室である。

## 2．適応指導教室の意義

今なお13万人近くの子どもたちが不登校であることを考えると，適応指導教室の担う役割は大きい。子どもたちの"ためになる支援"とはどのようなものかを取り上げていくことは，適応指導教室を設置・運営するうえで必要不可欠であるといえるだろう。

他の相談機関にはない適応指導教室だからこその特徴は，「個別のかかわり」（カウンセリング等において，1対1でじっくり聴く場の提供など）と，「集団でのかかわり」（友達と十分に交流する体験など）の二本柱があることである。つまり，個と集団を両方からアセスメントし，支援の方向性を探ることが求められている。

不登校に至るまでの間に，友人や家族，教師との対人関係において，何らかの挫折体験をしてきたことが考えられる。よって，対人関係に不安や嫌悪感などのマイナスイメージをもっていることが多い。個別のかかわりにおいて，これまでの不安な気持ちを十分受容される体験は，気持ちの整理を促進するとともに，ありのままの自分を受け入れるきっかけになる。指導員はこのかかわりから得られたアセスメントを，集団体験に活かす手続きをとるのである。集団での体験活動は，「世の中，嫌な人ばかりではない」「わかりあえる友もいるものだ」などの新たな感情との出会いをもたらし，それまでの思考を修正していく。

これまでの対人関係におけるマイナスイメージの払拭にもつながる。これらの体験は，出会った子どもたちが将来，自分自身と上手につきあい，社会で適応できるための支援であり，今後，他者と新たにつながりをつくる際に子どもたちを支える力である。単に学校に適応できるためにアセスメントを行うのではなく，長期的な見地に立った支援をかたちにするためにも，アセスメントを活かして個別と集団の両方の体験を与えることは，適応指導教室だからこそできる支援のひとつである。「適応指導教室はただ居心地のいい場所にとどまらず，子どもたちの内的な課題に応える場として機能する」（皆藤，2005）といえるだろう。居場所機能であると同時に，子どもの社会化を促進する機能を担っているのである。

また適応指導教室は，通級児童生徒だけではなく，保護者や学校に対しても安心感を与える場であり，両者をつなぐ場や機会を提供できる機関でもある。この点からも，不登校対策のなかで重要な位置にあるといえる。

## 3．適応指導教室に関する研究の現状

相馬（2005）が指摘するように，適応指導教室に関するこれまでの研究の多くは，心理学的・精神医学的アプローチを中心に行われている。よって，個別の支援計画，カウンセリングなど個別対応に示唆を与える研究が多い。集団へのアプローチ，教育的アプローチに関する研究（片野ら，2003）は少ないのが現状である。

ほかには，河本（2002）の適応指導教室の目的や指導員の意識に関する研究や，相馬（2005）の適応指導教室の現状と課題に関する調査研究，連携に関する研究，ソーシャルサポートに関する研究などがある。学習支援

は適応指導教室の機能のひとつであるが，マルチメディアを活用した指導についての調査研究（国立教育政策研究所生徒指導研究センター，2005）も行われており，新しい支援の方法を探るものとしても注目される。

## 4．今後の課題

文部科学省の定義のなかに「集団での指導」が挙げられている。しかし実際は，具体的な集団プログラムを作成することが，適応指導教室の今後の課題のひとつ（尾形・青木，2000）と指摘されるように，集団に関する研究はまだまだ少ない。集団の力を活かしながら個の成長を図る，具体的なアプローチに関する研究が必要である。

適応指導教室は「ここに通ったおかげで自分を好きになった」など，通級した子どもたちにとって大きなプラスの影響を与えている。「適応指導教室は個別のかかわりを越えた力，つまり，集団のもつ育てる力をも持っている場」（髙橋，2003）である。自己受容は個の体験と集団での体験，両方から紡がれて丈夫になるものであると考える。よって，「個は集団のなかで育つ」という教育カウンセリングの視点は，適応指導教室ならではのかかわりを支えるものである。今後は心理学的アプローチとともに，教育的アプローチによる研究が求められている。

また，卒業後や進学後の調査研究が求められている。適応指導教室には「つなぐ」という意識が必要である。「家と適応指導教室をつなぐ」「適応指導教室と学校をつなぐ」（米田，2005）があるが，これらと同時に，「子ども自身と未来をつなぐ」支援もあると考えている。進路に関するアプローチは，「子ども自身と未来とをつなぐ」具体的支援になりうるものと考える。単に学校復帰を目指すだけでなく，自分を好きになり，自己実現を目指そうとする支援になるものである。適応指導教室の機能に関する，今後ますますの研究が求められている。

（髙橋　さゆ里）

〔文献〕

皆藤靖子　2005　適応指導教室における取り組みの実際　臨床心理学，**5**(1)，51-56．

片野智治・佐々木継雄・髙橋さゆ里　2003　不登校生徒の人間関係開発のプログラム検討　日本教育カウンセリング学会　第1回大会発表論文集，70-71．

国立教育政策研究所生徒指導研究センター　2005　マルチメディアを活用した補充指導についての調査研究（平成14・15年度）報告書

河本肇　2002　適応指導教室の目的と援助活動に関する指導員の意識　カウンセリング研究，**35**，97-104．

文部科学省初等中等教育局児童生徒課　2001　生徒指導上の諸問題の現状と文部科学省の施策について　文部科学省

尾形早織・青木真理　2000　適応指導教室の現状と展望――福島県下適応指導教室への調査を中心に　福島大学教育実践研究紀要，**38**，93-101．

相ament誠一　2005　不登校児童生徒の「適応の場」に関する総合的研究　不登校児童生徒の「適応の場」に関する総合的研究研究会

髙橋さゆ里　2003　不登校を通して手に入れるもの――適応指導教室での実践を通して　國分康孝・國分久子監修　不登校　育てるカウンセリングによる教室課題対応全書6　図書文化社　90-93．

高月玲子・深山和子・井上真・奥田亮　1996　不登校対策における小集団活動の意味（1）――ある適応指導教室に参加して　心理臨床，**9**，107-114．

米田薫　2005　適応指導教室は機能や力量を見極めて活用しよう　月刊学校教育相談，**9**，22-25．

# 16　音楽を生かした教育カウンセリング
musically oriented educational counseling

音楽は時間の芸術であり，時間とともに消えてゆく抽象的な存在である。しかし，だからこそ，場面に合わせてそのありようを多様に変化させることができる。この点で他の芸術分野，たとえば絵画や彫刻とは大きく異なる。また，音楽には人間のさまざまな面に働きかける力がある。まず，人の情緒面に直接，非言語的に働きかける力がある。音楽は言語ではないが，ときとして言語による働きかけ

以上に心を大きく揺さぶる力をもっている。次に，体に働きかける力がある。運動の伴奏に音楽があるときとないときでは，運動に差が出ることがある。また，ある運動にふさわしい音楽を提供することによって，その運動が大きくなったり，長続きしたりすることがある。さらに，社会性に働きかける力がある。複数の人による音楽的活動，たとえば合奏や合唱には協調性や集中力，忍耐力を伸ばす可能性があるが，これらはいずれも人が社会で必要とされる能力である。

## 1．音楽教育と音楽療法

ここで，音楽教育と音楽療法という二つの分野を眺めてみたい。音楽教育では，生徒が音楽を学ぶことによってその感性を伸ばすことに，力点が置かれる。それに対し音楽療法では，音楽を学ぶことは目的ではない。音楽のもつ特徴を何らかの治療に生かすことに，力点が置かれる。丸山忠璋は音楽教育と音楽療法の違いを検証し，この二つに境界線を引くことは「とてつもない難問」と述べている。むしろ，それらを連続的なものととらえ，教育現場で「音楽療法的活動」を彼は実践してきた。この音楽療法の分野からの示唆が，教育カウンセリングには役に立ちそうである。それでは，もう少し詳しく音楽療法をみてみよう。

日本音楽療法学会の定義によると，「音楽療法とは，音楽の持つ，生理的，心理的，社会的働きを，心身の障害の回復，機能の維持改善，生活の質の向上に向けて，意図的，計画的に活用して行われる治療技法である」とある。ここでは，対象となる人びとを制限していない。健常者も含めたさまざまな人びとがその対象となりうるが，学会の研究発表をみる限りでは，健常者よりは障がい者や高齢者を対象としたケースが多い。しかし，inter-personal を扱ったものもあり，これは教育カウンセリングに応用が可能であろう。たとえば，高齢者のグループセッションで音楽を用いた活動を続けていくなかで，孤立していたクライエントが他者と協調できるようになったり，他者を受け入れられるようになったり，というケースはよくみられる。これらは，社会性に働きかける音楽の力をうまく利用している。また，ユニークな例では，個人を対象としたカウンセリング（教育現場ではない）に音楽を用いた師岡宏之のケースもある。

これらのケースも含めて一般的に音楽療法は，「アセスメント」「治療目的に音楽を利用したセッション（複数回）」「評価」の順で進められる。その期間としては，数カ月から数年に及ぶものまでさまざまである。

## 2．構成的グループ・エンカウンター（SGE）への音楽の応用例

ここでは教育カウンセリングの例として，SGEへの音楽の応用を考えてみたい。先に述べたように，音楽には社会性に働きかける力がある。それでは，具体的にどのようなエクササイズが考えられるだろうか。まず，音楽が情緒面に直接働きかける力を利用した活動例として，音楽を聴いてどんな感じをもったかを話し合うことが考えられる。音楽の印象をグループで詩や絵画にしてもよい。また，音楽が体に働きかける力を利用して簡単な運動をしてもよい。たとえば，「動きの模倣」といったエクササイズが考えられる。まず，クラスを5～7人程度のグループになるようにいくつかに分ける。そして，グループごとに最初の動きを考える人を選択してもらう。この人には何か簡単な反復運動を考えてもらう。そして音楽の伴奏が始まると，他の人はこの人の動作を模倣するのである。これを次々と回していくだけの活動である。椅子に座ったままでも，立った状態でもできる。何周かして終了し，クールダウンしてから他の生徒のどの動きが模倣しやすかったか，あるいは運動を終えて何を感じたかなどのシェアリングに移る。

グループのエクササイズは，いずれも何らかのかたちで社会性に影響するが，特に音楽を使った活動としての合唱や合奏には，社会の縮図があるといってもよい。実践方法として，難しい編曲を何回もかけて練習するやり方もあるが，1回で完結するエクササイズならば，すぐに演奏できるような編曲がふさわしい。合奏の場合，何の楽器を用いてもよいが，特にミュージックベル（ハンドベルに似た形状の打楽器）やトーンチャイム（筒型の

打楽器）を使い1人1音を受け持つと，グループ全体でひとつの音楽を作り上げる方針が強調される。そして，曲を演奏した後，演奏して何を感じたか，他の生徒との演奏をどう思うかなどについてシェアリングを行うのである。能動的な音楽活動には，達成感を得たり感情を発散したりする要素もある。また，このようなエクササイズは参加しやすく，楽しい雰囲気のなかで行うことができる。これらも音楽活動のもつ特徴である。

### 3. 環境と音楽・音

以上,「音楽」という語を普通用いられているように使ったが，実は「音楽」の定義は非常に難しい。ケージ（Cage, J.）のように，「音楽」イコール「音」だと言い切った例もある。しかし，一般的に「音楽」と「音」の境目を定義するのは困難をきわめる。ただし,「音楽」は「音」の一部であることは物理的に確かであり，「音」のほうが「音楽」よりも広い領域である。この，私たちが普通「音」と呼ぶ領域も，エクササイズに応用ができると思われる。この分野では，シェーファー（Schafer, R. M.）のサウンドスケープ（音の風景）にかかわる数々の実践方法が役に立つ。長谷川有機子や島崎篤子らによる「音」を音楽教育に取り込む斬新な試みもあるが，彼らの実践方法は音楽教育の枠にとどまらず，音楽療法や教育カウンセリングにも応用できるであろう。この分野はこれからもさらに研究，開発されていくと思われる。

### 4. これからの課題

以上のように，音楽を生かした教育カウンセリングは，音楽療法やサウンドスケープなどからの考え方や実践方法から転用，応用できるものがある。しかし，それはあくまでも応用であって，何かしらの方法論が確立した一領域には至っていない。音楽は抽象的な伝達媒介であるためか，研究もしにくい面があるかもしれない。しかし，音楽や音を応用した教育カウンセリングはさまざまな目的に向かって多様なアプローチができる魅力的な一領域であろう。音楽や音に興味のある教員が中心になり，応用できる考え方を取り込み，実践例をまとめ，研究，開発し，教育カウンセリングへの音楽応用としての方法論をまとめあげることが期待される。

（原沢 康明）

## 17 健康教育に活かすカウンセリング
counseling applied to health education

学校における健康教育（health education）は，心身の健康の保持増進にかかわる実践力を育成することが基本的なねらいである。また，ヘルスプロモーションの理念に立ち，生涯を通じて健康で安全な生活を送るための基礎を培うという観点から，健康なライフスタイルを確立することを目標としている。

ヘルスプロモーションは，WHO・オタワ憲章（1986年）で,「人びとが自らの健康をコントロールし，改善することができるようにするプロセスである」と定義されている。この考え方は，20世紀後半から世界的に広まっている。

1997（平成9）年の保健体育審議会答申には,「ヘルスプロモーションは，健康の実現のための環境づくりなども含む包括的な概念であるが，今後とも時代の変化に対応し，健康の保持増進を図っていくため，このヘルスプロモーションの理念に基づき，適切な行動をとる実践力を身につけることが，ますます重要になっている」と示されている。

中央教育審議会「子どもの心身の健康を守り，安全・安心を確保するために学校全体として取組みを進めるための方策について」（2008年1月17日答申）には，ヘルスプロモーションの考え方について，人びとが自らの健康課題を解決するための技能を高めるとともに，それらを実現することを可能にするような支援環境づくりも，あわせて重要であることが示された。

### 1. 学校における健康教育のねらいと範囲

学習指導要領の総則「体育・健康に関する指導」の項に，学校における健康教育の基本方針が示されている。それによると，学校における健康教育の指導の場は，教科・道徳・

特別活動・総合的な学習の時間など，学校教育活動全体である。心身の健康の保持増進に関する指導は，教育課程に位置づけて適切に行うものである。つまり，自分自身の生活習慣（早寝・早起き，食事の好き嫌い，手洗いなど）や，心身の健康状態などに気づき，健康課題（睡眠不足，偏食，過食，拒食など）を自ら解決していく態度や安全に行動できる態度を，児童期の早い段階から育成するのが健康教育のねらいである。したがって健康教育の範囲は，次のようになる。

①心身の健康の意義。②心身の構造・機能および発育，発達。③心身の健康を高める生活（運動，食事・栄養，休養・睡眠）や，健康を守る制度，仕組み。④環境や健康のかかわり，および環境の維持改善。⑤傷害や疾病の発生要因と，安全確保や予防・対処・回復。⑥心の健康問題の生じ方や対処の方法と，心身の調和。

2．健康に関する現代的課題とカウンセリング

少子高齢化・国際化などによる社会環境や生活環境の変化により，子どもの心身の健康にも多大な影響がある。学校生活においても生活習慣の乱れ，いじめ，不登校，児童虐待などのメンタルヘルスに関する課題，アレルギー疾患，性の問題行動，薬物乱用（未成年者の喫煙・飲酒，薬物依存など），感染症（麻疹，インフルエンザなど）の新たな課題が顕在化している。同時に，継続的に医療や介助を受けながら学校生活を送る子どもも増えている状況にある。

子どもの健康をめぐる現代的な課題は，心の健康問題と大きくかかわっていると考えられる。その背景としては，①人とのかかわりが苦手（友達がつくれない，手をつなげない，集団に入れないなど），②自分の存在に価値や自信がもてない（おどおどして話ができない，断ることが苦手，自分で決められないなど），③ストレスへの対処力の低下（不安になったりイライラする，意味なくキレるなど），が考えられる。

これら3点は，心の健康問題と深くかかわっている。それゆえ，健康教育の方法のひとつとして，カウンセリングが重要視されるようになった。ただし，ここでいうカウンセリングとは，面接相談だけではなく，グループを対象にプログラムを展開するグループ・アプローチ（構成的グループ・エンカウンター〈SGE〉，ライフスキル，ストレスマネジメント）を含むものである。

3．養護教諭が担う健康教育

保健体育審議会や教育職員養成審議会の答申に，養護教諭に求められる資質として，心の健康問題と身体症状に関する知識理解，これらの観察や受け止め方などに対する判断力と対応力（カウンセリング能力）や，問題解決のための指導力，加えて企画力，実行力，調整能力などが必要と示された。さらに，教科「保健」の授業を担当する教諭または講師への兼職発令が，養護教諭経験3年以上で可能となった。

健康の保持増進の観点から取り組むべき，心身の健康に関する現代的課題は，本来，学校全体で取り組むものであるが，特に養護教諭のもつ専門的な知識や技能を活かし，問題の解決に効果を上げることが期待されている。

養護教諭の行う健康教育は，次のトピックスにふれることが望まれる。①個人および集団の健康問題の把握。②けがや病気などの救急処置や休養。③心身の健康に問題を有する児童生徒の保健指導，健康相談，健康相談活動。④情報収集，活用，管理。⑤感染症および疾病予防のための措置。⑥保健教育推進のための資料の保管および調査。⑦児童生徒の保健活動を行う場。

4．今後の課題

養護教諭が健康教育を進めるために用いる問題解決カウンセリング（保健室で心身両面から行う個別面接法）は，比較的多い主訴としては，頭痛，腹痛，外傷などの傷病，不登校，交友関係，家族間の問題などがある。養護教諭の面接技法として，ブリーフ・カウンセリングの開発を提唱したい。

次に，予防的・開発的カウンセリングを挙げたい。これは集団を対象に行うことが多いが，生活習慣，エイズ・性教育，喫煙・アルコール健康教育，ストレス・マネジメント教育など，問題が生じないよう予防する，プログラム志向のものである。

さらに、保健学習や保健指導、総合的な学習の時間には、SGEやサイコエジュケーションなどを導入すれば、「コミュニケーション」「他者理解」「自己肯定」「意思決定」「問題解決」「ストレスへの対応」など、ヘルスプロモーションにつながる能力を育てうるかどうかの実証的研究が、今後の課題である。

(中村 道子)

〔文献〕
文部科学省　1997　保健体育審議会答申
文部科学省　1999　学習指導要領　総則編
文部科学省中央教育審議会　2008　スポーツ・青少年分科会　学校健康・安全部会答申
酒井緑　2002　いきいきわくわく保健学習（小学校）　図書文化社

## 18　健康相談活動
health consultation activity

健康相談活動は、1996（平成8）年までは使われなかった用語である。1997（平成9）年の保健体育審議会答申で、養護教諭の新たな役割として提言された。それを受け、1998（平成10）年教育職員免許法施行規則の改正により、法規上も明確に規定された。それが、この用語の誕生した原点である。

### 1．定義とその背景
健康相談活動とは、先の答申で「養護教諭の職務の特質や保健室の機能を十分に生かし、児童生徒の様々な訴えに対して、常に心的な要因や背景を念頭において、心身の観察、問題の背景の分析、解決のための支援、関係者との連携など心や体の両面への対応を行う活動である」とあり、これが定義といえる。すなわち、健康相談活動は、保健室を訪れた子どもたちの身体的訴えや行動を通して心の健康問題を把握し、その対応を行うことが養護教諭固有の新たな職務内容となったのである。

この役割が誕生した背景は、先の答申によると、「近年の心の健康問題等の深刻化に伴い、学校におけるカウンセリング等の機能の充実が求められ、この中で、養護教諭は、児童生徒の身体的不調の背景にいじめなどの心の健康問題がかかわっていること等のサインにいち早く気付く立場にあり、養護教諭の行う健康相談活動が一層重要な役割を持ってきている」と指摘されている。すなわち、学校における心の健康問題への対応は、すべての教員のカウンセリング資質を高める必要があり、そのなかで養護教諭は、体を通してさまざまな心の問題を誰よりも早く気づく特性があることを強調した。心を目で見ることはできない、さまざまな心の状態は身体的症状や行動に表れる。それに養護教諭はいち早く気づくことができる（三木、2005）。すなわち、教諭にはない養護教諭独特の特質に期待して、これに養護教諭の行う「健康相談活動」と名称をつけたのである。

### 2．教育職員免許法施行規則第9条
健康相談活動が保健体育審議会答申において提言されたことは、すでに多くの関係者に周知されている。しかし、教育職員免許法施行規則に規定されたことはあまり知られていない。すなわち、新たな役割として提言されたことに伴い、その役割を担うための資質とそれを担保する法規上の規定をしたのが、教育職員免許法施行規則第9条「健康相談活動の理論及び方法」である。よって、養護教諭の免許状を取得する者は、この科目の履修が不可欠となったのである（三木、2006）。

### 3．用語解釈
学校では、さまざまな「相談」という用語が使われている。これらをまず整理して考える必要がある。代表的な以下の三つの用語を挙げ、定義、根拠、対象者、担当者、場所、対応の機会などの視点から、区別を次頁に表にしてみた。この表でわかるように、健康相談活動は養護教諭固有の役割である。教育相談は他の教員とともにその役割を担う（文部省、1991）。健康相談は医師・歯科医師が担当するが、養護教諭はその計画の準備にあたる。よって、養護教諭は健康相談活動に独自の対応の責務を果たしつつ他の活動にも深くかかわり、いわば問題解決のための調整的役割を果たしている。

### 4．役割を担うために求められる資質能力
保健体育審議会答申では、養護教諭に求め

られる資質能力を次のように提言した。「保健室を訪れた児童生徒に接した時に必要な『心の健康問題と身体症状』に関する知識理解、これらの観察の仕方や受け止め方についての確かな判断力、対応力等についてかなりの専門的な知識・技術を等しく求められる」と指摘している。すなわち、健康相談活動に必要な資質能力として、次の内容を挙げることができる。学校教育の目標、養護教諭の職務や保健室などに関連する基礎知識、心身医学、解剖生理、精神保健等の専門知識、さらに、看護学に関する基礎知識・技術、ヘルスアセスメントの基礎知識・技術、およびカウンセリングの基礎知識・技法などである。ここでは、特に健康相談活動に生かすカウンセリングについて、以下述べる。

## 5. 養護教諭の専門性を生かしたカウンセリング

養護教諭が健康相談活動の効果を上げるために「養護教諭の専門性を生かしたカウンセリング」の資質能力の向上を求めている。この専門性を生かすカウンセリングとは、健康相談活動の趣旨とそれを実施する養護教諭の職の特質を踏まえたうえでのカウンセリングである。それは、まず、身体的訴えに対してカウンセリングの応答の技法(國分、1979)を駆使した言葉かけをしながらバイタルサインをとる、痛みの部位に触れて観察などのアセスメントおよび苦痛の緩和のタッチなどの処置と同時に行うなどである。さらに、保健室の施設には、心も体も休めるベッドや毛布など、教室や他の相談室にはない特別の機能と空間がある。カウンセリングの技法ととも

|  | 教育相談 | 健康相談活動 | 健康相談 |
|---|---|---|---|
| 定義 | 教育相談とは、本来一人一人の子どもの教育上の諸問題について、本人又はその親、教師などにその望ましい在り方について指導助言をすることを意味する。(小学校における教育相談の進め方、文部省、平成3年) | 健康相談活動は、養護教諭の職務の特質や保健室の機能を十分に生かし児童生徒の様々な訴えに対して常に心的な要因や背景を念頭に置いて、心身の観察、問題の背景の分析、解決のための支援、関係者との連携など、心や体の両面への対応を行う活動である。(文部省保健体育審議会答申、平成9年) | 学校においては、児童、生徒、学生又は幼児の健康に関し健康相談を行うものとする。(学校保健法第11条) |
| 根拠 | 教育職員免許法施行規則第10条 | 教育職員免許法施行規則第9条 | 学校保健法第11条 |
| 特徴 | ○人格の形成<br>○生活への適応 | ○養護教諭の職務の特質や保健室の機能、カウンセリングの機能を生かす<br>○常に心的な要因を念頭<br>○連携を生かす<br>○心と体への対応 | ○計画的に実施<br>○養護教諭は計画立案<br>○担当教員や保護者が立ち会う |
| 対象者の課題 | ○心の悩み<br>○問題行動<br>○生徒指導上の課題 | ○身体的訴え<br>○保健室来室者の訴え<br>○何となく | ○健康診断結果<br>○欠席がち<br>○保健調査の結果<br>○日常の健康観察結果 |
| 担当者 | 全教員(養護教諭を含む) | 養護教諭 | 医師または歯科医師 |
| 場所 | 主として相談室 | 主として保健室 | 主として保健室 |
| 対応機会 | 随時(継続の場合は計画的) | 随時および計画的 | 計画的 |

にタッチや毛布に包まれる体験によって，自己開示，安心，居場所の実感等々につながるなどの研究報告がある（大沼，2006）。

このように健康相談活動のプロセスすべてにおいて，カウンセリングと観察，処置，対応が一体的に展開するという特長を理解する必要がある。すなわち，健康相談活動におけるカウンセリングと養護教諭の対応はそれぞれ別物ではなく，「対応しながらカウンセリング」あるいは「カウンセリングしながら対応」など，相互にそれぞれの特質を生かしながら行うカウンセリングがいっそうの効果を生むのである。専門性を生かしたカウンセリングとは，すべてが「○○しながらカウンセリング」というわけではない。健康相談活動のプロセスに応じて，心理・社会的アセスメントを行う際には，カウンセリングの技法を駆使してじっくり行う必要がある。このように，健康相談活動を行うヘルス・アセスメント，処置，対応などのすべての過程にカウンセリングの機能を基盤において展開する必要があるということである。

これらの考え方やとらえ方をふまえた場合，単にカウンセリングの技法を身につけることだけではなく，あくまでもカウンセリングの基礎理論を確実に習得しておくことが不可欠である。技法のみに固執しない柔軟な対応をするためにである。

### 6．教育に生かすカウンセリング

健康相談活動は学校の教育活動である。校務分掌では，学校保健の保健管理，心身の管理に位置づけられる。保健管理と保健教育は一体的に展開し表裏一体的に展開するものである。保健管理に位置づく健康相談活動は，健康にかかわる教育と深く関連させることによって，いっそうの効果につながるものと考える。教育として展開する健康相談活動は，児童生徒を全人的にとらえなければならない。すなわち，保健室において個別的に対応する健康相談活動と，教室において集団的に対応する活動の有機的な関連が必要である。國分の提唱する教育に生かすカウンセリングの視点を生かすゆえんがここにあるものと考える。

健康相談活動が養護教諭の養成カリキュラムに設定され，その誕生から10年が経過した。この役割の特質を理解しさらに理論を構築するためには，学校現場での実践を軸に，たとえば次のような研究開発が求められる。①体の訴えから心の悩みを探るアセスメントのあり方，②毛布に包まれる体験など，保健室の機能を生かした健康相談活動のあり方，③養護教諭の特質である，タッチなどによる健康相談活動展開の有効性，④これらすべてをベースとして欠かせないカウンセリングのあり方と，その効果の研究が求められる。

（三木 とみ子）

〔文献〕

國分康孝　1979　カウンセリングの技法　誠信書房

三木とみ子　2005　健康相談活動とは何か　三木とみ子編集代表　養護概説（3訂）ぎょうせい

三木とみ子　2006　健康相談活動とは何か　日本健康相談活動学会学術集会抄録

文部科学省　1997　保健体育審議会答申

文部省　1991　小学校における教育相談の進め方

大沼久美子　2006　保健室の機能を生かした健康相談活動に関する研究——毛布に包まれる体験を通して　日本健康相談活動学会学会誌，1，27.

## 19　教師のメンタルヘルス
teacher's mental health

メンタルヘルスには二つの意味がある。一つは，精神疾患を治療するという「精神衛生」（mental hygiene）の意味である。これは治療を目的とした医療活動である。二つめは，心を健康に保ち，より生きがいのある生活を送るための「精神保健」（狭義の mental health）である（中島，2000）。これは，病気の予防を目的とした医療モデルをさらに広げた医療福祉的活動である。教師のメンタルヘルスは，「病気か健康か」が問われる医療的側面と，「適応か不適応か」が問われる人事管理的側面からアプローチする必要がある。

教師が健全なメンタルヘルスを維持することは，学校教育活動を円滑に行うための必要

条件である。教師の精神疾患は本人を職場不適応に陥らせるだけでなく，学校現場に混乱を引き起こし，児童生徒の人格形成に大きな影響を及ぼす。このため教師のメンタルヘルスは，学校のリスク・マネジメントとしても重要性を増している。

## 1．教師のメンタルヘルスの現状

### 1）孤立化する教師

いじめ，不登校，非行，学級崩壊など，学校現場が抱える問題は多様化，深刻化している。教師には学習指導だけでなく，生活指導，児童生徒の心のケア，地域や関係機関との連携など，さまざまな課題への効果的な対応が求められている。また業績評価や免許更新制の導入など，矢継ぎ早の教育改革が教師のストレスをいっそう高めている。このようななかで教師は自分の仕事で手一杯となり，職員室での支え合いが失われようとしている。互いに孤立し，真面目な教師がつぶれてしまうことが日常的に起こっている。

文部省の「教員の心の健康等に関する調査研究協力者会議」（座長，國分康孝）の審議のまとめ（1993）によれば，教員の心の不健康の要因・背景として，①生徒指導や教科指導上の問題，学校教育への過度の期待，特定教員への過重な負担など，教員の職務内容や職場環境に関する問題，②高度な指導力を要求され職場不適応を引き起こす，教員の資質・力量に関する問題を指摘している。そして対応策として，①心の不健康に陥ることへの未然防止，②心の不健康状態にある教職員等への対応，③教員の心の健康に関する積極的な取り組みを提言している。

### 2）教師のストレス

学校の人間関係は，同僚や管理職，児童生徒や保護者，地域住民など，教師を層状に取り囲むかたちで多くの人間関係がからみあう，重層的な構造になっている。このような教師を取り巻く複雑な人間関係から，多くのストレスが発生する。かつてILO（国際労働機関）が指摘したように，「教師は戦場なみのストレスにさらされている」といって過言ではない。

國分（1993）はストレス軽減法として，①模倣の対象をもつ，②イラショナル・ビリーフの修正，③サポート・グループへの参加，④コーピングスキルの学習，を提言している。このような教師自身の対処とともに，同僚や管理職の対処や援助など，職員室のストレスマネジメントが必要になっている。

## 2．研究の現状

教師のメンタルヘルスに関する研究は，教師を対象としたバーンアウト研究，ストレス研究，ソーシャル・サポート研究のなかで行われてきた。研究では，教師のストレスを測定するための尺度作成，教師のメンタルヘルスに影響を及ぼす要因分析，教師のストレスへの対処法の効果測定などに取り組んでいる。

先行研究として，八並・新井（2001）は，バーンアウトに影響を与えている規定要因を明らかにし，バーンアウト軽減方法について検討している。また，心理援助プログラムを提言している。田村・石隈（2001）は，援助関係に対する抵抗感の低さが脱人格化を予防することを明らかにし，校内コミュニケーションづくりが重要であることを指摘している。このほか，教師のメンタルヘルスの向上を目指した援助サービスシステムの構築や，学校で実施可能なプログラムの作成を目指すなど，教師のメンタルヘルスに関する研究が活発に行われている。

## 3．教師や学校現場をサポート

教師のメンタルヘルスの維持・改善のために，①職場内の支援体制の構築，②多忙化・孤立化への対策，③学校外部からの教師支援体制の構築，④メンタルヘルス相談，専門医受診の推進，⑤異動や昇進の際のセルフケア対策，などに取り組む必要がある。これらの課題を研究と結びつける努力が求められている。これからの教師のメンタルヘルスの研究テーマとして，教師や学校現場へのサポートの方法を期待したい。苦境に立たされている教師や困難校の調査や分析をもとに，学校現場に受け入れられる方法を開発・提案してほしい。

教師のメンタルヘルスのためには，教職員のつながりを作り強める取り組みが必要になっている。日本教育カウンセラー協会の教師サポート・グループでは，「今，職場で感じていること，助言がほしいこと」をテーマ

に，対等にコミュニケーションを重ねることで多くの教師が元気を出している。

　これからの教師のメンタルヘルス研究のテーマとして，教師の自己肯定感や自己効力感を妨げてるイラショナル・ビリーフとコーピングスキルの発見と，これらの修正方法を挙げておきたい。國分（1996），河村・國分（1996），河村（1999）などの研究がこれを示唆している。学校現場が求めているのは，教師のメンタルヘルスを維持増進するための具体的な手立てである。教師が生き生きと教職に取り組むために，研究が学校現場に近づくこと。それによって，教師のメンタルヘルス維持増進のための原理や方法が発見・開発されることを期待する。

（水上　和夫）

〔文献〕

河村茂雄　1999　学級担任のビリーフ　國分康孝編　論理療法の理論と実際　誠信書房　74-85．

河村茂雄・國分康孝　1996　小学校における教師特有のビリーフについての研究調査，カウンセリング研究，**29**(1), 44-54．

國分康孝　1993　教師によるストレス対策　教師のメンタルヘルス読本　教育開発研究所　318-321．

國分康孝　1996　ポジティブ教師の自己管理術——教師のメンタルヘルス向上宣言　図書文化社

中島一憲編著　2000　教師のストレス総チェック——メンタルヘルス・ハンドブック　ぎょうせい

田村修一・石隈利紀　2001　指導・援助サービス上の悩みにおける中学校教師の被援助志向性に関する研究　教育心理学研究，**49**(4), 38-48．

八並光俊・新井肇　2001　教師バーンアウトの規定要因と軽減方法に関する研究　カウンセリング研究，**34**(3), 1-12．

## 20　教育カウンセリングのマネジメント
school counseling management

　教育カウンセリングのマネジメントとは，学校のカウンセリング活動を管理（学校のカウンセリング活動が，円滑に最高の状態で進められるように取り仕切ること）をし，経営（学校のカウンセリング活動を，組織的・計画的・継続的に遂行していくこと）をしていく活動である。

### 1．教育カウンセリングとマネジメントの活動

　教育カウンセラーの職務として，①学級経営，②進路指導，③対話のある授業，④特別活動，⑤サイコエジュケーション，⑥個別面談，⑦ガイダンスの年間指導計画づくり，⑧ガイダンス・カリキュラムの開発，⑨ストレス予防，⑩コンサルテーション，⑪コーディネーション，⑫地域・家庭支援，⑬調査研究，⑭指導（スーパービジョン），など広範囲の活動（NPO日本教育カウンセラー協会「教育カウンセラーの職務」）が挙げられている。

　上級教育カウンセラーの重要な職務として，これらの活動を学校全体としてのカウンセリング活動として統括し，実践活動を円滑・効果的に運営・管理していくマネジメント活動が重要である。

　その活動推進のためには，教師だけでなく，関連する保護者や地域の理解・協力を広く求める必要があり，カウンセリング活動の対象・範囲は，自校内の児童生徒や保護者，管理職を含めた教師集団，校医，主軸集団から，近隣の学校，地域専門・関係機関などに及ぶ。さらに，上級教育カウンセラーがその職務を遂行していくためには，学校としてのカウンセリング活動の意義・目標を明確にし，具体的な活動プログラムを作成し，これらの集団・組織・団体を包括・連携した活動を進めていくことが重要である。

### 2．教育カウンセリングのマネジメント活動が求められる背景

　戦後のさまざまな社会や教育事情の変化は，学校だけでは社会の要望や教育問題の解決が困難となり，教師の結束に加え，学校と保護者・地域の協力・支援による，三位一体の教育が欠かせなくなってきた。

　また，不登校，引きこもり，いじめ，非行，発達障害などへの問題対処として，学校全体を通したカウンセリング活動がより強く求め

られるようになり，特別支援教育推進のうえからも，サポートチームによるチーム援助や，児童生徒を支援する地域ネットワークの組織づくりが，教育カウンセラーの大きな課題となってきた。

## 3．カウンセラー活動の実践

**教職員の共通理解・協力体制の促進**——社会的認知がまだまだ不十分なカウンセリングについての理解を深める第一歩の活動として，教職員の共通理解・協力体制を得る必要がある。教師の最大の関心事は，学力向上，問題行動の抑止，人間関係の成長である。その面での児童生徒の実態と問題点を明確に抽出し，その改善のうえで教育カウンセリングがいかに有効であるかを，具体的なプログラムや実践例の提示により，教職員の理解・共感を深めていくことが肝要である。

また，子ども集団へのアセスメントと同時に，教師集団をまとめ動かすリーダーシップや，行政の担当者や地域に向けてアドボカシー（政策提言）できることが重要である。その際，レヴィン（Lewin, K.）のリーダーシップ類型，リッカート（Likert, R.）のマネージメント・システム論，三隅二不二のPM理論，ハーシー（Hersey, P.）の状況対応リーダーシップ論，オズボーン（Osborn, A. F.）の多元的影響理論などのリーダーシップ論が示唆を与えてくれる。

また，学校ではカウンセリングについて，指導目標（一個人の自我の成長か，集団の一員としての成長かなど），指導方法（内面から自我の発達を目指すか，外面から集団活動や説得活動を通し改善を目指すかなど），守秘義務の扱い（約束か，連携か）などの違いから，教員間の軋轢が絶えない。したがって，研修会などで，「いじめとからかい」「しつけと虐待」「訓練としごき」「自由と規律」「個人の成長と集団の成長」など，境界が微妙な課題で，見分け方，対応方法を話し合ってみるのも効果的である。

その他，職員室にも定席を設け教員との闊達な人間関係を醸造すること，管理職に具体的な企画を用意し働きかけること，校外の問題行動傾向や効果を収めたカウンセリングの情報を継続的に流すこと，研修会に事例研究，構成的グループ・エンカウンター（SGE），ロールプレイを導入するなどの工夫を凝らすことなどが肝要である。

**プログラムづくり**——予防・発達という観点から，学業指導・進路指導・健全育成を柱に，集団カウンセリングを含めた全生徒を対象にした学校教育活動全体を通じての，予防的・開発的相談活動のガイダンス・プログラムを作成し，そのなかから具体的に，定期相談日・週間，三者面談，家庭訪問などの個人相談活動，学級活動・学校行事・道徳・総合的な学習の時間などと連動したSGEなどのグループ活動，各教科でのカウンセリング・マインドを活かした学習を，学校全体の教育計画に位置づけたカウンセリング・プログラムを作成する。プログラムの作成については，米国スクールカウンセラー協会「スクール・カウンセリングの国家モデル」（2002）や，国立教育政策研究所生徒指導センター「職業観・勤労観を育む学習プログラムの枠組（例）」（2003）などが参考になる。

**組織づくり**——PTA，地域関係機関・専門機関を包含した連携・協力組織づくりとしては，カウンセラーの職務内容・権限・執行手順を校務分掌上に明確に位置づけ，学年間・分掌間の連携がとりやすくすること。そのうえで，校内外の相談活動をコンサルティグ・コーディネーションし，校内チームサポート体制や，地域とコラボレートしていく地域ネットワークをつくることが重要である。文部科学省のスクール・サポート・センター整備事業（SSC）なども活用したい。

## 4．今後の課題

**学校教育を理解したカウンセラーの育成**——学校教育を理解し，予防的・開発的カウンセリング推進できるカウンセラー養成プログラムの開発と，職務内容の整備，マネジメント能力を備えたカウンセラーの育成方法は，今後の重点課題である。

**カウンセラーの制度上・任用上の課題解決**——学校教育法施行規則を改正し，各学校に1名，常勤の教育カウンセラーを配置すること。また，各学校でカウンセリング活動をマネジメントできるようなカウンセラーの任用と校務分掌を整備すること。米国のガイダン

ス・カウンセラーの活動を参考に，日本の現状に即した職務内容や制度・任用を見直すことは，今後の重点課題である。

(池場 望)

## 21 ピア・ヘルパー
peer helper

ピア・ヘルパーとは，仲間・友達を助けたり，世話をしたりする人のことをいう。國分(2001)は仲間に対して「旅の道づれ」になるのがピア・ヘルパーの仕事であると述べている。「旅の道づれ」とは，①話し相手になること，②荷物番をしたり，荷物を背負ってあげたりすることで，非言語的コミュニケーションを通して仲間に生への意欲を与えることなどである。

ピア・ヘルピングとは，仲間同士で助けたり助けられたりする人間関係のことである。たとえば，単位の取り方がわからないときに，先輩が相談にのってくれるとか，仲間同士で教えたり教えられたりする試験勉強が，ピア・ヘルピングになる。

### 1．ピア・ヘルパーには何が必要か
#### 1）構成的グループ・エンカウンターを体験する

構成的グループ・エンカウンター（SGE）は，ホンネとホンネの交流（ふれあい）のことである。人が相談をしたいと思うとき，相手が自分の話を本当に聴いてくれるのかが心配になる。相手が自分とふれあってくれれば，安心して相談をしようという気持ちになる。SGEのねらいは，①ふれあい体験，②自他理解である。この経験を積むことで，人とふれあうことができる。エクササイズ（課題）後のシェアリング（感想を述べあうこと）で，参加者のホンネにふれることによって，今まで気づかなかった自分を知ることになる。また，他者の感想を聴き，自分との考え方の違いを知り，他者理解につながるのである。

#### 2）カウンセリング理論を学ぶ
すべて詳しく覚える必要はないと考えるが，①精神分析理論（精神分析的カウンセリング），②自己理論（来談者中心カウンセリング），③行動理論（行動カウンセリング），④論理療法理論（REBT）の四つぐらいについては，それぞれがどのような理論であるかを知っておいたほうが役に立つのではないだろうか。

#### 3）カウンセリングの技法を学ぶ
人の悩みを共に考えるときに相手の話を聴くことなど，カウンセリングの技法を学ぶことは大切である。技法には，①受容（相手の身になって聴くこと），②繰り返し（相手が話したことを整理して，繰り返すこと），③明確化（相手がまだ気づかずに言葉にしていないことを，明らかにして言ってあげること），④支持（相手の心情を肯定的に認めてあげること），⑤質問（相手に聞くことにより，好意の伝達・情報収集・状況理解のねらいがある）などがある。技法を使うには，ロールプレイ（役割演技）を使って，練習してみるとよい。

#### 4）問題解決の方法を学ぶ
まず，リレーションづくりを行い，問題を把握して，問題を解決するコーヒーカップ・モデルを使うことが適していると考えられる。そこで，問題を解決するためには対応策が六つある。

①リファー（自分では解決できないと考えた場合に，他の人や機関に援助を依頼すること）。②ケースワーク（相手の環境を修正してあげること。具体的に動いて外的環境や仲間の環境を調整してあげること）。③コンサルテーション（情報を提供してあげること）。④ピア・スーパービジョン（具体的にやり方を教えてあげること）。⑤具申（上役や組織の長に，自分の意見を詳しく述べること）。⑥個別カウンセリング方式のヘルピング（じっくり相手の話を聴き，支持的に共感的に接すること）。

### 2．ピア・ヘルパーとして知っておくこと
#### 1）活動の許容範囲
学生たちが誰でも遭遇する問題の相談相手になることや，ピア・グループの世話役を務めるなどが，ピア・ヘルパーの許容範囲になる。具体的な内容には六つある。

①学業領域（授業の履修についてや実習

の不安など）。②進路領域（将来どうしたらいいのか，自分にはどんな仕事が向いているのか）。③友人領域（友達と話が合わない，友達がいない）。④グループ領域（クラス会やサークルの世話人を務める）。⑤関係修復領域（対立している二人の仲裁役をする）。⑥心理領域（相手の困って相談することを，じっくり話し相手になる）。

　2）ピア・ヘルパーとして守らなければ
　　　いけないルール（責任）
　①守秘義務（相談をしているなかで知り得た情報を他人に話してはならない）。②役割以外のことはしないこと（ピア・ヘルパーは，仲間を診断したり審判したりしない）。③私的になりすぎない（相談されている相手にお金を借りたり，家に泊めてもらったり，私的なことに利用してはならない）。

### 3．ピア・ヘルパーの資格を取得するには
　ピア・ヘルパー資格は，日本教育カウンセラー協会が行う資格試験（年1回）に合格した者に与えられる。試験を受験するには加盟校で，カウンセリング概論，カウンセリング技法，青年期の諸問題の内容にふれる，3科目6単位を認定してもらう必要がある。

### 4．ピア・ヘルパーの研究
　カウンセラーに相談する内容と，ピア・ヘルパーに相談する内容が違うのではないかとの考え方から，大学生にアンケート調査を行い，相談内容の分析を行った研究がある。ピア・ヘルパーには，友達関係がうまくいかなかったときに相談したいが多く，その理由として，年齢が近いので自分の気持ちをより的確に理解してくれるのではと考えているようだ。

### 5．ピア・ヘルパーとピア・サポート
　ピア・サポートは，カナダ，イギリス，アメリカなどの欧米諸国で広く用いられ，生徒たちが直面する諸問題の解決に着実な成果を挙げている（岡山県教育センター所員研究，2001）。カナダでは，ピア・サポートの歴史は25年になり，3千5百以上のプログラムが実施されている。ピア・サポートは，生徒が他者に関心を向け，その気持ちをどのように行動に移すかを学ぶ方法である（コール，2002）。

　日本においては，高村寿美子・滝充・戸田有一・中野良顯・中野武房・森川澄男などにより研究がなされている。岡山県立A高等学校でのピア・サポート活動の報告によると，活動内容にはSGEが使われており，ピア・ヘルパーの活動と似ているものと考えられる。

### 6．今後の課題
　ピア・ヘルパーの養成における具体的なプログラムについては，『ピアヘルパーワークブック』に示されている。ここで養成された学生たちがどのように活躍していくのかについて，活躍の場所や内容について，調査が必要に思われる。ピア・ヘルパーが常時在室する部屋など，ピア・ヘルパーの全体像が明らかになる研究が望まれる。

　　　　　　　　　　　　　　（鈴木　由美）

〔文献〕
　コール，T．バーンズ亀山静子・矢部文訳　2002　ピア・サポート実践マニュアル　川島書店
　國分康孝　2001　日本教育カウンセラー協会編　ピアヘルパーハンドブック──友達をヘルプするカウンセリング　図書文化社
　日本カウンセラー協会編　2002　ピアヘルパーワークブック──やって身につくカウンセリング練習帳　図書文化社
　岡山県教育センター所員研究　2001　ピア・サポートを高等学校に取り入れるための実践的研究　岡山県教育センター

## 22　大学におけるキャリア教育
career education in university

　キャリア教育の定義としては，文部科学省が2004年に行った「キャリア教育の推進に関する総合的調査研究協力者会議」が最もポピュラーであろう。その報告書によれば，キャリア教育とは「児童生徒一人一人のキャリア発達を支援し，それぞれにふさわしいキャリアを形成していくために必要な意欲・態度や能力を育てる教育」と定義されている。これは中等教育段階までの児童生徒を想定した定義であろうが，高等教育（大学など）に

おけるキャリア教育もその延長線上にあるので、それをここでも援用したい。

## 1. 大学におけるキャリア教育の必要性

大学生のキャリア発達段階は、暫定的に選択した職業について準備し、それを試行することによって現実吟味し、それが生涯にわたる職業になるかどうか、あるいは自分にとってふさわしい職業かどうかを考える探索段階であると位置づけられる。その大学生が達成すべきキャリア発達課題のうち、最終的には「自己に最もふさわしい進路を具体的に選択し、その進路を実現するとともに、その進路に適応する準備を行う」という課題があろう。

しかし、大学卒業者の進路選択や適応に関連して、次のような厳しい状況がある。

第一に、学卒無業者（就職も進学もしない者）の問題がある。学卒無業者の比率は、1999（平成11）～2002（平成14）年度までの4年度間は20%を超過していた。ところが、2003（平成15）年度以降、徐々に減少し、2005（平成17）年度には14.7%となった。しかし、依然として、数でいえば約8万2千人（2005年度）の若者が学卒無業者であることは、本人のみならず社会にとっても大きな問題といえる。

第二に、早期離職率が高いという問題である。厚生労働省（2007）によれば、大学卒の場合、就職して3年以内に離職した者の比率が、1995（平成7）年3月卒業者において初めて30%を超過し、それ以後ずっと3割を超えている。そして、2000（平成12）年3月卒業者においては、36.5%と最高の比率を示した。つまり、就職者の3人に1人以上が3年以内に離職していることになる。これは、職業生活への不適応問題ともいえる。

第三は、職業に対する自分の適性が不明確な大学生が多く存在するという問題である。松井ら（2005）は大学卒業生を対象に就職活動調査を実施した。そのなかで、就職活動中「どのような職業に向いているのか分からないので、不安を感じた」程度をたずねた。その結果、「とても感じた」18.4%、「やや感じた」29.1%と、約5割の者が自分自身の職業適性に関する理解が不足している状況にあったことが判明した。すなわち、大学生であっても自己の職業適性理解が不足しており、自己概念が不明確であるともいえる。

このように、多くの大学生がキャリア発達課題を達成していないという現状がある。そこで、大学生のキャリア発達を支援するために、大学においても入学時から計画的、組織的、体系的にキャリア教育を実施することが必要である。現在、国立を含めて多くの大学で、キャリア教育が導入されつつある。

## 2. 大学におけるキャリア教育の実践と効果

大学生を対象にした職業意識や進路未決定、就職活動に対する意欲と不安などにかかわる問題などは、比較的以前から研究されてきているが、大学生のキャリア教育に関連する研究は、まだ緒についたばかりといえる。したがって、ここではキャリア教育を授業科目として実践して、その効果を測定している研究を二つだけ取り上げたい。

安達（2006）は、キャリア教育の効果を「キャリア選択に対する自己効力」と、「キャリア選択に対する結果期待」の変化という観点から検討した。授業の前後で得点を比較したところ、「自己効力」は統計的に有意な、「結果期待」は有意傾向の上昇を示した。したがって、キャリア教育にはその二つを望ましい方向に変化させる効果があると評価している。

松井・高橋（2006）は、3年生を対象に「キャリアデザインⅡ」という授業科目を設定し、「自己概念の明確化と適性理解」を主眼に置き、プログラムを組み立てた。キャリア教育の効果を、主として「進路選択に対する自己効力」と「ソーシャルスキル」の二つの視点から検討した。その結果、「自己効力」得点については、30項目中12項目において事前よりも事後のほうが有意に高くなった。また、「ソーシャルスキル」得点は、18項目中7項目について事後のほうが有意に高いといえた。さらに、「自分に対する自信」と「前向きに生きる姿勢」がさらにもてるようになった。

このような結果から、授業科目としてキャリア教育を実践することによって、特に、将来の進路選択に対する自己効力感を高め、自

分に自信をもたせることができるといえる。

### 3．今後の課題

この研究に関連した今後の課題としては，たとえば，①大学入学時から卒業までの4年間全体を視野に入れたキャリア教育プログラムは，どのように組み立てたらより効果的か，②そのプログラムをどのような観点からいかに評価するのか，③多くの場合，そのプログラムは集団を対象にしたプログラムであろうが，同時に大学生一人ひとりへの個別支援プログラムはどうすべきなのか，などが挙げられる。

(松井 賢二)

〔文献〕

安達智子 2006 大学生を対象としたキャリア教育の試み――自己効力と結果期待の変化 日本キャリア教育学会第28回研究大会発表論文集，172-173．

厚生労働省 2007 平成19年版労働経済の分析 25．

松井賢二ほか 2005 大学におけるキャリア教育――就職活動の実態から考える 新潟大学教育人間科学部紀要（人文・社会科学編），**7**(2)，233-251．

松井賢二・髙橋桂子 2006 大学におけるキャリア教育プログラムの実践とその効果 日本キャリア教育学会第28回大会発表論文集，176-177．

## 23　キャンパス適応困難と障害学生の問題

problems of maladaptive and/or handicapped students in universities

キャンパス適応困難とは，大学における現実的な学業と進路などといった課題を，心身の疾患，障害（発達障害を含む），失調や不本意入学など，さまざまな理由でこなすことができず，長期欠席や不登校，学業不振などといった状態に陥った学生たちの状況を指す。休学，退学，除籍（自殺の学生を含む），留年などといった，学籍の異動という目に見えるかたちで適応上の困難さを表す学生も少なくない（全国大学メンタルヘルス研究会，1980-2006）。

### 1．無気力（アパシー）と適応困難学生

日本の大学がマスプロ化しはじめた1960年代，教養学部生（1, 2年生）の大量留年生が発生したことをきっかけに，「意欲減退学生」（丸井，1986）の存在が指摘され，学業上のささいな失敗（挫折）を契機に，急速に勉学への意欲を失う一群学生が注目された。このような学生は「スチューデント・アパシー」と呼ばれ，競争的環境における失敗や屈辱，敗北を恐れ，退却（主に学業から部分的に退却するタイプと，学生生活全体から退却するタイプがあるとされる）する適応困難学生として，笠原（1997）や土川（1981）らによって詳細に論述された。

### 2．大学の変動期を迎えて

1990年代に入りユニーバサル（同年齢青年の過半数が高等教育を受ける状況）化したといわれる日本の大学は，21世紀に入りいよいよ全入時代に突入しつつあり，多様な学力やニーズをもった学生を迎えることになった。一方で，国際化や情報化などに適応する新しい人材の育成の課題や，長期不況による「就職氷河期」に直面化し，各大学では，補習授業や授業改革の実施，キャリア支援・教育などを充実させ，学生が学業や進路の課題への適応困難にならないよう教育改革を急速に進めている。しかし，こういった施策は大学生が試行錯誤として許容されてきたモラトリアムの時期を狭め，大学が「学校化」していくのではないかという危惧の声も上がっている（渡辺，2005）。

### 3．学生生活サイクルとハラスメント

このように，大学と学生のあり方が大きく変化しつつある時期に，大学生が入学してから卒業するまでの期間（学生期）の意義を詳細に検討しようとしたのが，鶴田（2001）の一連の研究である。鶴田は，青年期から成人への移行期と一括して扱われていたこの期間を，入学期，中間期，卒業期，大学院学生期という期間に分節化し，それぞれの時期（学年）における学生の心理的特徴を明らかにし，大学生がそれぞれの時期においてさまざまな課題に直面し，それを克服したり，うまく克服できず適応困難に陥ったりすることを繰り

返しながら成長していく道筋を，学生生活サイクルと呼んだ。

また，セクシュアル・ハラスメントやアカデミック・ハラスメント（教育・研究上の権力をもつ大学の構成員が，言動などにより相手に不利益などを与えるもの）などの問題が注目され，ハラスメントや暴力の被害によって適応困難に陥る学生がいることが認識されるようになってきた（沼崎，2001）。

今後，大学は，安全で安心なキャンパス（空間）と学生生活サイクル（時間）のなかで，多様な学生が主体的，能動的に活動したり，内的に深まりながら，表面的な適応や適応過剰状態を崩し，たとえ一時的に適応困難になっても真の適応へと至ることができる過程（竹内，1987）を支援していく（発達促進的支援）ことが，いっそう求められることになるだろう。

## 4. 障害学生のキャンパス適応問題

心身に障害のある学生の多くは，他の健常学生たちよりもキャンパス適応が著しく困難だとはいえない。むしろ休学・退学・除籍といった例は稀であり，障害学生は最良の学生層に属していることのほうが多い。それは従来，障害者受け入れ体制の不備もあって，健常学生の大学進学率に比して障害者の進学率が著しく低く，比較的良質の学生が進学してきたことにもよるが（大泉，2007），また障害ゆえにアルバイトなどの機会も少ないので，勉学中心の学生生活をせざるを得なかったために，上記のような印象を与えてきたのかもしれない。

ルソー（1963）は「人は二度生まれる。最初は親から，そして二度目には自分で生きるために」と述べているが，障害学生にとっても学生時代の過ごし方はその後の人生にとって重大な意味をもつ（大泉，2005a）。それゆえ，障害学生のキャンパス適応では，障害種別・程度別の特性だけでなく，その勉学生活条件の整備状況や期待される活動課題との関係で，発達的な見通しをもってとらえる必要がある（大泉，2005b）。

### 1）入学当初の適応困難

問題はまず，入学直後のところで発生しがちである。それは大学生活が高校までとはかなり違うからで，入学前にオープン・キャンパスなどで大学の実情を知っているほうがよい。それでも講義やサークル，下宿生活，通学などで，物理的・制度的・人間関係的な困難に否応なく直面せざるを得ない。そうしたときには，教職員や学友などに，どんな援助が必要かを伝えて協力を求めるコミュニケーションの取り方が問われるし，また障害の自己認識（障害受容）など，大学生としての自己（肯定感＝自我）形成のあり方が課題となる。最近では，障害学生支援委員会や支援センターを設置して対処している大学も増えてきたが，本人申請に基づく受講援助などのフォーマルな支援が中心なので，日常的な場面では，気軽に協力し共に行動してくれる友人の大切さも無視し得ない。こうした，フォーマルおよびインフォーマルなサポートが自然に展開される状況にたどり着くのには，それなりの時間が必要であり，また試行錯誤を含まざるを得ない。そうした困難に耐え，人間的な成長の試練とすることによって，自分なりの生活，自分なりの世界を切り開いていくようでありたい。

### 2）青年期の発達的危機

学生生活に慣れてきたところで生ずる第二の問題は，青年期の自己形成や専門的勉学にかかわる危機や試練である。ある学生は社会的経験を重視し，アルバイトや旅行，サークル活動などに熱中し，他の学生は自己の内的葛藤にこだわり，教職員はもとより友人との関係さえ消極的で孤立の度を深める方向に進む。さらに資格取得志向の強まりとも関係して，授業に表面的に順応するだけの者もいる。こうした諸傾向は今日の大学生の一般的傾向であるが，心身の障害という条件をどうとらえるかが重要である。周囲の期待に応える能動的な活動によって，それまでの自分という殻を脱皮するような自己変革（アイデンティティの形成）が望まれる。そこで大切なのは，学内および全国の同じ境遇にある仲間の存在であり，また自分なりの居場所と give and take の関係を築いていくことであろう。

### 3）社会的自立への試練

障害学生にとってキャンパス適応上の最大の困難（試練）は，進路・就職の問題である。

自分の希望する進路と雇用とのミスマッチは，求人に応募したが履歴書さえ受け取ってもらえなかったという事例に端的に表れている。就職活動を開始したところでいきなりそうした事態に遭遇すると，非常にショックを受け容易に立ち直れず，時間だけが過ぎていくことになりかねない。ある視覚障害学生は，職域制限の厳しさを「見本なき人生で辛い」と表現したが，これは変動激しい社会に出ていくにあたって程度の差はあれ，どの学生にも共通な社会的自立の課題なのではないか。近年では障害者雇用促進法による別枠採用もあるが，それに応募するにはそれなりの気持ちの整理が必要となる。しかし，大学のキャリア開発（教育）ではそうしたところまで手が回らず，個別問題として処理されてしまい，具体的な解決への手立てが示されないことも少なくない。それが実情なのだとすれば，肝心なのは理想の職業をしばらく脇に置いて，就職可能なところを見いだしながら挑戦していく強さなのかもしれない。

### 4）障害学生問題の本質とカウンセリング

大学生が一般的に遭遇するキャンパス適応上の困難が，障害学生の場合にはより深刻なかたちで表れやすいとして，キャンパスのバリアフリー化や支援体制の整備などとの関係をあまり考慮せず，心身の障害に起因する「特殊な問題」と見なしがちであった。そうした反省からすれば，障害学生のキャンパス適応困難へのカウンセリングは，どんな大学をつくるのかという大きな視野（教育弱者をつくらない，ユニバーサルデザインとしての大学づくりの構想）をもって，教職員や支援学生と連携して，個別の事例に具体的複合的に対応するものでありたいということになる。

（大泉　溥・若山　隆）

〔文献〕

笠原嘉　1997　スチューデント・アパシー　新・精神科医のノート　みすず書房　62-81.
丸井文男　1986　留学生に対する対策　厚生補導，**22**, 318.
沼崎一郎　2001　キャンパス・セクシュアル・ハラスメント対応ガイド――あなたにできること，あなたがするべきこと　嵯峨野書院
大泉溥　2005a　障害学生の人間的自立　大泉溥　実践記録論への展開――障害者福祉実践論の立場から　三学出版
大泉溥　2005b　障害のある学生の支援の現状　独立行政法人国立特殊教育研究所編　発達障害のある学生支援ガイドブック――確かな学びと充実した生活をめざして：大学における支援体制の構築のために　ジーアス教育新社
大泉溥　2007　わが国における障害学生問題の歴史と課題　障害者問題研究，**35**.
ルソー，J.-J.　今野一雄訳　1963　エミール　岩波書店
竹内常一　1987　子どもの自分くずしと自分つくり　東京大学出版会
土川隆史　1981　スチューデント・アパシー　笠原嘉・山田和夫編　キャンパスの症状群　弘文堂　143-166.
鶴田和美　2001　学生生活サイクルとは　鶴田和美編　学生のための心理相談――大学カウンセラーからのメッセージ　培風館　2-10.
渡辺真　2005　「大学の学校化」とモラトリアム　現代のエスプリ，**460**, 130-141.
全国大学メンタルヘルス研究会　1980-2006　「大学における休・退学，留年学生に関する調査」第1回全国大学精神衛生研究会報告書～第27回大学メンタルヘルス研究会報告書

## 24　不登校の予防
prevention of school refusal

文部省（現文部科学省）は「不登校はだれにでもおこりうる」(1992) と報告し，不登校が「特定の子どもの特有の問題」とする従来の見方を大きく転換させた。しかし，不登校の要因はさまざまである。学校が不登校の要因のすべてではないが，不登校の予防に関して学校にできることは少なくないと考える。

### 1．不登校の予防

2006（平成18）年度の「学校基本調査速報」によると，「不登校」は4年連続減少した。しかし，現場の意識としては減ったとは言い切れない。2003年に筆者は高等学校（1,026人）で不登校の意識調査を実施した。

本調査は，現実が切り捨てられる部分，統計上からでは見えにくい部分を少なくし，不登校現象の全体の傾向をつかみ，その結果から不登校の予防について考察することを目的とした。調査内容および調査方法は，森田洋司が用いた生徒調査（1989年実施，全国都市域に住む中学2年生を対象としているという違いはあるが，この調査をベースに実施した）を利用した。

## 2. 登校回避感情

学校へ行くのがいやになったことがあるという「登校回避」の感情経験をもっている生徒を拾い出し，次に「登校回避」の感情はどのような「出欠行動」として具体化されたのかという二段階の設問を組み合わせ，5群に分類した。

「登校回避感情の有無」の結果，登校回避感情がある生徒は計74.6%であった（図1）。次に「出欠行動」（図2）と組み合わせ，4類型とした。①「登校回避感情をもつ出席生徒」(69.4%)，②「登校回避感情をもつ欠席生徒」(11.6%)，③「登校回避感情をもつ不登校生徒」(12.4%)，④「登校回避感情をもつ欠席・遅刻早退生徒」(6.6%)，と分類した。欠席行動は「年間30日以上」に限定しなかった。教師からはみえない，あるいはみえにくい，または問題視されることの少ない不登校生徒を把握しやすいからである。これによって，まだ欠席に至っていない潜在的な不登校現象のグレイゾーンについて考察できるからである。

登校回避感情の頻度と不登校行動のタイプをクロス集計すると，統計的に有意な差があった（$p<.01$）。その後，「①登校回避感情をもつ出席生徒」と，不登校群②③④の3タイプについて残差分析を行った。登校回避感情の経験の頻度の高い生徒は，「欠席・遅刻早退生徒」となりやすいことがわかる（図3）。

「登校回避感情をもつ出席生徒」は，今現在は我慢して登校しているが，これらの生徒にも登校回避感情が「よくあった」「ときどきはあった」が計45%近くまである。この登校回避感情にさまざまな付加要因が加わって不登校が促進・抑制されると思われるが，

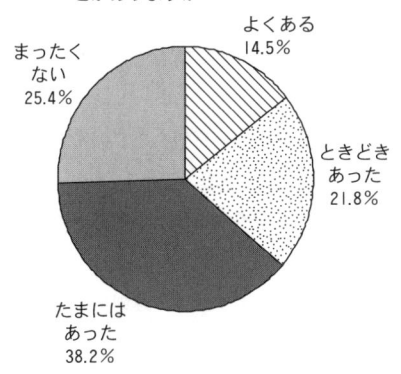

図1　登校回避感情の有無（山下, 2004）

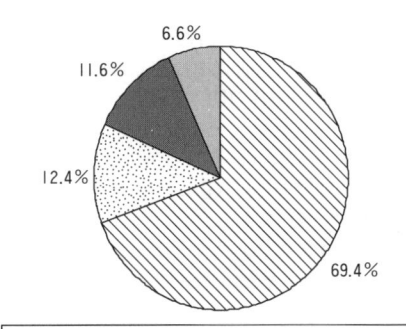

あなたは今の学年になってから学校に行くのがいやになったことがありますか
- よくある 14.5%
- ときどきあった 21.8%
- たまにはあった 38.2%
- まったくない 25.4%

図2　出欠行動（山下, 2004）

そのときあなたはどうしましたか
- それでも一度も休んだことはない 69.4%
- 遅刻や早退をしたことがあるが，休まなかった 12.4%
- 休んだことがある 11.6%
- 遅刻や早退をしたことがあるし，休んだこともある 6.6%

不登校になる基盤には登校回避感情を伴っていることは確かである。

## 3. 今後の研究課題

生徒が不登校になってからでは，復帰に時間がかかったり，教室に復帰できずに進路変更を余儀なくされたりする。そうなる前の予防が，不登校対応の要であると考えられる。

そこで筆者は，森田（1991）のソーシャルボンド（社会的絆）の四つの構成要素に示唆

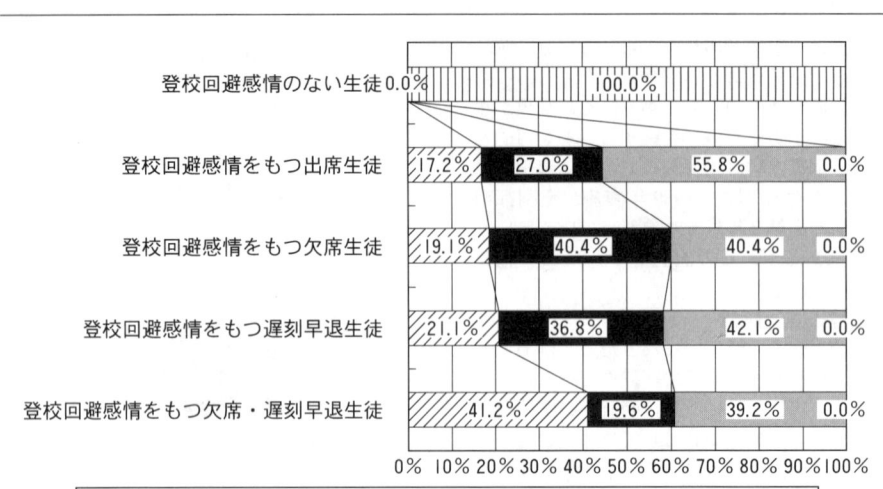

| | よくある | ときどきあった | たまにはあった | まったくない |
|---|---|---|---|---|
| 登校回避感情のない生徒 | 0.0% | | 100.0% | |
| 登校回避感情をもつ出席生徒 | 17.2% | 27.0% | 55.8% | 0.0% |
| 登校回避感情をもつ欠席生徒 | 19.1% | 40.4% | 40.4% | 0.0% |
| 登校回避感情をもつ遅刻早退生徒 | 21.1% | 36.8% | 42.1% | 0.0% |
| 登校回避感情をもつ欠席・遅刻早退生徒 | 41.2% | 19.6% | 39.2% | 0.0% |

図3 登校回避感情の頻度と不登校行動のタイプ（山下，2004）

を得て，不登校予防に有効と思われる10のプログラムの開発研究を提案したい。森田のソーシャルボンドの四つの要素とは，①リレーション，②コミットメント（グループへの貢献意欲），③インボルブメント（グループへの同一化），④ビリーフ（出来事への受け取り方）である。

ここでいうプログラムとは，ガイダンス・カリキュラム，教師のセルフヘルプ活動の総称である。

1）構成的グループ・エンカウンター（SGE）

不登校予防に有効と思われるSGEは，友人関係に特化したスペシフィックSGEである。たとえば入学後の早い段階に実施する。4月は人間関係づくりに最適である。留意点は，生徒間の人間関係のない新入生なので，①リーダー（教師）が自己開示することで，生徒の不安を和らげ，生徒-教師間の人間関係をつくる，②身体接触のあるものは避ける，③抵抗の少ないものを実施する，ことである。研究テーマとしては明里（2007）のアクション・リサーチが示すように，困った学級を立て直すSGEの展開法，川端（2002）の示す適応学級に役立つSGEの応用が，今後の研究課題の先駆と思われる。

2）ピア・サポート

生徒たちが抱える諸問題を仲間の生徒が相談相手になり，支えていく活動である。中野（2006）の実践研究が示唆に富む。今後の研究課題として，サポーター（ピア・ヘルパー）の研修，指導（スーパービジョン），活動全体のマネジメントなどを挙げたい。

3）アサーション・トレーニング

生徒はピア・プレッシャー（同調圧力）におびえ，仲間はずれや嫌われることを恐れ，自分の気持ちを抑える。それゆえ，相手を傷つけずにノーと言える自己表現の学習（アサーション・トレーニング）が，人間関係能力を高める。不登校の原因となるアサーションを要する場面とはどういう場面か，その場面での年齢相応のアサーションとはどういうものかが，今後の研究課題と思われる。

4）学校行事

学校行事への参加は，役割関係と感情交流を育てる。学校行事への意欲づけ・締めくくりにSGEの活用が有効である。どのような学校行事が人間関係や学校・学級への同一化を促進するかは，研究に値する。たとえば，ルームメイトより係活動のメンバーのほうが思い出に残るという研究がある（村瀬，1988）。

### 5) ビリーフ

論理療法でいうイラショナル・ビリーフ（非論理的な考え）をラショナル・ビリーフ（論理的な考え）に修正する，サイコエジュケーションのプログラムを開発研究する必要がある。たとえば，「クラスのみんなが無視する」のは，「どういう根拠でみんなといえるのか，それは事実か推論か」と考える。このような学習にはどういうプログラム（ガイダンス・カリキュラム）が有効かは，研究に値する課題である。

### 6) 学級経営

不登校と学級経営とは関係があると思われる。そこで，河村（2006）の開発したQ-U尺度（楽しい学校生活を送るためのアンケート）で学級集団をアセスメントし，どうすれば不登校が予防できる満足度の高い学級になるか，その対策を研究する必要がある。

### 7) 教育相談期間の設定

すべての教員がすべての子どもと個人的に話し合う期間の設定である。その方法については，藤川（1997）の実践報告が示唆に富む。受身的面接（心理療法志向）と能動的にかかわっていく面接（育てるカウンセリング志向）とでは，不登校予防の効果に差があるかの実証的研究は有意義と思われる。

### 8) 援助チーム

ある生徒がある状況に対して，担任，保護者，相談係，学年主任，養護教諭などがヒューマンネットワークをつくり，生徒を多角的・総合的に理解・援助する方法を援助チームという。援助チームに関する研究課題として，「どのような問題状況には，各メンバーの役割をどのように設定すると有効か」というアクション・リサーチを挙げておきたい。

### 9) 教師向け研修会

不登校予防のためには，教師にはどのような研修が有効かの実証的研究は稀である。理論的には，子どもの心とふれあう能力を高める研修が有効と思われる。それゆえSGEの体験学習を教員研修の必須科目にし，不登校児の減少率への影響の度合いを実証的に研究することを考えたい。

### 10) 教師のサポート・グループ

教師のサポート・グループとは，教師がお互いに職場で感じていること，困っていることを自己開示しあうセルフ・グループである。「私はこうしている」「あなたの言い方だと抵抗を起こすと思う」など正直に語り合うので，考え方やスキルについての気づきが生じる。教師の言動の変化・成長が不登校予防につながると推論される。しかしこの推論（仮説）はまだ論証されていない。これは，今後検証されねばならない研究課題である。

（山下 みどり）

〔文献〕

明里康弘 2007 どんな学級にも使えるエンカウンター20選 図書文化社

藤川章 1997 カウンセリングをいかした特別活動——なんでも話しタイム 國分康孝編著 子どもの心を育てるカウンセリング 学事出版 177-187.

川端久詩 2002 中学校相談学級における構成的グループエンカウンターに関する実践的研究——プログラム開発に着目して 横浜国立大学大学院修士論文

河村茂雄 2006 学級づくりのためのQ-U入門——「楽しい学校生活を送るためのアンケート」活用ガイド 図書文化社

國分康孝 1981 エンカウンター——心とこころのふれあい 誠信書房

森田洋司 1991 「不登校」現象の社会学 学文社

村瀬晃 1988 大学生の人間関係開発のプログラムとしての構成的グループエンカウンターにおける知り合いのひろがりについて カウンセリング研究，21(1)，14-28.

中野良顕 2006 ピア・サポート——豊かな人間性を育てる授業づくり「実例付」 図書文化社

山下みどり 2004 高校生にみる不登校傾向に関する研究——意識調査を通して 鹿児島大学大学院修士論文

# 第VIII章

# 産業カウンセリング

## Counseling for Employees

　産業界で行われるカウンセリングを，カウンセリング心理学の立場から研究する場合の難点は，カウンセリング心理学専攻者の多くが産業になじみが少ないことである。一方，産業になじみのある人は，経営学や組織学には通じているが，カウンセリング心理学（カウンセリング理論，カウンセリングスキル，カウンセリング・アセスメント，キャリア心理学，カウンセリング哲学の総体）については，目下修行中という人が多いように思われる。

　それゆえ，産業カウンセリングの本章を分担する方々は，産業とカウンセリングの両方になじみのある方々にお願いした。監修者の私が本章で強調したいことは，generic counselingを産業の場に展開するだけでは，産業カウンセリングとはいえないのではないかということである。たとえば，REBTやロジャーズ方式のカウンセリングを企業の相談室で行うというだけでは，産業カウンセリングとはいえないのではないか。

　産業カウンセリングたるゆえんは，産業界独特の問題，すなわち勤労者としての発達課題を取り上げるところにあると思われる。すなわち，カウンセリング心理学は，仕事の世界で誰もが遭遇する問題（たとえば，中高年の転職，人材育成）を解明し，対処策を提言することにあるのではないか。そんな思いを執筆者の方々に投げかけて玉稿をいただいた。なお，本章のトピックスに関しては，河野善四郎，今野能志との会話に示唆を得た。

（國分　康孝）

# 1　組織開発
organizational development

　企業，行政機関，学校，病院，郵便局など，働く人の多くは何らかの組織に属している。他方で，われわれは社会生活を営むなかで，さまざまな組織とのかかわりをもっている。組織がうまく機能しないと，さまざまな弊害が生じる。生産性が落ちて組織の目的が達成できなくなったり，サービスの質が劣化したり，誤った活動を行ったり，そこに属する人びとやかかわる人びとにとっても居心地の悪い場になってしまう。また，長い間，組織経営がうまくいっていたとしても，組織を取り巻く環境の変化によって，これまでうまくいっていたことが機能しなくなり，環境に対応しきれなくなることもありうる。

## 1．組織開発の定義

　組織開発とは，組織が効果的に機能して健全な運営がなされ，また環境変化に対応していくことをねらいとして行われる，諸活動の総称である。英文名の略称を用いて，ODと呼ばれることもある。その内容は幅広く，組織構造や制度の改革，集団および個人の価値観や態度の変容への介入技法を含み，組織の効果性および組織成員の福祉改善を目指して実施される。組織開発の方法は，組織構造や制度などのハード面と組織文化・風土，人間の態度・行動などのソフト面に分けてとらえると理解しやすい。構造や制度などのハード面への介入法としては，組織の部門やプロジェクトの再編，人事制度の改革，職務再設計などが行われる。個人や集団の態度・行動などのソフト面に対しては，カウンセリングや感受性訓練，フィードバックなどが行われる。

　組織開発の起源をたどると，作業員の態度と生産性に対する集団規範の影響を発見したホーソン研究，人事管理や人事測定を主とした産業心理学，リサーチ・データをフィードバックするサーベイ手法，エスリン研究所で開発された感受性訓練などが挙げられる。組織開発は，その背景が多様であり，組織行動研究者のロビンス（Robbins, S. P.）の言葉を借りれば，「容易に定義できるような単一の概念ではない」。それゆえ，組織開発の研究者あるいは実践者は，自らのスタンス（姿勢）をよく心得ておく必要がある。

## 2．組織開発の視座

　組織開発の対象を何に置くのかを考えることは，組織開発の研究と実践スタンスにとって有用な視座を与える。組織開発の対象としては，個人や集団なのか，組織の構造や制度あるいは技術なのか，組織のシステムなのか，という分類がなされる。趨勢の見解はトータル・システムである。組織心理学者のバーク（Burke, W. W.）によれば，組織開発において変革すべき対象は「組織の暗黙的な規範や価値観に支えられた文化・風土」であり，それらを形成する組織のトータル・システムである。

　組織文化・風土は，「公式組織の規範と役割と価値観，およびこれらが非公式組織のなかでどのように解釈されているのか，の二つの次元」でとらえられる。規範とは「人びとが準拠する行動の基準」であり，明示的なものと暗黙的なものに分かれる。就業規則や社訓などの明文化された行動指針は明示的な規範であり，集団のなかでそれとなく示される望ましい態度と望ましくない態度といったものは暗黙の規範となる。

　組織文化・風土を改革する組織開発のアプローチは，次のような三つのステップを踏む。まず，①組織成員の行動に影響を与えている暗黙的な規範がどのようなものなのかを明確にする，②明確にされた規範のうち，どの規範が職務関係に有効に働くか，どの規範が効果的な職場関係を阻害するかという観点から組織成員に考察させる，③そして機能的でないと考えられる規範を変えるための介入を行う，という流れになる。

## 3．組織開発研究の意義

　組織の諸問題の原因が，経営者のリーダーシップや管理者のマネジメントのあり方の問題，職場の人間関係の問題，個人の仕事の能力の問題に帰着する場合も少なくない。しかし，組織の本質に問題があるような場合には，

個人の問題よりももっと複雑で根が深い。組織の構造や制度，組織の文化・風土などに根づいた問題を含んでいるからである。そこで，組織開発は，主に組織の文化・風土を形成する規範や価値観の変革をねらいとして行われるのである。バークは，「個人の行動変容は，組織のシステムを変革するプロセスにおいて，誘発され，結果として起こりうるが，個人の意識や行動の変容自体が組織開発の目的になるわけではない」ことを強調する。個人の意識や行動変容を主たる目的にするのであれば，それは人材開発の領域である。個人の心理的問題や職場の人間関係の問題解決を支援することを目的にするのであれば，それはカウンセリングの領域である。組織開発は，組織の機能改善と成員の福祉向上をねらいとして，行動科学的なアプローチによって文化・風土の変容をうながす組織改革の手法であるといえる。

　カウンセリング心理学，特に産業カウンセリングを研究し実践する者にとって，組織開発の問題を取り上げる意義は次の点に求められよう。経営コンサルタントなどによるハード面を中心とした組織変革アプローチとは異なり，行動科学の専門家として，組織のソフト面にアプローチできる専門家が必要になっているからである。

　カウンセリングを必要としている人びとにとって，問題状況を発生させている原因となっている多くの事象が，組織で発生している。仕事や職場の人間関係の不適応によってうつ病になる人は，年々増加している。リストラや企業の合併なども，働く環境が大きく変わり，カウセリングを必要とする人びとを増大させている。これまでカウンセラーは，個人の個別の問題解決の援助者としてかかわってきた。カウンセリングにおいて組織開発に関心をもつ者は，日ごろから組織における仕事と人間，リーダーシップ，モチベーションといった人間行動にかかわることだけでなく，組織文化・風土，マネジメント，組織の構造・制度などを含む組織のトータル・システムにも関心をもち，諸問題を考察してみることを勧めたい。つまり，個人の問題だけでなく，その背後にある環境や状況の問題と，その解決の方法についての問題意識である。それが，研究テーマにつながっていけば，意味のある研究が可能となろう。

　なお，研究にあたっては，組織開発の概念そのものの研究に深入りすべきではない。カウンセリングを学ぶ者は，きちんとした方法で組織文化・風土の測定，集団の規範の明確化を行う技量を身につけるべきである。そして，どのような集団規範が明確化されたのか，組織開発の介入技法を通じて，個人の心理的健康や職務行動改善にどの程度効果があったのか，といったことを測定する研究アプローチを推奨したい。

（藤井　博）

〔文献〕

Burke, W. W. 1982 *Organizational development : A process of learning and changing.* 2 nd ed. Prentice-Hall.（小林薫監訳・吉田哲子訳　1987　［組織開発］教科書——その理念と実践　プレジデント社）

Robbins, S. P. 1997 *Essentials of organizational behavior.* 5 th ed. Prentice-Hall.（髙木晴夫監訳　1997　組織行動のマネジメント——入門から実践へ　ダイヤモンド社）

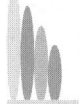

## 2　職場のモラール
### morale of workplace

　モラールは，人によってその意味するところが異なり，あいまいさを含んだ概念である。識者のなかでもこの概念に対する定義はさまざまで，職務への満足感，集団への帰属意識，集団特有の集団精神など，さまざまな定義がなされている。

### 1．職場モラールの語源と定義

　一般にモラールの語源は軍隊用語にあるとされており，英和辞典においても morale は戦闘意欲を意味する「志気」と訳されている。また，モラールに類似する用語として「道徳」を意味するモラル（moral）があるが，これも規範や規律を遵守する態度を表すという意味ではモラールの語源と考えられる。しかし，こうした語源をもつモラールも，現在

では一般に集団や職場における「勤労意欲」を指す言葉として幅広く認識されている。

つまり，モラールは単に従業員個々人の満足感や感情，態度の状況を意味するものでなく，集団の目標達成に向けた積極的参加をうながす自発的・自主的な態度を意味する概念として用いられている。したがって，モラールは当然，こうした集団としての自発的・自主的な態度の集合的・全般的状態を表す概念となり，個人のやる気を表すモチベーションとは区分されることとなる。

## 2. モラールの意義

われわれの組織や職場は，集団としての目標を達成するために意図的に作られたものであると同時に，そこに集う人びととはさまざまな価値観や欲求をもった人たちで構成されている。集団としての目標を達成するためには，目標を共有化するとともに，目標達成に向けて従業員個々人の積極的参加が必要不可欠となる。近代管理論の代表的論者であるバーナード（Barnard, C. I.）も，組織の構成要素として共通の目的，協働意欲，コミュニケーションの三要素が必要であることを指摘している。バーナードの協働意欲こそが，目標の共有化と従業員の積極的参加をうながす職場のモラールにほかならず，ここに職場のモラールの重要性が叫ばれるゆえんがある。

このようなモラールの重要性は，ホーソン研究によってもたらされたものであるが，それ以降，人間関係論（human relations：HR）の中心的概念となっていった。人間関係論では，人材マネジメントとして非公式組織の重要性が強調されるとともに，組織内での社会的均衡やコミュニケーションなどが重要であるとされた。そして，モラールの高低が生産性に大きな影響を及ぼすことを明らかにした。それ以降，モラールは集団の生産性との関連で研究されていくこととなる。

## 3. モラールの規定要因と生産性との関係性

モラールと生産性との関係性を研究していくためには，まずモラールの規定要因，およびその測定方法を明らかにする必要がある。モラールを規定する要因は，因子分析法の導入により大きな進展をみせ，研究者によりさまざまな分類がされている。一般に，モラールの規定要因は単一概念ではなく，複数の次元から成り立っていると考えられている。たとえば，カッツ（Katz, D.）は，①監督者に対する満足，②職務についての満足，③会社についての満足（帰属感），④昇進の機会についての満足の四つを挙げている。しかし，モラールの規定要因に関して，広く妥当するような信頼性に富んだ次元は確立しておらず，さらなる研究を必要としている。

こうしたモラールの測定方法はモラール・サーベイと呼ばれており，モラールの規定要因に関する研究成果が反映されている。モラール・サーベイには，面接法，TATやロールシャッハなどを活用した投影法，質問紙法などがあるが，ここでは最も多用される質問紙法を中心にみていきたい。

わが国における代表的なモラール・サーベイとしては，日本労務研究会（NRK）の「NRK式モラール・サーベイ」と，慶応大学産業研究所の「KOMSモラール・サーベイ」がある。前者は，シカゴ大学産業関係研究所が作成した「Employee Inventory」を参考に開発されたものである。NRK式モラール・サーベイの質問紙は，「職務と作業条件」「経済的報償」「人間関係」「作業能率」「個人的満足感」という五つの分野，14のカテゴリから構成されている。一方，後者のKOMSモラール・サーベイは，質問紙法，略画法，文章完成法（SCT）の三つの方法を組み合わせたもので，質問紙法でとらえにくい点を，略画法や文章完成法でカバーしようとする点に大きな特徴がある。

ところで，こうしたモラール・サーベイは，生産性の向上を目指して実施されるものであるが，両者の関連を扱った調査研究は数多いものの，両者の間に一義的な関係はあまり認められないのが実状である。その原因としては，操作概念であるモラールの規定要因および生産性の測定指標に，研究者としての違いやバラツキがあることが考えられる。今後は，モラールの規定要因や生産性の指標のさらなる精緻化と，それらをベースにした実証的研究が必要と思われる。

## 4. 今後の研究課題

冒頭の項で言及したように，モラールは目標達成に向けた積極的参加をうながす自発的・自主的な態度であり，いわば行動に至る内面的な準備状態である。組織メンバーから集団目標の達成に向けた望ましい行動を引き出していくためには，行動転化に向けた施策が必要となる。レヴィン（Lewin, K.）が人間の行動原理を $B=f(P・E)$ と表しているように，個人（P）の行動環境（E）である組織風土や集団規範，集団の凝集性，さらにはリーダーシップとの関連についても研究していく必要がある。モラールを，単に行動に至る内面的準備状態にとどめるのではなく，行動に結びつけていくためには，これらの要素との関連性を明らかにする必要がある。

（谷内 篤博）

〔文献〕

安藤瑞夫編　1966　産業心理学　有斐閣
正田亘　1979　産業心理学　恒星社厚生閣
佐野勝男・関本昌秀・槙田仁　1968　慶応産研式モラール・サーベイ——質問式Q略画法P-F文章完成法SCTの多角的使用　金子書房
杉村健　1987　作業組織の行動科学——モラール・モチベーション研究　税務経理協会
牛窪浩　1968　職場のモラール　日本労働協会

## 3　部下と上司の人間関係

personal relationship between an employee and the supervisor

部下と上司の人間関係に関してまず思い浮かんだことは，立場によって考察の基点が違うという体験である。勤務先での私の役職は課長で，課では上司，所属する部の部長のもとでは部下の立場にある。このテーマは職場において常に現実の問題であるが，対応する私の考察の基点はほとんどの場合，上司の立場では組織，部下の立場では個人である。

### 1. 組織における人間関係研究のフレーム

組織における人間関係の研究は，メイヨー（Mayo, G. E.）とレスリスバーガー（Roethlisberger, F. J.）による，作業条件と作業能率の関係に関する研究（1927〜32年）が出発点である。作業能率は，作業条件よりも組織内の非公式集団や人間関係，そして個人の感情に影響されるという同研究の知見は，その後，行動科学的アプローチを加えて，モラール，コミュニケーション，モチベーション，そしてリーダーシップ等の研究へと発展した。しかし，カウンセリング心理学はこれらの研究と，個人に対する援助という点で共通性を有するが，組織が主か個人が主かというその目的で異なっている（國分，1996）。

一方，現在の企業組織では，環境変化に伴って人事・労務に関する問題が変貌しており，組織のなかで働く個人の心理面，とりわけ人間関係に起因する問題が著しく増加している。

たとえば，①競争激化や頻繁な組織再編などのストレス要因の増大による，人間関係の停滞や不安感，そして緊張感の高まり，②能力，役割，貢献度に応じた評価・処遇の導入による，自身の個人的期待と組織目標の不一致感や不満，そしてある種の無力感の拡がり，③個人重視の価値観が台頭する一方で，個人阻害の現実によって引き起こされる働き方や生き方についての迷いや苦悩など，である。

このような問題を抱えた個人は，労働力としての役割を果たすことが困難になるばかりか，組織活力を低下させる要因ともなるので，多くの組織がこれらの問題に対する予防や適切な対処を重要な課題とするようになった。したがって，これらの拠り所となる知見の発見を目的とするカウンセリング心理学の立場からの研究は，意義あることと思われる。なぜなら，対象となる問題のほとんどが，組織よりも個人を主眼とする援助を必要とするものだからである。

### 2. 組織のなかの部下と上司の人間関係の特質

新入社員意識調査（2005，2006年リクルート組織行動研究所）は，回答者の約42％が「上司や同僚など職場の人間関係」について不安に感じており，約18％が「人間関係を大事にする上司」を理想としていると報告している。同調査は3月末から4月上

旬にかけて実施されたものであるから，回答した新入社員の職場，すなわち組織のなかでの勤務体験は1ヵ月にも満たない。このような彼らでさえ意識する組織のなかでの人間関係，とりわけ部下と上司の人間関係（以下，部下・上司関係）にはどんな特質がみられるのだろうか。

すでに承知のとおり，組織のなかの個人には，目標を効率的に実現するために分担された職務や職位に応じて，それぞれに異なる役割遂行が求められている。このため，組織のなかの人間関係は，機能的かつ道具的で，対人的な葛藤や緊張感を伴い，譲歩や妥協などの折り合いを内在させている（古川，1992）。部下・上司関係は目的やメンバー構成などの組織特性の違いに応じて差異がみられるのか。つまり，人間関係の特質は何を用いれば測れるのかということである。カウンセラーとクライエントの人間関係についての次のような國分（2001）の指摘は，多様な人間関係の特質を測る視点を示唆してくれる。すなわち，①役割関係と感情交流の二つの構成要素があるという指摘は，人間関係を分析的に理解する視点，②人間関係がなければカウンセリングの目的は達成できないという指摘は，人間関係を質的に理解する際の視点である。

早速，これらの視点から部下・上司関係を考えてみよう。たとえば，対象グループの部下・上司における役割関係と感情交流の状態を何らかの尺度で測定し，これらの結果を用いて部下・上司関係を分析する。一方，対象グループそのものを目的達成の状況，所属員の職務能力向上の状況，あるいは，職場満足の状況などの外的基準を用いて評価する。これらの評価は，部下・上司関係の質的な面をある意味で反映していると思われるから，前述の分析と併せて考察すれば，部下・上司関係の質は，その構成要素の相互の関係性からとらえられる。ところで，部下・上司関係の特質は，視点によってさまざまなとらえ方が可能であるから，実践研究の立場では，真に対処すべき課題を明確にするという目的をもって対象の分析にあたることを勧めたい。

## 3．部下・上司関係に関する研究の意義

1．で述べた組織のなかの個人の心理面の問題に直面した際，改善の手がかりとして着目されるのが，部下・上司関係である。これに呼応するかのように，組織では，部下の意欲を引き出し能力を発揮させ，そして有用な人材を育成する上司の役割の重要性が，再認識されはじめている。これは，2．に記した新入社員が「人間関係を大事にする上司」を理想としていることに，何らかの関連があるのではないか。

さて，部下・上司関係の研究の意義を知るうえで好例と思われる，「ホワイトカラーのキャリア形成――能力開発の側面における上司の影響と部下のレディネスについて」（桐村，1996）の概要を紹介したい。

同研究の目的は，企業において能力を開発し，十分に力を発揮したと思われる人の在職中のキャリアをインタビュー調査し，ホワイトカラーのキャリア形成のポイントを見いだすことであった。とりわけ，能力開発の側面における上司の指導方法と指導態度，部下のレディネスおよび能力開発に有効であったりきっかけとなった出来事について，検討している。

その結果，人が企業のなかで職業人としての能力を身につけ，発揮することに関して，上司の影響は大きいと考えられ，研究対象者が成長した時期の上司の指導方法と指導態度は，次の四つにまとめられた。すなわち，①大幅な権限委譲，②自主性の尊重と部下への関心，③知的チャレンジとレスポンス，④チャンスの提供，であった。

以上のことから考えられた結論は三つ。まず，部下は上司の力によってではなく，自分自身の力で成長するものであり，上司はそれを援助し，促進することが望ましいこと。次に，上司の受容的態度，非指示的指導方法は，部下の能力開発にとってきわめて有効であること。そして，上司と部下の間の双方向の信頼感が部下の成長にとっては重要な要素である。つまり，理解してくれる，支持してくれる人がいるという安心感は，成長意欲への大きな励ましとなることであった。いずれにせよ，組織では，現在，人間的側面の充実が求められている。この一翼を担うものとしてカウンセリングの考え方，理論，技法が位置づ

けられることはいうまでもない。

(上脇 貴)

〔文献〕
- 古川久敬 1992 人間関係入門 ナカニシヤ出版
- 桐村晋次 1996 人材育成の進め方 日本経済新聞社
- 國分康孝 1996 カウンセリングの原理 誠信書房
- 國分康孝 2001 人間関係 瀧本孝雄責任編集 現代カウンセリング事典 金子書房 6.

## 4 職場の人間関係
human relationships in workplace

厚生労働省の調査によれば，自分の仕事や職業生活に関して「強い不安，悩み，ストレスがある」とする労働者は61.5%に上り，その具体的な内容のトップは「職場の人間関係の問題」である（厚生労働省，2004）。

### 1．「職場の人間関係」の定義

『広辞苑』第5版では，「人間関係」を「社会や集団における人と人とのつきあい」と説明している。そこで唯一掲げられている例文が「職場での人間関係に悩む」であることは，実に示唆に富んでいる。歴史的にみても「人間関係」という言葉は，そもそも「職場」とのかかわりから出てきたものだからである。早坂泰次郎は人間関係を「主として産業，または組織の効率，適応の改善という問題意識と結びついたことがら」と記し，「職場」との関係に言及している。

早坂（1991）は，「人間関係」とは1930年代初頭，従来の科学的管理法に対する対立的視点として，メイヨー（Mayo, G. E.）がホーソン実験によりその重要性を指摘した概念"human relations"が，その後，市民生活一般に広まったものであると定義している。この実験は，仕事の効率を上げる主要因は，作業環境や労働条件という「合理的」なものではなく，「職場の人間関係」という「心理的」なものであるという事実が証明された画期的なものである（山田ら，2005）。以来，人事管理は紆余曲折を経て「年功主義」「能力主義」「成果主義」とさまざまに変化を遂げてきたが（日経連能力主義管理研究会，2001），いつの時代も「職場の人間関係」の様相は，そのときどきの産業社会を理解するうえで最も重要なキーワードとして注目されているのである。

### 2．意 義

労災防止を啓蒙するための『月間安全衛生ノート』は，2006年8月号で「職場の人間関係と心の健康保持」を特集している。その冒頭では，「私達が職場で最も大切にしなければならないのは，人間関係です」と謳いあげている。仕事の効率を上げ，病気や事故など労働災害を減らすためにも，良好な「職場の人間関係」が大切だと強調しているのである。「職場の人間関係」の悪化は，ホワイトカラー，ブルーカラーの別なく，職場全体のモラールを低下させる。働く個人だけでなく組織全体の生産性向上のためにも，「職場の人間関係」を意図的に改善し促進する意義は大きい。

### 3．これまでの研究と私見

日本では1950年以降の朝鮮戦争特需で，工業化に拍車がかかった。そして1956年，日本の「ヒューマンリレーション専門視察団」が訪米したのをきっかけに，大企業の人事労務の分野で，「産業カウンセリング」の先駆けとなる「相談制度」が採用されることになった（山田ら，2005）。集団就職などにより都市部に急激に大量の若年労働者が集中し，「職場の人間関係」への関心が高まったのが，まさにこのころからである。

その後，高度成長期を経てバブル期に至るまで，職場は「第二の家庭」として衣食住（制服，社員食堂，社宅，保養施設）などあらゆるサポートを与え，社員は互いに濃密な人間関係を結んでいた。

しかし，バブル崩壊を契機に日本型雇用システムにも変化が生じた。年功制，終身雇用，定期一律一括採用のシステムは過去のものとなり，正規雇用の社員でも，中途採用，合併による再雇用とさまざま。5千万人の労働人口のうち約3分の1（1,650万人強）が，嘱託，派遣，パートなどの非正社員である（総務省，2005）。

筆者の職場である民放テレビの現場では，一般企業に先駆けてこのような複雑な雇用形態が恒常化している。何十年間も番組を個人請負として渡り歩いてきた薄給のベテランディレクターが，番組すべてを取り仕切る権限をもつ高給取りの若手社員プロデューサーを，役職名でも，呼び捨てでも，さんづけでも，君づけでもなく，"ちゃんづけ"で呼ぶ慣習がある。敬意表現の使われ方は，グループ内の人間関係を知るうえで大きな手がかりを与えてくれる。"ちゃんづけ"は，「目上」「目下」を判断する基準について，年齢，キャリア，職位，雇用のされ方など，さまざまな要素を加味し配慮した結果生まれた，あいまいな表現のひとつである。あいまいな表現は，雑多な人びとにより構成される複雑な職場の人間関係をこなす知恵ともいえる。

## 4. カウンセリング・マインドを活かす

近年，正規社員でも，年俸制など成果主義の導入で「社員の自立」が叫ばれ，これまでのように「所属集団」への依存的態度が許されなくなった。時を同じくして，メンタル不全問題が社会問題化してきた。雇用形態の複雑化と職場の人間関係の希薄化が，豊かな人と人のふれあいの機会を減らし，ストレスフルな状態を招来させたのである（渡辺・渡辺，2000）。ハーツバーグ（Herzberg, F.）は，個人の要求より組織の目的が優先される現今の環境では，マズロー（Maslow, A. H.）の「欲求の段階説」のより低次のレベルに基づく行動が多くなるので，カウンセリング・マインドをもった業務的，人間関係的サポートが必要であることを示唆している（早坂，2004）。

國分（1989）は「普通の生活のなかでカウンセリングの精神を活かせ」と，実践的な人間関係改善策を説いてきた。そこには「職場の人間関係」を良化させる話し方のノウハウが数多く示されている。

①人の言動の背景にあるもの，本音を読み取れ（来談者中心療法の積極的傾聴）。②相手に関心をもっていることを伝えろ（交流分析のストローク）。③うれしいときはうれしい顔，悲しいときは悲しい顔で（自己一致）。④自分のこと，感じたことを正直に伝える（実存主義的自己開示）。⑤他者とのコミュニケーションをスムーズに（エンカウンターのリレーション）。

筆者はテレビのトーク番組に出演する人気者たちは，無意識のうちに「カウンセリング・マインド」を実践していると感じている。相手の話をしっかり聴き，場の空気を読み取り，即座に反応し，生き生きと表現し，適切な自己開示を通じてリレーションを深める。和気あいあいと弾んだ会話を交しあい，テレビという職場で親密な人間関係を楽しんでいるようにみえるのはその結果だとの分析は，暴論であろうか。

## 5. 今後の課題

経済産業省では産業界の要請を受けて，就職を希望する学生や大学に，あらかじめ「社会人基礎力」を養う政策を進めようとしている。学力や専門知識といったハードスキル以上に，「職場での人間関係力」，すなわちコミュニケーション能力を中心とした「ソフトスキル」をしっかり学んでおいてほしいというのである。このようなニーズにカウンセリング心理学がどのように応えていくのか。

合理的欧米型成果主義の弊害がいわれ，今また日本型雇用システムへの回帰も話題に上りはじめた。これは「職場の人間関係の希薄化」を食い止めることにつながるのか。IT化のさらなる進化で「職場の人間関係」はこの先どうなるのか。リサーチすべき課題に限りはない。今こそカウンセリング心理学側の実効性を，より強く提示する道を模索したい。

（梶原　茂）

〔文献〕

安全衛生聴視覚研究会編集　2006　月間安全衛生ノート　8月号　労働新聞社発行

早坂泰次郎　1991　人間関係学序説——現象学的社会心理学の展開　川島書店

早坂三郎　2004　人間関係のためのコミュニケーションについて　佐藤啓子編集　人間関係の回復と創造　現代のエスプリ，**448**，172.

國分康孝　1989　カウンセリングマインド——人を育てる　日本生産性本部

厚生労働省　2004　平成14年労働者健康状況調査の概況

日経連能力主義管理研究会　2001　能力主義管理

——その理論と実践：日経連能力主義管理研究会報告(新装版)　日本経団連出版
総務省　2005　労働力調査　2005年7〜9月
渡辺三枝子・渡辺忠　2000　コミュニケーション読本——人と組織とのよい関係づくり　社団法人雇用問題研究会
山田豊ほか編　2005　産業カウンセリング入門　日本産業カウンセリング協会

## 5　ストレスマネジメント
stress management

「ストレス」という言葉は，もともとは「外からの力に対する物質の歪み」という，工学，物理学の用語であった。それがいつしか，われわれの心身の健康を脅かす出来事や存在を表す一般的な言葉となり，本来の語義を超え定着している。厚生労働省による「平成14年度労働者健康状況調査」によれば，自分の仕事や職業生活に関して「強い不安，悩み，ストレスがある」とする労働者は，6割を超えている。こうした状況をかんがみたとき，ストレス性の問題を何らかの方法でマネジメントし，そのマイナスの影響を軽減することは，個人の健康・幸福のみならず，社会経済的な観点からも急務といえよう。

産業におけるストレスには，騒音や化学物質の影響といった物理的なストレスもあるが，本項では心理的なストレスについて，「人間と環境との間の特定な関係であり，その関係とは，その人の原動力（リソース）に負担をかけたり，資源を超えたり，幸福を脅かしたりすると評価されるものである」(Lazarus & Folkman, 1984) と定義し，概説する。なお，一般にストレスというと，「上司がストレスだ」とか，「人事考課がストレスとなっている」というように，ストレス状態のもととなる出来事や存在を指すことが多い。しかし，これは後述するように，ストレス研究では「ストレッサー」を指し，一般にいうストレスとは区別される。

### 1．ストレスの認知モデル

ここでは，ラザラスとフォルクマン (Lazarus & Folkman, 1984) の認知的ストレスモデルをフレーム（枠組み）にして，ストレス性の問題の発生過程を解説する。すなわち，このモデルはストレスとそれに関する問題の発生過程を，①ストレッサー，②評価，③コーピング，④ストレス反応，の四つの段階から考える（図参照）。

#### 1) ストレッサー

ストレスのきっかけとなる出来事や存在。これは，事故や病気，近親者との離死別などといった人生のうえでの大きな出来事 (life event) から，対人関係のいざこざや過大な仕事量など，日常における小さな出来事の積み重ね (daily hassles) まで，さまざまである。こうした広い意味でのストレッサーは，決して無くなることはない。そしてこれらは，害だけでなく，自らの成長を促進する要因ともなりうる。

#### 2) 評価

ストレッサーに出会ったときに，それらをどう評価するかの過程。意識的，無意識的に行われる。同じストレッサーに出会っても，それを負担や脅威と感じ，問題となる人とそ

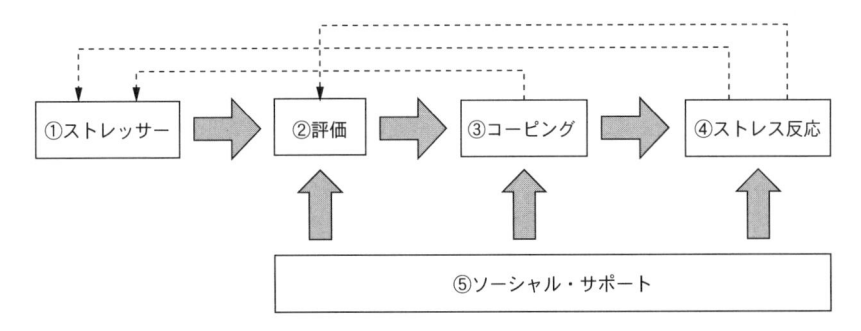

うでない人がいる。これはその出来事や存在に対し、それをどのように評価するかの個人差がかかわっている。評価は次の三つの次元で行われる。

**脅威性の評価**——その出来事が自分にとってどれだけ脅威となるか。

**影響性の評価**——どれだけ自分に影響を与える出来事か。

**コントロール可能性の評価**——その状況を自分でどれだけコントロールできるか。

それぞれ脅威性を強く感じる、自分に強い影響を与えると感じる、コントロールできないと感じると、問題をより深刻に受け止め、以降の過程に悪影響を与える。

3) コーピング

ストレッサーに対する対処行動のこと。ストレッサーの種類や状況、個人の特性に合ったコーピングの方略（対処方略）を選択でき、それを実行できれば問題は軽減される。反対に、適切ではないコーピングを選択したり、その個人のコーピングの能力を超えるようなストレッサーに出会ったりした場合、問題は重くなる。また不適切なコーピング方略をとることが新たなストレッサーとなることもある。

4) ストレス反応

コーピングが不適切であったり不足したりした場合に、結果として起きる事態。不安、抑うつ、イライラ感、怒りといった心理的反応、頭痛、肩こり、血圧上昇、消化器潰瘍といった身体反応、意欲減退、出社拒否、引きこもり、回避といった行動的反応などがある。ストレス反応そのものが新たなストレッサーとなったり、ストレス反応がもとになり、事態の脅威性をより強く評価するようになったりするなど、評価の過程にも影響を与え、さらに問題を深刻化させることがある。

5) ソーシャル・サポート

周りの他者からの公的・私的な援助のこと。実際の援助のみならず、援助を受けられる可能性の予期も含まれる。評価、コーピングの各過程に働き、ストレス性の問題の軽減に作用する。おおまかに分けて、心理的な援助を示す情緒的サポート、具体的な援助を示す道具的サポートの2種類がある。他者に多くのサポートを提供している人は、他者からもサポートを受けやすいという、互恵性の性格をもつ。

## 2. ストレスマネジメントの実際

ここでは、主に個人に対するストレスマネジメントを取り上げる。しかし、これを社内研修などにおいて広めることは、集団としてのストレスマネジメントに寄与することと考えられる。

### 1) 実践過程①——ストレス状況を知る

まずは、その個人が置かれたストレス状況を理解することからマネジメントは始まる。それには、その個人におけるストレス性の問題の有無やその程度を、心理学的、生理学的な測定方法などで明らかにし、上記のストレスモデルや、エンゲル (Engel, 1977) の提唱した生物・心理・社会モデル (bio-psycho-social model) を参考に、その人が置かれたストレス状況の詳細を総合的に把握することが必要となる。

### 2) 実践過程②——介入

状況を十分理解したうえで、介入を実施する。ここでは上記のラザラスとフォルクマンのストレスモデルをもとに、カウンセラーが実践できる心理学的援助の方法を解説する。このモデルでは、それぞれの過程は、直線的な経過をたどるだけでなく、相互に影響を与え、循環的な過程をとる。そのため、ストレスマネジメントにおいては、どこか特定の過程にのみアプローチするわけではなく、個人の特性や取り巻く状況に合わせてアプローチする過程を選択することができる。

**評価過程へのアプローチ**——先に述べたとおり、ストレッサーに対し、脅威性を強く感じる、自分に強い影響を与えると感じる、コントロールできないと感じる、とストレス反応は大きくなる。こうした出来事に対する評価（認知）の内容を再検討し、より適切で柔軟な認知のあり方を検討する。認知療法、論理療法で使われる技法（認知再構成法、問題解決法、論駁法など）が適用できる。

**コーピングへのアプローチ**——問題に対するさまざまな対処法略を身につけ、より適切に対処できるように援助する。ストレス性の問題を抱えている人は、コーピングのスキル

が不足していたり，特定のコーピングスタイルを多用し，固執したりする傾向がある。そこでコーピングのレパートリーを増やし，選択肢を広げることが必要となる。そのうえで，自分が用いているコーピング方略を再評価し，より適切な方略を選択・使用できるようにする。ロールプレイ，行動リハーサル，社会スキル訓練，主張訓練など，行動療法，認知行動療法の技法が応用できる。また対人関係のストレッサーの対策として，身近な対人関係や，その人とまつわる出来事を題材にして人間関係のスタイルなどを見直す，対人関係療法（interpersonal psychotherapy）の方法も適用できる。

ストレス反応へのアプローチ——心理的・身体的に表れた問題・症状を緩和するための方法。たとえば，呼吸法，自律訓練法，筋弛緩法といったリラクセーション法や，音楽療法，アロマテラピー，ヨーガといった方法がある。ストレス反応が緩和されると，評価やコーピングの過程にも良い影響が与えられ，新たな問題への予防的な効果もある。

ソーシャル・サポート（環境）へのアプローチ——先に述べたとおり，周囲の他者からの援助や，援助が受けられるという予期は，ストレス性の問題を緩和する効果がある。そのための具体的なサポート資源の提供や整備（相談室の開設など），環境の調整（職場環境の整備，配置転換など）を行う。また日常のコミュニケーションや人間関係の改善は，人間関係によるストレッサーの低減のみならず，後に生じうる問題に対するサポート源を増やすことになる。こうした職場内外のコミュニケーションの改善も，ストレスマネジメントの一環といえる。

### 3．今後の課題

産業場面における，ストレスマネジメントの今後の課題として，以下の点を挙げる。

#### 1）ストレスに関連する問題の早期発見

ストレスに関する問題に限らず，心身の問題への対応は，早期発見，早期対応が基本となる。ところがストレス性の問題に目を向けてみると，現状は十分とはいえない。たとえば，現在わが国では働く人の健康管理の施策として，定期健康診断が義務づけられている。ところがこの健康診断は，身体疾患の発見を目的としたもので，ストレスの観点からみた場合，身体的なストレス反応の一部を測定しているにすぎない。広くストレス性の問題をとらえ予防・対策をとるためには，定期健康診断やその他の機会に，心理・社会的な側面を含めた検診を行う必要がある。ストレスの問題に関してカウンセラーは，問題が起きたときにケアを行う，いわば後追い型ではなく，こうした予防的な役割を果たすことが求められる。

#### 2）カウンセラーの姿勢

カウンセラーは，面接室での個別のカウンセリングを得意としている。ストレスマネジメントにおいて，個別カウンセリングの重要性はいうまでもない。しかし，そこのみにとどまっていては，ストレッサーの多い状況を容認し，ストレスにかかわる問題の原因を過度に個人に帰してしまうという「心理主義」に陥る恐れがある。ストレスによる問題は環境と個人の相互作用で起きるもので，個人にのみ焦点を当てていては，問題は解決しない。質，量ともに個人の能力で対処できるレベルを大きく越えるストレッサーの存在も，無視できない。

カウンセラーは，その組織や社会におけるストレス状況を把握し，組織や役割のあり方，さらには組織の文化といった側面にまで目を配り，部署，企業といった組織レベル，さらには社会レベルをもマネジメントの対象と考える必要がある。そのためにもカウンセラーは，個人面接の技量を磨くのと同時に，組織や社会に目を配り，そこにアプローチする技量を高める必要がある。近年の雇用・労働形態の多様化や，個人の責任がより強調される風潮のなか，ストレス関連の問題について個人の要因を過剰に評価しないよう，留意すべきであろう。

（根津 克己）

〔文献〕

Engel, G. L. 1977 The need for a new medical model : A challenge for biomedicine. *Science*, **196**, 129-136.

Lazarus, R. S., & Folkman, S. 1984 *Stress, appraisal, and coping*. Springer.（本明寛・織

田正美・春木豊監訳　1991　ストレスの心理学
　　——認知的評価と対処の研究　実務教育出版）
水島広子　2004　自分でできる対人関係療法　創元社
坂野雄二監修・嶋田洋徳・鈴木伸一編著　2004　学校，職場，地域におけるストレスマネジメント実践マニュアル　北大路書房

## 6　人材育成プログラム
### career development programs

　人材とは，成熟し，自立し，そして自律できる人間で，キャリア自覚が高く，自分がやりたいことが何かが明確で，かつ組織の自分に対する要望や期待を理解し，それに応えるべく自分の能力を十分に発揮しながら自己実現を目指そうとする人間である。そして人材育成とは，絶えず組織のニーズを優先させて組織のニーズに見合う人間につくり変えることでもなく，かといって本人のニーズのみを優先させることでもない。本来の人材育成とは，組織のニーズと個人のニーズの双方を満たそうとすることであり，個人と組織の共生を目指すことである。つまり，本来の人材育成とは，キャリア開発という概念に置き換えることによって正しく理解することができる。キャリア開発とは，一人ひとりの成長がなければ組織の成長も望めないという理念のもとに，個人と組織の共生関係を構築することである。

### 1．キャリア開発

　個人にとってのキャリア開発とは，「働くこと，あるいは仕事を通してなりたい自分になろうとすること」である。個人におけるキャリア開発は，すなわちキャリア発達のことである。ちなみにキャリア形成という表現は，キャリア開発の類似語である。
　一方，組織にとってのキャリア開発とは，「一人ひとりが目指すところと組織が期待するところが一致するかどうかを確認しながら，できるだけ一致するよう取り組むこと」である。そのための種々の施策・制度・プログラムがキャリア開発プログラム（career development programs：CDP）であり，その最も代表的なものが，自己申告やジョブ・ローテーションや社内公募などである。そしてキャリア・カウンセリングは，CDPのサブ・システムとして位置づけられることによって効果的に機能する。
　キャリア開発が日本の産業界で注目されはじめたのは，1970年代の後半である。当時は，従来の日本の企業にはなかった新しい考え方として，CDPが一種のブームになった。しかし，その当時導入した企業のほとんどがキャリア開発の理念を正しく理解せず，単に組織のニーズを満たすための制度としてとらえてしまった。その結果，自己申告制度はまったく形骸化し，定期的に機械的な人事異動を行うのがジョブ・ローテーションとなり，不信感を増長するだけの社内公募となってしまった。
　企業における人事の理念は，人間の成長（発達）がその基調とならねばならないはずである。一人ひとりの成長とは個々人のキャリア開発であり，個人と組織の関係を前提にしたキャリア開発とは，個人と組織の共生関係の構築である。
　キャリア開発は，自分の目指す将来像を明確にすることから始まる。自分の将来を他者にゆだねたい人はいない。したがって，キャリア開発は個人の自己理解が前提となる。個人としての自己理解とは，"Who am I ?" "Where am I going ?" "How can I get there ?"という問いを自分に投げかけ，自分で答えを出していくことである。しかし，この問い自体は単純であるが，その答えを出すことは決して容易なことではない。キャリア・カウンセリングは個人がこの答えを見いだそうとするときの支援活動であり，キャリア・カウンセラーはその活動に従事する者である。
　つまり，自分が目指す将来像がどのようなものであるかを明確にすることによって，自分がやりたいことも明確になってくる。自分がやりたいことが明確になれば，自分にとっての仕事が意味のあるものになってくる。仕事がその人にとって意味のあるものになることによって，その人はモティベートされ，

その人の成長を促進することになる。一人ひとりの自己成長につながるプログラムがCDPであり，HRM（human resource management）・HRD（human resource development）におけるすべての制度や施策は，CDPとして統合される。

## 2．内的キャリア・外的キャリア

個の活性化を重視している企業は，キャリア開発の重要性を理解している。そのような先進的企業が重視しているのは，内的キャリアである。外的キャリアが具体的な仕事の種類や分野，あるいは企業などの現実（リアリティ）であるのに対して，内的キャリアとは，いわば外的キャリアの選択基準や価値基準のようなものであり，その人にとっての意味や価値である。つまり，「なぜ，その仕事をしたいのか」というときの"なぜ"である。

この"なぜ"が不明なままでは，自分がやりたい仕事を明確にすることはできない。内的キャリアを突きつめていくと，自分はなぜ働くのか，自分にとっての仕事のもつ意味が明確になってくる。キャリア開発のプロセスとは，内的キャリアと外的キャリアのマッチング・プロセスであり，キャリア・カウンセリングはこのプロセスにかかわる支援活動でもある。一人ひとりが自分の内的キャリアを明確にすることによって，個人の主体性が生まれ，個人と組織の関係のあり方も明確になってくる。

さらに，キャリア開発の先進企業が実施しているのが，キャリア面接である。この面接は，期初や期末に目標設定や評価のために行う面接とは別に，部下の自己申告をもとに部下のキャリアプランについて，上司と部下が話し合う場である。そのような先進企業では，内的キャリアをテーマとしたプログラムが実施されている。その代表的なものが，キャリア開発ワークショップである。ワークショップのファシリテーターは，キャリア開発とキャリア・カウンセリングについて学習し訓練を受けた者であるため，個別のキャリア・カウンセリングも実施できるようになっている。

従来の人材育成は組織のため，すなわち会社主導であったが，これからは個人主導のキャリア開発としてとらえることにより，自立し自律できる個人が育つことになる。

なお，内的キャリアと外的キャリアというとらえ方については，シャイン（Schein, 1990），横山（2004），今野（2005），また「キャリア開発ワークショップ」（CDW）については，日本キャリア・カウンセリング研究会のWebページを参照されたい。

〔今野 能志〕

〔文献〕

今野能志 2005 目標による管理：MBO──「目標管理」を根本から見直す＝Management by objectives. 生産性出版

Schein, E. H. 1990 *Career anchors : Discovering your real values*. rev. ed. University Associates.

横山哲夫編著 2004 キャリア開発／キャリア・カウンセリング──実践個人と組織の共生を目指して 生産性出版

## 7　人事考課開発
personnel merit rating development

企業やその他の組織が，人事管理方針に沿って構成員一人ひとりに関する人事情報を収集・整理し，目的別の基準に基づいて評価・活用することを人事考課という。その目的は多様化している。人事考課の主なものは以下のとおりである。

①構成員の能力，業績や意欲（勤務態度）などを設定された基準によって評価し，賃金，賞与，昇格，昇進などを行い，公正公明な人事処遇を実施する。②構成員の適性や業績，自己申告などによる本人の希望や上司の意見を分析，判断して，適材適所を考慮した配置や異動を進める。職務履歴や受講した研修歴，保有している資格なども有力な人事情報である。③現在あるいは将来発揮すると期待される職務遂行能力と，本人の能力発揮の現状や意欲などを勘案して教育訓練ニーズを見いだし，上司による指導（on the job training），専門別研修の受講機会の付与などによって，本人を励まし動機づけて計画的に能

力開発を進める。近年，企業や国によって自己啓発支援制度も整えられつつある。

## 1．人事考課の方法と考課要素

人事考課は通常，上司による一次考課に始まり，課・部あるいは事業部門などの単位で，数次の考課と調整を経て決定されるが，最終的に人事部門などにより全社的な調整が行われることもある。調整とは，考課者間の判断基準を統一して不公平をなくし，判断レベルを高めようとするものである。

昇給や賞与の考課は毎年行われるが，昇進と昇格の考課は個人からみれば数年おきになることが多い。昇進・昇格は，人事考課，上司の推薦書，対象期間の業績や滞留年数を資料にして進められるが，部長職など経営上の重要な職位や資格の判定については，経営幹部による面接，論文審査や筆記試験，自己申告など，選抜方法の工夫が凝らされている。

企業や組織で働く人にとって，自分がどのように評価されているかということは最大の関心事である。「人は評価によって働く」と言われるほどであり，それだけに評価基準の明確化と透明性が求められる。

人事考課は，一般的に能力考課，業績（成果）考課，および態度（意欲）考課で構成される。

能力考課——「何をどの程度遂行することができるか」を評価するもので，職種・職務と職務遂行レベルを組み合わせて評価基準が作られる。考課要素としては，知識，技術，企画力，理解力，判断力，表現力，創造性，交渉力，コミュニケーション能力，柔軟性や目標管理能力などがある。

業績能力——定められた期間内にやるべき業務目標を設定し，これをどの程度やり遂げたかを評価するもので，目標は本人の意欲を増やすようなチャレンジングなものであるとともに，所属する部門の目標との間に整合性が求められる。考課要素としては，職務の難易度（質と量），目標の達成度，改善内容，将来への展開・応用度，部下の育成・活用度などである。

態度（意欲）考課——仕事への態度，意欲，職場の人間関係への配慮などに関する評価である。考課要素としては，規律性，勤勉性，積極性，協調性，責任感，包容力，自己啓発意欲などである。

人事考課は，ある母集団のなかで相対的な序列で評価する相対評価と，期待される能力，業績，態度のレベルを明らかにして評価する絶対評価とがある。昇給，賞与の考課に使う場合には相対評価のほうが源資計算がしやすいが，配置や能力開発に活用する場合には，考課基準を明示して絶対評価に近づけることが望ましい。人事考課を何に使うかによって，評価の方法，評価項目やウェイトのつけ方を変える必要がある。

## 2．人事考課の際の留意点

人事考課は組織の構成員個人に与える影響が大きいだけに，考課する側の資質を問うとともに考課者訓練が重要である。考課者訓練は，人事考課の仕組みや実施手順を理解させ，評価基準を全社統一するとともに，評価の判断レベルを向上させて考課の公正を期するものである。新任管理者だけでなく，管理者研修の際に繰り返しトレーニングするなどの積み重ねが求められる。

考課者が陥りやすい点は次のようなものである。①被考課者の一部の特性に強く影響されてしまう「ハロー効果」。美人という要素の陰に欠点が隠れてしまうことなど。②考課者が差をつけるのを避けたり，考課の結果による影響を恐れて無難にこなそうとする結果，どの人にも平均点を与えてしまう「中心化傾向」。③被考課者からよく思われたいという気持ちから，甘い採点になる「寛大化傾向」。④人事考課は過去の一定期間（1年間，半年など）を対象とするのに，考課実施直近の出来事にとらわれて人事考課を行ってしまうケースで「近時点効果」。

## 3．課題と提言

近年，人事考課の項目のなかで業績の比重が増しており，成果志向が高まるにつれて目標管理制度（management by objectives：MBO）との関連が強くなってきている。管理者が課題達成に集中するあまり，もう一つの重要な任務である部下の育成がおろそかになりがちであるという指摘も多く，成果の追求と部下の育成のバランスをとることが課題として注目されている。

次に，人事考課の本人へのフィードバックをどうするかという，人事考課の公開制度の問題がある。本人に通知するねらいは，改善すべき点などについて具体的な指示を出し，高い意欲をもって能力開発を進めてもらうというものである。(財)社会経済生産性本部の調査によると，「評価者は理由も含めて納得性のあるフィードバック」をしている企業は，「どちらかといえば当てはまる」を含めて過半数に達している（生産性研究所，2007）。公開制度の活用は増加傾向にある。

人事考課についての新しい試みとしては，「ヒューマン・アセスメント方式」を研修に導入したり，直属上司のほかに関連部署の管理者などの評価と自己評価を加える「多面評価制度」，また，海外勤務や関連会社での特別な活動を評価して，それまでの昇進・昇格の遅れをリカバリーさせる「特別加点制度」などがある。

また，これまでの人事考課，社内職歴や将来のキャリア希望などの人事情報のトータルシステム化を行い，CDP（career development programs）やキャリア・カウンセリングに結びつける，ということも考えられる。

（桐村　晋次）

〔文献〕

桐村晋次　2002　人事マン入門(第2版)　日本経済新聞社

桐村晋次　2005　人材育成の進め方(第3版)　日本経済新聞社

生産性研究所編　2007　日本的人事制度の現状と課題2007年版――第10回日本の人事制度の変容に関する調査結果　社会経済生産性本部生産性労働情報センター

# 8　教員の人事考課開発

performance appraisal of school teachers

従来，教育における客観的な勤務評定は，教員の活動と子どもの成長（学力の向上）との因果関係を証明することが困難であるため，できないと考えられてきた。そこへ，「地方教育行政の組織及び運営に関する法律」（1956年）が制定され，各地方自治体が勤務評定を実施することになった。これに反対した愛知県教職員組合が「勤務評定反対闘争」を開始し，この闘争は全国へ波及した。その結果，勤務評定を昇給・昇格の理由にしないという習慣が根づき，全国の自治体で勤務評定は形骸化した。特別昇給すらも，その職場における勤務年数の長さの順番で割り当てられるという慣習が生まれた。この状況は，民間企業から教員に転じた筆者が，教職の特殊性を感じた最たるもののひとつであった。

教職における奮闘努力の対価は，管理職や同僚からの「あなたのおかげ」とか，「○○さんには給料を倍あげたいね」というねぎらいの言葉と，児童生徒や保護者からの感謝の言葉のフィードバック，子どもの成長に寄与したという自己評価のみであったといえよう。

## 1．教職における人事考課とは――その意味と意義

こういった特殊な教育界においても，国全体の動向として教育改革の必要が声高に議論されるようになり，教員の評価にも新たな動きが始まった。2000（平成12）年12月には教育改革国民会議の「最終報告」が，「教師の意欲や努力が報われ評価される体制」を提言した。これを受けて2002（平成14）年の中央教育審議会の答申において，「教員がその資質能力を向上させながら，それを最大限発揮するためには，教員一人一人の能力や実績が適正に評価され」「それが，配置や処遇，研修等に適切に結びつけられること」が必要とされ，そのために都道府県教育委員会に対し，「公務員制度改革の動向を踏まえつつ，新しい評価システムの導入に向け，早急に検討を開始することを提言」した。

ここに，都道府県教育委員会は，新しい教員評価システム，すなわち人事考課の開発に取り組むことが避けられなくなったのである。

この人事考課のねらいをもう一度まとめてみる。教員の能力・実績を適正に評価することにより，①昇給・昇格などの待遇面に反映させること，②研修に結びつけ資質能力の向上を図ること，の2点となる。

## 2．教員の人事考課の現状

東京都は1995（平成7）年度，教育管理職

の人事考課制度として業績評価制度および自己申告制度を導入し，2000（平成12）年度からは全教職員にこれを適用した。

### 1）業績評価制度

この目的は，「教職員の資質能力の向上」と「教育職員のモラールや学校組織の活性化を図る」ために，「業績評価の結果を給与や昇任等に適切に反映させること」である。評価項目として「学習指導，生活指導・進路指導，学校運営，特別活動・その他」の四つに対して，それぞれに三つの評価要素（能力・情意・実績）の面で，5段階絶対評価を行う。

### 2）自己申告制度

この目的は，第一に，自ら目標設定することで主体的に職務に取り組み，自己評価することで職務遂行能力の開発・向上を目指すこと。第二に，自己申告を通じて適性や異動希望等を把握し，教員の育成および異動の基礎的な資料にすること，である。

校長の学校経営方針を踏まえて設定した目標について，自己申告書を年間3回提出し，その都度校長・副校長（教頭）の「面接」「指導・助言」がある。

東京都以外の道府県では，神奈川県が2003（平成15）年度に，目標管理手法と5段階絶対評価を，県・市町村すべての教職員に導入した。年度当初に本人が評価者と面談のうえ自己目標を設定し，年度末に自己観察記録（本人）と助言指導記録（校長）を記述。また，「能力」「実績」「意欲」の3項目について，職務分類ごとに5段階絶対評価を実施し，人材育成および給与上の処遇の基礎資料として活用している。

広島県と大阪府も，2003（平成15）年度に自己申告による目標設定と，5段階絶対評価を県（府）・市町村すべての教職員に実施した。5段階絶対評価を行うところまでは神奈川県と同じだが，評価の結果を給与などに反映させるのは今後の課題としている。

埼玉県は，2004（平成16）年度から，上記と同様の制度を県立学校の教職員に実施している。面談を通じて自己目標の設定，本人による自己申告を行ったうえ評価（指導助言）をするが，給与への反映には慎重な態度をとっている。

## 3．教員のライフコースを考慮した人事考課の開発

先行研究では，蛭田（2001）が，教員・管理職・教育委員会の三者が相互に評価し，フィードバックしていくシステムづくりを提案している。この提案では，教員だけが評価されるのではなく，管理職も学校経営能力が評価され，教育委員会も人事管理能力を評価される。「個々の教員との対話を大切にした"対話型人事評価"」という発想は，自己申告書に基づく面談という形式で現実のものになっている。

浦野（2002）は，力量を高めるための評価と，給与に結びつけて管理するための評価を同時に行うこと自体に，矛盾があると疑問を呈した。代案として，第一に教師の子どもとのつきあい方全体について，保護者や子どもが参加して長期にわたって評価していく方法を挙げている。もう一点は，ていねいな評価を同僚とともに長期的に行っていく方法である。浦野は，このような方法の評価こそが教師の力量を上げることにつながると考えている。

最後に，山崎（2002）が行っている「教師のライフコース」に関する研究を紹介する。山崎は，教師が自分の力量形成していく契機を14段階に分類し，縦断的にみている。すなわち，①教育実践上の経験，②自分に意味のある学校への赴任，③学校内での優れた先輩や指導者との出会い，④学校外での優れた人物との出会い，⑤学校内での研究活動，⑥学校外での研究活動，⑦組合などの研究活動，⑧社会的活動，⑨地域と学校への着目，⑩教育界の動向，⑪社会問題や政治情勢など，⑫職務上の役割の変化，⑬個人および家庭生活における変化，⑭その他，の14項目である。

たとえば，女性にとっては⑬にかかわって，家事や育児と職務との関係を無視することはできない。しかし，自身の育児を通して教師としての子ども観や教育観も成長させることができる。

そこで，長い教員生活を通してライフコースを考慮しながら，教員の力量形成と資質の向上を目指し，それを適正に評価した結果が，

昇給・昇任，異動などの処遇につながるような人事考課システムの開発が望まれる。

(藤川　章)

〔文献〕
蛭田政弘　2001　教員評価制度実施上の課題　学校経営, **10**, 40-45.
菊池栄治　2001　教育評価の現代的課題　教育展望, **3**, 44-51.
浦野東洋一　2002　「開かれた学校づくり」等についてのアンケート調査結果から　月刊高校教育, **9**, 26-32.
山崎準二　2002　教師のライフコース研究　創風社

## 9　若年層の離職
youth turnover

若年層の離職については「753現象」という言葉がよく知られている。753現象とは，学校を卒業して就職した若者のうち，中卒者では7割，高卒者では5割，大卒者では3割が，3年以内に離職する実態を言い表す言葉である。

### 1．753現象との本質

この753現象の意味を少し掘り下げて考えた場合，以下の三つの点がポイントとなる。

第一に，一定の割合の若者は，ひとたび就職しても必ず離職してしまうという点である。裏返せば，若者の就職には，それほどまでに難しい問題が含まれている。若者の多くは，職業をもって働いた経験がないばかりか，自分の興味や価値観も十分に固まっていない。そのため，職業を選択するための確固たる基準が判然としない。結果的に，一定割合の若者は，離転職を行うことで自分の職業を決める試行錯誤を行わざるを得ない。753現象とは，若者の就職が本質的に困難であることを示すものと理解されよう。

第二に，低い学歴の者ほど離職率が高いという点である。学歴と離職率が対応する理由として，入職時の学歴要件が低い職業は，そうでない職業に比べて労働条件その他の面で低い水準に抑えられている場合が多く，その

ため，離職が容易に選択されやすいということがある。また，年齢の若い若年層ほど，自己理解・職業理解が不十分な状態で就職しており，それだけミスマッチが生じやすくなるということも考えられる。年齢が上になるほど，事前にじっくりと就職について考える余裕があるという言い方もできよう。いずれにせよ，753現象という言葉には，学歴が低いほうが就職の問題は難しくなるという意味が込められている。

第三に，753現象という言葉は，フリーターやニートなどの不安定就労の若者たちに対する社会的な関心の高まりとともに世の中に知られていったという点も，重要なポイントとなる。若者が数年以内にかなりの割合で離職しているという実情そのものは，以前から知られていた。しかし，フリーターやニートなど，若者の就職の問題に広く社会的な関心が寄せられるにともなって，753現象も多くの人に知られるようになった。この背景には，最近の若者の離職が，以前とは違ったかたちで世間にとらえられるようになったということがある。従来，若年層の離職の問題とは，個々の若者個人の問題であった。個々の若者が将来を思い悩み自分の職業を模索するという，若者個人の問題としてとらえられていた。それが現在では，社会全体の問題としてとらえられることが多くなっている。たとえば，フリーターやニートの問題に象徴されるように，現代の若者は離職を余儀なくされるような局面に巻き込まれやすくなっているからである。個人の問題に社会の問題がおおいかぶさり，よりいっそう若者の離職の問題が深刻化しているのが現状であり，若者の離職を考えるにあたっては，この二重構造を十分に視野に入れる必要がある。

### 2．若者の離職を規定する二大要因

若者が離職を考える要因として，以前から二つの大きなものが知られている。一つは仕事内容，もう一つは人間関係である。

仕事内容は，本人の希望と仕事内容とのミスマッチであり，両者に相違がみられる場合，離職が生じる。当然のことを言っているようであるが，重要なのは，一般に若者はほとんど職業経験がないため，働いてみる前にその

仕事がどんな仕事なのかを自然に知るということは難しい。若者本人の希望と仕事内容にミスマッチが生じるのは，むしろ当然なのだといえよう。したがって，この本質的なミスマッチが生じないように，若者は事前に自ら積極的に情報収集をすべきであるし，大人の側も若者に情報収集をうながし，職業や仕事に関する情報提供を積極的に行っていくべきであるということになる。何もしなければ若者の職業選択は，ミスマッチが生じて当然である。この視点が，若年層の離職の問題を考える際には（および若者の就職支援を考える際には）きわめて重要となる。

また，就職後の職場の人間関係も重要である。端的に言って，仕事の内容や労働条件がどうであったとしても，職場に仲の良い同僚や先輩ができて職場の仲間ができれば，若者が離職に踏み切ることはない。仮に潜在的に離職に向いた気持ちがあったとしても，職場の人間関係が歯止めとなり，離職に結びつくことはない。逆にどれほど仕事を続けたいと思っていても，職場の人間関係が良好でない場合，離職に向けた潜在的な圧力がかかることになる。そのため，少し職場で嫌なことがあった程度のことでも，離職という選択肢が頭に浮かびやすくなる。したがって，若年層の離職の問題は，就職した先の人間関係をどのようにして早い段階でつくりだすことができるのかという問題に集約される。若年層の離職を単に若者個人の問題として考えるのではなく，若者の人間関係ネットワークの問題として考えるということも，今後，重要となるだろう。特に，若者の厳選採用を行っている組織では，そもそも組織内の若者の絶対数が少ないために人間関係ネットワークを構築しにくい。職場内の人間関係も広く組織の採用活動，さらにはその背景にある社会全般の趨勢と密接にかかわっていることにも着目したい。

### 3．若者の離職研究の今後の行方

若年層の離職の問題は，ここ最近，フリーター・ニートの問題の背景に隠されてしまっており，若者がなぜ離職するのか，そしてそれを防ぐためにはどうすればよいのかを直接取り上げた研究は少ない。しかし，実はフリーター・ニートの約半数は，もともと正社員として働いていた若者であったこともさまざまな調査結果から明らかになっており，現在，若年層の離職の問題は，フリーター・ニート問題としてかたちを変えて表面化しているという言い方もできる。

したがって，若年層の離職を規定する2大要因として挙げた仕事内容と人間関係についても，最近のフリーター・ニートに関する研究知見とのすりあわせを行っていく必要がある。

従来，若年層の離職を研究するといった場合には，正社員から正社員への離転職の問題であると理解されていた。しかし現在では，正社員から離職後は，一定期間フリーターとして働いてから，再度，正社員への就労を考えるというパターンも普通になっている。また，正社員として就労後，再び大学・大学院や専門学校などに通う若者も多くなっている。このように若者のキャリアパターンが従来に比べて格段に複雑で多様になっていることを，「若年キャリアの多様化」が進行しているという。この若年キャリアの多様化を視野に入れることによって，若年層の離職の問題は，従来とは異なるまた別なかたちの問題設定が可能となるものと考えられる。

〈下村 英雄〉

## 10　中高年の転職
turnover of middle-aged and aging people

わが国では，終身雇用といわれる新規学卒採用等，若年期から始まる長期雇用システムが長らくその中核的な役割を果たしてきたこともあり，特に中高年齢者にとって，転職は，必ずしも一般的なものとはいえない状況が続いてきた。実際に，転職率や転職を希望する者の割合は，年齢が上がるほど低下する傾向が顕著である。

しかし，1990年代初頭のバブル経済崩壊後，わが国において多くの企業が倒産し，また，それまで企業の中核であるとされてきた中高年層の労働者までが人員整理の対象とな

り，転職を余儀なくされたり失業者となった。バブル経済崩壊後，経済社会の先行きの不透明さが続いていくなかにあって，一般の中高年齢者にとっても自らの職業キャリアを考えるうえで，転職はより身近な問題としてとらえられるようになってきている。

## 1．若年期とは大きく異なる中高年期の転職

中高年期における転職と若年期の転職は，さまざまな面で大きく異なる。

スーパー（Super, 1957）は，生涯キャリアの発達段階として，成長・探索・確立・維持・下降を示している。若年期は「探索段階」にあたり，どのような職務が適合するかよくわからず，それらを探索していくことが課題である。一方，転職しようとする中高年齢者の多くは「維持段階」にあり，すでに獲得した豊富な知識や技能を活用し，確立したキャリアを維持していく時期にあたると思われる。

加齢と職業能力の観点も忘れてはならない。人は，30歳代から老化が始まり，身体能力や心理的機能が低下していく。たとえば，職業適性検査によって測定される各種職業適性能力についても，40歳代以降直線的な低下が認められる（長縄・渡辺，1991；労働政策研究・研修機構，2006）。長町（1985）は中年以降の加齢現象について，次の5原則を挙げている。

①視力・聴力など生理的な機能ほど早く低下する。②筋力の低下は足から始まり，腰・腕・手の順に進む。③生理的な機能や筋力に比べて，人工的に訓練した機能は衰えにくい。④人工的に訓練した能力や機能は，長く使うほど高齢になっても活用できる。⑤多くの経験によって身につく技能や判断力などは，むしろ加齢により有力となる。

バウワー（Baugher, 1978）は，職場の職務要件が，身体的な要件により依拠する場合と経験的要件により依拠する場合では，加齢に伴う職務の遂行水準が異なり，後者の比重の高い職場においては，加齢に伴い職業遂行能力が上昇するとしている。中高年者が転職する際には，若年期と違い，自分自身の身体的な衰えに対して注意を払いながら，かつこれまで蓄えてきた豊富な経験や技量を活かすような仕事が望まれるのである。

企業からみた場合にも，若年者と中高年者では，雇用のねらいが大きく異なっている。若年者を新たに雇用しようとする場合には，将来における活躍を念頭に置いて，いわば潜在的な可能性への期待が高い。一方，中高年者の場合には，「今，何ができるか」といった即戦力への期待が高い。即戦力を期待される中高年者が気をつけなくてはならないのは，転職前の期待と転職後の実際の能力発揮の食い違いである。職務遂行能力は，その企業内において有効な能力と他の企業においても有効な能力が，密接に組み合わさるかたちで発揮される。このため，前の職場で発揮できていた能力が，必ずしも次の職場で発揮できるとは限らないのである。このため，中高年者の転職にあたっては後ほど解説するように，キャリアの棚卸しといった作業が不可欠となる。

## 2．トランジションとしての転職

中高年者にとって，転職は人生の大きな転機（トランジション）といえるものである。ブリッジズ（Bridges, 1980；金井，2003）は，転機が，新たなことが始まるとき（開始）であるとともに，何かが終わるとき（終焉）であり，大きな転機においては，開始と終焉の間に宙ぶらりんな段階があるとしている。そして，この混乱と苦悩に満ちた時期を経ることによって，転機を乗り越えることができるとしている。

また，ニコルソン（Nicholson, N.）は転機を，①新しい世界に入る準備段階，②いろいろ新たなことに出会う遭遇段階，③新しい世界に徐々に溶け込む順応段階，④この世界で新しいとはいえないほど，慣れて落ち着いていく安定化段階からなるサイクルとしており，それぞれの段階での課題・目標・対処等を示唆している（Nicholson & West, 1988；金井，2003）。

さらに，シュロスバーグ（Schlossberg, 1989）は転機を乗り切るために，状況（Situation），自分自身（Self），周囲の援助（Support），戦略（Strategies）の，四つのSの点検・活用を強調する。

トランジションの理論は，転職にあたって対処するための有用な知見や示唆を多く提供してくれる。

## 3．中高年者に対する転職カウンセリング

キャリア・カウンセリングは，相談場面の設定後，①自己理解，②仕事理解，③啓発的経験，④キャリア選択にかかる意思決定，⑤方策の実行，⑥新たな仕事への適応，の六つの支援と，相談過程の総括といったプロセスで行われることが一般的である（木村，1997；労働政策研究・研修機構，2006）。中高年者の転職カウンセリングにあたっては，大きな転機であることをふまえた，自己理解の支援を重視する必要がある。経歴等について，再度「今，何ができるか」との視点で見つめ直すキャリアの棚卸しを行うとともに，現状の自らの長所・短所，行動特性，興味・関心の方向等をとらえ直すことが，転職先の選定や転職先へのアピールにつながるだけではなく，新たな仕事への適応にも結びついていく。

そのうえで，現実の労働市場の状況についても，十分な理解をうながしておく必要がある。初めての転職の場合には，外部の労働市場の現状について知識が十分でないことが多い。たとえば，転職後の給与動向をみると，転職前に比べて給与額が下がる者の割合のほうが高い。その一方，給与面での満足は低くても，仕事そのものについては満足している者が多いことも知っておいたほうがよい。こうしたことを理解したうえで，意思決定の支援を行っていくことが重要である。

〔亀島　哲〕

〔文献〕

Baugher, D. 1978 Is the order work inherently incompitence? *Aging and Work*, **1**, 243-250.

Bridges, W. 1980 *Transitions : Making sense of life's changes.* Addison-Wesley.（倉光修・小林哲朗訳 1994 トランジション——人生の転機　創元社）

金井壽宏編著 2003 会社と個人を元気にするキャリア・カウンセリング　日本経済新聞社

木村周 1997 キャリア・カウンセリング——理論と実際，その今日的意義　雇用問題研究会

長町三生監修 1985 テキストブック職務再設計 （財）高年齢者雇用開発協会

長縄久生・渡辺三枝子 1991 職業適性検査による高齢者の職業能力評価　日本労働研究雑誌，**33**(10), 2-12.

Nicholson, N., & West, M. A. 1988 *Managerial job change : Men and women in transition.* Cambridge University Press.

西村純一 1994 成人発達の心理学　酒井書店

労働政策研究・研修機構職業相談・就職支援部門編集 2006 中高年求職者の再就職支援のためのツール等の開発　労働政策研究報告書 No. 66 労働政策研究・研修機構

Schlossberg, N. K. 1989 *Overwhelmed : Coping with life's ups and downs.* Lexington Books.（武田圭太・立野了嗣監訳 2000 「選職社会」転機を活かせ　日本マンパワー出版）

Super, D. E. 1957 *The psychology of careers : An introduction to vocational development.* Harper & Row.（日本職業指導学会訳 1960 職業生活の心理学——職業経歴と職業的発達　誠信書房）

渡辺三枝子編著 2003 キャリアの心理学——働く人の理解「発達理論と支援への展望」　ナカニシヤ出版

## 11　休職・復職支援プログラム
support programs for return-to-work of employees

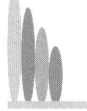

一般に休職（または休業）とは，家庭の事情や傷病等により労働できない場合に，企業に在籍のまま比較的長期間にわたり労働義務が免除され，かつ労働契約をそのまま存続させることをいう。

傷病，育児，介護など休職の理由はさまざまであり，また休職後の状態や事情も個別事例ごとに異なり，なかには復職に至らないまま退職する者もいる。休職した後，職場へ円滑に復帰できるかどうかは，本人や家族にとって重大事である。企業にとっても，その生産やサービスに直接影響する問題であり，

復職を円滑にするための支援は大きな意義をもつ。最近では，育児や介護などで長期休業を取る者が増加していることに対応し，長期間仕事から離れたことによるギャップを埋め，職務遂行上の勘を取り戻すための情報提供や，復帰前後の講習・相談などの支援を計画に行うといった，企業の取り組みもなされはじめている。

そうしたなかで，傷病により休職した者の復職支援は，古くから産業保健上の重要な課題とされてきた。さらに近年においては，高齢化の進展に伴う慢性疾患の患者の増加や，厳しい経営環境が続くなかでのうつ病をはじめとする「心の健康問題」をもつ者の増加が深刻な問題にもなっている。

## 1．傷病による休職者に対する復職支援

傷病による休職者の復職にあたっては，本人の労働能力，復職への意欲，職場の作業負荷等をふまえた，綿密な対応が必要になってくる。

これらの人びとの復職を困難とする要因についての研究では，①健康障害の種類と回復状態，②労働能力，③性格行動要因，⑤休職前の職場での適応状況，⑥家族の協力，⑦産業保健スタッフの関与，⑧復職への意志などが指摘されており（産業医科大学産業生態科学研究所，1995），復職の成否はこれらの要因が相互に密接に関連しあう。

また，休職者の経済的な問題も忘れてはならない。業務上の傷病の場合には，労働基準法，労災保険法に基づいた所得補償がなされるのに対して，業務外の傷病の場合には，法に基づく一律の規定はなく，企業ごとにその取り扱いはさまざまである。十分な所得補償等がなされない場合には，経済上の不安や焦りから無理な就業を行い，病状等が再発するといったことも懸念され，こうした点への配慮も必要となってくる。

復職が可能と判断された場合の支援の方法についても，個々の事例に応じてさまざまである。労働能力の経時的な回復や病状等の再発防止に対する対応としては，訓練的な就労（試し出勤）といった措置がとられることが多く，あわせて，労働内容の軽減・変更，残業・夜勤の制限・禁止，就業時間内通院，短時間勤務などの配慮がなされる。さらに，障害が残存する場合には，職業リハビリテーション，配置転換（適正配置），職務再設計など，より幅広く職場内外の資源を考慮に入れた，総合的な取り組みが求められる。

## 2．復職支援プログラムの意義

前述のように傷病休職からの復職支援は，医学的要因に限らず幅広い要因が関係するため，個別の事例ごとに異なってくるという特徴がある。しかし，休職者の復職にあたってその都度対応を行うのでは，対処のばらつきが生じたり迅速性に欠けやすい。そのため，企業・事業場において標準的な復職支援プログラムをあらかじめ策定・準備しておき，これに準拠して実際の判断・支援を行うことが効果的である。

復職支援プログラムは，休職開始から円滑な復職までの支援の流れを明らかにし，流れのなかでどのように職場内外のシステムを構築・活用するかを，総合的かつ具体化したものであることが望ましい。復職支援プログラムに基づく関係者の支援システムを構築することによって，以下のような効果が期待できる（中央労働災害防止協会，2005）。

①不適切な対応が生じるリスクの軽減。②職場への周知徹底による，職場復帰事例の対応についての理解促進。③関係者（上司，人事労務管理スタッフ，産業保健スタッフ等）の実務面，心理面の負担の軽減。④個々の事例ごとに復職支援の手順が異なることによる，本人の不信感や関係部署からの不満の回避や軽減。

また，復職支援プログラムの策定にあたっては，障害者に対する職業リハビリテーションや，雇用の相談・支援等を専門的に行う地域障害者職業センターなどの機関を，必要に応じ外部資源として活用することも重視すべきである。

## 3．標準となる休職者の職場復帰支援プログラムの策定

企業の参考となる復職支援プログラムの標準的なモデルが，産業医や職業リハビリテーション専門家をはじめとする実務者が中心となって，検討・研究されはじめている。

たとえば，中央労働災害防止協会が2004

年に「心の健康問題により休業した労働者の職場復帰支援の手引き」を策定し,刊行している。この手引きでは,支援の流れを五つのステップで説明している。

　病気休業開始および休業中のケア——この段階では,休業開始にあたり,事業者側でも労働者にまず療養に専念するよう安心させると同時に,休業中の事務手続きや復職支援の手順について説明し,検討の必要な事項について労働者に連絡を取るなどの配慮をする。

　主治医による職場復帰可能性の判断——次に,治療と休業によって症状が軽減し労働者から復職の意思表示がなされると,主治医による復職診断書が提出される。その際,病状の回復程度などとともに,就業上の配慮事項についても具体的な意見を含めてもらうことが望ましい。

　職場復帰の可否の判断および職場復帰支援プランの作成——主治医による診断書をふまえ,事業場では,労働者の状態や職場環境など復職に必要な情報を収集し,それらを適切に評価し復職の可否を判断する。そのうえで,職場復帰日,業務上の配慮,人事労務管理上の対応,フォローアップなど,必要な事項を盛り込んだ職場復帰支援プランをまとめる。このプランは,復職支援の中心的な役割を果たすものであり,関係者の間で十分に話し合い,連携しながら進めていく必要がある。

　最終的な職場復帰の決定——以上のプロセスを経たうえで,事業者により行われる。その際,労働者の状況の最終確認を行い,これまで話し合われたことを「職場復帰に関する意見書」等の正式な文書として取りまとめ,これをもとに関係者の間で内容を確認しながら手続きを進めていくことが望ましい。

　職場復帰後のフォロー——復職後においても心の健康問題にはさまざまな要因が重なり合い,計画段階では多くの不確定要素が含まれることになることから,症状の再燃・再発・新たな問題等の発生の有無の確認をはじめ,職場復帰プランの評価と見直しを臨機応変にしていく必要がある。

　厚生労働省は,この手引きを参考として各事業場のそれぞれの状況に応じた復職支援プログラムを策定し,体制整備等を進めることを推奨している。また,最近では,事故や病気で脳に損傷を受けたために,その後遺症として記憶や注意,社会的行動などの認知の機能が低下する「高次脳機能障害者」に対する復職支援プログラムが,高齢・障害者雇用支援機構(2006年)により開発されている。

### 4．復職支援プログラムの研究の動向

　休職者の復職支援に関する研究のニーズは強い。今後,実務家が中心となってこうした研究が推進されるとともに,さまざまな対象者に対する標準的な復職支援プログラムが開発され,その有効性が検証されることが期待される。さらに,復職は,医学的な要因以外にも,本人の心理状態,対人関係や職場における集団力学によって左右される面も多く,本人,家族,職場関係者のケアを含めたより総合的な視点からの研究の進展が望まれる。

〔亀島　哲〕

〔文献〕

中央労働災害防止協会編　2005　心の健康・職場復帰支援の手引き　中央労働災害防止協会

産業医科大学産業生態科学研究所編　1995　労働衛生スタッフのための職場復帰の理論と実際　中央労働災害防止協会

島悟・秋山剛・荒井稔・尾崎紀夫・倉林るみい・小泉典章・廣尚典・毛利一平　2005　「うつ病を中心としたこころの健康障害をもつ労働者の職場復帰および職場適応支援方策に関する研究」総合研究報告書

障害者職業総合センター　2006　高次脳機能障害者に対する支援プログラム

職場におけるメンタルヘルス対策支援委員会職場復帰支援部会　2004　心の健康問題により休業した労働者の職場復帰支援の手引き　中央労働災害防止協会

## 12　女性のキャリア開発
career development of women

　私事ではあるが,筆者の妻も女性の就業者として労働市場に参画していたが,最終的に自身が決断したとはいえ,「ワーク・ライフ・バランス」(仕事と生活の調和)が崩れ

てしまったうえ，育児不安も重なり，退職を余儀なくされた。この現実からも筆者は，依然として女性のキャリア開発に制約が存在していることを実感した次第である。このことは当然のことながら今後，現実の問題として，夫である筆者の就業への負担過多となって表れてくる（①女性が仕事と子育てを両立することの難しさ，②男性が仕事を優先せざるを得ない現実，③制度はあっても実際に利用しにくい現実などが筆者自身の体験として実感した）。この私的体験が示唆する女性のキャリア開発に関する一般的・基本的問題を提示し，カウンセリング心理学の視点の拡大を提唱したい。

### 1．女性のキャリア開発を考える視点
#### 1）今，なぜ女性のキャリア開発なのか

「男女雇用機会均等法」施行（1986年施行。成立は1985年。「女性差別撤廃条約」を批准する条件を整備するため，勤労婦人福祉法の改正法として「雇用の分野における男女の均等な機会及び待遇の確保等女子労働者の福祉の増進に関する法律」という名称で成立した）後，約20年が過ぎ去った今，女性の就業環境は大きく変化した。本法施行により，男女の雇用の均等性が法的に求められるようになった。そして1990年代に入ると，「仕事と家庭の両立」の問題が注目されてくる。90年代後半からは，女性就業者はもとより男性就業者にも，いわゆるリストラの波が押し寄せてくる。当然，企業サイドからは，雇用制度の見直しによるさらなる効率化の推進や，競争力の向上が求められてくるのである。

また，有給休暇を取得する男性就業者が増えたとはいえ，依然その取得率は低く，労働時間の短縮，育児休暇期間の延長など，柔軟な就業システムを構築することが必要である。そのためのコストは，社会全体で負担する工夫も必要であろう。

いずれにしても，女性のキャリア開発を考えることこそ，男性のキャリアの将来を見据えることにもつながってくるといえる。

#### 2）わが国における女性のキャリア開発の現状

日本の女性の就業実態の特徴は，以下のとおりである。①年齢階級別労働力率の形がM字カーブであること。女性就業者の結婚・出産・育児などによる退職と再就職が影響して，年齢階級別労働力率の形がM字カーブを描くことである。近年，出生率が回復傾向にあるスウェーデンやフランスでは，育児期の女性労働力率の低下はみられない。「仕事と家庭の両立」支援の一層の定着促進・充実などが大きな課題である，②学校教育を受けた年数が，女性労働力率にプラスに影響していないこと。大卒女性でも，卒業後すぐに結婚・出産・育児に進む女性は多い。子育てしながらも就業の継続ができる環境整備がここでも望まれる，③女性に占める非正規労働者比率が，男性に比べ高いこと。いわゆるパートタイム労働者は女性に多く，子育てが終わってからの再就職先の制約の問題も大きく影響しているといえよう，④男性就業者に比べ中小企業での就労率が高いこと。企業サイドに依然「女性は結婚すればすぐ退職するのだから」といった女性に対する偏った見方が強い。社会全体の意識改革も課題である，⑤女性管理職の比率が低いこと。前述の①〜④にも関連する問題でもあり，女性の場合，管理職登用の時期が出産・育児の時期と重なることが多く，このことが女性の管理職への登用，その後のキャリア継続を困難にしている。ただ，依然，少子化傾向が続いており（1970年代半ば以降，30年間にわたって出生率，出生数の低下傾向が続いている），企業サイドの人事戦略としても，性別にかかわらず優秀な人材確保の視点から，働きやすい職場環境の形成に取り組む企業も増えてはきている，⑥男女間に賃金格差があること。男女の就業分野の違いなどが影響していると思われるが，現存する男女間の賃金格差の放置は，労働市場全体を不安定にすることにもつながり，労働者の能力発揮の大きな阻害要因になるともいえる。

いずれにしても，このようなわが国における女性のキャリア開発の現状をみると，結婚・出産・育児等で退職する可能性が高い女性就業者に対して，企業は投資を控える現状があるのではないだろうか。男性就業者のほうが企業定着率は高いのであるから，こうした考えで雇用が進められているといえよう。

それではどうすればよいのか。女性が結婚・出産・育児に携わったとしても，有給休暇も社会的に保障され，労働時間も短縮され（当然，男性就業者の過剰労働も緩和されなければならない），柔軟な就業システムも構築されなければならない。多様なニーズに合わせた保育サービスの充実や男女雇用機会均等のさらなる推進を図ることも大切である。このように，女性のキャリア開発を考えることこそ，男性のキャリアの将来をしっかりと見据えることにもつながってくるといえるのである。

## 2．男女雇用機会均等と女性のキャリア開発

### 1）女性の内部労働市場における昇進率の低さ

結婚・出産・育児，さらには夫の転勤に伴う退職など，女性就業者の就業制約・中断が，女性の内部労働市場における昇進率の低さに影響を及ぼしていると考えられている。男女雇用機会の均等な雇用管理により，女性就業者の能力発揮の機会が保障されなければならないといえよう。女性の高学歴化も進み，内部労働市場でも充分その専門的能力や管理能力などを発揮できるはずである。

雇用する企業だけの問題ではなく，女性就業者の能力発揮の機会が保障されるような社会全体でのシステム構築が強く望まれる。

### 2）「仕事と家庭の両立」と女性のキャリア開発

1990年代以降，「仕事と家庭の両立」支援施策が積極的に展開された。「育児休業法」（1992年施行）や「エンゼルプラン」（1994年策定。これにより，多様な保育サービスの充実等，政府の子育て支援対策は本格的にスタートしたといえる）などによる積極的推進である。さらには，少子化への歯止め策としての「次世代育成支援対策支援法」（2005年施行）によって，企業の「仕事と家庭の両立」支援策への法整備が進められた。この少子化については2007年度版の『厚生労働白書』でも依然重篤な問題として取り上げられており，①経済的基盤や雇用・キャリアの将来の見通し・安定性，②子育てしながら就業継続できる見通し，仕事と家庭の調和，③夫婦間の家事・育児の分担，育児不安等，結婚や出産に影響を及ぼしている要素を挙げ，児童手当の乳幼児加算や育児休業給付の引き上げなど，出産前後や乳幼児期における経済的支援を充実するとともに，若年者雇用対策の強化，生後4カ月までの全戸訪問，地域子育て拠点の拡充，全小学校区における「放課後子どもプラン」の推進など，地域の子育て支援策の充実を図ってはいる。そして，保育所「待機児童ゼロ作戦」の推進や「ワーク・ライフ・バランス」の推進もうたってはいる。

ただ現実の問題として，それらの制度，政策は十分対応しきれていないのが現状である。つまり，「仕事と家庭の両立」の問題は，就業者の多様なニーズに企業側が応えられているかの問題でもある。「ダイバーシティ・マネジメント」（人材の多様性を企業の競争力向上の源泉として活かそうとする考え・戦略のこと）が昨今いわれ，ビジネス環境の変化に迅速，柔軟に対応し，企業の成長，個人の幸せに繋げようとする動きが出てきている。つまり，マーケットには多様な意識や価値観があるはずで，それらに対応するには多様性を尊重することが大切であるとする。この考えは，女性就業者の能力を十分発揮できていないわが国の現状の労働市場において，女性のキャリア開発の観点からも大いに期待したい。

## 3．女性のキャリア開発の今後の課題

女性のキャリア開発が制約を受けることは，男性のキャリアへの負担を増すことであり，女性のキャリア開発を考えることこそが，男女双方の望ましいキャリア支援について考えることでもあった。つまり，実質的に，男女双方に均等な雇用機会が開かれていることが何より重要である。また，就業のニーズは個人のなかでも，出産時期，育児期，家族の看護・介護，自分自身の加齢等，ライフステージによっても変化するものであり，そのときどきで個人のキャリアを選択しつつも，中・長期的にキャリアを開発，展開できるようにすることが重要である。制度としても，施策としても，そして実質的にも，男女双方にとって均等な雇用管理のさらなる推進と，「仕事と家庭の両立」支援が，いっそう充実

することが求められている。

(住本 克彦)

〔文献〕
児美川孝一郎 2007 権利としてのキャリア教育 明石書店
髙良和武 2007 インターンシップとキャリア――産学連携教育の実証的研究 学文社
厚生労働省 2007 厚生労働白書（平成19年版）
小杉礼子編 2007 大学生の就職とキャリア――「普通」の就活・個別の支援 勁草書房
内閣府 2007 平成19年版少子化社会白書
橘木俊詔編著 2005 現代女性の労働・結婚・子育て――少子化時代の女性活用政策 ミネルヴァ書房
武石恵美子 2006 雇用システムと女性のキャリア 勁草書房
梅澤正 2007 大学におけるキャリア教育のこれから 学文社
渡辺三枝子編著 2003 キャリアの心理学――働く人の理解「発達理論と支援への展望」 ナカニシヤ出版
渡辺三枝子・ハー, E.L. 2001 キャリアカウンセリング入門――人と仕事の橋渡し ナカニシヤ出版
谷内篤博 2005 大学生の職業意識とキャリア教育――will can must 勁草書房

## 13　中高年のキャリア開発
career development of midlle-aged and aging people

中高年とは、『広辞苑』には「中年と高年。青年期を過ぎて老年期に至る間の年ごろ」とある。これまでの年代区分でも、40～64歳までが中年期で、65歳以上が老年（高年）期とされてきた。一方、老境を自覚する年ごろで、40歳の異称とされる「初老」という言葉もある。しかし、平均寿命が80歳前後になった現在の長寿社会にあっては、個人差も大きいが40歳が初老といわれても生活実感が薄い。しかも、55～64歳男性の労働人口比率は83.7%（女性51.5%）であり、65歳以上になると29.2%（女性13.0%）に激減している（総務省統計局2006〈平成18〉年労働力調査）。この実態からすれば、せめて50～64歳を中年期、65歳以降を老年（高年）期とし、65～74歳を前期高齢者、75歳以上を後期高齢者とするのが一般的である。

なお、人生80年、否90年の時代を迎え、一方で人口が減少しているいま、「65歳現役社会実現」を政策目標に、「高年齢者雇用安定法の改正」（2006〈平成18〉年4月施行）もなされている。

### 1. 中高年のキャリア開発はなぜ大事か
わが国においてバブル経済がはじけた1990年以降は、経済不況に伴い社会経済・労働環境が大きく変化した。それまでは、若年者も中高年も企業・組織に自らの生涯を託し、キャリア開発を図ってきた。時代が変わり、今日では働く個人は自己責任のもとにキャリアを開発し、自ら付加価値をつけ市場価値を高める努力を行う自立した人材（財）が求められている。個人としては、基本的には誰もあてにせずに力を高めるほかないのである。

こうした状況変化のなかで、中高年と称される人びとは、身体的・精神的機能低下を自覚しつつも、家庭や職場では立場上期待される役割（親と子世代の双方に財やサービスの提供や、中間管理職として）は大きく、身体的、心理的、社会的負担が重くのしかかる時期である。人生の後半に入り、特に男性では自らの能力や到達点など先がみえてきたり、仕事上の失敗や挫折、時にはリストラの憂き目や、近親者や知人の死別などの喪失体験もあったりして、精神的負担にもなる。運命のいたずらか、熟年離婚や定年離婚という負の遺産を背負うこともある。

一方、管理監督職を含めパート職や契約社員などで働く中高年の女性（主婦）が増えているなかで、子どもの養育問題、舅・姑との確執や老親の介護、さらには夫の女性問題など、長期にわたるストレスにさらされることもある。共働きの場合は、職場が一時の息抜きなど逃げ場になるにしても、負担は何かと加重される。ワーク・ファミリー・バランスの難しさは男性以上である。

中年期の危機と称される節目の時期にあって、職場のことだけでなく、家庭や地域のこ

とを振り返り,「やりたかったこと,できなかったこと,できたこと」など自らの内なる声に耳を傾けて,これからの人生に何が大切かを考えキャリアをデザインし,開発していくことは必須である。65歳以上でも生き生きと働けるためにも,中年のうちからその準備が求められる。すでに定年を迎えた人にあっても,これまでの知識経験を生かし生涯現役・生涯青春の気持ちで,元気なうちは働き,生活費は自分で稼ぎ,自分なりの生きがいをもってプロダクティブ・エイジング(生産性を保持した状態で高齢期を生きる)を目指したいものである。

## 2. どんな研究がなされてきたか

中高年のキャリア開発にかかわる研究については,大別すると,①生涯発達と発達課題,つまり人の一生の歩みを理解するために生涯発達課題を考える立場,②職業生活領域での発達について考察するキャリア発達の理論,③人は生きている限り発達・進歩し続ける存在であるとの人間観に立つ,生涯発達心理学からのアプローチがある。

### 1) 生涯発達と発達課題

特に中年の危機については,フロイト(Freud, S.)の病的体験,ユング(Jung, C. G.)のフロイトとの決別を含む壮絶な個人的な体験は,つとに有名である。ユング(1933)は40歳を人生の正午,それ以後を人生の午後と呼び,自己を見つめ直し,新たな自己への転進を提起した。

同じ精神分析の立場から,人間の生涯にわたる八つの発達段階(ライフ・サイクル)を論じたエリクソン(Erikson, 1950)は,中年期の心理社会的課題として世代性を,「統合対絶望」が課題となる老年期においては同調要素と失調要素のせめぎあいのなかにあるとする。

その他,乳幼児期から老年期まで六つの発達段階と課題を掲げ,職業生活の充実だけでなく個人の能力や家族関係の重視を主張するハヴィガースト(Havighurst, 1972)や,発達段階は安定期と過渡期とが交互に表れ,50〜55歳が中年期への,60〜65歳が老年期への過渡期とし,精神的危機ととらえるレビンソン(Levinson, 1978)などがいる。

### 2) キャリア発達理論

スーパー(Super, 1980)は,「キャリアは,人の一生を通じていろいろな役割(life role)を同時に果たしながら,個人と社会環境との相互作用のなかで発達する」とする。シャイン(Schein, 1978)は,個人がキャリアの選択を迫られたとき,最も手放したくない欲求・価値観・態度・能力などを「キャリア・アンカーの概念」(長期的なキャリアの拠り所)とし,また組織ニーズを明らかにする「キャリア・サバイバル」(キャリアを歩む過程で出会う外部からの要請に耐えて生き残れること)の考え方(Schein, 1995)をも提唱している。

人生の節目でキャリアデザインを支える視点を提供する,ブリッジス(Bridges, 1980)のトランジション(転機・移行期)論や,キャリアにより密着したトランジション論を展開したニコルソン(Nicholson & West, 1988)のモデルが注目されている。さらに,全米キャリア開発協会(National Career Development Association:NCDA)の会長でもあったシュロスバーグ(Schlossberg, 1989)は,「人生はトランジションの連続から成り立ち,人のキャリアはそれを乗り越えるプロセスを経て形成される」と述べている。

その他,クルンボルツ(Krumboltz, J. D.)の「計画された偶然性の理論・概念」(planned happenstance theory:キャリアの80%は予期しない偶然の出来事によって形成される)や,アイデンティティは一生を通じて何度も危機を迎えては問い直され成熟していくと考える岡本(1985)の「自我同一性のラセン式発達モデル」も,日本人による研究も見逃せないところである。

## 3. 今後の研究課題

キャリア開発については生涯発達心理学との接合が試みられ,人の一生涯にわたる加齢という視点や,社会的諸条件とのかかわりでみていこうとする方向で考察されている。以上のことを踏まえて,次のようなテーマを提起しておきたい。

①ホワイトカラー・エグゼンプション*の導入が議論されているなかでの,中高年のキャリア開発とワーク・ファミリー・バランス。

②老親への世話や成人した子を抱える重荷など、中高年のメンタルヘルスとキャリア開発への影響。③団塊の世代（1947～49年生まれ）の大量退職（約700万人）と、組織から家庭・地域社会などと連携を図りながらのキャリア開発の模索。④高年齢者のキャリア開発をよりよく進めるために、自分の歩んだ人生をまとめ受容するプログラムの開発と実践。⑤人生の出来事やキャリアの節目をくぐるときのストレスや、キャリア転機での適切なソーシャル・サポートのあり方（キャリアカウンセラーの有効なかかわり方）。

*管理職や専門職のほか、裁量労働に従事する者を含むホワイトカラーなど、一定の類型の業務に従事する従業員に対して、役職手当などを付与することにより、労働基準法上の労働時間の規制を適用除外とする制度のこと。

（衣川　光正）

〔文献〕

Bridges, W. 1980 Transitions : Making sense of life's changes. Addison-Wesley.（倉光修・小林哲郎訳　1994　トランジション——人生の転機　創元社）

Erikson, E. H. 1950 Childhood and society. W. W. Norton.（仁科弥生訳　1997　幼児期と社会　みすず書房）

エリクソン, E. H. 1973　小比木啓吾訳編　自我同一性——アイデンティティとライフ・サイクル　誠信書房

エリクソン, E. H. 2001　村瀬孝雄・近藤邦夫訳　ライフサイクル、その完結（増補版）　みすず書房

Havighurst, R. J. 1972 Developmental tasks and education. 3 rd ed. David Mckay.

中西信男　1995　ライフ・キャリアの心理学——自己実現と成人期　ナカニシヤ出版

Jung, C. G. 1933 The stages of life : The collected works of C. G. Jung. vol. 8. Princeton University Press.

※フロイトとの決別、ユングの中年期についての考え方は次の著作でも。

ユング, C. G.　池田紘一・鎌田道生訳　1976　心理学と錬金術 1　人文書院

ユング, C. G.　河合隼雄ほか訳　1973　ユング自伝——思い出・夢・思想 1　みすず書房

ユング, C. G.・ヴィルヘルム, R.　湯浅泰雄・定方昭夫訳　1980　黄金の華の秘密　人文書院

金井壽宏　2002　働く人のためのキャリア・デザイン　PHP

金井壽宏編著　2003　会社と個人を元気にするキャリア・カウンセリング　日本経済新聞社

Kathleen E., M, AIS. Levin., & J. D. Krumboltz. 1999 Planned happenstance : Constructing unexpected career opportunities. Journal of Counseling & Development, **Spring**, 77.

Levinson, D. J. 1978 The seasons of a man's life. Knopf.（南博訳　1980　人生の四季——中年をいかに生きるか　講談社、後に1992　ライフサイクルの心理学　上・下　講談社学術文庫）

Nicholson, N., & West. M. A. 1988 Managerial job change : Men and women in transition. Cambridge University Press.

岡本祐子　1985　中年期の自我同一性に関する研究　教育心理学研究, **33**, 295-306.

岡本祐子　1994　成人期における自我同一性の発達過程とその要因に関する研究　風間書房

岡本祐子　1997　中年からのアイデンティティ発達の心理学——成人期・老年期の心の発達と共に生きることの意味　ナカニシヤ出版

岡本祐子編著　2002　アイデンティティ生涯発達論の射程　ミネルヴァ書房

Schein, E. H. 1978 Career dynamics : Matching individual and organizational needs. Addison-Wesley.（二村敏子・三善勝代訳　1994　キャリア・ダイナミックス　白桃書房）

Schein, E. H. 1995 Career survival : Strategic job and role planning. Pfeiffer.（現在はWiley）（金井壽宏訳　2003　キャリア・サバイバル——職務と役割の戦略的プランニング　白桃書房）

Schlossberg, N. K. 1989 Overwhelmed : Coping with life's ups and down. Lexington Book.（武田圭太・立野了嗣監訳　2000　「選職社会」転職を活かせ　日本マンパワー出版）

Super, D. E. 1980 A life-span, life-space approach to career development. Journal of Vocational Behavior, **16**, 282-292.

## 14 キャリア・コンサルティング
career consulting

キャリア・コンサルティングの意味については さまざまな見解があるが、厚生労働省によると、「労働者が、その適性や職業経験等に応じて自ら職業生活設計を行い、これに即した職業選択や能力開発を効果的に行うことができるよう、労働者や離転職者等に対して、職業生活の節目などに実施される相談のことをいう。実際には、①自らの職業経験の棚卸し（振り返ること）や適性検査等を通じた自己理解、②労働市場や企業に関する情報提供等を通じた職業理解、③職業体験等を通じた職業に対する動機づけ等を行ったうえで、④今後の職業生活や能力開発に関する目標設定を行い、職業選択や教育訓練の受講等キャリア形成のための主体的な行動に結びつけていくものである」としている。

### 1. キャリア・コンサルティング誕生の経緯

1960年代の日本では、高度経済成長を目前にして、戦後ベビーブーム世代（現代の団塊世代）の集団就職が盛んに行われる一方で、産業構造変化を代表するような相次ぐ炭鉱の閉山など、労働力の大流動が起こった。それに相応するように職業指導、職業紹介などの職業安定行政が発達し、それは学校においては進路指導というかたちで発展してきた。いわゆるガイダンスとマッチングが、その機能の中心であった。

一方、企業においては、1970年代後半から大企業を中心に、CDP（career development programs）と総称されるさまざまな人事施策が導入され、組織の期待と個人が目指す方向のベクトル合わせに取り組んではきたが、終身雇用・年功序列・企業内組合という日本的経営の3点セットのなかでは、本来の目的が達成できなくなってきた。

1990年代後半にバブル経済が終わり、いわゆる平成不況に入ってくると、多くの企業は大リストラ（本来の意味は「事業構造の再構築」）と呼ばれる雇用調整に踏み切ることとなり、一方で企業の新規採用枠の激減により、学校を卒業しても就職できない人が急増し、多くのフリーター（フリーアルバイターという和製英語で、常用雇用でない働き方の総称）を生むこととなった。そこに、もともと欧米で歴史を重ねて構築されてきた「キャリア・カウンセリング」という機能の適用が注目されることとなり、中高年の再就職支援や若年就業支援の対応療法として、官・民・学において急速に広まったのである。

このような経緯から、厚生労働省は2000年に、職業能力開発促進法でキャリア支援指針を告知し、2001年に「キャリア・コンサルタント能力体系」を策定し、このときからキャリア・コンサルティングやキャリア・コンサルタントという呼称になった。このことからして、日本においてはカウンセリング心理学の発展形としてキャリア・コンサルティングの概念ができたのではなく、社会、経済、労働環境などの変化に対応する手段や政策として発生してきたものであり、その機能は単に相談対応にとどまらず、アドバイス、指導、教育、提言、開発、支援など多岐にわたり、それらを有効に機能させるものとしてカウンセリング心理学が注目されることとなる。

### 2. これまでの研究や問題

キャリア・コンサルティングは、社会の必要によって普及してきた経緯から、当初の研究分野はもっぱら就業を目的とした、相談者（中高年か、若年か、学生かといったこと）、状況（再就職か、職業選択か、職業ガイダンスか、など）、対象分野（官民の需給機関か、学校か、NPOか、など）へのキャリア・コンサルティングの適合性研究が主であった。たとえば、中高年者の再就職にあたっては、キャリア・シート（職務経歴書）の作成の仕方や、異なる業界に移ったときに発揮できる能力の確認のさせ方などであり、若年者については、各種検査による職業興味の確認方法や職業選択のさせ方など、いわゆるノウハウといわれる研究が盛んに行われた。

しかし、このことは、「キャリア・コンサルティング＝就業支援」とみられることとなり、担当するキャリア・コンサルタントも、

相談者を就職させることが業務目標となる危険性を感じるとともに、相談者との関係構築（傾聴、共感的理解など）を割愛する結果、分析・指摘・指導をすることによる苦情が発生することとなった。期せずして社会問題にもなっているメンタルヘルスの問題を抱える相談者も増加してきて、多くのキャリア・コンサルタントは、改めてカウンセリング心理学を学んだり、うつや発達障害をもつ人へのキャリア・コンサルティングをいかにするかという事例研究に取り組むことになる。さらにキャリア・コンサルティングの適用分野が急速に拡大したため、限定的な適用研究が盛り上がりをみせてきた。たとえば、帰国子女のキャリア・コンサルティング、スポーツ選手のセカンドキャリア支援、受刑者の社会復帰支援、若者の自立支援、障がい者の就業支援、企業内キャリア相談室、などである。

キャリア・コンサルタントの多くは、概ね130時間程度の学習で何らかの民間資格を取得しているものの、カウンセリングや臨床心理の専門家ではなく、かといって各適合分野の事情に精通しているわけではないことから、もっぱら情報収集のかたちで勉強をしている実態がある。したがって、資格取得後の実践と勉強の繰り返しがなければ、キャリア・コンサルティングはその深みも体系化も進まなくなってしまうだろう。

### 3．今後の課題と研究テーマ

キャリア・コンサルタントが成長するには、実践⇒スーパービジョン⇒向上訓練や勉強、という成長サイクルが不可欠である。実践については、国の政策からも適用分野と深耕度合いに発展性が予見でき、勉強についてもさまざまな機関で向上訓練や講習会を受ける機会が増えてきた。しかし、キャリア・コンサルティングは急速に発展してきたことから、カウンセリング分野でいうところのスーパービジョン体制が整っておらず、またスーパーバイザーもきわめて少ない実態がある。したがって、スーパービジョン体制の整備と、多岐にわたるスーパービジョン事例の収集と整理が、これから課題のひとつとなる。

ここでポイントとなることは、相談室のなかで起きたことへのスーパービジョンだけでは、キャリア・コンサルティングの発達にさほど貢献できないことである。キャリア・コンサルティング特有のスーパービジョンのかたちをつくっていかなければならないのである。なぜならば、これからのキャリア・コンサルタントは、組織への提言活動や教育・研修、グループ・アプローチ、体験学習、ファシリテーションなど複合的に行うことが期待されており、ミクロ視点で探求しても役に立たず、マクロ視点だけでは手詰まりとなるからである。また、勉強（たとえば認知行動療法の勉強）の仕方にしても、その道の専門家を目指すのなら別として、勉強の目的を「キャリア・コンサルタントとしての限界を知るためと、リファーの仕方のため」と置くほうが現実的であり、何か起きたときに困らないようにというリスク回避発想の勉強は、キャリア・コンサルタントの成長を抑止してしまうことにもなりかねない。

キャリア・コンサルティングは冒頭の定義にあるように、相談対応すること自体が目的ではない。自ら職業生活設計を行い、これに即した職業選択や能力開発を効果的に行うことができるよう、主体的な行動に結びつけていくものである。必ずしも悩んでいる人に対応するものでもない。それゆえ、能動的・教育的に仕掛けていくこともある。体験と幅広い勉強とスーパービジョンが必要であるが、根本的な課題は「キャリアとは何か」、特に「内的キャリアとは何か」（内的キャリア：職種、地位、収入、学歴、職歴、能力というものを外的キャリアとすれば、内的キャリアとは、私は誰か、どうなりたいのか、なぜ働くのか、どうすればそうなれるのか、という個人の内面の意識のこと）を、キャリア・コンサルタントが自分のこととして実感できているようになることである。

（大関 義勝）

## 15　マネジメント・カウンセリング

management counseling

マネジメント・カウンセリングとは、企業，

組織のライン・マネジャーが部下を対象に，職務遂行能力の育成，職務への取り組み態度の改善，キャリア開発などを目的に，カウンセリングの考え方，技法を活用して行う，マネジメント行動の総称である。

## 1．目的と方法

企業のマネジャーがカウンセラーである必要はない。あくまでカウンセリングとマネジメントの相反する側面と共通する側面を見すえながら，カウンセリングをマネジメントにどう活かしていくのかが，マネジメント・カウンセリングのテーマである。

カウンセリングとマネジメントの相反する側面は，その「目的」であろう。カウンセリングは個人の目標達成を最終目的にしているのに対し，マネジメントの最終目的はあくまで組織（集団）の目標達成である。カウンセリングとマネジメントの共通する側面は，個人の目標を達成するために行う「個人の育成」である。ここに，カウンセリングをマネジメントに活用する根拠がある。

したがって，マネジメント・カウンセリングでは，従来の問題解決のカウンセリングだけでは不十分である。加えて失敗や挫折，メンタルヘルスの悪化を防ぐ「予防」的カウンセリングと，ソーシャルスキル，コミュニケーションスキル，ビジネススキルなどを身につける「開発」的カウンセリングが必要とされる。

## 2．マネジメント・カウンセリングの意義

なぜ，今日，マネジメント・カウンセリングが必要か。そのポイントは大きく三つある。

### 1）個別管理の必要性

第一は，新しい人事制度が要求するマネジメント能力への対応である。近年，「目標による管理」の再導入，「能力主義，成果主義」「コンピテンシー制度」の導入など，人事制度の改訂に取り組む企業が増加している。改訂された人事制度を成功裏に定着させていく最大の課題は，適正運用にあることはいうまでもない。よく「制度の信頼性は，制度そのものよりもその運用者への信頼性による」といわれるとおり，適正運用には，一人ひとりの能力，興味，適性に焦点を合わせた「個別管理・個別対応」が基本でなくてはならず，その意味で企業のライン・マネジャーの「個別管理能力」は，新しい人事制度定着の鍵といえる。マネジメント・カウンセリングはこれに応えるものである。

### 2）組織内統合の必要性

第二は，経済のソフト化，コンピュータリゼーションの進行へのマネジメント対応である。経済のソフト化，コンピュータリゼーションの進行は，企業の活力の増強に大きく貢献した反面，マネジメント上に二つの課題も残した。

その一つが，組織内に多くの"専門家集団"を生み出したことである。二つめは，技術者（専門家）からの管理者養成という，「効率性と有効性の相克」といった新たな問題である。

これらのことが，組織内の集団のセクショナリズムを強固にすると同時に，マネジメントへの無関心（専門性への関心），コミュニケーションの困難性，人間関係の希薄化を進行させるといった，大きな組織的，人的な問題を引き起こしている現状がある。これらの問題解決に，マネジメント・カウンセリングの必要性の第二の理由がある。

### 3）多様な枠組みの必要性

第三は，情報化の進展，価値観の多様化，高齢化の進展への対応である。これらにより企業のなかでは，立場，価値観，考え方などを異にした人びとが働くようになった。新たなマネジメントの枠組み，新たなマネジメントスキルを必要としているといえよう。

これが，マネジメント・カウンセリングを必要とする第三の理由である。

## 3．今後の課題

現在の企業では，メンタルヘルスの悪化が大きな問題となっている。能力主義，成果主義といった制度（ハード）先行に対して，それをフォローするマネジメント（ソフト）が十分に機能していないことも原因となっていると思われる。

また一人ひとりへの対応と同時に，グループとしてどう扱うか，集団のなかでどう個人を位置づけていくかという視点も，各自の専門性の深化，専門集団の発生に伴い，重要性

を増すであろう。

その意味でも，マネジメント・カウンセリングの理解と普及をさらに推し進めていくことが，まず急務であろう。

（廣瀬　晴生）

〔文献〕

國分康孝　1984　リーダーシップの心理学　講談社

國分康孝　1995　上司のための心理学――組織と人を生かすカウンセリングマインド　生産性出版

## 16　事故防止と安全管理
### accident prevention and safty management

事故とは不慮の出来事であるが，不慮といっても決して偶然ではない。一見，単純そうにみえる事故であっても，その背景には，いくつもの間接原因（遠因）・直接原因（近因）が連鎖的にからみあって発生している。

### 1．事故のメカニズム

事故研究者のハインリッヒ（Heinrich, 1959）の分析によれば，大きな事故が1件勃発するまでには，すでに小事故が29回ぐらい起こっており，さらにその以前には300件ぐらいの好ましくない「不安全行為」が行われているという。この1：29：300の関係は，「ハインリッヒの法則」として知られている。この不安全行為こそ事故の芽であり，事故を防止するには，この不安全行為の除去が肝要だというのである。不安全行為とは，当然守られるべきことが守られていないという非常識的な行為をいう。

### 2．事故分類

事故防止の対策には，事故の実態の情報とその原因の分析が必要である。それには，まず事故の分類が必要である。分類の視点がいくつかあるが，被害面からの分類と原因面からの分類が有効である。

#### 1）被害面からの分類

事故の現象に関する分類である。たとえば，①交通事故，②火災事故，③災害事故，④海難事故，⑤原子力事故，⑥航空事故，など幾種類もありうる。

#### 2）原因面からの分類

主たる原因の帰属に関する分類である。

**自然因的事故**――主として時間経過と自然の摂理によって生ずる事故である。対策上，予期不可能で，したがって対策不可能な事故である。一般に災害といわれる事故がそれである。たとえば，陥没，風化，風雨，水害などによる人事を尽くしても不可抗力的な事故である。

**生産因的事故**――製作・製造過程の不備による事故である。技術や素材の不適切さによる事故である。人間の技能や判断が介入することから，責任が人間に帰せられる。産業におては製品のリコールの対象になる。

**人為因的事故**――人間の行為に起因する事故である。これには間接的に起因する場合と直接的に起因する場合がある。間接因は前述の「不安全行為」といわれるものである。直接因は次の場合が挙げられる。すなわち，作業情報提供不備，認知・確認のミス（錯誤・錯覚），判断・意思決定のミス（企画・計画の失敗），操作・動作のミス（未熟・馴れ），事後の確認ミス（不注意），情緒不安定（不安・雑念）などである。結果に関して，結果責任，予測責任，管理責任，道義的責任がつきまとう。

### 3．事故の動向分析

#### 1）統計分析

事故防止には事故の発生の場，時間，タイミング，契機についての情報が必要である。その情報は事故統計から得られる。事故統計は場所，時間（時刻，経過時間），時期（曜日，月別，季節別），人口特性（性別，年齢別，業種別，経験別），原因別などに関して計量される。その特徴に基づいて防止策が講じられる。

#### 2）統計指標

事故の程度を表現するために，次のような統計の指標が使われる。①件数（単純発生回数），②件数率（年間1000人当たりの被害者指数），③度数率（100万労働時間数当たりの事故件数），④強度率（100万労働時間数当たりの損失労働日数），⑤災害指数（ある基準を100とした場合の変動率）。

## 4. 原因分析

原因分析は，同じ事故を繰り返さないための重要な行為である。しかも責任の所在を明確にする活動でもある。原因は，当人か環境か事物かの次元に帰属されるが，時系列的には相互作用・相互影響的にからみあっている。そのなかから，主因・副因，近因・遠因，直接因・間接因と階層的に分析しなければならないので，かなり厄介である。原因の帰属の仕方は，被害-加害の立場で異なり，当事者か傍観者かでも異なる。また，事故の重大さによっても，原因の認知と帰属が変わる。たとえば，重大な事故になるほど，原因は当事者に帰属されるようになる。

## 5. 事故防止対策

事故防止の対策を大別すると，積極的対策と消極的対策に分けられる。積極的対策とは，安全上有効と考えられる技術や方法を取り入れて人間の側を前向きにさせるとか，安全管理を強化して環境改善を図る対策である。

他方，消極的対策とは，不適格者を排除することによって事故の発生を低減させようとする対策である。それぞれには，具体的に次のような内容がある。

### 1）事故防止の積極的対策

①安全意識の高揚，安全態度の養成（講座・講習），②安全運動期間実施，③安全態度の形成，④安全管理の徹底，⑤安全教育の導入，⑥不安全行為除去・矯正（ひやり・はっと排除運動）で芽のうちに摘み取る（ひやり・はっと体験→滑った，転んだ，落とした，こぼした，接触した，壊した，などの体験調査），⑦QCサークル（quality control）活動（品質の最高水準を維持するための小集団活動を，事故防止にも活用する），⑧ZD運動（zero defect）（無事故・無過失達成を奨励），⑨就労者精神衛生増進（健全な生活環境づくり，円満な家庭生活の促進，精神的に安定した職場づくり），⑩安全対策運動（著名人によるキャンペーン，デモンストレーション，標語，ポスター，イベント），⑪安全管理活動の組織化と展開（安全委員会，安全行政施行），⑫安全管理者教育（ルール・制度の理解のための研修・講習会，学習会，技能の習得，認定資格の取得，実地研修と体験，シュミレーション体験），⑬安全の点検，チェック，⑭安全カウンセリングの導入（職場の風土改善，感情関係の円滑化の相談・助言，集団的活動，職場適応の増進の相談・助言，個人的不安や悩み除去・解消の相談・助言，職場の安全確保，安全管理の導入方法，制度確立の相談・助言），⑮安全管理の法律・規則の理解などである。

### 2）事故防止の消極的対策

仕事上の不適格者を排除することである。具体的には，性格的に事故頻発傾向者，不相応な知的水準の人，運動能力の低い人，不器用な人を排除する適性選抜を行うのである。

### 3）安全に対する人間工学の貢献

事故防止は人間工学に負うところが大きい。人間工学とは「人間と機械の調和」「人間の使いやすい機械・装置の設計」「道具の設計」「人間の特性に適合した機械・装置・道具の設計」「人間性尊重の工学」「人間主体の機械・設備」「施設・設備の人間化」を理念とするマン-マシン・システムの科学である。当初，第二次世界大戦中に米国で，兵士の使いやすい武器の開発のために提唱され，主に軍需産業で取り入れられた総合科学である。その後は平和産業（企業）にも浸透し，わが国にも上陸して，自動車をはじめとして，各種装置・道具・器具・家具・寝具・衣服の設計や日常必需品の設計に至るまで浸透した。こうして，今日では使いやすく，人間の能力を補完する安全な装置・道具が開発されるに至った。

## 6. 安全管理と事故防止における若干のリサーチ課題

### 1）「ひやり・はっと」体験調査から予防

事故は芽のうちから摘み取る必要がある。そのためには，"ひやり"とした体験や，あわや一大事かと"はっと"した体験を，多く収集して分析することである。調査の方法には，自由記述法と質問紙法がある。自由記述法の場合は内容分析法を，質問紙法の場合は統計分析を用いる。

### 2）正常化偏見の防止策

事故を分析してみると，その原因の多くは，「まだ大丈夫」「このくらいは大丈夫」「いつ

もやっていることだから」「みんながやっていることだから」というごくありふれた意識から生じていることがわかる。この心理を「正常化偏見」という。その動機は「実利汚染」と「煩わしさ回避」に尽きる。そこで，正常化偏見はどうすれば防げるか，その有効な方策とPRを追求することが課題となっている。

(水口　禮治)

〔文献〕

Heinrich, H. W. 1959 *Industrial accident prevention : A specific approach.* 4 th ed. McGraw-Hill.

## 17　若者の職業意識
career awareness in youth

近年，フリーター・ニートに象徴される，若年不安定就労の問題に社会的な注目が集まり，若者の職業意識に関する研究は，非正規の形態で働く若者たち，またはその予備軍を中心に行われることが多くなっている。

### 1．フリーターやニートの職業意識

フリーターの職業意識の特徴として指摘されることが多いのは，「やりたいこと」志向である。これは，フリーターが自分の"やりたいこと"に強くこだわる傾向を示す。たとえば，フリーターの若者に対するインタビュー調査では，フリーターは"やりたいこと"という語句を頻繁に用いて発言し，正社員になるか否かは「やりたいことがやれる」か否かによるといった主旨の発言をする。また，フリーターは，「良いフリーター」と「悪いフリーター」の二つに分けて考える場合があり，ここでも両者を分ける基準は"やりたいこと"があるか否かである。このように，フリーターが，自分の"やりたいこと"を主軸に自分の職業意識を説明する傾向は，さまざまな調査結果で示されており，フリーターの職業意識の中核をなすものとして論じられてきた。

一方，ニートの職業意識の特徴としては，就職忌避の傾向が挙げられる。長期間働かず，また教育や職業訓練も受けない状態を継続している若者のうち，一定の割合で，就職やそれに向けた活動を忌避する傾向があることを示す。その背景には，学校生活や社会人生活のどこかの段階で手痛い挫折経験をもっており，そのため自信を喪失しているということが指摘されている。また，ニートであるという事実そのものによって，就職以前に，自分自身の内面と直接向かい合おうとすることさえ忌避しがちになる。このような就職や社会に対する全般的な自信のなさ，臆病さがニートの職業意識の特徴と考えられている。

ただし，特に重要なのは，フリーターやニートの職業意識の特徴とされるものが，必ずしもフリーターやニートの若者たちにばかり観察されるわけではないという点である。むしろ，実際には「やりたいこと」志向にしても就職忌避の傾向にしても，若者全般に広くみられる職業意識である。いわば，フリーター的心性およびニート的心性は，若者であれば多かれ少なかれもっているものであり，それが，実際にフリーターやニートのような不安定な就労形態で生活することによって増幅され，若者の職業意識の前面にあがってくるといえるだろう。そして，ひとたびフリーター・ニート的な職業意識が前面にあがってくると，今度はその意識そのものがフリーターやニートの生活全体に影響を与えていく。

このように，フリーター・ニートの職業意識は多分に循環的な側面が強いのも特徴である。

### 2．職業意識の内容からプロセスへ

若者の職業意識に関する研究動向は，フリーター・ニート問題に関する最近の研究によって一変した。

本来，若者の職業意識の問題とは，若者が自らの就職や就労にどのように臨むのか，自分が送っている職業生活をどのように意味づけるのか，また，その背景にはどのような価値観や志向性，態度があるのかを検討するものであった。ある面では，純粋に心理学的な問題としてとらえることができたのであり，したがって，若者の職業意識を論じるにあたっては，どのような質問項目で測定し，分

析の結果，それがどのような側面に分かれるのかを，因子分析的な手法で検討することが中心となっていた。こうした若者の職業意識研究は，若者の職業意識の「内容」を問題にしていたといえるだろう。

しかし，若者の職業意識研究は現在，若者の職業意識の「プロセス」を問うものへと変化しつつある。若者の職業意識にどのような特徴がみられるのかのみならず，なぜ，そのような職業意識をもつに至ってしまうのかを検討する必要が生じている。このような検討が必要な理由として，最近の若者の職業意識は，若者がおかれた社会的な文脈との相互作用によって形成される面が大きいからである。

このような議論は，実はアメリカのキャリア発達の研究動向とも関連している。現在，アメリカのキャリア発達研究では，本人がおかれている文脈を重視しようとするアプローチが盛んになっている。これは，従来のキャリア発達研究が，個人内の意識レベルの話に終始しがちであり，個々人がおかれている状況や環境，制約や障壁を無視してきたという反省に基づいている。アメリカの研究で念頭におかれているのは，主に人種や性別であり，日本の研究状況とは若干，問題関心がずれる面はある。しかし，このような問題関心を，若者が置かれている社会的な文脈と意識の相互関係に対する研究として幅広くとらえれば，日本のフリーター・ニート研究と合致する面も多くなる。

職業意識は単に本人の内面からわき上がってくるのではなく，基本的には，本人が置かれた社会的文脈によって大まかな方向性が与えられ，それに対して，本人がどのように対応するのかによって決定される。若者の職業意識を考えるにあたっては，この社会的文脈と本人の対応の相互作用について考えることが，特に重要となっている。

### 3．若者の職業意識研究に関する今後の課題

若者の職業意識は，そのときどきの社会状況によってジャーナリスティックな興味関心で語られやすい。その都度，興味本位で若者の職業意識の未熟さや不適切さが話題にのぼるが，一方，若者の職業意識が本来どういう性質をもつものであり，ある特定の社会的な文脈に置かれた若者が，なぜ特定の職業意識をもつに至るのかという原理的な追究は，十分に行われていない。若者の職業意識はなぜ未熟なのか。この問題を若者一般に共通する普遍的な問題としてとらえ，この問題の根底にある心理学的な原理に迫る必要があるだろう。

目下のところこの問題の手がかりは，いわば若者がもっている職業や社会に関する情報・知識の点にあると考える。つまり，若者は大人であったことがないために，われわれ大人が考えている以上に，職業や社会について何も知らないという点から，若者独特の職業意識は派生するものと考えられる。若者の職業意識が未熟なのは，基本的にものを知らないからであり，ほとんどものを知らない状況で，若者なりに最善の答えをひねり出そうとすると，どうしてもわれわれ大人社会の価値基準とは別の基準を打ち立ててしまうというところがある。

したがって，若者の職業意識を成熟させる方法は，基本的には情報提供と知識付与ということになる。もともと考える材料が圧倒的に少ない状態で，若者なりに考えを練り込んだところで，出てくる答えは十分ではないことが多い。今後，若者の職業意識を研究する際には，この点について，十分に考えておく必要がある。

〔下村　英雄〕

〔文献〕

Blustein, D. L.　2006　*The psychology of working : A new perspective for career development, counseling, and public policy*. Lawrence Erlbaum Associates.

小杉礼子編　2002　自由の代償／フリーター——現代若者の就業意識と行動　労働政策研究研修機構

岡田努　2007　現代青年の心理学——若者の心の虚像と実像　世界思想社

## 18 産業カウンセリングと学校教育との連携
collaboration between career counseling for employees and school education

産業カウンセリングと学校教育の接点にも，フリーター・ニートなどの若年不安定就労の支援の問題は関連している。

### 1. 産業カウンセリングと学校教育の接点

現在，フリーターやニートなどの不安定就労の若者を支援するために，さまざまな就労支援機関が設置されている。それら就労支援機関の多くは，広い意味でのカウンセリング的な手法をベースとした，フェイス・トゥ・フェイスの対面的な状況における支援を提供している。対面的な状況における個別の進路，就職，将来に関する相談は，相談に訪れた個々の若者の特性に合わせて，必要な情報やアドバイスを，いわばカスタマイズして提供できるため，就職支援において最も効果的なサービスであり，カウンセラーの人的な支援がまったくない場合とある場合では，やはりある場合のほうが効果が高いということが実証されている。

しかし，現在，広く指摘されている問題は，自ら若年就労支援機関を訪れないために十分に支援の手が届かない層の若者に，どのように就労支援を行うかである。どのような就労支援サービスを用意してあっても，そもそも若年就労支援機関を訪れない若者に対しては，支援を提供することができない。この「アウトリーチ問題」の解決が重要な問題となっている。

この問題の解決にあたっては，学校を出た後に何か困ったことがあったときには，公的機関を中心として何らかの就労支援を受けることができるということを，十分に若者に対して情報提供しておく必要がある。また，就労支援を受けようと思うベースとなる自らのキャリア形成に対する基本的な動機づけをどこかの段階で育てておく必要もある。ここに若者を対象とした産業カウンセリングと学校教育の接点があり，学校教育段階でキャリア・ガイダンスを行って情報提供を十分に行っておく必要性，自己理解を十分に深めて自らのキャリア形成に大きな関心をもたせる必要性，といったものが生じることとなる。

### 2. 学校教育段階のキャリア・ガイダンスの必要性

学校教育段階で十分なキャリア・ガイダンスを行っておくべき理由として，現時点において，若者全体にキャリア・ガイダンスをまんべんなく提供しようと考えた場合，学校在学時点の若者に集中的に行うのが効果的であるということがある。学校教育段階におけるキャリア・ガイダンスの利点として，①一定の年齢の若者が多数集まっている場所であるため，キャリア・ガイダンスの実施が容易で効率的であること，②キャリア・ガイダンスの周知，募集が容易であり，ある程度参加を強制できること，③集まってくる若者の特徴が均一で把握しやすいため，より適切なキャリア・ガイダンスを提供しやすいことなどが挙げられる。

したがって，現在，全国的に広がりをみせている「キャリア教育」に積極的に参画することが，産業カウンセリングにたずさわる者にとっては重要となる。産業カウンセラーが学校教育段階のキャリア教育にかかわることが，結果的に，学校卒業後の若者に対する予防的なキャリア・ガイダンスにつながるからである。在学中の若者にサポートを提供しておくことによって，その後の若年不安定就労の問題や，より広く若者の職業・キャリアの問題は軽減されることになる。

### 3. 生涯キャリア・ガイダンスと産業カウンセリング

上述した議論は，海外のキャリア・ガイダンスに関する文献で強調されている「キャリアを管理するスキル」の議論をもとにしている。この議論では，現在，若者のキャリアが多様化しているという認識をベースにしている。これは，従来は一般的であった，学校を卒業したらすぐに就職するという伝統的なキャリアルートが崩れたために，従来の枠組みではとらえられないキャリアルートを歩む

若者類型が増えているということを示す。

　若者のキャリアが多様化しているために，学校卒業時の一時点の進路選択をうまく行わせるだけでは十分でなく，学校を卒業した後も，自分で自分のキャリアを管理できるスキルをもたせることが重要となる。必要な学習や訓練を自分で選択し，どのような職歴・経験が必要なのかを自分で判断できる力を若者に身につけさせる。そうすれば，若者は必要に応じてさまざまなカウンセリング・サービスを学校卒業後に受けることができる。すべての若者にキャリアマネジメント・スキルを身につけさせることで，仮に若者がやむを得ない事情で不本意なキャリアを選択せざるを得ない状況に陥っても，自ら行動を起こし必要な支援を受けることができる。

　すべての若者にキャリアマネジメント・スキルを身につけさせるという発想は，必然的に学校段階のキャリア教育において，生涯を見据えたキャリア・ガイダンスを行うという考え方に至る。こうして現在，キャリア教育およびキャリア・ガイダンスは，「生涯キャリア・ガイダンス」といったかたちで統合されていくと考えられている。このように考えた場合，学校で提供するキャリア・ガイダンスと学校卒業後の産業カウンセリングには，もはや垣根がなくなるということになる。

　結局，産業カウンセリングと学校教育の接点には，両者の連携による「生涯キャリア・ガイダンス」という発想があることになる。

## 4. 今後の方向性

　産業カウンセリングと学校教育の接点は，理念的には上述したとおりである。しかし，現実にこの両者をどのように結びつけるかには，さまざまな課題がある。

　基本的には，学校段階の若者に対する就労支援は，学校教育をベースに行うべきであり，学校におけるキャリア教育にどのように参画することができるかという観点から考える必要がある。これは，学校におけるキャリア教育が，生涯キャリア・ガイダンスのベースとなるからであるが，その他にも，若者に就職支援においては，集合的な場面における情報提供がきわめて重要になるからである。若者の就職支援において，情報提供を中心としたガイダンスが重要となるのは，若者にとって"就職"そのものが未知の経験である場合が多いからである。特に，大部分の若者は働いた経験がほとんどなく，したがって，大人の社会や企業についても，ほとんど知識や経験がない。そのため，それに向けた就職活動について十分な知識や経験をもっていない。若者にとって基本的に就職はわからないことだらけなのであり，適切な情報提供が十分になされなければ，不安や困難を抱えるのが当然のことなのだといえよう。

　産業カウンセリングと学校教育の連携の裏側には，若者全体により効果的にキャリア・ガイダンスを提供するためには，どうすべきかという根本的な問題が伏在していることにも注意したい。

〔文献〕

OECD 2004 *Career guidance and public policy : Bridging the gap*. OECD.

下村英雄 2007 就職支援とソーシャルサポート　水野治久・谷口弘一・福岡欣治・古宮昇編　カウンセリングとソーシャルサポート――つながり支えあう心理学　ナカニシヤ出版　101-110.

Watts, A. G., Law, B., Killeen, J., Kidd, J. M., & Hawthorn, R. 1996 *Rethinking career education and guidance : Theory, policy and practice*. Routledge.

(下村 英雄)

# 第IX章

# 福祉カウンセリング

## Counseling in Social Work

　福祉カウンセリングを本事典に含めたのは，私の過去が影響している。私は昔（1958～61年頃）関西学院大学の竹内愛二教授のもとで，ソーシャルワークの助手をしていた。当時，日本社会福祉学会の事務局が竹内研究室にあったので，私はソーシャルワークに親近感をもつようになった。それゆえアメリカ留学時代も，カウンセリング心理学の関連科目として，ソーシャルワークの授業をいくつか履修した（ケースワーク，グループワーク，コミュニティ・オーガニゼイション，ソーシャルワーク・リサーチ）。

　その結果，カウンセリング心理学とソーシャルワークの異同に関心をもつようになった。そこで本事典の企画をきっかけに，ソーシャルワークのなかにカウンセリング心理学が介入できるものがあるか，カウンセリング心理学がソーシャルワークから学ぶものはないかと自問自答したくて本章を立てた。

　運よく私の大学の福祉心理学科の中山哲志教授の示唆を得て，対象別（高齢者，障害者，子どもおよび，これら当事者の関係者）に項目を選択することにした。社会福祉の目標は，現実的問題（生活問題）の解決を支援することである（たとえば，養育者を失った子どもを里親に引きとってもらう）。

　そのとき，当事者（子どもや里親）の心理（たとえば，心理的距離）をケアするのが，福祉カウンセリングであり，このケアにまつわる研究が，カウンセリング心理学の任務であると，監修者の私は今のところ考えている。

（國分 康孝）

## 1 ひとり暮らしの高齢者
elderly person living alone

わが国の65歳以上の高齢者の家族との同居形態は，2005（平成17）年の時点でひとり暮らし（単身世帯）が約15％で，人数としては約386万人である。また，夫婦二人世帯が約26％であり，その他の6割弱の高齢者は，息子・娘夫婦，両親などと同居をしている（総務省統計局，2005）。そして，ひとり暮らしの高齢者は女性が約73％と多いこと（総務省統計局，2005）や，今後10年でひとり暮らしの高齢者の数も割合も増加することが予想されている（国立社会保障・人口問題研究所，2002）。また，内閣府（2006）の「世帯類型に応じた高齢者の実態等に関する意識調査」によると，ひとり暮らしの高齢者の結婚状況は，配偶者との死別が75.8％，配偶者との離別が13.0％であり，配偶者を喪失した結果，ひとり暮らしになるケースが多いことがうかがえる。これらの調査から，現在のひとり暮らしの高齢者は15％程度であるが，夫婦二人世帯の高齢者は，配偶者の喪失とともにひとり暮らしとなる可能性が高いと考えるならば，約26％の夫婦二人世帯の高齢者は，ひとり暮らしの予備群であるといえるかもしれない。

### 1．ひとり暮らしの高齢者の課題

ひとり暮らしの高齢者には，そもそもどのような課題が存在するのであろうか。海外の高齢女性を対象とした研究において，ADL (activity of daily living), IADL (instrumental activity of daily living)，健康関連QOL (quality of life)，精神的健康，認知機能などは他の家族形態と比較して，ひとり暮らしの高齢女性が特に低いわけではない。また，これらの身体的・心理的機能が悪化するリスクを縦断的に検討した場合も，ひとり暮らしであることが大きく影響することは示されていない（Michael et al., 2001 ; Sarwari et al., 1998）。これらの結果からは，ひとり暮らし自体は問題のないことであると考えられるかもしれない。

しかし，ひとり暮らしの高齢者を考える際には，上記の視点だけでは不十分である。たとえば，急な病気や怪我に対して，本人ひとりでは対処が困難な場合はどうするのか。実際，サーワリ（Sarwari et al, 1998）によって，身体的に深刻な障害をもつ高齢者のみを対象として分析を行った場合は，ひとり暮らしの高齢者は他の家族形態に対して，身体的機能の悪化のリスクは高まるという結果が示されるなど，急な事態に適切な対応が取れなかったことが示唆されている。

また，高齢男性を対象とした場合も，先行研究同様の結果が出るのであろうか。内閣府（2006）の調査において，ひとり暮らしの高齢者の男女で生活満足度を比較すると，「満足」と回答している人の割合が，女性（76.6％）よりも男性（65.6％）で少なくなっている。他の家族形態においても，男性のほうが不満をもつ傾向は同様であるが，その割合の差は特にひとり暮らしで顕著である。この結果は，あくまでもこのとき用いられた生活満足度の指標上での議論であるので，男性のほうが生活満足度は低いと断定できるものではないが，男性と女性ではひとり暮らしのもつ影響力が異なる可能性を示唆するデータとして，重要な意義がある。

以上から，ひとり暮らしを行っている高齢者と一括りにするのではなく，ひとり暮らしを十分にできる身体的・経済的状況で，望んでひとり暮らしを行っているケースと，ひとり暮らしを強いられているケースを分けて考えるべきであろう。自らひとり暮らしの生活を望み，送っている高齢者の場合は，それがその人にとっての最も適応的な生活形態と考えられるが，ひとり暮らしを強いられている場合には，適応的な生活とは呼べないのではないだろうか。また，性別によっても分けて考えるべきであろう。割合としては確かに少数ではあるが，男性がひとり暮らしを行う場合は，食事などの日常生活上の技術が不足することから，身体的・心理的機能に対して，ネガティブな影響を及ぼす可能性もある。実際，食事に対する技術が不足している高齢男性は，一日に摂取すべきエネルギーを摂取で

きていないことが示されている（Hughes et al., 2004）。

## 2. ひとり暮らしの高齢者への福祉カウンセリング

ひとり暮らしであることによるリスクとして，突然の身体的健康の変化に対応できないことはすでに述べた。内閣府（2006）の調査でも，ひとり暮らしの高齢者は他の高齢者と比較して，日常生活上の心配・不安が多く，内容としては「自分の病気・介護」や「頼れる人がいない」などが多いため，ニーズも高いと判断できる。心配・不安を解決するためには，たとえひとり暮らしの高齢者が元気であったとしても，家族や周囲の住民，さらには看護師や介護師等が交代で定期的に訪問し，相談にのることが必要となる。それにより，高齢者の心配や不安を少しでも取り除くことが可能であり，さらにはひとり暮らしからくる孤独感の解消もできるであろう。また，身体的健康の急変に対して，わが国では，高齢者の緊急通報システムという，ひとり暮らしの高齢者の異変を家族に知らせるシステムが導入されはじめている。こういったシステムの整備が，ひとつの具体的な対策になるかもしれない。その他，特に高齢男性の場合は，日常生活上のサポートが必要である。それは，単純に食事や洗濯を提供するということのみならず，高齢者が一人で暮らすための技術を身につけられるような講習会を開くなども，必要なことであろう。

## 3. 今後のリサーチ・トピック

研究を進める視点として，ひとり暮らしを望んでそうしている人と強いられている人，男性と女性で群を分けて考えることを提案した。これにより，身体的・心理的機能のリスクに関して，より詳細な知見が得られるはずである。また，その後，それらのリスクに対して，サポートが効果を発揮しているかどうかに関しても，適切に評価する必要がある。その他，ひとり暮らしでは当然予想される心配，不安，孤独感に関しても調査が充実しているとはいえない。特に，高齢者がひとり暮らしを始めてからの縦断的な検討が必要とされる。

今後，高齢者のひとり暮らしが増加することは確実であるだけに，その実態に関して，詳細に把握するとともに，理論的に整備され，体系化された援助方法の確立が待たれる。

（中原 純）

〔文献〕

Hughes, G., Bennet, K. M., & Hetherington, M. M. 2004 Old and alone : barriers to healthy eating in older men living on their own. *Appetite*, 43, 269-276.

国立社会保障・人口問題研究所 2002 日本の将来推計人口（平成14年1月推計） URL ; http://www.ipss.go.jp/

Michael, Y. L., Berkman, L. F., Colditz, G. A., & Kawachi, I. 2001 Living arrangement, social integration, and change in functional health status. *American Jounrnal of Epidemiology*, 153(2), 123-131.

内閣府 2006 平成17年度世帯類型に応じた高齢者の生活実態等に関する意識調査結果

Sarwari, A. R., Fredman, L., Langenberg, P., & Magaziner, J. 1998 Prospective study on the relation between living arrangement and change in functional health status of elderly women. *American Journal of Epidemiology*, 147(4), 370-378.

総務省統計局 2005 平成17年国勢調査

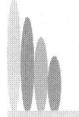

## 2 認知症高齢者
senile dementia

2004（平成16）年度にゴールドプラン21が終期となり，現在（2007年）はその後の新たなプランが検討されつつある。2003（平成15）年6月に取りまとめられた「2015年の高齢者介護」（高齢者介護研究会報告書）によると，要介護（要支援）認定者の約半数は，「何らかの介護・支援を必要とする痴呆がある高齢者」（痴呆性老人自立度II以上）であり，4人に1人は「一定の介護が必要な痴呆」（同III以上）である。

将来の推計では，2015（平成27）年までに認知症高齢者は250万人，2030（平成42）年には323万人で，65歳以上人口比が10%

を超えるとされている。

## 1. 認知症高齢者のアセスメント

認知症は脳疾患による症候群であり，通常は慢性あるいは進行性で，記憶，思考，見当識，理解，計算，学習能力，言語，判断を含む多数の高次皮質機能障害を示すが，意識混濁はないとされている（WHO, 1992）。認知症の程度を量的に評価する場合には，①認知症の何を評価するのか，すなわち認知障害の有無・程度を評価するのか，あるいは認知症によって表現されるすべての行動障害や精神症状を評価するのか，②どのような目的で認知症の評価をするのか，すなわち単に認知症の有無や程度を知るだけなのか，あるいは過程による状態像の変化を追跡（カウンセリング成果の判定など）するのか，の2点に十分配慮する必要がある（長谷川，1988）。

一般の知能検査では認知症高齢者には難点があるため，改訂長谷川式簡易知能評価スケール（Mini-mental State Examination），国立精研式痴呆スクリーニングテスト（Mental Status Questionnaire）などがよく用いられているが，テストの限界を十分に考慮する必要がある。

## 2. 認知症高齢者への配慮

認知症高齢者の知的機能低下や問題行動の程度は，脳の病変に対応するだけでなく，①廃用性要因，②心因性要因，③症候性要因，によって左右されるので，これらの要因には配慮する必要がある（大熊，1997）。

廃用性要因（長期間にわたって機能を使用しないことによる，その機能の低下）への対応では，クライエントが自力で，できることはなるべく自分でするようにし向ける方策がとられることが望ましい。

心因性要因で配慮する点は，認知症高齢者は知的能力が低下しても，感情面の機能は比較的保たれていることであり，叱られたり能力以上の要求をされたりすると，過度に緊張して精神症状や問題行動が助長されることがある。一般に認知症高齢者は残された能力によって，それなりに一生懸命生きようとしている。したがって援助活動にあたっては，それぞれのクライエントごとに個別に過去の生活歴や性格を十分に考慮し，認知症であるという現実を受け入れ，クライエントが残っている能力を十分に発揮しながら自分の世界で生きていくのを支えるという，クライエントのペースに合わせた受容的態度で接し，その人格の尊厳を保ち，健常者の社会の常識や要求を押しつけないように配慮する必要がある。

症候的要因とは，身体疾患合併や栄養状態の低下などにより認知症の症状が悪化することであり，そのため常に全身状態に注意する必要がある。

こうしたことから，認知症高齢者に対する援助は，一般的なカウンセリングの手順や手法が困難なことが少なくない。すなわち，介入を求めてくるのは本人よりも家族などのことが多く，また言語によるコミュニケーションが完全には成立しない認知症では，カウンセリングにおいて言語以外のコミュニケーションが重要となる。したがって，成人と同じようなカウンセリング・プロセスが構成されないことが，しばしばである。

しかし，多くの制約のなかであっても，何らかの援助は可能と考えられる。十分な議論によって，新たなカウンセリングが導き出される可能性がある。

## 3. 軽度認知症高齢者に対する支援

### 1) 問題への対処法の学習支援

軽度の認知症高齢者は，抱える問題に対処するための学習をしておくことで，不安を少なくし，生活の自律をより長く維持できる。しかし，このようなニーズを満たす社会的サービスは少ない。

大部分の軽度の認知症高齢者は，やや曖昧であるが，症状に対する認識をもっている。軽度認知症の高齢者の最も大きな心理的課題は，自分の認知的に低下した状態を受け入れるという課題である。

認知症が軽度の段階でも，生活の管理の部分を他者に補ってもらう必要がある。そのため，人の助けを借りたくないという自律の意思と，現実には助けが必要な事態との間で葛藤を起こし，自尊心の強い人は深刻なジレンマに悩むことになる。しかし，この課題に対する介入の研究報告は少ない。

### 2) 能力維持のための支援

認知症に対するプログラムは，その認知機

能を活性化する介入がどれだけ発揮できるかは，プログラムへの参加者がどれだけ主体的に決定できるかということにかかっている。しかし，こうしたプログラムに対するファシリテーションに関する研究は少ない。

## 4．これからの研究のために
### 1）介入の場の統制
研究条件に適した事例を，十分な人数だけそろえ，それをランダムに分類して対象群をおくことは，困難である。さらに，外部からの介入研究では，介入時以外の処遇等について厳格な条件統制がし難い。したがって，厳密な条件統制に過度に依存しない研究デザインを考える必要がある（斉藤，2006）。

### 2）介入方法の統制
ある介入方法に他の介入方法の要素が含まれてしまうため，純粋な特定の介入方法は考えにくい。したがって，信頼性の高いデータの蓄積には，個々の研究者による方法の違いを前提として，方法，背景，対象者の条件などを，詳細かつ具体的に記述する必要がある。

### 3）介入効果の評価
認知症高齢者を対象とした新たな尺度を開発する際は，介入側の主観的な価値観に依存しないように，十分に注意する必要がある。

〈大澤 一郎〉

〔文献〕
- 長谷川和夫 1988 老年期痴呆の評価スケールとその使い方 大友英一編著 実地医家のための老年期痴呆の診断と治療 中外医学社 95-115．
- 高齢者介護研究会 2003 2015年の高齢者介護──高齢者の尊厳を支えるケアの確立に向けて 法研
- 認知症予防・支援についての研究班 2005 認知症予防・支援マニュアル
- 大熊輝雄 1997 現代臨床精神医学(改訂第7版) 金原出版
- 斉藤正彦 2006 認知症における非薬物療法研究の課題と展望 老年精神医学雑誌，**17**, 711-717．
- WHO 1992 *The ICD-10 classification of mental and behavioural disorders : Clinical descriptions and diagnostic guidelines.* (融道男・中根允文・小宮山実監訳 1997 ICD-10 精神および行動の障害──臨床記述と診断ガイドライン 医学書院)

# 3　高齢者への介護カウンセリング
counseling on elderly care

介護保険の導入以後，高齢者介護は社会化したといわれる。それまで家族の手にゆだねられることがほとんどだった高齢者介護に，訓練を受けた専門職（介護支援専門員，介護福祉士，ホームヘルパーなど）が加わることになった。介護が単なる日常生活の補助から，専門的な視点と方法を有する手法として実践されることになったのである。そのため，かつての単なる生命維持のための介護から，心身に問題を抱えながらもより質の高い生活（quality of life〈QOL〉：生活の質）を目指すことが介護の目標とされ，その実現をはばむ問題点を解決することが必要となった。介護に困難をもたらす要因はさまざまであるが，慢性期または治癒不能により，身体的な解決がすでに難しくなっている要介護者においては，心理学的な問題の解決が，何よりも必要となっている。

## 1．定　義
介護カウンセリングの目的は，心理学の視点からの介護における問題点の明確化，およびカウンセリング技法により，要介護者本人，家族，介護専門職のそれぞれが問題点を自覚し，認識するための援助をすることである。

介護において解決困難な問題の多くは，まず，その問題の認識にある。つまり，要介護者自身が何に困っているかという視点ではなく，家族や介護職が介護しようとしてもうまくいかずに困ることを問題と認識してしまうことに，そもそも問題解決をはばむ要因が潜んでいる。

たとえば，「要介護者が入浴を拒否するので困る」という場合の困っている主体は，介護者である。しかし，このままでは解決の道は開けない。「要介護者がなぜ入浴したがらないのか」の原因を分析することで，はじめて解決の方法が見つかるのである。

したがって，介護カウンセリングでは，来談者が家族や介護職などの本人以外の場合に

も，必ず「要介護者本人にとっての問題は何か」の分析から始める。そのような視点を来談者に示すことが，すでに問題の解決に向かう道の始まりなのである。

　高齢者が，介護が必要になるにはさまざまな原因がある。介護保険の要介護度も，要支援1～2，および要介護度1～5にランクづけられる。要介護高齢者の状態は，介護上の問題が生じる際の重要な条件となる。したがって，介護カウンセリングにおいても，要介護になった原因，身体的自立の程度，認知症の原因と程度等の心身の状態を把握しておくことは不可欠である。そして，そこにさらに要介護者個々の特徴が加わるため，問題の所在はきわめて個別的になる。したがって，介護カウンセリングには，障害の原因や程度といった共通性と，生育環境から職歴，家族歴，性格，趣味等の個別性の，両面からのアプローチが不可欠である。

## 2．意　義

　介護を社会化することは，家庭の経済的負担の低減に加えて，家族介護者の心身のストレス緩和，家庭という密室で行われることに伴う不適切さの解消，虐待の防止など，介護を取り巻く環境の改善にある。特に介護の密室化を打破することは，家族介護者の心理的負担を軽減することに役立つだけでなく，専門的な知識と技術をもつ介護専門職を家庭内に導入することになり，要介護者の支援という観点からも望ましい。

　しかし，その際の家族には，介護というきわめてプライベートな内容に踏み込まれることに対する払拭しがたい抵抗感があり，一方でそれに対応する介護職には，こうした抵抗に対する混乱が生じる。また，介護にあたる家族内での主介護者と他の家族・親族との葛藤も，介護の社会化を阻害する要因となる。

　介護カウンセリングは，こうした介護者の心理的諸問題の解決に資するための意義がある。また，介護実践は，要介護者自身の内面への理解が不可欠となる。行動観察を含む介護カウンセリングによって，その把握はより容易になり，また高度化することも重要な意義である。

　以上より，介護カウンセリングには，要介護者本人および本人にかかわるすべての人びとを対象とした，福祉心理学としての意義がある。

## 3．研究の現状

　介護カウンセリングには，一般のカウンセリング技法に加えて，高齢者に対する介護実践への支援という重要な側面がある。それを実現するためには，問題点の発見から，原因の考察，介護計画（ケアプラン）の策定に至るケアサイクルのいずれにおいても，常に要介護者の個別性に配慮した視点をもつ必要がある。

　佐藤（2000；2005）は，食事や排泄，衣服の着脱など，日常生活動作（activity of daily living：ADL）にかかわる援助を主な内容とする，身辺介護の訳語であるパーソナルケアが介護の中核であること，そして，こうした日常生活にこそ，要介護者の人生そのものが反映されていることに注目した。そして，パーソナルケアの概念が新たに定義し直され，要介護者本人の日常生活動作能力の自立支援（身体的支援）とともに，自己決定にともなう自律性を重視する方法（心理的支援）が提唱された。

　また，特に認知症介護においては，記憶障害や見当識障害などの中核症状や，徘徊，妄想，幻覚などの周辺症状を対象とするのではなく，認知症者本人を対象とする介護の重要性を説いた，キットウッド（Kitwood, 1997）のパーソンセンタード・ケアや，認知症者とのコミュニケーション法を工夫することによって認知症者に対処しようとする，フェイル（Feil, 1993）のバリデーションなどが提唱されており，いずれも心理学的側面からのアプローチの重要性を示唆している。

## 4．今後の課題

　介護カウンセリングの概念は，いまだ確立されたものではない。パーソナルケアもパーソンセンタード・ケアも，そしてまたバリデーションも，必ずしも介護カウンセリングという概念のもとにまとめられているわけではない。しかし，これらの理論と方法を，実践のなかに活かすことが，すなわち介護カウンセリングなのである。これら諸技法に基づく介護実践によって得られた事例の蓄積と研

究によって，介護カウンセリングは洗練されていくものと思う。

認知症者を主な対象として，回想法，音楽療法，動物介在療法などの心理学的治療法が，介護施設などで実施されている。従来のカウンセリング理論は，これらの背景理論として重視されている。介護カウンセリングは，さらなる理論と技法の構築のために，これら諸療法による実践の成果を取り入れていくことも，今後の課題である。

〈佐藤 眞一〉

〔文献〕

Feil, N. 1993 *The validation breakthrough : Simple techniques for communicating with people with "Alzheimer's-type dementia".* Health Professions Press. (藤沢嘉勝監訳 2001 バリデーション——痴呆症の人との超コミュニケーション法 筒井書房)

Kitwood, T. 1997 *Dementia reconsidered : The person comes first.* Open University Press. (高橋誠一訳 2005 認知症のパーソンセンタードケア——新しいケアの文化へ 筒井書房)

佐藤眞一編著 2000 介護カウンセリングの事例——そのとき家族はどうすればよいのか 一橋出版

佐藤眞一 2005 パーソナルケア（施設版）——問題解決型高齢者ケアの方法 明治学院大学心理学部付属研究所紀要，3，15-25．

## 4 知的障害者への福祉カウンセリング
counseling and social work for the mentally retarded

アメリカ精神医学会（APA）の診断・統計マニュアルDSM-III-R（1987年）では，精神遅滞（知的障害）は，広汎性発達障害や特異的発達障害とともに，発達障害の項目の下位分類に位置づけられている。いうまでもなく，知的障害は発達障害の中核的領域であり，その発達支援の理論と技法のひとつとして，ロジャーズ派のカウンセリングを適用することは重要な意義がある。

### 1．定義と種類
#### 1）定　義

知的障害は単一の疾患ではなく，ひとつの症候群であり，臨床像は多様である。現在，わが国で一般に通用しているアメリカ精神遅滞協会（AAMR）第9版（1992年）の定義と分類の考え方によれば，知的障害の定義は，①18歳未満で発症し，②標準化された知能検査で知能指数（IQ）が70〜75未満（平均より2標準偏差以下），③適応行動の制約，の基本的3要件に要約される。

#### 2）分　類

分類については，IQ水準による重症度区分，すなわちIQレベルで，軽度（約50〜75），中度（約35〜50），重度（約20〜35），最重度（約20以下）が適用されることが多い。一方，AAMR第9版では，支援の程度による区分，すなわち，一時的（intermittent），限定的（limited），長期的（extensive），全面的（pervasive）というILEPの4分類体系が導入されている。

#### 3）合併症

知的障害は，それが単独で純粋に出現することもあるが，多くの場合，それを基礎疾患としてさまざまな精神病理的症状や問題行動が副次的に派生し，複合的な現象形態を現す。知的障害に近縁の発達障害が合併することもある。たとえば，自閉症のおよそ70〜80％は知的障害を伴っている。その他，軽度遅滞児に，注意欠陥/多動性障害（ADHD）や学習障害（LD）が診断されることもまれではない。また，知的障害者には，感情障害をはじめ統合失調症，神経症，パーソナリティ障害，不適応障害など多彩な精神症状も認められる。統合失調症の出現率は，通常の期待値よりも約3ないし4倍高いとされる。

### 2．知的障害者へのカウンセリングの必要性

知的障害者は，その障害ゆえに自分の置かれた状況が適切に理解できず，他者との意思疎通も円滑でないため，社会的に疎外されることが多く，不必要に不安やストレスを抱え込む危険性が高い。したがって，彼らに対する心理的な支援が不可欠である。

## 1）知的障害におけるカウンセリング

カウンセリングは主として言語を媒介とする会話によって行われるために，言語能力に欠ける彼らへの適用は，一般に困難であると考えられがちである。しかし，ロジャーズ派のカウンセリングは，軽・中度の知的障害者への心理的支援の理論および技法として適用可能であり，重度者の処遇においても，共感と受容の態度で接することが基本である。

知的障害者のカウンセリングは，一般の健常者に対するものと原理的に異なるものではない。ただ，その障害特性への十分な配慮が必要なだけである。話をゆったりと聴き，ゆっくり，やさしく，具体的に話しかける。相手の理解の程度に応じてはっきり，わかりやすく明確化して伝えるのがコツである。特に言葉にならない表情や身振りから，相手の不安や怒りの感情をくみ取る感受性や想像性は，ふつう以上に求められる。彼らは彼らなりに自己実現と自己決定の能力をもっていることへの信頼感が，面接の前提である。

知的障害者も，面接者から共感的に理解され，肯定的に受容されたという経験を通して，実存的欲求が満足され，情緒が安定し，自己評価が高まるのである。

## 2）知的障害者のピア・カウンセリング

現在各地で，障害者自身による自主的な本人活動と積極的に取り組まれており，同じ知的障害のある者同士のピア・カウンセリングの必要性が，次第に認識されるようになってきた。

障害者のセルフヘルプ・グループにおけるピア・カウンセリングは，非構成的グループ・エンカウンターの原理に従って実施されることが多い。知的障害があるという同じ境遇にある者が，共感的・受容的な雰囲気のなかで互いに対等な立場で自由に話し合い，人生を振り返りながら，差別，偏見，蔑視などを受けた過去の嫌な経験を思い出して再評価する。

このようなグループ過程がうまく進行すると，参加者みんなで感情を共有しあうことができ，自分たちの欲求や悩みを言葉で表現することによって，今まで自分だけで内面に閉じ込めていた苦い経験へのとらわれから解放されて，自己への新たな気づきと心理的な成長が期待できる。

## 3）親の障害受容と家族支援

親や家族は，子どもの障害ゆえにそれが重いストレスとなって苦悩する。それは誰とでも相談できるものでも，分かちあえるものでもない。このような親の悲しみや辛さを共感的に受容し，親の障害理解と障害受容を心理的に支援することはきわめて重要である。

母親自身へのカウンセリング的アプローチを行う際にも，家族カウンセリングのほか，同じ障害児をもつ親同士のピア・カウンセリングやグループ・カウンセリングが有効である。同世代の親同士の話し合いや先輩の親の話を聞くことによって，心の揺れはありながらも，子どもの障害認知を深め，障害を受容し，将来を見通すことができるようになっていく。

## 3．福祉カウンセリングのコラボレーション（将来の展望）

知的障害者とその家族が抱えている諸問題の背景には，心理的要因のみならず，経済的，社会的，制度的，文化的なさまざまな要因が複雑に絡みあっている。それは，心理的カウンセリングによって，個人的な心の内面に閉じ込めて解決できるような事柄ではない。心理相談は，実際の具体的な生活支援と直結していなければ，実質的な効果は得られない。知的障害の心理臨床領域において，ソーシャルワークが必要とされるゆえんである。

それゆえ，知的障害の福祉カウンセリングにおいては，社会生活上の困難を支援するソーシャルワーカーと，心の悩みや行動の問題の解決を支援する心理士との，より積極的なコラボレーションを早急に構築することが望まれる。

（十島　雍蔵）

〔文献〕

十島雍蔵　2004　福祉心理臨床学　ナカニシヤ出版

十島真理・十島雍蔵　2008　発達障害の心理臨床——基礎知識と家族システム　ナカニシヤ出版

## 5 肢体不自由者への福祉カウンセリング
welfare counseling for the physically disabled

「肢体不自由」という言葉は，日本肢体不自由児協会初代会長の故高木憲次による造語である。肢体不自由とは，肢（手，足）だけではなく，体幹（頭，胴体）に不自由があることも含まれている。不自由とは「意のままにならない」ということであり，「意のままに動く」には，中枢神経（脳および脊髄），末梢神経（運動神経，知覚神経），筋，骨・関節のすべてが正しく機能する必要がある。そのどこに障害があっても，自由さは失われてしまう。そのため，肢体不自由は，障害の原因，状態，程度が実に多様である。

### 1．肢体不自由児・者の心の問題

米山（2004）は，脳性まひに代表される脳障害を原因とする肢体不自由児に対する心理的特性に応じた心のケアについて，以下のように述べている。

「肢体不自由児では健常児が持つ悩みに加えて，障害の自覚とその受容，および障害特有の悩みを抱えることが多く，心や行動の問題を抱える頻度は健常児の2〜3倍といわれている。特に脳性麻痺に代表される脳障害による肢体不自由児においては，一次障害としての種々の認知や神経心理学的な課題や障害をしばしば随伴し，それが二次的な精神疾患（心や行動の問題）に影響する。それらは個々によって異なるが，影響は成人におよぶことがあるので，ライフサイクルを見据えた，適切な心理的な支援が必要である」。

レイネル（Reynell, 1973）は，各ライフステージにおいて，脳性まひ児・者に及ぼすストレスの発生源と強さの経年的変化を，図のように報告している。これは1970年代の英国における研究であり，現代（2008年）の日本においては異なる結果も考えられる。また，脳性まひ以外の肢体不自由のライフステージとストレスに関する研究も必要だと思われる。今後の研究の進展を待ちたい。

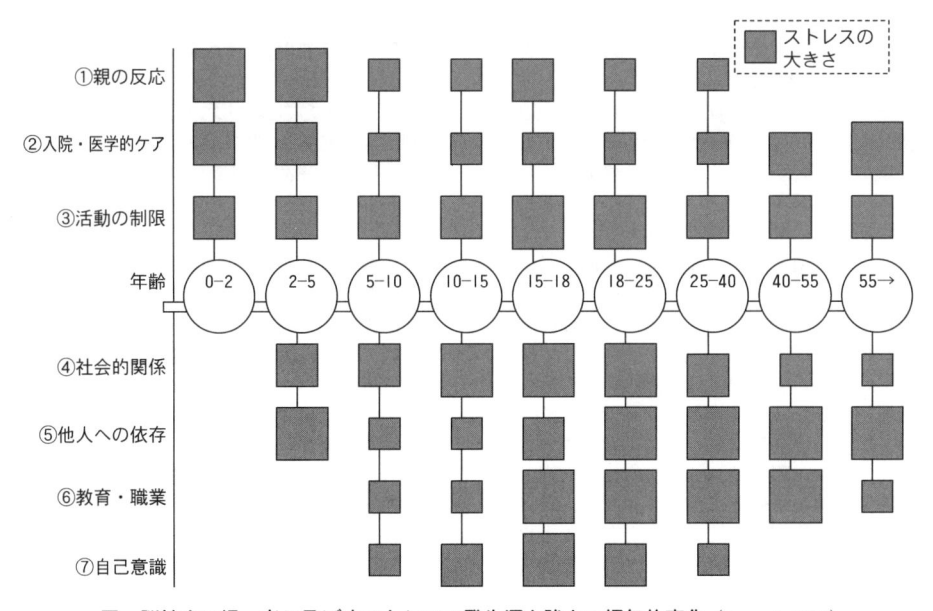

図　脳性まひ児・者に及ぼすストレスの発生源と強さの経年的変化（Reynell, 1973）

## 2. 主な肢体不自由の心理的特性および配慮点

障害原因の異なる肢体不自由では，それぞれに心理特性があり，それに応じた配慮が必要である（米山，2004）。

たとえば，脳性まひでは身体化症状の訴えが多く，依存傾向，自己卑下，自尊感情の低下を起こしやすい。また同じ脳性まひでもアテトーゼ型は，学校卒業後に就労など精神的なストレスを受けやすくなるとともに，加齢などの影響によって，頸椎滑り症などの身体面の二次障害になる事例が多くみられる。そのために，精神的な緊張を緩和するような支援が必要である。

痙直型では，「非言語性 LD」「視知覚認知障害」が起こりやすく，認知面のアンバランスさと知的な発達レベルとが組み合わさって，学習面，対人関係場面，その場の状況を読むことが苦手など，学校や社会生活面などにおいて適応障害や精神疾患が生じてくる可能性がある。学習面や ADL (activity of daily living：日常生活動作) 向上への配慮とともに，自己肯定される環境下で，社会スキルや自己決定力などの指導が望まれる。

水頭症を伴う二分脊椎症では，認知障害，知的障害，排泄の問題（たとえば尿臭への意識），性の問題などが起こりやすい。ドゥシャンヌ型筋ジストロフィーでは，疾患と予後（死）についての理解と受容に関する心理的なケアが必要である。また，骨形成不全症では，低身長やスタイル（見ばえ），運動への制限などに関する心の問題を抱えやすい。頭部外傷後遺症，脳炎後遺症，脊髄損傷，切断などの中途障害者では，障害の受容（悲哀の仕事），傷痕（見ばえ）に対する心理的ケアが課題になる。

その際，いずれの場合も障害特性に応じた心理特性を十分に理解したうえで，カウンセリングや心のケアに取り組むことが重要となる。しかし，現状では肢体不自由の障害と心理特性に関する研究は少なく，今後，事例を集約して，障害の特性に応じた有効なカウンセリングの手立てを探ることが課題となっている。

## 3. 先天性障害と悲哀の仕事

悲哀の仕事（mourning work）は，対象喪失に伴う心のバランスの崩れを修正する過程のことで，中途障害の肢体不自由者，たとえば脊髄損傷や切断などの場合，新しい環境におかれた自己になじみ，新しい自己を受け入れるプロセスであることから，疾病受容プロセスまたは障害受容プロセスともいわれる。

脳性麻痺や四肢欠損など先天性の障害では，対象喪失に気づきにくい傾向がある。しかし，思春期になり，周りの多くの人がもっている機能や能力を自分がもっていないことに気づくことで，対象喪失の体験をすると思われる。そして，彼らが再び自分の障害を受け入れるときは，悲哀の仕事の過程を踏むと考えられる。この点について，樫村（2006）は，青年期の脳性まひ者が制作した1枚のコラージュ作品を通して，対象喪失に気づくことで悲哀の仕事を進めることができたことを報告している。先天性の肢体不自由者が，言語以外の手法である絵画，音楽，ダンスなどの芸術療法的なアプローチによって，喪失体験から悲哀の仕事のプロセスを進めていく過程を明らかにすることは，今後の重要な研究課題でもある。

## 4. 肢体不自由児・者への福祉カウンセリング

### 1）ピア・カウンセリング

同じ障害をもつ者同士による相談活動は，互いに同様な生活体験をもつことから，それぞれの立場を理解しやすく，心を開いて気軽に家庭や社会生活上の悩みあるいは問題について相談できる特徴をもっている。ピア・カウンセリングは，国の施策である市町村障害者生活支援事業の一環になり，認定制度も確立されている。現状では，全国自立生活センター協議会，日本筋ジストロフィー協会などにおいて，ピア・カウンセリングおよび，ピア・カウンセラー養成事業が実施されている。今後は，障害当事者同士だけではなく，障害児の保護者，きょうだいなど，当事者を取り巻く人のピア・カウンセリングの可能性やカウンセリング手法の検討が課題である。

### 2）ロールモデル・アプローチ

障害のある人に対し，憧れであったり，目

標となる同じ障害のあるロールモデルを示すことで，エンパワメントを支えるアプローチである。たとえば，事故などで脊髄を損傷し車椅子生活になった障害者に対して，ロールモデルとなる先輩が体験談を語り，情報を提供し，一緒にスポーツやレクリエーションなどの活動をすることで，「障害を負ってもやれることはまだまだあるのだ」と実感させ，今後の明確な目標をもたせていくことができる。

ロールモデル・アプローチを行っている団体には，スウェーデンの非営利活動団体「レクリテーリングスグルッペン」や，障害のある子どもに対してパラリンピックの選手がスポーツやレクリエーションを提供している，日本の「バラエティ・ビレッジ・ジャパン」などがある。欧米に比べて日本ではロールモデルについての認知度が低く，ロールモデルになる人の育成およびアプローチ・システムの構築が課題となっている。

3) 遺伝カウンセリング

筋ジストロフィーなどの先天的疾患の原因遺伝子をもつ夫婦に対して，遺伝にかかわるさまざまな悩みや不安についての相談を行う。また，遺伝子検査を勧められたり，受けたりしたときにどのように考えればよいかなど，遺伝子診療についての相談にも対応する。一般への認知度が十分ではない点に課題がある。

(松原 豊)

〔文献〕

安達遊歩・野上温子編 1999 ピア・カウンセリングという名の戦略 青英舎

安藤隆男ほか 2006 通常学級における脳性まひ児の学習の特性に関する教師の理解 心身障害学研究, **30**, 129-151.

樫村通子 2006 先天性身体障害者の障害受容とコラージュ表現 第38回日本芸術療法学会抄録集, 7.

Reynell, J. 1973 Physically handicapped children. In V. P. Varma (ed.), *Stress in children*. University of London Press.

米山明 2004 障害のある子どもの心理特性に配慮し心のケアを意識した支援 筑波大学附属桐が丘養護学校校内研修会資料

## 6 聴覚障害者への福祉カウンセリング

welfare counseling for the deaf and hard of hearing

聴覚障害は，外見では障害がわからないため，周囲の人びとに理解されにくい。ここでは，聴覚障害の多様性と発達上の問題にふれ，聴覚障害者ケアのための手がかりを検討する。

### 1. 聴覚障害と聴覚障害者の多様性

聴覚障害は，音を伝え感じる聴覚器官のいずれかに，何らかの障害が起こり，聞こえの働きが低下している状態である。また，聴覚障害者は，このような身体的状況を有し，社会文化的マイノリティとしてのアイデンティティとニーズを有する者である。

この聴覚の障害を指すことばには，聴覚障害（hearing impairment）のほか，聾やろう（deaf），難聴（hard of hearing）もある。聴覚障害は，軽度から最重度までの聴力損失のすべての程度を含む概念であるが，聾と難聴は，両者ともに聴覚障害と同義に使われる場合が多いものの，聾は音情報の活用がきわめて困難な状態であり，難聴は音情報の活用が少しでも可能な状態であるといった区分もある。一方，聾またはろうは，健聴の文化と異なる固有の文化とアイデンティティを有する社会文化的存在としての聴覚障害を意味する場合にも用いられる。

その他，出産前の遺伝子・配偶子・胎芽・胎児期の問題による先天性（congenital）と，生後本人の感染や外傷などによる後天性（acquired）といった分類や，2,3歳ころの言語獲得時期を境に，言語獲得前（prelingual）と言語獲得後（postlingual）といった分類もある。後天性聴覚障害のなかで，音声言語習得後あるいは青年期以後，遺伝的要因を除く病気や事故などにより聴力を失った場合は，一般に中途失聴と呼ばれる。

また，聴覚障害者のコミュニケーションモードには，音声，手話，指文字，キュードスピーチ，筆談などがあり，その用い方にも，口話法，手話法，トータルコミュニケーショ

ンに基づく方法など，さまざまなものがある。

聴覚障害は，聴覚に障害を有する点では同一対象であるが，その聴覚障害の内容は多岐にわたっており，研究の際には，異質集団を一般化しないように，対象の特性を明確に記述する必要がある。

## 2．聴覚障害者の発達と心理の背景

先天性聴覚障害の心理的問題は，発達課題と直結している。

乳幼児期は，身体的・情報的ニーズを充たし，信頼感を覚える時期である。この時期は周りの人びととの相互作用が貧弱な場合は，コミュニケーションや対人関係の形成に否定的な影響が出やすい。

学齢期は，コミュニケーションスキルの獲得に困難を示し，対人関係においても孤立しやすい。また，健聴の教師に対して不信感を抱くと，それが健聴社会全体に対する不信につながりやすい時期である。

青少年期は，聴覚障害者としてのアイデンティティを求める傾向が強く働き，自然に聴覚障害者の集団や社会に関心をもつ。しかし，コミュニケーションの問題も加わり，ポジティブな自己認識と社会的役割の経験が乏しく，周りとの親密な人間関係の形成が難しく孤立感を覚えやすい。

成人期は，社会的達成感が不足し，また，健聴として生まれた子ども世代との文化的異質感を感じる。老年期に関する実証的データは見当たらないが，高齢聴覚障害者は心身の衰えとともに挫折，緊張，不安などの心理的葛藤が増すことが推察できる。

このように，先天性聴覚障害による影響は，コミュニケーションの困難さに端を発し，環境との交互作用のなかで，社会的関係の問題として顕在化される。

一方，後天性聴覚障害や中途失聴の場合は，先天性聴覚障害者のような発達上の問題はほとんど示されない。しかし，これまでの生活空間を占める暗騒音や種々の社会音が，ある時点から突如耳から消え，精神的に不安な状態に置かれる。また，対人コミュニケーションや社会的活動が不足になり，孤立感や精神的不満の状態になりやすい。心理的整理がつかず，得体の知れない気落ちに悩まされることが多いとされる。

## 3．聴覚障害者の発達課題とそのケア

先天性聴覚障害児の場合，それぞれの発達段階や発生時期などにより，聴覚障害者が求めるケアの内容が異なってくる。

最近，先天性の重度聴覚障害児は新生児期からの早期発見が可能となり，発達の基礎となる生後間もない時期からの母子コミュニケーションの形成と，望ましい環境としての両親による障害の受容が中心テーマとなる。したがって，この時期は，聴覚障害児の発達の問題を未然に防ぐために，子どもの発達的ニーズと両親の情緒的ニーズを取り込むようなケアが中心課題となる。

児童期以後は，ことばによる抽象的な概念や社会的役割の獲得，聴覚障害者としてのアイデンティティの確立，健聴者との共存が中心課題となる。この時期は，社会的活動の道具としてコミュニケーションスキルを向上させ，他者との相互的社会的関係形成のためのケアが大事である。

このように，先天性聴覚障害児に対しては，周囲の人びとと意味のある社会的関係の形成をうながすケアが望まれる。

後天性聴覚障害あるいは中途失聴の場合は，失聴前の身体的イメージと現実との間に葛藤が生じ，心理的に強い不安な状態を体験する。この時期は，現実のニーズと課題を明確にし，どのような方法で課題をクリアするかについて自己決定できるようにケアしていくことが重要である。

1980年代以前は，健聴者とは異なる聴覚障害者のパーソナリティや社会性の問題を指摘する研究が多くみられた。最近は，聴覚障害者と健聴者との差は，聴覚の障害による逸脱した状況ではなく，社会文化的または社会文脈的背景の違いがもたらすものと認識されるようになった。聴覚障害者は，情報の受容と表出の状況が，健聴者と異なる状況下に置かれることが多く，このような異なる状況が，健聴者とは異なる社会文脈的反応をつくりだすと考えられる。

聴覚障害者に対するケアは，聴覚障害者の知的能力や社会性など，すでに備わっている潜在的能力を引き出すために，望ましい人

的・物的環境を整えるとともに，聴覚障害者が自ら問題点と目標を明確にし，常に自己決定と自己選択できるように支えていくことであろう。

(鄭 仁豪)

〔文献〕

喜多村健 2002 言語聴覚士のための聴覚障害学 医歯薬出版

厚生労働省 2002 平成13年度身体障害児・者実態調査 (http://www.mhlw.go.jp/houdou/2002/08/h 0808-2.html)

Paul, P. V., & Jackson, D. W. 1993 *Toward a psychology of deafness: Theoretical and empirical perspectives.* Allyn and Bacon.

Schirmer, B. R. 2001 *Psychological, social, and educational dimensions of deafness.* Allyn and Bacon.

鈴木淳一・小林武夫 2001 耳科学――難聴に挑む 中央公論新社

脇中洋 2005 発達の問題として聴覚障害は何か 麻生武・浜田寿美男編 よくわかる臨床発達心理学 ミネルヴァ書房 108-112.

四日市章 2006 聴覚障害と発達 筑波大学特別支援教育センター・前川久男編 特別支援教育における障害の理解 教育出版 65-73.

# 7 視覚障害者への福祉カウンセリング
welfare counseling for the visually disabled

人間の行動は，環境の情報を感覚器系から入手し，中枢神経系で処理・判断して運動器系などで表出し，感覚器系からの情報で確認する「フィードバック・システム」と，まず最初に中枢神経系で処理・判断した目的行動を運動器系で表出し，感覚器系からの情報で確認する「フィードフォワード・システム」の2種類の組み合わせで行われている。この場合，通常，感覚器系の情報の8割は視覚系の情報で，他の感覚器系の情報は「視覚優位の統合」のため，ほとんど意識されていない場合が多い。したがって，まったく眼が見えないと，離れた環境の情報は聴覚か嗅覚の情報で判断するしかなく，接触感覚である触覚，直接または杖先やスプーンの先などの道具を介在させた接触面からと，味覚は舌先に接触した飲食物からしか情報を入手することはできない。そこで，これらの保有する感覚を総動員して活用することが必要である。眼が見えにくい場合は，活用できる視力と視野の部分を拡大鏡などの補助具を用いて，視覚情報を十分に活用することが必要である。

## 1．視覚障害がある人の行動特性

「見えると聞こえる」は受動的であり，「注視すると傾聴する」は目的行動である。特に，触覚は動かさないでいると刺激はなくなるから，「アクティブ・タッチ」といって，目的行動でなければ活用できない。これらの目的行動は，「フィードフォワード・システム」（予測・確かめの行動）であるから，「予測・確かめ」の手がかりとなる事物や事象のイメージや概念を，乳幼児期から十分に習得しておくことが重要となる。特に，話し言葉の意味や具体的なイメージはもとより，音源の方向や距離の定位，反射音による障害物や周囲の環境の把握，平面や立体の空間のイメージや概念，嗅覚による動植物の種類や熱や化学反応などの物質の変化の認知である。そのために重要なのが，乳幼児の両親の育児相談などのカウンセリングや遊びの場の提供と，その子どもの環境としての物や人とのかかわり合いの豊かさである。

## 2．視覚障害乳幼児の両親の育児相談

私は，1967年から国立小児病院眼科の一室で30余年間，視覚障害乳幼児の両親の育児相談を行ってきた。病院で知り合った通所児の母親や，「1歳児・3歳児検診」終了後の保健師，あるいは産科・小児科・眼科などの医師や看護師などから紹介されるようになった。最初に親たちが来所したとき，職員のインテーク後，職員と私で初回面接を行う。両親が一緒だと，比較的冷静に感情や情報の共有ができる。しかし，母親一人の場合は，今まで一人で耐えてきた苦しみやつらさを訴え，感極まって泣き出す場面も多い。私ももらい泣きしながら共感し，感情のリレーションが成立する。そして，これからは一人ではなく私たちと一緒に子育てをしよう

と約束する。この段階では，子育ての基本方針や眼の見えないことがもたらす課題についてまで，踏み込んで話すことはできない。

2歳未満の場合は，職員とともに家庭訪問し，日常生活や遊びの流れや状況を聞く。また，ベビーベッドの上にゴムひもを張り，それにガラガラやおしゃぶりなどをぶら下げて，子どもが手を振ると当たるようにしておく。やがて，探してそれで遊ぶようになる。足下には足を伸ばすと音が出たり，足ごたえのするものを置いて，手足の運動をうながす。さらに，つかまり立ちの時期になれば，ベビーサークルのあちこちにおもちゃをぶら下げて，つたい歩きをうながす。また，四つのソファーで囲みを作り，その中でつたい歩きや遊びをしたり，一つ減らして「コ」の字の周りも回れるようにして，家具の配置で運動の場を作ったりもする。

2歳を過ぎるころから，水曜日か金曜日のどちらかに来所して，親も含めてみんなで遊んだり，昼食を食べたりする。職員は2人で，水曜日と金曜日に，それぞれ幼児教育と子育ての経験のあるボランティアが2人ずつ加わる。ずっと子どもとともに暮らしているのは母親なのだから，父親も加えて家庭でのかかわりあいが豊かになるための学びの場が必要であることを，共に遊びながら知らせる。

時間を過ぎても帰りたがらない親たちの帰りを待ってから，ケース会議を開きその日の状況や次の課題を話し合う。それに基づいて月に1回，私の個別面接を行った。

### 3．事実の確認から解決方法へ

「視覚障害乳幼児は寝返りから順調に発達するが，両腕とお尻を上げた状態で止まり，ハイハイはしない」と発達心理学の本に書かれていた。それは，離れた所に自分の欲しいものがあるかどうかわからないから，モチベーションが起きないからだと私は考えた。眼が見える乳児であれば，オルゴールを見るためにそちらに顔を向ける。すると音源からの両耳への音圧差，時間差，位相差が変わり，まっすぐ見たときに，その音の差はなくなる。そこで音源の方向が定位できるようになる。視覚障害乳幼児にはそれができないから，手の動きと音とを結合させる。手にガラガラを持たせ，それを支えながら，耳の右や前，上・左などで振らせる。次いで，自分一人で振らせる。次に，手の近くで振って，手を伸ばして取らせる。それによって音源の方向がわかるようになる。次いで，少しずつ遠ざけて，ゆっくり手を伸ばすようになる。これで音源までの距離の違いがわかり，這って近づいてくるようになる。母親が声をかけながら近づき，少し手前で止まると，這って近づいてくる。そして抱き上げて褒めると，離れていても母親を追いかけて這うようになる。

立って2,3歩あるけるようになっても，部屋を歩いて横切れるようになるまでには相当かかる。ハイハイしている子はいつまでも横切れないと言う者もいた。逆に，壁づたいに何度でもつたい歩きして，部屋を横切れない子どももいる。結局，つたい歩きとハイハイの両方で部屋の様子を確認し，絨毯のふちと畳の境や，敷居の位置を覚えて，立って足の裏で確認して，部屋を横切ることができるようになるのである。

「膝の上に抱いて笑いかけるけど，笑ってくれないんです」と，生後3カ月の子の母親にたずねられた。普通，小眼球では視力は0.1程度で上方視野欠損がある場合が多い。そこで，「お母さんの顔が見えていないのかもしれないから，高い高いをして，下から笑いかけてみたら」と言ったが，翌日，「笑ってくれました」と喜びの電話があった。「夏になってコタツを片づけてテーブルにしたら，ハイハイで頭をぶつける」と問われたので，「ハイハイでは下を向いているから前が見えないので，コタツのふとんがなくなったからでしょう。大きなテーブルクロスで，テーブルの周りにはみ出るようにしたら」と答えて，やっぱり上方視野欠損だったんだと確信した。

「この子は横を見る。やぶにらみなのかしら」と問われた。「黄班部変性症なので，真ん中が見えないから，それを避けて，一生懸命見ているのですよ」と答えた。10円玉を母親に渡し，「それを前にかざして私を見てください。見えなかったら10円玉を前に掲げたまま，眼と一緒に少し横にそらせてください」というと，これなら見えると納得した。「子どもは自分で見えやすいところを見つけ

て見ているのだから，普通の子どもと同じように育ててください」と答えた。

結局，予測に基づく目的行動は，感覚と運動を組み合わせながら予測し，確かめる行動を積み上げていくなかで，行動の変容をもたらすものなのである。そういう科学的な理解を背景に，来談者の変容のきっかけを引き出すのがカウンセリングの専門性なのである。

### 4. 中途視覚障害の場合

就学中や就労中に事故や病気で突然眼が使えなくなったときのショックは，きわめて大きい。今まで視覚に8割以上も頼っていた環境の情報が把握できないのだから，どうして生きていけばよいのかわからなくなる。ここにカウンセリングの重要性がある。

まず第一に，感情と情報の共有が必要である。まず，共感しあってリレーションを取り，眼が見えない場合，どのようにして環境の状態を把握していくか。また，社会資源の活用の仕方，家族や友人の協力，あるいは他の視覚障害がある人びととの協力や情報交換を支えるアドバイスが必要となる。特に，休学中あるいは休職中にリハビリテーションセンターなどで，歩行・日常生活行動，スクリーンリーダーなどを用いたパソコンの操作技術などを習得し，再び通学したり，あるいは現職の維持で通勤したりできるようになることが重要である。

視覚障害がある人も高齢化率がきわめて高くなり，糖尿病や緑内障で視力を低下させる場合が多い。これらは進行を止めることはできるが，回復させる治療は困難である。最も大切なのは，飲食物のバランスと運動などで予防することである。また，家庭に引きこもりがちになるので，居宅訪問の家事援助や身体介護などを通して，少しずつ自分でできることを増やし，自尊心と自信を回復させることが必要である。単なる生活技術だけではなく，生きることの喜びを取り戻すように支援する心のケアが大切である。

網膜色素変性症は，徐々に視力が低下するため心の悩みがきわめて深い。患者同士で「友の会」を作って交流したり，情報の交換をしたりして，かかわりあいを深めている。カウンセリングで最も必要なのは，生きることの意味，生きがい，自己実現を引き出すことにある。

（木塚 泰弘）

〔文献〕

文部省　1984　視覚障害児の発達と学習　ぎょうせい

日本社会福士大会　2005　社会福祉の倫理網領

鳥居修晃編著　1993　視覚障害と認知　放送大学教育振興会

## 8 精神障害者への福祉カウンセリング
welfare counseling for the mentally disabled

人が人を支援するなどということは，おこがましいことかもしれない。しかし，現に自ら問題を解決し得ないでいる人びとがいて，誰かがその人たちを支援しなければならない状況が存在するのは，こばめない事実である。その多くが病気や貧困あるいは差別に起因し，それらは重層的に問題を深刻化させている。

### 1. 精神障害者支援に必要な価値

精神障害者支援に関する問題を見据えるとき，その根元的課題として，人間尊重にかかわる価値を問い続ける必要がある。精神保健福祉援助活動の伝統的な価値は，プラント(Plant, 1970)がバイステック(Biestek, F. P.)の概念を含有する価値として，「個別化」「自己決定」「受容」を提示している（同邦訳：pp. 12-22)。これらにかかわる探求心は，人間とは何かという哲学的思索をめぐらせることから始まる。そこから導かれる人間存在の思索は，精神障害者を特定の人として考えるのではなく，精神障害者も当たり前に暮らす地域住民の一人であり，尊ばれるべき人間の一人であることを根幹に据えるということである。こうした前提なくして，個の尊厳やノーマライゼイションは語れないといえよう。モフェット(Moffett, 1968)は，ソーシャルワークに独自の性格を与えるのは，「個人に対する尊厳」という価値観に他ならない（同邦訳：p. 41)，という。

## 2. 精神保健福祉援助活動の基盤

このような価値・意識を前提に、精神障害者が有するニーズに対応する過程(ニーズの発見、アセスメント、プランニング、インターベンション、モニタリング、エバリュエーションなど)を担うのが、精神保健福祉援助活動(精神科領域におけるソーシャルワーク実践と同意)である。その支援過程における基本的視点は、人間性(自己決定や自己実現への思いを含む主体的側面)と、社会性(当事者を取り巻く人的・物的社会資源を含む客体的側面)の双方が人間を規定する本質と見なし、両者の関係そのものが人間存在(生活の総体)を規定することを見失わないようにすることである。

ブトゥリム(Butrym, 1976)は、人間尊重、人間の社会性、変化の可能性の三つを挙げ、「他の活動に比べて、目的も手段も、ともに直接的に人間に結びついている。ソーシャルワークによる『望ましい人生』の促進とは、何か抽象的な、遙か遠くの理想にかかわるのではなく、ひとりの人間あるいは人間集団の、具体的な生活状況にかかわることである」(同邦訳)と指摘する。それは「日々の暮らし」のなかで生じる課題への対応のありようを指し示すものである。すなわち、精神保健福祉援助活動の価値、基盤をふまえ、人間存在(生活の総体)にどうかかわり、どのような効果をもたらすのか、という知識と方法が問われることなる。

カウンセリング心理学と精神保健福祉援助活動の異同を明らかにするには、これらに関する知識と方法(介入モデル)の変遷をたどることから始め、伝統的価値観を超えた平等性や対等な関係性の形成、あるいは市民性の保障など、今日の精神保健福祉援助活動で支持されている生活モデル、ストレス脆弱性モデルやストレングス視点、およびエンパワーメントなどに言及しなければならないのだが、それらは読者の文献研究にゆだねたい。

## 3. 精神保健福祉援助活動の有効性を求める利用満足度調査

ここでは、具体的生活状況にかかわる精神保健福祉援助活動の支援効果を見いだすため、精神障害者の社会参加や生活支援を担う、精神障害者社会復帰施設等(障害者自立支援法にいう障害福祉サービス)の利用満足度調査(全国精神障害者社会復帰協会、2004)を例示することにした。その調査結果は、精神保健福祉援助サービスを利用する者の満足度は高く、生活の安寧や維持・拡大が図れたことがわかった。そこで利用満足度に関する調査票概要、調査尺度、分析方法などを示し、こうした調査が精神保健福祉援助活動のみならず、さまざまな対人援助サービスの質や方法および技量を高めるうえで不可欠であることを、今後の課題として提言したい。

精神障害者社会復帰施設等の利用有効性に関する研究は、①施設票に設置主体や定員などの基本属性と、職員特性(精神保健福祉士等の専門職配置状況)や活動内容(支援プログラム等)を、また②利用者特性は、人口統計学的特性や照会経路、通院状況、入院歴、服薬に関する意識、機能レベル、ADL(activity of daily living:日常生活動作)、他のサービスとの連携などを、そして利用者(精神障害者)には、③不安、生活の質、満足度から構成される調査票を作成し、3種の質問紙を用いて調査を行った。回答施設数は123施設、利用者676人から回答を得た。

調査に用いた尺度は以下のとおりである

**服薬に対する意識**──精神障害者の病識に関する尺度 SAI (Schedule for Assessment of Insight) の一部を用いた。

**機能レベルの測定**──アメリカ精神医学会の精神疾患の診断基準マニュアル第4版(*Diagnostic Statistical Manual of Mental Disorders*, 4th ed.: DSM-IV)の第5軸である機能の全体評価(Global Assessment of Functioning: GAF)尺度を用いた。

**不安**──不安感情特性尺度 STAI (State-Trait Anxiety Inventory) の日本語版の一部である状態不安(state-anxiety)を用いた。

**生活の質**──世界保健機関 QOL (World Health Organization-Quality of Life: WHO-QOL)の短縮版(WHOQOL-BREF)を用いた。

**利用者満足度**──「あなたの受けた援助(プログラムを含む)の質はどうでしたか」

などを項目とする日本語版利用者満足度調査票（Client Satisfaction Questionnaire：CSQ 8-J）を用いた。

分析指標および分析方法は，利用者の属性や特性を施設種別に一元配置の分散解析などを行い，系統抽出法の妥当性を確認するため，連続変数であるGAF，QOL，CSO，STAIの得点に対して2群間の平均値の差をみるなどを行った。その後，施設種別にCSQ 8-J総得点，QOLの高低，不安尺度の高低を従属変数とし，利用者の属性・特性および施設特性を独立変数とする重回帰分析を行った。統計パッケージにはSPSS 10.0 Jを使用した。

### 4．今後の課題

精神的な課題を抱える人たちに対する援助（プログラムを含む）が，利用者満足度を得られているのかといった調査は数少ない。こうした調査は，対人援助を担う各種機関（精神科病院，精神科診療所やデイケア等）で実施され，治療やカウンセリング，医学的あるいは社会リハビリテーションの有効性を高めることに寄与できればよいと思う。

なお，本調査は，精神保健福祉援助活動の基盤となる主体的側面（人間性）と客体的側面（社会性），およびその相互作用（社会関係）による望ましい人生の促進を念頭に置いた。したがって，広範な対人援助サービスの利用評価に対応するには，尺度の利用方法を検討することや，その精度を高める工夫が必要であり，新たな尺度の研究開発も重要な課題といえよう。

（新保　祐元）

〔文献〕
- Butrym, Z. T. 1976 *The nature of social work*. Macmillan.（川田誉音訳　1986　ソーシャルワークとは何か　川島書店）
- Moffett, J. 1968 *Concepts in casework treatment*. Routledge & K. Paul.（杉本一義・松本英孝訳　1984　ケースワーク入門——基本的事項の検討・整理　川島書店）
- Plant, R. 1970 *Social and moral theory in casework*. Routledge & K. Paul.（丸木恵祐・加茂陽訳　1980　ケースワークの思想　世界思想社）
- 全国精神障害者社会復帰協会　2004　平成15年度厚生労働省精神障害者社会復帰促進調査研究等事業（主任研究者：新保祐元）　社会復帰関連施策の有効性に関する研究

## 9　社会生活力
social functioning ability：SFA

「社会生活力」は，社会リハビリテーションの目的概念である。リハビリテーションは医学的リハビリテーション，教育リハビリテーション，職業リハビリテーション，社会リハビリテーション等の分野から構成されている。1960年代は国際的に「心理リハビリテーション」の分野もあったが，その後に心理リハビリテーションは，リハビリテーションのあらゆる分野にとって重要な基盤であるとされ，一つの分野としては挙げられなくなった経緯がある。

### 1．社会リハビリテーション

社会リハビリテーションは，障害のある人が自分の障害を正しく理解し，活用できる諸サービスを活用して社会参加し，自らの人生を主体的に生きていくための「社会生活力」を高めることを目指すプロセスであり，社会福祉学，臨床心理学，カウンセリング心理学等の援助技術の体系と方法を基盤に実施する，リハビリテーションの一分野である。

社会リハビリテーションの中心的専門職はソーシャルワーカーであり，障害のある人の社会生活力が高まるための支援プログラムを実施するほか，社会資源や福祉サービスの活用支援，対象者と家族との関係調整，対象者と環境との調整，諸サービス間の調整も行う。

### 2．社会生活力

ニューヨークに本部を置く国際リハビリテーション協会（Rehabilitation International：RI）は，1986年に社会リハビリテーションの定義を採択した。それは，以下のとおりである。

「社会リハビリテーションとは，社会生活力（social functioning ability：SFA）を高めることを目的としたプロセスである。社会生活力とは，さまざまな社会的な状況のなか

で，自分のニーズを満たし，一人ひとりに可能な最も豊かな社会参加を実現する権利を行使する力を意味する」。

## 3．社会生活力を高めるプログラム

社会リハビリテーションの目的概念とされた，「社会生活力」に関する実践的研究をとおして，わが国の実情に合った「社会生活力プログラム」が体系化された。1999年には肢体不自由，視覚障害，聴覚障害，言語障害などの身体障害者を主対象とした「社会生活力プログラム・マニュアル」，2006年には「自立を支援する社会生活力プログラム・マニュアル」が開発された。

本プログラムを実施するときの対象人数は，1人とか数人程度の少人数でもよいが，15人，20人程度のグループでも実施できる。最も効果が大きいのは，6～8人程度の人数であろうと想定している。グループで実施することにより，お互いに意見の交換ができ，お互いの経験を分かちあえ，社会性の向上も期待される。

社会生活力プログラムの理念は，①リハビリテーション，②QOL（quality of life：生活の質），③生活モデル，④エンパワメント，⑤パートナーシップ，⑥ノーマライゼーション，⑦社会参加，⑧サポート，としている。本プログラムにおいて，実施する人を「ファシリテーター」といい，参加する人を「参加者」とし，参加者を「訓練」「指導」するのではなく，参加者の主体性・自立性・選択性を尊重し，それらを引き出す「援助」「支援」を重視している。ファシリテーターは「生活モデル」の視点に立ち，エンパワメントやパートナーシップの視点に立って進めていく。

社会生活力プログラムの具体的な実施方法は，①グループ討議，②グループ学習，③演習，④体験学習，⑤ロールプレイ，⑥モデリング，⑦アセスメントなどである。2006年開発のプログラム構成は，右上の表のとおりであり，5部門25モジュールのうち，どのモジュールを実施したいかを参加者本人が決定することを基本としている。

また，社会生活力プログラムは，ソーシャルワーカーや心理士だけが行うものではない。

表 「自立を支援する社会生活力プログラム」の構成

| 第1部 生活の基礎をつくる |
| --- |
| モジュール 1 健康管理 |
| 2 食生活 |
| 3 セルフケア |
| 4 時間管理 |
| 5 安全・危機管理 |
| 第2部 自分の生活をつくる |
| モジュール 6 金銭管理 |
| 7 住まい |
| 8 そうじ・整理 |
| 9 買い物 |
| 10 衣類管理 |
| 第3部 自分らしく生きる |
| モジュール 11 自分と障害の理解 |
| 12 コミュニケーションと人間関係 |
| 13 男女交際と性 |
| 14 結婚 |
| 15 育児 |
| 第4部 社会参加する |
| モジュール 16 情報 |
| 17 外出 |
| 18 働く |
| 19 余暇 |
| 20 社会参加 |
| 第5部 自分の権利をいかす |
| モジュール 21 障害者福祉制度 |
| 22 施設サービス |
| 23 地域サービス |
| 24 権利擁護 |
| 25 サポート |

誰でも取り組めるものであり，障害当事者が主体となって，社会生活力プログラムを実施することも可能である。

## 4．今後の課題

社会リハビリテーションの正しい理解と，社会生活力を高めるための取り組みを促進するためには，さまざまな課題がある。わが国においては，「社会リハビリテーション」は「障害者福祉」と同じであるかのような誤解があった。障害者福祉とは異なる社会リハビリテーションは，障害のある人びとの社会生活力を高めるプログラムとその支援方法がなければならない。そのためには，社会福祉学

の援助技術と心理学の援助技術が求められる。さらに，対象者のニーズを把握するアセスメント技術と，対象者に合わせた支援方法を工夫する創造性と温かい心が求められる。マニュアルをそのとおりに実施すればよいのではない。マニュアルを参考にし，支援する対象者の実情に合わせて，対象者とともに工夫し，共に考えながら実施していくプロセスが重要である。これらがエンパワメントであり，パートナーシップである。したがって，実践を通して，対象者とともに研究を行っていく姿勢が重要であろう。

(奥野 英子)

〔文献〕
赤塚光子・石渡和実・大塚庸次・奥野英子・佐々木葉子 1999 社会生活力プログラム・マニュアル──障害者の地域生活と社会参加を支援するために 中央法規出版
奥野英子 2007a 社会リハビリテーションの理論と実際 誠信書房
奥野英子 2007b 実践から学ぶ「社会生活力」支援 中央法規出版
奥野英子・関口恵美・佐々木葉子・大場龍男・興梠理・星野晴彦 2006 自立を支援する社会生活力プログラム・マニュアル──知的障害・発達障害・高次脳機能障害等のある人のために 中央法規出版

## 10 ピア・ヘルプ
peer help

ピアとは同僚や仲間のことで，対等であるという意味が含まれている。したがってピア・ヘルプとは，対等の関係性をもとに進められる，仲間同士による助けあいを指している。助けたり助けられたりの関係は専門家よりも築きやすく，同じ障害をもつなどの特質から，共通する問題や不安に対して効果的に助けあうことが期待できる。ピア・サポート，ピア・カウンセリング，セルフヘルプ等はそれぞれの定義をもつが，対等の関係性を築くという基本姿勢は同じである。支援を行う場面や内容，方法によって使い分けられている。

### 1．ピア・ヘルプのもつ意義

障害者が地域で安寧に暮らしていくためには，ときにさまざまな支援を必要とする。そのひとつに認知されつつあるのがピア・ヘルプ活動であり，当事者の場合のみならず，家族支援にも用いられ効果を上げている。たとえば，がんを体験された方などの内部障害者におけるピア・ヘルプでは，悩みや不安，怒りを，自分のことのようにわかってくれる相手の存在が，患者には大きな励みとなる（齋藤，2006）。葛藤を経て病気とともに生きることを受け入れるまでの過程で，患者会のようなサポート・グループの果たす役割はきわめて大きい。

目に見えにくい障害特性をもつ精神障害者にとっても，ピア・ヘルプのもたらす効果は大きい。当事者だからこそ理解できる心理面での葛藤や，生活面での生きづらさに対し，適切に対応できる。信頼でき安心できるピア・ヘルプ活動は，居宅支援を利用する精神障害者にとって大きな支えとなっている（山口・山口，2002）。また，ピア・ヘルプを受ける側では，同じ障害がありながらも，社会において独自の役割を果たしている「成功モデル」を間近にみることになり，それを契機にピア・ヘルプを目指し研修を受ける人もいる。その過程で生き方に自信をもち，思いやりを身につけ，安寧な想いとともに充実した生活を送れるようになるといった意義も確かめられている。このように精神障害者にとってのピア・ヘルプ活動では，利用者もヘルパー自身も障害のリカバリー（人生の回復）の近道になっている（中城，2004）。支援の受け手から担い手に転換することにより，自身を肯定的に受け入れられるようになる。

### 2．ピア・ヘルプの研究

わが国におけるピア・ヘルプに関する研究は，各地での実践が蓄積されるにつれて増えつつあるが，精神障害者に関するものが比較的多い。そのなかでも，大阪府が2001年に全国に先駆けて実施した「精神障害者ピア・ヘルパー等育成事業」（殿村ら，2003）は，価値ある情報を提供している。そこでは何よりも，精神障害者による居宅生活支援事業で，精神障害者自身が貴重な人的資源となること

が確かめられている。あわせてこの事業を推進することにより、精神障害者の就労促進と精神障害者に対する居宅支援の、普及への経緯を知ることができる。大阪府の実践が知られるにつれ、精神障害者ピア・ヘルパーが各地に誕生していった。大阪府の取り組みは、当事者と支援者がペアで受講することにより、障害理解が深められるよう工夫が施されていることにも留意したい。

知的障害者においても、リーダー養成も兼ねて、参加基準を設けながらピア・カウンセリング事業を行っている（佐藤，2000）。さらに、各地の障害者生活支援センターでは、身体障害者に対するピア・カウンセリングを実施している。このように、各障害関係でもピア・ヘルプは実践され、その成果が報告されつつあるが、研究としてまとめられたものは少なく、今後の研究課題となっている。

### 3．今後の課題

当事者活動の重視とともに、ピア・ヘルプに関する研究は今後、ますます質量ともに充実したものになっていくと考えられる。

これまで福祉ニーズに対する対応では、心のケアのあり方がややもすると軽視されがちであった。今後はその取り組みがいっそう求められるようになり、制度としても目を向ける課題として認知されてきた。ピア・ヘルパーの養成は、まさにそれにつながる事業である。当事者同士による対等な関係性のなかで産み出される信頼関係を基盤に、相談し、支えあい、自立に向けた歩みが実現される過程で、それをバックアップする周囲の支援体制の整備も必要であろう。

また、障害種別を超えたピア・ヘルプの実践（香木，2004）や、高齢者にもケアを提供しようとする精神障害者の活動（西脇，2003）など、ピア・ヘルプのもつ可能性は、実践とともに広がりをもちはじめている。こうした展開のなかで、ピア・ヘルプ活動の有効性を確かめることや、カウンセリング専門家がどのようにこうした活動にかかわり、寄与していくかは、今後の重要な研究課題でもある。

（朝木 永）

〔文献〕

香木明美 2004 精神障害者ピアヘルパー――精神障害を体験したからこそ、かけがえのない存在として 月間人権問題，**336**，13-16.

中城アトム 2004 ピアヘルパーから見た精神障害者への地域生活支援のあり方 福祉労働，**105**，59-66.

西脇忠之 2003 ピアヘルパー活動に優先枠を設け就労支援を望む 月間人権問題，**321**，9-14.

齋藤とし子 2006 ピアカウンセリングを基本にした支部活動 公共研究，**2**(4)，191-196.

佐藤潔 2000 知的障害者のリーダー養成――ピアカウンセリング支援事業の3年計画の取り組みから Aigo（知的障害福祉研究），**47**(7)，42-49.

殿村寿敏・行實志都子・野田哲朗 2003 精神障害者ピア・ヘルパー等養成事業における現状と課題 精神障害とリハビリテーション，**7**(1)，76-80.

山口弘美・山口弘幸 2002 精神障害者ピアヘルパーの取り組みから――体験を価値として、感じた思いを原点として 社会福祉研究，**84**，72-76.

# 11　子育て支援
social service for parenting

子どもを取り巻く問題は多様である。乳幼児期から青年期にわたって考えれば、親が子育てのなかで直面する問題には、医療・保健に関連した問題、養育に関連した問題、教育に関連した問題、司法・矯正に関連した問題、労働に関連した問題等がある。

### 1．子育てと子どもを取り巻く問題
#### 1）医療・保健に関連した問題

①疾患に伴う問題（治癒する疾患・継続的な配慮が必要な疾患・継続的治療が必要な疾患）、②成長の遅れに伴う問題（遅れが一過性・遅れが継続的/遅れの原因が特定・原因が不明）、③精神衛生に伴う問題（心身症・神経症・精神病）、がある。

#### 2）養育に関連した問題

①経済的問題、②家庭環境問題、③養育

の方法に伴う問題，④養育する場の選択に伴う問題，⑤養育現場での問題，がある。
　3）教育に関連した問題
　①教育の方法に伴う問題，②教育の場の選択に伴う問題，③教育現場での問題（授業についていくことができない児童生徒・いじめ・不登校），がある。
　4）司法・矯正に関連した問題
　①子どもの非行に伴う問題，②虞犯に伴う問題，③触法に伴う問題，④犯罪に伴う問題，がある。
　5）労働に関連した問題
　①労働基準に伴う問題，②職業選択に伴う問題，③職場での問題，がある。

## 2．福祉カウンセリングの場と福祉カウンセラー

　子どもを取り巻く問題に対する子育て支援として，多くの職員が各々の専門的な立場から助言・相談にあたっており，そのなかで福祉カウンセリングにかかわっているといえる。ここでは，それらを整理しながら，子どもを取り巻く問題を支援する福祉カウンセリングの場と，その専門家について言及する。
　1）医療・保健に関連した問題と福祉カウンセリング
　病院，医院，診療所，保健所，保健センター，精神保健福祉センター，リハビリテーション・センター等が主な支援機関である。これらの機関で福祉カウンセリングを行う主な専門家は，医療福祉士（MSW），精神保健福祉士（PSW）であり，その他にも看護師，保健師，助産師，臨床心理士，作業療法士，理学療法士，言語聴覚士，歯科衛生士，栄養士，医師，歯科医師等を挙げることができる。
　2）養育に関連した問題と福祉カウンセリング
　福祉事務所，児童相談所，児童福祉施設，地方自治体が設置する児童家庭支援センター・障害児療育支援センター等が主な支援機関である。これらの機関で福祉カウンセリングを行う主な専門家は，家庭相談員，母子自立支援員，児童福祉司，家庭支援専門相談員，児童指導員，母子指導員であり，その他にも社会福祉主事，保育士，臨床心理士，言語聴覚師，看護師，医師，児童の遊びを指導する者などを挙げることができる。
　3）教育に関連した問題と福祉カウンセリング
　地方自治体が設置する教育研究所・教育センター・教育相談室，小・中・高校・大学が設置する心理教育相談室・学生相談室，教育委員会，公民館等が主な支援機関である。これらの機関で福祉カウンセリングを行う主な専門家は，養護教諭，スクールカウンセラー，キャリアカウンセラー等であり，その他にも，学校の教育相談・生徒指導担当教諭，幼稚園教諭，社会福祉主事，学校に配属される栄養士などを挙げることができる。
　4）司法・矯正に関連した問題と福祉カウンセリング
　児童相談所，児童福祉施設（特に児童自立支援施設），少年補導センター・少年センター・青少年相談センター，家庭裁判所，少年鑑別所，少年院，刑務所，警察関係の相談室，保護観察所等が主な支援機関である。これらの機関で，児童福祉司，児童指導員，少年指導員，児童自立支援専門員，児童生活支援員等が福祉カウンセリングを実施している。副次的にカウンセリングを行う専門家には，鑑別技官，医務技官，家庭裁判所調査官，弁護士，警察官などを挙げることができる。
　5）労働に関連した問題と福祉カウンセリング
　公共職業安定所，障害者職業センター，知的障害者更生相談所，身体障害者更生相談所，企業内の健康管理室・相談室等が主な支援機関である。

## 3．子育て支援における福祉カウンセリングの意義と今後の課題

　①現実的問題の解決を支援すること，②その支援のなかで子どもに心理的なケアを行うこと，③子育てにたずさわる親や家族に心理的なケアを行うこと，④（しばしば）当該児の家族機能を回復すること，に福祉カウンセリングの意義はある。このような役割を有するカウンセリングの一連の流れのなかで，子どもとその家族が相談できる機関・施設，関連法令，利用できるサービスとその内容など，適切な情報を適宜提供するこ

とはカウンセリングの基本となる。それゆえ，カウンセリングにたずさわる者には，専門分野の知識のみならず福祉関連の幅広い知識が求められる。

　子どもが有する疾患とその家族の機能によって，福祉カウンセリングのニーズは異なるものの，通常は重度で継続的支援が必要な子どもとその家族ほど，福祉カウンセリングが必要とされる。このとき，子どもが抱える遅れ，疾患，障害に関する正確な知識を親に知ってもらうことや，子どもの発達・抱える問題について親同士が話し合う機会を提供することも，カウンセラーの役割となる。

　他方，近年では，自殺，いじめ，不登校，重犯罪，ニート，フリーターなどが社会問題化している。このようなケースを未然に防ぐためには，軽度で一時的支援の必要な子どもとその家族への支援も慎重かつ丁寧に扱い，小さな問題をも見逃さない必要がある。

　また，短期目標のみならず長期目標を設定し，長期的かつ継続的に福祉カウンセリングを行うことも大切である。子どもはいうまでもなく，親，家族，子どもを取り巻く小集団・地域に目を向け，再教育による機能回復，ネットワークの構築，資源の開発を行うべきである。

　青少年の労働の分野は今後，福祉カウンセリングを導入すべき分野である。労働がもたらす喜び，社会人としての責任，職場で不当な扱いを受けないための情報の提供などが求められている。

（石田　祥代）

〔文献〕

　星野政明・川出富貴子・三宅邦建編集　2007　子どもの福祉と子育て家庭支援　みらい出版

　蒲原基道・小田豊・神長美津子・篠原孝子　2006　幼稚園・保育所・認定こども園から広げる子育て支援ネットワーク　東洋館出版

## 12　障害受容
acceptance of disability

　長年にわたって障害をめぐる問題解決の方向は，障害受容ではなく，障害の克服であり軽減であった。障害を克服し軽減するために，さまざまなリハビリテーション医学や障害児教育が展開されてきた。つまり，医学的な意味での障害の克服と軽減が目指されてきた。しかし「日本のリハビリテーション心理学は，1980年を境に，障害受容パラダイムの時代に入った」（南雲，1998）といわれる。「障害受容」とは，「障害のために変化した諸条件を心から受け入れること」（南雲，1998）である。心から受け入れるために，個人および社会の側にどんな条件が必要であるかを考える方向性を，障害受容という概念は構築した。つまり，障害受容という観点からみれば，障害をめぐる問題解決において重要なのは，医学的事実としての障害の克服や軽減よりも，障害をどう受け止めていくのかという心理的・実存的なレベルでの受け止め方や価値観の変革にある。

### 1．「障害受容」という考え方の社会的背景

　「障害受容」という考え方が受け容れられるようになるうえで一番大きな役割を果たしたのは，1950年代後半にデンマークから発信された「ノーマリゼーション」という考え方である。「ノーマリゼーション」とは，障害をもつ人を「ノーマルな人」にすることではない。障害をもつ人を丸ごと受け容れ，ノーマルな生活条件を提供しようとするものである。ノーマリゼーションの思想は，たとえ障害があっても，その障害を抱えたままの姿で生活できることを目標にした。

　第二に大きな役割を果たしたのは，「障害者の完全参加と平等」をスローガンにした，1981年の国際障害者年の取り組みである。1980年に採択された国際障害者年行動計画の第63項には，次のような「障害」に対する見方が示されている。

　「障害という問題を，ある個人とその環境との関係としてとらえることが，ずっとより建設的な解決の方法であるということは，最近ますます明確になりつつある。過去の経験は，多くの場合，社会環境が一人の人間の日常生活に与える身体・精神の不全の影響を決定することを示している」。

たとえば，車椅子の人にとって駅の階段は障害になる。しかし，階段の横に緩やかなスロープやエレベーターがあれば，その人に医学的な意味での障害はあっても，移動上の障害はなくなる。つまり国連のこの考え方は，障害者の側にのみ障害の原因があり，障害者自身がそれを克服するという考え方とは違った枠組みの提案であり，「障害をもったまま生きていける社会こそノーマル（正常）」であるとする，ノーマリゼーション思想の反映であった。

障害受容という考え方を重要なものにしたもうひとつの背景として，医学の進歩がもつある特徴を挙げたい。すなわち医学の進歩は，まず診断の技術が進歩し，それにかなり遅れて治療の技術が開発されるという特徴をもつという点である。つまり，医学が進歩すればするほど，「この人はこういう病気である（病気になる）ということがわかっていながら治せない」という患者に，医学は向き合わなければならなくなるのである。このとき医学は，病気を治すための研究開発とともに，治せない病と折り合いをつけ，病と共存し受容しようとする患者をいかに支えるかという，大きな課題に直面せざるを得なくなる。

## 2. 障害受容の達成に向けて

国際障害者年行動計画では，「障害」を，「機能・形態障害：impairment」「能力障害：disability」「社会的不利：handicap」の三つに分け，障害の構造を明らかにしようとした。WHOも独自の「国際障害分類」を発表している。しかし，わが国のリハビリテーション医学のパイオニア上田敏は，こうした客観的で精緻な分析や研究も，「体験としての障害」（上田，1984）というべきものが重視されなければ，中途半端なものに終わってしまうという。「体験としての障害」とは，障害を契機として体験される「自己の人間的価値への侵害として，価値の低落感として受け取られる…（中略）…実存レベルにおける絶望や不安」（上田，1984）である。本当の意味での障害受容は，この実存的な絶望感や不安と何らかのかたちで折り合いをつけることなしには達成されない。上田によれば，この実存レベルの絶望感や不安の原因は，客観的な疾患や障害そのものにあるのではなく，むしろその人の心の奥深くに存在している価値基準・価値観・価値体系にあるという。しかもこの内面の価値基準の中核にあるのは「現代の工業化し競争社会化した社会のもつ，もっとも支配的な価値体系，競争力・生産力・若さを中核にした価値の序列」（上田，1984）にあるのではないかという。この社会の中核的な価値観を転換させる思想を育むことが，障害受容にとって重要な課題となる。

障害受容の結果，何がもたらされるのであろう。障害受容の本質を「価値の転換」であるとするライト（Wright, B. A.）は，障害受容によってもたらされるものとして「価値の範囲の拡大」「障害の与える影響の縮小」「身体の外観の問題が二次的なものになること」「比較価値から資産価値への転換」の四つの価値転換を挙げている（Wright, 1983）。これらの価値転換が，健康幻想にとらわれているときには理解できなかった深い人生観と，重い障害があるにもかかわらずはるかに生きやすい心をもたらしてくれるのである。ただ，ライトがいうような価値転換は，障害者個人の努力だけによって達成されるものではない。

障害受容という問題を，障害者個人の問題として矮小化することなく，こうした価値転換を可能にする人間関係や社会福祉施策，社会構造の特質に関するさらなる探求は，今も私たちの課題として残されている。世の中に完全な人間はいない。つまり，自分の不完全さと共存する思想なしに救いはない。その意味で（現実の厳しさの度合いは比べものにならないかもしれないが），障害受容という問題は，誰しもが抱えもつ自己受容の問題でもある。

（上嶋　洋一）

〔文献〕

南雲直二　1998　障害受容——意味論からの問い　荘道社

上田敏　1984　障害をどう理解するか　障害児教育実践体系刊行委員会編　障害児教育実践体系　基礎理論　労働旬報社　26-41．

Wright, B. A. 1983 *Physical disability : A psychosocial approach*. 2nd ed. Harper & Row. pp. 157-192.

## 13 養護施設の子どもたち
### children at a community home

　ここでは，わが国の児童福祉施設の子どもたちについての理解を深めるために，施設を7型に分け，それぞれの型の施設の子どもたちと，その家族への福祉カウンセリングについて言及する。

### 1．わが国の児童福祉施設

　児童福祉法（第35条）で定められる施設が，児童福祉施設である。施設の性格と福祉カウンセリングとの関連で児童福祉施設を整理すると，入所型と通所型に大きく分けることができ，さらに下記のように七つの型に分けることができる。

　　1）入所型施設
　児童入所型Ⅰ——乳児院，児童養護施設，児童自立支援施設，知的障害児施設，自閉症児施設，盲児施設，ろうあ児施設，肢体不自由児療護施設
　児童入所型Ⅱ——重症心身障害児施設
　児童入所型Ⅲ——肢体不自由児施設，情緒障害短期治療施設
　母子入所型——母子生活支援施設，助産施設

　　2）通所型施設
　通所型Ⅰ——知的障害児通園施設，難聴幼児通園施設，肢体不自由児通園施設
　通所型Ⅱ——児童家庭支援センター
　通所型Ⅲ——保育所，児童館，児童遊園

### 2．児童福祉施設と福祉カウンセリング

　施設に入所または通所している子どもたちの特徴と，子ども・その家族への福祉カウンセリングの要点を整理する。

　　1）施設に入所している子どもたち
　〈児童入所型Ⅰ〉は，児童が親・保護者・家族らとは離れて暮らす，入所型の施設である。児童が施設に入所する理由は，親の死亡，離婚後の親の生活の立て直し，親の犯罪，被虐待，児童の触法・非行癖，一時的家庭崩壊など多様である。しかしながら，いずれのケースにあっても，児童はこれまでの家族関係の歪みから心に傷を負っており，かつ，今後の生活に不安を抱いている。福祉カウンセリングにおいては，児童の声に耳を傾け，その行動を受け止めつつ矯正していく必要がある。また，児童に親や家族がある場合には，親や家族も福祉カウンセリングの対象とすべきである。

　〈児童入所型Ⅱ〉は，児童の障害が重度または重複で，家庭での養育が困難な児童のための入所型の施設である。児童と家族ともに，これまでの家庭生活でストレスを抱えているケースが多く，児童にはリラックスできる環境を，家族への福祉カウンセリングでは，家族が抱えてきた気持ちに対しての受容と，利用できる資源に関する情報を提供することが必要となる。

　〈児童入所型Ⅲ〉は，社会生活を営むための技能や知識を学ぶ入所型施設である。児童はこれまでの生活で自信がなく情緒が不安定になっているため，心理的アプローチは大切である。かつ，親に障害についての理解を深めてもらうことが重要課題となる。

　〈母子入所型〉は，児童・母親の入所施設である。入所理由は，父親の死亡，離婚後の生活の立て直しなどのほか，被ドメスティック・バイオレンスがある。いずれのケースにあっても，母親の生活への不安が児童に影響を及ぼしており，福祉カウンセリングを通してこれらの不安の要因を取り除くことが大切である。

　　2）施設に通所している子どもたち
　〈通所型Ⅰ〉は，障害のある児童が一人で，または親・家族とともに，保育，機能訓練などの活動を行う通所型の施設である。生活に必要な知識と技能を獲得することに加えて，安定した母子・家族関係を構築することが大切である。このため，母親・家族が障害に関する知識と当該児の特性を理解すること，利用できる相談の場・資源に関する情報提供，生活全般にわたる指導・助言，親・家族同士のピア・カウンセリングの場の提供等が，福祉カウンセリングの重要な役割である。

　〈通所型Ⅱ〉は，児童またはその親・家族が，子どもの生活，行動，発達などの相談をする，通所型の相談事業を展開する施設であ

る。相談内容は，子ども自身の家族のこと，友達のこと，性のこと，勉強のこと，子どもの交友関係，発育のこと，非行など多岐にわたっている。かつ，子育て支援，児童福祉についての情報，子ども・親同士の交流の場の提供も行っている。相談に関する助言を行うなかで，児童相談所や福祉事務所など児童福祉・教育・医療関連機関や施設と連携をとりながら，子どもが抱える問題にアプローチすることが重要である。

〈通所型Ⅲ〉は，児童が毎日または随時通所する施設である。通常，福祉カウンセリングは重視されないものの，職員は，児童の些細な変化から児童が抱える問題を見逃さないよう留意すること，日ごろの親との話に適宜助言することが大切である。小さな問題を大きくしないことが虐待防止，安定した母子関係につながるからである。

### 3．施設における福祉カウンセリングの意義と課題

施設に入所または通所する子どもたちは，種々にわたる現実的問題とそれに付随したストレスを抱えている。施設に来る以前に心に深い傷を負っているケース，問題が解決すればストレスが消え心に傷が残らないケース，親や家族の不安が取り除かれることで子どもの問題も解決するケースなど，個々のケースによってそのアプローチは異なるであろう。ただし，どのようなケースにおいても，施設職員は真摯に子どもたちの問題や気持ちを受容し，解決へ尽力し，その支援のなかで子どもたちと親・家庭に対して心理的なケアを行うことが重要である。

しかしながら，児童家庭支援センターを除いては，主事業の合間に福祉カウンセリングを行わなければならない。それゆえ，児童が抱える問題点があいまいなまま整理がなされていない，カウンセリングする技術がない，福祉に関する知識に乏しい，解決すべき問題点を見いだしながら時間に追われてアプローチすることができない，職域を超えているため解決できないなど，さまざまな制約があることも事実である。施設において福祉カウンセリングをとどこおりなく行うためには，福祉カウンセリングの専門家の養成と配属，多種職員の配属，専門家の巡回相談事業の展開，関連機関と専門家の活用，現職職員の研修制度導入などが今後の課題である。

### 4．施設における福祉カウンセリングとその研究

施設における福祉カウンセリングには職員の経験則によることも多く，福祉カウンセリングの理念は児童福祉施設全体に浸透しているとは言い難い。今後，理念の確立につながる研究を行うことが研究課題であろう。他方，施設種別によって，福祉カウンセリングの内容とそのニーズは異なる。しかし，整理・分析はいまだ十分とはいえない。個々のケースで対応するのは基本原則であるが，各種施設における基礎データを収集することで，施設の問題の傾向を整理し，そのアプローチを検討することが望まれる。また，施設での福祉カウンセリングを行う者が，カウンセリングや相談の専門家とは限らない。それゆえ，施設の福祉カウンセリングの方法論・技術論を模索していくことも必要であろう。

〔石田　祥代〕

〔文献〕

北川清一編著　2005　児童福祉施設と実践方法──養護原理とソーシャルワーク（3訂）　中央法規出版

山岡テイ　2007　地域コミュニティと育児支援のあり方──家族・保育・教育現場の実証研究　ミネルヴァ書房

## 14　子どもの人権・権利
children's human rights as citizen

国際社会における児童福祉の基本理念は，子どもの人権・権利の尊重とそれらの実現にほかならない。世界各国それぞれが抱えている子どもを取り巻く問題はさまざまであるものの，国際的に子どもの人権・権利への関心は深まってきている。1989年には，「児童の権利に関する条約」（子どもの権利条約）が国連総会において全会一致で採択され，国際社会としての子どもの権利保障の基準が示されることとなった。わが国においても，1994

年に批准され,福祉や教育の領域を中心に意識が高まってきている。一方,これらに関しては誤解されていることも多い。そこで本項では,まず子どもの人権・権利を考える視点について考察し,子どもの最善の利益を考慮したカウンセリング・アプローチ開発の必要性を指摘したうえで,子どもオンブズワークからカウンセリング心理学への示唆について考え,最後に近年の研究動向について検討していくこととする。

## 1. 子どもの人権・権利を考える視点

人権とは,人間が人間らしく生きていくために,生まれながらにしてもっている権利であり,これは誰も侵すことのできない永久の権利である。子どももまた人間であり,人権を享有しており,権利行使の主体であることは,憲法や国際法上でも承認されている。それでは,人権と区別した子どもの人権・権利といった概念には,どういった意味があるのであろうか。

この問いについて考える視点は,子どもの人権・権利の固有性である。すなわち,子どもは未成熟であるがゆえ,社会のあらゆる悪影響からの保護を必要としている。そして,子どもは発達可能態であるがゆえ,成長・発達に応じて権利行使や自己決定をする力を生活に即して身につけていかなければならない。そのためには,自己に影響を与える事柄へ意見を表明することや,意思決定過程への関与・参加も欠かせない。このような観点から,子どもの人権の構造は,成長・発達・保護・参加という四つの権利カタログにまとめることができる。

子どもが権利を行使するには,大人との関係が重要となってくる。そこには,子どもと大人という絶対的な力関係の差があるからである。近年わが国においては,「子どもの人権が子どもをだめにした」「学校がだめになったのは子どもを甘やかす人権思想だ」といった,子どもの人権・権利への不理解や抵抗感が存在している。そうした背景には,「大人の側が人権の大切さを言葉では理解を示しながら,本音では抵抗を感じ,行動にしないという『分断』がある」(安藤,2002)といった指摘もある。子どもたちが自分たちの人権・権利について認識し理解を深めていくには,大人の正確な知識と理解が不可欠となる。

## 2. 子どもの最善の利益を考慮したカウンセリング・アプローチ開発の必要性

子どもの人権・権利を考えるにあたって,その基底をなす考え方は,子どもの最善の利益の考慮である。児童福祉の領域においても,子どもに関するすべての措置をとるにあたっては,子どもの置かれている状況をふまえ,子どもの最善の利益を考慮した処遇を決定する必要がある。教育の領域においても,制度設計や教育的指導をするにあたっての基本的考え方は同様である。今後はカウンセリングの領域においても,子どもの最善の利益を考慮した,すなわち子どもの権利を基盤としたアプローチの研究が望まれる。

## 3. 子どもオンブズワークからの示唆

近年,子どものためのオンブズパーソン(以下,子どもオンブズとする)制度が注目されている。これは,スウェーデンで確立したオンブズマン制度が,世界各地に受容されていく過程で,その形態や対象領域が変化し,子どもの利益・権利の擁護・促進を目的として設置されている,独立した第三者機関である。ここにおける第三者性とは,特定の利害関係などに影響されることなく,その目的を達することができるための,政治・宗教・関係機関からの中立性や,法令上・運営上の独立性といったものである。国連子どもの権利委員会(the Committee on the Rights of the Child)においてもその必要性が強調されており,このような独立機関を設置するよう締約国に対して奨励している。

子どもオンブズは,子どもの立場に立ち,子どもに寄り添い,問題解決にあたることが原則で,カウンセリング機能,ソーシャルワーク機能がその役割に含まれている。この特質は,まずは,子どもの利益・権利の擁護・促進を目的とし,常に子どもの最善の利益を第一に考えているところだ。第二に,子どもの現実に寄り添い子どもとの対話を深めるなかで,子どもとともに最善の利益を追求し,そうした活動を通し行動の選択肢を子ど

もが豊かにもてるようにする，すなわち子どものエンパワメントを図ることである。第三に，独立した第三者機関であることを背景に，関係機関への調査権限を有し，問題があった場合には，関係当局などに意見表明・勧告などを出す権限を有していることである。第四に，さまざまな個々の事例を取り扱った経験により，それらをもとに立法・法改正や政策を提案していくことができることである。こうした機能を総称して，オンブズワークと呼んでいる。

上記の特質をふまえてみても，オンブズワークは教育法学を中心としながら福祉学，心理学，社会学といったさまざまな隣接領域からの研究が求められている。カウンセリング心理学においても，こうしたオンブズワークの面接技法に貢献することは疑いない。そして，カウンセリング心理学の研究対象も，独自の領域と方法論を基盤としながら，隣接領域に視野を広げるとともに，それらを分析する方法論を開発していかなければならない。子どものエンパワメントといった視点を取り入れた研究方法論の開発も，そのひとつといえる。

### 4．地域から要請される子どもの人権・権利研究

子どもの人権・権利研究は，教育学，法学，福祉学を中心に発展してきた。近年では，子どもの権利実現のための具体的施策研究が進められている。わが国においては，自治体レベルで子どもの権利に関する条例を策定する動きが活発化している。そこでは，子どもオンブズのような子どもの救済制度や，条例の実施状況について評価・検証するシステムに関する研究が要請されている。

児童福祉の領域では，児童虐待との関係で，市町村において新たな役割を担うことになった子ども家庭相談の体制や取り組み，要保護児童地域対策協議会についての運用に関する研究が進められている。

今後この分野でさらに議論を深めていきたい事項としては，①虐待やいじめ対応におけるカウンセリング心理学の役割と意義，②福祉学，教育学，心理学など関連諸科学からの総合的研究，③専門家の養成と研修体制の確立，④子どもがカウンセリングを受けてどのようにエンパワメントされるかの分析手法の開発，⑤個々のカウンセリング事例を社会に還元していく方法論の探求，などが挙げられる。

(半田　勝久)

〔文献〕

安藤博　2002　フィールド・ノート――子どもの権利と育つ力　三省堂

荒牧重人・吉永省三・吉田恒雄・半田勝久編　2008　子ども支援の相談・救済――子どもが安心して相談できる仕組みと活動　日本評論社

## 15　異文化で育つ子どもたち
helpig newcomer children

「異文化で育つ子どもたち」は，日本国籍をもつ子どもが外国で育つケース，外国籍をもつ子どもが日本で育つケースが考えられる。本項では近年課題が指摘されている，日本における外国人児童生徒について解説する。

### 1．外国人児童生徒の現状

文部科学省の2003年度調査によると，中学校，高等学校などで日本語指導が必要な外国人児童生徒は約1万9千人である。ポルトガル語，中国語，スペイン語を母語とする子どもたちが，全体の7割以上を占める。小学校に約1万2千5百人，中学校に約5千人で，9割の児童生徒が小学校，中学校段階に在籍している。このうち日本語指導を受けている子どもたちは83.7％である（文部科学省，2004）。佐久間（2006）は，文部科学省が発表しているデータは，各学校からの報告によって集計されているので，実態を必ずしも反映していない可能性を指摘している。外国人児童生徒の実態は，この数字よりも多いのかもしれない。

### 2．外国人児童生徒の援助の課題

筆者は，外国人児童生徒の援助の課題は3点あると考える。具体的には，①援助ニーズの実態把握ができていない，②援助専門家の不足，③日本社会への同化を迫らない援助の必要性，である。

### 1）援助ニーズの実態の未把握

相磯・太田（2003）は，千葉県内の小学校を対象とした質問紙調査や参与観察から，外国人児童生徒の教育的ニーズとして，日本語学習への支援ニーズ，教科学習への支援ニーズ，アイデンティティ・母語・人間関係調整への支援ニーズ，が示唆されたと報告している。しかし，全国的な調査において，外国人児童生徒の適応や援助ニーズの実態が必ずしも把握されているとは言い難い。援助ニーズの実態把握が必要である。

### 2）援助専門家の不足

現在，各学校に日本語教室が配置され，日本語教育が実施されている。本間ら（2005）も指摘するように，日本語教育を提供している場所が外国人児童生徒にとって安心する居場所となる。ひとくちに日本語を教えるといっても，生活する場所で，生活のための日本語を教えるわけであるから，日本語教育そのものが日本の学校への適応援助となる。

たとえば，日本の学校には，「参観日」「個人懇談」「弁当」「クラブ活動」など独特の意味をもつ用語がある。「参観日」は，保護者が子どもの授業の様子を参観することが目的であるが，この活動を通して保護者と学校側の共通理解が図られ，小学校においては「個人懇談」と密接に関連している。さらに，「弁当」は昼食を持参することであるが，毎日の「弁当」と遠足時の「弁当」は意味が異なる。「弁当」の実物を見せるような取り組みも報告されている（本間ら，2005）。また，日本の学校は，鉛筆一本までに名前を書いたり，ゼッケンや名札を付けたりする。日本の保護者にとって名札を付けたり，体操服にゼッケンを縫い付けることは当たり前である。

こうしたことは明文化されているわけではない。日本人の保護者は子どもの幼稚園までの経験，自分の小学校時代を思い出し，保護者同士で情報を交換しながら通学準備をする。外国人保護者のなかには，違和感を覚える人もいるだろう。

外国人児童生徒を担当する日本語教室の教師は，日本語を教えるだけではなく，保護者に日本の学校文化を理解してもらったり，子どもに違いを説明することが求められる。このようなかかわりを可能にするためには，日本語教育と異文化間カウンセリングの専門知識・技法が必要である。しかし，残念なことに，外国人児童生徒の援助担当者，日本語教育担当者に対する研修や処遇などのシステムが体系化されておらず，個人の努力に頼るところが大きい。

### 3）日本社会への同化を迫らない援助の必要性

日本の文化的な枠組みに同化を迫るのは，本当の援助とはいえない。郡司（2005）は，日系ブラジル人の子どものアイデンティティに関する研究の視点を，①同化再生産型，②文化的越境型，③積極的位置取り型，に分類している。

①同化再生産型とは，日本の学校の価値システムに巻き込まれ同化されていく受動的主体として，外国人児童生徒をとらえる視点である。②文化的越境型とは，子どもを異文化間成長を行う主体として考え，どちらの文化に属するのではなく，新たな第三の文化を創造する子ども（third culture kids）としてとらえる立場である。③積極的位置取り型とは，「創造的適応」を行う主体として子どもを位置づける。そして，学校文化そのものを変革し，多様なニーズに応えうる学校をつくりだしていくことを提唱する。

①同化再生産型においては，外国人児童生徒を同化する主体としてとらえ，日本語教育を行う担当者を配置したり，適応のためのソーシャルスキルを教えるだけでよい。しかし，②文化的超越型の場合は，子どもの内的成長に寄り添える人が必要である。さらに，③積極的位置取り型においては，外国人児童生徒を受け入れることで学校を変革していくことが必要である。

①同化再生産型では，外国人児童生徒を日本社会に同化する存在としてみるので，この視点自体に問題がある。②文化的超越型，③積極的位置取り型，どちらの視点に立ち教育・支援を行うべきかの結論を出すことはできないが，外国人児童生徒そのものの内的成長，外国人児童生徒を受け入れる学校やコミュニティの変革や，異文化理解を深めることが大切である。国際理解教育の担当者と連

携することも，良い実践につながる可能性がある。

（水野　治久）

〔文献〕

相磯友子・太田俊己　2003　特別な教育的ニーズのある外国人児童生徒の教育支援に関する研究　千葉大学教育実践研究，**10**，1-8．

郡司英美　2005　「日系ブラジル人」の子どもを取り巻く研究の再検討　異文化間教育，**21**，44-56．

本間友巳・竹内伸宜・山本彰子・藤田恵津子・小泉隆平・小正浩徳・牧崎元子　2005　「日本語教室」における来日・帰国外国人児童生徒への支援の現状と課題——日本語教室担当者への聞き取り調査を通して　京都教育大学紀要，**106**，1-20．

文部科学省　2004　日本語指導が必要な外国人児童生徒の受け入れ状況等に関する調査（平成15年度）の結果

佐久間孝正　2006　外国人の子どもの不就学——異文化に開かれた教育とは　勁草書房

# 16　援助者とバーンアウト
burnout of human service professionals

対人援助の専門職に従事する人が，今までは熱意と意欲をもって仕事をしていたのに，突如としてあたかも燃え尽きたかのように仕事に対する意欲をなくし，心身ともに疲れ果て，ついには退職に至るといったケースがみられる。このような現象はバーンアウトと呼ばれ，「人間を相手にする仕事に従事する人に多く生じる，情緒的な消耗と冷淡な態度を示す症候群」（Maslach & Jackson, 1981）と定義される。このバーンアウトに陥ることが多い職種として，福祉領域で活躍するソーシャルワーカーや介護スタッフなどの対人援助職が指摘されている。

## 1．バーンアウトとは

バーンアウトはフロイデンバーガー（Freudenberger, 1974）によって提唱され，バーンアウトを測定する尺度としてマスラックとジャクソン（Maslach & Jackson, 1981）によりMBI（Maslach Burnout Inventory）が開発されたのを契機として，1980年代以降，実証的な研究が盛んになされてきた。

## 2．福祉カウンセリング領域におけるバーンアウト研究の意義

わが国では，2005年には全人口に占める高齢者の割合は20％を超え，今後もさらに高齢化が進むと予測されており，介護サービスをはじめとした福祉サービスへのニーズ，およびその担い手である対人援助職の需要も今後さらに高まっていくことが予想される。このような社会的な背景のなかで，バーンアウト研究はどのような意義があるのだろうか。

**援助者のメンタルヘルスの向上**——援助者のバーンアウトのメカニズムを明らかにし，その予防や効果的なケアの方法を開発することで，援助者のメンタルヘルスの向上につながる。

**福祉サービスの質の向上**——バーンアウトは，その援助者が提供するサービスの質の低下を引き起こす。したがって，福祉カウンセリング領域における援助職のバーンアウトを予防することが，福祉サービスの質の向上につながり，その結果，福祉サービス利用者の利益につながるといえる。

このような観点から，カウンセリング心理学において援助者のバーンアウトを研究することは意義があるといえる。

## 3．福祉カウンセリング領域におけるバーンアウト研究の動向

これまでに，福祉カウンセリング領域におけるバーンアウト研究としては，わが国ではソーシャルワーカー，介護職員，知的障害施設職員などの援助者を対象としたバーンアウト研究がみられる。またバーンアウトを測定する尺度として，日本語版のMBI（田尾・久保，1996）も開発され，MBIを用いた実証的な研究がわが国においてもなされてきた。MBIは，以下の三因子からなる。

(1)　情緒的消耗感（仕事を通じて情緒的に力を出し尽くし，消耗してしまった状態）

(2)　脱人格化（援助対象者に対する無情で非人間的な対応）

(3) 個人的達成感の低下（職務にかかわる有能感，達成感の低下）

以上のなかでも(1)の情緒的消耗感が，バーンアウトの中核症状とされている。

MBIの因子にも表れているように，バーンアウトはその個人に対しても職務に対しても重大な結果を引き起こす。バーンアウトは個人のメンタルヘルスに悪影響を及ぼし，また仕事の生産性の低下を引き起こす。

バーンアウトに関連する要因は，大きく分けて個人要因と環境要因に分類される。個人要因としては，年齢や性別，教育レベルなどのデモグラフィック変数，ハーディネス（頑健さ）やコーピングスタイルなどのパーソナリティ変数が挙げられる。環境要因としては，過重な労働，役割葛藤や役割のあいまいさ，ソーシャル・サポート，職場の人間関係，対人援助職という職務の特性，組織の方針，スーパービジョン体制などが挙げられる。

この個人要因と環境要因は，これまで別々に取り上げられ検討されてきたが，近年この二つの観点を統合的に取り扱うモデルが提案されている（Maslach et al., 2001）。それは，個人と労働環境に関する6領域（労働負担，コントロール，報酬，コミュニティ，公平さ，価値）との適合の度合いに着目したモデルである。このモデルに従えば，個人と6領域の環境要因との間で長期間にわたり不適合の状態が続くとバーンアウトに陥り，そしてさまざまな結果を引き起こすとされる。このモデルは，まだ十分な実証的研究がなされておらず，今後のさらなる研究が期待される。

### 4．研究の課題

最後に，カウンセリング心理学における援助者とバーンアウトに関する研究の，今後の課題を挙げたい。

福祉カウンセリング領域における援助者のバーンアウトに対して，カウンセリング心理学が果たす役割は，バーンアウトの予防およびバーンアウトに陥った人へのケアが中心になるであろう。そのための効果的な介入方法の開発が求められる。

予防に関していえば，個人のみならず集団に対する介入が求められ，そのための介入技法として，サイコエジュケーションや構成的グループ・エンカウンター（SGE）などのグループ・アプローチが有効であると考えられる。したがって，これまでの研究で蓄積された知見をもとに，バーンアウト予防に焦点を当てたプログラムの開発とその効果研究が，今後の課題として挙げられる。また，その対象として援助職に従事している人はもちろんであるが，予防の観点からは，対人援助の専門職を養成する段階，つまり学生に対する介入が必要ではなかろうか。専門職養成における教育の一環としても取り入れることができる，プログラムの開発に関する研究を期待したい。

〔文献〕

Freudenberger, H. J. 1974 Staff burnout. *Journal of Social Issues*, 30, 159-165.

Maslach, C., & Jackson, S. E. 1981 The measurement of experienced burnout. *Journal of Occupational Behavior*, 2, 99-113.

Maslach, C., Schaufeli, W. B., & Leiter, M. P. 2001 Job burnout. *Annual Review of Psychology*, 52, 397-422.

田尾雅夫・久保真人 1996 バーンアウトの理論と実際——心理学的アプローチ 誠信書房

（木村 真人）

## 17　ボランティア活動とカウンセリング
psychological effects of volunteer work

ボランティアという用語は，歴史的には17世紀の革命前の混乱状態にあったイギリスにおいて，自分たちの町を守るために，自ら進んで自警団に参加した人たちに対して用いられたのが始まりとされる。その語源は，ラテン語のvolo（ウォロ：志す）から派生したvoluntas（ウォルンタス：自由意志）に，人を表す"-er"をつけてvolunteerになったといわれる。ゆえに元来は「自発的に何かをする人」を指し，ボランティア活動は，自発性・主体性といった性格を有する。その他の性格としては，公共性・福祉性・連帯性，無償性・非営利性，自己成長性（援助者自身

## 1. ボランティアとは

今日のボランティアの定義であるが、その対象や価値観の多様性から必ずしも統一されていない。さらに、この用語が指す対象もあいまいで、ボランティア活動の担い手に限定して用いられる場合もあれば、担い手と活動の両方に対して用いられる場合もある。

1998年に設立されたボランティア学会によれば、「ボランティア活動とは、自ら行動し、相互主体的に考え、他者との共同性を求める生き方の探究行為である」とされている。このように、近年ボランティア活動は、他者のためといった一義的な目的のみならず、援助者自身の自己啓発や自己実現のためとして認識されつつある（妹尾・高木、2003）。

## 2. ボランティア活動が援助者自身にもたらす効果

ボランティアやボランティア活動を、援助行動の観点からとらえる立場がある。高木（1998）は援助の効果を、援助が被援助者に与える「援助効果」と、援助が援助者に与える「援助成果」とに区別して概念化している。これに従えば、援助者自身がボランティア活動経験を通じて得る何らかの肯定的な効果は、援助成果に該当する。

ボランティア活動の援助成果は多様である。たとえば安藤（2002）は、何らかの組織に属して環境運動を行っている20～58歳の20人に聴き取り調査を行い、ボランティア活動から得られる個人的利益として、①ネットワークの広がり（友人、人脈、交流する楽しさなど）、②自己の有能感（積極的になった、視野が広がった、勇気や刺激、自分の生き方）、③活動に関する技能（対人関係技能、マスコミ関係技能）、④対処有効性（動けば変わるなど）の4項目を抽出した。

妹尾・高木（2003）は、ある老人保健施設の利用者を対象に施設内に開室されたパソコン教室の指導ボランティア13人（平均年齢62歳）に対して、半構造化面接を行い、援助成果に関するコメント内容を分析した。その結果、①対人関係成果（「人への対応が好ましい方向に変わった」「人間関係の輪が広がった」など）、②自己変革成果（「人の役に立てるようになった」「さまざまなことを教えられ、勉強になった」「新しい目標ができた」など）、③感情的・精神的充実成果（「気持ちの充足感が生まれた」「活動そのものを楽しめた」など）、の三つの効果を抽出した。

## 3. ボランティア活動と自助的心理効果

ここでは、援助者自身が困難に直面している場合にもたらされる、自助的心理効果について述べる。

一つめは、生活ストレス状態にある人の例である。高木（1998）は、①自分自身の問題にとらわれることから気を紛らわすことができる、②自分の人生の有意義感や値打ち感を強めることができる、③自己評価を高めることができる、④気分を良くすることができる、⑤社会的統合を促がすことができる、といったミドラルスキー（Midlarsky, 1991）が挙げた援助成果の出現理由を援用して、生活ストレス状態にある人が、なぜ他者を援助することによって自分自身の問題対処や問題克服が促進されるのかを述べたうえで、研究の知見を交えて考察した。そして、生活ストレスを経験しているがゆえに、もっぱら援助の受け手と思われている人びとでも、他者を援助することを通じて、自らの問題を乗り越える潜在力と、自分の人生を切り開いていく積極性をもちうることを明らかにした。

二つめは、要介護者の例である。一般に要介護者は、もっぱら援助の受け手としてとらえられる。しかし、要介護者が援助の与え手となる場合もある。たとえば、寝たきりの高齢者が、近所の人たちを枕元に集めて、自らをさらけ出し、寝たきりになったらどんな生活になるのか情報提供する、ある種のボランティア活動（木原、2005）などがある。木原（2005）は、当事者の心理を明確に分析することは難しいとしたうえで、あえていくつかの要素を挙げて、ボランティア行為が要介護者本人にもたらす効果を2段階で示している。1段階目では、ボランティア活動体験を通じて得られた「人のために尽くしている」という心理を中核にして、そこから、①自分の「力」への自信、②負い目からの脱却、③自尊心の回復、④存在価値への目覚め、

⑤やさしさの芽生え，が派生することを示している。2段階目では，1段階目をふまえて強化された「自分が自分の主人公」という心理を中核にして，そこから，①私らしい生き方の追求，②自己決定，③助けられ上手志向，④自立志向，が派生することを示している。

これら二つの例は，援助を受ける人，特に継続的に援助を受ける人の場合には，援助を受けることによってさらにストレスや負い目を増大しがちであるが，自らがボランティア活動を行うことによって自信を取り戻し，人生への積極性を高めることを示唆している。

## 4. ボランティア活動を併用したカウンセリング

上述のような効果は，ヘルパー・セラピー原則として指摘されてきたもので，援助者治療原理とも呼ばれている（Riessman, 1965）。このような効果は，困難に直面している多くのクライエントにとって，概して望ましい。特に自助の要素を含む活動の場合には，自己効力感や自尊心の向上など期待は大きい。また，退職や子どもの独立など生きがいを失う恐れのある中高年者においても，いっそう意義のあることと考えられる（妹尾・高木，2003）。

ただし，ボランティア活動は，役立ちの実感がもてず逆に自信を失うなどのデメリットをもたらす可能性もあり，経験至上主義的な発想は危険である。ボランティア活動をクライエントに適用する際には，それをカウンセリングとの併用と位置づけ，ボランティア体験をめぐるケアやフォローをていねいに行うことが必要であろう。また，カウンセラーがボランティア・コーディネーターと連携することも必要であろう。ボランティア活動の性格を考えると，カウンセラーは見返りを予期することはあっても，クライエントにはそれを内緒にするような配慮も必要であろう。

(今中 博章)

〔文献〕

安藤香織　2002　環境ボランティアは自己犠牲か——活動参加への動機づけ　質的心理学研究，創刊号，129-142．

木原孝久　2005　ボランティア・セラピー——要介護者の力が活きる福祉のカタチ　中央法規出版

Midlarsky, E.　1991　Helping as coping. In M. S. Clark (ed.) *Prosocial behavior*. Sage. pp. 238-264.

岡本栄一監修，守本友美・河内昌彦・立石宏昭編著　2005　ボランティアのすすめ——基礎から実践まで　ミネルヴァ書房

Riessman, F.　1965　The helper therapy principle. *Social work*, **10**, 29-38.

妹尾香織・高木修　2003　援助行動経験が援助者自身に与える効果——地域で活動するボランティアに見られる援助成果　社会心理学研究，**18**(2)，106-118．

高木修　1998　人を助ける心——援助行動の社会心理学　サイエンス社

# 第X章

# 非行カウンセリング

## Counseling for Delinquency

　領域別にcounselingを設定するとき，教育，産業，福祉と並立するものとして，非行が考えられる。ただし，神経症的非行は心理療法の分野に属すると思われる。しかし，実際には予防的・教育的介入の不十分さに由来する非行，すなわちカウンセリング心理学が関与すべき非行が少なくないと思われる。それゆえ，予防・教育的色彩の強い非行カウンセリングが必要と思われる。しかし今のところ，そのようなカウンセリングについての知識体系・技法体系が構成されているとは言い難い。

　そこでカウンセリング心理学は，非行予防のカウンセリング・プログラムの開発と研究の必要性を強調したい。周知のようにロンブローゾ（Lombroso, C.）やグリュック夫妻（Glueck, S. & Glueck, E.）の研究は，非行者とそうでない人との体型や生い立ちの比較研究が主で，非行予防のストラテジーやインターベンションに直接役立つ研究ではなかったと思われる。そこで本章では，非行予防のストラテジーとインターベンションを視野に入れ，リサーチに焦点を合わせて執筆していただくことにした。

　本章の構成は，大学院でカウンセリングを専攻し，保護観察の仕事に従事し，法務総合研究所の研究官も務めた，押切久遠の協力によるものである。

（國分　康孝）

# 1 非行カウンセリング研究の課題

research issues in counseling for delinquency

今も社会の耳目を集めるような非行は後を絶たず,そのたびに,非行の原因や対策について多くが論じられている。どうしてそのような非行が起きたのか,そして非行少年たちを更生させるためにはどうしたらよいのか。非行臨床にたずさわる者にとって,それらはいつも問われ続けてきた課題である。非行カウンセリングに求められ,期待されているものには,大きなものがあるといえよう。

## 1. 定義と種類

非行カウンセリングとは,非行に関係して行われるカウンセリングのことをいう。では,非行とは何であろうか。

### 1) 非行の定義

非行とは,狭義には,少年法という法律に定められている行為を指している。同法には,家庭裁判所の審判に付すべき少年(20歳未満の者)として,以下が挙げられている。

犯罪少年——刑法犯や特別法犯などの犯罪に該当する行為をした少年。

触法少年——14歳に満たないで刑罰法令に触れる行為をした少年。

ぐ犯少年——保護者の正当な監督に服しない性癖のあることなどの事由があって,その性格または環境に照らして,将来罪を犯し,または刑罰法令に触れるおそれのある少年。

これらの3種類の行為が非行と呼ばれている。他方,より広義には,こうした司法機関の関与の根拠となる行為に限らず,不良交遊や反抗挑戦的な行為などを含めて非行という言葉が用いられることもある。

このように,非行という概念は広く多様であることから,研究などにおいてはその定義に十分に留意する必要があろう。本項では,主に広義に用いている。

### 2) 非行カウンセリングの種類

まず,カウンセリングの対象の面からみると,中心となっているのは,非行少年本人と,その保護者などの家族である。また,非行少年やその家族と実際にかかわることになる学校や地域なども,カウンセリングの対象となることがあり,さらには,近年の新しい動向として,非行を受けた被害者に対するカウンセリングの重要性が高まっている。

次に,非行カウンセリングの場に着目すると,少年院,少年鑑別所,保護観察所,家庭裁判所,警察などといった司法関係機関が,主なカウンセリング場面になっている。しかし,これに限らず学校,教育相談所などの教育領域をはじめ,児童相談所,児童自立支援施設などの福祉領域,病院,保健センターなどの医療領域などの広い領域にわたる,多様な機関で非行カウンセリングに取り組まれるようになっている。およそ子どもたちの育ちにかかわる機関はすべて,非行カウンセリングの場になりうるといえよう。

このように,非行カウンセリングの対象および場はともに,近年,いっそうの広がりと多様性をみせている。これは,社会における非行カウンセリングの重要性の高まりに呼応した傾向とみることができよう。

## 2. 研究の現状

非行カウンセリングに関する研究は,これまでは主として,少年院,家庭裁判所等の司法矯正機関に所属する実務家によって積み重ねられてきており,そこから得られた知識や経験が,広く社会に公表され共有されるということは比較的少ないように思われる。これは,司法関係機関としての性質や,非行少年のプライバシーへの配慮など,非行領域の特殊性からきていたものと考えられるが,最近になって,研究の新たな動きも認められるようになった。

たとえば,近年,教育や医療の分野においては,発達障害への対応の重要性が認識されるようになっているが,非行領域においても,発達障害を有する非行少年への対応が課題となっており,それに伴い従来の司法から教育や医療といった他領域に,研究のフィールドの広がりがみられるようになってきている。また,公的機関でも社会への説明責任が重要となっており,司法関係機関においても非行問題の解決に向けて,広く社会に情報発信す

べきではないかとの意識が高まり，研究成果のまとまった報告などもなされるようになってきている。さらには，性犯罪など社会の耳目を集めた事件において，再犯の問題などから，矯正施設における非行カウンセリングの充実など，より効果的な矯正教育方法の開発への取り組みなどもみられるようになっている。

このような動きの背景には，重大な非行が繰り返し起きている現在の社会状況をふまえ，司法関係機関の果たしている役割や機能に対する社会の目が，厳しさを増している，といった実情があるものと考えられる。

### 3．今後の課題

以上をふまえ，今後の非行カウンセリング研究の課題について考えてみたい。

まず第一は，学際的な研究の必要性である。これまで述べたように，非行少年の更生には，少年院などの矯正施設における重点的な矯正教育のみならず，その後の社会内での保護観察，さらには地域におけるさまざまな援助支援活動などが重要となってくるものと思われる。また，これからは，非行少年として検挙される前の段階での，学校や地域社会におけるさまざまな支援活動も，その効果が期待されている。少年の人権に十分配慮しつつ，このような地域社会を中心とした関係機関の多様なネットワークをいかに構築していくのかが，これからの非行問題における課題のひとつとなるものと思われる。したがって，非行カウンセリングの研究においても，こうした多様な関係機関や実践領域の間の学際的な取り組みが求められるようになるものと考える。

第二は，非行カウンセリング技法の開発に向けた研究の必要性である。非行や犯罪に関する研究は，非行少年や犯罪者の人格理解やその原因の究明に重点がおかれているものが中心であったように思われる。近年の社会の非行問題解決に対する関心や要請の高まりをふまえ，これからは，こうした原因論的な研究に加え，現実に効果のある非行カウンセリング技法の開発などの，より実際的・実践的な研究が求められるようになるものと考える。

第三は，その際に用いられるカウンセリング・アプローチについてである。

非行少年の抱える問題は大変に多様である。しかも，非行カウンセリングの場面の多くでは，一般の外来の治療場面とは異なり，カウンセラーも非行少年も相手を選ぶことはできない。カウンセラーには，非行少年やその家族一人ひとりの問題に，個別に対応していくことが求められている。カウンセリングには，精神分析的なものから行動療法的なものまでさまざまな技法があるが，万能なものが見いだされていない以上，クライエントの個々の問題を的確に把握し，それに応じた技法を柔軟に選択し，統合的に用いていくことが重要となってくる。特定の学派にのみ依拠するのではなく，個々のクライエントやカウンセラーの置かれている立場や要請などに柔軟に対応しながら，個別的かつ多角的にアプローチしていく統合的アプローチが，これからの非行カウンセリングにおいても重要となってくるものと考えられる。

(藤川　浩)

〔文献〕

小林寿一編著　2008　少年非行の行動科学――学際的アプローチと実践への応用　北大路書房

## 2　非行少年に対する心理テスト

psychological testing for juvenile delinquents

非行少年の調査や教育・指導にかかわる諸機関（警察署，児童相談所，家庭裁判所，少年鑑別所，少年院，保護観察所等）においては，非行少年の知能や性格特徴を把握したり，改善更生のための指針を策定したりすることを目的として，心理テストを活用している。主な心理テストとしては，①知能検査では，ウェクスラー法知能検査，ビネー法知能検査，集団知能検査など，②性格検査では，MMPI，ロールシャッハ・テスト，TAT，SCT，PFスタディ，バウムテスト，HTP，内田クレペリン検査など，③適性検査では，一般職業適性検査，運転適性検査など，④その他の検査としては箱庭療法，親子関

係診断検査などを挙げることができる。

## 1．活用の方針

### 1）アセスメントの精度向上

非行少年に必要なアセスメントは，生育歴や家庭環境の調査のほか，性格特徴や潜在能力などを把握することにより，問題行動の動機・原因を解明し，改善更生の可能性を評価するものである。心理テストは，アセスメントの精度を高めるために重要な方法であり，その活用にあたっては，面接などにより特にきめ細かく理解する必要がある問題を把握したうえで，目的に応じてテストバッテリーを組むこと，また，テストの結果を，問題を把握するのみならず，長所や非行の抑制要因となる要素を見いだすためにも利用することが重要である。

### 2）自己理解の促進

心理テストは，検査者における非行少年の性格特徴などの理解を助けるだけでなく，その結果を検査者が適切に説明しつつ，本人にフィードバックすることにより，本人が自己の性格特徴，認知・価値観の特徴，潜在能力などを理解するきっかけとすることができる。自己の問題点への気づきをうながし，自己改善の意欲を向上させることが，教育や指導を受ける動機づけを生み，働きかけの効果を高める。

### 3）教育・指導の方針の策定

教育・指導の方針は，心理テストの結果と，それに基づく本人の自己理解がそろったうえで，策定されることが望ましい。このとき，心理テストの結果をふまえて，問題点のほか伸長させるべき長所をも検討し，教育・指導の目標，優先度・重要度，実施する手法，留意事項などを設定することが重要である。また，これにあわせて，心理テストのなかには，問題行動の発現との関連性を示す指標を備えているものもあるので，そうした指標などを活用し，予後の予測に配意することも欠かせない。

### 4）変容・効果の確認

上記の 1）～3）の手順を経たうえで，教育・指導が実施された後，適時にあらためて心理テストを実施することにより，非行少年の変容の程度や教育の効果を確認し，残された課題を明確化することができる。

## 2．実施上の留意点

一般的に非行少年が自ら進んで心理テストを受けようとすることはまれであり，よくみられる受検態度としては，①意欲が低く，集中力を維持して取り組もうとしない，②表面的に通り一遍の反応をして，やり過ごそうとする，③結果に関心をもたない，という傾向である。したがって，検査者には，①と②については，テストの目的や趣旨をわかりやすい言葉で十分に説明する，実施時期を考慮するなど必要な配慮を加える，また，③については，上記の「自己理解の促進」を念頭に置いて，結果の説明の仕方などを工夫し，非行少年本人の自己理解をうながすことが必要とされる。

## 3．非行・犯罪と関連した心理テストの研究

近年の犯罪心理学会で取り上げられている，犯罪・非行に関連した心理テストの研究をみると，①諸外国で開発された心理テストを導入・改訂する，または新しい心理テストを開発する研究（たとえば，攻撃性や共感性を測定する質問紙など），②既存の心理テストで示される指標や数値を使って，非行少年の特徴を分析する研究（たとえば，ロールシャッハ・テストの自己知覚クラスターについて一般少年群と非行少年群とを比較し，非行少年の自己知覚の特徴を検討する，知能検査にみられる非行少年の認知様式を検討するなど），③同じ心理テストを繰り返し実施し，非行少年の変化を分析する研究（たとえば，教育・指導を受けている非行少年に定期的に風景構成法を実施し，その変化の内容と意味を探るなど）を挙げることができる。

心理テストがアセスメントの中核を担うことから，査定・予測に関連する研究が多いことは当然であるが，他方，教育・指導方針の策定や，非行少年の自己理解との関連を取り上げた研究は多いとはいえない。

## 4．今後の課題

最近の少年非行の動向と関連する諸情勢をふまえると，非行少年に対する心理テストに関する課題は，次のようなものになると考える。

### 1）罪の意識の査定に関する調査研究

非行少年に自己の行為について罪の意識をもたせるとともに、被害者感情を含め被害というものに目を向けさせることは、再犯・再非行防止を図る教育・指導において重要な目標である。教育・指導を有効なものとするとともに、その効果を測定するためにも、たとえば、共感性、加害・被害関係の認知などを測定するテストを開発することの意義は大きい。

### 2）再犯・再非行可能性の査定に関する調査研究

再犯・再非行防止を図るための教育の実施や、指導指針の策定にあたっては、再犯・再非行の危険性を予測し、これをふまえることが重要な観点のひとつである。これまでにも、少年のさまざまな特性と再犯・再非行との関連については調査研究されてきたが、さらに幅広く再犯・再非行のあった少年のデータを収集し、客観的・統計的な資料に裏づけられたアセスメント・ツールを作成することが期待される。

なお、こうしたアセスメント・ツールの作成にあたっては、非行少年がまだ心身の発達の途上にあり、教育・指導により認知や行動が変化し、改善更生が図られる可能性があることをふまえ、重点的に教育・指導するポイントを把握する機能をもったものにしたい。

また、作成されたアセスメント・ツールは、非行少年にかかわる諸機関が共通して活用するとともに、継続的にその結果を比較検討できる体制となることが理想的である。

### 3）保護者の養育態度に関する調査研究

2000（平成12）年および2007（平成19）年に少年法等が一部改正され、保護者に対する働きかけが重要になるなか、保護者が自らの養育態度を振り返り、問題点を確認・修正できるよう指導助言することの必要性も高まっている。このとき、たとえば、一般の保護者を対象に標準化した養育態度検査を開発し、非行少年の保護者に実施することができれば、自己の養育態度の点検をうながし、少年との関係を見直すことへの一助ともなりうるであろう。

（紀 惠理子）

〔文献〕

犬塚石夫編集代表 2004 矯正心理学——犯罪・非行からの回復を目指す心理学（上・下） 東京法令

皆藤章編 2004 臨床心理査定技法2 臨床心理学全書7 誠信書房

日本犯罪心理学会 2004 犯罪心理学研究 第42巻特別号

日本犯罪心理学会 2005 犯罪心理学研究 第43巻特別号

岡堂哲雄編 1993 心理検査学——臨床心理査定の基本（増補新版） 垣内出版

下仲順子編 2004 臨床心理査定技法1 臨床心理学全書6 誠信書房

## 3 非行少年のリスク・アセスメント

risk assessment of juvenile delinquents

非行を行った少年は、少年法の手続きに従って取り扱われ、関係機関は当該少年についてその特性や非行の背景などを調査するが、その中心となるのがリスク・アセスメントである。

### 1．非行少年のリスク・アセスメントとは

非行少年のリスク・アセスメントとは、非行を行った少年が再び非行を犯す危険性について、専門家が評定することである。少年法は、少年を健全に育成することを目的とするが、その実質的な内容は、非行少年が再び非行を行わないようにすることである。そのため、少年司法の各機関（少年鑑別所・家庭裁判所等）の職員は、処置されてきた非行少年（犯罪少年等）について、その再犯危険性を判断し、危険性に応じて適切な対応を行うことが求められている。

さらに、少年法で規定される非行少年には該当しないが、前段階である不良行為（深夜はいかい・不良交友等）を行う少年に対して、警察はその行政的活動の一環として補導や相談活動を行っているが、こうした少年についても非行がエスカレートする危険性などを判

断して，1回限りの注意指導か，継続的な働きかけを行うかの措置を実施している。

　したがって，わが国での再非行の危険性の評定は，実務家の臨床的な判断として長年実践されてきたものであるが，リスク・アセスメントという用語は主に，統計数理的な手法（標準化したチェックリストなどを用いて，再犯に関連するさまざまな要因から危険性を数量化する手法）を用いた実践を指して，近年用いられているようである。

## 2．統計数理的リスク・アセスメントの概要

　近年の統計数理的リスク・アセスメントでは，おおむね非行少年の再犯を予測する要因として，リスク因子（再犯の蓋然性を高めることに関連する当該少年の特性や境遇）と保護因子（再犯の蓋然性を低めることに関連する要因）の区分を考えて，さらに各区分ごとに，静的因子（非行歴の回数・初発年齢や被虐待歴といった過去の出来事などを意味し，変動し得ないもの）と動的因子（変動させることが可能な当該少年の特性や境遇）に分けて検討を行っている。

　いずれの因子も，非行化過程の実証的研究（同じ年に生まれた者を大量に追跡調査した欧米の研究）の知見などに基づいて，少年本人の個人特性・家庭・学校・交友関係などの各領域から，調査すべき項目が複数選定され，各領域別と総計の得点が算出される。評価項目としては，非行の再発を予測する精度（予測的妥当性）の高いものが選定されるのが原則であるが，近年，働きかけのターゲットとなる動的リスク因子（たとえば，非行を合理化・正当化する態度，不十分な対人関係能力）が，犯因性ニードとも呼ばれ，重視されるようになってきている。なお，評価項目を選定する理論的背景としては，社会的学習理論を中核とするものが多く，リスクに対応する働きかけにおいても，関連する手法（認知行動療法など）が効果の実証されたものとして重用される状況がみられる。

## 3．統計数理的リスク・アセスメントの意義

　こうした統計数理的リスク・アセスメントは，エビデンスに基づく少年非行対策の一翼を担うものと理解できる。すなわち，非行少年のなかから，働きかける必要性（要保護性）の高い者（再び非行を行う蓋然性が高く，かつ働きかけによって改善更生させることが見込める者）を抽出し，さらに抽出した対象者について，リスク・アセスメントの結果に従って働きかけのターゲットを定め，動的リスク因子を低減させ，動的保護因子を増進させる働きかけ（たとえば，対人関係能力を高める訓練）を行い，再度リスク・アセスメントを実施することで，働きかけの効果を確認することが行われる。

　これは，リスク・マネジメントやケース・マネジメントの手法であり，少年司法にかかわる公的資源を効率的に運用することに寄与するものである。さらに，標準化されて一定の信頼性・妥当性が担保されたリスク・アセスメントを運用することで，評定者による評価のばらつきを減らして公平性を高め，さらに用いる手続きを透明化することで，社会に対する説明責任を果たすことに寄与すると考えられる。

## 4．研究開発の状況

　研究開発が進んでいる海外の状況として，アメリカのワシントン州の状況を紹介したい（Barnoski, 2004）。

　ワシントン州では1997年に，実証に基づいて科学的な再非行防止プログラムを実践することが州法で規定され，その目的に沿うために，統計数理的なリスク・アセスメントのシステムが開発された。専門家の意見や先行研究などを参考にして，リスク・アセスメントのツールは，予備的スクリーニングと本格的アセスメントの2種類のツールが開発された。予備的スクリーニングのツール（27項目）は，非行歴や被虐待歴を中心とする歴史的項目から構成され，その得点から低中高に対象者が分類され，中あるいは高とされた者が，本格的なアセスメントを受けるように設計された。

　次に，本格的アセスメント（132項目）では，歴史的項目に加えて，家族関係，交友関係，個人のスキル（怒りの統制，対人関係能力）などの各領域で評定がなされ，そのプロフィールに応じて，ニーズに応じた働きかけ

が勧告される。具体的には，怒りの統制が不十分な少年には攻撃性を置き換える訓練が勧告され，家族との関係が悪い少年には家族機能回復療法が勧告される。ワシントン州のツールは，対象者の成り行き調査から，十分な予測的妥当性があることがおおむね実証されたが，精度を向上させるために，評定項目の内容やウェイトの付け方などの見直しが図られている。

一方，わが国では，海外の統計数理的なリスク・アセスメントの手法（イギリスのASSETなど）が紹介され（菅野，2003），チェックリストの試案が作成されているが（高野ら，2005），手法の信頼性や妥当性について今後，本格的な検証が行われることが期待される。

## 5．今後の課題

欧米では少年司法におけるリスク・アセスメントの活用について，今後，検討すべき課題がいくつか指摘されており（Mulvey, 2005），主要なものを紹介したい。

まず，近年のリスク・アセスメントのツールではおおむね，働きかけの対象とすべき動的因子を評定項目として重視しているが，そうした項目が本当に働きかけのポイントとして適当なものであるかについて，実証的な検討を重ねる必要がある。また，非行に作用する要因やその関連する度合いは，発達段階に応じてかなり変動することがこれまでの実証的研究で明らかとなっているところであり，そうした実証的知見をリスク・アセスメントに反映させるならば，年齢段階に応じて評定項目の内容やウェイトを調整することを考慮する必要がある。

さらに，これまでリスク・アセスメントの開発を支えてきた基礎的研究はほとんど，少年が非行を犯すに至る過程を明らかにしたものであったが，今後は，非行を行った少年が立ち直る過程についてより多くの実証研究がなされ，その研究知見がリスク・アセスメントに活用されることが期待されている。

こうした課題は，わが国で今後，非行少年のリスク・アセスメントのあり方が検討されるうえでも，十分に配慮される必要がある。

（小林　寿一）

〔文献〕

Barnoski, R. 2004 *Assessing risk for re-offense : Validating the Washington State Juvenile Court Assessment*. Washington State Institute for Public Policy.

Mulvey, E. 2005 Risk assessment in juvenile justice policy and practice. In K. Heilbrun et al (eds.), *Juvenile delinquency : Prevention, assessment, and intervention*. Oxford University Press.

菅野哲也　2003　英国における非行少年の調査票——リスクアセスメントシステム構築の試み　犯罪と非行，**137**，149-165．

高野務ほか　2005　少年非行におけるリスクアセスメントの研究——再犯危険性をいかにとらえるか　家裁調査官研究紀要，**2**，65-92．

## 4　非行と発達障害
### delinquency and developmental disorder

従来，非行の原因として，家族関係のあり方や不良仲間との結びつきの強さなど，少年を取り巻く環境面，心理面での問題が中心的に取り上げられることが多かった。それゆえ，非行少年に対する働きかけも「こころの問題」として，親子関係の調整や健全な生活態度・生活習慣の涵養などに焦点が当てられてきた。

ところが，最近，青少年による特異な犯罪と発達障害とのかかわりが問題となる事例が相次いでマスコミをにぎわせ，発達障害と非行との関連が注目されている。これまで，しつけ不足や共感性の乏しさなどとされてきた非行少年によくみられる特徴の背景に，脳発達上の特徴に由来するものが少なからずあることが明らかになるにつれ，発達障害を有する非行少年に対する働きかけも，その特徴に見合った支援が不可欠とされるようになっている。

### 1．非行と軽度発達障害

非行との関連で最近注目を集めているのが，軽度発達障害である。軽度発達障害とは日本特有の表記法であり，高機能広汎性発達障害，

注意欠陥/多動性障害，学習障害，軽度知的障害などを含む。知的発達の障害はないとされながら，学校や家庭で養育や教育上の多様な困難を示す子どもに焦点を当てて用いられており，決して「軽症の発達障害」を意味するわけではないことに注意を要する。これらの軽度発達障害を有する子どもが，これまで周囲の者からその発達上の問題を誤解されたり，見過ごされたりしてきた結果，非行などの問題行動に至る場合があったのではないかという反省から，早期発見と適切な介入方法についての関心が高まっているといえよう。

### 1）注意欠陥/多動性障害と非行との関連

注意欠陥/多動性障害の基本症状は，不注意，多動性および衝動性であり，幼児期からこれらの症状がみられ，家庭や学校，職場などの異なった環境でも著しい問題が生じ，しかも不適応の原因になっている場合に該当する。

これまでの追跡的研究では，注意欠陥/多動性障害と診断された子どものほうが診断されなかった子どもよりも，早期に破壊的行動障害症状を呈しやすいこと，身体的な攻撃行動を呈しやすいこと，成人後，反社会的人格障害と診断される者が多いことなどが明らかにされている。また，学童期になって強い攻撃性を示すようになった注意欠陥/多動性障害の子どもの一部が，反抗挑戦性障害と診断されるようになり，そのなかで思春期に家庭外の世界に社会化していくことのできた者の一部が犯罪に手を染め，行為障害と診断され，さらにその一部が犯罪行為を止めることができずに青年期以降，反社会的人格障害に至る場合もあると指摘されている。これを，アレルギー疾患における年齢による臨床像の変化にならって，破壊的行動障害の行進（マーチ）と呼ぶこともある（原田，2002）。

しかし，注意欠陥/多動性障害自体が直接，非行・犯罪につながる性質の発達障害であるという根拠は見いだされていない。むしろ，障害に対する不適切な対応による不適応感の強まりや自尊感情の低下が，反社会的な価値規範への親和的態度を生じさせ，そうした二次障害の結果としての行為障害的傾向の強さ が，非行の反復に大きな影響を及ぼしていると考えられる（近藤，2006）。

### 2）広汎性発達障害と非行との関連

広汎性発達障害の主要な基本症状は，対人的相互反応性の障害と，思考の柔軟性に関する障害（強迫的傾向）である。対人的相互反応性の障害とは，仕草や行動で感情を伝えあったり，人と興味・関心を共有したりするといった，相互的な対人関係の基礎となる部分に質的な障害がみられることである。簡単にいえば，他人のことがわからないという障害ともいえる。思考の柔軟性に関する障害とは，マニア的なある決まった事柄に興味・関心が集中しやすく，自分なりの決まりごとや，やり方に固執することであり，それを変更されることを嫌い，予想に反するような状況に直面すると動揺や混乱に陥りやすい。

わが国では近年，動機を理解しがたい衝動的な非行の背景に，アスペルガー障害等の高機能広汎性発達障害が指摘されるケースが相次いでいる。しかし，広汎性発達障害が，全体として非行や犯罪と直接的にからむわけではないことはいうまでもない。問題は，このような独自のハンディキャップが，これまでほとんど周囲に理解されてこなかったことである。こうした周囲の無理解によるいじめや虐待が，逃避，パニックなどの二次障害としての不適応行動を発生させる原因となっていると考えられる。さらに，対人関係面での混乱状況のなかで，広汎性発達障害者の強迫的傾向などのハンディキャップの影響によって，理科実験的な関心による問題行動のエスカレート，自らの仮説を検証するための犯罪の実行などの，独特な問題行動がみられる場合もある（十一・崎濱，2002）。

## 2．今後の課題

発達障害を有する非行少年の多くは，早期の適切な介入がなされないまま，自己評価を低下させ，対人関係・社会性の問題も加わり，困難状況のなかで不適応感を外在化させ，非行に走っている。したがって，最も重要なことは，非行に走る前の早期発見と早期対応である。検診システムのいっそうの活用に加え，医療機関と保育・教育機関などが情報を共有し，相互に連携しながら，発達障害に関する

専門性を向上させていくことが不可欠である。今後，発達障害を抱えた子どもに対する，組織的で長期的なフォローアップが活発に行われることによって，非行との関連についての知見も深まっていくことが期待される。

他方，すでに非行的行動が出現している発達障害の子どもに対しては，彼らの器質的特徴をふまえたさまざまな治療的教育が，少年院などで試みられている。注意欠陥/多動性障害の子どもに対しては，行動のマネジメントや動機づけ学習などが，広汎性発達障害の子どもに対しては，自閉症のための療育プログラムを参考にした，コミュニケーションスキルを高めるための指導などが行われている。

しかし，発達障害を抱える非行少年に対する有効な処遇方策の探求はまだ始まったばかりである。発達障害を抱える子どもは健常児よりも生育環境の影響を受けやすいことから，器質的特徴をとらえたアプローチだけでなく，乳幼児期からの親子関係などを発達的視点でとらえていくアプローチによって，非行からの立ち直りのための有効な処遇方策が見いだされていくものと思われる。

（近藤　日出夫）

〔文献〕

原田謙　2002　AD/HDと反抗挑戦性障害・行為障害　精神科治療学，17(2)，171-178.

近藤日出夫　2006　行為障害と発達障害　犯罪と非行，148，137-171.

十一元三・崎濱盛三　2002　アスペルガー障害の司法事例　精神神経学雑誌，104(7)，561-584

## 5　非行と虐待
### delinquency and child abuse

「虐待」という語自体は"むごい扱い"という意味であり，特定の対象は想定されない。しかし近年は，子どもに対する暴力や養育放棄により，子どもが生命を失ったり危険にさらされたりする事件が後を絶たない。これが社会問題化していることから，虐待といえば「児童虐待」を意味することが多い。

2000（平成12）年に定められた「児童虐待の防止等に関する法律」においては，「児童虐待」を，保護者が，監護する児童に対して，①暴行を加えること，②わいせつな行為をすること，またはさせること，③著しい減食や長時間の放置，その他の保護者としての監護を著しく怠ること，④心理的外傷を与える言動を行うことと定義している。

虐待が，子どもに対して多方面の影響を与えることは知られている。たとえば，家庭裁判所調査官研修所（2003）は事例研究を通して，虐待が子どもに及ぼした影響を，①身体，②知的発達，③情緒，心理面，④行動，⑤対人関係，の五つの側面に分類している。

### 1．被虐待経験から非行へ

非行は行動上の問題のひとつであるが，その発現のプロセスは，子どもの資質と子どもを取り巻く環境との相互作用という枠組みにより理解されることが普通である。子どもが虐待的環境に生育することは，資質形成の面からみて負因となりうる点で影響が大きい。つまり，虐待により，問題状況を解決するために必要な知力が十分に開発されない，過敏で傷つきやすいうえに感情統制が悪い，自己イメージが悪い一方で対人不信感も強い，などの資質面での影響が生じた場合，これらは学校場面などにおける適応を妨げる要因となる。その結果，教師から否定的な言動を繰り返し受けたり，友人などから疎外されたりすることが続けば，資質面の問題が増悪するという悪循環が形成される。そんな子どもにとって，最後の拠りどころであるはずの家庭自体が虐待的であるならば，子どもは居場所を失い，気安く自分を受け入れてくれる不良仲間とのつきあいに傾斜していくこととなる。そして，集団への帰属意識や，仲間に悪く思われたくないという一心から，同調的な非行に及ぶことが少なくない。

橋本（2004）は，虐待を受けた子どもの非行タイプを，①家出，万引などの「虐待回避型非行」，②傷害，恐喝などの「暴力粗暴型非行」，③薬物使用などの「薬物依存型非行」，④売春などの「性的逸脱型非行」の四つに分けている。①が最初に出現し，子どもの性格特徴や環境により，②〜④に発展する可能性があると述べている。臨床経験的にも，

統計的にも，①は男女共に多く，②は男子に，③④は女子に多く，攻撃性の向かう方向に男女差があることが示唆される。

## 2．虐待と非行との関連に関する研究

### 1）虐待を受けた子どもの予後に関する研究

もちろん虐待された子どもがすべて非行に走るわけではないが，虐待を受けた者と受けない者とで問題行動を起こす比率に差があるのだとすれば，それはリスクとして頭に入れておかねばならない。

マックスフィールドとウィダム（Maxfield & Widom, 1996）は，身体的虐待やネグレクトがあったとして，1967～71年までの間に裁判所に記録が残された908人を対象群とし，誕生日，人種，性別，社会階級をマッチングさせた被虐待歴のない667人を統制群として，追跡調査を行った。調査時の平均年齢は32.5歳。交通事故以外の犯罪により逮捕されたことのある者の割合は，対象群で49％であったのに対し，統制群では38％であり，暴力犯罪により逮捕されたことのある者の割合は，対象群で18％であったのに対し，統制群では14％であった。また，シナソン（Sinason, 1996）は，およそ14人に1人の割合で，性的虐待の被害者が性的虐待の加害者に転ずると報告している。

わが国においては，法務総合研究所（2003）が一般市民を対象に実施した児童虐待被害の調査において，被害があったと回答した者のうち，聞き取り調査に協力した男性11人のうち4人（36.4％），女性34人のうち4人（12.1％）が，犯罪にかかわったことがあると述べている。

### 2）非行または犯罪歴がある者の被虐待経験に関する研究

非行や犯罪歴のある者の被虐待経験率のほうが，そうでない者の被虐待経験率よりも高ければ，違法行為と被虐待経験との関連が統計的にも示唆されることになる。

ウィークスとウィダム（Weeks & Widom, 1998）は，ニューヨーク州の矯正施設において，無作為に抽出した301人の重罪犯受刑者（成人男性）に対し，構造化面接を実施した結果，68％が何らかの被虐待経験を有していたと報告している。また，暴力犯罪の受刑者は，暴力以外の犯罪者よりも高い割合でネグレクトを経験しており，性犯罪者は，そうでない者よりも性的虐待の被害を受けた者が多かったという。宮本（1998）は，海外における研究を概観し，軽度の犯罪を起こした者の30～40％，暴力犯罪を起こした者の50～60％前後に，被虐待経験があるとみている。

わが国においては，法務総合研究所（2001）が，少年院在院者2,354人に対し，自記入式の質問紙により過去の被害経験に関する調査を実施したところ，身体的虐待，性的虐待，ネグレクトのうち，何らかの虐待を経験していた者の割合は，男子で49.6％，女子で57.1％，全体で50.3％であった。一般市民に対する調査（法務総合研究所，2003）の結果と比較すると，少年院在院者はいずれの被害においても，一般市民よりも経験率が高かったが，特に，家族からけがを負わされるような暴力を受けた者の割合は，一般調査では5.3％であったのに対し，少年院在院者の場合は48.3％と，差が際立っていた。なお，少年院在院者の被虐待経験時の対処行動としては，「家出をする」「がまんをする」が最も多かった。

## 3．今後の課題

虐待を受けた子どもの追跡調査や，非行のある子どもの被虐待歴に関する調査は，わが国においてはまだ少なく，信頼性のある結論を導くためには，今後も引き続きデータを積み重ねることが必要である。加えて，今後は，被虐待経験と非行との量的な関連を検討することにとどまらず，同様の虐待を受けて非行に走った者と走らなかった者との差異に関する研究などを行うことにより，虐待の悪影響を最小限にとどめる方策を示していくことが望まれる。

〔吉田 里日〕

〔文献〕

橋本和明　2004　虐待と非行臨床　創元社
法務総合研究所編　2001　児童虐待に関する研究
　第1報告　法務総合研究所研究部報告11
法務総合研究所編　2003　児童虐待に関する研究
　第3報告　法務総合研究所研究部報告22

家庭裁判所調査官研修所監修　2003　児童虐待が問題となる家庭事件の実証的研究——深刻化のメカニズムを探る　司法協会

Maxfield, M. G., & Widom, C. S.　1996　The cycle of violence. Revisited 6 years later. *Pediatrics & Adolescent Medicine*, **150**(4), 390-395.

宮本信也　1998　子ども虐待と崩壊性行動障害の関係　厚生科学研究費補助金子ども家庭総合研究事業研究報告書

Sinason, V.　1996　From abused to abuser. In M. C. Cordess & M. Cox (eds.), *Forensic psychotherapy : Crime, psychodynamics and the offender patient. vol. 2.* Mainly Practice. Jessica Kingsley. pp. 371-382.

Weeks, R., & Widom, C. S.　1998　Self-reports of early childhood victimization among incarcerated adult male felons. *Journal of Interpersonal Violence*, **13**(3), 346-361.

## 6　非行少年の認知傾向
cognitive tendency of juvenile delinquents

　認知という言葉は，英語の"cognition"を日本語に訳した言葉である。簡単にいえば「知ること」であるが，心理学の専門用語としての「認知」は，知ることだけではなく，それに付随して起こるさまざまな心理的活動全般を指している。心理学的に認知に近いものとして「知覚」という言葉もあるが，これは，認知の一部分として位置づけられ，主には感覚器官である五感を通して，見たり・聞いたり・感じたりすることを指すものである。認知という場合は，さらにその知覚したものを記憶し，考え，理解するなどの一連の流れを指している。たとえば，「冷たい（感覚）」「これは氷だ（知覚）」「これはやがて水になる（認知）」といった一連の動き（レスポンス）のひとつが認知であると國分康孝は説明している。

### 1．認知と行動
　このように認知とは，知覚から理解までの一連の流れであり，その結果は，認知に対する反応としての行為や行動として表出される。しかし，この行為や行動は，必ずしも目に見えるかたちで表出されるとは限らない。

　筆者は1985年以来，共感性の研究を通して，日本人の思いやりについて研究を続けている。その初期の研究のなかで，被験者に対し自由記述法を用いて，「あなたが見たり聞いたりしたことのある，思いやりのある行動を書いてください」という調査を行った。その結果，行為・行動のレベルで明確に思いやり行動と理解できる，「けがをしている人を救助する」というような援助行動が多く収集されたが，一部に「駅で女性が転んだときに，怪我もしていないようであれば見て見ない振りをしてあげる」というような，明確な行為化を伴わない「行動」が収集された。この「見て見ない振り」は，認知として「女性が転んだ」ということを知覚し，理解することによって，「けがもしていないのであれば，声をかけていっそう恥ずかしい思いをさせるよりは，見ない振りをしてあげるほうがよい」という判断につながり，「見ない振り」という行動につながったものと思われる。このように，認知の結果は，誰にもみてとれるかたちで直線的に行動につながるわけではない。また，認知という言葉に含まれる「学習」という機能も忘れてはならない。つまり，先の事例での「声をかけたら逆に恥ずかしい思いをさせる」という推論は，それに先立つ経験に基づく知識を学習していなければできないことである。

　このように認知と行為・行動とは不可分のものであるが，まずもって認知に含まれる多様な構成要素を研究することが重要である。また，当該要素が次にどの要素につながるのか，最終的にどのような行動につながるのかについても，考えながら分析を進めなければならないと考える。

### 2．非行少年の認知傾向
　「非行少年の認知は歪んでいるのか」は，よく聞かれる質問である。ここで問題となるのは，認知の位置づけである。つまり，最も単純化した考え方は，「認知が歪んでいるから非行に走る」という直線的なものである。たとえば，非行によって生じる被害者の痛み

を認識できない（認知できない）から，苦痛を推測できず自らの欲望のままに非行に走るというとらえ方である。

たしかに非行少年の場合，一方的な欲求充足を求める場合があるという点で，その前段階としての認知に歪みがあることは指摘できる。しかし，この場合の多くは，人格特性に大きく影響を受けた認知傾向と，それに付随する行動傾向の関係性についての言及であり，狭義の認知である非行少年の「ものの見方自体」が根本的に歪んでいることを指しているわけではない。

つまり，非行少年といえども常に非行に走っているわけではなく，通常はわれわれ一般社会の人びとと同じような生活を送るなかで時として逸脱するのである。少年鑑別所や少年院には非行に走った少年が日々多数収容されており，それも非行性がかなり進んでいなければ，こうした施設に収容されるまでには至らないわけだが，こういった少年たちですら，施設内においてルール違反を含めた非行を行う者はごく少数である。非行少年の認知が根本的に歪んでおり，自らの欲求充足を常に最優先しているのであれば，施設内に平和な生活などあり得ないことになってしまう。

他方で，認知自体に根本的な歪みは認められないとしても，ある特定の状況や雰囲気のなかでは特有の認知をしやすいという傾向は，非行少年について指摘できる。最も古典的な非行である万引きを例にとれば，「お腹がすいた」＋「所持金がない」＋「スーパーの店員の姿がない」というような状況が重なったときに，非行が発生しやすくなる。「たとえ万引きが見つかっても謝れば許してもらえる」とか，「パンを一つ盗ったくらいでは誰にも迷惑はかけない」などと考えやすく，こうした状況や被害者に対する認知傾向に，非行少年特有の歪みがあることは指摘できる。

### 3．非行少年の認知傾向の測定やカウンセリング

認知傾向を測る手段としては，偶然できたインクのしみを被験者に見せて何に見えるかを問うロールシャッハ・テストや，あらかじめ描かれた絵を被験者に見せて物語を作らせるTAT（絵画統覚検査）などが有効である。ただし，どちらの検査も，実施方法により回答が大きく左右される危険性をはらんでいるし，その結果から読み取れる情報量が膨大であるだけに，解釈にもかなりの熟練を要するので，実施にあたってはかなりのトレーニングが必要となる。この点，PFスタディ（絵画欲求不満検査）は，さまざまなストレス場面が描かれた絵を被験者に見せ，その原因をどこに求めるかやそれに対する具体的な対処方法の選択について，いわゆる吹き出しに記入させる検査で，実施が容易であるうえに，回答結果を記号化・数量化して解釈できるので，対象者の認知傾向を全般的にみる際には有効な手段である。

また，最近は犯罪者特有の認知傾向に着目し，認知行動療法が犯罪者の処遇に取り入れられている。刑務所等の刑事施設では，特に性犯罪者の認知の歪みに着目し，受刑者自身に認知の歪みに気づかせ修正させること，社会生活のなかで問題が生じやすい具体的な場面における適切な対応方法を教えることなどに取り組んでいる。

〔出口 保行〕

〔文献〕

カーウェン, B.・パーマー, S.・ルデル, P.  下山晴彦監訳  2004  認知行動療法入門——短期療法の観点から  金剛出版

フリーマン, A. M.  遊佐安一郎監訳  1989  認知療法入門  星和書店

坂野雄二  1995  認知行動療法  日本評論社

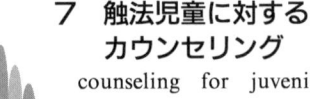

## 7　触法児童に対するカウンセリング

counseling for juvenile delinquents under 14

触法児童に対する対応は，学校現場における生活指導や，警察の青少年関係者の補導による児童と保護者への指導助言が中心であり，触法行為が度重なる場合や行為内容が重篤なときには，通告によって児童の処遇判断が児童相談所にゆだねられているのが現状である。つまり，児童の触法行為は教育の問題として，また，家庭における保護者の監護能力の問題

として,学校,警察,行政(児童相談所)が対応してきた。しかし,触法行為も児童のあらゆる不適応行動のひとつとして,発生の背景や状況の多面的なアセスメントが重要であり,それなくして解決は図れないと思われる。

## 1. 対応の基本的な考え方

あらゆる児童の問題行動に対処するときに忘れてはならないことは,行動自体の重大性に加え,行動に至った経過や行動の意味するものに視点を当てることである。発達途上にある児童の巻き起こす問題行動には,児童自身では説明できない理由があり,学校や地域などの生活環境,家族や友人などとの人間関係,さらには,児童の家庭の経済状態や社会的位置までも視野に入れて対応する必要がある。つまり,児童の問題行動の背景を重視することである。

一方,最近は,問題行動を起こした児童自身の発達面への関心が高まり,さまざまな研究が盛んに行われるようになってきており,広い意味での発達障害に分類できる触法児童が一部いるとする考えもある。このことは,問題行動の原因をめぐっての,素質か環境かという古くて新しい議論を呼んでいる。

## 2. 定 義

触法児童とは,14歳未満で刑罰法令に触れる行為をした児童(少年)であり,代表的な触法行為とは次のようなものである。

**家出・夜間徘徊**——家を飛び出し,友人の家で寝起きしたり野宿して遊ぶなど,保護者の監護下で生活しない。

**窃盗**——バイク・自転車盗や万引き,現金を盗むなど,触法行為のほとんどは窃盗である。

**恐喝**——言葉や暴力でおどし,金品をゆすり取る。

**傷害**——けんかや争いで相手を傷つけたり怪我をさせる。

**喫煙・飲酒**——タバコを吸ったりアルコール類を飲用する。

**薬物乱用**——最近は少なくなったがトルエン・シンナーを吸ったり,覚醒剤を使用する。

ここでのカウンセリングとは,触法行為を行った児童とその家族に対し,専門領域を越えて行われるあらゆる支援活動・援助活動のことである。

## 3. 発生要因

触法行為や非行行動は,①生活環境,②家族関係,③本人の性格・気質などが相互に影響して発現するものと思われる。

### 1) 生活環境

生活環境として重要なのは学校生活であり,学校(集団)不適応の要因には,健康な対人交流の欠如がある。小学校高学年から中学校での友人関係は,自立への足がかりとして大切であるが,触法児童は,とかく友人関係が表面的でつながりの希薄な状態にある。また,学業の不振,学習の遅れは,現在の学校教育のなかでは自己評価を下げ,無力感,疎外感をつのらせ,将来への展望を失わせる可能性をはらんでいる。加えて,地域社会とのつながりが薄く,生活上のモラルが低い不適切な家庭環境は,非行行動への抑制力が弱いといえる。

### 2) 家族関係

家族には,子どもを育てるための基本的な機能が備わっている必要がある。機能が不十分な場合(機能不全家族),子どもが非行を起こす可能性が高くなる。子どもに必要な家族の機能とは,次のようなものである。

**経済的機能**——生活を維持する経済基盤が安定していることである。いつの時代もあまりに貧困であることは好ましいことではない。

**夫婦機能**——父母が支え合う姿は,男女関係のモデルとなる。

**情緒安定機能**——年齢や発達段階に応じて欲求を満足させ,子どもの不十分な能力を補い,安心感を与えるものであり,家族機能のなかで最も重要なものである。親をはじめとする保護者からの虐待行為は,家庭における情緒安定機能を損なうものであり,子どもの情緒発達や心理的安定を脅かす最も大きな要因といえる。

非行・触法行為の改善を目的に児童を入所させている全国の児童自立支援施設(国立2,都道府県政令指定都市立54,法人立2)では,半数以上の児童が被虐待の経験を有しているといわれる。

### 3) 本人の性格・気質

本人の性格・気質に関して,非行行動に結

びつきやすい要素には，以下のようなものがある。

**攻撃性を抑制できない**――攻撃的行動が執拗で，手段が度を越している。

**依存や不安を見せない**――背伸び・やせ我慢をし，強がったりごまかしたりする。

**共感性に欠ける**――自己中心的で，相手の立場に立てない。

**超自我の未発達**――価値規範・道徳が学習されておらず，誘惑に弱い。

**欲求不満耐性が低い**――過度に自分を責めたり，他人のせいにする。

**同一視する力が弱い**――人に対する信頼感が薄く，周囲の大人や教師とつながりにくい。

気質に関しては，生来的な発達障害（注意欠陥/多動性障害・高機能広汎性発達障害・学習障害・軽度知的障害）の影響による不適応行動（二次障害）と考えられる事例が多くなっており，触法児童へのカウンセリングにあたって考慮する必要がある。

### 4．今後の課題

①行動・行為にのみに目を奪われず，多面的なアセスメントを行う。②被虐待経験，発達障害などの，本人の努力では解決できない今日的な問題にも注目する。③学校現場だけの問題とせず，教育・福祉・医療・司法から多角的なアプローチを行う。④子どもの存在全体に目を向けた対応方法を検討する。

以上が，これからの触法児童に対する研究とカウンセリングの課題と考える。

〈辻　隆造〉

〔文献〕

藤掛明　2002　非行カウンセリング入門――背伸びと行動化を扱う心理臨床　金剛出版

藤川章・押切久遠・鹿嶋真弓編集　2003　非行・反社会的な問題行動　育てるカウンセリングによる教室課題対応全集3　図書文化社

近藤日出夫　2006　行為障害と発達障害　犯罪と非行，**148**，137-171．

町田清編著　2002　児童相談所援助活動の実際　ミネルヴァ書房

齋藤万比古　2002　児童精神医学の立場から　こころの科学，**102**，28-35．

杉山登志郎　2002　非行と発達障害　臨床心理学，**2**(2)，210-219．

## 8 矯正カウンセリング
correctional counseling

矯正カウンセリングとは，矯正施設に収容されている者に対して，社会への再適応を図ることを目的として行うカウンセリングである（斉藤，1992）と定義されるが，「矯正カウンセリング」という言葉はあまり矯正施設では使われておらず，面接指導または個別面接と呼ばれている。

本項では，矯正施設のなかでも少年院に限定し，職員（以下，教官という）が在院者に対して行う面接指導について考察していく。なお，本項はあくまでも筆者の私的な経験・考察に基づくものであり，公的な見解ではないことをお断りしておく。

### 1．少年院における面接指導の位置づけ

少年院とは，家庭裁判所の審判の結果，保護処分として送致された少年を収容し，これに矯正教育を行う国立（法務省所管）の施設である（注釈：2000〈平成12〉年の少年法の一部改正により，懲役または禁錮の言渡しを受けた16歳未満の少年のうち，少年院において刑の執行を受けさせることとなった者を収容し，これに矯正教育を授けることが加わった）。入院した少年は通常，一定期間単独室で生活した後，集団生活を基本とする集団寮に編入となる。ここでは，複数の教官がチームを組んで指導にあたるほか，在院者ごとに個別担任が決定される。個別担任は，各在院者の達成すべき教育目標を段階的に設定し，教育内容や方法を決定したうえで意図的・計画的に指導を行う。矯正教育の内容は，生活指導，職業補導，教科教育，保健・体育および特別活動の，五つの指導領域から成り立っており，面接指導は，生活指導領域のひとつの指導方法として位置づけられている。さまざまな生活指導のなかで，面接指導は，基本ともいえる指導方法である。

### 2．リレーションの形成について

少年院は，法的な強制収容を前提として矯正教育を行う施設であることから，教官に

とっては，身柄の保全，規律の維持・管理を重視せざるを得ず，純粋なカウンセラーとしての役割だけを担うことはできない。一方，対象少年にとっても，自分の意志とは関係なく収容されていることや，生活を管理されているという気持ちが強く，なかなか心を開こうとはしない。羽間（1998）は，非行少年の心理的特徴として，①対人不信感，特に大人・権力に対する不信感の強さ，②治療動機の乏しさ，③フラストレーション耐性の乏しさ，行動化のしやすさ，を挙げているが，これは，在院者についても当てはまることである。ここに，自ら問題意識をもって来談する一般的なカウンセリングとの，大きな違いがある。

しかし，在院者はその根底に，在院生活への不安感や，自信の欠如，愛情欲求不満，絶望感などを抱いていることが少なくない。教官は在院者に対して，少年院生活の意義や生活様式を粘り強く指導しつつ，少年の根底にある不安感を受け止め，真摯に少年と向き合う姿勢をもつことで，徐々にリレーションを形成していく。この教官と在院者のリレーションこそが，あらゆる矯正教育を行っていくうえでの基盤であり，指導を生きたものにするための基本となっている。

### 3．面接指導の内容について

面接の開始については，在院者のほうから生活の悩みなどについて面接希望を申し出ることもあるが，通常は教官が必要性を判断して意図的に実施することが多い。その内容について整理すると，以下のように分けられる。

心情の安定を図るもの――収容生活によるストレスや不安の解消を図り，在院者の情緒の安定を図るもの。

事件（非行）の反省をうながすもの――作文指導や内観指導，非行形態によるグループ指導など，他の処遇技法とあわせて，自分の事件，被害者の心情，家族にかけた迷惑などについて徹底的に直視させることで，非行の重大性を深く認識させ，罪障感の覚せいを図るもの。

自己の問題点を理解させるもの――在院生活における在院者の行動パターンを指摘することで，自分の行動傾向や考え方の問題点に気づかせるもの。たとえば，周囲に流されやすいこと，対人関係でのトラブルが多いことなどを的確に指摘することで，非行に至った自分自身の問題点との共通点を理解できるようになる。

自信をつけさせるもの――少年の長所や，在院生活において努力したことを適切に評価することで，自信をつけさせ，成長を確認させるもの。

生活設計についての助言――出院後の進路や就労についての相談など。

### 4．今後の課題

矯正カウンセリングについての研究や事例報告は，矯正内部の研究会以外には少ないのが現状である。それは，矯正施設の性質上，矯正職員以外の者がリサーチすることに制約があることや，カウンセリングに特化した処遇効果の検証が困難なことが挙げられる。また，対象少年の生活指導に役立つものはすべて取り入れて実践するという，折衷的・包括的なアプローチであることも，矯正カウンセリングという独自の理論や方法を確立させにくい要因であろう。

しかし，少年院における指導を通して，日々成長している在院者の変化に手応えを感じることは，少年院の教官なら誰もが経験しているはずであり，そこに面接指導の果たす役割は大きいといえる。面接指導を実施する教官は，必ずしも専門的なカウンセリングの知識を有するわけではないかもしれないが，これまでの矯正の現場が築き上げてきた"職人技"を，より実証的な視点から整理・研究し，たとえば，矯正施設における特有のリレーション形成の方法，在院者の問題行動に対する介入のタイミング，自己の問題点に気づかせるためのフィードバック法など，「矯正カウンセリング」としての知識体系・技法体系や理論を構築していくことが必要ではないだろうか。

（竹越　進二）

〔文献〕

羽間京子　1998　非行臨床の実践　田畑治編集　クライエント中心療法　現代のエスプリ，**374**，123．

斉藤敏郎　1992　矯正カウンセリングにおける逆

説的アプローチの適用効果の分析 犯罪心理学研究, 30(1), 1.

## 9 更生保護カウンセリング
rehabilitation counseling for offenders

更生保護とは，犯罪や非行に陥った人たちに，通常の社会生活を営ませながら指導や援助を行い，その人たちが健全な社会の一員として更生する（立ち直る）ことを助け，犯罪を予防する活動である。その中心を占めるのは，裁判所で処分を受けた人たち（以下，「対象者」という）に対して，国家公務員である保護観察官（常勤・有給）や，保護司（非常勤・無給）が，改善更生のための指導監督・補導援護を行う保護観察である。

### 1．更生保護カウンセリングとは

更生保護カウンセリングとは，更生保護のために行われるカウンセリングの実践のことであるが，実際には，保護観察処遇における対象者へのカウンセリングとして論じられることが多い。また，更生保護カウンセリングは，その発展の経緯から，更生保護の現場で行われる来談者中心カウンセリングを指す場合もある。ここでは，更生保護カウンセリングを「更生保護の目的のために，保護観察を中心として行われるカウンセリングの実践」として論じたい。

更生保護カウンセリングと一般のカウンセリングの相違点としては，更生保護が刑事政策の一環であることから，カウンセラー側が，対象者に不利益となる強制的な措置をとることができるなど，権力的な面をもっていることがある。またカウンセラー側には，決められた遵守事項を守るよう，対象者を指導監督することが求められている。クライエントとなる対象者も，必ずしも自発的に援助を求めて面接に来るわけではない。

更生保護カウンセリングの主な目的は，法律に抵触することなく社会生活を送ることができるよう，対象者を援助することであり，対象者の人格の改善といった心理治療が主目的なのではない。

### 2．更生保護カウンセリングの沿革

更生保護カウンセリングは，日本における本格的なカウンセリングの発展と同じく，ロジャーズ（Rogers, C.R.）の来談者中心カウンセリングを取り入れ，その理論に基づいて実践が積み重ねられた。当初のロジャーズ理論では，「権威と治療は同一の関係において共存できない」と主張されており，保護観察官の多くは，権威的役割と治療的役割の葛藤に苦悩しながら，このダブルロールの問題の克服を模索していた。その後，1961（昭和36）年に法務省において開催されたカウンセリング・セミナーにおいて，来日したロジャーズは，「カウンセラーが自己一致しているのであれば，二重の機能をもっていたとしても焦点は一つであり，ダブルロールの問題の解決になる」という趣旨の発言をした。この発言は，保護観察処遇における権威的役割と治療的役割を統合する理論を用意したものと認識され，来談者中心カウンセリングに基づく更生保護カウンセリングの体系化は，いっそう進んだ。その集大成が，1983（昭和58）年出版の，前沢雅男による『保護観察処遇の基礎的技法論』である。これは，大まかにいえば，無条件の肯定的配慮と共感的理解により対象者の自己成長を促進しつつ，処遇者は自らの感情にも目を向け（自己一致），必要と感じられたときには，処遇者側の対決的自己表明というかたちで，対象者に指示や制限を行うというやり方である。

### 3．更生保護カウンセリングの現状

上記のような来談者中心カウンセリングに基づく更生保護カウンセリングは，現在でも保護観察処遇の基本的な考え方とされている。保護観察官や保護司向けの教材では，対象者との面接における受容，共感，自己一致の重要性が強調されている。また，筆者が保護観察官になったときに受けた，1992（平成4）年の中央研修においては，来談者中心カウンセリングの第一人者である友田不二男によるカウンセリング演習もあった。しかし，一方で「更生保護関係者の中に来談者中心カウンセリングに否定的な態度や意見が根強く存在していることは無視できないことと，本格的な水準で使用できる人があまりいない状況か

ら，来談者中心カウンセリングは必ずしも保護観察の処遇に大きな力を与えているとは言いがたい」（前川，1990）という指摘もある。

筆者としては，来談者中心カウンセリングに限らず，近年，保護観察処遇におけるカウンセリングに関する研究は，あまり活発ではないという印象をもっている。保護司に対するカウンセリングの研修も，充実しているとは言いがたい。ただし，保護観察官のなかでカウンセリング（心理療法）を学んでいる者は少なくなく，その内容は，ロジャーズ派，フロイト派，ユング派，アドラー派，論理療法，現実療法，交流分析，短期療法，家族療法など多岐にわたっている。また，2006（平成18）年度に，海外から認知行動療法に基づく性犯罪者処遇プログラムを保護観察処遇に導入したことを契機に，保護観察官が認知行動療法の研修を受ける機会が増えており，認知行動療法が犯罪者処遇に有効であるという知見も広まっている。したがって，今後，認知行動カウンセリングに興味をもつ保護観察官や保護司は，増えてくるものと思われる。

### 4．今後の課題

来談者中心カウンセリングが保護観察処遇において違和感をもたれているとすれば，それは保護観察処遇において要請される，教育的，指導的，監督的な面を重視しないからだと思われる。対象者のなかには，更生意欲が乏しい者，社会的スキルが未熟な者，具体的な助言が必要な者，規範意識が身についていない者，家族関係の調整が必要な者も多く，受容と共感を中心にした個人面接だけでは手応えを感じられないケースも少なくない。保護観察処遇においては，変化への動機づけを意識しながら，心理教育的，開発的な側面も重視したカウンセリングを実践していく必要があると思われる。また，対象者の改善更生のためには，親や家族への働きかけが必要なケースも多く，親や家族を対象としたカウンセリング（心理教育）も積極的に試みられるべきであろう。さらに，心理教育的な集団カウンセリングの需要も高まっており，対象者等を集団で宿泊させている更生保護施設のなかには，社会的スキル訓練を実施しているところもある。今後は，このような実践を積み重ねながら，更生保護制度の特殊性と対象者の改善更生にとっての有効性という観点から，多様なカウンセリングの理論や技法を検討し，更生保護カウンセリングを発展させていくことが望まれる。

（角田　亮）

〔文献〕

前川重雄　1990　論理情動療法　遠山敏編著　矯正・保護カウンセリング　実践カウンセリング4　日本文化科学社　166-177．

前沢雅男　1983　保護観察処遇の基礎的技法論　日本更生保護協会

## 10　非行少年に対するブリーフ・カウンセリング

brief counseling for juvenile delinquents

ブリーフ・カウンセリングは短期療法とも呼ばれているが，単にカウンセリングを短期に終結させる理論や技法であると考えることは大きな間違いである。カウンセリングが短期に終結することに配慮はするが，しかしそれがブリーフ・カウンセリングの大きな特徴ではない。

従来のカウンセリング理論と比較して，ブリーフ・カウンセリングの大きな特徴の第一は，問題行動や症状の原因に，関心を払わないことである。つまり，その問題行動の原因は何かという視点で，事例を理解しようとしないのである。そのかわりに，問題行動の解決に直接的に焦点を当て，問題行動が解決した状況を積極的につくりだそうとするのである。これを，解決の構成と呼んでいる。したがってカウンセリングの目標は，解決を新たに構成することである。

### 1．ブリーフ・カウンセリングの特徴

ブリーフ・カウンセリングと他のカウンセリング理論や技法を比較検討してみることは，興味深い研究テーマである。たとえば，精神分析的カウンセリングでは，母親などの重要な他者との人間関係に焦点を当てることが多い。いわば現在起こっている問題行動の原因

を，過去の他者との人間関係に求めるのである。つまり過去志向，原因追及志向といえる。これに対してブリーフ・カウンセリングは，問題行動の原因に焦点を当てず，解決に直接焦点を当てるのであるから，未来志向，解決志向といえる。このように他の理論と比較することによって，ブリーフ・カウンセリングの特徴が浮き彫りにされるのである。

## 2．ブリーフ・カウンセリングのモデル

現在ではさまざまなブリーフ・カウンセリングのモデルが混在している。ただ，基本はMRI (Mental Research Institute) とSFA (solution focused approach) である。MRIとSFAの理論を十分に理解できれば，ブリーフ・カウンセリングの他のさまざまなモデルも，容易に理解できるからである。

### 1）MRIモデル

MRIの代表的な研究者は，フィッシュ (Fisch, R.)，ワツラウィック (Watzlawick, P.)，ウィークランド (Weakland, J. H.) らである。

MRIの理論のキーワードは，「偽解決」と「悪循環」である。偽解決とは，問題行動や症状が解決に至らない不適切な対処方法のことである。たとえば，ある中学生が家出をして自転車を盗み，警察に検挙されたとする。父親が厳しく殴りつけて叱責したところ，その中学生は殴られたことに強く反発し，再び家出をして自転車を盗んでしまった。この場合，父親の殴るという対処方法は効果がなかったので，偽解決といえる。このように，偽解決が行われると問題行動が繰り返され，さらに偽解決が行われるという循環が生じてしまいやすい。結果として，いつまでたっても解決に至らない。このような構造を悪循環という。

したがってMRIモデルでのカウンセリングでは，この偽解決を止めさせ，悪循環を断ち切ることが目標となるのである。

### 2）SFAモデル

SFAの代表的な研究者は，ド・シェイザー (de Shazer, S.)，バーグ (Berg, I. K.) である。

SFAの理論のキーワードは，「例外」である。例外とは，問題行動や症状が起こっていない時間や場所，状況などを示す。たとえば，先ほどの例では，その中学生は父親に殴られて叱責された場合，いつも家出をするとは限らない。母親がこっそり中学生をかばい，やさしい態度で接する場合には，その中学生は家出をしないことがある。中学生が家出をしないこの状況を例外というのである。

したがってSFAモデルでのカウンセリングでは，この例外を発見し，拡大発展させて，最終的には問題行動を減少させることを目標とするのである。

なお，SFAには洗練された質問技法がある。たとえば，ある状況に対して10段階で評定させるスケーリング・クエスチョン，奇跡が起こったことを前提に解決した状況をたずねるミラクル・クエスチョン，苦しい状況をどのように乗り越えたのかをたずねるサバイバル・クエスチョンなどである。

### 3）研究テーマ

理論的にはMRIとSFAは類似点が多いが，臨床的には，MRIモデルに適したケースと，SFAモデルに適したケースがあるように感じられる。たとえば，まったく解決の糸口が見いだせない段階にあるケースでは，例外を探し出すことは困難であるので，MRIモデルのほうがカウンセリングを行いやすいように感じられる。そこで，MRIモデルおよびSFAモデルの適用しやすいケースの条件を，それぞれ比較検討する研究テーマが考えられる。この研究テーマは，臨床的意義のあるテーマであると考えられる。

## 3．非行少年にブリーフ・カウンセリングを適用することの意義

非行少年にブリーフ・カウンセリングを適用することの意義を，導入段階，介入段階の視点から説明したい。

### 1）カウンセリングに対するモチベーションが高まりやすい

非行少年は，いわば自分が悩むのではなく，他者を悩ませる傾向が強い。したがって，自分が悩んでいないため，カウンセリングに対するモチベーションが低い傾向にある。多くの場合は，担任教諭からなかば強制的にカウンセリングを受けさせられたりする。つまり非行少年に対しては，カウンセリングの導入

の段階からつまずきやすいのである。
　先に述べたように，ブリーフ・カウンセリングは原因追求型ではなく，未来志向である。非行少年の性格や交友関係などに問題点が見受けられても，それを直接取り上げて原因を追求することはない。したがって，非行少年の立場からは，原因を追求されなくてすむわけであるから，安心してカウンセリングを受けることができる。つまり，カウンセリングに対するモチベーションが高まりやすくなるのである。

### 2) 洞察力が乏しくても解決が可能
　非行少年は，自分の心のなかを振り返り，自分の気持ちに気づいていくことが苦手である。いわば洞察力が乏しいのである。したがって，精神分析的あるいは来談者中心療法的カウンセリングのように，クライエントが自分の心理状態を洞察することを援助する技法には限界がある。その一方，ブリーフ・カウンセリングは，内面的変化ではなく行動レベルでの変化を重要視し，行動レベルでの解決を構成しようとする。したがって，洞察力が乏しい非行少年であっても，十分に適用することが可能なのである。

### 3) ブリーフ・カウンセリングは介入手段が豊富
　ブリーフ・カウンセリングは，先に述べたように，ミラクル・クエスチョンなど洗練された質問技法が多い。また偽解決を止めさせ悪循環を断ち切るなど，介入方法がとても明確で具体的である。つまり，使い勝手のよい小道具が豊富といった感じである。これは，非行少年とのカウンセリングでは重要である。というのは，非行少年は一般のカウンセリングの対象者と比較してモチベーションが低いので，カウンセラーがさまざまな小道具を使って，あの手この手で介入して，非行少年に働きかける必要があるからである。つまり非行少年とのカウンセリングでは，カウンセラーは待ちの姿勢ではなく，積極的に介入して解決を構成していく必要があるのである。

### 4) 研究テーマ
　非行少年とのカウンセリングで，多くのカウンセラーが悩むのは，やはりモチベーションの低さである。そこで重要な研究テーマとして，カウンセリングに対する非行少年のモチベーションをいかに上げるか，その具体策の検討が考えられる。非行少年は表面的にはカウンセラーに反抗する場合もあるが，心の奥底には普通の少年になりたいという素直な心が必ず潜んでいる。ただ，そのような率直な心が存在することを周囲の大人たちは知らず，そして，非行少年自身も気がついていないことが多い。この率直な気持ちにアプローチして，いかにモチベーションを高めていくかは，重要な研究テーマである。

〈笹竹 英穂〉

〔文献〕
笹竹英穂　2001a　Solution Focused Approachを用いた非行少年の保護者への働きかけ　犯罪心理学研究, **38**(1), 11-20.
笹竹英穂　2001b　スケーリング・クエスチョンによる教師に対するイメージの変化——教師に対する暴力の非行事例から　家族心理学研究, **14**(2), 129-138.
笹竹英穂　2002　コミュニケーションを重視した描画の活用　心理臨床学研究, **20**(4), 336-347.

## 11　非行少年に対する家族療法
family therapy for juvenile delinquents

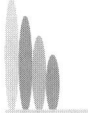

　「非行少年の社会復帰過程を援助する心理臨床的諸活動」である非行臨床において，「家族」あるいは「家庭」に着目するという観点は，ごく一般的なものである。家庭は，子どもを温かく保護し，甘えを許し，生まれてきた幸せを基本的安定感として体得させる「母性的機能」と，子どもをしつけ，厳しく鍛え，社会的規範の内面化を促進させる「父性的機能」をあわせもつとされてきた。

### 1. 非行臨床における家族
　上記の両機能の障害が，子どもの問題行動と強い関連をもつことは確かである。具体的なものとして，離婚などによる親の欠損があり，かつては共働き・カギっ子が槍玉に挙げられ，ついで分離不安・過干渉などの母子関係の歪みが続き，父親の不在・父性の欠如が

最近の社会的な言説となっている。
　理論面でも，心的現実として家族を扱う精神分析理論，発達心理学の中心を占める母子関係論などに依拠して，非行理解が試みられてきている。これらを基礎として，具体的な家族への働きかけが臨床現場でなされてきた例は，次のような「処遇関係の支持」と「家族環境の調整」が中心であった。

### 1) 処遇関係の支持

　これは，本人との処遇関係をつくりだし，維持するために，家族の協力を求めるためのものである。来談する本人に家族が同伴したり，処遇者が家庭訪問をしたりする際に，家族に接触して，「最近本人はどうですか，何かあったら相談してください」と依頼したり，家庭での姿をみて，本人の更生の度合いを判断するような情報提供や調査的な要素が強いものである。

### 2) 家族環境の調整

　これは，少年の立ち直りに資するために，家族環境をできるだけ好ましい方向に調整することを目的としている。本人に対するしつけなどの具体的な対応を，家族に助言・指導したり，親子間の葛藤や両親の折り合い不良に働きかけるなどの心的調整，さらには，生活苦や精神障害で苦しんでいる家族を，福祉事務所や精神保健福祉センター，精神科病院といった専門機関へ結びつけるなどの社会的支援も含まれる。

## 2．家族療法の有用性

　非行少年自身には，心理的援助を受けようとする動機づけが乏しいことが大半であるが，その家族（保護者）は，夜遊び，無断外泊，遊び金の強要，そして家庭内暴力と，その行状に苦しんでおり，来談の必要性を強く感じている場合が少なくない。
　1980年代に入り，わが国にもシステム論に基づき「全体としての家族」の観点から，問題を抱えた特定の家族員ではなく，全体的な家族力動，家族過程をとらえて，家族へのかかわりを行う「家族療法」が，導入・展開されるようになった。そこでは，非行は，個人の病理性というよりは，家族機能の障害が顕在化したものであると仮定される。そして，親機能の回復や家族コミュニケーションの改善などにより，家族の機能性を回復し，表面化した少年の非行行動の改善およびその消失を図るのである。さらに，最近は，家族を心理的に支援し，家族のもてる力を引き出し，家族が自ら変化していくのを側面から援助していく，「エンパワメント」と呼ばれるアプローチが主流となっている。
　非行臨床で重要であるのは，「立ち直りの手立てとしての家族」である。家族への援助によってその適応力が伸長すると，本人自身の心身も安定し，社会適応力も向上して再非行が抑止されるからである。それは，家庭・個人・社会システムの相互連関といった理論面からも，「家庭に落ち着く」ことが「本人の心情安定」につながり，「職場や学校にも定着」して真面目に生活するという臨床経験からも，明らかな事実である。

## 3．臨床研究の現状

　実務上は，たとえば児童自立支援施設や少年院といった施設にいる間は，家族の面会・通信が心理的支えとなる。また，釈放時には身元引受人となり，家族のもとに帰住できることが，再非行の抑止に大いに関係する。しかし，非行の要因となった家族が，そのまま更生の場となるはずはなく，健全な社会化を行うことができる家族に変容させ，機能するようサポートすることが前提となる。
　このような観点から臨床研究が行われており，1960年代に入り，東京家庭裁判所において家族集団療法が実施され，さらに，アメリカのケースワーク実践をモデルとして，法務省により保護観察少年およびその家族に対する実践研究も試みられている。
　ただし，このような家族への処遇的関与が，特定の個人による試行にとどまっていたのに対して，前述のようなシステム論に基づく家族療法が，1980年代から公的な臨床機関のなかで組織的に展開しはじめた。その臨床研究の成果が，家庭裁判所調査官（廣井，2004），児童相談所（団ら，1993），保護観察官（生島，1993）などから公刊されている。
　非行臨床においては，処遇者が公的な臨床機関に所属する場合が多いことから，権力の執行者の役割を兼ねるシステムとなっており，従前の心理療法的アプローチが有効でない場

合が少なくない。だが，権威や指示を治療的に駆使し，家族員の行動そのものに着目して，短期集中的に変化を目指す家族療法の戦力はきわめて高いものと，筆者は臨床経験から確信している（生島，2003）。

## 4．今後の課題

2001（平成13）年から施行されている改正少年法において，「保護者に対し，少年の監護に関する責任を自覚させ，その非行を防止するため訓戒，指導その他の適当な措置をとることが出来る」といった趣旨の規定が新設された。これを契機として，個別的な家族へのかかわりに加えて，グループ・アプローチである「家族（保護者）教室」が，心理教育的手法を用いて展開されつつある。重大非行への社会的関心が高まり，非行臨床における説明責任が求められており，このような新たな手法を含めた家族療法の処遇効果を明示するための臨床研究が，喫緊の課題となっている。

また，社会的関心を集めている犯罪被害者（遺族）への援助に関しても，家族療法の適用が期待される。

（生島 浩）

〔文献〕

団士郎ほか　1993　非行と家族療法　ミネルヴァ書房

廣井亮一　2004　司法臨床入門——家裁調査官のアプローチ　日本評論社

生島浩　1993　非行少年への対応と援助——非行臨床実践ガイド　金剛出版

生島浩　2003　非行臨床の焦点　金剛出版

# 12　非行少年に対する生徒指導

counseling and guidance for juvenile delinquents

学校教育における不良行為や非行を含む反社会的な問題行動を伴う児童生徒への対応と問題解決は，生徒指導の守備範囲である（国立教育政策研究所生徒指導研究センター，2003；内閣府，2007）。児童生徒の非行カウンセリング研究では，生徒指導の理解と研究が不可欠である。

## 1．生徒指導の定義と研究の意義

### 1）生徒指導の定義

非行少年に対する生徒指導研究において，まず理解しておかなければならないのは，「生徒指導とは何か」という点である。生徒指導は，「一人一人の生徒の個性の伸長を図りながら，同時に社会的な資質や能力・態度を育成し，さらに将来において社会的に自己実現できるような資質・態度を形成していくための指導・援助」（文部省，1988）である。換言すれば，生徒指導とは，すべての児童生徒を対象とし，児童生徒一人ひとりの良さや違いを大切にしながら，彼らの発達に伴う学習面，心理・社会面，進路面，健康面などの悩みの解決と，夢や希望の実現を目指す，総合的な個別発達援助である（八並，2006a）。

### 2）生徒指導研究の意義

教師・スクールカウンセラーなどの教育実践者や教育研究者の多くが，いまだに生徒指導が非行対応であるかのような受け止め方をしているが，この定義からすればそうではない。生徒指導は，児童生徒の発達上で生じる多様な問題の解決と，キャリア達成の援助という，発達志向の教育的援助サービスである。

非行少年に対する生徒指導研究では，非行をどう治すかという治療的アプローチによる，「治す」生徒指導研究への偏重がみられる。それに対して，学校教育と非行少年の関係性を重視した，①非行への組織対応による解決法，②非行の未然防止や再発防止に関する予防教育，③非行少年のキャリア教育という，予防や開発に重点を置いた教育的アプローチによる，「育てる」生徒指導研究こそが，非行問題の解決や対策に求められているといっても過言ではない。

## 2．「育てる」生徒指導研究の動向と研究課題

### 1）チーム援助に関する研究

重度の反社会的問題行動を伴う児童生徒に対する生徒指導では，教師・スクールカウンセラー・保護者によるチーム援助（チームサポートと同義）や，学校と関係機関等が連携したサポートチームによる問題解決が主流である。生徒指導研究におけるチーム援助

研究はカウンセリング心理学の近接領域であるが，学校心理学で多数行われている（八並，2006b）。

非行少年を対象としたチーム援助研究では，①アセスメントの方法と精度に関する研究，②問題解決のための個別援助計画（個別の指導計画）の作成方法やフォーマット研究，③非行カウンセリングの方法に関する研究，④教師・スクールカウンセラー・保護者・関係機関職員等による相互コンサルテーションに関する研究，⑤チーム援助情報の共有方法と活用に関する研究，⑥援助チームのスタッフ間や学校と関係機関間のコーディネーション研究，などが主要な研究テーマとなるであろう（八並，2006c）。

### 2）非行への対応や予防教育に関する研究

不良行為や非行を含む問題行動への対応に関する理論的・実践的研究としては，國分ら（1998）や藤川ら（2003）がある。後者では，問題行動への対応原理と方法，問題行動の態様別の対応，非行予防，校外機関との連携など，非行カウンセリング研究のテーマが網羅されている。

予防教育では，非行の未然防止や再発防止に有効と考えられるガイダンス・プログラムの実践として，押切（2001）の非行予防エクササイズがある。ガイダンス・プログラムとは，集団を対象に，計画的・系統的に行う教育プログラムのことである。このほか，八並（2005）が児童自立支援施設で行った，キャリア発達の促進を目指したキャリア教育研究がある。

非行の態様別対応や予防教育に関する研究では，①問題解決能力・意思決定能力・人間関係能力・情報活用能力・将来設計能力などの基本的なライフスキル（生きる力）の育成プログラムに関する研究，②「自尊感情」（self-esteem），「自分と異なる他者を受け入れ尊敬する力」，「困難な境遇にあっても乗り越える力」（resilience）の育成プログラムに関する研究，③非行少年の学校から社会への移行を促進するキャリア教育に関する研究，などが今後の研究として必要である。

（八並 光俊）

〔文献〕

藤川章・押切久遠・鹿嶋真弓編　2003　非行・反社会的な問題行動　図書文化社

國分康孝・田上不二夫・野中真紀子・國分久子編　1998　問題行動と育てるカウンセリング　図書文化社

国立教育政策研究所生徒指導研究センター　2003　生徒指導上の諸問題の推移とこれからの生徒指導——データに見る生徒指導の課題と展望　ぎょうせい

文部省編　1988　生活体験や人間関係を豊かなものとする生徒指導——いきいきとした学校づくりの推進を通じて（中学校・高等学校編）　大蔵省印刷局

内閣府　2007　「少年非行事例等に関する調査研究」企画分析会議　平成17年度少年非行事例等に関する調査研究報告書

押切久遠　2001　クラスでできる非行予防エクササイズ——子どもたちの後悔しない人生のために　図書文化社

八並光俊　2005　児童自立支援施設と大学とのチームサポートによる社会的自立プログラムの開発研究　平成16年度文教協会研究報告書

八並光俊　2006a　総合的個別発達援助としての生徒指導——アセスメント（生徒理解）に基づく生徒指導体制づくり　指導と評価（特集：生徒指導のあり方），52(12)，8-11．

八並光俊　2006b　学校心理学部門　応用実践期におけるチーム援助研究の動向と課題——チーム援助の社会的ニーズと生徒指導の関連から　教育心理学年報，45，125-132．

八並光俊　2006c　非行問題と（児童）生徒指導　犬塚文雄編集　社会性と個性を育てる毎日の生徒指導　図書文化社　82-87．

## 13　非行少年に対する精神分析的カウンセリング

psychoanalytic counseling for juvenile delinquents

ひとくちに非行少年といっても，主に思春期心性から生じている一過性なものと理解できる事例もあれば，乳幼児期や児童期など，より早期の発達段階でのつまずきがあると考

えざるを得ないケースもある。また，数は少ないとはいえ，発達障害を背景に有する非行少年もいる。このように，一人ひとりの非行少年が抱える心理的問題は多様であり，したがって，彼/彼女らに対する援助のあり方や留意点は，事例ごとに異なる。

## 1. 非行少年の心理的一般的特徴

非行臨床の先行研究では，非行少年にある程度共通する心理的特徴として，①対人不信感，特に大人や権力に対する不信感の強さ，②治療動機の乏しさ，③欲求阻止耐性の乏しさ，行動化のしやすさ，などが指摘されてきた（たとえば，井上，1980；石川，1985）。また，「自己肯定感ないし自尊心の低さ」も，多くの非行少年に認められる心理的特徴のひとつである。これは特に，自損や他者の権利を害する行為，すなわち非行に走りやすくする要因となると考えられる（中井，2002）。なぜならば，自己肯定感が低い場合，自分のみならず他者を尊重することができにくいからである。

## 2. 精神発達論をふまえた非行少年理解の必要性

人間のこころは，養育者などの他者との関係のなかで発達していく。特に子どもは，年少であればあるほど環境への依存度が高く，こころが環境の影響を受けやすい。また，子どもの問題行動の現れは発達課題との関連が深く，固定せず不安定であって，必ずしも病的なものととらえることはできない。非行少年の心理も，環境との関係をふまえ，精神発達の観点から理解を試みることが必要不可欠である。

非行少年のなかでも，少年院送致や保護観察の決定を受けるような要保護の高い少年の生育歴をみてみると，非常に不安定であることが多い。特に，発達の早期段階で，信頼に足る対象との安定した関係に恵まれなかった場合，エリクソン（Erikson, 1982）がいう「基本的信頼感」や，自分は愛されるに値するかけがえのない存在だというような感覚（すなわち自己肯定感）は，十分育たない。また，人が自らの感情を自覚し内面に保ちながら，自分にとっても他者にとっても，より適切な行動をしていくための基盤は，信頼に足る対象との安定した関係のなかでの十分な感情のやりとりにある。しかし，それが不十分だった場合，子どもは感情や不満などを内面に保ちにくく，不適切な行動に走ることが多くなる。つまり，上述のような心理的一般的特徴をもつ非行少年の場合，フロイト（Freud, S.）がいう，三者関係を基礎とする「エディプス期」以前の二者関係（乳幼児期の母子関係にみられるような，充足・不充足を主要要素とする関係）段階における心理的問題を抱えており，それが修復されずにきている可能性があると考えられる。そのように理解しうる事例に対応するときには，クライン（Klein, M.）が指摘するように，少年の内的対象関係が，良い対象関係（good me-good object）と悪い対象関係（bad me-bad object）に分裂しており，不安定であることをふまえておくことが肝要である。

## 3. 非行少年に対するカウンセリングのあり方

従来の非行臨床の先行研究においては，非行少年の対人不信感（カウンセラーに対する「陰性転移」）はカウンセリングに対する「抵抗」であり，それは早期に「克服されなければならない」ものととらえられ，それを克服した後に起こる陽性転移を軸に，カウンセリングが進められるとされてきた（たとえば，石川，1985；水島，1987）。つまり，二者関係段階における心理的問題を抱えているとアセスメントせざるを得ない非行少年の場合，bad me-bad objectの陰に存在するgood me-good objectを喚起させて関係をつくることを重視するのが，従来の方法であった。

しかし，これには二つの問題がある。一つは，少年の対象関係を統合する方向ではなく，その分裂をさらに強化する方向に進めるおそれがあること，もう一つは，不信感には，少年がそれ以上傷つかないために自分を守ろうとする「当然の防衛」という意味があることを考慮せず，防衛を無理にはぎ取ってしまう危険性があることである。それゆえ，陽性転移志向の従来の方法は，不適切だと言わざるを得ないと考える。むしろ，少年の陰性転移は尊重されることが重要である。そして，カウンセラーは，少年の陰性転移が穏やかに持続

している感覚をもつことができ，少年の側は，自分を守りながらカウンセラーを確かめていく作業が持続できるような関係をつくることが，最も着実な信頼関係の形成となろう（羽間，1997）。

そのようなカウンセラーとの関係を通して，対人不信感の緩和，対象関係の統合，罪悪感をもつ能力の育成を図るとともに，非行という防衛や表現型を手放せるような自己肯定感の回復を目指すことが，二者関係段階における心理的問題を抱えた非行少年に対するカウンセリングの，大きな目標となる。同時に，感情や不満を内面に保持する心の器の育成が，重要な目標となる。ここに，問題を治すことに力点を置くのではなく，子どものこころの成長をうながそうとする，「育てるカウンセリング」が生かされる。

さらに，一貫した規則のはっきりとした環境設定が，重要な援助的役割を果たす。なぜならば，予測が困難または不可能な環境においては，そもそも人は安心感や信頼感をもつことができないからであり，特に，非行少年は不安定な環境の作用によって強い対人不信感をもつに至っていると考えられるからである。たとえば，少年がどのような行動（特に問題行動）をしたときに，カウンセラーはどのような行動（少年司法機関であれば身柄拘束を含めた措置）をとる可能性があるかという事柄を意識して伝達することや，実際に必要性があればカウンセラーが当該行動をとることは，予測可能で一貫した環境の設定と実現の一例といえよう。

### 4．今後の課題

以上，二者関係段階の理論をふまえた精神発達論からの，非行少年理解とカウンセリングのあり方を中心に述べた。ただし，発達障害を背景に有する非行少年の場合，別の観点からの理解論や対応論が必要となる。この問題に関する議論は最近みられるようになっているが，さらに具体的な研究の積み重ねが求められる。

（羽間 京子）

〔文献〕

Erikson, E. H. 1982 *The life cycle completed*. W. W. Norton.（村瀬孝雄・近藤邦夫訳 1989 ライフサイクル，その完結 みすず書房）

羽間京子 1997 治療者の純粋性について――非行臨床から得られた知見 こころの科学，**74**，54-58.

井上公大 1980 非行臨床――実践のための基礎理論 創元社

石川義博 1985 非行の病理と治療 金剛出版

水島恵一 1987 非行・社会病理学 大日本図書

中井久夫 2002 「踏み越え」（トランスグレッション）について 心の危機と臨床の知，**4**，47-62.

## 14 非行少年に対するサポートチーム

support team for juvenile delinquents

個別具体的な非行のケースに対して，警察，学校，児童相談所，補導センター，社会福祉事務所，保健所，精神保健福祉センターなどの，主に公的機関の現場の担当者が，相互に連携して対応する仕組みを，「サポートチーム」という。このサポートチームという名称は，龍島・梶（2002）の報告で使われたものだが，非行に対して公的機関などが連携して対応する際の仕組みの名称として，一般的なものになってきている（内閣府，2003）。

もっとも，非行に対してさまざまな機関が連携して対応するということは，なにもサポートチームから始まったものではない。形態，方法はさまざまであろうが，非行に対して，家庭，学校を含む地域社会や公的機関が連携して対応する必要があるということは，これまでも，ごく一般的な発想だったといってよいだろう。

### 1．サポートチームの意義

これまでの連携とサポートチームとは，どこが違うのだろうか。

非行など，子どもの社会行動上の問題は，遺伝，心身障害などの生得要因とか，性格傾向，精神障害といった，子ども自身の抱える要因のみに起因することはなく，子ども自身の要因と家庭，学校，友人関係，地域社会などの成育・生活環境との相互作用の結果とし

て発生している。そのため，非行への対応においては，個体内（intra-personal）の問題を主な対象とする従来の臨床心理学，精神医学などのパラダイムでは十分ではなく，個体間（inter-personal）の問題をも対象とするカウンセリング心理学的パラダイムによるアプローチが必要とされる。

サポートチームは，そのようなパラダイムに基づくアプローチであり，公的機関を中心とする連携を上手く形成する仕組みと，連携を実効のあるものとする運用の具体的な方法を示したものである。

## 2．サポートチームという「仕組み」と「運用方法」

公的機関には，業務の縦割りとか縄張り意識などといわれる，お互いの業務に干渉しない構えが根強くあり，連携といっても，機関の責任者や担当者が集まって会議を開催し，抽象的に連携の必要性を確認する程度のことが行われている場合が多い。

一方，現場で非行に対応している熱心な担当者は，ケースの必要性に応じて，個別具体的な連携を求めている。たとえば，補導センターの補導職員などが担当しているケースについて，学校の担任教師，役所の生活保護担当者，児童相談所の担当者，警察署の少年係などと個別に連絡を取り，連携を求めるようなことはよくある。しかし，担当者レベルで，他機関に協力，連携を求めても，相手の機関の担当者も熱心で意欲的といった偶然の好条件に恵まれない限り，スムーズに連携することは難しい。

そのような現場の問題や必要性に応えるかたちで発想されたのが，サポートチームである。このサポートチームは，その仕組みとして，以下の5点が特徴となっている。

① 具体的なケースを対象として編成する。② ケースの必要性に対応できる機関の実務担当者が集まる。③ 各機関の独立性を尊重する（参加，不参加は各機関の判断）。④ 各機関が行うのは，その機関の本来の業務であり，それ以外のことはしなくてよい（というより「できない」。ただし，機関の判断としてチームに参加しなくても，本来業務としてケースに対応しなければ，不作為を問われる場合もある）。⑤ 相互の業務について理解不足があることを当然の前提にし，相互理解を深める。

具体的なケースで直接対応可能な実務担当者がチームを組み，業務の縦割りや縄張り意識に起因するあい路を回避しようとする，③～⑤のような考え方が組み込まれたものとなっている。

また，このサポートチームは，その連携を実効のあるものとするために，チームメンバーが集まる会議のやり方に，「ワン・ダウン」「知らない姿勢」「コンプリメント」「リフレーミング」といった「解決志向アプローチ」（solution focused approach）（de Jong & Berg, 2002）や，「システム論的家族療法」（吉川・東，2001）の考え方や技法を用い，効果を上げている。すなわち，治療論，方法論に，コミュニケーション理論を導入し，個体間の問題をも視野に入れているブリーフ・カウンセリング系の方法をサポートチームの運用に応用することで，各機関がスムーズに連携できるようにしている。

## 3．調査・研究の課題

龍島・梶（2002）の報告は，実践の事例報告で，仕組みと運用の具体的な方法について多くの示唆を含んでおり，実務場面では有用と思われる。しかし，多数の事例を調査したり，理論的な考察が展開されているものではない。したがって，非行に対応する際に，関係機関などの連携をどのように行うことが効果的なのか，その仕組みと運用方法についての本格的な調査・研究は，今後の課題となっている。

特に，カウンセラーがいわゆる「カウンセリング的地域援助」として，非行への対応を実践する際に，どのような姿勢で参加すればよいのかについての本格的な調査・研究は，ぜひとも必要である。そのため，全国各地で行われている関係機関連携の仕組みについて調査したり，その運用方法について，カウンセリング心理学的な立場から研究を進める必要がある。

その際，以下の理論，研究を参照することが有効だろう。① ブリーフ・カウンセリング，② システム論的家族カウンセリング，

③コンサルテーション，④危機介入，緊急支援，⑤コミュニティ心理学。

　サポートチームの仕組み，運用方法は，非行について関係機関が連携する際の，カウンセリング心理学的パラダイムによるアプローチだが，このようなアプローチは，非行に限らず，虐待，不登校，いじめ，DV（ドメスティック・バイオレンス），ひきこもりなど，子どもの社会的な問題への対応においても有効と思われる。それゆえ，今後，子どものカウンセリングに関与する人が身につけておくべき理論，方法としても，必須のものとなるだろう。

（龍島　秀広）

〔文献〕
- de Jong, P., & Berg I.K.　2002　*Interviewing for solution*. 2nd ed. Books/Cole.（玉真慎子・住谷祐子・桐田弘江訳　2004　解決のための面接技法――ソリューション・フォーカスト・アプローチの手引き〈第2版〉　金剛出版）
- 福岡県臨床心理士会編，窪田由紀・向笠章子・林幹男・浦田英範　2005　学校コミュニティへの緊急支援の手引き　金剛出版
- 宮田敬一編　1994　ブリーフセラピー入門　金剛出版
- 内閣府青少年育成推進本部　2003　青少年育成施策大綱（平成15年12月9日）
- 日本ブリーフサイコセラピー学会編　2004　より効果的な心理療法を目指して　金剛出版
- 龍島秀広・梶裕二　2002　非行における臨床心理的地域援助　臨床心理学，**2**(2)，223-231．
- 山本和郎　1986　コミュニティ心理学――地域臨床の理論と実践　東京大学出版会
- 吉川悟・東豊　2001　システムズアプローチによる家族療法のすすめ方　ミネルヴァ書房

## 15　非行予防エクササイズ
exercise for delinquent prevention

　非行予防エクササイズとは，構成的グループ・エンカウンター（SGE）を基軸とし，小中学校のクラス単位で非行予防教育を行うための，具体的方法である。

　筆者は保護観察官として，実際に非行少年とかかわり，非行について研究してきたが，つくづく感じることのひとつは，「一度非行が深まってしまうと，更生するのには多大な時間と労力がかかる」ということである。なぜこの子はこんなに荒れてしまったのか。荒れがひどくなる前にもっと別な働きかけができなかったのか。そう考えるたびに，非行の兆しがある場合の早期対応の重要性，さらには，非行を予防することの大切さを強く意識するようになった。

### １．非行予防エクササイズとは

　そこで，具体的な非行予防方法として考案したのが非行予防エクササイズであるが，その内容には，筆者のこれまでの実践や研究から得られた仮説が反映されている。それは，たとえば，以下のようなものである。

　①どんな行為をすると非行になるのか知らないために，安易に非行に走ってしまう少年がいる。そういった少年は，「知らなかった」ことを逃げ場にしてしまい，反省が深まらない。②非行をする少年は，現実を検討する力が弱く，どんなことをすると自分にとって得であり，損であるかという損得勘定がうまくできない。③非行の入口で悪い誘いを断ることができず，付和雷同して，ずるずると非行を続けてしまう少年が多い。④非行によって被害を受ける人の気持ち，非行によって周囲が受ける影響などについて，想像をめぐらす力が弱い。

### ２．エクササイズの実際（犯罪〈非行〉さがし）

　エクササイズのひとつである「犯罪（非行）さがし」を，ここに紹介したい。私は以前から，非行少年たちの「まさかこんなことが犯罪（非行）になるとは思わなかった」「こんな大きなことになるとは思わなかった」という言葉が気になっていた。そして，非行を予防するためには，「どんな行動が犯罪（非行）になり，処分の対象となるのか」という知識をもたせておくことが重要ではないかと考えるようになった。

#### １）エクササイズの方法

　このエクササイズは，おおむね次のように展開する。

導入——リーダー（教師等）は，たとえば次のように導入する。「テレビでは毎日，犯罪や非行に関するニュースが流れています。（先日はこんな事件がありましたが）みんなはどんなことをすると犯罪（非行）になるのか，考えてみたことがありますか？ 今日は，みんなで考えてみましょう」。

ワークシートを配る——リーダーは次のようなワークシートをメンバー（児童生徒）に配り，行動の例を読み上げる。

各自で行動例を分類する——各自で，行動例を「悪くないこと」「悪いこと」「悪いことのなかでも犯罪（非行）にあたること」の三つに分けて，ワークシートに記入する。

グループで話し合う——各自の考えた結果をグループ（3～4人）で話し合い，分類し直してみる。無理にきっちりと分類する必要はない。

全体で話し合う——いくつかのグループに結果を発表してもらい，それについて全体で話し合う。

まとめる——リーダーは，メンバーの発言を取り上げながら，「悪いことのなかでも犯罪（非行）になる（可能性のある）こと」について解説する。

分かち合う——解説を聞いて感じたことを全体で分かち合う。そして，「たいしたことにならないだろう」「このぐらいなら大丈夫だろう」といった甘い考えでやったことが，「大きな後悔」へとつながってしまう可能性をリーダーが示す。

2）どれが犯罪（非行）になるのか

各行動例の詳しい解説は末尾の文献に譲るが，下図のワークシートの行動例で，犯罪（非行）になるのは②，⑤，⑥，⑨の四つである。②は，相手がけがをすれば傷害罪，相手がけがをしなくても暴行罪である。いくら相手が頭にくることを言ったとしても，暴力

---

**ワークシート「犯罪（非行）さがし」**

次にあげる行動例について，「悪くないこと」「悪いこと」「悪いことのなかでも犯罪（非行）にあたること」に分けて記入してみましょう。

①みんなが待ち並んでいる列に，こっそりと割り込む。
②相手が頭にくることを言ったので，殴る。
③お年寄りが目の前に立ったのに，電車で席をゆずらない。
④高熱があったので，大切なテストを休む。
⑤駅前に何日も放ってあった誰かの自転車を，勝手に持って帰る。
⑥友達の万引きがうまくいくよう見張りをする。
⑦困っている人がいたのに，急いでいたから知らんぷりをする。
⑧スポーツの試合で，わざとではなく相手とぶつかり，ケガをさせる。
⑨用もないのにナイフを持ち歩く。
⑩青信号で横断していたら，急に車が曲がってきて，ひかれそうになる。

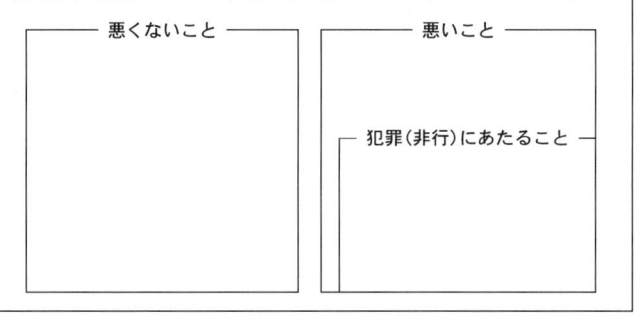

― 悪くないこと ―

― 悪いこと ―

― 犯罪（非行）にあたること ―

(押切, 2001, p.94)

は処分の対象となる。⑤はいわゆる「放置自転車の乗り逃げ」で，占有離脱物横領罪となる。少年事件には同罪が多い。⑥は通常，窃盗罪となる。自分が実際に手を出さなくとも，「一緒に盗みをする」と意識して見張りをすれば，万引きをした友達の共犯ということで，同罪に問われる。かりに，「自分は盗みをするつもりはなく，友達の手助けをしただけ」という場合でも，窃盗の幇助罪に該当してくる。⑨は，「業務その他正当な理由による場合を除いて」「(原則として) 刃体の長さが6センチメートルを超える刃物」を持ち歩いた場合は，銃刀法違反の罪となる。6センチメートルを超えなくとも，刃物を隠し持てば，軽犯罪法違反の罪である。

　エクササイズのひとつを具体的に紹介したが，効果的な非行予防は，さらなる研究，方法開発，そして実践が待たれる分野である。

　　　　　　　　　　　　　　（押切　久遠）

〔文献〕

國分康孝監修，押切久遠　2001　クラスでできる非行予防エクササイズ――子どもたちの後悔しない人生のために　図書文化社

## 16　犯罪被害者に対するカウンセリング
counseling for victims of crime

　国際連合は1985年，犯罪および権力濫用の被害者のための正義に関する基本原則を宣言し，1999年，同宣言の内容を実施するためのハンドブックやガイドを作成した（諸澤，2003）。

　日本では，犯罪被害者等基本法が2004年12月1日に成立し，2005年4月1日，施行された。その後，犯罪被害者等基本計画に基づき，重点課題にかかる具体的施策を検討するために2006年4月に開始された三つの検討会が終了し，今後さらなる施策の具体化が進められる状況である（内閣府，2006；2007）。

### 1．犯罪被害者の直面する現実

　犯罪被害者は経済的被害，身体的被害，精神的被害を受ける。凶悪事件ほど加害者から反省に基づいた心からの謝罪を得られず，事件の真相を知ることもかなわない。被害後，多様な二次的被害によって被害回復過程は長期化し，複雑化する。被害者は黙殺の申し合わせ（conspiracy of silence）によって絶望感をいっそう深め，人間らしさを剥奪される。

### 2．精神的被害からの回復過程

　被害者は圧倒的な無力感と孤立感を強いられ，人間社会全体への深い不信感を植えつけられる。生きる意欲さえ奪われることもある。

　犯罪による精神的被害からの回復過程は，基本的に対象喪失，悲嘆，喪の作業という精神過程として理解できる。これまで多くの心理臨床の理論家によって，対象喪失と喪の過程が記述，分析されてきた。ハーマン（1996）によれば，精神的被害からの回復過程は直線的ではないが，次の段階を経過する。

　①被害直後のショックの最中にある初期段階（主要なテーマは「安全の確立」）。②ショック後に継続する中間的段階（同，「想起と服喪追悼」）。③回復の最終段階（同，「通常生活との再結合」）。

　回復が進めば無力感や孤立感に圧倒されなくなるが，被害者の深い悲しみは一生消えない。

　重大な犯罪被害の余波は，被害者の家族全体に及ぶ。また，犯罪被害に伴う二次的対象喪失（secondary object loss）の問題を，ランドーら（Rando, 1993；Lord, 1995）が指摘しているが，それには，アイデンティティ，家族，ビリーフ，仕事，世界観，将来の夢などが含まれる。重大事件の被害者は悲嘆の発作に何度も襲われ，日常生活に支障をきたす。母の悲嘆と父の悲嘆は異なる。すなわち，子どもを亡くした母親は，妊娠，出産，育児に際して抱いた感覚，感情，期待，決心など，すべてが打ち砕かれる。最愛の子どもの命を奪われるだけでなく，自分自身を喪失する内的体験を伴う。母親としてはこれ以上にない失格の感覚を抱く。他方，父親は母親ほど泣いたり，心情を話したりはしないかもしれない。感情を言葉にするには抑制されがちであるが，個人と一緒にした活動はよく話題に上る。父親の感情的に抑制された悲嘆は，いら立ちや怒りの爆発などのかたちで示され，それが「冷淡」や「思いやりのなさ」と勘違い

されることがある。それによって父親は傷つく。両親はそれぞれの立場で，生と死の意味，結婚，仕事など，あらゆるものを根本から問い直す。そのなかで，怒り，悲しみ，悔恨，愛情などの感情が安心して表出され，問題は次第に解決されていき，気持ちに区切りがついたとき，新たな同一性が獲得される（The Compassionate Friends, www.tcf.org.uk）。

## 3．犯罪被害者に対するカウンセリング

まず，外傷後ストレス障害（PTSD），急性ストレス障害（ASD），その他の外傷性ストレス障害に関するアセスメントは不可欠である。

次に，均衡の取れた被害回復には，①心理的・生理的反応の統制，②精神内界における外傷体験との折り合い，③相互信頼に基づいた社会的関係の再構築が，考慮されるべきである。

被害者が外傷体験の詳細を語らない限り，治療は終結しない。一人で外傷体験を想起すると，強烈な感情に圧倒される。安心できる専門家のかたわらで外傷性記憶を繰り返し語れば，感情的に耐えられ，それと適切な距離を置くことができ，圧倒されずにすむようになる。さらに，それを多様な観点から見直し，意味あるものに認識し直すことができると同時に，外傷の生々しさが徐々に薄れ，色あせていく。悲しみをいたむ作業を通して過去との折り合いをつけ，過去と現在とのつながりを取り戻す。汚名と憐れみの対象でしかないという自己規定と決別し，うわべを飾らない新たな人間関係が始まる。そして，今後の人生に対する希望とエネルギーを新たにすることができたと感じられたとき，想起と服喪追悼の作業は終わる。すなわち，外傷性記憶は，その人の人生の一部へと変容したといえる。

遺族等にかかわる場合には，遺族等が故人とのつながりの感覚を維持しながら死別後の変化に適応し，死別体験がその一部となる新たな個人史を形成できるように配慮することが大切である

クラフト（Kluft, 1991）の治療原則を，一般性をもたせたかたちでまとめておく（長井〈2004〉を一部修正）。

①安全な治療構造と，堅固で持続的な境界を維持する。②治療過程を通して自己支配権と積極的関与に注意を集中する。③強力な作業同盟を樹立したうえで面接を行う。④隠された感情を明らかにし，埋もれた感情を除反応（ひとりでは命名しにくい感情を言語化したり，嗚咽や号泣などの身体的反応として表出したりすること）する。⑤面接では共同，協力，共感，相互認知が強調される。⑥面接者のメッセージは明快かつ率直なものである。⑦面接者は一貫した態度を示し続ける。⑧志気を回復し，現実的な希望を育むような面接を行う。⑨本人の許容範囲を超えないように回復の速度を調整する。⑩本人が回復に責任をもつべきことを現実的に理解してもらう。⑪自由な感情表出を許容するような温かい態度で接し続ける。⑫面接中に認知の誤りを突き止め，修正する。

日記・アルバムの作成，絵画・詩などの創作活動，ヨガ，フィットネス，旅行，パネル展示会の開催なども，被害回復に有効である。

被害回復を効果的に促進するには，総合的支援の観点を忘れてはならない。「いろいろな人に助けてもらったが，多くの問題や障壁に主体的に取り組み，努力してきたからこそ今の自分がある」という記憶を，被害者がもてるように配慮すべきである。他の専門家への紹介や自助グループへの参加なども重要である。

カウンセラーの業務には，燃えつきや代理受傷（vicarious victimization）の問題が伴うので，対策を講じることが大切である。

〈長井 進〉

〔文献〕

ハーマン，J.L. 中井久夫訳 1996 心的外傷と回復 みすず書房

Kluft, R.P. 1991 Multiple personality disorder. In A. Tasman & S. M. Goldfinger (eds.), *Review of psychiatry. vol. 10*. The American Psychiatric Press. pp.161-188.（安 克昌 1997 解離性（転換性）障害 田代信雄・越野好文責任編集 神経症性障害・ストレス関連障害 中山書店 443-470.）

Lord, J.H. 1995 *How to guide for victim support groups*. 2nd ed. Mothers Against

Drunk Driving.
諸澤英道訳著　2003　被害者のための正義——国連被害者人権宣言関連ドキュメント　成文堂
長井進　2004　犯罪被害者の心理と支援　ナカニシヤ出版
内閣府　2006　犯罪被害者白書（平成18年版）　内閣府
内閣府　2007　犯罪被害者白書（平成19年版）　内閣府
Rando, T. A.　1993　*Treatment of complicated mourning*. Research Press.

# 第XI章

# 医療カウンセリング

## Medical Counseling

　カウンセリングは治療活動ではない。人生で誰もが通過する問題（発達課題）を解決し，成長するのをヘルプする，育てる活動のことである。
　したがって，医療カウンセリングは心身の病気を治すのでなく，治療を受けている人，あるいは援助の職にある人なら誰もが遭遇するであろう問題を，乗り越えるのをヘルプするカウンセリングである。常識では「死の不安」「手術への不安」などがそれにあたる。そのほかにカウンセリング心理学の対象になる医療分野の問題として，どんな問題があるか。これについては，医療とカウンセリングの両方になじみのある，坂本洋子，川島光太郎，高田ゆり子に示唆を得た。
　さて，本章のテーマであるスペシフィック・カウンセリングの研究は，カウンセリング心理学の知識のほかに，その領域についての知識（たとえば，医学，薬学，看護学，保育学，教育学，組織学など）を必要とする。それゆえ，カウンセリング心理学はカウンセリング・サイコロジストだけの学問ではなく，医師，看護師，企業人，教育者などサイコロジストでない人も使える学問である。
　したがってカウンセリング・サイコロジストは，どの分野にも応用できる知識体系と技法体系をつくるのが使命となる。たとえば，カウセリング・サイコロジストであるカーカフ（Carkhuff, R. R.）の開発したヘルピング技法は，教師も，看護師も，企業人も，政治家も使えるカウンセリング・モデルである。
　もともとは治療学ではないカウンセリング心理学が，医療の世界でどのように役に立つかを示したい。それによってカウンセリング心理学の守備範囲を示したい。それが本章のねらいである。

（國分　康孝）

## 1 チーム医療
team medicine

　医療とは，医療法によると，病院，診療所，介護老人保健施設，その他の医療を提供する施設，医療を受ける者の居宅等において，医師，歯科医師，薬剤師，看護師その他の医療の担い手から提供される治療，疾病予防のための措置，リハビリテーションなどをいう。しかし，もう少し広くとらえれば，地域，学校，職域などにおいて展開される，健康管理や健康教育などの予防的な諸活動，介護・福祉領域における多様な活動などと，重なっている部分も少なくはない。

### 1．チーム医療
　チーム医療を構成するメンバーとしては，狭義には，①医療の担い手である医師，歯科医師，薬剤師，看護師，心理職，ケースワーカー，その他のコ・メディカルなどを意味するが，広い意味では，②医療を受ける者（患者），③医療提供施設の機能を維持するための事務職員など，すべての施設職員，④居宅を維持している家族，⑤社会的支援機能を果たしている諸機関のスタッフや，ボランティア組織のメンバー，⑥地域，学校，職域などにおける保健・医療・福祉担当者，などを含めて考えるべきであろう。

　これらの多様なチーム構成メンバーが，互いに信頼し，協力・連携することにより，チーム医療は生命の尊重と個人の尊厳の保持という，医療の最終的な目的を達成できるのである。こうした質の高いチーム医療のいっそうの推進のためには，①チーム医療のなかでカウンセリングが，どのような固有の有効性を発揮しているのか，②チームの円滑な運用と各構成員の機能の十分な発揮という視点から，どのような機能を果たしているのかなどについて，不断の振り返りと実践的な研究が不可欠である。

### 2．チーム医療におけるカウンセリング
　チーム医療の実践には，構成メンバー間において互いに良好な信頼関係が築かれていることが最も重要である。スタッフ間に葛藤や抵抗があっては，患者との間で信頼関係を築くことは不可能であり，検査や治療における患者・家族の不安の軽減や，QOL（quality of life：生活の質）の向上や，最終的なアウトカム（転帰）の改善などには，つながるべくもない。

　異なる診療科や職種などからなる，多様な構成員の間のコミュニケーションを円滑に保持するためには，①構成メンバーの専門性や役割が明確であること，②それぞれ，対等な立場で自由な意見・判断の表明が保証されること，③前向きなもののみではなく，一見後ろ向きと思われるような意見や判断も尊重され検討されること，④しかし最後には，医療としての最大目的に向かって意見・判断を統一していくという積極的態度が，メンバー間で醸成・共有化されていることなどが必要である。

　こうしたことがうまくいくためには，①十分な意見交換の機会が確保されている（定期的なミーティングなど）こと，②メンバーのもつ情報が理解されやすいように加工（データ化や書面化など）され，他のメンバーに有効に伝達されていること，③個人と同時にチーム構成メンバー間における集団的力動が，良好に調整されていることなどが重要である。こう考えると，チーム医療の円滑な推進に果たすカウンセリング心理学の役割が，きわめて大きいことがわかる。

　HIV感染症のチーム医療における，カウンセラーによる他職種との協働に関する研究（文献参照）においては，多職種がかかわるチーム内でいかに連携を成熟させていくかを課題として取り組み，事例研究の手法を用いて，医療チームにおけるカウンセラーの役割の明確化を試みている。その結果，カウンセラーは，対患者ではガイダンスで患者の疾患への適応と心理的成長を促進し，また他職種との連携ではチーム内のコーディネートに加えて，スタッフの患者理解促進などを目的とした，コンサルテーション・リエゾンを行っていることが判明したとしている。

　チーム医療の内容は，取り扱われる疾患，医療が提供される場などに応じて異なるであ

ろうが、それぞれの状況下で、カウンセラーがどのような役割を果たし、対患者、対他職種、チーム全体にどのような影響を及ぼしているのか、種々の手法を用いた究明が望まれる。

チーム医療のなかで、患者・家族に対して行われるカウンセリングの内容としては、①疾病に罹患したことによって患者・家族が抱く不安や恐怖、戸惑いなどを整理・解決したり、経済的な問題や思想・宗教などを背景とする、困難な事態への心理的サポート、②疾病や病像の理解を促して納得のいく治療法を選択することなど、自己決定へのサポート、③疾病・傷害などによる重大な機能喪失を経験した患者の、喪の仕事（mourning work）、④患者自身の発育史における自我機能の障害に積極的に目を向けたカウンセリングなどがある。

一方、他のチーム医療メンバーに対しては、チーム医療としての力量を向上させるという視点から、絶えず教育的な働きかけを心がけておく必要がある。たとえば、患者をめぐって今後チームが遭遇するであろう困難に対して、チーム医療の機能（信頼関係）が障害されることがないようにあらかじめ予見し、互いに支えあっていけるような情報を提供したり、基本的な方向性を提示・確認しておくことなどである。また、チーム構成員の退職や人事異動、体制の変化、法改正などによって、それまでのチーム医療としての機能が十分発揮されなくなるといったことが予見される場合、いかに新たな機能を構築していくかを考究し提案していくかも、チーム医療におけるカウンセリングの重要な課題といえよう。

このほか、ときには医療提供施設の経営的意向と医師の意向がぶつかりあうなど、医療スタッフと患者との関係にとどまらない、多彩な葛藤の処理とサポートが求められる場合もある。

## 3. 今後の課題

諸外国においては、多様な医療スタッフと患者、さらには患者の家族、医療提供施設や社会支援機関担当者など、立場の異なる構成員が互いの信頼関係を築きながら、対等な立場で専門性や役割を発揮し、チーム医療としての機能を十分に果たしている分野も多いように思う。しかし、医師による指示を前提としたわが国の現行医療法制度の下では、医師を頂点とするヒエラルキーが形成されやすく、メンバー相互の率直で柔軟な協同作業が、必ずしも十分に進展しているとはいえない。また、チーム医療のなかにおけるカウンセリングや心理・社会的なサポートの重要性が、一部の領域を除いていまだ十分に認識されていないか、認識はされていてもシステムとして取り入れられていなかったり、機能していないことが多い。

今後、わが国における質の高い医療の提供を推進するために、チーム医療に関するカウンセリング心理学領域での、いっそうの知見の集積が望まれる。

〔小林　章雄〕

〔文献〕
厚生労働科学研究費補助金エイズ対策研究事業 HIV感染症の医療体制の整備に関する研究 平成16年度総括・分担研究報告

## 2　クライエントの個別性の理解

a bio-psycho-socio-existential approach

人間にかかわるあらゆる局面において、対象となる人、クライエント、患者を、その個別性に基づいて理解することはきわめて重要である。しかし、その個別性の理解の意義、およびその方法を実践的に論じているものは少ない。なぜならば、個別性の理解という概念と方法論があまりにも漠然としており、かつ実用的なニュアンスに乏しいためと考えられる。

本項では、主として全人的医療の立場にある心療内科の現場で実際に活用される、身体・心理・社会・実存的医療モデル（bio-psycho-socio-existential medical model）を用いた「個別性の理解」について述べる。

### 1. 個別性の理解の重要性

臨床心理や医療の現場では、人は十人十色であることを忘れてはならない。実地の現場

では，ベテランほど慣れとプロ的なパターンの認識をもつがゆえ，人・クライエント・患者の個別性への配慮を失いがちである。そこに，現場で要求される「効率性」と「疲労」が拍車をかける。ゆえに落とし穴にはまることが少なくなく，トラブルを起こし，かえって効率が低下し疲労も拡大し，損失も被るという手痛い代償を払うことになる。個別性に配慮することは，これらのトラブルを少なくするだけでなく，クライエントへの臨床心理学的価値や，患者への医療の質の向上に十分貢献するものである。さらに，個別性の理解を職業人として深めていくことで，心理臨床や医療に従事する人びとが，自らの人間的形成をうながすことができると考えられる。

## 2. 個別性の理解の臨床的方法論
### ——身体・心理・社会・実存的医療モデル

臨床現場では，クライエントまたは患者は彼らの有する個別性ゆえ，実にさまざまなレベルの問題点や諸要素を一見ランダムに現すことが通常である。それら諸要素を聴取収集することも容易でないうえに，それらの関連性を理解して統合し，ひとりの人間としての個別性に基づいて全人的に理解し，そのうえでケアや治療のプランを立てるとは，さらに容易でない。この難問に対し，池見酉次郎・永田勝太郎ら（1993年）は，自ら提唱する全人的医療の具体的方法論として，身体・心理・社会・実存的医療モデルを提案し，全人的医療の立場に立つ心療内科の臨床において活用され，実践的レベルで大きな成果を生み出している。

具体的には，クライエントまたは患者の抱えるさまざまで複雑な問題点を，身体レベル，心理・行動レベル，社会レベル，および実存レベルの，四つのレベルで整理し，相互の関連性を考慮して複合的で統合的に病態を把握し，個別性を全人的に理解し，そのうえで個別性を配慮した治療・ケア・サポートのプランを作るのである。これらを1枚のシートで表現したものが，患者評価表 PEG (Patient Evaluation Grid, または Problem Evaluation Grid) である。それぞれの具体的要素を以下に述べる。

身体レベル——性別，年齢，体格，身体症状，身体疾患，体質的問題点，自律神経の状態，東洋医学的問題点，半健康状態，身体的ストレス度，疲労度，身体の歪み，姿勢問題点，加齢的問題点（老化・加齢の節目上の問題点），物理的環境因子などである。

心理（行動）レベル——心理・精神的症状，行動上の問題点，気質や生活上の特徴，食行動，睡眠や運動の不足度，性生活，何かへの依存症，仕事中毒，心理的外傷，精神的去勢度（男性），幼少時期の親からの受容や愛情の受け方の状態と自己肯定感の強さ，ストレス・コーピングなどが重要である。

社会レベル——生育歴，社会的ライフスタイル上の問題点，職場・家庭・学校・地域など所属社会内の問題点，社会的適応能力の問題点，夫婦関係，知人や友人との「仲間形成度」，地域特性，人生段階などのライフステージ，趣味・道楽・遊び，社会貢献度，経済的状況である。

実存レベル——生きがいや価値観や人間の業にかかわる問題点，宗教観，生涯発達課題未習，生きる意味の稀薄度や実存的空虚度，などである。

身体・心理・社会・実存的レベルの諸要素を表1のような PEG にすると，クライエントまたは患者の抱える問題の全体像を，その

表1　PEG (Problem Evaluation Grid)

|  | 問題点 | 評価 | ケア・治療プラン |
|---|---|---|---|
| 身体レベル |  |  |  |
| 心理・行動レベル |  |  |  |
| 社会レベル |  |  |  |
| 実存レベル |  |  |  |

個別性に基づいて把握することが容易になり，かつ個別性に配慮した対策を立てやすくなる。ただし，ここで注意すべきことは，情報収集の際に，クライエントや患者に与える圧迫感をいかに少なくできるかということである。カウンセリング技法が重要となる。

このPEGは，心理療法の医療の進行状況でより的確に更新され，またクライエントまたは患者との接触を重ねることでさらに進化更新されてゆき，彼らの個別性がますます高精度に把握され，よりいっそう個別性に即した対応が可能となるのである。つまり，対象人物への対応が進行すること自体によって，そのレベルが向上していく可能性がある。自動成長的である。また，PEGはビジュアル情報ゆえに，チームスタッフ間でのコミュニケーションが容易となるため，チーム・アプローチにおいて有用性がきわめて高いものである。

### 3．事例——45歳男性，会社員

具体的な事例を提示する。人生に不全感をもち，苛立ち，あせりと意欲のなさ，不眠でかつ執拗な肩こりと，ときおりの背部痛をもつ45歳の男性のケースを取り上げる。男性は中小企業の会社員（課長）で，42歳の妻と，高2の息子，中3の娘がいる。ちょっと無理して郊外にマイホームを建て，往復3時間かけて通勤している。妻はパートで忙しく，息子は無目的で部活もせず，娘は受験生だがのんびりしている。最近，課長になったばかりで，突然新しいプロジェクトを任されるも，仕事内容が未経験の内容ゆえに，十分なリーダーシップを取れず，また日ごろの不摂生に加え長時間通勤で，心身ともに過労気味で体調を崩している。ときどきふと深いため息が出る。妻とのスキンシップは激減している。

この男性のPEGは，表2のとおりである。全体像の把握，スタッフ間でのディスカッション，および個別性を重視したプランづくりに有用であることが実感できる。よって，臨床場面において，身体・心理・社会・実存的医療モデルを用いた個別性へのアプローチは，実に有用性の高いものであるといえる。

### 4．今後の課題

今後の研究課題として，一つは，人間における個別性の定義の再考，第二として，個別性を重視したアプローチ方法の熟成，第三として，現場や職種の各々に応じたトレーニング・プログラムの確立などが挙げられる。

（釜野　安昭）

〔文献〕

釜野安昭　2002　患者の個別性の理解　永田勝太郎編著　臨床のためのカウンセリング心理学　佐久書房　44-62.

村田孝次　1989　生涯発達心理学の課題　培風館

永田勝太郎編　1990　バリント療法——全人的医療入門　医歯薬出版

永田勝太郎編集　1991　ロゴセラピーの臨床——実存心身療法の実際　医歯薬出版

永田勝太郎　1995　身体・心理・社会・実存的医療モデルを基礎とした全人的医療　日本実存心身療法研究会，日本バリント式保健医療協会編

表2　ある45歳男性のPEG

|  | 問題点 | 評価 | ケア・治療プラン |
|---|---|---|---|
| 身体レベル | 背部痛，肩こり，疲労，長時間勤務，性機能低下 | 老化の節目，胃潰瘍，狭心症予備軍 | 要検査，薬物療法，漢方やサプリメント，休養，癌に注意 |
| 心理・行動レベル | 不眠症，あせり，短気な性格，運動不足，遊びや休養不足 | 反応性抑うつ状態 | 薬物療法，心理療法，ライフレビュー・インタビュー，運動療法 |
| 社会レベル | 長時間通勤，職場ストレス，思春期の息子と娘 | ライフステージ問題 | 夫婦関係調整，キャリア・カウンセリング |
| 実存レベル | 追われる生活，生きる意味の希薄化 | 実存的空虚，人生の節目 | 生涯発達課題の見直し |

Comprehensive Medicine――全人的医療 ライフ・クオリティ研究所 15-34.

岡堂哲雄監修 1993 生きがい――PILテストつき 河出書房新社

## 3 医師のためのカウンセリングスキル
counseling skills for medical doctors

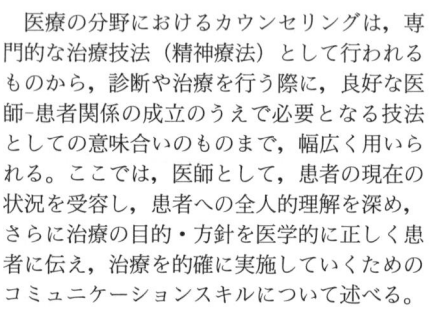

医療の分野におけるカウンセリングは，専門的な治療技法（精神療法）として行われるものから，診断や治療を行う際に，良好な医師-患者関係の成立のうえで必要となる技法としての意味合いのものまで，幅広く用いられる．ここでは，医師として，患者の現在の状況を受容し，患者への全人的理解を深め，さらに治療の目的・方針を医学的に正しく患者に伝え，治療を的確に実施していくためのコミュニケーションスキルについて述べる．

### 1．医療面接と医療モデル

カウンセリングとは，クライエント（患者）が，治療者との対話を通して自分自身の真の問題に気づき（自己発見），自らの問題を解決していく過程で心理的成長を遂げる（自己実現）ことである．医療現場では，患者の医療上の問題点（疾患・疾病・症候群など）の解決を試みる医療面接が行われる．

医療面接の歴史的経緯としては，1930年代に英国の精神科医のバリント（Balint, M.）が，医師-患者関係の重要性を説き，医師の役割を「薬としての医師」（doctor as a medicine）と述べ，米国の臨床心理学者のワトキンス（Watkins, J. G.）は，治療者にとって大切な精神・態度を，「治療的自我」と表現した．

1960年代後半，米国の医療現場では，生命倫理，患者の知る権利，インフォームド・コンセントなど，医療の量と質の向上を求める動きが始まった．1977年に，ニューヨーク大学のデイ（Day, S.）は，身体・心理・社会的健康（bio-psycho-social health）という全人的健康モデルを提唱し，さらにロチェスター大学のエンゲル（Engel, G. L.）は，それを身体・心理・社会的医療モデルとして，身体疾患全般に応用できるモデルに展開した．

また，同じころ心理学では，マズロー（Maslow, A. H.）の有機体論，ロジャーズ（Rogers, C. R.）の来談者中心のカウンセリング理論，フロム（Fromm, E.）の人間論などをベースにした，新しい人間学的心理学の台頭があった．これらの流れのなかで，人間の実存性を配慮する視点の重要性に気づいた九州大学の池見酉次郎は，1982年に生命倫理的視点を導入した身体・心理・社会・生命倫理医療モデル（bio-psycho-socio-ethical medical model）を提唱した．その後，この医療モデルは，1993年に池見・永田勝太郎により，フランクル（Frankl, V. E.）の提唱した実存分析学的視点（Logotherapie）を導入した，身体・心理・社会・実存的医療モデル（bio-psycho-socio-existential medical model）として確立された．

### 2．バリント方式の医療面接法

身体・心理・社会・実存的医療モデルを実践するための面接法に，バリント方式の医療面接がある．バリント方式の医療面接は，イギリスの精神科医バリント（Balint, M.）が，一般的な医療のなかで行われるべき精神療法として，一般開業医とのグループワークのなかで提唱した方法を，具体的に実践できるように池見・永田によってまとめられたものである．

この面接法のポイントは，①治療者と患者が，一方的な決定や依存によらない相互主体的信頼関係を構築する，②積極的傾聴によるインテークにより，問題点を身体的・心理的・社会的・実存的の四つの次元に整理・分析する，そして，③それをもとに，患者自らの自己理解による問題解決へとうながす，という3点にある．特に治療に難渋する症例に対して，その背後で複雑にからみあう問題を整理し，その相互関係を明らかにすることによって，それまで治療が困難であった症状や患者の心理面へのアプローチが可能になる．また，この面接法を実施する治療者のグループが症例検討を行うバリント・グループ・ワークでは，治療者と患者の関係性における問題や治療側の問題まで踏み込んで検討がな

される。この検討過程のなかで治療者としての気づきをうながされることから、バリント方式の面接法は、治療的自我の育成を図るうえでも有用な方法である。

## 3．カウンセリング技法

### 1）受容・支持・保証

受容とは、「患者の訴えや感じていることを、何ら評価することなくありのままに受け止める」ことであり、受容する意志を態度として表すことが、きわめて重要である。医学的見地から説明のできない症状や現象に対して、「～のはずがない」という先入観をもつことなく受け止めることは大変困難なことであるが、患者の訴える言葉を受け入れ、つらい状態を認めることから、信頼関係の第一歩が始まるといっても過言ではない。しかし、症状に頑固なこだわりをもつ患者や、訴え方が独特で執拗に繰り返される場面では、医師であっても、患者に対して陰性感情をいだいてしまう。このような患者の場合、他の医療機関で同様な経験をして、医療全体に対して不信感や怒りをもっている場合が多い。にもかかわらず受診するのは、医療を受けなければいけない病態によるばかりでなく、誰かに理解されたい、支えられたいと願っているゆえでもある。そのことを理解したうえで、専門職としての支え（支持）と医学的根拠（エビデンス）に基づく保証を行う。患者がいま抱えている問題を克服し、乗り越えていく力があることを、治療者が信じていることを伝え続けることも、治療過程での保証となる。

### 2）ラポールの形成

治療をより円滑に進めていくためには、良好な医師-患者関係が重要となる。すなわち、治療に協力的な意思疎通であり、信頼と受容の関係である。相手を尊重し真に理解しようとする気持ちを、言葉や態度で表現するものである。こうしたラポールは治療効果を高め、バリントの言う「薬としての医師」の効力を高める。

### 3）転移・逆転移

人は自分の経験からさまざまな事象を判断していくが、対人関係においても過去の経験の影響を受ける。過去に出会った人びととの経験を元に、新たに出会う人との関係を想定するが、医師としてはできるだけニュートラルな感情で新たな患者との関係をつくることが望ましい。特に、医師自身の個人的な人間関係での過去の経験に基づく感情に支配されることは、逆転移という治療の妨げになる可能性をもってくる。特別に感じることや強い好感情をもつことも、同様である。

### 4）今後の課題

医療は、専門技術と知識を患者に提供する際、義務と責任を負う。しかし、義務・責任の遂行のためのマニュアル化ばかり先行してしまうと、真のコミュニケーションは困難となる。昨今、医療訴訟が増えている現実をみると、十分なコミュニケーションがとられていれば回避し得たトラブルが、今後さらに増加するであろう。

医療現場におけるカウンセリングスキルは、臨床に携わる人びとが常に関心をもち、必要性を感じつつも、経験に頼りながら、各々解決しているのが現状がある。そして、それを学問的に系統立てて整理し、研修医や医学生に技法として学ぶ場が提供されはじめたのは、まだ歴史が浅い。医学教育の場では、一般的なコミュニケーションスキルに加えて、医師-患者関係という専門的立場での適切なコミュニケーションの訓練をくり返し行うべきである。そのうえで実際臨床の場に立ち、さまざまな症例を経験したのち、症例検討やスーパーバイズを受けるなかで、スキル向上を図る機会を増やす必要がある。

（釜野　聖子）

〔文献〕

Balint, M. 1957 *The doctor, his patient and the illness.* M. J. Publishing.（池見酉次郎ほか訳 1981 プライマリ・ケアにおける心身医学——バリント・グループの実際　診断と治療社

永田勝太郎編 1990 バリント療法——全人的医療入門　医歯薬出版

永田勝太郎編集 1991 ロゴセラピーの臨床——実存心身療法の実際　医師薬出版

永田勝太郎編 2002 臨床のためのカウンセリング心理学　佐久書房

Watkins, J. G. 1978 *The therapeutic self : Developing resonance-key to effective relationship.* Human Sciences Press.

## 4 歯科医に必要なカウンセリングスキル
counseling skills required by dentists

近年までの歯科医療は、患者の主訴に対してその場で何らかの医療行為を行うことにより、痛みを止める、人工の歯の代わりになるものを入れて食事をしやすくするという、歯科医師と患者側にとって結果がわかりやすいものであった。また、即座に結果が出るため、歯科医師、患者双方に、歯科医師の技量のみが重要視された。したがって、多くの歯科大学でも患者の心理面はほどほどに、技術的な切磋を重要視する傾向にあった。

### 1. 歯科医療におけるカウンセリングの現状と問題点

上記の結果、良くも悪くも歯科医療の現場でのパターナリズム（父権主義）を生み出し、また、患者側も「医師の治療に身をゆだねる」のが当たり前という考えが、今でも多くの患者に根づいているように思われる。

歯科医療の現場で、カウンセリングが根づかないもうひとつの理由は、その診察室という特殊な現場にある。多くの歯科医院では、患者の訴えを聞き、これから始まる治療行為の説明をする場所が、カウンセリングルームではなく治療台の上で行われる特殊性にある。よって、患者側からしてみると、緊張が強いられるような場所で、簡単な問診の後に、すぐに治療が開始される。

また、その治療行為の多くは大なり小なり何らかの痛みを伴い、その痛みを治療中は言葉で表現し、訴えることが不可能である。よって、歯科医師側からの一方的な行為で終わる可能性があるということになる。

近年、処置をする部屋と、カウンセリングをする部屋を区別する試みも始まっているが、今後さらなる工夫が必要になってくると思われる。

### 2. 歯科医療カウンセリングの特殊性

歯科医療の現場でのカウンセリングを語るうえで、欠かせないもうひとつの事柄がある。それは、従来イメージされる心理カウンセリングには、来室したクライアントに対して、傾聴、共感し、クライアント自身の自己成長を援助するという、カウンセリングルームのみで発生する特殊な共同作業がある。ところが、医療の現場では、そのカウンセリングを行う医師自身が、患者側からみて、「助ける」行為と「傷つける」行為の双方にまたがるため（戸田、2003）、従来の心理カウンセリングとは違う特殊性が存在している。

よって、本来カウンセラーの役割を担う歯科医師から、直接患者の身体に対して医療行為が行われるため、良くも悪くも歯科医師側、患者側双方に、パターナリズムのなかで終始することが気楽であるというビリーフが根づいているように思われる。

### 3. 歯科医療と生物・心理・社会モデル

では、なぜ歯科医療の現場に、カウンセリング心理学がいま必要なのか。

それは、近年、病気の生物・心理・社会モデル（bio-psycho-social model）と呼ばれる論理モデルに端を発している。このモデルでは、心理的要因ならびに社会的要因が、病気の発症や経過、予後のすべてにわたって鍵となる役割を果たしていることを強調している（コーエン＝コール、1994）。

これは歯科医療の分野でも該当し、患者が訴える虫歯や歯周病も、日常生活での多忙による口腔内ケアの怠り、ストレスによる自律神経系や免疫系の不具合により、口の中の疾病の進行を早めることは、今日知られていることである。

よって、小野ら（2006）によると、今までの医療モデルの典型で、「悪いものは取れば治る」と常に治癒のみを考え、「治療したら、治らなければならない」という観念から一歩遠のき、生物・心理・社会モデル的な側面でとらえ、慢性化や寛解も含めて患者を援助していくためには、歯科医療の現場においてもカウンセリングが必要になってくると思われる。

### 4. 歯科医療現場においての心理カウンセラーの必要性と課題

歯科の分野でも、医科などとの境界領域といわれる疾病がいくつかある。その代表的な

ものとして，口臭症，顎関節症である。これらの疾病は，歯科治療として患者側から望まれることが多いが，その背景には，「私の口臭は他人に必ず迷惑をかけている」「この顎の痛みは顔の歪みからである」という負のビリーフが潜んでいることがあり，またその背景に，いじめ，引きこもり，仕事や人間関係の悩みがあることも少なくない。

当然，これらの訴えを歯科の分野のみで解決するのではなく，専門医科との連携も必要となってくる。歯科の診療現場において，これらの訴えをもつ患者を定期的に傾聴，受容し，歯科医師と共に連携ができるカウンセラー，すなわち歯科の知識とカウンセリング心理学の知識をあわせもつカウンセラーの育成も，必要となるように思われる。

このカウンセラーの役割は，上記のような境界例のみではなく，虫歯や歯周病などに対する患者のビリーフを取り上げてカウンセリングを行い，また歯科治療に対する不安を受容し，歯科医師と患者との掛け橋となる役割まで発展することも可能かと思われる。その役割は，歯科領域の資格の必要性の有無ではなく，診療の現場において，患者の視点に立つことができうる心理カウンセラーがふさわしいと思われる。

そして近年，医療コーディネーターという新しいカウンセラーの育成が，開始されつつあるようである。このようなカウンセラーを育成する制度や研修を行う場を，心理カウンセラーと，私たち歯科医師とで積極的に提案しつくりあげていく必要性があると思われる。

（大矢 浩登）

〔文献〕

コーエン＝コール，S. A. 飯島克己・佐々木將人監訳 1994 メディカルインタビュー――三つの機能モデルによるアプローチ メディカルサイエンスインターナショナル

小野繁・海野智・中奈央子 2006 歯科心身医学入門――歯科・口腔領域疾患への心身医学的アプローチ クインテッセンス出版

戸田恭司 2003 歯科医のための患者学 医学情報社

## 5 歯科医療へのカウンセリング心理学の導入

counseling psychology applied to clinical dentistry

昨今，医療行為に関するトラブル・訴訟が日常化するようになった。これらは，医療過誤・医療ミスや，医師による説明不足によって生じた誤解などに起因するものである，と単純に解釈しがちである。しかしそうした解釈は，患者も医師もトラブルの際の自分の責任を常に意識しなければならない，といった気持ちに自分を追い込み，医療現場が精神的に窮屈なものになりかねない。では，患者も医療スタッフも，双方が満足感を得られる診療を目指すためにはどうしたらよいのか。そのための新たに必要な医学教育や研究テーマは何か。この項目では，歯科医師である筆者がそれを考えるためのストラテジーのひとつとして，カウンセリングの視点から現在の歯科医療をとらえ，問題の背景，今後の課題，解決法のきっかけを探ってみた。

### 1．歯科診療とカウンセリングの異同

通常の歯科診療では，充填（歯への詰め物）処置，根管治療（歯の根の治療），歯周治療，歯の欠損などに伴う補綴治療（冠や義歯）など，鋭敏な口腔感覚に関与する，あるいは痛みを伴う疾患に対する処置が多い。こうした，痛みあるいは咀嚼機能不全に関連する不快感は，治療を受けない限り解決しない問題であり，日常生活に大きなストレスとなる。患者はその間，「歯磨きをしなかった自分が悪い」「歯医者に行かなければもっと痛くなる」「もしかしたら抜かれるのではないか」といった，受動的な気持ちや不安を無意識に抱いているだろう。こうして患者が恐る恐る歯科医院を受診するさまは，クライエントが心の悩みの解決のためにカウンセラーを訪れるのと重なるものがある。

しかし，歯科診療をひとつのプロセスととらえ，カウンセリング・プロセスに対比してみると，いくつかの相違点に気づく（棒線以降に歯科診療および相違を記す）。

インテークおよび場面構成——初めの挨拶，来院の経緯，診療契約など，相違は見当たらない。

リレーションの形成——歯科医師自身では特に行わない，行ったとしても短時間。

アセスメント——エビデンスに基づく診断で，多くは歯科医師が一方的に行う。患者と歯科医師両者で探索するわけではない。

ストラテジー——歯科医師が診断に基づき，自身の技術や設備などを考慮して選択する。必ずしも患者と歯科医師の合意で成立するとは限らない。

インターベンション——歯科医師による切削などの治療行為であり，患者との共同作業ではない。患者は診療台でじっと動かず口を開け続け，痛みや不快を耐えるという受身的作業を行う。

終結——歯科医師からの「治りました」などといった，一方的な終結宣言となる場合が多い。

歯科医療では，高度な専門知識と診療技術（材料の提供も含め）の提供に対し報酬を受けるという前提があり，リレーション形成の必要性の診断，リレーション形成行為の評価および報酬は存在しない。したがって，歯科医師自身によるリレーションの形成（特に，プラスのリレーションとしてのラポール形成）を省き，歯の切削などの診療行為を行う。言ってみれば，リレーション形成抜きのカウンセリングの展開である。また，診療終了の時点で，幸いにして患者が満足できればよいが，満足できなくとも（たとえば痛みや違和感が残っていても）納得しなければならないことも多い。いわばカウンセラーによる一方的な終結であろうか。

以上のように，患者の役割・気持ちに視点を置いて歯科医療プロセスを振り返ってみると，歯科医療では，歯科医師から患者への一方向な関係が多くを占めることに気がつく。筆者は歯科医療をより双方向にすること，とりわけ診療の入り口と出口にあたる，「歯科医師自身によるリレーションづくり」と「患者の気持ちに沿った終結」を，今後は重視すべきであると考える。その際「傾聴」「共感的理解」「無条件の肯定的配慮」「気づき」

「自己一致」などといったカウンセリングでのキーワードは，歯科医療においても，歯科医師の心構えや対応のキーワードでありうる。

## 2. 歯科における心理的問題

1本の歯が抜歯による終結を迎えた場合，歯科医師が抜歯の必要性を十分に患者に伝えることで法的な説明責任を果たしたとしても，患者が必ずしも納得しないことがある。歯科医師にとって，抜歯は他の治療と同様な治療の一分野であっても，患者にとって歯を失うという事態は，自分の身体の一部を失ったという喪失感が強いケースがある。ひとつの方策として，カウンセリングにおけるグリーフワーク（特にショック期・喪失期の概念）と，グリーフケアの具体的な対応法の導入が役立つことが考えられるが，筆者の知る限りではこれに関するエビデンスはない。

逆に最近，一般的になってきたインプラントという診療に関しては，歯科医師側の想像以上に，患者が診療前に大きな期待を，あるいは診療後に満足感を得ているのに気づくことがある。これは単に審美の回復や咀嚼機能の改善に由来するだけでなく，失った体の一部（歯）が再生したという錯覚がそうさせているのかもしれない。インプラント治療の対象は中高年が主となるが，自分の肉体の衰えを受け止める/否定する心理が作用しているとも想像される。抜歯とインプラントにおける患者心理は，いわば死と再生に類する心理とも考えられ，今後の研究課題として取り上げられたい。

その他，最近「審美歯科」という概念が定着しつつある。歯並びを良くするための矯正歯科，歯を白くするホワイトニング，歯の表側が白い陶材で金属の裏打ちのあるもの（金属焼き付け陶材冠）などがこれに含まれる。筆者の専門分野に関連したホワイトニングでは，「自分の歯は白くないので白くしたほうがいいのだろうか」といった質問をされる患者が多い。こうした症例では，カウンセリング心理学的アプローチ（たとえば実存主義的に）を導入し，治療の必要性の決定に際し，患者に気づきをうながしたり，治療後の患者の評価の支援を行う場合もある。

## 3．提案および今後の課題

　EBM (evidence based medicine) という言葉は医療分野にすっかり定着し，エビデンスという言葉は一般にもポピュラーとなっている．一方，診療前，診療中，診療後の患者の「心のエビデンス」は，医療スタッフに十分に共感的に受け止めてもらっているのだろうか．「どの部位が，どの程度，いつから，どのような痛みだったか」だけではなく，「どんなにしんどかったか，困ったか，頑張ってきたのか，（治療が終わった）今は満足しているか」など，疾病に関して生じた患者の気持ちを，医療スタッフが共感的に理解することが求められると思う．新しいテクノロジー（診断方法や治療技術）の開発に日々多大な労力が費やされる反面，患者の「こころ」は軽視される傾向はないだろうか．医療における「患者のこころ」に関するエビデンスは，まだ十分に蓄積されていないと思われ，これに関する研究・教育への取り組みが必要であると確信する．

〔井川　資英・井川　恭子〕

〔文献〕
- 國分康孝　1996　カウンセリングの原理　誠信書房
- 國分康孝　1998　カウンセリング心理学入門　PHP 研究所
- 社団法人日本産業カウンセラー協会編　2007　産業カウンセリング入門——産業カウンセラー養成講座テキスト（改訂第 4 版）　社団法人日本産業カウンセラー協会

# 6　歯科医療で使えるカウンセリング理論とその応用
clinical dentistry based on counseling psychology

　近年，明らかな器質的病変が認められないにもかかわらず，口腔周囲の慢性的な不快感や疼痛を主訴としての来院が増加しており，これらは主に歯科心身症と診断される．こだわりの強い患者が治療により問題の解決が困難な場合，治療と並行してカウンセリングを行うことによって，症状への過度のこだわりを患者自身が認識する必要が生じる．

## 1．歯科心身症（口臭症）とその心理的アプローチ

　口臭症は，大別すると真性口臭症（口臭を高度に感じる）と仮性口臭症（感じられない）が挙げられ，必要以上に口臭を気にする場合，「口臭恐怖症」と診断される．口臭有無の判定結果や測定器の数値を示しても，納得しない場合が多い．多くは「口臭のために人とのかかわりがしにくい」と訴え，このような患者には相当の心理的背景があると考えられる．

　フロイト（Freud, S.）は，パーソナリティの発達を 5 段階に分類し，何らかの精神的葛藤が生じた場合，ある段階まで退行すると考えた．筆者らは，口腔に強い不定愁訴をもつ患者は，第一の発達段階である「口唇期」に何らかの不満な状況があるのではないかと仮定しているが，これを示す論文はほとんどない．治療は一般的な歯科治療と並行して，心理的アプローチを行う．

### 1）自己理論

　傾聴により現病歴と生育歴の問診を行うが，このように心理的背景を探ることは，歯科では一般的ではない．歯科医師および患者の両サイドで認識が低く，患者によってはこのような傾聴や受容が歯科治療と関係がないと考え，訴える者もいる．精神科などへのリエゾンが必要な場合も，納得しない場合が多い．しかし，今まで語ることのできなかった自分の感情に気づき，初回面接から効果が認められる場合も多い．

### 2）特性-因子理論

　各種の心理テスト・バッテリー（TEG, Y-G, CMI, SES-D など）結果を参考に，治療を進める．カウンセリングの方向も自己肯定感を意識して行う．しかし，治療前後の比較，治癒としての傾向についてのエビデンスは多くない．

### 3）認知行動療法

　「自分には強烈な口臭がある」というイラショナル・ビリーフを，認知療法的に口臭測定器や官能検査により，口臭のレベルを確認する．行動療法として，集団のなかで口臭を確認することで，脱感作を行う．オペラント

条件づけとして,「気にしない」ことへの強化を行う。

**4) ブリーフセラピー**

今日の気持ちをスケーリングし,「口臭を感じない時」の例外探し,「もし口臭がなくなったら」のミラクル・クエスチョンなど,一部効果を認めている。適切な課題・介入に関して研究が必要である。

**5) その他**

ゲシュタルト療法では,主にエンプティチェア・テクニックなどで,「気にしない自分」と「気にする自分」で対話を試みる。また,内観療法,森田療法も,ともに症状が軽減されたとの報告がある。

以上,歯科的な「個体内志向アプローチ」に加え,近年は「個体間アプローチ」としての構成的グループ・エンカウンター（SGE）を導入している。

**6) 構成的グループ・エンカウンター**

SGE を取り入れているところは少ない。ペンネームを使用することで患者の安心感や個人情報保護,儀式を通じて緊張感の軽減につなげる。エクササイズとして,患者同士でお互いの口臭を確認し,カードに書き相手に渡す。最後に簡単な別れの花束を行い終了する。SGE は,患者同士のピア・カウンセリングのスムースな潤滑剤となり,自己開示の苦手な患者もシェアリングに参加できるようになる。歯科医療においてもグループの力動を効果的に用いることは,他の歯科心身症においても必要と考えられる。しかし,これらによる治療効果の測定方法とエビデンスが少ない。

## 2. 歯科保健活動（教育）におけるグループ・アプローチの導入

地域歯科保健活動は,人の生涯にわたる健康づくりに関連しており,年齢もさまざまである。内容は「歯科保健指導」と「保健相談」が2本柱となる。保健相談に関しては,個別のカウンセリング・スキルを応用し,自己理解を深め,目標を設定できるようにかかわっていく。歯科保健指導に関しては,集団が対象であり,これまでは「講話」などのかたちで,歯科医師や保健師あるいは歯科衛生士が情報を提供するかたちであった。筆者は

これに,SGE の手法を用い,学校,職場,地域などの場においてグループの力動を応用した結果,気づきの促進が認められた。

エンカウンターによるワンネスの気づきと,ウィネスのグループづくり,実際的な問題探しやコンフロンテーションを経て,問題解決を行い,シェアリングを行いながら進めていく。特に刷掃に関しては,これまでの歯科疾患予防という観点からのみならず,エンカウンターのエクササイズとしての「ハミガキ」を行う。これは二人一組になり,お互いに仕上げ磨きを「やってみる」。歯ブラシの当て方や力の入れ方などの体感をシェアリングし,歯の1本1本を,さらに一人ひとりの肯定感を高める。従来の歯科医師や歯科衛生士の刷掃法提示と比較し,行動変容につながる傾向が大きい。生活習慣病としてのう蝕や歯周病は,行動変容の大きさが,その後の健康に対する考え方の質の高さや継続性に関連すると考えられる。これらの点に関するエビデンスの集積が,今後の課題である。

近年失われつつある地縁の回復にも役立っており,保健教育などの高度の目的をもったふれあいの場づくりは,今後の高齢化社会において必要性を増すと考えられる。

学校歯科保健教育のなかでは,普段見えにくいが簡単に見ることができる健康教育素材としての「口腔」は,グループの学習素材として,身近で提供しやすいものである。学年によっては衛生概念を育むツールとなり,生活習慣病とその予防法を認識することが可能である。SGE としてロール・プレイや媒体,スライドを用いての例示,可視化できる永久歯の生え変わりなど,自己肯定感につながるシェアリングが可能である。現在,この観点から研究も進められているが,心理学的な学説をふまえた質の高いエビデンスが要求される。

現代における産業構造は,サービスに関する第三次産業が急激に増加傾向にある。成果主義も浸透しつつあるなか,わずかな時間で人との交渉をスムースに進めることが,業績と直結する傾向も高い。「話す・笑う・食べる」を通して対人関係の大きな部分が形成されると考えられ,コミュニケーションのツー

ルとしての口腔の役割は大きい。口腔内に疾患があることは，コミュニケーション不全を誘引する可能性もあり，さまざまな方向からの解決が必要である。

(井川 恭子・井川 資英)

〔文献〕

國分康孝 1980 カウンセリングの理論 誠信書房

國分康孝・片野智治 2001 構成的グループ・エンカウンターの原理と進め方——リーダーのためのガイド 誠信書房

## 7 看護師に必要なカウンセリングスキルの特質と課題

nurse's counseling skills : characteristics and problems

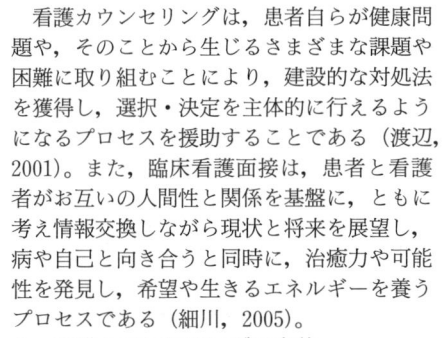

看護カウンセリングは，患者自らが健康問題や，そのことから生じるさまざまな課題や困難に取り組むことにより，建設的な対処法を獲得し，選択・決定を主体的に行えるようになるプロセスを援助することである(渡辺，2001)。また，臨床看護面接は，患者と看護者がお互いの人間性と関係を基盤に，ともに考え情報交換しながら現状と将来を展望し，病や自己と向き合うと同時に，治癒力や可能性を発見し，希望や生きるエネルギーを養うプロセスである(細川，2005)。

### 1. 看護カウンセリングの意義

病院は，健康問題を抱えた人が，日々の生活をしながら治療や検査を受ける場所である。回復する，時に悪化するというプロセスをたどるため，患者-ナース関係は変化し複雑な様相を含むことになる。近年，がん看護などの11領域で，相談やコンサルテーションを担う専門看護師(certified nurse specialist)が増えつつあるが，186人(2006年11月現在)と全国的にみればきわめて少数である。ナースは，予後の不安をもつ患者に共感し，病気体験の意味を見つけだして，将来的に病気とともに歩むその人の，人生の再設計にかかわることになる。それだけに，患者とナースとの関係性が築きやすいプライマリーナース制度を活用し，リレーションづくりに努めるとともに，身体的なケアにかかわるナースが短時間でも用いることのできるカウンセリングスキルの向上が不可欠である。

プライマリーナース制度とは，担当患者を受け持ち，看護計画を立案・実践・評価する責任をもつ方式で，プライマリーナースの勤務していない時間帯は，他の看護職員がその計画に従って看護する。プライマリーナースは，受け持ち患者の看護上の問題について適切に判断し，入院期間を通して1対1の関係を確立できる能力が必要となる(矢野，2002)。

### 2. ナースによるカウンセリングの特質

患者とナースとの面接は，入院時，外出や外泊前後，ナースが気になった場合など，ナースの必要性が優先される。一方，患者から相談された場合は逆である。患者が，忙しそうなナースを呼び止め，あるいは身体的なケアの最中に，「実は……」と切り出すことになろう。このとき，漠然とした予感はあるかもしれない。多くのナースは，その時その場で迫っている処置や，ケアの優先度と順序性の判断を迫られ，三交代の勤務条件もあり，改めて時間と部屋を確保できることは難しい。

筆者が就職1年目の5月のこと，手術後で抗がん剤治療中のA氏から，「ちょっと話があるんですが……」と声をかけられた。先輩ナースはA氏に，夜6時の仕事を終えるまで少し待ってほしいと伝えた。しかし，病棟内を一巡し終える前に，A氏はトイレで自殺を図った。この経験は，患者からナースに話しかけてくることの意味，つまり，患者はクライエントとして向き合わなければならない相談事をもっている人であるということ，問題の緊急性を見きわめるための非言語情報の解釈，そして患者の「表現を支え」て，表現内容のなかに潜んでいる問題の本質を探り当てることの重要性を実感させた。すなわち，國分康孝のコーヒーカップ・モデルの問題把握の段階では，治療過程にかかわるナースは，問題把握の深さと同時に，対応のタイミングという時間軸の視点も入れておきたいものである。

また，現場のナースからは，カウンセリングに関して学びたいという声をよく聞く。基

礎教育で基礎的知識を学んでいる者は多いが，実践できるカウンセリングスキルとの乖離を実感しているからであろう。アメリカでは1970年ごろ，すでに精神分析，現実療法（選択理論），ゲシュタルト理論，交流分析など幅広いカウンセリング理論に習熟し，折衷的アプローチを展開するナースセラピストのためのモデルが提示されていた（Riehl & Roy, 1980）。そのなかで，日本での活用は少ないが，重要他者との関係性に注目し，人間はその最善の思考や行動を選択するとしているリアリティセラピーは，看護に有用と思われる。さまざまな身体的な苦痛は，患者の思考能力を奪い，耐性や判断力へ影響する。死期を悟った患者が無口のまま過ごすこともあるが，「沈黙という行動を選択している患者」という視点をもつことで，ナースが新しいかかわり方を発見できるかもしれないからである。

## 3. 看護カウンセリングの研究の現状と課題

これまでに，自己を否定的にとらえている終末期患者，行動変容できない慢性期患者へのカウンセリングの効果（山野ら，2005）のほか，糖尿病に対する熟練看護師の行う看護面接を参加観察し，感情を支え自己効力感を引き出すケアがされていたことを見いだしている（東，2005）。これらの多くは，透析患者など慢性の経過をたどり，疾病や障害を受容し生きていくことを支えることをテーマにしている（相川ら，2005；渡辺ら，2005）。

一方，精神科における看護では，統合失調症患者は病識のなさに特徴があり，治療や制限の意味を理解できないときのかかわりこそが重要となる。たとえば，多飲水患者には飲水量の制限と体重測定での管理，現実検討力の少ない患者，躁的で浪費家の患者には，閉鎖病棟での買い物の制限と管理などで対応しているが，制限時だけの効果であり，セルフコントロール力は身につかない。従来の管理型看護で解決できない問題をもつ患者に，感情表現を支え，意思決定をうながすためのカウンセリングがどのような変化をもたらすか，事例研究の積み重ねが必要であろう。

また，精神疾患で入院する患者の背景には，学校，家族，職場での対人関係のトラブルが含まれていることが多い。他の科の疾患患者に比して多いかどうかはまだ検証されていないが，薬物治療を行って症状は軽減しても，対人関係のスキルを改善しない限り，退院後の生活で再発・悪化する可能性は高いままである。家族への心理教育の重要性は論を待たないが，具体的に，家族が患者の言動をどのように解釈しているかの調査や，悪化した家族関係が，ナースの仲介で修復できるか否かについて試み，検証することは重要である。

また，精神疾患患者のコミュニケーション能力は低下していることが多い。ナースは患者の言動から，その背後にある思いを推察できる能力が必要となる。そのときナースは，沈黙や言いよどみ，視線をそらすなどの，わずかに表出された非言語情報を手がかりに，反応をみながら押したり引いたり，いわゆる加減を探る，「かけひき」や「しかける」，「ゆさぶる」「逆に出る（意図的に否定する）」などの表現形態や行動様式を用いる。これらは，熟練したナースの無意識的な行動かもしれない。しかし，行動変容をうながすためのカウンセリングスキルの意味づけと，スキルとしての抽出が可能であれば，臨床知を技術化できる興味深いテーマといえよう。

（坂江 千寿子）

〔文献〕

相川薫ほか 2005 当院での糖尿病の栄養食事指導の効果的，効率的なプログラムの開発（第一報） 日本健康教育学会誌，**13**，80-81．

東めぐみ 2005 糖尿病看護における熟練看護師のケアの分析 日本糖尿病教育・看護学会誌，**9**(2), 100-113．

細川順子 2005 臨床看護面接 治癒力の共鳴をめざして すぴか書房

Riehl, J. P., & Roy, C. (eds.) 1980 *Conceptual models of nursing practice*. 2nd ed. Appleton-Century-Crofts.（兼松百合子・小島操子監修 1985 看護モデル——その解説と応用 ナースセラピストのために提起されたモデル 日本看護協会出版会 489-492．）

渡辺岸子 2001 「看護カウンセリング」についての検討 新潟大学医学部保健学科紀要，**7**(3), 315-320．

渡辺泰子ほか　2005　障害児を持った父親の苦悩と，その変化のプロセスと影響要因についての一考察——拘束的信念へのアプローチを通して　家族看護，3(1)，139-146．

山野下祐子ほか　2005　看護カウンセリング技術を用いた関わりの一考察——患者の思い・行動変容への影響　日本看護学会論文集（成人看護II），35，322-324．

矢野正子編　2002　基礎看護学　②看護管理　新体系看護学17　メヂカルフレンド社

## 8　薬剤師に必要なカウンセリングスキル
counseling skills for the pharmacists

1969年，ウィード（Weed, L. L.）がPOS（problem〈patient〉oriented system：患者中心の医療）を提唱し，ベストの医療をチームで行うためには患者の主観の世界を大切にするという哲学が生まれた。しかし，本当の意味で薬剤師にカウンセリングスキルが必要であると認知されるには，「患者ケアにおける薬剤師の社会的責任は，患者のQOL（quality of life：生活の質）改善という明確な成果を達成するための，薬物治療に関する責任を果たすこと」（井上ら，1999）とい

う，ファーマシューティカル・ケアの普及によるところが大きい。医療においては，ケアの目標が患者のQOLの向上である限り，薬剤師は患者と常に薬物療法の向上という目的をもった，双方向の良いコミュニケーションをとり続け，患者情報の収集→問題分析→目標設定→プランニングと実行→見直し，という問題解決プロセスでかかわることで，薬物療法の質を恒常的に上げることが可能になった。

### 1．ファーマシューティカル・コミュニケーション

薬剤師がファーマシューティカル・ケアを行うプロセスにおいて，かかわるすべてのコミュニケーションを，「ファーマシューティカル・コミュニケーション」と呼ぶ。

それは，図のように四つの状況において意識して行うことが望ましく，それぞれにカウンセリングでかかわれるテーマがある。

#### 1）信頼を築く——基本的信頼関係の構築

これは，「この薬剤師なら話したい」と，患者が感じることのできる関係の構築のことである。ここでのテーマは，薬剤師側の患者対応へのレディネスとしての，心理状況や環境の問題がある。薬剤師の患者対応の不安は，専門性への自信のなさや，自身のコミュニケーション能力，自尊心の問題，職場環境上

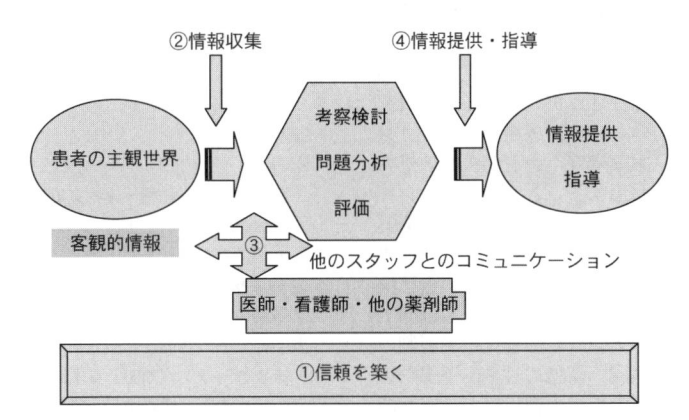

図　ファーマシューティカル・ケアのプロセスでの薬剤師のコミュニケーションポイント

の問題などの因子があり，これらは経験で変化する（伊藤・平島，2007）。また，初期信頼感の構築としての非言語的対応とそれの影響，薬剤師や患者それぞれのコミュニケーション・バリアーとその影響などが考えられる。

2）情報収集

ここでのテーマは，患者の主観の世界，情報の収集のための対応であり，薬剤師がどのような態度や言語で対応することが，より患者をオープンな気持ちにさせるか，逆に患者の理解を妨げる要因の検討がある。患者が服用中の薬剤への認知（薬識）や，感情を掘り下げ共感的に聴くことで，問題の本質に迫ることができる。また，グラウンデッド・セオリー・アプローチ（grounded theory approach）をベースに，患者の物語（narrative）を定性的に分析するような質的研究では，患者の服薬や薬剤師，そして医療への認知の世界を明らかにすることができる。

3）他のスタッフとのコミュニケーション

これは，収集した患者情報と客観的な情報を分析する際に，医師や他の医療従事者との討議するときの対応のことである。ここでのテーマは，1）で収集した情報を専門性に照らして，薬物療法上の問題を明確にする。

処方の問題——処方の間違いや副作用の兆候，他の薬剤や食品との飲み合わせの危険を患者との対話で発見する。

患者の問題——ノンコンプライアンスに関連する研究は多くなされている。多くの研究が明らかにしているのは，患者の知識とコンプライアンス（服薬遵守：患者が医師の処方の用法どおりに服用すること。なお，コンプライアンスは数値化できる）は，正の相関関係にないということである。また，医療従事者との関係が良好であったり，患者の自己決定を尊重されると，コンプライアンスは向上する。コンプライアンスに影響する患者側の要因は，情報の誤認，認識の甘さ，不安や迷い，恐れ，そして手指の不自由など，服薬能力の低さである。健康行動科学では，患者の服薬の動機（この薬を飲むと良くなる）と，服薬への負担（副作用や飲みにくさ）が，シーソー関係になっており，コンプライアンスを左右する（岡，1999）。薬剤師は動機を高めるカウンセリング，負担を軽くするカウンセリング，そして薬を飲むということの患者にとっての人生の意味を理解し，支援するという役割を担っている。

4）情報提供・指導

これは，プランニングに沿って，患者に情報提供や指導など，インフォームド・コンセントが完成するまでの対応のことである。患者への情報提供の場面であるが，ここでのテーマは，薬剤師のどのような説明，言葉遣いなどが，患者の理解の助けや妨げの要因になるのかなど。最近では，男性の薬剤師が「〜ね」という女性的な表現を使う，または女性の薬剤師が男性的に言い切るなど，薬剤師が自分のジェンダーを調節することで，患者の同意をより高く得られるという研究もある（奥野，2006）。

2．薬剤師の使うカウンセリングスキル

薬剤師は心理療法家ではないが，服薬の不安，不満，迷いといった感情を扱えるカウンセリングの素養は，必ず必要である。薬学部が6年制となった現在は，コミュニケーションも国家試験の出題範囲である。ただし，用いるカウンセリスキルは質問技法とともに，「共感的繰り返し」や「感情の明確化」など，ベーシックなものを常に使い続け，必要時に「矛盾する感情の想起」「対決」などを用いることが，薬物療法の問題解決と患者の援助に役立つ。

（井手口 直子）

〔文献〕

グリーンハル，T.・ハーウィッツ，B.編集　斉藤精二・山本和利・岸本寛史監訳　2001　ナラティブ・ベイスト・メディスン——臨床における物語と対話　金剛出版

日野原重明　1973　POS——医療と医学教育の革新のための新しいシステム　医学書院

井手口直子　1998　わかりやすい薬剤師のためのカウンセリング講座　薬業時報社

井上忠夫編著，宮崎美子・宮田憲一　1999　臨床薬剤業務におけるPOS——その理論と実際　日総研出版

伊藤満梨加・平島豊　2007　新人薬剤師の不安の

構造と自己教育力との関係　帝京大学薬学部修士論文
岡美智　1999　保健行動のシーソーモデル　宗像恒次監修，ヘルスカウンセリング学会編　ヘルスカウンセリング事典　日綜研出版
奥野雅子　2006　服薬指導場面のコンセンサスにおけるジェンダーの影響　ファーマシューティカルコミュニケーション研究会第5回大会要旨集，9．
ファーマシューティカルコミュニケーション研究会編　2006　新・薬剤師のコミュニケーション──問題解決への道しるべ　薬事日報社
Rantucci, M. J.　井手口直子・佐藤幸一訳　2002　薬剤師のカウンセリングハンドブック　じほう

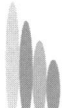

## 9　看護職者を対象とした　キャリア・カウンセリング
carrer counseling for nurses

　看護職の職能団体である日本看護協会は，「継続教育の基準」(2000年)において，「看護職員のキャリア開発とは，個々の看護職者が社会のニーズや各個人の能力および生活（ライフサイクル）に応じてキャリアをデザインし，自己の責任でその目標達成に必要な能力の向上に取り組むことである。また，一定の組織のなかでキャリアを発達させようとする場合は，その組織の目標を踏まえたキャリアデザインとなり，組織はその取り組みを支援するものであることが望ましい」と定義している。
　キャリア開発が必要であることは，国際看護師協会も「ICN看護師の倫理綱領」(2005年)に，「看護師は，看護業務および，継続的学習による能力の維持に関して，個人として責任と責務を有する」と明記されている。

### 1．看護職者のキャリア開発の意義
　少子高齢社会を背景に疾病構造が変化し，国民のヘルスケア・ニーズは多様化しており，看護職が果たす役割は拡大している。また，診療報酬制度や介護保険法の改正により，医療，看護の質，効率は，これまで以上に高いものが求められるようになっている。医療，看護，福祉を取り巻く環境が大きく変化していくなかで，個々の看護職者は国民から期待される役割を果たすべく，自己の知識，技術，態度の向上を目指して，常に自己研鑽を積み重ねていくことが必要不可欠となっている。
　個々の看護職者が，個人のライフサイクルに応じたキャリアをデザインし，キャリアを開発していくことを援助するところに，キャリア・カウンセリングの意義が認められる。看護職者のキャリア開発を援助していく際の留意点は，看護師，助産師，保健師になるための看護基礎教育プログラムが単一でないこと，人事考課システムが必ずしも明確でないこと，女性が多い職場であり結婚，出産，育児の問題があることなどである。近年，認定看護師・専門看護師制度がスタートしているので，キャリアデザインの選択肢が増えていることも把握しておきたい。

### 2．看護職者のキャリア開発の現状
　わが国において看護基礎教育課程を終了し，保健師助産師看護師法による免許を受けたすべての看護職者を対象とした継続教育の取り組みは，1992年に厚生労働省より公表された「看護職員生涯教育検討会報告書」，前述した日本看護協会より2000年に報告された「継続教育の基準」により，継続教育の体系化に向けた活動が開始されている。看護継続教育は，病院など看護職者が所属する機関による教育，日本看護協会など継続教育機関による教育，看護職者個々の自己学習の三つに大別される。学生が就職を決定する際の要因に，継続教育プログラムの充実を挙げ，受け入れ機関も組織化された教育プログラムを用意するなど，キャリア開発に向けた取り組みはなされているが，各機関に任されており，標準的な指針が待たれている現状にある。

### 3．看護職者を対象としたキャリア・　カウンセリングにおける課題
　看護職者のキャリア開発を支援する際，新規採用看護職者の早期離職が最近問題になっている。日本看護協会の調査によると，2002年の新規採用者の離職率は16.9％で，特に医療法人・個人経営の施設では21.8％と，2割以上が1年以内に辞めているという。
　その要因のひとつに，就職した後に臨床現

場で受けるリアリティ・ショックが考えられる。学生は卒業して就職すると，チームメンバーの一員として複数の患者を受け持ち，優先度を考えながら看護を行っていくのであるが，日勤の際の仕事が終わる時間は20時，21時が珍しくないと卒業生は語る。学生時代に行ってきた臨地実習の多くは，学生は一人の患者を受け持ち，患者・家族とかかわりながらアセスメントし，看護ケアを計画・実施・評価することに主眼が置かれている。在院日数が短期間である昨今では，受け持ち患者が2人，3人となることも珍しくないため，学生は看護過程を展開するだけで精一杯の状況になることもある。したがって，学生時代に病棟全体の看護が行われている状況を的確に把握し，卒業してから臨床現場における自分自身の姿をイメージできるまでに至っていないのが現状である。

　新人の早期離職を避けるため，受け入れ機関は新人研修にプリセプター・システム（先輩看護師〈precepter〉が新人看護師〈preceptee〉と1対1の関係で，新人看護師の問題や能力発揮ができるように導く体制）を導入したり，技術トレーニングの機会を設けたり，看護師長が面接をしたりときめ細く対応することで，早期離職者がゼロになったという報告もある。十分な現場教育を行うための環境整備，看護基礎教育における看護実践能力の向上など，まず新人看護職員の職場適応への援助が，教育機関，受け入れ機関双方の課題である。

　1984年，パトリシア・ベナー（Benner, P.）はその著書『ベナー看護論』のなかで，臨床看護実践の修得段階を，初心者，新人，一人前，中堅，達人の5段階に分類している。北里大学病院看護部はベナーの看護論を基本に置き，新人ナースから達人ナースへと段階を踏んで臨床看護実践能力を育成するシステムとして，クリニカルラダー・システム（臨床看護実践能力習熟段階制）を稼動させている（小島・野地，2005）。小島恭子のリーダーシップのもと，組織的，計画的に行われていることと思われ，その成果についての報告が待たれるところである。看護職者が生涯で働く期間は，およそ35～40年ある。一人

ひとりの看護職者がその間のキャリアをデザインし，キャリア開発を行っていくには，学生時代から動機づけていくことが必要と考える。いかに実現していくか，今後の課題である。

（石川　みち子）

〔文献〕

平井さよ子　2002　看護職のキャリア開発——変革期のヒューマンリソースマネジメント　日本看護協会出版会

ILO　1977　看護職員の雇用，労働条件及び生活状態に関する勧告（第157号）
(http://www.ilo.org/public/japaness/region/asro/tokyo/standards/r157.htm)

小島恭子・野地金子編著　2005　クリニカルラダー，マネジメントラダーの実際　医歯薬出版

日本看護協会　2000　継続教育の基準　看護，52(11)，72-77.

## 10　疾病予防のカウンセリング

counseling for preventive medicine

　疾病予防とは，予防医学あるいは公衆衛生学的には，一次予防，二次予防，三次予防の3段階がある（Caplan, 1964）。一次予防とは，いわゆる健常者を対象として，生活習慣や生活環境の見直し，健康教育などによって健康増進を図り，疾病の発生を予防するものである（健康増進・発病予防）。二次予防とは，疾病に罹患した者を対象として，発生した疾病を早期に発見し早期に治療を行い，重症化を防ぐ対策のことである（早期発見・早期治療）。三次予防とは，治療の過程において，患者のQOL（quality of life：生活の質）を考慮し，機能回復や機能維持を図りながら，社会復帰や再発予防対策を講じることである（機能回復・再発予防）。

### 1．疾病予防とカウンセリング心理学

　上記のように，予防医学における疾病予防は，疾病の罹患予防を目的とするだけではなく，身体的・精神的健康の増進や，個人および社会の生活の質や満足度の向上をも目的と

しており、より広い概念を含んでいる。すなわち、疾病予防は医学を基盤とするが、保健学、栄養学、看護学、教育学、保育学、社会学、福祉学、そして心理学など、医学以外の多くの分野との連携のもとに確立され、実践されるものである。

たとえば、健常者を対象とした、健康増進や発病予防のための健康教育や生活の見直しは、病院や保健センターで単発的に行われるだけでは不十分である。家庭や地域社会、保育や教育現場や職場で、継続的にあるいは定期的に行われることが望ましい。医療従事者や臨床家のみならず、地域や学校や職場の指導者が、カウンセリングのスキル、個人カウンセリングのみならず、SST（ソーシャルスキル・トレーニング）や、SGE（構成的グループ・エンカウンター）、心理劇など、集団を対象としたカウンセリングの理論や技法を健康教育に応用し、疾病予防のための知識と意識の向上に役立てることが望まれる。

また、勉強や仕事、家事育児など毎日の務めに追われている多くの人には、病院受診の敷居は決して低くない。真の早期発見は、生活に支障が出るようになってからの病院受診や定期健診だけではなく、日常の生活のなかでこそ行われることが必要である。そのためには、臨床家以外の領域のスペシャリストも、基本的な医学の知識をもち、早期発見を可能にすることが重要である。その早期発見を本人に伝え、早期治療（受診）につなげるためには、やはりラポールをつくるカウンセリングのスキルが有効であると思われる。自分のことを真剣に考えてくれていると感じられる人から言われたのでなければ、「病気じゃないか」「病院に行ったほうがいい」という言葉は受け入れがたく、ときに反感を招く。病院では、病気や障害が疑われていても、本人が否認したり受診に抵抗を示す場合に、周囲が対応に苦慮しているという相談が少なくない。今後、病院を受診するまでの本人の心の変化に寄り添った、非臨床家やピア・カウンセラーの事例報告の蓄積が望まれる。また、臨床家以外のカウンセリング・サイコロジストが基本的な医学の知識をもつことは、自分の守備範囲を認識すること、すなわち「疾病」の「治療」の部分は臨床家に橋渡しをし、自分の守備範囲外のことまで引き受けすぎないことでもある。これは、病院で治療すべき疾患が、素人の生兵法で早期発見や早期治療が遅れてしまうことがないよう、患者の二次予防にもつながるし、カウンセラー自身の心身の健康と職業生活の維持という、カウンセラーの一次予防の面でも大きな意味がある。カウンセラー自身のストレスと一次予防も、ひとつの研究テーマとなりうる。

さらに、三次予防、すなわち疾病罹患後の患者の回復と再発予防、そして社会復帰を援助するためには、臨床家以外の援助が不可欠である。家庭や学校、職場、地域社会に戻った患者のQOLを高めるためには、援助者は、リレーションの形成、アセスメント（問題の発見）、ストラテジー（対応の方針）、インターベンション（対処行動）という、カウンセリングスキルを駆使する必要がある。病院や保健センターでは、精神疾患を中心とした再発予防や社会復帰のために、患者会やデイケア、SSTが行われており、実践報告や効果の検証もされている。職場や学校における復職や復学の支援や、再発予防のためのカウンセリングの研究は、それらに比べまだ少なく、今後の報告が望まれる。

## 2. 疾病予防とカウンセリング研究のトピック

生活様式の変化に伴い、1960年代からは、虚血性心疾患、脳血管障害や悪性新生物が主要な死因となった。小児から成人のあらゆる世代に生活習慣病が問題となり、その予防対策の確立が必要とされている。そこでは、食育などの小児期からの生活習慣の改善と、喫煙や飲酒の影響などの健康教育（一次予防）、健診の実施と結果の伝え方、早期治療への導入（二次予防）、さらには発病後は、障害の受容と機能回復、学校や職場復帰のための計画や、生き甲斐の発見（三次予防）などへの援助が必要であるが、医学知識を基盤として、援助者はカウンセリングスキルが不可欠である。ハイリスク集団の心理的要因や性格的要因の研究、援助に有効なリレーションづくりやアセスメント、ストラテジーやインターベンションについての実践研究や理論研究、

あるいはその効果の検証などが求められている。

また，少子化や虐待の問題に対しても，病院や保健センターにおける不妊カウンセリングや周産期カウンセリング，乳児健診時のカウンセリングのみならず，職場や保育所や学校でも，産業カウンセラーや保育カウンセラー，スクールカウンセラーを中心として援助活動が行われつつあり，研究の対象となっている。ハイリスク集団あるいはグレーゾーン集団の特性の明確化や，有効な介入方法とその検証が求められている。

医学分野では，ゲノム医学や遺伝子診断の発展により，遺伝カウンセリングが注目を集めている。遺伝カウンセラーとは，遺伝性疾患や先天異常などについて，医学的問題や心理社会的影響，出産にかかわる問題について，当事者やその家族が情報についての理解を深め，自律的に方向性を決定し，状況に適応していくことができるように支援する医師ではない専門職である。2005（平成17）年に第1回の資格試験が行われ，研究報告も増えてきている。

教育分野では，軽度発達障害に対する一次予防（障害についての知識と理解の普及と，軽度発達障害による不登校や暴力，抑うつなど二次障害の発生予防），二次予防（早期発見，早期療育），および三次予防（機能維持や能力開発，学業や社会適応の援助）についての事例研究や調査研究が行われてきている。

産業や学校保健の分野では，生活習慣病と並んで，うつ病や自殺，アルコールや薬物乱用など，メンタルヘルスに対する一次から三次までの予防対策と研究が行われている。

これらのトピックを中心に，疾病予防とカウンセリングに関する有効な技法とその効果の検証など，今後の研究の進展が望まれる。

〔井上　清子〕

〔文献〕

Caplan, G. 1964 *Principles of preventive psychiatry*. Basic Books.（新福尚武監訳　1970　予防精神医学　朝倉書店）

# 11　在宅ケアにおける　カウンセリング
counseling and home care

在宅ケアは，「地域で生活している疾病や障害をもつ人やその家族を対象に，保健・医療・福祉関係などの専門職や非専門職の人々がケアを提供すること」（杉本・眞舩，2006）を意味するので，対象である療養者が疾病や障害があっても，住み慣れた環境でその人らしい生活が送れるように支援することを目的とするものである。在宅看護は在宅ケアの一部であり，看護師・保健師・助産師などの看護職がそれぞれ専門の看護を提供することである。

## 1．在宅ケアとカウンセリング

在宅ケアの対象は，療養者とその家族である。療養者は病気や障害に対する受容，療養生活におけるさまざまな葛藤がある。また，家族は療養者を介護する過程のなかで，療養者の心身の状態が家族の介護内容や介護負担に影響し，多くの葛藤を抱える。家族は，療養者が病気や障害があってもその人らしい生活を確立・維持するための大きな存在であり，家族の心身の状態が介護に大きく影響する。在宅看護では療養者と家族を一単位として看護の必要があるのは，そのためである。特に在宅ケア開始時，継続・再開をめぐる意思決定が必要となる時期，療養者と家族間で多くの葛藤が生じる。また，療養者の状態変化時，ターミナル期などは介護負担が大きくなり，社会資源の導入が必要となるなど，さまざまな場面で療養者と家族だけでなく，それを取り巻く他の家族，そして家族外の支援者など多くの人がかかわり問題解決をするなかで，種々の葛藤が生じる。療養者も家族もこれらの葛藤を乗り越え，心の安寧を獲得し，その療養者や家族にとってベストな意思決定や質の豊かな療養生活ができるように，支援が必要である。

在宅ケアはヒューマンケアであるが，武井（2006）の報告にあるように，ヒューマンケアは感情労働であるがゆえに多くのストレス

を伴う。介護する家族だけでなく，その支援にかかわる多くの関係職種にも，カウンセリングが必要となるのはそのためである。

## 2. 在宅ケアにおけるカウンセリングの実際

### 1）カウンセリング・マインドの意義

療養者や家族との日々のかかわりのなかで，カウンセリング・マインド，つまり，ありのままを好意的な気持ちをもって相手を受け入れ，尊重しようとする姿勢が必要である。なぜならば，在宅療養を確立・維持していくためには，療養者自身も介護者もそれ以外の家族も，それらの人びとを支援する関係職種にも心の安寧が必要だからである。

### 2）5分間カウンセリング

在宅ケアで療養者や家族に日々かかわれるのは訪問時間であり，家族であってもそれ以外の時間の確保は困難なことが多い。しかも，訪問中の多くの時間は，日常生活援助や医療処置に占められる。この状況のなかで，小島・吉本（1999）が提唱する5分間カウンセリングは有効である。

それは，以下の6段階のプロセスからなる。①リソースの発見，②傾聴と共感，③チューニング（コミュニケーションの相手が今もっている意識的・無意識的な調子にこちらが波長を合わせ，「介護は大変ですね」「辛いのですね」など，相手の経験世界に対する十分な共感をもって接することにより，安心感をもってもらうようにすること），④ポジティブ・メッセージ，⑤リフレーミング（介護によって家族の負担が増えるなど，ネガティブなものの考え方・とらえ方をもっている場合，介護によって家族が協力しあうことにより家族の絆が強くなるなど，その固定観念の変換により，自己肯定感と安定感をもってもらえるようにする），⑥アンカリング（ポジティブ・メッセージとともに，それが快い感覚として残るように視覚・聴覚・体感覚に働きかけ，肯定的な反応を引き出し，良い変化の定着に努めること）。

### 3）15分間インタビュー

短時間で家族の問題を引き出し，15分以内でできるファミリー・インタビュー（森山，2001）がある。これはカナダのライト（Wright, L. M.）らが，短時間で行える家族看護のインタビュー方法として提唱したもので，①マナー（挨拶），②ジェノグラム（家系図が明確になるようにインタビューすること），③治療的会話（患者・家族員に目的をもって意図的に質問を行い，そのプロセスのなかで家族の考えに影響を及ぼし，変化を起こす会話のこと），④基本的質問（「あなたと家族にとって，私たち看護師がこんなふうにお手伝いすれば助かるということが何かありますか」などのインタビュー7項目），⑤褒めることの5段階のプロセスからなる。

### 4）家族中心療法

永田（1994）は，ロジャーズ（Rogers, C. R.）の来談者中心療法に対応し，家族中心療法を提唱し，「クライアントは介護を必要とする対象者だけでなく，在宅ケアを実施する家族全体であり，家族全体が精神的な悩みを抱いているという観点に立ち，スタッフは家族の内面の基準について共感的理解を示すこと，家族間の人間関係の構築が主な仕事となる」と述べている。

### 5）さまざまなカウンセリングの折衷主義

カウンセリングのさまざまな理論・方法・技法を一つに固執せずに，問題状況に応じて使えるものを使う。國分（1992）は「自分の役割・能力・興味，相手の問題・能力・興味・レディネス，二人のおかれている状況（時間，期間，緊急性，人間関係など）を勘案して，自分の動きやすい行動方式をつくる必要がある」と述べている。また，折衷主義の代表として，アイビイ（Ivey, A. E.），エリス（Ellis, A.），カーカフ（Carkhuff, R. R.）を挙げ，カーカフをパラ・カウンセラー向き，エリスはプロにも一般人にも使えるものとして紹介している。

## 3. 在宅ケアとカウンセリングの研究の現状

在宅ケア，在宅看護の多くの場面でカウンセリングが必要だが，ダイレクトに在宅ケア・在宅看護とカウンセリングについて研究したものはなく，コミュニケーションのあり方や面接技術，メンタルケア，家族看護を主題としたもののなかに含まれているのが現状

である。また，在宅ケア・在宅看護とカウンセリングをタイトルとした著書はなく，ここ30年間に，看護とカウンセリングをタイトルとした著書が10冊程度あるのみである。残念ながらこれらの著書にも，在宅ケアや在宅看護場面を直接的に取り上げた内容の記述はない。つまり，在宅ケアとカウンセリングの研究は今，早急に求められている研究課題なのである。在宅ケアとカウンセリングの主な研究分野は，以下の四つに分類できる。

**療養者へのカウンセリング**——病気や障害の受容に関するもの，将来に対する不安に関するもの，介護を受けるうえでのさまざまな葛藤など。

**介護者へのカウンセリング**——家族の病気や障害の受容に関するもの，介護に伴う不安やストレスに関するもの，介護に伴うさまざまな意思決定に関するもの，自分の将来への不安に関するものなど。

**介護者以外の家族へのカウンセリング**——家族の病気や障害の受容に関するもの，介護に伴う不安やストレスに関するもの，介護に伴うさまざまな意思決定に関するもの，家族の人間関係に関するものなど。

**関係職種間へのカウンセリング**——支援者としての能力に関すること，療養者と介護者と関係職種の考え方の相違に関するもの，チームケアに伴う考え方の相違に関するもの，制度の限界と無力感に関するものなど。

### 4. 今後の課題

在宅ケアのさまざまな事例をもとに，療養者と家族および支援する訪問看護師，介護職，医師，福祉職などの関係職種の問題状況を分析し，どのようなカウンセリング理論や技術が有効かを具体的に検証していくことが望まれる。

（正野 逸子）

〔文献〕

小島道代・吉本武史 1999 5分間カウンセリング 医学書院

國分康孝 1992 カウンセラーのための6章——カウンセリング・マインドの展開 誠信書房

森山美智子編 2001 ファミリーナーシングプラクティス——家族看護の理論と実践 医学書院

永田耕治 1994 在宅ケアにおける家族中心療法 月刊地域保健，25(11)，37-47．

杉本正子・眞舩拓子 2006 在宅看護論——実践をことばに（第4版） ヌーヴェルヒロカワ

武井麻子 2006 ひと相手の仕事はなぜ疲れるのか——感情労働の時代 大和書房

## 12 セルフ・メディケーション
self-medication

2004年時点での世界保健機関（WHO）の調査によると，日本人の平均寿命は，男女ともに世界一の長寿を誇るようになった。この要因のひとつに，国民皆保険制度の実施により，いつでも，どこでも，誰でも，不安なく治療を受けられるようになったことが挙げられる。しかし，反面，医療費の支出が年々増大し，特に高齢化に伴う老人医療費の増大が急で，このままでは医療費が家計を圧迫し，さらには保険組合の財政を破綻させ，国民皆保険制度の崩壊に連なる可能性がある。これを避けるためには，今までの「病気を治す」医療から，「病気を予防する」医療に転換する必要がある。そのためには，国民一人ひとりが自らの健康を理解し，適切に健康を管理する必要がある。これがセルフ・メディケーションであり，人びとの生活の質（quality of life：QOL）を向上させ，かつ，医療費の抑制をもたらすことにつながる。

### 1. セルフ・メディケーションへのカウンセリングの関与

公的保険制度の貧弱な米国では，セルフ・メディケーションの意識が広く定着している。しかし，充実した保険制度がある日本ではその意識が薄い。そこで，専門的な知識を十分もっている医療人が，健康に不安をもっている人びとに対し，受容，共感のカウンセリングマインドをもって接し，病気を予防することが経済的にも身体的にも非常に重要であることを気づかせ，健康管理を自ら行うことを実行させることが必要になる。しかし，定量的，組織的にセルフ・メディケーションを目指したカウンセリングは現在行われておらず，

個人のレベルでの定性的な対応になっているのが現状である。

## 2. セルフ・メディケーションとカウンセリング

本項で述べるセルフ・メディケーションは、ドラッグストアーあるいは地域に密着している薬局でのセルフ・メディケーションに話を絞りたい。これらの場所では、医師の診断を仰ぐほどではないが、何か不安をもった人びとが自身でそれを解消しようとやってくる場であり、どこよりも一番早く直接患者に接する、プライマリーケアの場であるからである。ここでは、相手の選んだ薬をただ売るだけではなく、症状を聞き出し、その背景を知ったうえで、適切な薬を推薦すると同時に、必要に応じて医師の受診を薦めたり、さらにこれからの日常的な健康管理について援助することが必要となる。そのためには、相手との間でリレーションを構築し、相手が本音で話せる場を提供しなければならない。その人に健康でいてほしいという強い気持ちをもって接し、痛みをもった相手の立場に立ち、相手の話をどこまでも聴いて、すべてを受け入れねばならない。

すなわち、セルフ・メディケーションにおけるカウンセリングは、店頭で、相手との間でリレーションを構築し、相手の健康に対する思いを受け取る場とし、それをもって相手が自ら健康を管理する意欲を喚起させることが、大きな目的となる。

## 3. 実際のかかわり例

最初のかかわり例（辻本，2006）——風邪薬のコーナーに立っている人に、「風邪薬をお探しですか」と話しかけるよりも、「喉がつらいのですか」「咳をしてらっしゃいますが、大丈夫ですか」と話しかけるほうが、圧倒的に返事が多く返ってくる。風邪薬のコーナーで迷っている人への声かけのタイミングと、風邪をひいて辛いという気持ちをとらえることで、リレーションを構築したのである。その後、「あなたに会ったら元気になれる」「また、何かあったらお願いしますね」という関係になり、自然に健康管理について相談できるようになった。

傾聴の例（行里，2006）——低血圧で疲れやすく、人間関係に疲れ、ストレスで精神科に入院経験のある人が、最初は眼を合わせず下を向いて話していたが、来店するごとに自分の身体の相談より自分の家族のこと、人間関係のことを話す時間が多くなり、眼を合わせる回数が多くなった。また、笑顔が見られるようになり、その後、ストレスを発散しながら生活をする方法について話し合うことができるようになった。これは、相手の話を聴くことに徹することにより、信頼関係が成立し、病気を治そうとする力を自らに喚起させる場として、カウンセリングが有効であった例である。

## 4. セルフ・メディケーションにおけるカウンセリングのこれから

前述のように、ドラッグストアー、地域密着型の薬局は、一番先に健康管理に関する情報を求められる場であり、ここで従業員がいかに適切に対処できるかが、人びとの健康管理、QOLの向上に大きくかかわってくる。特に、糖尿病などの生活習慣病に悩む人びと、あるいは発症はしていないがいろいろな検査値が異常を示している、未病と呼ばれる人びとにとって、重要な場となる。

ここで述べてきた内容は、個室の中で行う一般の心理カウンセリングとは異なり、カウンセリングとはいえないレベルのものかもしれないが、人の生きる力を触発するカウンセリングの、一般生活の場での実用編といえるものであろう。これからは、ドラッグストアー、薬局で働く従業員の、店頭に来る人びとへのカウンセリング・マインドを駆使したかかわり方が、日本の予防医学に大きく貢献するものと考える。現在、この取り組みは、前述のとおり個人の努力で行われており、必ずしも実証的でない。この効果を実証するには、たとえば、一定期間のカウンセリングを行った人を疾病ごとに分類し、その前後でアンケートを行い、どのように意識や行動が変化したか、効果はどうであったか、また、その変化や効果は個人の特性とどのように関係しているか、など統計的に処理することにより、カウンセリングの効果を確かめるとともに、その技法などの検討をすることが必要であろう。そのためには、対応を店舗レベル、

あるいは会社レベルに広げ，サンプル数を多くするとともに，きちんとしたフォローアップ体制を構築して行うなどの努力が必要である。

(川島 光太郎)

〔文献〕

辻本明子 2006 薬剤師として私のできること 第1回セルフメディケーションアワード エントリー作品集 日本チェーンドラッグストアー協会

行里茜 2006 お客様と一体となるセルフメディケーションが確立するまで 第1回セルフメディケーションアワード エントリー作品集 日本チェーンドラッグストアー協会

## 13 副作用のカウンセリング
counseling about side-effects

医薬品の副作用に関するカウンセリングは，薬剤師の役割として最も重要なカテゴリーである。

### 1．副作用に関するカウンセリングの四つのステージ

#### 1）副作用の予期不安に関するカウンセリング

患者のもつ副作用への不安は，コンプライアンス（服薬遵守）に大きな影響を与える。しかし，薬剤師には医薬品の情報提供の義務（薬剤師法25条の2）があり，副作用の情報も含まれる。副作用の情報は，患者が発見できる初期症状と，さらにそれを自覚したときはどのようにしたらよいかを伝えたときが，最もコンプライアンスに良い影響を与えるといわれている（Slovic et al., 1992）。しかしながら患者が強く不安を訴えるときは，過去の副作用の体験，さらに副作用発生時の医療従事者の不適切な対応で傷ついた体験が，今回の服用の不安の大きさに関連している可能性がある（次頁の図参照）。また，副作用の体験はないが，副腎皮質ステロイドホルモン薬や向精神薬など，一部の情報や噂などで"怖い"と感じて抵抗を示す場合もある。ほかにも，患者の副作用への不安の類型と，医療従事者の対応による患者の認知の変化は，検討の余地がある。

#### 2）副作用のモニタリング

副作用が出ていないかのモニタリングは，初期症状を患者にたずねて調べるが，患者が気になっている，または何気なく話した体調変化から随時副作用を察知できるためには，自覚できる初期症状と副作用，そして医薬品のつながりを知っていることが大切である（くすりの適正使用協議会，2003）。

#### 3）副作用発生が疑わしいときのカウンセリング

患者から電話などで副作用のような症状が出たと訴えてきたとき，①状態を聞く（どのような症状が，いつから），②中止して受診を勧めるか，様子をみるよう指示するかの判断をする，③他に気になる症状や出来事はないか聞く，④医師へ報告，記録を残すという手順を踏むことになる。患者は多かれ少なかれパニックになっており，質問に対し簡潔に言葉を選んで重要なことは繰り返し伝え，早い処置がその後の治りに影響することを伝え，安心させるように努める。緊急性があるので，まずは対応者があせらないことである。

#### 4）副作用のアフターカウンセリング

実は最も重要なのが，このステージである。患者にとって副作用の体験は，「治療のはずの薬で健康被害にあった」という二重の信頼崩壊の状況である。それは今後の治療への意欲をそぎかねない。そこで，カウンセリングを行うことが重要である。まずは現在の状態を聞き，適切な処置をしているのでこの症状は長くは続かないことを伝え，安心してもらうが，大切なのは次の質問，「今回の出来事についてどんな感じをもったかを聴く」ことである。患者が治療を続けることに対し，「もうこの医師にかかるのはやめようと思う」などネガティヴな感情をもっていたら，さらにその気持ちを深く聴く。そして，迷う気持ちのなかの二つの相反する感情を見つけ，明らかにしたうえで（たとえば，副作用は怖い，でも治療しないで悪化するのはいやだ），今後どうするか，患者の自己決定をうながし前向きな気持ちへは後押しし，フォローする。

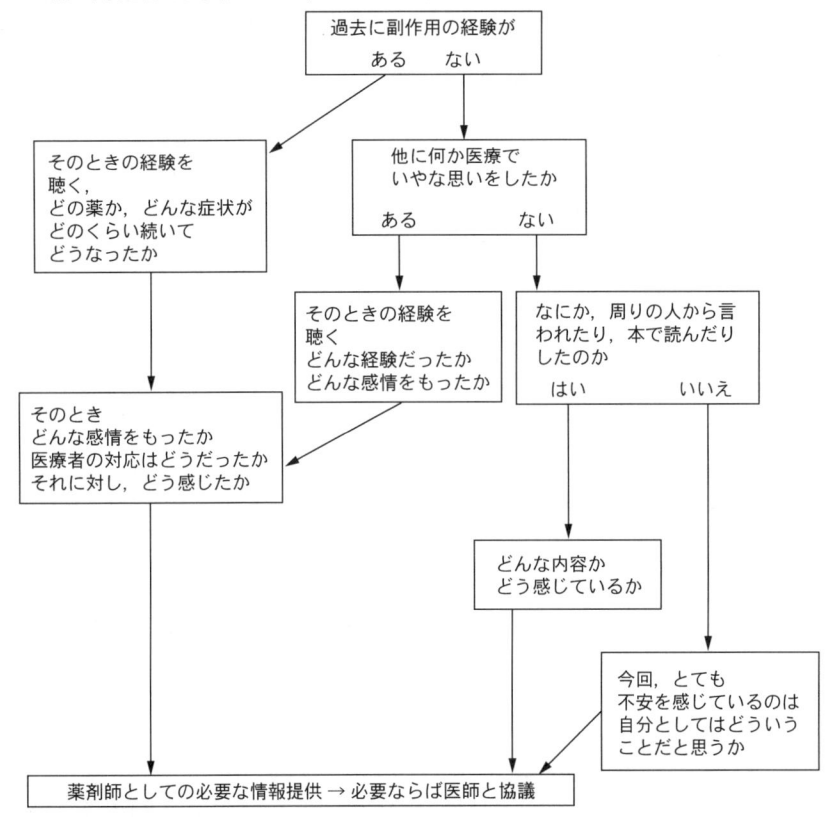

**図 副作用が発現する以前のカウンセリング（副作用の説明時，患者が不安がるとき）**

もともと患者が薬剤師に訴える場合は，自己決定できずに矛盾を抱えていると考えてよい。

## 2. 副作用カウンセリングで注意すべき要素

妊婦と薬——妊娠中の服薬は胎児に影響を与え，催奇形性のリスクをもった医薬品も存在する。妊娠中は極力服薬は避けることが重要であるが，妊娠に気づかず服薬した妊婦も多い。不安を受け止めるだけでなく，危険度を数値化する方法もあるので，簡単に中絶を勧めてはならず，危険度の客観的な説明とじっくりカウンセリングを行うことが重要である（林，2006）。

## 3. 今後の研究課題

治療の目的で使われる医薬品は，その効果への期待と副作用の不安や苦しさは，常に同時に存在する。特に今後，緩和ケアの領域で，抗がん剤などはつらい副作用があるが服用することで延命を優先すること，慢性疾患で長期に服用せざるを得ない場合など，副作用のカウンセリングはまだ研究の余地が広い。

（井手口 直子）

〔文献〕

林昌洋 2006 2 妊娠と薬相談外来 18 年の取り組み——薬剤危険度評価と外来カウンセリングの実際 東京都薬剤師会雑誌，**55**(1), 17-26.

くすりの適正使用協議会監修 2003 簡潔！くすりの副作用用語事典——英語対訳付き 第一メディカル

Rantucci, M. J. 井手口直子・佐藤幸一訳 2002

薬剤師のカウンセリングハンドブック　じほう
Slovic, P., Kraus, N., Lappe, H., et al. 1992 Risk perception of prescription drugs : Report on a survey in Canada. *Pharm Pract*, 8(1), 30-37.

# 14　ターミナルケア
terminal care

人は誰もがやがて死を迎える。その死のありようが医療のなかで意識されるようになったのは，1960年代から70年代にかけてである。

## 1．ターミナルケアの歴史

がんなどの病が進行し治癒が困難な状況になったとき，延命のための濃厚な治療のみでなく，患者の意志を尊重した医療のあり方を考える意識が，世界的に高まっていった。キューブラー=ロス（Kübler-Ross, E.）が終末期の患者とのインタビューから，死にゆく患者の心理的プロセスを示したことは，医学界に大きな衝撃を与えた。また，1967年イギリス・ロンドン郊外に，ソンダース（Saunders, C.）によってセント・クリストファー・ホスピスがつくられた後，その理念の広がりはホスピス・ムーブメントと呼ばれ，世界に及んだ。

わが国においては，1981年に静岡県浜松市の聖隷三方原病院にホスピスができて以後，緩和ケア病棟として届出受理されている施設は179施設である（日本ホスピス緩和ケア協会 HP，2008年2月1日現在）。また最近では，緩和ケア病棟をもたない医療機関における緩和ケア・チームも，大学病院を中心にできている。

## 2．ターミナルケアにおける新たな方向

ターミナルケアの研究において中心的な疾患であるがんは，1981年以降日本人の死因の第1位であり，死亡者数は2004年に32万人であった（がんの統計編集委員会，2005）。このように，がんは命をおびやかす病気ではあるが，現代医学の進歩により「がんは慢性疾患である」とまでいわれるように，がんという病をもって生活する人も多くなっている。がんは初期治療が終了しても，その後の断続的な治療が必要となったり，再発や転移が生じたり，その臨床経過に添った対応が必要となる。

世界保健機関（WHO）は，ターミナルケアの中心概念である緩和ケアについて，1990年には「治癒不能な状態の患者および家族に対して行われるケア」と定義していたが，2002年に「生命を脅かす疾患による問題に直面している患者とその家族に対して，疾患の早期より痛み，身体的問題，心理社会的問題，スピリチュアルな（霊的な・魂の）問題に関してきちんとした評価をおこない，それが障害とならないように予防したり対処したりすることで，クオリティー・オブ・ライフ（生活の質，生命の質）を改善するためのアプローチである」（日本ホスピス緩和ケア協会 HP）と改めている。ターミナルケアは，生命をおびやかす疾患における緩和ケアと，広くとらえていく必要があろう。

## 3．緩和ケアにおける研究課題

### 1）患　者

生命をおびやかす病気，たとえばがんは，病名を本人に告げるかどうかが長く議論の的になっていた。しかし，インフォームド・コンセントの考え方より，病名のみならず，治療方法やそれに伴う利益・不利益などについても本人に伝える傾向は，今後強くなっていくであろう。がんを知らされた患者が，自身に起こった出来事を受け止め，今なすべきことに一歩を踏み出すまでに，およそ2週間が必要とされている。告知の問題に限らず，その後のすべての経過において患者への支援が必要になる。病期や疾患部位などによって患者の状況は大きく異なるため，それら個々の患者の心理の理解と対応の，実践に基づく研究の蓄積が必要であると思われる。

患者の支援には，集団による方法も試みられている。乳がん患者へのグループ・アプローチが多いが，その構成内容や運用場所・方法の検討，他疾患への応用，グループ・リーダーの養成などの課題がある。

### 2）家　族

家族の気持ちは，患者の病状，心理状態に

左右される。愛する人との永遠の別れなど，喪失を予期して嘆き悲しむことを「予期的悲嘆」といい，死別に対する心の準備を整え，死が現実になったとき，その衝撃や悲嘆を少しでも軽くするのに役立つといわれる。予期的悲嘆への援助は，看取る家族の不安や絶望感をやわらげつつ，患者への援助力を引き出すとともに，残される家族のその後の生活をも視野において行われることが求められる。

親しい人の死を体験したとき，残された人びとは一連の情緒的反応を経験する。この反応は「悲嘆のプロセス」と呼ばれ，多くの人は立ち直りまでにおよそ1年を要するといわれている。死別によって引き起こされる感情は悲しみが大半を占めるが，そればかりではなく，十分に看護できなかったという後悔や死者に対する罪意識など，さまざまな感情が交錯することが多い。死の直後の数週間から数カ月にわたる大きな危機の時期を越えると，大部分の人はその後，悲しみを自分なりの解決の方向へと導いていく。死別後の家族に対する援助（ビリーブメント・ケア）が近年，民間機関などで行われ始めている。患者と死別後の家族の悲嘆のプロセスを理解したうえで，家族への援助をいかに行っていくかは，今後の課題である。

### 3）子ども

子どもががんなどになったとき，病気を本人に伝えるか，伝えるとしたらどのように伝えるかの問題は，大人の場合以上に難しい問題である。また，その子どものきょうだいに与える影響についても考えていく必要がある。

一方，親が重い病気になったとき，子どもに親の病気について，死についてどのように話をするかの課題もある。

子どもに自身の病気を伝える，あるいは親の病気や死をどのように伝えるかは，子どもの年齢や子どもの性格によっても違ってくるであろう。また，家族それぞれに考え方があろう。しかし，幼くても，子どもはその年齢なりに理解することができる。家族の重要な構成員として，子どもを認識する必要があるのではないだろうか。

### 4）チーム・アプローチ

緩和ケアには医師，看護師はじめ，さまざまな職種が患者と家族の支援のためにかかわっている。患者の状況により，どの職種がどのような役割をとることが必要とされているのか，チーム内のコミュニケーションが重要になってくる。互いの職種の理解と尊重，信頼関係の構築，そして個々の職種の責任の明確化など，チーム・アプローチの具体的方略が求められている。チームの成熟は，スタッフのバーンアウトを防ぐ意味でも重要であると思われる。

（小池 眞規子）

〔文献〕

Deeken, A. メヂカルフレンド社編集部編集 1986 死を看取る 死への準備教育2 メヂカルフレンド社

がんの統計編集委員会編集 2005 がんの統計 2005年版 がん研究会

Kübler-Ross, E. 1969 *On death and dying*. Simon & Shuster Inc.（鈴木晶訳 2001 死ぬ瞬間〈正〉 中央公論新社）

日本ホスピス緩和ケア協会 （http://www.hpcj.org/）

## 15 尊厳死
death with dignity

日本で尊厳死という言葉を初めて用いたのは朝日新聞であり，アメリカのカレン裁判に際して"a death with dignity"がその出所であり，それを「尊厳死」として表現したものであろうといわれている。人は誰しも，人間らしく尊厳あるかたちで死を迎えることを望むと思われるが，それを果たすためには，自己決定を宣言（リビング・ウイル）するなどの必要性が生じてきている。尊厳死を選択する際には，尊厳死を望む当事者のみならず，家族やその治療・看護にかかわる医療関係者も，ともにさまざまな葛藤を引き起こすことが考えられる。高齢社会が進むなか，カウンセラーとして尊厳死の問題にどのようにかかわることができるかについて検討するためにも，尊厳死について理解することは，重要なことであると思われる。

## 1. 定義

現在の医療では，尊厳死とは「助けることができない」「助からないことが明らか」で，かつ本人がそのような状態での延命を望んでいないときに，延命治療を中止し，人工呼吸器などの医療機器を用いた医療処置によらない自然な状態で，その人らしい死を迎えること，と定義できる。

## 2. 安楽死から尊厳死へ

1976年に，産婦人科医師である太田典礼が安楽死協会を設立し，その設立を呼びかける論文のなかで，「医師が施す苦痛緩和措置は殺人も致死も目的とするものではなく，苦痛を和らげることに主眼をおくのであるが，その結果，死を早めることがあっても止むをえない」と，処置による死を早めることを認める発言をしている。その後，1981年のリスボン宣言「患者は尊厳のうちに死ぬ権利を有する」が採択されるなど，尊厳死が喧伝されたことを受けて，日本尊厳死協会へと改称し，安楽死と尊厳死は異なるという立場をとっている。安楽死と尊厳死についてはいまだ多くの議論がなされているが，消極的安楽死を尊厳死とするという考え方が，現時点では一般的である。

## 3. 医療事件と尊厳死

一般の人たちの間に，尊厳死に対する問題について考えさせる大きなきっかけとなったものとして，医療事件がある。末期状態にある死が迫っている患者の家族などの願いにより，医師が塩化カリウム製剤などの薬物を注射して死亡させた，いわゆる東海大学事件と呼ばれている事件の判決では，積極的安楽死，間接的安楽死，消極的安楽死の定義を行い，「尊厳死」の問題について言及している。東海大学事件以降に医師の犯罪責任を問う医療事件として，川崎協同病院事件があり，尊厳死に関して東海大学事件を踏まえつつさらに深化させた判決を下している。2006年には富山県の射水市民病院の外科部長による事件が注目を集め，尊厳死についての議論が再びマスコミをにぎわせている。

## 4. 尊厳死の立法化への動き

2005年，尊厳死の法制化を求める請願が衆議院に提出されたが，衆議院の解散により審査未了のまま終わっている。2006年の射水市民病院事件をきっかけとして，法案作成を要望する声，反対する声がともに大きくなってきている。

## 5. 研究の現状

### 1) 終末期医療と尊厳死

「患者の希望を受け入れ，過剰な延命措置の中止や，モルヒネをはじめとする麻酔薬による痛みの緩和，それによって結果的に死期が早まる」などを消極的安楽死として，これを尊厳死とする見方が一般的である。しかし，「患者に対し，本人の了解のうえで毒物を注射して死に至らしめる」という積極的な行為，「患者の要望を受け入れ，過剰な延命措置を中止し死を迎えることを承認する」消極的行為までの全体が「安楽死」であり，これは「尊厳死」ではないとするなどの，尊厳死とは何か，尊厳死と安楽死の違い，終末期ケアの法的ルールの作成，などが挙げられる。

### 2) 諸外国との比較

安楽死・尊厳死に関する日本と外国，リビング・ウイルを法制化したアメリカ，安楽死を合法化したオランダ，イギリス，ドイツとの尊厳死に対する考え方の差異など。

### 3) カウンセリングの導入

尊厳死にかかわるカウンセリング導入の必要性について，米国オレゴン州尊厳死法では，医師は「患者が判断力を損なうような精神的，心理的混乱，あるいはうつ状態にある可能性がある場合は，患者にカウンセリングを薦めなければならない」と規定している。患者のさまざまな重荷を解放し，自分の生命の最期を自由意思により自己決定するために，カウンセラーは重要な役割をもつと思われるが，現状では，カウンセリングの見地からの研究はほとんどなされていない。

### 4) 尊厳死の立法化をめぐって

尊厳死の法制化については，終末期医療に対する調査等の検討会のメンバーのなかでも，その所属する立場により法制化に対する見解は異なっている。尊厳死の法制化は誰のために行われるのか，日本医師会は医師の免責を確保するために，政府は医療費削減による国庫財政の建て直しのために，尊厳死の法制化を利用しているという意見もある。尊厳死を

認めることは，生命の保護という「ダム」の決壊作用をもたらし，生命軽視という「滑りやすい坂道」へ第一歩を踏み出すことになるのではないか，重病人や老人の生命は「より価値が少ない」という発想に，さらには「生きる価値に値しない」という考えへとつながっていくのではないかなど，法制化により新たな問題発生への危惧がある。

5）医師などの行為が法的評価の対象となるか否かについて

検討の対象となっている多くは，患者に装着された人工呼吸器のスイッチをオフにすることを，作為による生命侵害ととらえるか，それとも継続してきた治療を中止しそれ以上の救命治療を行わないという不作為としてとらえるか，などである。

6）意思確認方法やその是非について

自己決定の確認方法，および患者の意思が明確でない場合の代行判断について，検討されている。高齢者終末期医療における鎮静のガイドライン修正案では，「患者の意思の確認が困難であったり，判断能力を欠く場合は，以前の文書・口頭による意思，または患者を十分に知る家族からの情報による推定的意思で許される」という項目があり，代行判断についてふれている。

7）高齢者介護現場で働く人たちの意識調査

死に対する入所者本人およびその家族の意向が十分に確認されていない施設が多く，また認知症を有する入所者が多いことから，本人と家族の意思の異同の問題などが考えられる。

6．今後の課題

尊厳死の是非や法制化についても多くの課題が残されているが，尊厳死を認めるという前提に立った場合においても，以下のような課題が残されている。

1）医療介入の判断

医師の犯罪責任を問うか否かの判断にかかわることであり，生命を積極的に断絶する積極的介入行為か，救命のための介入を怠る消極的不介入か，医師の治療義務の限界の判断について，などがある。

2）患者の心理状態とカウンセラーのかかわり

人間の心理は変化するものであり，リビング・ウイルの確認が現実として可能性があるのか，患者自身が本当に望んでいることであるのかなど，尊厳死を望む当事者の心理状態およびカウンセラーとしての役割検討。カウンセラー導入の必要性は理解されつつあるが，その要請は医師に任されていることを踏まえ，カウンセラーとして発言の場をもつこと，さらに実践結果を積み重ね研究成果を公表していくことがある。

3）自己決定の確認と代行判断の是非

患者の意思が明確でない場合の代行判断は誰に許されるのか，自己決定に変わる家族の決定をどこまで取り入れることができるのかなど。

(大塚　邦子)

〔文献〕

松野良一　1997　安楽死，尊厳死における「カウンセリング」に関する文献的研究——患者の意思表明時における心理状態に着目して　産業カウンセリング研究, 1(1), 18-27.

## 16　性同一性障害
gender identity disorder

わが国において，性同一性障害が医療の対象として認識されるようになり，10年余りが経過した。しかしながら，医療だけの支援で，性同一性障害の方が自分らしくより良く生きていくことは難しい。いたる局面でカウンセリングが必要であり，カウンセリングは性同一性障害において，欠くことのできない存在である。

1．言葉の定義および診断・治療

性同一性障害とは，身体的性別とジェンダー・アイデンティティが一致しないために，苦痛や社会的機能障害を生じている疾患である。主たる症状は，「自分の性別に対する持続的な不快感および嫌悪感」「反対の性別に対する強く持続的な同一感」，そして「反対の性役割を求める」ことである。ここでいう

身体的性別とは，外性器の特徴から出生時に判断された性別である。また，ジェンダー・アイデンティティとは，ジョン・マネーが定義しているように「一人の人間が男性，女性，もしくは両性として持っている個性の，統一性，一貫性，持続性」（Money & Tucker, 1975；邦訳）である。つまり，単に身体的（生物学的）性と心理・社会的性の不一致ではなく，個人の単一性，不変性，連続性の視点から同一であるという意味である。

わが国における性同一性障害の診断は，日本精神神経学会が作成している「性同一性障害に関する診断と治療のガイドライン」に基づいてなされている。本ガイドラインは，1997年5月に初版が公表され，2006年1月には第3版が出された。診断では，まず「ジェンダー・アイデンティティの判定」がなされる。ここでは，詳細な養育歴・生活史・性行動歴についての問診がなされ，DSM-IV-TRやICD-10を参考にしながら性別違和感の実態が明らかにされる。次に身体的性別が，染色体検査，ホルモン検査，内性器および外性器の診察・検査，などによってなされる。これらの結果を元に，精神科医2人が診断し，診断が一致すれば性同一性障害と診断される。インターセックスや性染色体異常の場合においても，身体的性別とジェンダー・アイデンティティが一致していなければ，性同一性障害と診断される。しかし統合失調症などの精神障害によって，本来のジェンダー・アイデンティティを否認したり性別適合手術を求めたりする場合と，反対の性別を求める主たる理由が文化的社会的理由による性役割忌避や，もっぱらの職業的利得を得るためである場合には，診断から除外される。

治療は，精神科領域の治療（精神的サポートと実生活経験）と，身体的治療（ホルモン療法とFTM〈female to male〉における乳房切除術，性別適合手術）である。ホルモン療法と乳房切除術は18歳以上であること，性別適合手術については20歳以上であることが治療を受ける条件となっている。身体的治療をどのような順番でどこまで受けるかは，自己責任のもと自己決定ができるが，精神科領域の治療を省略することはできない。

## 2．意 義

性同一性障害の治療目標は，「全体的な心理的安寧と自己実現感を最大にするために必要となる，望む性での自己としての継続的な自己満足である」（東・針間，2001）と示されており，まさに生活・生命の質（QOL：quality of life）の向上である。

性同一性障害をもっている人は，男性と女性という単純に二分化している社会で，自分自身が何者であるのかということに混乱をきたしていることがある。加えて，性同一性障害の症状も多様である。自分自身が行き着くところは，ホルモン療法・性別適合手術を受け，戸籍を変更しての反対の性別として生活なのか，それぞれの性別に象徴的な性器や乳房の手術なのか，精神的治療を受けながら違和感をもった性別でより良く生活することなのか，それは，当事者にも初めはわからないことがある。カウンセリングを受けながら，ジェンダー・アイデンティティを明確にし，自分自身にとってより良い生活や人生を選択していくことになる。

しかし，自分自身にとってのより良い生活を探索し，選択していくことは簡単なことではない。実生活では，さまざまな問題が控えている。学校や職場での制服，トイレ，履歴書の問題，身体的治療を受け外見的には違和感のない望む性別になれたとしても，家族関係や友人や職場での人間関係，結婚，戸籍の問題などがあり，打ちのめされるような体験も少なくない。特に，思春期においては，第2次性徴とともに違和感のある性別の身体的特徴が顕著になるが，ホルモン療法が開始される年齢的条件は18歳という時間的差もあり，精神的問題が顕著になりやすい。これらの過程において，羞恥心，罪悪感，孤独感，自尊心の低下，抑うつなどが生じ，摂食障害，アルコール依存，自殺を引き起こすこともある。

このように，性同一性障害をもった人は，治療および生活のさまざまな局面において自己決定を迫られることになる。「性同一性障害に関する診断と治療のガイドライン」の第3版においても，第2版までは「インフォー

ムド・コンセント」であったものが「インフォームド・ディシジョン」に変更されている。その人に最も適した選択ができるようにとの理由からである。選択肢が拡大されることは歓迎されることではあるが，それは自己責任のもとであり，負担感に圧倒されないように注意が必要である。一つひとつの問題に対応できることを促進するためにも，まずは，受容的・支持的態度で接し，その人が本来もっている能力を発揮できるようにすることが必要であり，カウンセリングの役割である。

## 3. 今後の課題

わが国においては，1997年に「性同一性障害に関する診断と治療のガイドライン」が出され，翌1998年に，そのもとでの性別適合手術がなされている。これ以後，本格的に性同一性障害に対する医療が始まった。しかし，専門家も少なく，治療拠点が限られているのが現状である。専門家の不足ということでは，カウンセラーも同様である。性同一性障害者のカウンセリングにおいては，特別な心理療法といったものは存在せず，中立性，非指示的態度を保持して，受容的共感的態度でかかわること，さらに，自らの万能感や心理療法だけで治療が終わらないことから生じる無力感が，内にわき出ていないか注意する必要がある（針間，2000）とされている。しかし，このことは，性同一性障害を正しく理解してこそできることであり，カウンセラーであれば誰にでもできるということではない。カウンセラーが，性同一性障害をもった人に適切にかかわるためには研修が必要である。

性同一性障害に関するカウンセリング心理学の研究は，まだ十分といえる状況にはない。特に，日本で性同一性障害について適切に認識されるようになったのは，ガイドライン発行後と考えると，10年足らずの研究実績である。今後は，どのようにしてジェンダー・アイデンティティが獲得されていくのか，多様な症状とはいわれているが，どのような精神的問題があり，カウンセリングなどの心理教育的介入によって解決されていくのかなどについてのデータ蓄積が必要である。そして，医療者やカウンセラーやソーシャルワーカーなどの医療チームが，どのように連携していくことが有効な治療となるのかについての研究が必要である。また，性同一性障害をもった人たちが，社会で生活することを促進するためには，当事者のみならず，家族や社会の受け入れ，自助グループの役割，これらの連携についても研究が必要である。

性同一性障害の原因についても，他の精神疾患と同様に明確になっていないが，生育環境などの社会的要因によるものという考えから，脳の性分化異常が基盤にある（Zhou et al., 1995；Cohen-Kettenis & Gooren, 1999）ことが推測されてきている。原因の解明同様に，カウンセリング心理学からの研究が重要と考える。

（村井 文江）

〔文献〕

東優子・針間克己 2001 性同一性障害の治療とケアに関する基準（SOC） 臨床精神医学，**30**(7), 887-902.

Cohen-Kettenis, P. T., & Gooren, L. J. 1999 Transsexualism: A review of etiology, diagnosis and treatment. *Journal of Psychosomatic Research*, **46**(4), 315-333.

針間克己 2000 性同一性障害の心理療法 馬場禮子・福島章・水島恵一編 人格障害の心理療法 臨床心理学体系 19 281-302.

Money, J., & Tucker, P. 1975 *Sexual signatures : On being a man or a woman.* Little, Brown.（朝山新一・朝山春江・朝山耿吉訳 1979 性の署名——問い直される男と女の意味 人文書院）

日本精神神経学会性同一性障害に関する委員会 2006 性同一性障害に関する診断と治療のガイドライン（第3版）(http://www.jspn.or.jp/04 opinion/2006—02—20 pdf/guideline-no 3. pdf)

Zhou, J. N., Hofman, M. A., Gooren, L. J., & Swaab, D. F. 1995 A sex difference in the human brain and its relation to transsexualitya. *Nature*, **378**(2), 68-70.

# 17 PTSD
posttraumatic stress disorder

わが国では，1995年の阪神・淡路大震災と地下鉄サリン事件により，PTSDが問題となり知られるようになった。PTSDとは「心的外傷後ストレス障害」のことで，死の恐怖に直面するような強い心的外傷を体験した後に，再体験症状，回避・麻痺症状，覚醒亢進症状が，1カ月以上持続する症候群を指す。PTSDの特徴は，深刻な外傷体験に曝露されたという前提条件が必要なことである。近年，災害や事件の発生に伴い，PTSDが問題になっている。

## 1．PTSD概念の変遷

高橋・池上（2006）は，1932年セリーヌが著した『夜の果ての旅』に，PTSDを思わせる症状が描かれているとしている。また，今日のPTSDの土台となったのは，カーディナー（Kardiner, A.）が1940年代に報告した，戦争神経症の臨床研究とされている。1970年代には，ベトナム戦争からの帰還兵や，レイプ被害者の精神的後遺症が，米国で大きな社会問題となった。そして，状態像が戦争神経症と類似していることから，病態への関心が高まった。医学的にPTSDの概念が提唱されたのは，1980年のDSM-Ⅲである。

## 2．症状と原因

PTSDの症状は，①再体験症状（フラッシュバックや夢で，出来事に関する不快で苦痛な記憶が，繰り返し蘇ること），②回避・麻痺症状（外傷と関連した思考・感情・会話などを回避しようとする，外傷を想起させる場所・人物・活動などを避けること），③覚醒亢進（過覚醒）症状（入眠・睡眠持続障害，易怒性・怒りの爆発，集中困難，過度の警戒心，過剰な驚愕反応）の，三つのグループに分けられる。これらの症状がそろって1カ月以上にわたって持続し，生活に明らかな支障が認められる。大事件や大災害後のPTSDの発症率は数％～数10％とされ，同じ外傷体験をしてもPTSDになる人とならない人がいることから，近年PTSD脆弱性因子に対応する脳基盤の存在が明らかになってきた。

## 3．治療

PTSDの治療には，薬物療法，支持的精神療法，心理教育，認知行動療法，EMDR (eye movement desensitization and reprocessing)，などがある。PTSDの治療の前に重要なことは，「安心・安全・安眠」が得られる環境の整備である。そのうえで，人間の尊厳を尊重する姿勢で，支持的共感的に接することである。EMDRはPTSDに一定の治療効果があるとされているが，一時推奨されたディブリーフィング（災害や事件などで受けた心理的ストレスを，受容し緩和するためのグループ・ミーティング）については，近年その効果が疑問視されてきている。飛鳥井（2006）は，治療の基本となる心理教育の要点として，①症状の理解，②ノーマライゼーション，③機能不全思考の理解，④症状回復，への見通しを挙げている。小西（2001）は性暴力被害者に対する研究のなかで，精神療法的な対応の留意点をまとめている。高橋・池上（2006）は，災害後の地域支援活動では，身体症状や生活全体を含めた包括的な支援を行うことのできる，保健師の役割の重要性を述べている。

## 4．現状

日本で注目されるようになったのは，1995年1月の阪神・淡路大震災以降である。マスコミなどで取り上げられ，PTSDやトラウマ，心のケアなどの言葉が流行語のように広く知られるようになった。しかし，正確に理解している人は少ないと考えられる。恐怖体験や喪失体験をすると，生命維持のための正常な反応として，急性ストレス障害（acute stress disorder: ASD）が出現する。ASDの早期に必要なケアを行い，PTSDへの移行を予防するためには，広く社会の理解が必要である。一方，学校におけるトラウマケアの取り組み例として，訓練された専門家による危機対応チーム（crisis response team: CRT）の派遣を行っている自治体がある。

## 5．研究の動向

わが国では，阪神・淡路大震災以降，

PTSD関連論文は急増し多くの研究が行われている。研究は，集団の外傷（自然災害・事件・事故など）と，個人的外傷（性犯罪や虐待など）に大別される。岩井・加藤(2002)は，阪神・淡路大震災の救援業務に従事した消防職員対象の研究で，個人的な被災状況が深刻であった者や過酷な業務に従事した者には，PTSDの注意が必要であることを示唆している。その他，地下鉄サリン事件，雲仙普賢岳の大火砕流，愛媛県宇和島水産高校訓練船えひめ丸の海難事故のPTSDに関する研究がある。性被害やDV（domestic violence）など，個人的な犯罪の被害に関するPTSD研究も行われている。飛鳥井(2005)はわが国の主な調査結果を総括して，米国同様，自然災害や集団被害・交通事故におけるPTSD出現率は限られているが，性暴力被害やDV被害でのPTSD出現率は，高い傾向がうかがえるとしている。

## 6．今後の課題

PTSDが広く知られるようになって，外傷体験後に生じる問題はPTSDのみと思われる傾向にあるが，そうではない。うつ状態やパニック障害，アルコール関連問題など多岐にわたる。PTSDに精神障害を合併することも少なくない。精神的ケアにあたっては，当事者の精神状態や生活全体をきちんと把握したうえでの対応が必要である。そのためには，専門家としての役割と限界をわきまえたチーム・アプローチが必要である。シャレヴ(Shalev, 2002)は，ASDからPTSDへの移行を予防する早期介入は，人間がもっている自然回復力を高めることであり，周囲の人びとへの幅広い支援や，すでにある援助機関に対する支援が重要であることを指摘している。大災害後の支援には，地域全体として行政的な対応が必要な場合が多い。集団的外傷でも個人的外傷でも，PTSDに悩まされている人びとは，社会の無理解や誤解に苦しみながら生活していることを理解したうえで，社会全体の対応，個人的支援，集団支援それぞれの研究を蓄積し，早期介入・早期回復を目指していくことが課題である。また，子どものPTSDは，言語が未発達なこともあり見落されがちである。子どものPTSDサポートに関する研究や，集団的外傷での集団支援から個別支援への移行に関する研究，さまざまな暴力被害に関する研究などの推進も今後の課題である。エビデンスに基づくPTSD治療にも，関心がもたれるようになってきた。PTSD治療の効果研究も，これからの課題である。

（坂田　由美子）

〔文献〕

飛鳥井望　2005　PTSDの臨床疫学　臨床精神医学，**34**，893-898．

飛鳥井望　2006　PTSDの治療法　こころの科学，**129**，48-53．

岩井圭司・加藤寛　2002　災害被災者　阪神・淡路大震災の救援業務に従事した消防職員と，避難所の運営にあたった公立学校職員の健康調査にみられたPTSD症状　臨床精神医学　増刊号，131-138．

小西聖子　2001　単回性トラウマの治療　精神科治療学，**16**，1337-1344．

Shalev, A. Y.　2002　Treating survivors in the immediate aftermath of traumatic events. In R. Yehuda (ed.), *Treating trauma survivors with PTSD*. American Psychiatric Publishing. pp. 157-188.

高橋正雄・池上雅子　2006　PTSD　保健の科学，**48**，45-51．

## 18　摂食障害
eating disorder：ED

摂食障害とは，若い女性を中心に近年急激に増加している食行動異常の障害である。早期発見が難しく治療も長期化するため，近年，治療にたずさわる専門家向けのガイドライン（切池，2003），またプライマリーケアにかかわる一般臨床医や養護教諭を対象にした早期発見目的のガイドラン（石川，2005）が，厚生労働省研究班によって作成され発行された。

### 1．診断と分類

アメリカ精神医学会の診断基準（DSM-IV）（APA, 1994）によると，EDは神経性食欲不振症（AN：anorexia nervosa），神

経性大食症（BN：bulimia nervosa），特定不能の摂食障害（eating disorder not otherwise specified）に分類される。ANは，体重増加や肥満を恐れて極端な食事制限をして，著しい痩せ（標準体重の85％以下）をきたす病気で，制限型（restricting type）とむちゃ食い/排出型（binge-eating/purging type）がある。一方，BNは食べることを制御できなくなり大量に物を食べ，その後体重増加を防ぐために不適切な代償行為を繰り返す障害で，排出型（purging type：自己誘発性嘔吐，下剤，利尿剤，浣腸などで排出）と，無排出型（nonpurging type：絶食，過剰な運動などの排出以外の不適切な代償行為）に分けられる。

## 2．発症の原因

原因は単一ではなく，生物学的要因，心理学的要因，社会的要因が複合した多元的モデルであるとされる。生物学的要因では，脳内アミンの異常が指摘されたり，精神障害・性格傾向・肥満などの遺伝的な関与もあるとされ，研究が行われている。精神的要因は，個人的な問題に発達課題の困難の重複，親のダイエット，親の子どもの体重・体型への過干渉などの影響があるとされる。社会的要因は，痩せを美しいとする社会文化的な要因が挙げられる。EDの契機は多くの場合，ダイエットである。

## 3．症状と受診行動

臨床的症状は，低栄養からくる無月経，便秘，腹痛，貧血，冷え症，低血圧，低体温，電解質の異常，皮膚の乾燥など，また嘔吐を繰り返す場合には，う歯，耳下腺・唾液腺の腫脹，手の吐きだこなど，さらに精神的症状として抑うつ，ひきこもり，自傷行為などや重篤な精神障害が合併している場合もある。極端な食事制限により死に至る場合もある。身体症状が現れると受診する場合が多いが，痩せ願望から自ら食事制限をしているので受診しない場合もある。家族にむりやり連れられて受診する場合は，治療が継続しないことも多い。BNは体重減少が著しくないので外見上は健康にみえ，第三者が発見することは難しい。有効とされる心理社会的治療の決め手は，家族の協力とそれを可能にするような家族療法，行動修正のための入院，治療的ネットワークの利用などである。

## 4．現状

アメリカ，イギリス，日本などのいわゆる先進国に多いことから，社会文化的影響を受ける現代病と見なされてきた。しかし，近年では非欧米諸国での発症も報告され，世界的に増加している。欧米の有病率は，ANは女性人口の約0.5〜1％，BNは約1〜3％と報告されている。EDの患者数は欧米では減少傾向にあるが，日本ではこの5年間で3〜5倍に増加している。また男性にも増加してきている。主として女性にみられる極端な食欲不振とやせ状態については，17世紀後半から報告がある。急激な増加は，第二次世界大戦後からであり，日本ではテレビが普及してきた1960年代に拒食症が，コンビニエンス・ストアーが増えてきた1975年以降に過食症が増えてきたといわれている。EDの原因は複数の要因が複雑にからみあっている場合が多く，治療に時間を要するため発症の予防が重要である。

## 5．研究の動向

EDに関する研究は，発症に関与する要因研究，EDの規定要因として社会文化的な要因を取り上げた研究，診断・治療に関する研究，予後研究など，医師，看護師，心理カウンセラー，栄養士，教師などEDにかかわる人びとが，それぞれの専門的立場から研究を行っている。中野（2003）は，ANの初期対応とチーム医療の重要性を述べ，初期に相談に行く学校保健室の果たす役割の重要性について言及している。ガーナー（Garner & Garfinkel, 1979）が開発したEAT（Eating Attitudes Test）は，EDスクリーニングに関する研究で世界各地で用いられている。スタインハウゼン（Steinhausen, 2002）のANの予後研究では，回復46.9％，改善33.5％，慢性化20.8％という結果が報告されている。予後を良好にするものとして，中島ら（1994）は，衝動性・操作性のないもの，孤立のないもの，本人が母親との関係を良いと思っているもの，母親に拒否感のないもの，治療への動機づけが良いものを挙げている。このような心理社会的治療の有効性は，大部

分が症例報告やこれに準じた研究結果から得られている。これらの研究を推進するために，1997（平成9）年に発足した日本摂食障害研究会が，2005（平成17）年に日本摂食障害学会となり，学会が発足した。

## 6．今後の課題

EDは今や全世界に広がりをみせ，時代の変遷とともに病像も変わり，誰にでも起こりうる病気となってきた。そこには痩せ志向文化から発信される価値観が，社会文化的な要因として大きく影響している。社会的要因に対する行政対応として，2006年9月，スペイン・マドリードのファッションショーで，州政府は痩せ過ぎモデルの出場を禁止した。痩せを良しと評価する社会全体の認識を変換していくには，このような施策化なしでは防ぎ得ない状況になってきている。EDの予防には，学校や家庭での子どもの自己肯定感（self-esteem）を高めるかかわりが挙げられる。親が子どもの自己肯定感を高めるかかわりができるように，地域での子育て支援もより充実されていかなければならない。そして，家庭・学校・地域が連携協働したネットワークで，子どもの発達課題達成を支援していくことが求められる。また，患者への心理社会的治療は個別性の高いものが多い。その有効性を検証するためには事例による成果を蓄積し，そのなかから共通性を見いだしていくことが必要であろう。有効とされる認知行動療法，家族療法，集団療法，自助グループを含めたネットワークの利用などの有効性についての研究の蓄積も必要である。

（髙田 ゆり子）

〔文献〕

American Psychiatric Association 1994 *Diagnostic and statistical manual of mental disorders.* 4th ed. APA.

Garner, D. M., & Garfinkel, P. E. 1979 The eating attitudes test : An index of the symptoms of anorexia nervosa. *Psychological Medicine,* 9, 273-279.

石川俊男編 2005 摂食障害の診断と治療——ガイドライン2005 マイライフ社

切池信夫編著 2003 摂食障害・治療のガイドライン 医学書院

中島弘子・中野弘一・坪井康次・筒井末春 1994 摂食障害患者の症候と経過との関連 心身医学, 31, 447-452.

中野弘一 2003 摂食障害の初期治療——神経性食欲不振症を中心に，思春期学, 21, 327-330.

Steinhausen, H. C. 2002 The outcome of anorexia nervosa in the 20th century. *American of Journal Psychiatry,* 159, 1284-1293.

# 19 臓器移植
## organ transplant

臓器移植とは，心臓，肝臓，肺，腎臓，小腸など，生命を維持するために重要な役割を果たしている臓器が機能不全に陥った場合，他者からの臓器と置換する医療のことである。臓器を獲得する対象は，心臓死体や脳死体のほか，生体からも行われている。本来は善意の第三者からの提供が望ましいとされているが，移植用臓器の不足のため，親族などの生体からも肝臓や肺（部分），腎臓などが提供されている。さらに，アジアや旧ソ連地域などでは，臓器売買が行われている事実が報告されている（松野，1998）。

## 1．臓器移植の心理学的問題

臓器移植は世界的に「命の贈り物」と形容されている。この「臓器の贈与」は，モース（Mauss, M.）が指摘したとおり，贈与がどれだけ自発的にみえようとも，贈り手，受け手，そして彼らに関係する人びとに，大きな社会的ストレスを与える。臓器移植は，贈り手（ドナー）と受け手（レシピエント）の間に一種の精神的つながりをつくりあげ，さまざまな義務感を生じさせることが指摘されている（岸本，1998）。

その義務感とは，①臓器を提供する義務，②臓器を受け取る義務，③「命の贈り物」へ報いることの義務，の三つである。

「臓器を提供する義務」は，末期の重篤な病気になった肉親へ腎臓を提供する場合に関係してくる。移植チームは，生物医学的に近い血縁者に，自分たちがドナーになるべきだと催促しないように努めている。にもかかわ

らず，移植チームは，腎臓移植がうまくいく「組織適合性」を有するのは，非血縁の第三者よりも近親者であるという情報を，直接的間接的に与えがちである。

ドナー候補の家族の場合にも，同じ状況が生じる。身内が不慮の事故で脳死状態に陥り，医師から臓器提供の可能性が示された場合に，家族は「命の贈り物をしなければいけない」というストレスを感じる。ほとんどの臓器は，乗り物事故や殺人，自殺などの事故によって脳死になった健康な若者から獲得される。突然の死に遭遇し悲しみに打ちひしがれた家族は，若い身内の臓器を提供しようと動機づけられやすい。そして，提供しなければ，道徳的心理的負荷を抱いてしまうことが多いと報告されている（Fox & Swazey, 1992）。

一方，レシピエント候補者も，臓器を受け取らなければならないという「臓器を受け取る義務」にさらされる。また，レシピエントが自分はドナーに借りがあると信じ，贈り物をしてくれたドナーに対し返礼しなければならないという思いを抱く。つまり，「命の贈り物へ報いることの義務」を感じるのである。

もうひとつの大きな心理学的問題は，移植臓器のアニミズム的扱い，つまり臓器の擬人化である。米国においては，臓器移植が始まった1950年代から1960年代中ごろまでは，ドナー，レシピエント，双方の家族について情報を公開する傾向があった。しかし，ドナーの家族が，「自分の身内が他者の中で生きている」などと臓器を擬人化し，ドナーとレシピエントの家族がお互いに恩を感じて，親戚になったかのように面会し，互いの生活にかかわろうとした。このため，トラブル回避を名目に，匿名性というポリシーを移植医療チームや団体は発展させてきた。しかし今では，匿名性であるがゆえに臓器提供が進まない状況が生じており，匿名性の見直しが始まっている。

## 2. 臓器移植とカウンセリング

臓器移植の根本的問題は，「自分とは何か」であるとされる。臓器移植は，自分というアイデンティティを崩壊させる危機をはらんでいる。心臓移植を受けたレシピエントが，「自分の肉体はドナーの心臓のためにある」「ドナーはバイク好きの若者。無性にバイクに乗りたくなった」などと訴えた事例（実際にドナーはバイク好きだった）がある。特に心臓は，移植時のトラウマ体験になりやすく，単純な血液ポンプの交換という医学的物理的概念ではすまない深い問題が潜んでいる。また，フィリピンで臓器売買によって腎臓移植を受けた日本人患者が，「ドナーは踊りが好きだったに違いない。毎晩なぜか踊りたくなる」「ドナーはバナナが好きだったに違いない。バナナを毎日食べないと気がすまない」などと訴えたケースもある。こうした異物感，違和感は，免疫抑制剤を飲んでいるものの絶えず拒絶反応の不安にさらされていることに大きく関係している。また，移植された臓器そのものの細胞に，何らかの記憶が温存されているという指摘をする研究者もいる。腎臓移植の場合は，①異物期，②不完全統合期，③完全統合期，を経て落ち着いていくとされる。

また，骨髄移植では，大量の抗がん剤と放射線照射で自分の骨髄を破壊し，完全にドナーの骨髄と入れ替えてしまうため，自分が一度自分でなくなる体験，つまり臨死体験に似た感想を述べる患者がいる。暗いトンネル，他者との出会い，光との出会いなどである。骨髄移植の心理的体験は，過去の自分が死に，そして新しい自分になって戻ってくるプロセスといわれている（岸本，1998）。

さらに，臓器を獲得する対象が，心臓死体から脳死体，そして最近では人工的に安楽死（尊厳死）をつくりだして臓器を獲得するNHBD（non-heart-beating donor）へと進んできている問題がある。NHBDは，植物状態の患者などから生命維持装置を外して，人工的に心臓死をつくりだす方法で，倫理的論争が生じている。このように，臓器移植は基本的に「殺すことによって生きる」という本質が，ソフィスケイトされたかたちで内包されている。このため，レシピエントが罪の意識にさいなまれカウンセリングを受けにくるケースが，米国においては報告されている（Fox & Swazey, 1992）。

## 3. 今後の課題

臓器移植は，単なる臓器の置換という医療

技術の問題だけでなく，カウンセリング的問題でもある。レシピエントは，他者の臓器が自分の体内に入ってくるため，きわめて大きなアンビバレンスを抱え込む。いかに自分というアイデンティティを取り戻し，自分という整合性のある統合された存在を取り戻していくかが重要となる。そして，臓器移植に関係する人びとは，さまざまな義務感，アニミズム的な関係性，さらには，「殺すことによって生きる」という臓器移植がもつ基本的問題を解決しなければならない。そうした多様で複雑なプロセスに，カウンセリングの有効性が大いに期待されている。

(松野 良一)

〔文献〕

Fox, R.C., & Swazey, J.P. 1992 *Spare parts : Organ replacement in American society*. Oxford University Press.

岸本寛史 1998 臓器移植における心理学的側面について 心理臨床学研究, **16**, 105-116.

松野良一 1998 アジアにおける日本人による腎移植ツアーの実態 生命倫理, **8**, 69-74.

Mauss, M. 1925 *The gift : Forms and foundation of exchange in archaic societies*. I. Cunnison (tr.). Free Press.

# 第XII章

# カウンセリング・リサーチ

## Research Methods in Counseling Psychology

　カウンセリングの実践者（たとえば，カウンセラー，教師，保育士，看護師，マネジャー，舎監）の多くは，対応の仕方は学んでいるが，その対応の母体となっているリサーチ（調査・研究）についてはあまり学んでいない。すなわち，カウンセリングのユーザーではあるが，カウンセリングのメーカーではなかった。

　ところが最近は，ユーザーでもメーカーとしての素養が必要であると考えられるようになった。時代が変わり，文化が変わり，職場が違うと，それにつれて個人や集団や地域の心的様態も変わってくる。それゆえ，むかし学んだ方法を金科玉条のように墨守しているわけにはいかなくなったからである。

　自分のこの対応の仕方は，今の時代あるいは自分の母集団でも効果があるのか。もっと効率的な方法があるのではないか，と吟味する必要が生じてきた。この場合の姿勢を，リサーチマインドという。

　このリサーチマインドを実践に移すための策略を，リサーチメソッド（研究法）という。この研究法にそって，アクションを起こす（たとえば，質問紙をつくる，取材をする，資料の分析，分析結果の考察）ことをリサーチという。

　実践をしながらリサーチもする，あるいは人のリサーチの結果を参考にして実践する人を，practitioner-scientist という。カウンセリング心理学の使命のひとつは，この practitioner-scientist（リサーチの素養のあるカウンセリングの実践家）の育成である。本章は河村茂雄に示唆を得て，practitioner-scientist のためにカウンセリング・リサーチの課題と留意点を取り上げた。

（國分 康孝）

# 1 カウンセリング心理学研究の特質と課題
nature and issues of research methods in counseling psychology

　カウンセリング心理学の前身は，ガイダンス・カウンセリングである。ガイダンス・カウンセリングをカウンセリング心理学と改称する提案がなされたのは，ガイダンス・カウンセリングに科学的・実証的根拠を自ら発見し構築していく能力を与えねばならぬとの主張に由来する。それは，1951年にノースウェスタン大学で，当時のアメリカのカウンセリングの指導者クラスの人たちが集まったノースウェスタン会議でのことであった。

　それゆえ，今もカウンセリング心理学の二大キー・コンセプトは，①リサーチ，②発達（治療ではなく）である。ガイダンス・カウンセリングが，心理学からリサーチという概念を導入して立ち上げたカウンセリング心理学の研究法には，どういう特徴があるか。特徴が三つある。

## 1. 研究目的と研究方法

　周知のごとく，心理学は自然科学の方法を取り入れて，思弁的な心理学から科学としての心理学に変身した。その特徴は，実験研究法と理論構成を主軸にしていることにある。これを，基礎研究（basic research/pure research）といい，この研究方法で発見された事実・概念・理論を体系化したものを基礎心理学とか，研究心理学（basic psychology/research psychology）という。

　これに対してカウンセリング心理学は，理論構築よりも問題解決の役に立つリサーチ（applied research/operational research）を主にしている。この方法で発見または形成された事実・概念・理論を体系化したものを，プロフェッショナル・サイコロジーという。カウンセリング心理学はプロフェッショナル・サイコロジーのひとつである。

　さて，カウンセリング心理学の解くべき問題は，理論上の問題（たとえば，思考の変容と感情の変容の相関関係の検証）よりは，日常生活で遭遇している発達課題（たとえば，友人ができない，進路選択に迷っている）を主たる対象とするから，研究方法も現場で資料収集する型態（フィールド・スタディ，実験的フィールド・スタディ，実態調査，事例研究，アクション・リサーチ）になる。

## 2. リサーチ・トピック

　心理学研究は理論上の解明（たとえば，学習，記憶，知能など）が主になるので，intra-personal（個体内志向）的トピックが多くなる。臨床心理学のリサーチ・トピックも個体内志向ではあるが，それに加えてさらに，病理的トピック（たとえば，強迫神経症，統合失調症）という特徴がある。

　これと対照的にカウンセリング心理学は，①「inter-personal」のトピック（たとえば，人間関係，キャリア選択，教授法など）が主で，かつ健常者に共通する②「発達課題」という二つの枠に収まるのが標準である。したがって，カウンセリング心理学のリサーチは，幅広い層がユーザーになる可能性が高いといえる。

　カウンセリング心理学の研究テーマは個体間志向であるといったが，それは現在志向という副次的特徴を伴うものとなる。たとえば，夫婦不和というinter-personalな問題を，カウンセリング心理学では，夫婦それぞれが幼少期の父母との関係を転移しあっていると個体内の問題としてとらえず（過去と現在の解明），現時点での2人の関係（たとえば，コミュニケーションはどうか，役割・期待の一致度などはどうかなどの観点）に焦点を合わせる研究法になる。

　カウンセリング心理学の対象になる人びとは，健常者である。健常者とは，現状（現実原則）のなかで快楽原則を満たしうる人である。それゆえ，現状の何がどのようにクライエントに影響しているかを解明すれば，健常者への支援対策が立てられる。ところが臨床心理学の対象者は，心的病理に陥っている人たちである。すなわちこれらの人は，現実原則に従いつつ，快楽原則を満たすほどには自我が機能していない人たちである。たぶんそれは，過去の心的外傷が影響しているからであろうと仮説できることが多い。それゆえ，

臨床心理学のリサーチ・トピックは，過去と現在の関係を解明する事例研究法を用いる場合が，カウンセリング心理学より多いと思われる。

## 3．人生哲学の介入

心理学は自然科学の方法を導入して，「科学としての心理学」に成長した。それゆえ多くの心理学者は，「客観的」「科学的」「事実をして語らしめる」「中立性（主観の抑制）」をモットーにしている。それゆえ「統計学は心理学の不可欠の武器である」とのビリーフの人が少なくない。

ところがカウンセリング心理学は，実験心理学（代表的な basic psychology）のように「客観性」だけに徹するわけにはいかない。すなわち，scientist として「事実の発見」や「理論的説明」をするだけでは問題が解けないことがある。たとえば，殺人犯が「悪夢にうなされて不眠」を訴えた場合，「それは罪障感があるからだ」と解釈するだけでは不十分である。「殺した相手の分まで一緒に生きてあげることが君の贖罪になる」と，カウンセラーが自分の人生哲学を語らないと，救いにならないことがある。

これが，ロジャーズ（Rogers, C. R.）のいう，アーティストとしてのカウンセラーである。したがって，カウンセリング心理学のリサーチは，現象学的世界（たとえば，価値観），すなわち，客観的事実とは別次元の世界をも研究対象にするところに特徴がある。たとえば，イラショナル・ビリーフをラショナル・ビリーフに修正するのに，統計処理を経たビリーフだけを用いているわけではない。リフレーミング（ビリーフの修正）は当事者の人生哲学に起因するところが大である。

こういうわけで，カウンセリング心理学の研究論文には，考察（discussion）だけのものがありうる（たとえば，ムスターカス〈Moustakas, C. E.〉）。統計処理を支えとした論文のみが学術論文だとのビリーフの人は，「ムスターカス論文はエッセイだ」と評するかもしれない。しかし，観点（認識論）を変えれば，そうとはいえない。

事実の発見だけがリサーチではない。それでは事実の発見とは何か，「事実の発見の枠組みは統計学だけか」という認識論を語るのも，カウンセリング心理学のリサーチ・トピックになる。

## 4．今後の課題

カウンセリング心理学の研究法を指導するときの留意点が二つある。

一つは，操作的定義を明確にすることである。発達課題とは，日常生活に遍満している現象ゆえ，学術用語にしにくいものがある。しかし，これを測定可能（measurable）なことばに翻訳する必要がある。たとえば，夫婦円満，生きる力，ふれあい，健常者，転機，よい子などの日常語に操作的定義（operational definition）を与えなければ，リサーチはできない。

第二の留意点。実験室内で条件をコントロールして研究する実験心理学と違い，フィールド・スタディが主となるカウンセリング心理学は，二つの比較群を同質的にするのは難しいことが多い（たとえば，結婚歴，子どもの数，学歴など，統制・同質化するのは難しい）。すなわち，カウンセリング心理学は，リサーチの粗雑さを避け得ないことがある。それゆえ，研究結果の考察は慎重を期す必要がある。たとえば，有意の差は見いだせなくても，差の傾向は見いだせないかと，資料を慎重に読み取ることである。

（國分 康孝）

〔文献〕

國分康孝 1993 カウンセリング・リサーチ入門——調査・研究の方法 誠信書房

Moustakas, C. 國分康孝・國分久子訳 1992 人間存在の心理療法 誠信書房

## 2　量的研究と質的研究

qualitative research and quantitative research

量的研究はデータ（資料）として数量化されたものを用い，質的研究ではデータとして言葉を使うことが多い。たとえば，入社試験で緊張しやすい大学生の不安を研究する場合，研究者は，量的研究では標準化された不安についての質問紙や，面接直前の心拍数の測定

などで量的データを手に入れる。近年，心理学でも使われるようになった質的研究では，質的データを入手しようとする研究者は，インタヴューによってその大学生の経験している緊張の内容や意味を聞き出す。そこで語られる経験が，「その学生の地方訛りへの恥じらい」であろうと，「本当は合格したくないという成功不安」であろうと，研究者は面接で緊張する学生の"主観"の世界を文章化して分析する。

### 1. 量的研究と質的研究の違い

臨床心理学やカウンセリング研究では，恐怖や苦痛や不安などを，量的研究でも質的研究でも扱うが，量的研究では研究対象とする心理事象を"客観的"にとらえ，「自己愛傾向の強い者は面接で緊張しやすい」というような，因果関係の法則をつくりだそうとする。一方，質的研究においては，緊張した面接では，面接が研究協力者にとってどのような意味をもっていたのかとか，面接者がどのような印象を与えたのかの，主観的な"意味"が調べられる。

カウンセリング研究においてもデータの収集は，量的研究であれ質的研究であれ，自己報告によるものか観察によるものかに分類される。この2×2のデータ収集の方法の分類は，次のように例示される。

**表 データの源泉とデータのタイプ**

|  | 自己報告 | 観察 |
|---|---|---|
| 量的研究 | 質問紙の数量化 チェックリスト | 行動観察 心理テスト 生理的指標 |
| 質的研究 | 質的インタヴュー 日誌，日記 | 参加観察 投影法テスト |

量的研究法は，心理学を物理学にならって，自然科学化しようとした目的に従って強調され，ハードサイエンス的な方法とも呼ばれる。質的研究法は社会学や文化人類学，そして人文学などのソフトサイエンス的な方法とも呼ばれる。心理学では，20世紀の前半はハードサイエンス指向が学問としての尊厳と地位をつくるものと信じられ，心理学の発展をリードした。質的方法は20世紀の哲学の現象学や言語学の発展の影響を受けて，20世紀後半に発展してきた。近年では，量的研究法と質的研究法の統合もみられる。

### 2. 量的研究の特質

量的心理学研究の基本は，研究の対象とする心理的概念（言葉）を計量的に測定できるように定義し，測定尺度を構成することである。たとえば，「完璧主義者はストレスの強い職場でうつになりやすいか」というような疑問（仮説）を，量的な方法で確かめようとするときには，「完璧主義」「認知されたストレスの強度」「抑うつ傾向」などの定義と，その定義に従って心理的状態を測定する自己報告尺度ないしは，他者による行動観察記録を使って研究することになる。

量的研究法の利点は精密な記述ができることや，その記述をもとに個人間や集団間の比較を行うことができることである。上の例では，「完璧主義」の強い人とそうでない人のストレス下での抑うつ度を比較することができる。またこの利点によって，完璧主義が抑うつに結びつく仮説の検証を，統計的手法を利用して行うことができる。

多数の質問項目から構成された心理尺度を使う量的研究法においては，測定法の信頼性と妥当性が確かめられなければならない。信頼性は測定法の再現力を意味する。繰り返しの測定で同じ結果が得られること，異なる測定者によっても同じ結果が得られることなどを意味する。心理尺度の各項目が全体の得点と正の相関を保っていることも，信頼性のひとつである（内的整合性）。妥当性は，測定尺度が測定しようとする心理的概念を，測っているかどうかの問題である。内容的妥当性は質問項目の適切さで判断される。「抑うつ尺度」のなかに，抑うつの定義に従って，低調な気分，動機づけの低下，睡眠の障害などの項目が含まれることは内的妥当性を高めるが，「私はサッカーより野球が好きだ」というような抑うつの定義と関係のない項目は，内的妥当性を低下させる。妥当性にはこのほかに，外的基準との相関に基づくものや，因子分析の結果などをもとに他の心理的構成概念との独立性を問題にした，構成的妥当性がある。たとえば，抑うつ尺度は，特性不安尺

度や気分尺度などとは独自性が高い（相関が低い）という理由で，ひとつの尺度として妥当性があると考えるのは，構成的妥当性の認め方である。

量的研究への批判は，現実のすべてが数字に置き換えられるわけではないこと，現実は数量的尺度の1点として表現できるとは限らないことなどの観点から行われている。

## 3．質的研究の特質

現代の質的研究の隆盛の原因には，いくつかのことがある。ひとつの原因は，多変量解析などの統計学的手法の発展の停滞であろう。たしかに，コンピュータとソフトウエアの普及で計算は便利になったが，使われている理論は新しくはない。また，価値観や社会階層やライフスタイルの多様化で，ひとつの大きな理論の演繹で個々の事象を説明する効率が低下し，統計的な処理で結論を導く決定率も，十分ではない状況がある。かわって，個々の心理事象や個々人の経験した事例を，深く綿密に記述する研究への期待が高まったのである。つまり，言葉による生活世界での経験の生き生きとした記述をデータとする，質的研究が台頭してきた。

質的研究のデータ収集は，インタヴューによって研究協力者の語った言葉を文書化することによって行われる。その文書化の過程で，研究者に都合のよい文言だけを選択したり，語られたことの重要な部分を取り上げ損なうようなことを防ぐために，さまざまな工夫がなされる。多くの場合，全文言の文書化が行われる。

たとえば，対人恐怖の経験の内容を調べている研究者は，「人の前で恐怖を感じた最近の経験を語ってください」というような質問をして，研究協力者に自由に語ってもらい，その語りを文書化する。その文書に基づいて，対人恐怖とはどのような状態なのかの分析が行われる。

分析の方法には多様方法が考案されている。研究協力者の"主観"の世界に映った経験（現象）の意味を，研究協力者が感じたように記述していく方法には，二つの有力な方法がある。一つはグラウンデッド・セオリーであり，もう一つは解釈学的現象学の分析

(IPA)である。いずれも，半構造化面接に続いて行われる分析方法の手順が公開されている。

インタヴューに対する応答の文言を分析するもうひとつの方法には，ナラティブ分析がある。この方法では，研究者は途中で介入せずに，研究協力者にライフヒストリーを語ってもらうことが行われる。このライフヒストリーは，必ずしも人生史である必要はないのであって，ビジネスの成功までのナラティブ（物語・語り）であってもよいし，スポーツ選手の引退までのナラティブでもよい。

〈右寄せ〉（市村 操一）

〔文献〕

Holloway, I., & Wheeler, S. 1996 *Quantitative research for nurses*. Blackwell Science.（野口美和子監訳 2000 ナースのための質的研究入門——研究方法から論文作成まで 医学書院）

木下康仁 2003 グラウンデッド・セオリー・アプローチの実践——質的研究への誘い 弘文堂）

Willing, C. 2001 *Introducing quantitative research in psychology*. Open University Press.（大淵寿・大家まゆみ・小松孝至訳 2003 心理学のための質的研究法入門——創造的な探求に向けて 培風館）

## 3　横断的研究と縦断的研究
cross-sectional method and longitudinal method

人の心や行動は年齢とともに変化する。言語発達を例に挙げれば，こうした変化には語彙数の増加のように量的なものもあれば，構文の複雑化のように質的なものもある。いずれの場合でも，どのような変化が一般的にみられるのか，そのような変化を促進したり妨害したりする要因は何なのか，ある側面の変化が他の側面の変化にどのような影響を与えるのか，このような問いに対して答えを与える代表的な学問が，発達心理学である。横断的研究と縦断的研究は，発達心理学でよく用いられる代表的な方法である。

## 1. 横断的研究法

これは、心や行動の発達的変化を知るために、同じ方法で同時に異なる複数の年齢群の対象者からデータを集め、得られたデータを異なる年齢群間で比較する研究方法である。たとえば、孤独感を測定する同じ心理尺度を、中学1年、中学3年、高校2年、大学1年、大学4年などの各年齢群の青年に、ほぼ同時期に実施し、青年期の孤独感の年齢集団間の差異を調べ、発達的変化を推測するといった方法がこれにあたる。この方法は、本来同じ人物が成長するなかで連続的に生じる発達的な変化を、異なる年齢群間の比較という仕方でとらえようとするものである。そのため、年齢群の間に何らかの差異がみられた場合、それについて発達差の観点から解釈が試みられる。横断的研究法は、ある特定の心理学的変数の年齢ごとの規準を求めるときなどによく用いられるが、知能検査や発達検査の年齢の基準を求める場合は、その典型といえるだろう。

横断的研究法は、多くの年齢群にわたる大量のデータを集められれば、比較的短期間で研究を完成させることができる利点がある。その一方で、本来それぞれの人間のなかで連続的に生じている発達の過程を、年齢の異なる多くの人びとの集団間の差異に置き換えてとらえるため、個人内で生じる発達的変化の過程をとらえたり、発達に関与する要因の因果的影響を検討することができない。また、年齢集団の差異には、各集団の出生年代（コホート）の差異も反映されていて、何らかの年齢差があったとしても、その差異は加齢（発達）による差異のみならず、それぞれの出生年代における社会・文化的環境の差異によっても引き起こされている可能性が残る。

## 2. 縦断的研究法

これは、同じ個人や同じ集団を一定期間追跡してデータ収集をし、時間の経過に伴ってどのような発達的変化がみられるかを検討する研究方法である。たとえば、ある年に幼稚園に入園した子どもを対象に、自由遊戯場面での仲間への社会的行動を観察記録し、これを小学4年生まで毎年繰り返し、幼児期から児童期中期までの仲間への社会的行動の発達的変化を検討するような場合がこれにあたる。追跡期間は、数カ月程度の短期の場合もあれば、何十年にもわたる長期の場合もある。

縦断的研究法は同じ個人や集団の追跡調査であるため、同じ個人や集団で生じる発達的変化の連続的な過程をとらえたり、発達に関与する要因の因果的影響を検討することができる点で、発達研究の方法として大きな利点がある。その一方で、いくつかのディメリットもある。まず、同じ対象者に何度も同じ測定を繰り返す場合も少なくないので、測定時点の時間間隔の設定の仕方によっては、時期的に後で収集されたデータに特定の測定方法に対する訓練の効果が混入する可能性もある。次に、データ収集には多くの年月が必要となり、その間、調査対象者を長期間追跡しなければならず、研究にかかる時間的・労力的なコストが大きくなる。さらに縦断的研究法の場合、一つの出生年代を一定期間追跡するため、その発達的変化にはその出生年代特有の影響が反映されている可能性も否定できない。

横断的研究方法の場合も縦断的研究方法の場合も、ともに調査対象者の出生年代の影響の問題が残る。横断的研究方法では、観測される発達的変化のなかに複数の出生年代の影響の混入が起き、これを発達差から分離することができない。一方、縦断的研究方法では、単一の出生年代が長期間にわたって追跡されるため、観測される発達差が特定の出生年代固有のものなのか、他の出生年代にも共通してみられるものなのか、判別できない。

## 3. コホート分析——今後の課題として

こうした出生年代の問題を克服する発達研究方法としてコホート分析（cohort analysis）がある。コホートとは、同じ年代に生まれ、特定の時代経験を共有する同世代集団のことをいう。これにはたとえば、「丙午生まれ」など同じ生まれ年であること、「戦中世代」など、特定の人生の時期に何らかの大きな社会的変動の経験をしたこと、「共通一次世代」など、一定の共通体験があることなどによって構成される。

コホート分析では、たとえば同じ縦断的研究を異なる複数の出生年代に対して行う、複数の異なる時点で同じ横断的研究を行うと

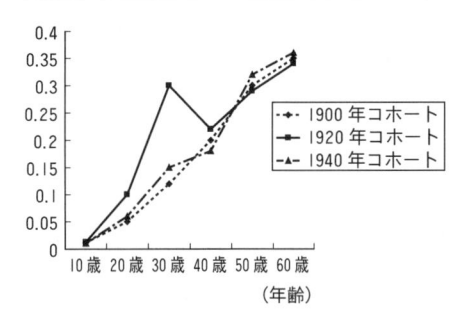

図 ある精神疾患の60歳までの有病率の年齢的変化（架空のデータ）

いったデータ収集がなされる。このように集められたデータを分析することによって，多くのコホートに共通する普遍的な発達的変化と，あるコホートに固有な偶然の変化を判別することができる。たとえば，ある精神疾患の60歳までの有病率の年齢的変化を，1900年生まれ，1920年生まれ，1940年生まれの三つのコホートを対象として明らかにする場合，各コホートごとに精神疾患の時点有病率（特定の時点で病気に罹患している者の出現率）を，10歳から10年間隔で追跡調査する。すると三つのコホートごとに，10〜60歳までの10歳ごとの精神疾患の時点有病率が明らかになる。仮に図のような結果が得られた場合，1900年コホートと1940年コホートでは，ほぼ同様に加齢に伴って有病率の増加がみられるが，1920年コホートだけは，20〜30歳にかけて突出して有病率が高くなっているのがわかる。これは，このコホートに固有の変化のパターンで，たとえばこのコホートが20〜30歳のころ，若年労働者に対する大規模なリストラが行われ，労働条件の急速な悪化，身分の不安定さ，経済的な困窮を経験したために，多くの精神疾患の患者が現れたためなどと解釈される。コホート分析はこのように，一般的な発達的変化のパターンからコホート特有の変化パターンを識別するうえで有効である。

（濱口 佳和）

〔文献〕
アトキンソン，R. L. 内田一成監訳 2002 ヒルガードの心理学（第13版） ブレーン出版

## 4 アクション・リサーチ
action research

　アクション・リサーチは，実践行動を通して，実践上の問題を科学的に解決するためのアプローチである。実践だけでも研究だけでも成り立たない。いわば，実践者たちによる実践のための実践研究である。1940年代から50年代前半にかけて，社会心理学者のレヴィン（Lewin, K.）や精神分析家のビオン（Bion, W. R.）などによって普及された研究法であり，実践プロセスである。1970年代あたりから再び盛んになり，日本でも，社会心理学や教育社会学などの領域を中心に，注目を浴びてきている。

### 1. 研究目的と具体的手続き
　カウンセリング心理学が，理論構築よりも問題解決の役に立つリサーチを主にしていることからすると，アクション・リサーチは，まさにカウンセリング心理学の研究にふさわしい研究法といえる。たとえば，研究者が認知行動療法に基づいて，中学生の不登校生徒について研究した論文は，残念ながらそのままでは学校現場で活用しきれないことが多い。活用しきれない理由は二つ。研究は研究，実践は実践と独立していて，両者の間に隔たりがあること。また，研究自体はすばらしくとも，その研究を現場でどのように生かせばよいのか，その方法が教師にはわかりにくいのが現状である。貴重な研究が，現場の教師にわかる言葉に翻訳され，実践につながる何らかの方法論なりツールとして紹介されない限り，研究は研究の域を脱することができないのである。

　「必要は発明の母」。これをカウンセリング心理学に翻訳すれば，「現場での問題は研究の母である」といったところであろう。現場の様子を観察するなかで，問題を把握し，介入方法を考え，試しにやってみる。うまくいったこと，いかなかったことを振り返り，修正を加え再度介入を試みる。最後に，その方法の効用と限界を見極める。この研究のプ

ロセスこそ，「研究者＝実践者」となりうるのである。

アクション・リサーチでは，心理学などの基礎研究と，そこから引き出された知見の実践過程のなかでの，相互のやり取りを強調する（大野木，1997）。レヴィンの3項関係図では，研究（research），実践（action），訓練（training）は三つの柱であり，相互に補足し作用している。実際のアクション・リサーチの具体的手続きは，以下の三つである。

企画（plan）——現場を観察し分析していきながら，「気づき」を抽出し練り上げ，解決すべき課題として具体化する。そして，改善の工夫を立案する。

実行（do）——実践により効果を導くべく，実行に移す。

考察（see）——改善策の効果を科学的に測定し，改善策（仮説）を評価・考察する。

## 2．リサーチ・トピック

教育現場はリサーチ・トピックの宝庫である。たとえば，日常の何気ない生活のなかで，うまくいっている場面とうまくいっていない場面について焦点を当ててみる。年度当初に比べ，徐々に学力が上がるクラスと下がるクラスがあるのは何が影響しているのか。不登校生徒が減るクラスと増えるクラスでは，何が違うのか。授業中，活発なクラスと押し黙ったままのクラスの2パターンになるのは，どのような状況下で，どのような要素・要因が影響しているのかなどである。

リサーチ・トピックを決めるには，公共性のある現実問題か，価値観から自由か，の2点を考慮する（國分，1993）。リサーチ・トピックが決まったら，次は変数を特定し，その変数について操作的定義をする。適切な操作的定義をするためには，文献研究をするのもひとつの方法である。自分のものと類似の研究課題は，今までにどのような操作的定義で研究がなされていたか目を通し，そのまま使用できれば使用し，自分の研究に合っていなければ修正するとよい。また，参考文献や先行研究が見つからなければ，理論的に考えていくとよい。その際，共同研究者やゼミなどで議論していくうちに案が出てくることもある。ここまでくれば，後は前述のアクション・リサーチの手続きにしたがって研究を進めていくことになる。

たとえば，「年度当初に比べ，徐々に学力が上がるクラスと下がるクラスがあるのは何が影響しているのか」について研究する場合について述べる。まずは，本当にそのような現象が起きているかどうかについて，正確な観察と分析を行う。分析を行うためにはデータを入手する必要がある。入手する手段としては，観察法・テスト法・面接法・質問紙調査法などがある。もしも可能ならば，いろいろな手法を併用し，総合的に得ることが望ましい。また，研究が独り善がりにならないために，過去の研究の知見を参考にする。それが，先行研究であり，文献研究である。

次に仮説を立て，それにしたがって具体的な活動を実践する。たとえば，先行研究を元に，「生徒の学級生活満足感が高くなると学力は上がる」という仮説を立てたとしよう。具体的活動としては，構成的グループ・エンカウンター（SGE）と，ソーシャルスキル・トレーニング（SST）を実施する。クラスのルールが守られ，同時にリレーションができ，学習場面でも安心してわからないことをわからないと言えるようになれば，自然と学びあう関係もできて，学力が上がると考えた。

実施後には，評価・考察する。つまり，活動の有効性と仮説の妥当性について検証するわけだ。その際，『楽しい学校生活を送るためのアンケートQ-U』（河村，1998；2006）のような標準化された心理テストを活用するのもひとつの手である。Q-Uは，小学生から中学生・高校生向けまで4種類あり，質問紙は学級満足度尺度と学校生活意欲尺度からなる。この心理テストから，教師は子ども一人ひとりについての理解と対応方法，学級集団の状態と今後の学級経営の方針をつかむこともできる。Q-Uを実施前と実施後に行い，その結果をながめながら，個人の学級生活満足群の方向へベクトルが向いているか否か，また，学力が有意に上がっているか否かを確認する。最後に，改善すべき点があれば修正を行い，再度同様の過程を繰り返す。さらに，目標が達成されたら，その成果を異なる場面にも適用してみて，その方策の効用と

限界について見極めておく。
### 3．今後の課題
「上述したような研究は、今までずっとしてきている」と言われるかもしれない。しかし、校内研究の場合など、主題の多くが抽象的である。また、実践の検討結果ばかりにとらわれ、検討の過程について吟味することが少ない。検討の過程こそ実践であり、研究の過程だという意識をもつことが必要である。

〔鹿嶋 真弓〕

〔文献〕
河村茂雄　1998　楽しい学校生活を送るためのアンケート Q-U――小・中・高校編　図書文化社
河村茂雄　2006　学級づくりのための Q-U 入門――「楽しい学校生活を送るためのアンケート」活用ガイド　図書文化社
國分康孝　1993　カウンセリング・リサーチ入門――調査・研究の方法　誠信書房
大野木裕明　1997　アクションリサーチ法の理論と技法　中澤潤・大野木裕明・南博文編著　心理学マニュアル観察法　北大路書房　46-53.

## 5　事例研究法
case study

心理支援領域においては、数量的研究とともに質的研究が多く用いられている。本項で取り上げる事例研究法は、質的研究の一方法である。
### 1．事例研究法とは
事例研究とは、ある特定の事例に関する資料を収集し、質的な分析を中心に理解を試みる方法であり、主に統計的手法を使用しない研究方法の一形態である。心理支援領域における事例研究は、支援の対象である個人（あるいは状況）に関する情報をもとに、その個人の理解やその個人が有する問題の理解、また、その個人の問題を軽減し、個人が生活しやすくするための方法を見いだす目的で行われることが多い。
ただし、ひとくちに事例研究法といっても、さまざまな形態がある。

#### 1）事例数と基準
事例研究法における対象は、一事例の場合も複数事例の場合もあるが、主として、統計的な手法の適用には至らない少数事例の場合が多い。つまり、事例研究法は、数量・確率という研究結果の正当性を裏づける根拠（基準）をもたないため、それに代わる何らかの確固とした基準が必要となる。たとえば、先行研究を念入りに調べ、自分が研究する分野においての情報を蓄積させ、論理的な基準を設けるなどの工夫がいる。数値に代わる何らかの基準、研究を支える柱をつくることが、事例研究において必須となる。
#### 2）事例対象
事例は個人が対象となっている場合と、事象（出来事など）が対象となっている場合がある。前者は、不登校児の一事例研究などが、後者は、災害に見舞われた A 地区における心理支援者の介入活動や支援の過程に関する研究などが、一例である。
#### 3）目　的
事例研究は、何を目的とするかによっていくつかのかたちに分けられる。
**モデルを提唱する事例研究**――事例を元に新しい技法や理論、見解を提示しているもの。
**現行の理論・技法に対する反証の事例研究**――通説となっているモデルに対して、修正や批判を投じる事例研究。
**稀な事例の研究**――対象が稀な事例や、介入の難しい事例に対する研究など、対象や方法が独特なもの。なお、事例研究の種類については、このほかにもさまざまな分類がある（星野，1970；河合，1986；山本ら，2001）。
#### 4）焦　点
事例研究においては、「事例そのもの」が焦点となっている場合と、「事例をとおしてのクライエントと心理支援者の関係・かかわり」が焦点になっている場合がある。たとえば、同じ不登校児の心理支援事例においても、その児童の問題や児童の変化など、事例側の要因を中心にとらえ、より客観的な視点から考察を加えた研究もあれば、その児童に対して、どのように心理支援者がかかわり、どのようなやり取りがそこでなされたか、場合によっては、かかわりを通して心理支援者側に

湧いた感情までを取り上げて考察を行った研究もある。どちらが良いという問題ではなく，両者は目的が異なる。前者が問題を抱えた人間や状態像の理解を目指しているのに対して，後者はその状態を有している個人に対するかかわりの有様，心理支援という関係の有様を問題にしているのである。

## 2．事例研究の意義

現代社会においては，数量的に実証できることが科学研究であるための必要条件となっている。しかし，すべてが数値で説明できるわけではなく，数値で言えないことにも真実が隠れている。数値では取りこぼされたが重要な要因に焦点を当て，それを詳細に検討したものが事例研究であるといえるかもしれない。特に，心理支援を行う際には，問題発症のメカニズムなど，問題を有した人間に共通する要因をとらえるとともに，問題を有した人間の個別的な要因もとらえていく必要がある。たとえば，心身症の心理的なメカニズムについての定説はあるが，すべての心身症を呈した人間に同じメカニズムが働いているわけではなく，症状の詳細，発症時の年齢，生育歴，家族歴や社会歴など，諸々の要因によってメカニズムの詳細は異なり，支援の方法もそれぞれ異なる。このように考えると，特に，心理支援領域における研究として，問題の共通要因と個別要因を同時にみることができ，人間を包括的・多面的にとらえることのできる事例研究法の意義が浮き出てくるのである。

## 3．事例研究の方法

事例研究においてもその他の研究方法と同様に，事例研究の序文（はじめに），目的が記載される。序文においては，その研究で取り上げる事象についての先行研究を挙げ，今までにどのような研究がなされてきたのか，また，近年の社会情勢を踏まえると，その研究を行うことにいかなる意義があるのかなどを記述する。また，目的においては，何の事例について，何を明らかにするのか，何を主軸に理論展開をするのかなどを明示する。そして，次に事例の詳細が書かれているのが通常である。個別事例であれば，対象の性別，だいたいの年齢，主訴，問題とその経過は書かれていることが多い。また，事例によって，生育歴や家族環境，学歴や社会歴などが書かれる場合がある。ただし，プライバシー保護の関係上，個別の事例の公表に関してはクライエントの許可を得る必要があり，また，許可を得ていても，特定されないように最大限配慮することが必要である。個人名の記載においてはイニシャルなども避けたほうがよい。面接事例であれば，この後に具体的な心理面接の詳細が記述される。長い経過であれば，クライエントの状態や面接の内容の変化などから，いくつかの時期に分けて書かれることが多い。そして，最後に目的にかなった考察が書かれる。長い面接経過を詳細に文字化することは難しいため，面接の経過は目的に沿った内容を中心に，つまり考察で取り上げる点を中心に，何を論議したいのかが読み手に伝わるように記述するのがよい。この際，単なる事例の報告にならないようにする必要がある。どのような目的のもとにその事例を提示したのか，常に考えながら研究を行う必要がある。

## 4．事例研究の課題

事例研究を行う際に最も難しいことのひとつに，クライエント保護の問題がある。事例概要や面接経過をどこまで詳細に書くかという問題は，クライエント保護の観点からよくよく考えるべき問題であろう。事例研究を行う際，事例を理解するうえでは重要な情報であるが，プライバシー保護を考えると記載を避けたほうがよい情報は多い。これをどうするかについて，臨床家や研究者は悩むことは多いであろう。たとえば，心的外傷については詳細に記述すれば記述するほど，その論文の読者にとってはそのクライエントの理解は進むかもしれないが，クライエントのプライバシー保護という観点に立つと，どこまで記述するかは難しい問題である。また，臨床家である以上，プライバシー以外の側面でもクライエントに対する配慮は必要であろう。たとえ研究を行う時点でクライエントの許可を得ている場合でも，その後，クライエントやその家族がその論文を読んだときにどんな気持ちになるかを考えると，また，何らかの不利益が生じる可能性がゼロとは言えないという

ことを考えると，なかなか事例の詳細を書く気にはなれないこともある。ある程度記述しないことには読み手には伝わらず，事例研究として成り立たない部分もあるのだろうと思いながらも，結局は避けてしまうことが個人的には多い。クライエントに役立つ情報を生み出そうとする研究者としての役割と，クライエントを守る臨床家としての役割の折り合いをどのようにつけていくかは，心理支援を担う者にとっての今後の課題であると思われる。

（青木 佐奈枝）

〔文献〕

星野命 1970 事例研究の意義と諸問題 片口安史・星野命・岡部祥平編 ロールシャッハ法による事例研究 誠信書房 223-233.

河合隼雄 1986 事例研究の意義と問題点——臨床心理学の立場から 臨床心理事例研究, 3, 9-12.

山本力・鶴田和美ら編著 2001 心理臨床家のための「事例研究」の進め方 北大路書房

## 6 実態調査
survey

ある対象の実態（事実のある側面）を，一定の方法を使って把握しようとする試みが，実態調査である。その目的には，実態を把握することによって，①研究の基礎資料とすること（たとえば，不登校の中学生の心理に関する研究をする場合に，全国の不登校者数の直近の実態を把握する），②研究の方向を定めること（うつ病の外来患者数を比較して，女性よりも男性が少ないという実態が明らかになると，その理由を探るという研究の方向が決まる）が挙げられる。研究者には，自ら実態調査を実施してデータを得るか，既存の実態調査を活用するか，という二つの選択肢がある。

### 1．実態調査を実施する場合

自ら実態調査を実施する場合，その代表的な方法として，①質問紙法，②面接法，③観察法がある。

質問紙法は，入念に検討された質問紙を対象者に郵送や手渡しで配布し，回答が記載された後に回収する。たとえば，大学生が学生生活にどの程度満足しているのか実態を把握するために，満足度を測る質問紙を講義終了前に配布して回収するといった方法である。

面接法は，訓練された面接者が対象者に対してインタビューを行い，データを収集する。青年期の人がどのようにしてアイデンティティを模索しているのかという実態についてインタビューを行うのは，その一例である。

観察法は，調査者が対象者のいる現場に足を運ぶ，あるいは対象者を実験室に集めて，そこで起こる現象を観察する方法である。ホームレスの実態をつかむために，調査者がある期間ホームレスとなって，他のホームレスとコミュニケーションをとりながら観察をしてデータを収集する，といった例が挙げられる。いずれの手法も一定の厳密な手続きに沿って実施され，事実のある側面をできるだけ正確に把握することが目指される。

現在行われている実態調査のなかで，最も大規模で回収率が高いものは，国勢調査である。これは全国民を対象として5年ごとに実施される，人口などの動向に関する実態調査であるが，まず対象者に質問紙が配布され，後日，調査員が訪問して回答の漏れやミスがないか確認しながらデータが収集される。

国勢調査は国が実施するもので，行政などの基礎資料を得ることを目的に，非常に多くの人員と費用が投じられる。個人や大学レベルの研究では，このような大規模の実態調査が実施されることはまずない。それは労力や経済面から考えて現実的でないことはもちろんだが，研究の目的からしてそこまでする必要がないからでもある。たとえば，大学の学生相談室について学生がもつイメージの実態を把握するには，すぐれた質問紙を用いて，その大学の全大学生を対象に調査を実施すれば事足りる。

それゆえ，実態調査を実施する場合は，研究目的によく照らして，誰を対象にするのか，全数調査（または「悉皆調査」。対象者全員について調査すること）にすべきか，標本調査（対象者の一部を対象として，データから

全体を推測すること）にすべきか，実態をつかむために最も適切な方法は何か，といったことを吟味し，かつ，対象者に対して不利益にならず，経済的にも労力面でも実施可能な計画であるかを十分に検討すべきである。

## 2．既存の実態調査を活用する場合

研究者には，既存の実態調査を活用するという，もうひとつの選択肢がある。その際，自分の研究にとって適切な実態調査と，そうでない実態調査を見極めることが重要である。そのチェックポイントとして，次の三点が挙げられる。

### 1）対象となった概念はどう定義されているか

たとえば，その実態調査で定義されている「青年期」は，何歳から何歳までの範囲とされているのかということは，重要な情報である。また，定義が違うために，調査結果に明らかな相違がみられる例がある。全国の「フリーター」の総数について，2003年の内閣府の報告が417万人だったのに対して，同じ年の厚生労働省の報告は209万人であった。この相違は，両者の定義が違ったからである。

### 2）どのような方法でデータが収集されているか

信頼できる水準の厳密公正な手法で，データが収集されているだろうか。対象者に偏りはないだろうか。使用された質問紙は，信頼性や妥当性が保証されているか。面接者は十分に訓練されていただろうか。一連の手続きは，追試可能なレベルまで記述されているだろうか。これらの点は注意深くチェックすべきである。ちかごろ，ランダムに電話番号が選択され，機械音声を使って「電話調査」が行われる例があるが，対象者の立場から考えると，こうした「調査」に真面目に回答するとは思われず，たとえデータが得られても真の回答内容ではないことが推測される。また，「無作為抽出」と記述しながら，データ収集の手続きをみると，恣意的な抽出である場合もあり，注意が必要である。

### 3）どのような目的で実施されているか

その実態調査の実施主体や目的を考慮すべきである。特定の目的を達するために実態調査が利用されることがあるからで，この場合，実態調査の結果は説得の道具となっている。

もしチャンスと意欲があれば，実態調査を実際にやってみることをお勧めする。そうすれば，いつどの段階で手抜きや誤りが生じやすいかがわかり，上記のチェックポイントを十分に使いこなすことができるようになるはずである。

既存のデータや実態調査を，より積極的に活用する手法として，2次分析（secondary analysis）がある。2次分析とは，実態調査によって収集された公開データを再分析し，既存の仮説や新しい仮説を検証したり，あるいは新たな分析手法を適用したりすることで，1次分析（最初の研究）では明らかにされなかった点を解明しようとする分析である（佐藤ら，2000）。

たとえば，長谷川・長谷川（2000）は，警察庁の犯罪統計と殺人事件の裁判記録（判決文）を参照し，判決ごとにデータベースを作成して，それをもとに日本の殺人動向を年齢層別に，1955～1994年までのほぼ5年刻みのグラフを描いた。すると，年代を追って10代後半から20代の男性による殺人率（100万人あたりの殺人者数）が激減していること，この年齢層では殺人率が高くなるという「ユニバーサルなカーブ」から近年の日本は逸脱している稀な例であることなどを見いだしている。これは，2次分析の見事な研究例である。

(林 真一郎)

〔文献〕

長谷川寿一・長谷川眞理子 2000 戦後日本の殺人動向 とくに，嬰児殺しと男性による殺人について 科学，**70**，560-568．

佐藤博樹・石田浩・池田謙一編 2000 社会調査の公開データ——2次分析への招待 東京大学出版会

## 7 フィールド・スタディ
### field study

文化人類学をはじめ史学，民俗学や地学では古くから用いられている調査技法として，

フィールドワーク（現地調査）があるが，さまざまな学問領域に利用されるなかで，フィールドワークの定義や特徴も多様になってきている。ここでは調査を含む包括的な研究手法の表現として，フィールド・スタディ（現場研究）を用いる。

## 1．フィールド・スタディとは

実験室研究では，被験者を実験室に呼び，独立変数と剰余変数を十分に統制することによって因果関係の実証を目指すが，そこでは研究者の人為的計画ゆえに，しばしば現実性の低さ，倫理上の問題，代表性の低さが問題としてつきまとう。私たちの日常をどれだけ説明できるか，そして私たちの日常にどれだけ活かされうるかという，心理学研究における生態学的妥当性の問題である。これに対しフィールド・スタディでは，現象が起きている現場に研究者が出向くことによって，より日常的な自然状況で得られた一次資料をもとに実証を目指す。このことから，フィールド・スタディは生態学的妥当性を保障する手法として関心が高まっている。

カウンセリング心理学においては，調査の場としてのフィールドの意義のみならず，実践の場としてのフィールドの意義が大きいであろう。アメリカをはじめとし，日本の大学院教育においても，科学者‐実践家モデル（scientist-practitioner model）に基づく臨床心理家の養成が注目されてきている。臨床介入や臨床実践の実証的研究は，もはや世界的な社会的ニーズである。臨床実践過程の客観的記述を実現するために，研究者自らの臨床実践（または実践者自らの客観的記述）による研究もまたフィールド・スタディであって，今後大いに期待される研究手法であろう。

次に，研究者が研究テーマをフィールドに持ち込む手法という観点から，まず実態調査的フィールド・スタディと，実験研究的フィールド・スタディとを説明する。そして，実践過程を記述することに焦点を当てる研究手法という観点から，実践的フィールド・スタディについて説明する。

## 2．フィールド・スタディの例

### 1）実態調査的フィールド・スタディ

現場で起こっている現象についての実態を明らかにする研究である。たとえば，教員のメンタルケアに興味があるとする。学校で，教師の精神疲労と就業時間（残業時間）との関係を調べようと，就業時間と精神疲労に関するアンケート調査や直接観察などによって資料を集める研究がそうである。また，父親の育児参加意識に興味があるとする。夫婦で参加可能のプレママ教室に母親のみで参加するか夫婦で参加するかの度数分布を，同じ地域で継続的に調査したり，地域で比較したりするなど，父親の育児意識の変化や地域差などを知ることができる。このように，実験研究的な明確な仮説はないが，何を調べるかは明確である。

### 2）実験研究的フィールド・スタディ

現場にすでに存在する状況を利用して，意図的に，ある条件を備えたグループとそうでないグループとを比較する研究である。

家庭での母親の子どもへのかかわり方に興味があって，就労する母親と専業主婦の母親とで，子どものかかわり方を比較したいとする。家庭に直接入り込んでの観察は日常を歪める危険性が高いと予想されるため，決まった時間にビデオカメラに日常の様子を収録してもらい，比較検討するような研究が考えられる。また，子育て支援センターを利用する母子に，2種類の長期プログラムを用意し，選択された一つのみに参加してもらう。どちらのプログラムが効果的だったかなどについて調査を企画実施し，分析するような研究もひとつの例である。このように就労や参加プログラムについて，研究者が用意したわけでなく対象者が置かれている状況を利用していること，実験研究的な明確な仮説があることが特徴である。

留意すべきは，フィールド・スタディは日常を人為的に歪めないことが特徴ということである。したがって，現場で研究するといっても，研究者の意図によって人為的に条件の操作をする場合，たとえば子育て支援センターの2種類のプログラムを，母子による選択ではなく，調査者が振り分ける場合は，フィールド・スタディとはいわない。

### 3）実践的フィールド・スタディ

参与観察（participant observation）や自

らが従事する役割（教師，カウンセラー，会員など）を通して，状況を分析の対象とする手法である。たとえば，集団になじまない園児が集団になじんでいく過程を，保育士とのかかわりや他園児とのかかわりなどを，観察者として記述する研究が挙げられる。また，集団カウンセリングのやりとりによって参加者がどのように変容するかを，カウンセラーが分析する研究も一例である。このように，フィールドにある研究テーマを，フィールドにいる者の視点で記述していこうとすることに特徴があるといえる。

## 3．フィールド・スタディ実践に必要なこと

　研究の始まりから終わる過程で最低限必要な手続きは，①研究目的にかなうフィールドを探して決める，②フィールドに研究目的と研究内容を伝えて依頼する，③フィールドに研究結果を報告する，ことである。これらの過程においても，フィールドへの参加によって，日常を人為的に歪めないための多くの工夫と努力が不可欠となる。たとえば，研究を実施する以前から，フィールドとの交流を図ってフィールドの文化・風土を理解するなど，フィールドにすでに身を置く者の知識レベルに近づく努力，プライバシーの取り扱いや保護に細心を配ったり，依頼のルートや方法を工夫するなど，フィールドとの信頼関係を大切にする努力，他のフィールド・スタディへの影響を考慮した努力などである。

　　　　　　　　　　　　　　（堀内　ゆかり）

〔文献〕
下山晴彦編　2000　臨床心理学研究の技法　福村出版
高野陽太郎・岡隆編　2004　心理学研究法——心を見つめる科学のまなざし　有斐閣

## 8　実験的フィールド・スタディ
experimental field study

　実験法は従来，基礎領域の研究を中心に実験室の中で行われてきた。対象者のもつ問題を解決することを目指すカウンセリング・リサーチでは，クライエントの要因，カウンセラーの要因，問題の性質の要因など，独立変数以外の変数の統制が難しいため，敬遠されてきた手法である。それを対象者の生活の場「フィールド」で行うとなると，環境要因も加わりさらに統制困難になる。一方，因果関係を実証するには最も適した研究方法であり，可能な限り導入したい方法である。「エビデンス・ベイスト・プラクティス」（効果が実証された介入を行うという姿勢）が強まるなか，この方法に基づく研究は，今後増えていくであろう。

### 1．定義と特質

　実験的フィールド・スタディとは，対象者の生活の場（フィールド）で行われ，かつ実験法の条件を満たしているものである。実験法の条件とは，独立変数（実験条件）以外の変数を極力同じにそろえることで（統制する），独立変数を変容させたことで従属変数に変化が生じたということを示すことである。この統制するということが，フィールドでは難しい。可能な限り類似している対象者を集め，なるべく等質に複数のグループに分けることを試みる。たとえば，いじめへの予防的介入の効果を調べるとき，同じ学校に通う同じ学年の学級を対象に，学級編成直後に行うなどの工夫ができる。

### 2．種類と方法

　実験的フィールド・スタディは，以下の二つに分類できる。

#### 1）被験者間実験

　できるだけ類似した対象者を集め（学年や性別，示している問題状況），差がないようにいくつかのグループに分ける。このとき，調べたい条件（独立変数）を適用するグループを実験群，調べたい条件を異なるかたちで適用するグループを比較対象群，調べたい条件を適用しないグループを統制群と呼ぶ。群間で独立変数以外の条件はできるだけそろえる。そして，設定した群間で従属変数を比較し，推測統計による検定を行い，結果を考察するという方法をとる。

　フィールドではしばしば統制群の設定が難しくなる。問題をもつ対象者に効果があると予測される介入を行わないということには，

倫理的問題がある。これに対して，実験群の介入を先に行いデータを収集した後，時期をずらして同じ介入を統制群に行うという，ウェイティング・リスト群の設定という方法がある。

### 2）被験者内実験

特定の個人にだけ当てはまるような介入の効果を調べたい場合，または統制群の設定が困難な場合に用いられる方法が，被験者内実験（単一被験者実験とも呼ぶ）である。被験者内実験では，介入が施される前の状態をベースライン期，介入が施されている時期を介入期とする。さらに介入をいったん取り除き，再び介入を行う。このようにすると，介入がある時期（実験群）とない時期（統制群）を，単一の被験者で比較することができ，介入によって異なる反応がもたらされることを示せるのである。この方法は集団に対しても実施できる。たとえば，私語の多いクラスに対して，毎日4時間目の授業中に私語で中断される回数を数えた後，介入（穴埋めプリントの利用や全員で復唱する時間の設定など，生徒の反応を求める授業を行う）を実施し，中断回数を記録し，さらに介入を取り除く，介入を実施するということを行ったとする。この結果，介入期にいずれも中断が減っていれば，介入がこの効果を引き起こしたといえる（下図参照）。このような実験方法は多数あり，詳しくは行動分析の文献を参照されたい。

## 3．リサーチ・トピック

この研究方法に基づく研究が期待される分野を紹介する。

### 1）カウンセリングあるいは介入の技法やその基礎となる理論に関するリサーチ

数ある既存の，または新しく開発したカウンセリング理論や介入技法が，特定の問題の改善のためにどのくらいの効果を生むかを調べる研究は，カウンセリングの実証性の議論が高まるにつれて，ますます広がっていく研究領域だろう。たとえば，不登校の子どもに，母親と子どもの並行面接を行った群（実験群），本人の面接のみを行った群（比較対象群），何も行わなかった群（統制群）の間で，不登校の改善効果を検討するといった研究である。

### 2）育てるカウンセリングの効果に関するリサーチ

グループ・エンカウンター，ソーシャルスキル・トレーニング（SST），対人関係ゲームなど，心理学の研究で得られた知見を基盤に開発された心理教育の実践が増えている。これらの活動を積極的に行うことは，スクールカウンセリングの充実という点で意味があると同時に，いつ，誰が，どんな学級に対して，どのような内容の活動を行うと効果があるのかという検討が，今後必要になるだろう。

### 3）特別支援教育の分野で行われる行動分析に関するリサーチ

どのような特徴をもつ子どもにどのような

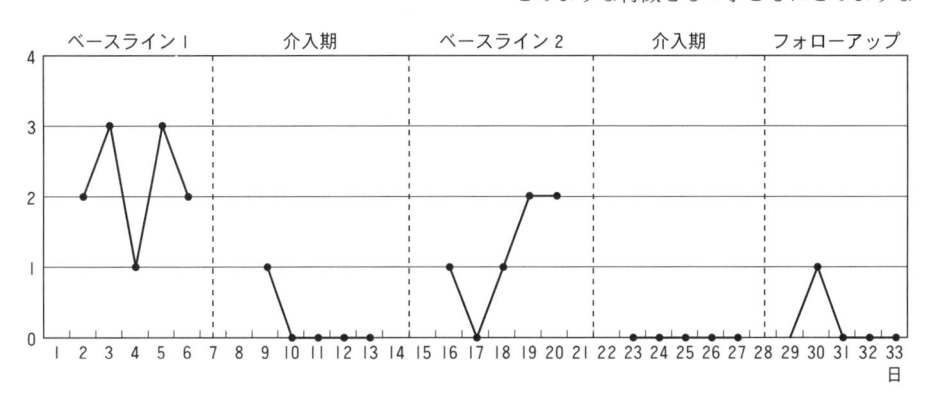

図　私語の多い学級における授業の中断回数の記録

介入が効くのか，個に応じる支援のあり方を検討する研究が増えるだろう。特別支援教育コーディネーターや特別支援対象児を受け持つ教師は，自分の行った介入が，その子どもにとって効果があったということを示す説明責任がある。単一事例被験者実験計画に基づく研究が増えていくことを期待したい。

### 4. 今後の課題

実験的フィールド・スタディの適用について，二つの課題を述べる。第一に，実験的フィールド・スタディは大きな倫理の問題を内包している。実験法では，実験仮説を伝えることなく参加を依頼する。それは，対象者が実験仮説を知ってしまうと，それに基づいて行動する可能性があるからだが（要求特性のひとつ），そこに欺き（ディセプション）の要素がある。ときには，実際の仮説を隠すため異なる説明（カバーストーリー）が与えられることもある。フィールドで行われる研究は，研究自体が相手の福祉に貢献することが理想であり，最低でも害をもたらさないということが原則である。研究終了後に，研究仮説を丁寧に説明すること（デブリーフィング）や，結果を対象者に役立つかたちでフィードバックすることが大切である。またすべての研究手法にもかかわる倫理（インフォームド・コンセント，プライバシーの保護など）が大切なことはいうまでもない。

第二に，実験的フィールド・スタディの担い手の問題がある。エビデンス・ベイスト・プラクティスを実践するには，多くのエビデンス（現場で行われる介入研究の成果）が必要である。研究者の数は限られているうえ，研究者がフィールド（たとえば，教室）に出向いて実践を行う時点で自然ではなくなる。そこで，現場をもちつつ研究を行う実践家が増えていくことを期待する。

（飯田　順子）

〔文献〕

　國分康孝　1991　カウンセラーのための6章――カウンセリング・マインドの展開　誠信書房

　Ray, W. J.　2003　*Methods toward a science of behavior and experience.* 7th ed. Wadsworth/Thompson Learning.（岡田圭二訳　2003　エンサイクロペディア心理学研究方法論　北大路書房）

## 9　実験研究
### experimental research

心理学という学問領域において，一般的にその研究方法は，実験研究と調査研究に大別される。実験研究は，「研究者（実験者）は，対象者（被験者）に何らかの刺激操作を加え，その結果として表れる行動を測定する」（心理学実験ノート編纂委員会，2006）という方法がとられる。どのような刺激操作を与えると，行動にどのような変化が表れるのかを調べることによって，「行動とその行動を生起させた要因との因果関係を実証しようとする」のである。

また，調査研究は，対象に直接関与することなく，対象者の行動を観察したり，質問紙への回答を求めたりすることで，テーマとなっている心理的現象の要因を明らかにし，その原理の説明を進めようとするものである。そのいずれもが，より科学的に心理的現象を説明するために，行動観察や質問紙や実験によって得られた反応を数量化して，心理的要因の関係を調べようとする点では共通している。

カウンセリング心理学は，心理学のなかでも最も応用的な色彩の強い領域であり，心理的に困難を抱えた人への援助を目的にした実践の積み重ねのなかから，理論や技法が生まれてきた。そのため，中心的な研究方法は事例研究である。実証的な研究としては，調査研究が用いられることが多く，実験研究は非常に少ない。

### 1. 実験研究の意義

カウンセリングという現象についての基礎的な実験研究が少ない理由は，実験研究で必要とされる条件統制の難しさにある。心理学の実験研究では，影響を与えると予想される要因を変数として，その条件を変えて設定し，その結果の差異をみる。それ以外の要因は統制されるが，統制できなかったものは剰余変

数となり、このような要因が多いほど明快な結果は得られないことになる。この観点から考えると、カウンセリングという現象は、多くの要因が複雑に入り組んでおり、少ない変数によって特定の現象を説明するのは難しい。

カウンセリングの理論や技法が歴史的に確立されていくなかで、クライエントに影響を与えると考えられるさまざまな技法や態度が重要視されてきた。それらの多くは、カウンセリング体験を通して経験的に積み上げられてきたものである。しかし、昨今の時代的な風潮として、カウンセリングの有効性についての根拠を、科学的に説明する必要に迫られている。カウンセラーの用いる技法や態度がクライエントにどのような影響を与えるのか、これを実証的に示す実験研究の意義は大きい。

## 2. 実験研究の現状

カウンセリングの技法についての実験研究の代表的なものに、アイビイ（Ivey, 1971）によって提唱された、マイクロカウンセリングをもとにしたものがある。マイクロカウンセリングは、カウンセラー養成のために、カウンセリングに共通する基礎的技法を取り出して、細かな単位に分解して、一つずつそれらの技法を習得させようとする、系統だったトレーニング方法である。この方法について、教示、モデリング、練習、フィードバックの観点から研究が進められてきた。また、技法が細かく分解されていることを利用して、その一つひとつの技法の効果について、実験的に検証されてきた。たとえば、質問技法や感情の反映など、さまざまなカウンセリングに共通しているかかわり技法について検討されてきた（玉瀬・田中、1988）。

日本においても、玉瀬（1998）がマイクロカウンセリングの理論を基礎にして、一連の実験研究を行った。たとえば、技法習得に及ぼすマニュアルとモデリングの効果を調べたり（玉瀬、1990）、質問技法への応答に影響を及ぼす要因として、親密性と自己開示を取り上げた（玉瀬、1991）。また、山本（1996）は、積極技法のひとつである解釈が、クライエントのレディネス状態の違いによってどのように感じられるかということを、かかわり技法である言い換えやはげましとと比較して検討した。

このようなマイクロカウンセリングの理論をもとにした研究のほかにも、カウンセラーの応答がクライエントに与える影響について検討したものがいくつかある。島本（1996）は、クライエントの心的状態によって、指示的か非指示的かというカウンセラーの応答への満足度が異なることを示した。また、田中（2006）は、疑似カウンセリング場面を設定して、カウンセラーの応答がクライエントの知覚された共感に与える影響について明らかにした。

## 3. 今後の課題

マイクロカウンセリングの理論は、本来はカウンセラー養成のためのプログラムを開発することを目的に構成されたものだったが、その枠組みを用いることによって要因統制が容易になり、カウンセリングについての実験研究が推進されてきた。カウンセリングにおいてどのような要因が重要な働きをしているのか、どんなアプローチが効果的なのか、さらに解明していくことが必要だろう。ただし、実験研究で得られた結果が、直ちに実践に生かされるというわけではない。からみあった多くの要因のなかから、細分化された技法の一部を取り出して研究されたものなので、その結果は、カウンセリングを行ううえでのひとつの手がかりとなる。実験研究での成果を実践に反映させながら、そのなかで再度検討することが重要である。

また、新たな研究分野として、遠隔カウンセリングについての研究がある。インターネットの進歩や普及に伴い、パーソナル・コンピュータを用いた双方向TVによるコミュニケーションが可能になり、新たなメディアを通じた遠隔カウンセリングが行われるようになってきた。柿井（1997）や村瀬（2006）は、遠隔カウンセリングが対面式の通常のカウンセリングと同様な効果が得られるのか、といったことを明らかにしようとする研究を行っているが、この分野の研究はまだ少数である。遠隔カウンセリングは、直接会ってカウンセリングをすることの難しいクライエントへの、新たなコミュニケーション方法として利用されはじめている。今後さら

に利用範囲が広がる可能性があり，遠隔カウンセリングの特性を明らかにして，その利点や問題点を探ることが必要になるだろう。

(井上　忠典)

〔文献〕

Ivey, A.E.　1971　*Microcounseling : Innovations in interviewing training.* C. C. Thomas.

柿井俊昭　1997　双方向型TVを用いたマルチメディア・カウンセリングの基礎的研究　心理学研究，**68**, 9-16.

村瀬勝信　2006　遠隔カウンセリングが状態不安に与える影響——異なるカウンセリング方式の比較から　パーソナリティ研究，**14**, 324-326.

島本淳子　1996　カウンセラー応答の指示性と来談者の心的状態との適合性に関する実験的研究　カウンセリング研究，**29**, 9-18.

心理学実験ノート編纂委員会　2006　心理学実験ノート(第5版)　二瓶社

玉瀬耕治　1990　基礎的なカウンセリング技法の習得に及ぼすマニュアルとモデリングの効果　カウンセリング研究，**23**, 1-8.

玉瀬耕治　1991　開かれた質問と閉ざされた質問への応答に影響する要因——聴き手と話し手の間の親密性および聴き手の自己開示　カウンセリング研究，**24**, 111-122.

玉瀬耕治　1998　カウンセリング技法入門　教育出版

玉瀬耕治・田中寛二　1988　マイクロカウンセリングに関する研究　奈良教育大学教育研究所紀要，**24**, 53-66.

田中伸明　2006　共感的理解の伝達を意図するカウンセラーの応答の特徴について——クライエントへの影響も含めた検討　カウンセリング研究，**39**, 113-123.

山本眞利子　1996　クライエントのレディネス状態の違いにおける解釈がクライエントの反応の評定に及ぼす影響　カウンセリング研究，**29**, 1-8.

# 10　リサーチ・トピックの設定

deciding a research topic

カウンセラーは，目の前にいるクライエントの諸問題といかに向き合うかが，日々の重要な仕事である。クライエントの主観的事実や客観的事実を明らかにし，仮説を考え検証のための資料を集め，処遇法を検討して実際に適用し，その問題がどう変化しているのか面接して考察し，次の処方をしていく。これはリサーチの手順と同じであり，リサーチを学ぶことが，カウンセラーとしての実践能力を高めることにもなる。「カウンセリングは，アートであるとともに，サイエンスであり，事実によって検証されなければならない」（國分，1993）といわれるゆえんである。

このように事実を検証することがリサーチであり，まず事実を発見すること（問題解決)，そして，林立する複数の理論を整理し統合すること（理論構成）もリサーチである。

## 1．リサーチ・トピック設定のすすめ

この視点に立つと自ずから，リサーチ・トピック（研究課題）のいくつかがわき出てくる。大きな視点からの問題（大トピック）と，その問題に影響を与える具体的な側面（諸条件や要因）などとの関係を考慮した研究課題が生じてくる。

たとえば，「不登校」という大トピックに関しては，子どもの場合，年齢，生育歴など個人の発達的な問題，家庭内の環境・親子関係のこと，学校の環境・友人関係・教師との関係，地域の問題，文化的・社会的問題などが影響している。具体的には，子どもの劣等感，性格，身体的・精神的障害の有無，学業不振，いじめ，親の過干渉・過保護・過期待，自己肯定感（自尊感情）の傷つき，友人および教師の対応，ストレスなどが不登校の要因であることも多く，仮説も立てやすく，すでに多くの研究がなされている。

もう成人に達した「もと不登校の子」のたくさんの事実を整理して，その不登校経験が，どんな影響を及ぼしているか調査・分析することなどは，興味深い。その結果をまとめて，「社会的適応性」「社会性」と概念化し，理論化することなど，不登校の問題を多角的にとらえるために，価値ある研究といえよう。不登校のポジティヴな側面も出てくるかもしれない。ソーシャルスキル，ライフスキル，共感性，道徳性，自己肯定感，自己開示，アイ

デンティティ，自己概念，自己像，理想自己，被援助志向性，ソーシャル・サポートなども不登校との関係が予想され，カウンセリングに役立つ知見が得られることも推測される。

大トピックは，自分で関心をもってきた問題，カウンセリングで扱っている問題，社会的に問題視されていることなので，価値ある研究課題になりうるといえよう。心理学的には，問題行動とは，心理・社会的な原因によって情緒的に異常な緊張が生じ，それが比較的長く続いたために起こる性格・身体・行動の異常をいう。主に，正常な発達のために問題である反応というとらえ方をして，問題行動という言葉が用いられる。それらは，本人が苦しむ非社会的行動と，他人に迷惑をかける反社会的行動に分類される。詳述すると，非社会的行動とは，内気，わがまま，おちつきがない，乱暴，偏食，拒食，吃音，不眠，緘黙，夜尿，頻尿，指しゃぶり，爪かみ，チック，脱毛，不登校，学業不振，恐怖症，うそつき，自殺企図，ひきこもり。反社会的行動とは，暴力的行為，盗み，放火，家出，徘徊，暴走，飲酒，喫煙，怠学，性の逸脱行為，いじめ，薬物乱用。さらに，学級崩壊，虐待，アパシー等々であり，カウンセリングによって得た情報で，環境を調整することによって好転する可能性が大きい。

予防的な育てるカウンセリングでは，構成的グループ・エンカウンター（SGE）をはじめ，対人関係ゲーム，アサーション・トレーニングなどの実施に関する諸問題は，その対象者も多い技法であり，研究結果が期待されている分野である。上記の問題傾向の予防法としての理論が待たれる。

## 2．トピック設定における公共性の重要性

「公共性の視点」の第一点は，「学問として意味のあるトピックか」という点である。

たとえば，ある人が小学校の学級崩壊と担任教師の年齢についてのリサーチを行ったとする。「今の子どもは，年配の先生では，そのこころが読めないのではないか」という興味からであるが，単に年齢にこだわるより，「学級崩壊はどのようにして起こるか」「学級崩壊と教師の対応の関係は」などのほうが，重要なトピックといえよう。過去に同じトピックで研究されていないか，文献研究をする必要がある。同じトピックでも，時代，母集団，測定方法，分析法が異なれば，リサーチする価値は十分ある。

「公共性の視点」の第二点は，「私たちが抱えている問題の解決に役立つ」ということである。たとえば，「会社に入社後，2年以内で辞めていく人はどのような社員か」という調査は，その説明概念を，上司の対応法，ストレス，評価，などを取り入れることにより，役に立つ研究としての公共性が得られる。リサーチの結果は，他の多くの人の役に立つか，使い道があるか，という視点が必要で，リサーチ・トピックの設定には欠かせない視点である。

## 3．トピックの設定における価値観排除の重要性

トピックの設定において，二番目に大事な視点は「価値観の排除」である。価値観の入った視点とは，「教師が生徒に体罰をしてはならない」とか，「生徒の服装は統一すべきか」というように，「～ならない」とか「～べきである」というようなトピック設定者の考え・思想が入りこんだトピックである。それらは意見表明であり，論考であったりするが，リサーチではない。リサーチというからには，「事実の記述」が必要である。上記のテーマでも，視点を変えるだけで，意味のあるリサーチ・トピックに変更することは十分可能である。「体罰を受けた生徒と受けない生徒で，いじめの加害者（被害者）となる場合に差があるか」のように。

カウンセリングの分野で，価値観が入らない自由なリサーチを考える場合，①カウンセリングの結果に関しての効果の測定，②カウンセリングのプロセスに焦点，③カウンセリングの条件，④実態調査，⑤仮説を提起しての事例，等が挙げられる。

〔小林　厚子〕

〔文献〕

國分康孝　1993　カウンセリング・リサーチ入門
　　——調査・研究の方法　誠信書房

# 11 測定具の条件
## conditions of measures

カウンセリング・リサーチの主要な測定法のひとつに、「質問紙法」がある。質問紙法とは、紙とペンを用いた安価で実施が容易な研究方法であり、データ数も確保しやすいため（高度な統計的分析に乗りやすく）、多くのリサーチで採用されている。ただし、一時点での調査結果に基づく場合、必ずしも変数間の因果関係まで言及できないことが難点である。

### 1. 質問紙法

最近では、縦断的に追跡調査をすることで、因果関係を示唆する試みがなされるようになりつつある（交差パネル調査）。また、主観的な自己報告に頼るので、データにバイアスがかかっていることを考慮に入れる必要があること、さらに、そもそも質問という言語を介して行うので、言語が理解できることを前提とすること（年齢や障害による制限）、などの短所がある。

また、近年、研究倫理について強く叫ばれるようになり、質問紙を用いた調査研究も、当然、倫理について十分な配慮をすることが望まれる。念頭に置いておくべき基本的な原則を一言でまとめれば、「調査の回答者や調査結果の閲覧者の不利益・不愉快につながるようなことを徹底して避ける」ということだろう。質問紙の表紙（フェイスシート）に、そのことを明記し、回答への同意を得たうえで、質問紙への回答を始めてもらう必要がある。具体的に配慮する点については他項（本章13項「研究論文の評価」）に譲るので、質問紙調査を行う際には十分注意されたい。

### 2. 心理尺度の作成プロセス

リサーチの主要な測定具である質問紙の特徴と、倫理的配慮について踏まえたうえで、次に、その中身の話に移る。研究テーマによってさまざまではあるが、質問紙の中身は通常、「心理尺度」で占められている。心理尺度とは、ある心理学的な構成概念を測定するためのモノサシである。通常、複数の質問項目から成り立っていて、各項目について何件法か（何段階か）で回答するものが多い。この心理尺度を作成するためには、大きく分けて次の三つのステップを経る必要がある。

#### 1）第一ステップ

測りたいと思う内容（概念）を明確化する。これは、言葉でもって具体的に定義することを指す。ただなんとなくイメージに任せるのではなく、「○○とは、△△である」と明確に言語化できなくてはならない。この概念定義が、心理尺度の最も重要な核となるので、概念としての明確さに加えて、類似概念があればそれとの差別化も十分なされる必要がある。

#### 2）第二ステップ

次に、この定義に沿った質問項目を作成する。つまり、概念を測定すると思われる項目（一つの文章であることもあれば、単語や句であることもある）を作る。後述する「項目の洗練・精選」によって、作成した項目の一部はモノサシに適さないものとして削られるので、一般的には、やや多めに項目を作成するようにしたい。また、再現性の問題から、最終的には少なくとも一つの尺度を構成する項目数として3項目は残るようにする。項目作成に際しては、①自分で考え出す、②既存の心理尺度の項目を参考にする、③面接や自由回答式の予備調査を通して他者からの意見を採取する、などがある。

#### 3）第三ステップ

こうして尺度のベータ版が完成したら、実際にそれを使って複数の人に回答してもらう。そこで集まったデータに基づいて、項目を洗練・精選する。具体的には、①各項目の回答分布を確認する。回答分布は正規分布に近いことが望ましい。逆にいえば、大半の回答者の回答内容が同じもの（つまり、誰もがYESと答えるような項目）は、モノサシとしての意味をなさない。その場合、文章表現を訂正するか、項目そのものを除外する。②因子分析（あるいは主成分分析）を行い、因子負荷量の低い項目を削る。慣例ではしばしば、因子負荷量が.40未満の項目を削ることが多いが、この基準は任意であり絶対的な

ものではない。③ 尺度のなかのある項目と，それ以外の項目の合計得点との相関をみていき，相関の低い項目を削る（I-T相関）。④ 尺度のなかのある項目を除いたときのクロンバックの信頼性係数 $\alpha$ を算出し，比較する。信頼性係数 $\alpha$ を低める項目を削る。

## 3．心理尺度の信頼性と妥当性

こうしてできあがった心理尺度の仕上げとして，最後に，尺度の信頼性と妥当性の検討を行う。信頼性と妥当性とは，心理尺度の絶対的な基本要件であり，心理学研究で尺度を使用するにあたっては，これらがきちんと検討されていなければならない。また，既存の心理尺度を用いる場合でも，こうした信頼性と妥当性の検討がしっかりとなされているかどうかを確認する必要がある。これらの検討がなされていない尺度は，心理学研究での使用は避けるべきである。

まず，「信頼性」であるが，これは，その心理尺度がモノサシとして十分な精度をもっているかどうかを指す。細かくいうと，信頼性には2種類ある。一つめは，モノサシとしての安定性という意味での信頼性である。具体的には，ある時点での尺度の回答と別の時点での尺度の回答が安定している（ぶれが少ない）ことによって示される。つまり，同一の回答者に異なる2時点で回答してもらい，両時点の回答の相関係数を算出し，相関係数が高いほどよいとする。これは，再検査法（テスト-リテスト法）と呼ばれる。二つめは，モノサシとしての内的一貫性（整合性）という意味での信頼性である。つまり，尺度を構成する一つひとつの項目が，意味的に（回答傾向として）同じ方向を向いているかどうかである。これは，先述したクロンバックの信頼性係数 $\alpha$ で知ることができる。ここから，$\alpha$ 係数を低める項目（他とは違う方向を向いている項目）は削るべきであることがわかる。$\alpha$ 係数は0～1の間の値を取り，1に近いほどよい。慣例では，.90代であれば上出来，.80代であれば十分，.70代であればそこそこ，.60代でぎりぎり，.50代は不可，といったところである。したがって，目安としては.80以上を目指すべきだろう。ただし，これも，絶対的な基準ではない。

次に「妥当性」であるが，この妥当性の理解は非常に難しいため，ここでは，その大枠のみを説明する。妥当性とは，その尺度が，モノサシとして測ろうとしているもの（概念）を本当に測っているかどうかを指す。妥当性を示す概念は数多く存在するが，基本として，基準関連妥当性と構成概念妥当性の二つを理解していただきたい。まず，基準関連妥当性とは，尺度の得点が，外部に設けた基準と見合っているかどうかを示すものである。たとえば，攻撃性を測る尺度を作った場合，その尺度の得点の高い人が，実際，周りの人たちの目から見て「あいつは乱暴者だ」と判断されれば，その尺度の基準関連妥当性は高いと判断される。もう一方の，構成概念妥当性とは，たとえば，ある概念を測定するための尺度を作成したとして，理論的にその概念が関連すると思われる概念も同時に尺度で測定し，予測どおりの関連がみられれば，構成概念としての妥当性が高いと見なされる。これは，つまるところ心理学研究そのものであり，裏を返せば，一つひとつの心理学研究はそれ自体が，尺度の妥当性を検証していることになる。

（湯川 進太郎）

〔文献〕
鎌原雅彦・宮下一博・大野木裕明・中澤潤編著　1998　心理学マニュアル質問紙法　北大路書房

## 12　リサーチ・デザイン
research design

研究仮説を立てたら，それを実証することになる。どのように実証するかは，研究論文の方法のところに書かれている。学会誌の研究論文を開いてみると，問題と目的に続いて，方法が書かれており，そこには研究協力者・手続き・実施期間・使用したテストや器具などが明記されている。これらのうち，リサーチ・デザインは手続きに関係している。

## 1．リサーチ・デザインとは

心理学などの実証科学では仮説演繹法が採用されており，一般的に，「もし～ならば，

○○であろう」という表現形式になっている。すなわち、「私の考えていることが正しいなら、このことが起これば次のような結果をもたらすであろう」というかたちをとる。「共通の体験をすると人と人のきずなが深まるならば、共に楽しい経験を積めば仲間意識が生まれる」の、「共に楽しい経験を積めば仲間意識が生まれる」が仮説であり、実験や調査によって仮説が支持されれば、もとになっている考え、「共通の体験をすると人と人のきずなは深まる」の確からしさが増す。

仮説の部分の、「共に楽しい経験をする」というのが独立変数と呼ばれ、「仲間意識」が従属変数と呼ばれる。つまり、影響を与える変数を独立変数といい、影響を受ける変数を従属変数という。しかし、従属変数に影響する要因は独立変数だけではない。親和欲求が仲間意識に影響するかもしれない。このように、従属変数に影響する独立変数以外の要因のことを交洛変数という。また、従属変数に影響を与える要因に、偶然による変動がある。

したがって、独立変数が従属変数の結果をもたらしたという仮説を支持するには、従属変数の変動は、①偶然や、②交洛変数によるものではないことの二つが必要になる。①は統計による検定に関係しており、「実験群と統制群の従属変数の値の違いは偶然によるものである」という帰無仮説を立て、統計的手法を使って帰無仮説を棄却することで、対立仮説「従属変数の値の違いは偶然によるものではない」、つまり「何らかの要因による影響である」という結論を導く。そして、②の交洛変数の統制にリサーチ・デザインは関係している。

交洛変数となる主なものには、測定までの間に起こる出来事、研究中に起こる参加者の心理的変化、繰り返し測定すること、研究者の期待や評価の熟練度、統計的回帰つまり高い得点を取った人や低い得点の人は次のテストでは平均に近くなるという傾向、実験群と統制群に分けられた研究協力者の特性の違いなどがある。

## 2. 多標本デザイン
### 1) 完全無作為化デザイン

実験群に「共に楽しい経験をする」という処置を行い、統制群には処置を行わないで「仲間意識」を測定したところ、統制群よりも実験群で「仲間意識」が高いことが確かめられたならば、「共に楽しい経験を積めば仲間意識が生まれる」という仮説が支持されたといっていいだろうか。その結論には疑問が残る。実験群と統制群には親和欲求に違いがあるために、両群間に差が生じたのかもしれない。親和欲求や過去の経験などの交洛変数による説明の可能性を否定することができない。そこで実験群と統制群に研究協力者を無作為化して割り当てることで、交洛変数が進入する余地を小さくすることができる。これを完全無作為化デザインと呼ぶ。

```
研究協力者 → 実験群 → 処置 → 測定
(無作為化) ↘ 統制群 ─────→ 測定
```

さらに実験群の処置の前にも「仲間意識」を測定することで、処置による変化量を知ることができる。

```
研究協力者 → 実験群 → 測定 → 処置 → 測定
(無作為化) ↘ 統制群 → 測定 ─────→ 測定
```

最初のものを事後テストのみの統制群デザインと呼び、後者を事前-事後テスト統制群デザインと呼ぶ。

### 2) 要因デザイン

二つの変数が同時に従属変数に影響を与えていると考えられるときは、要因デザインが採用される。うつ病の患者さんに対する、抗うつ剤と認知療法の効果について検討したとしよう。抗うつ剤の服用が2水準、認知療法の適用が2水準なので、2×2要因デザインと呼ぶ。抗うつ剤あるいは認知療法の単独の効果とともに、併用の効果を検証することができる。

| | | 抗うつ剤の服用 | |
|---|---|---|---|
| | | あり | なし |
| 認知療法の適用 | あり | A群 | C群 |
| | なし | B群 | D群 |

図1 ABABデザイン

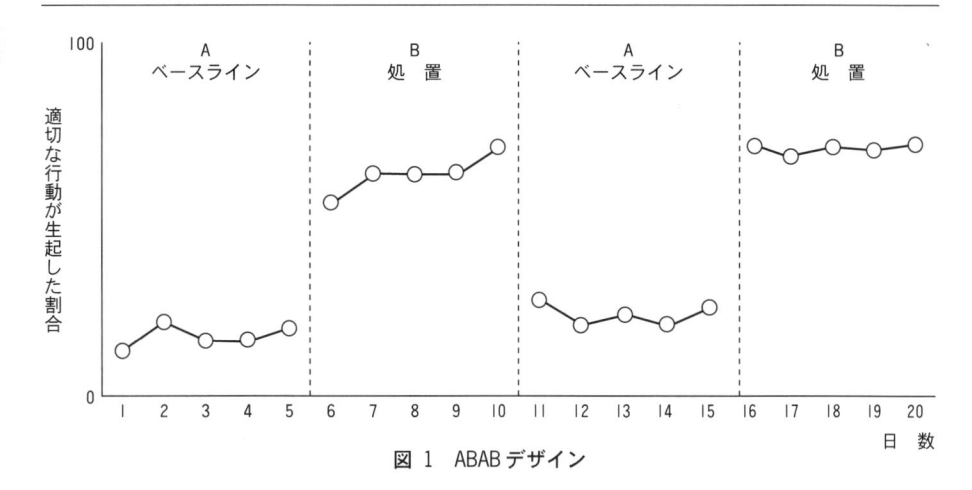

## 3. シングル・ケースデザイン
### 1) ABABデザイン
　シングル・ケースデザインは，時系列を使って交絡変数が関与する余地を少なくしている。まず，処置を行わないときの行動を繰り返し測定する。これがベースラインとなる。次に処置を行っているときに測定して，ベースラインと比較する。この操作を繰り返す。ベースラインと処置を繰り返すので，ABABデザインと呼ばれる。処置するのをやめると従属変数がベースライン水準に戻ることで，処置と行動変化の因果関係を確認できる（図1参照）。

### 2) 多重ベースライン・デザイン
　複数の行動を継続的に測定する。そしてベースラインがわかったところで，これらの行動の一つに処置を行い，その変化をみる。このように各行動に関して処置を順に行って，処置をした行動のみが変化するのを確認する。つまり，各行動は偶然には変化しないことを確かめることで，処置と行動変化の因果関係を確認できる（図2参照）。

(田上 不二夫)

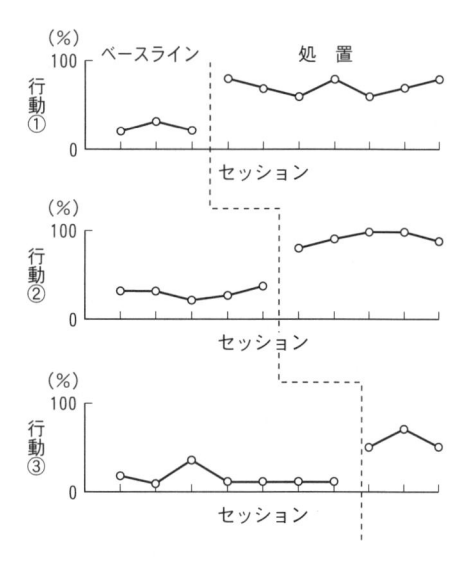

図2　多重ベースライン・デザイン

〔文献〕
ダスティン，D.S.　大村政男・児玉斉二・祐宗省三・馬場昌雄訳　1976　心理学研究法入門——不安研究を実例として　東京教学社
江川玟成　2002　経験科学における研究方略ガイドブック——論理性と創造性のブラッシュアップ　ナカニシヤ出版
岩本隆茂・川俣甲子夫　1990　シングル・ケース研究法——新しい実験計画法とその応用　勁草書房
國分康孝　1993　カウンセリング・リサーチ入門——調査・研究の方法　誠信書房
レイ，W.J.　岡田圭二訳　2003　エンサイクロペディア心理学研究方法論　北大路書房

## 13 研究論文の評価
### evaluation of research report

　カウンセリング心理学は，カウンセリング活動の科学的・思想的根拠を明らかにする研究活動である。すべての学問は，一つひとつの研究の積み重ねの集大成である。これまでの知識体系に，研究の成果を研究論文のかたちにして一つずつ加え，知識体系の蓄積に貢献するのである。それが他の研究者・実践者に，今後の研究や実践のための情報を提供することにつながる。したがって，研究論文はカウンセリング心理学を支える根幹である。具体的には，カウンセリング心理学の研究とは，カウンセリングの四つの援助行動の領域（リレーションの形成，アセスメント，ストラテジー，インターベンション）で蓄積されてきた知識体系に，新たな知見，すなわち，①事実の発見，②事象の説明，行動変容につながるストラテジーの開発，③概念・理論・モデル構成の開発，を積み重ねることである。時代とともに生じてくる問題も変わり，従来有効だった方法も現在では効果がみられないという場合も少なくない。カウンセリング心理学の知識体系は常に進化していくものであり，それを支えるのが研究論文なのである。

### 1．研究論文の評価の視点

　研究論文の価値は，カウンセリング心理学の知識体系の累積にどれだけ貢献したかがその中心になる。したがって研究論文の評価には，次の二つの視点が不可欠である。

#### 1）オリジナリティ・公共性

　従来の知識体系に新たな知見をどれだけ積み重ねることができたかどうかが，その視点として重要である。そして，研究論文の内容にも公共性があることが望ましい。公共性があるとは，リサーチされた結果が多くの実践者，研究者の今後の実践や研究に貢献できる，ということである。したがって，発表された研究論文の内容が他の研究論文に引用された数は，公共性のバロメーターになる。

#### 2）マニュアル性

　提出された研究の成果は，他の研究者が論文に提示された条件・方法・手続きに従って追試した場合，同じ結果が出るような一般性がなくてはならない。追試できるように記述されていなくてはならないのである。したがって，読者が欲しい情報を効率よく探し出すことができるように，すべて学会では論文執筆のルールを事前に定めている。そのルールを守って記述されることが求められる。現在の日本では，日本心理学会の「執筆・投稿の手びき」(2005年改訂版)がその基準になるだろう。研究論文を書く際には，提出先の学会，研究機関の論文執筆のルールを確認することが必要である。

#### 3）評価が低くなる研究論文の例

　大学院生に研究論文の評価について説明すべきことは少なくない。そこで，紙面の都合もあり，研究論文を審査することが多い立場から，研究論文として評価が低くなってしまう例を提示し，その原因を解説することで研究論文を書くうえでのポイントを示したい。

　まず，教育やカウンセリングの実践における倫理，論文執筆のルールからの逸脱，特定の価値観を前面に出した記述などは，論外である。上記以外で，次の点が気をつけるポイントになるだろう。

　**オリジナリティがない**――リサーチされた内容（課題，結果，方法）が，先行研究ですでに言い尽くされており，あらためて発表するまでもない場合である。文献研究をしっかりやっていないと起こりがちなことである。

　**リサーチ全体に妥当性・信頼性がない**――妥当性・信頼性の確認されていない先行研究，理論，方法論を前提に，リサーチが展開されている場合である。エッセイや啓発書あるいは，研究会発表レベルの論文の内容を引用して，リサーチが展開されているときに陥りやすい。また，リサーチにおける必然性が示されないまま，特定の理論の立場でのみ問題をとらえ，リサーチが展開されているときも同様である。さらに，自分が考えたことと，先行研究から引用したことが，識別されていない場合もやはり同様である。特に，引用した内容を自分の考えのように記述するのは，リ

サーチャーの倫理に反する行為である。教育現場や研究会レベルの研究紀要には，この問題が散見しているのが残念である。

**リサーチの結果に妥当性・信頼性がない**——問題をアセスメントする判断基準や，対応・介入する方法，リサーチする対象の選択基準などが，恣意的，客観性に欠ける，不明確，記述されていないなど，方法論が不十分な場合である。このようなプロセスで示された結果は，その時点で妥当性・信頼性が疑問視されてしまう。また，適切な方法論で測定値が導かれているものの，その妥当性，信頼性の検討がなされていない場合も同様である。

**リサーチで得られた結果以上に一般化された考察をしている**——たとえば，不登校の中学生の不安についての実態調査から日本の学校教育の問題まで大々的に考察している場合，主義主張文になってしまう。

## 2．リサーチにおける倫理

近年，研究実施や論文作成における倫理的配慮についての社会的要請が高まっている。倫理的配慮については，人間を対象とするカウンセリング心理学では特に肝要である。最低，次の点については事前に厳しいチェックが求められる。①調査や面接，実験に先立ち，研究参加者からインフォームド・コンセントを得たか。②データ収集や処理，論文に紹介する際の匿名性など，研究参加者のプライバシーは保障されているか。③調査や面接，実験時に，研究参加者に負荷やリスクはなかったか。④実験や調査においてデセプション（ごまかし）がある場合，事後説明などによる対処を行ったか。なお，所属または関連機関に倫理委員会がある場合は，研究を行うにあたりその承認を得ることが求められる。

（河村 茂雄）

〔文献〕

河村茂雄　2005　研究論文の書き方　下司昌一編　カウンセリングの展望——今，カウンセリングの専門性を問う　ブレーン出版　491-503．

國分康孝　1993　カウンセリング・リサーチ入門——調査・研究の方法　誠信書房

日本心理学会　2005　執筆・投稿の手びき（2005年改訂版）

# 14　先行研究のレビューの仕方

how to writing a literature review

カウンセリングの実践・研究には，先行研究のレビューは欠かせない。先行研究のレビューは自分の研究テーマを絞るだけでなく，自分が明らかにしようとしていることが，心理学のなかでどのように位置づけられるかを知ることができる。こうして，研究成果を他の研究との関係のなかに位置づけて，はじめて自分の研究の価値を見いだせるのである。卒業論文や修士論文においても，先行研究のレビューの上に立ち，今まで明らかになっていないことを明らかにしていくことが必要である。先行研究のレビューは，文献検索，論文の入手，結果の整理・組み立ての三つの段階からなる。ここではこの段階を一つずつ説明する。

## 1．文献検索

文献には書籍，学術雑誌，大学紀要，学会発表論文集がある。先行研究のレビューは，学術雑誌，大学紀要が中心となる。学術雑誌のなかでもカウンセリングに特に関係のある雑誌は，日本カウンセリング学会が発行する『カウンセリング研究』，日本教育心理学会の発行する『教育心理学研究』『教育心理学年報』，日本心理学会が発行する『心理学研究』，*Japanese Psychological Research* である。欧米の雑誌は分野ごとに細かく分かれているので雑誌の特定は難しいが，アメリカ心理学会が発行する *Journal of Counseling Psychology, Professional Psychology : Research and Practice* などは，カウンセリングに関するテーマがくわしく論じられており参考になる。

文献検索で活用したいのが，日外アソシエーツ社のMAGAZINEPLUSと，国立情報学研究所が提供するCiNii（サイニィ）である。MAGAZINEPLUSは多くの大学図書館で利用可能である。MAGAZINEPLUSには，国立国会図書館・雑誌記事索引や学会年報研究報告，大学紀要，一般誌・総合誌・ビ

ジネス誌などのデータベースがある。CiNiiは学術雑誌と大学紀要が検索でき，個人でも利用できる。

　海外の論文検索で使用したいのが，アメリカ心理学会のデータベース PsycINFO である。PsycINFO は欧米の学術論文だけでなく，他地域の研究成果も検索できる。アメリカ心理学会には無料で論文を検索できるサービスもあるので，PscyINFO が利用できない人は学会のホームページを参照されたい (http://www.apa.org/)。なお，アメリカ心理学会には，希望する学術雑誌の目次をメールで知らせてくれるサービスがある (PsycALERT® Fee E-mail Updates)。このサービスに登録しておくと，常に最新の研究動向を知ることができる。さらに，海外の文献のなかには，研究の詳細なレビューが掲載されることがある。海外で刊行された洋書は，書籍通販サイトなどで簡単に検索可能である（たとえば http://www.amazon.co.jp/)。また雑誌・書籍を問わず，日本の図書館の蔵書は国立情報学研究所の NACSIS Webcat (http://webcat.nii.ac.jp/webcat.html) で検索できる。各大学図書館のホームページには，文献検索の方法の細かいガイドが掲載されている場合が多く参考になる。

　さらに，各学会のホームページには，その学会の発行する雑誌の目次が掲載されている。日本学校心理学会のように，文献データベースをもつホームページもあるので，参考にされたい (http://homepage1.nifty.com/sc/jspa/)。加えて，博士課程をもつ大学では，博士論文の題目が公開されている。博士論文のなかには電子化されているものもある。

## 2. 論文の入手

　大きな図書館でもすべての文献がそろっていることは少ない。図書館に希望する論文がない場合，他大学や欧米の図書館にある論文のコピーを取り寄せることができる。論文の整理，保管も重要な作業である。筆者の周囲の研究者は，論文を著者別に保管している人，テーマ別に保管している人，時系列に保管している人がいる。必要な時に必要な文献を参照できる環境をいかに整えるかを考えたい。日本の大学ではこうしたスタディスキルを教

育することにあまり熱心ではないが，筆者は論文を検索したり保管したりするスキルを教える必要があると感じている。

## 3. 結果の整理・組み立て

　論文には大きく，調査研究，実験研究（効果測定を含む），事例研究がある。調査研究は質問紙データから定量的に解析を行っている。ここで大切なのは，どの程度の対象者にどのような項目で測定したかを押さえることである。対象者2百人と2千人では，調査の一般化の程度が異なる。さらに，サンプリングに配慮がある研究のほうがよいだろう。たとえば，中学生対象の研究であっても，複数の小学校から進学してくる中学校を対象とした研究データと，一つの小学校から進学してくる中学校を対象とした研究データでは，データの質が異なる可能性がある。複数の小学校から進学してくる中学校の生徒のほうが，友人形成のスキルを磨く機会が多いと予測されるためである。サンプリングが工夫されているか，どのような対象者を調査したかを考えて論文を読みたい。日本の論文には書かれることが少ないが，対象者の社会経済的要因についても留意が必要だ。

　また，どのような尺度項目を使用したかについても押さえておきたい。たいていの場合，尺度は因子分析され，因子名が付けられていることが多い。しかし，因子名だけを見ていたのでは，何を測定したのかわからない場合もある。因子負荷量の高い項目を確認したい。最近，欧米の論文では，著作権の問題からすべての尺度項目が公開されないことがある。自分の研究にとって重要な論文については，尺度項目を個別に問い合わせることが必要だ。筆者の限られた経験からすると，海外の多くの研究者は電子メールでの問い合わせに，一週間程度で回答してくれた。

　実験研究においてもどのような実験を行ったのか，対象者にはどのような介入をしたかについて注意を払いたい。最近ではソーシャルスキル・トレーニング（SST）やグループ・エンカウンターの効果測定は関心が高いが，何人にどの程度の介入（時間・プログラム内容）を実施したのかは，必ず確認したい。たとえば，小学校では実施する時期によって

は運動会や遠足などの行事があり，こうした行事が測定結果に影響を及ぼすこともある。

研究成果は，分散分析，重回帰分析，共分散構造分析によるモデルで示している研究が多いが，「関連がある」「影響する」といっても，どの程度の指標なのかをくわしくみてみることが大切である。

このような観点で個別に研究をみていくと，文献に優先順位がつけられる。この情報をもとに研究で得られた知見を並べていくことで，研究のレビューが可能となる。

(水野 治久)

〔文献〕
松井豊 2006 心理学論文の書き方──卒業論文や修士論文を書くために 河出書房新社

## 15 代表的な心理統計法
### basic concepts of statistics

心理統計は，記述統計と推測統計とに分かれる。記述統計は，集められたデータに基づいて，そのデータを発生させた集団や個の特性を記述することをねらいとする。推測統計は，データを発生された集団（標本）が抽出された元になる集団（母集団）の特性を，一定の仮定と約束事に従って推測することをねらいとする。推測統計のイメージは，図1のように示すことができる。

ここで，統計量とは，標本の分布の特性（平均や分散など）にかかわる数値指標である。仮想的に，そうした統計量を無限に採取したときに得られる分布が，標本分布である。標本から得られた一個の数値指標が，この標本分布のどこに位置するかを調べることによって，母集団についての一般化された結論を出そうとするのが，推測統計である。

### 1．代表的な心理統計法
#### 1）平均と標準偏差──記述統計

たくさんのデータを小数個のカテゴリーにまとめあげることによって，度数分布が得られる。度数分布の特性を数値的に表現するものとして，代表値と散布度とがある。代表値は，分布を代表する値，散布度は，代表値の

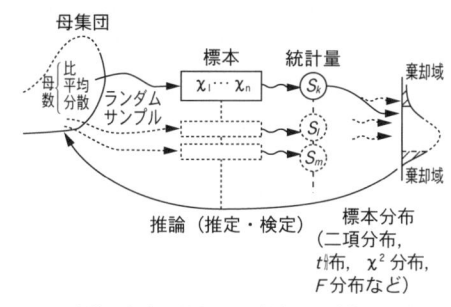

※実線は観察可能部分，点線は理論的に設定される部分

**図1 統計的推論の枠組み**

まわりにデータがどれくらい散らばっているかを示す値である。平均 $\bar{x}$ と標準偏差 SD は，一番よく使われる代表値と散布度の指標である。$N$ をデータ数とすると，

$$\bar{x} = \frac{1}{N}\Sigma x_i$$

$$SD = \sqrt{\frac{1}{N}\Sigma(x_i - \bar{x})^2}$$

#### 2）相関係数──記述統計

一つの対象（人）から，たとえば，身長と体重と足のサイズというように，複数のデータを取ることがある。そのとき，二つのデータの間に，全体としてどれくらいの関連があるかを知りたいときに，ピアソンの相関係数 r が計算される。相関計数がプラスで高いほど，一方の値（$x_i$）が大きくなれば他方の値（$y_i$）も大きくなる傾向が強くあることになる。

$$r = \frac{\sigma xy}{SDx \cdot SDy}$$

$$\sigma xy = \frac{1}{N}\Sigma(x_i - \bar{x})(y_i - \bar{y})$$

#### 3）因子分析──記述統計

相関を計算できる特性が10個以上になることが，ごく普通にある。たとえば，子どもの学業成績と健康診断と意識調査を一緒にするような場合である。10個あれば，45対の相関が計算できる。これを行列の形にしたものが，相関行列と呼ばれる。

この相関行列のなかから，特性間の類似性の構造を探り出す手法のひとつとして，因子

分析がある。そして，特性間の類似性の基盤にある潜在因子を推定することによって，複雑に関係する特性間の本質的な関係がみえてくる。

### 4）母分散の推定値——統計的推定

標本分散は，前述の標準偏差を2乗したものである。母分散は $N$ の代わりに，$(N-1)$ で平均平方を割ったものである。これが，標本から推定された母集団の散らばりの推定値（母分散）になる。ちなみに，母平均と母比率は，標本平均，標本比率と同じになる。これらは統計的推定のなかでも，点推定と呼ばれる。

推定にはもう一つ，区間推定がある。たとえば，内閣支持率が45%というのは点推定，45%支持率は，信頼度95%（または99%）で，43～47%の間にある，が区間推定になる。

### 5）t-検定，F-検定——統計的検定

たとえば，治療的な介入をした群と介入しない群とのあいだに統計的に有意な差があるかどうかを判定したい，というようなときに，二つの平均値，分散を使って次のような統計量を計算し，それが理論的に計算されている値よりも大きければ（棄却域に落ちれば），「統計的に有意」という一般的な結論を出す。

$$t=\frac{\bar{x}_1-\bar{x}_2}{\sqrt{\frac{N_1\mathrm{SD}_1^2+N_2\mathrm{SD}_2^2}{N_1+N_2-2}\left(\frac{1}{N_1}+\frac{1}{N_2}\right)}}$$

$$F=\frac{N_1\mathrm{SD}_1^2/(N_1-1)}{N_2\mathrm{SD}_2^2/(N_2-1)}$$

### 6）分散分析——統計的検定

3個以上の平均値間の差が統計的に有意かどうかを知りたいときに使うのが，分散分析である。t-検定を繰り返す方法もありうるが，これ以上の分析ができるので，分散分析のほうが望ましい。

分散分析の原理は，複数個要因の平均値間の差の散らばりが，個体差など，偶然の散らばりより大きいかを判定するところにある。

分散分析の長所は二つある。一つは，複数個の特性（要因）を同時に取り上げて差を分析できることである。たとえば，ある心理療法の効果を病歴の長短も考慮に入れて分析する，といったことができる。もう一つの長所は，交互作用効果の分析ができることである。ある心理療法の効果が病歴の長さによって違うかどうかを知ることができる。

### 7）ノンパラメトリック検定——統計的検定

以上述べた推定は，すべて標本分布に依存した検定であった。そこでは，前提を満たすための厳しい制約条件があった。とりわけ標本数は，少なくとも20個以上が確保されなければならなかった。

ノンパラメトリック検定は，10個以下くらいの少数個のデータだけからも一般的な結論が引き出せるような工夫をした検定である。

〈海保 博之〉

〔文献〕

服部環・海保博之 1996 Q & A 心理データ解析 福村出版

池田央編 1989 統計ガイドブック 新曜社

## 16　グラウンデッド・セオリー

grounded theory

グラウンデッド・セオリー（以下GT）は，1967年に社会学者のグレイザーとストラウス（Glaser & Strauss, 1967）が発表し，その後さまざまな立場から改訂・改変が重ねられてきた，質的データを用いる研究方法論と，そこから得られる理論を指す。医療社会学研究の方法として開発された後，看護研究などで多用され，心理学においても方法論のひとつとなっている。

### 1．グラウンデッド・セオリーとは

この方法論では，十分な知見や理論的蓄積のない現象・領域を対象に，それが「何か」あるいは「そこで何が起こっているのか」など，「広く，オープンな」（数量的分析や仮説検証による端的な答えが得にくい）問いを出発点とすることが多い（たとえば，ストラウスとコービン〈Strauss & Corbin, 1998〉は，「女性は慢性的な疾患のなかで，どのように妊娠を乗り切るのか」という問いを例示している）。そして，参与観察記録やインタビュー記録などのデータを用い，「データと

の対話」といえる手続きから，データに「根ざした」(grounded) 理論が生成される。この方法論が目的とする「理論」は，データから得られた複数の概念的カテゴリーとその特性 (properties)，そしてそれらを結ぶ仮説・関係からなる (Glaser & Strauss, 1967)。

グレイザーとストラウスは，病院をフィールドとした大規模な研究プロジェクトのなかで，既存のグランド・セオリー (「誇大理論」) によらない，現場からの理論生成のためにこの方法をつくりあげた。その後，方法論に関して2人は独自の展開をみせ，さらに，他の研究者によるバリエーションもみられる。したがって，具体的な手法には論者によって異なる点も多い。くわしくは，ストラウスやグレイザーによる著書 (Glaser & Strauss, 1967 ; Strauss & Corbin, 1998 ; Glaser, 1992) や，木下 (2003)，戈木クレイグヒル (2006) などを参照。なお本項は，方法について主にストラウスとコービン (1998) の記述・用語を用いた。

## 2．データ分析

### 1) コーディング

GTでは，コーディングのプロセスと，それによって見いだされる「カテゴリー」(現象を表す「概念」) が重要な役割をもつ。コーディングは，問いをもとに収集されたデータ (インタビューの記録や参与観察の記録など) 全体を十分に読み込んだうえで，その内容に関する記述的な「ラベルづけ」「名前づけ」から始められる。そして，そこで得られた概念を統合する高次のカテゴリーが見いだされ，その特性に着目しつつ体系的な統合が図られる。

分析のプロセスは，低次のカテゴリーを順次高次なものにまとめあげる一方向的なものではなく，まとめられたカテゴリーや，そこに含まれるサブカテゴリーの特性の次元 (dimension) の広がりを考察しながら，より精緻なものにする過程が含まれる。さらに，データから得られたカテゴリーの特性と次元の広がりを探り，明確化するためのデータ収集 (理論的サンプリング) が並行して行われることも，GTの特徴である。また，得られたカテゴリーがうまく当てはまらない事例に焦点を当てた分析も行われる。

なお，既述のように，GTにはさまざまな「流派」が存在し，コーディングの手順やデータ分析の単位にもさまざまな考え方がある。たとえば，グレイザーは徹底したデータの「切片化」(データを文や行などの単位で切り分けること) によるコーディングを重視する。ストラウスとコービンも，柔軟な方針をもちつつ切片化によるデータ分析の意義を重視する。一方，木下の方法では，切片化を行わない。

### 2) 「理論的飽和」と結果の提示

ストラウスとコービン (1998) は，こうした過程を経て，① カテゴリーをめぐって新たなデータが現れず，② カテゴリーの特性と次元を考えたときに，カテゴリーが十分生成した (well developed) といえる状況となり，③ カテゴリー間の関係が十分なものとなり，裏づけられたとき (これらをまとめて理論的飽和と呼ぶ) まで，分析とデータ収集が続くとしている。しかし，「理論的飽和」は到達が難しい「最終目標」としての意味合いもあり，その意味で，分析結果はいわば暫定的な (今後の変化に開かれた) 成果としての側面をもつことになる。

モノグラフや論文に結果がまとめられる際は，得られたカテゴリーが説明され，そのうえでカテゴリー間の相互関係が (しばしば図式的に) 示される。知見の実践的な意義を考察することも重要な課題となる。

### 3) メモとスーパーバイズ

GTでは，分析のなかで記録 (メモ) を書き続けることが，理論生成のために重視される。たとえば，コーディングやカテゴリーに関するメモや，理論的発想を書き留めるメモなどを，日付をつけて蓄積・整理し，読み直すことでアイディア，カテゴリーの統合が図られる。こうした，いわば個人内の作業だけでなく，スーパーバイズやピア・カンファレンスといった，他者の観点からデータや得られたカテゴリーを検討する作業も，重要な役割をもつものとして挙げられる (戈木クレイグヒル, 2006)。

## 3．研究にあたって

他の分析方法同様，GTも高度な方法論で

ある。木下（2003）や戈木クレイグヒル（2006）も指摘するように，データを収集し論文を執筆する前に，十分なトレーニングなどを通して基本的な考え方を理解し，方法に習熟する必要がある。また，研究の問いが探索的であっても，文献レビューが重要性をもつことに変わりはない。

次に，GTに限らず，質的方法を利用する際は，その手法の認識論的立場の十分な理解が必要である。GTは，質的方法のなかでも実証主義的な側面をもつ。この点では，数量的な分析手法と共通の志向性を指摘できる。一方，いわゆる社会構成主義的な立場，つまり「複数の現実」の存在を強調する立場の流派も存在する（ウィリッグ〈Willig, 2001〉参照）。

また，ウィリッグ（2001）は，この手法は医療社会学的な問いのなかで発展したもので，さまざまな社会的プロセスを明確にするうえで有用である一方，インタビューを通して個人の経験の質を明らかにしようとする試みに適用した場合は，「記述的な作業」に留まり，「理論を構成するものではない」と述べている。GTの基本的発想を分析に生かすことは幅広い領域で可能であろうが，上記の認識論的立場の問題も含め，自分の問いとGTとのマッチングについては十分な理解をもつべきであろう。

〔小松 孝至〕

〔文献〕

Glaser, B. 1992 *Basics of grounded theory analysis : Emergence versus forcing*. Sociology Press.

Glaser, B., & Strauss, A. 1967 *The discovery of grounded theory : Strategies for qualitative research*. Aldine.（後藤隆・大出春江・水野節夫訳 1996 データ対話型理論の発見——調査からいかに理論をうみだすか 新曜社）

木下康仁 2003 グラウンデッド・セオリー・アプローチの実践——質的研究への誘い 弘文堂

戈木クレイグヒル滋子 2006 グラウンデッド・セオリー・アプローチ——理論を生みだすまで 新曜社

Strauss, A., & Corbin, J. 1998 *Basics of qualitative research : Techniques and procedures for developing grounded theory*. 2 nd ed. Sage Publications.（操華子・森岡崇訳 2004 質的研究の基礎——グラウンデッド・セオリー開発の技法と手順〈第2版〉 医学書院）

Willig, C. 2001 *Introducing qualitative research in psychology : Adventures in theory and method*. Open University Press.（上淵寿・大家まゆみ・小松孝至訳 2003 心理学のための質的研究法入門——創造的な探求に向けて 培風館）

## 17　単一事例被験者実験計画
single case experimental design

単一事例被験者実験計画（事例実験デザイン，シングル・ケースデザイン）は，行動療法の効果研究や，行動変容の理論的研究で，伝統的に多く用いられてきた研究方法である。ある介入（独立変数）が標的となる指標（従属変数）にどのような効果（変化）をもたらすか，因果関係を明らかにすることを目的とする効果研究は，カウンセリング心理学研究の中心的なテーマである。因果関係を明らかにする唯一の厳密な方法が，実験計画である。しかし，カウンセリング心理学研究においては，被験者の確保や適切な比較群の実施の困難などから，厳密な実験計画を実施するのが困難な場合も多い。単一事例被験者実験計画は，このような状況において，実験状況や操作を可能な限り統制したうえで，操作や測定を反復することで因果関係の推定を行うための方法である。

### 1．代表的な実験デザイン

単一事例被験者実験計画は主に，時系列デザインと多重ベースライン・デザインに分けられる。

#### 1）時系列デザイン

代表的な時系列デザインとして，ABAデザイン（ABA design）がある。ABAデザインでは，一人の被験者もしくは少数の被験者に対して，「介入しない時期（A）」と「介入する時期（B）」を設け，それぞれの時期

に複数回従属変数について測定する。さらに，B期の後に「介入しない時期（A）」を再び設けることで，B期の変化が介入に伴う変化であることを確かめる。さらにその後，B期を繰り返しさらにその変化を確かめる場合には，ABABデザインとなる。

ABAデザインは，このように介入と従属変数の関係の時間的関連性を検討することによって，従属変数の変化を独立変数の介入効果に帰属する方法である。適用は，介入効果の取り消しができる独立変数の場合だけに限られる。一度変化したら後戻りがきかない従属変数の場合，介入効果の影響が残る場合には，後のA期が前のA期と質的に違ってしまうので，介入効果の影響を検討することができない。

2）多重ベースライン・デザイン

介入効果を取り消すことができない場合でも，独立した従属変数に対して独立した影響を与える複数の介入を設定することが可能ならば，多重ベースライン・デザイン（multiple-baseline design）が適用可能である。

被験者間多重ベースライン・デザインでは，複数の被験者に対して，時期をずらした独立変数の操作が行われる。それぞれの被験者に対して介入が行われる時期に，それぞれ従属変数が変化をみせるとしたら，その変化が独立変数の介入効果であると帰属される。被験者内多重ベースライン・デザインでは，同一被験者の複数の従属変数に対して，それぞれを標的とする介入が時期をずらして行われる。介入に対応する時期に，対応する従属変数で変化がみられるとしたら，その変化は独立変数の操作の効果であると帰属される。

## 2. 単一事例被験者実験計画と他のリサーチ方法との比較

1）調査研究との違い

調査研究との主な違いは，研究者による意図的な介入の有無である。調査研究では，研究者による計画的な介入がなされないために，相関関係を知ることはできるが因果関係を知ることはできない。

2）実験計画との違い

実験計画との違いは，比較群の設け方と結果の処理方法にある。単一事例被験者実験計画では，介入条件を無作為に割り付けることができないために，内的妥当性や一般化可能性に弱点がある。また結果の処理に関して，分散分析などの一般的な統計的手法は用いることはできず，結果の解釈がより恣意的になり，統計的根拠が弱くなる。

3）事例研究との違い

事例研究との違いは，結果の客観性にある。単一事例被験者実験計画では，独立変数と従属変数が明確に定義されており，従属変数が数量化されている。一般的に事例研究では変化が観察記述されるが測定されず，時に心理テストなどを用いて測定されることがあるが，その使用は少ないか補助的である。このため事例研究は，「何が」「何に」影響したのか客観性に乏しく，仮説を生成するためには適切であるが，仮説を検証する方法としては適切ではない。

## 3. 実際の適用に向けて

単一事例被験者実験計画の積極的な適用が勧められる場面として，ある特定の対象に対するある特定の介入効果の影響を知りたい場合がある。特定の対象に対する介入効果の証

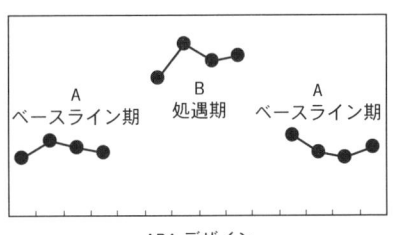

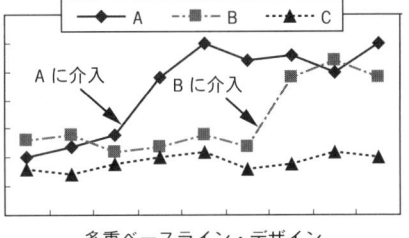

図 ABAデザインと多重ベースライン・デザイン

拠としては，実際にその対象へ介入して得られた結果であるので，通常の多数の被験者を対象とした実験計画よりも，より強力な証拠が得られる。

　消極的な適用場面としては，実際的に被験者が確保できない場合や，適切な比較群を設けることができない場合がある。このような状況で無理に実験計画を実施し，誤った統計処理を行い，無駄な解釈をするよりも，単一事例実験として工夫したほうが信頼できる結果が得られ，明らかになることが多い。たとえば，教育プログラムの効果を検討する目的で一つのクラスに介入し，別のクラスには介入をしない。それぞれのクラスのメンバーを被験者として成績を従属変数として測定し，二つのクラスを比較する統計的検定を行う。この例は一見，実験計画の形式を守っているようにみえる。しかしこの例では，クラスのメンバーに対して独立変数の介入が独立に行われておらず，操作の割り付けも独立ではなく，また，クラスのメンバー間の相互作用があり独立性が十分に保たれないので，従属変数の測定もお互いに影響を受けている。厳密な実験計画では，操作の割り付けが無作為で操作の影響が独立しており，かつ従属変数の測定も独立であることが条件である。この例のデータに対して，独立したデータの有意性検定の方法であるt検定や分散分析を適用するのは，誤った統計的処理である。この例では準実験計画として，単一事例被験者実験計画の研究デザインを適用することが適切である。

　実験統制に大きな制約のあるカウンセリング心理学研究において，この方法のもつメリットは大きく，もっと多くの問題，幅広い領域で用いられてよい。

〔徳田　英次〕

〔文献〕

Ray, W. J.　2002　*Methods toward a science of behavior and experience.* 7 th ed. Wadsworth/Thomson Learning.（岡田圭二訳　2003　エンサイクロペディア心理学研究方法論　北大路書房）

# 第XIII章

# カウンセリング心理学の教育

## Education and Training for Counseling Professionals

　日本にも，カウンセリング心理学の大学院博士課程をつくることを提案したい。それは，カウンセリング実践とカウンセリング研究の指導者を育成する必要があると思うからである。日本のカウンセリング界は，会社員をしながらカウンセリングの講座を受けて，巷でカウンの講師をしている人や，カウンセリング心理学以外の心理学分野から，関連科目，隣接科目のカウンセリング心理学に移動してきた人などが少なくない。すなわち，カウンセリング心理学そのものの専攻者は少ない。それは，カウンセリングを学ぶにも大学院がないので，自学自習のカウンセリング指導者にならざるを得ないという日本の事情がある。

　それゆえ，伝統的な心理学者からみれば，カウンセリング分野の"専門家"は素人出身の"専門家気どり"にすぎぬとの評価を受けがちである。「軽々しく心理学の専門家と言ってくれるな」という雰囲気が感じられる。

　そこで，「カウンセリング心理学のプロフェッショナルを育てるには，どういう課題があるか」，また「それについてどういうリサーチを必要とするか」を，本章で取り上げることにした。

（國分　康孝）

## 1 カウンセリング心理学の修士課程の教育
master's degree programs in counseling psychology

現在のところ，日本において「カウンセリング心理学科」の修士課程は見当たらない。唯一，筑波大学大学院教育研究科カウンセリング専攻カウンセリングコースが，内容的にカウンセリング心理学研究科とほぼ同じと思われるが，その他のカウンセラー教育に関連する修士課程は，臨床心理学や教育臨床など，学問領域はさまざまである。

本項では，主に米国でのカウンセリング心理学修士課程が，どのような視点でカウンセラー養成を行っているかを中心に述べてみたい。

カウンセリング心理学の博士課程が，カウンセリング・サイコロジストを養成するのに対し，修士課程はカウンセラーを養成する，カウンセラー教育の色彩が濃い。米国では，「カウンセリングと関連教育プログラム認定協議会」(Counsil for Accreditation of counseling and related educational programs：CACREP)が，大学院でのカウンセラー教育の内容やカリキュラムの基準を設定し，米国カウンセリング学会（American Counseling Association）や各州のカウンセラー資格認定機関が，その基準に基づいて資格認定を行っている。

修士課程のカウンセラー教育プログラムがCACREPの認定を受けるためには，以下のような条件を満たさなければならない。

①取得単位は最低72単位（4学期制），または48単位（2学期制）の取得を要する。②教職員のうち，少なくとも3人はカウンセラー教育を専門としていること。③カリキュラムには，以下の八つの基本領域に関する学習が含まれること。professional identity（プロフェッショナル・アイデンティティ），social and cultural diversity（異文化・多文化理解），human growth and development（生涯発達），career development（キャリア教育・カウンセリング），helping relationships（援助的人間関係），group work（グループカウンセリング，グループアプローチ），assessment（アセスメント：心理査定），research and program evaluation（リサーチおよびプログラム評価）。④カウンセラー教育プログラムの専門領域として9領域のいずれかに該当すること。キャリア・カウンセリング，学生相談（college counseling），コミュニティー・カウンセリング，高齢者カウンセリング（gerontological counseling），結婚・家族カウンセリング（marital, couple, and family counseling/therapy），メンタルヘルス・カウンセリング，スクール・カウンセリング，学生生活支援（student affairs），カウンセラー教育とスーパービジョン（博士課程のみ）。⑤スーパービジョンを受けながらの臨地実習（最低100時間）や，インターンシップ（600時間）が必修であること。

つまり，CACREP認定のプログラムでは，カウンセリング心理学に必要な基礎的知識と，さらにカウンセリングの専門領域に関する知識や技法を習得できるようになっている。

たとえば，筆者が学んだカウンセリング心理学修士課程には，コミュニティー・カウンセリング，スクール・カウンセリング，結婚・家族カウンセリングのコースがあり，全プログラム共通科目とそれぞれの専門科目とに分かれていた。コミュニティー・カウンセリングの必修科目には，パーソナリティとカウンセリング理論，グループ・カウンセリング（講義およびクライエントとしての体験），子どものカウンセリング理論と技法，成人のカウンセリング理論と技法，統計とリサーチ，心理査定，キャリア教育とライフスタイル・カウンセリング，異文化カウンセリング等があった。その他，小集団での実習前演習，そして1，2年間の臨地実習とインターンシップが，必修となっていた。授業は，課題文献を基にした講義が中心だったが，個人やグループによる調べ学習や発表，ロールプレイ等の体験学習も必ず取り入れられていた。学業評価は，授業参加（積極的に発表や質問をしていたか），筆記テスト，レポートの提出

等のうち，複数が総合的に判断されていた。

ところで，カウンセリング心理学修士課程の特徴はどのようなものか。第一に，カウンセリング心理学はもともと教育分野での能力開発が出発点のため，グループ・アプローチやキャリア・カウンセリング，予防的心理教育など，比較的健康な人たちの発達促進や日常生活における問題解決に焦点を当てている。一方，類似領域である臨床心理学では，病理的な人格の変容に触れるような心理療法や，異常心理学，神経心理学など，行動の病理的側面や生物学的側面に関する科目が含まれることが多い。

第二に，人種や文化が混在する米国では，異文化理解が必修として位置づけられていることが多い。クライエントが生活する文化・環境を理解し，一人ひとりの生き方や価値観の違いに，カウンセラーがより関心をもつような教育が取り入れられている。これは，カウンセラーとして，クライエントを積極的に支援・擁護すること（advocate）が重要だという考え方によるものである。

第三に，近年，日米を問わず，実践と調査研究のバランスを重視する「実践家-研究者モデル」（practitioner-researcher model）が，カウンセラー教育の主流となっている。実践家としての心構えや技法は，座学に加え，学内外での実習とスーパービジョンを通して経験を積むことができる。調査研究については，日本では卒業論文の執筆過程で習得するのが一般的である。米国では，統計の授業やカウンセリング・プログラム策定（たとえば，効果的なストレスマネジメント・プログラム）のなかで，リサーチの方法や解釈について学ぶ。論文は，博士課程に進む場合は必須だが，修士課程を修了し実践家としてのキャリアを目指す場合は，選択科目となる。

第四に，米国のカウンセリング心理学修士課程は，実践家育成すなわちプロフェッショナル・カウンセラー資格取得への第一歩となる。資格試験の受験には，大学院を修了後，カウンセラーとしての実績が必要なため（オレゴン州の場合は 2,000～2,400 時間），卒業後 2, 3 年間，カウンセラーとして実務経験を積んでから，州の資格認定試験を受験することになる。スクールカウンセラー資格の認定は，一般のカウンセラー資格認定機関ではなく，教員免許の認定機関（オレゴン州では「Teacher Standards and Practices Commission」）が行う場合が多く，学校教育の専門家という位置づけになっている。

日本では，カウンセラーや心理士と名のつく資格は多様化し職域も広い。カウンセリング心理学修士課程のように，カウンセリングのなかでも専門領域ごとに分かれたプログラムとそうでないものとでは，カウンセラーとしての専門性や実践力を高めるのに差はあるだろうか。また修士課程は実践家養成に力を入れているが，その大きな柱となる実習を充実したものにするためのスーパービジョンのあり方について，さらなる研究を期待したい。

(國分 留志)

## 2 カウンセリング・サイコロジストの教育
doctral programs in counseling psychology

カウンセリング心理学の研究・実践を主務とする専門家（scientist-practitioner）を，カウンセリング・サイコロジストといい，カウンセリングの実践・研究を主務とする専門家（practitioner-scientist）を，カウンセラーという。カウンセリング・サイコロジストは博士課程で教育し，カウンセラーは修士課程で教育するというのが，アメリカの大学院の常識である。

参考までに，アメリカでは臨床心理学者（クリニカル・サイコロジスト）は博士課程で教育する。修士課程で完結する臨床心理学課程はない。これは病者の治療を任とする臨床心理学と，健常者の成長援助を任とするカウンセリング心理学の相異に由来する。

さて日本では，残念ながらカウンセリング・サイコロジスト育成の博士課程は，現在（2008 年）のところない。すなわち，正規の大学院で博士レベルのカウンセリング・サイコロジストを育てる教育制度は，日本にはいまだ皆無ということである。それゆえ，心理

学で修士号を取得しただけで、「自分はカウンセリング・サイコロジスト」と宣言する人が出てくるのである。これは、「自分はクリニカル・サイコロジストである」と宣言する人にも当てはまることである。プロフェッショナル・アイデンティティの宣言をするには、それを支えるプロフェッショナルな教育を受けている必要がある。

### 1．プロフェッショナル教育

では、カウンセリング・サイコロジストのプロフェッショナル教育とは、どういう内容か。それは博士課程で、以下に述べる8領域にわたる座学と、四つの体験学習を修了することである。

**カウンセリング理論**──精神分析理論、自己理論、行動理論、特性-因子理論、実存主義的理論、論理療法理論、ゲシュタルト療法理論、交流分析理論。

**個別面接技法**──リレーションの形成と展開、アセスメント、ストラテジー、インターベンションに関するスキル。

**グループ・アプローチの技法**──インストラクション、プログラムの展開、介入、シェアリングのスキルを、次の諸形態のいくつかで展開できること。すなわち、SGE、グループ・ガイダンス、グループ・カウンセリング、グループ・ワーク、サポート・グループ（セルフヘルプ・グループ）、グループ・ラーニング、グループ・マネジメントである。

**キャリア・カウンセリング理論**──パーソンズ（Parsons, F.）、スーパー（Super, D. E.）、ギンズバーグ（Ginzberg, E.）、シャイン（Schein, E. H.）、クルンボルツ（Krumboltz, J. D.）、ボーディン（Bordin, E. S.）、ホランド（Holland, J. L.）などの理論。

**社会・文化的観点**──文化人類学、社会学（またはコミュニティ・オーガニゼーション）、社会哲学的観点（たとえば、フロム〈Fromm, E.〉）。

**カウンセリングの哲学**──観念論（idealism）、自然主義（naturalism、たとえば初期のロジャーズ〈Rogers, C. R.〉）、プラグマティズム（pragmatism、たとえば行動理論）、実存主義（existentialism、たとえばグループ・エンカウンター）、論理実証主義（logical-positivism、たとえば論理療法）。

**カウンセリング研究法**──研究法の類型、統計法、学術論文の書き方。

**職業倫理**──職業倫理の思想・範囲、プロフェッショナル・アイデンティティ。

### 2．必須の四大体験学習

以上の8領域の座学のほかに、次の四つの体験学習が必須である。

#### 1）スーパービジョン

1対1の面接方式（週1回50分、10カ月）と、グループ・スーパービジョン（週1回90分のカウンセリング演習で、スーパーバイジーが録音テープを持参し、スーパーバイザーの教授から指導を受ける方式や、グループのなかでライブのカウンセリングを行い、それについてグループ・メンバーがシェアリングする方式などいくつかある）。日本ではスーパーバイザーの行う面接に、スーパーバイジーが陪席する方式があるが、アメリカではこの方式はとらないのが標準型である。これについては、その効果の実証研究を期待したい。またスーパービジョンは、学派の異なる複数のスーパーバイザーから受けられる制度が、理想的だと思われる。その理由は以下のように考えられる。似たケースでも、学派によっては、指導の内容に相異がある。それゆえ、スーパーバイジーは複数の指導者から学んだものを、統合して、自分の使いやすいカウンセリング・モデルを構築できるからである。

#### 2）教育分析

プロフェッショナル・サイコロジストは、自分のパーソナリティが判断の適切さを妨げることのないよう、自分の傾向・弱点を意識しておく必要がある。そのために、週1回（50分）のpersonal counseling（私的問題の解決）を6～10カ月受けること。これを教育分析という。教育分析者は、カウンセリング・サイコロジストが適任である。しかし今のところ、日本ではその適任者の発見が至難の業である。そこで代替策とし勧めたいのが、「教育分析としてのSGE」である。その実証的研究も今後の有意義な課題である。

#### 3）カウンセリング・リサーチ

博士論文（doctoral dissertation）の作成。

論文作成の資格は，①全科目試験（comprehensive examination）に合格し，②論文のプロポーザルの審査を通過することである。

#### 4）オーラル・エグザム

博士論文をめぐる口頭試問を，論文審査会で受ける。1時間以上の質疑応答に合格するには，自分の研究を知的にデイフェンドせねばならない。そのためには，自分の知識のすべてを動員することになる。それゆえ，論文審査とは「論文を介して当人の学識と哲学と人柄の総合判定」ということになる。

結論として，カウンセリング・サイコロジストは，上記のハードルすべてにおいてサーバイブした者〈生き残り〉ということになる。

### 3．三つの提言

最後に，日本でもカウンセリング心理学の博士課程をいつの日にか，次世代の人びとが設立するであろうから，そのときのために提言しておきたい。

第一の提言は，基本的概念と多様な主要理論の講義を主軸にしたアメリカ方式カリキュラムと，学生同士が仲間の発表を聞き議論する日本式ゼミ方式と，どちらがカウンセリング・サイコロジストの教育に効果的かをリサーチすることである。

第二の提言は，リサーチ能力を高めるには，どのような論文指導の方法が効果的かをリサーチすることである。

第三の提言は，特定の学派に偏向しないカウンセリング・サイコロジストの育成のために，カウンセリング心理学の全科目試験は有効かをリサーチすることである。

（國分 康孝）

## 3　カウンセリング心理学（博士課程）のコースワークとコンプリヘンシブ・エグザム

course work and comprehensive examination of counseling psychology

カウンセリング心理学の博士課程は全米に数多くあるが，そのなかでアメリカ心理学会（APA）の認定を受けているものが75校（2006年11月現在）ある。それらの大学院は，APAの認定のガイドラインに従ってコース・ワークや実習が決められているので，養成するカウンセリング心理学者の知識や技能に関して，ある一定以上の質が保たれている。

### 1．カウンセリング心理学のコース・ワークの内容

ここでは，APAの認定を受けていて，かつ，全米およびAPAのカウンセリング心理学部会であるDivision 17での評価も高い，カウンセリング心理学の博士課程（University of Missouri-Columbia）におけるコース・ワークの例を紹介したいと思う。この博士課程には毎年約200人の入学希望者がおり，そのうち9,10人の入学が許可される。入学後修了までに，学部以上の大学院で72単位以上を取得する必要がある。そのうち，一般心理学が33単位（統計・研究，倫理やガイドライン，歴史，心理テスト，行動の生物学的基礎，行動の認知的・情緒的基礎，行動の社会的基礎，個人差など），カウンセリング心理学が37単位（歴史や研究，進路指導，Diversity，介入過程，査定，集団，実習など），博士論文に関する3単位，その他，自分の専攻に合わせて必要な単位を修得する必要がある。必要科目数が多いので，実習などと合わせると毎日4,5時間の授業がある計算になり，コース・ワークだけで4,5年ほどかかる。

### 2．コンプリヘンシブ・エグザムの意味

すべてのコース・ワークと実習課題，研究に関する基礎的課題が終わった時点で，初めてコンプリヘンシブ・エグザムが受けられるようになる。コンプリヘンシブ・エグザムとは，学科修了試験のようなものである。また，コンプリヘンシブ・エグザムに合格しないと，インターンシップの専門実習や博士論文を書くことが許可されない。試験内容は，カウンセリング心理学全体の動向とともに変化していくが，基本的には，カウンセリング心理学者という専門家として認めることができる知識を有しているかを判定するための試験である。2000年ごろの試験科目は，①カウンセ

リングの理論，スキル，介入，②査定，アセスメント，心理テスト，③キャリア発達，④倫理，資格，専門性，⑤diversity, multi-culture（民族，人種，性別，障害，性的指向など），⑥各自が専門とする分野の6科目を，2日間かけて行う筆記試験であった。試験内容から明らかなように，カウンセリング心理学という分野が明確に定義されており，キャリア発達（進路指導など）や心理学測定法，人間行動や社会学的な知識も含まれている。scientist-practitionerモデルに基づいて実践と研究の両方ができ，また，個人だけでなく，集団・社会からの視点ももちあわせたカウンセリング心理学者の養成を目標としている。また，歴史や倫理に関する問題もカウンセリング心理学に特化した内容であり，カウンセリングのガイドラインや，カウンセリング心理学の創設に貢献した心理学者に関する問題もあった。さらに，カウンセリング心理学全体の動向として，多様性（diversity）の重視があり，以前は，資格や倫理に関する問題に含まれていたものが，ひとつの独立した問題になった。これらどの問題に対しても，個人的な考えを述べるだけではなく，文献や研究を引用する必要があり，どの程度カウンセリング心理学の分野全体を理解しているかを示すものであった。

その後2004年には改定され，これまでの試験の方法では，2日間にストレスや緊張が学生に過多になるということや，博士課程全体での知識や技術の修得をみる必要があることから，ポートフォリオの提出と口述審査を導入した。ポートフォリオには，①査定，アセスメント，心理テスト，②カウンセリング理論と実践，③キャリア発達，④多文化問題，⑤倫理，法的，専門性，⑥研究，統計，⑦各自の専門とする分野の7分野の知識，スキル，能力をもっていることを示す，各自の博士課程全体で作成したレポートやケース資料（クライエントの背景は入れない）などをもとに作成する。それぞれの分野に到達目標が定められており，たとえば，②カウンセリング理論と実践では，カウンセリング諸理論や考え方の概念や理論的主張を正確に記述できる，クライエントの主訴に対してその要因となる人格理論を説明できる，クライエントのインテークデータから見立てと治療計画を立てることができる，介入や治療の効果を評価することができる，カウンセリングのさまざまな介入方法を効果的に使用することができる，などが目標として定められており，それに対して，各自の能力を示すような資料を作成し，それに基づいて評価されるのである。また，口述審査において，博士課程で修得した知識，技術，専門性について審査される。

## 3．意義

博士号を取得したカウンセリング心理学者は，カウンセリング全体に関する広い分野での，ある一定以上の知識を有している必要がある。修士レベルのカウンセラーは実践を中心に行うが，博士レベルになると，カウンセラーの指導，カウンセリング心理学の発展等にも寄与する必要がある。また，カウンセリング心理学の基本姿勢がscientist-practitionerモデルに基づいているので，カウンセリングの研究と実践の両面の知識と技能を有していないといけないのである。そのため，コース・ワークを終了し，自分の興味の範囲だけの研究と実践をするのではなく，この分野全体を包括的に理解していないと心理学者とはいえないので，コンプリヘンシブ・エグザムを行い，そのレベルを身につけているかを審査する必要があるのである。

## 4．研究の現状

コース・ワークの成績やコンプリヘンシブ・エグザムの結果に関する研究というのはあまりみられないが，博士課程の学生のカウンセラー自己効力感，カウンセリング効果，カウンセラーのバイアス，カウンセラーのパーソナリティ，カウンセラーの理論的オリエンテーションなどに関する研究は，カウンセリング心理学の分野では数多くなされており，この分野の代表的なジャーナルである*Journal of Counseling Psychology*, *The Counseling Psychologist*に多く掲載されている。また，どの大学院の修了者が多く論文を執筆しているか，研究者，教育者として活躍しているかなどについてのデータも，大学院

評価としてなされている。日本においては，カウンセリング心理学を専攻とした博士課程は現在のところ存在しないので，カウンセラーの訓練や養成に関する研究は，修士課程の学生を対象としたものしか存在しない。

## 5．今後の課題

アメリカにおいては，カウンセリング心理学という分野が確立されて半世紀が経ち，その間に，臨床心理学などの近接領域との違いを常に明確に表明してきた。それは，特に人びとのより肯定的な長所を延ばし，人生を通しての発達に焦点を当て，環境のなかの人（persons-in-context）としてとらえ，さまざまな人びとの違いにも敏感に反応し，その擁護者ともなる（性別，年齢，性的指向，セクハラ，HIV/AIDSなど）ということであり，2005年にカウンセリング部会の会長であったヘップナー（Heppner, P.）博士が，アメリカ心理学会に提出したカウンセリング心理学の専門分野としての定義にも，そのことが書かれている。また，アメリカ心理学会のなかで，カウンセリング心理学部会が初めて多文化に関するガイドラインを制定したのである。このように，アメリカにおいて，カウンセリング心理学は，多方面にわたりその影響力を与えてきた分野である。

日本において今後，カウンセリング心理学の意義を明確化していく必要があり，臨床心理学や社会心理学など他分野との違いを，カウンセリングを専門としている者たちが意識していかなければならない。それに伴い訓練課程が明確になり，どのような分野での活躍が期待されるかによって，博士号レベルが必要なのか，修士号レベルなのかが明らかになっていく。また，それに応じて，日本でのコース・ワークやコンプリヘンシブ・エグザムのあり方，導入についても議論していく必要がある。

（葛西 真記子）

〔文献〕

Brown, S.D., & Lent, R.W. (eds.) 2000 *Handbook of counseling psychology*. 3rd ed. John Wiley & Sons.

## 4　個別スーパービジョン
individual supervision

スーパービジョンとは監督という意味であり，そこには「注意深く見守る」という意味も含まれている。個別スーパービジョンは1対1で行うスーパービジョンであり，個人指導のことである。

### 1．個別スーパービジョンの意味と意義

個別スーパービジョンは，スーパーバイジーがたずさわっている事例をもとに，個別にその事例についてスーパーバイザーが指導することである。その指導内容は，リレーションづくり，アセスメント，ストラテジー，インターベンションの具体的なスキルについてである。スーパーバイザーは，クライエントに対するのと同じ姿勢で，スーパーバイジーに考えさせるような問いかけをしていき，スーパーバイジーの自己盲点に気づかせるような質問をする。

スーパービジョンによって，スーパーバイジーが自己のたずさわっている事例について，いまだ気づいていなかった自分の問題点に気づくと同時に，より自分を生かしてクライエントとのかかわりに貢献するような新しい見方や，計画的で適切なインターベンションのあり方を学べる。その結果，スーパーバイジーがより上手な対応ができる能力を高めることはできる。ハロウェイ（Holloway, 1995）も，「スーパービジョンの目標は，スーパーバイジーがプロとしてうまくやれる能力を高めることである」と明言している。言葉を換えれば，スーパーバイザーは学生に，文献から得た学問的な知識を十分に理解させ，手続き的知識，すなわち，その学問的知識を実際のクライエントとの実践に使う能力を発達させるよう努めるということである（Binder & Strupp, 1997）。

スーパービジョンにおいて，スーパーバイザーがクライエントに接するような受容的な態度で，「相手についてどう思いましたか」「どういうねらいで〜という質問をしたので

すか」あるいは「相手の一番訴えたかったことは何だと思いますか」「相手に論理療法で対応されましたが，誰にでもあのような方法を用いておられるのですか」というように，相手に考えさせるような問いかけをすることで，スーパーバイジーはそれに答えながら自己のカウンセリングを振り返り，自己のカウンセリングスキルの癖や偏り，いままで気づかなかった対応方法（自己盲点）に気づくことができる。また，スーパーバイジーが初心者であればあるほど，カウンセリングにおいて，いままでに学んだカウンセリング理論やカウンセリングモデルの活用が，はたして有効であったのかどうか迷うものである。もしかしたら，クライエントへの接し方が事態を悪くしてしまったのではないだろうかという不安を感じるときもある。そのようなときスーパービジョンを受けることで，「不安が減った」「具体的なやり方がわかってきた」「カウンセリングへの支えとなった」（田畑ら，1993）と，情緒的な心構えや変化に役立つ。

## 2．個別スーパービジョンの課題と研究

スーパービジョンについて，精神分析の立場から体系的にいくつかの論文を書いている鑢幹八郎は，「スーパーバイジーの報告の仕方」「スーパーバイザーの養成」「スーパービジョンにおける評価」など，スーパービジョンの課題について多くを論じている（鑢・滝口，2001）。それらを参考にしながら，ここでは体験的に以下の4点にまとめて提示した。

### 1）スーパーバイザーの選択

スーパービジョンはスーパーバイジーに，①リレーション形成，②アセスメントとストラテジー，③対処方法とインターベンションというような，カウンセリング・モデルを修得させることが目的となるが，初心のスーパーバイジーほど，スーパーバイザーのオリエンテーション（学派）の影響を受けやすい。場合によっては，カウンセラーとしての人生にも，大きくかかわってくる。誰にスーパービジョンしてもらうかは，十分考慮する必要がある。國分（1991）は，「初心者の場合は，学派の異なる複数のスーパーバイザーにスーパービジョンしてもらうほうが，多角的に自分のスキルを考察することができる」と述べている。

### 2）スーパービジョンの過程

スーパービジョンにおいて，フレミング（Fleming, J.）は，「スーパーバイジーは模倣的な段階（imitative learning）から，カウンセリングについての助言や示唆を与えられる修正的（corrective）な段階を経て，信頼・指示され自由・自主的にやっていく創造的（creative）な段階，というふうにスーパービジョンを受けていく」と述べている。しかし，鑢幹八郎は「この順序をたどると考えるより，スーパービジョンには常にこの三つの側面があると考える」と述べている。スーパーバイジーが初心者かあるいはベテランかということも関係してくるであろう。カウンセリングにおける「スーパービジョン過程」の研究が，必要ではないかと考える。

### 3）スーパーバイザーの養成

スーパービジョンにおける教育・訓練の役割や機能に関する，田畑ら（1993）の「大学院におけるスーパービジョンに関する調査」や，ニューヘルツ（Neufeldt, S. A.）のカウンセラーの専門性を高めるための「スーパービジョンの技法」や，スーパービジョン・モデルを提示したミルンら（Milne & James, 2002）の研究があるが，スーパーバイザーに必要な知識・能力・資質と役割や機能等のスーパービジョン諸機能に関する研究，スーパーバイザーの養成はどうあるべきかについての調査や研究等が，まだまだ不十分である。スーパーバイザーの研修は，全面的に個人に任されている状態である。これらに関しては，今後の研究課題のひとつではないだろうか。

### 4）スーパービジョンにおける評価

スーパービジョンでは，スーパーバイジーに対してスーパーバイザーは自由な評価をし，その意見を特定の協会なり組織なりに報告する。その際の評価基準が明確に示されているとはいえない。スーパーバイザーの主観的な判断で評価することが多い。この意味で，評価する者とされる者両者に，特有のプレッシャーをかけることが考えられる。この点についてのスーパーバイザー，スーパーバイ

ジーそれぞれの心構え，対応などついての議論がさらに展開され，研究されることが望まれる。

(別所 靖子)

〔文献〕

Binder, J. L., & Strupp, H. H. 1997 Supervision of psychodynamic psychotherapies. In C. E. Watkins, Jr. (ed.), *Handbook of psychotherapy supervision*. Wiley. pp. 44-62.

Holloway, F. L. 1995 *Clinical supervision : A systems approach*. Sage.

國分康孝 1991 カウンセラーのための6章──カウンセリング・マインドの展開 誠信書房

Milne, D. L., & James, I. A. 2002 The observed impact of training on competence in clinical supervision. *British Journal of Clinical Psychology*, **41**, 55-72.

田畑治ほか 1993 大学院におけるスーパーヴィジョンに関する調査 名古屋大学教育学部 1-25.

鑢幹八郎・滝口俊子編 2001 スーパーヴィジョンを考える 誠信書房

## 5 シェアリング方式グループ・スーパービジョン
structured peer group supervison

スーパービジョンは，カウンセラーや教師，ソーシャルワーカーなどの援助職にある者に，「その援助方法や技法に関する自己盲点を気づかせる」ことを目的とした指導法である。スーパービジョンには，個別のものとグループによるものとがある。ここではグループ・スーパービジョンについて取り上げる。

### 1．定　義

グループ・スーパービジョンは，社会福祉関係でその実践が多い。社会福祉実践では，「スーパーバイジー（指導を受けるワーカー）が複数いる場面で行うスーパービジョンである」と定義されているように，一人のスーパーバイザーが数人のスーパーバイジーを相手に，一度にスーパービジョンする形式であることが多い。また，グループの参加者が互いにスーパービジョンしあう，ピア・グループで行う形式のものもある。教育カウンセリングの分野では，ピア・グループのシェアリングを用いた「シェアリング方式グループ・スーパービジョン」を開発している。グループメンバーが一つの事例を共有することにより，観察学習と洞察のチャンスが多いところにその特徴がある。

本項でいうグループ・スーパービジョンは，構成的グループ・エンカウンター（SGE）の四大技法（インストラクション・エクササイズ・介入・シェアリング）のなかの，シェアリングの方法を用いたグループ・スーパービジョンのことである。この方法は片野智治によって開発され，NPO教育カウンセラー協会によってさらに検討され，現在に至っている。

### 2．意　義

「面接でも学習指導でも，何年経験を重ねても自分の自己盲点には気づかない」（國分ら，2006）ことがある。私たちは誰でも，自己流の考え方や行動のパターンを身につけている。それらが知らずに知らずの間に，他者の成長を妨げることがある。それゆえ，「教育分析」を受けて，自己の性格の偏りに気づくことが重要である。しかし，性格の偏りに気づくだけでは不十分である。援助スキルの不適切さにも気づく必要がある。すなわち，スーパービジョンを受けて，自己のカウンセリングスキルにアドバイスをもらうことが必要となる。たとえば，クライエントとのリレーションのつけ方はどうか，アセスメントの仕方はどうか，ストラテジーは立てられているか，介入の仕方はどうか，といった観点から自己のカウンセリングスキルを見直す。つまり，「人を教育する教師やカウンセラーはスーパービジョンをしっかりと受けて，自分の腕を磨くことは職業倫理でもある」（國分ら，2006）。

### 3．方　法

「シェアリング方式グループ・スーパービジョン」は，10〜15人のグループで行う。スーパーバイザー1人，スーパーバイジー1人，あとはピア・グループ参加者となる。まず，バイジーは自分がスーパービジョンを

受ける事例を15分で語る。その後，参加者から自己開示を伴うシェアリングの方式で，バイジーに質問したり，アドバイス・情報提供する（20〜30分）。その後，スーパーバイザーによりスーパービジョンが行われる。このとき，参加者は黙って見ているのがこの方式の特徴である。このとき，スーパーバイザーは先ほどのメンバーのシェアリングを引用・活用することで，参加者のモチベーションも高められる。ここでは，一方的にバイザーが話すというよりは，バイジーとの自己開示と質問技法を主とした対話を通して，バイジー自身に気づかせていく方法をとる。この後，ポスト・シェアリングとして，参加者は「今のスーパービジョンを見ていて，感じたこと，気づいたこと，バイジーの良かったところ」を語る。すなわち「育てるスーパービジョン」である。バイジーは参加者から温かい言葉をもらうことによって，元気（自己肯定感）とエネルギー（意欲）をもらう。このポスト・シェアリングでは，バイザーに対する所感も語られる。自分のスーパービジョンがどのように受け止められているのか，参加者の声を直接聞くことでバイザー自身の振り返りに役立っている。

この方式は，スーパーバイザーや参加者に「シェアリング」能力，すなわち自己開示する力が必要である。互いの自己開示は，ただ評価するのと違って，バイザー・バイジー・参加メンバーとの間に，感情の交流が生まれる。そこに，この方法の特徴があると思われる。これは検証するに値する，今後の課題である。

### 4．今後の課題

日本におけるカウンセリングの分野では，スーパービジョン研究は緒についたばかりである。ここで紹介した「シェアリング方式グループ・スーパービジョン」などが，その代表的な例である。しかし，研究論文はまだない。今後，カウンセラーや教育者にとってのグループ・スーパービジョンの効果研究が促進される必要がある。そのためには，複数のグループ・スーパービジョンの形態を比較し，それぞれの方法の特徴と効果を検証したい。またバイジーを通して，参加メンバーはどのような学習をしているのだろうか。すなわち，個別スーパービジョンと，グループ・スーパービジョンの効果の比較研究も興味深い。バイザーの技能に影響する要因の発見も研究に値する。

（吉田 隆江）

〔文献〕

國分康孝・國分久子・片野智治編著　2006　構成的・グループエンカウンターと教育分析　——Structured Group Encounter　誠信書房

ニューフェルツ，A.S.　中澤次郎監訳　2003　スーパービジョンの技法——カウンセラーの専門性を高めるために　培風館

## 6　教育分析
personal counseling as training

教育分析とは，精神分析者やカウンセラーを目指す人が，分析やカウンセリングを受ける面接のことである。ねらいは自己理解である。自分の性格の傾向に気づき，プロとしてセルフコントロールをしやすくするためである。クライエントと同じように面接を体験することに，意味がある。教育分析も精神分析も行われることは同じであるが，これを受ける人が分析者やカウンセラーになることを目指しているので，「教育分析」と呼んでいる。カウンセリングの世界では，パーソナル・カウンセリングという。

### 1．意味と意義

精神分析者になるためには，自分自身が精神分析を受けることが必要で，そのための教育的な意味をもった精神分析のことを，「教育分析」という。講義や本で知識として学ぶだけでなく，クライエントの立場になって体験することが必須であり，意味がある。

精神分析者やカウンセラーになりたい人は，自分自身がどのような性格で，どのような考え方，また，どのようなことで喜怒哀楽を示すのかをよく知っておく必要がある。自分自身をよく知らないと，クライエントを甘やかしすぎたり，反対に厳しすぎたりしてしまい，症状を悪くしてしまうことがある。

精神分析者だけでなく、人間関係の仕事に従事している人（カウンセラー、教師など援助職）は、自分の性格上の傾向に気づいていないと、クライエントや子どもに対して不適切な言動をとりがちである。自分の心の傾向や盲点に気づき、自己洞察を深めるために教育分析を受けることが大切である。

具体的には、教育分析を受けることによって、自分の無意識な欲求やコンプレックス、感情、葛藤などについて十分に気づいていく。自分自身の心の傾向を知っておかないと、クライエントの個人的な甘えや恨み、劣等感や罪悪感などの感情問題が盲点となって、相手の心を読み取り損なうことがある。

また、実際にクライエントとして面接を受けることによって、スキルの体験学習になる。たとえば、人とかかわるとはこういうことなのか、と実際に体験することにより、身をもって感じて技法を体験から習得することができる。

教育分析のやり方や原理はさまざまであるが、精神分析の基本的な方法では、自由連想法を50分ずつ、週に1,2回、1～3年間、継続して体験をする方法が用いられている。今は対面法が主流で、カウンセラー教育では、全部で25～30回程度受けるのが標準といえよう。その方法は、面接を積み重ねるプロセスのなかで、分析者が解釈、コメント、助言といった語りでフィードバックするのが主である。

## 2. 教育分析を受けて身につく能力

教育分析を受けることにより、次のスキルが身につく。

**人の心の動きを実際に体験できる**——自分がクライエントの立場になった体験をすることにより、人の心がどう動くのかを自分で経験する。自分の気持ちの揺れや動きに気がつくことができる。これを自己洞察というが、この経験を積んでいない人は、他人を自己洞察に導くことは困難である。

**ものごとを論理的に考えられるようになる**——結果と行動を分析を通して考えていくことで、結論と根拠の整合性をみていくことができるようになる。教育分析を受けることにより、因果関係を重視した考え方ができるようになり、ものごとを理論的に考えられるようになる。

**スキル習得・スキル学習ができる**——精神分析やカウンセリングにはさまざまな技術が伴うが、知識を知っているだけではスキルにはならない。実際に自分が体験することで、スキルを習得できる。

**中立的な視点を保てるようになる**——教育分析を受けていくと、自分自身の心の傾向に気づくようになる。人は生きていくなかで、外部からさまざまな刺激（たとえば、ことば、行動、見るものなど）を受け、そこから影響を受ける。その過程で、この人はこういう人かな、とか、これはこういうことだろうか、と限られた情報と自分の経験を組み合わせて、自分で解釈を生み出している。それは、人によってさまざまである。自分のもっている傾向に気づくことにより、クライエントに対して教育分析者やカウンセラー自身の傾向をもち込まないように、中立的な立場や視線を保てるようになる。

## 3. 精神分析の観点から教育分析をするとき・受けるときのフレーム

國分久子（國分ら、2006）は、教育分析のフレームを次のように列挙している。

①性格形成途上、どの発達段階に自分は定着しているかに気づく（口唇期、肛門期、男根期、潜在期、同性愛期のいずれの段階に自分は定着しているのか）。②自分はどういう防衛機制を強迫的に（無差別に）用いているか（抑圧、合理化、投影、反動形成、逃避、退行、知性化などの防衛機制で自分はどういう反応する傾向があるか）。③自分のパーソナリティは、エス、自我、超自我のバランスがどうなっているか、どれに支配されているのか。④自分にはコンプレックスがどういう状況のときに、どういうかたちで表出する傾向があるか（エディプス・コンプレックス、ダイアナ・コンプレックス、カイン・コンプレックス、ナーシズム、劣等コンプレックスなど、自分が振り回されがちなコンプレックスはどれか）。

## 4. 今後の課題

### 1）必要性

精神分析者だけでなく、人間関係にかかわ

る仕事に従事する人は，自己理解を深めるために教育分析を受けたほうがよい。教師にもそのことがいえる。なぜなら，現在の学校教育の現場では，不登校，いじめ，自殺，また教師自身の精神疾患など，多くの問題を抱えている。それを乗り切り解決の方向へ導く方法のひとつとして，教師が自分自身を知る，つまり自己理解を深めることである。たとえば，Aさんは自分自身は消極的であると思っていた。しかし，構成的グループ・エンカウンター（SGE）を何回も体験することにより，自分がみんなの意見をまとめたり，世話を自分から進んでやることに気づいた。また，このことをシェアリングで他者から言ってもらうことにより，自信がついていった。Aさんは，SGEの実践を通して自己理解が深まっていった。

### 2）時間の問題

今までの教育分析のやり方では，非常に時間がかかる。費用もかかる。また，分析者を探すのも大変で，教育分析を受けようと思っても実際のところなかなか大変である。それを解消する方法として最近注目されているのが，仲間同士で行うピア・カウンセリングや，SGEである。これからは，教育分析としてのピア・カウンセリングやSGE研究が求められる。

（明里　康弘）

〔文献〕

國分康孝・國分久子・片野智治編著　2006　構成的グループ・エンカウンターと教育分析　——Structured Gourp Encounter　誠信書房

## 7　教育分析としての構成的グループ・エンカウンター
### SGE as personal counseling

カウンセリング心理学のプロフェッショナルを育てるという視点から述べれば，同心理学のプロフェッショナルには教育分析の資質が求められる。

### 1．定　義

教育分析とは，精神分析者，カウンセラー，教師など，いわゆる援助専門職（helping profession）に従事している人が，自分の性格上の傾向に気づくために受ける精神分析のことである。ただし，今日では精神分析学派は少数派であるから，精神分析による教育分析は受けにくい。そこで，ロジェリアンやラショナル・セラピストや実存主義的カウンセラーから教育分析を受けるようになった。それゆえ，カウンセリングの世界では，教育分析という精神分析用語ではなく，パーソナル・カウンセリングという言葉を用いるようになった。ここでは，パーソナル・カウンセリングよりも，教育分析という用語のほうが，今のところはそのねらいがよくわかると思われるので，こちらを用いることにしている。

精神分析の観点から，教育分析するときのフレームについて，國分久子（國分ら，2006）は以下のように述べている。

①リビドーの発達的見地から，リビドーがどの発達段階に固着しているかを見出す。②力動的見地から，防衛機制がどのように行動傾向として発現しているか，ここに焦点づけて自己理解を促す。③構造論的見地から，エス，エゴ，スーパーエゴのいずれかがその人の行動に強く影響しているかを自己洞察する。たとえば，冷静沈着でどのようなときでも自分を見失うことがないという場合には，他に比べてエゴが発達していると思われる。④コンプレックス論の見地から，どのコンプレックスがその人のどのような行動傾向を形成しているかを気づかせる。換言すれば，そのような行動パターンをとることで，その人はどのような欲求を満たす傾向にあるかを気づかせる。

以上は精神分析の教育分析の場合であるが，構成的グループ・エンカウンター（SGE）は多様な理論から構成されているので，フレームはもっと多くなる。主要なフレームは七つある。

### 1）今ここでの気づき

SGEにおける「今ここでの気づき」は，整理すると，①今ここでの感情への気づき，②その感情をきっかけとした行動のパターンへの気づき，③その行動のパターンのねらい（意味）への気づき，の三つである。

精神分析の教育分析では，過去の体験と今

の行動との因果関係を洞察する（解釈投与）。一方，SGE の教育分析では，現在問題になっている自分の行動のパターンを SGE のエクササイズを通して気づいていくことである。

#### 2）感情を伴った気づき

感情を伴った気づきとは，体感（experiencing）を通した気づきのことである。たとえば，子ども心を丸出しにした50歳代のある参加メンバーが，身を乗り出して一生懸命あるエクササイズに取り組んだ。その結果，「この私にもいまだ天真爛漫，無邪気な気持ちが残っていたのだ」と気づいた。またはその逆に，「このようなエクササイズについていくのがやっとだった（言動と感情が一致しない）」ということもある。

#### 3）感情体験そのもの

伝統的な教育分析は，洞察がキーワードである。SGE は，洞察よりは感情体験そのものがキーワードである。すなわち，怒りのために思わず声が震えだす，あまりの悲しさに慟哭するといった，心身一体の感情体験である。

#### 4）模倣による教育分析

SGE では，模倣の対象が多種多様である。異性，長幼，種々の職種のメンバーがいる。聞き上手・話し上手，感受性の豊かな人・鈍い人，自己開示を積極的にする人・躊躇する人などである。

このように模倣の対象が多種多様，換言すると比較対象が多種多様なので，SGE では，気づきや模倣の機会に恵まれているといえる。

#### 5）集団の規範による教育分析

SGE には，現実原則に従う部分がある。すなわち，役割遂行，時間厳守，ペアリングしないといったものである。

これらから，「私は気配りのできない人である」「自分は時間にルーズだ」「私は自ら動いて，多くの人と接触して，親密な関係をつくっていくということに，積極的になれない人間である」といった行動のパターンに気づくきっかけが生まれる。

#### 6）シェアリングによる教育分析

シェアリングは，感情の共有と認知の修正・拡大をねらいとしている。ここではアイメッセージ（I-message）で語り合う。いわゆる自己開示である。その結果，メンバー同士の気づきが促進される。すなわち，他者のフィードバックによって，自己との対峙が促進されるという意味である。

#### 7）介入による教育分析

SGE には，リーダーが状況をみて介入する。その介入はショート・レクチャー，質問，ロールプレイの三つである。

### 2．意義と今後の課題

援助専門職にある人は，自己理解せねばならない。その理由は，自分の行動のパターンや心理的傾向に気づいていないと，援助過程（たとえば，カウンセリング・プロセス）で不適切な言動をとり，援助効果（たとえば，カウンセリング効果）を損なうおそれがあるからである。

伝統的な教育分析の場合，週1回（50分）のわりで20数回受けるのが一般的であるが，SGE による教育分析の場合，1泊2日の15時間である。効果についてのパイロットスタディからは，SGE 教育分析は効率的であるといえる。この場合の参加条件は，上級教育カウンセラーであること，72時間以上の SGE の体験を有すること，の2条件である。

伝統的な教育分析の方法は対面法で，自由連想法による。SGE による教育分析の場合は，メンバーの感情・思考・行動を刺激し，揺さぶるエクササイズを用いるので，多方面から自己理解できる。さらに加えて，前述した 1)〜7) の多様なフレームが用意されているので，効果的かつ効率的であるといえる。

今後の課題として，七つのフレームに関する実証的なアクション・リサーチが必要であろう。

（片野 智治）

〔文献〕

朝日朋子・吉田隆江・JECA/SGE 研究グループ 2007 構成的グループエンカウンターの教育分析的効果の研究その3 日本教育カウンセリング学会第5回研究発表大会発表論文集，119-120．

片野智治・JECA/SGE 研究グループ 2006 構成的グループエンカウンターの教育分析的効果

の研究その1　日本教育カウンセリング学会第4回研究発表大会発表論文集，143-144.
片野智治・JECA/SGE研究グループ　2007　構成的グループエンカウンターの教育分析的効果の研究その2――SGE教育分析の事例　日本教育カウンセリング学会第5回研究発表大会発表論文集，144.
國分康孝　1982　カウンセリングと教育分析　誠信書房
國分康孝・國分久子編著　2004　自分と向き合う！究極のエンカウンター――國分康孝リーダーによる2泊3日の合宿体験　図書文化社
國分康孝・國分久子・片野智治編著　2006　構成的グループ・エンカウンターと教育分析――Structured Group Encounter　誠信書房

## 8　援助職者の職業倫理
ethical standards of helping professions

　援助職者の職業倫理とは，カウンセラー，看護師，ソーシャルワーカー，医師，弁護士，教師など，人間援助にかかわる専門家に求められる，クライエントの人生を護り，援助者としての誇りを護り，さらにはその専門家集団への信頼を護るためのルールのことである。
　今日，専門職の職業倫理のあり方が，あらゆる分野において問われている。耐震偽装事件はその象徴的な事件であった。職業倫理に反する行為は，当事者双方を害するばかりか，その専門領域全体に対する信頼を傷つけるという特性をもっている。人間の問題，心の問題にかかわる援助専門職であればなおのこと，その職業倫理を支える基本理念を正しく理解し，自らの行動をその職業倫理の観点から，厳しく問い直してみることが必要である。

### 1．どのようなことが要請されているのか

　ほとんどすべての専門的職業団体は，自ら律すべき職業倫理規定をもっている。倫理規定の存在は，専門職であることのひとつの指標である。援助職者の職業倫理規定に共通しているのは，クライエントの基本的人権の尊重と，常に自らの専門的知識と技能を人びとの福祉の増進のために用いるということである。それを踏まえたうえで，具体的にはどのようなかたちで倫理が問われているのであろう。

　アメリカのカウンセリングの倫理綱領に詳しい水野は，「カウンセリングでのほとんどの倫理問題は，多重関係と守秘義務違反」（水野，2005）であるという。「多重関係」（multiple relationship）とは，クライエントとの間にカウンセリング以外の私的関係を結ぶことである。たとえば，カウンセラーとクライエトの恋愛関係などである。カウンセラーとクライエントの間には，「関係性に力の格差があるので，一方的な搾取関係になりやすい」（水野，2005）。かつてフロイト（Freud, S.）は，転移性恋愛について論じた箇所で，患者が分析医に恋愛感情を示すことについてふれ，それは「分析状況を通して，法則的に引き起こされたものであって，分析医の個人的な人格が優秀であるからというわけではない」（フロイド，1915）と分析医に自戒を求めた。カウンセリングにとって信頼関係は不可欠である。しかし，信頼関係を構築しようとする配慮も，ひとつ間違えば疑似恋愛のような関係に陥いる危険をもつ。クライエントからの感謝が，カウンセラーのナーシシズムを刺激することもある。このようなときにこそ，カウンセラーの職業倫理の観点から，自らの行動を見つめ直すことが必要となる。信頼関係構築の美名のもとに，相手を利己的に利用することがあってはならないからである。
　守秘義務についてはどうか。「ここで話されたことは決して外に漏れることはない」という安心感があって，人はその本心を吐露することができる。実際に秘密を守ってもらうことによって信頼感も増す。カウンセラーの守秘義務は，まさにカウンセリングをカウンセリングたらしめている要件である。また個人情報保護法の施行や情報機器の普及に伴い，情報の管理については今まで以上の注意が必要になっている。しかし，守秘義務の例外もある。すなわち，①クライエントに重大な危害が及ぶ場合（自殺の恐れなど），②第三者に重大な危害が及ぶ場合（殺害や傷害など

の犯罪行為の恐れ），③法律により秘密の開示が要請される場合（虐待などの可能性），④人生の終末に関するクライエントの発言（消極的，あるいは積極的安楽死について）がそれである（水野，2006）。この場合，たとえ守秘義務を破っても倫理違反には問われない。守秘義務というルールを守るよりも，クライエントや他者に及ぶ危害を未然に防ぐほうが，はるかに重大なことだからである。

### 2. 援助職者の職業倫理を身近なものにするために

実際の援助の現場は，倫理問題が関係しない場面はないといってもよい。けっしてカウンセリングの理論や技法だけで対応できるものではない。しかし，日本では援助職者の職業倫理に対する意識が高いとはいえない。職業倫理に対する意識を高め，身近なものにするために何が必要だろうか。

第一は，人間に避けがたく存在する，倫理に対する心理的抵抗の克服である。「倫理に対する心理的抵抗」とは，倫理的に申し分のない人はおらず，未整理の負い目や心の傷をもちつつ生きている人間であるがゆえの抵抗である。つまり，「倫理について語ったり聞いたりすることは，こうしたもろもろの認知されにくい根深い未整理の感情を刺激し，再び意識へと呼び覚まして，それまで辛うじて築き上げてきたかりそめの心のバランスを揺るがす」（村本，1998）からである。しかし，倫理に対して抵抗を示す自分にチャレンジしてこそ，援助専門職者としての誇りを手にできるのも事実であるように思える。

第二に，カウンセラーの倫理教育の充実である。とはいえ，この教育は倫理綱領や倫理原則に関する知識の伝授，単なる座学に終わっては意味をもたない。金沢（1998）は模擬法廷といった倫理教育の方法を提唱する。模擬法廷の体験を通して，現実場面でさまざまな倫理原則や法律がどのように関係し，ときには背反するかといったことを体験学習できるからである。

最後に，援助職の職業倫理を身近なものにしようとする援助職団体の努力を挙げたい。そうした試みのひとつとして，2002年に改訂された英国カウンセリング・心理療法協会（BACP）の倫理綱領がある。「カウンセリング・心理療法のよき実践のための倫理的枠組み」という名前に改められた倫理綱領には，「よき実践のための」という言葉にも表れているように，職業倫理を身近なものにし，倫理的であることを励まそうとする姿勢が随所にみられる。倫理的葛藤が生むストレスから逃れるために，あらゆる倫理的検討から身を引いてしまおうとすることこそ問題だからである。

何が倫理的な行為であるかについての答えは一つではない。それゆえに，同じ状況に置かれた他のカウンセラーたちとは違う選択をしたからといって，その行為が必ずしも非倫理的なものであるとは限らない。大切なことは，できる限りの理性的判断を尽くすことと，自分の選択した行為に対する適切な説明ができるということにあるのではないか。

〈上嶋 洋一〉

〔文献〕

フロイド，S. 1915 感情転移性恋愛について（小此木啓吾訳 1969 精神分析療法 日本教文社）

金沢吉展 1998 カウンセラー——専門家としての条件 誠信書房

水野修次郎 2005 よくわかるカウンセリング倫理 河出書房新社

水野修次郎 2006 最新カウンセリング倫理ガイド 河出書房新社

村本詔司 1998 心理臨床と倫理 朱鷺書房

http://www.bacp.co.uk/printable/ethical_framework.html

## 9 情報モラル
### media ethics

文部科学省の「新情報教育に関する手引」では，「情報モラル」とは，「情報社会において，適正な活動を行うための基になる考え方と態度」とされている。これは大きく二つに整理できる。一つは，「情報社会に適応する能力」に重点をおくものであり，もう一つは「情報社会の主体的構築への貢献」に重点を

おくものである。本項は後者にウエイトをおくものである。

2006（平成18）年8月における「初等中等教育における情報化に関する検討会」の報告書（「初等中等教育における情報教育に係る学習活動の具体的展開について」）も指摘しているように，情報機器（IT）を活用しさえすれば情報教育になるわけではない。指導を行う教員が，IT活用が子どもたちの情報活用能力の育成にどのように資するかを理解したうえで，指導することが必要であり，特に親の意識と役割が大切である。

## 1．情報モラルとカウンセリング

昨今，インターネット利用がきっかけになった事件の報道をよく目にする（出会い系サイトの利用がきっかけとなった性被害や，集団自殺，不正アクセス，ネット詐欺など）。この場合，カウンセラーの役割は，被害者やその周囲へのケアのみでなく，被害に遭わないようにするための教育，加害者への再教育と更生への支援，加害者にしない子育てのための親への支援をはじめ，より良い情報社会を主体的に構築するための支援まで，多岐にわたる。

カウンセラーが，ネットの掲示板の書き込みによる名誉毀損や誹謗中傷，フィッシングの被害など，情報社会における悩みの相談に乗るには，まず自分が情報社会の利便性と危険性をよく理解し，かつ日進月歩の情報社会の流れに遅れることなく，常に必要な情報の入手経路を更新し続ける努力が欠かせない。それらはたとえば，全国のサイバー犯罪相談窓口や，サイバー犯罪対策ホームページ，情報モラル啓発教材の発信サイトなどのアドレスの入手と更新などである。また，増え続けるネットを介した新種の犯罪や，それへの対策や相談機関等についての情報の更新に，たゆまぬ好奇心を持ち続ける気持ちの若さも求められる。これらを一人でかなえようとするのではなく，情報を共有しあい，励ましあい，カバーしあい，かつ直接にも会える良い仲間をもつことが，何よりも大切である。

## 2．現　状

2008（平成20）年1月から，文部科学省が民間の調査会社とNPOに委託して，いじめの温床になりやすいといわれるインターネット上の「学校裏サイト」の実態調査を開始した。集計がまとまった39都道府県だけで約3万8千件が開設されていることがわかり，このなかの2，3割に，特定の子どもを攻撃する書き込みや，容姿を中傷する文言があった。

同年3月14日に，同省は，都道府県の青少年行政の担当者等を集めて開く「ネット安全安心全国推進フォーラム」で，この集計結果を公表し，対策の具体的検討に乗り出す。ところが，同じ日に，ある公立中学校で，携帯電話から同級生に送ったメールの内容について教師に指導を受けた生徒が，校舎内のトイレで自殺する事件があった。

インターネットをめぐる事件の報道は，もう珍しいものではなくなってしまった。

インターネットの携帯電話等（携帯電話，PHSおよび携帯情報端末）の移動端末からの利用者が，パソコンからの利用者を初めて逆転したことが報告されたのは，2005（平成17）年12月末時点での総務省の調査結果においてであった。この時点で，すでに2人に1人以上（20〜40代では9割超）が携帯電話等を通じてインターネットに接続していた。

今や携帯電話は単なる通話装置ではなく，"モバイル（移動型）インターネット""インターネット端末"である。このような，家族一人ひとりが自分の携帯電話からネットに接続する状況では，「パソコンをリビングに置く」という教育上の配慮では間に合わない。

情報技術が社会的格差を生むデジタル・デバイド（digital divide）の観点からみると，世代別デジタル・デバイドがあり，パソコンによるインターネット利用をはじめ，情報社会の利便性から取り残されている高齢者も多い。その一方で，インターネットデビューは3〜5歳がピークで，小学校1年生までに5割がインターネットを経験しているという2007（平成19）年の調査結果もある。これは，NTTレゾナントと三菱総合研究所が，小学生向けポータルサイト「キッズgoo」上で，小学生の保護者2千人を対象に実施したものである。それによると，小学生の4分の1が，チャットやSNSなどのネット上で知

り合った人とコミュニケーションを取っており，7割を超える保護者が，情報モラル教育は学校より家庭で行うべきだと答え，実際に5割が実施していると答えている。だが，その内容は，保護者の経験や知識の範囲内とするケースが約7割である。また，日本PTA全国協議会が毎年，全国の小学5年生・中学2年生とその保護者を対象に実施している調査では，わが子のインターネットや携帯の利用に関して，親は，実際には自分が思っているほどには実態を把握していないし，わが子をコントロールもできていないという結果が出ている。

### 3. 情報モラルに関する今後の課題

これまでにみてきたことからも，親をはじめとする大人はカウンセラーも含めて，情報教育（情報モラル教育を含む）を学校だけに頼らずに，自らも学び，子どもの手本となる必要があることがわかる。その場合の課題が三つある。

まず第一は，「情報社会の進化に遅れない，確かで使い勝手の良い情報がネット上のどこにあるか」について，常時の確認と更新の必要性である。

他の教育内容と同様に，情報教育の内容にも「変わらないもの」と「変わるもの」がある。情報教育の場合は，特に「変わる」スピードが速く，チェックしておくべき情報量が多いので，「変化に追いつき，かつカウンセリング上の留意点や問題解決のために必要な技術的なものも含めた情報の入手とその更新」は，個人の手には余る。

そこで，仲間と協力して「情報社会の進化に遅れない，確かで使い勝手の良い情報が，インターネット上のどこで得られるか」をよく調べ，手分けして実際にそこにコンタクトしてみる。すなわち，自分たちの目でそこで得られる情報を確認する習慣（たとえば，新手のネット犯罪の手口や，その被害に遭った場合の相談窓口のアドレスなどを，定期的にチェックしておく）をつけるとよいだろう。

第二の課題は，「自分の手に余るようなケースをリファーすべき機関はどこか」についての情報収集と，その更新を助け合う仲間づくりである。

好奇心が行動につながりやすい年齢の子どもたちは，パソコンや携帯電話からインターネットを使ってさまざまな情報を入手するだけでなく，一度も会ったことがない第三者と気軽にメールのやりとりをし，時にはいつの間にか個人情報も発信してしまいやすい。その過程で，インターネットを介さなければ遭遇することはなかったような，居住圏も生活圏も年齢も離れた大人と接触する機会もある。その結果，詐欺にあったり，犯罪に巻き込まれたり，家出をしたりするケースも出てくる。なかには，予想もしなかった環境で暮らすうちに，犯罪に手を染めて加害者となってしまう場合もある。

このような場合のために，「自分の手に余るようなケースをリファーすべき機関はどこか」を日ごろからよく調べ，あらかじめコンタクトをとっていれば，対処もしやすい。

だが，これらの情報収集とそれらの情報更新には，一人ではなく助けあい補いあえる仲間とカバーしあいながら，息長く取り組むべきである。ピア・ヘルピングの精神での工夫が必要である。

第三の課題は，社会全体での「情報モラル教育の必要性」の認識と実践への支援である。

2006年から始まった政府のIT新改革戦略では，「次世代を見据えた人材基盤作り」のなかに，「IT社会で適正に行動するための基となる考え方と態度を育成するため，情報モラル教育を積極的に推進するとともに，小学校段階からの情報モラル教育のあり方を見直す」と明記されている。既出の検討会の報告書では，「教育現場においては，情報教育が充分に行われているとは言い難い状況にあると考えられる」と指摘されているが，情報教育は学校だけが負うべきものではない。家庭や地域の教育力が低下し，事務的な仕事も増大するなかで，学校の教師たちはむしろよく努力しているのではないだろうか。

民間でも，ネット依存，引きこもりなどや，匿名掲示板や学校裏サイトなどによる人権侵害や誹謗中傷をはじめとする，デジタル化されて生じたコミュニケーション上のトラブルなどへの取り組みは，すでに始まっている。ネット上には，情報モラルに関して親子で学

べる教材も各種公開されている。

情報技術の進歩は早く，今後も社会のなかで，それに伴うさまざまな問題が起こることが予想される。もはや学校や家庭だけで対応できる域を超えている。社会のなかに，「情報モラルを大切にしよう」「情報モラルにあまり詳しくない子どもや大人がいたら，その大切さが理解できるようにやさしく教え合おう」という雰囲気の醸成が必要である。

つまり，情報モラル教育の学校カリキュラムは実践されているが，その定着や進化と深くかかわる社会カリキュラム化こそが，緊急の課題であるといえよう。

(山田　順子)

〔文献〕

堀田龍也　2004　メディアとのつきあい方学習——「情報」と共に生きる子どもたちのために　ジャストシステム

石原一彦　2007　事例でわかる先生のパソコン——これだけできれば一人前　三省堂

Netモラル研究会編　事例で学ぶNetモラル Web版　2008年版　広島県教科用図書販売（※この教育用ソフトは，新たなサイバー犯罪への対応等も想定して毎年内容を更新しているので，購入・導入時点で入手可能な最新版がよい）

# 10　プロフェッショナル・アイデンティティ
professional identity

職業についてのアイデンティティには，「職業アイデンティティ」(vocational identityあるいはoccupational identity)と，一定の資格などを有する専門家としてのアイデンティティである「プロフェッショナル（専門家）・アイデンティティ」がある。さらに，「プロフェッショナル・アイデンティティ」には，個人としての職業や専門に関する側面だけではなく，学問としてのアイデンティティ（たとえば，学問としてのカウンセリング心理学のアイデンティティなど）の問題も含まれる（鑪ら，1995）。

## 1．職業アイデンティティの定義

職業アイデンティティの定義としては，たとえば児玉・深田（2005）は，職業的アイデンティティをアイデンティティの職業領域ととらえ，「職業領域における自分らしさの感覚」と定義している。しかし，これまでプロフェッショナル・アイデンティティに関する研究は，わが国では見当たらない。国外では，たとえばプロフェッショナル・アイデンティティを，「職業上の役割において自分自身を定義することに使われる，帰属，信条，価値，動機，経験の比較的安定して長続きする総体」（Dobrow & Higgins, 2005）と定義されている。また，学問としてのプロフェッショナル・アイデンティティの意味では，プロフェッショナル・アイデンティティを，「他の職業とは分化した自分の職業に特有な性質に関する，価値・信念・前提の総体」（Weinrach et al., 2001）と定義されている。

## 2．「プロフェッショナル・アイデンティティ」の意義

現在の日本では，特にカウンセリングの分野でプロフェッショナル・アイデンティティが確立されていないことにより，さまざまな問題が起きていると考えられる。たとえば医療の現場では，心理査定や心理療法を行うにあたり，責任と権限あるいは資質の担保を行うことが必要だが，国家資格（認定されたプロフェッショナル・アイデンティティ）がないため問題が起きている（宮脇ら，2004）。一方，学校の現場では，臨床心理士等の有資格者をスクールカウンセラーとして優先的に採用しているが，資格の有無と実際のスクールカウンセラーの適性に関しては，検討の余地があると考えられている（栗加，2004）。このように，臨床心理士のカウンセラーとしてのプロフェッショナル・アイデンティティが確立していないため，医療や学校などの現場で混乱が起きているといえる。

## 3．「プロフェッショナル・アイデンティティ」に関するこれまでの研究

個人のプロフェッショナル・アイデンティティの研究の例として，ゴールドシュミットら（Goldschmitt et al., 1981）は，アメリカ心理学会のカウンセリング心理学部会の人び

とに対して，プロフェッショナル・アイデンティティに関する質問紙調査を行った。その結果，回答者がどのような場所で臨床を行っているか，さらに自分を「臨床心理学者」(clinical psychologist) と自己認知しているか，あるいは「カウンセリング心理学者」(counseling psychologist) と認知しているかで，重視する臨床活動に違いがみられたことを報告している。さらに，カウンセリング心理学者と認知している人は，「職業指導」や「調査研究」の活動を重視する傾向にあり，大学の教員や指導者に多くみられた。一方，臨床心理学者と認知している人は，「深層心理療法」や「人格査定」の活動を重視する傾向がみられたとしている。

また，プロフェッショナル・アイデンティティの発達の研究の例では，フリードマンとカズロー (Friedman & Kaslow, 1986) は心理療法士のプロフェッショナル・アイデンティティの発達の過程を分析し，六つの段階があるとした。

しかし，以上に述べたようにプロフェッショナル・アイデンティティの研究は，いずれも海外でなされており，心理学領域での日本におけるプロフェッショナル・アイデンティティのありようを問題とした研究は，これまでほとんどされてきていない。

### 4. 今後の課題

今後プロフェッショナル・アイデンティティの問題，すなわち役割期待の問題は，心理士の国家資格化の問題，スクールカウンセラー制度，保険の支払いの問題，医学領域との関係に関する問題などとかかわるため，ますます重要な問題になると考えられる。今後プロフェッショナル・アイデンティティを確立していくうえで，まず，海外でされているようなプロフェッショナル・アイデンティティに関する基礎調査が，日本でもされる必要があるだろう。そのうえで，それぞれの現場に応じて，専門家としての心理士やカウンセラーの「役割の明確化」「責任の所在」を明らかにし，そこからそれぞれの専門家の「協調」が大切となってくると考えられる。

(中村 晃)

〔文献〕

Dobrow, S. R., & Higgins, M. C. 2005 Developmental networks and professional identity: A longitudinal study. *Career Development International*, **10**(6), 567-587.

Friedman, D., & Kaslow, N. J. 1986 The development of professional identity in psychotherapists: Six stages in the supervision process. *Clinical Supervisor*, **4**(1-2), 29-49.

Goldschmitt, M., Tipton, R. M., & Wiggins, R. C. 1981 Professional identity of counseling psychologists. *Journal of Counseling Psychology*, **28**(2), 158-167.

児玉真樹子・深田博己 2005 企業就業者用職業的アイデンティティ尺度の作成 産業ストレス研究, **12**, 145-155.

栗加均 2004 学校で求められる心の専門家 教育心理学年報, **43**, 22-23.

宮脇稔・後藤守弘・藤原善久 2004 分科会2——臨床心理職の資格制度を巡って 臨床心理学研究, **41**(3), 15-27.

鑪幹八郎・山本力・宮下一博共編 1995 アイデンティティ研究の展望2 ナカニシヤ出版

Weinrach, S. G., Thomas, K. R., & Chan, F. 2001 The professional identity of contributors to the Journal of Counseling & Development: Does it matter? *Journal of Counseling and Development*, **79**(2), 166-170.

## 11 精神科医からみたカウンセリング教育
a psychiatrist's point of view on counseling education

私は17年間，心理カウンセラーおよび臨床心理士として心理面接の仕事を行った後，1998年から精神科医としての仕事を始めた。

20年ぐらい前まで，わが国の心理面接の現場では，クライエントが精神科医から「カウンセリング？　やめておきなさい。悪化するよ」と言われてしまうということが，あちらこちらで見聞きされた。それは，精神科医からすれば，無理もない当時の現状であった。

病態水準の何たるかも理解できていないカウンセラーが，今でいう統合失調症圏のクライエントの情緒を受け止めすぎて，憎悪化させてしまっているようなケースも多々みられた。また，学校や企業で，カウンセリングを半端に学んだ教師や上司が，「受容こそすべて」と現場を混乱に陥れてしまうこともあった。

そのため，「カウンセリングは役に立たない」と十把一絡げに批判を被ることがよくみられた。精神医学とカウンセリングが近似領域であるのに，相容れない状況にあった時代が，かつて存在していた。

現在では，精神科・神経科・心療内科，また企業・学校・その他のさまざまな領域に，カウンセラーが配置される時代となった。どこの病院・クリニックも予約待ちでいっぱいである。カウンセリングを求める人たちも数多い。

しかし，精神医療とカウンセリングが手をたずさえているとは，まだ言いがたい現状である。カウンセリング心理学の視点で精神科の医療現場を再考すること，また，医療知識をカウンセリングの分野に生かすことが必要であると考える。

## 1．精神医学とカウンセリングの特徴

精神医学とカウンセリングは，相補うことが必要であるという現状がありながら，いまだ教育現場では，互いの重要な概念，理論，技法を学ばずにプロフェッショナルが育ち，現場に送り出されている。私は心理の仕事を十数年行った後に医学部に入学したが，医学部のカリキュラムのなかには，カウンセリングを学ぶ時間やシステムは，一つとしてなかった。医学生は疾患に関する診察・診断を学び，研修医として巣立っていく。

では，心理療法家や心理カウンセラーの現状がどうであるかといえば，スーパーバイズを行っていると，今日でも医学的な知識がほとんどない状態で面接に臨んでいるカウンセラーがいることに，教育の必要性を痛感せざるを得ない。

私が共に仕事をする心理面接者に，いつも伝えていることがある。それは，①まず，目の前のクライエントの病態水準を考えること，②医師から処方されている薬，およびクライエントが使用している市販薬（サプリメントも含む）を常に把握すること，③服薬管理を含めて，家族にもクライエントへの対応の仕方をアドバイスすること，である。

また，若い精神科医には，カウンセリング技法や，國分康孝のいうカウンセリング・マインドをできる限り伝えようとしている。

## 2．予防医学の視点

ストレス過剰の時代が今，予防医学の視点を求めている。メンタルヘルス教育の必要性がいろいろな場所で提示されている。自殺者が急増し，誰もがいじめや犯罪の被害に遭う可能性があり，容易に精神症状が生み出されてしまう今日である。精神医学と臨床心理学が，「病気・病態・疾患」といった方向から人をみていることに対し，「健康・発達・成長・インターパーソナルの問題」の面から人をみるカウンセリング心理学の視点は，それぞれが相補う大きな力として，予防医学を発展させると考えられよう。

従来，精神科医に対し「患者の病気（疾患）を診ているだけ」という揶揄があった。「病気」「病人」のみを診ている精神科医が多数存在していたのは，否定できない。「病気になっているその人の人生」を診るためには，発達成長過程を視野に入れるカウンセリング心理学の視点が不可欠である。「人生を診る」「全人的対応」を，今後の精神科医は身につける必要があると考える。上記のカウンセリング心理学の視点を精神科医とともに，業務を行うコ・メディカルにももってもらいたい。

## 3．今後へ向けて

精神医学とカウンセリングの両領域が互いに相補するために，いまだ離れている二つの領域をつないでいくには，まず，現状がどのような状態であるかを把握することが不可欠であると考える。そのためには，「医療・心理両領域の従事者が，現在身につけている知識・技能の把握」という，基礎的なリサーチからスタートせねばならぬと考える。

リサーチとしては，以下のものなどが挙げられる。①カウンセリング心理学を修得しているコ・メディカルと，そうではないコ・メディカルの，患者に与える印象や効果につ

いて。②精神科医のもっているカウンセリング体験・知識・技術のレベルについて。③心理面接を行う人がもっている医療知識の水準について。④医学・心理の各教育機関が、どのような教育カリキュラムをもっているかについて。

上記のようなデータのうえに、現場を担う者から両領域への提言をし続けることが必要であろうと考える。

(宇佐見 敏夫)

## 12 特別支援教育コーディネーターの教育
education and training of special education coordinator

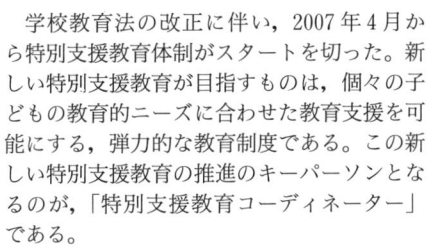

学校教育法の改正に伴い、2007年4月から特別支援教育体制がスタートを切った。新しい特別支援教育が目指すものは、個々の子どもの教育的ニーズに合わせた教育支援を可能にする、弾力的な教育制度である。この新しい特別支援教育の推進のキーパーソンとなるのが、「特別支援教育コーディネーター」である。

特別支援教育コーディネーター(以下コーディネーターと略す)の指名が全国で一斉に始まったのは、2003年4月からである。指名と前後して各自治体では、コーディネーターとしての専門性の獲得を目指して、新たにコーディネーターに指名された教師を対象としたコーディネーター研修や、より専門性の高いコーディネーターの育成を目指すスキルアップ研修を始めようとする自治体も出てきている。また、大学院レベルでのコーディネーターの養成も始まっている(兵庫教育大学、鳴門教育大学など)。

### 1. 特別支援教育コーディネーターの役割とは

基本的な役割は、スクールカウンセラーとは違い、学校内に常駐する教員が校務として明確に位置づくことで、校内の教職員全体の理解のもと、教育的援助ニーズの高い校内の協力体制を構築するとともに、関係機関との連携協力体制の整備を図ることである。小中学校のコーディネーターは、学校内の関係者や関係機関との連絡調整と、教育的援助ニーズの高い児童生徒の保護者に対する学校の窓口になることが、大きな役目である。具体的には、以下に挙げるものなどが業務となる。①LD, ADHD, 高機能自閉症等の児童生徒等の実態把握や、個々の児童生徒のアセスメントを行うこと。②支援のあり方を検討する校内委員会の推進役となり、支援チームの構築や、個別の指導計画や個別の教育支援計画の作成に加わる。③校内研修会の企画推進や実施を行う。

また、特別支援学校のコーディネーターは、センター的機能を発揮するという特別支援学校への期待から、このような役割に加えて、さらに地域の小中学校への支援や、地域の特別支援教育のリーダーとして、関係機関との密接な連携をとることも必要となる。

### 2. 特別支援教育コーディネーターに関する研究の状況

「特別支援教育コーディネーター」をキーワードに検索をしたところ、2005～2006年までの1年間に、約46件の論文や記事が抽出されたのみであった。また、これ以前の研究に目を向けてみても、海津(2005)によると、2003～2004年の1年間に、約20件の「特別支援教育コーディネーター」に関する論文や記事が抽出されているが、その多くが啓発記事であり、ようやく議論の土壌が耕されつつある現状であるとしている。

次に、2005年以降の最近の論文や記事の内容に目を向けてみると、コーディネーターに指名された小中学校の教員に対し、その役割を示し、具体的な活動内容や、今後さらに期待される任務についてわかりやすく示す(柘植, 2006)、学校における特別支援教育のシステムを学校心理学によるアプローチからとらえ、特に援助チームにおけるコーディネーターの役割について述べる(石隈・田村, 2006)、コーディネーター用のガイドラインに照らしながら、コーディネーターのアセスメントにおける役割の要点を示す(大石, 2006)、などの啓発記事が挙げられる。

実践事例では、コーディネーターの役割とその養成について、実践事例から今後の展望

を行った研究（柘植・宇野・石橋，2006），特別支援学校のコーディネーターとして，地域支援システムの構築にどのようにかかわっていったのか示した実践事例（吉野・渡邊・郡川ら，2006）などがある。

調査研究としては，曽山・武田（2006）がコーディネーターの指名と養成研修のあり方について検討するために，指名を受けた教員に資質・技能に関する質問調査を実施し，コーディネーターとして最も力を発揮しやすい立場にいるのは誰か，養成研修はどうあればよいかを論議している。また，畑・小貫（2006）は，コーディネーター導入時に求められる支援体制についてのニーズ調査を行っている。

また，行政の立場から，文部科学省とともに各自治体での特別支援教育体制を支援し，研究推進の中核となっているのが，独立行政法人国立特殊教育総合研究所（NISE）である。プロジェクト研究「特別支援教育コーディネーターに関する実際的研究」を立ち上げ，各自治体での養成研修を企画・立案する人を対象に，2003（平成15）年4月から「特別支援教育コーディネーター指導者養成研修」を実施，研修内容の検討を行ってきている。当初，研修内容は，発達障害児童生徒の理解と支援方法，校内支援体制づくり，個別の指導計画や個別の教育支援計画の策定，関係機関との連絡調整にかかわる内容等，実務にかかわる講義を中心とした内容であったが，対人関係の調整機能にかかわる能力についての演習を研修内容に取り入れ，各自治体の「特別支援教育コーディネーター養成研修」に活用することを勧めている。

研究を概観すると，コーディネーターの指名から3年が経過したものの，研究論文の数がまだ少なく，実践事例が中心であることがまずいえる。また，現時点での研究の関心は，新しい特別支援教育体制へ向けて，まずは専門性を身につけた特別支援教育コーディネーターの養成と，コーディネーターを中核とした支援システムの確立と推進にあると考える。

## 3. 課題と思われること

筆者は特別支援学校でコーディネーターとしての経験をもつ。業務は多岐にわたったが，あまり混乱することなく遂行することができたのは，大学院で学校心理学を学び，教育カウンセリングになじみがあったことが大きく影響していたと考える。この経験から，コーディネーターに最も必要な学問領域は，カウンセリング心理学であると考えている。

コーディネーターについては各自治体において，指名と基礎的な研修が終了した段階である。これからは，より専門性を高めるスキルアップ研修の検討や，各圏域でのスーパーバイザーの役割を果たすコーディネーターの育成が試みられるものと考える。そこで，今後は，①業務遂行にかかわるスキル的な研修内容に加えて，教育カウンセリング，心理教育的援助サービスの基本的な枠組みとしての学校心理学，心理教育的アセスメント，教師や保護者，学校へのコンサルテーション，心理教育的援助サービスにおけるコーディネーション，加えて発達心理学や学習心理学，教育学や障害特性理解や支援法等を基盤とした，より質の高いコーディネーターの育成を目指す養成プログラムの検討，②コーディネーター自身が行うアクション・リサーチ，③コーディネーターの自己効力感についての調査等が課題となるものと思われる。

（岸田 優代）

〔文献〕

畑諸美・小貫悟 2006 教員および特別支援教育コーディネーター自身のニーズ調査 LD研究，**15**(1)，118-133.

石隈利紀・田村節子 2006 援助チームによるコーディネーション 特別支援教育研究，**590**，6-9.

大石幸二 2006 担任への支援，家庭との連携を推進する特別支援教育コーディネーターの実践上の要点 特別支援教育研究，**590**，10-12.

曽山和彦・武田篤 2006 特別支援教育コーディネーターの指名と養成研修のあり方に関する検討 特殊教育学研究，**43**(5).

柘植雅義 2006 特別支援教育コーディネーターに指名されたあなたへ 特別支援教育研究，**590**，2-5.

柘植雅義・宇野宏幸・石橋由紀子 2006 特別支援教育コーディネーター——その役割，養成，実践事例と展望 兵庫教育大学研究紀要，**29**，

39-47.

海津亜希子　2005　実践上の課題に対する研究の貢献性——特別支援教育コーディネーターに焦点をあてて　教育心理学，**44**，119-125.

吉野隆宏・渡邊倫・郡川孝行ほか　2006　特別支援教育コーディネーターによる地域支援システムの構築——北海道教育大学附属養護学校特別支援教育センターの取り組み　情緒障害教育研究紀要，**22**，140-146.

## 第XIV章

# 人と業績

## Biography of Authors & Adovocates

　私がアメリカで博士課程を終えて帰国したとき（1966年，36歳），師匠の霜田静志（私ども夫婦の教育分析者。ニイル研究家。当時，多摩美術大学教授）への挨拶をこう締めくくった。「これからは，私の理論をつくろうと思います」と。霜田教授は即座にこう答えた。「國分君，君の年齢で自分の理論をつくろうと思ってはだめだよ。まず，君の先達がどういう考えをもっていたかをつぶさに学ぶべきだ。人の考えを知りつくしているうちに，自分の考えが定まってくるものだよ」と。

　そこで，私はもう一度初めから人の考えを学び直し，それを自分のことばで表現する作業をした。それが『カウンセリングの理論』(1980)である。この本を書きながら，私は心のなかで「ロジャーズはそうかもしれないが，ぼくはこう思うのだが……」と自問自答していることに気づいた。すなわち，自分の考えが少しずつ定まってきたのである。

　そこで私は，カウンセリングの実践・研究を志している人びとに，せめて本章で取り上げている人物の考えくらいは頭に入れてから，自分の考えをまとめたほうが，独断にならないですむのではないかと言いたいのである。「思いて学ばざれば，すなわち危うし」である。

（國分 康孝）

## 1 第一勢力に属するカウンセリング理論に関係のある人物

authors & advocates of the first force in counseling theory

### アドラー
(Adler, Alfred　1870-1937)

　1870年，ウィーン郊外で穀物商を営むユダヤ人の子として生まれる。ウィーン大学医学部卒業後，開業。1902年からフロイト(Freud, S.)の精神分析のサークルに所属し，ウィーン精神分析協会の会長まで務める。しかし，次第に考え方の相違が明らかとなり，1911年にはフロイトと決別して自分自身の研究団体を設立した。

　彼は社会主義に関心を寄せていたが，その後，社会改革のためには教育が欠かせないと考えるようになり，現在の教育相談機関の先駆けともいうべき相談所をウィーンに開設した。アドラーはそこで親の相談に応じるのみならず，数多くの教師の研修にも携わった。

　彼は講演の名手でもあり，その理論は多くの人びとに受け入れられた。晩年はアメリカで名声を博したが，1937年，講演旅行の途中にスコットランドのアバディーンで心臓発作のため客死した。

　彼がつくりあげた「個人心理学」（アドラー心理学）は，きわめて広範な理論であるが，ここでは3点を指摘するにとどめたい。①個人の行動にはすべて目的があるとする「目的論」を唱えた。②個人の行動の背景には，幼少期に形成される「ライフスタイル」（自己概念，世界像，自己理想）が存在するとした。③教育においては，子どもを理解し勇気づけることを重視した。

　なお，彼の理論は，フランクル（Frankl, V. E.），ロジャーズ（Rogers, C. R.）など，多くの心理学者たちに大きな影響を与えた。

〔会沢　信彦〕

### ウィニコット
(Winnicott, Donald W.　1896-1971)

　イギリスの小児科医で，英国学派の精神分析家である。彼はクライン（Klein, M.）の研究に影響を受けたが，彼独特の理論を展開した。業績をまとめると，エディプス期以前の対象関係において，母親が子どもを抱える環境や，分離不安に対する防衛である移行対象の概念を提唱した。子どもは，「ほど良い母親」からの環境が得られないと，本来の自発性や創造性を抑圧し，真の自己（true self）ではなく，偽りの自己を発達させるとした。彼が用いたスクイッグル法（squiggle method：なぐり描き法）は，子どもの内的世界を理解するうえで重要な技法となっている。

　ウィニコットは1896年にデボン州プリマス市で，2人姉妹の後に長男として生まれた。父親は商人で，市長を二度務めた。彼はケンブリッジ大学で生物学を修め医学部に進み，第一次大戦に軍医学生として従軍した。戦後1923年に，クィーン小児病院とパディントン・グリーン小児病院に勤めた。この年に結婚し，精神分析の分野に入り，ストラッチー（Strachey, J.）から教育分析を10年間受けた。資格を得てから，小児医療と精神分析を統合するような仕事をした。後者の病院では40年間に，実に6万症例に及ぶ母子を観察し，彼の研究の原動力になった。1951年にソーシャルワーカーのクレアと二度目の結婚をし，ソーシャルワークやその関連の訓練分野にも力を入れた。彼は英国精神分析協会の会長を2期務め，精神分析と児童分析の学術活動に大きく貢献した。

〔柴田　右一〕

### エリクソン
(Erikson, Erik H.　1902-1994)

　母親カーラ・アブラハムセンのもと，フランクフルトで生まれる。実父を知らず，母親の再婚相手ホンブルガーの養子となる。青年期には画家を志しヨーロッパを転々とし，正規の教育はほとんど受けていない。友人の薦

めで美術教師の職につく。そこで，ウィーンの精神分析研究所に通い始め，アンナ・フロイト（Freud, A.）の教育分析を受ける。ナチスドイツの影響が迫るなかアメリカに渡り，ハーバード大学，エール大学，カリフォルニア大学と移り，多くの著名な心理学者や文化人類学者と交流する。遊びや葛藤を通した児童の発達の研究や，インディアンの保護地区における文化人類学的研究に没頭する。『児童期と社会』（1950）が有名である。1960年にハーバード大学の教授に就任。

　心理学における彼の貢献は計り知れない。まず，優秀な精神分析家として，フロイト（Freud, S.）の心理性的発達に文化・歴史的視点を取り入れ，自我心理学の発展に貢献した。次に，老年期まで続く8段階の「ライフサイクル理論」を提唱し，「アイデンティティ」「ジェネラティビティ」といった重要な概念を生み出し，生涯発達心理学の先駆者とされている。さらに，「ルター」や「ガンディー」といった歴史上の人物の研究に，人間の内的感覚や意味を取り込み，心理歴史研究の方法論を打ち立てた。彼の研究は，彼の内なる芸術家としての感性や洞察力の鋭さと，共同研究者や妻や子どもといった外界とのかかわりのなかで生まれた，全体性の高い芸術作品である。
　　　　　　　　　　　　　　（飯田　順子）

..................................................

**大槻憲二**
(Ohtsuki, Kenji　1891-1977)

　1914年，早稲田大学英文科に入学。卒業後，文芸批評活動を行っていた。その後，矢部八重吉，長谷川誠也とともに，1928年に東京精神分析学研究所を設立し，精神分析の普及啓蒙活動を行った。大槻は，東京精神分析学研究所の所長として，1933～78年間に全35巻に及ぶ雑誌『精神分析』の発行，執筆活動を行った。

　東京精神分析学研究所に対して，当時の精神科医丸井清泰，著名人江戸川乱歩らが援助者となり，支援を続け，賛助会員となった。大槻は郵便を利用した通信での精神分析の指導に加え，来談者に対して精神分析的行為を行っていた。これらの成果は『私は精神分析で救われた』という書物にまとめられた。また，春陽堂からフロイト（Freud, S.）の翻訳著作集を，分担翻訳して刊行した。

　大槻の著書は『精神分析概論』『恋愛性欲の心理とその分析処置法』『精神分析読本』『精神分析・社会生活法』『精神分析・新しき立身道』『現代日本の社会分析』『分析家の手帖』など，多数ある。大きな業績として日本初の『精神分析心理学辞典』（1951），改訂版として『精神分析学辞典』（1961）がある。戦前，精神分析が偏見の目で見られるなかで，こつこつ翻訳紹介を続けた大槻の功績は大きい。
　　　　　　　　　　　　　　（安齊　順子）

..................................................

**カルフ**
(Kalff, Dora M.　1904-1990)

　カルフは，ユング（Jung, C. G.）に児童治療者としての素質を見いだされ，精神分析の訓練を受けた。その後，小児科医ローウェンフルト女史（Lowenfeld, M.）に師事し，世界技法（the World Technique）を学び，これをユングの分析心理学を基盤とし，箱庭療法として発展させた。当初は児童を対象としていたが，精神障害の治療にも用いられるようになった。

　箱庭療法においてカルフは，母と子の一体感（Mutter-Kind-Einheit）の重要性を指摘している。つまり，この一体感の安定した関係が，カウンセラーとクライエントに構築できることが必要不可欠である。この関係のなかでこそ，日常のことばでは表現されにくい無意識的情緒の表現が，箱庭遊びのなかで自由に繰り広げられることができ，クライエントによる自己治癒力を中心として治療過程が進むといえる。クライエントは，自由な保護された空間のなかで，箱庭という制限された枠のなかで，砂と玩具などによる造形という遊びを通しながら自分自身の内面を表現する。この表現活動の促進は，クライエントの自己治癒力を増進する。カルフの幼少時代は体が弱く内向的であったといわれているが，成人後は，カルフとかかわる子どもたちが生き生きとしてくることから，箱庭療法の第一人者としての道が開かれた。子どもを信頼すると

いうカルフの父の姿勢が，箱庭で目指したカルフの姿勢と一致している。　　（猪谷　生美）

## クライン
(Klein, Melanie　1882-1960)

　フロイト（Freud, S.）が研究した小児性欲論と自我発達論を継承し，対象関係論の基礎を築き，現代精神分析学の潮流に大きく寄与した精神分析家である。彼女の業績を整理すると，①遊戯療法による児童分析（1919～32年頃），②抑うつ的態勢と躁的防衛機制（1940年頃までの10年間），③クライン学派の形成と妄想・分裂的態勢の解明（1940年頃から亡くなる1960年），となる。

　クラインは，心理・性格が初めて系統的に組織化される時期は，フロイトが重視したエディプス期ではなく，それ以前の母子の二者関係のなかで体験されるとした。彼女の理論により精神分析の範囲は，躁うつ病，パーソナリティ障害，および統合失調症まで拡大した。

　クラインは，1882年ウィーンでユダヤ人医師の家庭に生まれた。19歳で婚約し，医学の道を断念した。兄の死などをきっかけにうつとなり，フェレンツィ（Ferenczi, S.）に精神分析を受け，彼の薦めで精神分析の勉強を始め（32歳，1914年），1919年に初論文を提出し，精神分析家の資格を得た。アンナ・フロイト（Freud, A.）との児童分析の論争は有名。非医師の素人分析家（lay analyst）と批判されたこともあったが，彼女は感受性が鋭く，物事を徹底的に究明する性格，また大学教育を受けなかったので保守的先入観がなかった。それゆえ，当時としては新しい学問である精神分析の研究に専念できたと思われる。その結果，新しい道を切り開いたといえよう。　　　　　　（柴田　右一）

## 古澤平作
(Kosawa, Heisaku　1897-1968)

　1926年，東北大学医学部を卒業し，精神医学教室に入局し，丸井清泰に学んだ。その後，ウィーンに留学し，1932年にフロイト（Freud, S.）に面会し「罪悪感の二種」という論文を提出した。弟子のステルバ（Sterba, R.）から教育分析，フェダーン（Federn, P.）よりスーパービジョンを受けた。1933年に東京で精神分析療法を行うために，開業した。この時期から戦後までは，主にライヒ（Reich, W.），クライン（Klein, M.），フェダーン，フェレンツィ（Ferenczi, S.）の技法の追試を行っていた。この時期に，霜田静志とクラインの勉強会を行ったこともある。戦火が激しくなり，疎開を勧められても，「患者が来ている以上，動かない」と頑として聞き入れず，診療を続けたという。戦後，慶應大学の精神科医が弟子となり，小此木啓吾，西園昌久らが古澤から指導を受けた。1949年，精神分析研究会を井村恒郎の協力で立ち上げ，この会が後に1955年に日本精神分析学会となり，古澤が初代会長となった。土居健郎がアメリカに留学するときに助言したのも古澤であった。古澤は「アジャセ・コンプレックス」を提唱し，母の存在の大きさを重視したといわれている。古澤が残したものは，学問的影響もさることながら，治療者（カウンセラー）としての患者（クライエント）への姿勢であったと考えられる。
　　　　　　　　　　　　　　（安齊　順子）

## コフート
(Kohut, Heinz　1913-1981)

　コフートは，もともとフロイト（Freud, S.）の正当派後継者として，アンナ・フロイト（Freud, A.）やハルトマン（Hartmann, H.）に寵愛され，アメリカ精神分析学会の会長も務めたことがある。また，周りから「Mr. Psychoanalysis」と呼ばれていた。しかし，フロイトが主張する「抑圧された幼児期の衝動がセラピストに向けられる，神経症者の転移」とは異なったかたちの自己愛的転移を向けてくるクライエントに出会い，その理解に苦しんだなかから，彼自身の理論である「自己心理学」を提唱しはじめた。初めは精神分析的構造モデルに付加的な考え方から出発し，フロイトの自己愛の発達（自体愛から自己愛，対象愛）とは別の，自己愛は独立

した発達ライン，すなわち未熟な自己愛から健康な自己愛という発達を遂げると考えた。そして，コフートによれば，自己が十分に発達するには三つの欲求が満たされる必要があり，それらは，①「鏡映される」という欲求，②理想化するという欲求，③他者のようになることへの欲求である。これらの欲求が満たされるためには，共感的な環境が必要であり，治療場面においても「内省と共感」が重要であることを強調した。また，自己が発達していく過程には，生涯をとおして「自己対象」との関係が必要であるとした。そして，コフートの理論は，最終的には，フロイトの精神内界の葛藤の心理学から関係性の心理学に移行していった。　　　　　　（葛西 真記子）

## サティ
(Suttie, Ian D.　1889-1935)

開業医を父としてイギリスのグラスゴーに生まれ，グラスゴー大学を卒業（1914年）。第一次大戦に軍医を務めた後，外科から精神医学に転じた。その後，有名なタビストック・クリニックの次席医師として赴任。神話・宗教・社会学・文化人類学に関する，学識豊かな精神分析学者。

サティはフロイト理論を批判する，対象関係論を構成した先駆者の一人。サティ理論は，「人間は個体内の欲求（イド）を満たすために生きているのではなく，母子一体感（愛の交流）にも似た他者とのかかわりあいを求めて生きている」との理論。

愛情交流（母子関係は，フロイト〈Freud, S.〉のいう性感情の昇華ではないとサティは考える）をもつためには，とくに男性はテンダーネス・タブー（やさしさを表現することへの禁止令）から解放されねばならないと教えた。この愛の交流がもてないときに，心の疾病（うつ，そう，統合失調症など）が生じると主張した。サティ理論を國分康孝はこう解釈している。「ふれあいのある人間関係は，人を癒し，生への意欲を育てる」と。國分が構成的グループ・エンカウンターに着目し，その開拓に勇気をもって臨めたのは，サティ理論の支えがあったからと思われる。

サティ関係の邦書は2冊しかない。いずれも黎明書房刊であるが，今のところ絶版。*The Origin of Love and Hate* の邦訳『愛と憎しみの起源』（1977）と，國分康孝著『心とこころのふれあうとき』（1979）。サティは1935年，*The Origin of Love and Hate* の出版の前日に逝去。　　　　　　（國分 久子）

## サリヴァン
(Sullivan, Harry S.　1892-1949)

アメリカの精神医学者のなかで最も傑出した人物のひとりであり，特に統合失調症患者に対して実効性ある精神療法を行ったことで名高い。彼はアイルランド系移民の貧しい農家に生まれたが，疎遠な親子関係もあり，恵まれた環境の幼少期を送ったとはいえない。また，青年期には精神的な危機状態に陥り，精神病院へ入院した経験もあるといわれている。その後，30歳ころからイノック・アンド・プラット病院に勤務し，ここで貧しい統合失調症患者への治療を行っている。薬物がない当時は，不治の病とされていた統合失調症（特に重症の破瓜型統合失調症）患者へ，インテンシブな精神療法を試み，大きな成果をあげたことが彼の名声を高めることになる。

サリヴァンは自分の治療経験から病因論，治療論双方において，特に現実の対人関係を重要視する立場をとった。サリヴァンが用いた「関与しながらの観察」「対人的」「精神医学は対人的学問である」という有名な言葉は，彼の治療哲学を象徴しているといえよう。また，こうした治療概念は精神医学領域にとどまらず，カウンセリングなどの専門的な対人援助職にも多大な影響を与え続けている。代表的な著書として，『現代精神医学の概念』『精神医学的面接』『精神医学は対人関係論である』などが挙げられる。　　　　　　（西原 尚之）

## 霜田静志
(Shimoda, Seishi　1890-1973)

埼玉県に生まれ，東京美術学校（現・東京藝術大学）卒業後，専門分野で「マンセルの色彩表」と「チゼックの美術教育論」をわが

国へ紹介したほか，弟の史光と大正期の文芸運動にも参加。また，当時としては最先端の精神分析を学び，教育分析を古澤平作から受けた。成城小学校（沢柳政太郎校長）在職時にイギリスの自由教育家ニイル（Neill, A. S.）を知り，その著作や実践をわが国に紹介し，治療としての精神分析のほかに，人間形成としての精神分析があることを提唱した。

1933（昭和8）年，自宅に「子どもの家」（のち，井荻子どもの家・児童研究所）を創設，生涯の活動拠点となった。戦前は「母性日本協会」を併設，『母のページ』（のち，『母性日本』）を発行，公的機関や主婦の友社で相談員を務めた。機関誌は戦後『草風通信』『オールPTA通信』『愛育通信』と改題され，没後もその名を冠する「愛育心理研究会」に引き継がれている。

戦後は多摩美術大学の教授職にあり，児童分析・性格分析の実践，通信分析・集団分析の開発，カウンセリングの導入などに力を尽くし続けた。「自由」という言葉がタブーであった戦時中にも，「叱らぬ教育」として自らの思想と技法を語り続けた信念の人である。門下からは，國分康孝（東京成徳大学教授・副学長，カウンセリング心理学者，Ph. D.），堀真一郎（元大阪市立大学教授，自由教育家，学術博士），長谷川啓三（東北大学教授，ブリーフセラピーのわが国への紹介者，教育学博士）をはじめ，多彩な人材を輩出している。生涯を「子どもの自由と解放」に捧げた。

(小林　強)

## 土居健郎
(Doi, Takeo　1920-　)

1920年，東京生まれ。精神医学者（精神分析学）。東京帝国大学医学部卒業。東京大学医学部精神科，聖路加国際病院精神科を経て，東京大学医学部教授，国際基督教大学教授，国立精神衛生研究所所長などを歴任した。

一般に土居健郎といえば，「甘え」理論が有名である。『「甘え」の構造』（1971）が出版された当時は，優れた日本人論として注目された。しかし，「甘え」は決して日本人だけのものではない。表面上は「甘え」がみられない西欧文化においても，隠れたかたちで「甘え」は存在する。したがって土居理論は，単なる日本人論にとどまるものではなく，あらゆる文化に共通する普遍的な心性としての「甘え」を軸として，フロイト（Freud, S.）の精神分析を再構築しようとする，きわめて挑戦的な試みなのである。現在までに同書は英語版（1973），独語版（1982）のほか，韓国語，フランス語，イタリア語，中国語，インドネシア語，タイ語など，さまざまな言語で出版され，"amae"は世界の共通語となりつつある。

なお土居の臨床実践には徹底したものがあり，そこから生み出されたさまざまな知見は，カウンセリング心理学を学ぶ者にとって非常に得るところが多い。たとえば『新訂・方法としての面接』（1992）などは，生半可なカウンセリング技法よりもはるかに示唆的である。さらに『土居健郎選集1〜8』（2000）などからもわかるように，彼の学問における真摯な態度や，広範な領域へのたゆまざる挑戦の軌跡は，われわれに真の研究とは何なのか，深く問いかけるものとなっている。

(相良　陽一郎)

## ニイル
(Neill, Alexamder S.　1883-1973)

自由教育家。わが国の霜田静志に大きな影響を与えた。スコットランド生まれ。父親の経営する小学校で教員を経験。エジンバラ大学を卒業し出版社に勤務後，1921年にドイツのドレスデンで国際学校を設立。1924年にイギリスに戻り，サマーヒル学園を設立。3年後，イングランド東部のレイストンに移転，現在に至る。

サマーヒルは「条件付きの」自由ではなく，「無条件の」自由を標榜し，子ども自身による価値観の形成のために自己決定の生活を重視し，出欠自由の授業，子どもと大人が対等の全校集会，互いにファーストネームで呼び合う関係などを基本方針としている。

ニイルはこの学園で，既成の道徳の強制によってできた超自我から子どもの解放を図り，精神分析の技法を応用した「プライベート・

レッスン」と称する個別指導も行った。

わが国では、霜田静志がニイルの実践に着目し、1928年にサマーヒル学園を訪問。帰国後『問題の子ども』を翻訳したのを皮切りに、ニイルの自由教育をわが国に紹介した。のちに霜田の門下からは多彩な人材が輩出されている。この二人の出会いは、現在の日本の教育・心理の分野に大きな影響を残したといえよう。

霜田の晩年には、堀真一郎が翻訳の補佐を務め、後には翻訳改訂版を出版しているが、堀自身も自由教育の実践者として、わが国に「きのくに子どもの村」と称する学校を設立した。堀はニイルの葬儀に出席した唯一の日本人でもある。

（小林　強）

## アンナ・フロイト
(Freud, Anna　1895-1982)

精神分析家であり、児童精神分析の開拓者と評価されている。1895年にジグムント・フロイト（Freud, S.）の末娘としてウィーンに生まれる。教員を経て、父親から精神分析を学び、児童精神分析の研究に生涯取り組んだ。1922年、ウィーン精神分析学会の会員になり、翌年、精神分析診療所を開設、実践を始めた。父親のガン発病後、看病を行う一方で、父親に代わり国際精神分析学会の事務局長などを担った。父親の理論を継承し、かつ、児童に対する直接的なかかわりから、主著『児童分析入門』『自我と防衛機制』などを著した。その経緯のなかで、同じく児童精神分析を行っていたメラニー・クライン（Klein, M.）との間で、児童の精神分析的解釈をめぐって対立を深めていった。1938年のナチス侵攻を受け、父親とともにイギリスへ亡命。その後、アンナを中心としたウィーン学派（大陸派）と、クラインの流れを汲むイギリス学派の論争は、学界を二分する勢いとなった。

対象関係の発達について両者には決定的な見解の違いがあった。アンナの仕事の多くは父親の正当な後継者として評価されているが、その理論のすべてを継承しているとは言いがたく、アンナの理論の中心部分は、父親が理論化した人格の三層モデルの肯定と、「自我」を前提として「防衛」ということに着目したことにある。その他にも、親と離れて暮らす児童に対する、ハムステッド・クリニックにおける乳幼児の観察・治療から児童精神分析をすすめたこと、「発達ライン」を提示したこと、組織的な訓練へ取り組んだこと、などがアンナの業績として評価されている。

（潮谷　恵美）

## フロイト
(Freud, Sigmund　1856-1939)

オーストリアの精神科医で、精神分析の創始者。モラヴィアの小都市フライベルク（現チェコ共和国プリボル）のユダヤ人家庭に生まれる。一家は彼が4歳のとき、当時オーストリアの首都でありヨーロッパの文化・科学・医学の中心であったウィーンに移る。ウィーン大学医学部で神経生理学を学んだ後、神経病医として勤務、その後パリのシャルコー（Charcot, J. M.）のもとで催眠を研究する。1886年、ウィーンで開業。1895年、ブロイエル（Breuer, J.）と共著で『ヒステリー研究』を出版、抑圧の理論および性的外因説を展開し、自由連想法を確立。フリース（Fliess, W.）との文通を自己分析の場とし、無意識の存在とその意味の解読の仕方を理論化。1900年に『夢判断』を出版し、20世紀の思想に大きな影響を与える。1910年「国際精神分析学会」を創設する。1917年、大学における講義をまとめた啓蒙的な作品『精神分析入門』を出版。ナチスのウィーン侵攻により1938年、ロンドンに亡命。翌年83歳で死去した。

伝統的精神医学が精神病の命名と分類に終始していたのに対し、彼は「自由連想」という方法を用いて症状の隠された意味を探った。彼の理論は心理学的治療法のみならず、精神発達、人格発達、神経病理学へ影響を与えるとともに、人文科学や社会学さらには歴史学、人類学、宗教、芸術、カウンセリング心理学、教育学などへ応用され、各分野へ大きな変革をもたらしている。

（米山　成二）

## フロム
(Fromm, Erich 1900-1980)

　ドイツに生まれ，アメリカに亡命した精神分析学者。いわゆる新フロイト派を代表する人物であり，『自由からの逃走』(1951)，『愛するということ』(1959) などの著者として知られる。精神分析学者としてベルリンで開業していたが，ナチスに追われアメリカに亡命し独自の思想を構築した。

　新フロイト派の特徴は，精神分析の考えを，社会学的かつ文明論的に展開していった点にある。フロムの思想も，精神分析のもつ深い心の病についての見識をベースに，人間・社会・文化について新たな光を当てていったものである。そこから，ファシズムや自由，愛，倫理，疎外といった問題を解明したのである。特に，束縛から解放された現代人はたしかに自由になったが，その自由には虚無感と孤独感がつきまとい，人は再び束縛を求めはじめる（自由からの逃走）と指摘した。

　カウンセリング心理学の射程は，個人の心理的な病の治療にとどまらず，個人の苦しみの背景にある，時代や文化そのものの歪みの解明にまで及んでいる。時代や文化の病は，多くの一般の人びとのものの見方や感じ方を歪めざるを得ない力をもつからである。だとすれば，社会学的かつ文明論的な深い洞察も，カウンセリング心理学の基盤として欠くことができない。カウンセリング心理学者は，臨床実践や統計的なリサーチに明け暮れる近視眼的な存在であってはならない。現代人の問題や苦悩が，この時代，この社会のどこに起因するか見抜く洞察力が不可欠であることを，フロムは教えてくれている。　　（諸富 祥彦）

## フロム=ライヒマン
(Fromm=Reichmann, Frieda 1889-1957)

　ドイツに生まれ，アメリカに移住し活躍した，新フロイト派の精神分析家。彼女は，サリヴァン (Sullivan, H. S.) らの対人関係論の実践と，統合失調症の先駆的な女性治療者のひとりとして，今でも高く評価されている。治療では次の二点を強調した。①医師-患者間の対人関係の重視，②医師が患者の言葉や非言語的表現を鋭く「聴き入る」能力。これをまとめると，対人関係を治療の柱とし，対人交渉，対人的基礎，対人過程など種々の角度から患者への「理解」を深め，積極的に洞察へと導く「積極的心理療法」(intensive psychotherapy) を目標とした。医師が患者自らを，建設的な対人関係を再建できる創造的な「洞察」へと導くことを可能にするのは，「聴き入る」能力にほかならないという。

　フロム=ライヒマンは，第一次大戦中には頭部外傷兵の神経学的な治療と研究に従事したが，1923年にザックス (Sachs, H.) から教育分析を受け，精神分析による治療を開始した。フロム (Fromm, E.) の分析を担当し，1926年に彼と結婚した。二人は1929年に西南ドイツ精神分析研究所を開設した。フロムとの結婚は4年で終止符を打ったが，友人関係は長く続いた。ナチスの台頭により，ユダヤ人である彼女はアメリカに逃れた (1935年)。その地では統合失調症の治療に専念した。その時期にサリヴァンと出会い，強い影響を受けた。それが，彼女独特の積極的心理療法を確立することになった。　　（柴田 右一）

## ボウルビィ
(Bowlby, John M. 1907-1990)

　イギリスの発達心理学者・精神科医。ケンブリッジ大学で医学を学んだ後，精神分析学への関心を深め，クライン (Klein, M.) やアンナ・フロイト (Freud, A.) の影響を受けた。WHOの依頼で行った施設児の研究では，乳幼児の発達的問題の多くが，母親ないしその役割を果たす人物による，親身かつ持続的な養育関係が失われることによって生じていたと結論づけ，このような関係の喪失を，マターナル・デプリベーションと呼んだ。

　また従来の精神分析の枠組みにおいて，乳幼児が養育者に情緒的結びつきを求める行動は依存や退行と呼ばれ，病的な行動としてとらえられる傾向にあった。しかしボウルビィは，ローレンツ (Lorenz, K. Z.) やハーロウ (Harlow, H. F.) などの比較行動学による研究成果も参照したうえで，この行動を生物学

的に規定された健全な発達行動であるととらえ直し，愛着と呼んだ。さらに養育者との安定的な愛着関係は，乳幼児が危険を感じたときには，いつでも逃げ込める安全基地として機能し，外の世界への積極的な探索行動を促進するが，もしこの関係が不安定であれば，そのような行動は抑制される傾向にあると指摘した。このことは，エインズワース（Ainsworth, M. D. S.）のストレンジ・シチュエーション法による実験検証によっても確認された。またこの愛着関係は，内的作業モデルとして乳幼児の表象に内化され，彼らの人格の発達にさまざまな影響を与えるとされた。

このようにボウルビィの理論は，乳幼児期のクライエントの行動を検討するうえで必須のものといえる。また内的作業モデルの観点から，青年期のクライエントが抱える親子関係や恋愛行動などの臨床的問題についても，本理論の枠組みで解釈がなされることが多い。

（田島 充士）

## ホーナイ
(Horney, Karen　1885-1952)

新フロイト派の精神分析学者で，精神科医。ドイツのハンブルクに生まれ，1906年に最初の女子医学部生となる。1919年，ベルリンで精神分析医として開業。1932年に渡米。シカゴ精神分析研究所副所長，ニューヨーク精神分析研究所の講師・訓練分析医となる。1937年『現代の神経症的人格』，1939年『精神分析の新しい道』を出版。フロイト(Freud, S.)の概念を批判したため，フロイト正統派の反対が激しくなり，精神分析振興協会およびアメリカ精神分析研究所を設立。1942年『自己分析』，1945年『心の葛藤』，1950年『神経症と人間的成長』を出版。1952年，68歳でがんのためニューヨークで死去した。

ホーナイは，フロイト分析学の本能論や人格構造論をしりぞけ，人間を動かすものは性欲と攻撃欲ではなく，安定感への欲求であるとした。この理論は，女性の深層心理研究者に影響を与えている。また，両親との関係において，子どもの安全感をおびやかすさまざまな要因によって引き起こされる不安を，根元的不安（基底不安：basic anxiety）とし，これを克服しようとするのが，人間の行動の起こりだとした。晩年，神経症は，本当の自分（real-self）と理想化した自分（idealized-self）との葛藤だと考え，分析治療は本当の自分が自己実現へと向かうのを助力することだとしている。

（米山 成二）

## 丸井清泰
(Marui, Kiyoyasu　1886-1953)

1909年，東京帝国大学医科大学医学科へ入学。内科学専攻であったが，卒業後，1916年，東北大学医学部精神医学講座助教授に任命され，専攻を精神医学に変えた。巣鴨病院にて精神病学を研究したのち，1916～19年までアメリカのジョンズ・ホプキンス大学へ留学し，マイヤー（Meyer, A.）に師事した。主に精神病学，病理組織学，精神分析学を学んだ。

1919年に帰国，同年9月に東北帝国大学教授となり，精神病学講座を担当した。その後，精神医学の講義の一部として精神分析学を講じはじめた。以後，丸井とその弟子たち（古澤平作ら）は，日本精神神経学会の年次総会において毎年，精神分析学的研究を発表した。その際，日本の臨床例についてフロイト（Freud, S.）の精神分析学的神経症論を検証していった。1933年，丸井はウィーン精神分析学会例会に出席して，「メランコリーにおける摂取過程に就いて」を報告した。その翌年（1934〈昭和9〉年），ジョーンズ（Jones, A.）より許可を得て，国際精神分析学会仙台支部を設立した。丸井は面接技法としては対面法を用いており，後年その治療に関して批判もあるが，古澤平作を育てるなど後世に大きな影響を残した。

（安齊 順子）

## ユング
(Jung, Carl G.　1875-1961)

スイスの精神医学者であり，分析心理学の創始者。分析家自身が分析を受けなければならないと，スーパービジョンの重要性を初め

て主張したのはユングである。ケスウルに牧師の子として生まれ、バーゼル大学医学部卒業後、チューリッヒ大学のブルクヘルツリ精神科病院で、ブロイラー（Bleuler, E.）の指導を受けて統合失調症の治療に取り組んだ。フランス留学後、言語連想法の実験による研究で無意識の存在を認識し、コンプレックス（心的複合）の概念に到達した。『夢分析』を読んだユングは、その著者であるフロイト（Freud, S.）を訪ねた。それ以後、二人は協働して精神分析学の発展に寄与するが、根本的な考えの違いから決裂する。

ユングは、個人のレベルの個人的無意識と、個人を超えた普遍的（集合的）無意識の二層が存在し、後者にはすべての人に共通する基本的型が存在するとし、元型の概念を提唱した。無意識の生み出すイメージは、個人の正常な精神活動を破壊する力と、個人の存在そのものの本来の意味を見いだしていく、建設的で創造的な働きがあるとした。ユングは、個人が夢の働きなどを通して無意識的イメージに直面しつつ、自己を再統合していく過程を「個性化の過程」と呼んだ。つまり、心理療法の目的は、個人の自己統合の過程を支援することである。　　　　　　　　（猪谷 生美）

## ライヒ
(Reich, Wilhelm　1897-1957)

オーストリア生まれの精神分析学者。フロイト（Freud, S.）の高弟として寵愛を受け、黎明期における精神分析の発展に寄与する。フロイトの「抵抗分析」を引き継ぎながら、抵抗の形式側面を強調し、「性格分析」を体系化させた。ここから生まれた「性格の鎧」という概念は、彼の思想の中核をなすものである。自然な流れを妨げるものへの挑戦は、社会のもつ「性格の鎧」にも向けられ、性政治運動によって時代と闘った。その一方で性に対する見解の相違から、精神分析界と決裂する。ナチス圧政下のドイツからノルウェーへ亡命し、自然科学の研究に精力的に取り組む。その後アメリカへと移住し、彼が発見したとされるオーゴン・エネルギーの研究を続けるも、当時の社会からはその独創性、先見性ゆえに（あるいは偏狭さ独善性ゆえに）、危険思想と見なされ獄中で亡くなるという、数奇な運命をたどった人物である。

ライヒの研究は多岐にわたり、その評価も賛否が分かれるが、臨床領域に関する貢献をいくつか見いだすことができる。エンカウンター運動、心身医学、ボディワークの展開はその一例で、非言語への着目は家族療法につながる重要な視座である。技法ゼミナールを主宰し、分析家の教育制度を整えたパイオニアといえる。また若き日に手がけた「衝動性格」では、ボーダーライン臨床の可能性に道をひらいた。その他、性教育などの社会学的貢献によって、私たちの生きる現代に及ぼした影響は計り知れない。　　　（三谷 聖也）

## ランク
(Rank, Otto　1884-1939)

ウィーン生まれの精神分析家。初の非医師分析家である。一族の姓はローゼンフェルト（Rosenfeld）であったが自ら改名した。

技術専門学校を出た後、若くして家計を支えるために働いていたが、1906年、22歳のときにかかりつけの医師、アドラー（Adler, A.）の紹介でフロイト（Freud, S.）のもとを訪ね、フロイトの主宰する「心理学水曜会」に参加するようになる。フロイトの協力を得て、1912年にウィーン大学で博士号を取得した。同年、『イマゴー』誌の初代編集長となる。また、その後フロイトにより『精神分析』誌の編集長にも任命されている。一時はフロイトの後継者とまで目されたが、1920年代にフロイトから離反した。

彼は、神経症が、出生時の出生（出産）外傷（birth trauma）に起因するとする、出生（出産）外傷説を唱え、治療機序として患者の分離不安の解消を想定した。このため、治療の回数、時間の制限をすることで、予定された分離によって生じる転移を積極的に扱おうとした。この彼の治療における技法が、マン（Mann, J.）の時間制限心理療法に代表される、短期力動精神療法の大きな流れをつくったといえる。

また、ランクはアメリカに移住後、患者が

自らの力で分離不安を克服する意志の力があるとし，意志療法を行っていく。そして，ここで彼が提唱した概念は，ロジャーズ（Rogers, C. R.）の来談者中心療法や，パールズ（Perls, F. S.）のゲシュタルト療法など，精神分析以外の療法の発展に広範な影響を与えた。　　　　　　　　　　　（越道　理恵）

## 2　第二勢力に属するカウンセリング理論に関係のある人物

authors & advocates of the second force in counseling theory

### アイゼンク
(Eysenck, Hans J.　1916-1997)

ベルリンに生まれ，ナチスから逃れてイギリスに渡り，ロンドン大学で Ph. D. を取得した後，モーズレイ病院で人格心理学や臨床心理学の研究にあたった。アイゼンクはそれまでの再現性に乏しい伝統的な研究を批判し，実証性に基づくことを重視し，科学的手法を用いて検討を重ねていった。人格研究においては，外向-内向性，神経症的傾向，そして精神病的傾向といった特性を定義し，見いだしている。これらの知見はパーソナリティ検査の作成を可能とし，カウンセリングに大きな影響を与えたほか，特に晩年には，がんや心疾患などの発症と人格，そして喫煙などの生活習慣との交互作用の分析などで，賛否両論を巻き起こしながら，健康心理学などの領域に大きな足跡を残した。

もうひとつの大きな業績は，行動療法への貢献である。伝統的な神経症のモデルに関して異を唱え，神経症とは学習された行動であり，逆制止のメカニズムを用いることにより改善が可能であることを，実験的に検討し主張した。もっとも，アイゼンクは実践家というよりは理論家であり，方法論の明確化や実践の曖昧な部分の修正に，多くの労を割いたといえる。アイゼンクの著書は数多いが，『神経症と行動療法』(*Behavior Therapy and the Neurosis*) は，わが国では行動療法が普及するひとつのきっかけになったものであり，この本を読んで行動療法を志した実践家が多いという意味で，わが国に大きな影響を与えたといえる。　　　　（杉山　雅彦）

### ウォルピ
(Wolpe, Joseph　1915-1998)

行動療法の創始者のひとり。猫を用いた実験神経症の研究によって，不安や恐怖はそれに拮抗する新しい反応を学習することで消去できるという「逆制止理論」を打ち立て，「系統的脱感作法」を開発した。

南アフリカのヨハネスブルク生まれ。精神科医であったウォルピは，軍医として戦争神経症の患者を治療していたが，従前の精神分析的な理解の仕方では説明ができない，多くの神経症の症例を体験した。このことが，ウォルピの研究の原動力になったと思われる。「逆制止」とは，互いに拮抗する反応の一方を強めることによって，他方の反応を抑制させることをいう。つまり，不安反応と逆の反対感情（拮抗反応）が起きているときには，不安は感じないということになる。

ウォルピは実験により，恐怖反応が形成された猫は食餌行動が著しく低下することに気づき，逆に食餌行動が恐怖反応を抑制するのではないかと考えた。その結果，十分に食餌行動を獲得した猫は，脅威刺激に対する恐怖反応が抑制されることを発見した。「逆制止」は，この実験を理論的な背景としており，この逆制止の原理を利用した療法が「系統的脱感作法」である。「系統的脱感作法」による恐怖症の治療の基本原理は，不安反応と拮抗する反応（筋弛緩反応など）を段階的に条件づけることによって，不安を段階的に低減させることにある。今日，「系統的脱感作法」は恐怖症等の神経症では治療効果が著しく，基本的な治療法のひとつとして位置づけられている。　　　　　　　　（岸田　優代）

## クルンボルツ
(Krumboltz, John D.　1928-　)

　スタンフォード大学教育学・心理学教授。ミネソタ大学にて博士号取得。ミシガン州立大学助教授，スタンフォード大学助教授を経て1966年より現職。数百人のビジネスパーソンのキャリア分析から，従来の「デザイン，プラン」重視のキャリア理論へのアンチテーゼとして，1999年に"planned happenstance theory"（計画された偶然性の理論）を発表した。その骨子は次のとおりである。①キャリアの80％は予期しない偶然の出来事によって形成される。それゆえ，人生の早い段階で予測不可能な未来を計画することは困難である，②偶然の出来事を意図的に生み出すよう，積極的に行動することが大切である。

　クルンボルツは自身のplanned happenstanceについて，その著書 Luck is No Accident（2004）のなかで次のように述べている。「小学生の頃，幼稚園時代の旧友と『偶然』再会し，テニスに熱中，大学ではそのテニスに夢中になりすぎて退学になりかけ，その際に相談したテニスコーチが，"偶然"心理学教授でもあったことから，学者の道に進むことになった」。クルンボルツのもうひとつの業績は，心理療法としての行動療法に対して，カウンセリングとしての行動カウンセリングを提唱したことである。　　　　（曽山　和彦）

## スキナー
(Skinner, Burrhus F.　1904-1990)

　アメリカの心理学者で，代表的な新行動主義者。オペラント条件づけの立場で，プログラム学習の創始者。ハーバード大学で学位を取得し，ネズミやハトを用いた学習の実験を行った。有名なスキナー箱の実験では，ネズミが餌を求めてテコ押しを学習した。これは，パヴロフ（Pavlov, I. P.）の実験で，イヌがメトロノームの音で唾液を出した，いわゆる条件反射に対して，オペラント行動と名づけられた。

　國分康孝は自己主張訓練のとき，仲間の自己主張をたくさん見させ，太郎さんはP的な主張が得意，次郎さんはA志向の自己主張が得意，花子さんはCの表出が器用，といった具合に状況に応じたハウツー（スキル）のあることに気づかせ，お互いに模倣しあうこと（モデリング）を勧めている。これはオペラント条件づけの活用であると説明している。つまり，モデリングをしたら自己主張のスキルが身につき，真似をした行動が報われるわけである。

　このように行動療法では，行動形成やスキル学習を促進するために，オペラント条件づけを活用することがある。また，教育現場での活用例としては，不登校の子どもが再登校するときの支援として，シェイピングの技法を用いることがある。たとえば，家の玄関まで，信号まで，学校の角まで，昇降口まで……というように，"教室に入る"という目的行動に漸次近づけ，できたら社会的な強化などで報酬を与えるという方法である。これは，普通の教師が経験的に取り入れている教育技法でもある。

　なお，スキナーの実験的行動分析学は，教育分野のみならず，病院臨床や薬理学などの分野でも広く応用されている。（岸田　幸弘）

## パヴロフ
(Pavlov, Ivan P.　1849-1936)

　条件反射で有名なロシアのパヴロフは，常に生理学者であるという誇りをもって研究に打ち込み，1904年には『消化腺の機能に関する研究』でノーベル賞を授与された。また，ロシア革命中も，政治的なイデオロギーが研究のなかに持ち込まれることを拒み続けた。

　初期のころは心理学を独立した科学として認めず，自身の研究が心理学に意義のあるものという評価に抵抗した。ようやく評価を受け入れ，第9回ニューヘブン（米）国際心理学会に出席したのは，1929年，彼が80歳のときである。

　しかし，パヴロフの条件反射が心理学に大きな影響を与えたことは事実である。パヴロフの研究の多くはイヌについて行われたが，その知見は人間の行動にも適用され，行動の生起・変容・消去に関して，条件反射はその

基本的原理を与えるものとされた。心理学では、行動理論の「古典的（レスポンデント）条件づけ」と呼ばれている。これは、条件刺激と無条件刺激の対提示を繰り返すことによって、条件反応が生じるような事象のことである。刺激と反応との間に新たな結合関係が形成され、それが強化されることで、学習場面で反応生起の確率の増加がもたらされるものである。

(別所 靖子)

## バンデューラ
(Bandura, Albert 1925- )

カナダのアルバータ州の農村に生まれる。1953年、スタンフォード大学に職を得、1964年、同大学教授に就任。1974年、アメリカ心理学会会長を務める。1990年、アメリカ心理学協会（APS）より、ウィリアム・ジェームズ賞を受賞する。

バンデューラが提唱した代表的な理論として、社会的学習理論（モデリング）と社会的認知理論（自己効力感）が挙げられる。社会的学習理論のなかで取り上げられている観察学習とは、自分自身が実際にその行動を行ったり、行動療法のように直接経験による強化（外的報酬や罰）を受けなくても、モデルを観察することにより新しい行動を獲得できる学習の仕方のことである。これはモデリング技法とも呼ばれ、認知行動療法の主要な技法のひとつとなっている。このように、バンデューラは、社会的学習理論を提唱することで、行動療法から認知行動療法への発展に貢献した学者といえる。職業生活でモデルとなる師がいることで、困難な状況下にあるときに、師ならいかに対応するだろうかと思索することができ、大きな助けになる。直接経験がなくても、より良い対応策を検討できる。

自己効力感（self-efficacy）は、ある状況において必要な行動を効果的に遂行できるかどうかという予期のことである。人の行動は環境や認知によって影響を受け、特に行動における自分の能力のとらえ方を重要視しているため、社会的認知理論といわれるようになった。自己効力感を通して、人は自分の思考や行動、感情をコントロールしている。嶋田洋徳は、自己効力感が高ければ、困難な状況に遭遇しても、身体的・心理的ストレス反応を引き起こさずに、適切な対処行動や問題解決行動に積極的になれるとしている。

(阿部 千春)

➡「4 キャリア理論に関係のある人物」
pp. 519-520 参照

## アーノルド・ラザラス
(Lazarus, Arnold A. 1932- )

学習理論に基づいて、これまでとはまったく違うタイプの心理療法を「行動療法」と名づけ、実践したのがラザラスである。これをアイゼンク（Eysenck, H. J.）が、『行動療法と神経症』として書名に使ってから、世界的に知られるようになった。恐怖症患者に対して、集団で脱感作療法を初めて行ったのもラザラスである。

しかし、S-R理論に基づく古典的な行動療法のみでは、十分な効果を得られない場合があることに気づき、認知面を重視するようになる。そして、現在の認知行動療法の基礎を築く。しかし、認知行動療法も効果を発揮しない多くの症例に出会い、個々の疾患や患者を特定の技法に合わせるのではなく、疾患や患者に合うすべての基本的な技法を、治療者が身につけるべきであると考えるようになる。そして行動、認知のほかに、感情、感覚、イメージ、対人関係、薬物/生物学的要因を加えた七つのモード（behaviors, affective processes, sensations, images, cognitions, interpersonal relationships, drugs の頭文字をとって BASIC ID と呼ぶ）から、総合的に評価して治療を行うマルチモード療法（multimodal behavior therapy）を提唱する。現在の折衷的、統合的技法をいち早く取り入れた臨床家のひとりといえるであろう。

ラザラスは、ヴィトヴァーテルスラント大学を卒業後、同大学で Ph. D. を取得した（1960年）。ヴィトヴァーテルスラント大学医学部講師、エール大学心理学部客員教授等を歴任後、ラトガーズ大学大学院応用職業心理学研究科の教授となる。

(羽鳥 健司)

## リチャード・ラザラス
(Lazarus, Richard S. 1922-2002)

　ラザラスは，カウンセリング場面での臨床活動よりも，各技法や立場の背景となる基礎的な理論を，認知と情動を中心に実証的に示し，心理社会的ストレスに関する研究を中心に，数多くの業績を残した。

　彼は古典的な行動主義を批判し，認知論の立場から評価の重要性を主張した。また，これまで行動を始発すると考えられていた「情動」を，「反応」と見なし，「評価」との関連を述べた。すなわち，ある刺激が個人にとって脅威であり，対処するための努力を要するものであると評価される（一次的評価）と，情動反応が喚起される。さらにその刺激を個人が統制できるか否かの評価（二次的評価）が，その後の情動の種類や強度を決定するとした。

　このようにして喚起された情動反応を減少させるための認知や行動を，コーピングと呼んだ。コーピングには，刺激を直接扱う問題焦点型対処（problem-focused coping）と，刺激によって喚起された情動反応を減少させる情動焦点型対処（emotion-focused coping）の2種類があるとした。またコーピング尺度（Ways of Coping Questionnaire）を作成した。別の研究で，困難な状況下での強い信念が心身の健康と関連することを見いだし，健康心理学やポジティブ心理学に大きな影響を与えた。

　ニューヨーク市立大学卒業（1942年）後，ピッツバーグ大学で博士号を取得する（1947年）。ジョンズ・ホプキンス大学，クラーク大学を歴任後，カリフォルニア大学バークレー校の教授となった（1957年）。

〔羽鳥 健司〕

## ロヴァス
(Lovaas, Ole I. 1927- )

　1927年5月8日，ノルウェー生まれ。ヒトラーの北欧侵略時代（1940〜45年）に思春期を送り，戦後20歳で高卒資格取得（ドランメン・ラテンスコーレ）。1950年に23歳で渡米し，ノルウェー系移民創立のアイオワ州ルター大学に入学，睡眠3時間で4年分の単位を修め，翌51年に卒業。故郷似のシアトルのワシントン大学大学院に進み，苦学して心理学修士号（1954年），同博士号取得（1958年）。同大児童発達クリニック所長を経て，カリフォルニア大学ロサンゼルス校専任講師（1961-65年），准教授（1965-67年），教授（1967-2002年）。引退までの40余年，一貫して自閉症の行動療法の研究を精力的に展開した。

　その間，非言語行動の言語性制御，小児分裂病の実験研究，ジェンダー問題の行動治療，発達障害児のティーチングホーム，発達遅滞幼児の高密度行動治療と再現など，多くの科研費研究を遂行した。カー（Carr, E.），シュライブマン（Schreibman, L.），ケーゲル（Koegel, R.）など多数の自閉症研究者を輩出し，イギリス，北欧，日本をはじめ，世界中の自閉症研究に深甚な影響を与えた。米国保健省公衆衛生局長官精神保健報告（1999年）は，ロヴァス法を最善の自閉症治療法と評価した。彼は，カウンセリングの治療密度という変数にパラダイムシフトをもたらした。週1回1時間の面接治療はまったく効果がなく，週30〜40時間，最低2年間の早期高密度治療こそ，発達障害児と家族に光明をもたらすことを実証して，発達障害児臨床のスタンダードとしたのである。

〔中野 良顯〕

## ワトソン
(Watson, John B. 1878-1958)

　アメリカのサウス・カロライナ州グリーンビルに生まれる。シカゴ大学で学位を取得した。1908年からジョンズ・ホプキンス大学で教鞭を取った。1913年にアメリカで「行動主義者からみた心理学」を発表した。科学として心理学が成立するためには，客観的で外的に観察しうる行動のみを対象にすべきと主張した。この考えは当時のアメリカで受け容れられ，彼は行動主義の父と称された。意識という概念の重要性・必要性を認めず，行動は刺激（S）とそれに対する特定の反応（R）により説明できるとした（S-R理論）。

また，この刺激-反応の結合は，頻度（frequency）と新近性（recency）により成り立つと言及した。行動の学習やその仕組みの解明に数々の実験を行い，多くの学習理論を提示した。元来は恐怖を感じない刺激（中性刺激）に関して，子どもに恐怖を条件づける研究が有名である。ワトソンの学説はその機械論的な側面が批判されて，新行動主義が展開されていくが，以後の学習心理学に多大な影響を与えたといえる。行動療法や行動主義的カウンセリングの手法の基盤に，彼の理論的なフレームが影響を与えているといえるだろう。古典的条件づけ理論に基づく系統的脱感作などが，その例として挙げられる。

（髙橋　浩二）

## 3　第三勢力に属するカウンセリング理論に関係のある人物
authors & advocates of the third force in counseling theory

### アクスライン
(Axline, Virginia M.　1911-1988)

　ロジャーズ（Rogers, C. R.）の弟子であり，遊戯療法（play therapy）の開拓者として知られるアメリカの児童心理学者。彼女は，ロジャーズの来談者中心療法（client centered therapy）の立場を発展させ，児童中心療法としての遊戯療法を提唱した。それは，「すべての子どもには，自ら成長し適応していこうとする能力がある」という，成長と自発性の原理を基盤としており，セラピストの取るべき態度として示した「八つの原理」(1947年)，すなわち，①よい治療関係の形成，②子どもの存在をあるがままに受容，③自由に表現しても大丈夫だと感じさせる雰囲気づくり，④感情を敏感にとらえ適切に応答し，子ども自身の洞察をうながす，⑤自己治癒能力を信頼し，子どもの主体性を尊重，⑥指示を与えず子どもに従っていく，⑦治療は徐々に進展するプロセスであることの認識，⑧治療の場が現実から著しく遊離することを防ぐためなどに必要な制限をする，のなかに集約されている。日本における遊戯療法は，アクスラインの影響を強く受け，それを基本にしながら，精神分析や対象関係論，ユング心理学などさまざまな理論を取り入れ発展している。

（原田　友毛子）

### 伊東　博
(Ito, Hiroshi　1919-2000)

　1919年，秋田県に生まれる。1941年に東京高等師範学校文科第3部（英語）を卒業し，1942年，東京文理科大学教育学科教育学専攻（現・筑波大学）に入学するが，召集されて終戦を迎える。復員し，1947年，秋田師範学校に勤務したが，中断した勉学をまとめ，1948年，東京文理科大学を卒業（卒業論文は「ゲーテ教育説の発展」）した。翌年，第一回ガリオア（現・フルブライト）留学生として，アメリカのミズリー大学大学院に留学し，カウンセリングを学ぶ。帰国後，秋田大学教育学部助教授に就任し，1952年から横浜国立大学へ移籍し，国内で初めて『カウンセリング』(1952)というタイトルの著書を著す。

　アメリカ留学直後，伊東はカウンセリングの折衷主義の立場をとったが，非指示的療法の立場をとる友田不二男らとともに，全国でカウンセリング・ワークショップを展開し，1961年には，友田が会長を務める社団法人日本カウンセリングセンターの評議員に就任し，日本の非指示的療法の立場からカウンセリング活動を続けた。1972年には，自らが主宰する「人間中心の教育を現実化する会」を立ち上げ，教育分野でのカウンセリングの重要性を訴え，普及活動を続けた。以後，全国でカウンセリング・ワークショップを実践し，伊東のカウンセリングの集大成である，東洋思想を踏まえた『身心一如のニュー・カウンセリング』(1999)を，亡くなる前年に出版した。

（伊藤　稔）

## エリス
(Ellis, Albert　1913-2007)

　アメリカのペンシルバニア州ピッツバーグ生まれ。ニューヨーク州立大学で経営学を学び、後にコロンビア大学で臨床心理学の修士と博士の学位を取得（1947年）。論理療法の創始者で、現代の認知行動療法のパイオニアである。晩年はニューヨーク論理療法研究所の所長を務めた。

　当初はホーナイ派の精神分析の訓練を受けて、ニューヨークで心理療法のクリニックを開業したが、1955年に精神分析から離れる。その後、行動療法や一般意味論、実存主義、プラグマティズムなどの影響を受けながら、独自のABC理論を構築し、論理療法（REBT : rational emotive behavior therapy、「理性感情療法」や「合理情動療法」の訳語もある）に発展させた。1957年には論理療法に関する初の著書を出版。アメリカの心理学者による投票で、最も影響力のあった心理学者の第2位に選ばれた（ちなみに第1位はカール・ロジャーズ〈Rogers, C. R.〉で、第3位はジグムント・フロイト〈Freud, S.〉）。カナダの心理学者による投票では、最も重要な心理学者に選ばれた。

　多くの個人および集団精神療法、サイコセラピストのスーパーバイズをしながら研究活動も指導。また、研究所や世界各国で、多くの講演、ワークショップを行う。1987年には、日本学生相談学会（中村弘道理事長）の招きで初来日を果たした。精神療法、夫婦および家族療法、セックス・セラピーに関する700以上の論文、60冊以上の著作物を執筆・出版する。主な邦訳著書に、『論理療法』(1981)、『人間性主義心理療法』(1983)、『神経症者とつきあうには』(1984) などがある。
　　　　　　　　　　　　　　（鹿嶋　真弓）

## ジェンドリン
(Gendlin, Eugen T.　1926- 　)

　哲学出身で、ロジャーズ（Rogers, C. R.）門下生。カウンセリング心理学に対するジェンドリンの貢献は、次の3点にある。第一に、フォーカシングと呼ばれるカウンセリング技法・自己探求法の開発と普及。第二に、パーソナリティの変化という問題が、心理学理論にとって実は難問であることを指摘し、「体験過程」(experiencing) という概念の導入によって、説明困難であったパーソナリティの変化についての理論的解明を試みたこと。第三に、体験と「ことば」の関係についての哲学的探求を、心理療法をモデルに具体的にイメージしやすいかたちで解明する道をひらいたこと。この三つの貢献に対してそれぞれ、アメリカ心理学会のヒューマニスティック部門、臨床部門、哲学的心理学部門から「傑出した心理学者」の賞を受けている。

　ジェンドリンに一貫して流れる研究テーマは、体験と「ことば」の関係をめぐる問題である。カウンセリングでは双方の体験をさまざまな「ことば」で表現しようとする。それゆえ、体験とそれを表現する「ことば」の関係をどう考えるかが重要な鍵になる。ポストモダニズム思想は、「ことば」が体験に裏打ちされているわけではないこと（「ことば」の恣意性）を指摘する。しかし、だからといって体験とは無関係に、どのようにでも言えるというものではない。彼は、ポストモダンの相対主義的世界観を、「身体」をキーワードにして乗り越えていこうとする。こうした彼の哲学者としての側面についての研究は、今後の課題である。
　　　　　　　　　　　　　　（上嶋　洋一）

## シュッツ
(Schutz, William　1925-2002)

　社会心理学者。1951年にUCLAで博士号を取得して、シカゴ大学に勤め、やがて海軍に召集され艦船の戦闘情報センターで仕事をした。彼は『FIRO——対人行動の3次元理論』(1958) を出版した。そのなかで彼は、"fundamental interpersonal relation orientation"（基本的対人関係志向）を、彼の対人関係欲求理論として展開している。対人関係における基本的欲求として、①包容への欲求、②統制への欲求、③情愛への欲求、の3種類を考えた。人はこれらの欲求を充足させようとする対人行動をとる、というもの

である。

シュッツはハーバード大学で本理論の研究をしながら、一方でエンカウンター・グループを始めた。その後、バークリーを経て、カリフォルニア州ビッグ・サーにあるエスリン研究所に移った（1966年）。当時、エスリン研究所は、カウンセリングにおける第三勢力、ヒューマニスティック・サイコロジー台頭のムーブメントの中心地であった。彼はここで「オープン・エンカウンター」（各種の理論、技法に開かれたエンカウンター）を実践した。これは、ロジャーズ（Rogers, C. R.）の自己理論に基づくエンカウンターの、「言葉の行き詰まりや対人的葛藤で、数時間にわたるリーダーやメンバーのエネルギーを消耗させてしまう傾向」を解消するために、各種の技法を導入して、計画された演習を取り入れたエンカウンター（「よろこび feeling good——人間のアウェアネスを拡大する」）であった。彼は、エスリンをグループ・エンカウンターの中心地にした。國分康孝がわが国で提唱した構成的グループ・エンカウンターの源流である。　　　　　　　（片野 智治）

## ジュラード
(Jourard, Sidney M.　1926-1974)

自己開示研究の創始者。彼の開発した自己開示の測定尺度は、自己開示質問紙（Jourard Self-Disclosure Questionnaire : JSDQ）であり、その修正版とともにその後の実証的研究に多く用いられている。この尺度は、質問紙に本人が自己開示傾向を振り返って記入する、自己報告法である。この質問紙は、態度・意見、趣味・関心、仕事（勉強）、金銭、性格、身体の六つのトピックについて、自己開示の相手に母親、父親、最も親しい男女の友達、配偶者を設定し、その5人との日常会話の程度について、4段階の評定尺度で選定するものである。この質問紙から、日常生活で重要な他者への十分な自己開示が健康なパーソナリティの指標であり、かつ精神的健康に必要不可欠である、という仮説のもとに研究を行っていることがわかる。

彼は、ロジャーズ（Rogers, C. R.）の来談者中心療法や、マズロー（Maslow, A. H.）の自己実現論をもとに、自己開示という用語を使って開示者の精神的健康に関する、そのカタルシス機能の重要性を指摘した。この影響から、臨床心理学や人格心理学での自己開示研究は、当初は自己開示とパーソナリティ特性の関係を検討する研究が行われていたが、現在は、個人差から自己開示の相互作用や、自己開示に影響する状況的要因に関する研究が主流となっている。　　（稲富 憲朗）

## 友田不二男
(Tomoda, Fujio　1917-2005)

千葉県に生まれる。1941年、東京文理科大学教育学科心理学専攻（現・筑波大学）を卒業し、埼玉女子師範学校（現・埼玉大学教育学部）の教諭になるが、召集されて終戦を迎える。戦後、再び埼玉師範学校に赴任するが、師範学校の運営をめぐり事務当局と対立し辞職。その直後の1948年、母校の東京文理科大学教育相談部（元・東京教育大学教育相談所）へ助教授として招聘され、知能検査と教育相談の仕事を行うが、仕事の内容に失望してしまう。このときに、茨城キリスト教大学のローガン・ファックスから、ロジャーズ（Rogers, C. R.）の『カウンセリングと心理療法』（1942年の原典本）を紹介された。この本がきっかけとなり、1951年に国学院大学に移り、当時貴重であったテープレコーダーを用いて、カウンセリングの実践研究活動を開始し、このカウンセリングの実践活動を、『ガイダンスにおける面接法の技術』（1953）に著した。1955年に「東京カウンセリングセンター」（現・社団法人日本カウンセリングセンターの前身）を設立し、1957年から科学技術庁の派遣で、ロジャーズに師事して、シカゴ大学へ1年間、留学した。

友田のカウンセリングで重要なことは、「非指示的療法を知る」ことでもなければ、「非指示的技術を習得する」ことでもなく、「これらの言葉によって叙述された見解」を手がかりとして、カウンセラーとクライエントが、その関係性のなかで実践的・臨床的諸経験を、よりいっそう、ありのままに意識化

し豊かにすることができるように，ともに成長することである。
　　　　　　　　　　　　　　　（伊藤　稔）

## ドライデン
(Dryden, Windy　1950-　)

　ロンドン生まれ。ロンドン大学ゴールドスミスカレッジ心理学部カウンセリング担当教授である。セラピストとして25年以上のキャリアを誇り，英国のREBT研究所で心理療法家の訓練を行っている。

　論理療法（REBT）は彼の最も得意とする分野であり，昨今短期間で行う心理療法へのニーズが高まるなかで，彼の提唱するブリーフ的REBTへの期待はふくらんでいる。心理療法を受けること自体が目的となることに警鐘を鳴らし，時間的制限と具体的なゴールの設定を強調する。力動的精神療法や来談者中心療法が多くを占める英国において，REBTの普及に情熱を傾けている。

　アカデミックな分野とセルフヘルプ（自分でできる技法）の分野の両方で，幅広い活躍をしており，100冊以上の書籍と多くの専門的論文や著作物がある。邦訳されている主なものは，『実践論理療法入門――カウンセリングを学ぶ人のために』（1997），『アルバート・エリス人と業績』（1998），『論理療法入門――その理論と実際』（1998），『論理療法トレーニング』（2004）が挙げられる。
　　　　　　　　　　　　　（内田　恵理子）

## 中島一憲
(Nakajima, Kazunori　1956-2007)

　教師のメンタルヘルスに最もコミットした精神科医。1982年，東京医科歯科大学医学部卒業，医学博士，広島県出身。社団法人東京都教職員互助会三楽病院精神経科部長，東京都教育長嘱託医，東京都教職員総合健康センター長，東京医科歯科大学臨床教授などの臨床経験をもとに，教育行政・学校管理職に警鐘を鳴らし続けた。たとえば，「新任教師を困難校に配置しないこと」「特定の教師に複数の校務分掌を押しつけるべきではないこと」など，教師の代弁者としての見識と気概に富む志士であった。それゆえ，役員を務める日本学校メンタルヘルス学会や，日本教育カウンセリング学会の基調講演なども快諾するのが常であった。心身を燃焼し尽くして，救急車で入院した自分を「坂本龍馬，前のめりに倒れるの図」と評し，病床からも最後のメッセージを教師たちに遺した。その骨子は二つある。①「働きすぎ，疲れすぎ，数量化しすぎ」に気づいた段階で，自分にも周りにもストップをかけること。②人生は計画どおりにはいかないものであるから，後悔しないように。たえず軌道修正しながら生きよと教えた。

　主著を列挙しておきたい。『教師のメンタルヘルス』（現代のエスプリ，323号，1994），『インフォームド・コンセント――これからの医療のあり方』（現代のエスプリ，339号，1995），『こころの休み時間――教師自身のメンタルヘルス』（1997），『教師と子どものメンタルヘルス――診療室からみた社会と教育』（2001），『先生が壊れていく――精神科医のみた教育の危機』（2003），『教師のメンタルヘルスQ＆A――あなたの学校は大丈夫ですか？』（2006）

　これらの著作を通して中島は，「現代の人間関係に人間性を回復させよ」と警鐘を鳴らしている。
　　　　　　　　　　　　　　（國分　康孝）

## パールズ
(Perls, Frederick S.　1893-1970)

　ゲシュタルト療法の提唱者。ベルリン郊外でドイツ系ユダヤ人として誕生。16歳でベルリン大学医学部に入学したが，第一次世界大戦に参戦。戦争より戻り，医師の資格を得て開業するが，戦争時の経験や恋愛問題で精神的動揺をきたす。これを機に精神分析を受け，その後，訓練を受け分析家としての資格を取得。さらにライヒ（Reich, W.）にも精神分析を受ける。このとき，過去の出来事を言語的に連想していくより，分析中の姿勢，声，身体の動きの分析のほうが，より洞察へと導かれることを学ぶ。1935年，南アフリカで最初の精神分析研究所を妻のローラと設立。

しかし，1936年，国際精神分析学会で発表した「口愛期抵抗」の研究論文は学会に容れられず，フロイト（Freud, S.）との悲劇的な会見もあってフロイトと決別。その転機のなかで Ego, Hunger and Aggression (1940) を著す。ゲシュタルト療法の基本を述べた最初の著作である。1946年，アメリカに渡り，ゲシュタルト療法を実践し発展させた。米国各地に招かれたり，自分でも研究所を設立し活動したが，一時期エスリン研究所にも在籍した。彼は，面接のなかでセラピストが解釈することを否定。クライエントの「今，ここ」での「気づき」（awareness）を，「常に，現在に起こることであり，行動への可能性を開く」ものと重視し，クライエントにあるがままの自分に正直になることを求めた。

彼は，自分のセラピーを「今，ここ」中心のセラピーとも表現している。ほかに，現象学的な観察の活用，クライエントの成長に対する確信や実存的な責任の強調，治療者−クライエント間での人間的な関係の重視など，彼が導入した視点は，今日では多くの心理療法に取り入れられている。また，彼が旅の途中で日本に滞在し，禅を学び東洋思想にも示唆を得たという事実は，われわれにとって興味をひかれるところである。　（伴野　直美）

## バーン
(Berne, Eric　1910-1970)

カナダのケベック州モントリオールで開業医の子として生まれる。1935年，マギル大学より医学博士の学位を取得。その後，1941年，ニューヨーク精神分析協会（New York Psychoanalytic Institute）で，精神分析医としての訓練を受け始めた。1946年，サンフランシスコ精神分析協会（San Francisco Psychoanalytic Institute）で，精神分析医としての訓練を再度受けた。1956年，サンフランシスコ精神分析協会に精神分析医としての資格申請を行うが，許可されなかった。自分の目指していたことが，かなわなかったのである。

そこで1957年に，アメリカ集団精神療法学会（American Group Psychotherapy Association）で，「交流分析：新しい効果的な集団療法」（Transactional analysis: A new and effective method of group therapy）と題する研究発表を行い，TAは有名になる。

TAは精神分析の口語版ともいわれており，記号や図式を使って簡単にわかりやすく説明できるという特徴がある。バーンの弟子デュセイ（Dusay, J. M.）は，各自我状態の強さを棒グラフで表した「エゴグラム」を考案した。　（鈴木　由美）

## フランクル
(Frankl, Viktor E.　1905-1997)

オーストリア，ウィーン大学の神経学・精神医学教授。精神科医。心理学者。フロイト（Freud, S.），アドラー（Adler, A.）に続く，ウィーン第三学派と称された。

15歳のころに，ある国民大学で「人生の意味について」講演したことがある。以降「そもそもわれわれが人生の意味を問うべきなのではなく，われわれ自身が人生から問われているのである」「どんなことでも，人に起こることにはすべて何らかの究極的な意味があり，さらに超意味があるはずだ」と，人生を通して繰り返し述べている。それらをもとに，アウシュビッツ移送直前，ロゴセラピー（Logotherapie）と実存分析をテーマにした『医師による魂の癒し』（邦題『死と愛』）の初稿を完成し，コートの裏地に縫いつけ強制収容所の生活に臨み，没収された。

彼は早くに亡命もできたが，「どうやら強制収容所は，私の卒業試験だったらしい」。自ら「十字架の試練」と呼ぶ極限のなかで再び著述に挑んだ。「この人間とはなにものか。人間とは，常に何かを決定する存在だ。人間とはガス室を発明した存在だ。しかし同時に，ガス室に入っても毅然として祈りの言葉を口にする存在でもあるのだ」（『夜と霧』）。「人間が本来有している根元的能力，つまり自己超越と自己距離化の能力は，強制収容所で実存的に検証され，正当性が証明されたものである」「私自身について言えば，失った原稿

を再構成しようという決意が，明らかに私を生き残らせたのだと確信している」。

　フランクルは収容所体験で，その思想を身体を通して行動で体現した。戦後は生涯をかけて，台頭する物質主義とニヒリズム（実存的空虚感）に対する闘いを貫いた。

（川端　久詩）

## ベッテルハイム
(Bettelheim, Bruno　1903-1990)

　ウィーン生まれのユダヤ人で精神分析学者。第二次世界大戦中に強制収容所に収監され，連合軍に解放された経験をもつ。彼の功績はまず，『フロイト著作集』の英訳に誤りがあることを指摘，フロイト（Freud, S.）の思想や用語に関して，その原点に立ち戻ることを主張したことにある。たとえば，"Ich"が"ego"と訳されたことについて彼は異論を唱え，"I-ness"と訳すべきだという議論が起きたとされる。二点めは，心理臨床において，環境について言及した点にある。村瀬・並木（『心理臨床大事典』，1992）によれば，「治療的環境」（therapeutic milieu）という用語を最初に用いたのは彼だという。三点めは，自らの収容所体験から入所者たちの観察を詳細に行い，記録したことにある。それをもとに，極限状況という概念を創出した。この他には，自閉症児に関する知見で著名であり，自我心理学との関連も指摘される。昔話やお伽話にも関心をもっていた。代表的な著作には，『鍛えられた心――強制収容所における心理と行動』（1975），『フロイトと人間の魂』（1989），『生き残ること』（1992）などがある。

（髙橋　浩二）

## マズロー
(Maslow, Abraham H.　1908-1970)

　心理学の第三勢力（the third force）と呼ばれる，人間性心理学（humanistic psychology）の提唱および発展に尽力したアメリカの心理学者。ウィスコンシン大学で学士・修士・博士号を取得，1951～68年までブランダイス大学心理学教授を務め，1967～68年には，アメリカ心理学会会長も務めた。1950年代までの心理学は，刺激と反応という条件づけを重視する行動主義心理学，および人は無意識の願望や葛藤に支配されると考える精神分析学の二つの学派が主流だった。マズローは，これらは人間を全体像としてとらえていないとし，第三の勢力として，人間の健康的かつ高次な側面を含む全体像を重視し，人間の価値，精神的健康，自己実現など，人間の本性を尊重するヒューマニスティック心理学会を1962年に創設した。マズローは，人間の欲求を階層としてとらえ，①生理的欲求，②安全の欲求，③所属と愛情の欲求，④自尊の欲求，というように順次高次の欲求に発展し，⑤自己実現の欲求に至る，と考えた。至高経験の体験，創造性の発揮など，各自のもつより明るく発展的な側面を信頼し，人間のうちにある価値を認め，人間性を尊重することを説いた。1970年の没後も，彼の考えは人間性心理学に指導的役割を果たし，カウンセリング心理学，産業心理学などにも広く影響を与えている。

　なお，本書監修者の國分康孝は，「Dr. Maslowの弟子だった宮本美沙子が，彼自身，自分の名前を"マズロー"と発音していたと語るので，本書では"マズロー"と表記した」との見解を表している。（宮本　美沙子）

## ムスターカス
(Moustakas, Clark E.　1921-　)

　実存主義的な児童臨床を研究・実践する，ヒューマニスティック心理学者。この心理学の特色は，自己の価値観を打ち出すことをためらわない，過去との因果関係を切断する勇気を重視する，体験過程における認知を大切にする，ことである。彼の研究・実践は，それらを体現している。初期の関心事は幼児教育全般だったが，やがて関係療法の影響を受けた。1960年ごろ，マズロー（Maslow, A. H.）やロジャーズ（Rogers, C. R.）などと，カウンセリングの世界に実存主義的アプローチを導入する。彼のそれは，現実原則とスキルを考慮した，成熟せる実存主義といえる。

　「子どもとかかわる際に大切なのは，リズ

ム（心の波長）と，リチュアル（儀式，慣例化した共同行動）と，愛を通して子どもと一体感を求めること」である。リズムとは，自己から他者に向かう生命の流れであり，直感的，統合的，行動である。この統合的行動がリレーションの意味を教え，人とのかかわりを開いてくれる。「心のふれあうリレーションこそが創造的人生に至る道」とし，治療関係におけるリレーションの大切さを強調する。リレーションの3要素として，being-in, being-for, being-with, を考案した。

また，心理臨床のプロセスにおける，クライエントの「固有性・独自性」（かけがえのなさ）を尊重し，クライエントとの内的世界の共有，自己開示，自己主張，対決を重視している。著書として『人間存在の心理療法』(1992) がある。ムスターカスは，國分康孝の構成的グループ・エンカウンターの思想的背景となっている。 （橋本 登）

## メイ
(May, Rollo 1909-1994)

アメリカのオハイオ州生まれ。実存主義心理臨床家。1938年にコロンビア大学で臨床心理学の博士号を取得した。プリンストン大学，イエール大学，ハーバード大学，ニューヨーク大学で教鞭をとる。『愛と意志』『自由と運命』など，ベストセラーとなった著作もある。

父は，YMCAの職員で，メイは6人きょうだいの第2子（長男）である。父は，子どもに水泳を通して自力で生きる術をした。メイは父になついていたが，自称「孤独な子ども」であったと述べている。

大学卒業後，ギリシャの大学で英語を教えているとき，アドラー (Adler, A.) の夏季セミナーに参加し，精神分析に馴染みをもつようになった。しかしその後，大学院では神学を専攻し，実存主義的神学者のティリッヒ (Tillich, P.) の影響を受け，牧師を務めた時期もある。

その後，臨床心理学の博士課程に進むが，結核で病床に伏すことになる。このときにキルケゴール (Kierkegaard, S. A.) の著作に示唆を得て，自論を構成した。

その特徴は二つある。一つは，人間は人生で避けることのできない不安（実存的不安，たとえば生老病死）に正面から向かうこと。これが人間としての成長のもとになるという考えである。

もう一つは，自分の力を信頼して生きるという積極的，楽天的アプローチである。メイの弟子がAPAのセッション「メイを偲ぶ会」で語るのを，國分康孝夫妻は聞いている。その内容は，「先生の面接は効果がないとクレームをつけたところ，面接料を全額戻してくれた」というものであった。 （長崎 良夫）

## ロジャーズ
(Rogers, Carl R. 1902-1987)

ロジャーズのカウンセリング研究の始まりは，ロチェスターの児童虐待防止協会勤務時代（1928～39年）の，実際の事例を通しての精神分析に対する疑問であった。その後，『カウンセリングとサイコセラピィ』(1942) により，非指示的カウンセリングを提唱，さらには，『クライエント中心療法』(1951)，『心理療法と人格変化』(1954) などを通して，来談者中心療法を確立している。

来談者中心療法は精神分析同様，生物主義に立っているが，精神分析が人間を本能のかたまりと見なしているのに対して，来談者中心療法は自己実現傾向を有する有機体を前提としている。言い換えるならば，フロイト (Freud, S.) は現実原則に反するという意味での性悪説，ロジャーズは良くなる力が内在するという意味での性善説の人間観に立ったといえる。なおロジャーズの功績のひとつに，科学的な実証研究の開拓がある。彼自身，心理療法が科学的な研究により，地に足がついたものにしなくてはならないと主張していた。

ロジャーズが卒業した学部（歴史学）はウィスコンシン大学であったが (1924年)，Ph.D.はコロンビア大学より取得 (1931年)。その後，オハイオ州立大学，シカゴ大学，ウィスコンシン大学を歴任，大学退官後は西部行動科学研究所，さらには自らが中心となって設立した人間研究センター (CSP)

で，エンカウンター・グループをはじめとする実践・研究活動を展開した。（平宮 正志）

## 4 キャリア理論に関係のある人物
authors & advocates of career theory

### ジェラット
(Gelatt, Harry B. 1926- )

ジェラットは，キャリア理論における意思決定論的アプローチの第一人者である。

ジェラットの意思決定理論の特徴は，進路選択における情報の流れに着目したところにある。現在，意思決定的アプローチは，進路意思決定者がいかに情報処理を行っているのかに着目する，認知的・情報処理的アプローチへと発展しているが，こうした理論展開は，本来，ジェラットが用意していた道筋であったといえる。

意思決定理論の考え方を進路選択の領域にもち込むことは，進路選択の最適解を追究しようとしているのであるということは，これまであまり重視されてこなかった。概して意思決定理論は，どのような状況で，どのように考えるのが最適な進路選択なのかを論じるアプローチなのであり，この点を外して考えると，キャリア理論における意思決定論的アプローチは，あまり意味のないものとなる。

ジェラットが晩年に提唱した，「曖昧さに対する積極性」（positive uncertainty）も同様である。スピードの速い，多様化が進んだ現代社会においては，確固たる合理的な意思決定の基準というものを定めることができない。そこで，曖昧さを積極的に受け入れ，直感的な判断を重視するということになる。これが，われわれが直面している現在の状況に対して，最終的にジェラットが示した最適解であったという点は，より強調されてよい。

サンノゼ州立大学で心理学を専攻した後，スタンフォード大学でカウンセリング心理学の修士号（1951年）・博士号（1964年）を取得。現在は，夫人とともに Gelatt Partners と命名したホームページを公開し，広く一般向けにコンサルティング・カウンセリングを行っている。

著書および論文として，*Journal of Counseling Psychology* に掲載された Positive uncertainty: A new decision-making framework for counseling. (1989), Creative dicision making (2003) が挙げられる。

（下村 英雄）

### シャイン
(Schein, Edger H. 1928- )

マサチューセッツ工科大学（MIT）スローン経営学大学院名誉教授。組織心理学の確立者の一人である。チェコ・スロバキアに生まれ，10歳で家族と共にアメリカに移住。シカゴ大学，スタンフォード大学を経て，ハーバード大学にて博士号を取得。ウォルター・リード陸軍研究所に勤務の後，設立間もない MIT 経営学大学院で，マグレガー（McGregor, D.）に教育面で指導を受けながら，アメリカ企業の管理職にみられる教化（indoctrination）研究に着手した。当初，期待していた結果は得られなかったが，MIT 経営学大学院卒業生の詳細な継続的インタビューを通して，組織の価値観に個人が染まる教化とは逆の，「個人は自分らしさを貫き，探している」という面に気づいた。それがキャリア・アンカーの定立である。個人が仕事をしていくうえでどうしても犠牲にしたくないもの，自分にとって大切で価値あるもの，自分の能力が最も発揮されるもの，それが個人にとってのアンカー（錨）である。個人は自分のアンカーを自覚して，アンカーを満たす仕事を選ぶことによって，揺るぎない自分を感じ，能力を最大限発揮することができる。アンカーは，次の八つのカテゴリーに分けることができる（当初は五つだった）。①専門・機能別コンピタンス，②全般管理コンピタンス，③自立・独立，④保障・安定，⑤起業家的創造性，⑥奉仕・社会献身，⑦純粋な挑戦，⑧生活様式。

長年の研究に基づく多くの著書・論文があ

り，邦訳の主なものは，『組織心理学』(1966)，『キャリア・ダイナミクス——キャリアとは，障害を通しての人間の生き方，表現である』(1991)，『キャリア・サバイバル——職務と役割の戦略的プランニング』(2003) である。　　　　　　　（長須 正明）

## スーパー
(Super, Donald E.　1910-1994)

　オックスフォード大学卒業。1940年に博士号取得。1945年からコロンビア大学で教鞭をとり，1975年に定年退職し名誉教授に。その間，1952年アメリカ心理学会第17部会カウンセリング心理学部会会長，アメリカ生徒管理ガイダンス協会（APGA）の1954年会長，全米職業指導協会（NVGA）の1969年会長，国際応用心理学会理事，国際教育・職業指導協会（IAEVG）の1975～83年会長，以降名誉会長，と要職を歴任。

　キャリア心理学研究の分野に対するスーパーの貢献は，計り知れないものがある。まず彼は，職業的発達理論（vocational development theory）を構築した。その理論の核心部分は，「職業的発達の12の命題」(1957年) によって知ることができる。この理論の体系化は，従来の職業指導（進路指導）を大きく転換させることになった。彼は，職業選択の時点で単に個人と職業とをマッチングさせることよりも，個人と職業の両者がともに変化するものとしてとらえ，「発達」という概念を重視した。そして，後年には，Work Importance Study (WIS) という国際的な調査プロジェクトを主宰し，*Life Roles, Values, and Careers : International Findings of the Work Importance Study* (1995) を編集し，研究成果をまとめた。
　　　　　　　　　　　　　　（松井 賢二）

## パーソンズ
(Parsons, Frank　1854-1908)

　「職業指導の祖」といわれるパーソンズは，1854年アメリカのニュージャージー州マウント・ホーリーで生まれ，15歳にしてコーネル大学で工学を学び，1872年に卒業後，鉄道会社に土木技師として就職するが，翌年，経営不振により離職，その後，学歴に関係しない職を余儀なくされた。しばらくして，マサチューセッツで数学，歴史，フランス語を教えることになる。また，法律関係の仕事に従事したり，一時期は政治にも興味を示した。パーソンズが職業指導を始める直前は，大学で法律を教授していた時期もあった。

　職業指導にかかわるようになったのは，1901年にショー（Shaw, P. A.）の支援により始まったボストンのCivic Service Houseに招かれたことに始まる。ここで，自らの多くの職業体験と科学者としての知識から，職業指導を人のもつ能力と職業が要求する能力を数量化して科学的に行うことを確立した。その手法は，個人の自己理解を中心とし，職業理解そして両者のマッチングである。後年，スーパー（Super, D. E.）により，職業指導の再定義が行われるが，世界で初めて職業指導を科学的に行ったパーソンズの業績のなかには，今日でも職業適性検査など，多くの場所で使われている。*Choosing a Vocation* は，彼の死後1909年に発刊された。また，デイビス（Davis, H. V.）による *Frank Parsons : Prophet, Innovator, Counseler* も1969年に刊行されている。　　　　　　　　（田島 聡）

## バンデューラ
(Bandura, Albert　1925-　)

　1952年アイオワ州立大学で博士号を取得。1953年にスタンフォード大学に赴任し，1964年教授。バンデューラは，心理学のほとんどの領域で重要な業績を残した著名な心理学者であるが，キャリア理論にも大きな影響を与えている。

　まず，社会的学習理論の考え方が，クルンボルツ（Krumboltz, J. D.）を経由してキャリア理論に取り入れられている。キャリアの分野における社会的学習理論とは，進路選択者と環境との相互作用を重視する考え方であり，その相互作用のなかから道路や将来について学習する過程を重視する。本人の遺伝的・能力的な要因，環境条件や出来事，学習

体験，課題にアプローチするスキルなどが相互に影響を与えあうことによって，自己や職業についての一般的な知識を獲得するに至るまでの過程が，社会的学習理論によって説明される。

また，キャリアの分野では，1980年代以降，進路選択に対する自己効力感に関する研究が多くなっており，現在でも中心的なテーマとなっている。この自己効力感もバンデューラの社会的学習理論に由来する概念であり，進路選択をうまく行えると思えることが，実際に進路選択が上首尾な結果に結びつく，という結果が多くの研究で示されている。

さらに，近年，日本で話題になった偶発理論系のキャリア理論に関する論文でも，バンデューラは知られており，偶然の出会いがいかに人生に影響を及ぼすのかについて詳細な論考を行っている。このようにバンデューラは，間接的に現代のキャリア理論を背後から支えるさまざまな業績（*American Psychologist* に掲載された The psychology of chance encounter and life paths.〈1982〉，Self-efficacy in changing societies.〈1995〉など）を残している。　　　　（下村 英雄）

→「2　第二勢力に属するカウンセリング理論に関係のある人物」p.509

## ボーディン
(Bordin, Edward S.　1914-1992)

ペンシルバニア生まれ。テンプル大学で学び，1942年にオハイオ州立大学で博士号を取得。数年の軍隊経験の後，1945年にミネソタ大学に心理学助教授として赴任。1955年に教授。ミシガン大学の心理学名誉教授として1992年8月，78歳でがんで他界。

ボーディンは，カウンセリングおよび臨床心理学の分野で幅広く業績を残したが，キャリア理論の分野では，精神分析的アプローチの提唱者として知られている。

ボーディンの基本的な考え方は，クライエントが進路選択に対して感じる困難な問題は，内的な心理力動的な要因によって説明されるというものである。たとえば，進路を選択する際に強い不安を感じて，カウンセラーに助けを求めざるを得ないクライエントは，内面に何らかの心理的な障壁があり，それが進路選択の場面で表面化してくるために，強い不安を感じることとなる。その結果，進路選択が妨げられる。ボーディンは，進路選択の過程では，さまざまなかたちで「自己との対決」を行わなければならないと考えており，その過程で，本人が抱いている内的な問題が浮かび上がってくる。そうした作業を繰り返しながら，最終的には，いかに自己概念を表出するかが進路選択の本質であると考えるのが，ボーディンの精神分析的アプローチである。キャリア・カウンセリングと通常のカウンセリングを表裏一体と考える現在の視点からは，キャリア・カウンセリングと臨床的なカウンセリングの接点を，ていねいに綿密に考えようとした心理学者として，評価できるだろう。　　　　（下村 英雄）

## ホランド
(Holland, John L.　1920-　)

オマハ大学を卒業，ミネソタ大学よりPh. D.を取得。ジョンズ・ホプキンス大学に長く勤めた。

キャリア理論は，マッチング理論と発達理論の二つに大別される。マッチング理論とは，職業と個人の適合性を重視する考え方であり，「本人に合った職業に就くのがよい」という発想をベースとしたキャリア理論である。ホランドは，現代的なマッチング理論の第一人者である。

ホランドのマッチング理論は，VPI職業興味検査の背景にある理論として知られている。VPI職業興味検査は，160の職業名を提示し，それに対する興味関心の有無を回答することによって，職業興味を「現実的（R）」「研究的（I）」「芸術的（A）」「社会的（S）」「企業的（E）」「慣習的（C）」の六つの側面から知ることができる。このRIASECはホランドコードとしてよく知られている。

マッチング理論は，職業に個人をはめ込もうとする，極端な適材適所論に陥りがちであることが批判される。しかし，マッチング理論は，ある個人が特定の職業にどの程度合致

しているのかに関する情報を与えることで，個人がキャリアについて考える材料を提供しているのであり，短時間で具体的な方向性を示すという点で，現在でも有力な考え方のひとつである。

（下村 英雄）

## ロー
(Roe, Anna 1904-1980)

ローは，科学研究者の職業選択の発達の力動について研究した。彼は，特に対象者の生育史上での両親との関係性におけるかかわり方の違いの発見から，人格発達における両親の子どもへの態度等が，子どもの将来の職業選択に影響するという説を立てた（1957年）。また，家庭の特徴を，①雰囲気，②親の態度，③情緒的かかわりの度合いの三点からとらえ，子どもがこれらをどのように受け止めるかで，子どもの興味や対人指向性が決定されるとした（早期決定論）。

ローの理論は，特性-因子理論を提唱したパーソンズ（Parsons, F.）が，キャリア理論の中心を「選択」に置き，いわゆるマッチング論（適材適所主義）を唱えたものと対照的に，「適応」論にその特長があるといえる。

これらローの説は，スーパー（Super, D. E.）らの職業的発達理論（それまでの心理学的研究，社会学的研究を総合的に検討してこの理論を提唱）と，ボーディン（Bordin, E. S.）らの精神分析的選択理論（精神分析学の視点から職業と職業選択を説明しようとする理論）とをつなぐものとして重視されている。

（住本 克彦）

## 5 特性-因子理論に関係のある人物
authors & advocates of trait-factor theory

## ウィリアムソン
(Williamson, Edmund G. 1900-1979)

ロジャーズ（Rogers, C. R.）は『非指示的カウンセリング』（1942）でデビューしたが，彼が批判した指示的カウンセリングとは，ウィリアムソン方式のことであった。しかし今となれば，ウィリアムソンは，アイビイ（Ivey, A. E,）やカーカフ（Carkhuff, R. R.）と同じように，折衷的・能動的・効率的なカウンセリング・モデルを提示した最初のカウンセリング・サイコロジストである。その骨子を今日風に意訳すれば，①ラポール形成，②自己理解，③説明・助言，④実行の支援，⑤リファーとなる。

ウィリアムソンは，この方式を支えるカウンセリング理論として，「特性-因子理論」を提唱した。この理論を根底にした学生相談プログラムを，アメリカで最初に展開した功績で，彼はアメリカ・カウンセリング学会（1962年当時はAPGA）から受賞した。ウィリアムソンの特性-因子理論は，その著書，*How to Counsel Sudents: A Manual of Techniques for Clinical Counselors* (1939) にみることができる。

ウィリアムソンが卒業した学部（心理学）は，イリノイ大学であった（1925年）が，Ph. D. はミネソタ大学より取得（1931年）。その翌年，ミネソタ大学の心理テストセンターを設立し，所長となる。やがて，学生部長（1941～69年）も務めた。それゆえ彼は，scientist-practitionerを経たscholarのモデルといえよう。

（國分 久子）

## ウェクスラー
(Wechsler, David 1896-1981)

アメリカの心理学者。ルーマニア生まれ。コロンビア大学で学位をとった後，ニューヨーク大学教授となり，同大学附属ベルウェー病院の心理診断部長となる。ウェクスラーの心理学における業績は，従来のビネー式の年齢尺度による知能検査と異なる，ウェクスラー式の診断的知能検査を各種作成したことである。ウェクスラーの知能観は，従来の学者と比べて，かなり幅広く考えている点に特徴があり，作成した検査は，知能の構造とともに，一部人格の特徴をも診断できるように作られている。知能が，各種能力の統合

されたものであるとともに、意欲や性格などの非知的要因も知能に含まれているとしている。1949年に児童用WISC、1974年には改訂版WISC-Rが発表された。また1955年には、成人用のWAISが、就学前後の幼児用WPPSIも発表され、それぞれ日本版が出版されている。

1975年、米国の「全障害児教育法」の制定と実施に伴って、心理教育アセスメントのもととして、個別教育プログラム（IEP）を受けることになり、これらの障害の判定において、ウェクスラーの検査が重要な役割を果した。わが国においても、「個に応じた教育」という視点の重要性が増し、現在進められている「特別支援教育」においても、知能検査は再び、より多面的に客観的な児童理解と指導につながる認知の特性を把握する手段として評価され、広く用いられている。特に、発達障害などの学習や行動のつまづきをもつ児童・生徒のニーズに応える教育支援のなかで、活用が高まっている。　　　（兵藤 啓子）

## カウフマン
(Kaufman, Alan S. 1944- )

知能検査の開発と活用の研究において、世界的に影響力をもつ学校心理学者。コロンビア大学でソーンダイク（Thorndike, E. L.）のもとで学び、Ph. D. を取得。ジョージア大学、アラバマ大学などを経て、現在エール大学臨床教授。カウフマンは、妻（Nadeen L. Kaufman, 発達障害のアセスメントと援助の専門家、エール大学講師）とともに、認知心理学や神経心理学の成果に基づき、K-ABC（Kaufman Assessment Battery for Children）を開発し、ビネー式、ウェクスラー式に継ぐ、心理検査の第三の波をつくった。カウフマンは、知能検査がただIQを測り障害児教育の場への措置に使われることが不適切であることを主張し、検査結果を統計だけでなく、日常の観察と研究成果（エビデンス）に基づいて解釈して、子どもの援助に結びつけるという、"intelligent testing"（賢いアセスメント）モデルを提唱した。

カウフマンは、「知能検査は、子どもの学力を予想し、安楽椅子に座ってその予想（たとえば、子どもの失敗）が当たるのを待つために実施するのではない。アセスメントで得られた情報（得意な認知スタイル、望ましい学習環境など）を子どもの援助に活かすことで、検査の予想を翻す（kill the prediction）ためにある」と主張する。専門的援助を適切に積極的に行うためのアセスメント、というカウフマンのメッセージは、カウンセリング実践に大きな示唆を与える。

（石隈 利紀）

## ギルフォード
(Guilford, Joy P. 1897-1987)

アメリカの心理学者。ネブラスカ大学、コーネル大学に学び、1927年にコーネル大学で学位を得る。同大学教授を務めた後、南カリフォルニア大学教授となる。1950年にはアメリカ心理学会会長に選ばれた。精神測定法が専門で、1938年には精神測定協会の会長も務めている。

研究分野は幅広く、知能、創造性、人格、適性など多岐にわたっており、因子分析法などの多変量解析法を多用している点が特徴である。知能の研究では、因子分析法を駆使した知性の構造モデルが有名である。これは、扱う情報の内容、必要とされる情報の操作、情報の処理の所産の三つのカテゴリーの組み合わせ120種により、知的処理を表現できると考えるものである。

また人格研究の領域でも貢献している。オルポート（Allport, G. W.）の特性論の考えを採り入れ、質問法形式の人格検査4種を作成している。なかでも、「ギルフォード・ジンマーマン気質検査」を中心に作成された、「矢田部・ギルフォード性格検査」（Y-G性格検査）と、「本明・ギルフォード性格検査」（M-G性格検査）は、手軽に実施でき、多面的な診断ができるものとして広く用いられている。これらは質問紙検査であるため、被験者の意識的、無意識的な心理的構えを考慮したうえでの検査結果の読み取りが必要となる。またM-Gは、性格特性が生徒指導の見地から問題性傾向も判定できるようになっており、

学校現場での生徒・進路・学習指導にも活用できる。　　　　　　　　　　　（兵藤　啓子）

## サーストン
(Thurston, Louis L.　1887-1955)

　20世紀前半は，知能の構造についての論争が盛んに行われており，「知能とはすべての問題解決にかかわる一般因子と，当該の問題解決にのみかかわる特殊因子の二つから構成される」とする2因子説と，「知能は多数の因子から構成される」とする多因子説の立場があった。サーストンは後者の多因子説の立場にあり，知能は「知覚判断の速さ」「空間能力」「数的能力」「推理力」「語の流暢さ」「記憶力」，そして「言語理解」の七つから構成されると考えた。

　現在，広く用いられている知能検査に，ウェクスラー式知能検査がある。ウェクスラー式知能検査では，全体的な知能指数のほかに，言語性知能指数，動作性知能指数などの下位尺度ごとに知能指数が算出される仕組みになっており，多因子説の流れをくんでいると考えてよいだろう。

　ところで，サーストンの研究は知能のみにとどまらない。サーストンは社会的態度に関する研究も行っており，社会的態度は「保守派-革新派」「国家主義-非国家主義」の二つの軸から構成されるとした。

　このようにみると，サーストンはさまざまな心理現象の背後に潜む構造を探ることに，興味をもっていたと推測できる。現在，心理学の研究で最も頻繁に使われる統計手法である，因子分析における因子軸の回転は，彼が考案したものである。知能の構造も，社会的態度についての研究も，因子分析に精通した彼ならではの取り組みといえるのではないだろうか。　　　　　　　　　　　（市原　学）

## ターマン
(Terman, Lewis M.　1877-1956)

　1905年に開発されたビネー式の知能検査は画期的なものであり，世界中に輸出されたが，フランス語のままでは使用できないので，現地語で翻訳，標準化された。そのなかでも特に有名なのが，1916年にスタンフォード大学のターマンが開発したスタンフォード・ビネー知能検査である。スタンフォード・ビネー知能検査は，ビネー式知能検査の単なる英語版ではなく，シュテルン（Stern, W.）の提唱した知能指数（intelligence quotient）を結果表示に用いた点に大きな特徴がある。知能指数を用いることで，生活年齢に対する精神年齢の割合が数値で表現され，受検者の知的水準の程度を知ることができるようになった。

　ターマンは知能検査の利用法については，ビネー（Binet, A.）とは正反対の立場にあったようである。ビネーは知能検査を精神薄弱児（精神遅滞児）の早期発見，早期教育に資することを目指していたが，ターマンは英才教育のための優秀児の早期発見を目指していたようである。　　　　　　（市原　学）

## ビネー
(Binet, Alfred　1857-1911)

　ビネーはフランス文部大臣の委託を受けて，1905年にシモン（Simon, T.）と共同で知能検査を開発した。そして，続く1908年に改訂版知能検査を作成し，ここで精神年齢の概念を導入した。以来，百年余りが過ぎ，その間，1916年のアメリカにおけるスタンフォード・ビネー知能検査をはじめ，ドイツ，ポーランドなど，世界中にビネー式知能検査は広まっていった。わが国でも1919年の鈴木・ビネー知能検査，1930年の田中・ビネー知能検査などの改訂版が導入され，現在，田中ビネー知能検査については第5版（田中教育研究所，2003）が出されている。

　そもそもビネーは，精神薄弱児（精神遅滞児）の早期発見，早期教育を目指して知能検査を開発したのだが，知能検査は世界各国で翻訳・改訂されるなかで，子どもの機械的な判別に利用される傾向が生まれた。その傾向はわが国においても例外ではなく，近年，ときには入学試験に利用されることもある。今一度，われわれはビネーの知能検査開発の理念に立ち返り，子どもの発達支援，個人の福

祉に貢献するような知能検査の利用を目指すべきではなかろうか。　　　　　　（市原　学）

## 6　折衷主義に関係のある人物
### authors & advocates of eclectic orientation

### アイビイ
（Ivey, Allen E.　1933-　）

　マイクロカウンセリングを開発した心理学者。ワシントン州，シアトル郊外に生まれる。スタンフォード大学で心理学を専攻，その後ハーバード大学大学院でカウンセリング心理学を学び，1959年に教育学の学位を取得。1968年から30年間，マサチューセッツ州立大学教授として教鞭をとった。1976年，アメリカ心理学会カウンセリング心理学部会長に就任，学会活動にも貢献している。

　1960年代後半，アイビイらが開発した「マイクロ技法」（micro skills）とは，面談のときのコミュニケーションの技法の単位のことで，この技法は，それまでのさまざまな理論背景をもつカウンセリングや心理療法にも適用することができ，カウンセリングや心理療法の技法習得のために欠かせないトレーニングのひとつとなっている。そしてまた，アイビイらは，効果的な面接法を習得するために「マイクロ技法の階層表」を作成した。その最初のものを「かかわり行動」といい，それに習熟したら次の段階である，「焦点の当て方」「積極技法」「対決」という四つの技法を順次習得することを通して，面接の技法を連続的に構造化することを学ぶことができる。邦訳も『マイクロカウンセリング――"学ぶ-使う-教える"技法の統合』（1985）など，数冊がある。　　　　　　（竹崎 登喜江）

### カーカフ
（Carkhuff, Robert R.　1934-　）

　アメリカのカウンセリング心理学者。ロジャーズ（Rogers, C. R.）に師事。療法家とクライエントという視点から援助を考えるのではなく，ヘルパーとヘルピーという関係，すわなち，お互いに人間としては同格の者同士が，助けたり助けられたりという視点に立って，かかわり技法・応答技法・意識化技法・手ほどき技法などの援助的人間関係技法（ヘルピング技法）を開発し，*The Art of Helping*（『ヘルピングの心理学』1992）としてまとめた。

　アメリカにおいては1960年代から，既存のカウンセリングの諸理論・諸技法を状況に応じて使い分けていく折衷主義と，諸理論・諸技法を一つの体系にまとめ新たな技法として構築する折衷主義と，2通りのアプローチが提唱されるようになった。前者の代表がアイビイ（Ivey, A. E.）のマイクロカウンセリングであり，後者の代表がエリス（Ellis, A.）の論理療法，およびカーカフのヘルピング技法である。

　カーカフのヘルピング技法には，三つの特長がある。①職場の上司と部下，学校の教師と生徒といった，さまざまな人間関係のなかで応用できるモデルであること。②ヘルパー，ヘルピーという概念を提唱し，カウンセラーとクライエントという固定的な役割関係にとらわれない，ヒューマニティを強調したこと。③援助技法に訓練プログラムとして活用できるモデルと，テキストを作成したことである。　　　　　　（朝日 朋子）

### 澤田慶輔
（Sawada, Keisuke　1909-1995）

　1909年2月18日，鹿児島生まれ。旧制第七高等学校を経て東京大学心理学科卒業。大学2年のとき，「レオナルド・ダビンチの表現とその理解」が城戸幡太郎に認められ，『心理学研究』に掲載（1930）。卒論は「色彩感情の研究」。その後，岩波書店刊の『教育学辞典』の編集に関与（1933～39年）。それが機縁で，教育に造詣の深い心理学教授（東京大学，立教大学，南山大学，創価大学）となる。日本で最初に，カウンセリングにおける折衷主義を，『相談心理学――カウンセリングの理論と技術』（1957）で展開した。

1967年6月11日に「日本相談学会」創立のときから常任理事を務め、初代理事長中村弘道の没後（1988年7月）、二代目理事長としての役割を1995年2月1日心不全で逝去の日まで遂行。晩年は外出困難であったが、茨木俊夫事務局長（埼玉大学教授）が電話やファックスで緊密な連絡をとって会務に支障なきようにした。

澤田の門下生のひとり、神保信一（明治学院大学教授）によると、澤田は「教育心理学概論」の講義のなかでカウンセリングについて、ひときわ熱を込めて語っておられたという。また学生に対しても、「こうしてはどうでしょうか」とていねいに語られる教授であった。

（國分　康孝）

················································

### 中村弘道
(Nakamura, Hiromichi　1900-1988)

日本カウンセリング学会の初代理事長（1967年6月11日〜1988年7月9日）。旧制浪速高校、旧制一高、旧制東京高校各教授を経て、東京大学教授。定年退職後は女子栄養大学、立正女子短期大学の教授を務めた。あまり知られていないが、少年時代は熊本陸軍幼年学校生徒であった。病気のため、旧制第五高等学校に転じ、その後、東京大学心理学科卒業、卒論はスポーツ心理学の研究。

日本相談学会（現・日本カウンセリング学会）設立のときの中村理事長の指針は、今もカウンセリング界に継承されるべきものと思われる。すなわち、カウンセリングは治療法ではなく、人間成長への援助法であると。中澤次郎（筑波大学教授）のサポートを得て、ブラマー（Brammer, L. M.）、アイビイ（Ivey, A. E.）、カーカフ（Carkhuff, R. R.）、ムスターカス（Moustakas, C. E.）、エリス（Ellis, A.）、クルンボルツ（Krumboltz, J. D.）、ケーガン（Kagan, N.）、ボーディン（Bodin, A.）、ジョンソン（Johnson, W.）など、アメリカの著名なカウンセリング・サイコロジストをゲスト・スピーカーとして学会に招いたことも、中村の大きな功績である。

中村は、アメリカのカウンセリングの動向を常に把握していた。1985年11月の学会会報に次のような推論を語っている。「①カウンセリング・サイコロジストは、カウンセラーの役割からコンサルタントの役割に移行するであろう。②カウンセリングの対象は青年期、成人期だけでなく、人生のすべてが対象になるであろう。③プログラム化されたカウンセリングが必要になるであろう。④日本の国情と文化に合ったカウンセリングを研究する必要があろう」と。

（國分　康孝）

················································

### ブラマー
(Brammer, Lawrence M.　1922-　)

折衷主義（クライエントのその問題に、最も有効なカウンセリング技法を選び用いる方式）の先駆的役割を果たしたカウンセリング心理学者。スタンフォード大学博士課程を修了、Ph. D. 取得。アメリカ心理学会（APA）カウンセリング心理学部会の会長も務め、現在ワシントン州立大学名誉教授。多くの著作のなかで、*Therapeutic Psychology*（『治療心理』1969）、*The Helping Relationship*（『人間援助の心理学――新しい生きがいの探求』1973）、*How to Cope with Life Transition*（『人生のターニングポイント――転機をいかに乗りこえるか』1994）、*Caring for Yourself while Caring for Others*（『ケアする人だって不死身ではない――ケアギヴァーの負担を軽くするためのセルフケア』2005）の4冊の邦訳は、日本人にも馴染深く読まれている。2005年8月『ケアする人だって不死身ではない』出版記念に夫人を伴って来日、3回の出版記念講演会と、日本カウンセリング学会大会でのシンポジストも務めた知日家である。

またアメリカ赤十字災害対策部として、速やかに災害現場におもむき援助活動に励む、カウンセリング実践家でもある。人生の過渡期における適応上の諸問題に関心をもち、近年（2000年代）は看護師、介護者、カウンセラーに限らず、親、教師など幅広い「ケアする人」自身の心のケアの必要性に、深い関心をもっている。

（森田　明子）

················································

## 7 集団・組織・文化に関係のある人物

authors & advocates of organizational-socio-cultural frame in counseling

### テーラー
(Taylor, Frederick W. 1856-1915)

　アメリカの経営管理研究の先駆者であり，科学的管理法（scientific management）の提唱者。フィラデルフィアの裕福な家庭に生まれる。弁護士である父の跡を継ぐためにハーバード大学法学部に入学するも病気のため断念し，1874年に機械工見習いとなる。そこで工場条件を学び，エンジニアの資格を取得。後に Midvale Steel Company に就職し，"Taylor Shop System"と呼ばれる科学的管理法の実践を通じて，労働コストの削減を行った。

　1911年，テーラーの提唱した科学的管理法は，労使協調と双方の利害一致（相互の繁栄）を前提としている。それは，「賃金は高く，コストは低く」という主張に貫かれ，これまでの成行管理から課業管理（task management）を実践したことにある。すなわち，労働者の遂行する作業をストップウォッチを用いて計測し，時間と動作をともに分析・研究した。これにより，労働者が1日に達成する作業量である課業を決め，作業の標準化を図った。換言すれば，作業遂行上の努力目標を明示し，計画性を初めて与えたのである。

　また，この管理法は，計画部門の独立や職能的職長制の導入，差別的出来高給与体系，指図票の活用など課業を体系的に確立した。一方で，この管理法は労働者の非人間化，機械化モデルなどの批判を受けた。しかし，作業の効率を改善し近代的な合理的管理を成立させ，管理の基礎になるなど生産システムに大きな影響を与えた。　　　　　（木幡 日出男）

### ドラッカー
(Druker, Peten F. 1909-2005)

　アメリカの経営学者。オーストリア・ハンガリー帝国の首都ウィーンに生まれた。父親が帝国の外国貿易省長官だった関係から，幼いころより精神分析学者のフロイト（Freud, S.），経済学者のシュンペーター（Schumpeter, J. A.），作家のトーマス・マン（Thomas Mann, P.）ら当時の知識人との接点をもち，知的な環境に育った。わが国の中学，高校に相当するギムナジュムを卒業後，ハンブルグの貿易会社社員を経て，フランクフルトで証券アナリスト，新聞社の編集者をしながら，1931年にフランクフルト大学で国際法の学位を取得した。

　1933年にヒトラー政権下のドイツを逃れ渡英。その後，1937年に渡米，ゼネラル・モーターズのコンサルタントのかたわら，企業組織の本質は分権制にあるとして，1946年『会社という概念』を刊行。その後，ゼネラル・エレクトリック（GM）のコンサルタントも務め，それらの経験をもとに，ニューヨーク大学教授のとき，企業の機能を「マーケティングとイノベーション」と定義した。GMで大規模な従業員意識調査を実施し，世界初の品質管理（QC）サークルの導入を企図したが頓挫した。1950年代前半，この従業員意識調査の結果は，ドラッカーを経由してトヨタへ持ち込まれ，労使協調経営に生かされた。「企業にとって最も重要な資産は知識労働者」と語ったドラッカーの基本思想は，従業員を重視する日本的経営に合致し，「経営学の父」といわれている。　（國吉 重徳）

### ベネディクト
(Benedict, Ruth F. 1887-1948)

　アメリカの文化人類学者。ニューヨーク市にて生誕。1909年にヴァッサー大学を卒業後，教員等の職業を経て，1921年にアメリカ人類学の父，ボアズ（Boas, F.）のいるコロンビア大学の博士課程の学生となり，1923年に学位を取得（哲学博士。学位論文「北米における守護霊の概念」）。その後，コロンビ

ア大学等において教鞭をとりつつ，さまざまな研究活動（フィールドワークも含む）を進め，1934年に「文化型の理論」(culture patternism)の確立となった *Patterns of Culture*（邦訳『文化の型』1973）を，そして1946年，日本とアメリカ文化の比較文化論でもあり，日本文化論の古典ともいうべき *The Chrysanthemum and the Sword*（『菊と刀――日本の文化の型』1979）を出版する。なお，ベネディクトは，ミード（Mead, M.）らとともに文化相対主義（人間の文化に優劣をつけることを否定し，それぞれの民族のもつ文化を受け入れる）立場に立つ「文化とパーソナリティ学派」（後の心理人類学）と呼ばれており，その確立に大きな貢献を果したといえよう。アメリカの文化人類学における彼女の功績は大きく，後にアメリカ人類学会会長も務め，61歳で他界した。

（田中　顕悟）

## マグレガー
(McGregor, Douglas　1906-1964)

アメリカの心理学者，経営学者。元マサチューセッツ工科大学教授。著書『企業の人間的側面』において，統合と自己統制による経営手法を提唱した。この著書におけるXY理論は行動科学，人間行動理論の代表的な理論として有名。

マグレガーの伝統的管理論における人間観は，人間は仕事が嫌いで，命令されなければ仕事に力を出そうとせず，責任を回避しようとしたりする。これを「X理論」と名づけた。

しかし，人間は高度の欲求をもって生きているので，次に示す人間観を「Y理論」と名づけて，近代的な管理の理論とした。

「Y理論」は，①仕事に心身を使うのは人間の本性であり，条件次第で自発的に仕事をし，進んで責任をとろうとする。②外からの統制や強制だけではうまくいかない。③献身的に仕事をするかどうかは，目的を達成して得る報酬次第である。④問題解決力や創造的能力はたいていの人に備わっているが，企業においては従業員の知的能力はほんの一部しか生かされていない，という理論である。

「Y理論」は，マズロー（Maslow, A. H.）の欲求階層理論に基づいて提示した人間行動モデルであり，自己の目標に向かう欲求を刺激して，動機づけを行い，組織における役割責任と目標を達成する考え方として，目標管理にも応用されている。

（國吉　重徳）

## 三隅二不二
(Misumi, Jyuji　1924-2002)

日本における集団力学（group dynamics）研究の草分け的存在。とくに彼が提唱したPM理論は，世界的にも有名である。

PM理論はリーダーシップのあり方を，P（performance：目標達成）機能と，M（maintenance：集団維持）機能の二つに分け，それぞれの強弱の組み合わせによってリーダーシップスタイルを，P（Pm）型，PM型，M（pM）型，pm型の四つに分類した点に独創性がある。彼は多くの研究結果から，グループの生産性やメンバーの満足度などさまざまな点においてPM型，すなわち，目標達成のために強いリーダーシップをとりつつも，グループメンバーが円滑に動くように気を配るリーダーが最も望ましいと結論づけている。こうしたリーダーシップ論は，組織運営のみならず，グループ・カウンセリングやエンカウンター・グループなどにおけるリーダーの役割に関する研究にも，多大な影響を与えた。

また三隅は，九州大学，大阪大学で教鞭をとりながら集団力学研究所を設立し，職場内での労働災害の防止など，社会に貢献する実践研究を行ってきた。世界中の社会心理学者が憧れるKurt Lewin賞（1994年）の授与は，PM理論の構築とそれが実践に寄与したと認められた証左である。代表的な著書として『リーダーシップ行動の科学』(1978)が挙げられる。

（西原　尚之）

## ミード
(Mead, Margaret　1901-1978)

　アメリカの文化人類学者。ペンシルバニア州にて生誕。バーナードカレッジに在学中にアメリカ人類学の父フランツ・ボアズ (Boas, F.) と，その弟子のルース・ベネディクト (Benedict, R. F.) との出会いがひとつのきっかけとなり，文化人類学への道と進む。23歳のときに約9カ月間，サモア諸島にてフィールドワークを行い，そこに住む少年少女たちの成長をまとめた *Coming of Age in Samoa*（『サモアの思春期』1976）を，1928年に出版する。

　その後，アメリカ自然博物館に勤めるとともに，数多くのフィールドワークを行い，その結晶が1949年に出版された *Male and Female*（『男性と女性――移りゆく世界における両性の研究』1961）といえる。これは，「肉体のあり方」（南太平洋の七つの民族の比較分析），「社会の諸問題」「現代アメリカにおける両性」の3部構成となっており，そのなかで，「いずれかの性が不利な立場に置かれていればいるだけ，その文化全体は貧しいものとなり，地球全体を継承するはずの性が，単なる部分的な遺産を継承するにすぎなくなってしまうのである」と述べている。

　彼女の活動は，文化人類学の社会的認知にも多大な貢献を果たしたといえ，その一方で，彼女の論についてはその後，さまざまな意見や批判等も出されたが，彼女が提起した課題の重要性は，今もなお続いているといえよう。

〈田中　顕悟〉

## モレノ
(Moreno, Jacob L.　1889-1974)

　ルーマニアに生まれ，その後ウィーンに移る。1909年，ウィーン大学に入学。医学の学位を取得したのちアメリカに移住し，サイコドラマ，集団精神療法，ソシオドラマ，ロールプレイングを創始し発展させた。

　フロイト (Freud, S.) の精神分析の方法に対し，自分は「自然な状況のなかで」患者のもとに出かけ，「会う」と述べている。

　在学中に公園で子どもたちの劇団をつくり，活動していた。また，難民らのための「出会いの家」を友人と創立し，そこに来る者誰をも歓迎した。毎晩夕食後の会合で，苦情や問題を処理した。さらに，娼婦たちの住む地区に出向いた。そこでの午後の会合は，具体的な恩恵を与えるだけの機会だけでなく，娼婦たちがお互いに助けあい，自発性を有した集団へと発展する機会となった。それらの活動を通して，このころにはすでに集団療法の基礎になる四つの側面，①グループの自律性，②集団療法への準備段階としてのグループ診断，③集合性の問題，④無名性の問題があることに気づいたと述べている。また，難民キャンプでの仕事に就いたときには，困難解決の方法としてソシオメトリーの分析を使い，グループの観察と問題の救済策を提案する能力をみせている。

　アメリカにおいて，臨床医のライセンスを取得し，その後，即興劇場を立ち上げたり，雑誌『即興』を刊行したりした。さらに，シンシン刑務所の仕事から，人間関係の自発性の原理，適応の原理の提示，集団内の相互関係を表すソシオグラムを開発した。また，エンカウンター・グループ活動への貢献も評価されている。

　1934年に *Who shall Survive?* を発刊，1942年に国際集団精神療法学会創設，初代会長となる。『サイコドラマ　第1巻―第3巻』(1946, 1959, 1969) を著す。国際サイコドラマ協会設立。アメリカ精神医学会，アメリカ心理学会等から表彰を受けている。邦訳として『サイコドラマ――集団精神療法とアクションメソッドの原点』(2006)，評伝として『神を演じつづけた男――心理劇の父モレノの生涯とその時代』(1995)，『エッセンシャル・モレノ――自発性，サイコドラマ，そして集団精神療法へ』(2000) などがある。

〈潮谷　恵美〉

## 8 言語・発達・認知・その他に関係のある人物

authors & advocates of psychology of language, development, cognition and others

### ヴィゴツキー
(Vygotsky, Lev S. 1896-1934)

ロシアの心理学者。マルクス（Marx, K. H.）理論の影響を受け，精神活動の社会文化的側面に注目し，認知発達論を中心に幅広い業績を残した。

ヴィゴツキーによると精神活動は，特定の社会に共有・蓄積された道具を媒介することによって発生するとされる。そのなかでも，思考を直接的に媒介する「言語」を重視し，これを心理的道具と呼んで，他の技術的道具と区別した。そして，子どもが大人と対話を行うなかで，大人が使用する言語（外言）を模倣することで，次第に単独でも自らの思考を媒介していけるようになる（内言）プロセスを発達ととらえ，これを精神活動の精神間機能から精神内機能への移行と呼んだ。しかし，この移行は一度に行われるものではなく，大人との共同活動であればその言語を使用できる水準と，子ども一人でも使用できる水準との間に，ズレが生じるとも指摘された。これは，発達の最近接領域と呼ばれ，教育支援がこの領域に対してなされたときに，その介入効果が高くなるとされた。

ヴィゴツキーの理論をカウンセリング研究に応用する動きは，まだ大きなものとはいえない。しかし，発達の最近接領域の視点を軸に，クライエントの未熟な言語能力を支援する対話活動として，カウンセリング実践を位置づける指摘もなされてきており，今後の動向が注目される。　　　　　（田島　充士）

### ゲゼル
(Gesell, Arnold L. 1880-1961)

アメリカの心理学者。クラーク大学で Ph. D. を取得後，1911 年にイェール大学教育学部助教授となる。同大学の児童発達研究所にて同僚とともに，誕生から 10 歳までの子どもの臨床指導および臨床研究を長年にわたって行った。その成果は，1940 年の *The First Five Years of Life*（『乳幼児の心理学——出生より5歳まで』1952），1943 年の *Infant and Child in the Culture of Today*（『乳幼児の発達と指導』1967），1946 年の *The Child from Five to Ten*（『学童の心理学——5歳から10歳まで』1954）として発表された。

また，退職後はゲゼル発達研究所を設立，対象を青年期まで広げ，115 人もの日常行動を追跡的に観察し縦断的研究を行った。これらの基礎資料をもとに，各能力の年齢的標準の作成を行った。ゲゼル成熟度尺度と呼ばれているのは，0～3 歳の正常な子どもにおいて各段階で期待される行動基準である。これによる発達診断で，子どもの障害を早期に発見し，治療や指導に役立てようとした。その内容は，ノブロック（Knobloch, H.）らによって発展を遂げ，さらにデンバー式発達スクリーニング検査のモデルともなった。

なお，トムプソン（Thompson, H.）とともに行った，双生児統制法による階段昇降の実験研究が有名であるが，現在ではその成熟優位説も，方法論的欠陥や解釈の誤りが指摘されている。　　　　　　　　　（品田　笑子）

### ケンプ
(Kempe, Henry C. 1922-1984)

コロラド州立大学病院小児科主任教授で小児科医。児童虐待の社会的認識を広めた功績で有名である。彼は，勤務する小児科に負傷して運び込まれる子どもの多くが偶発的事故ではないと気づき，1 年間に及ぶ調査をした。その結果，家庭内で親から殴られるなどの身体的暴力を受けた子どもの問題を取り上げて，「被殴打児症候群」(battered child syndrome) と命名した。彼はこの症候群のテーマで，1961 年にアメリカ小児科学会でシンポジウムを企画した。翌年に同僚らと「被殴打児症候群」の論文を医学雑誌 *JAMA* に発

表し，児童虐待に関心が高まった。その論文には，親からのネグレクト（養育の放棄・怠慢）も認識されていた。この概念は，その後の研究によって，身体的暴力だけでなく，性的虐待や心理・情緒的な虐待を含む「被虐待児症候群」（abused child syndrome）の概念に発展した。彼は *Child Abuse & Neglect* の創刊にも尽力した。

わが国も2000年「児童虐待の防止等に関する法律」が制定され，守秘義務のある公務員であっても「児童虐待を受けたと思われる児童」の発見者は，速やかに児童相談所，福祉事務所等への通報義務があることが明記された。本法では，児童虐待の定義は身体的虐待，ネグレクト，心理的虐待，性的虐待が含められる。わが国でも日常の疑問が児童虐待を発見し，子どもの救済となるようになった。

（平田　ルリ子）

## 小泉英二
(Koizumi, Eiji　1924-2006)

東京大学文学部教育学科卒業後，東京都立八潮高等学校教諭等を経て，1974年に東京都立教育研究所教育相談部長に着任。優れた後進を育て，同研究所を「教育相談のメッカ」といわれるほどに発展させる一方，教育研究所連盟研究協議会（全教連）を通して，各地で活躍する教育相談の先駆者と手をたずさえて，日本の学校教育相談の発展・充実に尽くした。

小泉は，すべての教師が教育相談の考え方（カウンセリング・マインド）をもって，予防的・開発的な教育相談を推進することを主張し，1987年に学校教育相談研究所を設立し，わが国初の教育相談の専門誌『月刊学校教育相談』を創刊するとともに，学校教育相談の発展を期する全国組織の設立に奔走し，1990年に日本学校教育相談学会を創立し，初代会長を務めた。

小泉の数ある業績のなか特筆されるのは，登校拒否の類型化の研究である。臨床例の分析からのタイプ分けであるが，学校での実際の指導に役立つ実践的・具体的分類であり，同研究の成果を含む『登校拒否──その心理と治療』（1973），および『続登校拒否──治療の再検討』（1980）は，現在の不登校研究にも大きな示唆を与える名著となっている。

（嶋﨑　政男）

## コージブスキー
(Korzybski, Alfred　1879-1950)

一般意味論（general semantics）の提唱者。著書 *Science and Sanity*（『科学と正気』）が出版された1933年は，一般意味論の誕生年とされている。ポーランドに生まれ，ロシア軍将校として第一次世界大戦を体験したコージブスキーは，人間の適応の問題について深く考えはじめたという。

地図が現地そのものを表すわけではないことは明らかである。にもかかわらず，しばしば言語（＝地図）は事実（＝現地）を表すものとされ，この認識に基づいて人は思考し行動する。そこに問題があるのだ，と彼は考えた。言葉についての前提が誤っているから，人は誤解し，偏見をも，戦争を起こすのだ，と。そして，「一般意味論は，ふつうの意味での『哲学』や『心理学』や『論理学』ではない。それは，われわれの神経系の最も有効な使い方を説明し，訓練する新しい外在的な学問である」として，言語に対する正しい態度を提唱しようとした。その骨子は「地図は現地ではない」「地図は現地のすべてではない」「地図の地図をつくることができる」という三つの基本的な仮定で，こうした考え方は，論理療法のエリス（Ellis, A.）らに多大な影響を与えた。

その一方で，一般意味論には厳密な学問体系がなく，単に言語と事実が違うことの自覚をうながすだけだ，という批判がある。また，それは理論や学問というよりも「よりよいコミュニケーションを目ざす言語技術」（『一般意味論』1974）であり，啓蒙運動や一種の行動指針という位置づけが妥当であろうとの見解もある。しかし，教育や心理臨床などの限定的な領域での有効性はたしかに認められており，一般意味論についての評価は分かれている。

（林　真一郎）

## コールバーグ
(Kohlberg, Lawrence 1927-1987)

ニューヨーク生まれ。ピアジェ（Piaget, J.）の道徳発達理論を学び，1958年に出版された博士論文で，道徳発達の六段階説を展開する。彼の理論は，それまでの「道徳は親が子どもに押しつけるもの」とか，「道徳は不安や罪の意識を逃れるためになされるもの」といった理論に対し，子どもが最終的に自律的な道徳的行為者になることを主張したものだった。具体的には，①前慣習的水準――社会の道徳を学ぶ段階（ステージ1：罰と服従への志向，ステージ2：道具的相対主義的な志向），②慣習的水準――社会の道徳を身につけた段階（ステージ1：「よい子」，対人一致への志向，ステージ2：法と秩序への志向），③原則的水準――社会の道徳を批判し，自律的な道徳を有する脱慣習的水準（ステージ1：社会契約的遵法的志向，ステージ2：普遍的倫理原則への志向）の3水準6段階を提唱している。

その後，1968年ハーバード大学の教育学部に迎えられ，道徳教育研究所（The Center for Moral Education）を設立し，20年間そこで教えた（教育学・社会心理学教授）。実践的関心も強く，学校や刑務所の参加型民主主義的（just community）改革を実践した。　　　　　　　　　　　（石﨑 一記）

## ド・シェイザー
(de Shazer, Steve 1940-2005)

妻のキム・バーグ（Berg, I. K.）らとともに，ソリューション・フォーカスト・アプローチ（solution focused approach）を創始した人物である。ウィスコンシン州ミルウォーキーに生まれ，1971年にウィスコンシン大学大学院でソーシャルワークの修士号を取得。1978年にはBrief Family Therapy Centerを設立し，臨床や研究を続けるなか，1982年にはソリューション・フォーカスト・アプローチを創始した。夫妻で積極的に世界各地でワークショップを開催し，ソリューション・フォーカスト・アプローチの普及に努めた。

キム・バーグがカウンセリングの実践的な著書を数多く執筆している一方，ド・シェイザーは理論面についての著書が多い。技法的側面ばかり注目されるソリューション・フォーカスト・アプローチだが，その根幹には，伝統的な問題解決モデルとはまったく異なる「解決構築」というアイディアがある。「解決（現実）は人と人との間で共同構成される」という社会構成主義（social constructionism）の理念を実践する方法がソリューション・フォーカスト・アプローチであり，カウンセリングや対人援助実践に彼らが及ぼしたインパクトは大きい。

邦訳書として，『ブリーフセラピーを読む』(1994)，『短期療法 解決の鍵』(1994)，『解決志向の言語学――言葉はもともと魔法だった』(2000) が挙げられる。　　（久保 順也）

## ハヴィガースト
(Havighurst, Robert J. 1900-1991)

アメリカのウィスコンシン州に生まれる。教育心理学や発達心理学に関する研究を行った教育学者。オハイオ州立大学で化学の学位を取得後は，化学や物理学の研究と教授を行った。その後，理科教育に関心をもち，教育の諸問題を研究し，社会科学へ関心を移し，シカゴ大学教育学部教授となった。彼は，教育という社会的作用を前提として，発達課題の概念と教育についての理論を提唱した。

発達課題とは，人生の各段階で何を達成すべきかの課題である。彼は人間の生涯を，幼児，早期児童期，中期児童期，早期成人期，中年期，老年期の6段階に区分し，各段階で個人が達成すべき課題を具体的に6～9個提示した。発達課題の内容は，具体的な行動やパーソナリティ，態度，能力などの形成で構成されている。発達課題の動因として身体的成熟，社会の文化的圧力，個人の価値と願望の3要因を挙げている。

彼の理論では社会化が主なテーマであり，個人の主体性や価値の問題が抽象的となっている。発達課題の提唱は発達と社会の関係を分析するうえで，有効な思考の枠組みである。

彼の理論は明快で具体的で批判の対象にされやすく，概念の妥当性や有効性の実証的研究の乏しいことが指摘されている。しかし，この概念は発達段階の特徴と，各段階の移行を説明しており，アセスメントやストラテジーに有効である。

1953年に著した *Human Development and Education* は，1995年に『人間の発達課題と教育』として邦訳されている。

(平田 ルリ子)

## ハヤカワ
(Hayakawa, Samuel I. 1906-1992)

カナダのバンクーバー生まれ。両親は山梨出身の日本人だったが，ハヤカワは英語がもっぱらで，日本語は片言であった。コージブスキー（Korzybski, A.）に大きな影響を受け，ラパポート（Rapaport, D.）らとともに一般意味論の普及に努めた。1936年刊の著書 *Language in Thought and Action*（『思考と行動における言語』1985）は，一般意味論の教科書としてアメリカの大学で多く採用され，この分野で最も影響力のあった一冊である。サンフランシスコ州立大学学長，アメリカ上院議員を歴任するなど，社会的活動も華やかであった。彼に接したことのある井上尚美らによると，大学のスト騒ぎのさなか，62歳のハヤカワは，「テキパキした行動で，難しい情勢を処理していった」（『一般意味論——言語と適応の理論』1974）とのことである。「一般意味論は，言語，思考，行動，つまりわれわれがいかに話し，それゆえいかに考え，またそれゆえいかに行動するか，の間の関係の研究である」として，個人間および集団間のより良いコミュニケーションのあり方を追求し続けた。

(林 真一郎)

## ピアジェ
(Piaget, Jean 1896-1980)

スイスの発達心理学者。大学卒業後，パリにあるビネー（Binet, A.）の研究所で，知能検査の標準化を行う仕事に従事したが，ここで子どもたちが検査課題の論理的推論を行うなかで，年齢ごとに系統だった誤りを示す現象に興味をもった。そして，認知は漸進的な発達過程のなかで構築されると考えるようになった。

ピアジェは発達を，人間が生物としてもつ認知構造を，新たな環境に適応するために変化させる過程としてとらえた。そして，この変化を生じさせるメカニズムとして，外界の対象を取り込み認知する同化機能と，取り込んだ対象に合わせて自らの既存の認知構造を変更する調節機能を挙げ，これらの働きによって認知は，新しい環境においても安定した構造に均衡化していく（すなわち，発達する）とみていた。さらに発達初期には，子どもは自分の視点からの思考にこだわる傾向が強く，自分とは異なる他者の視点の存在に気づかないが（自己中心性），発達が進むにつれこのような傾向は解消し，多面的な思考が可能になる（脱自己中心化）と指摘した。

ピアジェの発達論は，認知の内的構造を主な分析対象にしたものといえる。そのため，子どもが育つ社会・文化が発達に与える影響について十分に検討されていないとして，ヴィゴツキー（Vygotsky, L. S.）やその後継者らによって批判を受けてきた。しかし一方で，他者との共同行為に問題を抱える子どもたちの認知メカニズムを理解するうえで，同化，調節，自己中心性などの概念が有効であるとの指摘もなされている。

(田島 充士)

## ベイトソン
(Bateson, Gregory 1904-1980)

遺伝学者ウィリアム・ベイトソンの三男としてイギリスに生まれ，ケンブリッジ大学で生物学を，大学院で人類学を学んだ。ニューギニアをフィールドワークして，『ナヴェン』を著し，コミュニティにおける相互作用のダイナミクス論を展開。ついで当時の妻マーガレット・ミード（Mead, M.）と一緒にバリ島をフィールドワークし，映像を用いて文化とパーソナリティを論じた。

その後アメリカに渡り，戦争時は合衆国政府戦略構想局に勤務。このころからサイバネティクスを研究。フィードバックに注目し，

コミュニケーションにおけるパラドックスを研究し，ダブルバインド（二重拘束）の理論を提示。この理論は，精神医学に大きな影響を及ぼし，家族療法の発展に多大な貢献をなした。生命現象としての人間の問題を扱うには，自然なひとまとまりの生態系を認識すべきとする，システム認識論の立場に立ち，直線的認識論を批判した。1956 年，アメリカに帰化している。

生涯にわたり，人類学，社会学，言語学，精神医学，動物生態学などに豊かな問いを投げかけ，「精神」とは何かに取り組み，「関係」の科学を志した研究者であり，現代の認知科学の出発点となった人物であるといえよう。

主な著書に，1972 年刊 *Steps to an Ecology of Mind*（『精神の生態学』1990），1979 年刊 *Mind and Nature*（『精神と自然——生きた世界の認識論』1982）が挙げられる。

〈金和 史岐子〉

## ベック
(Beck, Aaron T.　1921-　)

アメリカの精神科医にして，認知療法 (cognitive therapy) の創始者。イェール大学を卒業後，精神分析医として臨床にたずさわるなか，認知（ものの見方や考え方）のあり方が抑うつ状態と深く関連している事実を明らかにした。自己，世界，将来の3領域に対するクライエントの否定的で悲観的な認知を，より現実的で適応的な認知に修正することによって，うつ病やパニック障害などの精神疾患は治療できるというのが，ベックの基本的な考え方である。ベックの認知療法では，構造化された短期間の面接を通して，クライエントの認知のあり方を修正することによって，クライエントを適応的な状態へと変化させていく。

ベックの研究および実践は，エビデンス・ベイスト・カウンセリング (evidence-based counseling) という近年の潮流，あるいは認知行動カウンセリング (cognitive behavior counseling) の隆盛，発展に大きく貢献している。

〈沢宮 容子〉

## 森田正馬
(Morita, Masatake　1874-1938)

森田療法の創始者。高知県出身。1898 年第五高等学校医学部卒業。その後，1902 年東京帝国大学医科大学を卒業し，巣鴨病院に入局。1903 年，東京帝国大学医科大学助手となる。1906 年，根岸病院顧問に就任。1924 年，医学の学位を受け，翌年（1925 年）慈恵会医科大学教授に就任。1930 年，森田療法研究会（神経質研究会）を発足し，機関誌『神経質』を発行。1932 年，森田診療研究所新築落成。1938 年 4 月 12 日，64 歳にて死去。10 代のころから悩まされていた神経質症を克服した自らの体験を一般化して，神経衰弱および強迫観念の治療法としての森田療法の理論を確立（1919 年頃）した。その後も，自らの理論を生き方として体現することに生涯を費やした。

森田の理論は，自分の観念と事実の食い違い（思想の矛盾）に気づき，実生活のなかでなすべきことをなすという実践（目的本位）を行い，理屈や価値判断が混入していない自己本来の性情（純な心）を感じとることで，あるがままの自分に立ち返り，外界と調和のとれた生活の仕方・生き方を見つけ出していこうというものである。

森田正馬の死後，治療法としての森田療法の研究は，「日本森田療法学会」に受け継がれた。また，森田の理論の実践団体である「生活の発見会」では，神経質症を抱える者が実生活に適応していくための活用（症状森田）にとどまらず，森田理論を拠り所とした生活の仕方，建設的な生き方の実現のための活用（生涯森田）を目指して学習が行われている。

〈飯野 哲朗〉

## 吉本伊信
(Yoshimoto, Ishin　1916-1988)

内観（療）法の創始者。奈良県大和郡山市に肥料商の三男として生まれた。信仰心の篤かった母親の影響を受け，幼少期から仏教経典や書道に親しむようになったが，青年期に浄土真宗の一派に伝わる修行法である「身調

べ」に挑み，感動的で深い宗教的体験を得た。この体験をもとに，広く一般の人びとにもできる自己探求法にしようと，「身調べ」の厳しい条件（断眠・断食・断水）を和らげて「内観」と名づけ，現在の内観法の基礎をつくった。

25歳ごろから実業家として活動しながら内観の指導と普及に取り組み，37歳で事業を引退した後は，自宅を内観道場（内観研修所）として開設し，刑務所や少年院など矯正教育界にも内観法を広めた。医療や教育，実業界など諸分野からの注目を集めるようになり，72歳で病没するまで生涯にわたって内観指導に専念し続けた。

吉本が提唱した内観法のエッセンスは，「他者からの愛の自覚と自分の罪の自覚」である。宗教から発展したこともあり，人間というものは罪深く他人に数多くの迷惑をかける存在であるという人間観が，その根底にある。内観法では宗教的色彩は取り除かれ，「おのれとは何か」を自分自身で静かに深く見つめ，真実の自分を探求しようとする日本独自の心理技法として完成されている。吉本の教えと薫陶を受けた人びとにより，内観法は国内外の各地に広がりをみせ，現在も発展を続けている。

〔齊藤　優〕

# 索 引

- 事項索引
- 欧文事項索引
- 人名索引

# 事項索引

## ア 行

ICD-10　125
アイス・ブレイキング　180
愛着　505
愛着障害　115
IT　**199**
アイデンティティ　xii, xiii, 499
　——の形成　299
アイデンティティ・クライシス　24
アイネス　68
曖昧さに対する積極性　518
アイメッセージ　103
アウエアネス　41
アウトリーチ問題　339
アカウンタビリティ　260
アクション・リサーチ　216, 217, 265, 303, **447**
アクティングアウト　218
アサーション　100, 101
アサーションスキル　103, 268
アサーション・トレーニング　171, 302
アサーティブスキル　**100**
アサーティブな反応　101
アジャセ・コンプレックス　500
アセスメント　**107**, 218, 376
新しい労働衛生観　16
アドボカシー　21, **187**, 209, 294
アドボケート　188
アービトレーション（裁定）　221, 222
『「甘え」の構造』　502
「甘え」理論　502
アメリカ教育使節団　xii, xvii
アメリカ心理学会　516, 522
アメリカ心理学会カウンセリング心理学部会　519, 524, 525
アメリカ精神医学会（APA）　347
アメリカ精神遅滞協会（AAMR）　347
アメリカ精神分析学会　500
新たな貧困　245
アルケー　32

アンガーマネジメント　189
安全管理　**335**
安定感への欲求　505
安楽死　430
ESQC 自己開示質問紙　94
家出　489
EMDR　434
井荻児童研究所　xix
医学モデル　25
怒りの昇華　268
怒りの統制　378
生き方　**195**
生き方・在り方の指導　244
イギリス学派　503
育児休業法　328
育児相談　353
育児不安　85
移行支援　241
医師　**408**
意思確認方法　431
意思決定スキル尺度　139
意思決定理論　518
EG 個人過程尺度　142
異質同型性　186
いじめ　189
いじめ被害・学級不適応児童発見尺度　231
いじめ問題　275
異常心理学　xviii
イスラム教　63
依存症　198
一次予防　92, 420, 421
一般意味論　36, 512, 530, 532
一般化　181
一般システム理論　55
一般生物体システム理論　55
遺伝カウンセラー　252
遺伝カウンセリング　**251**, 351, 422
遺伝子情報　252
遺伝子診断　252
委任的指導スタイル　162
命の贈り物へ報いることの義務　438
居場所　101, 299
異文化間カウンセリング　23, 368
異文化間教育　277
異文化間心理学　**23**

異文化ストラテジー　24
異文化で育つ子どもたち　**367**
イベント・モデル　209
『イマゴー』　506
今ここでの気づき　484, 515
意味づけ　233, **253**
意味の付与　254
イラショナル・ビリーフ　36, 43, 60, 136, 179, 181, 223, 293, 303
医療カウンセリング　**403**
医療コーディネーター　411
医療訴訟　409
医療訴訟問題　209
医療福祉的活動　291
医療面接　408
因果律　30
インクルーシブな教育　239
因子分析　185, 467, 523
陰性転移　395
インターネット　457, 488, 489
インタビュー記録　468
インターベンション　**207**
インタレスト　248
インフォームド・コンセント　25, **208**, 252, 408, 418, 428, 432, 456, 465
「インフォームド・コンセントの法理集」　208
インフォームド・デシジョン　433
陰陽の二元論　58
ウィネス　68
VPI 職業興味検査　520
ウィーン学派　503
ウィーン第三学派　515
ウェクスラー式知能検査　522, 523
受け取り方の世界　47
動きの模倣　286
宇宙の形成的傾向　41
宇宙論（西洋の）　58
永遠の時間　61
英才教育　523
エゴグラム　177, 515
エゴグラム質問紙　177
S-R 説　110
S-R 理論　171, 509, 510
SEM モデル　151

事項索引　*537*

SFA　**202**
SFA モデル　390
S-O-R 説　110
SCID-II　**127**
SGE　70, 191, 233, **277**
SGE グループ過程　142, 263
SGE グループ過程尺度　142, 143
SGE 研究　**260**, 263
SGE 個人過程　141, 263
SGE 個人過程尺度　141, 142
SGE 体験過程　263
SGE リーダー感情体験尺度　**132**
エス抵抗　212, 213
SD 法尺度　143
エスノセントリズム　38
エスリン研究所　263, 513, 515
XY 理論　527
HS 理論　72
AD 理論　72
NRK 式モラール・サーベイ　111, 308
NPO 日本教育カウンセラー協会　226, 269
ABA デザイン　470
ABAB デザイン　463, 471
ABC 理論　178, 512
エビデンス　36
　――に基づいた治療　253
　――に基づく研究　161
エビデンス・ベイスト　149, 181
エビデンス・ベイスト・カウンセリング　533
エビデンス・ベイスト・プラクティス　454, 456
『FIRO』　512
F-検定　468
『エミール』　40
MRI モデル　56, 390
MSQ　150
MMPI　129, 130
M 行動　162
M 字カーブ　327
エール・コミュニケーション研究計画　216
LD 児（者）　**240**
エンカウンター　68
エンカウンター・グループ　518, 528
　――のプロセス　143
遠隔カウンセリング　457
円環的因果律　186
援助行動　118

援助者の特徴　119
援助職（者）　82, **486**
援助スキルチェック・リスト　119
援助チーム　167, 303
援助要請行動　241
エンパワメント　20, 218, 237, 367, 392
エンパワメント（権限・権威の委譲）　28
エンプティチェア・テクニック　175, 414
応個学習　272
横断的研究　**445**
応答技法　103
欧米型成果主義　312
応用研究　iii
応用社会心理学　23
応用心理学　iii, xviii, 4, 15, 20, 228
オーガニゼーショナル・カウンセリング　211
オープン・エンカウンター　263, 513
オープン・クエスチョン　217
オープン・システム　16
オペラント行動　508
オペラント条件づけ　170
お任せ医療　208
親子関係　**84**, 153
親の養育態度尺度　**153**
オーラル・エグザム　477
オリエンテーション　244
オリジナリティ　464
オーゴン・エネルギー　506
音楽　**285**
音楽教育　286
音楽療法　286
音源の方向　354
オンブズマン制度　366

カ 行

解決構築　203, 531
解決志向アプローチ（SFA）　**202**, 397, 531
解決の構成　389
外交官の適性　115
外国人児童生徒　367
解釈学的現象学的分析　48, 445
外傷後ストレス障害（PTSD）　104, 401
外傷性記憶　401
階層性　186
ガイダンス　**5**

ガイダンス・カウンセラー　294
ガイダンス・カウンセリング　442
ガイダンス・カリキュラム　6, 258
『ガイダンスにおける面接法の技法』　513
ガイダンス・プログラム　394
改訂長谷川式簡易知能評価スケール　344
外的キャリア　317
介入　243, 485
回復プロセス　199
カイン・コンプレックス　86
カウンセリング　iii, xvii, 258
　思索的な――　62
　実践的な――　62
　特定分野の――　v
　――の哲学　476
　リレーション形成抜きの――　412
『カウンセリング』　511
カウンセリング・アセスメント　**108**
カウンセリング研究　iv
『カウンセリング研究』　xix
カウンセリング・サイコロジスト　vi, **475**
カウンセリング心理学　iii, viii
　――と関連分野との比較　**1**
　――の一般教養版　268
　――の教育　**473**
　――のコースワーク　**477**
　――の原点　v
　――の修士課程　**474**
　――の成熟期　ix
　――の哲学・思想的背景　**31**
　――のルーツ　ix
カウンセリング心理学研究　442
カウンセリング心理学者　viii, 491
カウンセリングスキル（医師のための）　**408**
カウンセリングスキル（看護師に必要な）　**415**
カウンセリングスキル（歯科医に必要な）　**410**
カウンセリングスキル（薬剤師に必要な）　**417**
カウンセリング・ブーム　xix
カウンセリング・マインド　312, 530

カウンセリング・リサーチ　441
カウンセリング理論　476
加害者　489
『科学革命の構造』　52
科学者-実践家モデル　453
科学的管理法　526
科学哲学　52
科学の成立　53
科学批判　53
かかわり技法　103, 210, 457
かかわり行動　120
課業管理　526
核家族化　154
学業的アイデンティティ　240
学業的発達　259
学習意欲尺度　**136**
学習行動　137
学習支援（LDの）　240
学習指導　275
学習障害（LD）　238, 240, 282, 347
学習心理学　170
学習する権利の保障　231
学習の転移　192
学習理論　139, 170, 511
学生生活サイクル　298
学生精神的健康調査（UPI）　129
学生相談　xvii
学生相談研究会　xvii
学力問題　275
賢いアセスメントモデル　522
カスタマー関係　204
仮説演繹法　461
家族介護者の心理的負担　346
家族カウンセリング　186
家族機能回復療法　379
家族形態　342
家族支援　**236**, 348
家族システム　187, 236
家族集団療法　392
家族性腫瘍遺伝カウンセリング　252
家族中心療法　423
家族文化　**89**
家族（保護者）教室　393
家族療法　36, 56, 89
　　非行少年に対する――　**391**
課題遂行度　162
価値観排除　459
価値自由　37, 38
価値相対主義　38
価値の転換　363
価値論　33, 35, **37**, 39

学級経営　**232, 273**, 275, 303
学級システムづくり　93
学級集団づくり　265
学級担任を失った子どもたち　**77**
学級づくり　272, **275**
学級の荒れ　194
学級崩壊　78, 189, **230**, 275
　　なれあい型の――　231
　　反抗型の――　231
学級崩壊状態　274
学級満足度尺度　146, 231, 273
学校カウンセラー　10
学校管理　**234**
学校教育　**339**
学校教育相談　530
学校教育法　282
学校行事　302
学校謹慎　281
学校グループワーク・トレーニング（SGWT）　279
学校システム　92
学校心理学　**2**, 93, 139, 522
学校心理士　79, 283
学校生活意欲尺度　147, 273
学校生活スキル尺度　139, 140
学校内チーム支援　76
葛藤　214
葛藤マネジメント　230
カード式職業興味探索　**151**
カード式職業情報ツールの開発　153
カバーストーリー　22
神　34
「神は死んだ」　34
からだの感覚　45
カルチャー・ショック　23
関係性の心理学　501
関係づくり　78
関係療法　516
還元論　183
看護師　**415**
看護職　**419**
観察学習　170, 509
観察課題　204
観察法　108, 113, 448, 451
患者参加型の医療　208
患者中心の医療（POS）　417
患者評価表（PEG）　406
感受性　145
感情交流　74, 310
感情障害　347
感情体験　485
感情的・非論理的苦情　219
感情転移　123

　　陰性の――　214
　　陽性の――　214
感情認知　137
感情面の機能　344
感情を伴った気づき　485
間接型逆転移　215
間接的援助　2
間接的・外発的アプローチ　150
感染症　288
完全無作為化デザイン　462
観念論　**39**, 45, 196
観念論哲学　39
鑑別診断　129
簡便内観　82
関与しながらの観察　501
「管理型」学級　118
緩和ケア　427, 428
偽解決　390
議会制市民主義　51
危機　209
　　――のプロセス　211
危機介入　78, **209**
危機管理　235
危機状態　210
危機対応チーム（CRT）　434
企業組織の本質　526
企業内キャリア相談室　333
危機理論　210
『菊と刀』　527
記述的な「ラベルづけ」　469
記述統計　467
基準関連妥当性　461
基礎研究　iii
基礎心理学　iii
気づきの連続　175
機能の全体評価（GAF）　356
機能不全家族　385
規範意識　60, 281
基本的構え　176, 177, 232
　　――の欲求理論　176
基本的信頼感　395
帰無仮説　462
逆制止理論　171, 507
虐待　153, 209, **381**
　　――を受けた子どもの非行タイプ　381
虐待加害者　201
虐待行為　113
虐待の人間関係　115
逆転移　37, 132, 200, **214**, 409
脚本分析　177
客観的観念論　39
客観的事実　458
キャリア・アンカー　330, 518

キャリア・ガイダンス　vi, 12, 184, 244, 339
キャリア開発　316, 334
キャリア開発プログラム（CDP）316
キャリア開発ワークショップ　317
キャリア・カウンセリング　12, 15, 179, 324, 520
　看護職者の——　**419**
キャリア・カウンセリング理論　476
キャリア教育　**266**, 339
　大学における——　**296**
キャリア・コンサルタント能力体系　332
キャリア・コンサルティング　**332**
キャリア・サバイバル　330
キャリア・シート　332
キャリア心理学　**11**, 519
キャリア・ストレス　266
キャリア成熟　266, 267
キャリア成熟過程　266
キャリア的発達　259
キャリア・デザイン　244
キャリアの棚卸し　323, 324
キャリア発達課題　297
キャリア発達研究　338
キャリア発達理論　12
キャリア理論　518
キャンパス適応困難　**298**
休業中のケア　326
休職・復職支援プログラム　**324**
急性ストレス障害（ASD）401, 434
急性の悲嘆過程　211
窮理　63
Q-U　231
Q-U 尺度　**146**, 172, **273**, 303
教育カウンセラー　79, 283
　——の職務　293
教育カウンセリング　**257**, 264, 268, 285
　——のマネジメント　**293**
教育活動　291
教育課程の編成　235
教育支援センター間のネットワーク　**189**
教育思想史　49
教育心理学　**3**
　——の歴史　4
教育相談　290, 303
教育哲学　**49**

教育に生かすカウンセリング　291
教育分析　119, 476, **482**, 484
教員間の軋轢　294
教員の評価　319
教化　518
境界性パーソナリティ障害（BPD）　126
教科指導　284
教科書中心　271
共感的理解　169, 172, 333
教師　**135**
　孤立化する——　292
　——のうつ病　182
　——の協働的効力感尺度　76
　——のストレス　292
　——の態度　**71**
　——のためのサポート・グループ　222
　——のライフコース　320
　——のリーダーシップ　233
教師間のリレーション　**73**
教師サポート・グループ　292, 303
教示的指導スタイル　162
教師向け研修会　303
教授・学習の理論　4
「教師を支える会」　222
矯正　364
矯正カウンセリング　**386**
矯正教育　375, 386, 534
業績能力　318
業績評価制度　320
きょうだい関係　**86**
協労的行動　118
極限状況　516
ギリシャ哲学　33
キリスト教　63
キリスト教思想　**59**
キルケゴール・ルネッサンス　45
緊急通報システム　343
謹慎処分　281
勤務評定反対闘争　319
偶発理論　520
苦集滅道　28
苦情学　219
苦情処理（学校の）　**217**
苦情処理（企業の）　**219**
薬としての医師　408
ぐ犯少年　374
クライエント中心カウンセリング　123
クライエント中心療法　xi, 249
『クライエント中心療法』　517

クライエント保護　450
クライシス・カウンセリング　210
グラウンデッド・セオリー　445, **468**
グラウンデッド・セオリー・アプローチ　48, 418
クリニカル・サイコロジスト　475
クリニカルラダー・システム（臨床看護実践能力習熟段階制）420
グリーフ・カウンセリング　18
グリーフワーク　vi, 412
グループ・アセスメント　172
グループ・アプローチ　144, **159**, 414
　——の技法　476
グループ・カウンセリング　160, 279
グループ過程尺度　**142**
グループ・サイコセラピー　160
グループ志向　vi
グループ・スーパービジョン　481
グループ内葛藤　**229**
グループ認知尺度　143
グループメンバーの満足度　**112**
グループ・モラール　**109**
グループワーク　160, 279
グレイストン会議　xi
グレーゾーン集団　422
クロンバックの信頼性係数　461
ケアプラン　346
経営学　526
経営方針　74
計画された偶然性の理論　330, 508
経験主義　29, 39, 43, 47
形而上学　33, 34
形成的評価　184
傾聴　180, 227, 333, 425
系統的自己分析　173
系統的脱感作法　171, 507, 511
軽度認知症　344
軽度発達障害　93, **238**, 379, 422
KOMS モラール・サーベイ　308
KJ 法　79, 152
K-13 法　274, 276
「ゲシュタルトの祈り」　175
ゲシュタルト療法　174, 196,

264, 414, 514
　　　――の九つの原則　174
ゲシュタルト理論　**174**
ケースカンファレンス　213
ケース・マネジメント　258,
　　　378
ケースワーカー　166
ゲゼル成熟度尺度　529
『月刊学校教育相談』　530
結婚カウンセリング　**87**
結婚レディネス査定法　89
決定論　183
ゲーム・ネット依存症　**197**
ゲーム分析　177
限界吟味　115
研究参加者のプライバシー
　　　465
研究倫理　460
研究論文の評価　**464**
元型　40
元型論（ユングの）　39
健康課題　288
健康管理　425
　　　従業員の――　15
健康教育　**287**
　　　――の基本方針　287
健康心理学　507, 510
健康相談活動　**289**
言語教育　277
言語ゲーム　46
言語的教示　100
言語的コミュニケーション　66
言語・発達・認知　**529**
現実原則志向　158
現象学　28, **47**, 169
現象学的エポケー　48
現象学的還元　48
現象学的心理療法　48
現象学的世界　48, 174, 443
現象世界　34
権利カタログ　366
コア援助チーム　168
合意形成　221
行為障害　380
行為論　33
効果研究　191, 260
考課者訓練　318
効果測定　iv
効果の法則　110
高機能自閉症　282
公共性　**464**
　　　――の視点　459
攻撃的な反応　101
交叉（差）交流　177, 232
交差パネル調査　22, 460

高次脳機能障害者　326
高次皮質機能障害　344
口臭恐怖症　413
恒常性理論　211
構成概念妥当性　461
構成主義　56
高成長者　261
構成的グループ・エンカウンター
　　　（SGE）　133, 141, 144, 160,
　　　196, 224, 260, 263, 286, 295, 302,
　　　398, 414, **484**, 501, 517
構成的妥当性　444
更生保護カウンセリング　**388**
厚生労働省方式社内コミュニケー
　　　ション診断（RCS）　111
構造化面接　128
構造主義　35, 38, 55, 237
高速インターネット　228
校長　234-236
交通災害　209
後天性聴覚障害　352
行動アプローチ　117
行動カウンセリング　170, 171
行動主義　35, 510
行動のマネジメント　381
行動パターン　43
行動分析　455
行動変容　iv, 5, 15, 18, 216
行動療法　35, 43, 507, 509
行動理論　**170**, 196
広汎性発達障害　238, 347, 380
交洛変数　462
合理主義　47
交流分析（TA）　175, **176**,
　　　196, **232**, 515
高齢者介護　343, 345
高齢者の認知機能　14
高齢者への介護カウンセリング
　　　**345**
高齢・障害者雇用支援機構
　　　326
高齢女性　342
高齢男性　342
「個我から関係性へ」　55
古学　63
国学　63
国際障害者年行動計画　363
国際精神分析学会　503, 505
国際リハビリテーション協会
　　　（RI）　357
国勢調査　451
国立精研式痴呆スクリーニングテ
　　　スト　344
国連子どもの権利委員会　366
心のエビデンス　413

心の教育　267
個人過程尺度　**141**
個人間関係性　8
個人心理学　498
個人的外傷　435
個人的-社会的発達　259
個性化の過程　506
子育て支援　360
子育ての価値　85
子育て不安　236
個体間　v, 159
個体間志向　28
個体内　v, 159
5W1H　219
コーチング　100
骨髄移植　438
コーディネーション　3, 258
コーディネーター用ガイドライン
　　　493
コーディング　469
古典的家族療法　55
古典的条件づけ　170, 509
孤独感　343
子ども　**191**
　　　――の人権・権利　**365**
子どもオンブズワーク　366
コーヒーカップ・モデル　109,
　　　169, 271, 295, 415
コーピング　104, 314, 510
コーピング・クエスチョン
　　　204
コーピング行動　105
コーピング資源　104
コーピング尺度　510
コーピングスキル　**104**, 220,
　　　293
5分間カウンセリング　423
個別援助技術（ソーシャル・ケー
　　　スワーク）　26
個別カウンセリング　284
個別管理　334
個別教育プログラム（IEP）
　　　522
個別スーパービジョン　**479**
個別性の理解（クライエントの）
　　　**405**
個別のかかわり　284
個別面接技法　476
コホート分析　446
コミュニケーション障害　186
コミュニケーションスキル
　　　**102**, 220, 221
コミュニケーション・トレーニン
　　　グ　226
コミュニケーション能力　163

事項索引　541

コミュニケーションのとり方　83
コミュニケーション理論　397
コミュニティ　250
コミュニティ・カウンセリング　52
コミュニティケア　21
コミュニティ心理学　52
コミュニティ・ワーカー　92
コ・メディカル　129
コラボレーション　188, 258
孤立化する教師　292
根元的不安　505
コンサルテーション　218, 258
コンティンジェンシー・アプローチ　162
混沌の状態　59
コンピテンシー　xv, 115
コンピテンシー辞書　116
コンプライアンス（服薬遵守）　418, 426
コンフリクト　222
コンプリヘンシブ・エグザム　477
コンプレイナント関係　204
コンプレックス　214, 506
コンフロンテーション（対決）　96

## サ 行

再契約法　78
再決断療法　177
再検査法　461
サイコエジュケーション　vi, 82, 267, 303
サイコドラマ（心理劇）　160, 528
在宅看護　422
在宅ケア　422
サイバネティクス　55
サイバー犯罪　488
再犯　377, 378
再非行防止　377
再非行防止プログラム　378
詐欺　489
作業検査法　108
作戦会議　218
悟り　28
サバイバル・クエスチョン　390
サポーター・ペアレント　80
サポート・グループ　vi, 188, 222, 225
サポート・グループ（教師の）　303
サポートチーム（非行少年に対する）　396
サポートネットワーク　24
サマーヒル学園　173, 502
『サモアの思春期』　528
参画型 GE　280
産業カウンセラー　165, 166
産業カウンセリング　305
産業心理学　15, 16
産業・組織心理学　15
三歳児神話　85
3 種類のリレーション　67
三次予防　92, 420, 421
三位一体の教育　293
参与観察　453
参与観察記録　468
恣意的推論　181
シェアリング　224, 277, 485
　感情の──　102
　思考（認知）の──　102
シェアリング方式グループ・スーパービジョン　481
シェアリング方式スーパービジョン　225
GS アプローチ　201
ジェネラティビティ　499
ジェネリック SGE　141, 263
シェーピング法　171
CMI　130
ジェンダー　85, 89
ジェンダー・アイデンティティ　431, 432
ジェンダー・センシティブ（GS）　201
ジェンダー・バイアス　201
支援のキーパーソン　75
自我　158
歯科医　410
歯科医療　411, 413
歯科医療カウンセリング　410
視覚障害　353
視覚優位の統合　353
自我構造分析　176
自我状態　177, 232
　──の透過性　234
歯科心身症　413
自我心理学　499, 516
自我抵抗　212
自我同一性　69
　──のラセン式発達モデル　330
自我発達論　500
歯科保健活動　414
時間の構造　232

時間の構造化　176, 177
時系列デザイン　470
自己愛　500
自己一致　29, 48
『思考と行動における言語』　532
自己開示　68, 71, 74, 94, 144, 264, 272
自己開示研究　513
自己開示質問紙（JSDQ）　94, 513
自己概念　36, 48, 81, 131, 281, 297
自己決定　183
自己肯定感　173, 395, 396, 437
　──の低下　115
自己効力　297
自己効力感　509
自己実現　183, 285
　──の欲求　112
自己実現論　169, 513
自己主張　68, 141, 145
自己受容　70, 145, 183, 284, 285, 363
自己申告制度　316, 320
自己心理学　500
自己成長　264
自己創出性　56
自己組織性　56
自己治癒力　499
事故統計　335
仕事と家庭の両立　328
自己との対決　520
自己の確立の援助　275
自己発見　183
自己否定　141
自己分化度　91
自己分析　173
事故分類　335
自己への覚醒　183
事故防止　335
自己理解　145, 277, 376
自己理論　48, 168, 196, 413
自己露呈　95, 141
自己歪曲　141
支持　409
事実の記述　459
事実の発見　iii
（患者）事実を知る権利　208
指示的カウンセリング　x
指示的行動　118
自助グループ　200, 433
システム改善　188
システムズアプローチ　36
システム認識論　533

システム理論 **186**
システス論 38, 55
システム論的家族療法 236, 397
次世代育成支援対策支援法 328
施設児の研究 504
自然因的事故 335
自然災害 209
自然主義 **40**
自然的態度 48
「自然に帰れ」 40
自尊感情 70, 131, 264
自尊感情尺度 **131**, 147
肢体不自由 **349**
自他発見 264
自他理解 295
753現象 321
悉皆調査 451
実験計画 471
実現傾向 41
実験研究 **456**, 466
実験研究的フィールド・スタディ 453
実験社会心理学 22
実験主義 43
実験主義教育 43
実験神経症 507
実験的フィールド・スタディ 454
実在論 39
実践家-研究者モデル 475
実践的フィールド・スタディ 453
実存 44, 53, 182
実存主義 29, 36, 37, 43, **44**, 46, 49, 50, 53, 517
　アメリカに輸入された―― 45
　ヨーロッパ流の―― 45
実存主義的アプローチ 29, 67, **182**, 195, 516
実存主義哲学 174
実存的瞬間 97
実存哲学 33
実存分析 45
実態調査 **451**
実態調査的フィールド・スタディ 453
質的研究 48, 161, **443**
執筆・投稿の手びき 464
疾病予防カウンセリング **420**
疾病利得抵抗 212
質問紙 125
質問紙法 108, 448, 451, 460

実用主義 37
児童虐待 113
児童虐待の防止等に関する法律 381, 530
自動思考 181
児童自立支援施設 385
児童精神分析 503
児童生徒理解 275
児童相談所 384
児童中心療法 511
児童の権利に関する条約（子どもの権利条約） 365
児童福祉施設 364
児童分析 498, 500, 502
市販テスト 185
シブリング・ライバルリー（同胞抗争） 86
自閉症 109, 347
　――の行動療法 510
　――の定義 238
社会契約説 51
社会構成主義 36, 237, 531
社会人基礎力 312
社会心理学 **21**
社会生活 364
社会生活力（SFA） **357**
社会生活力プログラム 358
社会性の発達 194
社会治療 201
社会適応力 199
社会的学習理論 378, 509, 519
社会的教育力 9
社会的コンボイ（護送船団） 166
社会的自立 299
社会的浸透理論 95
社会的スキル訓練 389
社会的スキル尺度 139
社会的態度 523
社会的妥当性 140
社会的認知理論 509
社会的排除 245
社会哲学 51
社会福祉援助技術 26
社会福祉学 20
社会福祉士 26
社会福祉士及び介護福祉士法 26
社会福祉調査法 27
社会福祉六法 27
社会リハビリテーション 357
若年キャリアの多様化 322
若年者雇用対策 328
若年層の離職 **321**
若年無業者 **245**

――の4類型化 246
シャーマニズム 57
就学（修学）支援 241
『自由からの逃走』 52, 504
宗教教育 60
集合的無意識 40
15分間インタビュー 423
就職活動調査 297
就職氷河期 298
従属変数 132, 454, 462
集団 159, 229
　――でのかかわり 284
　――での指導 284, 285
　――と個の対決 98
集団維持行動 162
集団援助技術（ソーシャル・グループワーク） 26
集団概念 162
集団間比較実験計画法 27
集団規範 162, 307, 309, 485
集団凝集性 162
集団構造 162
集団指導 160
集団精神療法 161, 528
集団・組織・文化 **526**
集団的外傷 435
縦断的研究 **445**
縦断的研究法 267
集団分析 502
集団目標 162
集団力学 527
集中的グループ体験 160, 263
集中内観 81
終末期医療 430
自由連想 503
就労支援 339
主観的観念論 39
主観的事実 458
儒教 57, 58
授業 **269**
　――のスーパービジョン **271**
授業改善の視点 269
儒教思想 **62**
授業スキル 270
授業ストラテジー 270
授業タクティクス 270, 271
儒教道徳 63
授業療法 269
熟達化 190
朱子学 63
シュタイナー教育 247
出生（出産）外傷説 506
守秘義務 486
受容 409

事項索引　　543

受容的態度（上司の）　310
巡回相談　241, 283
準拠集団　112
純粋ロジャーズ派　170
小1プロブレム　75
障害学生　298
生涯キャリア・ガイダンス　339
生涯キャリアの発達段階　323
障害者雇用促進法　300
障害者職業カウンセラー　19
障害者自立支援法　27, 356
障害者福祉　358
障害受容　299, **362**
　　親の――　348
障害受容プロセス　350
生涯発達　13
生涯発達課題　330
生涯発達心理学　330
生涯森田　533
状況アプローチ　117
状況対応リーダーシップ論　294
状況対応理論　118
消極的安楽死　430
上下定分の理　63
条件反射　508
症候の要因　344
ジョージア会議　xv
上司の指導方法　310
症状森田　533
情緒的サポート　314
情緒的消耗感　369
情動焦点型コーピング　105, 510
浄土真宗　533
少年院　386
少年法　393
消費者保護基本法　220
傷病　325
情報教育　489
情報社会　489
情報処理モデル　217
情報提供　418
情報モラル　**487**
職業アイデンティティ　490
職業意識　337
職業カードソート技法　151
職業指導　ix, 519
職業指導運動　ix
職業心理学　11
職業選択　12, 521
職業相談　4
職業適性理解　297
職業的発達課題　12

職業的発達の12の命題　519
職業的発達理論　12, 519, 521
「職業としての学問」　38
職業能力開発促進法　332
職業リハビリテーション　325
職業倫理　476
　　援助職者の――　**486**
職場におけるモチベーション尺度　**150**
職場のモラール　**307**
職場復帰支援プラン　326
触法行為　385
触法児童　**384**
触法少年　374
職務遂行能力　323
職務満足度　113
女性のキャリア開発　**326**
女性の就業実態　327
ジョブ・ローテーション　316
事例研究　466, 471
事例研究法　**449**
事例実験デザイン　470
人為因的事故　335
心因性要因　344
新エコーシステム　220
人格適応論　178
人格変容　172
進化心理学　22
シングル・ケースデザイン　463, 470
神経質症　533
『神経症と行動療法』　507
神経心理学　239
神経性食欲不振症　435
神経性大食症　436
人権侵害　489
人権擁護（アドボカシー）　209
新行動主義　508, 511
人材育成プログラム　**316**
人材開発　307
人材マップ　116
人事管理　311
人事考課　317
人事考課開発　**317**
　　教員の――　**319**
人事マネジメント　116
「新情報教育に関する手引」　487
人事・労務管理　15
心身の健康　287
人生脚本　177, 233
人生哲学の介入　443
人生を診る　492
新卒無業者　297
身体障害　360

身体・心理・社会・実存的医療モデル　405, 406, 408
身体・心理・社会・生命倫理医療モデル　408
身体・心理・社会的医療モデル　408
身体的虐待　114, 382
身体的・心理的機能　342
診断的知能検査　521
診断的評価　184
診断的理解　172
心的外傷　144
　　――への対応　231
心的外傷後ストレス障害（PTSD）　**434**
人的管理　234
人的資源　167
神道　63
真の自己　498
神秘主義　29
新フロイト派　504, 505
進歩主義派　43
信頼関係づくり　217
信頼性　18, 145, 444, 464, 465
心理教育　26
心理教育的援助サービス　2
心理教育プログラム　99
心理尺度　460, 461
心理測定　4
心理測定運動　ix, x
心理的虐待　114
心理的ストレス反応測定尺度　149
心理的なメカニズム　450
心理テスト　iv, 375, 376
　　非行少年に対する――　375
心理統計法　**467**
心理療法　25
『心理療法と人格変化』　517
進路指導　244
進路選択　520
随時的自己分析　173
推測統計　467
推論の誤り　181
スキーマ　181
スクイッグル法　498
スクリーニング　185
スクールカウンセラー　6, 188
スクールカウンセリング　7, 167
　　アメリカの――　187
　　――の国家モデル　294
『スクールカウンセリング・スタンダード』　258
『スクール・カウンセリングの国

家モデル』 258
スクールカウンセリング・プログラム 6, 258
スクールカウンセリング・プログラム国家基準 6, 116
スクールカウンセリング・プログラム・ナショナルスタンダード 258
スクール・サポート・センター整備事業（SSC） 294
スクール・モラール尺度 147
スケーリング・クエスチョン 204, 390
鈴木・ビネー知能検査 523
スタディスキル尺度 139
スタンフォード・ビネー知能検査 523
ストラテジー **157**, 218
──の多様性 **158**
ストランズ 123, 170
ストレス 148, 288, 313
──への対応法 83
ストレス・コーピング 18, 105
認知的な── 254
ストレスコーピング尺度 139
ストレス・コーピング理論 210
ストレス尺度 **148**
ストレス測定 149
ストレス反応 70, 314, 315
ストレスマネジメント 148, 181, **313**
ストレス免疫訓練 105, 180
ストレスモデル（ラザラスとフォルクマンの） 314
ストレス理論 210
ストレッサー 104, 148, 313
ストレンジ・シチュエーション法 505
ストローク 176, 177, 232
スーパー・エゴ 64
スーパーバイザー 190, 271, 480
スーパービジョン 213, 333, 476, 479, 481
スピリチュアルな覚醒 42
スピリチュアル・ブーム 42
スペシフィック SGE 146, **264**
性格形成論 172
性格検査 375
性格構造論 172
性格の鎧 506
性格分析 502, 506
生活環境 385
生活習慣 288

生活習慣病 25, 414, 425
生活の質（QOL） 345, 356, 404, 420, 424
生活の発見会 533
生産的事故 335
生産の論戦 97
正常化偏見 336
精神医学 **25**, 492
精神医療 25, 26
精神衛生 291
精神衛生運動 ix, x
精神科医 491
『精神疾患の診断・統計マニュアル』 126
『精神疾患の分類と診断の手引き』 126
精神障害 355
精神障害者支援 355
精神障害者の病識に関する尺度（SAI） 356
精神障害者ピア・ヘルパー等育成事業 359
精神的被害からの回復過程 400
精神年齢 523
精神病理的 54
精神分析 35, 483, 498, 503
『精神分析』 499
精神分析学 210
精神分析的カウンセリング（非行少年に対する） **394**
精神分析的選択理論 521
精神分析理論 **171**, 196
精神保健 291
精神保健福祉援助活動 356
精神保健福祉援助サービス 356
精神保健福祉士 26
精神力動論的アプローチ 35
精神療法 25
生態学的妥当性 453
性的虐待 114, 382
性同一性障害 **431**
──に関する診断と治療のガイドライン 432
生徒指導 193, 275
開発的な── 75
非行少年に対する── **393**
生徒指導志向の教育 268
青年期の発達的危機 299
生の非連続性 50
性犯罪者処遇プログラム 389
性犯罪防止プログラム 269
生物・心理・社会モデル 314, 410

生命倫理 251
西洋哲学 35
セカンドキャリア支援 333
セキュリティ管理 229
積極技法 103
積極的心理療法 504
摂食障害（ED） **435**
折衷主義 50, 265, 423, 511, **524**
折衷的アプローチ 416
「折衷派」ロジェリアン 170
説得 215
──の構成要因 216
説得的コミュニケーション **215**
切片化 469
説明と同意 208
（患者が）説明を求める権利 208
セルフ・エスティーム 194
セルフヘルプ 180, 359, 514
セルフヘルプ・グループ（自助集団） 28, 222, 348
セルフ・メディケーション **424**
セルフ・モニタリング 181
先行研究のレビュー **465**
禅宗 29
全人的医療 25, 406
全人的健康モデル 408
戦争神経症 434
『戦争と平和』 109
全体シェアリング 264
選択的抽象化 181
先天性障害 350
先天性聴覚障害 352
全米キャリア開発協会 330
全米スクールカウンセラー協会 258
専門看護師 415
専門社会事業 26
専門職 xiv, 486
戦略派モデル 56
相関行列 467
相関係数 467
臓器移植 **437**
早期決定論 521
臓器の擬人化 438
早期離職率 297
臓器を受け取る義務 438
臓器を提供する義務 437
相互交流 278
操作的定義 443, 448
『荘子』 58
喪失の悲嘆 209
創造的発想法 268

事項索引　　*545*

相対主義的世界観　512
相談心理学　viii
『相談心理学』　524
相談制度　311
相補交流　177, 232
測定具の条件　**460**
測定法（テスト法）　108
ソシオグラム　528
ソシオドラマ　528
組織開発　**306**
組織心理学　**16**, 74, 229, 518
組織的公平性　17
組織内統合　334
組織の活用　**165**
組織のトータル・システム　307
組織風土　309
組織文化・風土　306
　　──の測定　307
ソーシャル・ケースワーク　20
ソーシャル・サポート　70, 166, 292, 314, 315
ソーシャルスキル　**98**, 139, 220, 268, 276, 297
　　──の行動分析　100
ソーシャルスキル尺度　147
ソーシャルスキル・トレーニング（SST）　70, 99, 160
ソーシャル・ネットワーキング・サービス（SNS）　200
ソーシャルボンド（社会的絆）　301, 302
ソーシャル・リレーション　66
ソーシャルワーク　**26**, 348
　　──的なカウンセリング活動　11
育てるカウンセリング　96, 139, 194, 303, 396, 459
「育てる」生徒指導　393
ソフトサイエンス的な方法　444
ソリューション・フォーカスト・アプローチ　531
尊厳死　25, **429**
　　──の立法化　430
存在論　29, **33**, 39

## タ　行

第一勢力（精神分析志向）　159, **498**
第一哲学　34
ダイエット　436
大学生用自ら学ぶ意欲測定尺度　138

大学の「学校化」　298
体型論　184
対決　68, **96**
対決技法　97
対決スケール　97
対決法　268
体験過程　36, 512
体験過程研究　260
体験過程療法（ジェンドリンの）　170
体験としての障害　363
対抗感情転移　214
第3次サイバネティクス　56
第三勢力（実存主義志向）　60, 159, **511**
第17部会　x, xi
対象関係論　500, 501
対象喪失　350
対人関係ゲーム　160
対人関係のトラブル　99
対人関係論　504
対人的相互反応性の障害　380
態度（意欲）考課　318
第2次サイバネティクス　56
第二勢力（行動理論志向）　159, **507**
ダイバーシティ・マネジメント　328
第四勢力（トランスパーソナル志向）　159
代理受傷　401
対立　222
対話法　268
多因子説　523
タオイズム　**57**
多元的影響理論　294
他者理解　145, 277
多重関係　486
多重ベースライン・デザイン　463, 470, 471
他職種との協働　404
タスク・コンフリクト　229
脱作話療法　509
脱構築　55
脱自己中心化　532
脱魔術化過程　53
縦型集団　265
妥当性　18, 464, 465
田中・ビネー知能検査　523
「旅の道づれ」　295
多標本デザイン　462
ダブルバインド（二重拘束）の理論　55, 533
ダブルロールの問題　388
多文化間ワークショップ　278

多文化 BEG　249
多変量解析　18, 22, 522
「ダマスコの回心」　183
ターミナルケア　**428**
単一事例被験者実験計画　27, 456, **470**
『探究の論理』　52
短期療法　213
男女共同参画社会　85
男女雇用機会均等法　327
単身世帯　342
『男性と女性』　528
単独者としての自己　34
地域援助技術（コミュニティワーク）　26
地域障害者職業センター　325
地域ネットワーク　294
地域連携　**92**
知覚心理学　228
知行合一　63
知性の構造モデル　522
秩序　59
知的機能　344
知的障害　239, **347**, 360
知能検査　375
知能指数　523
チーム・アプローチ　167, 429
チーム医療　**404**
チーム援助　93, 294, 393
チームの活用　**167**
注意欠陥/多動性障害（ADHD）　198, 238, 282, 347, 380
中1ギャップ　75
中1プロブレム　75
中央労働災害防止協会　325
中高年のキャリア開発　**329**
中高年の転職　**322**
中途視覚障害　355
中途失聴　352
中年の危機　330
懲戒　281
聴覚障害　**351**
調査研究　456, 466
超自我教育　60
超自我抵抗　212, 213
超自我の存在　61
調節機能　532
調停　220
直接的援助　2
直接民主制　51
直線的認識論　533
著作権　185
治療的カウンセリング　139
治療的自我　408
沈黙　122

通所型施設　364
「出会いの家」　528
DESC 法　101
DSM　125
DSM-III-R　128
DSM-IV　127
DSM-IV-TR　**125**
TAT（絵画統覚検査）　384
TA 理論　232
T グループ　160
t-検定　468
抵抗　121, 122, 144, **211**, 261, 265
抵抗分析　506
低成長者　261
ディブリーフィング　210, 434
ディベート　103
適応困難（入学当初の）　299
適応指導教室　189, **283**
適応精神力学　210
適応の5段階論　24
適応問題　269
適性検査　375
テスト法　448
デセプション　465
データ分析　469
哲学の起源　**32**
哲学の誕生　32
デモグラフィック変数　242
寺子屋教育　63
テーラー・システム　110
テレビ電話　228
テロ　209
転移　200
転移性治癒　212
転移抵抗　212
転機　323
電子ネットワーク　199
電子メール　200
電子メール相談　200
転職　323
転職カウンセリング　324
点推定　468
テンダーネス・タブー　501
伝統的カウンセリング　7
デンバー式発達スクリーニング検査　529
投影　173
投影同一化　214
投影法　108
道家　28-30, 57
同化機能　532
同化を迫らない援助　368
動機づけ　150
動機づけアプローチ　150

動機づけ学習　381
道教　57, 58
　──の世界観　58
道具主義　37, 43
道具的サポート　314
統計学的手法　445
統計処理　vi
統計数理的リスク・アセスメント　378
登校回避感情　301
登校拒否の類型化　530
統合失調症　347, 501
統合的対処方略　230
洞察力　391
同性愛　37
道徳規範＝超自我　63
道徳教育　60
道徳発達理論　531
ドゥードリング・ワーク　**247**
東洋思想　**28**
特殊教育　282
読書療法　64
特性アプローチ　117
特性-因子理論　**184**, 196, 413, **521**
特性論　184
ドクターショッピング　121
特定不能の摂食障害　436
特別活動　**279**
特別支援教育　2, 109, 239, 276, **282**, 455
特別支援教育コーディネーター　76, 283, **493**
特別支援教育士スーパーバイザー　283
特別支援教育体制の整備　240
特別指導　**280**
特別指導対象行動　281
独立変数　132, 454, 462
ドナー　437, 438
ドメスティック・バイオレンス　364
トラウマ　115
トラスト・ウォーク　224
トラブルメーカー　126
トランジション　323, 330
トランスアクショナル・モデル　104
トランスパーソナル心理学　41

## ナ 行

内観　**80**
内観エクササイズ　82
内観原法　82

内観作文　281
内観三項目　80, 81
内観指導　387
内観変法　82
内観法　62, 80, 196, 533
内的キャリア　317, 333
内的準拠枠　48
内的照合枠　169
内的整合性　444
内的世界の共有　68
内的対象関係　395
内発的動機づけ　150
内部労働市場　328
内容的妥当性　444
「治す」生徒指導　393
仲間による支え合い　21
ナショナルスタンダード　258
「為すことによって学ぶこと」　43
ナースセラピスト　416
ナナメの人間関係　86
ナラティヴ・セラピー　36, 56, 82
ナラティブ分析　445
「なれ合い型」学級　118
ナレッジ・マネジメント　116
2 因子説　523
二次的対象喪失　400
二次的利得抵抗　213
2 次分析　452
二重拘束（double bind）理論　55, 533
二次予防　92, 420, 421
日常内観　81
ニート　244, **245**, 321, 337
ニヒリズム　516
日本応用心理学会　xviii
日本音楽療法学会　286
日本カウンセリング学会　xix, 525
日本学生相談学会　xvii
日本学生相談研究会　xvii
日本型雇用システム　311, 312
日本学校教育相談学会　530
日本看護協会　419
日本キャリア・カウンセリング研究会　317
日本語教育　**277**, 368
日本語版 MBI　369
日本語版利用者満足度調査票（CSQ 8-J）　357
日本心理学会　464
日本精神分析学会　500
日本摂食障害学会　437
日本相談学会　xix, 525

事項索引 547

日本尊厳死協会　430
日本的経営の3点セット　332
日本版 NEET　245, 246
日本ピア・サポート学会　226
日本ホスピス緩和ケア協会　428
日本森田療法学会　533
入所型施設　364
ニュー・カウンセリング　511
人間関係　v
　　援助職者の——　82
　　職場の——　83, 311, 322
　　部下と上司の——　309
人間関係開発プログラム　264
人間関係尺度　144
人間関係ネットワーク　322
人間関係能力　145
人間研究所（CSP）　250, 517
人間工学　336
人間性心理学　37, 210, 516
人間成長　v, 264
人間中心の教育を現実化する会　511
認識の普遍妥当性　39
認識論　33, 34, 35, 39, 52
妊娠中の服薬　427
認知　383
　　——の世界　47
認知（ゲシュタルト）　81
認知機能　342
　　老年期の——　13
認知傾向（非行少年の）　383
認知行動カウンセリング　533
認知行動モデル　180
認知行動療法　89, 171, 180, 384, 389, 413, 437, 512
認知再構成法　181
認知症高齢者　343
認知心理学　270
認知症　14
認知的再評価　254
認知的ストレスモデル　313
認知的適応理論　253
認知的評価理論　151
認知特性（LDの）　240
認知パターン　43
認知発達論　529
認知療法　36, 43, 180, 533
ネイチャーゲーム　160
ネオ・プラグマティズム　42, 43
ネガティブ・フィードバック　186
ネグレクト　114, 382
ネゴシエーション（交渉）　221

ネット依存　489
ネットワーク集団　163
脳科学　25
脳性まひ　349, 350
能力考課　318
ノースウェスタン会議　x
ノーマライゼイション　355, 362
ノンバーバル・コミュニケーション　227
ノンパラメトリック検定　468

ハ　行

排除された者の怨恨　246
廃用性要因　344
ハイリスク集団　421, 422
ハインリッヒの法則　335
破壊的行動障害　198
　　——の行進　380
「吐き気」　45
箱庭療法　499
パストラルケア・カウンセリング　40
パーソナリティ障害　125, 128, 347
パーソナリティ障害カテゴリー　128
パーソナリティ変数　242
パーソナリティ理論　168, 169
パーソナル・カウンセリング　482
パーソナルケア　346
パーソナル・リレーション　66
パーソンセンタード・アプローチ（PCA）　33, 36, 41, 45, 250
パーソンセンタード・ケア　346
パターナリズム（父権主義）　208, 222, 410
八正道　28
発達課題　8, 265, 531
　　聴覚障害者の——　352
発達危機　209
発達障害　374, 379, 386
発達障害児　9
発達障害者支援法　238
発達障害児臨床　510
発達心理学　8, 445
発達性協調運動障害　239
罰的要素　281
ハードサイエンス的な方法　444
母親の虐待的育児態度　154
have 様式　60

パブリック・スピーチ　104
ハラスメント　298
パラダイム　52
バリデーション　346
バリント方式の医療面接　408
バーンアウト　223, 292, 369
　　看護師の——　182
犯因性ニード　378
反映的傾聴技法　97
般化　214
半構造化面接　445
反抗挑戦性障害　380
犯罪　489
犯罪少年　374
犯罪心理学会　376
犯罪被害者　393, 400
犯罪被害者等基本法　400
犯罪（非行）さがし　398
反社会的行動　459
反社会的人格障害　380
反応性うつ病（適応障害）　26
反応モダリティ　241
悲哀の仕事　350
ピア・カウンセリング　21, 348, 350, 359, 364, 484
ピア・サポート　221, 226, 296, 302, 359
ピアソンの相関係数　467
ピア・プレッシャー（同調圧力）　279, 302
ピア・ヘルパー　295
ピア・ヘルプ　295, 359
ピア・メディエーション　221
PFスタディ（絵画欲求不満検査）　384
PM型リーダー　117, 162
PM理論　72, 117, 162, 172, 279, 294, 527
被援助志向性　242
被殴打児症候群　529
美学　33
光ファイバー通信　228
引きこもり　489
被虐待　113
被虐待経験　381, 382
被虐待児症候群　530
非言語的コミュニケーション　66, 270
被験者間実験　454
被験者間多重ベースライン・デザイン　471
被験者内実験　455
被験者内多重ベースライン・デザイン　471
非行カウンセリング　373

非行カウンセリング研究の課題 **374**
非構成法 263
P 行動 162
非行予防エクササイズ 194, 394, **398**
非行臨床 391
PC エゴグラム 178
非指示的カウンセリング x, 517
ビジター関係 204
非社会的行動 459
非主張的な反応 101
非審判的対応 158
非審判的態度 38
『ヒステリー研究』 503
ピース・プロジェクト 250
悲嘆のプロセス 429
PTSD **434**
──のリスクファクター 104
ビデオ自己評価法 119
ひとり暮らしの高齢者 **342**
ひとりっ子 87
ビネー式知能検査 522, 523
批判主義 53
ひやり・はっと 336
ヒューマニスティック心理学会 516
ヒューマンケア 422
評価 313
be 様式 60
標準偏差 467
病態水準 492
標本調査 451
標本分散 468
標本分布 467
ビリーフ 178, 213, 303
　負の── 411
ビリーフ尺度 **135**
品質管理（QC）サークル 526
ファシリテーション 261
ファシリテーター 161, 358
ファーマシューティカル・ケア 417
ファーマシューティカル・コミュニケーション 417
『ファミリー・プロセス』 56
不安感情特性尺度（STAI） 356
不安全行為 335
不安定就労の若者 321
フィールド・スタディ 443, **452**
フィールドワーク（現地調査）

453, 528
夫婦間暴力 114
フェミニスト・セラピー/カウンセリング 201
フェルトセンス 36
フォーカシング 36, 45, 512
フォード・システム 110
フォロアーシップ 163
副作用 **426**
──の予期不安 426
福祉カウンセリング 20, **341**
福祉心理学 **20**
福祉専門職 21
復職支援 325
復職診断書 326
父子関係 84
武士道 62
父性原理 218
父性的機能 391
仏教 30, 57
──の生命観 61
仏教思想 **61**
物的管理 234
不適応行動 232, 386
不適応問題 297
不登校 95, 244, 275, 458
──の予防 **300**
不登校児童生徒 283
負の遺産 91
不本意入学 **243**
プライバシー保護 450, 456
プライベート・レッスン 502
プライマリーケア 268, 425, 435
プライマリーナース制度 415
プラグマティズム 29, 36, 37, **42**, 50, 67, 265
──の創始者 43
フラストレーション・トレランス 144
プリセプター・システム 420
フリーター 244, 321, 332, 337
フリーター・ニート問題 322
プリテンド課題 204
プレゼンテーション 103
プロアクティブ（予防的・開発的） 258

──なアプローチ 6
ブログ 200
プログラム学習 508
プログラム評価 258
プロジェクト・アドベンチャー 160
プロセス・コンフリクト 230
プロセス・スケール 123, 124
プロダクティブ・エイジング 330
プロフェッショナル・アイデンティティ **490**
プロフェッショナル・サイコロジー iii, 442
文化心理学 22
文化人類学 38, 527, 528
文化人類学的研究 499
文化相対主義 527
文化とパーソナリティ学派 527
文献検索 465
分散型リーダーシップ・モデル 164
分散内観 81
分散分析 468
分析心理学 505
分断された社会 246
分離不安 498
平均 467
ベイトソン・プロジェクト 55
ベーシック・エンカウンター・グループ（BEG） 142, 160, 161, 247, 249, 278
ベースライン 463
『ベナー看護論』 420
ヘルス・アセスメント 291
ヘルスプロモーション 181, 287
ヘルパー・セラピーの原則 372
ヘルピング技法 103, 524
偏差値による進学指導 244
変容の原理 161
防衛機制論 172
訪問介護 82
暴力 209
保健学習 289
保健管理 291
保健室 290
保健指導 289
保護観察 375
保護観察官 388
保護観察処遇 388, 389
保護司 388
保護者対応 276

保護者との関係づくり　**78**
母子一体感　499
母子関係　84
ポジティブ・イリュージョン　253
ポジティブ心理学　510
ポジティブ・フィードバック　186
保証　409
ポスト構造主義　237
ポストトラウマティック・グロース　254
ポストモダン　35, 50, **54**
　──の哲学　33
ポストモダン・モデル　56
ホスピス・ムーブメント　428
母性原理　218
母性的機能　391
補足型逆転移　215
ホーソン研究　110, 308
ホーソン実験　311
仏の価値　61
ポートフォリオ　478
ホームワーク　100
ホメオスタシス　55
ボランティア　371
ボランティア学会　371
ボランティア活動　**370**
ボランティア集団　163
ホランドコード　520
ホーリズム　55
ホワイトカラー・エグゼンプション　330

## マ 行

マイクロカウンセリング　103, 457, 524
マイクロ技法　524
　──の階層表　iv, 524
巻き込まれ感情体験　133
マターナル・デプリベーション　504
マッチング理論　520
マニュアル性　464
マネジメント　173
マネジメント・カウンセラー　220
マネジメント・カウンセリング　**333**
マネージメント・システム論　294
マネジリアル・グリッド理論　162
マルチメディア・カウンセリング　227
マルチモード療法　509
慢性疾患　427
「満足型」学級　118
満足度　112
　──の四つのタイプ　113
見捨てられ不安　126
ミラクル・クエスチョン　203, 390, 391, 414
ミルトン・エリクソン財団　56
民間信仰　57
民間人校長　236
無為自然　58
無気力（アパシー）　298
無常観　62
無条件の肯定的配慮　169
無知の知　32
メタ理論　50
メディエーション　**220**
メディエーションスキル　74, 221
メディエーション・プログラム　221
面接後期　**123**
面接交渉　88
面接指導　387
面接初期　**120**
面接中期　**121**
面接法　108, 448, 451
メンター制度　166
メンタルヘルス　334
　教師の──　79, **291**, 514
　子どもの──　288
メンタルヘルス教育　166
メンバーの参加水準　162
模擬法廷の体験　487
黙殺の申し合わせ　400
目標管理制度（MBO）　318
目標達成行動　162
モダニズム　54
モチベーション　150, 308, 390
モチベーター　150, 151
モデリング　86, 100, 171, 509
本明・ギルフォード性格検査（M-G性格検査）　522
喪の仕事　405
モバイルインターネット　488
模倣　485
モラル　109
モラール　109, 307
　──の規定要因　308
モラール・サーベイ　111, 308
森田療法　29, 62, 533
モンスター・ペアレント　78, 80, 104, 126

モンスター・ペイシェント　126
問題解決　67, 172, 284
問題解決カウンセリング　288
問題解決学習　43
問題解決技法　227
問題行動　280, 281, 385, 459
問題行動抑止　194
問題行動予防プログラム　**193**
問題焦点型コーピング　105, 510
問題発症のメカニズム　450
モンテッソーリ法　273

## ヤ 行

薬剤師　**417**, 426
薬物乱用　288
薬物療法　417
役割関係　74, 310
『野生の思考』　38
痩せ志向文化　437
矢田部・ギルフォード性格検査（Y-G性格検査）　522
山型モデル　13
遊戯療法　511
友人関係　**69**
優生学　252
融和型逆転移　214
ユダヤ教　63
ユニバーサルデザイン　300
UPI　129
『夢判断』　503
ユング心理学　35
良い教材　272
養育態度　154
　サイモンズの──　153
　保護者の──　377
要因研究　261
要因デザイン　462
要介護度　346
洋学　63
養護教諭　76, 288-290
養護施設　**364**
養護性　91
幼, 小, 中の連携　**75**
予期的悲嘆　429
抑圧抵抗　212
横型集団　265
横浜ピア・サポート研究会　226
欲求階層説　110, 218, 527
欲求の段階説　112, 312
呼び出し面接　235
予防医学　492

予防・開発志向　v
予防・開発的な学級経営　232
予防教育　394
予防・教育の推進　21
予防的・開発的カウンセリング　288
予防的・開発的な教育相談　530
『夜と霧』　515
『ヨーロッパ社会政策グリーンペーパー』　246

### ラ 行

来談者中心カウンセリング　169, 388
来談者中心療法　36, 168, 517
ライフ・キャリアの虹　12
ライフサイクル　419
ライフサイクル理論　499
ライフスキル　109
ライフスキル尺度　**139**
ライフスタイル　498
　健康な——　287
ラショナル・ビリーフ　43, 60, 179, 223, 303
ラーニング・コンピテンシィ　6
ラホイヤ・プログラム　249
ラポール　66, 409, 412
リアクティブ（治療的・介入的）　258
　——なアプローチ　6
リアリティセラピー　416
リエゾン　92
理気説　63
離婚カウンセリング　88
リサーチ・デザイン　**461**
リサーチ・トピックの設定　**458**
リサーチにおける倫理　465
離職率　321
リジリエンス　237
リスク・アセスメント（非行少年の）　377
リスク・マネジメント　292, 378
理想主義　44
リソース（援助資源）　237

リーダー　161
　——の意味づけ機能　233
　——の役割　224
リーダーシップ　**117, 161**, 188, 233, 265, 294, 527
　子どもの——　**163**
　——の状況適応理論　164
リーダーシップ開発論　164
『リーダーシップ行動の科学』　527
リーダーシップ理論　72, 74, 117
リーダシップ類型　294
リーダー特性　162
リハーサル　100
リハビリテーション・カウンセラー　19
リハビリテーション・カウンセラー教育　19
リハビリテーション・カウンセリング　18
リハビリテーション・カウンセリング心理学　18
リハビリテーション心理学　**18**, 362
リビング・ウイル　429
リファー　213
リフレーミング　79
リビング・ウイル　431
裏面交流　177, 232
流動性知能　13
療育プログラム　381
量的研究　**443**
リレーション　**65**, 264, 386
リレーション回復　**80**
リレーション研究　**66**
リレーションシップ・コンフリクト　229
リレーションづくり　164, 218
理論的構成物　44
理論的飽和　469
臨床看護面接　415
臨床社会心理学　23
臨床心理学　v, xii, **9**, 25, 475, 491
「臨床の知」　35
臨床発達心理士　283
倫理学　33
倫理規定マニュアル　209

倫理綱領　487
倫理的規範　211
倫理に対する心理的抵抗　487
類型論　184
例外　203, 390
レシピエント　437, 438
レスポンデント条件づけ　509
レディネス　175
LD（学習障害）　**240**
連携支援　75
連峰モデル　13
老化　323
『老子』　58
『労働経済白書』　245
労働生産性　110
老年心理学　**13**
ロゴス　33
ロゴセラピー　45, 515
ロジカルシンキング　103
ロジャーズ派のカウンセリング　348
ロールシャッハ・テスト　384
ロールプレイング　100, 528
ロールモデル・アプローチ　350
ロールレタリング法　281
『論語』　64
論駁　178, 213
論文執筆のルール　464
論文の入手　466
論理学　33
論理実証主義　29, 45, **46**, 49, 50, 52, 67
論理療法（REBT）　36, 43, 82, **178**, 180, 195, 213, 303, 512, 514, 530

### ワ 行

Y-G 性格検査　185
和解　221
若者のキャリアパターン　322
若者の職業意識　**337**
ワーク・ファミリー・バランス　329
ワーク・ライフ・バランス　328
われわれ感情　279
ワンネス　68

## 欧文事項索引

### A

a formative tendency 42
a priori 39
AAMR 347
ABA design 470
abuse **113**
abused child syndrome 530
Academic Motivation Scale **136**
academic psychology iii
acceptance of disability **362**
accident prevention **335**
action research **447**
activating event 178
activity of daily living (ADL) 342, 346, 350, 356
actual seif 143
actualizing tendency 41
acute stress disorder (ASD) 434
adapted child (AC) 232
adjustment guidance class **283**
adovocate 475
adult ego state (A) 232
advocacy in school counseling **187**
American Counseling Association xii, 474
American Group Psychotherapy Association 515
American Personnel & Guidance Association xii
*American Psychologist* 520
American School Counselor Association (ASCA) 6, 7, 258
anorexia nervosa (AN) 435
APA 347, 477
applied psychology iii
applied research 442
APS 509
arbitration 221
archetype 40
ASD 401, 435
assertive skills **100**

assertiveness 68
assessment **107**, 474
ASSET 379
Association for the Development of the Person-Centered Approach (ADPCA) 250
ATIC 181
attending behavior 120
attention-deficit/hyperactivity disorder (ADHD) 198, 238, 240, 282, 347, 493
attitude treatment interaction (ATI) 4
authentic 143
awareness 515
axiology **37**

### B

BACP 487
bad me-bad object 395
basic anxiety 505
basic encounter group (BEG) . 247-250, 261, 263, 278
BASIC ID 509
basic psychology 442, 443
basic research iii, 442
battered child syndrome 529
behavior theory **170**
*Behavior Therapy and the Neurosis* 507
behavioral counseling 170
behavioral event interview (BEI) 115
being for 68, 517
being in 68, 517
"being is choosing" 195
being with 68, 517
beliefs 178
benefit-finding 254
"big I, small we" 279
binge-eating/purging type 436
bio-psycho-social health 408
bio-psycho-social model 314, 410

bio-psycho-socio-ethical medical model 408
bio-psycho-socio-existential approach **405**
bio-psycho-socio-existential medical model 405, 408
biography of authors & adovocates **497**
birth trauma 506
borderline personality disorder (BPD) 126
brief counseling **389**
Brief Family Therapy Center (BFTC) 56, 203, 531
buddhism **61**
bulimia nervosa (BN) 436
burnout **369**

### C

CAI 270
Campus Ministry and Basic Encounter 249
career awareness in youth **337**
career consulting **332**
career counseling **419**
career development 266, 474
career development of midlle-aged and aging people **329**
career development of women **326**
career development programs (CDP) **316**, 319, 332
career education **266**
career education in university **296**
career exploratory inventory **151**
career maturity 266
career psychology **11**
career theory **518**
*Caring for Yourself while Caring for Others* 525
case study **449**
CDW 317
Center for Studies of the Person (CSP) 250

certified nurse specialist 415
certified rehabilitation counselor (CRC) 19
child abuse **381**
*Child Abuse & Neglect* 530
child ego state (C) 232
children with high applicability of SGE **191**
children's human rights as citizen **365**
*Choosing a Vocation* ix, 519
CiNii 465, 466
circular causality 186
Civic Service House ix, 519
claim solution in enterprise **219**
claim solution in school **217**
class management **273**
class setting **232**
classroom collapse **230**
client centered therapy 249, 511
*Client-Centered Therapy* xi
Client Satisfaction Questionnaire (CSQ 8-J) 357
clinical dentistry **411, 413**
clinical pyschologist 491
clinical psychology **9**
CMI 130, 413
cognitive adaptation theory 253
cognitive behavior counseling 533
cognitive tendency **383**
cognitive therapy **180**, 533
cohort analysis 446
collaboration among schools **75**
collaboration of teachers and parents **78**
collaborative experience 280
college counseling 474
*Coming of Age in Samoa* 528
Commission on Rehabilitation Counselor Certification (CRCC) 19
communication skills **102**
community group sharing 224, 264
community home **364**
community support

networking **92**
*Competence at Work* 116
competency **115**
complementary counter transference 215
comprehensive examination **477**
compute telephony integration (CTI) 220
concililation 221
concordant counter transference 214
conditions of measures **460**
confession 95
conflict management 230
conflict resolution 230
confrontation 68, **96**
Confrontation Impact Scale (CIS) 97
confucianism **62**
congenital 351
consequence 178
conspiracy of silence 400
construct validity 145
Continuous Learning Curve 226
controling/critical parent (CP) 232, 233
coping question 204
coping skills **104**
correctional counseling **386**
Council for Accreditation of counseling and related educational programs (CACREP) 474
counseling and guidance 6, **393**
*Counseling and Psychology* x, xviii
counseling for delinquency **373**
counseling for employees **305**
counseling in social work **341**
counseling on elderly care **345**
counseling psychologist 491
counseling psychology and counseling-related disciplines **1**
counseling skill **408, 410, 415, 417**
counter transference **214**
"courage to be" 196

course work **477**
creating classroom climate **275**
crisis intervention 78, **209**
crisis response team (CRT) 434
cross-cultural psychology **23**
cross-sectional method **445**
crystallized intelligence 13
CSP 517
CSSS 181
culture patternism 527
customer relationship (CR) 219

## D

DACS 181
daily hassles 313
deaf 351
deaf and hard of hearing **351**
death with dignity **429**
deciding a research topic **458**
delinquency **379, 381**
dentist **410**
developmental coordination disorder 239
developmental disorder **379**
developmental psychology **8**
Diagnostic and Statistical Manual of Mental Disorders (DSM) 125-129
*Diagnostic Statistical Manual of Mental Disorders, 4th ed.* 356
digital divide 488
dispute 178
distributed leadership model 164
diversity of strategy **158**
Division 17 477
doctor as a medicine 408
doctoral dissertation 476
doctral programs in counseling psychology **475**
domestic violence (DV) 435
doodling work **247**
DSM-III 125, 434
DSM-III-R 128, 347
DSM-IV 127, 356, 435
DSM-IV-TR **125**, 432

DV 398

## E

early stage of counseling process 120
Eating Attitudes Test (EAT) 436
eating disorder (ED) 435
eating disorder not otherwise specified 436
ECL 177
eclectic orientation 524
education and training for counseling professionals 473
education for children with special needs 282
educational counseling 257
educational psychology 3
*Educational Psychology* 4
Ego 158, 174, 516
*Ego, Hunger and Aggression* 515
ego-identity 69
elderly person living alone 342
emotion-focused coping 510
emotional abuse 114
Emotional Self-Disclosure Questionnaire (ESDQ) 94
employee assistance program (EAP) 181
Employee Inventory 308
epistemology 35, 52
esse est percipi 39
ethical standards of helping professions 486
etiology 11
evaluation of research report 464
evidence-based 36
evidence-based counseling 533
evidence based medicine (EBM) 108, 253, 413
excluded 246
executive function 198
exercise for delinquent prevention 398
existentialism 44, 46, 182, 476
experiencing 485, 512
experimental field study 454

experimental research 456
extraclass activities 279
eye movement desensitization and reprocessing (EMDR) 434

## F

family climate 89
family support 236
family therapy 391
female to male (FTM) 432
fiber to the home (FTTH) 228
field study 452
final stage of counseling process 123
finding meaning 254
Flanders' Interaction Analysis Categories (FIAC) 270
fluid intelligence 13
*Frank Parsons* 519
free child (FC) 232
fundamental interpersonal relation orientation 512

## G

game and internet addict 197
GARIOA xvii
gender identity disorder 431
gender-sensitive 201
general semantics 530
generic counseling iv, v
generic encounter 263
generic SGE 263
genetic counseling 251
gerontological counseling 474
geropsychology 13
gestalt theory 174
Global Assessment of Functioning (GAF) 356
good me-good object 395
grounded theory (GT) 468
grounded theory approach 418
group approach 159
group concept 162
group dynamics 527
group member's satisfaction 112
group morale 109
guidance 5

## H

handicapped students 298
hard of hearing 351
*Harvard Educational Review* xiii
Hawthorne Research 110
health consultation activity 289
health education 287
hearing impairment 351
help-seeking behavior 76, 241
help-seeking preference 76
helping activities iii
helping profession 484
helping professionals 82
helping relationships 474
helping skill 118
high-learner 144
HIV/AIDS 479
Hochshule-informations-system (HIS) 116
home care 422
*How to Cope with Life Transition* 525
*How to Counsel Students* 521
HTP 375
*Human Development and Education* 532
human growth and development 474
human relation 82, 308, 311
human relationships in workplace 311
human resource development (HRD) 317
human resource management (HRM) 317
humanistic psychology 516

## I

I-message 485
I-ness 68, 516
I-Thou relationship 68
ICD 126, 129
idealism 39, 476
Idealismus 44
idealized-self 505
identified patient (IP) 92, 236
IEP 522

ILEP 347
ILO 292
imitative learning 480
impairment 363
indirect counter transference 215
individual supervision **479**
indoctrination 518
industrial / organizational psychology 12
industrial psychology **15**
*Infant and Child in the Culture of Today* 529
information technology (IT) **199**
informed consent **208**
instrumental activity of daily living (IADL) 342
intelligence quotient 523
intelligent testing 522
intensive group experience 142, 249
intensive psychotherapy 504
inter-personal v, 16, 159, 286, 397, 442
inter-teachers relation **73**
internal frame of reference 48, 68
International Classification of Diseases (ICD-10) 125, 127, 432
International Conference on Client-Centered and Experiential Psychology (ICCEP) 250
International Forum on the Person-Centered Approach (IFPCA) 250
interpersonal psychotherapy 315
interpersonal skill 145
Interpersonal Skill Scale **144**
intervention **207**
intra-group conflict **229**
intra-personal v, 159, 397, 442
involantary attendance **243**
involving self-disclosure 143
IPA 445
IQ 239, 347, 522
isomorphism 186
IT 488, 489

## J

*JAMA* 529
*Japanese Psychological Research* 465
Jourard Self-Disclosure Questionnaire (JSDQ) 94, 513
*Journal of Counseling Psychology* 478, 518
*Journal of Counseling Psychology, Professional Psychology : Research and Practice* 465
*Journal of Educational Psychology* 4
just community 531
juvenile delinquent **375, 377, 383, 389, 391, 393, 394, 396**
juvenile delinquent under 14 **384**

## K

Kaufman Assessment Battery for Children (K-ABC) 184, 522
*Kids Helping Kids* 226
kill the prediction 522

## L

labyrinth 247
*Language in Thought and Action* 532
law of effect 110
leadership **117, 161**
leadership of children **163**
learning by doing 43
learning disability **240**
learning disorder (LD) 238, 240, 282, 347, 493
life-career development 12
life event 313
life role 330
*Life Roles, Values, and Careers* 519
life-skills scale **139**
limit testing 115
logical positivism **46, 476**
logos 33
Logotherapie 253, 408, 515
longitudinal method **445**
low-learner 144

*Luck is No Accident* 508

## M

M-G 522
MAGAZINEPLUS 465
maintenance function 72, 117
*Male and Female* 528
malti-cultural basic encounter group **249**
management by objectives (MBO) 318
management counseling **333**
marital, couple, and family counseling/therapy 474
marriage counseling **87**
Maslach Burnout Inventory (MBI) 369, 370
master's degree programs in counseling psychology **474**
meaning **253**
media ethics **488**
mediation **220**
medical counseling **403**
medical doctors **408**
mental health 291
mental hygiene 291
Mental Research Institute (MRI) 56, 203, 390
Mental Status Questionnaire 344
mental test 4
mentally disabled **355**
mentally retarded **347**
micro skills 524
middle stage of counseling process **121**
mild developmental disorders **238**
mild mental retardaition 239
*Mind and Nature* 533
MINI-D 126
Mini-mental State Examination 344
Minnesota Multiphasic Personality Inventory (MMPI) 129, 130, 375
miracle question 203
MIT 518
moral 109, 307
morale 307
morale of workplace **307**

motivation   150
Motivation of Status Quo (MSQ)   150
motivation scale   **150**
mourning work   350, 405
Moustakas' model of relationship   **67**
multi-culture   478
multi-media counseling   **227**
multimodal behavior therapy   509
multiple-baseline design   471
multiple relationship   486
musically oriented educational counseling   **285**
Mutter-Kind-Einheit   499

## N

NACSIS Webcat   82, 466
Naikan   **80**
narrative   418
narrative-based medicine   253
National Career Development Association (NCDA)   330
National Council on Rehabilitation Education (NCRE)   19
national standards for school counseling programs   **258**
naturalism   **40**, 476
nature and issues of assessment in counseling   **108**
nature and issues of research methods in counseling psychology   **442**
NEET   **245**
neglect   114
negotiation   221
new poverty   245
newcomer children   **367**
NFRJ   86
NIRS   181
NISE   494
non-heart-beating donor (NHBD)   438
nonpurging type   436
not in education, employment or training (NEET)   245
nourishing   251
NRK   111, 308
nurse   415, 419

nurturing   247
nurturing parent (NP)   232, 233

## O

observation task   204
occupational identity   490
occupational psychology   11
on the job training   317
one-ness   68
ontology   **33**
open-encounter   263
operational definition   443
operational research   iii, 442
organ transplant   **437**
organic experience   143
organism   110
organizational application   **165**
organizational development (OD)   **306**
organizational network   **189**
organizational psychology   **16**
organizational-socio-cultural frame in counseling   **526**
oriental philosophy   **28**
origin of philosophy   **32**

## P

P-EG   177
parent-child relationship   **84**
parent-child relationships scale   **153**
parent ego state (P)   232
participant observation   453
Patient Evaluation Grid (PEG)   406
*Patterns of Culture*   527
peer help   **359**
peer helper   **295**
peer helping   226
peer relation   **69**
peer support   **226**
people with disabilities   18
performance appraisal of school teachers   **319**
performance function   72, 117
person-centerd approach (PCA)   248, 250
personal counseling   476, **484**
personal counseling as training   **482**
personal relationship between an employee and the supervisor   **309**
personality change   172
personnel merit rating development   **317**
personnel psychology   12
persons-in-context   479
persuasive communication   **215**
pervasive developmental disorder (PDD)   238
PET   181
pharmacists   **417**
phenomenology   **47**
philosophia   32
philosophical background of counseling psychology   **31**
philosophos   32
philosophy of education   **49**
philosophy of science   **52**
PHS   488
physical abuse   114
physically disabled   **349**
plan-do-see   280
planned happenstance theory   330, 508
play therapy   511
positive illusion   253
positive meaning   254
positive reinterpretation   254
positive uncertainty   518
post modern   **54**
postlingual   351
Posttraumatic Growth Inventory   254
posttraumatic stress disorder (PTSD)   v, 104, 204, 210, 401, **434**
practitioner-researcher model   475
practitioner-scientist   475
pragmatism   **42**, 476
preceptee   420
precepter   420
prelingual   351
Premarital Personal and Relationship Evaluation (PREPARE)   89
pretend task   204
prevention of school refusal   **300**
preventive medicine   **420**

Problem Evaluation Grid (PEG) 406, 407
problem-focused coping 510
problem ⟨patient⟩ oriented system (POS) 417
problem solving 172
problems of maladaptive in universities **298**
process conflict (PC) 230
process-oriented psychology 59
Process Scale of Group Experiencing **142**
Process Scale of Personal Experiencing **141**
professional identity 474, **490**
professional psychology iii
program for prevention of problem behavior **193**
projective identification 214
psychiatrist **491**
psychiatry **25**
psychoanalytic counseling **394**
psychoanalytic theory **171**
psychoeducation **267**
psychological testing **375**
psychology for human services **20**
psychology of language, development, cognition **529**
psychopathology 10
PsycINFO 466
PTA 294
pure research 442
purging type 436

## Q

qualitative research **443**
quality control 336
quality of life (QOL) 342, 345, 358, 404, 417, 420, 421, 424, 425, 432
quantitative research **443**
Questionnaire Utilities (Q-U) 71, 146, 194, 231, 265, 448
Questionnaire Utilities Scale **146, 273**

## R

rational emotive behavior therapy (REBT) 23, 47, 120, **178**, 295, 512, 514
rational therapy 47
rationalism 47
RCS 111
real-self 505
rehabilitation counseling for offenders **388**
Rehabilitation International (RI) 357
rehabilitation psychology **18**
relation 65
relationship conflict (RC) 229, 230
reliability 145
remedial counseling for risk students **280**
research and program evaluation 474
research design **461**
research issues in counseling for delinquency **374**
research methods in counseling psychology **441**
research of human relations 66
research psychology 442
resistance **211**
restricting type 436
RIASEC 520
risk assessment **377**
RO 14

## S

S-R 170
safty management **335**
scaling question 204
Schedule for Assessment of Insight (SAI) 356
scholar 521
school counseling management **293**
school counselor 10
school education **339**
school management **234**
school psychology **2**
*Science and Sanity* 530
scientific management 526
scientist-practitioner 19, 475, 478, 521
scientist-practitioner model 453
SCT 308, 375
secondary analysis 452
secondary object loss 400
self-acceptance 183
self-awareness 183
self-determination 183
self-disclosure **94**
self-discovery 183
self-efficacy 509
self-esteem 394, 437
self-esteem scale **131**
self evaluation motivation model 151
self helping 226
self-medication **424**
self-process 142
self-realization 183
self-theory **168**
senile dementia **343**
sensory and visceral experience 41
sequential method 13
SES-D 413
sexual abuse 114
SGE vi, **191, 277, 484**
SGE Leader's Personal Feeling Scale **132**
SGE research **260**
SGWT 279
sharing **224**
sibling relationship **86**
side-effects **426**
significance of team work **167**
single case experimental design **470**
"small I, big we" 279
SNS 488
social and cultural diversity 474
social constructionism 531
social exclusion 245
social functioning ability (SFA) **357**
social penetration theory 95
social philosophy **51**
social psychology **21**
social service for parenting **360**
social skills **98**
social skills training (SST) 70, 99
social validity 140
social welfare 27
social work **26**
Society of Counseling

Psychology xi
solution focused approach (SFA) 56, **202**, 390, 397, 531
special education coordinator **493**
specific counseling v
specific encounter 263
specific SGE **264**
Sprachspiel 46
SPSS 185
squiggle method 498
SSC 294
State-Trait Anxiety Inventory (STAI) 356
statistics **467**
*Steps to an Ecology of Mind* 533
strategy **157**
stress management **313**
Stress Response Scale-18 149
stress scale **148**
Structured Clinical Interview for DSM-IV Axis II (SCID-II) **127**
structured group encounter (SGE) 23, 70, 83, 102, 133, 141-144, 191, 194, 196, 222, 224, 225, 233, 248, 260, 263, 286, 295, 302, 398, 414, 481
structured peer group supervision **481**
student affairs 474
supervision for teaching skills **271**
support group **222**
support programs for return-to-work of employees **324**
support team **396**
survey **451**
systematic training for effective parenting (STEP) 93
system's theory **186**

## T

TAC-24 149
tactics 270
taoism **57**
TAOK 177
task conflict (TC) 229, 230
task management 526
TAT 375, 384
Taylor Shop System 526
teacher-less students **77**
teacher's attitude **71**
teacher's beliefs scale **135**
teacher's mental health **291**
teaching 269
teaching of 2 nd language **277**
teaching skills 270
teaching strategies 270
team medicine **404**
TEG 177, 413
terminal care **428**
*The Art of Helping* 524
The Center for Moral Education 531
*The Child from Five to Ten* 529
*The Chrysanthemum and the Sword* 527
the Committee on the Rights of the Child 366
*The Counseling Psychologist* 478
*The Counselor in a Changing World* xiii
*The First Five Years of Life* 529
the first force **498**
*The Helping Relationship* 525
*The Origin of Love and Hate* 501
the Primary Mental Health Project (PMHP) 92
the second force **507**
the third force **511**, 516
The World Association for Person-Centered and Experiential Psychotherapy and Counseling (WAPCEPC) 250
The World Technique 499
Theories of Counseling & Psychology xiv
theory of value **37**
therapeutic milieu 516
*Therapeutic Psychology* 525
third culture kids 368
those who are excluded 246
those who have a place in society 246
thoughts of christianity **59**
trait-factor theory **184, 521**
transactional analysis (TA) **176, 232,** 515
true self 498
TT 76
turnover of middle-aged and aging people **322**

## U

University Personality Inventory (UPI) **129**

## V

vicarious victimization 401
victims of crime **400**
visually disabled **353**
vocational development theory 519
vocational guidance 11
vocational identity 490
vocational psychology 11
volunteer work **370**
VTR 119, 120

## W

WAIS 522
way of being **195**
Ways of Coping Questionnaire 510
we feeling 279
we-ness 68
well-being 20, 27
Wertfreiheit 38
"which excercise for which purpose to which individual (group) under what conditions" 265
"Which treatment to which individuals (groups) under what conditions" 158
WHO 15, 125, 139, 194, 287, 363, 424, 428, 504
*Who shall Survive?* 528
WHOQOL-BREF 356
WiMAX 228
WISC 522
WISC-R 522
Work Importance Study (WIS) 519
World Health Organization-Quality of Life (WHO-QOL) 356
WPPSI 522
writing a literature

review **465**

## Y

Y-G **413**

youth not in work **245**
youth turnover **321**

## Z

zero defect **336**

# 人名索引

## ア 行

アイゼンク（Eysenck, H. J.） **507**, 509
アイビイ（Ivey, A. E.） iv, 97, 103, 120, 158, 265, 268, 423, 457, 521, **524**, 525
アギュララ（Aguilera, D. C.） 211
アクスライン（Axline, V. M.） **511**
飛鳥井望 434, 435
アッカーマン（Ackerman, N.） 56
アッペルバウム（Appelbaum, P. S.） 209
アドラー（Adler, A.） **498**, 506, 517
新井肇 292
アリストテレス（Aristoteles） 32, 34, 51
アルトマン（Altman, I.） 95
飯塚銀次 124
飯野哲朗 82, 194
イーガン（Egan, G.） 124
生島浩 392
池見酉次郎 406, 408
石井ちかり 280
石上太郎 xvii
石隈利紀 119, 167, 242, 292
石田孝子 277, 278
伊東博 xvii-xix, **511**
伊藤隆二 183
伊藤美奈子 69
稲垣恭子 90
稲村博 24
井上惠 93
茨木俊夫 525
井村恒郎 500
ウィークス（Weeks, R.） 382
ウィークランド（Weakland, J. H.） 55, 390
ヴィゴツキー（Vygotsky, L. S.） 8, **529**, 532
ウィダム（Widom, C. S.） 382
ウィード（Weed, L. L.） 417
ウィトゲンシュタイン（Wittgenstein, L. J. J.） 46, 52
ウィーナー（Weiner, N.） 55
ウィニコット（Winnicott, D. W.） **498**
ウィリアム（William, R. C.） 252
ウィリアムソン（Williamson, E. G.） xi, xvii, 10, **521**
ウィリッグ（Willig, C.） 470
植草伸之 72
ウェクスラー（Wechsler, D.） **521**
上田敏 363
植田ひとみ 90
ウェーバー（Weber, M.） 38, 51, 53
ウォーターマン（Waterman, A. S.） 69
ウォルカップ（Walkup, L. L.） 211
ウォルピ（Wolpe, J.） **507**
鵜養美昭 92
浦野東一郎 320
ウルフ（Woolf, M. D.） xvii
ヴント（Wundt, W.） 4, 170
エインズワース（Ainsworth, M. D. S.） 505
榎本博明 94, 95
エプストン（Epston, D.） 56
エリクソン（Erikson, E. H.） 69, 84, 210, 330, 395, **498**
エリクソン（Erickson, M. H.） 55, 203
エリス（Ellis, A.） vii, 36, 47, 120, 171, 178, 180, 423, **512**, 524, 525, 530
エンゲル（Engel, G. L.） 314, 408
遠藤勉 xviii
太田典礼 430
大槻憲二 **499**
岡本祐子 330
小此木啓吾 500
押切久遠 194, 394
オズボーン（Osborn, A. F.） 294
小野瀬雅人 167
小野田正利 78, 79
小野寺正己 276
オルポート（Allport, G. W.） xiii, 522

## カ 行

カー（Carr, E.） 510
カウフマン（Kaufman, A. S.） **522**
カーカフ（Carkhuff, R. R.） 103, 120, 423, 521, **524**, 525
柿井俊昭 457
笠原嘉 298
梶裕二 396
柏木惠子 153
梶原綾乃 278
粕谷貴志 191
片野智治 66, 95, 96, 143, 152, 212, 222, 225, 265
カッツ（Katz, D.） 308
カッツ（Katz, M.） 4
カーディナー（Kardiner, A.） 434
加藤真由美 23
カナー（Kanner, L.） 280
ガーナー（Garner, D. M.） 436
金沢吉展 487
金田利子 91
カプラン（Caplan, G.） 211
ガリレイ（Galilei, G.） 53
カルフ（Kalff, D. M.） **499**
カルホーン（Calhoun, L. G.） 254
川畑徹朗 194
河村茂雄 72, 77, 109, 112, 135, 146, 164, 172, 194, 231, 265, 275, 276, 303
カーン（Kahn, R.） 166
関尹 29
カント（Kant, I.） 32, 39, 44, 53
岸田元美 77
キットウッド（Kitwood, T.） 346
城戸幡太郎 524
木下康仁 48, 469, 470
木原孝雄 72
木原孝久 371

木村真人　242
キャッテル（Cattell, J. M.）
　4
キャノン（Cannon, W. B.）
　210
キャバノー（Cavanaugh, R. A.）
　241
キューブラー＝ロス（Kübler-Ross, E.）　97, 211, 428
ギリガン（Gilligan, C.）　202
キリスト　59
キルケゴール（Kierkegaard, S. A.）　34, 35, 44, 45, 517
ギルフォード（Guilford, J. P.）
　**522**
ギンズバーグ（Ginzberg, E.）
　476
鯨岡峻　84
クス（Kus, R. J.）　211
久冨善之　135
クーパースミス（Coopersmith, S.）　131
クライン（Klein, M.）　xix, 395, 498, **500**, 503, 504
クラークソン（Clarkson, P.）
　175
クラフト（Kluft, R. P.）　401
グールディング（Goulding, M. M.）　175
グールディング（Goulding, R. L.）　175
クルンボルツ（Krumboltz, J. D.）　170, 330, 476, **508**, 519, 525
グレイザー（Glaser, B.）　468
クレッチマー（Kretschmer, E.）
　184
クロップ（Klopf, G. J.）　xvii
クワイン（Quine, W. V. O.）
　42
クーン（Kuhn, T. S.）　52
ケーガン（Kagan, N.）　525
ケーゲル（Koegel, R.）　510
ゲゼル（Gesell, A. L.）　**529**
ケンプ（Kempe, H. C.）　**529**
小石寛文　77
小泉英一　**530**
孔子　62, 64
河野義章　270
コーエン（Cowen, E. L.）　92
國分久子　144, 222, 225, 483, 484
國分康孝　xix, 3, 6, 10, 11, 24, 36, 71, 94, 95, 98, 103, 109, 117, 133, 135, 144-146, 160, 167, 169,
175, 178, 225, 248, 263, 268, 292, 295, 310, 312, 394, 415, 423, 480, 501, 502, 508, 513, 517
古澤平作　**500**, 502, 505
コージブスキー（Korzybski, A.）　**530**, 532
小島道代　423
小杉礼子　246
小西聖子　434
小林純一　183
コービン（Corbin, J.）　469
コフート（Kohut, H.）　84, **500**
小柳晴生　158
コール（Cole, T.）　226
ゴールドシュミット（Goldschmitt, M.）　490
コールバーグ（Kohlberg, L.）
　202, **531**
今野能志　317

## サ 行

戈木クレイグヒル滋子　469, 470
サイモンズ（Symonds, P. M.）
　153, 154
坂野雄二　148
桜井茂男　151
佐々木ひとみ　23
佐治守夫　168
サーストン（Thurston, L. L.）
　**523**
ザックス（Sachs, H.）　504
サティ（Suttie, I. D.）　66, **501**
サティア（Satir, V.）　56
サリヴァン（Sullivan, H. S.）
　**501**, 504
サルトル（Sartre, J.-P.）
　44-46, 53
澤田慶輔　xviii, **524**
サーワリ（Sarwari, A. R.）
　342
ジェイムズ（James, W.）　37, 42, 43
シェーファー（Schafer, R. M.）
　287
シェーファー（Schaffer, H. R.）
　84
ジェラット（Gelatt, H. B.）
　**518**
ジェンドリン（Gendlin, E. T.）
　36, 45, 249, **512**
シナソン（Sinason, V.）　382
島井哲志　105

島崎篤子　287
嶋田洋徳　105, 149, 509
清水幹夫　124, 143
霜田静志　82, 500, **501**, 502, 503
下村英雄　152
シモン（Simon, T.）　523
シャイエ（Schaie, K. W.）　13
シャイン（Schein, E. H.）
　317, 330, 476, **518**
ジャクソン（Jackson, D. D.）
　56
ジャクソン（Jackson, S. E.）
　369
ジャシールド（Jersild, A. J.）
　xviii
ジャッド（Judd, C. H.）　4
ジャニス（Janis, I. L.）　131
シャルコー（Charcot, J. M.）
　503
朱熹　63
シュッツ（Schutz, W.）　263, **512**
シュテルン（Stern, W.）　523
シュライブマン（Schreibman, L.）　510
ジュラード（Jourard, S. M.）
　94, **513**
シュロスバーグ（Schlossberg, N. K.）　323, 330
シュンペーター（Schumpeter, J. A.）　526
ショー（Shaw, P. A.）　519
ジョインズ（Joines, V.）　178
正保春彦　225
ジョーンズ（Jones, A.）　505
ジョンソン（Johnson, W.）
　525
白佐俊憲　87
白波瀬丈一郎　104
新里里春　175, 177
神保信一　525
ジンメル（Simmel, G.）　51
須賀恭子　90
杉渓一言　xix
杉田峰康　177
スキナー（Skinner, B. F.）　4, **508**
鈴木清　xix
鈴木伸一　149
鈴木教夫　101
鈴木眞雄　154
スターン（Stern, D. N.）　84
スチュアート（Stewart, I.）
　178
ステルバ（Sterba, R.）　500

人名索引　*561*

ストッジル（Stogdill, R. M.）　161
ストラウス（Strauss, A.）　468, 469
ストラッチー（Strachey, J.）　498
スーパー（Super, D. E.）　xi, 4, 12, 323, 330, 476, **519**, 521
スペンサー（Spencer, L.）　116
スマッツ（Smuts, J. C.）　55
関根眞一　219
セリエ（Selye, C.）　210
セリエ（Selye, H.）　148
千石保　70
荘子　29, 57, 58
ソクラテス（Sokrates）　32
ソシュール（Saussure, F.）　55
ソーンダイク（Thorndike, E. L.）　4, 522
ソンダース（Saunders, C.）　428

## タ 行

高木修　371
高橋三郎　126, 127
高橋桂子　297
田上不二夫　3, 171
高村寿美子　296
滝充　296
田崎仁　xix
鑪幹八郎　480
龍島秀広　396
田畑治　480
玉瀬耕治　457
ターマン（Terman, L. M.）　**523**
田村修一　292
タレス（Thales）　32
団士郎　392
チラー（Ziller, R. C.）　131
土川隆史　298
鶴田和美　298
デイ（Day, S.）　408
ティード（Tead, O.）　163
デイビス（Davis, C. G.）　254
デイビス（Davis, H. V.）　519
テイラー（Taylor, D. A.）　95
テイラー（Taylor, S. E.）　253
ティリッヒ（Tillich, P.）　517
デカルト（Descartes, R.）　53
デシ（Deci, E. L.）　151

テデスキー（Tedeschi, R. G.）　254
デモクリトス（Demokritos）　32
デューイ（Dewey, J.）　42, 43, 49, 50
デュセイ（Dusay, J. M.）　176, 515
テーラー（Taylor, F. W.）　15, **526**
デリダ（Derrida, J.）　55
土居健郎　500, **502**
ド・シェイザー（de Shazer, S.）　56, 203, 390, 531
戸田有一　296
トーマス・マン（Thomas Mann, P.）　526
冨田久枝　119
トムプソン（Thompson, H.）　529
友田不二男　xvii, xviii, 388, 511, **513**
ドライデン（Dryden, W.）　**514**
ドラッカー（Druker, P. F.）　**526**
トルストイ（Tolstoy, L.）　109
トロウ（Trow, M.）　243

## ナ 行

中釜洋子　89
中澤次郎　525
中島一憲　**514**
中嶋建治　225
永田勝太郎　406, 408
永田耕治　423
中野武房　296
中野良顯　296, 302
長町三生　323
中村弘道　xvii, 512, **525**
中村雄二郎　35
ナランホ（Naranjo, C.）　174
ニイル（Neill, A. S.）　v, xix, 173, **502**
ニコルソン（Nicholson, N.）　323, 330
西園昌久　500
ニーチェ（Nietzsche, F. W.）　34, 35
二宮喜代子　24, 277, 278
ニューヘルツ（Neufeldt, S. A.）　480
野島一彦　143

ノブロック（Knobloch, H.）　529

## ハ 行

バイステック（Biestek, F. P.）　355
ハイゼンベルグ（Heizenburg, M.）　55
ハイデガー（Heidegger, M.）　35, 53
ハインリッヒ（Heinrich, H. W.）　335
ハヴィガースト（Havighurst, R. J.）　330, **531**
パヴロフ（Pavlov, I. P.）　**508**
バウワー（Baugher, D.）　323
バーク（Burke, W. W.）　306, 307
バーグ（Berg, I. K.）　56, 203, 390, 531
バークリー（Berkeley, G.）　39
羽間京子　387
ハーシー（Hersey, P.）　118, 294
橋本和明　381
パース（Peirce, C. S.）　42, 43
長谷川啓三　502
長谷川有機子　287
パーソンズ（Parsons, F.）　ix, x, 184, 476, **519**, 521
畠瀬稔　250
パターソン（Patterson, C. H.）　xiii
ハーツバーグ（Herzberg, F.）　150, 312
パトナム（Putnam, H. W.）　42
バーナード（Barnard, C. I.）　308
花輪敏男　95
ハーマン（Herman, J. L.）　400
ハヤカワ（Hayakawa, S. I.）　**532**
早坂泰次郎　311
林伸一　23, 82, 224, 278
林羅山　63
パラケルスス（Paracelso）　53
原岡一馬　216
バリント（Balint, M.）　408
パールズ（Perls, F. S.）　45, 174, 175, 507, **514**

バルテス（Baltes, P. B.） 13
バルト（Barthes, R.） 55
ハルトマン（Hartmann, H.） 210, 500
パルメニデス（Parmenides） 34
バレーラ（Varela, F. J.） 56
ハーロウ（Harlow, H. F.） 504
バロウ（Borow, H.） xvii
ハロウェイ（Holloway, F. L.） 479
バーン（Berne, E.） 176, 234, **515**
バンデューラ（Bandura, A.） 84, **509, 519**
ピアジェ（Piaget, J.） 8, 531, **532**
ビオン（Bion, W. R.） 447
ビネー（Binet, A.） 4, **523,** 532
ピュタゴラス（Pythagoras） 32
平山栄治 142
ビール（Beall, S. K.） 254
蛭田政弘 320
廣井亮一 392
ファースト（First, M. B.） 127
フィッシュ（Fisch, R.） 56, 390
フィヒテン（Fichten, C. S.） 241
フィールド（Field, P. B.） 131
フィンク（Fink, S. L.） 211
フェイル（Feil, N.） 346
フェダーン（Federn, P.） 500
フェルステッド（Felsted, L. W.） xvii
フェレンツィ（Ferenczi, S.） 500
フォルクマン（Folkman, S.） 104, 254, 313
深田博己 216
福沢諭吉 63
フーコー（Foucault, M.） 55
藤川 章 303, 394
藤村一夫 231, 275
フッサール（Husserl, E.） 47, 48
ブトゥリム（Butrym, Z. T.） 356
ブラウン（Brown, J. D.） 226, 253

プラトン（Plato） 32, 39, 51
ブラマー（Brammer, L. M.） **525**
フランクル（Frankl, V. E.） 35, 45, 195, 253, 254, 264, 408, 498, **515**
フランダース（Flanders, A.） 270
プラント（Plant, R.） 355
フリース（Fliess, W.） 503
ブリッジス（Bridges, W.） 323, 330
ブルーム（Bloom, B. S.） 211
ブレーク（Blake, R. R.） 162
フレーベル（Fröbel, F. W. A.） 40, 49
フレミング（Fleming, J.） 480
ブロイエル（Breuer, J.） 503
フロイデンバーガー（Freudenberger, H. J.） 369
フロイト（Freud, A.） xix, 499, 500, **503,** 504
フロイト（Freud, S.） vii, xiv, 35, 37, 84, 98, 133, 174, 197, 210, 212, 214, 330, 395, 413, 486, 498-**503**, 505, 506, 515, 516, 526
ブロイラー（Bleuler, E.） 506
フロム（Fromm, E.） 52, 60, 408, 476, **504**
フロム＝ライヒマン（Fromm-Reichmann, F.） **504**
ベイトソン（Bateson, G.） 55, **532**
ヘイリー（Haley, J.） 55
ヘーゲル（Hegel, G. W. F.） 39, 44, 51
ベーコン（Bacon, F.） 53
ペスタロッチ（Pestalozzi, J. H.） 40, 49
ベック（Beck, A. T.） 36, 180, **533**
ベッテルハイム（Bettelheim, B.） **516**
ヘップナー（Heppner, P.） ix, 479
ベナー（Benner, P.） 420
ベネット（Bennett, K.） 241
ベネディクト（Benedict, R. F.） **526,** 528
ペネベイカー（Pennebaker, J. W.） 95, 254
ベルタランフィ（von

Bertalanffy, L.） 55
ヘルバルト（Herbart, J. F.） 49
ボアズ（Boas, F.） 526, 528
ホヴランド（Hovland, C. I.） 216
ボウルビィ（Bowlby, J. M.） 84, **504**
ボーエン（Bowen, M.） 91
ホッブズ（Hobbes, T.） 51
ボーディン（Bodin, A.） 525
ボーディン（Bordin, E. S.） 476, **520,** 521
ボードアン（Baudovin, C.） xix
ホーナイ（Horney, K.） **505**
ポパー（Popper, K. R.） 52
ホランド（Holland, J. L.） 476, **520**
堀 真一郎 502, 503
ホール（Hall, G. S.） 4
ボルノー（Bollnow, O. F.） 50
ホワイト（White, M.） 56
ホワイト（White, R. W.） 115
ホワイトリー（Whiteley, J.） ix

## マ 行

マイケンバウム（Meichenbaum, D. H.） xiv, 180, 181
マイヤー（Meyer, A.） 505
前沢雅男 388
前田重治 212
マクアダムス（McAdams, D. P.） 254
マグレガー（McGregor, D.） 518, **527**
正木 正 xviii
マスラック（Maslach, C.） 369
マズロー（Maslow, A. H.） 60, 110, 112, 210, 218, 312, 408, 513, **516,** 527
松井 豊 70
松井賢二 297
松浦光和 143
マックスフィールド（Maxfield, M. G.） 382
マックレランド（MaClelland, D. C.） 115
松嶋るみ 94
マッハ（Mach, E.） 52

マトゥラーナ（Maturana, H. R.) 56
丸井清泰　499, 500, **505**
マルクス（Marx, K. H.）　51, 529
マルヤマ（Maruyama, M.）　56
丸山忠璋　286
マン（Mann, J.）　**506**
水野修次郎　486
水野治久　76, 242
三隅二不二　xix, 72, 117, 162, 172, 294, **527**
ミード（Mead, G. H.）　42
ミード（Mead, M.）　527, **528,** 532
ミドラルスキー（Midlarsky, E.）　371
宮本信也　382
宮本美沙子　516
ミュンスターベルグ（Munsterberg, H.）　15
ミラー（Miller, J. G.）　55
ミラー（Miller, J. P.）　55
ミルン（Milne, D. L.）　480
ミンデル（Mindel, A.）　59
ムスターカス（Moustakas, C. E.）　29, 45, 68, 97, 98, 443, **516,** 525
ムートン（Mouton, J. S.）　162
村瀬旻　66
村瀬勝信　457
メイ（May, R.）　**517**
メイヨー（Mayo, G. E.）　309, 311
孟子　62
モース（Mauss, M.）　437
モスコヴィッツ（Moskowitz, J. T.）　254
モフェット（Moffett, J.）　355
百武正嗣　175
森隆夫　72
森川澄男　296
森田正馬　**533**
森田洋司　301
モレノ（Moreno, J. L.）　160, **528**

師岡宏之　286
諸富祥彦　78, 79, 169, 222

### ヤ 行

八並光俊　292, 394
家根橋伸子　277
山崎準二　320
山下俊郎　87
山本和郎　92
山本銀次　280
山本真理子　131
ユング（Jung, C. G.）　39, 40, 330, 499, **505**
横山哲夫　317
吉澤孝子　192
吉田隆江　222
吉本伊信　80, 82, **533**
吉本武史　423
米山明　349

### ラ 行

ライト（Wright, B. A.）　363
ライト（Wright, L. M）　423
ライヒ（Reich, W.）　500, **506,** 514
ラカン（Lacan, J.）　35, 55
ラサコウ（Lasakow, P.）　94
ラザラス（Lazarus, A. A.）　210, **509**
ラザラス（Lazarus, R. S.）　104, 313, **510**
ラド（Rado, S.）　210
ラパポート（Rapaport, D.）　532
ランク（Rank, O.）　**506**
ランドー（Rando, T. A.）　400
リオタール（Lyotard, J.-F.）　54
リッカート（Likert, R.）　294
良寛　29
リンデマン（Lindemann, E.）　211
ルソー（Rousseau, J-J.）　40, 49, 51, 299
ルーディシェリ（Ruedisili, C.

H.)　xvii
レイネル（Reynell, J.）　349
レヴィ=ストロース（Lévi-Strauss, C.）　38, 55
レヴィスキー（Levitsky, A.）　175
レヴィン（Lewin, K.）　117, 160, 162, 294, 309, 447, 448
レスリスバーガー（Roethlisberger, F. J.）　309
レビンソン（Levinson, D. J.）　330
レン（Wrenn, C. G.）　xiii
ロー（Roe, A.）　**521**
ロイド（Lloyd, W. P.）　xvii, xviii
ロヴァス（Lovaas, O. I.）　**510**
ローウェンフルト（Lowenfeld, M.）　499
老子　57, 58
ローガン（Rogan, J. F.）　xviii
ロジャーズ（Rogers, C. R.）　vii, x, xi, xvii, 29, 35, 36, 41, 42, 45, 48, 56, 60, 66, 103, 120, 123, 143, 160, 168-170, 172, 196, 247, 249, 250, 263, 278, 388, 408, 443, 476, 498, 507, 511-513, 516, **517,** 524
ローゼンバーグ（Rosenberg, M.）　131
ロック（Locke, J.）　51
ローティ（Rorty, R.）　42
ロビンス（Robbins, S. P.）　306
ローレンツ（Lorenz, K. Z.）　504

### ワ 行

若島孔文　90
渡辺直登　17
ワツラウィック（Watzlawick, P.）　56, 390
ワトキンス（Watkins, J. G.）　408
ワトソン（Watson, J. B.）　170, **510**

### カウンセリング心理学事典

2008年11月25日　第1刷発行

監修者　國　分　康　孝
発行者　柴　田　敏　樹
印刷者　日　岐　浩　和

発行所　株式会社　誠　信　書　房
〒112-0012　東京都文京区大塚 3-20-6
電話 03 (3946) 5666
http://www.seishinshobo.co.jp/

中央印刷　協栄製本　　落丁・乱丁本はお取り替えいたします
検印省略　　　無断で本書の一部または全部の複写・複製を禁じます
© Yasutaka Kokubu, 2008　　　　　　　　　Printed in Japan
ISBN 978-4-414-30511-1　C 3511